全彩

Foundations of Behavioral Neuroscience

(9th Edition)

生理心理学

——走进行为神经科学的世界

（第九版）

【美】Neil R. Carlson　著

苏彦捷 等　译

中国轻工业出版社

图书在版编目（CIP）数据

生理心理学：走进行为神经科学的世界：第九版·全彩／（美）尼尔·R.卡尔森（Neil R. Carlson）著；苏彦捷等译. —北京：中国轻工业出版社，2017.1
（2019.3重印）
ISBN 978-7-5184-1178-8

Ⅰ. ①生… Ⅱ. ①尼… ②苏… Ⅲ. ①生理心理学－高等学校－教材 Ⅳ. ①B845

中国版本图书馆CIP数据核字（2016）第273386号

版权声明

总 策 划：石 铁
策划编辑：孙蔚雯　　责任终审：滕炎福
责任编辑：孙蔚雯　　责任监印：刘志颖

出版发行：中国轻工业出版社（北京东长安街6号，邮编：100740）
印　　刷：三河市双升印务有限公司
经　　销：各地新华书店
版　　次：2019年3月第1版第2次印刷
开　　本：880×1230　1/16　印张：31.50
字　　数：560千字
书　　号：ISBN 978-7-5184-1178-8　定价：158.00元
著作权合同登记　图字：01-2015-3000
读者热线：010-65125990，65262933　传真：010-65181109
发行电话：010-85119832　传真：010-85113293
网　　址：http://www.chlip.com.cn　http://www.wqedu.com
电子信箱：1012305542@qq.com
如发现图书残缺请与我社联系调换
161046Y2X101ZYW

出版者的话

Neil Carlson 博士的《生理心理学》（第六版）自从2007年在我国由中国轻工业出版社“万千心理”组织翻译出版以来，就以其丰富、前沿的内容和适宜的篇幅成为了生理心理学或生物心理学课程的理想教材，被北京大学等国内众多高校使用。

时隔9年，在读者的翘首期盼中，由北京大学苏彦捷教授等知名专家鼎立翻译的《生理心理学——走进行为神经科学的世界》（第九版）终于在2016年年初问世。该版从节省读者购书费用的考虑出发，以单色印刷为主，仅以彩色插页呈现了原版书中部分精美的彩色图片。

如今，在2017年伊始，为了给读者带来最佳的阅读体验，进一步打造生理心理学的精品教材，这本全彩的《生理心理学——走进行为神经科学的世界》（第九版）终于与读者见面了。本书通过精心设计，全面还原了英文原版书中清晰绚丽而又极富学术价值的高清图片，不但能给读者带来赏心悦目的阅读体验，更能以极具表现力的方式传递丰富而新鲜的知识。

衷心希望本书为读者的学习带来更多的助益，成为读者心目中的经典之作。

万千心理

2017 年 1 月

译者序（2015年单色版）

2015年的寒假，我在审校这本《生理心理学》第6章“视觉”时，被下面这段文字特别地吸引了：

“一项有趣的（也很愉快的）儿童研究证明了视觉系统中背侧通路与腹侧通路间信息交换的重要性（DeLoache，Uttal，and Rosengren，2004）。实验者让孩子在大型玩具上玩耍，包括可供他们爬上滑下的室内滑梯、可以坐的椅子以及可以坐进去的玩具车。孩子们与各个玩具玩耍之后被带出房间，再次回来时，室内大型玩具被换成了一模一样的小型玩具。孩子们玩小型玩具时，还是用了同样的方法：试图爬上滑梯、爬进小汽车和坐在小椅子上。有视频记录了一个2岁的小朋友想爬进小型汽车，他说了好几声“进”，不停地叫母亲，明显是想请她帮忙。研究者认为，这种行为反映了孩子背侧通路和腹侧通路间的联系没有发育成熟。腹侧通路识别物体是什么，背侧通路识别它的大小，但信息没能充分共享。”

我之所以特别注意到这段话，是因为我每年都要给本科生讲授发展心理学课程。在我的发展心理学课上，每次讲解婴儿的体能发展部分时，都会提到这篇文献，也给学生放映过相关录像。但以往在发展心理学课堂上，只是描述了这个现象，没有做深入描述。而在这个新学期刚刚上过的发展心理学课上，再次讲到这个例子时，我补充了这方面的神经科学解释，感觉充实了很多。这个例子让我感受到学科之间的互相支撑，也为自己找到了另一个再译新版《生理心理学》的理由。在翻译本书新版的过程中，我重温了很多似乎熟悉但已被渐渐淡忘的知识，也学到了不少新的知识，并充实了自己的教学内容。

本书新版的翻译工作是在“万千心理”的石铁经理和孙蔚雯编辑的督促及鞭策下开始的。在与上版参与翻译的各位老师沟通后，只有肖健老师由于个人原因不便参与新版翻译，而由我接替他翻译了第9章，其余各章基本上是由原班人马按旧版负责各章节的补充修订的。2015年1月收齐全部译稿后，我利用整个寒假对照原文审读校对，查漏补缺，统一术语，完善表述，还改正了一些上版翻译中的小错误。在此，由衷地感谢参与本书翻译、修订工作的各位老师和同学，他们是：

章节	旧版译者	新版修订者
第 1 章	苏彦捷	苏彦捷（北京大学心理学系）
第 2、12 章	何淑嫦	何淑嫦（北京大学心理学系）
第 3、14、16 章	邵枫	邵枫（北京大学心理学系）
第 4 章	于斌，李新旺	田琳、于斌、李新旺（首都师范大学心理学系）
第 5 章	隋南	张建军、蒋丰、隋南（中科院心理所）
第 6、10、15 章	李新影	李新影（中科院心理所）
第 7 章	郑佳威、王孟元、李量	王孟元、郑佳威、李量（北京大学心理学系）
第 8、11 章	张明	张明（苏州大学）
第 9 章	肖健（北京大学心理学系）	苏彦捷（北京大学心理学系）
第 13 章	张亚旭	张亚旭（北京大学心理学系）

此外，我的学生颜志强翻译了前言中新补充的内容，妇产科医生出身的陈霞帮我审读了第9章。

又及，昨天系里研究生复试面试，一位同学提到读过我们翻译的上一版，当时在场的邵枫老师、何淑嫦老师和我都蛮开心的，分享给各位。

再次感谢大家！

苏彦捷

2015 年 3 月 28 日

前　言

我一直想知道万物是怎样运转的。当我还是个孩子的时候，我拆过闹钟、收音机、妈妈的缝纫机，还有很多其他的小玩意，就是想看看里面是什么。让我父母欣慰的是，我好像逐渐失去了这种兴趣（或者说，至少我会把东西再装回去），但我的好奇心一直没有消失。上大学的时候，我一直试图尽可能查明我所知道的最复杂的机器——人脑——的所有工作机理。

神经科学是目前非常热闹而富有成果的研究领域。大量的科学家正在尝试使用越来越先进的方法来理解行为的生理学，目前已经产生了许多非常有趣的结果。这些结果为我提供了大量可供写作的资料。我很钦佩这些研究者们的贡献和艰苦的工作，也感谢他们给了我这些材料。没有他们的努力，我不可能完成这本书。

我写这本书的第一版是应教这门课的同事们的要求，他们希望有一本简明的更多强调与人有关的研究的行为生理学教材。书的第一部分涉及基础知识：该研究领域的历史、神经元的结构与功能、神经解剖学、精神药理学以及研究方法；第二部分涉及信息输入环节——感觉系统；第三部分涉及所谓的“动机”行为：睡眠、生殖、情绪和摄食；第四部分涉及学习和言语交流；最后一部分涉及神经病学和心理障碍。

新版的变化

新版中所有的章节都有改动。我的同事们为我提供了许多有趣的研究结果，我一直忙于将它们添加到本书的相应部分。但是面临的挑战是既要增加新的内容，又不能让书的篇幅增加太多。

下面列出的是本版的一些新内容：

- 朊蛋白在正常大脑发育中的作用
- 用光遗传学方法来研究如何使失明的动物恢复视力
- 先天性失歌症
- 盲人视觉皮层听觉输入的增加
- 新生婴儿大脑中的音乐加工

- 稳态、稳态应变以及节律因素控制睡眠的神经机制
- kisspeptin 在青春期发育启动中的作用
- 腹内侧前额叶皮层在条件性情绪反应消退中的作用
- 5-羟色胺在道德判断中的作用
- 非言语的情绪发音的跨文化识别
- 确认与渴有关的渗透感受器
- 与体重调节有关的基因研究
- PKM-zeta 在长时程增强和学习中的作用
- 位置细胞、网格细胞、朝向细胞、边缘细胞在空间学习中的作用
- 人声识别的大脑机制研究
- 书面语言的一般性特征研究
- 关于创伤性脑损伤的新增部分
- 镜像神经元与中风后的治疗
- 使用小的干扰 RNA 治疗亨廷顿氏疾病的研究
- 在阿尔茨海默症中错误折叠的 Aβ 传递的作用
- 基因导入基底神经节以治疗帕金森病
- 神经胶质细胞感染在 AIDS 痴呆综合征中的作用
- DISC1 突变在精神分裂症和抑郁症中的作用
- 出生季节对抑郁发展的影响
- 催产素对孤独症患者社会交往的影响
- COMT 基因在创伤后应激障碍易感性中的作用
- 用经颅磁刺激治疗创伤后应激障碍
- 黑色素聚焦激素和食欲素在尼古丁减少食欲效应中的作用
- α5 ACh 等位基因在尼古丁成瘾中的作用
- 使用深部脑刺激和经颅磁刺激治疗药物成瘾的研究

学习策略

贯穿全书的这个主题有助于读者将行为神经学的研究发现应用于日常生活。例如，你可以在第 1 章找到“学习策略”和第 5 章中的“研究方法与策略”，其中没有一长串使人迷惑的研究方法清单，而是通过一系列假设的调查将研究项目的进程组织在一起。研究中的每一步都说明了如何将特定的程序应用到正在进行的项目中。

接下来的部分在每一章都会出现，便于读者概览本章所有的主题：

- **学习目标**。每章都以一列学习目标清单开始，该清单可以作为学习各章内容的指导框架。
- **引子**。每一章都以一个有关神经学障碍或神经科学问题的个案开始。
- **本章结语**。本章结语在每章的最后，包括对引子中提出的问题的解答，使用读者在本章中学过的术语进行讨论，或介绍一个相关的主题。
- **小结**。通常出现在一节内容之后。不仅可以用作内容回顾，而且可以

将每章分成易于理解的小节。

- **思考题**。一般附在小结之后，为读者提供一个机会思考前面已经学过的内容。
- **关键术语**。关键术语的定义印在术语第一次出现处附近的页边。
- **关键概念**。在每章的结尾提供一个用于快速复习的关键概念清单。

教师资源

对于使用本书的教师，我们提供了一些可用的补充材料：

- 教师手册。Scott Wersinger 著，作者来自美国纽约州立大学布法罗分校，这个手册为备课和课堂管理提供了一个工具。每一章都包括了教学大纲和教学目标、课堂材料、演示实验和活动、讲义、视频、推荐阅读清单、网页资源以及其他补充信息。可以在 www.pearsonhighered.com/irc 上找到。
- 试题库。Paul Wellman 著，作者来自美国得克萨斯州农工大学，这个资源包括有关关键概念的问题。每一章大概有 100 个问题，包括多项选择、正误题、简答题和论述题——每一题都有答案解析、页码索引、难度评定和题型名称。所有的问题都与每一章的学习目标和美国心理学协会的学习目标有关。试题库在 Pearson MyTest 上也可用，这是一个有效的在线评估软件，教师可以轻松在线创建和打印随堂测试题和考卷，也可以在线编制新题，具有很大的灵活性。试题库和 MyTest 在 www.pearsonhighered.com/irc 上都可用。
- 幻灯片。由 Grant McLaren 创建，作者来自美国宾夕法尼亚大学，这个交互式工具通过与各章关键点匹配的图片与文字促进了课程的发展，鼓励了课堂讨论。本版幻灯片也更具有视觉吸引力。可以在 www.pearsonhighered.com/irc 上获得。

总　结

试图跟上神经科学研究飞速发展的步伐给教师和教材作者都提出了挑战。如果学生只是简单记忆我们在一段时间内相信的事实，其掌握的知识很快就会变得陈旧。在书中，我已经尽量提供了足够的背景材料和有关基本生理学过程的知识，以便当研究给我们提供了新的信息时，读者可以及时更新所学知识。

我将教材设计得尽量有趣，信息丰富，尽力为进一步的研究提供坚实的基础。这样一来，读者就算不选随后的相关领域课程，也可以对自己的行为有更好的理解，并能够更好地理解那些与影响个体知觉、情绪或行为异常有关的医学进展。希望仔细阅读本书的读者此后会以一种新的视角理解人类行为。

致 谢

尽管我必须接受大家对于本书的不足之处的批评，但还是想对给我很多帮助的同事表示感谢。感谢很多同事将他们最新发表的文章发给我，就书中应该涉及的主题给我建议，提供我所需要的照片，并指出先前版本中的缺陷。感谢下列评审人对本版的建议：

John Agnew（科罗拉多大学波德校区）
Robert Berks（花岗岩州立学院）
Melissa Birkett（北亚利桑那大学）
Ann Cohen（匹兹堡大学）
Bradley Cooke（佐治亚州立大学）
Kristen D'Anci（塞勒姆州立大学）
Derek Daniels（纽约州立大学布法罗分校）
Marcia Finkelstein（南佛罗里达大学）
Philip Gasquoine（得克萨斯大学泛美分校）
James Hunsicker（西南俄克拉何马州立大学）
Linda James（佐治亚州法庭大学）
Stephen Kiefer（堪萨斯州立大学）
Ewan McNay（纽约州立大学奥尔巴尼分校）
Mindy Miserendino（圣心大学）
Glenn Morrow（曼达尔学院）
Jason Parker（奥多明尼昂大学）
Beth Powell（史密斯学院）
Maria-Teresa Romero（纽约州立大学宾厄姆顿分校）
Teri Rust（路易斯克拉克州立学院）
Suzanne Sollars（内布拉斯加大学奥马哈分校）
Robert Taylor（俄亥俄大学奇利科西分校）
Sheralee Tershner（西新英格兰大学）
Andrew Thaw（米尔萨普斯学院）
Nancy Zook（纽约州立大学普彻斯分校）

我还要感谢妻子对我的支持。写作是一种孤独的追求，一个人每天在多数时间里必须孤独地徜徉在自己的思想中。感谢她给我时间阅读、反思、写作，并且没有让我感觉自己忽视了她。

致读者

希望读者在阅读本书时不仅逐渐学习了更多有关脑的知识，而且逐渐认识到脑是一个非凡的器官。脑是如此复杂，最令人惊叹的是我们可以试着用它来理解它。

在完成这本书的过程中，我想象着自己在和学生们对话，我会告诉他们临床医生和科学研究人员发现的有趣故事。想象着你们的存在使写作的任务不那么令人孤独。希望对话能够继续。请写信给我，告诉我你喜欢书中的哪些部分，不喜欢哪些部分。我的邮箱是 nrc@psych.umass.edu。如果你写信给我，我们就能够进行双向的对话了。

目 录

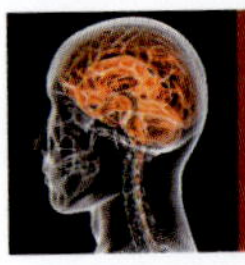

第 3 章　神经系统结构　51

第 4 章　精神药理学　79

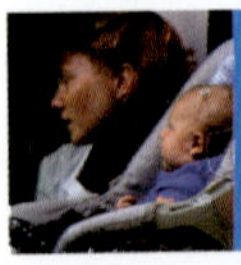

第 5 章　研究方法与策略　105

第10章　情绪　261

第11章　摄食行为　287

第 12 章 学习与记忆 323

第 13 章 人类的交流 359

第 14 章 神经系统失调 391

第 15 章 精神分裂症、情感障碍与焦虑障碍 421

第 16 章 自闭症、注意缺陷或多动症、应激和物质滥用障碍 451

第 1 章

行为神经科学的起源

本章要点

- 理解人类意识：生理学途径
  - 裂脑
- 行为神经科学的本质
  - 研究目标
  - 行为神经科学的生物学渊源
- 自然选择和演化
  - 功能主义和性状的遗传
  - 人类脑的演化
- 动物研究的伦理问题
- 神经科学事业
- 学习策略

ORNL/Science Source/Photo Researchers, Inc.

学习目标

1. 描述裂脑个体的行为，解释这种现象的研究对我们理解自我意识有什么帮助。
2. 描述科学研究的目标。
3. 描述行为神经科学的生物学渊源。
4. 描述自然选择在行为性状演化中的作用。
5. 描述人种的演化。
6. 讨论动物研究的价值和有关动物使用的伦理问题。
7. 描述神经科学中的职业机会。
8. 列出可以帮助你尽可能多地学习本书内容的策略。

引子 | 让的启示

让是一个18岁的年轻人，孤独而聪明，隐居在巴黎西部名为圣—日耳曼的小村子里。最近，他患了神经衰弱并选择了隐居来休养。就在来到小村子之前，他听说了传说中为法国国王亨利四世和玛利亚皇后建造的皇家花园。在一个晴朗的日子里，他决定去看看。门卫拦住了他，但当知道他是拉弗莱什国王学院的学生时，就放他进去了。花园包括六层梯田，俯瞰着塞纳河，花卉以法国人喜爱的对称而有序的方式种植。每层末端石灰石山坡上凿有洞穴，让走进了其中的一个。他听到了伴着汩汩的流水声的怪诞音乐，但因刚走进黑暗里什么也看不见。当他适应了以后，可以辨认出一幅被火炬照亮的画像，他走近，很快认出画上是一位年轻的女性。再近些，他发现那实际上是被水沐浴着的黛安娜的青铜塑像。突然，这个希腊女神消失了，隐没在了褐色的玫瑰花丛后面。他追过去，他的面前升起了一尊尼普顿海神的塑像，用三叉戟挡住了他。

让很高兴。他听说过用水压操纵的机械器官和可以活动的雕像，但没有料到现在亲眼见到了。当他走回到洞口时，他看到了埋在地上控制机械运转的阀门。他花了整个下午徜徉在这些洞穴中，听着音乐，享受着这些塑像的款待。

待在圣—日耳曼期间，他一次又一次地拜访皇家花园。他一直思考着哲学家们关注的一个问题，即有生命的和无生命的东西运动之间的关系。他认为，他看到了无生命塑像的有目的的运动，回答了一些有关心身关系的重要问题。即使离开圣—日耳曼之后，让·笛卡尔还会在记忆中重回那些洞穴，并以其设计师佛罗伦萨的弗兰齐尼兄弟的名字给女儿起名为“芙朗辛”。

这个世界最后一个有待开发的领域——也许是最重要的——在于我们自身。人类神经系统使我们所能做的、所能了解的、所能体验的一切成为可能。它的复杂性无与伦比，研究它、理解它的任务使我们先前对人类自身的所有探索都相形见绌。

人类最普遍的特征之一是好奇心。我们想要解释事情发生的原因。在古代，人们相信自然现象是由有生命的神灵主宰的。所有能动的客体——动物、风与潮汐、太阳、月亮和星星——都有神灵使其运动。比如，石头掉落是因为它们的生命神灵想要与大地母亲团聚。随着对自然的了解，我们的祖先越来越成熟，逐渐放弃了这种解释（我们称之为*万物有灵论*），代之以对无生命运动物体的物理解释。但他们仍然用神灵解释人类的行为。

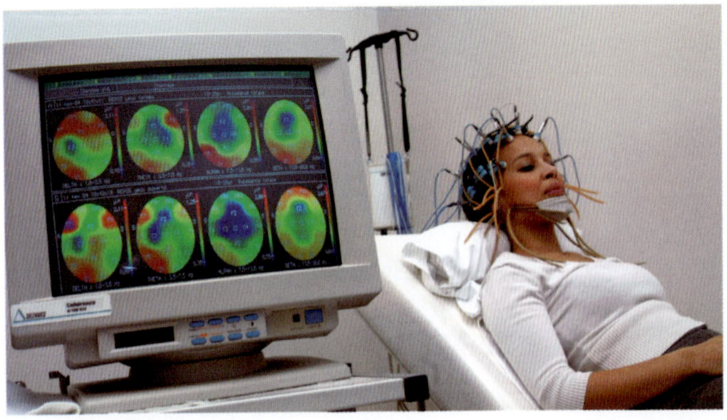

科学家和工程师们发展了一些研究方法，使得神经科学家们可以研究人类的脑活动。

AJ Photo/Photo Researchers, Inc.

自远古时代开始，人们一直相信他们拥有某种使之生机勃勃的不可捉摸的东西——心灵、灵魂和神灵。这种信念源于我们每个人都能意识到自己的存在。当我们思考或行动的时候，我们感到内心好像有某种东西正在思考或者做着行动的决定。但这种人类心理的本质是什么呢？我们的身体有肌肉能使其运动，有眼、耳等感官知觉着我们周围的世界的信息。在我们的身体内，感觉器官接收信息，肌肉运动受到控制，神经系统在其中起着重要的作用。但是心理是什么，它起什么作用？控制神经系统吗？是神经系统的一部分吗？像身体的其他部分一样是物理性的，还是总隐身背后，即是精神的？

行为神经科学家采取实验的和实践的方法研究人类的本质。我们大多相信心理是神经系统活动产生的现象。我们相信，一旦我们理解了人体的工作方式——特别是神经系统的工作方式——我们将可以解释自己如何知觉、如何思维、如何记忆以及如何行动。我们甚至可以解释自己的自我意识的本质。当然，我们还远未理解神经系统的工作方式，只有真正理解神经系统的工作方式，它才能告诉我们这种信念是否正确。

理解人类意识：生理学途径

行为神经科学家怎样研究人类意识？首先，界定一下我们所用的术语。**意识**（consciousness）可指各种概念，包括简单的唤醒。研究者也许会报告一个使用“清醒（conscious）大鼠”的实验，是指大鼠醒着，不在麻醉状态。但我用**意识**一词指的不是这个，而是指我们人类能觉知到——可以告诉他人——我们的思想、知觉、记忆和感受。

我们知道脑损伤和药物可以深刻地影响意识。因为意识可能由于脑的结构和化学变化而发生改变，我们也许假设意识就像行为一样是一种生理学功能。我们甚至可以推测这种自我意识的起源。意识和交流的能力看起来是并进的。我们人类有复杂的社会结构和巨大的学习能力，受益于我们的交流能力——彼此表达意图，彼此提出要求。言语交流使合作成为可能，并允许我们建立行为的习俗和法律。也许正是这种能力的演化使意识现象出现了。也就是说，我们向他人发出信息并接收他人信息的能力使我们可以在我们的头脑中发出和接收自己的讯息——换句话说，就是思考并觉知我们自己的存在。【见图1.1】

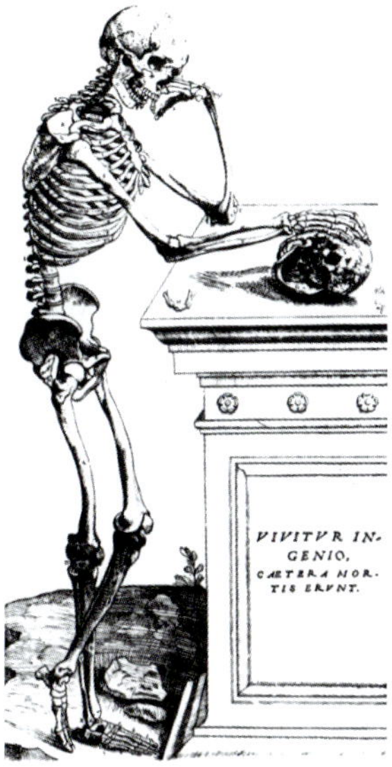

图1.1　研究人脑。人脑可以完全理解它自己的工作方式吗？16世纪《论人体的工作方式》(*De humani corporis fabrica*) 第一版中的木版画。

National Library of Medicine.

裂　脑

研究表明，当一种特定的手术将个体知觉所涉及的脑部与言语行为所涉及的脑部的连接切断时，也就戏剧性地切断了前者与意识的联系。这些结果提示言语行为所涉及的脑部也许正是负责意识的。

这种手术程序用于不能通过药物控制的严重癫痫病人。在这些病人中，一边脑的神经细胞过度活动，并通过胼胝体传递到脑的另一边。**胼胝体**是连接大脑两边相应部分的大束神经纤维。于是大脑的两边都进行着强烈的活动并彼此刺激，导致泛化的癫痫发作。这种癫痫发作每天可能发生多次，使病人无法进行正常的生活。切断胼胝体的神经外科手术（**裂脑手术**）可以极大地减少癫痫发作的频率。

胼胝体(corpus callosum)：连接大脑两边相应部分的大束神经纤维。

裂脑手术(split-brain operation)：为治疗一种癫痫偶尔进行的脑手术；医生切开连接大脑两半球的胼胝体。

图1.2是裂脑手术的示意图。我们看到脑在中间从前到后被切开，分成对称的两半。在左脑打开一扇“窗户”，以使我们看到胼胝体被神经外科手术专用刀切断的情形。【见图1.2】

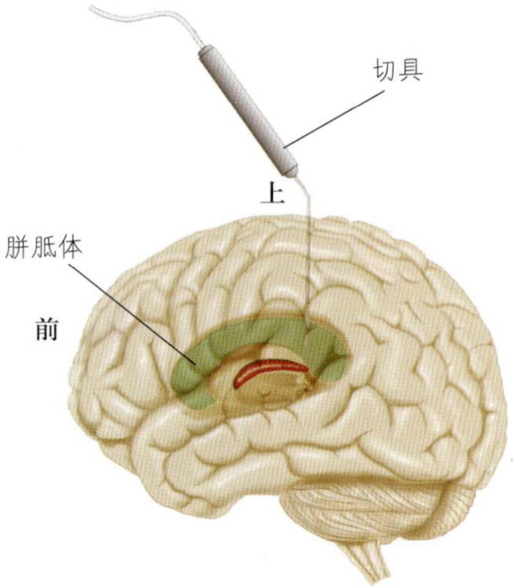

图1.2 裂脑手术。在脑的一边打开一扇“窗户”，以使我们看到胼胝体在脑的中线被切断的情形。

Sperry（1966）和 Gazzaniga 及其合作者（Gazzaniga and LeDoux，1978；Gazzaniga，2005）详尽地研究了这些病人。脑的最大结构包括两个对称的部分，称作**大脑半球**，会从对侧身体接收感觉信息，也控制对侧身体的运动。胼胝体使两半球分享信息，以至每边都知道另一边正在接收信息和正在做的事情。但进行了裂脑手术以后，两半球分开了，并独立运转。它们的感觉机制、记忆和运动系统不再交换信息。对粗心的观察者来说，这些分离的影响并不明显，因为只有一个半球——对于多数个体来说是左半球——控制语言。癫痫病人裂脑的右半球好像可以相当好地理解指导语，但不能产生言语。

由于只有脑的一边可以谈论正在经历的事情，那么和一个裂脑人讲话，其实是在与他的一侧半球谈话，即左半球。右半球的运转更难以探测。病人的左半球甚至不得不学习应对右半球的独立存在。首先，这些病人说他们注意到手术后的左手好像具有了“自己的心灵”。比如，病人会发现他们自己放下左手拿着的一本书，即使他们正在饶有兴趣地读着。这种冲突的发生是因为控制左手的右半球不能阅读，因而觉得这本书很乏味。另一些时候，病人会惊异地发现他们自己的左手做出了违背其本意的猥亵姿态。一个心理学家曾经报告说一个裂脑男病人企图用一只手打他的妻子，而用另一只手保护她。他真的想要伤害她吗？我猜，是，也不是。

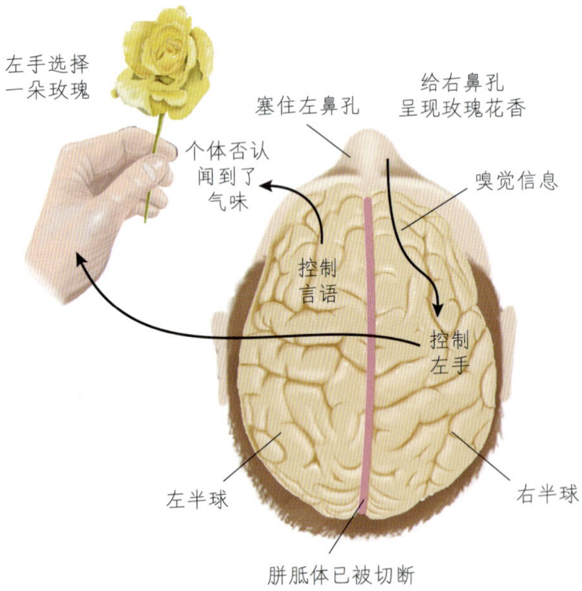

图1.3 裂脑人的嗅闻。裂脑个体识别与一个嗅觉刺激相应的物体。

感觉信息交叉表征的一个例外是嗅觉系统。也就是说，当一个人用左鼻孔嗅闻一朵花时，只有左半球接收到了这种嗅觉信息。因而，如果一个裂脑病人的右鼻孔关闭，只有左鼻孔打开，病人就可以告诉我们他闻到的气味（Gordon and Sperry，1969）。然而，如果气味进入了右鼻孔，病人会说他什么都没有闻到。但事实上，右脑已经知觉到了气味，并且可以识别。为了说明事实确实如此，我们让病人用右鼻孔闻一种气味，然后去拿藏在挡板后面的物体。如果要求其使用左手，即由觉察到气味的半球所控制的手，病人就会选择与气味相应的物体——对花香就选择一束塑料花，对鱼腥就选择玩具鱼，对松树的气味就选择一棵模型树，等等。但是，如果要求其使用右手，病人就不能完成测试，因为右手与没有闻到气味的左半球联系在一起。【见图1.3】

大脑半球（cerebral hemispheres）：脑的两个对称半球；构成脑的主要部分。

切断胼胝体的后果强化了这样一个结论，即我们只能意识到能够到达负责言语交流的位于左半球的信息。如果信息不能到达这些脑部，信息就不能达到与这些机制相联系的意识。我们对于有关意识的生理学仍然知道得很少，但对脑损伤病人的研究开始为我们提供了一些有用的启示。我们将在后面的章节中

小　结

理解人类意识：生理学的途径

心理的概念已经伴随我们很长时间了——可能从人类的远古时代就开始了。现代科学已经接受了一种信念，世界包含物质和能量，我们可以用支配所有其他自然现象的规律来解释被称作心理的这一现象。正如裂脑这一特殊的例子所示的，有关人类神经系统功能的研究倾向于支持这种观点。脑损伤将一些脑功能与左半球言语机制分离，揭示出心理并不能获悉全脑的功能。

当与特定物体有关的感觉信息呈现给做过裂脑手术的个体的右半球时，个体不会觉知到这个物体，不过可以通过左手的运动指出已经知觉到的物体。这种现象提示意识涉及左半球言语机制的操作。的确，意识也许主要是我们"对自己谈论"的事情。因而，一旦我们理解了脑的语言功能，也许就会向理解脑怎样意识到它自身的存在迈进一大步。

思考题

1. 可以给一个足够大且复杂的计算机编程使之理解自己吗？假定有人某天声称已经做到了，你需要什么证据证明或者驳斥这种说法？
2. 除了人以外的动物存在意识吗？一些动物能够与其他个体或与人进行交流的能力是否至少证明了他们存在一些形式的自我和他人意识？
3. 很明显，裂脑个体的左半球可以意识到它所接收的信息和它自己的思想。右半球的心理过程是没有意识的。但是，有没有可能右半球也是有意识的，只是不能告诉我们？我们怎么能够说明情况是否是这样的呢？你看出这个问题和第一个问题的相似性了吗？

讨论这一问题。

行为神经科学的本质

现代行为神经科学历史的缔造者们将心理学和生理学的实验方法结合在一起，将其应用于所有心理学家都关注的问题。于是，我们已经研究了知觉过程、运动控制、睡眠觉醒、繁殖行为、摄食饮水行为、情绪行为、学习和语言等。近年来，我们也已经开始研究人类病理状态（如成瘾和心理障碍）的生理学。

研究目标

所有科学家的目标都是解释他们所研究的现象。但我们所说的*解释*意味着什么？科学的解释有两种形式：概化和还原。多数心理学家采用**概化**的解释。他们将行为的特定事例解释为从其实验演绎出来的一般规律的例证。譬如，多数心理学家会将对狗的极端恐惧解释为所谓*经典条件作用学习*的特定例子。推测起来，这个个体大概在生活早期被狗吓到过。一个令人不快的刺激和动物的出现配对（也许这个人被精力旺盛的狗击倒过或被凶猛的狗袭击过），之后看见狗就会唤起最早的反应——恐惧。

多数生理学家采用**还原**的解释。他们用简单的术语来解释复杂的现象。譬如，他们也许用肌肉细胞膜的变化、特定化学物质的进入以及这些细胞内的蛋白质分子间的相互作用解释肌肉运动。相对照而言，分子生物学家则会用不同分子结合在一起、分子的不同部分彼此吸引的力来解释这些事件。而原子能物理学家的工作是描述能量本身并说明在自然界发现的各种力。每个科学分支的从业人员都使用还原以寻求一些更基本的概化来解释他们所研究的现象。

概化（generalization）：科学解释的类型；基于对许多相似现象的观察，来得出一般结论。

还原（reduction）：科学解释的类型；用现象背后更基本的过程描述现象。

对脑损伤个体的研究有助于我们理解语言、知觉、记忆和情绪所涉及的脑机制。

Neil carlson.

行为神经科学家的任务是用生理学术语解释行为。但行为神经科学家不能只是一个还原者。观察行为并将它们与同时发生的生理事件联系起来是不够的。同一行为的产生可能源于不同的原因，因而也许是由不同的生理机制引起的。那么，在我们可以理解什么生理事件使之发生之前，我们必须“心理学地”理解特定的行为为什么发生。

我们举个例子：像许多哺乳动物一样，小鼠经常建造巢穴。行为观察表明，小鼠会在两种条件下建巢：空气温度低和妊娠时。没有怀孕的小鼠只有在气温低的时候才建巢，而怀孕的小鼠不管温度高低都会建巢。不同的原因导致了同样的行为。事实上，建巢行为受到两种不同的生理学机制的控制。建巢可以作为与体温调节过程有关的行为来研究，还可以在父母行为的背景中研究。

实际上，行为神经科学家的研究努力涉及两种解释形式：概化和还原。实验的想法会受到研究者关于行为的心理学概化知识和生理学机制知识的激发。因而，好的行为神经科学家一定要既是一位好的心理学家，又是一位好的生理学家。

行为神经科学的生物学渊源

行为的生理学研究（或思索）有其古老的渊源。由于心脏运动是生命所必须的，而情绪会使它的跳动更强烈，所以包括埃及、印度和中国在内的许多古代文明都认为心脏是思维和情绪之所在。古希腊也是，只有希波克拉底（Hippocrates，公元前460—前370年）提出这些应该是脑的功能。

不是所有的古希腊学者都同意希波克拉底的观点。亚里士多德就认为，脑只是为了冷却充满激情的心脏。但非常尊敬亚里士多德的盖伦（Galen，公元130—200年）断定亚里士多德提出的脑的作用是“绝对荒谬可笑的，因为如果是那样，脑和心脏就不会离得这么远……脑也不会连着所有的感官源头（感觉神经）”（Galen，1968 translation，p. 387）。盖伦解剖研究了牛、羊、猪、猫、狗、鼬鼠、猴以及猿的脑，并对它们做了许多思考（Finger，1994）。

17世纪的法国哲学家和数学家让·笛卡尔被称为现代哲学之父。尽管他不是生物学家，但他对心和脑在行为控制中的作用的思考为行为神经科学历史提供了一个很好的起点。笛卡尔主张世界是一个纯粹的机械实体。一旦上帝让它动起来了，没有神的干预，它就会运转下去。要理解世界，就只有理解它是怎样建构的。对笛卡尔来说，动物是机械装置；它们的行为受到环境刺激的控制。他认为人体几乎一样——就是个机器。就像笛卡尔所观察的，人体的一些运动是自发的、不随意的。比如，如果人的手指碰到了热的物体，手臂就会立刻缩回来。这类反应不需要心理的参与；它们自动地发生。笛卡尔称这些反应为**反射**（源于拉丁文 reflectere，意为“自己弯回来”）。外来的能量通过神经系统反射回肌肉。这个词至今还在使用，当然，我们对反射的

反射（reflex）：作为刺激的直接结果所产生的自动化的刻板定型的运动。

运作方式的解释已经不同了。

像那个时代的多数哲学家一样，笛卡尔是个二元论者；相信每个人都有心灵——不受宇宙规律支配的独特的人类属性。但他的思考在一个重要的方式上不同于先人：他第一个提出在人类心灵和其纯粹的物理居所——脑——之间存在一种联系。他相信心灵控制身体的运动，而身体通过其感官提供环境中的信息给心灵。特别是他假设这种相互作用在松果体（位于脑干上方的一个小器官，埋在大脑半球下面）发生。他指出，脑包含充满受压液体的室腔（脑室）。在他的理论中，当心灵决定完成一个行动的时候，它像一个小操纵杆，以特定的方向倾斜松果体，使液体从脑中流向一组适当的神经。这种流动会引起相同的肌肉膨胀及运动。【见图1.4】

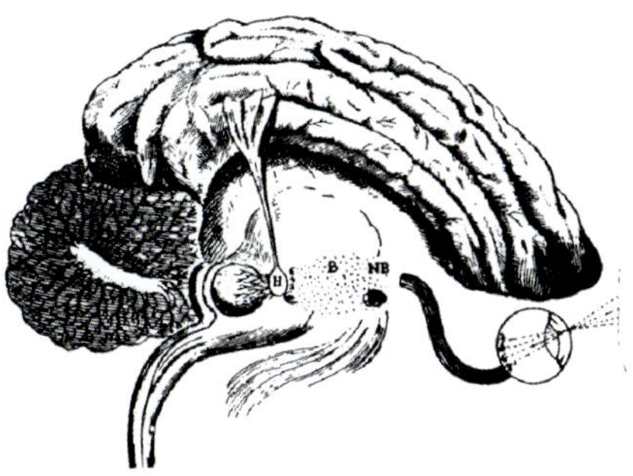

图1.4 笛卡尔的理论。1662年出版的让·笛卡尔的《论人》（*De Homine*）中的木版画。笛卡尔相信"心灵"（我们今天称作心理）通过对松果体的影响控制肌肉运动。按照他的理论，眼睛发出视觉信息给脑，在那里，受到心灵的检查。当心灵决定行动的时候，它会倾斜松果体（图中标为H），使受压液体通过神经流向适当的肌肉。他的解释模仿了巴黎附近皇家花园活动塑像的机制。

就像我们在本章引子中所看到的，年轻的让·笛卡尔对皇家花园的活动塑像印象很深（Jaynes，1970）。这些装置为笛卡尔有关身体如何工作的理论提供了模型。活动塑像的液压流水换成了脑室中的受压液体；管道换成了神经，柱体换成了肌肉，阀门换成了松果体。这个故事说明了技术装置开始被用作解释神经系统如何工作的模型。科学上，**模型**是一个相对简单的系统，用已知的原则工作，至少能够做更复杂系统可以做的一些事情。例如，当科学家发现神经系统的成分通过电冲动的方式交流，研究者就发展了基于电话交换机的脑模型，后来又有了基于计算机的脑模型。完全数学性质的抽象模型也已经开发出来了。

图1.5 约翰内斯·缪勒（1801—1858）。

笛卡尔的模型是有用的，因为它与纯粹的哲学思考不同，可以进行实验检验。事实上，生物学家没有花很长时间就证明了笛卡尔是错的。比如，17世纪意大利的生理学家路易吉·加尔瓦尼（Luigi Galvani）发现，用电刺激青蛙的神经会引起所附肌肉的收缩。甚至当神经和肌肉与身体的其他部分分离的时候，收缩仍然可以发生，所以肌肉收缩的能力和神经可以发出讯息给肌肉的能力是这些组织本身的特征。因而，脑不会使受压的液体通过神经让肌肉膨胀。加尔瓦尼的实验促使其他人研究了神经传递讯息的本质以及肌肉收缩的方式。这些努力的结果导致了行为生理学知识的积累。

实验生理学发展史中最重要的人物之一是19世纪的德国生理学家约翰内斯·缪勒（Johannes Müller）。【见图1.5】缪勒极力提倡将实验技术应用于生理学。之前，多数自然科学家的活动局限于观察和分类。尽管这些活动是必需的，但缪勒坚持认为，只有用实验的方法移走或隔离动物的器官，检验它们对不同化学物质的反应，改变环境看看器官怎样反应，才能使我们对人体工作方式的理解获得重大进展。他对行为的生理学研究的最重要贡献是**专化神经能量学说**。缪勒观察到，尽管所有神经承载着相同的基本讯息——一种电冲动，但我们在以不同的方式知觉不同神经的讯息。例如，由视神经承载的讯息产生视觉形象的感觉，听神经承载的讯息产生声音的感觉。相同的基本讯息是怎样产生不同的感觉的呢？

模型（model）：对生理过程的数学或物理学类比；例如，计算机被用作解释各种脑功能的模型。

专化神经能量学说（doctrine of specific nerve energies）：缪勒断定，由于所有的神经纤维承载相同类型的讯息，所以感觉信息一定是通过激活特定神经纤维来专化的。

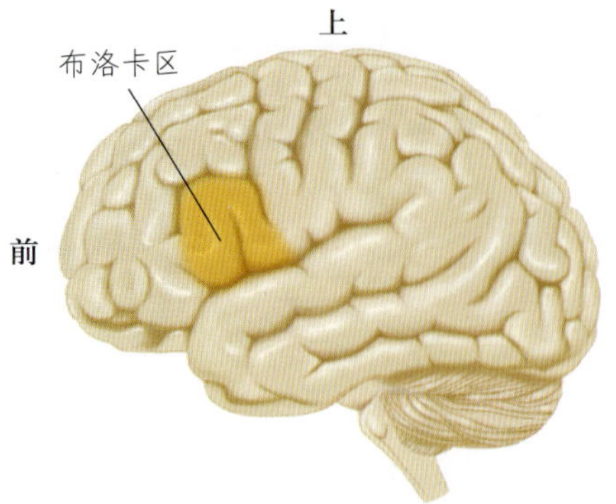

图1.6　布洛卡区。由法国外科医生保罗·布洛卡命名的脑区。布洛卡发现左脑这个部分的损伤会破坏一个人的说话能力。

问题的答案是讯息在不同的通道中产生。接收视神经传入信息的脑部将活动解释为视觉刺激，即使神经实际是由机械刺激激发的（譬如，当我们揉自己的双眼时，我们会看到光亮的闪现）。由于脑的不同部分接收不同神经传来的讯息，脑一定是有功能划分的：一些部分完成某些功能，而另一些部分完成另一些功能。

缪勒通过他的专化神经能量学说倡导的实验和逻辑演绎开始了直接对脑进行实验的阶段。的确，19世纪法国生理学家皮埃尔·弗卢朗（Pierre Flourens）就是这么做的。他切除动物脑的不同部分并观察它们的行为。通过观察动物不再能够做什么，来推论所缺失脑部的功能。这种方法称为**实验性切除**（源于拉丁文 ablatus，意为“运走”）。弗卢朗称自己发现了控制心跳和呼吸、有目的的运动、视觉和听觉反射的脑区。

弗卢朗完成其实验后不久，法国外科医生保罗·布洛卡（Paul Broca）将实验性切除原则应用于人脑。当然，他不是故意切除脑部去看它们怎样工作的，而是观察由于中风导致脑受损的病人的行为。1861年，他对一个因中风导致失去讲话能力的男性病人的脑进行了尸体解剖。观察使布洛卡得出结论：左半球大脑皮层的一个部分对完成言语功能是必需的。【见图1.6】其他内科医生很快就获得了支持其结论的证据。你会在第13章看到，言语控制并不定位于脑的一个特定区域。确实，言语需要的多种功能得通过整个脑组织在一起。不过，实验性切除的方法对我们理解人类和实验动物的脑是很重要的。

我在前面提到过，路易吉·加尔瓦尼用电来说明肌肉包含为其收缩提供动力的能量源。1870年，德国生理学家古斯塔夫·弗里奇（Gustav Fritsch）和爱德华·希齐格（Eduard Hitzig）采用电刺激作为工具理解脑的生理学。他们用微弱电流刺激狗脑暴露的表面并观察刺激的效果。发现对脑不同部分的特定区域的刺激会引起对侧身体特定肌肉的收缩。我们现在将这些区域称为*初级运动皮层*，那里的神经细胞与引起肌肉收缩的细胞有直接的联系。我们也知道，其他脑区与初级运动皮层联系，因而控制行为。例如，言语必需的布洛卡区联系并控制着初级运动皮层，而后者控制着用于讲话的唇、舌和喉。

19世纪最卓越的科学家之一是德国物理学家和生理学家赫尔姆霍茨（Hermann von Helmholtz）。赫尔姆霍茨提出了能量守恒定律的数学公式，发明了检眼镜（用于检查眼睛的视网膜），提出了重要且有影响的颜色视觉和色盲理论，研究了听觉、音乐和许多生理学过程。赫尔姆霍茨也是第一个试图测量神经传导速度的科学家。科学家先前相信这种传导与电线上发生的传导相同，即以接近光速传递。但赫尔姆霍茨发现神经传导要慢得多，只有大约每秒27米。这种测量证明了神经传导的不只是简单的电信息，详见第2章。

实验性切除（experimental ablation）：一种研究方法，通过观察动物在脑的一部分损伤以后不再出现的行为，来推断那部分脑的功能。

20世纪实验生理学的发展包括许多重要的发明，比如灵敏觉察微弱电信号的放大器，分析细胞内和细胞间化学变化的神经化学技术，观察细胞及其

小　结

行为神经科学的本质

所有科学家都希望解释自然现象。在这种背景下，解释一词有两个基本的含义：概化和还原。概化指按照现象的主要特征对现象进行分类，以阐明一般规律。譬如，对万有引力与两个物体的质量和它们之间的距离有关的观察有助于解释星体的运动。还原指用更基本的物理过程描述现象。比如，引力可以用力和亚原子微粒解释。

行为神经科学家既使用概化也使用还原解释行为。在大多数情况下，概化采用心理学传统方法解释行为。还原采用身体内的（主要是在神经系统内）生理学事件解释行为。于是，行为神经科学建立在实验心理学和实验生理学的传统之上。

今天的行为神经科学是建立在过去重要的科学发展之上的。让·笛卡尔基于液压触发的塑像提出脑模型。其模型激发了导致重要发现的观察。加尔瓦尼实验的结果最终使我们理解了脑和感觉器官及肌肉之间神经传递信息的本质。缪勒的专化神经能量学说为采用实验性切除和电刺激方法研究脑的特定部分功能铺平了道路。

思考题

1. 研究行为神经科学历史的价值是什么？是浪费时间吗？
2. 假定我们只考虑最近的研究，忽视我们现在已知不正确的解释，是会让我们所花的时间更有价值，还是会使我们丢失一些东西？

构成的组织学技术，等等。因为这些发展属于现代，将在随后的章节中详细讨论。

自然选择和演化

遵循缪勒和赫尔姆霍茨的传统，生物学家们继续观察、分类、思考他们所看到的，获得了一些有价值的结论。这些科学家中最重要的人物是查尔斯·达尔文（Charles Darwin）。【见图1.7】达尔文提出的自然选择和演化原则给生物学带来了巨大变革。

图1.7　达尔文（1809—1882）。他的演化理论带来了生物学革命，并强烈地影响了早期的心理学家。

North Wind Picture Archives.

功能主义和性状的遗传

达尔文的理论强调所有有机体的特征——其结构、色彩、行为——都有功能意义。例如，强壮的爪和尖锐的喙使鹰能够捕捉和享用猎物。多数吃绿叶子的毛虫本身也是绿色的，它们的颜色使鸟难以从绿色背景中发现它们。母鼠建巢，使它们的幼仔保持温暖并远离危害。很明显，行为本身不是遗传的，遗传的是导致行为发生的脑。于是，达尔文的理论使**功能主义**出现了，它相信有机体的特征是具有功能的。因此，要理解各种行为的生理学基础，我们必须首先理解这些行为完成了什么。因此，我们必须理解所研究物种的自然历史，以便在行为发生的背景中理解行为。

要理解复杂机械的工作方式，我们应当知道其功能是什么。这个原则对生物体和机械装置都是适用的。然而，机器和有机体之间存在重要的区别：创造者建造机器的时候是有目的的，而有机体的形态是系列偶然事件的结果。于是，严格地讲，我们不能说有机体的任何生理学机制都是*有目的的*。但是它们确实具有*功能*，而且我们可以试图确定这些功能。例如，图1.8展示的前肢属于不同哺乳动物物种，已演化出了不同的功能。【见图1.8】

功能主义（functionalism）：这种原则说明了理解一种生物学现象（一种行为或一个生理学结构）的最好方式是试图去理解其对有机体的有用功能。

Blest（1957）的一个实验可以很好地说明适应性性状的功能分析。某些

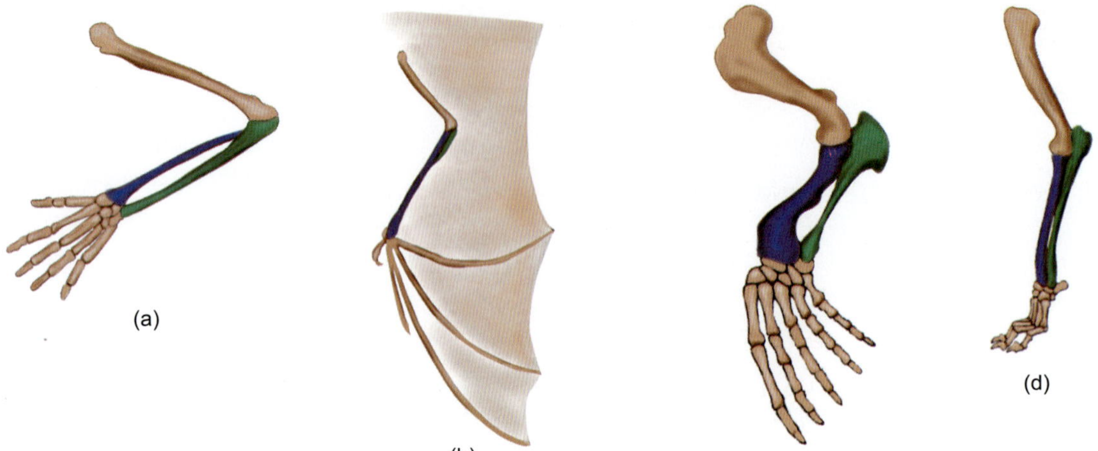

图1.8 前肢骨骼。(a) 人类，(b) 蝙蝠，(c) 鲸鱼，(d) 狗。通过自然选择过程，这些骨骼已经被改变，以适应许多不同的功能。

图1.9 猫头鹰样的蝴蝶。当鸟趋近时，这只蝴蝶若展现它的眼点，鸟通常会飞开。

Neil Carlson.

种的蛾子和蝴蝶在翅膀上有像眼睛一样的斑点，特别是像猫头鹰这类捕猎者的眼睛。【见图1.9】这些昆虫通常依靠伪装来保护自己；当它们的翅膀合起来的时候，颜色就像树皮。然而，在鸟趋近的时候，它们的翅膀会一下子张开，隐藏的眼点突现出来，鸟就很可能飞走，不吃它们。Blest做了一个实验，想看看蛾子或蝴蝶翅膀上的眼点是否真的会干扰看到它们的鸟。他将一些幼虫放在不同的背景上并计数鸟吃了多少。的确，当把虫子放在包含眼点的背景上时，鸟就会倾向于回避。

达尔文提出他的演化理论解释物种获得适应性特征的方式。理论的基础是**自然选择**原则。达尔文指出，一个物种的成员不都是相同的，它们表现出来的一些不同遗传给了它们的后代。如果一个个体的特征使它更成功地繁殖，它们的一些后代就会遗传这些有利的特征，自己也会产生更多的后代。结果，这些性状在物种中变得更加普遍。他观察发现，动物饲养者可以通过只让拥有其想要的性状的个体一起交配，来开发拥有某种特质的品系。如果受饲养者控制的人工选择可以产生如此多样的狗、猫和家畜，也许自然选择就可能是造成物种发展的原因。当然，是自然环境而不是动物饲养者的手，形成了演化过程。

演化意味着逐渐地发展（源于拉丁文evolvere，意为“展开”）。**演化**的过程是植物和动物物种的结构和生理机能由于自然选择的作用而逐渐变化的过程。当有机体发展出新异特征，可以利用环境中的潜在机会时，新物种就在进化。达尔文及其同道科学家并不清楚自然选择原则工作的机制。事实上，分子遗传学原理直到20世纪中叶才被发现。简言之，这个过程是这样的：每一个通过性繁殖的多细胞生物体都包含大量细胞，每个细胞都包含染色体。染色体是大而复杂的分子，它含有细胞生长并执行其功能所需要的蛋白质的“配方”。在本质上，染色体包含特定物种的特定成员的建构（也就是产前发育）蓝图。如果改变蓝图，就会产生不同的生物体。

蓝图确实会发生改变：突变随时会发生。结合在一起产生新个体的精子

自然选择（natural selection）：具有选择有利性（增加一个动物生存和繁殖可能性）的遗传性状在该物种中变得更普遍的过程。

演化（evolution）：植物和动物物种结构和生理机能的逐渐变化——通常会产生更复杂的有机体——作为自然选择的结果。

或卵子的染色体中的偶然改变称为**突变**。例如，宇宙射线也许会穿透动物睾丸或卵巢细胞中的染色体，因此产生影响动物后代的突变。多数突变是有害的：后代或者不能生存，或者带有某种缺陷。然而，小部分突变是有益的，赋予拥有突变的个体**选择性优势**。也就是说，这个动物比该物种的其他成员更可能生存到繁殖的时候，从而传递染色体给其后代。许多不同的性状可具有选择性优势，如对特定疾病的抵抗力，消化新食物的能力，抵御天敌或获得猎物的更有效的武器，甚至是对异性成员更有吸引力的外貌（毕竟，个体必须繁殖以传递染色体）。

在自然界，突变改变的是身体上的性状；染色体制造影响细胞结构和化学反应的蛋白质。但这些身体性状改变的效果可以在动物行为上看到。因此，自然选择过程可以间接地作用于行为。例如，如果特定的突变导致脑的改变，引起小动物在知觉到新异刺激时僵住不能移动，那么当捕猎者在附近经过时，动物更可能不被察觉地逃跑。这种倾向使动物更可能生存并产生后代，从而传递基因给后代。

有些突变不会立刻就表现出益处，但也不会使它们的拥有者处于不利地位，至少可以遗传给物种的一些成员。几千个这种突变使特定物种的成员拥有了多样化的基因，并且使每个个体都与其他个体具有某些差异。多样化对一个物种来说绝对是有好处的。不同的环境为不同的有机体提供了最适宜的栖息地。环境变化的时候，物种若不能适应，就会面临灭绝的风险。如果物种成员拥有各种各样的基因，而且其中一些成员具有适应新环境的特征，那么它们的后代就会存活下来，物种就会延续下去。

人类脑的演化

人类拥有几个使他能与其他物种竞争的特征。灵巧的双手使他们能够制造和使用工具。出色的颜色视觉能够帮助他们发现成熟的果实、猎物和危险的捕猎者。对火的掌握使他们可以烹调食物、取暖、吓退夜行性捕猎者。直立姿势和两足行走使长距离行走成为可能，眼睛离地面足够高使他们在平原上看得更远。两足行走也使他们能够携带工具和食物，即可以携带果实、根茎和肉食回到部落。语言能力使他们将部落所有成员的集体知识结合在一起，做计划，传递信息给下一代，并形成复杂的文明，从而确立其作为优势物种的地位。所有这些特征都需要一个更大的脑。

更大的脑要求更大的颅骨，而直立的姿势限制了女性产道的大小。新生儿头部的大小需适应产道的大小。其实，人类的生产比子代的头在比例上更小的哺乳动物（包括我们最近的灵长类亲戚）的生产要困难得多。由于婴儿的脑没有大到和复杂到具备成人那样的生理能力和智力能力，因此出生后必须继续生长。事实上，所有哺乳动物（和所有鸟）都需要父母照顾一段时间，其间，神经系统会继续发展。年幼的哺乳动物（特别是年幼人类）和照顾他们的成年个体待在一起意味着可以有一段训练期。结果，演化过程并不一定要创造出一个包含一群独特的神经回路的脑，去执行特定的任务。相反，它只需创造一个更大的脑，包含丰富的可以被经验修改的神经回路。成人会养育并保护他们的后代，给予

突变（mutation）：可传递给后代的、精子或卵子的染色体中包含的遗传信息的改变；带来了遗传的多样性。

选择性优势（selective advantage）：使机体产生的后代数目高于其物种平均水平的特征。

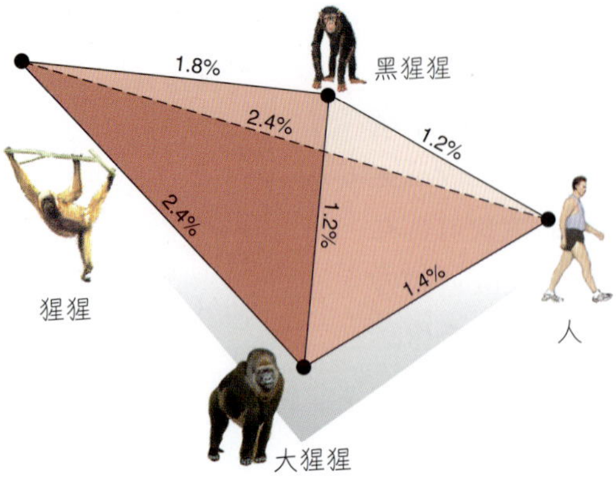

图1.10 人科亚种间的DNA。这个锥形说明了人科的四个主要亚种间DNA的差异百分比。

Lewin, R. *Human Evolution: An Illustrated Introduction*. Boston: Blackwell Scientific Publications, 1993.

他们作为成人需要的技能。当然，某些专化的回路是必要的(例如，那些用于分析言语中的复杂声音的回路)，脑基本上就像一台多功能的可编程的计算机。

除了我们自己，在现存的人科（类人猿)中，我们最近的亲戚有黑猩猩、大猩猩和猩猩。DNA分析表明，这四个物种之间的遗传差异很小。例如，人类和黑猩猩分享着98.8%的DNA。【见图1.10】

要产生一个更大的脑需要什么类型的遗传变化呢?第3章将就这个问题进行更详细的说明，但最重要的原则好像是让成熟期延长，允许有更多的时间来生长。就像我们将要看到的，人类出生前的脑细胞分裂期延长了，导致脑重平均可达350克，包含大约1000亿个神经元。出生后，脑还在继续生长。这时人脑几乎停止产生新的神经元了，但已有神经元会继续生长并与彼此建立联系；保护和支持神经元的其他类型的脑细胞开始激增。直到青少年晚期，脑才达到成人脑的大小，1400克，大约是新生儿脑重的4倍。这种成熟期延长的现象称作**幼态持续**。成人的头和脑保留了一些婴儿的特征，包括它们与身体的其他部分不成比例的大小。图1.11显示了黑猩猩和人类的胎儿及成年个体的颅骨。就像你看到的那样，黑猩猩的胎儿和人类的胎儿的颅骨比这两个物种成年个体的颅骨更相似。网格线表明了生长的模式，说明人类的颅骨从出生到成年的变化要小得多。【见图1.11】

幼态持续（neoteny）：成熟期延长，允许有更多的时间生长；发展更大的脑的一个重要因素。

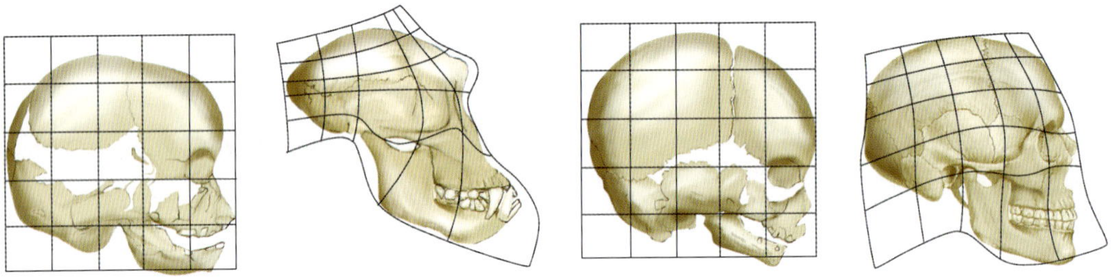

图1.11 人类颅骨演化中的幼态持续。人类和黑猩猩的胎儿的颅骨比其成年个体的颅骨更相似。网格线表明生长的模式，说明人类的颅骨从出生到成年的变化要小得多。

Lewin, R. *Human Evolution: An Illustrated Introduction*, 3rd ed. Boston: Blackwell Scientific Publications, 1993.

小 结

自然选择和演化

达尔文基于自然选择概念的演化理论，为现代行为神经科学做出了重要的贡献。其理论主张我们必须理解一个器官、身体的一个部分或一种行为所完成的功能。通过随机的突变，个体遗传物质的改变导致不同蛋白质的产生，从而导致某些身体特征的改变。如果这种改变赋予了个体一种选择性优势，新的基因就会传递给越来越多的物种成员。通过神经系统结构改变的选择性优势，就连行为也可以演化。

脑的演化为工具制造、火的使用和语言的发展提供了可能，这些又使得复杂社会结构的发展成为可能。更大的脑也提供了更大的记忆容量和再认过去事件的模式并计划将来的能力。由于直立姿势限制了女性产道的大小，因而也限制了可通过的胎儿的头的大小，所以脑在出生后需要继续发育，这意味着儿童需要父母照顾的时期延长了。这个训练期使脑的发展能够受到经验的修正。

尽管人类与黑猩猩的DNA的不同只有1.2%，但我们的脑是黑猩猩的3倍大，这意味着只有少量的基因负责我们脑容量的增加。这些基因好像阻止了会使脑发育停止的事件，导致幼态持续的现象。

思考题

1. 人类有自我意识带来了哪些有用的功能？在物种的演化过程中，这种性状是怎样被选择的？
2. 人类和黑猩猩的DNA的不同只有1.2%，你觉得惊讶吗？你对此有什么感受？
3. 如果物种继续演化，你认为人类会发生什么改变？

动物研究的伦理问题

本书中描述的多数研究涉及活体动物的实验。当我们为了自己的目的使用其他的物种时，我们应该确定我们正在做的事情是人道的和值得的。我相信，如果对行为生理学的研究能做到这两点，就可以做出好榜样。人道地对待动物是程序的问题。我们知道如何使实验室动物在舒服清洁的条件下保持健康。我们知道怎样施加麻醉和止痛剂以让动物在手术期间和手术后不觉得痛苦，而且我们知道用适当的手术程序和抗生素防止感染。多数工业发达的社会对如何照顾动物有很严格的规章制度，用于动物的实验程序也需要获得许可。我们没有任何理由虐待动物。事实上，大多数实验室动物都受到了人道的对待。

我们会出于很多目的利用动物。我们吃它们的肉和蛋，喝它们的奶；把它们的皮毛变成皮革；从它们的器官中抽取胰岛素和其他激素来治疗人类的疾病；训练它们在农场做有用的工作或给我们带来娱乐。就连养宠物也是一种利用；是我们决定让它们住在我们家里的。事实上，我们在人类物种的整个历史中一直在利用其他动物。

与科学研究相比，家养宠物有时会给动物带来更多的痛苦。就像Miller（1983）所说的，宠物拥有者不需要获得包括兽医在内的专家委员会的许可；也不会定期接受检查，以确认它们的家是清洁卫生的，是否有足够的空间做适当的运动，或食谱是否适宜。科学研究却需要这些。Miller还提到，每年因为被主人遗弃而被人道协会处死的狗和猫是用于科学研究的动物的50倍。

如果一个人相信以任何方式使用其他动物都是错的，而不管这对人类有什么益处，那就没有什么可以使他相信用动物做科学研究的价值。因为对这个人来说，这个问题从一开始就没有什么讨论的余地。道德问题绝对不能用逻辑方法解决；就像宗教信仰可以被接受或被拒绝，但它们不能被证明或被驳斥。我支持使用动物进行科学研究的观点是基于对人类利益的评估。（我们也应该记住，对动物的研究也常帮助*其他动物*；兽医使用的治疗程序和医生使用的一样，都源于这种研究。）

不像宠物拥有者，在研究中使用动物的科学家必须遵循为保证动物得到适当照顾而制定的严格的规章制度。

Patrick Landmann/Science Source/Photo Researchers, Inc.

在描述动物研究的好处之前，我要先指出动物在研究和教学中的使用是动物权利激进主义者的一个特殊目标。Nicholl 和 Russell（1990）检查了由这些激进主义者写的21本书，统计了有关动物的不同使用方式的页数。接着，他们比较了作者对这些使用方式的相对关注度与在每个范畴内实际涉及的动物数。结果显示，作者对动物作为食物、猎物和毛皮以及在动物收容所被人道毁灭的关注较少。与此相比，尽管只有0.3%的动物用于研究和教育，却有63.3%的页数用于批评这种动物使用方式。每涉及一百万只动物，作者分别用了0.08页、0.23页、1.27页和1.44页来描写用于食用、狩猎和获取毛皮以及在动物收容所被杀死的动物，却用了53.2页来写用于研究和教育目的的动物。作者对研究和教育的关注是对食物的关注的665倍，是对狩猎的231倍。甚至在使用动物毛皮方面（是研究和教育所用动物的2/3），每只动物吸引的注意要比用于研究和教育的动物少41.9%。

动物权利激进主义者对在研究和教育中使用动物的不成比例的关注是令人迷惑的，特别是因为这是动物使用中*绝对必要*的一项。我们不吃动物*可以*生存，不进行狩猎*可以*生存，没有动物皮毛*可以*生存。但是，不使用动物进行研究并训练将来的研究者，我们就无法在理解和治疗疾病方面取得进步。不用太久，我们的科学家就可能开发出防止艾滋病进一步蔓延的疫苗。一些动物权利激进主义者相信，在寻找这种疫苗的过程中，避免实验动物死亡比防止由于没有疫苗导致上百万人的死亡是更值得追求的目标。甚至如果药厂不再使用动物，我们已经征服的疾病还会有新的受害者。如果不能使用动物，药厂不再从动物身上抽取用于治疗人类疾病的激素，就不能生产我们现在用于治疗的许多疫苗。

在人类遭受的医疗、心理和行为问题困扰中，有许多只能通过生物学研究得以解决。让我们来考虑一些主要的神经疾病。中风——由脑内血管出血或阻塞引起——常常使人们半身瘫痪，不能阅读、书写或与家人和朋友谈话。对神经细胞彼此交流方式的基础研究已经有了关于导致脑细胞死亡原因的重要发现。这种研究不指向特定的实用目标，但其潜在的价值令研究者们感到惊奇。

就像我们将在本书中所学习的，实验室动物研究已经取得了有关神经和心理疾病（包括帕金森病、精神分裂症、躁狂抑郁症、焦虑障碍、强迫症、神经性厌食、肥胖症以及药物成瘾）的可能原因和潜在治疗方法的重要发现。尽管已经取得了很大的进步，但这些问题仍然存在，给很多人带来了痛苦。除非我们继续实验室动物的研究，否则问题不会得到解决。一些人已经提议在我们的研究中可以使用组织培养或计算机来代替实验室动物的使用。但很不幸，组织培养和计算机有时并不能代替活的生物体。我们无法在组织培养中研究成瘾这样的行为问题，也不能通过编程模拟神经系统的工作方式。（如果我们可以，就意味着我们已经得到了所有答案。）

证明动物研究合理的最简单的方法是指出该研究对人类健康的实际助益和潜在助益。然而，我们也可以采取不太实用但也许同等重要的论点来说明这种研究的合理性。我们人类的特征之一就是寻求对世界的理解。比如，天文学家研究宇宙并试图揭开其神秘的面纱。即使他们的发现永远不会带来更好的药物或更快的交通方式等实际助益，但是他们丰富了我们对宇宙起源和命运的理解，这些事实都证明他们的努力是合理的。这种对知识的追求本身也是值得的。试图理解我们内在的宇宙——成就了我们的现在和无限可能的神经系统——当然也是有价值的。

神经科学事业

行为神经科学是什么？行为神经科学家在做什么？在你读完这本书的时候，会有一个完整答案。但是在认真开始学习之前，我们有必要描述一下这个领域和相关的职业。

行为神经科学家研究可以在非人动物身上观察到的所有行为现象。他们试图理解行为的生理学：在控制行为时，神经系统的作用及其与身体其他部分（特别是分泌激素的内分泌系统）的相互作用。他们研究像感觉过程、睡眠、情绪行为、消化行为、攻击行为、性行为、父母行为以及学习和记忆之类的主题。他们也研究折磨人类的疾病，比如焦虑症、抑郁症、强迫症、恐怖症、心身疾病以及精神分裂症。

尽管*生理心理学*（physiological psychology）是这个领域最初的名字，但是现在其他一些术语也可通用，如*生物心理学*（biological psychology 或 biopsychology）、*心理生物学*（psychobiology）以及*行为神经科学*（behavioral neuroscience）。多数专业行为神经科学家有心理学专业或跨学科专业的博士学位。（我所在的大学可授予神经科学和行为的博士学位。这个培养项目中包括了来自心理学、生物学、生物化学和计算机科学等院系的教学人员。）

行为神经科学属于更大的神经科学领域。神经科学家们关注神经系统的各个方面：神经系统解剖学、化学、生理学、发展和功能。从分子遗传学到社会行为，这些都在神经科学家的研究范围内。这个领域近年来得到了巨大的发展；现在神经科学学会的会员已经超过了3.8万人。

多数行为神经科学家在大学里从事教学和科研工作。其他一些在研究所开展研究，比如，国家政府或私人慈善组织所有的实验室。还有一些人在企业工作，通常是对药物的行为效果评估感兴趣的药厂。要成为一位教授或独立的研究者，必须要有博士学位，虽然有些人是在得到了医学博士学位（M.D.）后转向做研究工作的，但这里所说的博士学位通常是指哲学博士学位（Ph.D.）。现今，多数行为神经科学家会在级别较高的科学家实验室里做两年博士后，获取更多的研究经验。在这期间，他们要写文章报告他们的研究成果并提交给科学杂志发表。这些文章是获取永久职位的重要因素。

经常与行为神经科学发生重叠的两个领域是神经学和认知神经科学。神经学家是诊断和治疗神经系统疾病的医生。多数神经学家只涉及医疗实践，但也有一些人在从事推进我们对行为生理学的理解的研究。他们研究由于自然原因导致脑损伤的病人的行为，使用先进的脑扫描设备研究被试参与各种行为时不同脑区的活动。认知神经科学家（有心理学的博士学位，并经过了有关神经学原理和程序的专门训练）也进行这样的研究。

行为神经科学家（behavioral neuroscientist）：也称为生理心理学家，是主要通过对实验室动物进行生理学和行为实验来研究行为生理学的科学家。

不是所有从事神经科学研究的人都有博士学位。许多科研技术人员会为和他们一起工作的科学家完成必要的有知识价值的服务。一些技术人员对工作有足够的经验和教育背景，使他们能够与其老板合作而不是简单地为他们工作。

小 结

动物研究的伦理问题和神经科学事业

对行为生理学的研究必然涉及对实验室动物的使用。所有使用这些动物的科学家都有责任确保它们有舒适的居住条件且被人道地对待，对此是有法律规定的。这种研究已经让人类获益良多，并将继续下去。

行为神经科学（最初被称为生理心理学，也称为生物心理学和心理生物学）是一个使我们理解行为的生理学的领域。行为神经科学家与更广泛的神经科学领域里的其他科学家有紧密的合作关系。为从事行为神经科学（或其姊妹领域——认知神经科学）事业，必须获得研究生以上学位，同时（通常）做两年以上的“博士后”（即在正规的科学家实验室工作的研究者）。

思考题

为什么有些人对在教学和研究中使用动物比以其他目的使用动物更感觉不适呢？

学习策略

脑是复杂的器官。毕竟，它是我们的所有能力和复杂性的原因。科学家们研究这个器官很多年了（特别是在近些年），并已经了解了有关它如何工作的许多信息。用简单的几句话不可能总结这种进步，因此，本书包含了许多相关信息。我试图有条理地组织这些信息，按照你需要的顺序告诉你。（毕竟要理解一些事情首先需要理解一些其他事情。）我也试图尽可能写得清楚明白，例子尽可能简单生动。但你仍然不能期待只通过被动阅读就能掌握本书介绍的知识；你得主动做些事情。

学习行为生理学涉及大量比记忆事实多得多的内容。当然，有些事实是一定要记的，比如神经系统各部分的名字、化学物质和药物的名字、特定现象的科学术语和用于研究这些现象的程序，等等。但需要探索的知识远不止这些；我们知道的只是我们需要了解的一小部分。可以肯定的是，我们现在接受的许多“事实”到某一天可能又被证明是不正确的。如果你做的只是了解事实，当这些事实被修正的时候，你该怎么办？

要防止知识变陈旧就要了解获得事实的过程。在科学上，事实是科学家通过观察所得的结论。如果你学的只是结论，肯定是要过时的。你将不得不记忆哪个结论是被推翻的，新的结论是什么，这种死记硬背的学习是很难的。但是如果你学习科学家使用的研究策略，他们所做的观察以及得出结论的推理过程，你将获得一种理解，当新的观察结果（和新的“事实”）显现的时候，更易于修正原有的结论。如果你理解了结论背后的东西，你可以将新的信息整合进你已经掌握的知识结构中，并自己修正这些结论。

基于以上介绍的这些对于学习、知识和科学方法的认识，本书不仅呈现了大量事实，而且也描述了科学家在理解行为生理学时所用的程序、实验及其逻辑推理。如果为了方便，你只关注结论而忽视得出结论的过程，你所获得的信息可能很快会过时。另一方面，如果你试图理解实验，并审视怎样从结果中得出结论，你会获得有生命力的、不断丰富的知识。

现在我们来提供一些有关学习的实用建议。在你的学术生涯中，你一直在学习，你肯定已经学会了一些有用的策略。即使你已经获得了有效的学习技能，也可以考虑一些改进它们的途径。

如果可能，首先请尽可能不间断地读完规定阅读的部分；也就是，阅读一章的内容，不用担心记不记得住细节。接着，上完有关某个主题的第一次课以后，再次认真地阅读规定的部分。使用钢笔和铅笔做笔记。*不要使用记号笔*。记号笔尖扫过一些词句时能提供一些即刻的满足；你甚至可能想象标记的部分不知怎么就转变成你的知识基础了。你已经选择了重点内容，当你复习规定阅读的内容时，也许只是读了用记号笔标记过的部分。但这是一种错觉。

要主动，不要被动。强迫自己写下整个词句和短语。将信息翻译成你自己的话，这不仅使你在下次测验前可以进行快速的复习，而且会使这些信息进入你的头脑（这在考试的时候是有帮助的）。使用记号笔是将学习拖到了最后一天；用你自己的话重新描述信息是*立刻*开始学习。

在你开始阅读下一章之前，我要先来说说本书中能帮助你学习的一些设计。本书希望将正文和图示尽可能紧密地整合在一起。以我的经验，阅读一些书最让人烦恼的东西之一是不知道应在什么时候看一个图示。因此，在本书中，你会发现我们用方头括号表示图示资料，意为“停止阅读，看图。”这些资料出现在我认为适当的地方。这可以提示你把注意从正文内容上移开，也不会在关键的地方打断你的思路，而且不必重复阅读上下几句才可以继续接下去。你会发现诸如这样的部分：“图4.1显示一条鳄鱼和一个人。这条鳄鱼呈一条直线；我们可以从其眼睛和脊髓连线中点开始画一条直线。【见图4.1】”这个例子可能很简单，无论你什么时候看图都不会给你带来什么问题。但在其他情况下，材料更加复杂，如果你在停止阅读并看图示之前就知道要看什么，对你来说会更方便。

你会注意到正文中有一些词用了楷体，还有一些用了紫色黑体。用楷体的词有两种情况：要么是要强调一个不是新术语的词；要么是指出了一个不需要你学习的新术语。而黑体字是你应该学习的新术语。文本中多数黑体字术语是行为神经科学的词汇，经常会在后面的章节中再次出现。这些术语的定义会在该页的边缘出现。

在一节重要的内容结束的地方会出现一个*小结*（通常每章有3 ～ 5个），给你一个空隙停下来并再次思考你已经读过的内容，以确保你理解了讨论的方向。许多小结后面都提供了思考题，刺激你思考已经学过的内容并将其应用于还没有被回答的问题。这些部分一起为章节中介绍的信息提供一个详细的总结。我的学生告诉我，他们会在考试之前复习小结的内容。

好了，序言就是这些。下一章会以需要你全神贯注认真对待的内容开始：神经系统最重要的组成部分——神经元的结构和功能。

本章结语 | 脑功能模型

让·笛卡尔没有办法研究神经系统的运转方式。然而，他理解了圣一日耳曼皇家花园塑像的动力来源和控制方式，这启发他将人体看作一个复杂的管道装置。许多科学家仿效笛卡尔，使用那个时候流行的技术装置解释脑如何工作。

是什么刺激人们使用人工装置解释脑的工作方式?我猜想最重要的原因是脑非常复杂，就连最复杂的人类发明也比脑简单许多倍。同时，由于这些装置由人类自己设计并制造，因此人类也可以理解它们。如果一个人工装置可以做一些脑能做的事情，那么脑和这个装置或许就是以同样的方式完成它们的任务的。

多数在20世纪后半叶发展的脑功能模型是建立在现代的通用计算机基础之上的。实际上，它们没有基于计算机本身而是基于计算机程序。计算机可以被编制程序以储存任何用数和词编码的信息，可以解决任何可被明确表述的逻辑问题，可以计算任何可以写出来的数学公式。因此，至少在原理上，可以通过编制程序让它们做我们能做的事情：知觉、记忆、演绎和解决问题。

模拟脑功能的计算机程序有助于我们理解这些脑功能的本质。例如，建构一个程序并模拟某类模式的知觉和分类过程，研究者必须准确指出该图形知觉任务要求完成的步骤。如果程序不能识别这个模式，那么研究者就知道程序的模型存在某些错误。研究者修正模型后会再尝试，一直到它最终成功（或直到他放弃这个艰巨的任务）。

理想地，这个任务能告诉研究者脑在完成任务时的种种加工过程。然而，要达成一个特定的目标通常有不止一种方式；对计算机模型的批评指出，编写一个程序完成脑所完成的任务并得出完全同样的结果是可能的，但是任务可能是以完全不同的方式完成的。事实上，根据计算机的工作方式和我们所知道的人脑结构，计算机程序肯定是以不同于人脑的方式工作的。

当我们将脑功能模型建立在我们熟悉的物理装置的基础上时，我们能够具象地思考一些抽象的、难以观察的事物。然而，如果脑没有像计算机那样工作，那么我们的模型就不会告诉我们多少关于脑的东西。于是，把计算机作为脑的类比物，就对这类模型产生了约束（“限制的”）；它们只能以计算机的方式做事情。如果脑实际上可以做计算机不能做的事情，那么模型就永远不能包含这些大脑的特征。

事实上，计算机和脑基本上是不同的。现代计算机是串行的装置(serial devices)，它们一次只走一步。(Serial，源于拉丁文 sererei，意为事件一个接着一个按顺序发生。)程序包括一套储存在计算机记忆中的指导语。计算机跟随这些指导语，一次执行一条指令。由于每一步都要花时间，复杂的程序就会花更多的时间来执行。但是我们可以极快地完成一些计算机要花很长时间才能完成的事情。最好的例子是视知觉。我们可以像识别一个简单图形那样快地识别一个复杂的图形；例如，我们识别一个朋友的面孔和识别一个简单的三角形会花同样的时间。一台串行计算机就根本不可能只花同样的时间。计算机必须通过类似摄像机的输入设备“检查”图像。把图像中每个亮点的信息转换成数字并储存在特定的记忆区域。然后程序再去检查每个记忆区域，一次检查一个，计算决定线、边、质地和形状的位置；最后，试图决定这些形状代表着什么。识别一个面孔比识别一个三角形要花长得多的时间。

不同于串行的计算机，脑是一个并行的加工者，其中有许多不同模块（神经回路的集合）会同时执行不同的任务。一个复杂的任务被分解为许多较小的任务，由不同的模块进行处理。由于脑包括数十亿个神经元，可以为不同的任务分配不同的神经元群簇。如此多的事情都是同时发生的，任务很快就被完成了。

关键概念

理解人类意识：生理学途径

1. 行为神经科学家相信心理是脑的功能。
2. 研究人脑功能有助于我们获得某些洞察人类意识（好像与脑的语言功能有关）本质的观点。本章描述了一个例子——裂脑手术的影响。

行为神经科学的本质

3. 科学家通过概化和还原的方法试图解释自然现象。由于行为神经科学家使用生理学和心理学方法，所以这两类解释方式他们都会采用。
4. 笛卡尔基于皇家花园中的活动塑像发展了第一个解释脑如何控制运动的模型。随后，研究者用科学实验检验了他们的想法。

自然选择和演化

5. 达尔文的演化理论强调功能，这帮助行为神经科学家发现了脑机制、行为和有机体对其环境的适应之间的关系。
6. 我们将自己的优势物种的地位归功于双足站姿、灵巧的双手、卓越的视觉，以及由我们大而复杂的脑所提供的行为和认知能力，它们使我们适应各种各样的环境，开发各种资源，而且随着语言的发展，形成大的复杂社群。

动物研究的伦理问题

7. 我们所了解的机体功能，包括神经系统的功能，大多是对动物的科学研究教给我们的。这种知识在发展针对神经疾病和心理障碍进行干预和治疗的方法上是重要的。

神经科学事业

8. 行为神经科学家通过进行动物研究探讨行为的生理学。在寻找他们感兴趣的问题的答案时，他们会借鉴其他神经科学家所采用的研究方法和研究发现。

第 2 章

神经系统细胞的结构和功能

本章要点

- **神经系统的细胞**
  - 神经元
  - 支持细胞
  - 血脑屏障
- **神经元内的信息传导**
  - 神经信息传导：总览
  - 测量轴突的电位
  - 膜电位：二力平衡的结果
  - 动作电位
  - 动作电位的传导
- **神经元之间的信息传递**
  - 突触的结构
  - 神经递质的释放
  - 受体的激活
  - 突触后电位
  - 突触后电位的终结
  - 突触后电位的作用：神经整合
  - 自受体
  - 轴轴突触
  - 非突触化学传递

Thomas Deerinck, NCMIR / Photo Researchers, Inc.

学习目标

1. 命名并描述神经元各组成部分，了解其功能。
2. 描述中枢神经系统和周围神经系统的支持细胞，描述并解释血脑屏障的重要性。
3. 简要描述收缩反射的神经回路，以及脑如何抑制这个过程。
4. 描述动作电位的测量，解释扩散力和静电压力之间的平衡如何产生膜电位。
5. 描述离子通道在动作电位中的作用，解释全或无法则和频率法则。
6. 描述突触的结构、神经递质的释放以及突触后受体的激活。
7. 描述突触后电位及其离子运动机制、消释机制及整合。
8. 描述突触传递中自受体和轴突突触的作用，描述神经调节物和激素在非突触传递中的作用。

引子 | 没有反应的肌肉

凯瑟琳·D. 变得越来越绝望。她这辈子一直健健康康，积极活泼。她精挑细食，按计划运动来保持体型。她几乎每天都要到健身俱乐部做一段低强度的健身操，然后去游会儿泳。

可是几个月之前，这些平常的活动让她有些力不从心。开始的时候，她发现快做完健身操时感觉非常累。特别是她的胳膊，好像变得很沉重。后来，当她到泳池游泳的时候，她发现很难把胳膊抬到头上面。她不得不放弃自由泳和仰泳，而采用侧泳和蛙泳。她没有任何类似流感的症状，于是就告诫自己要多睡觉，而且要多吃一些。

可是在接下来的几个星期里，情况变得越来越糟。健美操的课程变成了地狱般的折磨。教练注意到了她的处境，建议凯瑟琳去看医生。她去了，可医生没有发现什么异常。她并非贫血，也没有感染的迹象，营养状况也不错。医生问她工作进展得怎么样。

"哦，最近我有些压力。"她说，"我所在的那个部门的负责人几周前辞职了，我就暂时接替了他的位置。我想我可能有机会得到这个职位，可是我感觉老板在考察我，看我是不是胜任这份工作。"凯瑟琳和她的医生最后达成共识，认为工作上的压力可能是问题的原因。"我想现在最好不给你任何药物治疗。"医生说，"如果短时间内没有什么改善，我们再做进一步地诊治。"

有一段时间，她感觉有所好转。但是突然间，她的症状加剧了。她不再去健身俱乐部，而且很难坚持把一天的工作做完。她确定别人已经感觉到她不再是以前那个活泼的她了。她担心升职的机会越来越渺茫了。一天下午，她竭力去看墙上的钟表，却感觉什么也看不到——她的眼皮在往下沉，仿佛有千斤重。这时，她的一个上司走到她的桌子前面，坐在椅子上，让她汇报一下她负责的那个新项目的进展情况。在汇报的过程中，她感觉越来越虚弱。她的下巴抬不起来，舌头也懒得动，声音越来越小。令她惊恐不已的是就连呼吸也要费很大的力气。她坚持着把汇报做完，然后就收拾好东西，借口头痛，回家了。

她给自己的医生打电话，约好去医院找T医生，一位神经学家。T医生聆听了她对症状的描述，并粗略地做了检查。她对凯瑟琳说："我想我知道你的病因了。我先给你打一针，看看反应。"她吩咐了护士几句，护士出去了。在她回来的时候，手里拿着一支注射器。T医生拿过注射器，抓住凯瑟琳的胳膊，把药注射了进去。她开始询问凯瑟琳工作上的情况。凯瑟琳回答得很缓慢，她的声音低得就像在耳语。随着询问的进行，她感觉到说话变得越来越容易，她直起腰，深吸了一口气。噢，她确实感觉到了！她的力气恢复了！她站起来，把胳膊高举过头顶。"看哪，"她兴奋地喊道，"我又能这样了，我的力量恢复了！你给我注射的是什么？我痊愈了吗？"

（想了解她的问题，请参看本章结语。）

感觉神经元（sensory neuron）：一种感受内外环境变化并将这些信息传递到中枢神经系统的神经元。

运动神经元（motor neuron）：控制着肌肉收缩或腺体分泌的神经元，位于中枢神经系统。

中间神经元（interneuron）：一种只位于中枢神经系统内的神经元。

脑是使肌肉运动的器官。这听起来可能有些简单，可是从根本上说，支配运动（更精确地说是行为）是神经系统最主要的功能。为了做出有用的动作，大脑必须知道周围环境中正在发生的事情。因此，身体里必须包含已经分化成能够监测环境中事件的细胞。当然，像我们这样复杂的生物并不只是机械地对环境中的刺激做出反应；我们的大脑非常灵活，能指挥我们根据现在的情况和以往的经验做出不同的反应。除了感觉和动作，我们还能记忆和做决策。所有这些功能都是通过神经系统里上亿个细胞来完成或控制的。

本章将介绍神经系统里最重要的细胞的结构和功能。环境中的信息通过光波、声波、气味、味道或直接接触的方式被分化的细胞——**感觉神经元**——所收集。**运动神经元**控制着肌肉的收缩，从而完成运动。在感觉神经元和运动神经元之间是**中间神经元**，这种神经元全部存在于中枢神经系统。局部中间神经元把局部的神经元连接成回路，分析少量的信息；中继中间神经元把脑的不同区域的局部神经回路联系到一起。通过这些联系，脑中的神经回路完成了许多至关重要的功能，比如知觉、学习、记忆、决策和控制复杂的行为。人类的神经系统中有多少神经元？有的人估计在1000亿~10 000亿，但是还没有谁曾经数过。为了理解神经系统控制行为的机制，我们首先要理解组成神经系统的细胞。因为本章主要探讨细胞，因此你不必对神经系统有太深的理解，我们会在第3章对神经系统做详细的介绍。但是，你需要知道，神经系统可以大体上分为两个部分：中枢神经系统和周围神经系统。**中枢神经系统**（CNS）包括脑和脊髓，被颅骨和椎骨包绕着；**周围神经系统**（PNS）存在于这些骨头之外，包括神经和大部分感觉器官。

神经系统的细胞

本章第一部分会描述神经系统中最重要的细胞，即神经元和它们的支持细胞。除此之外还会介绍血脑屏障，它把中枢神经系统神经元和身体其他部分的化学物质隔离开来。

中枢神经系统（central nervous system, CNS）：包括脑和脊髓。

周围神经系统（peripheral nervous system，PNS）：存在于脑和脊髓之外，包括脑和脊髓发出的神经。

细胞体（soma）：细胞核和为细胞生命过程提供保障的结构。

树突（dendrite）：形状就像树一样，由神经元的胞体发出，负责从其他神经元的轴突终扣接收信息。

突触（synapse）：位于信息发送神经元的终扣和信息接收神经元之间的接合点。

轴突（axon）：是一条又长又细的管道，轴突把信息从细胞体传导到终扣。

神经元

基本结构

神经元（神经细胞）是神经系统中参与信息处理与信息传递的物质。神经元根据其功能不同分为不同种类，具有不同的形态。大部分神经元都具有以下四个结构或区域：(1)细胞体；(2)树突；(3)轴突；(4)轴突终扣。但是，在不同的细胞中，这些结构会表现出不同的形式。

细胞体　**细胞体**包括细胞核和为细胞生命过程提供保障的结构。【见图2.1】不同种类的神经元的细胞体有很大的差别。

树突　顾名思义，**树突**的形状就像树一样。【见图2.1】神经元细胞间相互沟通信息，树突就是这些信息的重要载体。信息在神经元之间通过**突触**传递。突触位于信息发送神经元的终扣和信息接收神经元的细胞体膜或树突膜之间。信息通过突触单向传递，从轴突终扣传到另一个细胞的细胞膜。(在第4章中，我们会介绍一些特殊的突触，信息通过它们能够双向传递。)

轴突　**轴突**是一条又长又细的管道，外面常包裹有髓鞘（见下文)。轴突把信息从细胞体传导到终扣。【见图2.1】它所传导的最基本信息是动作电位。这个功能非常重要，我们会在后面的章节中详细介绍。现在，我们只需要了解动作电位是一个短暂的电化学过程。它从轴突的胞体端传导到轴突终末。动作电位类似于一个短暂的脉冲；对于一个轴突来说，动作电位的强度和持续

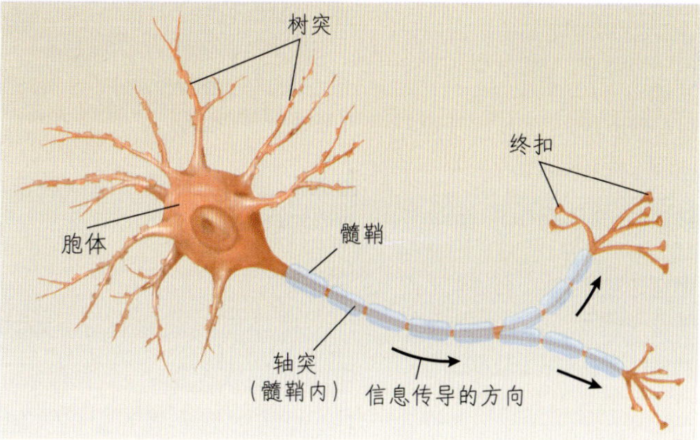

图2.1　多极神经元的主要结构。

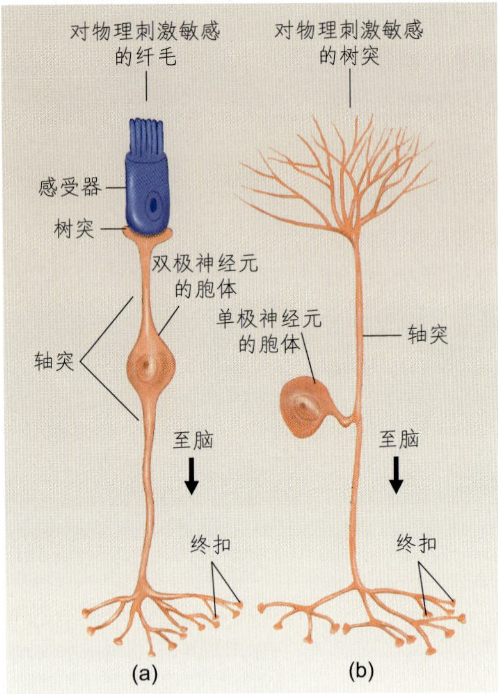

图 2.2　双极神经元和单极神经元。(a) 双极神经元，主要存在于感觉系统（如视觉和听觉系统）中；(b) 单极神经元，主要存在于躯体感觉系统（触觉、痛觉等）中。

时间总是一定的。当到达轴突分叉时，动作电位会随之分为几支，但是每支的大小并没有比分叉之前减少。每一支轴突的动作电位和分叉前的大小与强度一致。

和树突相似，轴突也有多种不同的形态。事实上，根据树突和轴突与胞体的关系不同，神经元被分为三大类。图 2.1 中所示的是**多极神经元**，也是神经系统中最常见的一种细胞。这种神经元的胞体发出一根轴突，但发出很多根树突。**双极神经元**的胞体发出一根轴突，在和轴突相对的另一方发出一根树突。【见图 2.2(a)】双极神经元通常是感觉性的。它们收集环境中的刺激，把接收到的信息传递至中枢神经系统。

第三类神经元是**单极神经元**，它们的胞体只有一个分支发出。这个分支在离开胞体后不久就分为两支。【见图 2.2(b)】和双极神经元相似，单极神经元也把环境中的信息传递给中枢神经系统。这些感觉信息最终被中枢神经系统四周的树突所收集。多数单极神经元的树突收集作用在皮肤上的痛觉、温度变化及其他感觉。其他单极神经元收集来自我们关节、肌肉和内脏的信息。

中枢神经系统通过与脑和脊髓相连的神经，同身体的其他部位进行信息交换。神经是由一层坚韧的保护膜和它包裹的成千上万根纤维所构成的。在显微镜下，神经看起来就像一根根电缆。【见图 2.3】神经纤维就像电缆中的一根金属线，通过神经完成信息从感觉器官到脑或者从脑到肌肉和腺体的传递。

多极神经元（multipolar neuron）：这种神经元的胞体只发出一根轴突，却发出很多根树突。

双极神经元（bipolar neuron）：这种神经元的胞体发出一根轴突，在和轴突相对的另一方发出一根树突。

单极神经元（unipolar neuron）：这种神经元的胞体只分出一根轴突；这根轴突在离开胞体后不久就分为两支：一支接收感觉信息，一支把信息传递给中枢神经系统。

轴突终扣（terminal button）：轴突末梢的芽状凸起；与其他神经元形成突触；传递信息到其他神经元。

神经递质（neurotransmitter）：一种由轴突终扣释放的化学物质；激发或者抑制另一个神经元的活动。

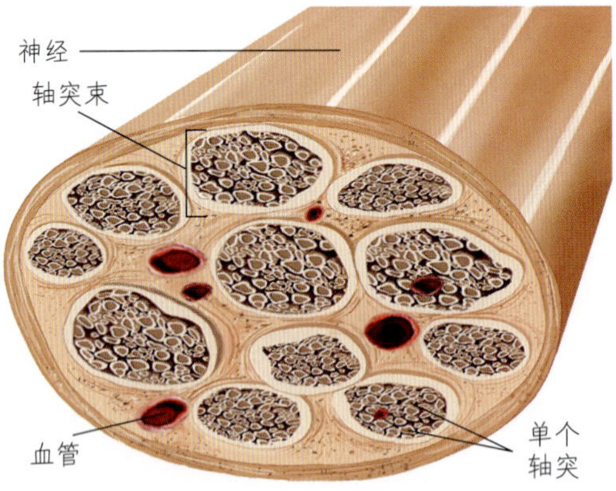

图 2.3　神经。神经中由一层髓鞘物质包绕着一束神经纤维（轴突）。

轴突终扣　多数轴突在行进过程中会多次分支。这些分支末梢的小疙瘩就是**轴突终扣**。轴突终扣的功能非常特殊：当动作电位传导到轴突终扣时，它们就分泌一种叫作**神经递质**的化学物质。中枢神经系统中有很多种神经递质，它们或者激发或者抑制受体细胞，从而决定其轴突上是否有动作电位的产生。我们会在本章的后面详细地介绍这个过程。

神经元接收来自不同轴突终扣的信息，同时通过其本身的轴突与其他的神经元形成突触。一个神经元可能接收来自数十个或数百个其他神经元的信息，并与它们形成大量的突触。图 2.4 描绘出了这些连接的状态。很容易发现，轴突终扣常常和树突膜或胞体膜一起构成突触。【见图 2.4】

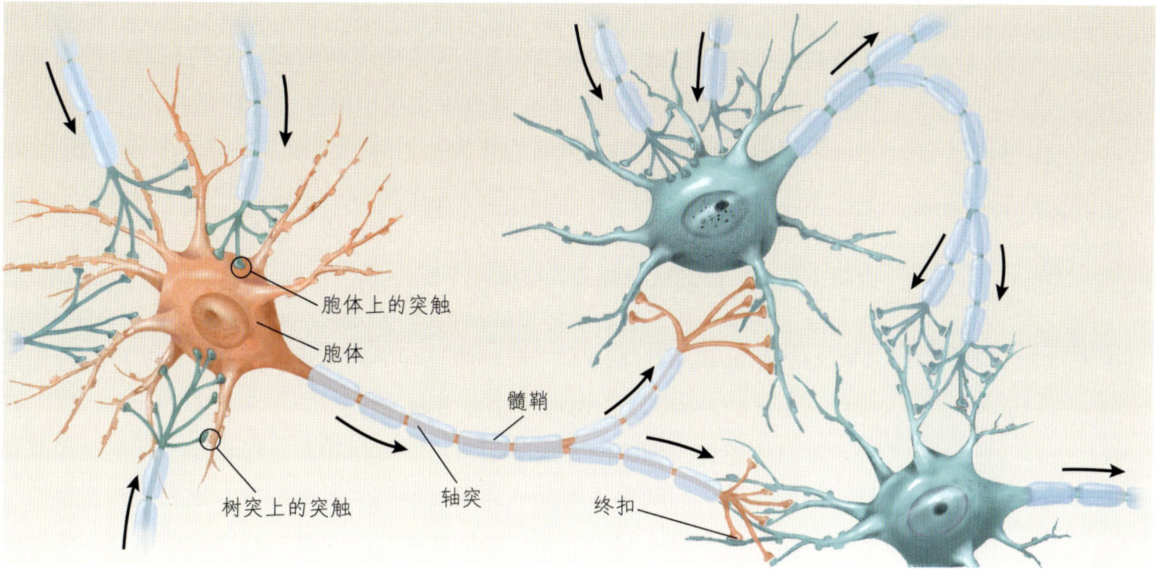

图 2.4　神经突触简图。箭头方向代表着信号传导的方向。

内部结构

图2.5描绘了典型的多极神经元的内部结构。【见图2.5】**细胞膜**是细胞的边界，由两层脂质分子构成。在脂质分子层中间镶嵌着许多蛋白质分子，具有特殊的功能。有些蛋白质分子能够探测到细胞外的物质（如激素），然后把这些物质所表达的信息传入细胞内部。有些蛋白质分子控制着细胞与外界的物质交换，允许某些特殊物质进入细胞内，其他物质却被拒之门外。还有一些蛋白质分子起着载体作用，能够把某些分子运到细胞内或排到细胞外。对于这些蛋白质分子的特殊功能，我们将在后文做详细介绍。

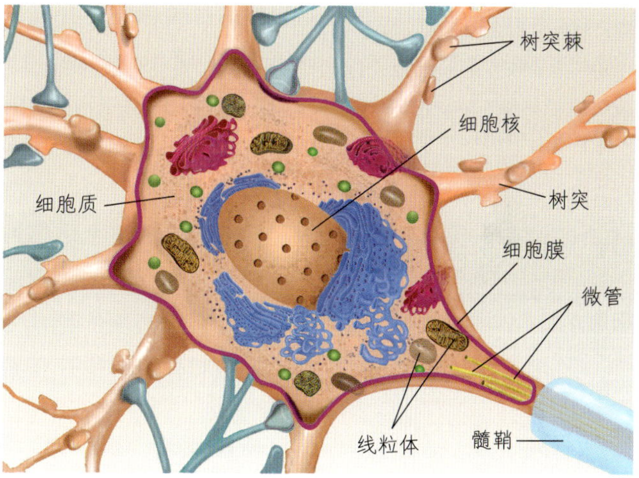

图 2.5　多极神经元内部的主要结构。

细胞内充满了一种果冻般的物质——**细胞质**。细胞质中有许多特殊的微小结构，就像人体的器官一样。**线粒体**是这些结构中的一种。它能分解葡萄糖等营养物质，为细胞的生命活动提供能量。线粒体生成的**三磷酸腺苷（ATP）**是细胞生命活动的能量源泉。很久以前，线粒体是一种自由的生命体，它们“感染”大的细胞，并从中吸取能量。它们能够比宿主更有效地吸取能量，所以宿主对其依赖性越来越大。最终，它们成为宿主的永久结构。线粒体仍然拥有自己独立的遗传信息，它们的分裂增殖也独立于它们所在的细胞。我们的线粒体来自母亲。父亲精子中不包含线粒体的信息，对受精卵中线粒体的形成没有任何影响。

细胞膜（membrane）：是细胞的边界，由两层脂质分子构成，内有许多细胞器。

细胞质（cytoplasm）：细胞内可见的半透明的物质。

线粒体（mitochondria）：从营养物质中获取能量的一种细胞器。

三磷酸腺苷（adenosine triphosphate，ATP）：一种对细胞能量的新陈代谢至关重要的分子；它的分解将释放能量。

细胞中部是**细胞核**。细胞核中含有**染色体**。你可能早已得知，染色体由长链的**脱氧核糖核酸（DNA）**组成。染色体非常重要，它们是蛋白质合成的模板。**基因**是染色体上的片段，含有单个蛋白质分子的信息。

蛋白质对细胞有至关重要的作用。当活体神经元暴露于有害物质中时，脂质分子层和细胞内部的大部分结构被降解，只留下一些不溶的蛋白束。这些物质就是**细胞支架**，它们支撑了神经元的形状。细胞支架由各种各样的蛋白质束构成，它们彼此连接，形成一个黏结体。

除了支撑结构，蛋白质还发挥酶的作用。**酶**是细胞内的红娘或者第三者：它们有的促进某些分子结合，有的加速分子的离解。因此，酶决定了细胞内原材料加工的产物，决定哪些分子能安然无恙。

蛋白质还参与细胞内的物质运输。同胞体和其直径相比，轴突显得非常长。例如，最长的轴突从脚部一直延续到脑的底部区域。轴突终扣需要的一些物质是只有胞体才能产生的，因此就要有一种机制能够快速而有效地把这些物质在轴质（轴突中的细胞质）中转运，从轴突的一端传到另一端。这个动态过程叫作**轴浆运输**。轴浆运输是通过长长的蛋白质束完成的。这些蛋白质束叫作**微管**，是由13条细丝围成的管道。微管就像铁轨，约束着被转运物质的运动方向。从胞体到轴突终扣的传输称作*顺行性轴浆运输*，从轴突终扣到胞体的传输称作*逆行性轴浆运输*。顺行性轴浆运输的速度相当快，能够达到每天500毫米。而逆行性轴浆运输只能达到这个速度的一半。两种转运所需的能量都由线粒体产生的 ATP 提供。

支持细胞

神经元只占整个中枢神经系统体积的一半左右。另外一半是不同种类的支持细胞。神经元的代谢速率非常高，但是它们自己不能储存养料。为了维持生命，它们必须依赖其他细胞提供的养料和氧气。因此，支持和保护神经元的细胞对我们的生存有着至关重要的作用。

神经胶质

中枢神经系统中最重要的支持细胞是神经胶质。**神经胶质**（也叫神经胶质细胞）的数量远超过神经元，几乎占脑细胞总数的85%。神经胶质确实是像胶水一样把中枢神经系统黏在一起，但是它们的作用绝不仅限于此。神经元过着与世隔绝的生活。神经胶质细胞把它们和身体的其他部位隔离开，从而断绝了任何物理或化学接触。神经胶质细胞包裹着神经元，把它们固定在合适的位置，并且为它们提供生命所需的营养物质和传递信息所需的化学物质。它们把神经元彼此隔开，让不同神经元之间的信息不会相互干扰。同时，神经胶质细胞还担当着清道夫的角色，清理并消除因我们生病或者受伤而死亡的神经元。

神经胶质细胞分为好几种，每一种都在中枢神经系统中扮演着不同的角色。其中最重要的三种是*星形胶质细胞*、*少突胶质细胞*和*小胶质细胞*。**星形胶质细胞**的形状和它的名字一样。它为神经元提供物理支持，并且清除脑内

细胞核（nucleus）：细胞中心区域的结构，包含染色体。

染色体（chromosome）：DNA长链，与蛋白质合成有关，位于细胞核中；载有遗传信息。

脱氧核糖核酸（deoxyribonucleic acid，DNA）：长而复杂的大分子，为双螺旋结构，DNA链组成染色体。

基因（gene）：染色体的功能单位，指导合成蛋白质。

细胞支架（cytoskeleton）：由微管和其他蛋白纤维形成，其相互连接对细胞起支撑作用。

酶（enzyme）：控制物质合成或分解过程化学反应的一种分子。

轴浆运输（axoplasmic transport）：由微管完成的沿轴突进行的物质传输过程。

微管（microtubule）：由长长的蛋白质纤维束围成的管道；是细胞支架的一部分，负责细胞内物质的传输。

神经胶质（glia）：中枢神经系统的支持细胞。

星形胶质细胞（astrocyte）：为中枢神经系统的神经元提供支持，为神经元提供营养物和其他物质，并调节细胞外液的化学成分。

的细胞残骸。它产生的一些化学物质是神经元发挥作用所必需的。它通过吸收或分泌一些物质使得神经元周围的化学物质的浓度保持在一定的范围内。最后，星形胶质细胞还为神经元提供营养。

星形胶质细胞的一些触角包绕在血管周围，其他触角包绕在神经元的胞体和树突的周围。最新的研究表明，星形胶质细胞从毛细血管中吸取营养、保存营养并且在需要的时候释放给神经元（Tsacopoulos and Magistretti，1996；Brown，Tekkök，and Ransom，2004）。除了给神经元输送养料，星形胶质细胞像基质一样把神经元固定在应有的位置上。这些细胞还包绕着突触，把它们分隔开，从而限制着轴突终扣释放出的神经递质，让它不能随意扩散。【见图2.6】

神经元死后，一些特殊的星形胶质细胞承担起清理残骸的职责。这些细胞能在中枢神经系统中游走。它们像变形虫一样舒展或收缩它们的伪足。一旦发现死亡神经元的残骸，它们就会紧挨上去，把残骸吞没并消化掉。这个过程叫作**噬菌作用**。如果被清理的残骸数量可观，星形胶质细胞就会分裂增殖，直到新生的细胞有足够能力将其分解。死亡组织清理完毕以后，星形胶质细胞就会留下一副骨架填充空白的区域。有种分化的星形胶质细胞将形成疤痕组织，把这个区域保护起来。

少突胶质细胞的主要功能是为轴突提供支持，通过产生**髓鞘**来让多数的轴突彼此隔离。（少数轴突没有被包裹，因此就没有髓鞘。）髓鞘是由少突胶质细胞形成的包绕轴突的管道，含有80%的脂质和20%的蛋白质。这个管道并不是连续的，它分为许多段，每段大概1毫米长。每两个相邻的段之间有一段1~2微米裸露的轴突。没有髓鞘的这部分被称作**朗飞氏结**（它是由Ranvier发现并因此而得名的）。被包裹的轴突就像一串珠子（事实上，这是

噬菌作用（phagocytosis）：细胞吞咽或消化其他细胞、碎片或其他死亡神经元的残骸的过程。

少突胶质细胞（oligodendrocyte）：一种在中枢神经系统中形成髓鞘的神经胶质细胞。

髓鞘（myelin sheath）：包裹在轴突周围的一层鞘，起到绝缘作用，并阻止相邻轴突间的信息扩散。

朗飞氏结（node of Ranvier）：有髓轴突上裸露的部分，在相邻的少突胶质细胞或许旺氏细胞之间。

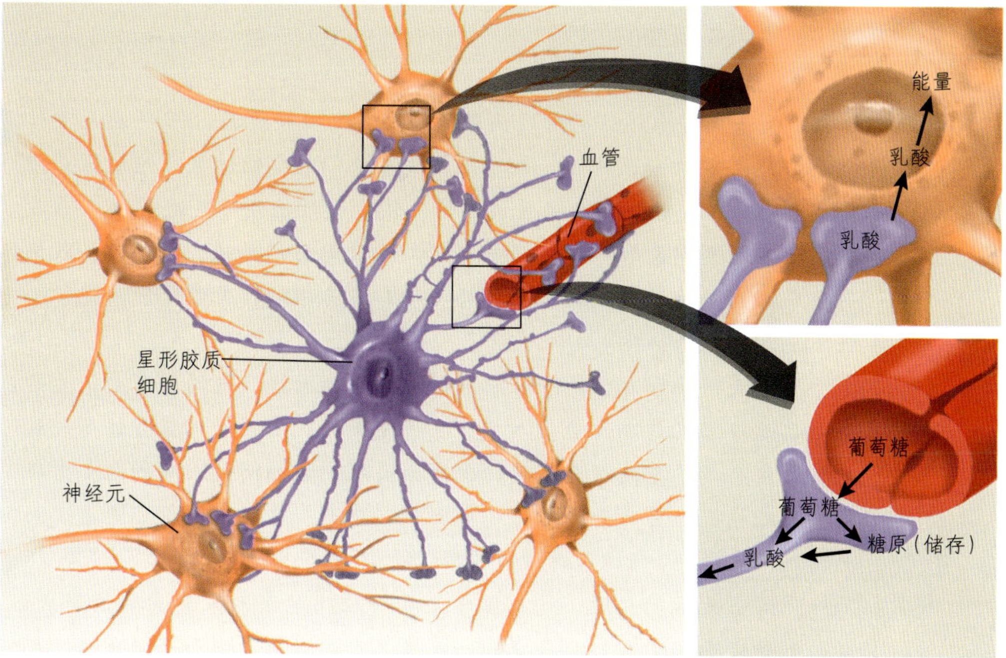

图2.6 星形胶质细胞的结构和位置。其突触包绕着毛细血管和中枢神经系统的神经元。

一串非常长的珠子，它的长度是宽度的80倍）。

单个少突胶质细胞可以产生多达50段髓鞘。随着中枢神经系统的成熟，少突胶质细胞逐渐形成小船船桨一般的形状。每个船桨围绕着一段轴突包裹多次，从而形成了很多层的髓鞘。每一个船桨就成为了髓鞘的一段。【见图2.7和图2.8（a）】

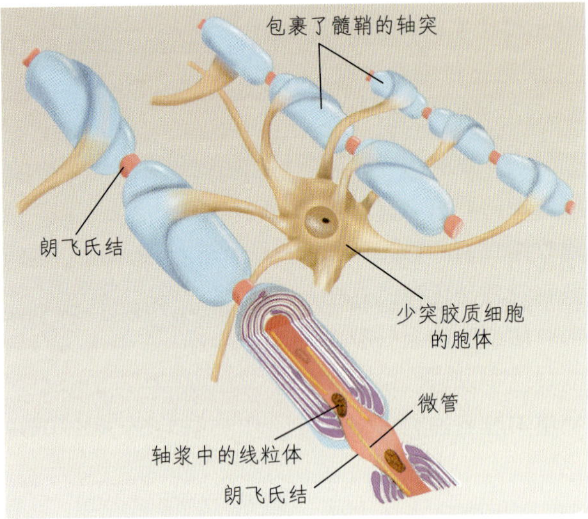

图2.7　少突胶质细胞。构成中枢神经系统的轴突髓鞘。每个少突胶质细胞可以为周围多个轴突形成髓鞘段。

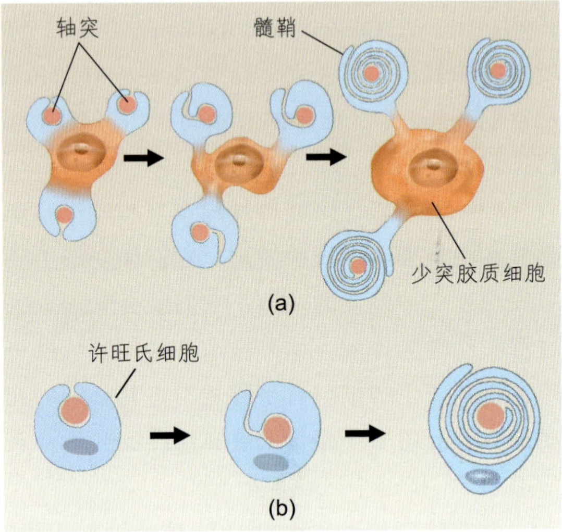

图2.8　髓鞘的形成。在发育过程中，少突胶质细胞的一部分或者整个许旺氏细胞紧紧包裹轴突形成一段髓鞘。(a) 少突胶质细胞。(b) 许旺氏细胞。

顾名思义，**小胶质细胞**是最小的神经胶质细胞。与某些种类的星形胶质细胞相似，它们担当着吞噬细胞的任务，吞噬并且分解死亡的神经元。同时，它们还是脑中免疫系统的代表，保护脑不受微生物的侵袭。当脑受到伤害时，它们是产生炎症反应的主因。

小胶质细胞（microglia）：最小的胶质细胞，有噬菌作用和保护脑不受小分子物质侵袭的作用。

C博士是一名退休的神经病学家，患多发性硬化症20多年后死于心脏病。23年前的一天晚上，她和她丈夫在他们最喜欢的餐厅吃过饭正准备离开的时候，她突然失足差点跌倒。她丈夫跟她开玩笑道："嘿，亲爱的，你不该喝那最后一杯酒。"她笑笑，但是她自己知道，自己差点跌倒并不是因为吃晚饭时喝的那两杯酒。她突然意识到，自己可能忽视了一些本应注意到的征兆。

第二天，她和自己的一位同事讨论自己的困扰，她的同事也认为她对自己试探性的诊断可能是对的：她的症状与多发性硬化症有许多一致之处。她有时感觉到两只眼睛的视力会出现短暂的问题，双脚也会出现站不稳的情况，有时她的右手还会出现刺痛感。这些症状都不严重，而且持续时间很短，所以她并没有在意。

C博士死后的几周，一些医学生和神经病学医师聚集在解剖室里。学校的神经病理学家D博士拿出一个盛装有一个脑组织和一根脊髓的托盘。"这些都是C博士的。"他说，"几年前，她把她的器官捐献给了学校。"

每个人都凝望着那个脑组织，知道这是属于那样一位受人尊敬的医生和教师的。D博士引导其他人看墙上的灯箱，上面有一些MRI扫描的片段。他指着一张图中的一些白点说："这些扫描图像清晰地反映了白质的损伤，但是它们在6个月后拍的下一张图片中发生了变化。这就是下一张图片，然而在再下一次扫描中，它又发生了变化。免疫系统会攻击特定区域的髓鞘，接着胶质细胞会清理掉这些残骸。MRI没有显示这些损伤，但是轴突已经不能再传导信号了。"

他戴上外科手套，拿起C博士的脑组织，将其切成了一些小部分。他拿出其中一部分。"这里，看到这个了吗？"他指着白质中一个变色的部分说，"这是一个硬化的斑点，比周围的其他组织要硬一些。还有很多这样的斑点分布在这个脑和脊髓中，这就是为什么这种疾病被称为多发性硬化症。"他拿起脊髓，用食指和拇指沿着它触摸，然后停了下来说，"是的，我能感到这里就有一块硬斑。"

D博士放下脊髓说："谁能告诉我这种病的病因？"

他的一名学生说，"这是一种自身免疫疾病。免疫系统对自身的髓鞘蛋白变得敏感并开始攻击它，导致一系列神经病学症状的出现。一些人认为，儿童时期的病毒感染可能是导致免疫系统将自身蛋白看作外源性蛋白的原因。"

"是的。"D博士说，"多发性硬化症最主要的诊断标准就是神经病学症状在时间和空间上的扩散。这些症状并不会立即出现，而且只能由神经系统不同部分的损伤引起，这也说明这些症状并不会由一次中风引起。"◀◀◀

许旺氏细胞

在中枢神经系统中，少突胶质细胞为轴突提供支持，并且形成髓鞘。在周围神经系统中担当这一任务的是**许旺氏细胞**。在周围神经系统中，大多数轴突都有髓鞘包裹。和在中枢神经中一样，周围神经系统中的髓鞘也是分成段的。每段髓鞘都是由一个许旺氏细胞形成的。在中枢神经系统中，少突胶质细胞分出很多船桨一样的分支，来包裹多个轴突。在周围神经系统中，每个许旺氏细胞只是包裹一个轴突。而且，整个细胞都会参与包裹过程。【见图2.8(b)】

中枢神经系统中的少突胶质细胞和许旺氏细胞有一个重要的差异：它们产生的髓鞘蛋白的化学成分不同。人体免疫系统的多发性硬化症只会攻击少突胶质细胞的髓鞘蛋白，而周围神经系统中的髓鞘可以幸免于难。

血脑屏障

一百多年以前，德国科学家保罗·埃尔利希(Paul Ehrlich)发现，如果把蓝色的染料注射到动物的血液中，除了脑和脊髓，其他的组织都会变为蓝色。但是，如果把同样的染料注射到充满液体的脑室中，蓝色会充满整个中枢神

许旺氏细胞(Schwann cell)：周围神经系统中的一种细胞，为轴突提供支持，并且形成髓鞘。

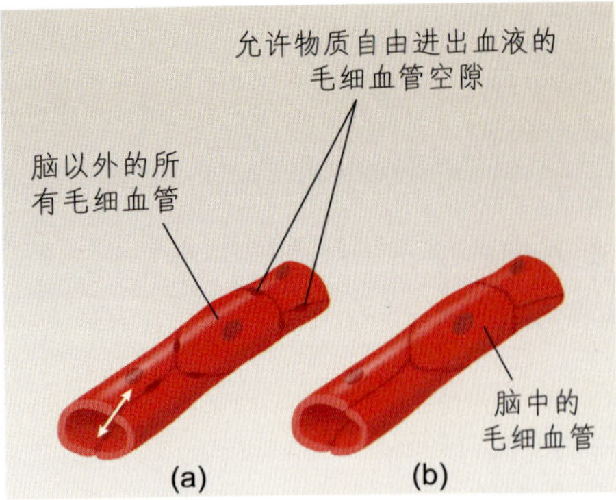

图2.9 血脑屏障。(a) 构成脑以外的毛细血管壁的细胞间有空隙，允许物质进出细胞。(b) 脑内的毛细血管壁上的细胞紧密连接。

经系统（Bradbruy，1979）。这个实验证明，在血液和脑细胞周围的液体之间存在一个屏障——**血脑屏障**。

有一些物质可以穿过血脑屏障，而其他的物质则不行。因此，血脑屏障是选择性通透的。在身体的大部分位置，毛细血管壁上的细胞彼此之间结合得并不紧密。它们之间的狭小空隙允许血浆中和组织液中的大部分物质进行自由交换。在中枢神经系统，毛细血管壁上没有这些空隙，很多物质不能离开血浆。脑中的毛细血管壁构成了血脑屏障。【见图2.9】其他物质只有通过特殊蛋白质的运输才能进出毛细血管壁。例如，葡萄糖转运蛋白为脑输送养料，其他的转运蛋白把大脑产生的有毒废物排出（Rubin and Staddon，1999；Zlokovic，2008）。

血脑屏障的作用是什么？我们会看到，脑不同位置间信息的传递依赖于神经元内部和其周围液体之间的精细平衡。一旦神经元外部的液体发生改变，即使变化非常细微，信息的传递也会受到影响，脑的功能就会受到干扰。血脑屏障的存在使得细胞外液的调节变得简单得多。此外，在我们的食物中，有许多化学物质会干扰神经元之间信息的传递，而血脑屏障能够阻止这些物质进入脑中。

血脑屏障（blood-brain barrier）：在血液和脑之间存在一个半透性屏障，由脑部的毛细血管壁上的细胞形成。

脑极后区（area postrema）：血脑屏障相当薄的一块髓质区域，能够觉察有毒物质，可以引发呕吐。

血脑屏障也不是铜墙铁壁。在许多部位，屏障相对较薄。在其他位置不能通过的物质可能在这些位置自由进出。例如，在**脑极后区**（一个控制呕吐的脑区），血脑屏障相当薄。这个区域的神经元可以侦测到血液中有毒物质的存在。从胃部进入循环系统的有害物质会刺激这个区域，引发呕吐。幸运的话，有机体可以在有毒物质产生危害以前把它从胃中排出。

小 结

神经系统的细胞

神经元是神经系统中最重要的细胞。中枢神经系统包括脑和脊髓，周围神经系统包括神经和一部分感觉器官。

神经元由四个基本部分组成：细胞体、树突、轴突和轴突终扣。它们通过位于轴突末端的突触彼此交流信息。当动作电位沿着轴突传导时，轴突终扣分泌化学物质，从而抑制或激发与它相关的神经元。最终，这些兴奋或抑制性的突触通过引起肌肉收缩控制我们的行为。

神经元细胞有大量的细胞质，在细胞质外面是一层脂质膜。在细胞膜中镶嵌着有多种功能的蛋白质分子，例如，协助物质进出细胞的载体。细胞核内含有神经元的遗传信息，为有机体蛋白质的复制提供模板。微管和其他蛋白质结构构成细胞骨架，协助化学物质的运输。线粒体是大部分化学反应的场所，在这里，化学物质中的能量可释放出来。

中枢神经系统中的神经元受到神经胶质细胞的支持。在中枢神经系统中，星形胶质细胞提供主要的支持，除去死亡细胞的残骸，并且在组织损伤的时候生成疤痕组织。少突胶质细胞形成髓鞘，分隔轴突，为没有髓鞘的轴突提供支持。小胶质细胞是吞噬细胞，它是脑中免疫系统的代表。在周围神经系统中，对细胞的支持和髓鞘的形成是通过许旺氏细胞实现的。

在大部分器官中，毛细血管和组织液中的物质可以穿过血管壁上的微小间隙，进行自由的交换。中枢神经系统中的毛细血管壁缺乏这样的间隙，因此在脑和血液之间形成了一层屏障。造成的结果是只有少数物质能通过血脑屏障进入或离开脑。

思考题

我们了解到，线粒体的前身是某种入侵我们远古祖先的微生物。这个事实告诉我们，在进化过程中，不同物种之间也会有相互的影响。许多物种体内都生存有其他的有机体。事实上，我们肠道中的细菌是有利于我们的健康的。有些微生物能够彼此交流遗传信息，因此一个物种的适应性变异能够被其他的物种继承。我们的神经细胞的某些特性会不会是我们的祖先从其他物种身上继承来的呢？

神经元内的信息传导

这部分主要探讨神经元内的信息传导过程：动作电位从胞体发出，沿轴突一直传送到轴突终扣，并刺激它们释放神经递质。突触传递涉及神经元之间的信息传递，我们将在下一部分详细讨论。在本节中，我们会了解到轴突部分的细胞膜允许多种物质在轴突内外的体液间进行交换。一系列的此类物质交换产生了动作电位以及电流。

神经信息传导：总览

在讨论动作电位之前，让我们首先了解一下神经之间的互动如何控制一个有效行为的发生。我们首先举一个简单的例子——由三个神经元和一块肌肉组成的撤回反射。在图2.10和图2.11(以及后面展示简单神经回路的几幅图)中，多极神经元的突起非常短，仿佛一个个小星星。这些突起代表着树突以及轴突末端的一两个轴突终扣。在我们举的这个例子中，感觉神经元是探测痛觉刺激的。当受到有害刺激物的刺激时（如接触到一个高温的物体），树突会把信息沿着轴突传导至位于脊髓中的轴突终扣(这是一个单极神经元，见图2.10)。感觉神经元的轴突终扣释放神经递质，激发中间神经元，并把信息沿着它的轴突一路传递下去。中间神经元的轴突终扣释放神经递质，激发运动神经元，信息被传导至运动神经元的轴突终扣。运动神经元的轴突把神经和肌肉连接起来，让肌细胞收缩，于是手臂从高温物体处缩回。【见图2.10】

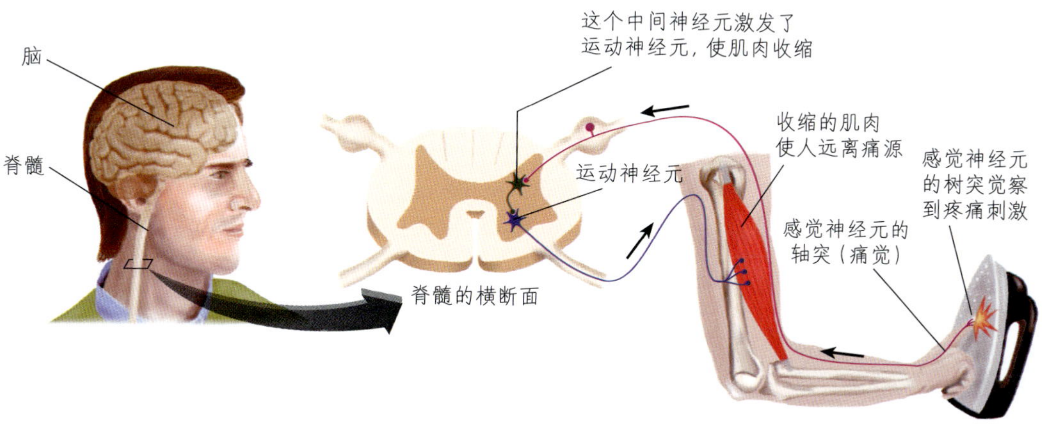

图2.10　撤回反射。图中展示了神经系统有效功能的一个简单例子。疼痛刺激使得手远离热的熨斗。

到现在为止，我们讨论的突触全是兴奋性的。现在，让我们把问题变得复杂一些，探讨一下抑制性的突触。我们以从烤箱中取出砂锅的过程为例。在拿着砂锅走向餐桌时，热量穿透你用的薄垫布。热砂锅带来的疼痛引发撤回反射驱使你把它扔掉。但是你能一直拿着它，直到把它放到餐桌上。是什么过程让你抑制了撤回反射，没有把砂锅扔到地上？

热砂锅带来的疼痛增强了运动神经元激发性神经突触的活动，驱使你的手从它上面移开。但是，这个激发过程受到来自脑的抑制。脑中有一个神经回路识别出一旦砂锅落地所带来的后果。这个神经回路给脊髓中的神经元传递信息，阻止撤回反射，因此你不会把砂锅扔到地上。

图2.11中描绘了这个信息传导至脊髓的过程。你可以看到，脑中神经元的轴突深入脊髓中，它的轴突终扣和抑制性中间神经元形成突触。一旦脑中的神经元被激活，它的轴突终扣就激活这个抑制性中间神经元。中间神经元释放抑制性神经递质，降低运动神经元的活性，从而阻止了撤回反射的发生。这个回路的例子说明了两种趋势的竞争：握住砂锅和扔掉砂锅。【见图2.11】

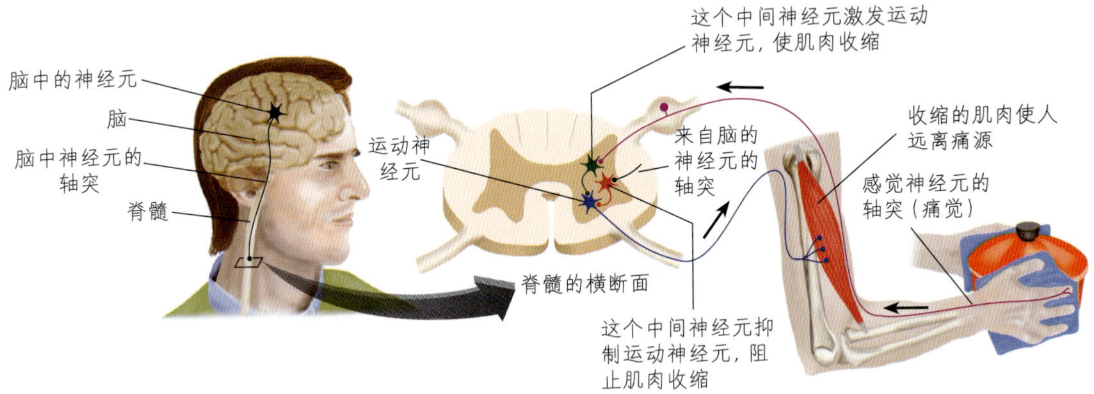

图2.11 抑制的作用。脑的抑制信号能阻止撤回反射，人不会扔掉砂锅。

使用乌贼的巨大轴突，研究者们发现了轴突传导信息的本质。

Lisa Poole/AP Photo.

当然了，反射回路比我们前面描述的要复杂得多。抑制反射的机制就更是这样了。这个过程需要有成千上万个神经元参与。图2.11中的五个神经元代表着很多其他的神经元：数十个感觉神经元感受高温物体；成百个中间神经元被激活；数百个运动神经元让肌肉收缩；以及一旦抑制过程要发生，脑中上千个神经元就要被激活。然而这个简单的模型让我们对神经信息的传导和传递的过程有了大致的了解。我们将在随后的内容中对这个过程进行详细的探讨。

测量轴突的电位

我们先来了解一下沿着轴突传导的信息的本质。为此，我们要选择一条足够长的轴突。非常幸运的是，大自然为神经学家们准备了乌贼的巨大轴突。这种轴突直径有0.5毫米，比一般哺乳动物的轴突大几百倍。(这个轴突控制着一种紧急反应——乌贼头部“斗篷”的收缩，能够把其体内的液体喷射出去，从而使乌贼摆脱危险源。)把离体的乌贼轴突放到海水中，它能存活一到两天。

为了测量轴突产生的电位，我们需要一对电极。**电极**是用来为电信号进出媒介提供路径的导体。其中一根是一条简单的金属丝，我们把它放到海水中。我们用另一条电极测量轴突的信息。这根电极有些特殊，因为即使是乌贼的巨大轴突实际上也很小。我们必须用很小的电极才能保证在测量膜电位时轴突不会被损坏。所以，我们采用的是微电极。

微电极是一根非常小的玻璃或金属的电极。我们在这里采用的微电极是用很薄的玻璃管经加热、拉伸做成的。玻璃管的断口处被拉成非常细的尖端，其直径小于1毫米的千分之一。因为玻璃是不导电的，因此玻璃管中充满了导电的液体，比如氯化钾溶液。

我们把金属电极放在海水中，把微电极插入轴突中。【见图2.12(a)】我们立刻会发现，相对于外面，轴突内部带有负电荷，电荷为70毫伏。因此，细胞膜内的电荷为-70毫伏，这个电荷就是**膜电位**。电位的意思就是积聚的能量——在这里就是电能。例如，没有接到回路中的干电池两端电荷是1.5伏。当和灯泡一起接到回路中时，电位能转换成灯泡的光能。【见图2.12(b)】同样的道理，如果我们把海水中和轴突中的电极与敏感度很高的电压表相连，我们就能把电能转换为电压表指针的动能。当然，膜电位和干电池的电位比较起来要弱得多。

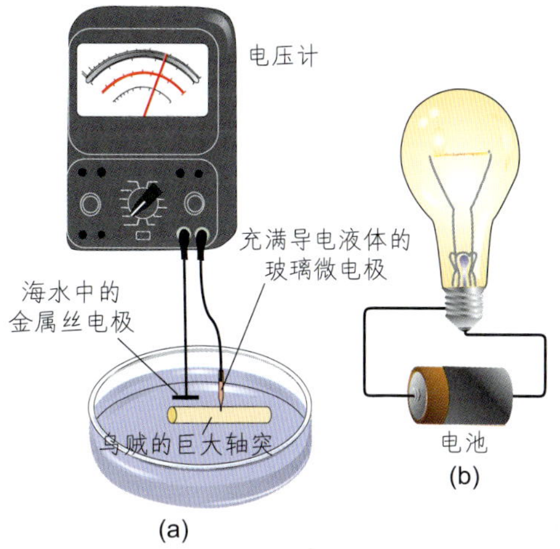

图2.12 电荷的测量。(a)电压计测量轴突细胞膜内外的电荷。(b)灯泡测量电池两极间的电荷。

我们会了解到，沿着轴突传递的信息包含了膜电位的微小变化。但是这个变化发生的时间非常短，以至我们用电压表根本观测不到。为了研究这种信息，我们需要用到**示波器**。这个仪器和电压表一样，也是用来测量电压的。但是它同时还记录这些电压，并生成电压随着时间变化的函数图像。这些图像显示在电视机一般的屏幕上。纵轴代表电压，横轴从左到右代表着时间的流逝。

一旦我们把微电极插入轴突，示波器就会显示一条纵轴为-70毫伏的水平直线，直到轴突上发生变化。这个跨细胞膜的电荷就是**静息电位**——相当恰如其分。现在，我们改变轴突的状态，看会有什么发生。在这里，我们需要另一个仪器，一个能够改变细胞膜任意位置膜电位的刺激器。【见图2.13】刺激器可以通过我们插入轴突的另一根微电极传导电流。因为轴突内部的电荷是负的，因此在细胞膜内施加一个正电荷会带走电极周围膜上的一些电荷，降低膜电位。这个过程叫作**去极化**。

让我们来观察一下人工改变某一点的膜电位会带来什么变化。图2.14中的曲线是示波器在一个去极化刺激过程中所记录的。不同过程的结果被放置到一张图中，这样有利于我们对它们进行比较。我们释放一系列的去极化刺激。开始的刺激很弱(图2.14中的曲线1所示)，然后我们逐渐加大刺激强度。每个刺激产生的去极化电位都比前一个强。最后，当我们释放第4个刺激时，

电极(electrode)：用来为电信号的进出提供路径的导体或记录电位的一个导体。

微电极(microelectrode)：非常细的电极，常用来记录单个细胞的活动。

膜电位(membrane potential)：跨膜的电荷；细胞内外的电位差。

示波器(oscilloscope)：能够显示电压波形的一个实验装置，同时还记录这些电压，在阴极射线管的显示器上生成电压随着时间变化的函数图像。

静息电位(resting potential)：既非兴奋电位，又非突触后电位的神经元膜电位；在乌贼的巨大轴突中约为 -70 毫伏。

去极化(depolarization)：将一个细胞的膜电位从正常的静息电位降低的过程。

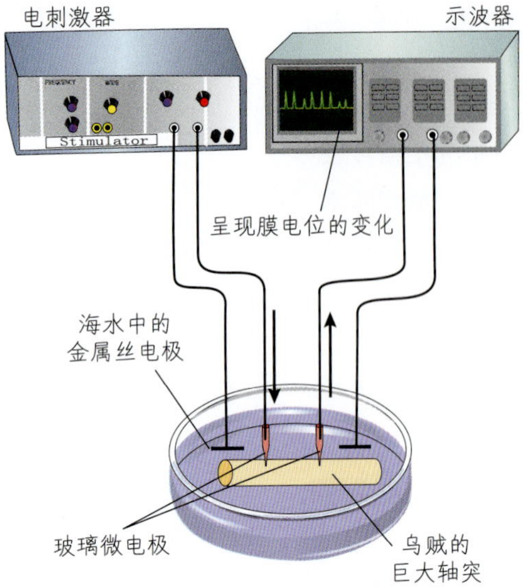

图 2.13 研究轴突。图示为刺激神经元轴突并测量膜电位的方法。

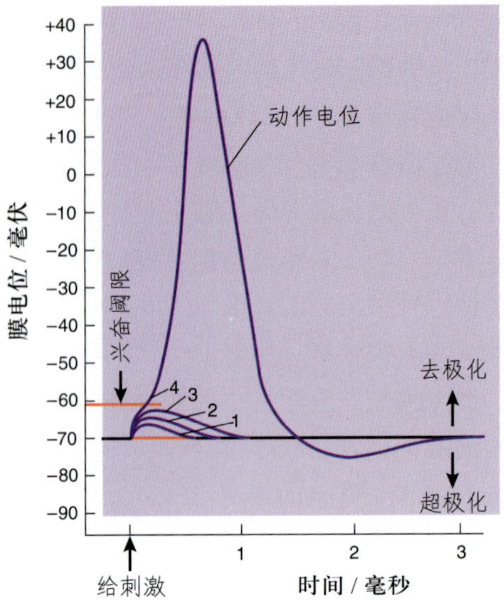

图 2.14 动作电位。如图 2.13 所示那样施加不同强度的去极化刺激时，示波器屏幕上所呈现的结果。

膜电位突然翻转，细胞膜内带正电荷，而细胞膜外带负电荷。膜电位迅速下降，一直降到比静息电位还低，并保持一段时间。这个过程叫作**超极化**，即比静息电位更极化。随后，膜电位很快恢复到正常水平，整个过程持续大约2毫秒。【见图2.14】

这种膜电位的短暂逆转过程叫作**动作电位**。它构成了轴突从胞体向轴突终扣传导的信息。引发动作电位的最低电压水平（图2.14中曲线4所示）叫作**兴奋阈限**。

膜电位：二力平衡的结果

要想了解动作电位产生的原理，我们首先要知道膜电位是如何产生的。我们会发现，这个电位差是扩散力和静电压力平衡的结果。

扩散力

把一勺白糖小心地放到一杯水的杯底。过一段时间，糖开始溶解，但是还会贴附在杯底。经过更长的一段时间以后（可能要几天），即使没有人去搅拌它，糖分子也会均匀地分布到水分子间。分子在其介质中均匀分布的过程叫作**扩散**。

如果没有外力或者屏障阻碍它们，分子会从高浓度区域向低浓度区域扩散。分子在不停地运动，它们运动的速度和温度成正比。只有到绝对零度（−273.15℃），分子才会停止其随机运动。在其他温度下，它们会横冲直撞，你推我，我挤你，向不同方向运动。在我们举的这个例子中，糖分子和水分子碰撞的结果是糖分子向上运动，水分子向下运动，远离它们的高浓度区域。

超极化（hyperpolarization）：与正常的静息电位相比，细胞膜电位增大的现象。

动作电位（action potential）：短暂的电脉冲，是信息沿轴突传导的基础。

兴奋阈限（threshold of excitation）：引发动作电位的最低膜电位值。

扩散(diffusion)：分子在其介质中均匀分布的过程叫作扩散。

静电压力

物质溶于水时会离解为两部分，带有相反的电荷。带有这种属性的物质叫作**电解质**。电离产生的带有电荷的物质叫作**离子**。离子分为两种：正离子带正电，负离子带负电。例如，当氯化钠（NaCl，食盐）溶于水时，其分子离解成钠离子（Na^+）和氯离子（Cl^-）。

我们知道"同性相斥，异性相吸"的道理。因此，正离子排斥正离子，负离子排斥负离子，而正负离子之间则互相吸引。由于这种排斥和吸引而产生的力叫作**静电压力**。扩散力把分子从高浓度区域移向低浓度区域，静电压力也把离子从一个地方移动到另一个地方：在正电荷多的地方，正电荷被移走；在负电荷多的地方，负电荷被移走。

细胞内液和细胞外液中的离子

细胞内部的液体（**细胞内液**）和细胞外面的液体（**细胞外液**）含有不同的离子。由于这些离子所产生的扩散力和静电压力导致了膜电位。为了理解这个道理，我们首先应该了解在细胞内外液体中不同离子的浓度。

在这些体液中有很多重要的离子。我们在这里只讨论其中的四种：有机阴离子（A^-）、氯离子（Cl^-）、钠离子（Na^+）和钾离子（K^+）。在拉丁语中，钠和钾分别为natrium和kalium，这就是为什么分别用Na和K表示它们的原因。有机阴离子是带负电的蛋白质分子或者细胞代谢的中间产物，只存在于细胞内液中。尽管其他三种离子在内外液中都存在，但是K^+主要存在于细胞内液中，而Na^+和Cl^-主要存在于细胞外液中。图2.15中方块的大小表示了这些离子的相对浓度。【见图2.15】为了记忆这些离子的位置，只需要记住我们的细胞周围的液体和海水相似，都是食盐NaCl的溶液。我们细胞的原始祖先生活在海洋中；我们的细胞外液也因此和海水成分相似，产生和维持这种状况的机制将在第11章中详细讨论。

让我们回到图2.15，分析一下扩散力和静电压力是如何作用于各个离子，从而决定它们的分布的。有机阴离子（A^-）不能穿透轴突膜。因此，尽管它在细胞内的浓度会造成一定的膜电位，但是它们依然分布在轴突膜以内。它的分布是由于膜对它的不通透性造成的。

钾离子（K^+）主要集中于轴突内，因此扩散力会迫使它们向细胞外部运动。但是，钾离子的外泄使得细胞外相对于细胞内带正电荷，因此静电压力会迫使离子向里运动。当两种力达到平衡时，钾离子的分布就成了图中所示的情况。【见图2.15】

氯离子（Cl^-）在轴突外的浓度更大一些。扩散力给了该离子向细胞内的作用力。然而，因为细胞内部是带负电荷的，因此静电压力会给氯离子向外的作用力。同样的，两个力最终会达到平衡。【见图2.15】

钠离子（Na^+）在轴突外的浓度也要大于内部。因此，与氯离子相似，钠离子也受到扩散力的作用被迫向细胞内运动。和氯离子不同的是，钠离子带正电荷。因此静电压力非但不会阻止钠离子进入细胞，反而会对它产生吸引的

电解质（electrolyte）：一种包含某种电离物质的水溶液。

离子（ion）：带有电荷的分子。阳离子带正电荷，阴离子带负电荷。

静电压力（electrostatic pressure）：携带相反电荷粒子间的吸引力或相同电荷粒子间的排斥力。

细胞内液（intracellular fluid）：细胞内部的液体。

细胞外液（extracellular fluid）：细胞外面的液体。

作用力。【见图2.15】

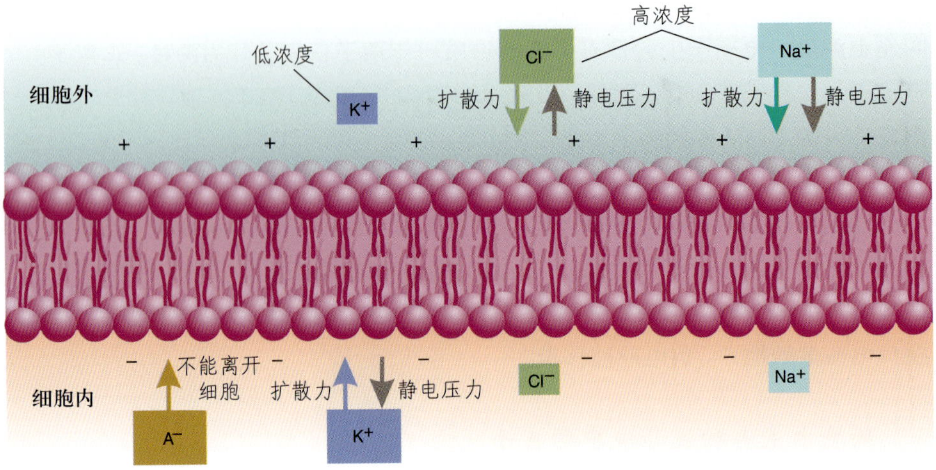

图2.15　膜电位的控制。一部分主要离子在细胞内外的相对浓度，以及作用于离子的各种力。

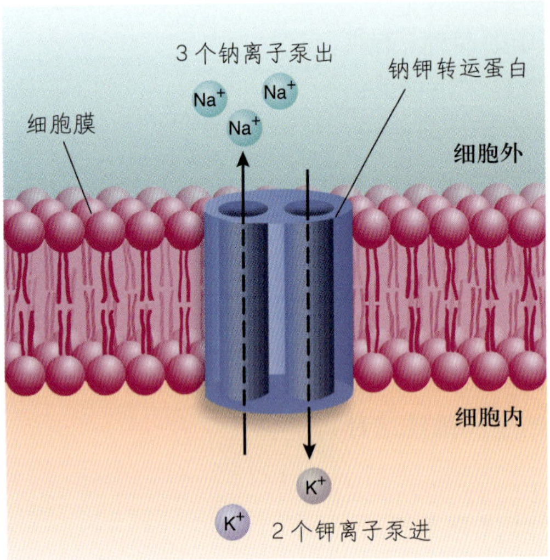

图2.16　钠钾转运蛋白。这些钠钾转运蛋白位于细胞膜上。

静电压力和扩散力都有利于钠离子进入细胞内部，可是钠离子在细胞外液的浓度仍然高于细胞内部。为什么呢？原因是还有另外一种力。这种力由**钠钾泵**产生，能够不停地把钠离子运送到细胞外部。钠钾泵是镶嵌在细胞膜上的大量的蛋白质分子。它们所需的能量由线粒体产生的ATP分子提供。这些蛋白质分子叫作**钠钾转运蛋白**，进行钠离子和钾离子之间的交换。每当3个钠离子被运出细胞，就有2个钾离子被运到细胞内部。【见图2.16】

细胞膜对钠离子的通透性不高，因此钠钾转运蛋白能有效地维持细胞内钠离子处于较低的浓度。它们把钾离子运到细胞内部，因此也稍微提高了细胞内钾离子的浓度。细胞膜对钾离子的通透性大约是对钠离子的100倍，所以细胞内钾离子浓度提高得很有限。但是，当我们在本章后面的内容中学到神经抑制时，我们就会发现这一点是非常重要的。转运蛋白的正常运转需要耗费很多能量，占到整个神经元细胞代谢资源的40%。神经元细胞、肌肉细胞、支持细胞以及大部分其他细胞的细胞膜上都有钠钾转运蛋白的存在。

动作电位

钠钾转运蛋白（sodium-potassium transporter）：所有细胞的细胞膜上都存在的一种蛋白质分子，能将钠离子运出细胞，并将钾离子运到细胞内部。

我们已经了解到扩散力和静电压力都会迫使钠离子进入细胞内部。但是细胞膜对这种离子的通透性不高，同时钠钾转运体还在把钠离子排到细胞外部，因此细胞内钠离子的浓度很低。但是，假设细胞膜对钠离子的通透性突然提高，会有什么结果？扩散力和静电压力将会促使钠离子大量涌进细胞内部，迅速逆转膜电位。实验证明，正是这个机制导致了动作电位：细胞膜对钠离子通透性的短暂提高，造成钠离子内流，随后细胞膜对钾离子的通透性也暂时提高，钾离子大量外泄。那么造成细胞膜通透性改变的原因又是什么？

我们知道镶嵌在细胞膜上的钠钾转运蛋白能把钠离子和钾离子分别主动地运到细胞外部和细胞内部。还有另外一种蛋白质分子，能够为离子进出细胞提供通道。这些分子上可以开关的通道叫作**离子通道**。当离子通道开启时，只有特定的离子能够通过其中的空隙进入或者离开细胞。【见图2.17】神经细胞的细胞膜上有成千上万的离子通道。例如，乌贼的长轴突上每平方微米内就有几百个钠离子通道（有时简称钠通道）。当钠通道开启时，每个通道每秒钟就能允许一亿个钠离子通过。因此，细胞膜在特定的时间对特定离子的通透性取决于这种离子的离子通道开放的数量。

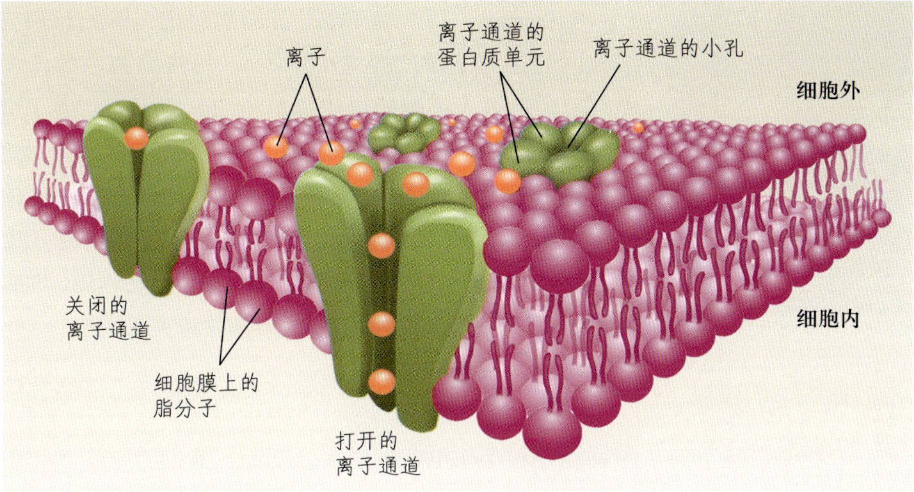

图 2.17 离子通道。当离子通道开放时，离子通过它们进出细胞。

图2.18中的不同数字描述了发生动作电位时离子贯穿细胞膜的运动情况。下文中的数字和曲线中的数字对应。【见图2.18】

1. 刺激的强度一旦达到兴奋阈限，细胞膜上的钠离子通道就会开启。在扩散力和静电压力的共同作用下，钠离子大量内流。这些通道的开启是由膜电位的降低（去极化）启动的。它们的开启意味着动作电位的开始。这些离子通道的开启受到膜电位的控制，因此它们被称为**电压依赖性离子通道**。钠离子的大量内流使得膜电位发生显著变化，从−70 毫伏升高到+40 毫伏。
2. 轴突膜上也存在着电压依赖性钾离子通道，但是这些通道的敏感性要低于电压依赖性钠离子通道。也就是说，只有当去极化达到一个更高的水平时它们才会开启。所以它们开启得比钠离子通道要晚。
3. 当动作电位到达最高值时（大约经过 1 毫秒），钠离子通道失活。它们只有等膜电位恢复静息电位水平以后才有可能被再次激活。在这段时间内，没有钠离子能够进入细胞。
4. 在这个过程中，电压依赖性钾离子通道开启。钾离子能通过它们自由进出细胞。在这个时刻，细胞内部带正电。在扩散力和静电压力的作用下，

离子通道（ion channel）：一种特异化的蛋白质分子，允许特定的离子进出细胞。

电压依赖性离子通道（voltage-dependent ion channel）：这种离子通道的开启受到膜电位的控制。

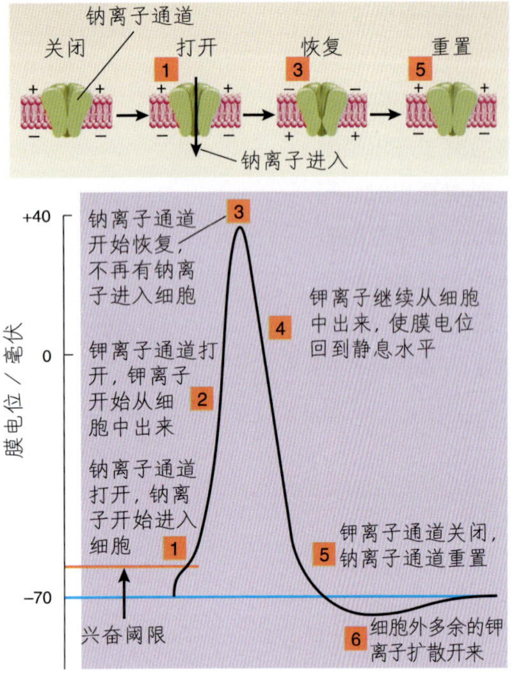

图 2.18 动作电位中离子的运动。上面的图表示的是在达到兴奋阈限时，钠离子通道开放；动作电位达到峰值时钠离子通道的休复；膜电位恢复时离子通道复位。

钾离子大量外泄。钾离子的外泄促使膜电位恢复到正常值水平。在这个过程中，钾离子通道开始关闭。

5. 一旦膜电位恢复正常，钾离子通道关闭，没有钾离子可以离开细胞。在这个过程中，钠离子通道处于待命状态。另一次去极化能促使它们重新开启。
6. 事实上，膜电位将下降到比静息电位（–70 毫伏）要低的水平。然后逐级地恢复到正常水平。这个超极化的过程是由细胞外钾离子的积累造成的。多余的钾离子很快扩散，静息电位恢复到–70 毫伏。最后，钠钾转运蛋白把进入细胞内部的钠离子运到细胞外面，把流出细胞的钾离子运回细胞内部。

实验证明，一个动作电位能够暂时把乌贼的长轴突细胞内的钠离子浓度提高0.0003%。尽管细胞内的浓度提高了，但进入细胞的离子总量和细胞内原有的离子量相比要小得多。这意味着，在短时期内，钠钾转运蛋白并不是非常重要。内流的少量钠离子扩散到轴突膜的其他部位，因此钠离子的浓度变化非常小。但是，从长远角度看，钠钾转运蛋白就非常重要了。没有它们的作用，细胞内的钠离子浓度将不断增加，最后轴突将失去作用。

动作电位的传导

我们已经了解了静息电位和动作电位的产生。下面，我们将介绍动作电位的传导，也就是信息沿着轴突传导的过程。为了研究这个现象，我们仍然要用到乌贼的长轴突。我们在轴突的一端插入一段连接有刺激器的电极，然后在轴突不同的部位插入一系列连接有示波器的记录电极。我们对轴突的一端施加一个去极化的刺激，形成动作电位。随后依次通过电极记录动作电位。我们可以发现动作电位是沿轴突的方向传导的。在传导过程中，动作电位的强度不变。【见图 2.19】

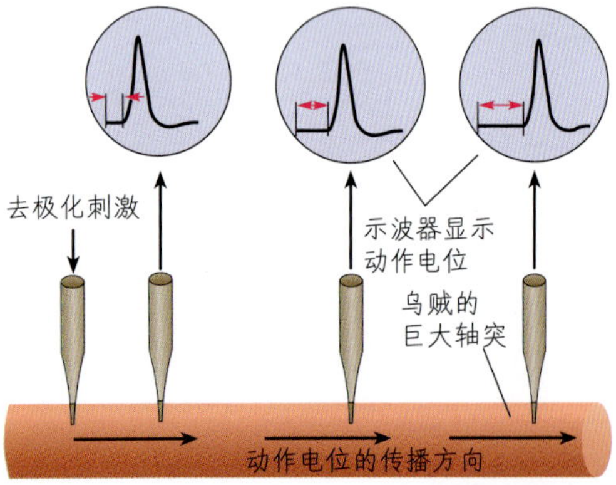

图 2.19 动作电位的传导。动作电位被激发，在轴突传导的过程中，其强度不变。传导的速度可以通过测量刺激和动作电位之间的延迟来计算。

这个实验验证了轴突传导的一个规律：**全或无法则**。这个规则的内容是说动作电位要么不产生，要么产生额定强度的动作电位。一旦产生，它将沿着轴突一直传导至末端。在传导过程中，动作电位的强度总是保持不变。在轴突分支处，动作电位也分为几支，但每一支的强度并不减弱。动作电位是沿轴突的方向传导的；如果动作电位产生于轴突的中部，那么它将沿着轴突向两个方向传导。然而，在有生命的机体中，动作电位总是产生于轴突靠近胞体的一端，因此它们在轴突中的传导只有一个方向。

全或无法则（all-or-none law）：这个法则的内容是说一旦在轴突上激发了动作电位，它就会沿着轴突一直传导至末端。强度不会衰减。

肌肉的收缩强度可以很弱，也可以非常强；刺激的强度可以微弱得刚刚被探测到，也可以非常大。我们知道动作电位控制着肌肉收缩的强度，代表着物理刺激的强度。然而，如果动作电位是全或无的事件，它怎样来传导连续性的信息？答案很简单：单个动作电位并不是信息的基本成分。变化的信息是通过轴突的激发频率（即动作电位产生的频率）来表达的。高的激发频率引起高强度的肌肉收缩，高强度的刺激（比如刺眼的光线）可以引发眼神经轴突高频率的激发。这个规律称为**频率法则**，和全或无法则共同调解神经活动。【见图2.20】

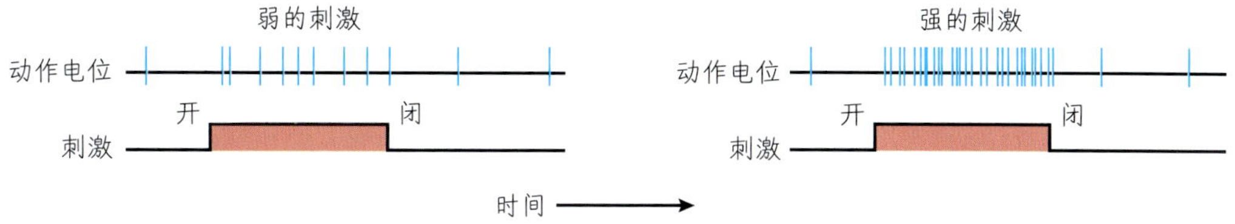

图2.20　频率法则。轴突激发频率代表了信号的强度。每个动作电位的大小总是恒定的。

我们在前面的内容中提过，除了最小的神经，哺乳动物神经系统中的神经都是被一段段的髓鞘包裹的。在中枢神经系统中，这些包裹结构由少突胶质细胞形成；在周围神经系统中，包裹结构由许旺氏细胞形成。这些髓鞘段被裸露的朗飞氏结隔开。在被包裹和没有被包裹的神经中，动作电位的传导是不同的。

许旺氏细胞和少突胶质细胞紧紧包裹在神经周围。神经细胞和支持细胞中间没有任何可测量到的细胞外液。包裹着的神经元只有在裸露的朗飞氏结处才能与细胞外液接触。在包裹的部位，钠离子通道开启时，并没有钠离子的内流，因为那里没有细胞外液，更没有钠离子。轴突把动作电位从一个朗飞氏结传导至另一个朗飞氏结。在每个新的朗飞氏结上都有动作电位被重新激活。这种跳跃式的传导被称为**跳跃传导**。【见图2.21】

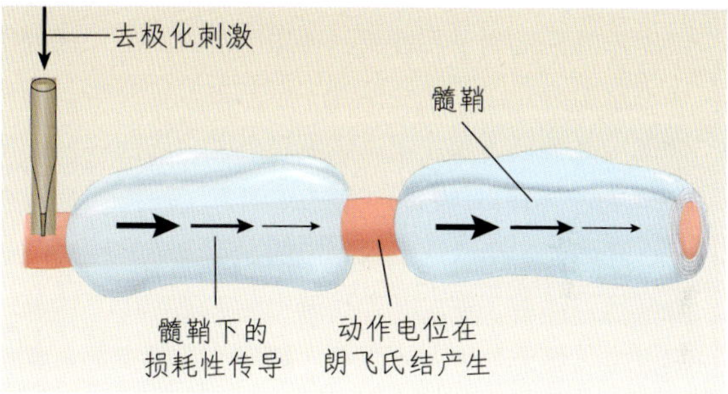

图2.21　跳跃传导。动作电位沿着有髓鞘包裹的轴突传导的情况。

跳跃传导有两个优点。首先是节约能量。在动作电位过程中，钠离子进入细胞内。为了除去这些多余的钠离子，钠钾转运蛋白必须耗费能量。在没有髓鞘包裹的神经元上，钠钾转运蛋白分布于整个轴突，因为钠离子可以从轴突的任何部位进入。然而，在有髓鞘包裹的神经元上，钠离子只能在朗飞氏结处进入细胞，因此进入细胞的钠离子的量要少得多。所以，需要泵出去的离子也就少很多。因此，有髓鞘包裹的神经元维持钠离子平衡所需的能量要少得多。

其次是传导的速度。在有髓鞘包裹的神经元中，信息的传导要快一些，因为在朗飞氏结之间的传导非常快。速度的提高使得动物能够更快速地做出反应，更敏捷地做出思考。提高速度的一个方法是增加体积。乌贼的没有髓鞘包裹的轴突非常大，直径达到500微米。信息在上面传导的速度大约是35米/秒。然而，猫的有髓鞘的轴突直径只有6微米，却能达到相同的传导速度。传导速度最快的有髓鞘的轴突直径有20微米，能够以120米/秒的速度传导

频率法则（rate law）：该法则是说，轴突上不同的激发率代表了不同的刺激强度或其他信息。

跳跃传导（saltatory conduction）：有髓轴突上动作电位的传导。动作电位似乎是从一个朗飞氏结跳到另一个朗飞氏结上的。

动作电位。凭借这个速度，信息从轴突一端传导至另一端基本上没有时间的延迟。

小 结

神经元内的信息传导

撤回反射显示了神经元是如何连接在一起完成有益的行为的。完成这个反射所需的回路是由三种神经元组成的：感觉神经元、中间神经元和运动神经元。如果脑中的神经元激活了与该运动神经元形成突触连接的抑制性中间神经元，那么，这个反射就会被抑制。

由轴突传导的信息被称为动作电位。人体所有细胞的细胞膜都带有电荷，但是只有轴突能够产生动作电位。分布在细胞内外溶液中的各种离子的浓度差别导致了静息电位的产生。细胞外液的组成与海水相似，含有大量的钠离子和氯离子。细胞内液含有大量的钾离子和多种有机阴离子（用 A^- 表示）。

水可以自由地通过细胞膜。但是，对于不同的离子（尤其是钠离子和钾离子）来说，细胞膜的通透性由相应的离子通道决定。当膜电位处于静息状态（−70毫伏）时，电压依赖性钠离子和钾离子通道都是关闭的。放射性海水实验告诉我们，有些钠离子不断进入轴突中，但是很快就被钠钾转运蛋白运送到细胞外面（同时一些钾离子被运到轴突里）。在电刺激的作用下，轴突细胞膜去极化，膜两侧的电位达到阈电位值，电压依赖性钠离子通道开放，钠离子在扩散力和静电压力的作用下内流。阳离子的大量流入进一步降低了膜电位。事实上，膜电位发生了翻转，细胞内部带正电荷。钠通道的开放是暂时的，它们很快就关闭了。钠离子内流导致的去极化激活了电压依赖性钾离子通道。钾离子沿着浓度差外流。钾离子的外流使得膜电位迅速恢复到静息水平。

某一轴突的动作电位是全或无的现象，而刺激的强度可以通过激发频率来表现。动作电位通常产生于轴突和胞体连接的那一端，在没有髓鞘包裹的轴突上是连续的、强度不变的传导，直至轴突终扣。（如果轴突有分支，那么动作电位将沿各个分支传导。）在有髓鞘包裹的轴突上，离子只能在朗飞氏结处透过细胞膜，因为轴突的其他部位被髓鞘包裹，把细胞膜和细胞外液隔开。因此，动作电位只能从一个朗飞氏结传导至另一个。当电信号传导至一个朗飞氏结的时候，电压依赖性钠离子通道开放，一个新的动作电位被激发。这个机制节省了不少能量，因为钠钾转运蛋白不存在于有髓鞘包裹的部位。跳跃传导同样要比在没有髓鞘包裹的神经元上的传导快。

思考题

人脑的进化过程非常复杂，却依靠很多看似简单的结构。例如，如果没有形成髓鞘的能力会有什么结果？为了快速传导信息，没有用髓鞘包裹的轴突必须变得很大。如果少突胶质细胞不能产生髓鞘，我们的脑要有多大？如果没有髓鞘，我们的脑还会进化到现在这个地步吗？

神经元之间的信息传递

我们已经了解了神经元的基本结构以及动作电位的产生机制，现在我们要讨论一下神经元之间的信息传递是如何进行的。这些传递使得神经元回路能够收集感觉信息，制订计划，并且启动行为。

神经元之间基本的信息传递是通过突触传递进行的——信息通过突触从一个神经元传递至另一个神经元。我们会了解到，这些信息由轴突终扣释放的神经递质所携带。这些化学物质通过在液体中扩散的方式，从轴突终扣到达与该神经元形成突触连接的另一个神经元的细胞膜。我们会了解到，神经递质引发**突触后电位**——短暂的去极化或者超极化——增加或者减少突触后神经元的激发频率。

突触后电位（postsynaptic potential）：突触后神经元膜电位的改变，由神经递质的释放所产生。

结合位点（binding site）：受体蛋白上配体结合处的位置。

神经递质的作用是通过与受体分子的特定部位**结合位点**的接触实现的。接触方式类似于锁和钥匙的结合。结合位点的形状和神经递质分子的形状是互补的。与结合位点相结合的化学物质叫作**配体**。神经递质由神经元产生和释放，是天然配体。但是，从自然界中发现的其他物质（通常存在于植物或动物的毒液中）也可以充当配体。此外，实验室中可以制造人工配体。我们将在第4章介绍这些化学物质。

突触的结构

突触是一个神经元的轴突终扣与另一个神经元的细胞膜的接合处。突触有三种形式：与树突相连、与胞体相连以及与其他轴突相连。这些突触分别叫作：轴树突触、轴体突触和轴轴突触。轴树突触可能发生在树突的平滑的表面，也可能发生在**树突棘**——散布在脑中几类较大的神经元的树突上的小凸起。【见图2.22】

图2.23显示的是一个突触。**突触前膜**位于轴突终扣的顶端，和它相对的是**突触后膜**，位于接收信息的神经元（*突触后神经元*）上。这两个膜之间的结构叫作**突触间隙**。不同的突触间隙有不同的大小，但是一般有20纳米的宽度。突触间隙含有细胞外液，这是神经递质扩散的介质。【见图2.23】

从图2.23中可以看到，轴突终扣的细胞液中有两种重要的结构：线粒体和突触囊泡。同时我们还可以看到微管，它们负责将物质从胞体运输到轴突终扣。线粒体的存在表明，轴突终扣在完成这些功能时是需要消耗能量的。**突触囊泡**呈球形或卵形，较小，内部充满了可以被轴突终扣释放的神经递质。一个轴突终扣可以容纳少则几百个、多则上百万个的囊泡。这些囊泡大量分布在与突触间隙相对的突触前膜部位，与**释放区**相邻。神经递质从释放区被释放到间隙中。【见图2.23】

在电子显微镜下，轴突终扣所对的突触后膜比其他地方的细胞膜要厚密一些。这是因为受体的存在。受体是一种特异化的蛋白质分子，能够感受到突触间隙中的神经递质。【见图2.23】

配体（ligand）：与结合位点相结合的化学物质叫作配体。

树突棘（dendritic spine）：树突的表面的小芽，另一个神经元的轴突终扣可以与之形成突触。

突触前膜（presynaptic membrane）：与突触后膜毗邻的轴突终扣的细胞膜，神经递质由此释放。

突触后膜（postsynaptic membrane）：位于轴突终扣的对面的细胞膜，接收信息。

突触间隙（synaptic cleft）：位于突触前膜和突触后膜之间的空间。

突触囊泡（synaptic vesicle）：轴突终扣中含有的小的、球形或卵形的结构；内含有神经递质分子。

释放区（release zone）：突触前膜中突触囊泡大量分布并释放神经递质到突触间隙中的区域。

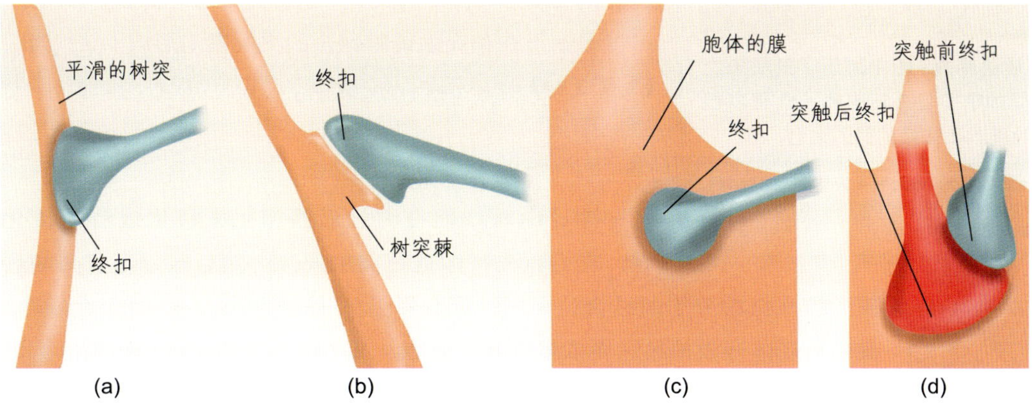

图2.22　突触的种类。轴树突触可以位于树突的光滑表面（a）或者位于树突棘上（b）。轴体突触位于细胞体的细胞膜上（c）。轴轴突触由两个轴突终扣间的突触组成（d）。

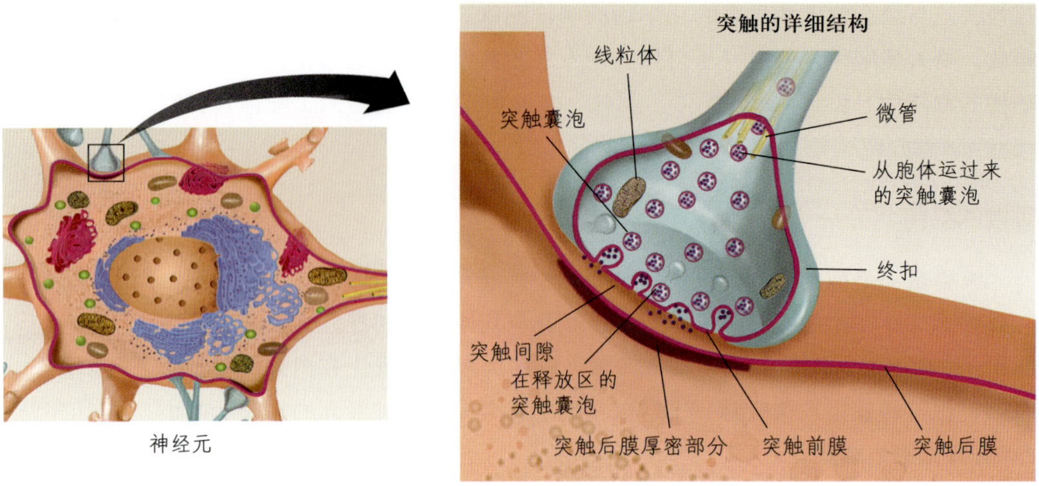

图 2.23 突触的详细结构。

神经递质的释放

在动作电位沿着轴突或者轴突分支传导时，轴突终扣发生了一些变化。突触前膜的一些突触囊泡与细胞膜融合并且解体，把原来包裹的物质释放到突触间隙中。

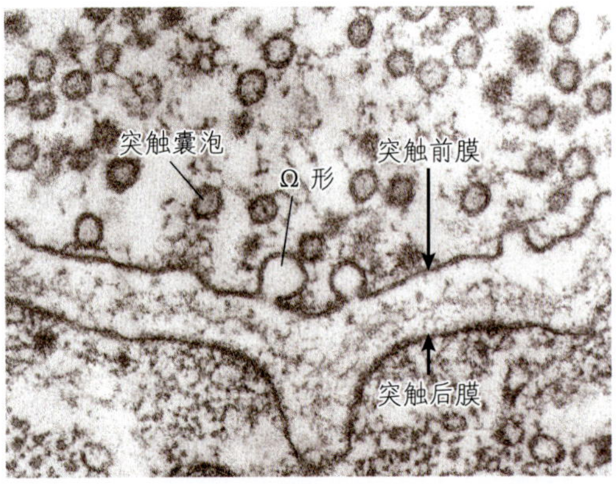

图 2.24 神经递质的释放。图中展示了蛙肌肉上一个轴突终扣切面的电子显微镜图片。Ω 形状的结构表示的是突触囊泡和突触前膜的融合。

Heuser, J. E., in Society for Neuroscience Symposia, Vol. 11, edited by W. M. Cowan and J. A. Ferrendelli. Bethesda, MD: Society for Neuroscience, 1977.

Heuser 和他的同事们（Heuser，1977；Heuser et al.，1979）获取了能够显示这个过程的显微图像。神经递质的释放非常迅速，仅仅发生在几个微秒之间。为了研究其中的细节，我们需要采取一些特殊的手段来中止这个过程。实验者用电刺激与蛙的离体肌肉相连的神经，然后把肌肉置于温度降低到大约–269℃的纯铜中。在2微秒左右的时间里，与超低温金属接触的组织外层被冻结。在进行化学固定和电子显微镜观察之前，轴突终扣里的物质能保持在原有的位置。图2.24显示了突触切面的一部分。从图中可以看到正在和突触前膜融合的突触囊泡形成 Ω 的形状。【见图2.24】

受体的激活

突触后受体（postsynaptic receptor）：突触后膜上的一种特殊受体分子，其上有一种神经递质的结合位点。

神经递质依赖性离子通道（neurotransmitter-dependent ion channel）：当神经递质分子与突触后膜受体结合时才开放的离子通道。

神经递质如何在突触后膜产生去极化或者超极化呢？它们首先扩散通过突触间隙，然后与分布在突触后膜的特殊蛋白分子的结合位点——**突触后受体**——相结合。一旦结合成功，突触后受体开放**神经递质依赖性离子通道**，从而使特定的离子进出细胞。因此，神经递质在突触间隙中出现以后会导致特定的离子通过细胞膜，改变膜两侧的电位。

神经递质至少会通过直接或者间接这两种方式打开离子通道。直接的方式比较简单，我们先来介绍它。图2.25所示为一个神经递质依赖性离子通道以及它的结合位点。当合适的神经递质和它结合以后，离子通道就会打开。

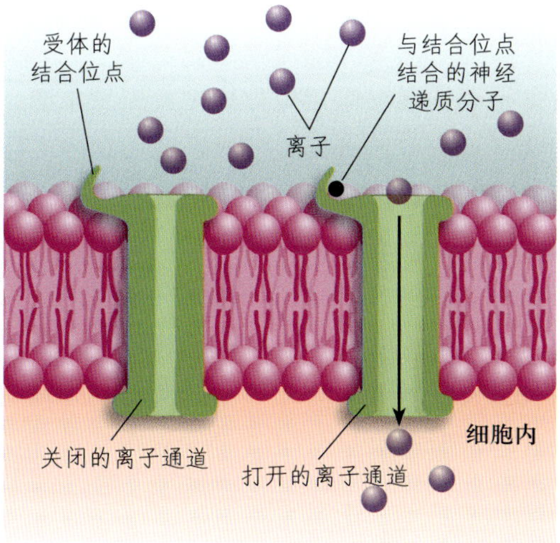

图2.25　促离子型受体。神经递质分子与通道结合位点相结合，离子通道开放。这是一幅为了清晰反映结构的示意图，实际的神经递质分子要比离子大得多。

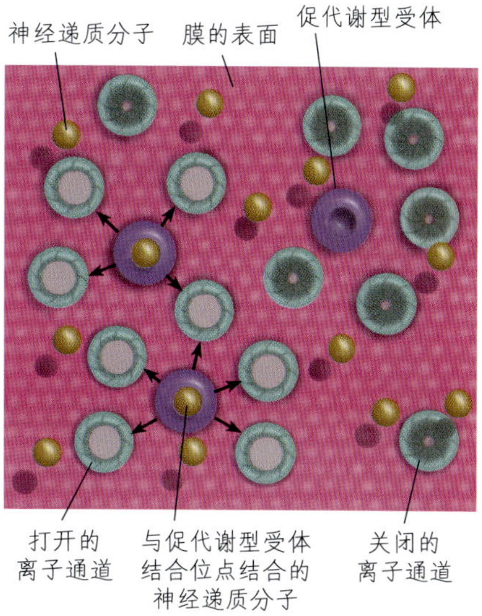

图2.26　促代谢型受体。当神经递质与受体结合时，受体激活引发化学物质第二信使的生成。

这种受体被叫作**促离子型受体**。【见图2.25】

促离子型受体最初是在一种电鳐（可以放电的鱼）的器官中发现的。这种受体对一种叫作*乙酰胆碱*的神经递质非常敏感，并且含有钠离子通道。当这些通道开放时，钠离子进入细胞使细胞膜超极化。

间接的方式比较复杂。一些受体不能直接打开离子通道，而是引发一系列的化学反应。这些受体被称为**促代谢型受体**，因为它们引发的一些反应需要消耗代谢产生的能量。促代谢型受体和另外一种与细胞膜相连接的蛋白质——**G蛋白**——相邻。当神经递质与受体结合时，受体激活和它相邻的位于细胞膜内的G蛋白。被激活的G蛋白能激活一种酶，引发化学物质**第二信使**的生成。（神经递质是第一信使。）第二信使分子在细胞质中活动，和相邻的离子通道结合，并使其开放。和直接方式相比，这种方式需要更长的时间，同时也能持续更长时间。【见图2.26】

第一个被发现的第二信使是环腺苷酸（cyclic AMP），是由ATP生成的化学物质。此后，人们又发现了更多的第二信使。在以后的章节中，我们会发现，无论是在突触连接中还是在非突触连接中，第二信使都起着非常重要的作用。它们的作用不局限于打开离子通道。它们还能运动到细胞核或者神经元的其他部位，引发生化变化，影响细胞功能。它们甚至能够激活或者抑制特定基因，从而引发或者终止某类蛋白物质的生成。

突触后电位

突触后电位可能是去极化的（兴奋性的），也可能是超极化的（抑制性的）。决定某一突触的突触后电位的不是神经递质本身，而是突触后受体的性质。换句话说，是由受体*打开的特定的离子通道*决定的。

在图2.27中可以看到，在突触后膜上共发现了由三种神经递质依赖性离子通道：钠通道、钾通道和氯通道。图中所示的只是以直接的方式激活的通道，

促离子型受体（ionotropic receptor）：包含了某种神经递质的结合位点的受体；当一个神经递质与结合位点结合以后，就会打开一个离子通道。

促代谢型受体（metabotropic receptor）：包含了某种神经递质的结合位点的受体；当一个神经递质分子与这个结合位点结合时，能激活一种酶，然后引发一系列反应，打开细胞膜某处的一个离子通道。

G蛋白（G protein）：一种与促代谢型受体偶联的蛋白；当一个配体与受体结合并激活该受体时，向其他分子传递信息。

第二信使（second messenger）：在G蛋白激活一种酶后产生的一种化学物质；携带的信息能够打开离子通道或引起细胞内其他的活动。

要注意有许多离子通道是通过间接的方式（由与G蛋白偶联的促代谢型受体）激活的。

神经递质控制的钠离子通道是兴奋性突触后电位的主要引发来源。我们已经了解钠钾转运蛋白把钠离子运到细胞外面，等候扩散力和静电压力把它们再次运送到细胞内部。当钠离子通道开放时，钠离子内流，产生去极化——**兴奋性突触后电位（EPSP）**。【见图2.27(a)】

我们在前面介绍了钠钾转运蛋白维持着细胞内部少量的钾过剩。当钾通道开放时，一些钾离子就会顺浓度差外流。因为钾离子带正电荷，因此钾的外流会导致细胞膜超极化，产生**抑制性突触后电位（IPSP）**。【见图2.27(b)】

在许多突触中，在伴随或者不伴随钾通道开放的前提下，抑制性神经递质开放氯通道。氯通道开放产生的结果取决于神经元的膜电位。如果细胞膜处于静息电位，那么不会有明显的现象。因为在这种情况下，氯离子的扩散力和静电压力是恰好平衡的。然而，如果膜电位已经被周围的兴奋性突触激活，那么氯通道的开放会使氯离子内流。氯离子的内流会把膜电位带回到静息状态。因此氯通道的开放起到抑制性作用。【见图2.27(c)】

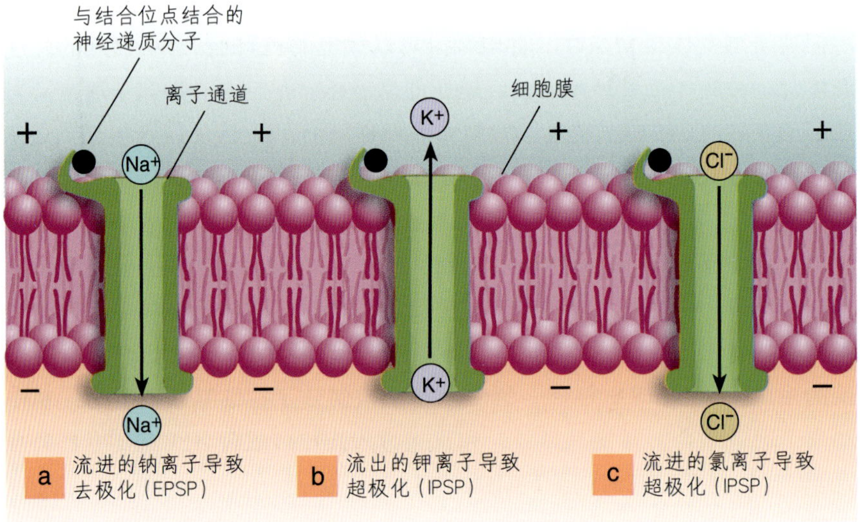

图2.27 突触后电位的离子运动。

兴奋性突触后电位（excitatory postsynaptic potential，EPSP）：由终扣释放的神经递质引起的突触后膜的兴奋性去极化。

抑制性突触后电位（inhibitory postsynaptic potential，IPSP）：由终扣释放的神经递质引起的突触后膜的抑制性超极化。

再摄取（reuptake）：由终扣释放的神经递质被重新摄回，终止突触后电位。

酶失活（enzymatic deactivation）：通过酶的释放改变神经递质的结构，例如乙酰胆碱酯酶使乙酰胆碱失活。

乙酰胆碱（acetylcholine，ACh）：在脑、脊髓和周围神经系统中发现的一种神经递质，负责肌肉收缩。

突触后电位的终结

突触后电位是神经递质激活突触后受体从而产生的短暂的去极化或者超极化过程。它的短暂性是因为再摄取和酶失活这两个机制。

几乎所有的由神经递质引发的突触后电位都是由**再摄取**来终结的。这个过程非常简单，就是突触间隙中的神经递质被轴突终扣快速吸收。轴突终扣上分布有特殊的转运蛋白分子，它们利用细胞代谢的能量，把神经递质从突触间隙中直接运到细胞质内，就像钠钾转运蛋白把钠和钾跨膜转运一样。当动作电位来临时，轴突终扣释放少量神经递质进入突触间隙，然后把它吸收回细胞质中。所以突触后受体与神经递质的接触时间非常短暂。【见图2.28】

酶失活是指神经递质被一种酶所破坏。**乙酰胆碱（ACh）**这种神经递质引发的突触后电位就是通过这种方式被终结的。肌肉纤维间的突触和中枢神经系统里的神经元间的一些突触的信息交流是通过乙酰胆碱来介导的。由乙酰胆碱引发的突触后膜电位非常短，因为在这些突触后膜上存在一种酶叫作**乙酰胆碱酯酶（AChE）**。乙酰胆碱酯酶把乙酰胆碱降解为醋酸和胆碱。这些物质都不能再激活突触后受体，因此突触后电位就被终结了。乙酰胆碱酯酶对乙酰胆碱的降解作用非常强。一分子的乙酰胆碱酯酶可以在一秒内降解五千分子的乙酰胆碱。

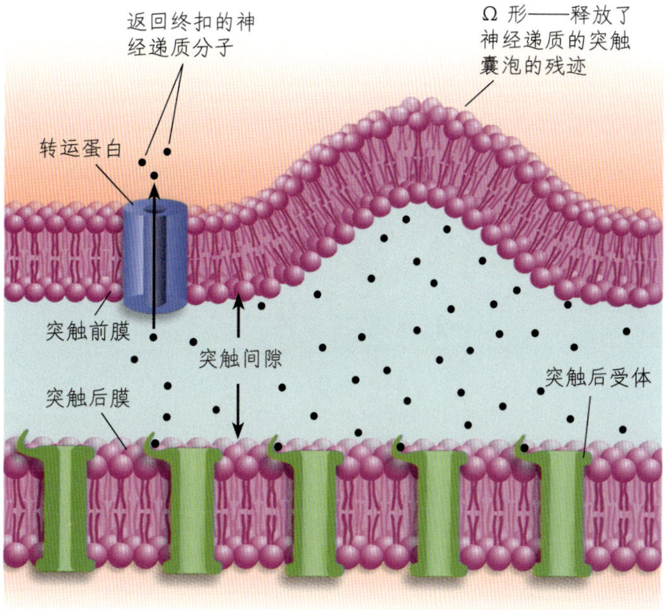

图 2.28　再摄取。突触间隙中的神经递质被轴突终扣快速吸收。

突触后电位的作用：神经整合

我们已经了解了神经元如何通过突触形成彼此间的连接，动作电位如何触发神经递质的释放，以及释放的这些化学物质如何激发或者抑制突触后电位。兴奋性突触后电位提高了突触后神经元激发动作电位的可能性，抑制性突触后电位降低了这种可能性。因此，一个神经元放电的频率取决于与它的胞体和树突相连的兴奋性或者抑制性突触的相对活性。如果没有兴奋性突触，或者抑制性突触的作用过强，那么神经元的放电频率可能会降低到零。

下面我们将详细介绍这个过程。兴奋性和抑制性突触在某个神经元上的总的作用叫作**神经整合**。图2.29显示了兴奋性突触和抑制性突触对突触后神经元的作用。图2.29(a)显示的是几个兴奋性突触激活引起的现象。神经递质的释放使得突触后神经元的树突去极化，产生兴奋性突触后电位。这些兴奋性突触后电位（用红色表示）沿着树突传导，通过胞体以后到达位于轴突起始端的轴丘。如果到达轴丘的去极化足够强的话，轴突就会放电。【见图2.29(a)】

我们再来看一看许多抑制性突触一起激活时发生的景象。抑制性突触后电位引起超极化，使得膜电位远离阈限电位的值。因此它们会抵消兴奋性突触后电位的作用。【见图2.29(b)】

神经元放电的频率取决于与它的胞体和树突相连的兴奋性突触或抑制性突触的相对活性。兴奋性突触活性增强，放电频率提高；抑制性突触活性增强，放电频率降低。

自受体

突触后受体接收突触间隙中神经递质的信息，引起兴奋性或者抑制性突触后电位。但是并不是所有的神经递质受体都分布在突触后膜上。许多神经元上的受体接收自身释放的神经递质。这些受体称为**自受体**。

自受体可能分布在细胞的任何部位。我们只讨论分布在轴突终扣的那一

乙酰胆碱酯酶（acetylcholinesterase，AChE）：一种酶，在它被终扣释放后，很快能够破坏乙酰胆碱，从而终止突触后电位。

神经整合（neural integration）：抑制性突触后电位和兴奋性突触后电位加和并控制神经元发放频率的过程。

自受体（autoreceptor）：位于神经元上的受体分子，能够与该神经元释放的神经递质反应。

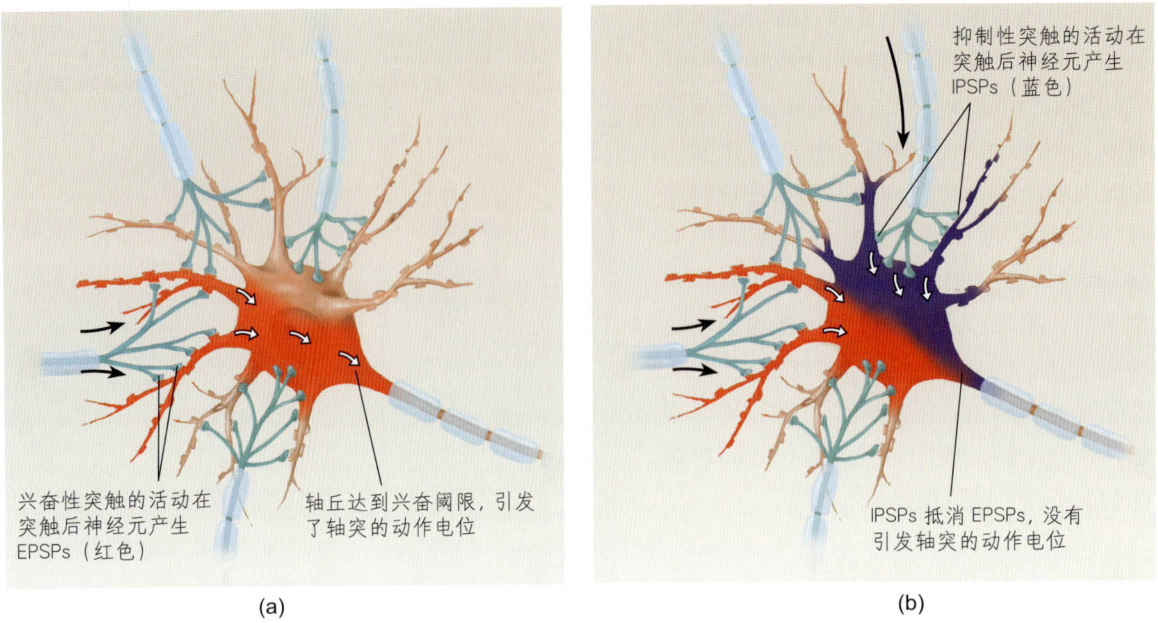

图 2.29 神经整合。(a) 如果几个兴奋性突触同时激活，它们产生的 EPSPs（红色）叠加以后沿着轴突传导，使得轴突放电。(b) 如果几个抑制性突触同时激活，它们产生的 IPSPs（蓝色）会削弱 EPSPs 的量，阻止轴突放电。

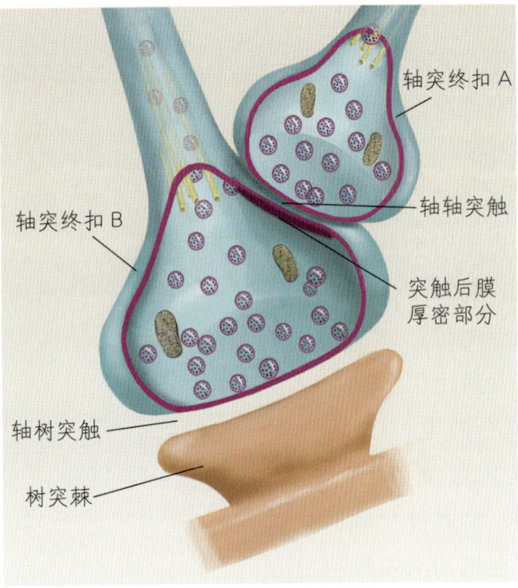

图 2.30 轴轴突触。轴突终扣 A 的激活能够激活或者抑制轴突终扣 B 释放的神经递质。

部分。在大部分情况下，这些自受体并不控制离子通道。因此，结合了神经递质以后，自受体并不能引起膜电位的变化。它们控制的是内部过程，包括神经递质的合成与释放。（正如你想象的那样，自受体是代谢性的，它们的作用通过 G 蛋白和第二信使来完成。）多数情况下，自受体激活引发的作用是抑制性的。也就是说，神经递质一旦释放到神经元附近的细胞外液中，神经递质的释放或合成的频率就会降低。研究者一般认为自受体是调控神经递质释放量的系统的一部分。释放量过多时，自受体抑制合成和释放；释放不足时，自受体促进合成和释放。

轴轴突触

在图 2.22 中我们已经了解到中枢神经系统中共有三种突触。前两种（轴树突触和轴体突触）引起突触后兴奋或者抑制。而轴轴突触并不直接体现在神经整合作用中。它们的激活影响突触后轴突终扣释放神经递质的量。这些突触能够产生突触前调节：突触前兴奋或者突触前抑制。

突触前抑制（presynaptic inhibition）：轴轴突触中的突触前终扣的一种反应，以降低突触后终扣神经递质释放的量。

突触前兴奋（presynaptic facilitation）：轴轴突触中的突触前终扣的一种反应，以增加突触后终扣神经递质释放的量。

你已经知道，轴突终扣神经递质的释放是由动作电位引起的。通常情况下，在一次动作电位的刺激下，某一轴突终扣释放的神经递质的量是固定的。然而，神经递质释放的量受到轴轴突触反应的调节。轴轴突触的反应降低神经递质释放量的作用叫作**突触前抑制**。轴轴突触的反应提高神经递质释放量的作用叫作**突触前兴奋**。【见图 2.30】顺便提一下，我们将在第 4 章中了解到，大麻中的活性成分是通过与突触前受体相结合，进而对人脑发挥作用的。

非突触化学传递

轴突终扣释放神经递质，被相离很近的细胞膜上的受体所检测。这种信息交流是每个突触专属的。**神经调质**是神经元大量释放的化学物质，它们能够运动到很远的地方，能在更广泛的范围内扩散。大多数神经调质都是**多肽**，是一系列的氨基酸通过肽键结合在一起。它们能够调节某一脑区的许多神经元的活动。例如，神经调质可以调节失眠、恐惧和疼痛等行为状态。我们将在第4章中详细介绍最重要的神经递质和神经调质。

多数**激素**是由**内分泌腺**的细胞分泌的。其他的激素是由多种器官如胃、肠、肾和脑中分化的细胞分泌的。分泌激素的细胞把这些化学物质排放到细胞外液中。激素随血液运动到全身其他的部位。激素与位于细胞膜表面或者细胞核的受体结合，调节这些细胞（包括神经元）的活动。含有某激素特定受体的细胞叫作这种激素的**靶细胞**。只有这些细胞受到这种激素的调节。许多神经元含有激素受体，激素能够激活这些受体，改变这些神经元的活动，从而影响行为。比如，一种性激素——睾丸激素——能增加男性的攻击性。

神经调质（neuromodulator）：一种机体自然分泌的物质，其作用类似于神经递质，但是并不局限于突触间隙，可以通过细胞外液扩散。

多肽（peptide）：一系列由肽键连接在一起的氨基酸分子。大多数的神经调质和一些激素都是由多肽分子组成的。

激素（hormone）：由内分泌腺释放并影响其他器官靶细胞的化学物质。

内分泌腺（endocrine gland）：一种腺体，会分泌其液体到细胞外的毛细血管周围，然后进入到血流。

靶细胞（target cell）：一类含有对应特定激素受体的细胞，受激素的影响。

小　结

神经元之间的信息传递

突触是一个神经元的轴突终扣与另一个神经元（或另一个肌肉细胞或腺细胞）的细胞膜形成的间隙。当动作电位沿着轴突传导至轴突终扣时，轴突终扣释放神经递质，使突触后神经元细胞膜产生去极化或者超极化。神经元轴突放电的频率取决于与它的胞体和树突形成的兴奋性或者抑制性突触的相对活性，即神经整合的作用。

轴突终扣包含有突触囊泡，聚集在突触前膜的释放区域。当动作电位到达轴突终扣时，引起神经递质的释放：突触囊泡与突触前膜融合，分解，包含物被释放入突触间隙。

突触后受体一旦与神经递质分子结合就会引发离子通道的开放，造成突触后电位。促离子型受体含有离子通道，当配体结合以后会直接开放离子通道。促代谢型受体与G蛋白相连，激活以后能生成第二信使，从而打开离子通道。

突触后电位的性质取决于开放的离子通道。钠离子进入细胞会产生兴奋性突触后电位。钾离子通道与氯离子通道的开放能引起抑制性突触后电位。

突触后电位通常很短暂。有两种途径能够终结突触后电位。最常见的方式是再摄取：神经递质被突触前膜上的转运蛋白从突触间隙转运回细胞质。乙酰胆碱被乙酰胆碱酯酶去活化。

突触前膜以及突触后膜分布着检测神经递质的存在的受体。这些突触前受体又叫作自受体，调节神经元合成与释放神经递质的量。轴轴突触产生突触前兴奋或者抑制，提高或者降低神经递质的释放量。

神经调质和激素的功能与神经递质相似。它们与受体相结合，引发细胞内电学或者化学变化。然而，神经递质的作用范围有限，神经调质和激素的作用更加广泛。

思考题

1. 为什么突触传递要通过释放化学物质的方式进行？直接的电传导要简单得多，为什么我们的身体不是全部（除了人脑中的一小部分突触连接）采用这种方式？通常情况下，大自然会采取最简单的方式来实现一个既定目标。因此化学传递肯定有一定的优势。你认为它的优势是什么？
2. 想一想图2.11中的撤回反射，你能设计一个电突触回路来完成这个过程吗？

本章结语 | 重症肌无力

“我痊愈了吗？”凯瑟琳问。

丁医生有些沮丧地笑着说：“我倒希望能这样。我担心你的病没有痊愈。但是我们现在知道你为什么全身无力了。”看到凯瑟琳有些失望，她犹豫了一下：“确实有一种疗法。你现在的情况叫作重症肌无力。我给你注射的药只能作用几分钟。我会给你一些药丸，它们的作用能长久一些。”果不其然，凯瑟琳开始感觉到乏力，最后又坐下了。

1672年，一名英国外科医生Thomas Willis首次报道了重症肌无力。这种缺陷并不常见。但是多数专家认为许多比凯瑟琳症状轻的病人并没有被诊断出来。凯瑟琳的病影响到她的脸、颈部和肢体肌肉。但是有的病人只有眼部肌肉受到影响。如果在20世纪30年代以前，凯瑟琳很可能会由于肺炎引起的呼吸障碍和咳嗽而卧床不起，甚至在几年之内就一命呜呼。幸运的是，凯瑟琳的前途并不是一片黑暗。重症肌无力的病因已经很清楚了，而且找到了治疗的方法，尽管不一定能完全治愈。

重症肌无力的明显特征是易疲劳。病人休息时有力气，但是运动片刻就会极度虚弱。许多年来，研究者已经认识到虚弱来源于肌肉与神经之间的突触，而不是肌肉或者神经本身。19世纪后期，有个外科医生把电极放在重症肌无力病人的皮肤上，给神经元以电刺激。他每刺激一次，肌肉就会收缩一次。但是收缩的强度逐渐减少。但是，当他把电极放在肌肉上，直接刺激肌肉时，收缩的强度没有改变。随着电信号记录技术的发展，人们发现重症肌无力患者的动作电位完全正常。如果神经传导和肌肉传导都没有问题，那么问题肯定存在于突触。

1934年，Mary Walker医生发现重症肌无力患者的症状与箭毒的作用非常类似。箭毒能够阻断肌肉突触的神经传导。箭毒的解药是毒扁豆碱，它能使乙酰胆碱酯酶失活。我们知道，乙酰胆碱酯酶能破坏乙酰胆碱，从而终结突触后电位。通过使乙酰胆碱酯酶失活，乙酰胆碱的作用时间大大地提高并延长了。因此，它能增强肌肉突触的神经传递，逆转箭毒的作用。（我们将在第4章详细介绍这些内容。）

Walker医生认为，如果毒扁豆碱能逆转箭毒的作用，那么它一定能够逆转重症肌无力的症状。她试了一下，发现疗效持续了几分钟。后来，制药公司发现了能够口服并且持续作用更长时间的药物。现在，医生用注射液进行诊断，用口服药进行治疗。

研究者集中精力研究重症肌无力的病因。他们发现，重症肌无力是一种自身免疫疾病。通常，免疫系统会保护我们不受入侵微生物的危害。免疫系统产生抗体蛋白，杀死入侵的微生物。可是，在有的情况下，免疫系统错误地把原先存在于体内的蛋白识别为外来物。研究者发现，重症肌无力患者的血液中存在某种抗体，能够破坏用来合成乙酰胆碱受体的蛋白质。因此，重症肌无力患者的免疫系统会进攻并消灭自身乙酰胆碱受体，破坏突触传递，是一种自身免疫系统疾病。

最近，研究人员成功地发展了重症肌无力的动物模型。动物模型是在实验室动物身上引发类似于人类疾病的病。这样，研究者便可以研究病程，测试可能的治疗途径和治愈方法。在这里，研究者提取了电鱼的乙酰胆碱受体蛋白，并把它注射到实验室的动物体内。动物的免疫系统侦测到这种蛋白质，产生了对抗它的抗体。这种抗体同时会进攻动物本身的受体蛋白。动物产生了与重症肌无力患者类似的症状。在注射了有类似毒扁豆碱作用的药物以后，动物的症状减轻。

通过动物模型，研究者发现了一个很有前景的结果——动物免疫系统可以脱敏，使得机体不再产生针对乙酰胆碱受体的抗体。把处理过的乙酰胆碱受体蛋白注射入动物体内，动物的免疫系统产生与之对抗的抗体。这个抗体并不针对动物自身的受体蛋白。此后，再给予纯的乙酰胆碱受体蛋白，该动物就不再发生产生重症肌无力了。因为以前注射的蛋白与动物受体蛋白太相似了，机体不会产生新的抗体来对抗后来注射的纯蛋白。也许我们能开发一种疫苗，让机体产生对乙酰胆碱受体蛋白没有作用的抗体，从而把重症肌无力控制在起始阶段。

尽管有一些药物可进行治疗，但是重症肌无力仍然是一种非常严重的疾病。药物不能恢复病人的全部力气，而且会有很严重的副作用。但是近年来实验室研究的进展给凯瑟琳等重症肌无力患者带来了希望。

关键概念

神经系统的细胞

1. 神经元有细胞体、轴突、树突和轴突终扣。相互连接的神经元是神经系统正常功能的载体。神经元周围有神经胶质细胞和许旺氏细胞，给神经元提供髓鞘、营养保证以及物理支持。血脑屏障会调节进入脑的化学物质。

神经元内的信息传导

2. 当轴突膜电位达到兴奋阈限时，动作电位便会产生。尽管动作电位是电学的，但是它是因为钠离子和钾离子通过电压依赖性离子通道进出细胞引起的。跳跃传导发生在有髓鞘包裹的神经元上，这种神经元比没有包裹髓鞘的神经元有更高的传导速率和效率。

神经元之间的信息传递

3. 神经元之间通过突触传递信息，这使得突触前神经元能对突触后神经元产生兴奋性或抑制性作用，从而增加或者减少突触后神经元轴突放电并将动作电位传导给它的轴突终扣的频率。
4. 动作电位到达轴突终扣以后，引起突触囊泡释放神经递质。神经递质分子与突触后膜的受体结合。
5. 一旦被神经递质激活，突触后受体打开神经递质依赖性钠、钾、氯离子通道，产生兴奋性或者抑制性突触后电位。
6. 突触后电位因为神经递质的再摄取或者酶失活而终结。
7. 自受体有助于调节神经递质的释放量。
8. 轴轴突触是轴突终扣间的突触。一个轴突终扣释放的神经递质能增强或者降低另一个轴突终扣释放的神经递质的量。
9. 神经调质和激素与神经递质的作用类似，它们与靶细胞受体结合并激活它们。

第 3 章

神经系统结构

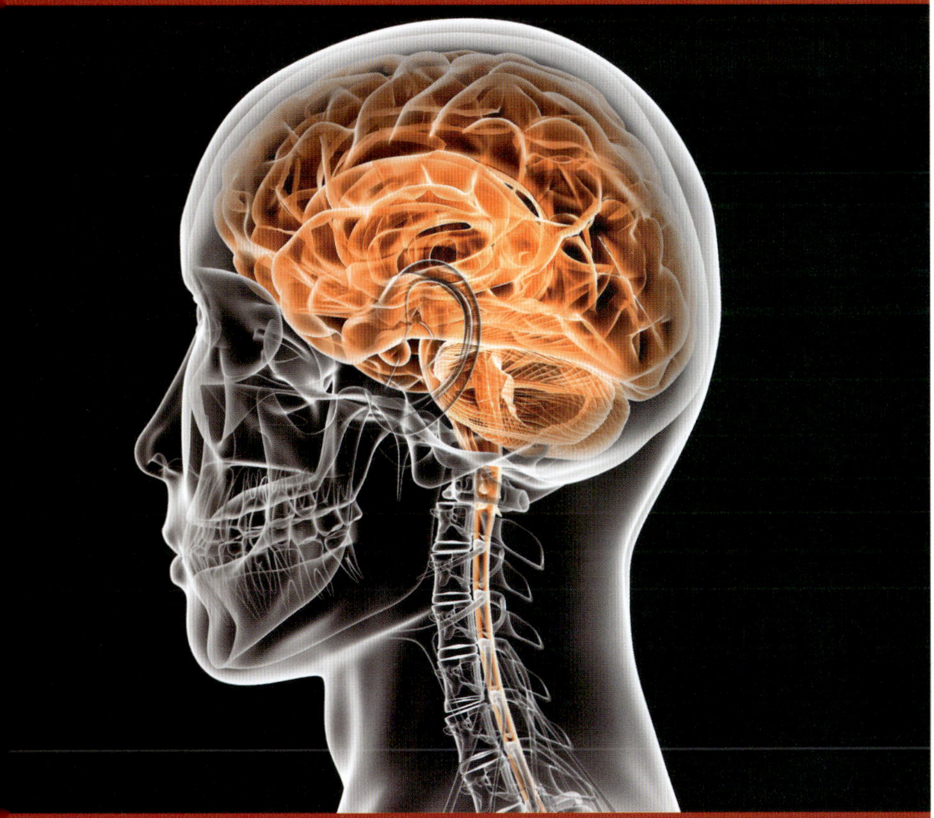
Science Photo Library/getty Images

本章要点

- 神经系统的基本特点
  - 概述
  - 脑脊膜
  - 脑室系统和脑脊液的产生
- 中枢神经系统
  - 中枢神经系统的发育
  - 前脑
  - 中脑
  - 菱脑
  - 脊髓
- 周围神经系统
  - 脊神经
  - 脑神经
  - 自主神经系统

学习目标

1. 描述脑外观，以及明确用于标示脑平面和方向的术语。
2. 描述神经系统的分区、脑脊膜、脑室系统、脑脊液的生成及其在脑内的流动。
3. 概述中枢神经系统的发育。
4. 描述前脑的两个重要结构之一：端脑。
5. 描述间脑的两个主要结构。
6. 描述中脑、菱脑以及脊髓的主要结构。
7. 描述周围神经系统，包括自主神经系统的两个部分。

引子 | 左侧消失了

S小姐年龄60岁，既往有高血压史，而且目前的降压治疗不理想。某天晚上，当她坐在躺椅上读报纸时，电话响了。她起身去接电话，突然感到一阵头晕，她试图靠着餐桌。接下来发生的事情她就一无所知了。

第二天清晨，一位经常与S小姐喝咖啡的邻居发现她倒在地板上，语无伦次地咕哝着。邻居叫了救护车将S小姐送到了医院。

在允许探视的两天后，我跟随由神经科主任带领的小组对S小姐进行了探视。从负责S小姐的神经科住院医师那里，他们已经知道S小姐患的是右侧大脑后部的中风。医师将S小姐的CT扫描片放到装在墙上的照明观察器上，给他们呈现病人位于特异脑区的由于血液凝结而导致的白点（见图5.17）。

当他们一行12人进入病房时，S小姐处于清醒状态但看起来有点困惑。住院医师问候她并问她感觉如何。她的回答是“我想还可以，但是我还是不明白我为什么会在这里。”

“你能看见房间里的其他人吗？”

“当然。”

“这里有几个人？”

她将头转向右侧开始数。当她数完位于床尾的人后停了下来。“7个。”她回答道。“我们呢？”来自床左面的一个声音问到。“什么？”她说，并看着她已经数过的人。“这里，你的左面。不，向左转！”声音不断重复着。S小姐缓慢地、相当不情愿地将头转向左侧。声音不断地重复着，最后她终于看到了说话的人。“喔，”她说，“我猜这里还有更多的人。”

住院医师站在了床的左侧，摸着她的左臂问道：“这是什么？”“哪里？”她问。“这里。”他回答道，并抬起她的左臂，慢慢地移到她的面前。

“喔，这是一只胳膊。”

“一只胳膊？谁的胳膊？”

“我不知道，我猜是你们的。”

“不，这是你的胳膊。看，它是你身体的一部分。”他用手从她的胳膊摸到肩膀。

“好的，就当你说得对。”她说，听起来仍不相信。

当这些人回到住院医师的办公室时，神经科主任说这是一位典型的半侧空间忽视患者，由于脑的特异部位损伤导致。“我曾经看过很多类似的病例。”他解释道：“病人仍能接收左侧躯体的感觉，但注意不到它们。女人化妆时会只化右脸，男人只剃半边的胡须。当他们穿衬衫或大衣时，他们会用左手将右臂和右肩膀穿进衣服，但随后他们忘了左臂，而将衣服悬挂在右肩上。他们也不会看见位于左侧的物体。有一次，我看见一个人吃完早餐后坐在床上，盘子就在眼前。盘子里还剩下半个薄烤饼。‘你都吃完了吗？’我问。‘当然。’他回答道。我将盘子转过来，让未吃的部分变成在他的右侧。他吃惊地说，‘该死的，这是从哪里冒出来的？’”

神经科学研究的目的是了解脑是如何工作的。为了理解神经科学的研究结果，你必须熟悉神经系统的基本结构。本章所介绍的术语量尽可能保持在最低限度（但你将看到，即便如此，术语量仍颇为可观）。通过对本章的学习，你所获得的知识框架将使你在后面章节的学习更加得心应手。

神经系统的基本特点

在开始描述神经系统之前，我们首先介绍一下常用的术语。对脑的大体解剖的描述起源于很久以前，不借助显微镜所能见到的一切结构都已被命名了。早期解剖学家命名大多数脑结构时，主要是根据它们的物体相似性，例如：杏仁核——“杏仁状的物体”；海马——“海马（鱼类）”；膝状体——“膝盖"；皮层——"树皮"；脑桥——"桥梁"；钩状结构——"铁钩"等。

在描述脑这样一个复杂的结构时，首先有必要掌握说明方向的术语。神经系统的方向通常被称为**神经轴**，一条贯穿中枢神经系统，从脊髓末端到脑前部的假想轴。为了使问题简单化，首先可以认为动物的神经轴呈直线。图3.1显示了鳄鱼和两个人的神经轴。鳄鱼的神经轴可被设定为线性模式，是从两眼之间至脊髓中间的一条直线。【见图3.1】前面末端是**前部**，尾部是**后部**。有时也会用术语**嘴端**（朝向嘴的一侧）和**尾端**（朝向尾的一侧）来表示，尤其是特指大脑时。头的顶部和背部是**背侧**，而**腹侧**（前侧）是面对地面的一面。相对而言，这些方向对人类是比较复杂的，由于人类是直立的，所以神经轴是弯曲的，头顶部垂直于背部。（读者也会遇到术语上和下。对于脑而言，这些术语并不具有判断意义，上是指"上面"，下是指"下面"。例如，上丘位于下丘的上方。）鳄鱼和人类的正面观也能说明术语**外侧**和**内侧**：分别朝向两边和中线。【见图3.1】

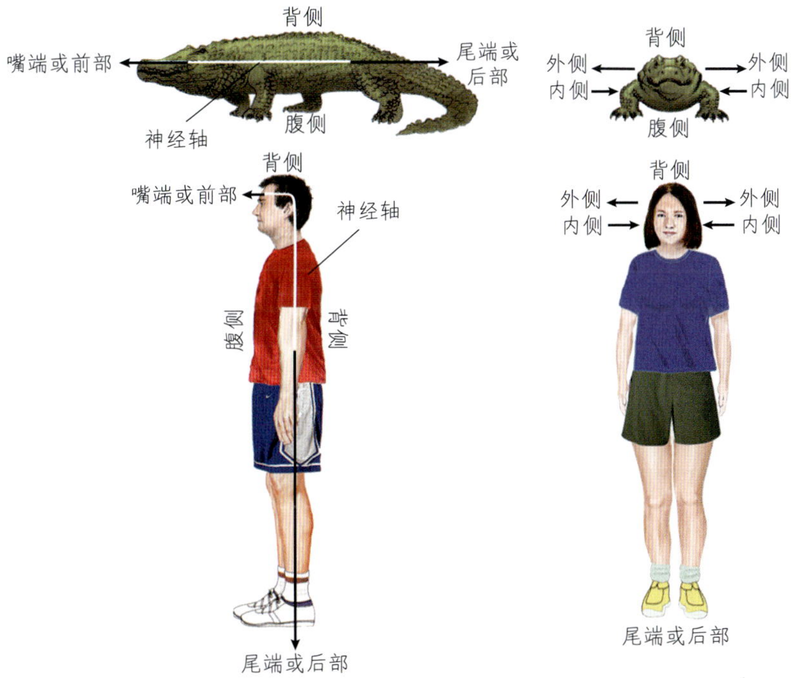

图3.1　鳄鱼和人类的侧面观与正面观。说明用于表示解剖学方向的术语。

另外两个有用的术语是同侧和对侧。**同侧**指的是位于躯体同一边的结构。如果我们说嗅球轴突投射到同侧大脑半球，意思是左侧嗅球发出轴突投射到左侧大脑半球，而右侧嗅球发出轴突投射到右侧大脑半球。**对侧**指的是位于躯体相反一侧的结构。如果我们说左侧大脑皮层的特异性脑区控制对侧手的运动，意思是该脑区控制右手的运动。

为了观察神经系统，必须将它剖开；为了传达所观察到的信息，要以标准的方式切片。图3.2显示了人类的神经系统。通常以下面三种方式对神经系统进行切片：

1. 横切，像意大利香肠的**横切面**（也就是脑的**额状面**）；

神经轴（neuraxis）：一条贯穿中枢神经系统中间的假想线，从脊髓末端至前脑的前部。

前部（anterior）：对于中枢神经系统而言，指位于头部附近或朝向头的一侧。

后部（posterior）：对于中枢神经系统而言，指位于尾部附近或朝向尾的一侧。

嘴端（rostral）："朝向嘴的一侧"；对于中枢神经系统而言，指朝向脸前面的神经轴方向。

尾端（caudal）："朝向尾的一侧"；对于中枢神经系统而言，指远离脸前面的神经轴方向。

背侧（dorsal）："朝向背部"；对于中枢神经系统而言，指与朝向头顶或背部的神经轴相垂直的方向。

腹侧（ventral）："朝向腹部"；对于中枢神经系统而言，指与朝向头骨底部或躯体前面的神经轴相垂直的方向。

外侧（lateral）：朝向躯体侧面，远离中间。

内侧（medial）：朝向躯体中间，远离侧面。

同侧（ipsilateral）：位于躯体的同一侧。

对侧（contralateral）：位于躯体相对的一侧。

横切面（cross section）：对于中枢神经系统而言，与神经轴为直角关系的切面。

额状面（frontal section）：穿过脑并与前脑平行的切面。

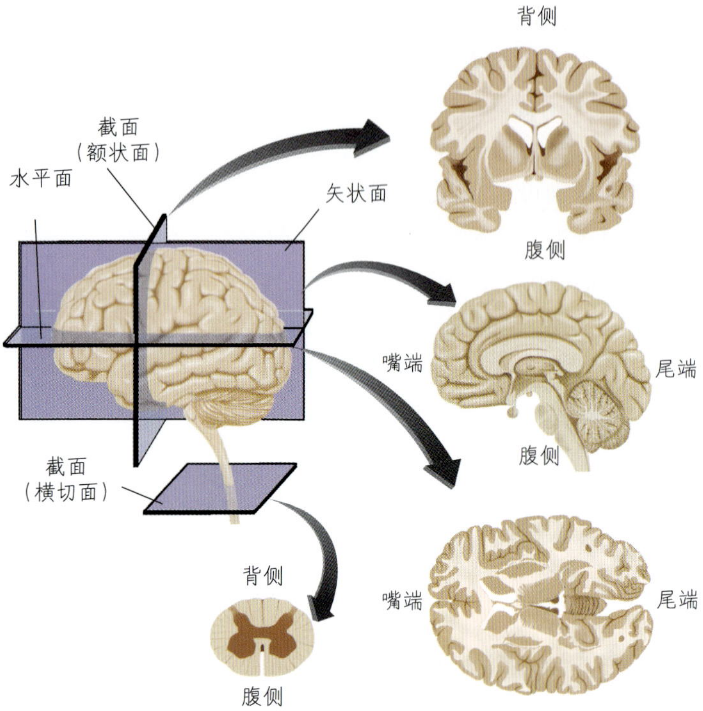

图 3.2 脑切片与切面。人类中枢神经系统的切面。

2. 与地面相平行的**水平面**；
3. 与地面相垂直、与神经轴相平行的**矢状面**。**正中矢状面**将大脑分成对称的两半。图 3.2 显示的矢状面是正中矢状面。

应该指出的是，由于人类呈直立姿态，所以脊髓的横切面与地面平行。【见图3.2】

概 述

神经系统由中枢神经系统(central nervous system，CNS)和周围神经系统（peripheral nervous system，PNS）组成，前者包括大脑和脊髓，后者包括脑神经、脊神经和周围神经节。中枢神经系统被骨质包被：脑被颅骨覆盖；脊髓包在脊柱内。【见表3.1】

水平面(horizontal section)：穿过脑并与地面平行的切面。

矢状面(sagittal section)：穿过脑并与神经轴平行、与地面垂直的切面。

正中矢状面(midsagittal plane)：穿过神经轴，垂直于地面，并将脑分成对称两半的矢状面。

脑脊膜(meninges)：包住中枢神经系统的三层组织：硬膜、蛛网膜和软膜。

硬膜(dura mater)：脑脊膜的最外层，硬而柔韧。

蛛网膜(arachnoid membrane)：脑脊膜的中间层，位于硬膜与软膜之间。

软膜(pia mater)：贴在脑和脊髓表面的脑脊膜，薄而透明。

蛛网膜下腔(subarachnoid space)：对脑起缓冲作用的液体腔，位于蛛网膜与软膜之间。

脑脊液(cerebrospinal fluid，CSF)：类似于血浆的透明液体，充满于脑和脊髓周围的脑室系统和蛛网膜下腔内。

表 3.1 神经系统的主要构成

中枢神经系统（CNS）	周围神经系统（PNS）
脑	神经
脊髓	周围神经节

图3.3表明了脑和脊髓与躯体其他部位的关系。不要关注图中不熟悉的标注，我们将在后面介绍这些结构。【见图3.3】脑由大量的神经元、神经胶质和其他支持细胞组成。它是最受机体保护的器官，外面有坚硬的颅骨保护，并悬浮于脑脊液中。脑的血液供应丰富而且受血脑屏障的化学性保护。

脑脊膜

整个神经系统（包括脑、脊髓、颅和脊神经，以及周围神经节）的表面都覆盖着一层坚硬的连接组织。脑和脊髓周围的保护性鞘结构被称为**脑脊膜**。脑脊膜分为三层，如图3.3所示。外层脑脊膜厚、坚硬、柔韧而无弹力，被称为**硬膜**。中间一层为类似蜘蛛网结构的**蛛网膜**。蛛网膜靠近硬膜内侧，薄而柔软。直接覆盖在大脑和脊髓表面的脑脊膜是**软膜**。脑和脊髓表面的小血管都分布在软膜内。蛛网膜与软膜之间形成的缝隙是**蛛网膜下腔**。腔隙内充满的液体是**脑脊液**（**CSF**）。【见图3.3】

周围神经系统（PNS）具有两层膜。中间那层与脑脊液池相关的蛛网膜只存在于脑和脊髓中。而在中枢神经系统之外，内层膜和外层膜（硬膜和软膜）融合在一起形成鞘，覆盖在脑神经、脊神经和周围神经节表面。

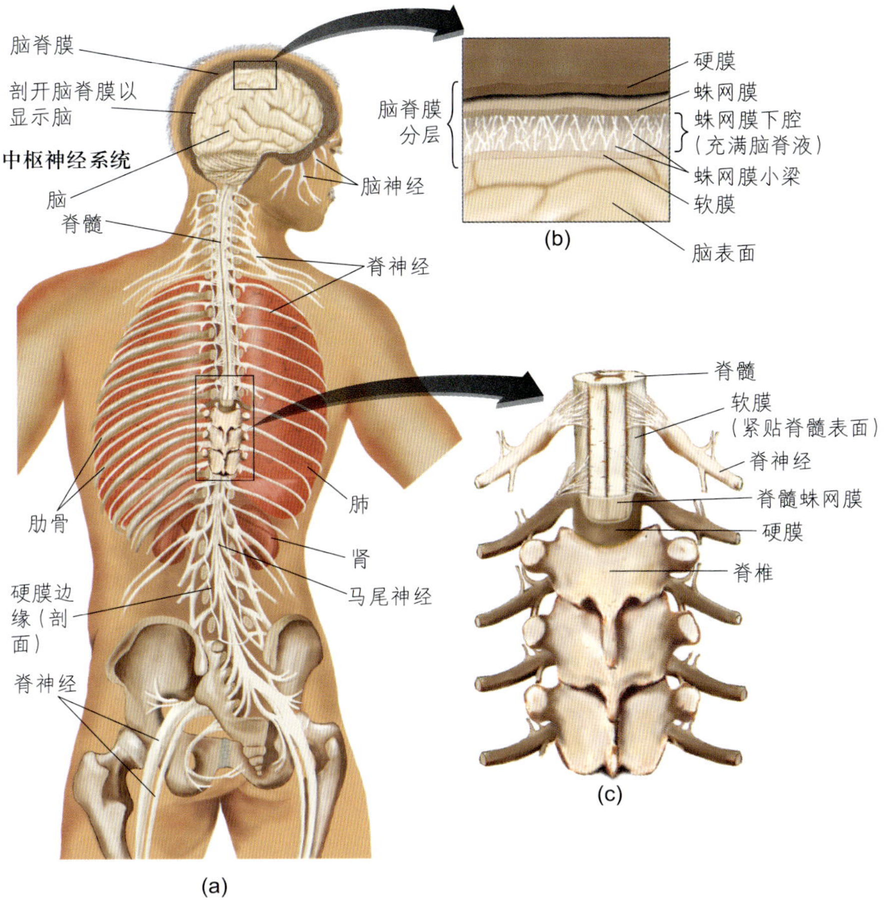

图3.3　神经系统。(a)神经系统与机体其他系统的关系；(b)中枢神经系统表面的膜结构；(c)低位脊髓和尾部的近观。

脑室系统和脑脊液的产生

脑组织非常柔软，呈胶冻状。不仅如此，人类的脑相当重（约1400克），而且结构精密，因此有必要保护它免受撞击。幸运的是，脑受到了非常好的保护。它悬浮在蛛网膜下腔的脑脊液池中。由于脑完全沉浸在液体中，脑组织的净重因此减轻至将近80克，大大降低了它对脑基底部的压力。环绕在脑和脊髓的脑脊液也能减轻突然的头部运动对脑的撞击。

脑内存在一系列的空的、相互连接的室，称为**脑室**，脑室内充满脑脊液。【见图3.4】最大的脑室是**侧脑室**，与**第三脑室**相通。第三脑室位于脑的中线，它的壁将周围的脑组织平均分成两等份。被称为**中间块**（massa intermedia）的脑组织穿过第三脑室的中间，可作为理想的参照点。**中脑导水管**，一根长的管，连接第三脑室和**第四脑室**。侧脑室由第一和第二脑室组成，尽管二者还从未成为专业术语。【见图3.4】

脑脊液来源于血液，成分与血浆类似。它是由一种特殊的组织**脉络丛**产生的，脉络丛具有极其丰富的血液供应，并可突入四个脑室内。脑脊液不断地生成，总量约125毫升，半衰期（脑室系统内的一半脑脊液被新鲜脑脊液代替所需要的时间）是3小时左右。因此，脉络丛每天将生成几倍于脑脊液总

脑室（ventricle）：脑内的空间，内部充满脑脊液。

侧脑室（lateral ventricle）：位于端脑中间的两个脑室之一。

第三脑室（third ventricle）：位于间脑中间的脑室。

中脑导水管（cerebral aqueduct）：连接第三和第四脑室的窄管，位于中脑的中间。

第四脑室（fourth ventricle）：位于小脑与脑桥间的脑室，在中脑的中间。

脉络丛（choroid plexus）：一种特殊的血管组织，突入脑室内，生成脑脊液。

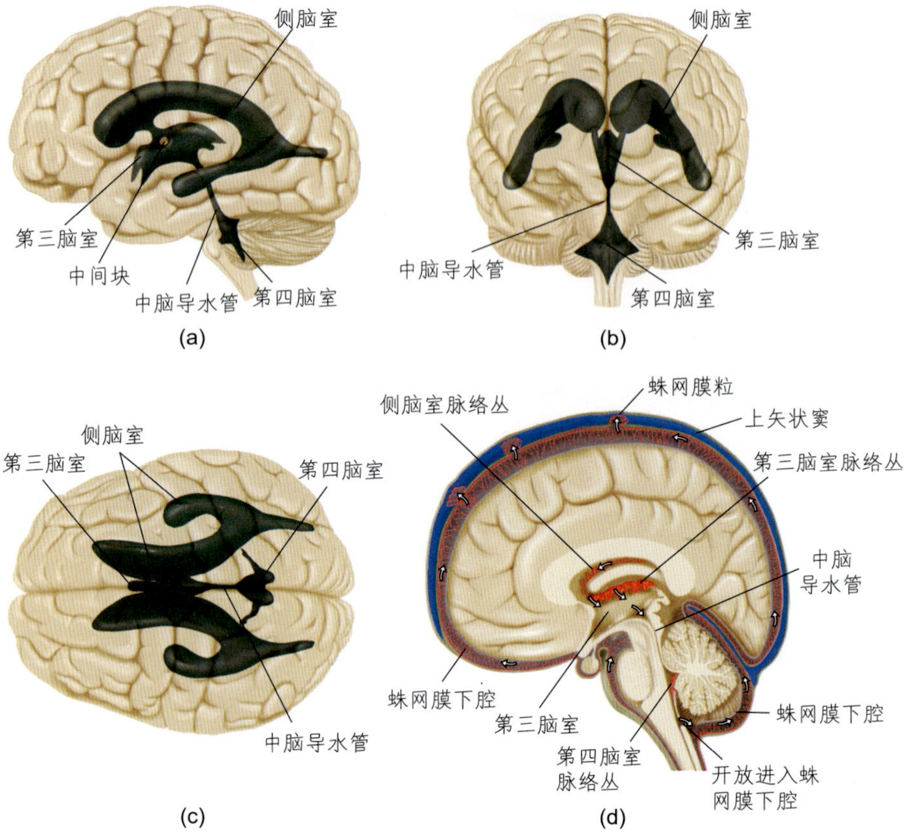

图 3.4 大脑的脑室系统。(a) 大脑的侧面观；(b) 额面观；(c) 背面观；(d) 正中矢状面。

量的脑脊液。

侧脑室脉络丛生成的脑脊液流入第三脑室。第三脑室生成更多的脑脊液穿过中脑导水管进入第四脑室，进一步生成更多的脑脊液。脑脊液通过与环绕脑的蛛网膜下腔相连接的小孔离开第四脑室。通过蛛网膜下腔，脑脊液分布于整个中枢神经系统，并被重新吸收进入血液循环。

小 结

神经系统的基本特点

解剖学家已经应用了一系列的术语来描述机体的位置。前部是朝向头的方向，后部是朝向尾部的方向；外侧是朝向躯体两侧，内侧是朝向躯体中间；背侧是朝向背部，腹侧是朝向躯体前表面。对于神经系统来说，嘴端意思是朝向嘴或鼻子，尾部意思是朝向尾。同侧意思是“相同的一侧”，对侧是“另一侧”。横切面（或脑的额状面）是与神经轴呈直角关系的切面，水平面是与地面平行的脑切面，矢状面是与地面相垂直、与神经轴平行的脑切面。

中枢神经系统包括脑和脊髓，周围神经系统包括脊神经、脑神经和周围神经节。中枢神经系统表面有三层膜：硬膜、蛛网膜和软膜。蛛网膜与软膜之间是蛛网膜下腔，里面充满脑脊液。周围神经系统表面仅有硬膜和软膜。脑脊液是由侧脑室、第三和第四脑室的脉络丛生成的。它从两个侧脑室流入第三脑室，通过中脑导水管流入第四脑室，再进入蛛网膜下腔，最后返回血液。

中枢神经系统

尽管脑极其复杂，但通过对其发育过程基本特征的了解，可以帮助我们学习和记忆大脑这一最重要结构。下面将要介绍的就是中枢神经系统发育的特征。

中枢神经系统的发育

中枢神经系统的发育开始于胚胎早期，以管状形式出现，并保持这一基本形状直至发育完成。在发育期间，神经管不断地延长、凹陷和折叠，神经管周围的组织逐渐增厚，最终形成脑。

脑发育概览

人类神经系统发育开始于妊娠的第18天左右。胚胎背部的外胚层增厚形成神经板。神经板的边缘形成嵴，沿头—尾方向卷曲。在第21天，这些嵴彼此接触、融合，形成**神经管**，此管进一步发育成脑和脊髓。

在发育的第28天，神经管关闭，嘴端末端已发育为三个相连的腔。这些腔发育成脑室，周围的组织发育成脑的主要结构：前脑、中脑和菱脑。【见图3.5(a)和图3.5(c)】在发育过程中，头腔（前脑）分成三个独立的部分，分别发育成两个侧脑室和第三脑室。侧脑室周围的区域形成端脑，第三脑室周围的区域形成间脑。【见图3.5(b)和图3.5(d)】在最终的发育形式中，中脑内的腔逐渐变窄，形成中脑导水管，两个结构发育成菱脑：后脑和末脑。【见图3.5(e)】。

表3.2概括了文中所介绍的术语及一些主要的脑结构。表内的颜色与图3.5的颜色是相对应的。本章后面的内容将详细阐述这些结构，表3.2按顺序列出了这些脑结构。【见表3.2】

神经管（neural tube）：一根空管，尾端封闭，在胚胎发育的早期来自外胚层组织；是中枢神经系统的起源。

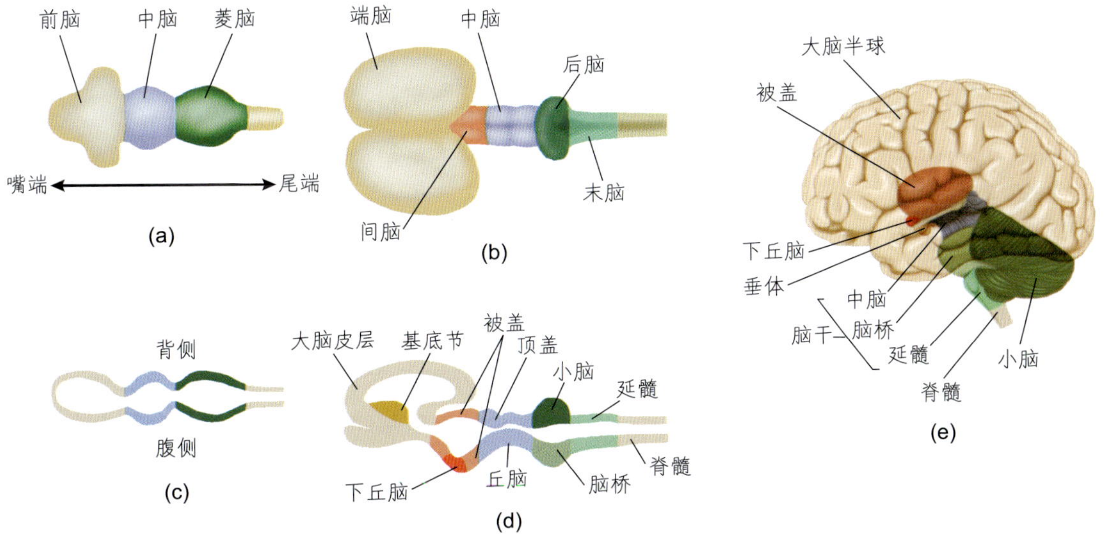

图3.5　脑发育。该脑发育的简图显示了它与脑室之间的关系。(a)和(c)为发育早期；(b)和(d)为发育较晚期；(e)人左侧大脑的半透明侧面观，脑干呈“幻影状”。所有图中颜色相同的区域是同一区域。

表 3.2　脑的解剖分区

主要分区	脑室	亚区	主要结构
前脑	侧脑室	端脑	大脑皮层
			基底节
			边缘系统
	第三脑室	间脑	丘脑
			下丘脑
中脑	中脑导水管	中脑	顶盖 被盖
菱脑	第四脑室	后脑	小脑
			脑桥
		末脑	延髓

出生前脑发育

脑的发育始于一根细管，止于一个重达近1400克的复杂的由几千亿个细胞组成的结构。那么这些细胞从哪里来，它们的生长又由谁控制？

下面要阐述的是大脑皮层的发育，它也是我们了解得最多的脑结构。其他脑区发育的原理与大脑发育的原理相类似（细节见于 Cooper，2008；Rakic，2009）。皮层意思是“树皮”，**大脑皮层**厚度约3毫米，像“树皮”一样包绕着大脑半球。相对于躯体大小而言，人类大脑皮层是所有动物中最大的。正如这本书在后面的内容中所要阐述的，大脑皮层的神经元回路在知觉、认知和运动控制中发挥着重要的作用。

位于神经管内部的干细胞生成中枢神经系统的细胞。大脑皮层的发育是自内而外的。也就是说，生成的第一批细胞短距离迁移后形成第一层，也就是说最深的一层。下一批出生的细胞穿过第一层形成第二层。以此类推，直至最终形成大脑皮层的6层结构。最后生成的一批细胞必须穿过所有以前生成的细胞。

生成脑细胞的干细胞被称为**祖细胞**（指的是一系列后代的直接祖先细胞）。在发育的第一个阶段，位于神经管壁外层的**脑室区（VZ）**的祖细胞分裂形成新的祖细胞，并增大脑室区。这一阶段被称为**对称分裂**，因为每个祖细胞的分裂都生成两个新的祖细胞。然后在受精卵形成的7周后，祖细胞收到信号而开始**不对称分裂**阶段。在这一阶段，祖细胞分裂会形成两个不同类型的细胞：另一个祖细胞和一个脑细胞。

第一个来自不对称分裂的脑细胞是**放射状胶质细胞**。放射状胶质细胞的胞体位于脑室区，但其纤维呈放射状延伸出脑室区，就像车轮的辐条。这些纤维末端的杯状足与软膜相接触，软膜覆盖在未来会变成大脑皮层的结构的外表面。当皮层变厚时，这些纤维也随之变长，并保持与软膜之间的联系。【见图3.6】

不对称分裂阶段持续约3个月。由于人类大脑皮层神经元总数多达几千

大脑皮层（cerebral cortex）：大脑半球的外层灰质。

祖细胞（progenitor cells）：脑室区内分裂和生成中枢神经系统的细胞。

脑室区（ventricular zone，VZ）：位于神经管内部的细胞层，包含分裂和生成中枢神经系统的祖细胞。

对称分裂（symmetrical division）：祖细胞的分裂方式，形成两个完全相同的祖细胞；增大脑室区的大小，因而发育成脑。

不对称分裂（asymmetrical division）：一个祖细胞分裂成另一个祖细胞和神经元，后者会从脑室区迁移至脑内的最终位置。

放射状胶质细胞（radial glia）：一类特殊的胶质细胞，其纤维从脑室区呈放射状向皮层表面扩散；在大脑发育期间是神经元迁移的向导。

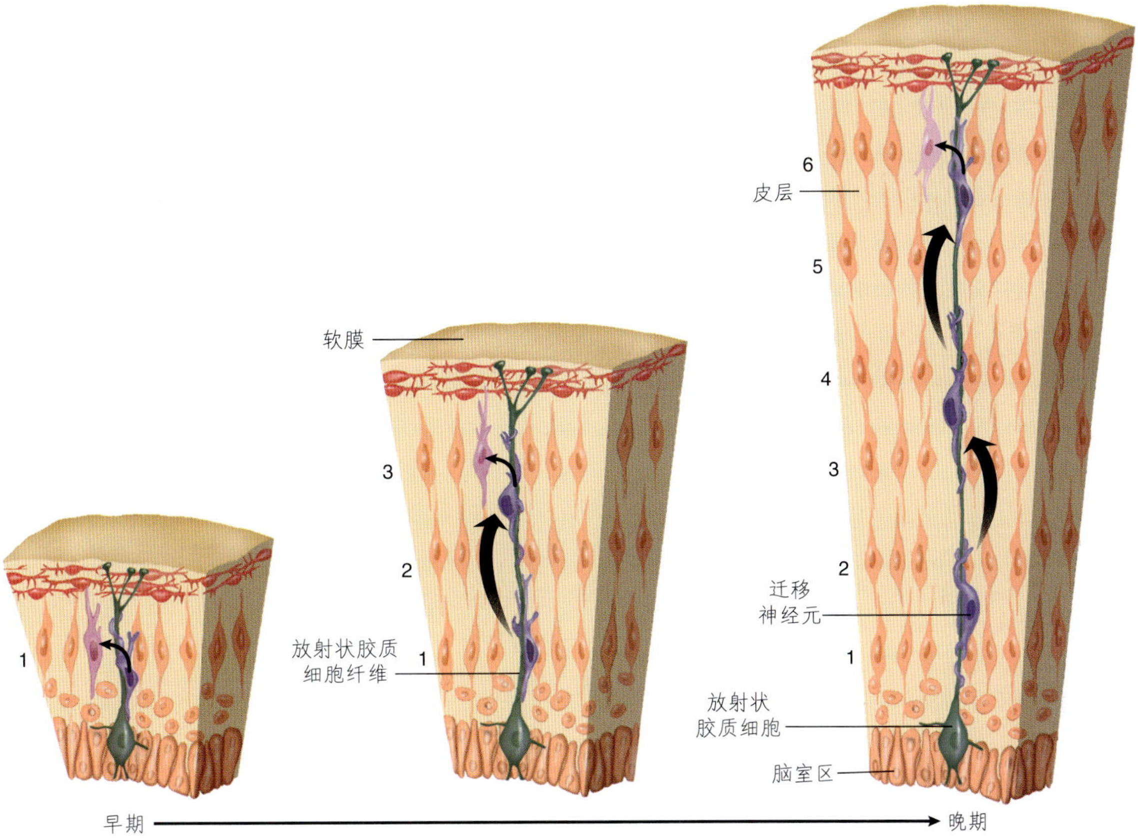

图3.6　皮层发育。显示大脑皮层发育早期的横截面。胶质细胞的放射状纤维引导新生成神经元从脑室区迁移至它们在大脑皮层的最终定位区。每一批新生成的神经元将穿过早期迁移的神经元，因此越新生成的神经元越接近于皮层表面。

Based on Rakic, P., A Small Step for the cell, a giant leap for mankind: A hypothesis of necortical expansion during evolution. *Trends in Neuroscience*, 1995, 18, 383-388.

亿，这就意味着每天都有约十亿新合成的神经元沿放射状胶质细胞纤维迁移。最早生成的神经元的迁移途径是最短的，只需要1天左右的时间。最晚生成的神经元将到达皮层的最外层，因此必须要穿越5层神经元，所以需要大约2周。当皮层发育结束后，祖细胞接收某种化学信号而引起自身的死亡，这一现象被称为**凋亡**。传达此信号的化学分子与受体相结合从而激活细胞内的杀伤基因。（所有细胞都具有这些基因，但只有某些特定细胞具有对这一化学信号反应的受体，从而启动这些基因。）此时，部分放射状胶质细胞出现凋亡，但另一部分将转化为星形胶质细胞或神经元。

一旦神经元迁移到了最终的位置，它们就开始建立与其他神经元的联系。神经元长出树突，树突接收其他神经元轴突的突触联系，同时它们自己的轴突也在生长。部分神经元横向延伸它们的树突和轴突，连接邻近的神经元或建立与其他远处脑区神经元之间的联系。

在发育期间，脑内数千条通路——连接一个脑区与另一个脑区的轴突群——在脑内形成。在多数通路中，连接是有序而系统的。例如，来自皮肤感觉神经元的轴突在脑内形成有序连接；来自小指的轴突在某一脑区建立了突触联系，而来自无名指的轴突则在相邻的脑区建立突触联系。同样，眼球视网膜表面也在相应脑区表面建立突触联系。

凋亡（apoptosis）：由化学信号激活细胞内基因机制而导致的细胞死亡。

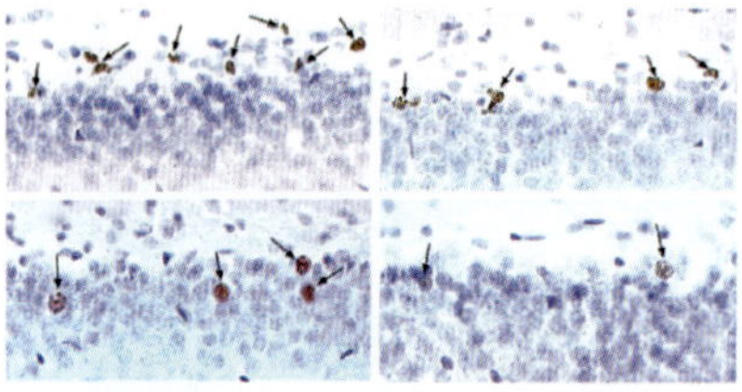

图 3.7 学习对神经发生的影响。该图显示了大鼠海马切面，一组是接受学习任务训练的大鼠，而另一组是没有学习的对照组大鼠。箭头指向新生成的细胞。

Leuner, B., Mendolia-Loffredo, S., Kozorovitskiy, Y., Samburg, D., Gould, E., and Shors, T. J. *Journal of Neuroscience*, 2004, 24, 7477-7481.

多年以来，科学家们一直认为**神经发生**（新神经元的生成）并不存在于已经发育成熟的大脑内。然而，近年来的研究发现，这种观念是不正确的——发育成熟的大脑也含有一些干细胞（类似于脑发育中生成神经元的祖细胞），它们也能分裂和生成神经元。对新生成细胞的检测可通过以下方法：首先注入少量的具有放射活性的核苷碱基，这些核苷碱基对于神经发生的DNA合成来说是必须的。第二天取动物的脑组织，应用第5章所描述的方法进行观察。这些研究提供的证据表明，神经发生只存在于成年大脑的两个结构中：海马（主要参与学习）和嗅球（参与嗅觉）（Doetsch and Hen，2005）。研究指出，新的气味可以提高嗅球内新神经元的存活率，而学习任务的训练可加强海马内的神经发生。【见图3.7】第12章将更多地阐述神经发生在学习中的作用。此外，第15章将进一步介绍抑郁或应激刺激可抑制海马的神经发生，以及减轻应激和抑郁的药物可恢复神经发生。不幸的是，目前尚没有证据指出新神经元的生长能修复那些由脑外伤或中风所引起的脑损伤。

神经发生（neurogenesis）：脑内新神经元的生成。

前脑（forebrain）：大脑的三个主要分区中最靠近嘴端的脑区，包括端脑和间脑。

大脑半球（cerebral hemisphere）：前脑的两个主要部分之一，被大脑皮层所覆盖。

皮层下脑区（subcortical region）：位于大脑皮层表面下方、大脑内部的脑区。

脑沟（sulcus）：位于大脑半球表面，比脑裂小的沟。

脑裂（fissure）：位于大脑表面，比脑沟大的沟。

脑回（gyrus）：大脑半球皮层的卷曲，被脑沟或脑裂所分隔。

初级视觉皮层（primary visual cortex）：后枕叶脑区，主要接收来自视觉系统的输入。

距状裂（calcarine fissure）：位于脑的内侧面枕叶上的裂，初级视皮层主要沿此裂的上下沿分布。

初级听觉皮层（primary auditory cortex）：颞叶上部的脑区，主要接收来自听觉系统的输入。

外侧裂（lateral fissure）：将颞叶与额叶、顶叶相分隔的裂。

初级躯体感觉皮层（primary somatosensory cortex）：顶叶前方的脑区，主要接收来自躯体感觉系统的输入。

前 脑

正如我们所看到的，**前脑**是围绕着神经管嘴端末端的脑结构。它包括两个主要部分：端脑和间脑。

端脑

端脑主要包括两个对称的**大脑半球**——组成大脑。大脑半球被大脑皮层覆盖，并包含边缘系统和基底神经节。后两者是脑的主要**皮层下脑区**，位于脑的深部，大脑皮层的下面。

大脑皮层 我们已经知道皮层的意思是“树皮”，大脑皮层像树皮一样包绕着大脑半球。人类的大脑皮层是高度卷曲的。这些卷曲包括**脑沟**（小的凹陷）、**脑裂**（大的凹陷）和**脑回**（相邻沟或裂之间的凸起）。与同样体积的平滑大脑相比，这些卷曲极大地扩大了皮层的表面面积。事实上，皮层表面的2/3被隐藏在凹陷内，因此脑裂和脑回的存在使得大脑皮层的面积放大了3倍。总面积接近于2360平方厘米，厚度接近3毫米。

大脑皮层主要由神经胶质、神经元的胞体、树突和相互连接的轴突组成。由于成分以细胞为主，所以大脑皮层具有灰色的外表，被称为*灰质*。【见图3.8】大脑皮层的下面是上百万的轴突，与位于脑内其他部位的神经元相联系。这些轴突包被着髓鞘，这使得其外表呈现不透明的白色，因此被称为*白质*。

大脑皮层的不同区域执行不同的功能。其中有三个脑区接收来自感觉器官的信息。**初级视觉皮层**接收视觉信息，位于大脑的后面，在大脑半球的内侧面，主要位于**距状裂**的上方和下方。【见图3.9】**初级听觉皮层**接收听觉信息，位于大脑**外侧裂**上方。【见图3.9】**初级躯体感觉皮层**接收躯体感觉信息，

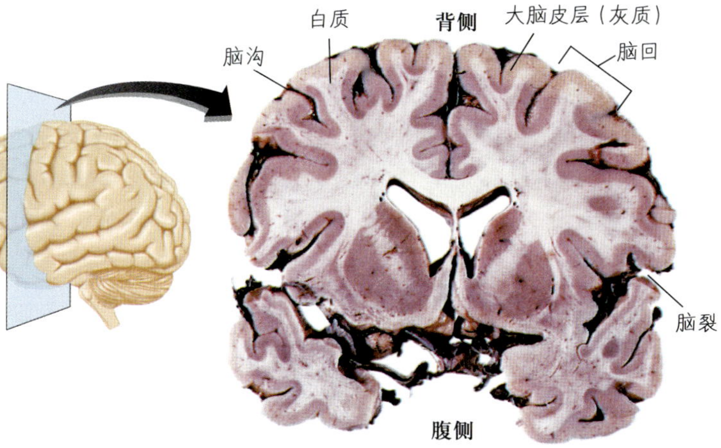

图 3.8　人脑的额状面。表明大脑皮层的裂和回以及形成这些折叠的大脑皮层的分层。

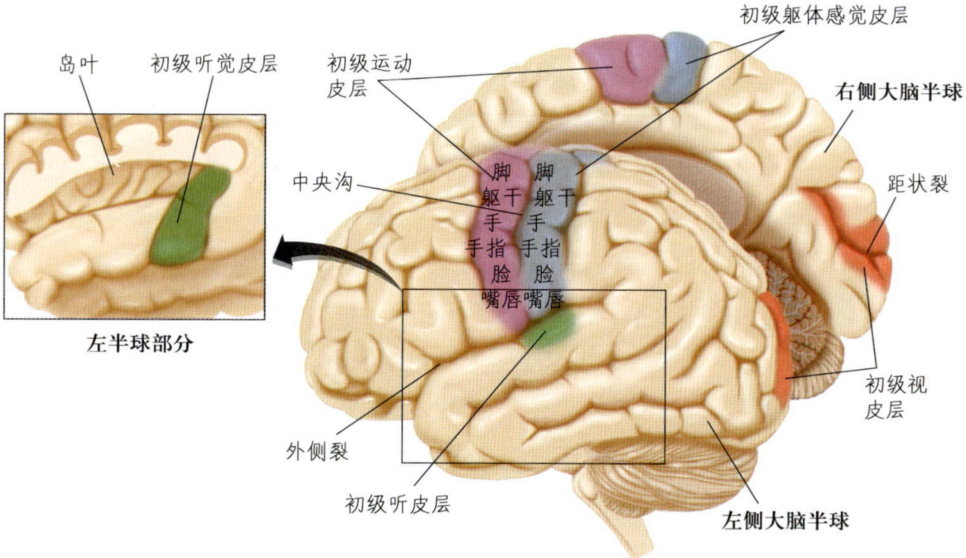

图 3.9　大脑的初级感觉皮层区。该图显示大脑左侧半球的侧面观和右侧半球的部分内面观。插图显示左侧半球的部分额叶的剖面图，可以看到位于颞叶背面的构成外侧裂腹侧边的初级听觉皮层。

位于**中央沟**后部的垂直条带。正如图 3.9 所显示的，初级躯体感觉皮层的不同区域接收来自躯体不同部位的信息。此外，感觉皮层的底部也接收与味觉有关的信息。【见图 3.9】

除嗅觉和味觉以外，来自躯体或环境的感觉信息被传入对侧半球的初级感觉皮层。因此，左侧半球的初级躯体感觉皮层知道右手所拿的物体，左侧初级视觉皮层知道右侧视野所发生的事情，等等。

最直接参与运动控制的大脑皮层是**初级运动皮层**，位于初级躯体感觉皮层的前方。初级运动皮层不同部位的神经元与躯体不同部位的肌肉相连。与大脑皮层的感觉区一样，这些联系也是对侧联系；左侧初级运动皮层控制右侧躯体，反过来亦然。因此如果通过外科手术在初级运动皮层表面放置一个电极，并利用微电流刺激神经元，观察到的结果是躯体特定部位的运动。如果将电极移至另一个位点，将导致另一个躯体部位的运动。【见图3.9】我认为，

中央沟（central sulcus）：将额叶和顶叶分离的沟。

初级运动皮层（primary motor cortex）：额叶后部的脑区，包含控制骨骼肌运动的神经元。

初级运动皮层的条带就像是钢琴的键，每个键控制不同的运动（接下来将看到的是，谁是钢琴的“弹奏者”）。

初级感觉和运动皮层区只占大脑皮层的一小部分。大脑皮层其余部分的功能界于感觉和运动之间，包括：感知、学习、记忆、计划和执行。执行这些功能的大脑皮层是联合皮层。中央沟是大脑皮层前后（嘴端和尾端）的重要的划分线。【见图 3.9】嘴端脑区参与运动相关的行为，如计划和执行行为；而尾端脑区则参与感知和学习。

额叶（frontal lobe）：位于大脑皮层的前部，顶叶的嘴端和颞叶的背侧。

顶叶（parietal lobe）：位于额叶尾端的大脑皮层，颞叶的背侧。

颞叶（temporal lobe）：位于枕叶嘴端的大脑皮层，顶叶和额叶的腹侧。

枕叶（occipital lobe）：位于顶叶和颞叶尾端的大脑皮层。

感觉联合皮层（sensory association cortex）：接收来自初级感觉皮层的信息的大脑皮层区。

对大脑皮层不同脑区的命名将有助于记忆。事实上，大脑皮层被分为4个区域：按照各自所在区域的颅骨分别命名为额叶、顶叶、颞叶和枕叶。当然，每侧大脑半球都有这些脑区。**额叶**是位于中央沟前的脑区。**顶叶**位于大脑半球的侧面，在中央沟之后，额叶尾端。**颞叶**位于大脑底部之前，额叶和顶叶的腹侧。**枕叶**位于脑内非常靠后的位置，顶叶和颞叶的尾端。图 3.10 呈现了大脑半球这些脑区的三维图像：腹侧观（从底部看）、正中矢状面（去除左侧大脑半球后看右侧半球的内面观）和外侧观。【见图 3.10】

大脑皮层的每个初级感觉区会发送信息到相邻的脑区，后者被称为**感觉联合皮层**。感觉联合皮层的神经元回路分析来自初级感觉皮层的信息；并在此进行感知和记忆储存。紧邻某一初级感觉皮层的感觉联合皮层只接收来自

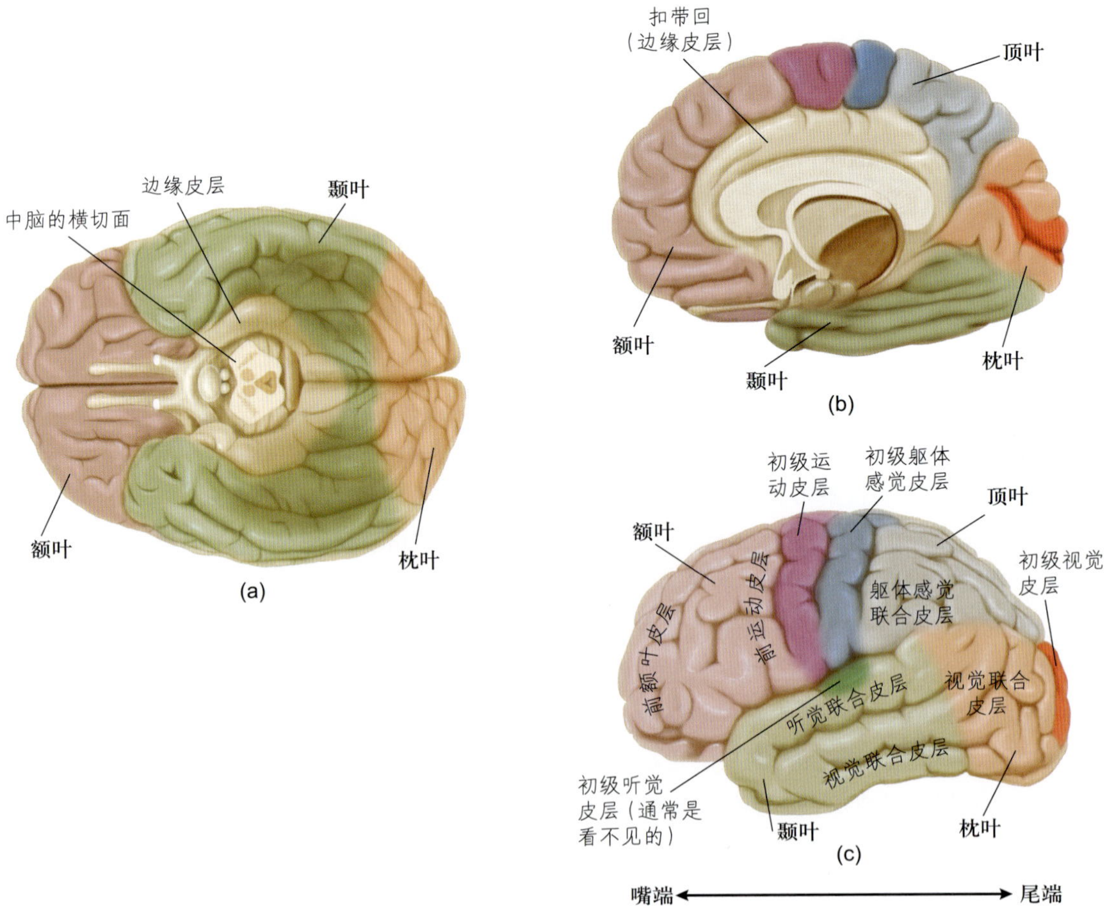

图 3.10 大脑皮层的四个叶。该图显示了四个叶、初级感觉皮层、初级运动皮层以及大脑联合皮层的位置。(a) 大脑底部的腹侧观；(b) 正中矢状面观，去掉小脑和脑干；(c) 外侧观。

这一感觉系统的信息。例如，紧邻初级视觉皮层的感觉联合皮层分析视觉信息并储存视觉记忆。离初级感觉皮层更远的感觉联合皮层接收来自更多的感觉系统的信息；因此它们参与了几种类型的感知和记忆。这些区域的作用是整合来自多个感觉系统的信息。例如，我们能学习并建立某个特殊面孔和特殊语调间的联系。【见图3.10】

如果人的躯体感觉联合皮层受损，则会出现与躯体感觉和环境相关的缺失，例如，可能无法感知物体的形状——能触摸到物体却不能看到；无法命名自己躯体的部位（见下面的案例）；或者存在画图困难。初级视觉皮层的损伤则会引起失明。尽管有些病人的视觉联合皮层受损后并未失明，但会出现物体再认障碍。听觉联合皮层的受损可能让人出现言语感知困难或者自身无法产生有意义的言语。如果位于躯体感觉、视觉和听觉功能交迭的联合皮层区受损，可能出现读写障碍。

M先生是一名城市公交司机，停车让乘客上车。乘客问了他一个问题，M先生突然意识到他无法理解她在说什么。他能听见她说话，但这些词没有任何意义。他也张开嘴巴回答了问题。他发出了声音，但女人的表情告诉他她根本不明白他在说什么。他关了引擎，看看周围的乘客，试图告诉他们他需要帮助。尽管他什么也说不清楚，但乘客们明白一定是出了问题，于是叫了救护车。

MRI扫描显示，M先生患了脑出血——脑内血管破裂所引起的中风。中风损伤了他的左侧顶叶。M先生逐渐恢复了讲话和理解其他人语言的能力，但还存在某些缺陷。我和同事D医生在M先生中风几周后对其进行了研究，对话如下：

“给我看看你的手。”

“我的手……我的手。”他看看胳膊，又摸了摸左前臂。

“给我看看你的下巴。”

“我的下巴。”他看看胳膊，再向下看，把手放在腹部。

“给我看看你的右肘。”

“我的右……”（用右拇指指了指他的右侧）“肘。”他上下看看右胳膊，最后摸了摸右肩。

如你所见，M先生不能理解我们要求他指出的身体部位，当我们跟他说话的时候，他能重复身体部位的名称，但他不能确认这些名称所表示的身体部位。这一奇怪的缺陷有时继发于左侧顶叶损伤，被称为相貌失认，或者“自身相貌的认知低下”。顶叶参与空间认知，右侧顶叶主要参与外侧空间认知，而左侧顶叶参与对个体身体部位和自身位置的认知。第13章将继续深入讨论这一问题，即语言的脑机制。

如同大脑后部的感觉联合皮层参与感知和记忆一样，额叶联合皮层参与运动的计划和执行。**运动联合皮层**（也被称为前运动皮层）位于初级运动皮层的嘴端。该区控制初级运动皮层，因此直接控制行为。如果说初级运动

运动联合皮层（motor association cortex）：位于初级运动皮层嘴端的额叶区，也被称为前运动皮层。

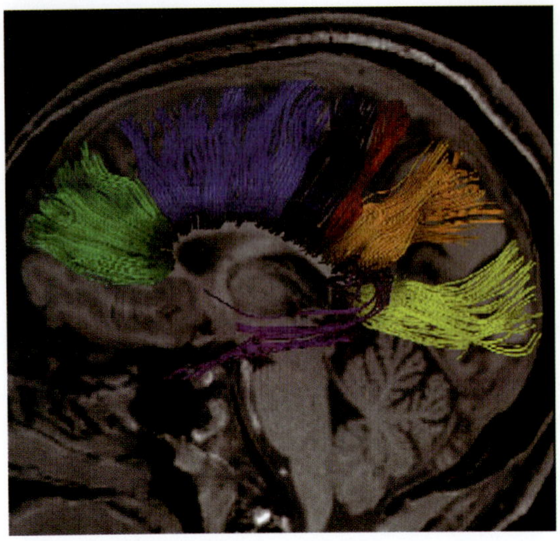

图 3.11 胼胝体的轴突束。采用弥散张量成像方法观察到的图像显示了胼胝体内的轴突束，该轴突束连接大脑皮层不同脑区并构成胼胝体。

NeuroImage, 32, Hofer, S., and Frahm, J., *Topography of the Human Corpus Callosum Revisited-Comprehensive Fiber Tracrography Using Diffusion Tensor Magnetic Resonance Imaging*, 989-994, Copyright 2006, with permission from Elsevier.

皮层是钢琴的键，那么运动联合皮层就是钢琴的弹奏者。额叶的其余部分，运动联合皮层的嘴端，被称为**前额叶皮层**。该区较少参与对运动的控制，而更多参与制订计划和策略。

尽管两个大脑半球彼此协作，但它们并不执行同一功能。有些功能是一侧化的，主要由左半球或右半球完成。一般而言，左半球主要参与信息的分析——对构成某种完整经验的成分的提取。因此，左半球尤其擅长对序列事件的识别——序列事件指的是事件的组成部分一个接一个地发生——从而控制行为的顺序。（少数人的左、右半球功能与此相反。）由于左半球执行的序列功能包括言语活动，例如，说话、对其他人的言语的理解、读和写，所以左半球不同脑区的损伤将可能破坏这些功能。（第13章将详细阐述语言和脑的关系。）

与左半球的功能相反，右半球的主要功能是合成；尤其是独立成分整合后的整体识别。例如，我们画素描（尤其是三维图像）、看地图以及用简单的零件拼出复杂物体的能力都有赖于右脑内的神经元回路。右脑的损伤将干扰这些功能。

我们还不清楚每侧大脑半球用不同的方式感知世界的真相。尽管左右两个大脑半球在某种程度上执行不同的功能，但人的认知和记忆是统一的。这种统一性是由**胼胝体**实现的，胼胝体是连接左右大脑半球相关皮层的巨大的轴突束。因此，左右颞叶相连，左右顶叶相连，等等。由于胼胝体的存在，相连皮层的脑区能知道另一侧皮层相应脑区所发生的事情。胼胝体也构成了一些不对称连接，连接两侧半球的不同脑区。图3.11显示了采用**弥散张量成像方法**观察到的构成胼胝体的轴突束。【见图3.11】第5章阐述了这种特殊的成像方法。

图3.12展开了脑的正中矢状面观。大脑（和部分脊髓）被从中间切开，分成对称的两部分。左半被去掉，右半的内表面暴露。覆盖大部分大脑半球（包括额叶、顶叶、枕叶和颞叶）表面的皮层被称为**新皮层**（“新”皮层，即进化上较晚出现的结构）。另一个大脑皮层结构——**边缘皮层**，位于大脑半球的内侧边缘。**扣带回**是边缘皮层的重要结构。【见图3.12】此外，图3.10(a)和3.10(b)中的没有颜色的脑区是边缘皮层。【见图3.10(a)和图3.10(b)】

图3.12还显示了胼胝体。将大脑分成对称的两部分，必须从胼胝体的中间切开（第1章所阐述的裂脑实验，就是切断胼胝体）。【见图3.12】

边缘系统 神经解剖学家Papez（1937）提出，一些相互连接的脑结构组成了一个回路，主要功能是动机和情绪。该系统包括边缘皮层的几个脑区（已阐述）和一系列前脑周围的相连结构。生理学家Maclean（1949）进一步扩展了该系统，纳入了其他一些结构，并将其命名为**边缘系统**。除边缘皮层外，

前额叶皮层（prefrontal cortex）：运动联合皮层嘴端的额叶区。

胼胝体（corpus callosum）：连接两侧大脑相关皮层区域的巨大轴突束。

新皮层（neocortex）：系统发生上最新进化出来的皮层，包括初级感觉皮层、初级运动皮层和联合皮层。

边缘皮层（limbic cortex）：系统发生上的古老皮层，位于大脑半球的内侧边缘，是边缘系统的一部分。

扣带回（cingulate gyrus）：位于胼胝体上方，沿分隔大脑半球沟槽外侧壁的边缘皮层条带。

边缘系统（limbic system）：包括丘脑前核、杏仁核、海马、边缘皮层和部分下丘脑及其之间相互连接的纤维束的一组脑区。

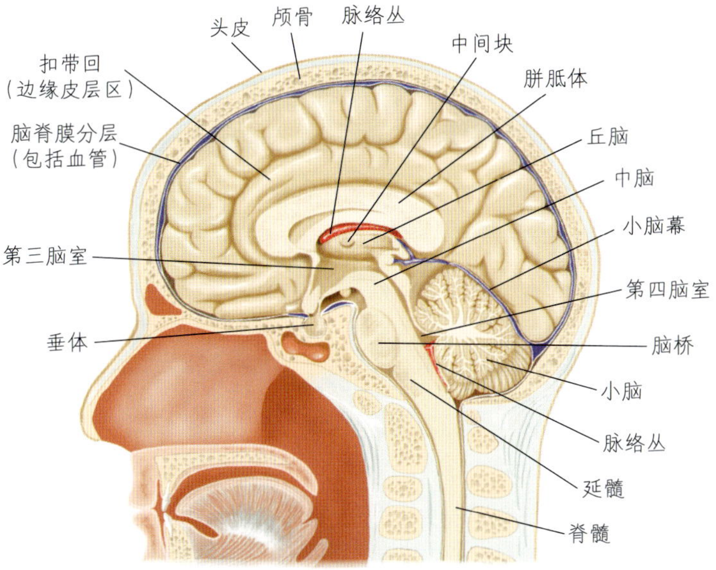

图 3.12 大脑和脊髓的正中矢状面观。

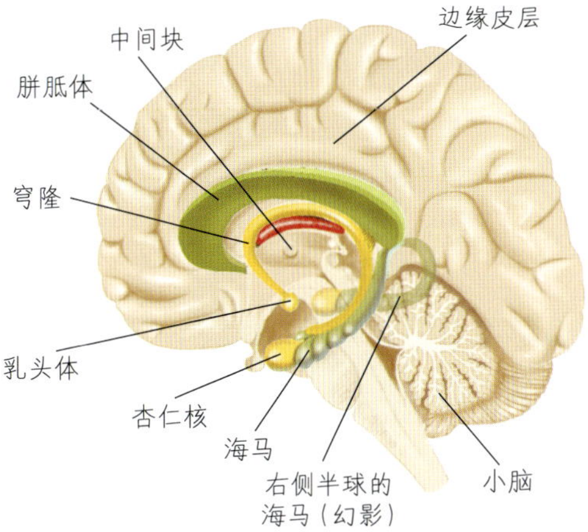

图 3.13 边缘系统的主要组成。除边缘系统外，左脑内的所有结构都被去掉了。

边缘系统中最重要的结构是位于颞叶侧脑室附近的**海马**和**杏仁核**。**穹隆**是一束连接海马和其他脑区（包括**乳头体**）的轴突，乳头体是包含部分下丘脑的脑底部突出物。【见图3.13】

Mclean 指出，边缘系统（包括最早和最简单的大脑皮层在内）的进化似乎与情绪反应的发展相一致。正如第12章所要阐述的，已知部分边缘系统（海马结构及其周围的边缘皮层）参与学习和记忆。杏仁核和边缘皮层的其他结构参与了情绪加工：情绪的感觉和表达；情绪记忆以及对其他人情绪表情的识别。

基底神经节 **基底神经节**是前脑内的一组皮层下核团，位于侧脑室前部的下方。**核团**是一群相似类型的神经元（单词 nucleus，来自于希腊语“nut”，指的是一个原子的内部，含有染色体的细胞结构，在这里指的是脑内的神经元聚集）。基底神经节主要包括尾状核、壳和苍白球。【见图3.14】基底神经节参与运动的控制。例如，帕金森病的病因是中脑某些神经元的退化，这些神经元发出轴突投射至尾状核和苍白球。该疾病的症状是虚弱、震颤、肢体僵硬、平衡失调和运动困难。

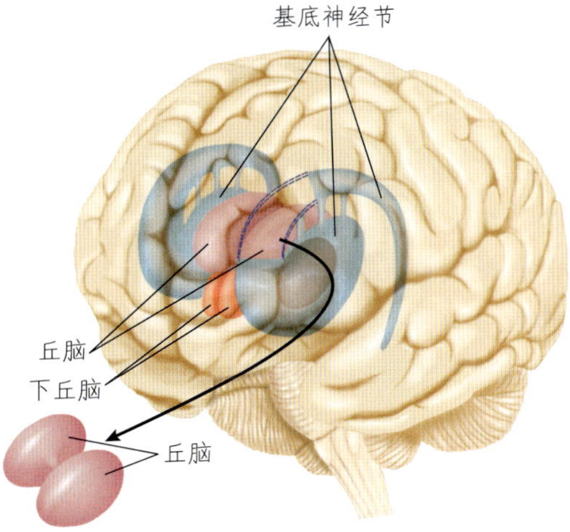

图 3.14 基底神经节和间脑。在半透明的脑中，幻影部分显示的是基底神经节和间脑（丘脑和下丘脑）。

海马（hippocampus）：内侧颞叶的前脑结构，是边缘系统的重要组成部分，参与学习和记忆。

杏仁核（amygdala）：在嘴端颞叶内部的结构，包括一系列的核；是边缘系统的组成部分。

穹隆（fornix）：连接海马与其他脑区的纤维束，包括下丘脑的乳头体，是边缘系统的组成部分。

乳头体（mammillary bodies）：位于下丘脑后端的脑底部的突起，包含部分下丘脑核团，是边缘系统的组成部分。

基底神经节（basal ganglia）：端脑内的一组皮层下核团，包括尾状核、壳和苍白球，是运动系统的重要组成部分。

核团（nucleus）：中枢神经系统内的一群相同的神经元胞体。

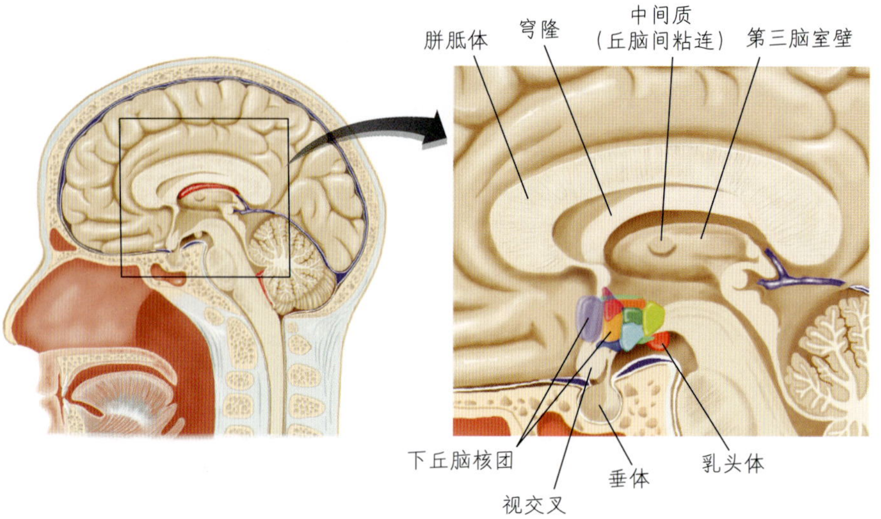

图3.15　部分大脑的正中矢状面观。显示下丘脑的某些核团。核团位于右脑内，第三脑室壁的远侧。

间脑（diencephalon）：围绕着第三脑室的前脑区，包括丘脑和下丘脑。

丘脑（thalamus）：间脑的最大部分，位于下丘脑的上方；包含传递信息给大脑皮层特异脑区并从大脑皮层接收信息的神经核团。

投射纤维（projection fiber）：大脑某一区域的神经元轴突，其末梢与另一区域的神经元建立突触。

外侧膝状体核（lateral geniculate nucleus）：丘脑外侧膝状体内的一群细胞体，接收来自视网膜的纤维，并发出纤维投射至初级视觉皮层。

内侧膝状体核（medial geniculate nucleus）：丘脑内侧膝状体内的一群细胞体，接收来自听觉系统的纤维，并发出纤维投射至初级听觉皮层。

腹外侧核（ventrolateral nucleus）：丘脑的一个核团，接收来自小脑的传入信息，并发出轴突至初级运动皮层。

下丘脑（hypothalamus）：位于丘脑底部的间脑的神经核团群；参与自主神经系统的调节，控制垂体前叶和后叶，并整合物种典型行为。

间脑

前脑的第二个主要分区是**间脑**，位于中脑和端脑之间，围绕着第三脑室。它的两个主要结构是丘脑和下丘脑。【见图3.15】

丘脑　**丘脑**构成间脑的背部。它的位置接近于大脑半球的中央，基底神经节的内侧和尾部。丘脑有两个叶，由被称为**中间块**（丘脑间粘连）的灰质桥所连接，中间块穿过第三脑室的中间部分。【见图3.15】中间块可能并不是一个重要的结构，因为有些人的脑内没有这个结构。但它可以作为大脑图解的参照点；在图3.4、图3.12、图3.13和图3.15中可见。

大脑皮层所接收的大部分神经输入来自丘脑，实际上，大部分的皮层表面可以被分成不同的区域，分别接收来自丘脑特异性部位的纤维投射。**投射纤维**指的是来自位于脑内某一区域的神经元胞体的轴突束，与另一个脑区的神经元建立突触联系（即它们投射至这些脑区）。

丘脑被分成几个核团。有些丘脑核团接收来自感觉系统的感觉信息。这些核团的神经元将感觉信息传递给大脑皮层的特异性感觉投射区。例如，**外侧膝状体核**接收来自眼睛的视觉信息，纤维投射至初级视觉皮层；**内侧膝状体核**接收来自内耳的听觉信息，纤维投射至初级听觉皮层。其他的丘脑核团也发出投射至大脑皮层的特异性区域，但并不传递感觉信息。例如，**腹外侧核**接收来自小脑的信息，纤维投射至初级运动皮层。第8章的内容还说明丘脑的几个核团参与大脑皮层一般兴奋性的控制。这些核团发出广泛的投射至皮层区域以完成这一任务。

下丘脑　正如它的名称，**下丘脑**位于脑的基底部，丘脑的下方。尽管下丘脑是一个相对很小的结构，却是很重要的结构。它控制自主神经系统、内分泌系统并组织与种系生存相关的行为，如争斗、摄食、逃跑和繁殖。

下丘脑位于第三脑室腹侧部的两侧。下丘脑是一个复杂的结构，包含很多核团和纤维。图3.15示意了它的位置和大小。应该指出的是，垂体通过垂体柄与下丘脑相连。垂体柄的正前方是**视交叉**，视神经的一半轴突（来自眼睛）在此交叉到对侧大脑。【见图3.15】下丘脑在争斗、摄食、逃跑和繁殖（以及饮水和睡眠等行为）中的调控作用将在以后的几个章节中继续讨论。

内分泌系统受下丘脑中的细胞所分泌的激素控制。下丘脑内的一种特异性血管系统直接与**垂体前叶**相连。【见图3.16】下丘脑的激素是由一种特异性的神经元（位于垂体柄基部附近的**神经内分泌细胞**）所分泌的。这些激素刺激垂体前叶分泌激素。例如，*促性腺激素释放激素*作用于垂体前叶，使之分泌*促性腺激素*，后者在生殖生理和生殖行为中发挥作用。

垂体前叶分泌的大部分激素可控制其他的内分泌腺。由于它具有这种功能，所以垂体前叶也被称为机体的“主腺”。例如，促性腺激素刺激性腺（卵巢和睾丸）释放雌性和雄性激素。这些激素影响机体的所有细胞，包括脑内的某些细胞。另外两种垂体前叶激素——催乳素和生长激素——并不控制机体的内分泌腺，而是以信使的形式发挥作用。关于垂体前叶激素的许多行为效应将在以后的章节进一步讨论。

垂体后叶可以说是下丘脑的延伸部分。下丘脑产生垂体后叶激素，直接控制它们的分泌。这些激素包括催产素，刺激乳汁的分泌和分娩时的子宫收缩；以及抗利尿激素，调节肾脏的排尿量。这两种激素是由下丘脑内的两种神经元分别生成的，神经元的轴突通过垂体柄，终止于垂体后叶。这些激素被储存在囊泡内，通过轴浆运输被运送至垂体后叶的轴突终扣内。当这些神经元的轴突被激活时，储存在轴突终扣内的激素被释放进入循环系统内。

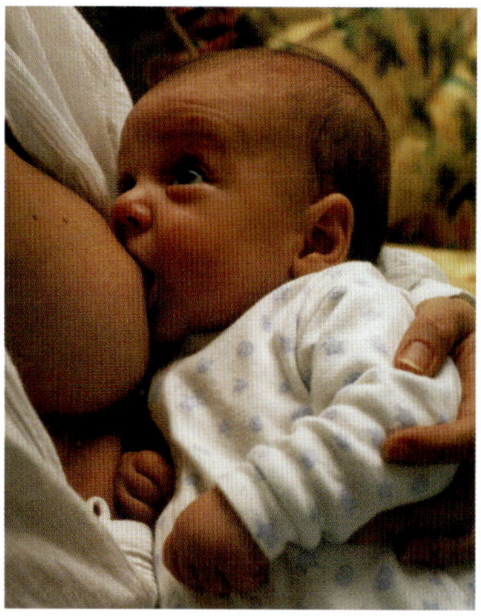

由垂体前叶产生的催乳素刺激哺乳妈妈分泌乳汁。垂体后叶释放的催产素在婴儿吸吮乳头时刺激排乳。

David Parker/Photo Researchers, Inc.

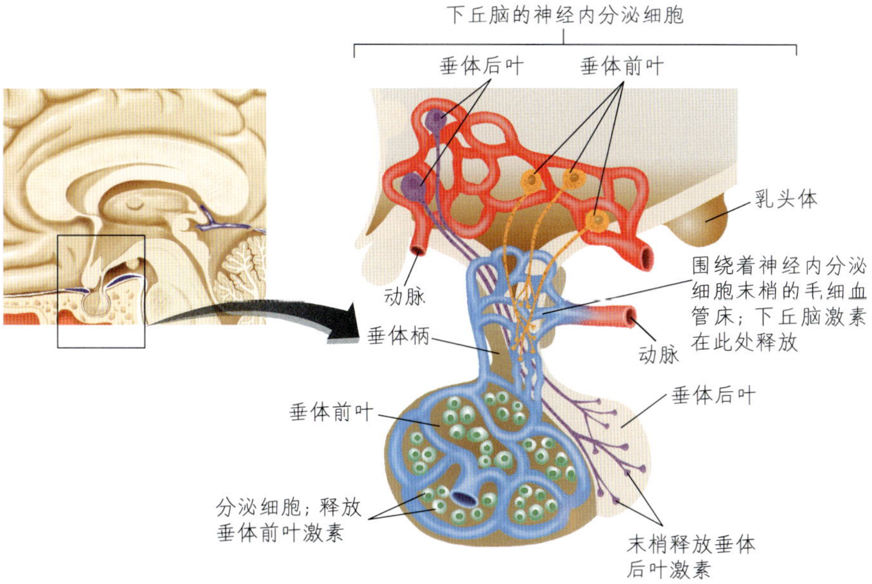

图3.16　垂体。 下丘脑内的神经内分泌细胞分泌的激素进入毛细血管，然后被运至垂体前叶，控制垂体前叶激素的分泌。垂体后叶的激素由下丘脑产生，通过轴浆运输的方式被运至垂体后叶。

视交叉（optic chiasm）：视神经间的X形连接，位于脑基底部下方，垂体前叶的正前方。

垂体前叶（anterior pituitary gland）：垂体的前部，其分泌活动受下丘脑激素控制的内分泌腺。

神经内分泌细胞（neurosecretory cell）：能分泌激素或类似激素物质的神经元。

垂体后叶（posterior pituitary gland）：垂体后部；是一种包含激素分泌型轴突终扣的内分泌腺，这些轴突的细胞体位于下丘脑内。

中 脑

中脑围绕着中脑导水管，包括顶盖和被盖两个主要结构。

顶盖

顶盖（“屋顶”）位于中脑的背部。它主要包含**上丘**和**下丘**两个结构，从**脑干**背面看起来是四个隆起。脑干包括间脑、中脑和菱脑。图3.17表明脑干的几面观：半透明脑内的脑干的外侧观和后面观；脑干的放大观，小脑部分被去掉以显示第四脑室；中脑的横切面。【见图3.17】下丘是听觉系统的一部分。上丘是视觉系统的一部分，在哺乳动物中，它们主要参与视觉反射和对运动刺激的反应。

被盖

被盖指的是顶盖下面的中脑部分。它包括网状结构的嘴端末端、几个控制眼球运动的核团、导水管周围灰质、红核、黑质和腹侧被盖区。【见图3.17（d）】

网状结构是一个包括很多核团（总数超过90个）的大结构。它的特征是具有复杂树突和轴突的神经元形成弥漫的交连网络（reticulum意思是“小的网”；早期解剖学家对网状结构的网状形态感到震惊）。网状结构占据脑干的

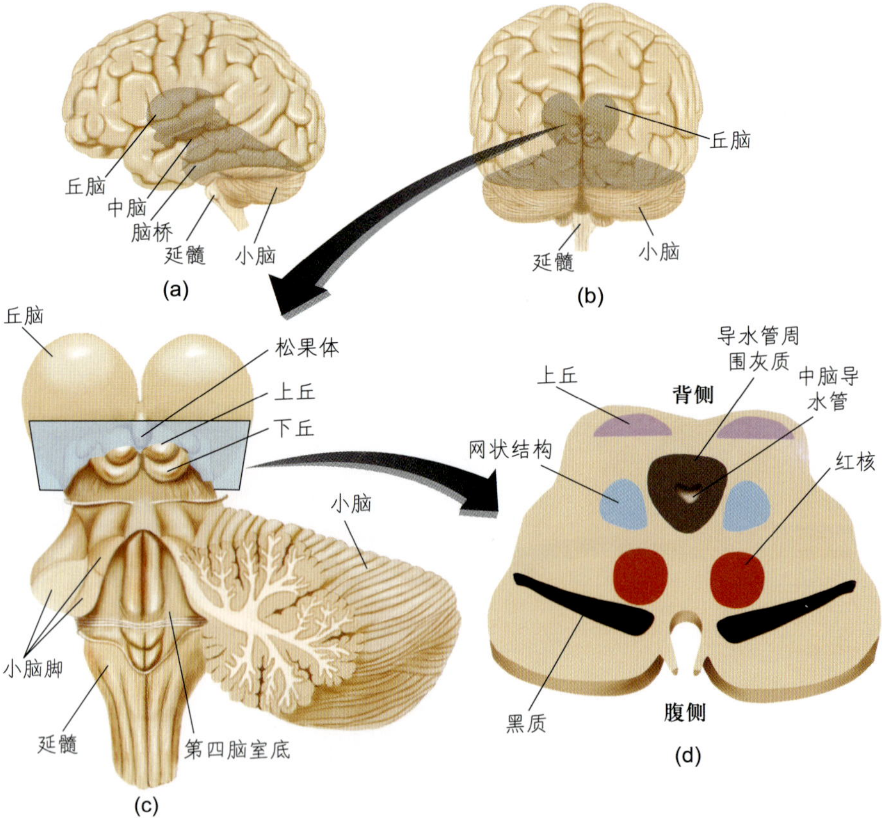

图3.17 小脑和脑干。显示了（a）一个半透明的脑的外侧观，幻影区显示小脑和脑干；（b）脑的背面观；（c）脑干的背面观。小脑左半球和部分右半球被去掉，以显示第四脑室和小脑脚。（d）中脑的横切面。

中脑（midbrain或mesencephalon）：大脑三个主要分区的中间部分。

顶盖（tectum）：中脑的背部，包括上丘和下丘。

上丘（superior colliculi）：中脑上部的突起，视觉系统的组成部分。

下丘（inferior colliculi）：中脑下部的突起，听觉系统的组成部分。

脑干（brain stem）：脑的“干部”，从延髓至中脑，不包括小脑。

被盖（tegmentum）：中脑的腹部，包括导水管周围灰质、网状结构、红核和黑质。

网状结构（reticular formation）：位于脑干中央区的一个大的神经组织网络结构，从延髓至中脑。

核心位置，从延髓的下边一直延伸到中脑的上边。【见图3.17(d)】网状结构接收来自各种通路的感觉信息，并发出纤维投射至大脑皮层、丘脑和脊髓。它在睡眠和觉醒、注意、肌肉紧张度、运动和各种生存反射中发挥一定的作用。它的具体功能将在以后的章节中阐述。

导水管周围灰质指的是围绕中脑导水管周围的大量的神经元胞体（“灰质”，与轴突束的“白质”相反），从第三脑室至第四脑室。导水管周围灰质包含控制运动序列的神经回路，这些运动序列构成争斗和生殖这类的物种典型行为。如第7章所述，鸦片类物质（如吗啡）能通过刺激该区内的神经元上的受体降低机体对疼痛的敏感性。

红核和**黑质**是运动系统的重要结构。两个主要的纤维系统将运动信息从大脑皮层和小脑传递至脊髓，其中之一是来自红核的一束轴突。黑质内的神经元轴突投射至基底核的尾状核和壳。正如第4章所述，这些神经元的退化导致了帕金森病。

菱 脑

菱脑围绕第四脑室，主要由后脑和末脑构成。

后脑

后脑包括脑桥和小脑。

小脑 **小脑**（“小的脑”）具有两个半球，像一个小型的大脑。表面被**小脑皮层**所覆盖，并具有一些**小脑深部核团**。这些核团接收来自小脑皮层的纤维投射，并发出纤维至其他脑区。小脑的每个半球都通过轴突束与脑桥的背侧表面相连，这些轴突束分别是上、中、下**小脑脚**。【见图3.17(c)】

小脑的损伤将影响站立、行走或运动协调性（钢琴大师或其他音乐家的成功在很大程度上应归功于他们的小脑）。小脑接收视觉、听觉、前庭觉和躯体感觉的信息，同时直接通过大脑接收有关个体骨骼肌运动的信息。小脑的功能是整合这些信息，调节运动输出和运动协调性、流畅性。而小脑的损伤则引起动作笨拙、破坏协调性、夸张的动作；严重的小脑损伤有可能导致人无法站立。

脑桥 **脑桥**是脑干内一个大的凸出部分，位于中脑和延髓之间，小脑的腹侧。脑桥意思是“桥”，但事实上看起来并不像桥。【见图3.12和图3.17(a)】脑桥的中心是部分网状结构，包含一些参与睡眠和觉醒的核团。它还包含一个大核团，作用是中继从大脑皮层至小脑的信息。

末脑

末脑主要指的是**延髓**。延髓是脑干的最尾部，下沿是脊髓的头端。【再参见图3.12和图3.17(a)】延髓内的部分网状结构包含控制心血管系统、呼吸和骨骼肌强直性调节的核团。

导水管周围灰质（periaqueductal gray matter）：围绕中脑导水管周围的中脑区，包含参与物种典型行为的神经回路。

红核（red nucleus）：中脑内的一个大核团，接收来自小脑和运动皮层的信息，并发出轴突至脊髓内的运动神经元。

黑质（substantia nigra）：被盖上的一个黑色区域，包含与基底神经节的尾状核和壳相连接的神经元。

菱脑（hindbrain）：大脑三个分区中最尾端的部分，包括后脑和末脑。

小脑（cerebellum）：脑的一个重要组成部分，位于脑桥背部，包括两个半球，表面覆盖小脑皮层，是运动系统的重要组成部分。

小脑皮层（cerebellar cortex）：覆盖在小脑表面的皮层。

小脑深部核团（deep cerebellar nuclei）：位于小脑半球内部的核团；接收来自小脑皮层的投射，并发出纤维投射至其他脑区。

小脑脚（cerebellar peduncle）：将每个小脑半球与背侧脑桥连接的三个轴突束之一。

脑桥（pons）：位于延髓的头端、中脑的尾端以及小脑的腹侧的后脑区。

延髓（medulla oblongata）：脑的最尾端部分，位于末脑，脊髓的头端。

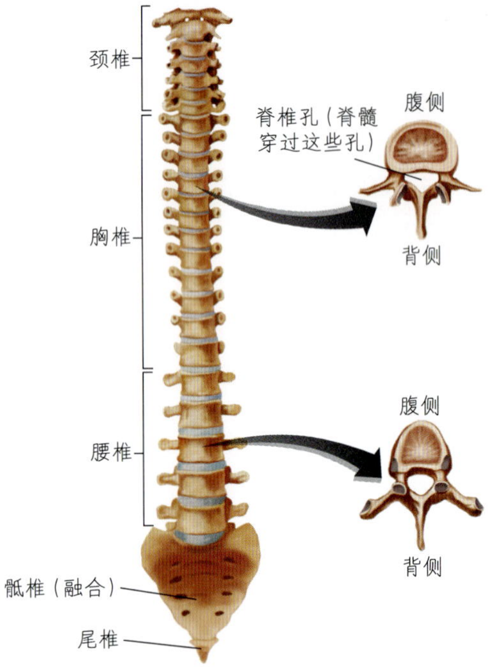

图 3.18 脊柱的腹侧观。脊椎的解剖细节。

脊 髓

脊髓是一根长的、圆锥形的结构，粗细接近于成人的小指。脊髓的基本功能是发出运动纤维至机体的效应器官（肌肉和腺体）以及集合躯体感觉信息上传至大脑。脊髓也具有一定程度的自主功能；各种反射控制回路位于脊髓。

脊髓受脊柱保护，脊柱由24块脊椎组成，包括颈椎、胸椎、腰椎以及相互融合的骶尾部脊椎部分（位于骨盆区）。脊髓穿过每个脊椎骨中间的空洞（椎孔）。图3.18表明了脊髓和脊柱的分区和结构。【见图3.18】应该指出的是脊髓只占脊柱长度的2/3，其余的空间被由大量**脊神经根**组成的**马尾神经**所填充。【参见图3.3(c)】

在胚胎发育的早期，脊髓和脊柱的长度是一致的。而在发育进程中，脊柱的生长快于脊髓。这种生长速度的差异导致了脊神经根向下移动，最尾端的脊神经根构成马尾神经。在骨盆手术和分娩中常用的**骶尾封闭**是将局麻药物注入马尾神经周围的硬膜腔内的脑脊液中。药物将阻断马尾神经的轴突的作用。

图3.19(a)显示脊髓及包绕脊髓的膜。脊髓每侧都沿背外侧和腹外侧表面以两条直线方式伸出一束纤维。这些纤维融合在一起形成31对**背根**和**腹根**。这些背根和腹根在穿过椎孔时又整合在一起形成脊神经。【见图3.19】

图3.19(b)显示了脊髓的横切面。跟大脑一样，脊髓包括白质和灰质。而与大脑不同的是，白质（包括上行和下行的有髓鞘轴突）在外侧，而灰质（主要是神经元胞体和短的无髓鞘轴突）在内侧。如图3.19(b)所示，上行束用蓝色表示；下行束用红色表示。

脊髓（spinal cord）：起自延髓尾端的神经组织。

脊神经根（spinal root）：成对出现的、由结缔组织包绕的轴突束，融合形成脊神经。

马尾神经（cauda equina）：位于脊髓末端的一束脊神经根。

骶尾封闭（caudal block）：通过将局麻药物注入马尾神经周围的脑脊液中的机体低位麻醉法。

背根（dorsal root）：包含传入感觉纤维的脊神经根。

腹根（vertral root）：包含传出运动纤维的脊神经根。

小 结

中枢神经系统

大脑包括三个主要分区，围绕着胚胎发育早期的三个管腔形成：前脑、中脑和菱脑。图3.5说明了神经管是如何发育为成熟的中枢神经系统的。表3.2则概括了大脑的主要分区和亚区。

在大脑发育的第一个阶段，脑室区祖细胞呈对称分裂，脑室区位于神经管内，体积不断增大。在第二个阶段，这些细胞呈现不对称分裂，生成神经元。新合成的神经元沿放射状胶质细胞的纤维迁移至最终的位置。在此，神经元长出树突和轴突并与其他神经元建立突触联系。然后没有及时建立有效的突触联系的神经元启动凋亡机制而死亡。由于人类脑发育的第一和第二阶段的延长，与其他灵长类动物的脑相比，人类的脑是最大的。

前脑，围绕着侧脑室和第三脑室，包括端脑和间脑。端脑包括大脑皮层、边缘系统和基底神经节。大脑皮层

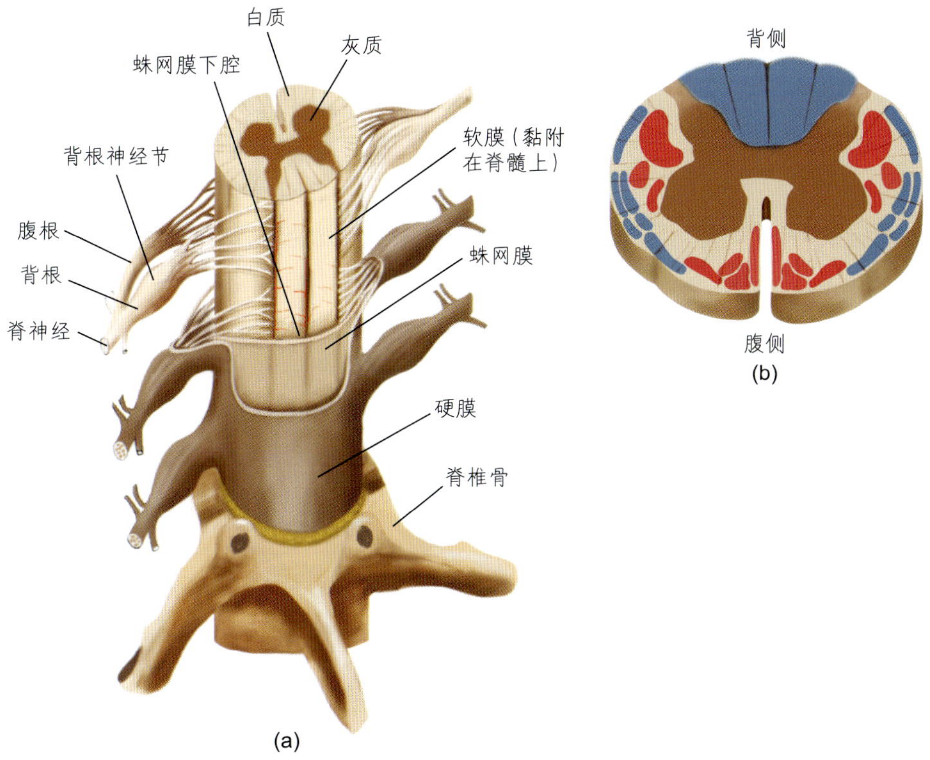

图 3.19　脊髓腹侧面。这些图显示（a）脊髓成分和膜结构，以及脊髓与脊柱的关系；（b）脊柱的横切面。上行束用蓝色表示，下行束用红色表示。

又分为额叶、顶叶、颞叶和枕叶。中央沟将额叶与其他脑叶相分隔，前者主要处理运动与运动计划，后者主要参与感知与学习。边缘系统包括边缘皮层、海马和杏仁核，参与情绪、动机和学习。基底神经节参与运动控制。间脑包括丘脑和下丘脑，前者直接与大脑皮层间传递信息，后者控制内分泌系统并调节物种典型行为。

中脑围绕着中脑导水管，包括顶盖和被盖。顶盖参与听觉和视觉反射以及对运动刺激的反应。被盖包括网状结构（主要参与睡眠、觉醒和运动）、导水管周围灰质（控制各种物种典型行为），以及红核和黑质（是运动系统的组成部分）。菱脑，围绕第四脑室，包括小脑、脑桥和延髓。小脑主要参与运动的整合和协调。脑桥所包含的核团主要在睡眠和觉醒中发挥作用。延髓也主要参与睡眠和觉醒，但同时也参与运动控制以及对心率、血压和呼吸等基本生命指征的控制。

脊髓的外层是白质，包含传递上行和下行信息的轴突。中间是由细胞体构成的灰质。

周围神经系统

脑和脊髓与机体的信息交流是通过脑神经和脊神经实现的。二者是周围神经系统的组成部分，一方面将感觉信息传递给中枢神经系统，另一方面将来自中枢神经系统的信息传至肌肉和腺体。

脊神经

脊神经起始于脊髓背根和腹根的连接处。脊神经离开脊柱后，走行至分

脊神经（spinal nerve）：与脊髓相连的周围神经。

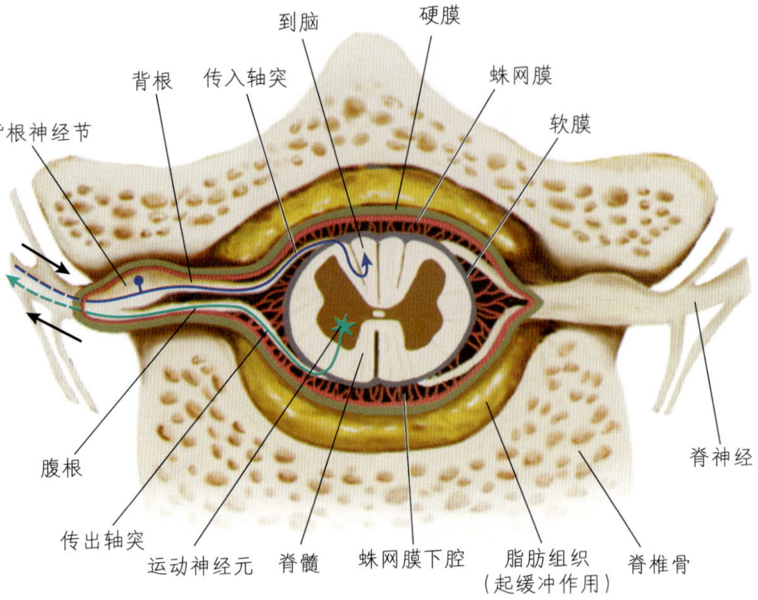

图 3.20 脊髓横切面。表明经过背根和腹根的传入和传出轴突通路。

配区的肌肉或感觉受体，在走行过程中反复分支。脊神经的分支通常与血管相伴随，尤其是那些支配骨骼肌的分支。【见图 3.3】

下面要讨论的是感觉信息进入脊髓和运动信息离开脊髓的通路。携带感觉信息进入脑和脊髓的所有轴突的胞体通常位于中枢神经系统之外（视觉系统除外，视网膜其实是脑的一部分）。这些进来的轴突称为**传入轴突**。而传递躯体感觉信息给脊髓的轴突的胞体位于脊髓的**背根神经节**——背根的圆形隆起。【见图 3.20】这些神经元是单极神经元（见第 2 章）。轴突主干在胞体近端分支，其中一支进入脊髓，而另一支离开至感觉器官。应该注意的是，所有背根神经节的轴突都传递躯体感觉信息。

腹根的神经元胞体位于脊髓灰质内。这些多极神经元的轴突通过腹根离开脊髓，与背根汇合成脊神经。这些轴突通过腹根离开脊髓控制肌肉和腺体。它们被称为**传出轴突**。【见图 3.20】

传入轴突（afferent axon）：传递感觉信息，直接进入中枢神经系统的轴突。

背根神经节（dorsal root ganglion）：脊髓背根的小节，包含传入脊神经的神经元胞体。

传出轴突（efferent axon）：传递运动信息，离开中枢神经系统进入肌肉和腺体的轴突。

脑神经（cranial nerve）：直接与脑相连的周围神经。

迷走神经（vagus nerve）：最大的脑神经，传递自主神经系统的副交感神经分支的传出纤维至胸腔和腹腔的器官。

嗅球（olfactory bulb）：嗅神经末端的突起，接收来自嗅觉受体的输入。

躯体神经系统（somatic nervous system）：周围神经系统的一部分，控制骨骼肌运动并传递躯体感觉信息至中枢神经系统。

自主神经系统（autonomic nervous system，ANS）：周围神经系统的组成部分，控制机体的植物性功能。

脑神经

12 对**脑神经**直接与脑的腹侧面相连，大多数参与头面部和颈部的感觉和运动功能。其中第十对脑神经，即**迷走神经**，调节胸腔和腹腔器官的功能。它之所以被称为“迷走”是因为它的分支弥散地分布于整个胸腔和腹腔。图 3.21 是脑的底面观，说明了 12 对脑神经的结构和基本功能。注意：传出（运动）纤维是红色的，而传入（感觉）纤维是蓝色的。【见图 3.21】

正如前面所提及的，进入脑和脊髓的感觉神经纤维的胞体位于中枢神经系统外（视觉系统除外）。躯体感觉信息（包括味觉）是通过脑神经的单极神经元所接收的。听觉、前庭觉和视觉信息是通过双极神经元传递的。（如第 2 章所述。）嗅觉信息通过**嗅球**接收来自鼻腔嗅觉受体的信息。嗅球是一个复杂的结构，包含相当数量的神经回路。实际上，它们是脑的一部分。第 6 章和第 7 章将详细阐述感觉机制。

自主神经系统

周围神经系统中接收来自感觉器官的信息和控制骨骼肌运动的部分被称为**躯体神经系统**。周围神经系统的另一分支为**自主神经系统（ANS）**，控制平滑肌、心肌及腺体的调节。平滑肌位于皮肤（与头发毛囊关联）、血管、眼球（控制瞳孔大小和晶状体调节）以及消化道、胆囊、膀胱的壁和括约肌。这些由

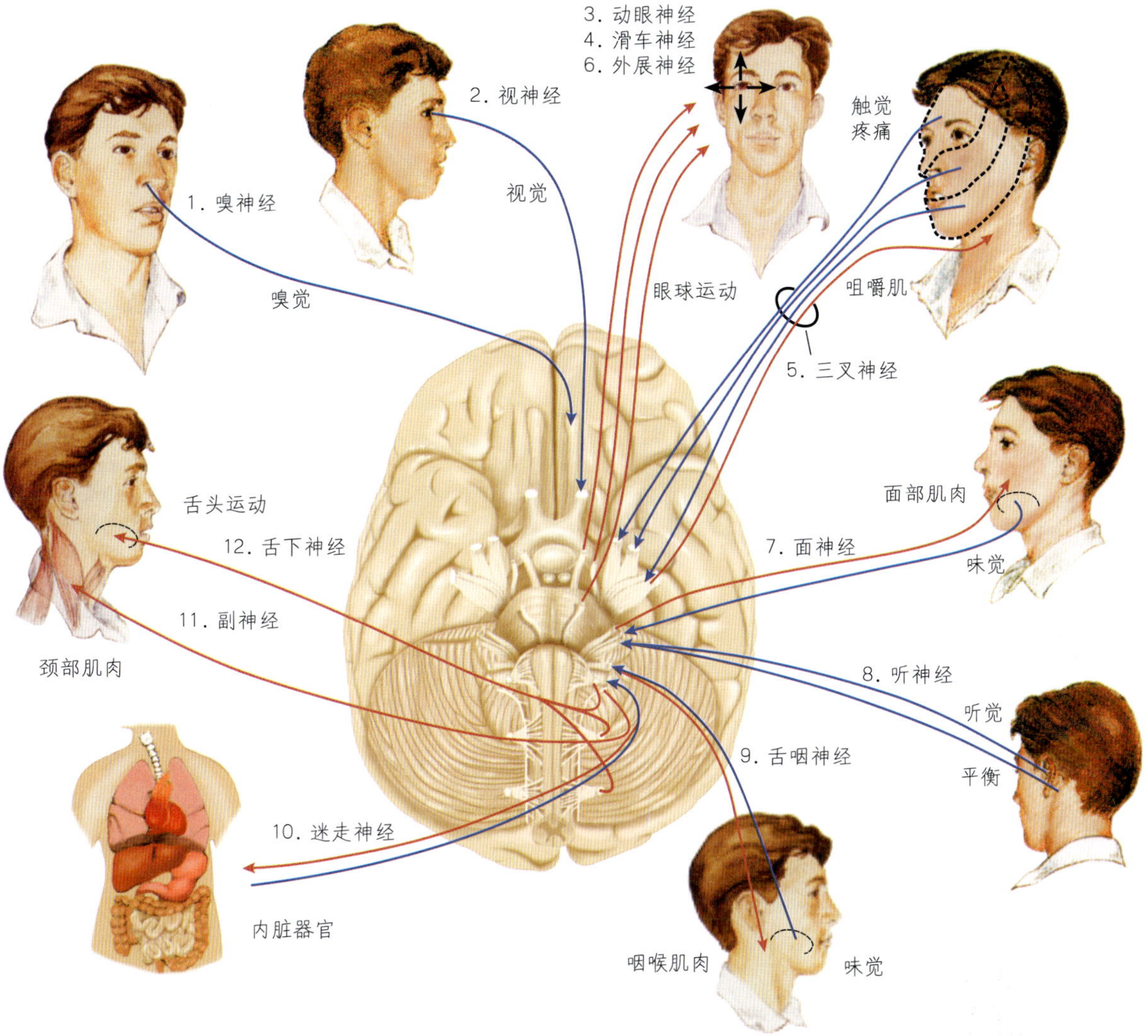

图 3.21　脑神经。该图显示 12 对脑神经及其功能分区。红线是控制肌肉和腺体的轴突，蓝线是感觉轴突。

自主神经系统控制的器官说明了该系统的功能是调节机体的“植物性过程”。

自主神经系统包括两个独立的解剖系统：交感神经系统和副交感神经系统。机体上几乎所有的器官都受它们的支配。这个神经系统具有不同的功能，例如，交感神经系统负责加快心率，而副交感神经系统则使心率减慢。

自主神经系统的交感神经分支

交感神经分支主要参与消耗机体所储存的能量的活动。例如，机体在兴奋状态下，交感神经系统能增加骨骼肌的血流，刺激肾上腺素的分泌（导致心率加快和血糖升高）和竖毛（对哺乳动物来说是毛发直立，而对人类来说是起“鸡皮疙瘩”）。

交感运动神经元的胞体位于胸、腰段脊髓的灰质（因此交感神经系统也被称为胸腰系统）。这些神经元的纤维通过腹根离开脊髓。在加入脊神经后，纤维分支进入**交感神经节**（别与背根神经节相混淆）。图 3.22 表明了这些神经节与脊髓的关系。注意，每个交感神经节均与上、下邻近的神经节相连，

交感神经分支（sympathetic division）：自主神经系统的一部分，控制伴随能量唤醒或消耗的活动。

交感神经节(sympathetic ganglia)：位于交感神经系统的节前和节后神经元之间的包含突触的小节。

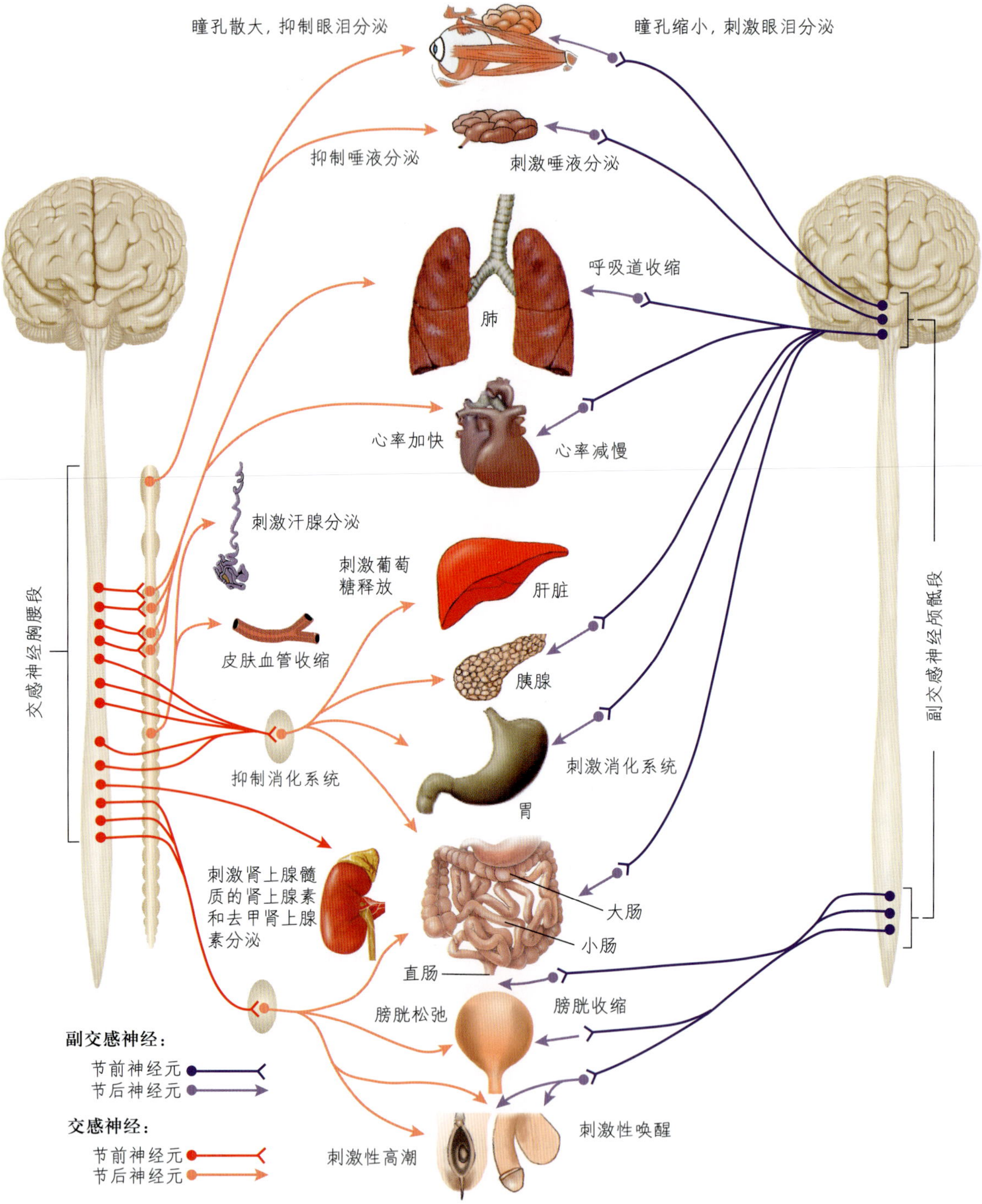

图 3.22 自主神经系统。该图显示了自主神经系统的交感和副交感分支的靶器官和功能。

因此形成**交感神经节链**。【见图3.22】

通过腹根离开脊髓的轴突属于交感神经**节前神经元**。除了一个例外，所有的交感神经节前神经元的轴突都进入交感神经链的神经节，但并不都在此形成突触。（唯一的例外是肾上腺的髓质，将在第10章阐述。）有些轴突可进入位于内脏器官的其他交感神经节内。所有的交感神经节前神经元轴突都与某一神经节内的神经元建立突触联系。与它们建立突触的神经元被称为**节后神经元**。这些节后神经元发出轴突至靶器官，如肠、胃、肾脏和汗腺等。【见图3.22】

自主神经系统的副交感神经分支

自主神经系统的**副交感神经分支**所支持的活动是能增加机体储存的能量供应的活动。这些活动包括唾液分泌、胃肠蠕动、消化液分泌，以及胃肠系统的血流增加。

发出副交感神经系统的节前轴突的胞体位于两个区域内：某些脑神经（特别是迷走神经）的核团和脊髓骶区灰质的中间角内。因此，自主神经系统的副交感神经分支也通常被称为*颅骶系统*。副交感神经节位于靶器官紧邻区域，因此副交感神经的节后神经元纤维相对很短。副交感神经系统的节前和节后神经元的轴突终扣能分泌儿茶酚胺。表3.3概括了周围神经系统的主要分支。【见表3.3】

表3.3 周围神经系统的主要分支

躯体神经系统	自主神经系统
脊神经	交感神经分支
来自感觉器官的传入纤维	脊神经（胸和腰段）
至肌肉的传出纤维	交感神经节
脑神经	副交感神经分支
来自感觉器官的传入纤维	脑神经（第三、七、九、十对）
至肌肉的传出纤维	脊神经（骶区）
	副交感神经节（邻近靶器官）

交感神经节链（sympathetic ganglion chain）：成对的交感神经节群之一，位于脊柱的腹外侧。

节前神经元（preganglionic neuron）：细胞体位于脑神经核团或脊髓灰质的中间角内的自主神经系统的传出神经元，它的轴突终扣突触在自主神经节的节后神经元的上端。

节后神经元（postganglionic neuron）：直接与靶器官建立突触联系的自主神经系统的神经元。

副交感神经分支（parasympathetic division）：自主神经系统的一部分，控制休息状态下的自主神经系统功能。

小 结

周围神经系统

脊神经和脑神经的感觉轴突进入中枢神经系统，而运动轴突离开中枢神经系统。脊神经由包含传入轴突的背根和包含传出轴突的腹根组成。自主神经系统包括两个分支：交感神经系统，控制发生在兴奋状态期间的活动，如心率加快；副交感神经系统，控制在休息状态期间的活动，如心率减慢和消化系统的活动增加。自主神经系统的通路包含节前轴突（从脑或脊髓至交感或副交感神经节）和节后轴突（从神经节至靶器官）。

本章结语 | 单侧空间忽视

当看到类似S小姐的单侧空间忽视病人时，我们能意识到感知与注意在某种程度上是分离的。大脑的感知机制提供信息，而注意的相关机制则决定了我们是否能意识到这一信息。

单侧空间忽视发生在右侧顶叶受损时。顶叶包含初级躯体感觉皮层。它接收来自皮肤、肌肉、关节、内脏以及与平衡相关的内耳信息。因此它与机体及其所在位置相关。不仅如此，顶叶联合皮层还接收来自颞叶和枕叶联合皮层的听觉和视觉信息。因此，顶叶的最重要功能在于整合躯体本身的运动和位置信息，以及周围物体的位置信息。

如果单侧空间忽视仅仅表现为视野的左侧偏盲和左侧躯体的感觉缺失，那么它的意义并不大。事实上，单纯单侧空间忽视的症状既不是偏盲也不是半侧感觉缺失。在适当的条件下，病人能看见位于左侧的物体，也能感知他人对左侧躯体的触摸。但在正常情况下，他们忽视了这些刺激，仿佛他们的左侧世界以及左侧躯体是不存在的。

Volpe、LeDoux 和 Gazzaniga（1979）给予单侧空间忽视病人一对视觉刺激，分别呈现在左右视野。通常病人报告的是只看到右边的刺激。但如果实验者要求病人回答两个刺激是否一致，他们的答案是正确的，尽管他们说并没有看见左侧呈现的刺激。

如果联想到“引子”中的神经科主任所提及的“只吃薄烤饼右边部分”的故事，我们将意识到一点，即单侧空间忽视病人所感知的信息不仅仅来自右侧视野。已知单侧空间忽视病人不仅注意不到左侧的事物，甚至注意不到事物的左半部分。但我们都知道的是：要想区分事物的左和右两部分，首先必须感知事物的整体，否则如何知道中间位置？

另外，在画图方面，单侧空间忽视病人同样表现出对左侧事物的无意识。例如，如果要求病人画时钟，他们通常能准确地画一个圈，却将数字全部添加在右侧。有时他们简单地停留在6或7，而有时则将剩余的数字写在圆圈的底部。如果要求他们画一朵菊花，他们会画茎、一两片叶子，而将花瓣全部画在右侧。【见图3.23】

图3.23 单侧空间忽视。当单侧空间忽视患者试图画一个简单的物体时，他们意识不到物体的左半部分而只是画右侧的特征。

Bisiach 和 Luzzatti（1978）通过一个简单的现象证实了单侧空间忽视甚至存在于病人的自我视觉表象中。实验者要求两名单侧空间忽视病人描述大教堂广场——米兰的著名的地标。病人被要求想象他们正站在广场的北头，然后告诉大家他看到了什么。结果发现，病人仅能正确地命名位于西部（即右侧）的建筑物。而当他们被要求想象自己正站在广场的南头时，他们能准确命名的同样是位于右侧（即东部）的建筑物。显然，病人知道所有建筑物及其位置，但他们能看到的仅仅是位于表象视野中右侧的物体。

尽管忽视自身左侧躯体的现象只能通过大脑异常的病人进行研究，但正常大脑的一个有趣的现象可证实顶叶（和其他脑区）在躯体自我感觉方面的重要作用。Ehrsson、Spence 和 Passingham（2004）研究了橡胶手幻觉。正常被试的左手被藏起来不出现在视野中。他们的面前放的是逼真的橡胶左手。实验者用小笔刷轻刷被藏起来的左手和橡胶左手。如果同时、朝同一方向轻刷两只手，则被试开始感觉橡胶手也是自己身体的一部分。事实上，如果要求他们用右手指向左手，他们倾向于指向橡胶手。然而，如果在不同的时间、从不同的方向轻刷真实的手和假手，那么被试不会感觉橡胶手是自身的一部分。【见图3.24】

在被试参与这一实验时，实验者利用fMRI扫描（第5章阐述）来记录他们的脑活动。扫描结果表明，顶叶激活增加，然后当被试开始感觉橡胶手是自身一部分的时候，参与计划运动的脑区（运动前区皮层）也表现出激活。当对真实的手和假手轻刷不同步时，被试不会感觉

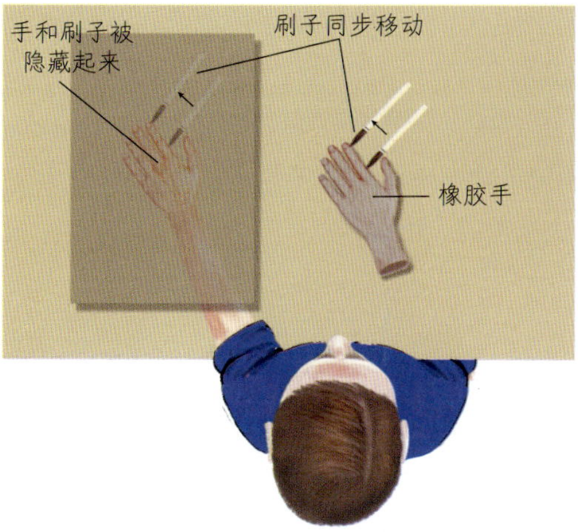

图 3.24 橡胶手幻觉。如果被试被藏起的左手和可见的橡胶手被同时、同方向地轻刷，被试将感觉假手是自身的一部分。如果轻刷不是同步进行的，则被试不会产生这种幻觉。

Based on Botwinick, M. *Science*, 2004, 305, 782-783.

假手是他自身的一部分，运动前区皮层也不会被激活。实验者的结论是顶叶分析轻刷的视觉和感觉。当顶叶检测到二者是一致的时候，该信息被传至运动前区皮层，于是产生橡胶手是自身一部分的感觉。

同一个实验室的第二个研究提供了更加令人信服的证据，表明这些被试对橡胶手的自身感觉是真实的(Ehrsson et al., 2007)。实验者采用前面所描述的实验程序来建立自我的感觉，然后用针向橡胶手做针刺的动作（针不会真的接触橡胶手）。脑部扫描发现了前扣带皮层和辅助性运动区的激活。在正常情况下，感觉疼痛的人会表现出前者的激活，想要移动手臂的人会表现出后者的激活（Fried et al., 1991; Peyron and Garcia-Larrea, 2000)。橡胶手将要被针刺而产生疼痛感使被试做出反应，就好像他们自己的手是受威胁的目标一样。

关键概念

神经系统的基本特点

1. 中枢神经系统包括脑和脊髓，其表面覆盖有脑脊膜，内有脑脊液。

中枢神经系统

2. 神经系统的发育起于神经管，随着细胞的不断生成，神经管增厚、折叠，发育为脑室系统。
3. 脑室区祖细胞的对称分裂和不对称分裂阶段的轻微延长是导致人脑和其他灵长类动物的脑存在差异的主要原因。
4. 前脑，围绕着侧脑室和第三脑室，包括端脑和间脑。端脑包括大脑皮层、边缘系统和基底神经节。间脑包括丘脑和下丘脑。
5. 中脑，围绕着中脑导水管，包括顶盖和被盖。
6. 菱脑，围绕着第四脑室，包括小脑、脑桥和延髓。

周围神经系统

7. 脊神经和脑神经的作用在于连接中枢神经系统与机体的其他部位。自主神经系统包括交感神经系统和副交感神经系统。

第 4 章

精神药理学

本章要点

- **精神药理学原理**
  - 药物代谢动力学
  - 药物效应
  - 重复给药的效应
  - 安慰剂效应
- **药物的作用点**
  - 药物对神经递质生成的影响
  - 药物对神经递质的储存和释放的影响
  - 药物对受体的影响
  - 药物对神经递质再摄取或酶解的影响
- **神经递质和神经调质**
  - 乙酰胆碱
  - 单胺递质
  - 氨基酸
  - 肽类
  - 脂类
  - 核苷类
  - 可溶性气体

naihei/Shutterstock.com

学习目标

1. 描述给药途径和药物随后在体内的分布。
2. 描述药物效应、重复给药效应和安慰剂效应。
3. 描述药物对突触活性的影响。
4. 回顾神经递质和神经调质的常规作用，并描述脑内乙酰胆碱能通路和影响相应神经元的药物。
5. 描述脑内单胺能通路和影响相应神经元的药物。
6. 回顾释放氨基酸类神经递质的神经元作用，并描述影响相应神经元的药物。
7. 描述神经元释放的肽类、脂类、核苷类物质以及可溶性气体的作用。

引子 | 一种被污染的药物

1982年7月，美国加利福尼亚州北部的神经科诊所陆续接诊了一些症状明显的患者（Langston, Ballard, Tetrud, and Irwin, 1983）。其中最严重的几近瘫痪。他们口齿不清，不停地流口水并且目光呆滞；症状相对较轻的患者也是步履蹒跚，行动艰难而缓慢。这些人像是患了帕金森病。然而帕金森病发作和缓，并且多发于50岁以上的人群，而这些患者都只有二三十岁。

这些人都曾有静脉给药的经历：他们全都注射过一种被称作“新海洛因”的药物，该药是一种与哌替啶（杜冷丁）相关的合成阿片。由于与帕金森病的症状相似，所以医生给病人服了用于治疗这种病的左旋多巴（L-DOPA），结果显著缓解了他们的症状，但也仅仅是缓解。对大多数帕金森病患者而言，由于左旋多巴会随着多巴胺能神经元的不断退化而最终失效，所以这种治疗手段的疗效只能维持一段时间。对该疗法的相同反应模式似乎也出现在这些年轻的病人身上（Langston and Ballard, 1984）。

检测发现，导致这类神经病学症状的化学物质并不是合成阿片本身，而是污染了该药的另一种化学品 MPTP。据研究人员 William Langston 所说，这个小规模流行病的爆发似乎是由于“硅谷的一个年轻人在合成人造海洛因时不小心掺入了杂质，结果导致了 MPTP 的出现。这种完全属于偶然合成的药物对某类神经元具有极高的毒性，该神经元也是帕金森病患者所缺失的”(Lewin, 1989, p.467)。正是由于这一发现，人们找到了一种治疗帕金森病症状的药物。该药目前已被广泛应用。

第2章介绍了神经系统的细胞，第3章描述了神经系统的基本结构。下面将通过精神药理学领域的知识把这些内容整合在一起。**精神药理学**是研究药物对神经系统和行为的影响的科学。

本章我们将介绍药物具有的效应和作用点。**药物效应**是指药物导致的动物生理过程和行为的改变。例如，吗啡、海洛因等阿片类药物的效应有降低痛觉敏感性、减缓消化系统的活动、镇静、松弛肌肉、缩瞳和产生欣快感等。**药物作用点**是指药物分子与体内细胞膜或细胞内分子的交互作用点，药物通过这些作用点影响细胞的某些生化过程。例如，阿片类药物的作用点是位于某些神经元细胞膜上的特定受体。阿片分子与这些受体结合并将其激活，药物就会改变相应的神经元活性并发挥效应。本章将重点介绍药物效应和药物作用点这两方面内容。

精神药理学是神经科学的一个重要领域。它不但涉及治疗精神和行为疾病的药物的开发，还为研究人员提供了实验手段，使其能够对神经系统的细胞功能和由特定神经回路控制的行为进行研究。

精神药理学（psychopharmacology）：研究药物对神经系统和行为的效应的科学。

药物效应（drug effect）：药物导致的动物生理过程和行为的改变。

药物作用点（site of action）：药物分子与体内细胞膜上或细胞内分子的交互作用点，药物通过这些作用点影响细胞的生化过程。

精神药理学原理

本章首先介绍精神药理学的基本原理：给药途径和药物被吸收、运输、代谢及排泄的过程。第二部分讨论药物的作用点。最后具体介绍各类神经递质和神经调质以及相应药物的生理和行为效应。

药物代谢动力学

药物只有在到达作用点后才能发挥效应。想做到这一点，进入机体后的药物分子就得通过血液循环运送至一个或多个靶器官。一旦到达目标，它们将脱离血液并与相应的分子结合。我们基本上只对能够进入中枢神经系统的药物感兴趣。虽然某些作用于周围神经系统的药物也能影响个体的行为，但就本章内容而言，它们的重要性小于那些作用于中枢神经系统细胞的药物。

药物分子要经过重重屏障才能进入机体并找到它们的作用点。其中有些可以轻而易举地通过这些屏障；有些通过的过程则非常缓慢。药物分子进入机体后就会被酶解代谢或由尿液排出（或两者都有）。经过一段时间，这些分子不是消失就是被转化成非活性成分。药物的这种被吸收、运输、代谢并排泄的过程就是所谓的**药物代谢动力学**（药物的运动）。

给药途径

首先让我们了解一下给药途径。注射是最常见的实验动物给药途径。用注射器把溶于液体（或以微粒形式悬浮于液体）的药物溶液注入机体。其中起效最快的方式是**静脉（IV）注射**——将药物直接注入静脉。药物即刻进入血液循环，几秒钟内就能抵达大脑。与其他注射方式相比，静脉注射的缺点是对操作的精细度和技巧要求过高。此外，由于足量的药物在一瞬间进入血液循环，因此一旦动物出现过敏反应，将来不及注射其他药物进行抵消。

腹腔（IP）注射起效也很迅速，但没有静脉注射快。穿透腹壁将药物注入腹腔（胃、肠、肝等腹腔器官间的空隙）。这种给药方式常用于小型实验动物。**肌肉（IM）注射**是将药物直接注入较发达的肌肉，如上臂、大腿或臀部的肌肉。药物通过肌内毛细血管进入血液循环。如果需要延缓吸收，可以混合注射能够收缩血管和抑制肌内血流速度的药物（如麻黄素）。

皮下（SC）注射是将药物注入皮下空隙。只有注射量较小时才会采用，否则会很疼。某些脂溶性药物可在溶于植物油后注入皮下。这种情况下的药物分子要经过几天时间才会缓慢脱离油性载体。如果需要特别延缓吸收，可将药物加工成干燥的小药丸或密封于硅胶囊内，植入皮下。

人类最常采用的给药方式是**口服**。由于让动物主动吃一些味道不好的东西有一定难度，所以研究人员很少在实验中采用这种方法。还有些药物会被胃酸或消化酶破坏，或者不能通过消化系统进入血液，也不能口服。例如，胰岛素（一种肽类激素），就必须注射给药。**舌下给药**是指将药物含于舌下。药物通过口腔黏膜上的毛细血管进入血液循环。（显然，只有愿意把药物含在舌下的人类才适合采用这种给药方式。）硝酸甘油是一种血管扩张剂，适于冠状动脉阻塞诱发心绞痛的病人舌下含服。

药物还可以通过消化道的另一端给予，这种形式的药物被称为栓剂。**直肠给药**很少用于实验动物。显然，该方法对小动物而言有一定难度。此外，大鼠之类的小动物在受到刺激后通常会排便，这就使得药物无法在直肠内停留足够长的时间而被充分吸收。我自己也不愿尝试对大动物使用肛门栓。那

药物代谢动力学（pharmacokinetics）：药物被吸收、运输、代谢并排泄的过程。

静脉注射（intravenous injection，IV injection）：将药物直接注入静脉的给药方式。

腹腔注射（intraperitoneal injection，IP injection）：将药物注入腹腔（胃、肠、肝等腹腔器官间的空隙）的给药方式。

肌肉注射（intramuscular injection，IM injection）：将药物注入肌肉的给药方式。

皮下注射（subcutaneous injection，SC injection）：将药物注入皮下空隙的给药方式。

口服（oral administration）：口部吞咽的给药方式。

舌下给药（sublingual administration）：将药物含在舌下的给药方式。

直肠给药（intrarectal administration）：将药物送入直肠的给药方式。

些会使人胃口不适的药物经常采用这种给药方式。

肺也提供了一条给药途径：**吸入**。常见的吸食品有尼古丁、快克（可卡因的游离碱）和大麻。此外，用于治疗肺部疾病的药物常以气体或喷雾形式吸入。一些常用的麻醉剂以气体形式存在，也通过吸入的方式给药。由于肺与大脑间的通路很短，所以用这种给药方式药效发挥得非常迅速。

局部给药适用于那些以乳霜、软膏、贴片的形式存在且能被皮肤直接吸收的药物，如天然或人造类固醇激素或尼古丁(用于戒烟治疗时)。适合局部给药的区域还有鼻腔通道内的黏膜表面。常见的滥用药物(如盐酸可卡因)在被用力吸入后，就可吸附于鼻黏膜。这种方法能将药物快速送至脑部。(这种方法也称*注气法*，不过这个名字不常用到。需要注意的是，鼻吸与吸入不同，当可卡因粉末被鼻吸后，它终结的地方是鼻腔通道内的黏膜，而不是肺。)

除上述方法外，药物还可被直接注入脑内。第2章曾提到，血脑屏障能够阻止某些化学物质脱离毛细血管进入脑，因此有些药物无法通过这层屏障。这类药物进入脑的途径就是将其直接注入脑内或脑室系统的脑脊液。研究人员若想了解某种药物对特定脑区（例如，下丘脑内某一核团）的效应，就得将微量药物直接注入脑内。该方法被称为**脑内给药**，将在第5章做详细介绍。要想使药物在脑内广泛分布，就得把药物注入脑室以使其通过血脑屏障。药物会在被脑组织吸收后发挥效应。这种方法被称为**脑室（ICV）给药**，仅用于把抗体直接注入脑内治疗某些感染，在人类身上很少采用。

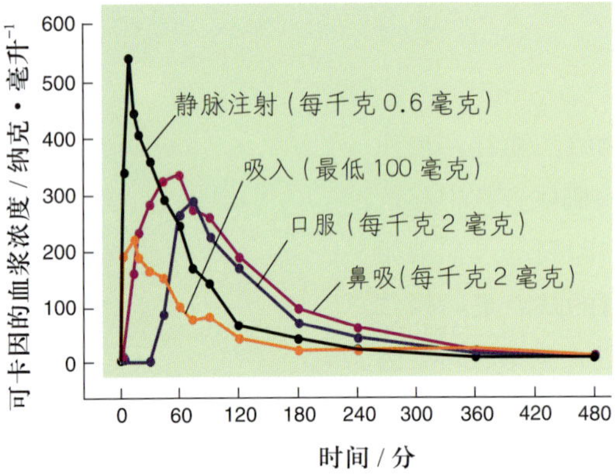

图 4.1 血浆中的可卡因。该图显示了可卡因在静脉注射、吸入、鼻吸和口服后血浆浓度随时间变化的曲线。

Based on data from Jones, R. T. *NIDA Research Monographs*, 1990, 99, 30-41.

图4.1显示了可卡因这种常见的滥用药物在静脉注射、吸入、鼻吸和口服后的血浆浓度随时间变化的曲线。虽然给药量并不完全一致，但该图显示了在不同给药范式下，药物进入血液的相对速度。【见图4.1】

药物进入脑的方式

前文提到，药物只有在抵达作用点后才会发挥效应。对于有行为效应的药物，其作用点大都位于中枢神经系统内特定细胞的细胞膜上或内部。前面介绍了药物进入机体的方式。除了脑内或脑室给药外，其他给药方式的差别仅在于药物进入血浆（血液中的液体成分）的速度。但药物进入血浆以后又会怎样呢？血管上并没有精神药理学家们感兴趣的药物作用点。

血液中的药物到达脑内作用点的速度取决于几方面因素。其中最重要的是脂溶性。血脑屏障只对水溶性分子有阻碍作用，溶于脂类的分子能够通过排列在中枢神经系统内毛细血管上的细胞，并迅速扩散至整个大脑。例如，二乙酰吗啡（diacetylmorphine，即人们熟知的海洛因）的脂溶性好于吗啡。因此，尽管两种药物分子到达脑内作用点后所产生的效力是相同的，但静脉注射海洛因的药效发挥得比吗啡快很多。海洛因更快到达脑内作用点会带来更强烈的“冲劲”，这也是吸毒者偏爱海洛因的原因。

吸入（inhalation）：将气体物质吸入肺部的给药方式。

局部给药（topical administration）：通过皮肤或黏膜直接吸收的给药方式。

脑内给药（intracerebral administration）：将药物直接注入脑内的给药方式。

脑室给药（intracerebroventricular administration，ICV administration）：将药物注入某个脑室的给药方式。

失活和排泄

药物不会永远存在于机体内，进入机体的大部分药物会被酶解，最终主要通过肾脏排泄出去。肝脏在药物的酶解过程中起到了最为重要的作用，但血液中也存在少量去活化酶。脑内也含有能破坏某类药物的酶。有时候，酶会把药物分子转化成具有生物活性的其他形态。这些转化后的分子活性有时甚至高于药物分子本身。这种情况下的药效持续时间较长。

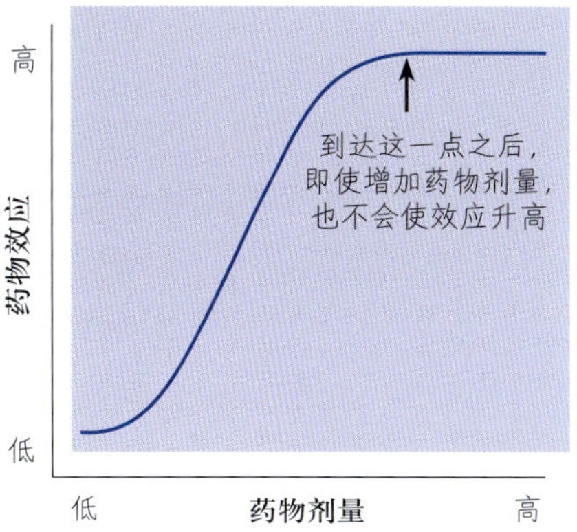

图4.2 量效曲线。药效随剂量增加而增加，直至最大效应点。到达这一限度后，即使药量继续增加，药效也不会再增强。但是药物的副作用会随之增加。

药物效应

药物效应千差万别，小剂量高效药物的效应可以等同于或超过大剂量低效药物。衡量药效的最佳办法是绘制**量效曲线**。给予被试不同剂量的药物（通常规定为每毫克药物比每千克被试体重），然后标出每种剂量下的药物效应，连在一起即可得量效曲线。因为大部分药物分子在进入血液后会分散至身体的其他部分，所以要达到相同的药物浓度，较重的被试（人类或实验动物）就需要给予较大的药量。如图4.2所示，药效会随剂量增加而增加，直至最大效应点。到达这一限度后，即使药量继续增加，药效也不会再增强了。【见图4.2】

大部分药物的效应不止一种。阿片类药物（如吗啡和可待因）有镇痛作用（降低痛觉敏感性），同时还会抑制延髓内控制心率和呼吸的神经元活性。医生给病人开阿片类药物缓解疼痛时，就要考虑多大的剂量既能够镇痛又不致抑制心率和呼吸（因为这种效应是致命的）。图4.3显示了吗啡的两条量效曲线，一条是作为止痛药的镇痛效应曲线，另一条是呼吸抑制效应曲线。两条曲线间的距离即用药的安全范围。显然，最理想的药物应该具有较大的安全范围。【见图4.3】

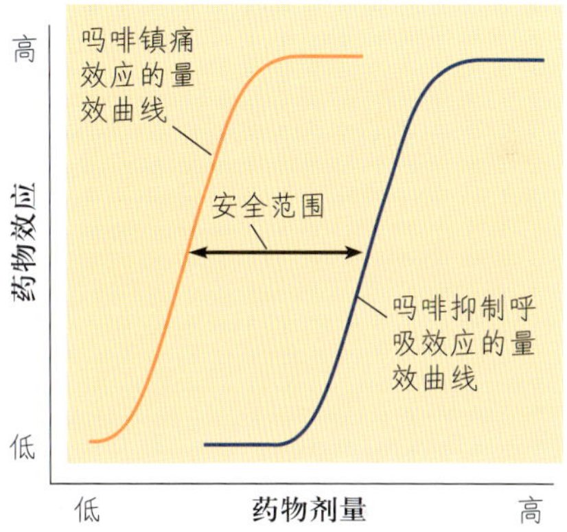

图4.3 吗啡的量效曲线。左侧是镇痛效应曲线，右侧是药物其中一个副作用的曲线，即抑制呼吸效应曲线。治疗作用量效曲线和副作用量效曲线间的距离反映了药物使用的安全范围。

衡量药物安全范围的标准之一是**治疗指数**。要获得这种标准，需要给一组实验动物（如小鼠）分别注射不同剂量的药物，由此可得两项数据：对50%的动物产生毒性效应的药物剂量和对50%的动物产生预期效应的药物剂量。两者之比就是治疗指数。例如，如果毒性剂量是效应剂量的5倍，那么治疗指数就是5.0。药物治疗指数越低，医生开处方时就得越谨慎。例如，巴比妥酸盐的治疗指数就很低——只有2或3。而镇静剂（如安定）的治疗指数在100以上。因此，意外服用过量的巴比妥酸盐就要比服用安定更易导致不幸的后果。

为什么不同药物的药效会存在差异？原因有二：第一，即使行为效应相同，不同药物也可能有不同的作用点。例如，吗啡和阿司匹林都能镇痛，但吗啡是通过降低脊髓和脑内痛觉感受神经元的活性来镇痛，而阿司匹林是通过减少参与从受损组织到痛觉感受神经元的信息传递的化学物质。由于这种作用机制的差别，相同剂量的吗啡（以毫克每千克被试体重为单位）就比阿

量效曲线（dose-response curve）：药物效应强度与剂量大小之间的关系曲线。

治疗指数（therapeutic index）：对50%的动物产生毒性效应的药物剂量与对50%的动物产生预期效应的药物剂量之比。

司匹林的镇痛效果强烈得多。

药效存在差异的第二个原因是药物与作用点间的亲和力不同。我们将在下一节看到，精神药理学家关注的药物大都通过结合中枢神经系统内的各类分子发挥效应，其中包括突触前膜或突触后膜受体、转运蛋白分子以及参与神经递质生成和去活化的酶。不同的药物与结合分子的**亲和力**（两种分子结合在一起的难易程度）存在明显差异。药物亲和力高，产生效应所需浓度就低，反之则高。因此，即使两种药物作用点相同，其效应也会因为对结合点的亲和力不同而存在很大差异。此外，由于很多药物具有多重效应，同一种药物就有可能对不同的作用点有不同的亲和力。最理想的药物应对治疗作用点的亲和力高，而对毒副作用点的亲和力低。药厂的研究目的之一就是寻找有这种效应模式的化学物质。

重复给药的效应

通常，重复给予一种药物时，其效应不会一直持续不变。在多数情况下，药效会逐渐减小，这种现象被称为**耐受**。还有些药物的效应可能会变得越来越高，这种现象被称为**敏感化**。

耐受常见于滥用药物。例如，长期服用可卡因的人为了达到预期效果就必须不断增加药量。如果某人因为长期服用鸦片而产生耐受，突然停药就会出现**戒断症状**。戒断症状主要指与药物自身效应相反的症状。例如，海洛因能让人产生欣快感，戒断就会出现烦躁情绪（一种忧虑不安的情绪）。海洛因会导致便秘，因此戒断就会让人出现恶心和腹痛。海洛因让人产生放松感，戒断就会引发不安情绪。

戒断症状的产生机制和耐受相同。耐受是由于机体对药效的补偿作用。也就是说，机体内的大部分系统（包括由脑控制的部分）都在不断地自我调节以保持最佳状态。当一种药物长期作用于这些系统而导致最佳值的偏离时，补偿机制就会产生与之对抗的反应，至少会对这种偏离做出部分补偿。正是由于这种机制，要想达到特定效应水平，就得不断加大药量。结果一旦停药，补偿机制就会使人产生与药效相反的感觉。

研究人员已发现了几种不同的补偿机制。我们将会在后面看到，很多药物是通过结合并激活受体而对脑产生影响的。第一补偿机制就是通过降低受体对药物的敏感性（就是说，降低受体与药物的亲和力）或者减少受体数量来降低这种结合的效能的。第二补偿机制涉及受体与膜上离子通道或第二信使生成的偶联过程。受体经过长时间刺激后，就会使其偶联过程的一步或多步效能降低。（当然，上述两种效应都有可能发生。）第16章会讨论药物滥用的诱因和效应，将对这种补偿机制做详细介绍。

如我们所知，同种药物因为有不同作用点而存在不同效应。这就意味着一种药物的某些效应会耐受，某些则不会。例如，巴比妥酸盐既有镇静作用，又能抑制控制呼吸的神经元。前者会耐受，后者却不会。因此，要想达到相同的镇定效应，就得不断加大药量，同时就会增加服用致命剂量的危险性。

显然，敏感化与耐受恰好相反：重复给药导致药效越来越明显。由于补

亲和力（affinity）：两种分子结合在一起的难易程度。

耐受（tolerance）：由于重复给药而导致药效降低的现象。

敏感化（sensitization）：由于重复给药而导致药效提高的现象。

戒断症状（withdrawal symptom）：在重复给药后突然停药时出现的与重复给药效应相反的症状。

偿机制总是试图对生理过程最佳值的偏移进行修正，所以敏感化现象不如耐受常见。还有些药物的部分效应会敏感化，部分效应会耐受。例如，可卡因的重复注射会导致越来越严重的运动障碍和痉挛，但其欣快效应不但不会敏感化，反而可能耐受。

安慰剂效应

安慰剂是指没有任何特异生理效应的无害物质。这个单词来自拉丁语里的“placere”，是“使安静”的意思。医生有时会给患有焦虑症的病人服用安慰剂，使他们安静下来。尽管安慰剂不存在任何特定的生理学效应，但是说它们完全没有效应也是不正确的。如果某人确信安慰剂具有某种生理效应，那么它就真有可能会产生这种效应。Kaptchuk 等人（2010）研究发现，即使被试知道他们得到的药物是安慰剂，安慰剂效应仍会出现。研究者“给被试用无效物质做成的安慰剂，如糖片。以往的临床研究表明，安慰剂会通过精神—躯体自愈过程……显著改善躯体症状。(p. e15591)”换言之，如果被试期待安慰剂效应出现，那么这一效应一定会出现。

当实验者研究某些药物对人类被试的行为效应时，安慰剂控制组是必不可少的。否则就无法确定他们所观察到的行为效应是否真的反映了药物的特异性效应。尽管不必担心动物会对药物的效应进行“确认”，但这类实验中同样少不了安慰剂组。想想在给大鼠进行腹腔注射时你都会做些什么？走近动物笼，抓起动物，暴露其腹部，固定其头部以免被咬，然后用针头刺穿其腹壁，推动活塞，最后将动物快速放回笼中，防止它出其不意地咬你一口。即使药物是无害的，这种被注射的经历也会激活动物的自主神经系统，从而导致应激激素分泌和其他生理反应。如果我们想真正了解药物的行为效应，就必须同时设置与给药组处理方式完全相同的安慰剂组，对比两组动物的行为差别。（顺便提一下，熟练、有经验的实验者能够温和地抓起动物，使动物不会对皮下注射产生反应。）

安慰剂（placebo）：给予有机体的一种代替生理活性药物的非活性物质；可用于控制实验中单纯的给药效应。

小　结

精神药理学原理

精神药理学研究药物对神经系统和行为的影响。药物是一种外源性物质，并非正常细胞功能所必需，较低剂量的药物即可显著改变机体内某些细胞的功能。药物有生理和行为效应。存在于机体中，与药物发生交互作用并产生效应的分子被称为药物作用点。

药物代谢动力学指药物被机体吸收，循环至全身，并到达作用点的过程。药物给予可以通过静脉、腹腔、肌肉和皮下注射；还可通过口服、舌下含服、栓剂、吸入和局部给药（皮肤或黏膜表面）等方式；还可将药物直接注入脑或脑室内。脂溶性物质易于通过血脑屏障，其他药物则只能缓慢通过或根本无法通过这层屏障。

量效曲线表示药物效能，它将药物的剂量（以毫克每千克被试体重为单位）和效应联系在一起。大部分药物有多重作用点，因而有多种效应。比较毒副效应剂量和理想效应剂量的差异可获得药物的安全性指标。药效取决于作用点本身的性质以及药物分子与作用点间的亲和力。

重复给药会导致耐受（常常导致戒断症状）或敏感化。耐受是由于药物与受体的亲和力降低，受体数量下降，或对受体偶联过程的生化控制降低导致的。同种药物有些效应会耐受，有些效应则不会耐受或者可能会敏感化。

思考题

1. 选择一种你熟悉的药物，推测药物在机体中可能的作用点。

2. 如果长期给予机体某些药物且剂量较高，可能会对肝脏造成损害。从药物代谢动力学的角度，尝试分析这些药物损伤肝脏的原因。

药物的作用点

在人类的历史进程中，人们曾经发现某些植物（以及一些动物）可以产生作用于神经系统的化学物质（当然，当时发现这些物质的人对神经元和突触的概念还一无所知）。其中有些物质能引发快感，有些能用来治病、镇痛以及毒死动物（或敌人）。现在，科学家们已经掌握了人工合成药物的方法，其中一些产品的效力已远远超过自然生成的药物。这些合成药物除了延续传统用途外，还被科研机构用于神经系统的研究。大部分药物都是通过影响突触传递产生行为效应的，它们被分为两大类：阻断或抑制突触后效应的药物被称为**拮抗剂**，促进这些效应的药物被称为**激动剂**。

本节将重点介绍药物对突触活动的基本影响。突触激活顺序如下：神经递质合成并储存于突触囊泡，突触囊泡被运至突触前膜。轴突被激活后，突触前膜上的电压依赖性钙离子通道打开，引起钙离子内流。钙离子、突触囊泡中的蛋白质及突触前膜三者相互作用，触发神经递质释放至突触间隙。神经递质分子作用于突触后膜上的受体，引发特定离子通道开放，从而产生兴奋性或抑制性突触后电位。由于突触前膜转运蛋白分子的酶解或再摄取，神经递质发挥效应的时间很短。此外，位于轴突终扣突触前膜上的自身受体活性也对神经递质的合成和释放有调节作用。本节对药物效应的介绍将遵循上述基本顺序，图4.4总结了下文将会提到的所有效应，其他图片还会涉及一些细节信息。需要提醒读者注意的是，其中有些效应比较复杂，所以需要认真阅读下面的内容。

药物对神经递质生成的影响

首先，神经递质的合成起始于它的前体物质。有时候，直接给予前体就能促进神经递质的合成和释放，这类前体本身就是一种激动剂。【见图4.4第1步】

神经递质的合成过程受多种酶的控制。只要使其中一种酶失活，就能阻止神经递质合成。有这种效应的药物属于拮抗剂。【见图4.4第2步】

药物对神经递质的储存和释放的影响

拮抗剂（antagonist）：能对抗或抑制特定神经递质突触后效应的药物。

激动剂（agonist）：能促进特定神经递质突触后效应的药物。

神经递质储存于突触囊泡，在突触囊泡被运至突触前膜后释放出来。负责将神经递质存入囊泡的转运蛋白分子与终扣上参与神经递质再摄取的转运蛋白分子相同。囊泡转运蛋白分子位于囊泡的细胞膜上，其作用是将神经递质分子泵入细胞膜以填满囊泡。囊泡转运蛋白分子可被某些药物所阻断。这

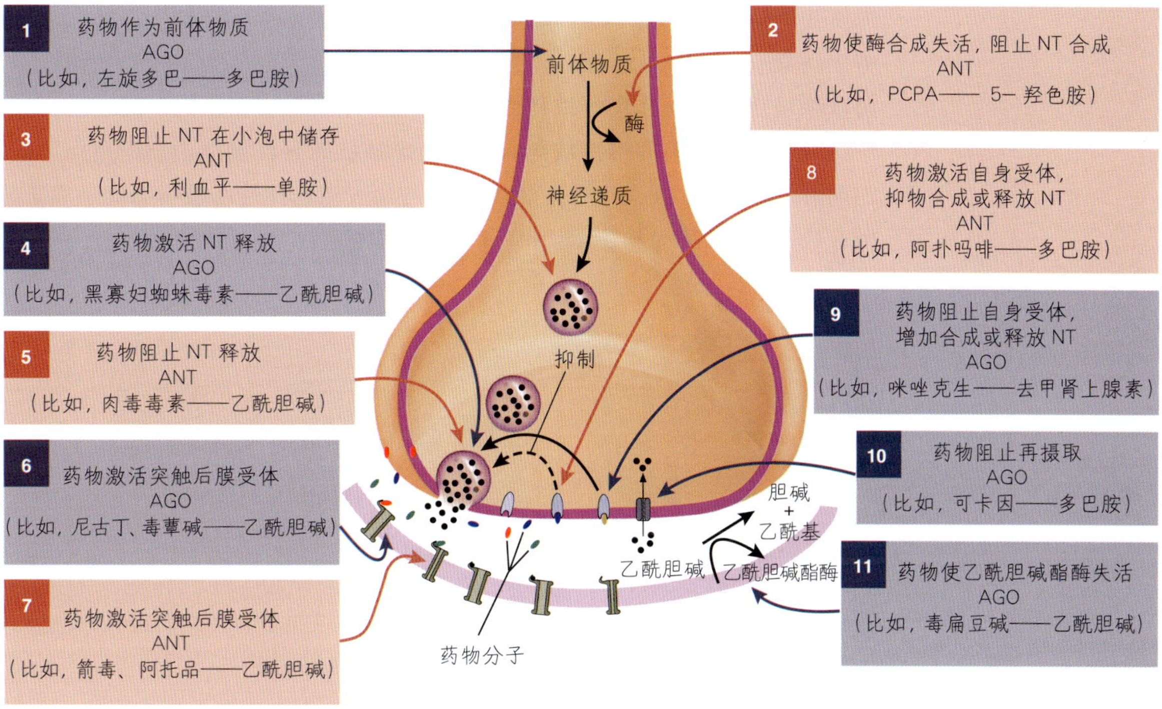

图4.4　药物对突触传递过程的作用。该图总结了药物影响突触传递的途径（AGO= 激动剂，ANT= 拮抗剂，NT= 神经递质）。紫色是起激动剂作用的药物；红色是起拮抗剂作用的药物。

类药物分子能与转运蛋白分子的特定点结合并使其失活，从而导致到达突触前膜的囊泡是空的，破裂后就不会有神经递质放出，因此这类药物属于拮抗剂。【见图4.4第3步】

某些药物会阻止神经递质在终扣释放，属于拮抗剂。它们的这种效应是通过灭活一类蛋白质，这种蛋白质能够促进突触囊泡与突触前膜融合并将内含物推至突触间隙。还有些药物的效应恰好相反：这类激动剂通过与上述蛋白质结合来直接触发神经递质的释放。【见图4.4第4、5步】

药物对受体的影响

受体是神经系统内最重要、最复杂的药物作用点，它包括突触前膜受体和突触后膜受体。先来介绍突触后膜受体（这里要提醒读者仔细阅读了）。神经递质一经释放，就必然会激活突触后膜受体。某些药物与神经递质一样，也能与相应的受体结合。这些与受体结合后的药物将发挥激动剂或拮抗剂的作用。

与神经递质功能相似的药物被称为**直接激动剂**。这些药物分子会同相应的神经递质受体结合，并与神经递质一样打开受体控制的离子通道。离子会通过这些通道并产生突触后电位。【见图4.4第6步】

与突触后膜受体结合的药物还能起到拮抗剂作用。这类药物分子与受体结合但并不开放离子通道。由于受体结合点被它们占用，所以神经递质无法打开离子通道。这类药物被称为**受体阻断剂**或**直接拮抗剂**。【见图4.4第7步】

某些受体具有多重结合点，可分别结合不同的配体。其中某一点与神经

直接激动剂（direct agonist）：能够结合并激活受体的药物。

受体阻断剂（receptor blocker）：能够结合但并不激活受体的药物，能阻止天然配体与受体的结合。

直接拮抗剂（direct antagonist）：受体阻断剂的同义词。

递质分子结合，其余的则与其他物质（如神经调质和各类药物）结合。当其他分子与某一点选择性结合后，因为没有与神经递质分子竞争相同的结合点，所以该结合被称为**非竞争性结合**。如果这种结合能够阻止离子通道的开放，这类药物就被称为**间接拮抗剂**。虽然间接拮抗剂与直接拮抗剂作用点不同，但两者的最终效应是一样的。如果药物与某一点选择性结合后能促进离子通道开放，它就被称为**间接激动剂**。【见图4.5】

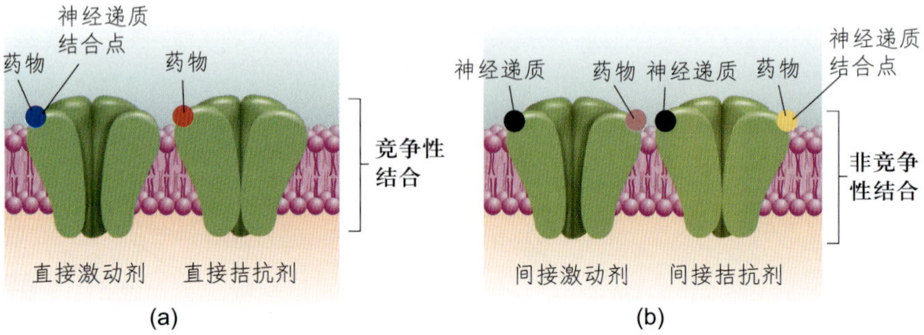

图4.5　药物对受体结合点的作用。(a)竞争性结合：直接激动剂和直接拮抗剂直接作用于神经递质结合点。(b)非竞争性结合：间接激动剂和间接拮抗剂作用于选择性结合点，从而改变神经递质开放离子通道的效应。

第2章曾提到，一些神经元的突触前膜上含有能调节神经递质释放水平的自身受体。激活这类受体会降低神经递质释放水平，所以选择性激活突触前膜自身受体的药物是拮抗剂。相反，激动剂可以阻断自身受体，从而升高神经递质释放水平。【见图4.4第8、9步】

非竞争性结合（noncompetitive binding）：药物与受体上的某一点结合，但不干扰首要配体结合点。

间接拮抗剂（indirect antagonist）：药物与受体上某一点结合并抑制受体活性；但不干扰首要配体结合点。

间接激动剂（indirect agonist）：药物与受体上某一点结合并促进受体活性；但不干扰首要配体结合点。

药物对神经递质再摄取或酶解的影响

突触后膜受体被激活后，突触后电位终止。有两个过程可以完成这一任务：神经递质分子要么通过再摄取返回终扣，要么被酶解。这两个过程均能被药物干扰。药物分子阻断再摄取主要是通过与负责再摄取的转运蛋白分子结合并使其失活。避免神经递质被酶解的药物通过使神经递质降解酶失活从而发挥作用。其中最重要的一种酶就是能破坏乙酰胆碱的乙酰胆碱酯酶。由于上述两类药物都能延长神经递质在突触间隙（神经递质在此激活突触后膜受体）的停留时间，所以它们属于激动剂。【见图4.4第10、11步】

小　结

药物的作用点

突触传递需要经过一系列过程，其中包括合成神经递质，储存于突触囊泡，释放至突触间隙，作用于突触后膜受体以及最终打开突触后膜上的离子通道。然后终扣的再摄取或酶解作用可以终止神经递质的效应。

突触传递的每一步都能被拮抗类药物所干扰，还有一些步骤能被激动类药物所促进。具体而言，药物能够增加有效前体的聚集，阻断生物合成酶，阻止神经递质在突触囊泡中的储存，促进或抑制神经递质释放，激活或阻断突触前膜或突触后膜受体，延迟再摄取，使突触前或突触后的神经递质降解酶失活。激活突触后膜受体和阻断突触前膜自身受体的药物是激动剂，激活突触前膜自身受体和阻断突触后膜受体的药物是拮抗剂。

神经递质和神经调质

由于神经递质对突触后膜主要有两种效应——去极化（兴奋性突触后电位）和超极化（抑制性突触后电位），所以有人认为应该存在两类相应的神经递质，即兴奋性神经递质和抑制性神经递质。其实神经递质至少有几十种。但脑内的大部分突触交流是由两类神经递质完成的：一类具有兴奋效应（谷氨酸），一类具有抑制效应（γ-氨基丁酸，简称 GABA）。（还有一种抑制性神经递质是甘氨酸，存在于脊髓和低位脑干。）神经元局部回路的大部分活动都包含了这些化学物质的兴奋效应和抑制效应的平衡，而正是这些化学物质负责信息在不同脑区之间的传递。事实上，几乎所有的脑内神经元都得从谷氨酸能神经元接收兴奋输入，从 GABA 能或甘氨酸能神经元接收抑制输入。除感受痛觉的神经元外，所有感觉器官都要通过终扣释放谷氨酸的轴突，向脑内传递信息。（痛觉感受神经元分泌多肽。）

那么其他神经递质又有什么作用呢？一般来说，它们的作用主要是调节而非信息传递。也就是说，除谷氨酸和 GABA 以外的神经递质主要负责激活或抑制参与特定脑功能的整个神经回路。例如，乙酰胆碱的分泌能够激活大脑皮层并促进学习，但那些学过以及被记住的信息是由分泌谷氨酸和 GABA 的神经元传递的。去甲肾上腺素的分泌能够增加警醒，从而提高对觉察到的信号做出反应的速度。组胺的分泌能提高个体的觉醒水平。5-羟色胺的分泌能抑制某些物种典型行为并减少动物的冲动行为。某些脑区多巴胺的分泌一般会引发非特异性的随意运动。还有些脑区的多巴胺分泌能够强化当前行为，从而增加随后行为再次发生的可能性。由于药物能够选择性影响分泌特定神经递质的神经元，所以能够产生特定的行为效应。

这部分将介绍几种最重要的神经递质，讨论它们的某些行为效应，并描述与它们有交互作用的药物。正如本章前文所述，药物有很多不同的作用点。好在不是所有药物都对所有神经元产生影响，这样个体的信息加工能力不会被破坏（头脑不致混乱不堪）。但下面的内容仍会提到很多有名可查的药物，其中有一些会比较重要。相对于那些一笔带过的，大家应该更重视在细节上做过详细介绍的药物。

乙酰胆碱

乙酰胆碱（ACh）是由中枢神经系统传出神经元轴突分泌的最重要的一类神经递质。所有的肌肉运动都离不开乙酰胆碱的释放，它还存在于自主神经系统神经节和副交感神经分支的靶器官上。由于周围神经系统相对易于研究，所以位于这些区域的乙酰胆碱最早被发现，受到神经学家的关注也较多。先来了解一些概念：分泌乙酰胆碱的突触叫作**乙酰胆碱能**（acetylcholinergic）突触。依此类推，多巴胺能突触分泌多巴胺，5-羟色胺能突触分泌5-羟色胺。

黑寡妇蜘蛛毒液的毒性比肉毒毒素小，但两种毒素都能影响乙酰胆碱的释放。

脑内乙酰胆碱能神经元的轴突和终扣分布广泛。神经学家对其中的三个系统关注得最多，它们分别起源于背外侧脑桥、基底前脑和内侧隔区。脑内分泌的乙酰胆碱主要起易化作用。背外侧脑桥的乙酰胆碱能神经元在快速眼动睡眠（梦的多发阶段）中发挥作用。基底前脑的乙酰胆碱能神经元参与大脑皮层的激活并促进学习，尤其是知觉学习。内侧隔区的乙酰胆碱能神经元则控制着海马内的电节律并调节其功能，包括特定记忆的形成。

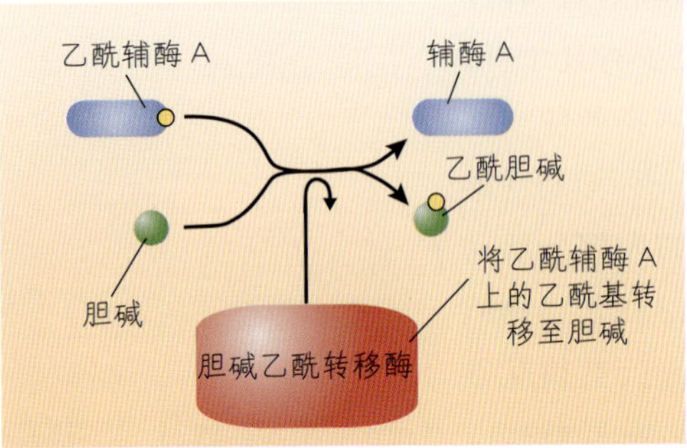

图4.6　乙酰胆碱的生物合成。

乙酰胆碱由两部分组成：*胆碱*（由脂类的分解生成）和*乙酰基*（醋以及醋酸中含有这种阴离子）。乙酰基不能与胆碱直接结合，其间需要乙酰辅酶A分子的转化作用。辅酶A（coenzyme A，CoA）是一种结构复杂的分子，存在于一部分维生素泛酸（维生素B的一种）之中。它产生于线粒体，参与了很多机体内部的反应。**乙酰辅酶A**是辅酶A与乙酰基直接结合后的产物。乙酰胆碱的合成反应如下：在**胆碱乙酰转移酶（ChAT）**的催化下，乙酰辅酶A上的乙酰基转移至胆碱分子，生成一个乙酰胆碱分子和一个辅酶A。【见图4.6】

下面用一个简单的比喻来说明辅酶在化学反应中的作用。假设乙酰基是热狗，那么胆碱就是面包。热狗摊上的小贩（酶）的工作就是把热狗夹入面包（生成乙酰胆碱）。他要想从沸水中取出热狗，就需要一把叉子（辅酶）。具体的制作过程就是先把叉子插入热狗（乙酰基与辅酶A结合），然后将热狗从叉子转移至面包。

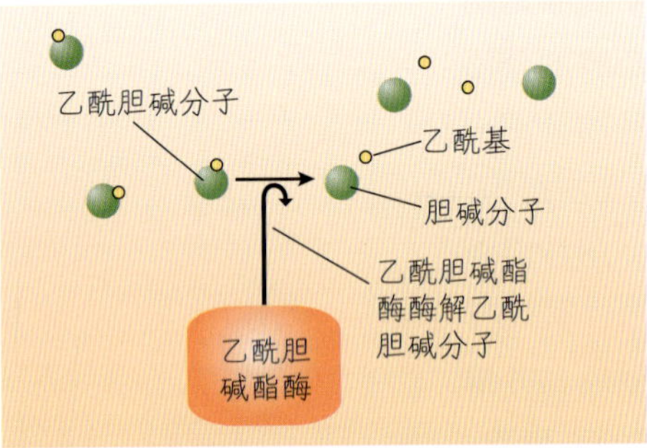

图4.7　乙酰胆碱被乙酰胆碱酯酶酶解。

肉毒素和黑寡妇蜘蛛毒液是两种能够影响乙酰胆碱分泌的药物。肉毒素产生于肉毒杆菌，这种细菌主要产生于储藏不当的罐装食品。**肉毒素**能够阻止乙酰胆碱释放【见图4.4第5步】，是一种剧毒药品。据估算，一茶匙纯肉毒素就可以杀死全世界的人。相信大家都对现今流行的肉毒杆菌除皱法有所耳闻。这就是将稀释（毫无疑问要稀释）后的肉毒素注入面部肌肉，通过阻止肌肉收缩消除皱纹。**黑寡妇蜘蛛毒液**的效应恰好与肉毒素相反，它能促进乙酰胆碱释放【见图4.4第4步】。虽然这种毒液也是致命的，但其毒性比肉毒素小得多。一般情况下，大部分健康成年人只有被这种蜘蛛咬了几口以后才会丧命，婴儿或年老体弱的人对这种毒液的抵抗力相对差些。

第2章曾提到，乙酰胆碱在终扣释放后，突触后膜上的乙酰胆碱酯酶（AChE）会让其失活。【见图4.7】

有些能够使乙酰胆碱酯酶失活的药物【见图4.4第11步】可被用作杀虫剂。由于人类和其他哺乳动物的血液中含有能破坏这种杀虫剂的酶（害虫体内缺少这种酶），所以不会受到伤害。还有些乙酰胆碱酯酶抑制剂有医疗用途。例如，有一种叫作*重症肌无力*的遗传性疾病，病因就是免疫系统遭到攻击，导致骨骼肌上出现抗乙酰胆碱受体。随着肌肉对神经递质的反应性不断降低，患者会变得越来越虚弱。**新斯地明**是一种乙酰胆碱酯酶抑制剂，可以延长释放出的乙酰胆碱对残留受体的作用时间，能在一定程度上恢复病人的力量。（幸运的是，新斯地明无法通过血脑屏障，所以不会影响中枢神经系统内的乙酰胆碱酯酶含量。）

乙酰辅酶A（acetyl-CoA）：为乙酰胆碱合成提供乙酰基的辅因子。

胆碱乙酰转移酶（choline acetyltransferase，ChAT）：将乙酰辅酶A上的乙酰基转移至胆碱从而合成乙酰胆碱的酶。

肉毒素（botulinum toxin）：一种能够阻止乙酰胆碱在终扣释放的乙酰胆碱拮抗剂。

黑寡妇蜘蛛毒液（black widow spider venom）：一种由黑寡妇蜘蛛分泌的能够促进乙酰胆碱释放的毒液。

新斯地明（neostigmine）：一种乙酰胆碱酯酶抑制剂。

研究人员发现，根据激活药物不同，可将乙酰胆碱受体分为两类：促离子型和促代谢型。【见图4.4第6步】从烟草中提炼出来的尼古丁能够激活促离子型乙酰胆碱受体。毒蕈碱（该药发现于一种叫作*毒蝇伞*的毒蘑菇）能够激活促代谢型乙酰胆碱受体。这两种乙酰胆碱受体被分别称为**尼古丁受体**和**毒蕈碱受体**。肌肉组织需要快速收缩，所以其内主要含有效应相对较快的促离子型尼古丁受体。毒蕈碱受体本质上是一种促代谢型受体，通过生成第二信使控制离子通道。与尼古丁受体相比，其作用缓慢而持久。这两种乙酰胆碱受体同时存在于中枢神经系统内，但是以毒蕈碱受体为主。脑内的轴轴突触上有少量起突触前易化作用的尼古丁受体。吸烟导致的尼古丁成瘾效应与这两种乙酰胆碱受体的激活有关。

毒蝇伞。可提取出毒蕈碱的彩色蘑菇。毒蕈碱可以激活毒蕈碱型乙酰胆碱受体。

两类乙酰胆碱受体可分别被两种药物激活，也能分别被两种药物阻断。【见图4.4第7步】很早以前就已发现能够阻断乙酰胆碱受体的药物，至今仍延用于现代医学。**阿托品**能阻断毒蕈碱受体。该药的命名来自古希腊神话中切断生命之线的命运女神阿特洛波斯（足量的阿托品确实能够置人死地）。阿托品是一种提炼于致命颠茄类植物的*颠茄生物碱*。关于这种植物还有一个传说。很久以前，女人为了增加对男人的吸引力，会在眼中滴几滴含有颠茄生物碱的眼药水。其实*颠茄*的意思就是“漂亮女人”，为何它会有此种功效？当人们对某种事物感兴趣时，会下意识扩大自己的瞳孔。阿托品等颠茄生物碱恰能通过阻断乙酰胆碱的效应而使瞳孔扩张。这种变化就使得女人在注视男人时显得兴趣盎然。当然，这种感兴趣的表现也会让男人觉得她魅力非凡。

表 4.1　单胺类神经递质的分类

儿茶酚胺	吲哚胺
多巴胺	5–羟色胺
去甲肾上腺素	
肾上腺素	

能够阻断尼古丁受体的药物是**箭毒**。由于这类受体主要存在于肌肉，所以箭毒与肉毒素一样，有致瘫效应。不同的是，箭毒的这种效应发挥得更快。该药提炼自南美洲几种不同种系的植物，很久以前便被当地人用来涂抹箭头和飞镖。动物被这种毒箭击中后不久就会倒下，最后窒息而死。现在，箭毒（以及其他有相同作用点的药物）可被用于麻痹外科手术病人，它能彻底松弛病人的肌肉，使其在手术切割时不会收缩。但手术同时还要使用麻醉剂，因为病人虽然瘫痪了，但是意识完全清醒且对痛觉敏感。此外，还需采用呼吸机为病人肺部提供氧气。

尼古丁受体（nicotinic receptor）：促离子型乙酰胆碱受体，可被尼古丁激活，被箭毒阻断。

毒蕈碱受体（muscarinic receptor）：促代谢型乙酰胆碱受体，可被毒蕈碱激活，被阿托品阻断。

阿托品（atropine）：一种能够阻断毒蕈碱受体的药物。

箭毒（curare）：一种能够阻断尼古丁受体的药物。

单胺递质

多巴胺、去甲肾上腺素、肾上腺素和5–羟色胺是**单胺递质**家族的四种化合物。由于分子结构相似，有些药物在某种程度上会同时影响这四种物质的活性。其中多巴胺、去甲肾上腺素和肾上腺素属于**儿茶酚胺**（单胺递质的子集）。本书的后面部分将多次提及表4.1中的几个概念，建议读者认真掌握。【见表4.1】

单胺递质产生于脑内神经元组成的若干系统中。其中大部分系统都源自脑干部位的少量胞体，这些胞体的轴突分枝向很多脑区投射数量庞大的终扣。因此单胺能神经元参与了脑内大部分区域的功能调控，增强或减弱了特定脑功能的活跃程度。

单胺递质（monoamine）：包括吲哚胺（如5–羟色胺）和儿茶酚胺（如多巴胺、去甲肾上腺素和肾上腺素）的一类胺。

儿茶酚胺（catecholamine）：包括多巴胺、去甲肾上腺素和肾上腺素这三类神经递质的一类胺。

多巴胺

表4.1中的第一种儿茶酚胺就是**多巴胺（DA）**。根据所作用的突触后膜受体不同，多巴胺能分别产生兴奋性和抑制性突触后电位。多巴胺与包括运动、注意、学习和滥用药物的强化效应在内的若干重要功能有关，因此是最受关注的神经递质之一。

儿茶酚胺的合成过程虽然比乙酰胆碱复杂，但每一步都很简单。前体分子一步一步发生变化，直到最后定型。每步反应都由不同的酶控制，添加或去除某些细小成分。*酪氨酸*是两种主要的儿茶酚胺神经递质（多巴胺和去甲肾上腺素）的前体，是一种需要通过食物摄取的必需氨基酸。酪氨酸先被一种酶转化为**左旋多巴（L-DOPA）**。另一种酶又会进一步将左旋多巴转化为多巴胺。在多巴胺能神经元内，转化到此为止，但在去甲肾上腺素能神经元内，多巴胺将被进一步转化为去甲肾上腺素。【见图4.8】

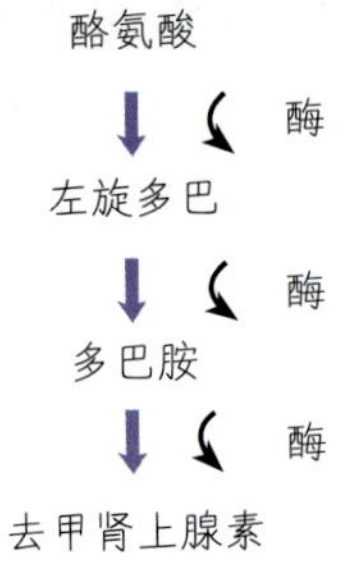

图4.8　儿茶酚胺的生物合成。

脑内含有多个多巴胺能神经元系统。最重要的三个系统都起源于中脑。其中**黑质纹状体系统**的神经元胞体位于黑质，其轴突投射至新纹状体：尾状核和壳。新纹状体是基底神经节的重要组成部分，参与运动的控制。**中脑边缘系统**的神经元胞体位于腹侧被盖区，其轴突投射至边缘系统的一些结构，如伏隔核、杏仁核和海马。伏隔核在某些刺激（如滥用药物）的强化（奖赏）效应中起到了重要作用。**中脑皮层系统**的神经元胞体也位于腹侧被盖区。它们的轴突投射至前额叶皮层。这些神经元对额叶皮层有兴奋效应，因此会影响到某些相关功能，如形成短时记忆、计划和问题解决策略等。【见表4.2】

表4.2　三种主要的多巴胺能通路

名称	起源（胞体所在位置）	终扣所在位置	行为效应
黑质纹状体系统	黑质	新纹状体（尾状核和壳）	运动控制
中脑边缘系统	腹侧被盖区	伏隔核和杏仁核	强化，成瘾药物效应
中脑皮层系统	腹侧被盖区	前额叶皮层	短时记忆、计划和问题解决策略

如果黑质和尾状核间的多巴胺能神经元退化，就会导致**帕金森病**，这种运动性障碍主要表现为颤抖、四肢僵硬、平衡感差以及运动发起困难。这些神经元的胞体位于被称为*黑质*（“黑色的物质”）的脑区。染黑这个区域的物质是多巴胺分解产生的黑色素，这也是导致皮肤变黑的物质（病理学家观察帕金森死亡病人的脑区时发现，损伤后的黑质区域不是黑色而是灰白色的）。帕金森症患者常用的治疗药物是多巴胺前体左旋多巴。多巴胺不能通过血脑屏障，但左旋多巴可以，它在进入大脑后就会被多巴胺能神经元吸收并转化为多巴胺。【见图4.4第1步】多巴胺的合成水平升高后，就会使帕金森症患者脑内剩余的多巴胺能神经元释放更多的多巴胺，从而缓解症状。

酪氨酸羟化酶是将酪氨酸转化为左旋多巴的酶。【见图4.4第2步】**AMPT**（α-甲基对酪氨酸）这种药能使这种酶失活，所以能够干扰多巴胺合

多巴胺（dopamine，DA）：一种神经递质；一种儿茶酚胺。

左旋多巴（L-DOPA）：DOPA的左旋形式，儿茶酚胺的前体，由于有多巴胺激动剂作用而被用于帕金森病的治疗。

黑质纹状体系统（nigrostriatal system）：起源于黑质，终止于新纹状体（尾状核和壳）的神经元系统。

中脑边缘系统（mesolimbic system）：起源于腹侧被盖区，终止于伏隔核、杏仁核和海马的多巴胺能神经元系统。

中脑皮层系统（mesocortical system）：起源于腹侧被盖区，终止于前额叶皮层的多巴胺能神经元系统。

帕金森病（Parkinson's disease）：由于黑质纹状体系统退化而引发的，以颤抖、四肢僵硬、平衡感差和运动发起困难为主要特征的一种神经系统疾病。

AMPT（α-methyl-*p*-tyrosine）：一种通过使酪氨酸羟化酶失活从而干扰儿茶酚胺合成的药物。

成（同时也能干扰去甲肾上腺素合成），属于儿茶酚胺拮抗剂。医疗中很少采用这种药，它通常被用作研究实验动物的工具药。

利血平能阻断单胺能神经元末梢中囊泡膜上的转运蛋白，从而阻止单胺递质在突触囊泡中的储存。【见图4.4第3步】由于突触囊泡是空的，所以动作电位到达终扣时不会向外释放神经递质。因此，利血平是一种单胺递质拮抗剂。该药提炼自灌木根部，三千多年前发现于印度，当时用于治疗毒蛇咬伤，有镇定作用。现在的印度农村市场上仍能买到这种树根。在西方医学界，利血平曾被用于治疗高血压，但现在已被副作用较小的药物所代替。

迄今发现的几种多巴胺受体都是促代谢型受体。其中两种最为常见：D_1受体和D_2受体。脑内的D_1受体几乎都是突触后膜受体；D_2受体既有突触前膜受体，又有突触后膜受体。某些药物能够激活或阻断特定类型的多巴胺受体。

还有些药物能抑制多巴胺的再摄取，是高效的多巴胺激动剂。【见图4.4第10步】人们最熟悉的是苯丙胺、可卡因和**哌甲酯**（利他林）。苯丙胺的效应很有趣：它能使多巴胺和去甲肾上腺素的转运蛋白反方向运转，从而将两种神经递质推至突触间隙，以此提高它们的释放水平。当然，这种作用也同时抑制了这类神经递质的再摄取。可卡因和哌甲酯只能阻断多巴胺的再摄取。由于可卡因能够阻断电压依赖性钠离子通道，有时还被用作局部麻醉剂，通常以滴眼液的形式用于眼部手术。哌甲酯常用于治疗儿童注意缺陷障碍。

儿茶酚胺的生成水平受酶调控，这种酶被称为**单胺氧化酶（MAO）**，存在于单胺能终扣上，能够分解过量的神经递质。**苄甲炔胺**（司立吉兰）这种药能够选择性破坏多巴胺能终扣内的单胺氧化酶B（MAO-B），从而阻止这种酶对多巴胺的破坏作用，当动作电位到达终扣时会释放更多的多巴胺。因此，苄甲炔胺是一种多巴胺激动剂。【见图4.9】

血液中也含有单胺氧化酶，这些酶能够灭活巧克力和奶酪等食品中的胺类物质，从而降低食用者患高血压的危险。

研究表明，多巴胺可能与精神分裂症有关。这类严重的精神缺陷主要表现为幻想、错觉和逻辑思维加工能力的损伤。由于**氯丙嗪**等D_2受体拮抗剂能够缓解这些症状【见图4.4第7步】，所以有研究者推测，精神分裂症可能是多巴胺能神经元活动过盛导致的。最近发现的所谓*非典型抗精神病药物*的作用更为复杂，将在第15章进行讨论。

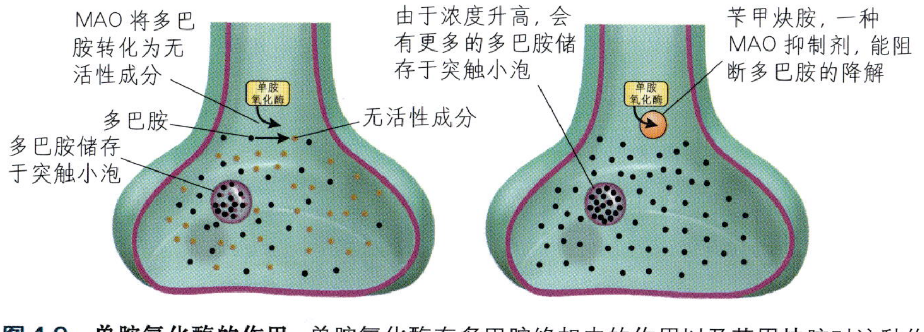

图4.9 单胺氧化酶的作用。单胺氧化酶在多巴胺终扣中的作用以及苄甲炔胺对这种作用的影响示意图。

利血平（reserpine）：一种阻止单胺递质在突触囊泡中储存的药物。

哌甲酯（methylphenidate）：一种多巴胺再摄取抑制剂。

单胺氧化酶（monoamine oxidase，MAO）：一类能够破坏多巴胺、去甲肾上腺素和5-羟色胺等单胺递质的酶。

苄甲炔胺（deprenyl）：一种能够使单胺氧化酶B失活的多巴胺激动剂。

氯丙嗪（chlorpromazine）：一种能够缓解精神分裂症症状的多巴胺D_2受体拮抗剂。

去甲肾上腺素

去甲肾上腺素（NE）与乙酰胆碱一样，也发现于自主神经系统的神经元内，所以也受到较多的实验关注。需要说明的是，Adrenalin 和 epinephrine 都是肾上腺素的意思，noradrenalin 和 norepinephrine 都是去甲肾上腺素的意思。为什么同一物质会有两种名称呢？**肾上腺素**是由位于肾上腺中央的肾上腺髓质所分泌的激素，而肾上腺就位于肾的上方。除了起激素作用外，肾上腺素还起到神经递质作用，但重要性比去甲肾上腺素小得多。Adrenal 在拉丁语中是“朝着肾”的意思。希腊语中一般说成 epinephron（“肾的上方”），逐渐就演化成 epinephrine 这个词。由于 Adrenalin 已被一家药品公司用来命名一种专利产品，药理学家们就偏向于使用后者了。为了与习惯用法一致，本书把神经递质称为 norepinephrine。但普遍接受的形容词形式仍是 noradrenergic，norepinephrinergic 可能是因为读起来太长而一直未被采用。

图4.8已包含了去甲肾上腺素的生物合成通路。**镰刀菌酸**能阻断多巴胺向去甲肾上腺素的转化，从而阻止去甲肾上腺素的合成。

几乎所有脑区都有来自去甲肾上腺素能神经元的输入，绝大多数去甲肾上腺素能神经元的胞体集中于脑桥、延髓中的七个区域和丘脑中的一个区域。其中最重要的去甲肾上腺素能系统的胞体起源于**蓝斑**（一块位于背侧脑桥的神经核团）。这些神经元轴突投射至大范围脑区。第8章将会提到，激活去甲肾上腺素能神经元的效应之一就是增加对周围事物的关注度，即警觉。

根据对不同药物的敏感度差异，可将去甲肾上腺素能受体分成几类。由于这些受体对肾上腺素和去甲肾上腺素的敏感性相同，因此它们常被称为肾上腺素能受体而非去甲肾上腺素能受体。中枢神经系统内的神经元上含有 β_1和 β_2以及 α_1和 α_2这四种肾上腺素能受体。除脑外，机体内的很多其他器官也存在这四种受体。这是儿茶酚胺在中枢神经系统外能起激素作用的原因。脑内的肾上腺素自身受体几乎都是 α_2型的。**咪唑克生**这种药能阻断 α_2自身受体，因此是一种激动剂。所有肾上腺素能受体都是促代谢型受体，与 G 蛋白偶联并控制第二信使的生成。

5-羟色胺

第三种单胺递质**血清紧张素**（也称5-羟色胺，5-HT）同样受到了较多的实验关注。5-羟色胺的行为效应复杂，它在情绪调节、饮食、睡眠和觉醒的控制以及痛觉调节中都发挥作用，而且还在一定程度上参与了梦的控制。

5-羟色胺的前体是色氨酸，首先在一种酶的作用下生成5-羟色氨酸（5-hydroxytryptophan，5-HTP），然后在另一种酶的进一步作用下生成5-羟色胺。【见图4.10】**PCPA**（对氯苯丙氨酸）能够阻断色氨酸向5-羟色氨酸的转化，是一种5-羟色胺拮抗剂。

5-羟色胺能神经元的胞体聚集于9个神经核团，其中大部分位于中脑、脑桥和延髓的中缝核。两个最主要的核团分别位于背侧和内侧中缝核。中缝核（raphe nuclei）的绝大部分位于或接近于脑干的中线部位。背侧和内侧中

去甲肾上腺素（norepinephrine，NE）：一种主要存在于脑内和自主神经系统交感分支的儿茶酚胺神经递质。

肾上腺素（epinephrine）：一种儿茶酚胺，由肾上腺髓质分泌并在脑内起神经递质作用的激素。

镰刀菌酸（fusaric acid）：一种通过抑制多巴胺 β-羟化酶活性阻止去甲肾上腺素合成的药物。

蓝斑（locus coeruleus）：一组去甲肾上腺素能神经元胞体所在的深色区域，位于第四脑室底部嘴端附近的脑桥。

咪唑克生（idazoxan）：一种通过阻断突触前膜去甲肾上腺素能 α_2 受体促进去甲肾上腺素合成和释放的去甲肾上腺素受体激动剂。

血清紧张素（serotonin，5-HT）：一种吲哚胺类神经递质，也被称作 5-羟色胺。

PCPA（*p*-chlorophenylalanine）：一种通过阻止色氨酸羟化酶干扰 5-羟色胺合成的物质。

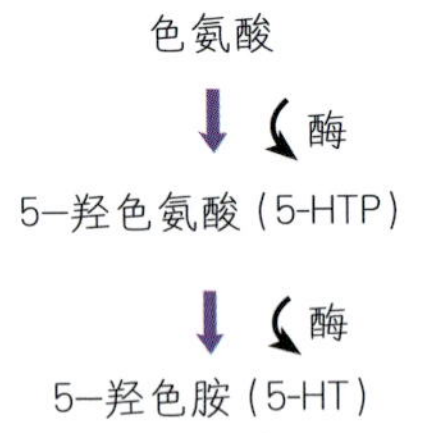

图 4.10 血清紧张素（5-羟色胺）的生物合成。

缝核的轴突都投射至大脑皮层。此外，背侧中缝核的神经元支配着基底神经节，内侧中缝核的神经元支配齿状回（海马结构的一部分）。

研究人员已分离出至少9种5–羟色胺受体，药理学家们已经分别发现了相应的受体激动剂或拮抗剂。

5–羟色胺再摄取抑制剂在精神疾病的治疗中有着非常重要的作用。其中最著名的是**氟氧苯丙胺**（氟西汀、百忧解），用于治疗抑郁症、特定焦虑症以及强迫症。第15章将讨论这些疾病和它们的治疗。还有一种药叫**芬氟拉明**，不但能够促进5–羟色胺释放，还能抑制其再摄取。常用于降低肥胖症患者的食欲。第11章将介绍肥胖症的相关内容及其药物治疗手段。

有些致幻剂就是通过影响5–羟色胺能神经递质发挥作用的。比如**LSD**（麦角酸酰二乙胺），它所导致的视觉变形会使一些人着迷，还会使一些人感到恐惧。该药在剂量极小时就有明显效应，是前脑突触后膜5-HT_{2A}受体的直接激动剂。还有一种叫**MDMA**（亚甲二氧基甲基苯丙胺）的药物，是去甲肾上腺素和5–羟色胺的共同激动剂，因而具有兴奋和致幻两种效应。这种苯丙胺的衍生物（俗称“迷魂药”）能促使去甲肾上腺素能转运蛋白反向运转，从而促进去甲肾上腺素释放并抑制其再摄取。这一特殊效应导致了药物的兴奋作用。MDMA还能使5–羟色胺能转运蛋白反向运转，该效应导致了药物的致幻作用。不幸的是，研究表明，MDMA对5–羟色胺能神经元的破坏会造成认知缺陷。

组胺

组胺由组氨酸（histidine，一种氨基酸）在*组氨酸脱羧酶*的作用下合成。组胺能神经元的胞体仅存在于脑内下丘脑后部*结节乳头体核*中，它的轴突广泛投射至大脑皮层和脑干中的多个区域。组胺在觉醒时发挥了重要的作用。事实上，组胺能神经元的活性与睡眠和觉醒状态都高度相关。阻断组胺受体的药物会使人昏昏欲睡。此外，组胺在消化系统、免疫系统的控制过程中以及过敏症状的产生过程中发挥着作用。组胺能H_1受体与组胺导致的发痒症状有关。它还与哮喘发作时细支气管的收缩有关。激活H_2受体能促进胃液分泌。H_2、H_4受体还参与了免疫反应。H_2受体拮抗剂*西咪替丁*（cimetidine）能阻断胃酸分泌。由于H_3受体是脑内组胺能神经元末梢上的自身受体，因此H_3受体拮抗剂ciproxifan能够促进组胺的释放。各种组胺受体均存在于中枢神经系统中。

一种比较古老的抗组胺类药物*苯海拉明*（diphenhydramine，H_1受体拮抗剂）会引发睡意。事实上，这些药物能算作安眠药正是出于上述原因。用于治疗过敏症状的现代抗组胺类药物不能通过血脑屏障，因而不会对脑发挥直接的作用。

氨基酸

迄今为止，本章提及的所有神经递质都合成于神经元细胞内部：乙酰胆碱合成自胆碱，儿茶酚胺合成自酪氨酸，5–羟色胺合成自色氨酸。其实，某

氟氧苯丙胺（fluoxetine）：一种5–羟色胺再摄取抑制剂。

芬氟拉明（fenfluramine）：一种能够促进5–羟色胺释放的药物。

LSD（lysergic acid diethylamide）：一种能够激活5-HT_{2A}受体的药物。

MDMA（methylenedioxymethamphetamine）：去甲肾上腺素和5–羟色胺的共同激动剂，俗称“迷魂药”，具有兴奋和致幻双重效应。

组胺（histamine）：一种在觉醒状态下发挥重要作用的神经递质。

些神经元分泌的简单氨基酸本身就能起到神经递质的作用。但由于氨基酸参与了所有脑内细胞的蛋白质合成，所以要想确定其中哪些氨基酸是神经递质比较困难。尽管如此，研究人员推测，在哺乳动物的中枢神经系统内，至少有八种氨基酸起到了神经递质作用。正如本节概述中提到的，其中三种尤为重要，即谷氨酸、γ-氨基丁酸（GABA）和甘氨酸，它们是中枢神经系统中最常见的神经递质。

谷氨酸

由于**谷氨酸**和 GABA 发现于非常简单的有机体，所以很多研究人员认为它们是进化过程中出现得最早的神经递质。这两种神经递质除了能够激活突触后膜受体产生突触后电位外，还有对轴突的直接兴奋（谷氨酸）和抑制（GABA）效应。它们通过升高或降低兴奋阈限改变动作电位的发生速率。这些直接效应表明，在进化出特定受体分子之前，这类物质就已经开始发挥一般性的调节作用了。

谷氨酸是脑和脊髓内最主要的兴奋性神经递质。它通过细胞代谢活动大量生成。只要细胞的其他活动没有遭到破坏，谷氨酸的合成就不会停止。

研究人员已发现了四种谷氨酸受体，其中三种是促离子型受体，分别以激活它们的人工配体命名：即 **NMDA 受体**、**AMPA 受体**和**红藻氨酸受体**。另外还有一种是促代谢型谷氨酸受体。实际上，至少存在七种不同的**促代谢型谷氨酸受体**，但只知道其中有一些是突触前膜自身受体，对它们的功能还知之甚少。AMPA 受体是最常见的谷氨酸受体。由于它控制钠离子通道，所以谷氨酸与结合点结合后会产生兴奋性突触后电位（EPSPs）。红藻氨酸能够激活红藻氨酸受体，有类似效应。

NMDA 受体有一些特殊并且非常重要的特性。它至少有六个不同的结合点，其中四个位于受体表面，两个位于离子通道内部。当 NMDA 受体控制的离子通道开放时，允许钠离子和钙离子同时进入细胞。当然，这两种离子的内流都会导致去极化，但钙离子内流尤其重要。钙离子是一种第二信使，能够结合并激活细胞内的各种酶。这些酶将对细胞的生化和结构特性产生深远影响。我们将会看到，其主要后果之一就是突触特征的改变，这种改变是新记忆形成的基础之一。第 12 章将会更加详细地讨论 NMDA 受体的这些效应。**AP5** 这种药能够阻断 NMDA 受体上的谷氨酸结合点，从而会破坏突触可塑性和某些形式的学习。

图 4.11 是 NMDA 受体和其结合点的示意图。既然被称作谷氨酸受体，其中必然会有一点与谷氨酸结合。但是只结合谷氨酸并不能打开钙离子通道。要想使其开放，还需要甘氨酸分子结合受体外部的甘氨酸结合点。（甘氨酸这种神经递质在中枢神经系统的一些部位起抑制作用，现在还不清楚为何钙离子通道的开放需要它的参与。）【见图 4.11】

六个 NMDA 受体结合点中的一个对酒精敏感。第 14 章将提到，研究人员认为，长期严重滥用酒精后突然戒断所导致的危险性痉挛就与该结合点有关。还有一个结合点对 **PCP**（苯环利定，也叫“天使粉”）这种致幻剂敏感。

谷氨酸（glutamate）：一种氨基酸，脑内最重要的兴奋性神经递质。

NMDA 受体（NMDA receptor）：N- 甲基 -D- 天冬氨酸，一种特殊的促离子型谷氨酸受体，其所控制的钙离子通道通常被镁离子所阻断；具有几种不同的结合点。

AMPA 受体（AMPA receptor）：α - 甲基对酪氨酸，一种促离子型谷氨酸受体，控制钠离子通道，被 AMPA 激活。

红藻氨酸受体（kainate receptor）：一种促离子型谷氨酸受体，控制钠离子通道，被红藻氨酸激活。

促代谢型谷氨酸受体（metabotropic glutamate receptor）：一类对谷氨酸敏感的促代谢型受体。

AP5（2-amino-5-phosphonopentanoate）：能够阻断 NMDA 受体上的谷氨酸结合点的药物。

PCP（phencyclidine）：与 NMDA 受体上的 PCP 结合点结合，并起间接拮抗剂作用的药物。

PCP是一种间接拮抗剂，与结合点结合后能阻止钙离子通过离子通道。它是一种合成药物，不会在脑内生成，因此它并不是PCP结合点的天然配体。其天然配体是什么以及它的功能是什么，现在还不清楚。

某些药物能够影响谷氨酸能突触。NMDA、AMPA和红藻氨酸就是以它们命名的相应受体的直接激动剂。

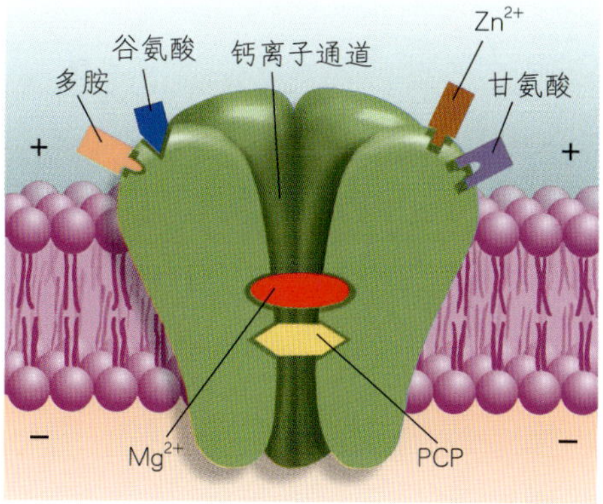

图4.11 NMDA受体。NMDA受体及其结合点示意图。

γ-氨基丁酸

γ-氨基丁酸（GABA）是谷氨酸上的羧基被一种酶（谷氨酸脱羧酶，glutamic acid decarboxylase，GAD）去除后的产物。**烯丙基甘氨酸**这种药能够使GAD失活，从而阻止GABA合成。【见图4.4第2步】GABA是一种抑制性神经递质，广泛分布于脑内和脊髓。现已分离出两种GABA受体：$GABA_A$和$GABA_B$。$GABA_A$是促离子型受体，控制氯离子通道。$GABA_B$是促代谢型受体，控制钾离子通道。

众所周知，脑内神经元之间具有高度密切的联系。如果没有抑制性突触的作用，这些联系会使大脑变得极不稳定。失去抑制作用，兴奋性突触神经元会先激活临近的神经元，这些神经元进一步激活周围神经元，然后这种激活又将传到最初的兴奋性神经元。如此反复下去，最终会导致脑内大量神经元的激活失去控制。事实上，有时这种情况确实会发生，并导致癫痫（以抽搐为特征的一种神经系统疾病）发作。正常情况下，脑内分布的大量GABA能神经元具有这种抑制性作用。一些研究者认为，癫痫发作的原因之一就是GABA能神经元或GABA受体生化功能失常。

同NMDA受体一样，$GABA_A$受体也很复杂：它至少有五种不同的结合点。当然，GABA是最主要的结合点。**毒蝇蕈醇**（提取自乙酰胆碱的激动剂毒蕈碱）是该结合点的直接激动剂。【见图4.4第6步】还有一种叫**荷牡丹碱**的直接拮抗剂，能够阻断GABA结合点。【见图4.4第7步】$GABA_A$上的第二结合点主要与一系列**苯并二氮䓬**类镇定剂结合，其中包括安定（Valium）和利眠宁（Librium），这类药物能够降低焦虑，促进睡眠，减少癫痫发作和松弛肌肉。第三结合点与巴比妥酸盐结合。第四结合点与各种类固醇结合，如用于全身麻醉的类固醇。第五结合点与印防已毒素结合，这是一种提炼于东印度灌木的毒素。此外，$GABA_A$结合点还能与酒精结合。【见图4.12】

苯并二氮䓬类药物和与类固醇结合点结合的巴比妥酸盐都能促进$GABA_A$受体活性。因此，它们都属于间接激动剂。苯并二氮䓬类药物是高效的**抗焦虑药**，或者叫"焦虑化解"药。常用于焦虑症患者的治疗。还有一些苯并二氮䓬类药物被用作安眠药或治疗某些癫痫类疾病。

印防已毒素（picrotoxin）与苯并二氮䓬类药物和巴比妥酸盐的效应相反：它能抑制$GABA_A$受体活性，因此是一种间接拮抗剂。剂量过大时会导致痉挛。

机体自身能够生成多种类固醇激素。与黄体酮（主要的孕激素）相关的一些激素会作用于$GABA_A$受体的类固醇结合点，产生镇定、抗焦虑作用。

γ-氨基丁酸（gamma-aminobytyric acid，GABA）：一种氨基酸，是脑内最重要的抑制性神经递质。

烯丙基甘氨酸（allylglycine）：一种能够通过使GAD失活阻止GABA合成的药物。

毒蝇蕈醇（muscimol）：$GABA_A$受体上GABA结合点的直接激动剂。

荷牡丹碱（bicuculline）：$GABA_A$受体上GABA结合点的直接拮抗剂。

苯并二氮䓬（benzodiazepine）：一类抗焦虑药；$GABA_A$受体的间接激动剂。

抗焦虑药（anxiolytic）：有缓解焦虑的效应。

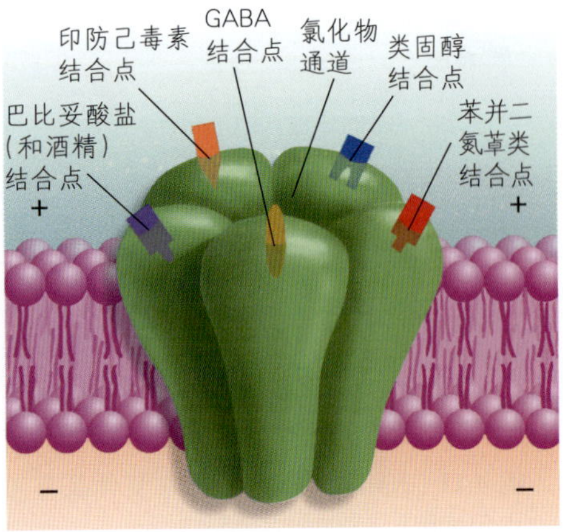

图 4.12 $GABA_A$ 受体。$GABA_A$ 受体及其结合点示意图。

但是，大脑不会自己生成安定、巴比妥酸盐或印防己毒素。因此，这些结合点的天然配体尚未被发现。

$GABA_B$ 受体是一种与 G 蛋白偶联的促代谢型受体，既有突触后膜受体，又有突触前膜自身受体。有一种肌肉松弛剂叫巴氯芬（baclofen），是 $GABA_B$ 的激动剂。还有一种叫 CGP 335348 的药物，能拮抗 $GABA_B$ 受体。$GABA_B$ 受体激活会开放钾离子通道，产生超极化抑制性突触后电位。

甘氨酸

甘氨酸是一种抑制性神经递质，主要分布于脊髓和低位脑。甘氨酸的生物合成机制至今仍不清楚，只知道它有几种可能的来源，但神经元如何合成甘氨酸还不得而知。破伤风致病细菌分泌的一种化学物质能够阻止甘氨酸（以及 GABA）的释放；消除这类突触抑制效应会导致肌肉的持续收缩。

甘氨酸受体是促离子型受体，控制氯离子通道。因此，当它被激活时，会产生抑制性突触后电位。一种叫**士的宁**的生物碱是甘氨酸受体拮抗剂，它提炼自印度马钱子树的种子。这种药有剧毒，很小剂量就会导致痉挛和死亡。至今还未发现特定的甘氨酸受体激动剂。

肽 类

近期研究发现，中枢神经系统的神经元能够释放多种肽类物质。肽是由肽链将两个或两个以上的氨基酸连接在一起组成的。已发现的神经肽都产生于前体分子。这些前体是一些大型多肽，它们是被特定的酶切割后形成的。多肽和切断多肽的酶都由神经元在适当的地点加工而成。多肽中的适当部分会被保留，其余的则被破坏。由于肽在体细胞内合成，含有这些化学物质的囊泡要经过轴浆运输才能被送至终扣。

除突触前膜外，肽还能从终扣的其他部分释放出来。因此，只有一部分肽类分子会被释放至突触间隙，其余的则作用于周围细胞上的受体。肽一经释放就被酶解，没有任何再摄取和循环机制。

神经元能够分泌不同种类的肽。其中大部分是神经调质，也有一小部分是神经递质。**内源性阿片肽**是人们最熟悉的肽类家族成员之一。研究已发现，阿片类药物（如鸦片、吗啡和海洛因）是通过对脑部的直接作用来缓解疼痛的。Pert、Snowman 和 Snyder（1974）发现，脑内某些区域的神经元含有能与阿片类药物结合的特定受体。在发现阿片受体后不久，又有神经科学家找到了这些受体的天然配体（Hughes et al.，1975；Terenius and Wahlström，1975），这类物质被称为**脑啡肽**。现在人们知道，脑啡肽只是内源性阿片肽家族中的两个成员，每种阿片肽都由三种大型前体肽衍化而来。此外，人们还找到了至少三种不同的阿片受体：μ、δ 和 κ。

阿片受体受到刺激时会激活神经系统多个部位：其中一个有镇痛效应；一个会抑制特定种类的防御反应，如逃跑和隐匿；还有一个参与强化（奖赏）。

甘氨酸（glycine）：一种氨基酸；分布于低位脑干和脊髓的一类重要抑制性神经递质。

士的宁（strychnine）：一种甘氨酸受体的直接拮抗剂。

内源性阿片肽（endogenous opioid）：脑内分泌的效应类似于阿片类药物的肽类。

脑啡肽（enkephalin）：一种内源性阿片肽。

奖赏效应是导致阿片类药物滥用的主要原因。第7章将具体介绍神经元分泌内源性阿片肽的情况。第16章会讨论阿片类药物成瘾的脑机制。

迄今为止，药理学家们仅发现了两类通过阿片受体对神经传导产生影响的药物：直接激动剂和直接拮抗剂。已经研制出的合成阿片类药物，如海洛因（heroin 或 dihydromorphine）和盐酸羟考酮（Percodan 或 levorphanol），已被广泛应用于临床麻醉。【见图4.4第6步】研究人员还发现了几种阿片受体阻断剂【见图4.4第7步】，如**纳络酮**。这种药在临床上用于治疗阿片中毒，挽救了很多药物滥用者的生命。如果没有这种药物，这些人会最终死于过量服用海洛因。

在脑内还发现了几种由内分泌腺分泌的起神经调质作用的肽类激素。在某些情况下，周围和中枢肽类起到的作用彼此相关。例如，神经系统以外的血管紧缩素通过直接作用于肾脏和血管来减少机体的液体流失，而神经系统内的血管紧缩素则是一种起相似作用的神经递质，它能够激活产生口渴感的神经回路。血脑屏障使体循环中的肽类激素与脑内细胞外液中的肽类激素相分离。这就意味着同一种肽类分子在不同区域发挥着不同作用。

脑内生成的大部分肽类的行为效应都比较有趣，下一章会做介绍。

脂　类

由脂类衍化而来的许多物质都参与了细胞内和细胞间的信息传递。其中最出名且最重要的是两种**内源性大麻素**（内源性大麻样物质），它们是大麻受体的天然配体，该受体参与了大麻活性物质的生理效应。Matsuda 等人（1990）发现，四氢大麻酚（tetrahydrocannibinol，THC，大麻中的活性成分）能够激活脑内特定区域的大麻受体。【见图4.13】现已发现的两类大麻受体 CB_1 和 CB_2 都属于促代谢型受体。Devane 等人（1992）发现了首个内源性大麻素，并将其命名为**大麻素**（取自梵语中的“完美的祝福”或“天赐之福”）。它是一种按需合成的脂类物质，即当需要时大麻素才会合成与释放，不会储存在突触囊泡中。CB_1 受体主要分布于脑内，特别是额叶、前扣带皮层、基底神经节、小脑、下丘脑及海马区域。它们位于谷氨酸能、GABA 能、乙酰胆碱能、去甲肾上腺素能、多巴胺能和5-羟色胺能神经元终扣，调节神经递质释放（Iversen，2003）。脑干中的 CB_1 受体较少，这正解释了四氢大麻酚毒性较低的原因。CB_1 受体能被**利莫那班**阻断。CB_2 受体存在于脑外免疫系统的细胞上。

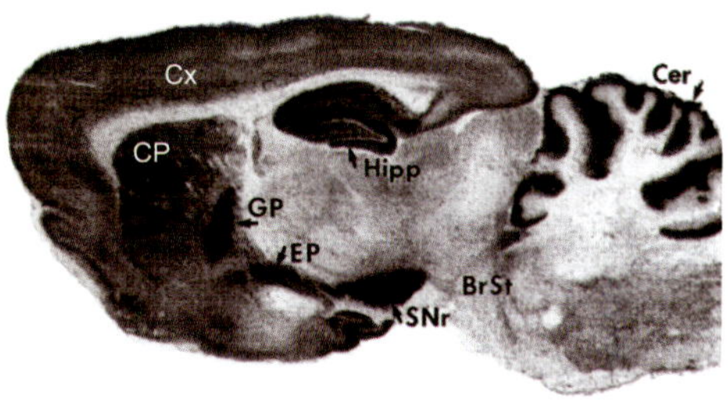

图 4.13　鼠脑中的大麻受体。培养于含有四氢大麻酚受体放射性配体溶液的大鼠脑部矢状切面的放射自显影图。图中黑色区域显示了受体所在位置（放射自显影术将在第 5 章介绍）。（Br St= 脑干，Cer= 小脑，CP= 尾状核 / 壳，Cx= 皮层，EP= 脚内核，GP= 苍白球，Hipp= 海马，SNr= 黑质）

Miles Herkenham/National Institute of Mental Health.

四氢大麻酚的效应有镇痛、镇定、增强食欲、减轻治疗癌症的药物所导致的恶心、减少哮喘发作、降低青光眼患者的眼部压力，以及减轻某些运动紊乱症状等。另外，四氢大麻酚还会干扰注意和记忆，影响视觉和听觉，扭曲时间知觉（Iversen，2003）。大麻使用过程中出现的短时记忆受损现象可能是四氢大麻酚作用于海马 CB_1 受体的结果。内源性大麻素在阿片类药物的强

纳络酮（naloxone）：一种能够阻断阿片受体的药物。

内源性大麻素（endocannabinoid）：一种脂类物质；大麻活性成分（THC）结合受体的内源性配体。

大麻素（anandamide）：在脑内最先发现的也可能是最重要的大麻素。

利莫那班（rimonabant）：一种阻断大麻 CB_1 受体的药物。

化效应中发挥了不可或缺的作用。采用定标性突变手段抑制 CB_1 受体的生成会消除吗啡的强化效应，但不影响可卡因、苯丙胺或尼古丁的作用（Cossu et al.，2001）。大麻素的各种效应会在第16章深入探讨。

上文曾提到，四氢大麻酚（和内源性大麻素）具有镇痛效应。Agarwal 等人（2007）发现，四氢大麻酚通过激活周围神经系统中的 CB_1 受体来实现这种效应。此外，市面上普遍使用的镇痛药醋氨酚（acetaminophen，在某些国家叫作扑热息痛）也作用于 CB_1 受体。这种药进入血液后会转化为另一种化合物与大麻素的前体花生四烯酸（arachidonic acid）结合。由于转化后的化合物不能通过血脑屏障，因此它不能发挥类似于四氢大麻酚的作用。给予 CB_1 拮抗剂会完全阻断醋氨酚的镇痛效应（Bertolini et al.，2006）。

核苷类

核苷是糖分子与嘌呤或嘧啶碱结合后的产物。其成员之一**腺苷**（核糖和腺嘌呤结合的产物）在脑内起到了神经调质的作用。

当细胞内缺少养料或氧气时，星形胶质细胞就会释放腺苷。这些腺苷会激活周围血管上的受体并导致血管扩张，从而增加血液流量，为这些区域带来更多的必需物质。腺苷还起到了神经调质的作用，它至少能与三种不同的腺苷受体结合。腺苷受体是一种 G 蛋白偶联受体，它打开钾离子通道，从而产生抑制性突触后电位。

腺苷受体抑制神经活性，所以腺苷和其他腺苷受体激动剂对行为具有普遍的抑制效应。第8章会提到，一些研究人员认为，腺苷受体可能参与了睡眠的控制。例如，个体在清醒状态下，脑内腺苷的数量会增加，在睡眠状态下则会减少。事实上，清醒时间延长会使腺苷不断地积累。这可能是个体寻求睡眠的重要原因。**咖啡因**这种常见药能够阻断腺苷受体，从而产生兴奋效应。【图4.4第7步】咖啡、茶、可可豆等植物中都含有咖啡因这种苦味的生物碱。世界上很多地区的大部分成年人每天都会摄取一定量的咖啡因，好在它没有明显的害处。

可溶性气体

最近，研究人员至少已发现了两种可用于神经元信息传递的简单可溶性气体：一氧化氮和一氧化碳。其中，**一氧化氮（NO）**受到的关注最多。一氧化氮［不要与一氧化二氮（N_2O），即笑气，混淆］是某些神经元中的酶反应产物。现已发现，一氧化氮在体内的很多区域都起到了信使作用；例如，参与肠壁肌肉控制，扩张脑内代谢活动旺盛区域的血管，促进导致阴茎勃起的血管变化（Culotta and Koshland，1992）等。第12章将提到，它还可能参与了学习导致的神经改变。

迄今为止所提到的神经递质和神经调质（除了大麻素和腺苷外）都是在突触囊泡内储存并由终扣释放。一氧化氮则产生于神经细胞的几个区域（包括树突），而且一经合成就被释放。更确切地说，它合成后马上就会扩散到细胞外面。它并不与膜上的受体结合，而是进入周围的细胞，在此激活环鸟苷

腺苷（adenosine）：核糖和腺嘌呤结合的产物，一种在脑内起神经调质作用的核苷。

咖啡因（caffeine）：一种能够阻断腺苷受体的药物。

一氧化氮（nitric oxide，NO）：一种产生于神经细胞的气体，参与细胞间的信息传递。

酸（cyclic GMP，一种负责第二信使生成的酶）。一氧化氮在生成后的几秒钟内就会被转化为无生物活性成分。

一氧化氮是从精氨酸（arginine，一种氨基酸）经**一氧化氮合成酶**催化而生成的。L-NAME（nitro-L-arginine methyl ester）这种药可以使这种酶失活。【见图4.4第2步】

你肯定听说过*西地那非*（sildenafil，俗称伟哥）。它被用来治疗男性勃起机能障碍，即阴茎难以维持勃起的状态。一氧化氮通过刺激产生环鸟苷酸从而发挥生理作用。一氧化氮的作用时间只能维持几秒，但环鸟苷酸的作用时间稍长。不过，环鸟苷酸仍然会被酶解。西地那非分子能与这种酶结合，从而降低环鸟苷酸被酶解的速度。最终，使阴茎勃起的时间延长。（顺便提一下，西地那非对身体的其他部分也有效，它能被用来治疗高原反应及其他血管疾病。）

一氧化氮合成酶（nitric oxide synthase）：一种参与一氧化氮生成的酶。

小　结

神经递质和神经调质

神经系统内含有多种神经递质，每种都与特定受体产生交互作用。其中，被研究得最多的是乙酰胆碱和单胺类递质：多巴胺、去甲肾上腺素和5-羟色胺。这些神经递质的合成受一系列酶调控。还有几种氨基酸也是神经递质，其中最重要的是谷氨酸、GABA和甘氨酸。谷氨酸是兴奋性神经递质，另外两种是抑制性神经递质。

肽类神经递质由氨基酸长链组成，与蛋白质相似。肽类在核糖体内按照染色体的序列编码合成。人们最熟悉的神经肽是内源性阿片肽，其效应类似于鸦片和海洛因。大麻素和2-AG这两种脂类似乎起到了化学信使的作用，它们是大麻受体的内源性配体。CB_1受体存在于中枢神经系统中，CB_2受体存在于血脑屏障外。腺苷是一种抑制突触传递的核苷，由脑内神经元和神经胶质细胞释放。此外，一氧化氮和一氧化碳这两种可溶性气体能够在细胞内生成，扩散到细胞外，刺激周围细胞生成第二信使。

本章提及了很多药物和它们的效应。这些知识在研究的过程中会一直用到，因此建议大家回顾一遍。【见表4.3】

表 4.3 本章涉及药物

神经递质	药物名称	英文名称	药物效应	对突触传递的效应
乙酰胆碱（ACh）	肉毒素	Botulinum toxin	阻断乙酰胆碱释放	拮抗剂
	黑寡妇蜘蛛毒素	Black widow spider venom	促进乙酰胆碱释放	激动剂
	尼古丁	Nicotine	激活尼古丁受体	激动剂
	箭毒	Curare	阻断尼古丁受体	拮抗剂
	毒蕈碱	Muscarine	激活毒蕈碱受体	激动剂
	阿托品	Atropine	阻断毒蕈碱受体	拮抗剂
	新斯地明	Neostigmine	抑制乙酰胆碱酯酶	激动剂
多巴胺（DA）	左旋多巴	L-DOPA	促进多巴胺合成	激动剂
	α-甲基-对酪氨酸	AMPT	抑制多巴胺合成	拮抗剂
	利血平	Reserpine	抑制多巴胺储存于突触囊泡	拮抗剂
	氯丙嗪	Chlorpromazine	阻断 D_2 受体	拮抗剂
	可卡因、哌甲酯	Cocaine，methylphenidate	阻断多巴胺再摄取	激动剂
	苯丙胺	Amphetamine	促进多巴胺释放	激动剂
	苄甲炔胺	Deprenyl	阻断 MAO-B	激动剂
去甲肾上腺素（NE）	镰刀菌酸	Fusaric acid	抑制去甲肾上腺素合成	拮抗剂
	利血平	Rserpine	抑制去甲肾上腺素储存于突触囊泡	拮抗剂
	咪唑克生	Idazoxan	阻断 α_2 自身受体	激动剂
	亚甲二氧基甲基苯丙胺、苯丙胺	MDMA，amphetamine	促进去甲肾上腺素释放	激动剂
5-羟色胺（5-HT）	对氯苯丙氨酸	PCPA	抑制 5-羟色胺合成	拮抗剂
	利血平	Reserpine	抑制 5-羟色胺储存于突触囊泡	拮抗剂
	芬氟拉明	Fenfluramine	促进 5-羟色胺释放	激动剂
	氟氧苯丙胺	Fluoxetine	抑制 5-羟色胺再摄取	激动剂
	麦角二乙胺	LSD	激活 $5\text{-}HT_{2A}$ 受体	激动剂
	亚甲二氧基甲基苯丙胺	MDMA	促进 5-羟色胺释放	激动剂
谷氨酸	α-甲基对酪氨酸	AMPA	激活 AMPA 受体	激动剂
	红藻氨酸	Kainic acid	激活红藻氨酸受体	激动剂
	N-甲基-D-天冬氨酸	NMDA	激活 NMDA 受体	激动剂
	AP5	AP5	阻断 NMDA 受体	拮抗剂
GABA	烯丙基甘氨酸	Allylglycine	抑制 GABA 合成	拮抗剂
	毒蝇蕈醇	Muscimol	激活 GABA 受体	激动剂
	荷牡丹碱	Bicuculline	阻断 GABA 受体	拮抗剂
	苯并二氮䓬类	Benzodiazepines	GABA 受体间接激动剂	激动剂
甘氨酸	士的宁	Strychnine	阻断甘氨酸受体	拮抗剂
阿片	阿片类药物（吗啡、海洛因等）	Opiates（morphine、heroin 等）	激活阿片受体	激动剂
	纳络酮	Naloxone	阻断阿片受体	拮抗剂
大麻素	利莫那班	Rimonabant	阻断大麻 CB_1 受体	拮抗剂
	四氢大麻酚	THC	激活大麻 CB_1 受体	激动剂
腺苷	咖啡因	Caffeine	阻断腺苷受体	拮抗剂
一氧化氮（NO）	L-NAME	L-NAME	抑制 NO 合成	拮抗剂

本章结语 | 来自悲剧的提示

MPTP损伤脑部并诱发帕金森病症状，这一发现激起了研究人员对这种药物的兴趣（我最近检索了美国国家卫生研究院的官方网站PubMed，结果找到5452项与MPTP有关的科学出版物）。要想了解MPTP的详细机理，首先得确定这种药物是否对实验动物有相同效应。事实的确如此，Langston和Ballard（1984）研究发现，给恒河猴注射MPTP同样会诱发帕金森病症状，而且这些症状可被左旋多巴缓解。正如研究者所预料的，检查发现动物脑内黑质部分的多巴胺能神经元出现了选择性缺失。

现已证明，损伤神经的并不是MPTP，而是由神经胶质细胞中的酶转化而成的MPP^+。这种物质通过多巴胺再摄取机制进入多巴胺能神经元，然后从终扣释放。MPP^+在细胞的线粒体内聚集并破坏它们的养分代谢能力，导致多巴胺细胞坏死（Maret et al.，1990）。将MPTP转化为MPP^+的酶正是单胺氧化酶（MAO）。前文提到，这种酶的作用是使终扣释放的过量单胺递质失活。由于药理学家已经研制出单胺氧化酶抑制剂，Langston及其同事决定选择其中一种药物（巴吉林，pargyline），看能否通过阻止MPTP向MPP^+的转化使恒河猴抵抗MPTP的毒性（Langston and Ballard，1984）。结果发现，采用巴吉林抑制单胺氧化酶后，MPTP便失效了。

这些实验结果使研究者进一步考虑能否通过单胺氧化酶抑制剂阻止帕金森病患者多巴胺能神经元的退化。虽然大家都知道帕金森病不是MPP^+导致的，但并不能排除其他毒素参与的可能。流行病学家发现，帕金森病在高度发达的工业化国家中比较常见，这就说明可能有环境毒素导致了这种脑损伤（Tanner，1989；Veldman et al.，1998）。好在目前已经试验出几种可以用于人类的单胺氧化酶抑制剂。测试后发现，苄甲炔胺这种药能够延缓这类神经生理症状的恶化（Tetrud and Langston，1989）。

得益于此项研究成果，神经科医生开始采用苄甲炔胺治疗他们的帕金森病患者，这种药在发病早期尤其有效。最近研究表明，苄甲炔胺并不能无限制地保护多巴胺能神经元（Shoulson et al.，2002），研究者们正试图寻找神经保护效应更加持久的新药。

关键概念

精神药理学原理

1. 药物代谢动力学指药物被吸收、运输、代谢并排泄的过程。
2. 药物有不同的作用点并且有不同的效应。药物效能是指给定剂量的药物效应大小。
3. 药物的治疗指数就是它的安全范围：即效应剂量和产生毒副效应剂量之间的差。
4. 重复给药会导致耐受，一旦停药将出现戒断症状。有时重复给药还会导致敏感化。
5. 研究者必须控制人类和实验动物研究中的安慰剂效应。

药物的作用点

6. 突触传递的每一步都能被药物干扰，其中一些还可被药物促进。这些步骤包括神经递质合成、储存于突触囊泡、释放、激活突触后膜和突触前膜受体，以及通过再摄取或酶解终止突触后电位。

神经递质和神经调质

7. 多种化学物质可被神经元用作神经递质，其中包括乙酰胆碱、单胺递质（多巴胺、去甲肾上腺素和5-羟色胺）、氨基酸类（谷氨酸、γ-氨基丁酸和甘氨酸），以及各种肽类、脂类、核苷类物质和可溶性气体。

第 5 章

研究方法与策略

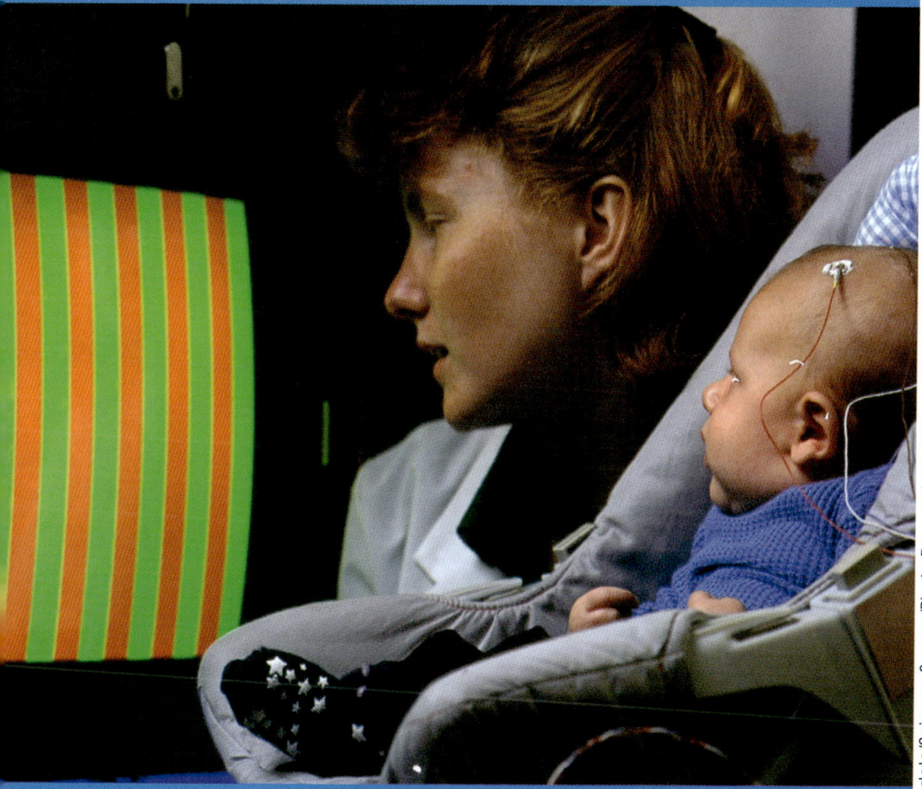

Lawrence Migdale/Science Source/Photo Researchers, Inc.

本章要点

- **实验毁损法**
  - 脑损伤的行为效应评估
  - 脑毁损模型
  - 立体定位手术
  - 组织学方法
  - 神经连接追踪法
  - 活体人脑的结构研究
- **神经活动的记录和诱发**
  - 神经活动的记录
  - 脑代谢和突触活动的记录
  - 神经活动的诱发
- **神经化学方法**
  - 合成特定神经化学物质的神经元定位
  - 特定受体定位
  - 脑内分泌化学物质的测定
- **遗传学方法**
  - 双生子研究
  - 收养研究
  - 基因组学研究
  - 靶突变
  - 反义寡核苷酸

学习目标

1. 讨论实验毁损的研究方法：基本原理、脑功能与行为之间的区别、脑毁损模型的制作过程。
2. 描述立体定位手术过程及其用途。
3. 描述保存、制片和染色脑组织以及研究脑区的方法。
4. 描述追踪传出和传入轴突以及研究活体人脑结构的方法。
5. 描述如何记录脑神经活动和代谢活动。
6. 描述如何应用电生理学和化学方法诱发脑神经活动。
7. 描述特定神经化学物质、生成该神经化学物质的神经元及其特异性受体的定位方法。
8. 描述用以鉴定影响神经系统发育和行为的遗传因素的研究技术。
9. 描述靶向突变和反义寡核苷酸在大脑特定神经元的功能研究中的应用。

引子 | 修复了心脏，损伤了大脑

H太太一生都精力充沛。她并不是特别健壮，但她年轻的时候，经常和丈夫带上孩子远足露营，孩子长大离家后，他们夫妻二人仍坚持远足、骑行等运动。在H太太60岁那年，丈夫离世了，自那以后她不再骑车，但仍然喜欢整理花园、和朋友一起在附近散散步。

数年后的一天，H太太在花园里劳动时，突然感到胸口一阵剧痛，似乎有一只手紧紧地揪住了她的心脏。她喘息着丢掉了锄头。疼痛蔓延到她的左肩并一路延伸到了左臂。这种感觉很可怕，她认为自己一定是心脏病发作就快要死了。然而几分钟过后，疼痛消失了，她慢慢地走回屋子。

医生在给她做了一系列的检查后告诉她：她是由于心肌供血不足引发的心绞痛。她的冠状动脉部分被动脉粥样硬化斑块（动脉壁上的含胆固醇沉积物）阻塞了。她在花园劳动使心率加快，心肌代谢增高，冠状动脉供血不能满足需要，心肌的代谢产物导致了疼痛。医生提醒她避免过度劳累，并给了她一些硝酸甘油药片，嘱咐她在疼痛发作时含在舌下。

H太太不再整理花园了，仅仅和朋友在附近走走。一天晚上，当她上楼准备睡觉的时候，心脏疼痛又一次发作了。她艰难地走到洗浴间的橱柜里找到硝酸甘油药片，吃力地拧开瓶盖，取出一片含在舌下。药片溶解后硝酸甘油进入血液发挥药效，胸痛缓解了，她躺倒在床上。

第二年，H太太胸痛发作的程度和频率增加了。专家建议她做一个冠状动脉搭桥术。她同意了。外科医生G，用从她腿上取出的静脉替换了冠状动脉的两个分支。手术过程中使用人工心脏保障血液循环以便医生能够将病变冠脉去除，并精密地补换上替换的血管。

术后几天，G医生查房时问她："你现在感觉怎么样？"她回答说："很好，但是好像视力有点问题，所有的东西看上去都有点奇怪，而且我感觉晕头转向，我不能……"

G医生打断她的话："没关系，经历这么大的手术肯定有点不舒服，你的检查结果看上去挺好的，我们觉得你的心绞痛很多年都不会再复发了。"他给了她一个宽慰的微笑后离开了房间。

但是，困扰H太太的视觉问题并没有改善。虽然外科医生跟她说手术很成功，但她的家庭医生看出有些不对，请一位神经心理学家J医生对她做了检查。J医生的报告证实了家庭医生的担忧：她患了巴林特综合征。她能够看见，但是不能控制眼动。整个世界变形了，因为她看到的都是些瞬时、断续的影像。她再也不能阅读了，对眼前的东西无法定位，无法抓取。简而言之，她的视力几乎没有用处了。她的心脏功能恢复了，但是她不得不住在看护病房里被人照顾。

行为生理学的研究需要包括生理学、神经解剖学、生物化学、心理学、内分泌学和组织学在内的许多学科领域的科学家共同努力。从事行为神经科学研究需要具备多种实践技能。因为不同的实验处理往往会造成相互矛盾的实验结果，研究者必须熟知所采用的实验方法的优点及局限性。科学研究需要提出实质问题，以所用方法勾勒出问题的框架。我们常常在得到一个令人困惑的答案之后，才意识到我们并没有真正澄清我们思考的问题。我们会看到，有关行为生理学最好的结论不是仅仅靠一个实验就能得出的，而是需要进行一系列实验研究，并且需要比较用不同的实验方法得出的相关研究结果。

可供研究者选择的研究方法数目庞多，容易使人迷惑。如果我只是单单把它们列出来，你可能会感到困惑，或者失去兴趣，这一点也不奇怪。不过，我将围绕研究者已经探讨过的几个问题，只呈现最重要和最常用的方法。用这种方式易于了解不同研究方法所提供的信息种类，也更容易理解它们的优缺点。而当实验者在一项实验结果的基础上开始设计和实施另一个实验时，这种方式也便于我介绍整个过程中所采用的研究策略。

实验毁损法

毁损部分脑区后评估动物的行为是研究脑功能的最重要的实验方法之一，这种方法被称为**实验毁损法**。多数实验中的毁损法并不意味着把部分脑组织取走，而只是在原位毁损部分脑组织。实验毁损法是最早用于神经科学研究的方法，直至今天仍是最重要的实验方法之一。

脑损伤的行为效应评估

毁损是一种损伤或者破坏。实验者通常将这种破坏部分脑组织的方法称为脑毁损。损坏部分脑结构继而观察动物行为的实验被称为**脑毁损研究**。脑毁损的基本原理是特定脑区功能对应某种机体行为，在相应脑区损伤后动物不能执行这种行为。例如，若某部位脑区遭破坏后动物不能执行依赖于视觉的任务，我们可以推论这个动物失明了，被破坏的这部分脑区在视觉功能中起一定的作用。

那么我们从脑毁损研究中能够了解什么？我们的目标是发现不同脑区对应的功能，然后明确这些功能是如何组合起来完成特定行为的。*脑功能和行为的区别是很重要的*。脑内的回路执行的是功能而不是行为，没有一个脑区或者神经回路单独负责一种行为；每一个脑区都执行一种或者一系列功能，这些功能参与执行这种行为。例如，阅读行为涉及控制眼动，调节双目焦距，接收并识别单词字母及理解词义的功能，等等。这些功能也可能参与执行其他的行为；例如，控制眼动和聚焦对任何需要注视的任务都是必需的，词义理解的脑机制也参与话语的理解。研究者的任务就是了解执行某个特定行为所需要的功能，确定是哪些神经回路负责这些功能。

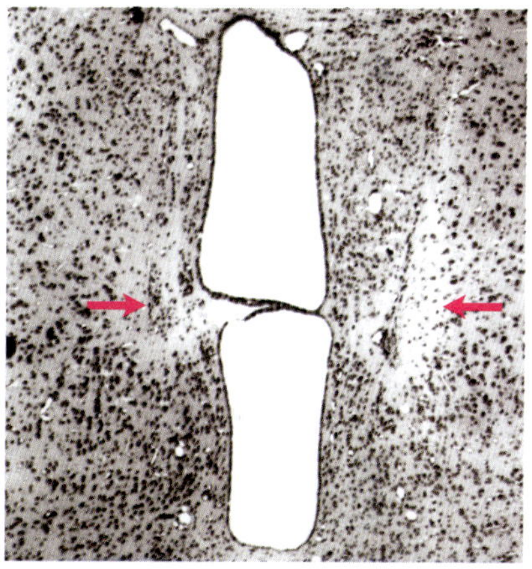

图5.1　射频毁损。箭头指向为置于大鼠内侧视前核的不锈钢电极通过射频电流造成的细微损伤。照片中央椭圆形的空洞是第三脑室。（额状面，胞体染色。）

Turkenburg, j. L., Swaab, D. F., Endert, E., et al. *Brain Research Bulletin*, 1988, 21, 215–224.

脑毁损模型

怎样建构脑毁损模型呢？通常来说，我们想要毁坏的是深藏于脑内的核团。皮层下脑区的损伤常使用射频毁损，将一个包被绝缘漆仅露出尖端的不锈钢电极定位导入合适的位点（立体定位手术在下一节详述），开启电刺激器，产生射频电流，即高频的交流电。电流通过脑组织时产热，毁损电极尖端周围的脑组织。【见图5.1】

这种方法会毁损电极周围所有的组织，包括神经元胞体和其他神经元发出的穿越该区域的轴突纤维等。比较有选择性的脑毁损方法是利用兴奋性氨基酸，例如红藻氨酸，它可以使脑细胞持续兴奋并导致其死亡（见第4章，红藻氨酸激活谷氨酸受体）。这种方法称作**兴奋毒性毁损**。兴奋性氨基酸通过导管（一个小的金属管）注射进入特定脑区，损伤神经元胞体而对过路的纤维

实验毁损法（experimental ablation）：实验动物脑组织的部分移除或毁损；可以推测，丧失的功能即是被毁损脑区的功能。

脑毁损研究（lesion study）：实验毁损法的同义词。

兴奋毒性毁损（excitotoxic lesion）：在脑内注射兴奋性氨基酸（如红藻氨酸）造成的脑毁损。

没有影响。【见图5.2】选择性毁损有助于判断特定脑区损伤的行为效应是由该区域的神经元毁损还是过路纤维受损造成的。

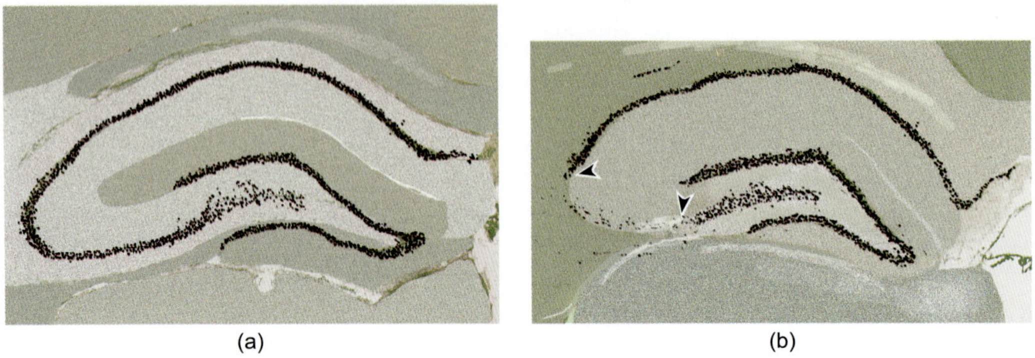

图5.2 兴奋毒性毁损。图为大鼠的海马脑区切片。(a) 正常的海马。(b) 兴奋性氨基酸毁损的海马区，箭头标示为受破坏区域的两端。

Based on research from Benno Roozendaal/University of Groningen.

还有一些特别的方法甚至可以杀死特定类型的神经元。例如，分子生物学家已经设计出不同的方法将毒性化学物质连接到抗体上，而这些抗体只能和脑内某些类型神经元上的特定蛋白结合。这些抗体靶向结合特定蛋白，使相应的毒性化学物质杀死那些结合了特定蛋白的脑细胞。

需要注意的是，在用射频毁损或者兴奋毒性毁损这两种方法时，我们常常会对脑组织造成额外的损伤。在施行电毁损或注射兴奋性氨基酸之前，电极或导管进入目标脑区的过程中就会不可避免地对其他的脑组织造成细微损伤。这种损伤也有可能影响动物行为（可能是行为缺陷的部分原因），因此我们不能简单地将未手术的动物与脑毁损动物做比较。我们需要对另一群动物实行**假毁损**手术。动物麻醉后，置于立体定位仪上（在下一节另作介绍），做皮肤切口，钻孔将电极或导管植入指定部位。换句话说，除了给电极通电，或注射兴奋性氨基酸，其余的一切操作都是完全模仿脑毁损手术的。将这组动物作为对照组，如果脑毁损动物与假手术动物的实验结果不同，我们就可以推断，该特定脑区的毁损造成了行为缺陷（假毁损手术与药理研究中使用的安慰剂起一样的作用）。

多数情况下，研究人员实施的是永久的脑毁损，但有时特定脑区的暂时失活在研究中更具优势。最简单的方法是给特定部位注射局部麻醉剂或*毒蝇蕈醇*，麻醉剂可以阻断进出该区域的轴突的动作电位，最终有效地产生暂时损伤（常称为*可逆性*脑毁损）。毒蝇蕈醇是一种GABA受体激动剂，通过抑制局部神经元使脑区暂时失活（GABA是脑内最重要的抑制性神经递质）。

假毁损（sham lesion）：一种无效对照，除了真正导致脑毁损的步骤外，其余手术操作与毁损手术完全一致。

立体定位手术（stereotaxic surgery）：采用立体定位装置将电极或导管定位植入特定脑区的脑手术。

立体定位手术

我们怎么将电极和导管植入指定位置呢？答案是通过**立体定位手术**进行。立体定位仪的组成部分有动物头位固定器和三维操作臂，可将电极或导管在三维轴向上移动并到达指定位置。在做立体定位手术前，首先要学习立体定位图谱。

立体定位图谱

没有任何两个动物的大脑是完全一样的，但在同种个体之间存在许多相似性，足以凭借大脑外部相关的特征预测特定脑区的位置。例如，大鼠的皮层下某核团的位置可能在几块颅骨接合点向腹侧、旁侧和前侧移行约数毫米的坐标处。图5.3是一个大鼠颅骨的两个视图：背侧面视图和正中矢状位视图。【见图5.3】颅骨由几块共同生长的骨骼组合构成，颅骨之间形成骨缝。新生儿头部的冠状缝与矢状缝之间有一块柔软的部位称为囟门，闭合后即为**前囟**。在大鼠的颅骨上也有前囟，它是一个方便的参照点。如果动物颅骨按指定方位摆放，我们就可以在对应前囟的比较固定的位置找到特定的脑区。

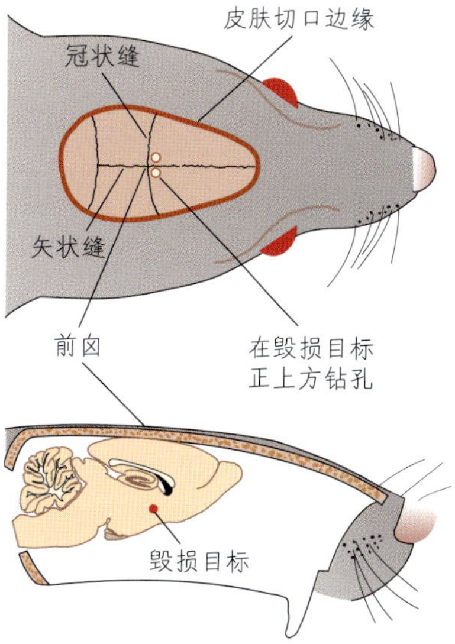

图5.3 大鼠的脑和颅骨。大鼠颅骨骨缝的关系，定位电极位置。上图：背侧视图。下图：正中矢状位视图。

立体定位图谱由一些照片或轮廓绘图构成，是根据距前囟头尾部不同距离采集的脑冠状切片得来的。例如图5.4所示是我们感兴趣的一个脑结构（红色部位）所在脑切片的绘图。如果我们想把电极尖端放到这个部位（穹隆），就应该在该位置正上方的颅骨上钻孔。【见图5.4】图谱每一页都按照距前囟前面或后面的距离标注。每页的方格表示自颅骨面向腹侧和自中线向外侧移行的距离。为了将电极尖端置于穹隆，我们应在目标正上方钻孔，将电极通过颅骨上的孔洞插入，根据对应的坐标，向下移动电极直至尖端到达准确的位置。【比较图5.3和图5.4】于是，通过图谱某一页的神经结构图（无法直接从动物身上看到），我们可以判断该结构相对于前囟的位置（前囟的位置可以看到）。注意，因为动物年龄和种系的差异，图谱仅仅是提供一个大概的位置，通常需要对脑组织进行固定切片染色等一系列的步骤来观察毁损的确切位置，然后校准坐标，再尝试手术（脑切片染色见后述）。

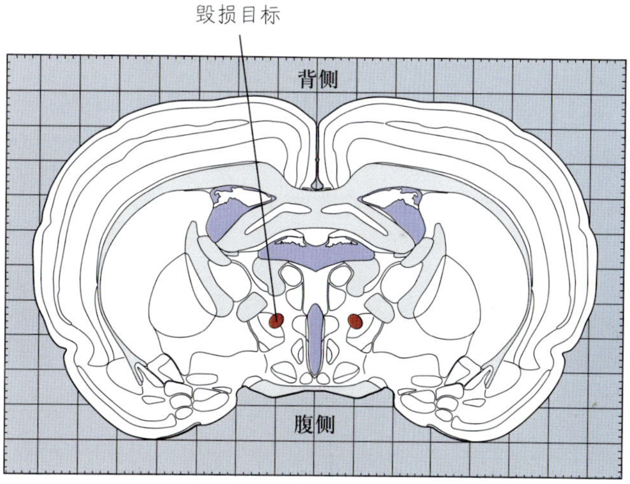

图5.4 立体定位图谱。例图显示的是大鼠的脑截面绘图。目标脑区（穹隆）以红色标示。为保持清晰移开了标注。

Adapted from Swanson, L. W. *Brain Maps: Structure of the Rat Brain*. New York:Elsevier, 1992.

立体定位仪

立体定位仪的工作原理很简单。它包括头部固定器（可将颅骨固定在正确的方位）、电极操作臂和定位微调器（它可以沿着前后、腹背、内外三维轴向任意移动）。图5.5展示了一个小动物立体定位仪，不同种类的动物（如大鼠、小鼠、仓鼠、鸽子和乌龟等）配备不同的头固定器。【见图5.5】

一旦我们从图谱中获得立体定位的坐标，我们就可以进行手术了。将动物麻醉后，放在立体定位仪上，切开头部皮肤，定位前囟，然后在颅骨表面合适的坐标处钻孔，将电极或导管插入至一定深度，电极或导管的尖端就在目

前囟（bregma）：颅骨的矢状缝和冠状缝交叉部位，常用作立体定位手术的参照点。

立体定位图谱（stereotaxic atlas）：特定种类动物的脑切片绘图集合，带有为立体定位手术提供坐标的标尺。

立体定位仪（stereotaxic apparatus）：协助手术者将电极或导管植入脑特定部位的设备。

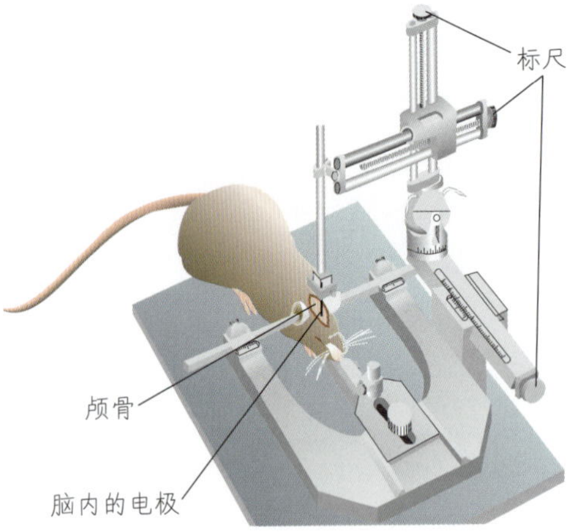

图 5.5　立体定位仪。用于给大鼠做脑部手术。

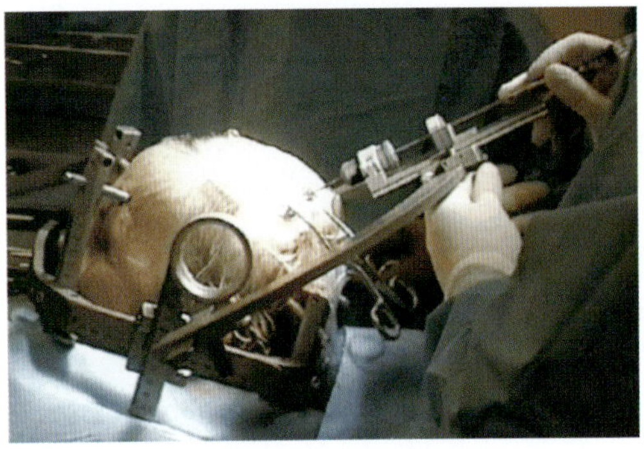

图 5.6　正在进行的人脑立体定位手术。

John W. Snell, University of Virginia Health System.

图 5.7　切片机。

固定液（fixative）：一种用于制备和保存机体组织的化学物质，例如福尔马林。

福尔马林（formalin）：甲醛气体的水溶液，最常用的组织固定液。

切片机（microtome）：可制作极薄脑切片的机器。

标脑结构里，为脑毁损做好了准备。

当然立体定位手术除了用于脑毁损研究，还可以用于其他目的。脑内的电极不仅可以用来破坏神经元，还可以用于激活神经元，通过导管还可以注射其他药物来激活神经元或阻断特异性受体，或将导管或导线持久连接于某种装置用于研究（下章将会提及）。在以上所有的情况下，一旦手术完成，伤口缝合，即将动物从立体定位仪上取下，等待苏醒。

另外，也有专为人类设计的脑立体定位仪。有时神经外科医生也会使用皮层下毁损的方法，比如为了缓解帕金森病病人的症状，外科医生通常会在毁损术前采用多个定位界标，对大脑进行扫描或是记录该脑区的神经元活动，以确定应植入的电极或其他装置的位置。【见图 5.6】

组织学方法

观察脑毁损动物的行为表现后，必须对脑组织切片染色，并用显微镜观察毁损部位。脑毁损常常错失正确的位置，所以我们需要在行为测试后鉴定损伤位点。为了做到这一点，必须经过固定、切片、染色观察，这些都属于组织学方法（histological methods）。

固定和切片

如果希望研究机体死亡时组织的形态，就必须先破坏可以毁掉组织的自溶酶（autolytic enzymes，autolytic 意指自身溶解），并且组织必须保存完好，避免被细菌或真菌破坏。为了达到这两个目的，可将神经组织放在**固定液**中。最常用的固定液是**福尔马林**（一种甲醛的水溶液）。福尔马林可以终止自溶，使柔软易碎的脑组织变得坚硬，并杀死可能破坏脑组织的微生物。

脑组织一旦固定，就需要切成薄片，将不同细胞结构染色以观察形态细节。切片通过**切片机**完成。【见图 5.7】光镜鉴定用的切片厚度一般为 10 ～ 80 微米，电镜用的切片厚度常小于 1 微米。脑组织切片通常是指冠状面。

切片后，将脑切片贴在载玻片上，然后将整张玻片浸入各种化学溶液中染色，最后用少量封片剂（一种透明液体）覆盖染色后的脑切片，再将薄薄的盖玻片盖在脑切片上，封片剂可使盖玻片保持原位不动。

染色

在显微镜下观察一张未染色的切片，能看到巨大的细胞团和主要纤维束的轮廓，但不能观察到更多的细节。因此显微神经结构的研究要求对特定组织染色，研究者采用不同的染色方法来确定细胞内外的特定成分。鉴定损伤位点常用的方法是其中最简单的一种：胞体染色。

19世纪后期，德国神经病学家Franz Nissl发现一种叫作亚甲蓝的染剂可以使脑细胞着色，吸收这种染剂的物质被称为尼斯尔小体，构成细胞核中的RNA、DNA及位于核内的相关蛋白质，并以颗粒形式分散于细胞质内。除了亚甲蓝外还有许多染料可用于脑切片中的细胞染色，最常用的是甲酚紫，这种染料最初并不是专门用于组织学染色的，只是用来染布的。

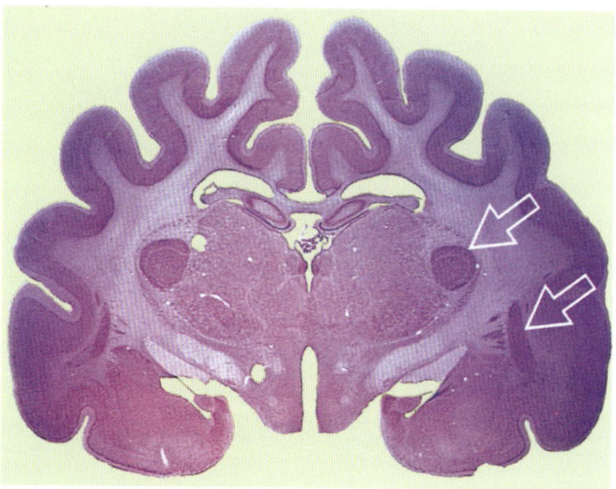

图5.8　细胞体染色。猫脑组织冠状切片显微图：经甲酚紫对胞体染色，箭头指向之处为核团或胞体集合。

Mary Carlson.

胞体染色法的发现给脑内核团鉴定提供了可能性。图5.8是经甲酚紫染色的猫脑冠状切片图。需要注意的是，外观颜色较浅的是纤维束，它们不吸收染剂。【见图5.8】染色并非选择性地针对神经细胞胞体，神经元和胶质细胞都会被染色，这就需要研究者们依据细胞的大小形状以及位置来辨别它们。

电镜

在分辨极细微结构时，光镜有一定的局限性。因为光线自身的特性，超过1500倍的放大率不能再呈现更多的细节。为了了解更细微的形态结构，如突触小泡和细胞器等，必须使用电子显微镜。电子束穿过受检组织，组织的阴影被投射到摄影胶片上，电子使底片曝光。这种方法产生的电子显微照片能提供数十纳米的结构细节信息。【见图5.9】

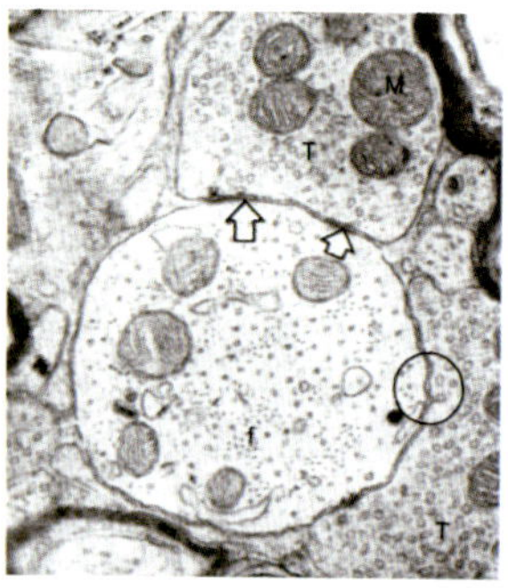

图5.9　电子显微照片。轴树突触截面的电子显微照片：箭头所指处为两个突触区。圆圈内为邻近终扣的胞饮，推测代表了囊泡膜的再利用。T= 终扣；f= 微丝；M= 线粒体。

Rockel, A. J., and Jones, E. G. *Journal of Comparative Neurology*, 1973, 147, 61-92. John Wiley & Sons, Inc., Journals.

扫描电子显微镜的放大倍数低于标准的透射电子显微镜，但是它可以显示三维立体结构。扫描电镜用移动电子束扫描组织，接收电子束反射信息，用以生成非常精细的三维图像。由第2章中呈现的神经切片的扫描电镜图可以看出这种方法能显示出的细节。【见图2.30】

神经连接追踪法

假设我们对揭示生殖行为的神经机制有兴趣，首先想研究雌鼠性行为的生理基础。基于对其他研究者发表的科学实验报道的了解，我们对两组雌鼠实施了立体定位手术，实验组毁损下丘脑腹内侧核（VMH），对照组进行假手术。恢复几天后，将雌鼠与雄鼠一一配对。我们发现对照组的雌鼠对雄鼠的关注会积极回应，先有求偶行为继而交配。而下丘脑腹内侧核毁损的动物对雄鼠没有反应，拒绝交配。实验后用组织学方法鉴定损伤位点确实在下丘脑腹内侧核（实验组一只大鼠有交配行为，但后来鉴定发现这只大鼠的损伤位置不在下丘脑腹内侧核，故数据被剔除）。

实验结果显示，下丘脑腹内侧核的神经元似乎在雌性交配行为中发挥着作用（这种毁损不影响雄性的交配行为）。自这个结果出发我们该往哪个方向前进呢？下一步该怎么做呢？其实我们可以继续研究很多问题，其中之一涉及参与雌性交配行为的神经通路。显而易见，下丘脑腹内侧核不可能孤立

扫描电子显微镜（scanning electron microscope）：能够提供细小物体表面形状的三维信息的显微镜。

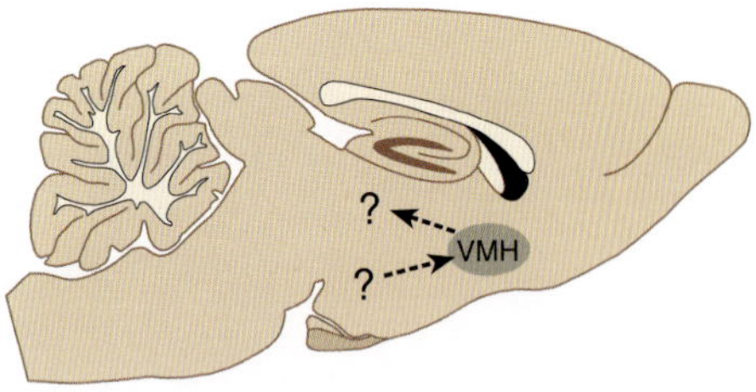

图 5.10　追踪神经连接。一旦知道特定脑区参与某种脑功能，我们会问：什么结构传入到这一区域，又有什么结构接收这一区域的传出？

存在于大脑中，它接收其他脑结构的神经传入，同时也向其他脑结构传出神经纤维。交配行为需要视、触、嗅等功能的整合，还需要采用恰当的运动方式对性伴侣做出反应。另外，整个回路都需要适当的性激素的激活。下丘脑腹内侧核在这个复杂系统中的主要作用是什么呢？

在回答这个问题之前，必须进一步了解下丘脑腹内侧核与其他脑结构之间的联系。什么结构发出轴突至下丘脑腹内侧核，下丘脑腹内侧核又向什么结构发出轴突？一旦知道这些联系，就可以解释这些结构的作用以及彼此联系的性质。【见图 5.10】

那么该如何探究下丘脑腹内侧核的神经连接呢？通过组织学方法，比如胞体染色（将所有细胞着色），并不能回答这个问题，这种方法制备的脑切片只能呈现出一大团神经元。最近几年，研究者们发现了一些非常简洁的方法可以使特定的神经元突显出来。

追踪传出轴突

因为下丘脑腹内侧核中的神经元不直接与肌肉联系，所以它们不能直接影响行为。下丘脑腹内侧核中的神经元必须经过轴突纤维传出至某些直接支配肌肉运动的脑区。这个通路可能不是直接的，下丘脑腹内侧核中的神经元更可能是通过影响多级结构最终使某个运动神经元兴奋的。为了发现这一系统，我们想明确下丘脑腹内侧核的传出神经通路，也就是说，追踪下丘脑腹内侧核发出的轴突纤维。

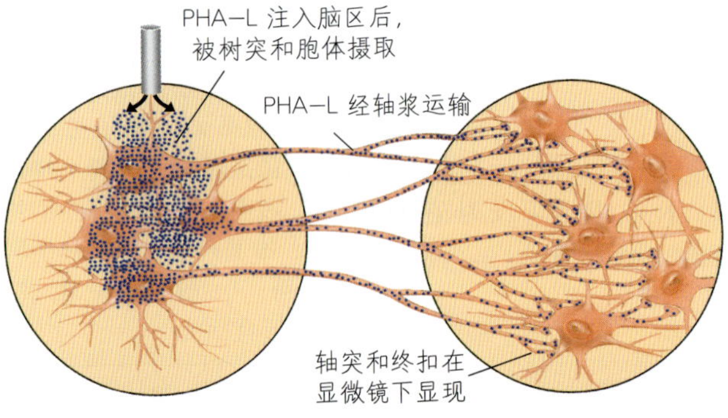

图 5.11　追踪传出轴突。用 PHA–L 追踪传出轴突的示意图。

可以使用**顺行标记法**来追踪这些轴突。顺行标记法用一些可以被树突或胞体摄取的化合物，它们通过轴突向终扣传输。

这些年，神经科学家们发现了几种不同的追踪传出神经通路的方法。例如，为了发现下丘脑腹内侧核内神经元的传出神经的终点，我们通过脑立体定位仪将适量的**菜豆白血球凝集素**（PHA-L，在菜豆中发现的一种蛋白）注入核团内。PHA-L 分子被树突吸收通过胞体运输至轴突，通过快速轴浆运输至轴突末梢。数日后，整个细胞中就充满了 PHA-L 分子：树突、胞体、轴突和它们的所有分支及终扣。处死动物，制备脑切片，将脑切片置于载玻片上，以特殊的免疫细胞化学方法使 PHA-L 显像，在显微镜下观察。【见图 5.11】

免疫细胞化学法利用的是免疫反应的原理。机体的免疫系统能够对抗原产生免疫反应，生成抗体。抗原是蛋白或多肽，如在细菌或病毒表面发现的抗原。抗体也是蛋白质，是由白细胞产生清除入侵微生物的工具，它或者由白细胞分泌，或者就位于白细胞表面（就像神经递质受体存在于神经元表面那样）。当入侵微生物的表面抗原接触到识别它们的抗体时，即可触发白细胞对入侵物的攻击。

分子生物学家已经找到了制备针对任意多肽或蛋白的抗体的方法。抗体

顺行标记法（anterograde labeling method）：标记特定脑区内神经元轴突和终扣的组织学方法。

菜豆白血球凝集素（phaseolus vulgaris leukoagglutinin，PHA-L）：菜豆中产生的蛋白质，用作顺行示踪剂；被树突和胞体摄取，传输至轴突末端。

免疫细胞化学法（immunocytochemical method）：使用放射性抗体或染剂分子偶联抗体来定位特定蛋白质的组织学方法。

被连接到不同类型的染剂分子上。有的染剂可与其他化合物发生反应使组织呈现棕黑色，另一些是荧光染剂，暴露于特定波长的光线下会闪烁发光。为了判断多肽或蛋白（抗原）在脑组织的位置，研究人员将新鲜的脑切片放入含有结合了染料的抗体分子的溶液里，使抗原抗体结合，再在显微镜下观察脑切片（荧光染色的脑切片放置于特定波长的光源下），就会看到含有这种抗原的脑区，甚至是单个神经元。

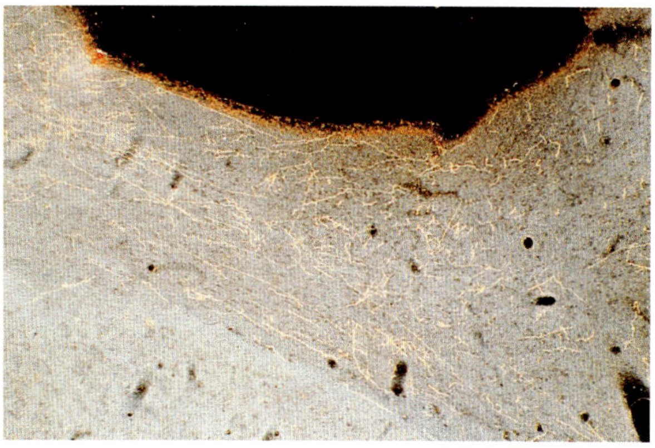

图 5.12 顺行标记法。PHA–L 被注入下丘脑腹内侧核中，被树突摄取并通过细胞轴突传输至终扣。在导水管周围灰质发现了标记的轴突和终扣。

Kirsten Nielsen Ricciardi and Jeffrey Blaustein, University of Massachusetts.

图5.12展示了如何用 PHA-L 鉴定特定脑区的传出纤维。化学分子被注入下丘脑腹内侧核，两天后，PHA-L 被这里的神经元吸收，运输至轴突末端。处死动物，使用 PHA-L 的抗体处理脑切片，接下来用染料处理，含有 PHA-L 的组织被染成棕褐色。图5.12是一张中脑导水管周围灰质（PAG）的显微照片。如你所见，该脑区内有一些被 PHA-L 标记的轴突及终扣（金色），证实下丘脑腹内侧核的传出神经部分终止于导水管周围灰质。【见图 5.12】

为了继续研究下丘脑腹内侧核在雌性性行为中的作用，需要找到接收下丘脑腹内侧核传出信息的神经结构（如导水管周围灰质），观察逐一毁损这些结构会有什么现象发生。假设其中一些结构的破坏也能造成雌性性行为的缺陷，我们再将 PHA-L 注入这些脑区，观察轴突传出位置，从而可以发现下丘脑腹内侧核投射到支配交配行为的运动神经元的通路（事实上，已有此类研究，结果见第9章）。

追踪传入轴突

追踪下丘脑腹内侧核的传出神经只能了解雌性性行为相关神经通路的一部分，即自下丘脑腹内侧核到运动神经元的这一部分，那么在下丘脑腹内侧核之前的神经通路呢？下丘脑腹内侧核是否参与感觉信息（如光线、味道或与雄性接触）的分析？也可能雌性的性激素对行为的作用是通过下丘脑腹内侧核实现的，或是通过参与该处突触形成的其他神经元实现的。要揭示这一神经回路上游部分涉及的脑结构，就需要找到下丘脑腹内侧核的传入神经。为了做到这一点，我们采用**逆行标记法**。

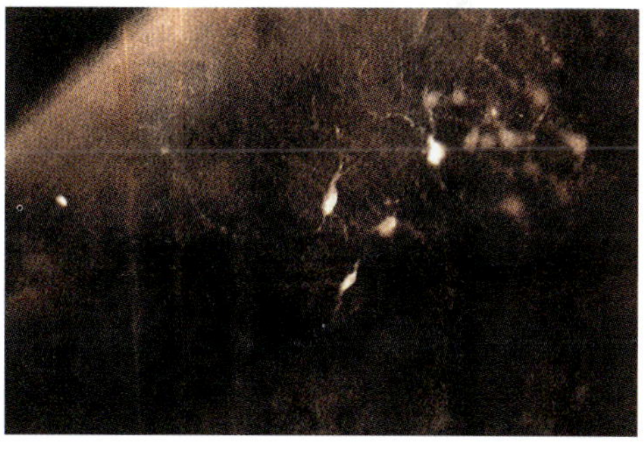

图 5.13 逆行标记法。荧光金注入下丘脑腹内侧核后，被其中的终扣摄取，通过轴突逆向传输回胞体。照片显示的是位于内侧杏仁核的细胞体。

Yvon Delville, University of Texas.

这种方法使用的化学物质可以被终扣吸收，并通过轴突逆向传输至胞体。同鉴定传出神经类似，首先将少量叫作**荧光金**的化学物质注入下丘脑腹内侧核内，被终扣吸收后，逆轴浆运输至胞体。几天后处死动物，制备脑切片，在特定波长光线下观察脑切片，荧光金分子会发出荧光。最后发现内侧杏仁核是下丘脑腹内侧核内传入轴突的来源之一。【见图 5.13】

逆行标记法（retrograde labeling method）：一种标记胞体的组织学方法，被标记胞体的终扣和特定区域的细胞构成突触。

荧光金（fluorogold）：用作逆行标记法的染剂；被终扣摄取，传回至胞体。

这里描述的顺行及逆行标记法证实了神经元之间的单链联系，即特定脑

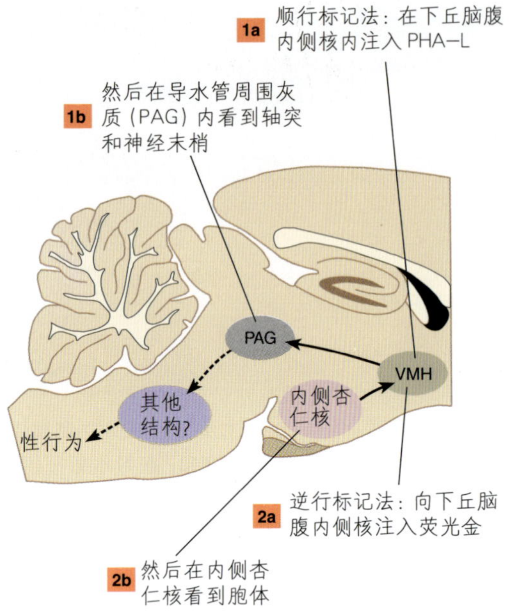

图5.14 示踪结果。逆行标记法和顺行标记法显示的下丘脑腹内侧核（VMH）的传入及传出通路之一。

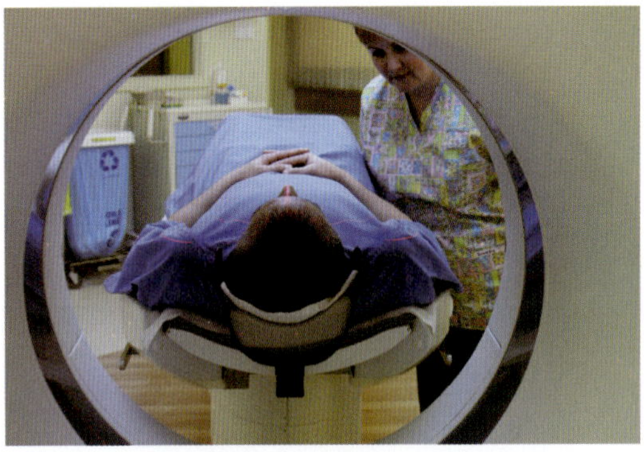

图5.15 计算机辅助体层成像（CT）扫描仪。

Steven Grover/age fotostock.

区的传入和传出神经元。**跨神经追踪法**可以鉴定彼此构成突触联系的一系列神经元。最有效的跨神经追踪法采用不同种类的减毒狂犬病毒或者疱疹病毒。病毒直接注入脑区，被该脑区神经元吸收后感染神经元，病毒扩散至整个被感染的神经元，最后被这些神经元释放，进一步感染与它们形成突触联系的其他神经元。根据病毒种类的不同，感染方向会优先顺行或是逆行。处死动物后制备脑切片，利用免疫细胞化学法来定位病毒产生的蛋白。

将顺行和逆行标记法与跨神经标记方法结合起来，我们就有可能揭示彼此相互连接的神经结构。这些方法有助于为我们提供大脑的回路图。【见图5.14】再利用其他的一些方法（包括本章后面要提到的方法），可以尝试揭示该回路中各部分的功能。

活体人脑的结构研究

以研究动物的脑功能入手而避免研究人脑有许多原因。例如，我们可以比较不同物种的研究结果，从而做出有关不同神经结构如何进化的推论。即便我们主要关心人脑功能，也不能要求人们为研究目的自愿进行脑手术。不过，偶发疾病和意外事故会损伤人脑，如果知道损伤发生在哪个部位，我们就可以研究人的行为改变，进而尝试得出与脑毁损动物实验相一致的推论。问题是，怎么发现这些损伤的部位呢？

过去很多年中，研究者可以研究脑损伤病人的行为但从未明确损伤的确切位置。确认损伤部位的唯一办法是在病人死亡后拿到他的脑制备切片，在显微镜下观察。但这在通常情况下是不可能实现的。有时病人寿命比研究者要长，有时病人会搬家失去联系，更有可能的是其家人会拒绝尸体解剖，这些实际的问题使得对人体脑损伤行为效应的研究进展相当缓慢。

X射线技术和计算机技术的最新进展带动了活体人脑形态学研究方法的发展。这些进展使研究者们能够在病人活着的时候研究损伤的部位和程度。最先出现的方法是**计算机辅助体层摄像（CT）**。这个过程（常被称为CT扫描）是这样进行的：病人的头部置于一个巨大的环形线圈里，线圈里有一个X射线发射管，正对面（在病人头部的另一边）是个X射线探测器。X射线穿过病人的头部，探测器检测接收到的放射性。射线从各个角度扫描头部，计算机将探测器接收的数值转译成颅骨及其内容物的影像。【见图5.15】

图5.16展示了一组中风患者头部的CT扫描图。中风使得一部分参与躯体知觉及空间感知的脑区受到破坏。病人失去了对自己的左侧身体和左侧身

跨神经追踪法（transneuronal tracing method）：使用减毒狂犬病毒或疱疹病毒感染特殊神经元，鉴定互相构成突触连接的一系列神经元的示踪方法，既可以顺行标记又可以逆行标记。

计算机辅助体层摄像（computerized tomography, CT）：用一种装置通过计算机分析X射线扫描得来的数据，得出人体截面的二维图像。

体触碰物体的感知。可以看到在第5张扫描图的左下角有一个白斑，表示损伤部位。【见图5.16】

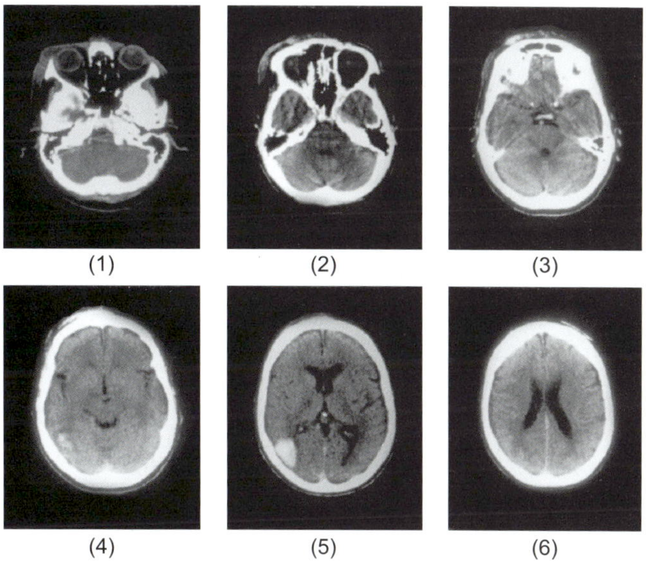

图5.16 CT扫描脑损伤。右侧枕顶叶损伤的病人，损伤部位因出血呈白色（扫描图5），因为血液比周围的脑组织吸收更多的射线。图片显示的方位是面部朝上，背侧朝下，左右与实体相反。扫描图1显示通过双眼与颅底的横断面。

J. McA. Jones.

通过**磁共振成像（MRI）**甚至可以得到更精细的人脑内结构图片。MRI类似CT扫描，但是不使用X射线，而是形成穿过病人头部的强大磁场。病人的身体被置于强磁场内时，身体内分子的一些原子核发生特定的方位共振，这时，再加入射频脉冲穿过身体，这些原子核会发射自身的射频脉冲。不同的分子释放不同频率的能量。MRI扫描调定为探测氢原子的射频。因为氢原子以不同的浓度存在于不同的组织，扫描器可以根据这些信息形成脑层面的图像。MRI不像CT只限于水平断层扫描，它还可以在冠状位和矢状位进行扫描成像。【见图5.17】

正如图5.17所示，磁共振扫描可以区分灰质区域和白质区域，因而可以看见主要的神经纤维束（如胼胝体）。但是磁共振扫描不能呈现小的纤维束。一种特殊改良过的MRI扫描仪则可以呈现小纤维束和神经纤维的示踪。在绝对零度以上，热扰动会使所有分子都做无规则运动：温度越高，无规则运动越剧烈。磁共振**弥散张量成像（DTI）**所应用的原理是：白质纤维束内的水分子不做无规则运动，而是沿着构成纤维束的轴突的平行方向运动。MRI扫描仪利用水分子移动的信息来确定白质轴突纤维束的位置和方向。图5.18展示了使用DTI得到的人脑中从丘脑投射到大脑皮层的部分轴突的矢状视图。计算机赋色以便区分不同的轴突纤维束。【见图5.18】

磁共振成像（magnetic resonance imaging, MRI）：一种可以使人体内部精确成像的技术；利用射频脉冲和强磁场的相互作用。

弥散张量成像（diffusion tensor imaging，DTI）：一种应用改良过的MRI扫描仪来显示活体人脑中有髓鞘的轴突束的成像方法。

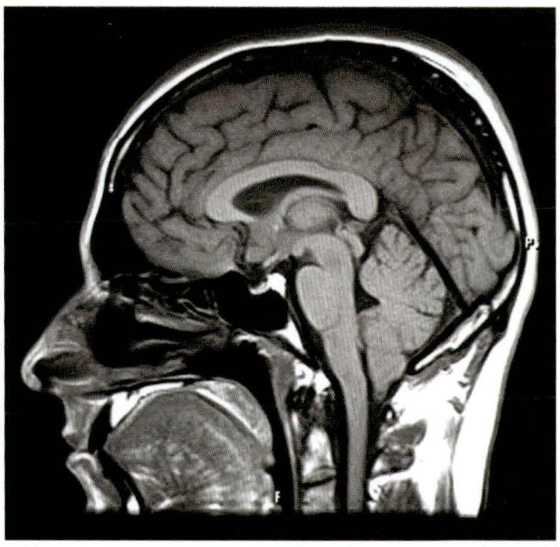

图5.17 磁共振成像（MRI）。人脑的正中矢状位MRI成像。

Living Art Enterprises/Science Source/Photo Researchers, Inc.

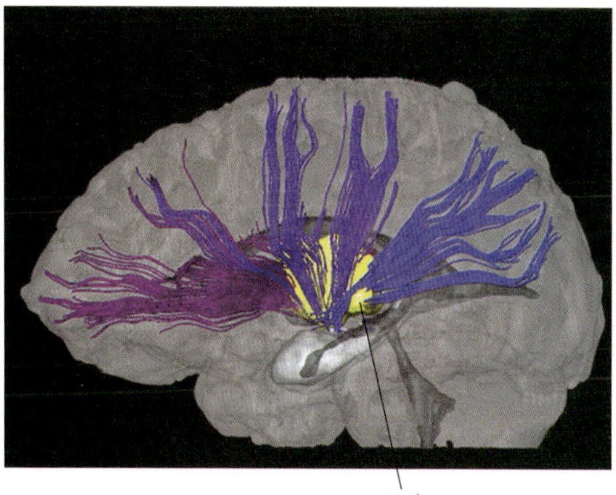

图5.18 弥散张量成像（DTI）。人脑中从丘脑投射到大脑皮层的部分轴突的矢状视图。

From Wakana, S., jian, H., Nagae-Poetscher, L. M., van Zijl, P. C. M., and Mori, S. *Radiology*, 2004, 230, 77–87.

小　结

实验毁损法

行为神经科学研究的目的是了解某种特定行为所需的脑功能，以及执行这些功能的神经回路。脑毁损是最早用于此类研究，也是至今最有效的方法之一。皮层下毁损借助立体定位仪完成。从立体定位图谱中获得毁损部位的坐标，然后将电极或导管的顶端植入目标。通过电极的射频电流或从导管里注入兴奋性氨基酸即可造成脑毁损。兴奋毒性毁损的优点是仅仅破坏该区内的神经细胞，不损伤过路的轴突纤维。

动物行为观察结束后必须确认脑毁损的部位。处死动物后取脑，放入福尔马林或其他固定液中。用切片机将脑组织制片，常以冰冻切片的形式获得很薄的脑切片。脑切片贴于载玻片上进行胞体染色，然后在显微镜下观察。

在光学显微镜下，我们能够看到细胞和大的细胞器，而电子显微镜可用于观察更精细的结构，例如单个线粒体及突触小泡等。扫描电子显微镜可以提供组织的三维立体图像，不过放大倍数比透射电子显微镜低。

研究程序的下一步常常需要找出目标脑区与其他脑区之间的传出和传入神经联系。传出神经联系（将目标脑区的信息传给其他脑区）用顺行标记法显示，例如使用 PHA-L 顺行标记法追踪。传入神经联系（将其他脑区的信息传到目标脑区）用逆行标记法显示，例如荧光金逆行标记法。构成突触的各神经元的链式联系可用跨神经追踪法来揭示，常用到减毒狂犬病病毒和疱疹病毒。

在人脑中虽然不能为了实验研究进行精确部位的脑毁损手术，不过疾病和事故可能导致脑损伤，如果我们知道损伤的位置，我们就可以观察病人的行为，推测出执行相关脑功能的神经回路。如果病人死亡且可以获得大脑，就能用通常的组织学方法进行研究，否则，需用 CT 或 MRI 扫描仪对活体脑进行检查。应用改良过的 MRI 扫描仪还可以进行弥散张量成像（DTI），呈现活体人脑中有髓鞘的轴突纤维束。

表 5.1 总结了这一部分提及的研究方法。【见表 5.1】

思考题

1. 在“神经连接追踪法”部分，作者写道：“实验组一只大鼠有交配行为，但后来鉴定发现这只大鼠的损伤位置不在下丘脑腹内侧核，故数据被剔除。”观察带有毁损位点的染色脑切片并判断其目标脑区是否正确毁损的实验人员是否应该知道每一张脑切片属于哪一只动物？请说明原因。
2. 你是否想看到自己大脑的磁共振图像？为什么？

表 5.1　研究方法：第一部分

目的	方法	备注
特定脑区的破坏或失活	无线射频毁损	破坏电极尖端的所有脑组织
	兴奋性毁损；使用兴奋性氨基酸，如红藻氨酸	只破坏导管尖端的细胞胞体，保留路经此区的轴突纤维
	注射局部麻醉剂或药物造成局部的神经抑制	让特定脑区暂时失活；动物可做自身对照
	注射结合抗体的毒素	破坏含有抗体的神经元；制造非常精确的脑毁损
在特定脑区植入电极或导管	立体定位手术	参照立体定位图谱确定坐标
鉴定毁损位点	固定脑组织、切片、染色	
鉴定特定脑区的轴突传出纤维和其终扣	顺行标记法，如 PHA-L	
鉴定终止于特定脑区的传入神经纤维	逆行标记法，如荧光金	
鉴定以突触相互联系的系列神经元	跨神经追踪方法；使用减毒狂犬病毒	能同时用于顺行和逆行追踪
定位活体人脑的损伤	计算机辅助体层成像（CT）	显示脑截面，使用 X 射线
	磁共振成像（MRI）	显示脑截面，比 CT 提供的细节更精细，使用磁场和射频脉冲

神经活动的记录和诱发

本章第一节谈到脑的解剖和对特定区域毁损的结果。这一部分讲述另一种不同的研究途径：通过记录或诱发特定区域的神经活动来研究大脑。脑功能涉及神经回路的活动，不同的知觉和不同的行为反应与大脑不同的活动模式密切相关。研究者们建立了许多方法来记录这些神经活动或者人为地诱发这些活动。

神经活动的记录

轴突产生动作电位，终扣在构成突触的神经元细胞膜上诱发出突触后电位。这些电学事件可以被记录下来（如第2章所述），特定区域的电活动的变化能用于判断这一区域是否在各种行为中发挥作用。例如，电活动可以在呈现刺激、行为决策或机体运动过程中进行记录。

在动物术后恢复后的时间里可以做长时间记录，或者麻醉动物后进行短时记录。在动物麻醉状态下进行的短时记录一般仅限于对感觉通路的研究，很少用于行为观察，不考虑别的原因，至少麻醉动物的活动能力很有限。

如果我们想要在清醒的能自由活动的动物身上记录特定脑区的活动，就需要通过脑立体定位手术埋置电极。将电极连接到微型插座上，用牙科塑材将插座固定在动物的颅骨上。接下来，在动物术后恢复后，就可以将记录系统“插入”微型插座进行记录。实验动物的行为正常，不会察觉到颅骨上的微型插座。【见图5.19】

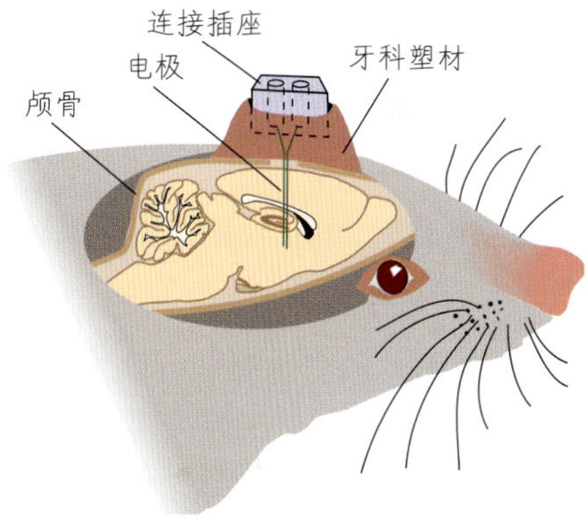

图5.19 电极的植入。图示电极的持久连接装置，连有固定于颅骨上的插座。

微电极记录

影响5-羟色胺能神经元和去甲肾上腺素能神经元的药物也影响快速眼动睡眠。基于这一事实，我们猜测，在睡眠的不同阶段，5-羟色胺能神经元和去甲肾上腺素能神经元的活性不同。为了找出答案，我们采用**微电极**记录这些神经元的活动。微电极顶端非常细小，足以记录到单个神经元的电活动。这一技术常被称为神经元**单位放电记录**（单位指单个神经元）。

想要长时间记录清醒动物的单个神经元的电活动，我们需要更稳定持久的电极。购买非常细的导线，用专门的绝缘漆处理后拧成一束，仅露出尖端。在植入微电极时，研究者常在动物的颅骨上安装相当复杂的装置，其中包括螺旋调节器，可用来将单个电极或一组电极插入更深的位置，这样就可以在观察过程中记录大脑不同部位的活动。

微电极监测到的电信号非常小，必须经过放大处理。放大器的工作原理与立体音响一样，将记录的脑内较弱的信号转成较强的信号。这些信号呈现在示波器上，并被储存在计算机上供以后分析。

对5-羟色胺能神经元和去甲肾上腺素能神经元的记录结果如何呢？你

微电极（microelectrode）：一种非常细小的电极，通常用来记录单个神经元的电活动。

单位放电记录（single-unit recording）：记录一个神经元的电活动。

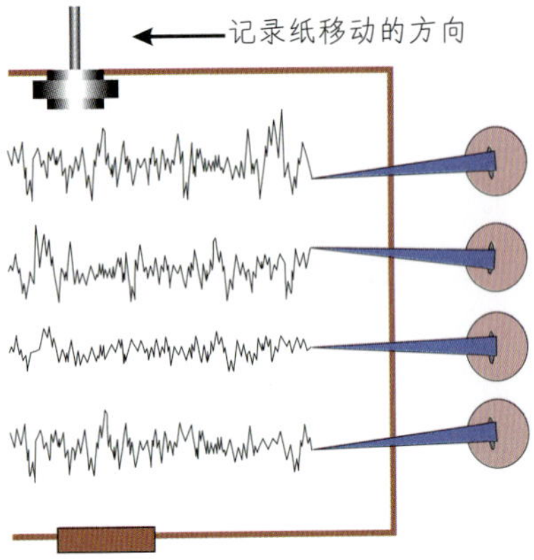

图 5.20 描记器得到的记录。

在第8章将会看到的，在睡眠的不同阶段记录神经活动，会发现在快速眼动睡眠时，这些神经元的放电率降低到接近零的水平。这个现象提示，这些神经元对快速眼动睡眠有抑制作用，也就是说，如果它们不停止放电，快速眼动睡眠就不可能发生。

粗电极记录

有时，我们想记录一个脑区总体的电活动，而不是单个神经元的活动。这时我们会使用粗电极。**粗电极**不能探测单个神经元的活动，而是记录电极所在区域成千上万甚至上百万个细胞的突触后电位的总和。这些电极可以是植入脑的钝头的导线，以螺钉固定于颅骨上，也可以是金属片，用一种特殊的导电胶贴在人的头皮上。从头皮采集的信号反映许多神经元的总体电活动，这些电信号穿过脑脊膜、颅骨和头皮再传至电极。

有时神经外科医生也会把粗电极直接植入人脑，目的是为了探查导致频繁抽搐的异常电活动的来源。一旦病源被确定，外科医生就能打开颅骨，去除病灶——通常是既往脑损伤造成的疤痕组织。通常情况下，人脑的电活动是用贴在头皮上的电极进行记录，然后显示在描记器上。

粗电极（macroelectrode）：用来记录特定脑区大量神经元的整体电活动的电极；比微电极大很多。

脑电图（electroencephalogram，EEG）：将电极放置在头皮上记录的脑电波。

脑磁描记法（magnetoencephalography，MEG）：通过由电活动诱发的磁场探测同步激活的神经元的过程。使用一组超导量子干涉仪。

描记器包括一列笔针和一长条记录纸，记录纸可以在笔针下移动。这些笔针其实是大电压表的指针，会随着生物电放大器传来的电信号上下移动，在移动的记录纸上描记出波形。图5.20描述了置于人头皮不同位置粗电极记录的电活动。【见图5.20】这样的记录被称作**脑电图（EEGs）**或"脑电记录"，可以用来诊断癫痫症或研究睡眠觉醒的阶段，这些都和电活动的特征性模式有关系。

脑电图的另一个用处就是在可能会损伤脑功能的手术过程中监控大脑的状态。本章末尾处还会介绍脑电图监控方法在血管手术中的应用。

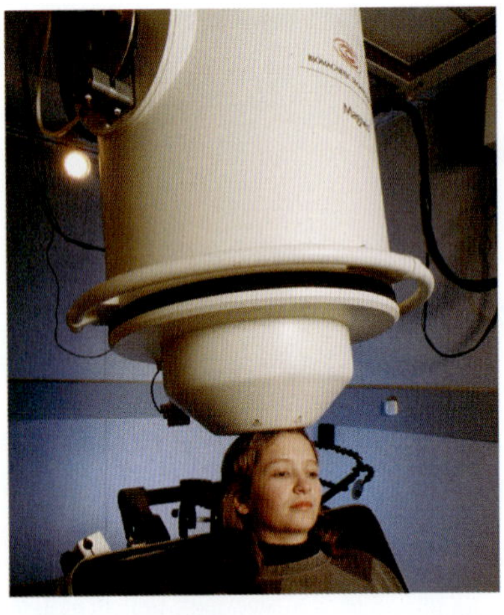

图 5.21 脑磁描记法。一组在神经磁强计中的超导量子干涉仪测量由脑电活动引起的磁场局部改变。

PHANIE/Science Source/Photo Researchers, Inc.

脑磁描记法

毫无疑问，电流通过导体时会产生磁场。也就是说，当动作电位经过轴突时，或突触后电位通过树突、穿过神经胞膜时，也会产生磁场。这些磁场相当小，不过工程师制作了一种超导探测器（称作超导量子干涉仪，SQUID），可以探测到近地球磁场十亿分之一的微小磁场。**脑磁描记法（MEG）**用*神经磁强计*进行，这个设备包括数个超导量子干涉仪构成的阵列，它们按一定的方位排列使计算机能检测到输出信号，计算脑内特定信号的来源。图5.21中的神经磁强计包括275个超导量子干涉仪。这些设备可以用于临床，例如，用来找出待切除的抽搐病灶。它们还能用于实验研究，测评不同的感觉刺激，在执行不同行为或认知任务的过程中的脑区活动。【见图5.21】

脑磁描记法的一个重要优势是它的时间分辨率高。fMRI（后文介绍）的空间分辨率很好，但是时间分辨率较差。就是说，fMRI图像可以精确地测量相近脑区的活动差异，但是相对于大脑中信息的快速传递，获得 fMRI 图像则需要花费相当长的时间。虽然 MEG 图像比 fMRI 图像粗糙得多，但是 MEG 可以快速得到图像，因此可以反应脑内快速发生的事件。

脑代谢和突触活动的记录

电信号并不是神经活动的唯一标志。如果特定脑区的神经活动增加，这一脑区的代谢率也会增高，主要原因是细胞膜上的转运蛋白活动增多。这种代谢率的增高可以被检测。实验者将具有放射性的**2-脱氧葡萄糖（2-DG）**注入动物的血液中。因为这种化学物与葡萄糖（脑的主要能量来源）类似，可被细胞摄取，细胞越活跃消耗的葡萄糖越多，摄取的2-DG的浓度也越高。而2-DG与葡萄糖不同，不能被细胞代谢，所以仍留在细胞内。实验者处死动物后取脑组织切片，准备进行*放射自显影*。

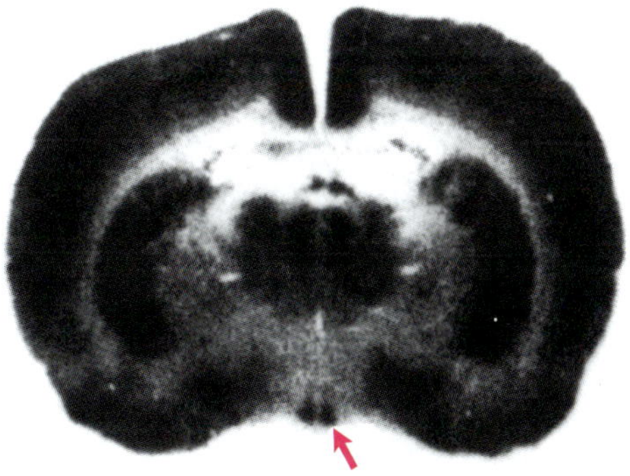

图 5.22 2-DG **放射自显影**。大鼠脑组织的 2-DG 放射自显影（冠状位，背侧向上），显示了脑底部双侧下丘脑内活动特别强的区域。

American Association for the Advancement of Sciences.

放射自显影技术可以简单地被认为是利用物质自身的放射性来显影。脑切片被放置在显微镜载玻片上，再置于黑暗的房间里，用感光剂（一种摄影胶卷上的物质）处理。几周后，带有感光剂的切片就像底片一样冲洗出来。具放射活性的2-DG同X射线和光线一样能使感光剂曝光，呈银色的点状颗粒。

大脑中最具活性的区域放射性最强，在显影的感光剂里表现为黑点。图5.22展示了一个大鼠脑切片的放射自显影胶片；底部的黑点（箭头指向）是代谢率异常增加的下丘脑核团。第8章详述了这些核团及其功能。【见图5.22】

另一种鉴定脑活动区域的方法的原理是：当神经元被激活（例如，被与它们构成突触的终扣激活），核内被称为*即早基因*的特定基因会启动，产生特定的蛋白质，与核内的染色体结合，这些蛋白质的出现提示该神经细胞刚刚被激活过。

Fos 是被激活的神经元产生的核蛋白之一。本章中曾经虚构了一项对雌性大鼠性行为所涉及的神经回路进行研究的课题。假设在这一课题中，我们想使用 Fos 来观察在雌鼠的性行为中哪些神经元被激活。将雌鼠与雄鼠放在一起，使其交配。然后取出鼠脑，制备切片，对 Fos 染色。图5.23展示了这一结果：刚刚交配过的雌鼠的内侧杏仁核中的神经元里有许多深色点，提示 Fos 的存在。这些神经元似乎是被在交配行为中生殖器受到的生理刺激激活的。你会想起当我们将逆行示踪剂荧光金注入下丘脑腹内侧核时，发现该区接收了来自内侧杏仁核的神经传入。【见图5.23】

使用一种**功能性成像**的方法，也能在人脑中测量特定脑区的代谢活动。该方法是一种测定人脑中代谢变化或化学变化的方法。**正电子发射成像（PET）**是第一个功能性成像技术。首先，病人接受放射性的2-DG注射（最终，这种化学物质会快速分解，排出细胞外，该剂量对人体是无害的），头部置于一个类似CT扫描仪的机器中。当2-DG的放射性分子衰减

2-脱氧葡萄糖（2-deoxyglucose,2-DG）：和葡萄糖一样进入细胞但不被代谢的一种糖。

放射自显影技术（autoradiography）：定位组织切片上放射性物质的方法；放射物使覆盖组织的显影剂或胶片曝光。

Fos：因突触刺激，神经细胞被激活后，在细胞核内产生的一种蛋白质。

功能性成像（functional imaging）：一类计算机化的检测技术，检测特定脑区的代谢变化和化学变化。

正电子发射成像（positron emission tomography, PET）：定位活体脑中放射性示踪剂的一种功能性成像方法。

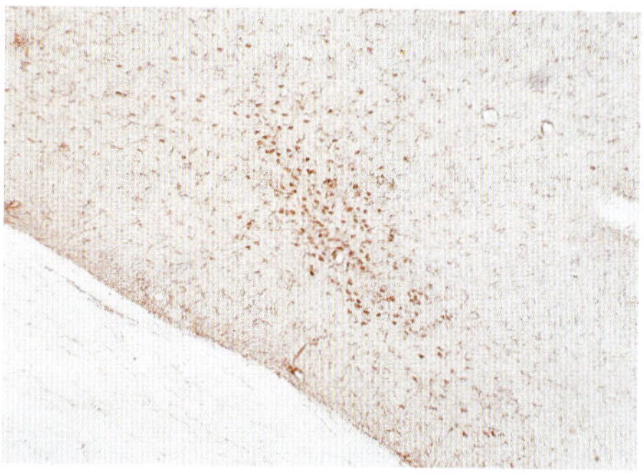

图 5.23 **Fos 的定位**。显微照片显示雌性大鼠内侧杏仁核的冠状切面。深色点标示 Fos 的存在，应用免疫细胞化学技术定位。该动物交配行为激活了 Fos 的合成。

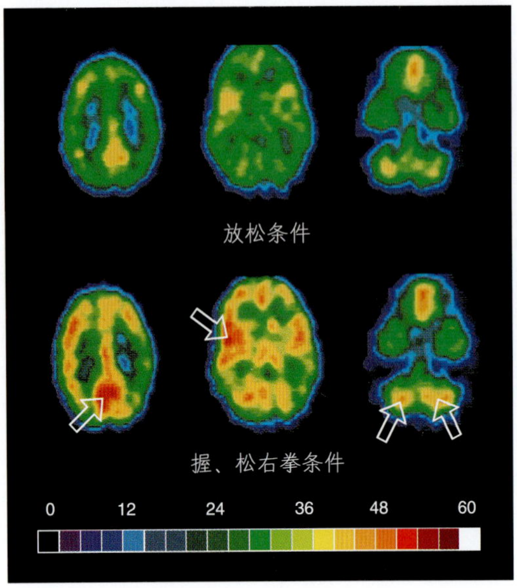

图 5.24 PET 扫描。上行显示了休息中人脑的三张水平面扫描图，下行显示了同一个人在松、握右拳时的三张脑部扫描图。图片显示负责运动控制的脑区放射性 2-DG 摄取增多，提示这些脑区的代谢率增高。不同颜色代表 2-DG 摄取的不同水平，如底部的图例所示。

Brookhaven National Laboratory and the State University of New York, Stony Brook.

时，会发射亚原子物质（称为正电子），当遇到临近的电子时，两种粒子彼此湮灭，放出两个路径完全相反的光子。排布在人头部周围的传感器检测这些光子，由扫描仪绘制出释放光子的位置。通过这些信息，计算机可以制做脑切片的图片，呈现该切片各区域的代谢活动。【见图 5.24】

PET 的缺点之一是操作成本太高。为了安全起见，放射性物质半衰期非常短，也就是说它们会很快衰减，丧失放射性，例如，放射性2-DG 的半衰期是110分钟，放射性水（在PET扫描中也会用到）的半衰期只有2分钟。因为这些化学物质衰减如此迅速，必须用一个叫作回旋加速器的原子物质加速器进行原位生产。所以，在 PET 仪器的费用之外，还附加有回旋加速器的耗费和操作人员的工资等费用。

空间和时间分辨率最高的功能性脑成像技术是**功能性核磁共振（fMRI）**。工程师对原有的 MRI 仪及其软件进行改造，使其能够通过探测脑血流含氧量获得局部脑区代谢活动的影像。脑区的活动增加可以导致该区血流量升高，从而增加了局部的血氧水平。这种成像技术的学名叫血氧水平依赖（blood oxygen level-dependent，BOLD）信号。与 PET 相比，功能性核磁共振的分辨率更高，成像更快，所以能够呈现有关特定脑区活性更精细的信息。本书的后续章节会展示很多使用 fMRI 扫描的功能成像研究。【见图 5.25】

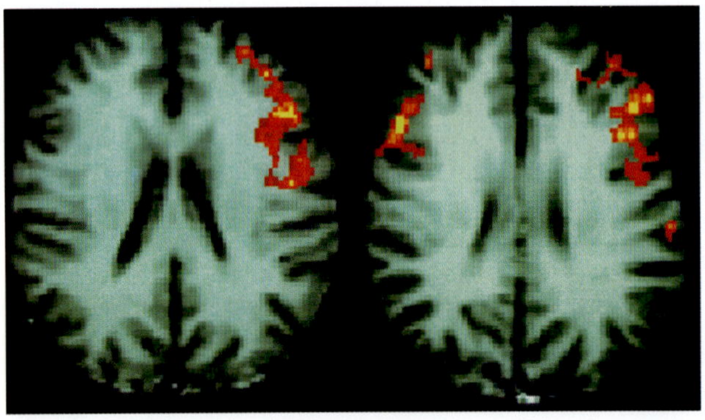

图 5.25 人脑的功能性核磁共振扫描。男性和女性在判断一对单词是否押韵时，局部神经活动增加。左图为男性，右图为女性。

Shaywitz, B. A., et al., *Nature*, 1995, 373, 607–609.

神经活动的诱发

到此为止，这一部分谈到了多种测定特定脑区活动的方法，但有时我们还希望人为改变这些脑区的活动来观察这对动物行为的影响。例如，雌鼠只有在某种雌激素存在的时候才会和雄鼠交配。如果我们把大鼠的卵巢去除，激素的缺乏可能会破坏它们的性行为。早期研究发现，下丘脑腹内侧核的毁损会影响性行为，那么如果我们激活下丘脑腹内侧核，就有可能弥补雌激素缺乏带来的缺陷，从而导致大鼠再次交配。

电刺激和化学刺激

怎么激活神经元呢？我们可以通过电刺激或化学刺激来实现。如图 5.19 所示，电刺激是指给插入脑中的导线通电。化学刺激通常是向脑内注射少量兴奋性氨基酸（如红藻氨酸或谷氨酸等）。如在第 4 章中了解到的，脑中主要

功能性核磁共振（functional MRI, fMRI）：MRI 的一种变型，可以测量脑区的代谢活动。

的兴奋性神经递质是谷氨酸，这两种化学物质都能够激动谷氨酸受体，进而最终激活受体所在的神经元。

脑内注射通常用一种长期固定于动物颅骨的装置完成，这样就可以多次观察动物的行为。将金属管（导向管）置于动物脑中，外露部分以牙科塑材固定于颅骨上。之后用一个较细的特定长度的导管插入这个导向管内，然后将化学物注入脑内。因为动物可以自由活动，所以能够观察到药物的注射对行为的影响。【见图5.26】

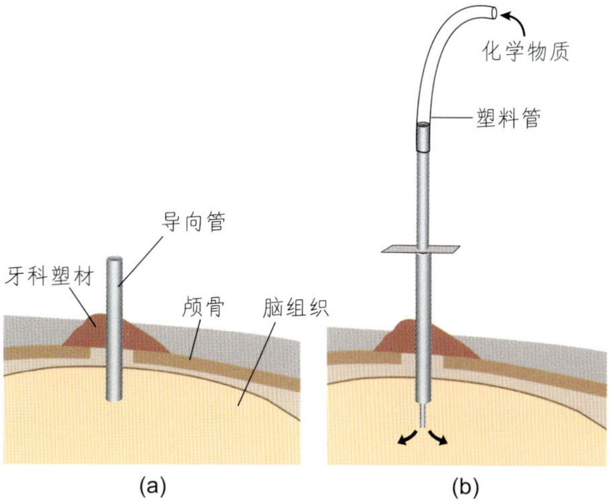

图5.26 颅内插管。一个导向管固定在颅骨上（a），之后将一个较细的导管从导向管中插入脑组织（b）。通过这种装置向脑内注射化学物质。

化学刺激的主要缺点是其操作比电刺激复杂：需要导管、专门的注射泵或注射器和消毒过的兴奋性氨基酸溶液。不过它也具有电刺激所没有的显著优点：它激活神经元胞体而不是轴突。因为只有胞体（及其树突）上有谷氨酸受体，所以可以肯定注入特定脑区的兴奋性氨基酸激活的是该区的细胞而不是穿过该区的其他神经元的轴突。所以说化学刺激的效果比电刺激更加具有区域选择性。

你也许注意到了，刚才提到的用来刺激神经元的红藻氨酸之前曾作为一种神经毒素被提起过。这两种用处实际上并不矛盾。红藻氨酸通过使神经元兴奋直至其死亡来造成脑毁损，大剂量的高浓度溶液会杀死神经元，而小剂量的稀释溶液仅起激活作用。

实验结果如何呢？事实上（正如在第9章将看到的），刺激下丘脑腹内侧核确实能够代替雌激素的作用，雌性的性激素可能在这个核团里发挥作用。本章随后会看到怎样来检验这一假设。

光遗传方法

当化学物质通过导管被注入到脑内，其分子扩散到的脑区中包含不同种类的神经元中，包括兴奋性神经元、抑制性神经元、参与局部神经回路的中间神经元以及联系其他脑区的投射神经元，还有释放或接受多种不同的神经递质和神经调质的神经元。使用电或者兴奋性化学物质刺激特定的脑区会影响上述所有神经元，其结果不可能像正常的大脑活动那样，是许多不同种类的神经元的激活和抑制的协同过程。在理想情况下，我们希望能够选择性地激活和抑制特定脑区中的神经元细胞群。

最近发展出了让我们可以这样做的方法。**光遗传技术**可以激活或抑制特定脑区中特定种类的神经元（Boyden et al., 2005；Zhang et al., 2007；Baker et al., 2011）。许多生物体，甚至是如藻类和细菌这样的单细胞生物体，都有光敏蛋白。研究人员发现，当蓝光激发其中一种光敏蛋白（ChR2）时，离子通道便会打开，带正电的钠离子和钙离子会涌入细胞使得细胞膜去极化，引起兴奋。而当黄光激发另一种光敏蛋白（NpHR）时，转运蛋白会将氯离子运送到细胞内，导致抑制。当适当波长的光照被打开和关闭时，这两种光敏蛋

光遗传技术（optogenetic methods）：使用基因修饰的病毒载体将光敏离子通道插入特定的脑神经元细胞膜上；当给予适当波长的光刺激时，可以使神经元去极化或超极化。

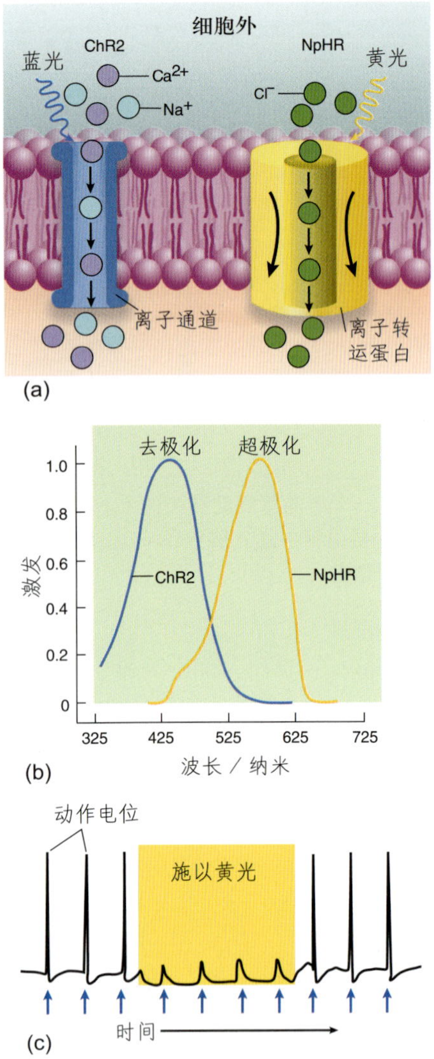

图 5.27　光刺激。(a) 利用基因修饰的病毒将光敏蛋白插入神经细胞膜。蓝光激发 ChR2 离子通道，使细胞膜去极化；黄光激发 NpHR 离子转运蛋白，使细胞膜超极化。(b) 图示不同波长的光作用在 ChR2 或 NpHR 蛋白上对膜电位的影响。(c) 图示蓝光脉冲（箭头）引起的动作电位以及黄光引起的超极化导致的抑制作用。

Part (a) based on Hausser, M., and Smith, S. L. *Nature*, 2007, 446, 617–619, and parts (b) and (c) based on Zhang, F., Wang, L. P., Brauner, M., et al. *Nature*, 2007, 446, 633–639.

白的作用也会非常迅速地开始和结束。【见图 5.27】

ChR2 和 NpHR 能被引入神经元中。把编码它们的基因整合到无害病毒的遗传物质中，这些病毒随后被注射到脑内，它们就会感染神经元并且开始表达可以插入细胞膜的蛋白质。可以通过基因修饰让蛋白质只在特定种类的神经元中表达。这样，研究者们就可以看到，在特定脑区，特定种类的神经元被激活和抑制。为了激活大脑深处神经元细胞膜上的光敏蛋白，我们可以像植入电极或外套管那样通过立体定位手术将光纤植入脑中，光可以通过光纤传入。

这些研究手段的出现让神经科学家们非常兴奋，因为这些方法为研究大脑中特定神经回路的功能提供了途径。有些研究者还在探索光敏蛋白临床应用的可能性。例如，色素性视网膜炎是一种致人失明的遗传疾病。该病患者出生时视力正常，但是由于视网膜中的光感受细胞的退化，他们会逐渐失明。视网膜主要含有两种光感受器：负责夜间视觉的**视杆细胞**和负责日间视觉的**视锥细胞**。色素性视网膜炎患者的视杆细胞死亡，视锥细胞的胞体虽得以存活，但也对光失去了敏感性。Busskamp 等人（2010）试图使用光遗传方法让通过基因修饰而患上色素性视网膜炎的小鼠重见光明。研究者将 NpHR 靶向导入小鼠的视锥细胞（因为光感受器膜通常会在光的作用下发生超极化，所以他们选择这个蛋白），电信号记录和行为学研究发现，这样的处理至少可以部分恢复动物的视力。此外，同样的处理可以使提取自色素性视网膜炎患者的视网膜组织重新建立对光的敏感性。这些发现为进一步研究这类失明的治疗方法提供了希望。

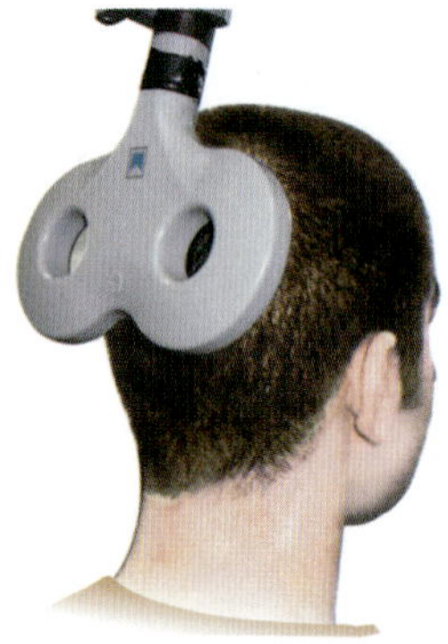

图 5.28　经颅磁刺激。电流通过线圈产生磁场，激活 8 字形中间交叉点下面的大脑皮层区域。

The Kastner Lab/Princeton University.

经颅磁刺激

本章之前提到，神经活动产生的磁场可以用脑磁描记法进行检测。同样，磁场也可以通过使脑组织内产生电流的方式激活神经元。**经颅磁刺激（TMS）**常用排列成数字 8 形的一束导线来激活人类大脑皮层神经元。刺激线圈放在颅骨上，使 8 字中央交叉点位于待激活的脑区正上方。电流脉冲产生磁场激活大脑皮层神经元。图 5.28 展示了一个用于经颅磁刺激的电磁线圈和它在人头部的位置。【见图 5.28】

经颅磁刺激的效果与直接刺激暴露的脑非常相似。例如，在第 6 章将要看到，视觉相关皮层的特定区域激活可能会干扰一个人对视觉刺激移动的觉

经颅磁刺激（transcranial magnetic stimulation, TMS）：通过给放在颅骨旁的线圈通电产生的磁场激活大脑皮层；干扰受刺激脑区的功能。

察能力。另外，在第15章还将看到经颅磁刺激已被用于治疗抑郁等精神疾病的症状。基于不同的刺激强度和模式，经颅磁刺激既可以激活导线束位置下的脑区，又可以干扰该脑区的功能。

小 结

神经活动的记录和诱发

当神经通路执行正常功能时，电活动和代谢活动增强。所以通过观察在动物感知刺激或从事各种活动时的神经活动，我们有可能对不同脑区的功能做出推测。微电极用来记录单个神经元的电活动，长期记录需要将电极固定在电插座上，然后用塑胶黏合剂将其贴在颅骨上。粗电极记录大量神经元的活动。少数案例需要将粗电极植入人脑，但通常粗电极会被放在头皮上用描记器或计算机记录神经活动。这些记录被应用于癫痫病的诊断以及睡眠的研究。

给动物注射放射性2-DG可以用来测定代谢活动，这种放射性2-DG会累积在代谢旺盛的神经细胞中。通过放射自显影来显示放射性：将脑切片置于显微镜载玻片上，用感光剂覆盖后等待一段时间，其后的过程类似于底片显影。神经元受刺激后合成的核蛋白Fos可用特殊染色方法显示。Fos的存在提供了另一个定位脑活动区域的办法。人脑各区的代谢活性也能用2-DG法来测定，不过需要用PET扫描仪来探测。另外两种无创性方法是功能性核磁共振和脑磁描记法，前者通过探测局部脑区氧含量，后者通过检测神经元电活动产生的磁场，都可以测定脑区活动。

研究者们通过植入脑区的粗电极，以微弱电刺激来激活多个脑区，或者将导管植入脑中，待动物从手术中恢复后插入较细的导管，注射低浓度的兴奋性氨基酸溶液来刺激脑区。这种方法的优点是仅激活这一区域的神经元胞体，路经此地的轴突不受影响。病毒可以用于传送光敏蛋白的基因，这些蛋白受到光的刺激时会导致特定的神经元细胞膜的去极化和超极化。经颅磁刺激诱发人大脑皮层的电活动，可以瞬时干扰局部的神经回路的功能。

表5.2总结了这一部分提到的研究方法。【见表5.2】

思考题

1. 假设你有机会记录某人（也可以是自己）完成某一行为、思考某事或是注意某种特殊的刺激时的fMRI，描述你想让被试做什么。
2. 请思考如何应用光遗传技术研究参与行为控制或者感觉系统的神经机制。

表5.2 研究方法：第二部分

目的	方法	备注
记录单个神经元的电活动	玻璃或金属微电极	金属微电极持久植入脑中，在动物活动时记录神经活动
记录脑区电活动	金属粗电极	人体上常用特殊的黏胶贴在头皮上
记录神经活动诱导的磁场	脑磁描记法；使用包含一组超导量子干涉仪的神经磁力计	可以确定同步放电的神经位置
记录脑区的代谢活性	2-DG放射自显影	测量局部葡萄糖利用率
	Fos的测量	鉴定最近被激活的神经元
	2-DG的PET扫描	测定人脑区域代谢活动
	fMRI扫描	测定人脑区域代谢活动，比PET扫描有更高的空间和时间分辨率
神经活动的诱发	电刺激	激活电极尖端附近的神经元和路经该区的轴突
	使用兴奋性氨基酸进行化学刺激	仅激活导管尖端周围的神经元，不影响路经此地的轴突
	经颅磁刺激	用放置在头部的电磁刺激人大脑皮层的神经元

神经化学方法

有时我们感兴趣的不是特定脑区的一般代谢活动，而是表达特殊类型受体或合成特定类型神经递质（或神经调质）的神经元的定位。我们也许还想检测特殊情况下特定脑区的神经元分泌的这些化学物质的含量。

合成特定神经化学物质的神经元定位

假设我们知道一种特殊的药物影响行为，我们怎么找出受这种药物影响的神经通路呢？为了回答这个问题，下面举例说明。几年前内科医生发现暴露于某种杀虫剂（有机磷酸酯类）的农场工人会做一些带有强烈情绪色彩的怪梦，甚至有些人在清醒的时候也会出现幻觉。对这些症状可能的解释是药物影响了与快速眼动睡眠有关的神经回路，梦就发生在睡眠的这一阶段（毕竟梦是我们睡眠时的幻觉）。

相关的首要问题是有机磷酸酯杀虫剂是如何发挥效应的。药理学家提供了答案：这些药物是乙酰胆碱酯酶抑制剂。如同在第4章中了解的，乙酰胆碱酯酶抑制剂是强效的乙酰胆碱激动剂。这些药物通过抑制胆碱酯酶，阻止从终扣释放的乙酰胆碱的迅速分解，最终导致乙酰胆碱能突触的突触后电位时程增长。

现在我们了解了杀虫剂的作用，知道这些药物作用于乙酰胆碱能突触。能用什么神经化学方法来发现这些药物在脑内的作用位点呢？首先可以考虑的是定位特定神经化学物质（如神经递质和神经调质）的方法（在这里，我们感兴趣的是乙酰胆碱）。最少有两种基本方法：定位化学物质本身或者定位合成它们的酶。

图5.29　通过免疫细胞化学方法定位肽类。显微相片展示了大鼠前脑冠状切面的一部分。金色和铁锈色纤维是含有抗利尿激素（一种肽类神经递质）的轴突和轴突终扣。

Geert De vries, Georgia State University.

多肽（或蛋白质）能通过免疫细胞化学法直接定位，在本章的第一部分已经讲过这一方法。将脑组织切片暴露于与染剂（通常是一种荧光染料）偶联的这种多肽的抗体，然后在特定波长的光线下观察。例如，图5.29显示了前脑中含有抗利尿激素（一种肽类神经递质）的神经元轴突的位置。有两束轴突显像，一束构成脑底的第三脑室外周的脉络丛，呈现出铁锈色。另外一束呈放射状穿过外侧隔区，看上去像一束金色纤维。（可以看到，一张染色恰当的脑切片可以很美。）【见图5.29】

但是乙酰胆碱不是肽，所以不能使用免疫细胞化学法，不过我们可以定位产生乙酰胆碱的酶。乙酰胆碱是由胆碱乙酰转移酶（ChAT）合成的，所以含有这种酶的神经元多数会分泌乙酰胆碱。图5.30展示了经过免疫细胞化学法鉴定脑桥内的乙酰胆碱能神经元；脑组织暴露于带有荧光染料的ChAT的抗体。事实上，用本章提及的许多研究方法进行的研究均表明这些神经元在控制快速眼动睡

眠中发挥作用。【见图5.30】

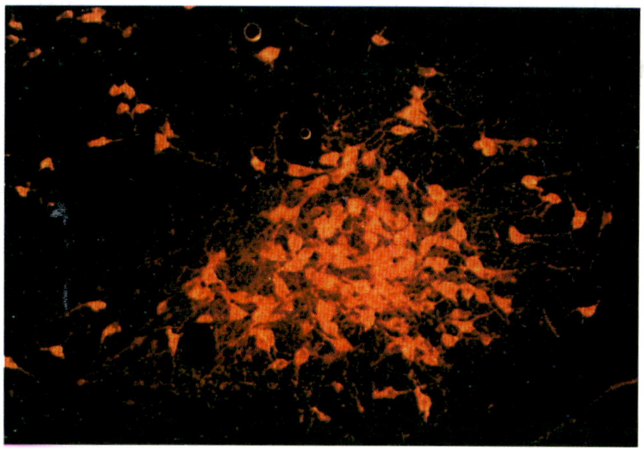

图 5.30　酶的定位。定位合成神经递质的酶，免疫细胞化学显像。显微相片展示了脑桥的一个截面。橙色的神经元含有胆碱乙酰转移酶，表示它们在合成并分泌乙酰胆碱。

Courtesy of David Morilak, Ph. D. and Roland Ciaranello, M. D.

特定受体定位

如第4章中所见，神经递质、神经调质和激素通过与受体结合向靶细胞传递信息。可以用两种不同的方法定位这些受体。

第一种是放射自显影技术。脑切片暴露于针对特定受体的放射性配体的溶液中，接下来漂洗脑切片使脑切片上保留的放射性仅限于与受体结合的配体分子。最后使用放射自显影来定位放射性配体以及与它结合的受体。图5.31展示了一例放射自显影的结果。我们可以看到大鼠脑切片的放射图像，脑切片被含有放射性吗啡的溶液浸泡过，放射性吗啡可以结合脑内的阿片受体。【见图5.31】

第二种是用免疫细胞化学技术。受体是蛋白质，所以可以制造针对它们的抗体。将脑切片暴露于合适的抗体（用荧光染料标记），在特定波长的光镜下观察脑切片。

现在用定位受体的方法来研究本章的第一个问题：下丘脑腹内侧核在雌性大鼠性行为中的作用。正如我们所见，下丘脑腹内侧核的毁损破坏了这种行为。我们还知道大鼠卵巢切除后性行为消失，而用电刺激或化学刺激下丘脑腹内侧核可以重新激发性行为。这些结果提示，卵巢产生的性激素可能作用于下丘脑腹内侧核内的神经元。

验证这个假设需要两个实验。首先，要用图5.26展示的过程将少量性激素注入卵巢切除后的雌鼠的下丘脑腹内侧核中。如同将在第9章中看到的，此操作发挥了作用，性激素确实恢复了动物的性行为。第二个实验会用放射自显影来寻找性激素相关的受体。将脑切片暴露在具放射性的激素中，漂洗后进行放射自显影，我们会发现下丘脑腹内侧核内具放射性（如果我们将雌性与雄性大鼠的脑切片进行比较，我们会在雌鼠脑内发现更多的性激素受体）。还可以采用免疫细胞化学技术来定位性激素受体，得出相同的结果。

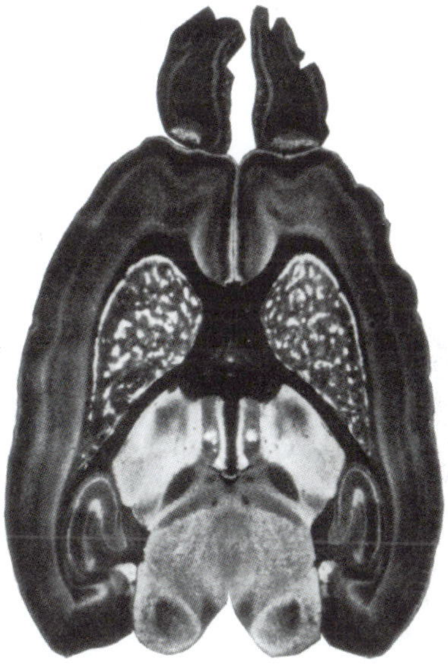

图 5.31　放射自显影。图示大鼠脑部放射自显影（水平面，嘴端朝上），经放射性吗啡（一种阿片受体的配体）溶液的浸泡。白色区域是受体所在位置。

Herkenham, M. A., and Pert, C. B. *Journal of Neuroscience*, 1982, 2, 1129–1149.

脑内分泌化学物质的测定

前两个小节阐述了如何鉴定细胞内或细胞膜上的化学物质的位置。但是，有时我们想要测量特定脑区分泌的某种化学物质的浓度。例如，我们知道可卡因是一种典型的成瘾药物，它可以阻断多巴胺的再摄取，说明当人使用可卡因时某些脑区的细胞外多巴胺浓度升高。为了测量实验动物特定脑区的多巴胺含量，我们可以使用**微透析**方法。

微透析（microdialysis）：将半透膜制成的透析管植入脑，分析细胞间隙化学物质的方法。

透析是一种用人工的选择性透膜来分离物质的方法。微透析探针（如图5.32所示）由一个小钢管构成，溶液通过这根钢管进入一小段透析管，透析管

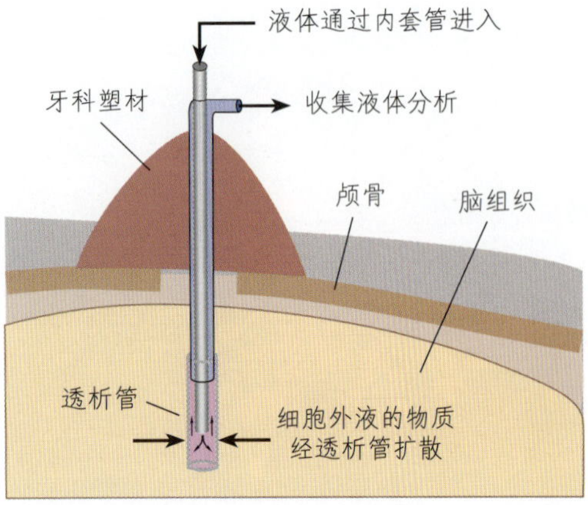

图 5.32　微透析。稀释盐溶液缓慢注入透析管中，获取从细胞外液扩散来的分子，然后分析液体成分。

由一片呈圆柱形的透析膜构成，底部封口。溶液经循环后从另一个小钢管流出。【见图 5.32】

用立体定位手术将微透析探针植入大鼠脑内，顶端位于感兴趣的脑区。将少量与细胞外液成分相似的溶液通过其中一个小钢管泵入透析管，液体通过透析管循环后从第二个钢管中流出供收集分析。当液体流过透析管时，待测的物质可顺浓度梯度扩散，从脑细胞外液进入透析液中。

我们用一种非常灵敏的方法来分析经透析管收集到的液体成分，可以检测神经递质（和它们的分解产物）。这些神经递质由神经末梢释放后从突触间隙进入细胞外液，再经透析管收集。我们发现，给大鼠注射可卡因后，位于基底前脑的伏隔核细胞外液的多巴胺含量显著升高。事实上，当我们使用任何成瘾药物（例如，海洛因、尼古丁或酒精）后，此区域的多巴胺含量都会增加。我们甚至发现当动物饿了吃食、渴了饮水或是进行性行为之类的愉悦活动时，多巴胺的分泌也会增加。这种现象支持一个结论：伏隔核内多巴胺的释放在强化过程中发挥作用。

在少数特殊情况下，微透析也能用于人类（例如，监测颅内出血和脑外伤病人的脑内化学物质）。不过从伦理学角度讲，我们不能将它用于人脑实验研究。值得庆幸的是，我们有无创监测人脑内化学物质的方法，如 PET。虽然 PET 扫描仪很昂贵，但它的用途广泛，可以被用于定位任何发射正电子的放射性物质。

第 4 章的引子曾提到，几年前，有人自己注射了受污染的违法药物，这种药物破坏了他们的多巴胺能神经元，因而使他们患上了严重的帕金森病。最近，神经外科医生用立体定位手术将胚胎的多巴胺能神经元移植到其中一些病人的基底节中。图5.33展示了其中一个病人的 PET 扫描图，这个病人在每次扫描前一小时接受一次放射性左旋多巴注射。我们在第 4 章了解到，左旋多巴被多巴胺能神经元神经末梢摄取，转化为多巴胺。因此扫描图中的放射性提示了基底节中有分泌多巴胺的神经末梢。图像还显示了在病人接受移植术前（图 a 部分）后（图 b 部分）的放射量。可见，移植手术显著缓解了他的症状。【见图 5.33】

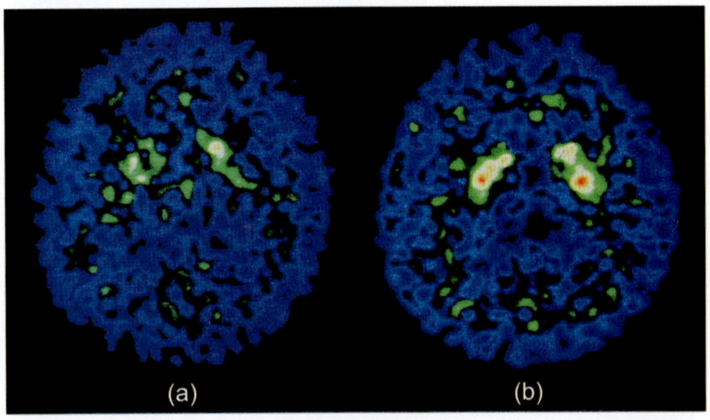

图 5.33　帕金森病人的 PET 扫描。扫描显示，某帕金森病人基底节放射性左旋多巴的摄取情况，该病人的帕金森病是由毒性化学品引起的，扫描分别在接受胚胎多巴胺能神经元移植术的前后进行。(a) 术前扫描图像，(b) 术后 13 个月扫描图像。左旋多巴摄取量的增多提示胚胎移植物正在分泌多巴胺。

Widner, H., Tetrud, j., Rehncrona, S., Snow, B., Brundin, P., Gustavii, B., Björklund, A., Lindvall, O., and Langston, j. W. *New England Journal of Medicine*, 1992, 327, 1556–1563.

真希望胚胎移植术能治愈那些因注射了污染药物而患上帕金森病的病人。但不幸的是，我们将在第 14 章看到，这种治疗方法通常只有临时效用，随着时间的流逝，常常会出现严重的副作用。

小 结

神经化学方法

神经化学方法可用于判断脑内多种物质的位置，可以定位分泌某种神经递质或神经调质的神经元，以及这些物质的受体所在的神经元。多肽和蛋白质能通过免疫细胞化学技术直接定位；组织暴露于荧光剂偶联的抗体分子，荧光剂可以在特定波长光线下发出荧光。其他物质可以通过免疫细胞化学方法探测合成它们的酶来定位。

有两种方法定位神经化学物质的受体：第一种用放射自显影技术来检测经放射性配体处理的组织中放射性的分布；第二种方法是用免疫细胞化学技术来检测作为蛋白质的受体自身的存在。

神经递质和神经调质的分泌可以通过将透析探针的尖端埋入目标脑区来测量。PET扫描仪可以用于测量人脑中的神经递质和神经调质。给待测人员注射放射性示踪剂，例如，绑定了特殊受体的药物，或者是整合进特定神经递质中的化学物质，PET扫描仪会显示示踪剂在脑中的位置。

表5.3总结了这一部分提到的研究方法。

思考题

如何将在本章学到的实验方法应用于对行为、认知过程或者知觉能力的研究？选择感兴趣的主题进行描述。阐述你设计的相关实验，并说明每种方法能提供哪些信息。

表5.3 研究方法：第三部分

目的	方法	备注
测量神经元释放的神经递质及神经调质	微透析	可以分析多种物质
对活体人脑神经化学物质的测量	PET 扫描	可以定位人脑吸收的任何放射性物质
鉴定合成特定神经递质或神经调质的神经元	用免疫细胞化学方法定位多肽或蛋白质	需要特异性抗体
	用免疫细胞化学方法定位负责物质合成的酶	在该物质不是蛋白质或肽类时使用
鉴定含有特定受体的神经元	放射性配体的放射自显影定位	需要特异性抗体
	用免疫细胞化学方法定位受体	

遗传学方法

所有的行为都取决于个体大脑与环境的相互作用。许多行为特征（诸如才能、个性差异及精神疾病）都具有家族性。这个事实提示遗传因素可能参与生理差异的形成并最终导致这些特征。在某些病例中，遗传的相关性是很明显的：基因缺陷干扰脑的发育，神经生理异常导致行为缺陷。在另外一些例子中，遗传和行为之间的联系则更加微妙，必须用专门的遗传学方法来揭示。

双生子研究

为了评估遗传对某种特征的影响，最有说服力的方法是配对比较在同卵双生和异卵双生的双胞胎中这种特征的*一致率*。单卵双胞胎（同卵双生子）有完全一样的基因型——也就是说，他们的染色体和基因是完全一致的。相对而言，双卵双生子（异卵双生子）的基因相似性平均算来是50%。研究者研

双生子研究为评估遗传和环境在特定行为特征形成中的作用提供了强有力的方法。

Michael Schwartz/The Image Works.

究了有关双胞胎的记录，这些双胞胎中至少有一个具有某特征——例如，确诊患有某种精神疾病。如果双胞胎都患有这种疾病，他们就被认为具有一致性。如果只有一个人被确诊，这种双胞胎就不具备一致性。所以，如果疾病具有遗传基础，诊断一致的同卵双生子的比率就应该比异卵双生子要高。例如，我们会在第15章看到的，就精神分裂症的同病率而言，同卵双生子至少比异卵双生子高4倍。这一发现提供了有利证据支持精神分裂症具有遗传特性。双生子研究已经发现了许多个人特征，包括个性特质、肥胖症的患病率、酗酒概率和多种精神疾病，都受遗传因素影响。

收养研究

另一种评估某种行为特征遗传度的方法，是将早年被收养的人群和他们的亲生父母、养父母进行比较。所有的行为特征都在某种程度上受遗传因素、环境因素以及二者的相互作用影响。环境因素是社会和生物两方面的。例如，母亲妊娠期间的健康、营养和服药情况属于出生以前的环境因素，孩提时代的饮食、医疗卫生条件和社会环境（家庭内外的）属于出生后的环境因素。如果一个孩子出生后就被收养，大多数出生后的环境因素将和养父母有关，遗传因素和亲生父母有关，而出生前的环境因素和生身母亲有关。

收养研究需要找到被研究者的父母，并能测评生物学意义上的父母和收养父母的行为特征。如果被收养个体与生物学父母极为相似，可以推论该特征可能受遗传因素影响。为了确认这一点，必须排除被收养个体出生前环境因素的任何可能差异。又或者，这些被收养的人群与养父母相似，则推论这种特征受环境因素影响（可能需要进一步研究来确定这些环境因素是什么）。当然，遗传因素和环境因素也有可能都起作用，这样的话被收养个体应该既像他的亲生父母，也有与养父母类似的地方。

基因组学研究

人类的**基因组**由编码遗传信息的DNA组成。由于我们物种历代的变异累积，除了同卵双生子外，没有两个人会拥有一样的遗传信息。单个基因的特定形式被称为**等位基因**。例如，与虹膜色素生成有关的基因，其不同的等位基因会生成不同颜色的色素。基因组学研究试图确定与多种身体和行为特征相关的基因在基因组中的位置。

基因组（genome）：组成某一物种的DNA的全套基因。

等位基因（allele）：组成基因的DNA碱基对序列；例如，编码蓝色或棕色虹膜色素的基因就是一个特定基因的不同等位基因。

基因连锁研究用于确定家族成员在某一特征上的变异(例如，是否患有某种遗传疾病)的家族。多种标记物——已经确定位置的DNA序列——用于和个人特征相比较。例如，第15章中将会提到一种神经障碍——亨廷顿氏病，与该病相关的基因被发现位于4号染色体短臂上一个已知的标记物附近。相关学者研究了委内瑞拉的一个大家族，该家族中有许多成员患有亨廷顿氏病。他们发现，这些人是否患有该病与这个基因标记物的有无密切相关。

获取人类全基因组DNA序列方法的发展使得**全基因组关联研究**成为可

能。全基因组关联研究使研究者可以比较不同个体的全部或部分基因组，以确定这些人的基因组的差异与他们是否患病（或者其他特征）之间有无联系。我们将在第15、16章中看到，这些研究已经开始揭示与多种精神疾病的发病相关的基因位置。

靶突变

分子生物学家发明的遗传学方法使神经科学家掌握了一个强有力的工具。**靶突变**是在实验室里制造突变基因，将它们插入小鼠的染色体中。有时突变基因（常被称为敲除基因）是有缺陷的，不能产生功能性蛋白质。许多研究案例中突变的靶点是控制某种化学反应的酶。例如，我们将在第12章中见到某种酶的缺乏会干扰学习，提示这种酶可能在与学习相关的突触结构改变中起部分作用。在其他情况里，突变的靶点是本身在细胞中具有功能的蛋白质，例如，第16章将会提到的某种大麻素受体与阿片类物质的强化和镇痛效应有关。研究者甚至可以完成*条件性基因敲除*，即通过给予动物特定的药物致使动物停止表达某一基因。这使得靶基因在动物发育过程中正常表达，而在后期可被敲除。

实验者还可以利用基因工程技术将新的基因插入小鼠的DNA中。这些基因可引起宿主体内某种蛋白表达量升高，或者产生新的蛋白质。

靶突变（targeted mutation）：在实验室制造一种突变基因（也被称为敲除基因），这种基因可以被插入小鼠的染色体中，从而导致其不能产生功能性蛋白质。

反义寡核苷酸

另一种遗传学方法是通过注射**反义寡核苷酸**导致产生可以阻断某个基因编码蛋白的分子。最常见的反义寡核苷酸是修饰过的DNA序列或RNA序列，它们会结合特定的信使RNA分子，阻断其产生相应蛋白质。一旦使用这种方法阻断了信使RNA的功能，胞内的酶就会破坏信使RNA。“*反义*”是指合成的寡核苷酸包含的碱基序列和目标基因或信使RNA分子内的碱基序列是互补的。表5.4总结了这一部分提到的研究方法。【见表5.4】

反义寡核苷酸（antisense oligonucleotide）：是一个修饰过的DNA序列或RNA序列，会结合特定的信使RNA分子，阻断其产生相应蛋白质。

表5.4　研究方法：第四部分

目的	方法	备注
遗传学方法	双生子研究	对比同卵双生子和异卵双生子的一致性来预估某些特征的遗传性
	收养研究	对比子代和亲生父母及养父母的相似性来预估某些特征的遗传性
	基因组学研究	使用基因组分析（基因连锁分析或全基因组关联研究）与某类特性相关的基因
	靶突变	失活某一基因、插入某一基因或增加某一基因的表达
	反义寡核苷酸	和信使RNA结合，阻止蛋白质合成

小 结

遗传学方法

因为基因决定机体的发育发展，所以遗传学方法在行为生理学研究上非常有用。双生子研究比较了同卵双生子和异卵双生子在某种特征上的一致性。若同卵双生的双胞胎具有更高的一致性，则证实这种特征受遗传影响。收养研究比较幼年被收养人群与亲生父母和养父母的差异。如果更像生物学意义上的父母，就提供了遗传因素的证据；而如果更像养父母，则被认为是家庭环境中许多因素的作用。基因连锁研究和全基因组关联研究使得鉴定与多种行为和生理特征相关的基因的位置成为可能。

靶突变使得神经科学家可以研究特定蛋白（例如，某种酶、结构蛋白或受体）存在与否对动物的生理行为特征的影响。导致新蛋白产生或者原有蛋白合成增加的基因可以插入到动物的基因序列中。反义寡核苷酸可以用于阻断特定蛋白质的合成。

思考题

1. 你可能已经阅读过有关人类行为特征的遗传学研究的新闻报道，或者在电视上看过有关的新闻。那么，当一个实验室报道发现了一种“害羞基因”时，实际上指的是什么？
2. 多数大鼠不太喜欢酒精的味道，但是研究者已繁殖出了会大量饮酒的大鼠。你能想到办法将这些大鼠用于研究遗传因素在人类酗酒易感性中的作用吗？

本章结语 | 脑电波观察

出了什么问题？为什么H太太的“成功”手术却导致了神经问题？有什么治疗办法吗？

首先，我们来看看问题的原因。你还记得吧，在医生切除病变冠状动脉并用大腿上的静脉来代替的手术过程中，她的血液经由人工心脏循环流动。机器的输出是可调节的，也就是说，操作人员利用这个控制病人的血压。外科医生尽量使血压保持在一个较高的水平以维持生命，但又不能太高以免干扰冠状动脉上的手术。很不幸，她的冠状动脉不是唯一被阻塞的血管，其脑内的动脉上也有粥样硬化斑块。当人工循环机控制血流时，大脑局部缺血，导致细胞受到损伤。

如果她的血压在手术中一直维持在一个足够高的水平也许能够避免脑损伤。对于许多病人而言，上述的血压水平是足够的，而她不同，所以产生了永久性脑损伤。有没有办法让其他人避免此类遭遇呢？

答案是肯定的，就是用本章提到的脑电图。我们需要用一个警报系统来提示医生大脑血流不足，这样他们就可以调节仪器升高病人的血压。这种警报由脑电图来提供。许多年来，临床脑电图专家（使用脑电图诊断神经系统疾病的专业人员）已经了解到由毒素、缺氧或极低血糖造成的弥漫性广泛脑损伤会引起脑电图正常节律的减慢。幸运的是，只要损伤一开始，这种变化就会立即出现，所以如果用脑电图来监测心脏手术中的病人，脑电图专家就可以观察描记器输出的记录，并在这种记录变慢时提醒手术者。这样，病人的血压可以被升高，直至脑电图恢复正常，从而避免脑损伤。

H太太是在20多年前接受的手术，那时只有少数医生监测病人的脑电波。今天这种措施很普遍了，在其他可能减少脑部血流的手术过程中也有应用。例如，当供给脑大部分血液的颈动脉硬化阻塞时，医生会切开病变动脉取出斑块。在这种颈动脉内膜切除术中，会在颈动脉上放置动脉夹彻底阻断血流，有些病人能够耐受一侧颈动脉暂时断流而不会发生脑损伤，另一些则不行。如果脑电图记录在动脉夹闭过程中没有变化，那么手术可以继续进行。如果有变化，手术者必须将一段塑料管插入夹闭动脉的上下端以维持稳定的脑部血流，而这个过程对病人有额外的风险，所以多数外科医生只有在必要的时候才这么做。脑电图为此提供了至关重要的信息。

关键概念

实验毁损法

1. 神经科学家制造脑毁损，试图根据脑毁损动物行为的改变来推测毁损脑区的功能。
2. 脑深处的脑毁损可以通过植入电极通电或注射兴奋性氨基酸来实现，后一种方法能杀死神经细胞而不损伤穿过该区的轴突。
3. 脑毁损动物的行为应当与接受假手术的动物做比较。
4. 立体定位仪用来将电极或导管植入某一脑区，采用的坐标可以在立体定位图谱上找到。
5. 毁损区的定位通过组织学方法鉴定，包括固定、切片、染色与在显微镜下观察等步骤。
6. 特殊的组织学方法用来追踪某一脑区的传出和传入神经联系。
7. 活体人脑结构能通过 CT 或 MRI 仪器来检查。

神经活动的记录和诱发

8. 用微电极记录单个神经元的电活动，粗电极则记录整个脑区的电活动。脑电图从贴在头皮上的粗电极获得，被记录在描记仪上。
9. 动物某脑区的代谢活动可以用 2-DG 放射自显影技术或者 Fos 的测量来测定，人脑内区域代谢活动可以通过 PET 或 fMRI 来检测。
10. 可以通过电极对神经元进行电刺激，或者通过向脑区注射低浓度兴奋性氨基酸进行化学性刺激。

神经化学方法

11. 免疫细胞化学法能用来定位脑内的肽类，或者定位合成其他非肽类物质的酶。
12. 通过将脑组织暴露于放射性配体，用放射自显影技术或免疫细胞化学方法来定位受体。
13. 使用微透析技术可以测量特定脑区中某种化学物质的分泌情况。PET 可以显示人脑中某种化学物质的定位。

遗传学方法

14. 双生子研究、收养研究以及基因组学研究可以用来评估遗传因素在某种行为或生理特征中的作用。
15. 靶突变是人为制造突变来干扰一种或多种基因功能的方法，研究者利用它可以研究某种基因产物缺乏的效应。
16. 产生新蛋白或者提高原有蛋白合成的基因可被插入动物的基因序列里，反义寡核苷酸可以用来阻断特定蛋白质的合成。

第 6 章

视　　觉

本章要点

- 视觉系统的刺激
- 视觉系统解剖
  - 眼睛
  - 光感受器
  - 眼与大脑的联系
- 视网膜对视觉信息的编码
  - 编码明暗
  - 编码颜色
- 视觉信息的分析：纹状皮层的作用
  - 纹状皮层的解剖
  - 朝向和运动
  - 空间频率
  - 视差
  - 颜色
  - 纹状皮层的模块化组织
- 视觉信息的分析：视觉联合皮层的作用
  - 两条视觉分析通路
  - 色觉
  - 形状加工
  - 运动知觉
  - 空间位置知觉

JOE CASTRO/EPA/Newscom

学习目标

1. 描述光和颜色的特点，简述眼睛的解剖及其与大脑的联系。描述视觉信息的换能过程。
2. 描述光感受器和视网膜节细胞对视觉信息的编码方式。
3. 描述并讨论纹状皮层神经元对朝向、运动、视网膜像差、空间频率和颜色的反应方式。
4. 描述视觉联合皮层的解剖，讨论两条视觉通路的位置和功能。
5. 讨论颜色知觉，分析腹侧通路神经元对形状的加工。
6. 描述视觉联合皮层在物体、面孔、身体部位和地点感知中的作用。
7. 描述视觉联合皮层在运动感知中的作用。
8. 描述视觉联合皮层神经元在位置感知中的作用。

引子 | 无法感知的视觉

L博士是一位年轻的神经心理学家。他正在医学中心给一群轮岗到神经科的医学生们讲解案例。在科室主任向大家展示了R夫人的MRI扫描结果后，L博士告诉大家，R夫人的中风并没有损害其说话和运动的能力，却影响了她的视觉。

随后，R夫人在护士的引导下进入了房间，在桌边坐下。

L博士问她，"R夫人，您最近怎么样？"

"我很好。我一个月前就出院了，现在我可以做中风前能做的一切。"

"那很好。你的视力如何？"

"嗯，恐怕我的视力还存在问题。"

"具体是什么样的问题呢？"

"我似乎不能辨认东西。当我在厨房做事时，只要没有人移动那些物品，我就知道它们是什么。有几次我丈夫帮我把东西拿开后，我就好像看不到它们了。"她笑道，"嗯，准确地说我能看到，只是不能辨认出它们。"

L博士从一个纸袋中取出几个东西，放在她面前的桌子上。

L博士说："你能告诉我这些东西是什么吗？请不要触摸它们。"

R夫人凝视良久，"我说不出它们是什么。"

L博士指向桌上的一个腕表，说道："请告诉我，你在这里看见了什么。"

R夫人若有所思地看着它，将头侧向左边再转到右边，"嗯……我看到一个圆圆的东西，上下都有东西粘在上面。"她目不转睛地看着腕表，"我想，圆圈里还有一些东西，只是我看不出是什么。"

"把它拿起来。"

R夫人拿起了腕表，面露惊讶，"啊，原来这是一块腕表。"随后，L博士请她一一拿起桌上的其他物品，R夫人准确说出了每个物品的名字。

"你在辨认人时也有困难吗？"L博士问道。

"是的！"R夫人叹了一口气，"我住院的时候，有一次我的丈夫和儿子一起来医院看我，我说不出谁是谁。直到我丈夫开始说话，我才能根据声音的方向判断。我正在训练自己辨别我的丈夫，有时我能看出他的眼镜或者秃头，但还需要多练习。因为这个我已经闹了几次笑话。"她大笑，"我家有一个邻居也是秃头、戴眼镜。有一天他和太太来我家做客，我误以为他是我老公，叫他'亲爱的'。最开始会觉得有些尴尬，还好大家能理解。"

"在你眼里，人脸是什么样子呢？"L博士问道。

"嗯……我能看见上面的眼睛，所以我知道那是一张脸。"她停顿了一下，"对了，有时我能通过观察人的运动辨认出他是谁。你知道吗？即使我的朋友离我很远，我还是能通过他的走路方式辨认出他。很有趣吧？我辨别不出人的脸，却能辨别出他们走路的样子。"

L博士用手做了几个动作，问道，"你知道我在做什么吗？"

"你在搅拌，就像搅和做蛋糕的黄油一样。"

L博士又模仿了拧钥匙、写字、打牌的动作，R夫人回答得毫不费力。

L博士又问，"你有阅读障碍吗？"

"嗯……有一些，但也不算太差。"

L博士递给她一本杂志，R夫人大声朗读起了一篇文章，偶尔停顿但毫无错误。"为什么会这样，我能准确地认出文字，却辨别不出物体和人脸？"R夫人问道。

在第3章中，我们看到，大脑有以下两个主要功能：控制肌肉运动以产生有用的行为，以及调节身体的内环境。为完成这两个任务，大脑需要知道在外环境和内环境中正在发生什么样的事件。感觉系统就是负责向大脑提供这些信息的。本章和下一章将围绕感觉加工进行讨论，主要包括以下两个问题：感觉器官以何种方式发现环境中的变化？大脑以何种方式破译来自感觉器官的信号？

蜜蜂等昆虫能够看到人类看不到的电磁波。

我们通过**感受器**获取环境信息，所谓感受器，指一群能够探测多种生理事件的特殊神经元。（不要将感受器与神经递质、神经调质和激素等物质的受体相混淆，感受器是特殊的神经元，而上述物质的受体是与特定分子结合的特殊蛋白质。）各种刺激以不同的方式作用于感受器，引起感受器膜电位的变化。因为感觉事件被转化为细胞膜电位的变化，这个过程被称为“**感觉换能**”。感受细胞产生的电变化称为**感受器电位**。大多数感受器都缺乏轴突，由胞体的部分膜结构与其他神经元的树突形成突触。感受器电位影响神经递质的释放，从而起到调节下游神经元放电模式的作用。这些信号最终会传入大脑。

本章关注视觉，它是最受心理学家、解剖学家和生理学家关注的感觉形式。科学家们如此关注视觉的原因之一是，视觉器官有着令人着迷的复杂性，而且大脑中负责视觉加工的部分也相对较大。大约20%的大脑皮层在视觉信息的分析中直接起作用（Wandell，Dumoulin，and Brewer，2007）。另一个原因是，我相信对于人类来说，视觉极其重要。它包含的外部信息是如此丰富，使我们自然而然地对它的工作方式产生了好奇。第7章关注另外一些感觉形式——听觉、前庭觉、味觉和嗅觉。

感受器（sensory receptor）：指探测某类生理事件的特殊神经元。

感觉换能（sensory transduction）：感觉刺激转化为感受器电位的过程，后者是一种分级的慢电位。

感受器电位（receptor potential）：在生理刺激的诱发下，感受细胞产生的分级慢电位。

视觉系统的刺激

众所周知，我们用眼睛探测光的存在。对于人类来说，光是电磁波谱中较窄的一段，只有波长在380纳米～760纳米的光线才能被我们看到。【见图6.1】各种动物具有不同的可见光谱。例如，蜜蜂能看到花朵反射的紫外线，然而对于人类来说，这些紫外线混在白光中，根本无法分辨。通常，我们所说的光的波长范围与其他电磁波的波长并没有质的区别，可见光谱只是在连

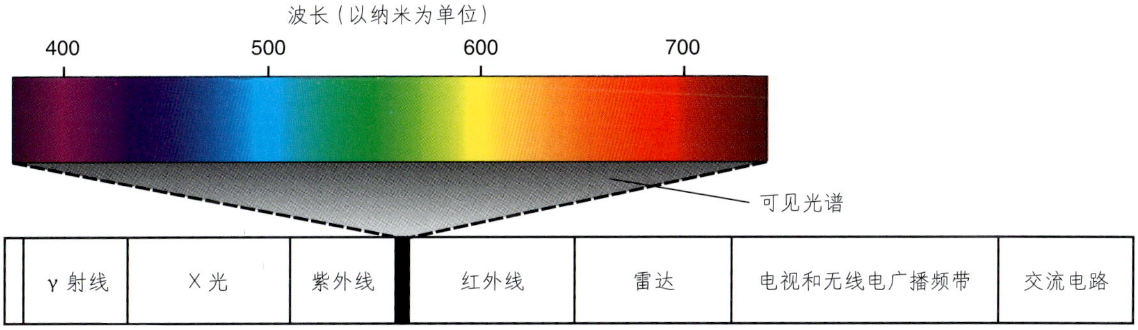

图6.1 电磁波谱。

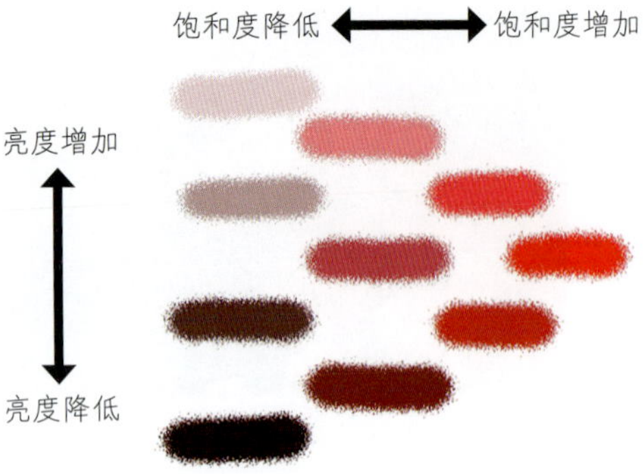

图 6.2 饱和度和亮度。颜色示例，图中的颜色具有相同的波长（色调相同），但饱和度和亮度不同。

续的电磁波谱中人类可以看到的部分。

颜色由三个知觉维度决定：色调（hue）、饱和度（saturation）和明度（brightness）。光线以大约 300 000 千米 / 秒的固定速度传播。因此，波峰之间的距离以相反的方式随光波的振动频率变化。也就是说，振动频率较慢者波长较长，振动频率较快者波长较短。波长决定了第一个知觉维度——**色调**。可见光谱显示的是人类眼睛能够看到的色调范围。

光也可以有强度上的变化，与之对应的是第二个知觉维度——**明度**。如果电磁波的强度增加，那么光线的明度也随之增加。第三个维度是**饱和度**——光的相对纯度。当所有电磁波的波长都相同时，颜色最纯，也就是说，饱和度最高。相反，当电磁波中含有全部波长时，我们看不到任何颜色——看到的只是白色。饱和度介于这两种极端值之间的颜色是由不同波长的光混合而成的。图 6.2 给出了一些颜色示例，图中所有的颜色具有同样的色调，但明度和饱和度不同。【见图 6.2】

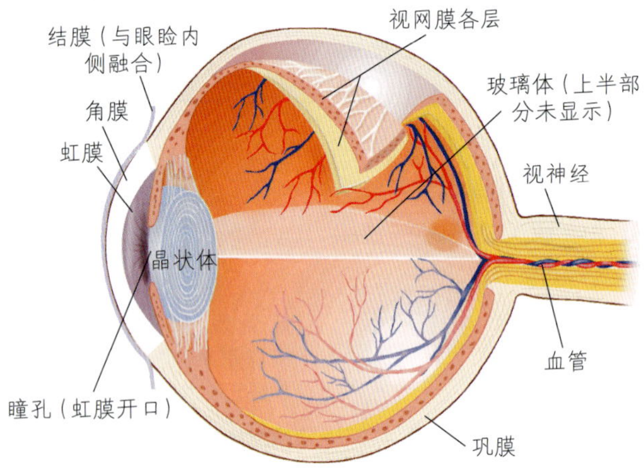

图 6.3 人眼的结构。

视觉系统解剖

看物体的时候，图像必须聚焦在视网膜上。视网膜是眼睛最内侧的一层结构。外界环境的图像引起视网膜上数百万神经元电活动的变化，然后，视觉信息通过视神经传递至大脑的其余部分。（我之所以用“其余部分”这一表述，是因为视网膜其实也是大脑的一部分；视网膜和视神经实际上属于中枢神经系统，而非周围神经系统。）本节将介绍眼睛的解剖结构、视网膜上的光感受器以及视网膜与大脑之间的联系。

眼 睛

眼眶是头颅前面的骨性凹陷，在六块眼外肌支撑下，眼球悬置于眼眶内相对固定的位置上。眼外肌的另一个作用是控制眼球的转动。眼外肌的一端附着在眼球靠外侧的一层白色坚韧结构上，这就是巩膜。正常情况下，我们看不到眼球后面的眼外肌，因为它们被结膜挡住了。结膜是覆盖在眼睑内侧的一层黏膜，在眼睑和眼球交界的地方折叠回来，继续覆盖在眼球前面。（就是因为有这层结构，当隐形眼镜从角膜上滑下来的时候才不致“掉到眼珠后面”。）图 6.3 显示了眼睛的解剖结构。【见图 6.3】

当你观察眼前的景象时，视线并非缓慢而稳定地移动的，相反，你的眼睛会进行快速的**扫视运动**，也就是说，你的视线在各个点间移动。阅读时，你的眼球会快速转动，并有数次停顿。扫视非常快，你无法有意识地控制眼

色调（hue）：颜色的知觉维度之一，由光的波长决定。

明度（brightness）：颜色的知觉维度之一，由光的强度决定。

饱和度（saturation）：颜色的知觉维度之一，由光的纯度决定。

扫视运动（saccadic movement）：扫视视觉情景时，眼睛快速地、急速地移动。

球转动的速度。只有在进行**跟随运动**时（移动手指，让自己盯着手指看），你才能让眼球慢慢转动。

眼球的大部分外层结构是巩膜。巩膜是不透明的，不允许光线通过。然而，眼球前方的外层结构是透明的角膜，允许光线通过。在角膜后面，是一个有色的环形肌肉结构——虹膜。瞳孔是虹膜上的小开口，光线进入眼睛的多少是由瞳孔的大小调节的。虹膜后面是晶状体，由一组透明的、洋葱样排列的层状结构组成。晶状体的形状由附着在其上的睫状肌调节。晶状体形状的改变使远处和近处的物体都能够在视网膜上聚焦，形成清晰的图像——这就是**调节**过程。

光线穿过晶状体后，进入眼球的主体部分——玻璃体，意为“玻璃状的液体”。玻璃体是填充在视网膜与晶状体之间的无色透明胶状物质。穿过玻璃体后，光线落在眼球最后面的内层结构**视网膜**上。视网膜上有两种感光细胞，按照其形状分别命名为**视杆细胞**和**视锥细胞**，统称为**光感受器**。

人类的视网膜上约有1.2亿个视杆细胞和600万个视锥细胞。尽管视杆细胞在数目上远胜于视锥细胞，但我们获得的大部分环境信息恰恰来自于后者。特别重要的是，视锥细胞负责我们的日间视觉。它们向我们提供环境中细小特征的信息，保证了视觉的清晰度，或称视敏度。位于视网膜中央的**中央凹**只含有视锥细胞，我们最敏锐的视觉便源于此处。视锥细胞还与色觉有关，也就是我们分辨不同波长的光线的能力。虽然视杆细胞不能提供色觉，分辨能力也较差，但是它们对光更为敏感。在昏暗的环境中，视觉主要依靠视杆细胞提供。所以，我们在暗处都是色盲，而且缺乏中央视觉。不知你有没有注意过这样的现象：在很黑的夜晚出门，如果盯着远处一盏昏暗的灯看（也就是说，将灯的影像投射到中央凹），反而会看不到它。【见表6.1】

表6.1　光感受器的位置和反应特点

视锥细胞	视杆细胞
主要位于视网膜中央区；存在于中央凹处	主要位于视网膜周边区；不存在于中央凹处
对中强光敏感	对弱光敏感
提供色调信息	只提供黑白信息
视敏度高	视敏度低

视网膜上另一个特征性结构是**视盘**。在这里，神经节细胞的轴突汇聚到一起，通过视神经离开眼球。由于视盘处没有任何感光细胞，于是在我们的视野里形成了一个盲点。正常情况下，我们感觉不到盲点的存在。但如果你按照图6.4介绍的方法去做，你就会发现自己的盲点。【见图6.4】

进一步观察视网膜，发现它是由感光细胞、神经元及其轴突和树突构成的层状结构。图6.5是灵长类动物视网膜的横切面图，可以看到，视网膜主要由以下三层构成：感光细胞层、双极细胞层和节细胞层。请注意，感光细胞层位于视网膜的背侧，光线必须穿过其他两层才能到达这一层。幸好，其他两层是透明的。【见图6.5】

跟随运动（pursuit movement）：眼睛注视不断移动的物体时所做的运动。

调节（accommodation）：通过睫状肌改变晶状体的形状，使远处和近处的物体都能够在视网膜上聚焦。

视网膜（retina）：眼睛后部的内层结构，由神经组织和感光细胞组成。

视杆细胞（rod）：一种视网膜感光细胞；对弱光敏感。

视锥细胞（cone）：一种视网膜感光细胞；分别对三种不同波长的光敏感，因而有编码色觉的能力。

光感受器（photoreceptor）：视网膜细胞之一；将光能转化为电位变化。

中央凹（fovea）：鸟类和高等哺乳类动物的视网膜上视觉最敏锐的部分。此处的光感受器全部是颜色敏感性视锥细胞。

视盘（optic disk）：视网膜节细胞的轴突沿视神经走出视网膜的部位；是盲点形成的原因。

图 6.4　盲点测试。闭上你的左眼，用右眼看图上的 +，并前后移动这本书。当画面距脸约 20 厘米时，右边的圆圈会突然消失，因为它的像落在了你右眼的盲点上。

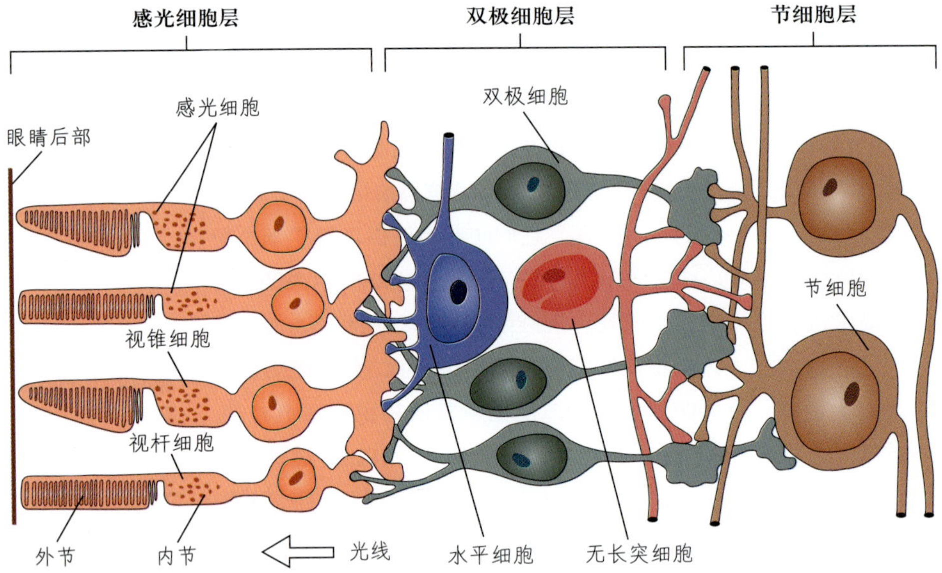

图 6.5　视网膜神经回路详图。

Based on Dowling, J. E., and Boycott, B. B. *Proceedings of the Royal Society of London*, B, 1966, 166, 80-111.

双极细胞(bipolar cell)：位于视网膜中层的双极神经元，将光感受器的信息传递给节细胞。

节细胞(ganglion cell)：视网膜细胞之一，接收双极细胞的传入信息；其轴突形成视神经。

水平细胞(horizontal cell)：视网膜细胞之一，连接相邻的水平细胞，也与双极细胞形成联系。

无长突细胞(amacrine cell)：视网膜细胞之一，连接相邻的节细胞，也与双极细胞形成联系。

小盘(lamella)：细胞膜形成的结构，内含视色素；在视锥细胞和视杆细胞中都有。

双极细胞通过自己的两臂将视网膜的浅层和深层联系起来：一只臂与感光细胞形成突触，另一只臂与**节细胞**形成突触。节细胞的轴突沿视神经（第二对脑神经）行走，将视觉信息传入大脑。此外，视网膜中还含有一些**水平细胞**和**无长突细胞**，二者都沿着与视网膜表面平行的方向传递信息，起到整合相邻感光细胞信息的作用。【见图 6.5】

灵长类动物的视网膜含有大约 55 种神经元：1 种视杆细胞，3 种视锥细胞，2 种水平细胞，10 种双极细胞，24 ～ 29 种无长突细胞以及 10 ～ 15 种节细胞（Masland，2001）。

光感受器

视锥和视杆细胞均由外段和内段构成，两者间通过一跟纤毛相连。细胞核包含在内段中。【见图 6.5】外段含有数以百计的**小盘**，是细胞膜内褶形成的结构。

下面，让我们看看在视觉信息的换能过程中发生了哪些变化。我们的视觉是一系列连锁事件的结果，第一步反应需要一种叫作感光色素的物质。**感光色素**是埋藏于小盘膜内的特殊分子，人类的一个视杆细胞上含有大约1000万个感光色素分子。感光色素分子由两部分构成：**视蛋白**（一种蛋白质）和**视黄醛**（一种脂质）。视蛋白可以有多种形式，比如，人类视杆细胞的感光色素**视紫红质**由*视杆视蛋白*和视黄醛构成。（在被光脱色之前，视紫红质呈现一种玫瑰红色的色调。）维生素A是视黄醛的前身，胡萝卜中富含维生素A，看起来，多吃胡萝卜有益视力的说法还是有道理的。

视紫红质暴露于光线后分解为两个成分：视杆视蛋白和视黄醛。同时，颜色由原来的玫瑰红色变为灰黄色，因此，我们说光使感光色素*脱色*了。感光色素的分解使感光细胞膜电位发生变化（感受器电位），感光细胞释放神经递质谷氨酸的频率也随之改变，继而改变了光感受器交换信息所需双极细胞的放电速率。这些信息将会被传递给节细胞。【见图6.5】

眼与大脑的联系

节细胞的轴突将视觉信息传递至大脑的其他部分。首先，它们沿视神经上行，至**外侧膝状体背核**，简称为外膝体背核。该核团之所以有这样一个名称，是因为其形态类似于弯曲的膝盖。外膝体背核由六层神经元组成，每层神经元都只接收一只眼睛的传入信息。内侧两层神经元的胞体较大，称为**大细胞层**。外侧四层神经元的胞体较小，称为**小细胞层**。除大细胞和小细胞外，还有一组神经元存在于上述各层腹侧的**尘细胞亚层**中。在后面的内容中，我们将看到，这三组细胞分属于不同的系统，分别负责对不同类型视觉信息的加工。它们的传入信息来自不同类型的视网膜节细胞。【见图6.6】

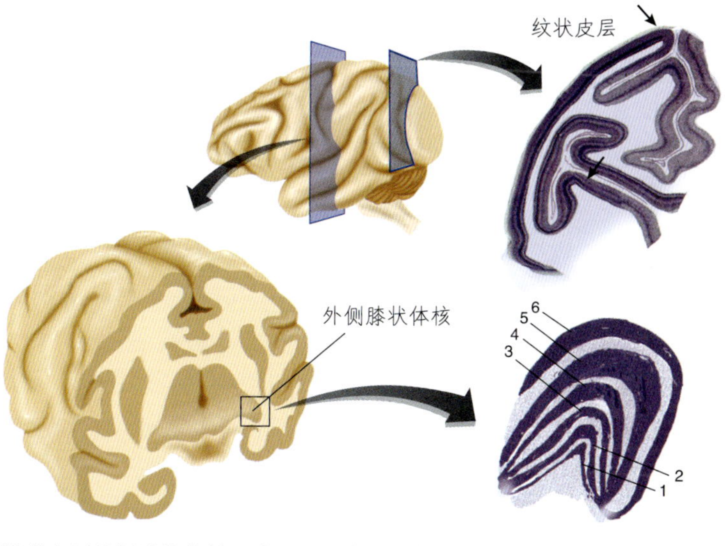

图6.6　猕猴右侧外侧膝状体核切片显微照片（甲酚紫染色）。第1、4和6层接收对侧（左）眼的传入，而2、3和5层接收同侧（右）眼的传入。第1、2层是大细胞层；第3至6层是小细胞层。在每一层的腹侧都有一个尘细胞亚层。六个主要层次的感受野对得非常准，沿图中无文字标注和小箭头所指示的那条线分布的各点具有相同的感受野中心。

Based on Hubel, D. H., Weisel, T. N., and Le Vay, S. *Philosophical Transactions of the Royal Society of London*, B, 1977, 278, 131-163.

感光色素（photopigment）：视网膜上的色素分子，由维生素A衍生而来；负责视觉换能。

视蛋白（opsin）：视网膜上的一种蛋白质，是感光色素的组成成分。

视黄醛（retinal）：由维生素A合成而来的化学物质；与视蛋白组成感光色素。

视紫红质（rhodopsin）：视杆细胞的视蛋白。

外侧膝状体背核（dorsal lateral geniculate nucleus）：丘脑外侧膝状体内的一组神经元胞体，接收视网膜的传入信息，其神经纤维投射至初级视觉皮层。

大细胞层（magnocellular layer）：外膝体背核内侧的两层；传递与形状、运动、深度以及明度的微小差异有关的信息至初级视觉皮层。

小细胞层（parvocellular layer）：外膝体背核外侧的四层；传递与色觉和细节有关的信息至初级视觉皮层。

尘细胞亚层（koniocellular sublayer）：存在于外膝体背核每个大细胞层和每个小细胞层腹侧的亚层；将来自短波长（"蓝"）视锥细胞的信息传递至初级视觉皮层。

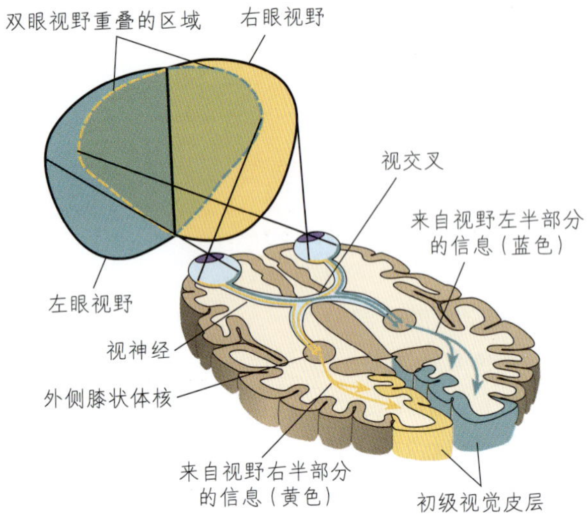

图6.7 初级视觉通路。

外膝体背核神经元的轴突经视放射至初级视觉皮层——环绕在**距状裂**周围的大脑皮层。距状裂是位于枕叶后内侧的水平裂隙。初级视觉皮层含有一层染色深的（条纹状）细胞层，因此初级视觉皮层又称**纹状皮层**。【见图6.6】

图6.7是人脑水平面示意图。两条视神经在大脑基部会合，形成X形的**视交叉**。来自视网膜内侧（鼻侧）的节细胞轴突经视交叉至对侧半球，然后继续上行至对侧的外膝体背核。与鼻侧的轴突不同，来自视网膜外侧（颞侧）的神经纤维不交叉至对侧半球。【见图6.7】晶状体使外部世界在视网膜上形成上下颠倒、左右相反的像。因此，由于鼻侧的神经纤维交叉至对侧半球，故每侧大脑半球接收到的视觉信息实际上是来自于对侧视野的。也就是说，当我们直视前方时，右半球接收的视觉信息来自于左侧视野，而左半球接收的视觉信息来自于右侧视野。【见图6.7】

除视网膜—外侧膝状体—视觉皮层通路外，视网膜发出的神经纤维还构成了另外一些通路。例如，其中一条至下丘脑的神经通路负责将动物的活动与昼夜节律进行同步化（我们将在第8章中详细介绍这个系统）。此外，通向视顶盖和顶盖前核的神经通路也很重要，它们控制着虹膜（从而控制瞳孔的大小）和睫状肌（控制晶状体的肌肉），并协助我们将注意指向周围视野中突然发生的运动。

距状裂（calcarine fissure）：位于大脑后部皮层内侧面的水平裂隙；初级视觉皮层位于此处。

纹状皮层（striate cortex）：初级视觉皮层。

视交叉（optic chiasm）：两条视神经的交叉形连接，位于大脑基底部，垂体的正前方。

小 结

视觉系统的刺激和解剖

光由电磁波构成，电磁波与无线电波相似，但二者的频率和波长不同。颜色有三个知觉维度：色调、明度和饱和度。与它们对应的物理维度分别是波长、强度和纯度。

视网膜上的光感受器——视杆细胞和视锥细胞——感应光线的存在。眼球的运动由肌肉控制，以保证想看的外部环境的像能够落在视网膜上。晶状体的形状由睫状肌调节，以达到调节焦距的目的。光感受器与双极细胞形成突触，后者又与节细胞形成突触。此外，水平细胞和无长突细胞负责整合相邻光感受器的信息。

当光照射到光感受器上的视色素分子时，视黄醛与视蛋白分离，这个过程称为脱色。脱色发生后，细胞膜电位的极化程度变大，导致谷氨酸的释放量降低。经过这些事件，光感受器将光的信息传递给与之相连的双极细胞。最后，节细胞的发放率发生变化，视觉信息沿视神经轴突继续向上传递。

经过外膝体背核的大细胞层、小细胞层和尘细胞层后，视觉信息传递至距状裂周围的纹状皮层。下丘脑和顶盖等其他脑区也接收视觉信息。这些脑区帮助我们根据昼夜节律调整活动、协调眼睛与头的运动、控制我们对视觉刺激的注意并调整瞳孔的大小。

思考题

当人们想在很黑的晚上看远处昏暗的灯光时，不应该直视它，而应该看它旁边的位置。请运用本节学过的知识解释这个现象。

视网膜对视觉信息的编码

本节介绍视网膜细胞以何种方式编码来自于光感受器的视觉信息。

编码明暗

在视觉系统研究中，使用微电极记录单个神经元的电活动是最重要的生理学方法之一。我们在前文中看到，当光照射到光感受器上时，某些与之相连的节细胞会兴奋。在视觉系统中，神经元的**感受野**指某个神经元“看见”的那部分视野——也就是说，只有光落在这部分视野上的时候，该神经元才兴奋。显然，神经元感受野的位置依赖于向它提供视觉信息的光感受器的位置。如果某神经元接收中央凹光感受器的传入，那么它的感受野就是注视点。如果某神经元接收视网膜周边光感受器的传入，那么它的感受野就落在了注视点之外。

在视网膜周边区，分布在相对较大面积上的多个光感受器的信息汇合于一个节细胞——也就是说，此节细胞的感受野相对较大。然而，中央视野是比较直接的，通常一个视锥细胞只对应一个节细胞。上述从感受器到轴突这一对应关系很好地揭示了中央视野的精确度远高于周围视野的事实。【见图 6.8】

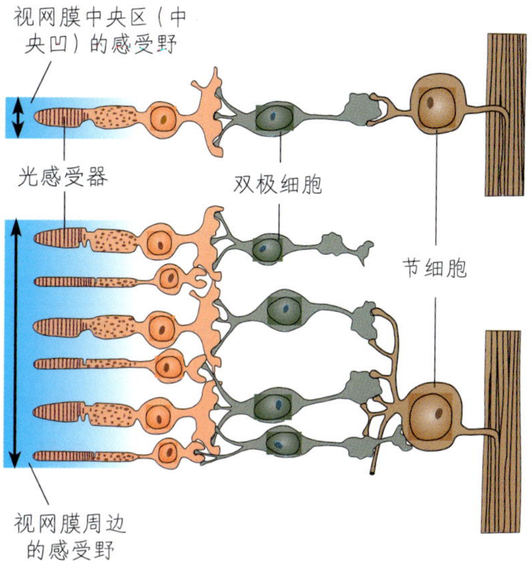

图 6.8　中央与周边视敏度。相对于视网膜周边的节细胞，单个中央凹节细胞接收较少光感受器的传入，因此中央凹节细胞提供了更加敏锐的视觉。

Kuffler（1952，1953）通过记录猫视网膜节细胞的电活动发现，感受野由一个近似圆形的中心部和一个环形的外周部组成。刺激中心部和外周部会产生相反的效应：ON 细胞被照射在中心部的光线激活，被照射在外周部的光线抑制；而 OFF 细胞的反应方式恰好相反。打开或关闭光源时，ON 或 OFF 节细胞被短暂地激活。在灵长类动物中，ON 或 OFF 细胞主要投射至上丘，上丘主要参与对运动和突然出现的刺激进行反应的视觉反射（Schiller and Malpeli，1977）。因此，ON 或 OFF 细胞似乎与形状知觉没有直接关系。【见图 6.9】

编码颜色

到目前为止，我们探讨的都是节细胞的黑白属性——也就是它们对明暗的反应。然而，环境中的许多物体都选择性地吸收了某些波长的光，反射其他波长的光。于是，在我们看来，它们都是有颜色的。人类、旧大陆猴、某种新大陆猴以及猿的视网膜具有三种不同类型的视锥细胞，足以提供最精细的色觉（Jacobs，1996；Hunt et al，1998）。在多数情况下，黑白视觉已能满足动物的需要，但色觉使灵长类的祖先获得了判断果实成熟与否的能力，在捕猎时也较少受到猎物保护色的影响（Mollon，1989）。事实上，灵长类动物具有的三种视锥细胞及其视色素非常适合分辨绿叶背景下的红色和黄色果实（Regan et al.，2001）。

感受野（receptive field）：视野的一部分，呈现于某细胞感受野内的视觉刺激引起该细胞发放率的变化。

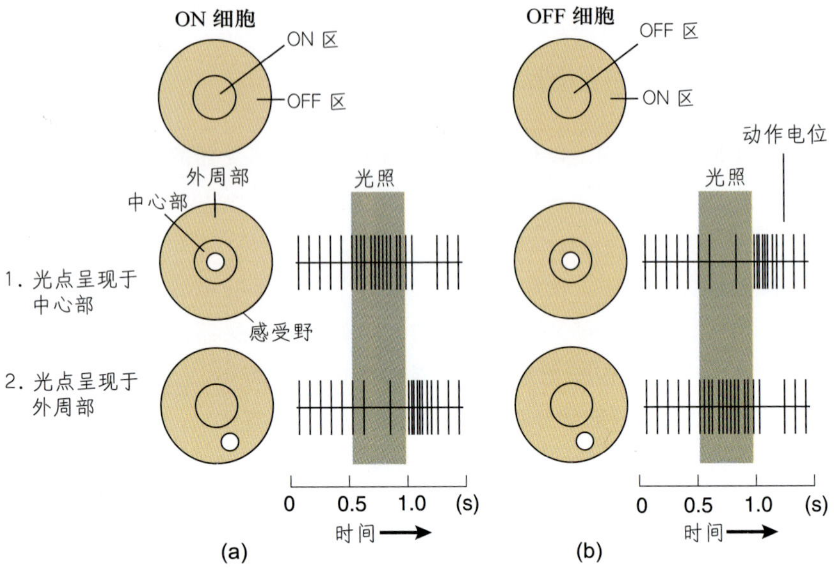

图 6.9 ON 节细胞和 OFF 节细胞。ON 节细胞和 OFF 节细胞对呈现于感受野中心部和外周部的刺激的反应。

Based on Kuffler, S. W. *Cold Spring Harbor Symposium for Quantitative Biology,* 1952, 17, 281-292.

光感受器：三原色编码

多年来，不断有人提出各种各样的色觉理论，很多理论的诞生都早于能够验证或否定它们的生理学方法。1802年，英国物理学家兼医生 Thomas Young 提出了**三原色理论**（trichromatic theory）。该理论认为，我们之所以能够看到不同的颜色，是因为我们的眼睛有三种不同的感受器，分别对三种不同的色调敏感。三原色理论有一定的实践基础：人类能够看到的任何一种颜色都可以通过混合光谱上的三种颜色获得。

在这里，我必须强调，**色光混合与颜料混合**是两回事。如果我们将黄色颜料和蓝色颜料混合起来（画画时我们常常需要这样做），将得到绿色。色光混合指将两种或更多的光叠加在一起。例如，将一束红光和一束蓝绿色的光同时投射在白色背景上，便得到黄色。将黄色和蓝色的光混合起来，便得到白色。电视屏幕和计算机显示器上的白色实际上是由红、蓝和绿色三种光点构成的。如果用高倍放大镜仔细观察这些屏幕，你会看到这些彩色像素。

鸟类拥有完整的三视锥色觉，因此，这只雄性蜂鸟的竞争者能够看到它胸前的绿色。

对高等灵长类动物视网膜光感受器进行的生理学研究发现，Young 的理论是正确的：色觉由三种光感受器（三种视锥细胞）负责。科学家们研究了每一种光感受器的吸收特征，确定了各种波长的光被视色素吸收的量。这些特征由光感受器中含有的视蛋白决定，不同的视蛋白吸收不同波长的光。三种视锥细胞的最大吸收峰分别位于420 纳米（蓝—紫）、530 纳米（绿）和560 纳米（黄—绿）处。由于晶状体吸收了部分短波光，在整眼中，短波长视锥细胞的最大吸收峰应在440纳米左右。为求方便，人们通常将短、中、长三种波长的视锥细胞分别称为“蓝”、“绿”、“红”视锥细胞。【见图6.10】

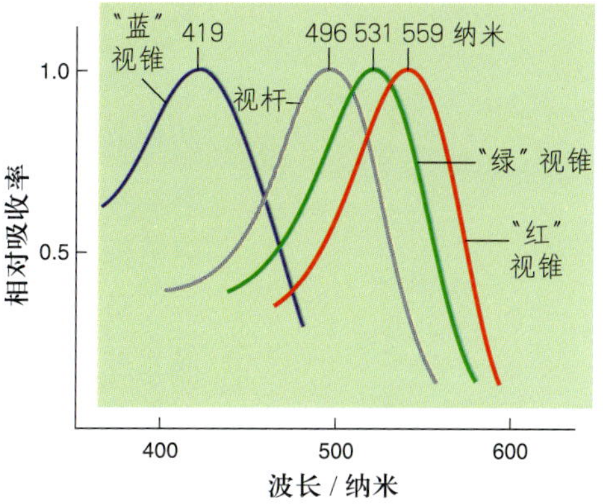

图6.10　视杆细胞和视锥细胞对光的吸收。人类视网膜上三种视锥细胞和一种视杆细胞对不同波长的光的相对吸收率。

Based on Dartnall, H. J. A., Bowmaker, J. K., and Mollon, J. D. *Proceedings of the Royal Society of London, B*, 1983, 220, 115-130.

视觉的遗传缺损似乎是上述三种视锥细胞异常的结果（Boynton，1979；Wissinger and Sharpe，1998；Nathans，1999）。在这里，我将介绍三种色觉缺陷，前两种都与X染色体上的基因有关。我们知道，男性只有一条X染色体，因此，男性的发病危险要高于女性（在女性的两条X染色体中，很可能有一条是正常的，从而起到一定的补偿作用）。**红色盲**患者不能分辨红色和绿色。他们眼中的世界笼罩在黄色和蓝色里。在他们看来，红色和绿色都是发黄的颜色。他们的视敏度是正常的，说明他们的视网膜上并不缺乏“红”、“绿”视锥细胞。上述事实提示，红色盲患者的“红”视锥细胞中填充的是“绿”视锥细胞的视蛋白。**绿色盲**患者也不能分辨红色和绿色，他们的视敏度也正常。与红色盲患者不同的是，他们的“绿”视锥细胞里填充的是“红”视锥细胞的视蛋白。

Mancuso等人（2009）曾经尝试为视网膜缺少红视锥色素的成年松鼠猴实施基因治疗。一般来说，成年雌性松鼠猴有三色视觉，而雄性只有双色视觉（无法分清红绿色）。Mansuco及其同事使用遗传修饰病毒，将人类的红视锥色素基因植入雄猴的视网膜。基因植入前后，雄猴的视觉发生了明显变化，能够分清红色和绿色，由双色视觉变为三色视觉。

蓝色盲较为少见，10 000个人中只有1人患此障碍。与蓝色盲有关的基因不在X染色体上，故男女发病的危险大致相等。患者难以看到短波长的色调，他们眼中的世界由红色和绿色构成。在他们看来，天空的颜色是明亮的绿色，而黄色则是粉色的。他们的视网膜上缺乏“蓝”视锥细胞。在正常情况下，视网膜上“蓝”视锥细胞占的比例本来就不大，因此患者的视敏度没有受到明显的影响。

红色盲（protanopia）：一种遗传性色觉缺陷，不能分辨红色和绿色；患者的“红”视锥细胞中填充的是“绿”视锥细胞的视蛋白。

绿色盲（deuteranopia）：一种遗传性色觉缺陷，不能分辨红色和绿色；患者的“绿”视锥细胞中填充的是“红”视锥细胞的视蛋白。

蓝色盲（tritanopia）：一种遗传性色觉缺陷，不能分辨短波长色调；患者的“蓝”视锥细胞缺失或功能不全。

视网膜节细胞：对立加工编码

在视网膜节细胞水平上，三色编码系统被对立色系统（opponent-color system）取代。Daw（1968）和Gouras（1968）发现，节细胞特异性地响应成对原色，其中，红色和绿色为一对，蓝色和黄色为一对。于是，视网膜上共有两种颜色敏感性节细胞：红－绿细胞与黄－蓝细胞。部分颜色敏感节细胞以中心与外周对立的方式进行反应。例如，可能存在这样一种节细胞，其感受野的中心部能被红色激活、被绿色抑制，但其外周部的反应方式正好相反。【见图6.11】对颜色不敏感的节细胞也接收视锥细胞的传入信息，但不同波长的光对于它们来说没有差别，它们只是简单地在其感受野的中心部和外周部编码视觉信息的相对明度，这些细胞的作用相

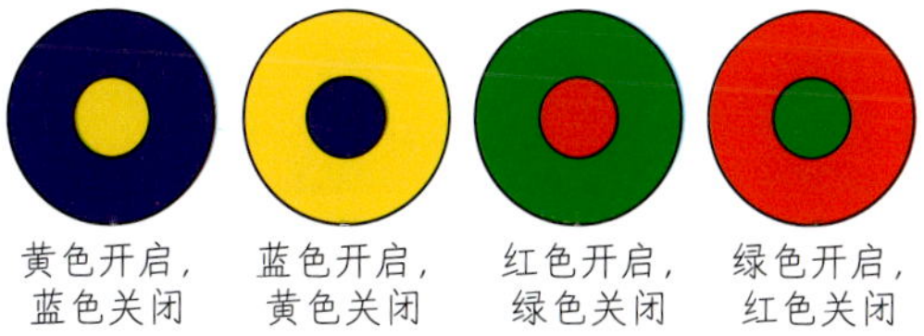

图6.11　颜色敏感性节细胞的感受野。感受野的一部分被所示颜色激活，细胞发放率增加。另一部分响应该颜色的互补色，细胞发放率降低。

当于“黑－白探测器”。

显然，视网膜节细胞对不同波长的光的反应特征取决于三种视锥细胞与两种节细胞之间的神经回路的特点。不同的神经回路具有不同种类的双极细胞、无长突细胞和水平细胞。例如，红光激活“红”视锥细胞，进而兴奋红－绿节细胞；绿光激活“绿”视锥细胞，进而抑制红－绿节细胞。

节细胞的对立色系统能够很好地解释为什么我们从未见过发红的绿色或发蓝的黄色：发送红或绿（黄或蓝）信息的节细胞轴突的发放率要么增加，要么减弱，两种情况不可能同时发生。若要发送一个绿中带红的色调信号，红－绿节细胞必须同时以快和慢两种速度放电，这显然是不可能的。

小　结

视网膜对视觉信息的编码

单神经元放电记录显示，每一个视网膜节细胞都接收光感受器的传入信息——中央凹光感受器与节细胞是一对一的关系，周边光感受器与节细胞是多对一的关系。多数视网膜节细胞的感受野由两个同心圆构成，光线落在其中一个区域时细胞被激活，落在另一个区域时细胞被抑制。这种排列方式增强了神经系统分辨明暗对比度的能力。ON 细胞被照射在中心部的光线激活，而 OFF 细胞被照射在外周部的光线激活，两种细胞在对运动的反应中发挥重要作用。

色觉依赖于三种视锥细胞提供的信息，这三种细胞分别对短、中和长波长的光敏感。视锥细胞的吸收特征由它们的视色素中含有的视蛋白决定。大多数色觉缺陷是视锥细胞视蛋白改变的结果。对于红色盲患者，“红”视锥细胞中填充的是“绿”视锥细胞的视蛋白；对于绿色盲患者，“绿”视锥细胞中填充的是“红”视锥细胞的视蛋白。蓝色盲患者的视网膜上缺乏“蓝”视锥细胞。对雄性松鼠猴进行的基因治疗成功将其从双色视觉变为三色视觉。

多数颜色敏感性节细胞以一种中心与外周对立的方式进行反应，每种节细胞响应一对原色：红与绿，黄与蓝。将节细胞与光感受器联系起来的视网膜神经回路决定了节细胞的反应特点。

思考题

色觉对生物有什么用？鸟类、某些鱼以及某些灵长类动物具有完整的三视锥色觉。请思考，色觉进化给人类带来了哪些好处（除了我提到的判断果实成熟度以外）？

图 6.12　纹状皮层显微照片，可见六层结构。字母 W 表示皮层下白质，白质下面是脑回另一边的纹状皮层的第 VI 层。

Based on Hubel, D. H., and Wiesel, T. N. *Proceedings of the Royal Society of London*, B, 1977, 198, 1-59.

视觉信息的分析：纹状皮层的作用

视网膜节细胞对落在其感受野中心区和外周区的光线的相对强度进行编码，在很多情况下，节细胞还编码光线的波长。纹状皮层对节细胞提供的信息进行了更深入的加工，再将信息传递给视觉联合皮层。

纹状皮层的解剖

纹状皮层由六层结构（和一些亚层）组成，按照平行于大脑表面的方式排列。每一层基本由含细胞核的胞体和树突组成，染色后，在切面上呈现出明暗交替的条带。【见图 6.12】

如果我们将一侧半球的纹状皮层看作一个整体（假设

我们将它从大脑中分离出来并平铺)，我们会发现，它实际上包含着一幅对侧视野图。(前文提到，单侧大脑看见对侧视野的景象。)这幅图是扭曲的：近25%的纹状皮层负责分析中央凹处的视觉信息，可中央凹处的视觉只占整个视野的一小部分。(中央凹的视野范围相当于在离眼一臂之长的位置上的一颗葡萄的大小。)

20世纪60年代，David Hubel和Torsten Wiesel在哈佛大学做的先驱性工作引发了一场视觉生理学研究的革命（Hubel and Wiesel，1977，1979）。Hubel和Wiesel发现，视觉皮层神经元不只是简单地对光点发生反应，它们选择性地响应外部世界中的某些特征。也就是说，视觉皮层的神经回路以探测特征的方式整合不同来源的信息（例如，不同节细胞轴突携带的信息），它们探测到的特征可以比单个节细胞的感受野大。以下几个小节将着重介绍研究人员已经发现的视觉特征：朝向和运动、空间频率、视差以及颜色。

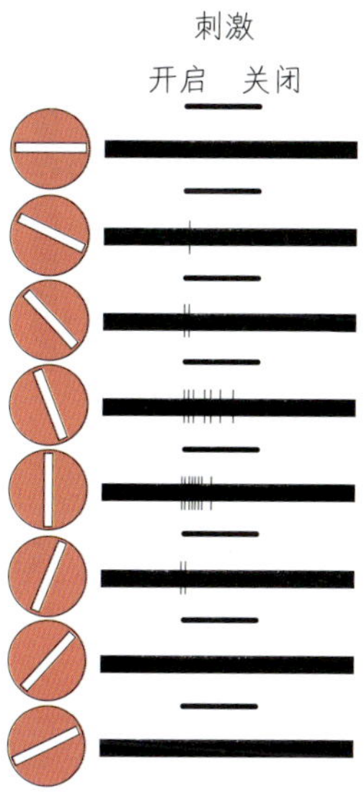

图6.13 朝向敏感性。朝向敏感性神经元被感受野内有特定朝向的直线激活。例如，本图中的神经元对垂直朝向反应最佳。

Adapted from Hubel, D. H., and Wiesel, T. N. *Journal of Physiology (London)*, 1959, 148, 574-591.

朝向和运动

纹状皮层中的多数神经元对朝向敏感。具体地说，如果将一条直线置于某细胞的感受野内，并使其围绕中点转动，那么只有当它转动到某个特殊的位置（或称某朝向）上时，细胞才产生反应。有些细胞对垂直线的反应最佳，有些对水平线的反应最佳，而有些细胞的最佳朝向介于二者之间。图6.13显示了某纹状皮层神经元对不同朝向直线的反应情况。可见，该神经元对其感受野内的垂直线反应最佳。【见图6.13】

有些朝向敏感性神经元以中心—外周对立的方式组织自己的感受野。Hubel和Wiesel称它们为**简单细胞**。例如，当具有某朝向的直线（比如白色背景上一条倾斜45°的深色直线）位于某简单细胞感受野的中心时，细胞被激活，但将直线从中心位置上移开时，细胞被抑制。【见图6.14(a)】还有一种叫作**复杂细胞**的神经元，它们也对具有一定朝向的直线敏感，但它们没有抑制性的外周；也就是说，当你在感受野内移动直线时，细胞将持续地反应。实际上，当直线沿垂直于自身朝向的方向运动时，许多复杂细胞的发放率会增加。于是，这些神经元同时起到了运动探测器的作用。此外，复杂细胞对黑背景上的白线和白背景上的黑线的反应同样出色。【见图6.14(b)】最后，**超复杂细胞**也对具有一定朝向的直线发生反应，但在直线的末端（一端或两端）形成抑制性区域。这说明它们探测的是直线的终点位置。【见图6.14(c)】

简单细胞（simple cell）：纹状皮层中的朝向敏感性神经元之一，其感受野以对立的方式组织。

复杂细胞（complex cell）：视觉皮层中的一种神经元，响应其感受野内具有特定朝向的线段，特别是当该线段沿着与自身朝向垂直的方向运动的时候。

超复杂细胞（hypercomplex cell）：视觉皮层中的一种神经元，响应有特定朝向的线段的末端。

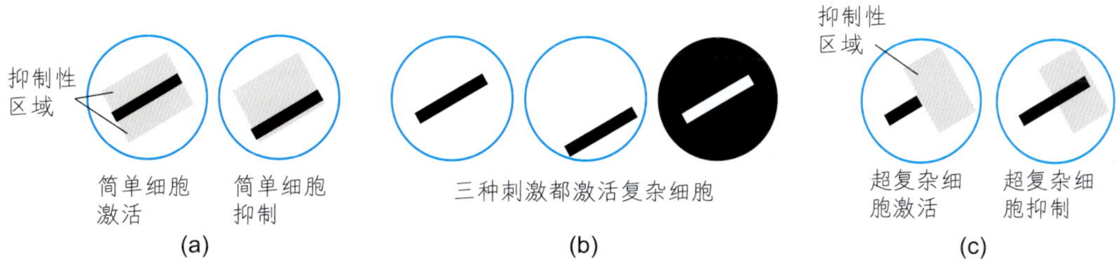

图6.14 朝向敏感性神经元的种类。初级视觉皮层上的三类神经元对朝向的反应特点。(a) 简单细胞；(b) 复杂细胞；(c) 超复杂细胞。

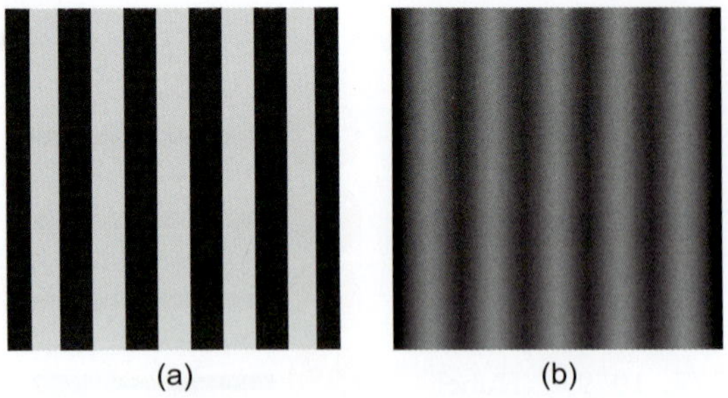

图 6.15　平行光栅。(a) 方波光栅。(b) 正弦波光栅。

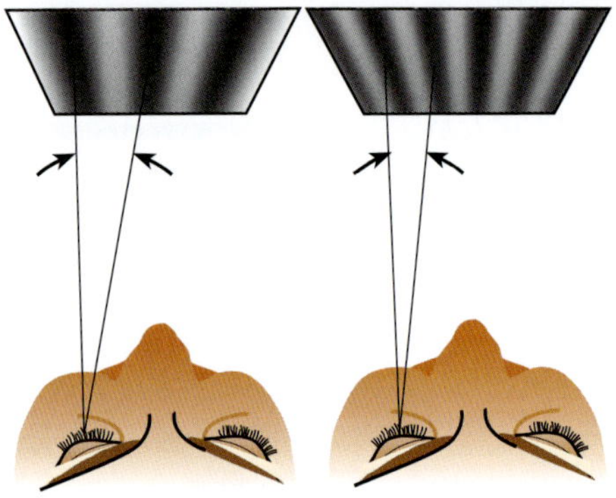

图 6.16　视角的概念以及空间频率。以人眼为顶点，相邻两个正弦波之间的夹角即为视角。当光栅彼此靠得更近时，视角变小。

空间频率

尽管 Hubel 和 Wiesel 进行的早期研究显示，初级视觉皮层神经元对线条和边缘敏感，但后来的研究发现，实际上这些细胞对正弦波光栅的反应最佳（De Valois，Albrecht，and Thorell，1978）。图 6.15 比较了正弦波光栅和普通的方波光栅。方波光栅由一组明亮程度不同的长方形光条组成。沿着与各光条垂直的方向看，它们的明度变化呈阶梯状。【见图 6.15(a)】**正弦波光栅**看起来像一组模糊的、没有明确边界的平行光条。沿着与各光条垂直的方向看，它们的明度变化符合正弦函数。【见图 6.15(b)】

每个正弦波都有自己的空间频率。我们习惯用时间或距离描述空间频率（比如以周 · 秒 $^{-1}$ 或周 · 米 $^{-1}$ 为单位描述声波和无线电波的频率）。但是，由于物体离眼睛的远近影响了它在视网膜上成像的大小，所以人们通常用视角代表相邻两周间的物理距离。于是，正弦光栅的**空间频率**以周 · 度 $^{-1}$ 视角为单位。【见图 6.16】

多数纹状皮层神经元对空间频率敏感，当具有一定空间频率的正弦光栅位于视野中合适的位置上时，对该频率敏感的神经元将产生最佳反应。这些分析空间频率的神经回路究竟有什么样的重要意义呢？若要解释清楚这个问题，恐怕要借助非常复杂的数学方法才行。因此，在这里我只能给出一个相对简单的答案。(如果读者有兴趣，请参见 De Valois 和 De Valois，1988。) 首先，让我们思考一下，高空间频率和低空间频率分别来自于哪些类型的视觉信息。小物体、大物体的细节以及具有锐利边缘的大物体向我们提供了丰富的高空间频率信号；而低空间频率只能表征大块区域的明暗情况。缺乏高频视觉信息的图像看起来模糊不清、聚焦失准，就好像近视的人戴错眼镜时看到的图像。但无论如何，这种图像提供的信息足够我们识别环境中的形状和物体。所以说，最重要的视觉信息包含在低空间频率中。一旦低频信息缺失，图像的形状将变得难以识别。(我们将看到，低频信息由原始的大细胞系统提供。)

视　差

我们使用多种手段获得深度知觉。很多信息可以作为线索向单眼提供深度知觉，例如，透视、视网膜像的相对大小、大气雾霾造成的细节丢失以及我们运动头部时视网膜像的相对移动程度。使用这些线索知觉深度时，完全不需要双眼视觉。然而，通过立体视觉（stereoscopic vision 或 stereopsis）过程，双眼能够为我们提供更加生动的深度知觉。如果读者使用过立体镜（如 View-Master）或观看过三维电影，您一定能明白我的意思。立体视觉对于指导手和手指的精细运动来说非常重要，比如我们穿针引线时就一定要依赖立

正弦波光栅（sine-wave grating）：一组平行排列的光条，沿着与各光条垂直的方向看，它们的明度变化符合正弦函数。

空间频率（spatial frequency）：正弦波光栅中各光条的相对宽度，以周 · 度 $^{-1}$ 视角为单位。

体视觉。

大多数纹状皮层神经元是双眼的——也就是说，它们响应两只眼睛的视觉刺激。许多双眼细胞（特别是接收大细胞系统传入的细胞层内的细胞）的反应形式都适合于提供深度知觉（Poggio and Poggio，1984）。在多数情况下，当一个刺激在两只眼睛中的位置有轻微不同时，这些细胞的反应最强烈。换言之，这些神经元对**视差**敏感。所谓视差，指同一个刺激在双侧视网膜上成像的位置略有不同的现象。视差正是形成立体视觉所需的信息，两只眼睛看到的三维景象略有不同，这样，观察者就能判断物体距自己的远近了。

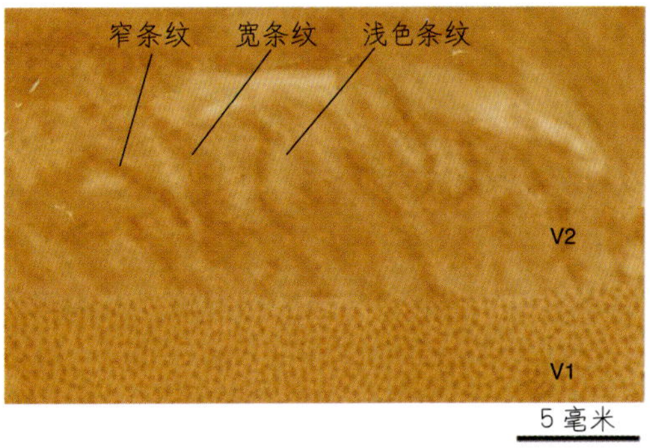

图6.17　视觉皮层的斑块和条带。猕猴初级视觉皮层（V1）和视觉联合皮层（V2）切片的显微照片，切片平行于皮层表面，经细胞氧化酶染色处理。V1区深色的斑点是CO块，V2区有深色窄条纹、深色宽条纹和浅色条纹这三种条纹。

From Sincich, L. C., and Horton, J. C. *Annual Review of Neuroscience*, 2005, 28, 303–326. Annual Reviews www.annualreviews.org

颜　色

颜色敏感性节细胞提供的信息经外膝体背核的小细胞层和尘细胞层传递至纹状皮层，接收这些信息的纹状皮层细胞聚集在**细胞色素氧化酶（CO）块**中。CO块是Wong-Riley发现的（1978）。CO是存在于线粒体中的一种酶，用它染色后，纹状皮层呈现出斑块状外观（细胞中存在大量CO，代表高水平的新陈代谢）。后续研究（Horton and Hubel，1980；Humphrey and Hendrickson，1980）发现，斑点样的深色柱状结构贯穿于第2、3（较黯淡）层和第5、6层。从横切面上看，它们是椭圆形的，大小约为150微米 ×200微米，彼此间隔0.5毫米（Fitzpatrick，Itoh，and Diamond，1983；Livingstone and Hubel，1987）。

图6.17是猕猴视觉皮层切片的显微照相图（包括V1，即初级视觉皮层的第一个区域，以及临近的视觉联合皮层的V2区）。将组织平铺展开，并用线粒体酶染色处理后，纹状皮层内的CO斑便清晰可见，能发现在V2皮层存在CO深色窄条纹、深色宽条纹和浅色条纹三种条纹。【见图6.17】

直到不久前，科学家们还相信，纹状皮层接收的颜色信息都来自于小细胞系统。然而，有证据显示，小细胞系统只接收“红”和“绿”视锥细胞的信息，“蓝”视锥细胞的信息是经由尘细胞系统传递的（Hendry and Yoshioka，1994；Chatterjee and Callaway，2003）。

总之，纹状皮层神经元响应视觉刺激的特征，包括朝向、运动、空间频率、视差和颜色。下面，让我们看看纹状皮层内视觉信息的组织方式。

纹状皮层的模块化组织

很多学者相信，大脑由许多大小不等的模块构成，每个模块包含的神经元数目从数十万到数百万不等。各模块都接收其他模块的传入信息，在本模块内进行计算后，再将结果传递给其他模块。近年来，科学家们一直在致力于有关视觉皮层模块特点的研究。

纹状皮层大约可分为2500个模块，每个模块的大小约为0.5毫米 ×0.7毫米，含有近150000个神经元。每个模块仅负责分析一小部分视野包含的视

视差（retinal disparity）：物体在双眼视网膜上成像的位置略有不同的事实，为立体视觉提供了基础。

细胞色素氧化酶块（cytochrome oxidase blob, CO blob）：初级视觉皮层单个模块的中心区域，经细胞色素氧化酶染色后可见；包含波长敏感性神经元；是小细胞系统的一部分。

觉特征，所有模块的信息加在一起就构成了整个视野。打个比方，就好像马赛克壁画上的一块块小瓷片那样。

视觉皮层模块由两段构成，每段都含有一个 CO 块。CO 块中的神经元具有特殊的功能：大部分神经元对颜色敏感，所有神经元对低空间频率敏感，但对其他视觉特征相对不敏感。CO 块外的神经元对朝向、运动、空间频率、纹理以及双眼视差敏感，但大多对颜色不敏感（Livingstone and Hubel，1984；Born and Tootell，1991；Edwards，Purpura，and Kaplan，1995）。模块可以分为两半，每一半只接收一只眼睛的传入信息，但模块内的神经回路将双眼信息整合起来，这样大部分模块内神经元都相当于是双眼的。如果直着将一根微电极插入两个 CO 块之间，我们会发现，所有朝向敏感性细胞——无论是简单细胞还是复杂细胞——都响应同一朝向。【见图 6.18】

这种模块是如何组织空间频率的呢？Edwards、Purpura 和 Kaplan（1995）发现，CO 块中的神经元响应低空间频率，同时对明度的微小差异敏感。在 CO 块外，神经元的最佳空间频率随着它与最近一个 CO 块中心的距离而变化。离 CO 块中心越远，其最佳空间频率越高。【见图 6.19】

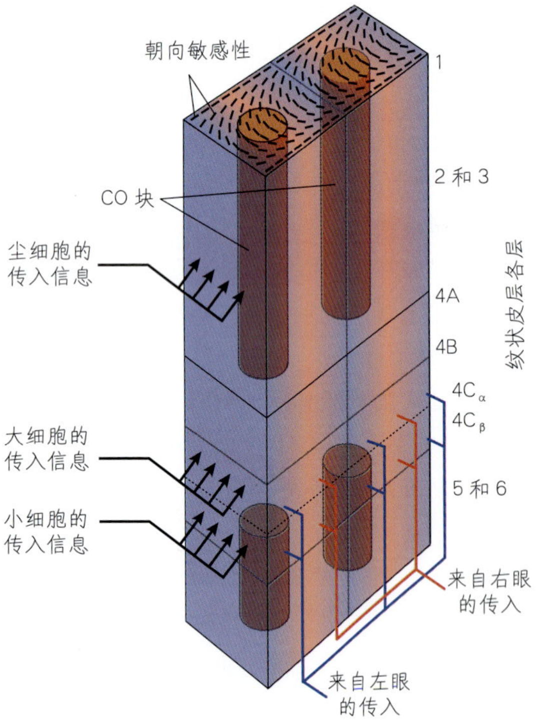

图 6.18　初级视觉皮层的一个模块。

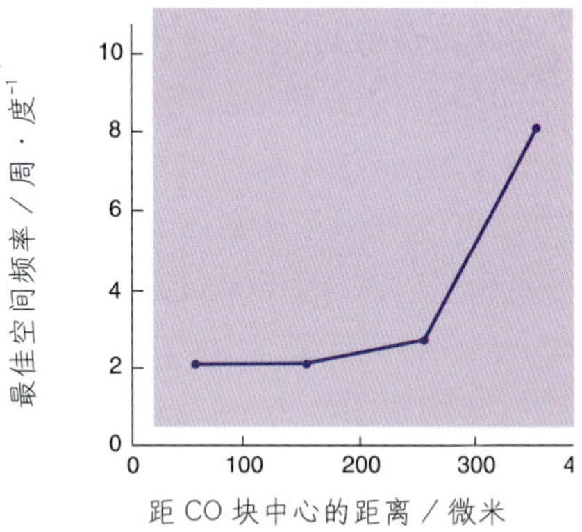

图 6.19　对空间频率反应的组织。纹状皮层神经元的最佳空间频率，以神经元与最近的 CO 块间的距离为横坐标。

Based on Edwards, Purpura, and Kaplan, 1995.

小 结

视觉信息的分析：纹状皮层的作用

纹状皮层（V1区）由六层结构和一些亚层组成，接收外膝体背核大细胞层、小细胞层和尘细胞层的视觉传入。V1接收的信息会传递给视觉联合皮层的V2区。大细胞系统较为原始，对运动、深度和明度的微小差异敏感，对颜色不敏感。小细胞系统和尘细胞系统出现较晚，其中小细胞系统对颜色敏感（接收“红”、“绿”视锥细胞的视觉信息），并具备分辨细节的能力。尘细胞系统向纹状皮层提供“蓝”色锥细胞的色觉信息。

纹状皮层以模块化的形式组织，每个模块中包含一对CO块。通过细胞氧化酶（存在于线粒体中）染色，我们能够看到这些CO块。模块的每一半只接收单眼的传入信息，然而，由于视觉信息在模块内共享，因此大多数神经元相当于响应双眼信息。CO块内的神经元对颜色和低频正弦光栅敏感，而CO块之间的神经元对朝向、视差、运动以及较高的空间频率敏感。

思考题

看着眼前的景象并试着回答，你看到的视觉特征是如何在纹状皮层中编码的。请思考，你看到的各种物体是如何被分解为朝向、空间频率和颜色等信息来进行加工的。

视觉信息的分析：视觉联合皮层的作用

虽然纹状皮层对视觉的形成至关重要，但物体的整体视知觉并不是在纹状皮层中产生的。每个模块看到的景象仅占全部视野中很小的一部分。因此，若要对物体和整个视觉场景产生视知觉，就必须将各模块的信息加以整合。这个整合过程发生在视觉联合皮层。

两条视觉分析通路

纹状皮层接收的视觉信息将在视觉联合皮层中继续加工。纹状皮层的神经元发放轴突至**纹外皮层**——环绕纹状皮层的视觉联合皮层区域。灵长类动物的纹外皮层由多个区域组成，每个区含有一个或多个独立的视野图。每个区内的神经元都特异性地响应特定的视觉特征，比如朝向、运动、空间频率、视差或颜色。到目前为止，研究人员已经在恒河猴的视觉皮层中界定出超过24个区和亚区（Grill-Spector and Malach，2004；Wandell，Dumoulin，and Brewer，2007）。大多数视觉信息按照等级次序传递：每个区都从比自己等级低的区域获得传入信息，对信息进行分析后，再将分析的结果传递给等级“更高”的区域以进行更加深入的分析。

图6.20 远近对观测大小的影响。在图中，尽管两个球体在视网膜上投影的大小相同，但远处的球体看起来要大于近处的球体。

From Sterzer, P., and Rees, G. *Nature Neuroscience*, 2006, 9, 302–304. Reprinted with permission.

纹外皮层（extrastriate cortex）：属于视觉联合皮层；接收纹状皮层和上丘的传入纤维，其传出纤维投射至下颞叶皮层。

Murray、Boyaci和Kersten等人（2006）的一项功能成像研究证明了逆向传递的视觉通路，即从视觉联合皮层再反馈至纹状皮层的过程。首先，找到一个与背景对比鲜明的物体（能在之后形成后像，比如发光的灯泡），盯着它看。然后，看身边的某个表面，比如你的手背。在后像消失之前，再请注视一个远距离的表面，比如你所在房间里距离较远的墙面。对比之后，你会发现墙面上的后像看起来比手背上的大得多。研究者向被试呈现图6.20中的视觉刺激，图中利用两个球体相对于背景图所处的不同位置，使其看起来更远或更近。尽管它们大小相同，却容易让人觉得远处的球更大。【见图6.20】

当被试注视球体时，Murray及其同事使用fMRI记录纹状皮层的激活。他们发现，看似乎更远的球体时，被试的纹状皮层被激活区域更大。我们知道，对图6.20中远近的感知需要视觉联合皮层中神经回路的参与，而非纹状皮层。这也就意味着有视觉系统中高级区域的信息传给了纹状皮层，并影响其活动。

图6.21显示的是人类纹状皮层和纹外皮层中最重要的一些区域。图6.21（a）和图6.21（b）基本上是大脑的正常外观。图6.21（c）和图6.21（d）则是“充气”了的皮层表面，方便我们观看藏在皮层褶皱里的区域。正常情况下看不到的区域以深灰色表示，看得到的区域（脑回的表面）以浅灰色表示。将图6.21（c）和图6.21（d）中红色和绿色虚线尾侧的皮层展开，便得到图6.21（e）。【见图6.21】

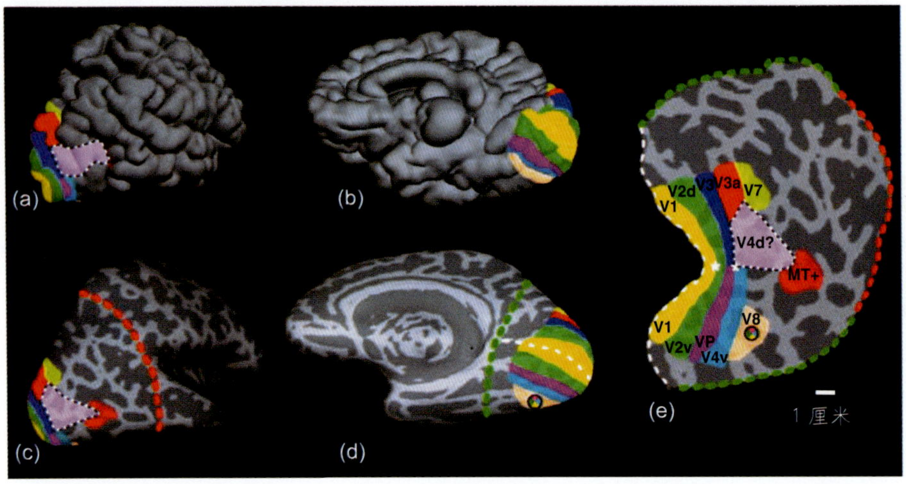

图6.21 人类大脑纹状皮层和纹外皮层分区。(a) 近似正常的外侧观。(b) 近似正常的正中矢状面观。(c)“充气”后的外侧观。(d)“充气”后的矢状面观。(e) c 和 d 中的红线和绿线尾侧皮层展开后的情况。

From Tootell, B. H., and Hadjikhani, N. *Cerebral Cortex*, 2001, 11, 298-311. Reprinted with permission.

背侧通路（dorsal stream）：视觉皮层中一些区域相互连接形成的系统，参与空间位置知觉，从纹状皮层开始，止于后顶叶皮层。

腹侧通路（ventral stream）：视觉皮层中一些区域相互连接形成的系统，参与形状知觉，从纹状皮层开始，止于下颞叶皮层。

下颞叶皮层（inferior temporal cortex）：灵长类动物视觉联合皮层腹侧通路的最高级区域；位于颞叶下部。

后顶叶皮层（posterior parietal cortex）：视觉联合皮层中背侧通路的最高级区域；参与对运动和空间位置的知觉。

大部分纹状皮层（又称V1区，因为它是视觉皮层的第一个区）输出信息至邻近的V2区，然后分成两条通路。在总结了自己和其他人的研究后，Ungerleider 和 Mishkin（1982）指出，视觉联合皮层包含两条加工通路：**背侧通路**和**腹侧通路**。一部分信息经过腹侧通路中相互连接的各个区域，止于**下颞叶皮层**；另一部分信息经由背侧通路止于**后顶叶皮层**。一些神经元不经过V2区域，直接传递从大细胞系统接收的信息：在对运动信息的加工中，神经元直接从V1区域向纹状皮层发射信息。腹侧通路识别某物体是什么（*what*）和是什么颜色，背侧通路识别物体位于哪里（*where*）、是否移动及其速度和方向。【见图6.22】

视觉联合皮层的背侧通路与腹侧通路在视觉信息处理中起着截然不同的作用。*背侧通路*主要的行为功能是为导向和朝向物体的熟练动作提供视觉信息，而*腹侧通路*则是提供物体（或者是其他人）的大小、形状、颜色、与纹理等视觉信息。

我们已经看到，小细胞、尘细胞和大细胞系统分别提供了不同种类的信息。大细胞系统存在于所有哺乳动物中，而小细胞和尘细胞系统仅存在于一些灵长类动物中。只有小细胞和尘细胞系统的细胞分析颜色信息。小细胞

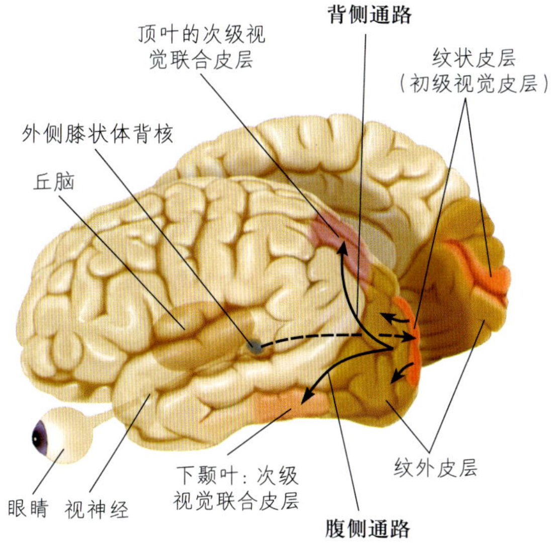

图 6.22 人类的视觉系统。从眼睛到视觉联合皮层的两条通路。

系统神经元具有高空间分辨率和低时间分辨率；也就是说，它们能够识别非常精密的细节，但反应较迟缓。尘细胞系统的神经元只接收“蓝”视锥细胞的传入信息（“蓝”视锥细胞的数目比“红”和“绿”视锥细胞少得多），而且不提供有关细节的信息。与小细胞和尘细胞系统相反，大细胞系统神经元对颜色不敏感。它们也不提供细节信息，但是，它们能够探测到很小的明暗对比。大细胞系统神经元对运动也相当敏感。【见表6.2】背侧通路接收的信息大多来自于大细胞系统，而腹侧通路从大细胞系统、小细胞系统和尘细胞系统接收的信息量几乎相同。

色 觉

前文提到，纹状皮层的 CO 块中的神经元能响应颜色。与视网膜节细胞（以及外膝体背核的小细胞和尘细胞系统神经元）一样，这些神经元以对立的方式响应颜色。颜色信息在视觉联合皮层腹侧通路的各区中加工。

动物研究

Zeki（1980）发现，纹外皮层的一个区域（称为 V4）中的神经元对各种波反应，而不只是响应红、绿、黄和蓝光的波长。这个区域好像在颜色知觉中起着重要作用。我们在不同的光照条件下观察物体（比方说在人工光源下、阴霾的天空下以及正午晴朗的天空下），它们的颜色看起来不会有很大差别。这种现象叫作**颜色恒常性**。可见，我们的视觉系统并不是简单地反应各部分视野中物体反射光的波长，相反，视觉系统会将各个点的色彩构成与整个视野的平均颜色进行对比，根据光源做出补偿。如果视野中含有大量长波光（比如当物体被阳光照射时），我们就会将在视野中每个点上感知到的长波光“减去”一些，这种补偿帮助我们看清物体的真实颜色。

猴脑纹外皮层 V4 区神经元的电活动记录显示，接收来自 V2 区输入信息的 V4 区似乎包含进行这种分析的神经回路（Schein and Desimone，1990）。

表 6.2 视觉系统的大细胞、小细胞和尘细胞的属性

属性	大细胞系统	小细胞系统	尘细胞系统
颜色	没有	有（通过“红”和“绿”视锥细胞获得）	有（通过“蓝”视锥细胞获得）
对对比度的敏感性	高	低	低
空间分辨率（探测细节的能力）	低	高	低
时间分辨率	快（短时反应）	慢（持续反应）	慢（持续反应）

颜色恒常性（color constancy）：在不同的条件下，物体的颜色看起来总保持相对恒定的现象。

Walsh 等人（1993）的研究证实了这个假设：毁损 V4 区破坏了颜色恒常性，但猴子仍然能够辨别颜色。

Conway、Moeller 和 Tsao（2007）曾对猴子视觉联合皮层的大面积区域（包括 V4 区域）的神经元进行过详细的分析。首先，他们利用 fMRI 识别出颜色“热点”——颜色刺激变化时被强烈激活的多个分散区域。随后，他们使用微电极记录这些“热点”内外神经元（即所谓的*神经团*）的反应特征。他们发现神经团神经元确实对颜色更敏感，对形状不太敏感。相反神经团间的神经元对颜色不敏感，对某些形状十分敏感。对颜色敏感的神经团零散分布于视觉联合皮层中的很大区域内。在生活中，只有大面积脑损伤发生时才会严重损害个体对颜色的感知，神经团分布区域广泛可能是其中原因。

对人类的研究

人类枕叶内侧纹外皮层局限性损伤可以引起色觉丢失，但不影响视敏度。患者用黑白影片形容他们的视觉景象，他们甚至不能想象颜色或者回忆起以前认识的物体的颜色（Damasio et al.，1980；Heywood and Kentridge，2003）。这种障碍称为**皮层性色盲**（“无色视觉”）。如果脑损伤局限于单侧半球，那么患者的一侧视野会失去颜色。

Hadjikhani 等人进行的一项 fMRI 研究（1998）发现了一处位于下颞叶皮层的颜色敏感区，他们称之为 V8 区。Bouvier 和 Engel（2006）在分析了 92 个全色盲个案后，证实这一区域（与本章之后会讲到的*梭状回面孔区*邻近，甚至有部分重叠）的损伤会影响对颜色的感知。【见图 6.21】

Zeki 和 Marini（1999）在功能成像研究中发现，尽管多色刺激能激活 V1、V2 和 V4 区，位于下颞叶皮层的感色区域（即我们所说的 V8 区域）只有在看见物体的彩色照片时才能被激活。而且，当照片所示物品非自然颜色时，V8 区域也不会被激活。【见图 6.23】这一结果显示，V8 区域不仅仅参与颜色识别，也参与对特定物品颜色的记忆。

(a)

(b)

图 6.23 自然色与反常色。 V8 神经元会响应图片中呈自然色的物体（a），不响应呈反常色的物体（b）。

From Zeki, S., and Marini, L. *Brain*, 1998, 121, 1669–1685.

色觉的重要意义在于，它有助于我们识别环境中的各种物体。为了知觉和理解我们面前的事物，颜色信息必须与形状信息结合起来，否则色觉将毫无用处。有些脑损伤患者失去了识别形状的能力，但仍然能够分辨颜色。例如，Zeki（1999）报告的一位脑损伤患者虽然保留了识别颜色的能力，但在其他方面称得上是盲的。这位患者叫 P.B.，一次严重的电击使他的心跳和呼吸都停止了。尽管后来他保住了性命，但缺氧对他的纹外皮层造成了广泛性损害。结果，他丧失了形状知觉，但即使无法识别形状，他仍能够辨别显示器上各种物体的颜色。

形状加工

皮层性色盲（cerebral achromatopsia）：患者丧失分辨色调的能力，由视觉联合皮层 V8 区域受损导致。

视觉皮层对形状的加工开始于纹状皮层中的朝向和空间频率敏感性神经元。这些神经元传递信息至 V2 区域，继而将信息传递至腹侧通路中视觉联合皮层的多个亚区。

动物研究

对于灵长类动物来说，形状和特殊物体的识别发生在下颞叶皮层。下颞叶皮层位于颞叶腹侧，是视觉联合皮层中腹侧通路的终点。在这里，形状和颜色信息被放在一起加工。同时，它也是获得三维物体知觉和背景知觉的部位。下颞叶损伤会导致视觉分辨能力严重受损（Mishkin，1966；Gross，1973；Dean，1976）。

下颞叶神经元对三维物体（或三维物体的照片）的反应最佳。它们对点、线或正弦光栅等简单物体反应不佳。即使三维物体的位置、大小、背景发生了变化，或者被其他物体部分遮蔽，某些下颞叶神经元仍然能持续地反应（Rolls and Baylis，1986；Kovács，Vogels，and Orban，1995）。看起来，它们的作用是识别物体，而不是分析特征。灵长类动物的下颞叶皮层神经元会对非常具体的复杂形状做出响应，这说明负责探测复杂形状的神经回路必须通过学习过程形成。下颞叶皮层在视觉学习中的作用将在第12章中详细论述。

对人类的研究

针对视觉联合皮层受损伤人群进行的研究已经让我们对人类视觉系统的组织有所了解。近年来，许多功能成像研究大大拓展了我们的认识。

视觉失认症　人类视觉联合皮层受损会导致一种名为**视觉失认症**的障碍。所谓失认症，指患者在智力正常的情况下，不能识别以某感觉形式呈现的刺激，尽管刺激的细节能够得到正常加工。

本章开头所描述的R夫人的案例正是视觉联合皮层中腹侧通路受到损害引发的视觉失认症。正如我们所见，尽管她的视力清晰度正常，却辨别不出所见的常用物品。但是她仍能阅读——即使是小字号，这说明阅读涉及的脑区与物体识别涉及的脑区不同。（确认视觉识字关联脑区的研究将在第13章中详细介绍。）当她将无法通过视觉识别的物品放在手中时，可以在触摸后立即说出它的名字，这说明她没有失去对它的记忆或者忘记如何说出它的名字。

对特定范畴视觉刺激的分析　视觉失认症是由于视觉联合皮层中腹侧通路部分受到损害引起的。其中，腹侧通路特定区域的损害会影响特定范畴视觉刺激的识别能力。当然，尽管视觉联合皮层中负责加工某些特定类型刺激的脑区都有着各自的边界，脑损伤的边界却很少与这些脑区的解剖边界完全一致。

借助功能成像技术，科学家们对正常人脑的反应进行了深入的研究，发现了会被特定范畴视觉刺激激活的几个腹侧通路区域。例如，已有功能成像研究在下颞叶皮层和外侧枕叶皮层找到了会被特定范畴视觉刺激（动物、工具、汽车、花、字母及字符串、面孔、身体和景色）激活的区域（见Tootell，Tsao，and Vanduffel，2003，Grill-Spector，and Malach，2004）。然而，这些发现没有完全得到重复，并且人也能够识别不属于这些范畴的形状刺激。**侧枕复合体（LOC）**，位于视觉联合皮层的腹侧通路中，可能对多种物体和形状的刺激有响应。

视觉失认症（visual agnosia）：患者未盲，但有视知觉缺陷；由脑损伤所致。

侧枕复合体（lateral occipital complex，LOC）：视觉联合皮层的腹侧通路的大部分，对许多物体和形状响应。

Karnath 等人（2009）报告的一个案例生动地展现了背侧通路与腹侧通路在行为功能上的差异。病人 J.S. 在一次中风中损伤了内侧枕颞皮层，包括双侧梭状回和舌回。腹侧通路被严重损害，而背侧通路完好无损。病人无法辨认物体或面孔，无法辨认视觉刺激的形状或方向，也无法正常阅读。然而，他伸手和拿起物品的能力没有受到损伤：如果他事先知道物品是什么，他能恰当地使用。例如，如果他知道衣服在哪，他能拿起衣服并穿好。他人伸手时，他也会与人握手；也能在家周围散步、进超市、把写好的单子递给收银员。

面孔失认症是一种常见的统觉视觉失认症，患者识别面孔的能力丧失。换句话说，患者知道自己正在看一张面孔，却无法说出这是谁的面孔——即使是熟人和亲戚的面孔也不认识。他们看到了两只眼睛、两只耳朵、一个鼻子和一张嘴，却无法识别每个人的面部特征。患者保留了对这些熟人的记忆，听到他们说话后往往能够认出他们。正如一位患者所言，“我无法仅凭面孔辨认大家。我观察他们头发的颜色，听他们说话的声音……我必须利用衣服、声音和头发。我努力将各种事物和具体的人联系起来……他们穿什么样的衣服，他们的头发是怎样的。（Buxbaum, Glosser, and Coslett, 1999, p.43）”

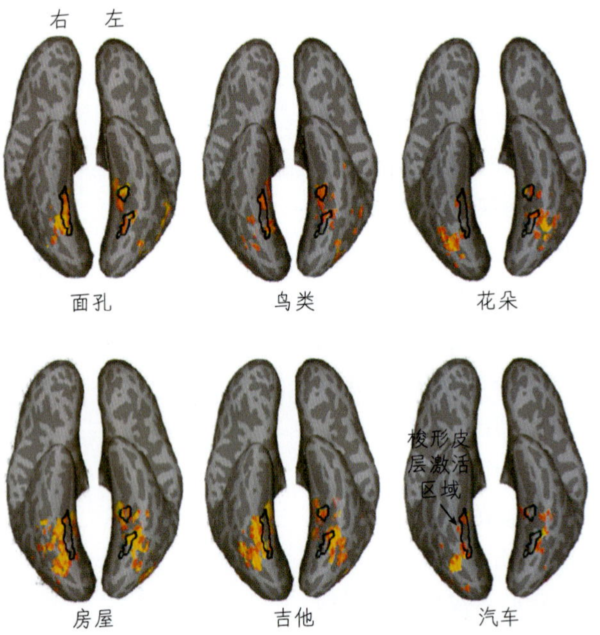

图 6.24 对不同视觉刺激的响应。人们观看六种不同的视觉刺激时的脑成像图，在“充气”后的大脑皮层上标注了神经活动区域。在呈现面孔时，将梭状回面孔区用线圈出。

From Grill-Spector, K., Knouf, N., and Kanwisher, N. *Nature Neuroscience*, 2004, 7, 555-561. Reprinted with permission.

对脑损伤患者的研究和功能成像研究显示，特定的面孔识别回路位于视觉联合皮层中的**梭状回面孔区（FFA）**，其位置在颞叶底部的梭状回。例如，在 Grill-Spector、Knouf 和 Kanwisher（2004）的研究中，他们收集了被试在注视包括面孔在的内的多种物体的图片时脑区的 fMRI 扫描结果，其大脑纹状皮层“充气”后的腹面观见图 6.24。图中亮色区域为观察特定图片时激活的区域，黑色的轮廓标注了在注视面孔时梭状皮层被激活的区域，与亮色区域对比，我们可以清楚地发现，相比其他图片，面孔图片激活区域更加吻合黑色轮廓范围。【见图 6.24】

大多数面孔失认症是辨认面孔毫无问题者在脑部受伤后出现的。而发展性面孔失认症指的是随着儿童的发育逐渐出现面孔识别困难。患者往往会报告，由于他们没能认出已经见过多次的人而使对方感到被怠慢的事例。正常人面孔识别的过程是自动化的，无法理解为什么发展性面孔失认症患者辨别不出见过多次的人，因而会将其归因于患者的怠慢。Behrman 等人（2007）发现患有发展性面孔失认症的人前部梭状回更小，而 Thomas 等人（2009）的一项弥散张量成像研究发现，发展性面孔失认症患者的枕颞皮层连接减少。

面孔失认症（prosopagnosia）：不能识别熟人的面孔。

梭状回面孔区（fusiform face area，FFA）：视觉联合皮层中的一个区域，位于下颞叶；参与面孔知觉。

位于腹侧通路的**纹外身体区（EBA）**，在梭状回面孔区后部，并与之部分重叠。Downing 等人（2001）发现，纹外身体区会被与人形或身体部位有关的照片、轮廓、简笔画激活，而不会被工具的照片或绘画、杂乱的轮廓或者乱七八糟的人体简笔画激活。图6.25展示了梭状回面孔区和纹外身体区不重合区域对不同刺激的 fMRI 反应强度（Schwarzlose，Baker，and Kanwisher，2005）。不难发现，梭状回面孔区对面孔的反应强度最高，而纹外身体区对非头部的其他人体部位反应最强烈。【见图6.25】

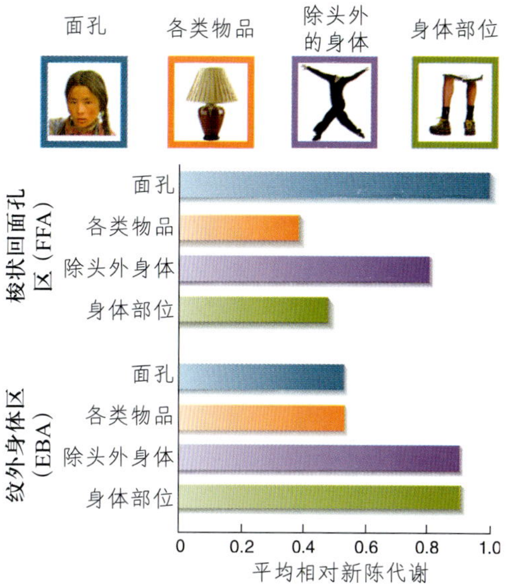

图6.25 对面孔与身体的知觉。接收面孔、除头外的身体、身体部位和各类物品图片时，梭状回面孔区和纹外身体区的激活情况。

From Schwarzlose, R. F., Baker, C. I., and Kanwisher, N. *Journal of Neuroscience*, 2005, 23, 11055–11059.

Urgesi、Berlucchi 和 Aglioti（2004）使用经颅磁刺激暂时扰乱纹外身体区中正常的神经活动（正如第5章中所述，经颅磁刺激是让头皮上方所置线圈通过电流，让大脑处于一个强大的局部磁场中）。科学家们发现，这种扰乱暂时修复了被试辨认身体部分图片的能力，但没有修复辨认面孔或摩托车图片的能力。

我们将在第12章详细论述海马和附近区域的内侧颞叶皮层参与空间知觉和记忆。一些研究已经在腹内侧颞叶的边缘皮层内确定了会被景色或背景激活的**海马旁回位置区（PPA）**。例如，Steeves 等人（2004）就报告了一个案例，其中47岁的 D. F. 女士由于一次意外的一氧化碳中毒引起了脑损伤。

患者由于外侧枕叶皮层（腹侧通路中一个重要部分）受伤，患有严重的对物体的视觉失认症。然而，她仍能辨认出自然景观或人造场景(沙滩、森林、沙漠、城市、集市和房间)。功能成像显示了患者未受损的海马旁回位置区在观看景色时的激活情况。这些结果显示，人类对情景的认知并不取决于辨认特定的物体，因为 D.F. 无法辨认出场景内的物体。

另外，我们在面孔识别时有三种基本途径：特征差异（例如，眼睛、鼻子和嘴巴的大小和形状）；轮廓的不同（脸型）；特征分布的差异（例如，眼睛、鼻子和嘴巴的位置）。图6.26呈现了一系列复合而成的面孔的区别（Le Grand et al.，2003）。请看，每一行最左边的面孔都是一模一样的。第一行的五个图片中包含了不同的面孔特征：眼睛和嘴巴都来自于不同的人物图片（鼻子是一样的）。最后一行的五张面孔特征来自同一个人的特征，但分布不同，双眼间距以及眼睛和嘴巴的距离也是不同的。其中，不同的五官分布是最难察觉的。【见图6.26】

在第16章中，我们将看到，自闭症患者不能与他人建立正常的社会关系。在严重的情况下，患者甚至对他人的存在毫无反应。Grelotti、Gauthier 和 Schultz（2002）发现，自闭症患者识别面孔的能力下降，观看面孔时梭状回不激活。作者怀疑，自闭症患者的脑部病变导致患者丧失了对他人的兴趣，继而使儿童丧失了在成长过程中加速获得面孔识别技能的动力。第16章将

纹外身体区（extrastriate body area，EBA）：视觉联合皮层的一部分，位于外侧枕叶皮层；参与认知人类身体和身体部位。

海马旁回位置区（parahippocampal place area，PPA）：内侧颞叶皮层的一个区域；负责感知特定空间（或场景）。

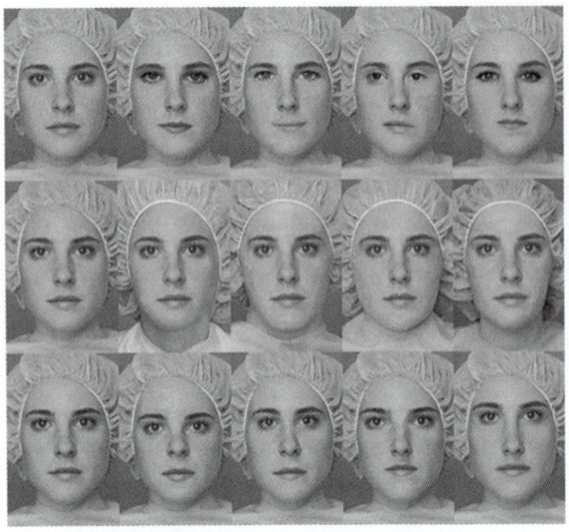

图6.26 合成面孔。第一行的五个图片中包含了不同的面孔特征：眼睛和嘴巴都来自于不同的人物图片（鼻子是一样的）。中间一行的五张面孔五官相同，但脸型不同。最后一行的五张面孔特征来自同一个人的特征，但分布不同，双眼间距以及眼睛和嘴巴的距离也是不同的。

From Le Grand, R., Mondloch, C. J., Maurer, D., and Brent, H. P. *Nature Neuroscience*, 2003, 6, 1108–1112. Reprinted with permission.

就自闭症详细讨论。

威廉姆斯综合征是7号染色体上发生变异引起的一种遗传疾病。患者常有智力缺陷，但是常展示出对音乐的强烈兴趣。他们通常很善于交际、性格迷人、为人善良，常表现出对他人极大的兴趣，会花更多的时间近距离注视他人的面孔。因而，患者通常比常人更善于识别面孔。Golarai 等人（2010）的一项功能成像研究发现，威廉姆斯综合征患者的梭状回面孔区面积更大，而梭状回面孔区的大小与面孔辨识能力呈正相关。

运动知觉

我们不仅需要知道物体是什么，还需要知道它们的位置和它们的移动方向。在不知道物体运动方向和运动速度的前提下，我们不可能预测其将来的位置。于是，我们将不能抓住它们（或成功地避免被它们抓住）。本节将讨论运动知觉，而位置知觉将在最后一节中讨论。

动物研究

纹外皮层的V5区（也叫MT区，位于内侧颞叶）的神经元对运动的刺激进行反应。毁损该区导致猴子知觉运动刺激的能力严重下降（Siegel and Andersen，1986）。经由纹状皮层和纹外皮层的几个区，V5区接收来自大细胞系统的直接传入，它也接收上丘的传入，参与视觉反应，包括眼球运动的反射控制。

与V5毗邻的一个区（有时称为V5a，但更常见的名称是MST，内侧上颞叶的缩写）接收来自于V5的运动信息，然后进行深加工。MST的神经元响应各种复杂的运动形式，包括放射状、环状和螺旋状运动（见综述，Vaina，1998）。该区（特别是背外侧MST，或称MSTd）的一项重要功能是分析**光流**信息。

当我们在环境中来回移动或环境中的物体围绕我们来回移动时，视网膜上环境特征的大小、形状和位置都在不停地变化。设想你拿着摄像机沿一条街道散步，摄像机的镜头对着正前方。假定你要从一个邮筒右边绕过去。首先，摄像机拍到的邮筒逐渐变大。当你最终绕过它时，它的像转向左边并立即消失。随着你不断前进，人行道上的各点在向下移动。当你从树下经过时，树枝上的各点向上移动。分析环境中各视觉元素的相对运动（也就是光流）将告诉你如下信息：你前进的方向、你以多快的速度接近前方某个物体以及你将从左边或右边（上边或下边）经过这些物体。在行进过程中，你一直面对的那点是不动的，视觉景象中其他各点向着远离这点的方向移动。因此，这点被称为*扩展中心*。如果你沿一个方向一直走，最终将撞到扩展中心处的某物体。利用光流信息，我们还可以预测出某移动物体是否会撞到我们。Britten 和 Van Wezel（1998）发现，猴子的MSTd受到电刺激会干扰其对前进

光流（optic flow）：观察者与环境的相对运动引起的视野中各点的复杂运动；提供物体与观察者之间的相对距离以及相对运动方向的相关信息。

方向的知觉能力；因此，这些神经元似乎确实在从光流中获得对前进方向估计的过程中发挥着重要的作用。

对人类的研究

运动知觉 一些功能成像研究在人脑颞下沟区域找到了一块运动敏感区域，常称为MT/MST（Dukelow et al.,2001）。然而，近期的一项研究显示，这块区域在外侧枕叶皮层的枕下沟与枕外侧沟之间（Annese，Gazzaniga，and Toga，2005）。Annese和他的同事检查髓鞘染色的人脑切片，发现由于V5区域接收了大量有髓鞘轴突的投射，所以所处区域可以通过髓鞘染色显示。【见图6.27】

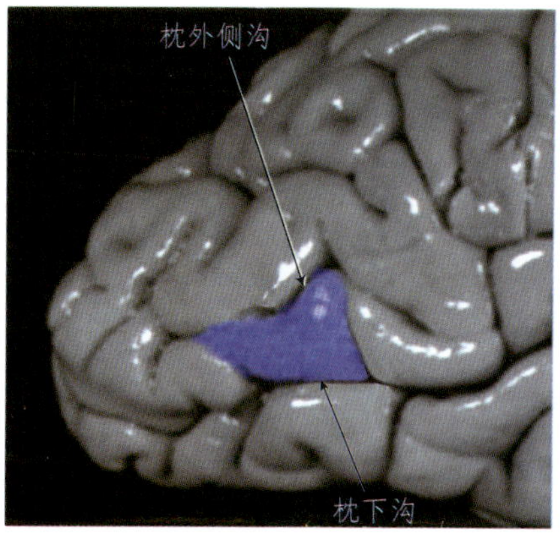

图6.27 定位V5区。图中标识的是V5（又名MT/MST或MT+）区域在人脑中的位置。由于密集分布的有髓鞘的轴突存在，V5区域可被染色标记出来。

From Annese, J., Gazzaniga, M. S., and Toga, A. W. *Cerebral Cortex, 2005*, 15, 1044–1053. Reprinted with permission.

包含运动敏感区域在内的人脑双侧损伤会导致运动知觉的丧失——**运动失认症**。例如，Zihl等人（1991）报告了一位叫L.M.的女性患者，她双侧MT/MST都受到了损伤。

> L.M.几乎丧失了全部运动知觉。如果没有红绿灯的帮助，她甚至不能过马路，因为她判断不出汽车的移动速度。尽管她还有少许运动知觉，但她不喜欢看运动的物体。比如，与他人谈话的时候，她不愿意看对方的嘴，因为嘴的运动让她感到心烦意乱。在实验室里，研究人员让她努力观察某视觉目标的运动，她回答，"首先，目标是完全静止的。然后它突然跳到上面和下面去了"（Zihl et al.，1991，p. 2244）。看起来，她能够察觉到目标位置的变化，却意识不到任何运动。

Walsh等人（1998）使用经颅磁刺激技术让正常人类被试的MT/MST区域暂时失活。研究人员发现，接受刺激时，被试无法辨认出在计算机屏幕上正在运动的多种物体。当电流关闭时，被试识别物体毫无困难。电流对被试识别不同形状的物体的能力没有影响。

光流 正如我们在前一节看到的，猴脑MSTd区的神经元响应光流，为动物感知前进方向提供了重要的信息。Peuskens等人（2001）进行的一项功能成像研究发现，当人类被试观看光流信息并判断自己的前进方向时，相同的脑区被激活。此外，Vaina及其同事（Jornales et al.，1997；Vaina，1998）发现，该脑区受损的患者仍具有运动知觉，但不能从光流信息中感知前进方向。

在许多体育运动中由视觉系统追踪物体的运动。

来自运动的形状知觉 运动知觉甚至有助于我们的三维形状知觉，这种现象被称为来自运动的形状。Johansson（1973）拍摄的影片让我们看到，运动中包含了如此丰富的信息。他让演员穿上一身黑衣，并在演员的手腕、肘部、肩膀、臀部、膝盖和双足等部位挂上一些小发光物。拍摄影片时，演员需要在一间黑屋子里做出各种各样的动作，包括走、跑、跳、跛行、俯卧撑等，还要与另一位穿着同样衣服的人跳舞。尽管观众看不到演员本人，只能看到暗背景上一些光点的移动，但大家都能看出这些光点的移动方式符合人类的动作，并能正确说出是什么样的动作。后来的研究（Kozlowski and

运动失认症（akinetopsia）：运动知觉丧失，视觉联合皮层V5区（也叫MT/MST区）受损引起。

Cutting，1977；Barclay，Cutting, and Kozlowski，1978）表明，观众判断演员性别的正确率也相当高。演员走路时肩膀和臀部的相对移动量可能是最有用的性别线索。

Gossman 等人（2000）的一项功能成像研究显示，被试观看“来自运动的形状”的录影带时，颞上沟后端腹侧一面有一小块脑区被激活。无论图像呈现在左侧视野还是右侧视野，总是右半球上的该区域激活得更多。Grossman 和 Blake（2001）发现，在被试想象“来自运动的形状”中的光点时，该脑区也有激活。

在非实验室环境下，对“来自运动的形状”的知觉看起来似乎毫无用处。然而，这个现象在自然环境下确实存在，所涉及的多个脑机制与正常的物体知觉不同。例如，正如我们在本章前言中所述，视觉失认症患者尽管不能仅靠视力辨别物体，却能识别动作（比如，他人假装在碗中搅拌或者假装洗牌）。患者可能无法辨别朋友的面孔，却能通过他人走路的姿势辨认其人。如前文所述，观察人的身体部位可以激活纹外身体区的神经元。Pelphrey 等人（2005）的一项功能成像研究观察到，当被试观看人体手、眼和嘴的运动时，纹外身体区前的一块脑区被激活。

Lê 等人（2002）报告了一项案例：患者 S.B.，30 岁，男性，3 岁时患脑炎导致双侧腹侧通路大面积受伤。因此，他无法识别物体、面孔、质地和颜色。然而，他可以感知运动，甚至可以接到扔给他的球。此外，他还可以辨认他人胳膊和手部常见的动作，例如用刀切割、刷牙等，还可以根据他人的步态认人。

空间位置知觉

顶叶参与空间和躯体感觉感知，它接收视觉、听觉、躯体感觉和前庭觉的信息来完成这些任务。当任务涉及感知和记忆物品位置以及控制眼睛和肢体的运动时，顶叶损伤会阻碍任务完成。视觉联合皮层的背侧通路止于后顶叶皮层。

后顶叶皮层的解剖结构如图 6.28 所示，即一个“充气”后人脑左半球的背面观。**顶内沟（IPS）**中的五个区域备受关注：AIP、LIP、VIP、CIP 和 MIP（IPS 的前、侧、腹、尾和内侧）。【见图 6.28】

猴子的单细胞记录研究和人类的脑成像研究都表明，顶内沟神经元参与视觉注意和眼跳的控制（LIP 和 VIP）、伸手够和指的视觉控制（VIP 和 MIP）、手部的抓取和操纵动作的视觉控制（AIP）、立体视觉中对深度的感知（CIP）（Snyder，Batista，and Andersen，2000；Culham and Kanwisher，2001；Astafiev et al.，2003；Tsao et al.，2003；Frey et al.，2005）。

顶内沟（intraparietal sulcus，IPS）：视觉联合皮层的背侧通路止于顶内沟；顶内沟参与对位置、视觉注意、眼睛和手部运动的控制。

Goodale 及其同事认为（Goodale and Milner，1992；Goodale et al.，1994；Goodale and Westwood，2004），视觉皮层背侧通路的主要功能在于指导行动，而不是简单地感知空间位置。正如最初 Ungerleider 和 Mishkin（1982）

所述，腹侧和背侧通路告诉我们“是什么”(what)和“在哪里”(where)。而Goodale及其同事认为使用“是什么”(what)和“怎么样”(how)更恰当。他们列举了一位女士的案例来阐述观点，该女士后顶叶皮层双侧受损后，辨认线条画毫无问题(也就是说，腹侧通路完好无损)，但在捡起物品时存在困难(Jakobson et al.，1991)。患者可以感知到面前积木的大小差异，却不能调整拇指和食指的间距拿起积木。相反，腹侧通路受损所致的重度视觉失认症患者区分不了不同大小的积木，却能拿起积木。她能在摸到积木前通过视觉调整手指(Milner et al.，1991；Goodale et al.，1994)。这个病人的功能成像研究结果表明(James，2003)，在拿起物体时，其背侧通路的活动正常，特别是与操作和抓取动作相关的前顶内沟(AIP)活动正常。

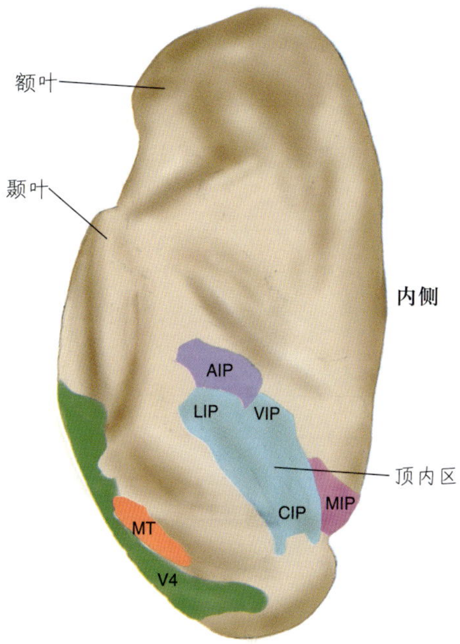

图6.28 后顶叶皮层的解剖结构。一个“充气”后人左脑的背面观。

Adapted from Astafiev, S. V., Shulman, G. L., Stanley, C. M., et al. *Journal of Neuroscience*, 2003, 23, 4689-4699.

Goodale及其同事的建议似乎非常有道理。当然，背侧通路参与对物体空间位置的感知，但如果它的主要功能是指导动作，那么也必须参与对物体位置的加工，否则背侧通路如何指导朝向物体的运动？此外，它必须有关于物体大小和形状的信息，否则如何控制手指间距？

一项有趣的(也很愉快的)儿童研究证明了视觉系统中背侧通路与腹侧通路间信息交换的重要性(DeLoache，Uttal，and Rosengren，2004)。实验者让孩子与大型玩具玩耍，包括可供他们爬上滑下的室内滑梯、可以坐的椅子和可以进入的玩具车。孩子们与各个玩具玩耍之后被带出房间，再次回来时，室内大型玩具被换成了一模一样的小型玩具。孩子们玩小型玩具时，还是用了一样的方法：试图爬上滑梯、爬进小汽车和坐在小椅子上。有视频记录了一个2岁的小朋友想爬进小型汽车，他说了好几声“进”，不停地叫母亲，明显是想请她帮忙。研究者认为，这种行为反映了孩子背侧通路和腹侧通路间的联系没有发育成熟。腹侧通路识别物体是什么，背侧通路识别它的大小，但信息没能充分共享。

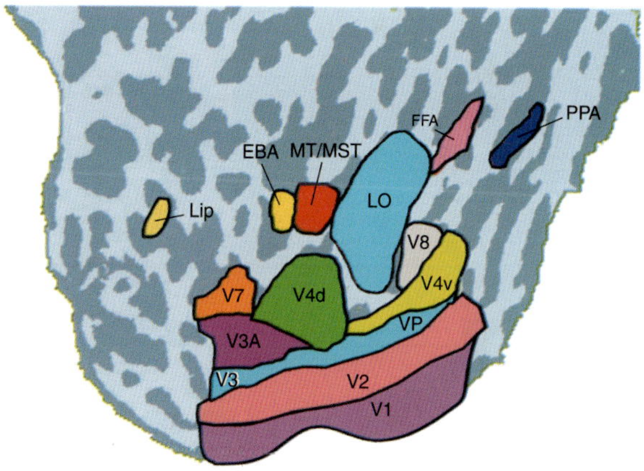

图6.29 视觉皮层中背侧通路与腹侧通路的组成部分。图中标识了视觉皮层中背侧通路与腹侧通路的主要组成部分。图6.21(e)与本图类似。

Adapted from Tootell, R. B. H., Tsao, D., and Vanduffel, W. *Journal of Neuroscience*, 2003, 23, 3981-3989.

视觉系统非常重要，我们约25%的大脑皮层在为这个感觉通道服务，诸多实验也有许多有趣的发现。图6.29表明了腹侧通路与部分背侧通路组成脑区的位置。【见图6.29】(背侧通路的其他部分位于顶内沟，在图6.28中标明。)表6.3列出了这些区域及其主要功能。【见表6.3】

表 6.3 人类视觉皮层各个区域及其功能

人类视觉皮层区域	其他名称	功能
V1	纹状皮层	分析朝向、运动、空间频率、视网膜像差与颜色
V2		进一步加工来自 V1 区域的信息
腹侧通路		
V3 和 VP		进一步加工来自 V2 区域的信息
V3A		加工来自对侧眼睛全部视野的信息
V4d 或 V4v	V4 背侧或 V4 腹侧	分析形式 加工色彩恒常性 V4v = 上视野，V4d = 下视野
V8		颜色知觉
LO	侧枕叶	客体识别
FFA	梭状回面孔区	面孔识别与物体识别
PPA	海马旁回位置区	识别特定的场所与情景
EBA	纹外身体区	识别身体部位
背侧通路		
V7		眼动的视觉注意控制
V5（又称 MT/MST 或 MT+）	内侧颞叶或内上颞叶（猴脑中的位置）	运动知觉 特定亚区处理生物运动知觉与光流
LIP	外侧顶内沟区	眼跳的视觉注意控制
VIP	腹侧顶内沟区	对特定位置视觉注意的控制 控制眼动 指向的视觉控制
AIP	前侧顶内沟区	手动（抓取、操作）的视觉控制
MIP	中顶内沟区 顶叶伸手够区域（猴子）	伸手够的视觉控制
CIP	尾侧顶内沟区 尾侧顶内视差区	立体视觉中对深度的知觉

小 结

视觉信息的分析：视觉联合皮层的作用

视觉联合皮层包括 V1 区（纹状皮层）、V2 区和两条视觉通路。终止于下颞叶的腹侧通路参与客体知觉。终止于后顶叶皮层的背侧通路参与对运动、位置、视觉注意、控制手和眼运动的知觉。视觉皮层至少含有 24 个亚区，各亚区按照一定等级次序排列。每个亚区分析视觉信息中的特定部分，并将分析结果依等级次序传向其他亚区。毁损 V4 区破坏颜色恒常性（色觉在不同的光照条件下都保持相对准确）。毁损 V8 区导致全色盲，但不影响形状知觉。

功能成像研究显示，形状、运动和颜色知觉都具有特定的皮层区域，这些研究使我们能够将人类视觉系统和实验动物的视觉系统联系起来。对视觉联合皮层受损患者的研究发现了一种感知觉损伤，即视觉失认症。

面孔失认症，即无法辨别面孔，是位于右枕叶内侧面的梭状回面孔区（FFA）受损所致。发展性面孔失认症似乎与显著小于常人的梭状回面孔区相关。威廉姆斯综合征患者对人和人脸有很强烈的兴趣，非常善于识别面孔，他们的梭状回面孔区也显著大于常人。自闭症患者的梭状回面孔区发育不良，可能是因为患者缺乏获得面孔识别技能的动力。视觉联合皮层的其他区域可能参与肢体和环境情景的识别过程。

V5区（又名MT区）受损干扰动物的运动知觉，后顶叶受损干扰它们的空间位置知觉。人类视觉联合皮层中相当于V5区的部分受损也影响运动知觉，导致一种名为运动失认症的障碍。此外，对V5区域的经颅磁刺激会引起运动知觉的暂时中断，功能成像研究显示，看到运动的刺激使该区激活。无论在猴脑还是人脑中，MSTd（纹外皮层与V5相邻的一个区）似乎都与光流信息的加工有关。光流信息是我们感知前进方向的一个重要线索。通过运动感知形状的能力——通过挂在身体上的发光物辨别人类的复杂动作——可能与通过走路方式识别个体的能力有关。这种能力显然与上颞沟后端腹侧一面的皮层区域有关。

位于背侧通路终端的视觉联合皮层的大部分位于顶内沟：LIP和VIP参与视觉注意与眼跳控制，VIP和MIP参与伸手够和指向的视觉控制、AIP参与手部抓取和操作的视觉控制、CIP参与立体视觉中对深度的感知。

Goodale及其同事认为，背侧通路的主要功能应当被总结为“怎么样”（how）而不是“在哪里”（where）；参与伸手够、抓取和操作等动作时，后顶叶皮层功能的发挥离不开关于运动、深度和位置的信息。

思考题

1. 一些心理学家对“自上而下”的视知觉过程感兴趣——也就是大脑皮层对模糊刺激视知觉的影响。例如，如果你在昏暗的厨房里看到一个物体，它长得既像一个大面包，又像一个邮箱（美国用的那种），你肯定不会把它当作后者。在大脑内，情景信息是如何影响知觉的呢？
2. 最近我租了一辆车，很快发现数字仪表盘上的一个数字显示是在黑色背景下呈现明亮的蓝色数字。尽管蓝色非常亮，我还是很难区分出数字。另一个数字显示是黄色的，我毫不费力地认出了数字。根据你在本章所学的知识，你能解释这个现象吗？（提示：请看“两条视觉通路”的最后一段。）

本章结语 | 个案研究

引子中对R夫人的讨论提出了一个令我感兴趣的问题：对一个患者的研究是否具有普遍性？有学者认为，由于个体之间的差异很大，我们不能从某一个患者身上得到普遍性的结论。他们认为，只有对一组人的研究才能提供正确的结论，因为个体差异问题能够用统计学方法解决。他们的批评正确吗？

个案研究指对一位患者丧失和保留的能力进行深入详尽的研究。我的观点是，对脑损伤患者的个案研究能够提供许多重要信息。首先，即使根据一个人的结果得不到多么确凿的结论，如果通过仔细分析患者缺损的功能，能够为未来研究提供一些有用的思路也是好的。无论如何，它是研究思路的重要来源。而且，在某些情况下，我们还是能够凭个案研究得出结论的。

在讨论个案研究分别能够和不能得到哪些结论之前，让我们先看看脑损伤研究的目的。大脑是以模块化的方式组织的。每个模块都接收其他模块的传入信息，在模块内进行分析，然后将分析结果传递给与之相连的其他模块。有时，模块间的连接会发生改变。也就是说，模块间的突触连接可以被修饰，这样，模块就能根据不同的输入做出不同的反应。（在第12章中，我们将看到，模块修饰自身突触连接的本领是学习和记忆的基础。）

如果我们想知道整个大脑的工作方式，我们必须知道每个模块的工作方式。一个模块并不是专门负责一个行为的，实际上，一个模块负责一种功能，这种功能可能是许多行为必须的。拿我来说，我现在正坐在计算机前打字，我使用了与姿势和平衡有关的模块、与眼动有关的模块、与打字内容有关的记忆模块、与词语和拼写有关的模块、与手指运动有关的模块……好了，您想必已经理解了。我不太可能去研究像坐着打字这样一个复杂的任务，但我很可能去研究如何拼写熟悉的词。我们也很可能使用许多模块去完成与听有关的功能：我们使用这些模块去“听”脑海中出现的词，然后使用其他模块将声音转换为正确的字词。同样，我们还可以使用与视觉有关的模块将想拼写的词在脑海中呈现出来。我不想在这里谈太多有关拼写的事情（这应该是第13章的内容），我只是想让大家明白，为什么理解某块脑区里模块组的功能是如此重要的。在实际操作中，这就意味着研究和分析脑损伤患者的功能缺陷。

根据个案研究，我们能够得到哪些结论呢？如果我们观察到两种行为的缺陷，我们不能说这是由两种行为的某公用模块受损引起的。行为 X 的缺陷很可能是模块 A 受损引起，而行为 Y 的缺陷是模块 B 受损引起，模块 A 和模块 B 只是碰巧遭到了同一个脑病变的损害。然而，如果观察到行为 X 丧失而行为 Y 保留，我们可以说受损模块的功能不是行为 Y 必需的。对一位患者的研究允许我们下这种结论。

可见，虽然个案研究不能确保我们得到最终的结论，但如果使用得当，我们还是能够从中获得肯定的结论，这将有助于我们理解大脑的组织方式，并为未来研究提供可验证的假设。

关键概念

视觉系统的刺激

1. 光是电磁波的一种，根据波长、强度和纯度的不同呈现出不同的色调、明度和饱和度。

视觉系统解剖

2. 眼睛是复杂的感觉器官，它将环境的像聚焦在视网膜上。视网膜由三层结构组成：光感受器层（视锥细胞和视杆细胞）、双极细胞层以及节细胞层。
3. 眼睛传送视觉信息至外侧膝状体背核的小细胞层、尘细胞层和大细胞层，继而传送至初级视觉皮层（纹状皮层）。

视网膜对视觉信息的编码

4. 当光感受器上的视色素分子接收光刺激时，它们一分为二，同时产生感受器电位。
5. 视网膜节细胞以一种中心—外周对立的方式反应。
6. 颜色由三种视锥细胞感应，当颜色信息传递至视网膜节细胞时，三色编码系统被对立加工编码系统取代。

视觉信息的分析：纹状皮层的作用

7. 纹状皮层神经元以模块化的形式组织，每个模块包含两个 CO 块。CO 块内的神经元响应颜色，而 CO 块外的神经元响应空间频率、运动和视差。
8. 视觉信息在两套平行的系统内加工：大细胞系统和小细胞或尘细胞系统。

视觉信息的分析：视觉联合皮层的作用

9. 纹外皮层接收纹状皮层提供的包含特定视觉特征的信息，经进一步分析后，这些信息被传入更高级的视觉联合皮层。
10. 视觉联合皮层中的下颞叶（腹侧通路）识别客体的形状，而顶叶（背侧通路）识别客体的位置。
11. 视觉联合皮层损伤会扰乱视觉感知。枕叶底部的梭状回参与面孔的知觉过程。一个临近区域参与对身体和身体部位的知觉过程，海马旁回中一个区域参与对环境和情景的感知。纹外皮层的 V8 区参与色觉加工。
12. 与 V5 相对应的皮层区域参与运动知觉，它附近的 MSTd 区参与光流信息的加工。顶内沟中五个区域分别对应：视觉注意；眼动控制；伸手、指向、抓取和操作的视觉控制；立体视觉中对深度的感知功能。

第 7 章

听觉、躯体感觉和化学感觉

Fancy/Alamy

学习目标

1. 描述耳及听觉通路的各个部分。
2. 描述对音调、音色以及对声源位置的探测。
3. 描述前庭系统的结构和功能。
4. 描述皮肤感觉及其对触摸、温度和疼痛的反应。
5. 描述躯体感觉通路以及对疼痛的知觉。
6. 描述五种味觉特质，味蕾的解剖及其是如何探测味道的，以及味觉通路和味觉的神经编码。
7. 描述嗅觉系统的主要结构，解释味道是如何被探测的，并描述由这些刺激产生的神经活动的模式。

本章要点

引子 | 都在她的脑袋里?

州立大学三年级的梅丽莎志愿作为被试参加了牙科学校的一项实验。她被告知虽然可能会感到有点疼，但是这一切都将处于正规医学操作的控制之下，不会带给她任何的伤害。她并不喜欢疼痛的感觉，但是她可以从中获得丰厚的报酬。同时她也注意到这是一个提升自我形象并证实自己的确具有不输给任何人的勇气的一个机会。

她走进接待室，签署了同意书。表明她同意参与实验，并知道一位医生将给她某种药物，并将测量她对疼痛的反应。实验员对她表示了欢迎之后，将她带到一个房间，示意她坐到一张牙科椅上。实验员用连有塑料管的针插入她右臂的静脉，以便注射药物。

“首先，”实验员说，“我们要找出你对疼痛有多敏感。”他向她展示了一个尖端有金属探头的像电动牙刷一样的装置。“这个装置将刺激你牙齿的牙髓神经。你补过牙吗?”她点点头。“你曾经咬到过铝箔吗?”她咧了一下嘴，又点了点头。“很好，这样你就知道会发生什么了。”他调整了刺激发生器的刻度盘，把它的尖端与一颗牙接触上，按下按键。没有反应。他转动刻度盘，又一次刺激了那颗牙。依然没有反应。他再一次地转动刻度盘，这一次，刺激让她倒抽一口冷气打了个激灵。他在笔记本上记下了这一电压调节点(的数据)。

“很好，我们已经知道了这颗牙对疼痛有多敏感。现在，我要给你我们正在测试的药物。它可以有效地减轻疼痛。”他注射了药物，又过了一会儿，说道:“让我们再来试试这颗牙吧!”药物明显起了作用。他必须提高相当多的电压才能使她感到疼痛。

“现在，”他说，“我要再给你注射一些这种药，看看是否还可以让你感觉到更少的疼痛。”他又一次注射，等了一会儿，又对她进行了测试。但是，药不仅没有进一步降低她对疼痛的敏感性，反而使之提高到了与第一次注射药物前一样的敏感水平。

实验结束后，实验员与梅丽莎一起走进了休息室。该实验员说:“我要告诉你一些关于刚才实验的事情，但是，希望你不要告诉其他任何可能来充当被试的人。”她点头答应。

“实际上，你并没有接受镇痛剂注射。第一次注射的只是纯盐水而已。”

“不是吧!但我觉得它使我对疼痛不那么敏感了。”

“是的。当由于诸如注射盐水或吃糖丸这样的无害物质而引起了那样的效应时，我们称之为安慰剂效应。”

“你是说，这些都是我想象的?我只是认为电击的伤害减小了?”

“不。嗯。应该这么说，这是必须要你认为自己已经接受了镇痛剂注射才可以产生的效应。但是这是一个生理上的效应。之所以这么说，是因为第二次注射的药物中含有可以中和鸦片的效果的成分。”

“鸦片?你是说像吗啡和海洛因那样的东西吗?”

“对。”他看到她惊讶地要表示抗议后摇了摇头，说，“不，我保证你没有吸毒。但你的大脑制造出了它们。至于是什么原因，我们还不清楚。你相信自己接受了镇痛剂注射，导致你大脑中的一些细胞释放出了一种与鸦片起相同作用的化学成分。这种化学成分作用到你脑中其他的神经细胞上，降低了你对疼痛的敏感性。当我第二次给你注射时，那些中和鸦片的效应的药物才恢复了你对疼痛的敏感性。”

“不过，是我的想法或我的大脑让安慰剂效应发生的吗?”

“对于这个问题嘛，我们来这样想想。你的想法和你的大脑并非是真正分离的。实验可以改变你大脑运作的方式。这些变化又改变了你的经验。想法和大脑是要放在一起研究的，不能分开。”

视觉独自占据了一章，然而剩下的感觉通道则必须共享这一章。这样不公平的分配方式反映出了视觉对我们这个种族的重要性，以及相对而言视觉研究的数量有多么的可观。这一章分为五个主要部分，分别讨论听觉、前庭系统、躯体感觉、味觉和嗅觉。

听　觉

对大多数人来说，听觉是第二重要的感觉。口语交流的价值使之在某些方面的重要性甚至超过了视觉。例如，与一位聋人相比，盲人要想加入他人的交谈中就要容易得多。（当然，聋人可以运用手语来交流。）听觉刺激还可以提供那些隐藏在视野之外的事物的信息。而且，我们的耳朵在黑暗中仍然可以工作。本节将讨论听觉刺激的属性、听觉感受器、听觉的脑机制以及一些听觉感知的生理学细节。

听觉刺激

我们听到的声音是由物体振动导致空气中的分子运动而产生的。当物体振动时，它的运动导致包围在它周围的空气分子之间的间隔被压缩和扩展，产生出以物体为中心，按每小时约1126千米的速度向外传播的波。如果振动的频率范围是在大约每秒30 ~ 20 000次，这些波就会刺激我们耳中的感受细胞，进而被知觉成声音。【见图7.1】

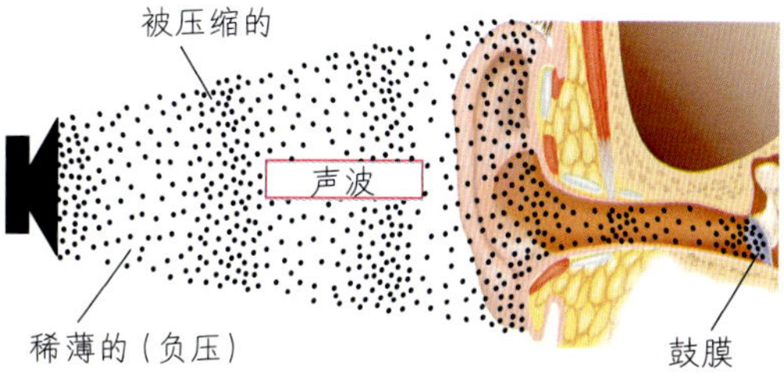

图 7.1　声波。声波导致空气压强的改变进而使鼓膜振动。空气分子在高压强区域聚集紧密，在低压区域彼此远离。

在第6章中我们看到，光有三种知觉特性——色调、明度和饱和度，它们分别对应于三种物理特性。同样的，声音在音高、响度和音色上也各不相同。一个听觉刺激被知觉到的**音高**取决于振动的频率，用**赫兹（Hz）**或每秒循环的次数来度量。（这一术语是为了纪念19世纪德国物理学家Heinrich Hertz而使用的。）**响度**是强度的函数，它反映了空气压缩和扩展之间差异的程度。物体的振动越有力，产生出来的声波就越强，声音也就越大。**音色**提供了关于独特声音属性的信息，例如，双簧管发出的声音和火车的汽笛声。大多数自然的声学刺激都是很复杂的，由几种振动频率不同的振动组成。特定的混合决定了声音的音色。【见图7.2】

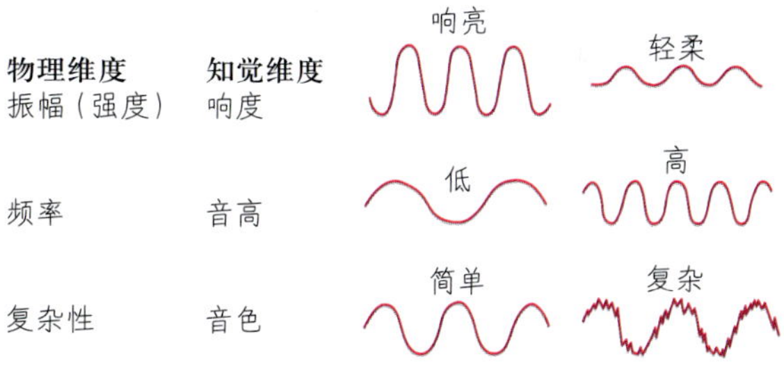

图 7.2　声波的物理维度和知觉维度。

听觉系统对到达耳朵的声音振动的分析能力是惊人的。例如，我们可以理解言语，并从他人的声音中辨识出其情绪，欣赏音乐，探测驶近的汽车或走近的行人，以及辨识出动物的叫声。此外，我们不仅可以辨识出声音本身，还可以知道声源的位置在哪里。

音高（pitch）：声音的一个知觉维度；相当于基频。

赫兹（hertz，Hz）：每秒的周期性变动重复次数。

响度（loudness）：声音的一个知觉维度；相当于强度。

音色（timbre）：声音的一个知觉维度；相当于复杂性。

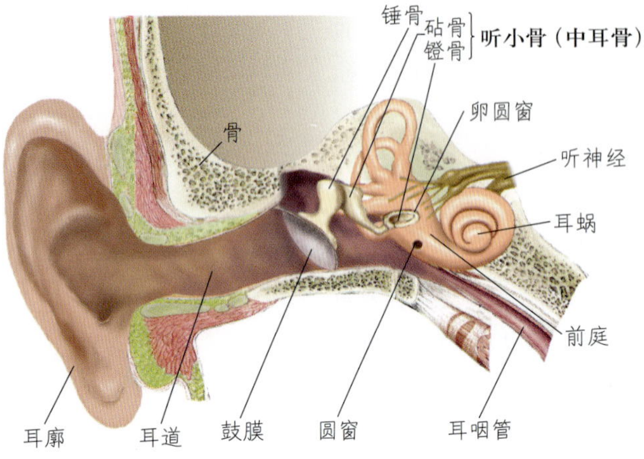

图 7.3　**听觉器官**。

耳的解剖

图7.3展示了贯穿耳和听觉通道的截面，并标注了中耳和内耳的器官。【见图7.3】声音经由漏斗状的耳廓穿过耳道到达**鼓膜**，使之与声音一起振动。

中耳包含一个在鼓膜后面，容积约为2毫升的空腔区域。在这里有中耳的骨头，被称为**听小骨**，它们将随着鼓膜而振动。**锤骨**与鼓膜相连，将振动通过**砧骨**和**镫骨**传递到**耳蜗**这个有感受器的结构中。镫骨的底板抵在**卵圆窗**后面的膜上。卵圆窗是围绕着耳蜗的骨结构上的一个小开口。【见图7.3】

耳蜗是内耳的一部分，其中充满了液体。因此，声音通过空气传播后必定要转移到液体媒介中传播。这一过程在通常情况下的效率是非常低的——如果空气直接撞击耳蜗的卵圆窗，那么99.9%的以空气传播的声音能量会被反射掉。不过，听小骨链充当了极其有效的能量传递媒介。这些骨头利用机械的杠杆关系，使镫骨的底板在卵圆窗上产生的力比鼓膜在锤骨上所产生的更短促但更强有力。

耳蜗的名字来源于德语中的“kokhlos”或“陆地蜗牛”。它的确是蜗牛形状的，包含2.75个逐渐变细的螺旋，长35毫米。耳蜗被纵向分为三个部分：前庭阶、中阶和鼓阶，如图7.4所示。被称为**柯蒂氏器**的感受器，由基底膜、

鼓膜（tympanic membrane）：也称耳膜。

听小骨（ossicle）：中耳的三块骨头之一。

锤骨（malleus）：又称“hammer”；三块听小骨的第一块。

砧骨（incus）：又称“anvil”，三块听小骨的第二块。

镫骨（stapes）：又称“stirrup”，三块听小骨的最后一块。

耳蜗（cochlea）：内耳中的蜗状结构，具有听觉换能机制。

卵圆窗（oval window）：耳蜗周围的骨结构上的开口，它与镫骨的底板相连接，将声音的振动传入耳蜗中的液体。

柯蒂氏器（organ of Corti）：基底膜上的感觉器官，含有听觉毛细胞。

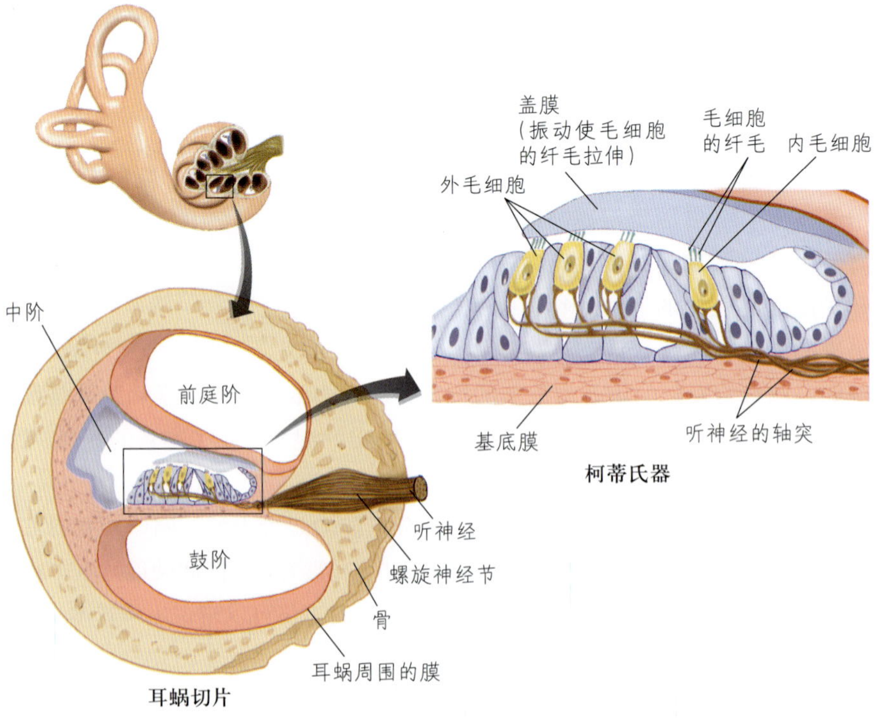

图 7.4　**耳蜗**。耳蜗的横切面，展示了柯蒂氏器。

毛细胞、盖膜组成。听觉感受细胞被称为**毛细胞**，它们依靠杆状的**戴特斯氏细胞**（支持细胞的一种）固定在**基底膜**上。毛细胞的纤毛穿过网状板，其中一些的底端接触到坚实的盖膜上。**盖膜**就像个有支持作用的架子一样。【见图7.4】声波使得基底膜相对于盖膜而运动，进而导致了毛细胞纤毛的弯曲变形。这一弯曲就产生了感受器电位。

图7.5通过一个被部分地拉直了的耳蜗展示了这一过程。如果耳蜗是一个封闭的系统，那么就没有振动可以通过卵圆窗传递，因为液体基本上是不可压缩的。然而，耳蜗具有一个有膜覆盖着的开口，也就是**圆窗**。它使得耳蜗里的液体可以来回地流动。镫骨的底板带动卵圆窗后的膜振动，将声波的高低频率输入了耳蜗。这种振动使得基底膜的某一部分来回弯曲。基底膜下液体压力的改变被传递到圆窗的膜上，它以内外运动的方式与卵圆窗的运动相呼应。也就是说，当镫骨板往里推时，圆窗后的膜向外突出。我们在稍后的章节还将看到，不同频率的声音振动，导致基底膜上不同的部位发生弯曲。【见图7.5】

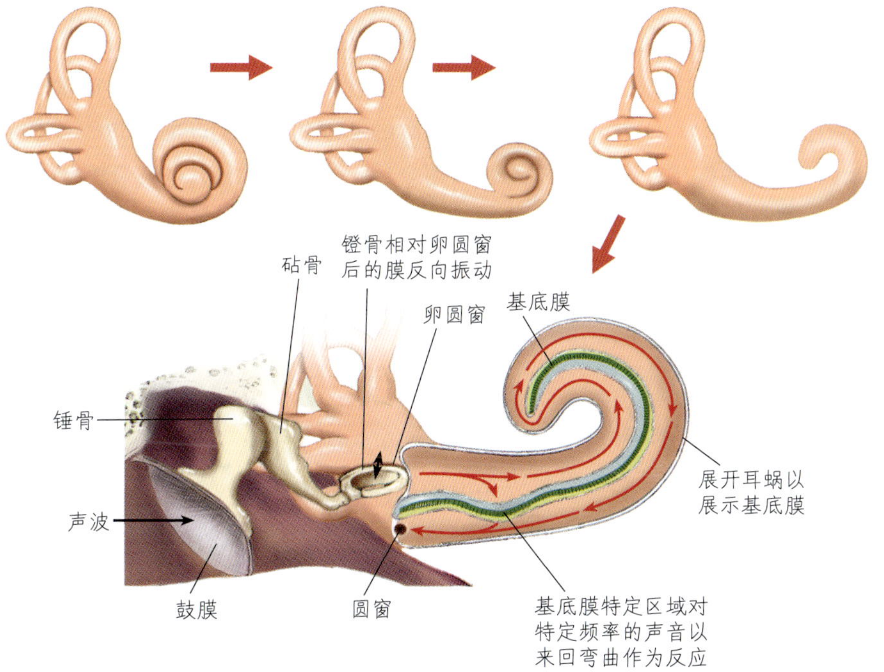

图7.5 对声波的响应。当镫骨推动卵圆窗后面的膜时，位于圆窗后面的膜向外凸出。高频和中频的声音的不同振动导致基底膜不同部位的弯曲。相比之下，低频声音的振动导致基底膜顶部与振动同步而弯曲。

在一些中耳炎的病人中，骨化作用使得圆窗被封盖住，因此基底膜无法自由地来回弯曲。所以这些人会有严重的听力损失。然而，他们的听力使可以借由外科手术方法治愈。这种方法被称为开窗术（fenestration 或 window making），即在骨头上本应是圆窗的位置打一个小孔。

听觉毛细胞和听觉信息的换能

内毛细胞和外毛细胞这两种听觉感受器都位于基底膜上。毛细胞上有纤细的毛发状的附属物——**纤毛**，它们按照高度的不同成行排列。人类的耳蜗

毛细胞（hair cell）：听觉器官的感受细胞。

戴特斯氏细胞（Deiters's cell）：柯蒂氏器上的支持性细胞；保护听觉毛细胞。

基底膜（basilar membrane）：内耳耳蜗中的一层膜；含有柯蒂氏器。

盖 膜（tectorial membrane）：位于基底膜上面的一层膜；与听觉毛细胞的纤毛运动反向的搁板。

圆 窗（round window）：内耳耳蜗周围的骨结构上的一个开口，将振动从卵圆窗传递到耳蜗的液体中。

纤毛（cilium）：细胞上的毛发状附属物，参与运动和感觉信息的传递；存在于听觉和前庭系统的感受器中。

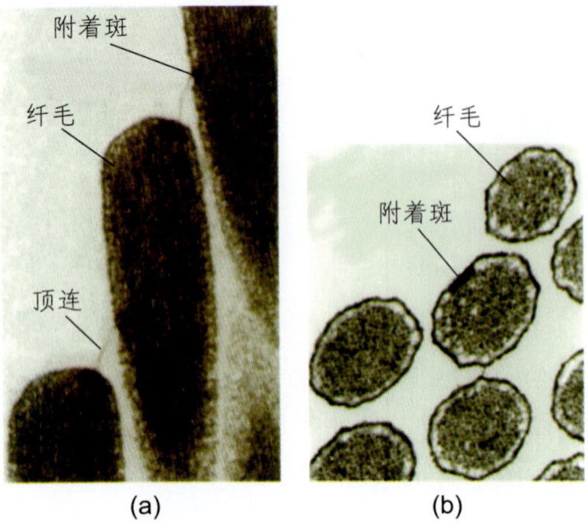

图 7.6 毛细胞的换能器官。这些电子显微照片是毛细胞的换能器官。(a) 三个邻近纤毛的纵切面；顶连，有弹性的细丝系在附着斑上，连接相邻的纤毛。(b) 一些纤毛的横切面，展示了一个附着斑。

From Hudspeth, A. J., and Gillespie, P. G. *Neuron*, 1994, 12, 1-9.

里大约有3500个内毛细胞和12 000个外毛细胞。毛细胞与双极神经元的树突构成突触联系，这些双极神经元的轴突将听觉信息传入脑。【见图7.4】

声波导致基底膜和盖膜上下来回弯曲。这些运动使得毛细胞的纤毛向一个或另一个方向弯曲。外毛细胞的纤毛顶端直接与盖膜接触。虽然内毛细胞的纤毛并不与上方的盖膜接触，但是两个膜的相对运动导致耳蜗中的液体流过它们，使得它们也得以来回弯曲。

纤毛中有一个肌动蛋白丝的核，在它周围环绕着肌球蛋白丝，这些蛋白质使得纤毛硬且牢固（Flock，1977）。邻近的纤毛依靠有弹性的细丝彼此相连，即所谓的**顶连**。每个顶连都与一个纤毛的顶端相接触，再连接到其相邻纤毛的侧面。那些接触点被称为**附着斑**，它们在显微镜下看起来是深色的。正如我们将看到的那样，感受器电位都是在附着斑处被触发的。【见图7.6】

通常情况下，顶连都是略微紧绷的，这就意味着它们处于一种微弱的紧张状态下。因此，一束纤毛向着其中最高的那根的方向运动时，进一步拉紧了这些连接的纤维。而反方向的运动则会让它们得以放松。每个附着斑都只有一个离子通道。这个离子通道的开合由顶连所带来的拉力决定。因此，成束的纤毛的弯曲引发了感受器电位（Pickles and Corey，1992；Hudspeth and Gillespie，1994；Gillespie，1995；Jaramillo，1995）。

听觉通路

耳蜗神经的连接

柯蒂氏器依靠**耳蜗神经**将听觉信息发送到脑，耳蜗神经是听神经（第八对脑神经）的一支。耳蜗神经中约有95%的轴突从内毛细胞中接收信息，这些轴突粗大且被髓鞘所包裹。尽管外毛细胞在数量上占了绝对的优势，然而它们所发送的信息仅通过那些细小且无髓鞘的感觉轴突传递，只占到了耳蜗神经中的5%。这些事实说明，内毛细胞对于中枢神经系统的听觉信息传导起到了最主要和最重要的作用。

生理与行为的研究证实了以上的推论：内毛细胞对正常的听力是必要的。事实上，Deol 和 Gluecksohn-Waelsch（1979）发现那些突变的耳蜗中只有外毛细胞的老鼠好像什么都听不到。随后的研究显示，外毛细胞是效应器细胞，它参与改变基底膜的机械特性，并影响声音振动对内毛细胞的效果。我将在音高编码的部分来讨论外毛细胞的功能。

顶连（tip link）：一根具有弹性的细丝，将一根纤毛的顶端连接到旁边的纤毛的侧面。

附着斑（insertional plaque）：纤毛顶连处的附着点。

耳蜗神经（cochlear nerve）：听神经的分支，将听觉信息从耳蜗传递到脑。

耳蜗核（cochlear nucleus）：延髓中的一组核团，它们接收由耳蜗传来的听觉信息。

听觉中枢系统

听觉系统的皮层下解剖结构比视觉系统的要复杂得多。与其用文字来描述它的各个通路，倒不如让我们以图7.7来作为参照。【见图7.7】值得注意的是，轴突进入位于延髓的**耳蜗核**中，并在那里形成突触。耳蜗核中大多数的神经元都向同样位于延髓的**上橄榄核群**发出轴突。这些核团中的神经元轴突通过一大束被称为**外侧丘系**的纤维束到达中脑背侧的下丘。那里的神经元将其轴突投射到了丘脑的内侧膝状体核。丘脑又将它们的轴突送到颞叶的听觉皮层。正如你所见到的，这一通路由许多突触联系构成，使得听觉系统的解剖结构复杂化。每个半脑都接收双耳传来的信息，但主要接收对侧耳的信息。听觉信息还被转发到小脑和网状结构。

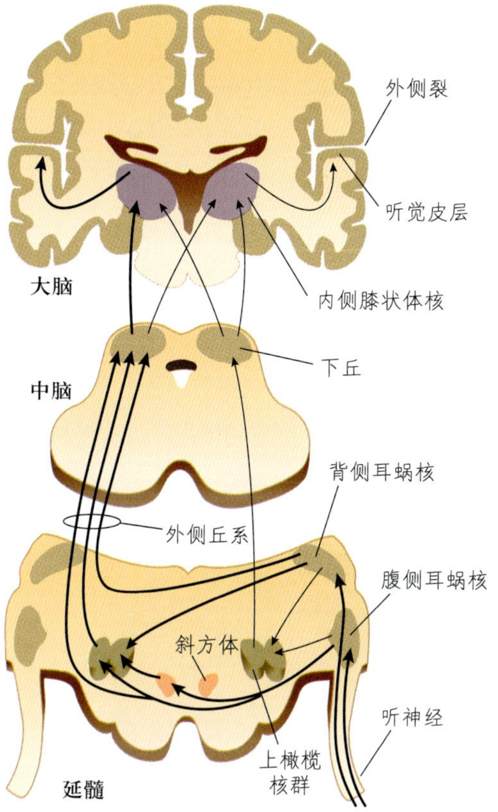

图 7.7 听觉系统的通路。主要的通路由粗箭头表示。

如果我们将基底膜展开成一张平整的长片，并按照传入轴突的长度来跟踪其上的连续点，我们就可以在听觉系统的神经核团中找到与它们相对应的连续点，并可以最终在初级听觉皮层中找到这些连续点的对应之处。基底膜的*底端*（朝向卵圆窗的一端，对应于最高频率的声音）被认为对应于听觉皮层中最内侧的部分，而其*顶端*则是对应于最外侧的部分。因为，正如我们所看到的，基底膜的不同部分对不同频率的声音起最大的反应，这一皮层与基底膜的关系被称为**频率拓扑表征**。

听觉信息从丘脑的内侧膝状体核传入初级听觉皮层，初级听觉皮层被称为**核心区**，它隐藏在外侧裂的上缘。这一核心区将听觉信息传递到第一水平的听觉联合皮层，即**带状区**。这一区域环绕着核心区。之后，听觉信息会被传往下一水平的听觉联合皮层，即**旁带区**。就像我们在第6章中看到的，视觉联合皮层被安排为背侧和腹侧两条通路。这两条通路分别对视觉信息进行形状和位置的知觉加工。听觉联合皮层与视觉相似，也分成了两条信息通路。前侧通路始于旁带区的前部，与复杂声音的分析有关。后侧通路始于旁带区的后部，与声源定位有关（Rauschecker and Tian，2000；Rauschecker and Scott，2009）。【见图7.8】

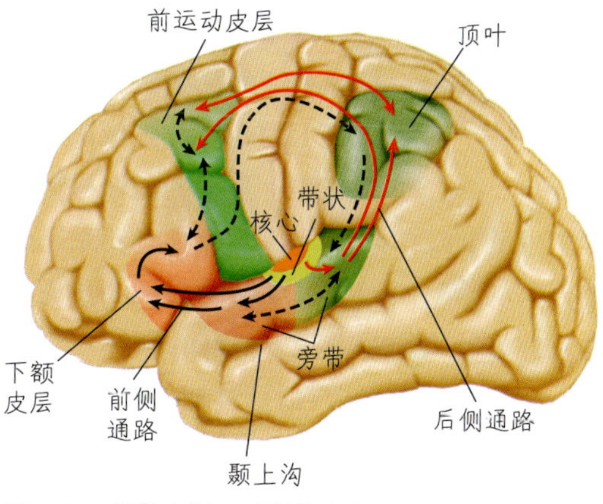

图 7.8 听觉皮层。听觉信息从丘脑的内侧膝状体核传入初级听觉皮层（核心区），经核心区分析后的听觉信息传递到带状区，到达旁带区的前侧和后侧。前侧旁带区是前侧通路的起点，与复杂声音的分析有关。后侧旁带区是后侧通路的起点，与声源定位的分析有关。

上橄榄核群（superior olivary complex）：延髓中的一组核团；参与听觉功能，包括对声源的定位。

外侧丘系（lateral lemniscus）：一条纤维带，从嘴端贯穿延髓和脑桥；包含了听觉系统的纤维。

频率拓扑表征（tonotopic representation）：不同音频的地形学组织映像，在脑中的某一特定区域呈现。

核心区（core region）：初级听觉皮层，位于颞叶背面的一个脑回中。

带状区（belt region）：听觉联合皮层的第一水平；包围着初级听觉皮层。

旁带区（parabelt region）：听觉联合皮层的第二水平；包围着带状区。

音高的知觉

就像我们所看到的，音高的知觉特性与频率的物理特性相一致。耳蜗通过两种方法来探察频率：中频和高频用位置编码，低频则用频率编码。下面我们将分别对这两种编码进行阐述。

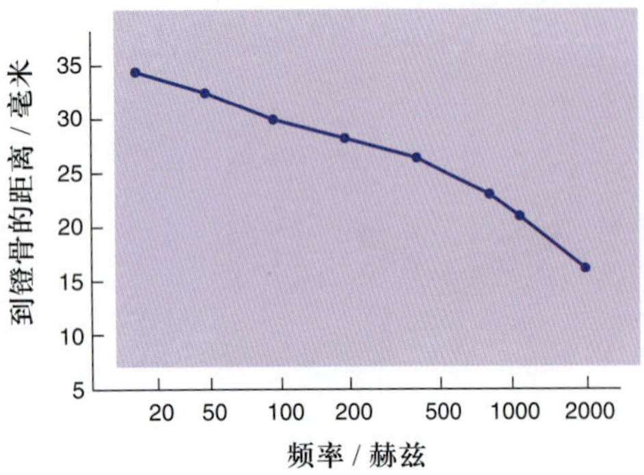

图 7.9 音高的解剖学编码。不同频率的刺激引起基底膜不同区域最大程度的变形。

Based on von Békésy, G. *Journal of the Acoustical Society of America*, 1949, 21, 233-245.

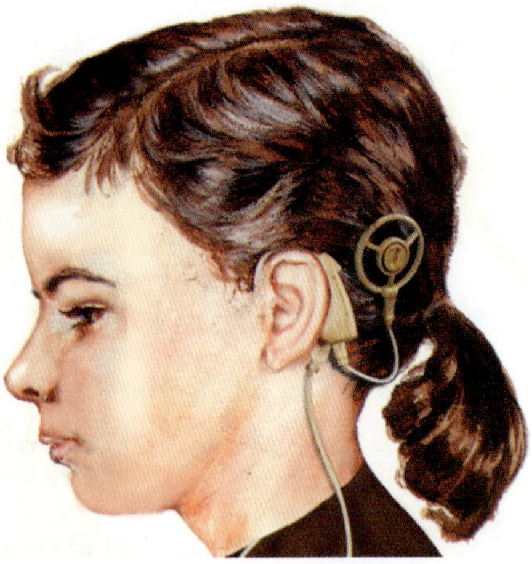

图 7.10 植入一个耳蜗的儿童。耳朵上戴着的是麦克风和处理器，头罩中含有将信息传递到植入物的线圈。

位置编码

基于耳蜗和基底膜的机械结构，不同频率的声学刺激会引发基底膜上的不同部位的来回弯曲变形。图 7.9 显示了各种不同频率的纯音刺激沿着基底膜所产生的变形程度。在这里我们注意到，频率越高，基底膜底端所产生的位移就越大（底端与镫骨最贴近）。【见图 7.9】

这些结果显示，至少有一些声波的频率是以**位置编码**的方式加工的。在这种情况下，编码代表了神经细胞可以表示信息的方式。因此，如果位于基底膜某一端的神经细胞被较高的频率所兴奋，同时那些在另一端的神经细胞却被较低的频率所兴奋，我们就可以说声音的频率是依靠特定神经元的活动来编码的。接着，耳蜗神经的特定轴突的激活，也就将特定频率声音的出现告诉了脑。

音高的位置编码在人类耳蜗上的最好证据源于人工耳蜗的有效植入。**人工耳蜗**是一种为那些因毛细胞损伤而无法听到声音的人们重建听力的装置。人工耳蜗的外部包括一个麦克风和一个小型电子信号处理器。其内部包含一列富有弹性的细小电极，外科医生将它们极其小心地插入耳蜗，使电极随着蜗样的螺旋弯曲，最终固定在基底膜上。每个电极刺激基底膜的不同部位。来自信号处理器的信息通过植入皮下的一卷扁平的电线传至电极。【见图 7.10】

植入耳蜗的根本目的是恢复人们理解言语的能力。因为言语中大部分的重要听觉信息包含在无法以频率编码来精确表达的高频范围中，发展多通道电极是为了力图模拟基底膜上的音高位置编码（Copeland and Pillsbury，2004）。当基底膜上不同的区域被刺激时，人就感知到了不同音高的声音。外部装置中的信息处理器对由麦克风探测到的声音进行分析，并将一个个分离的信号发送到基底膜上的适当位置。这个装置很有效；大多数植入了人工耳蜗的人能对言语有很好的理解，甚至可以使用电话。

就像我在前面提到的那样，脑接收到的听觉信息仅来自于内毛细胞的轴突。那么，外毛细胞又扮演怎样的角色呢？外毛细胞就像肌肉纤维一样含有收缩性的蛋白质。当接触到电流时，外毛细胞就收缩到它们原来长度的 1/10（Brownell et al.，1985；Zenner，Zimmermann，and Schmitt，1985）。

当基底膜振动时，外毛细胞纤毛的运动控制离子通道的开合，导致膜电位发生变化。这种变化进一步引起收缩性蛋白质的运动，因而使得细胞拉长和缩短。这些长度的变化又增强了基底膜的振动。结果，由内毛细胞接收到的信号就被增强了，如此一来就大大地提高了内耳对声波的敏感性。

图 7.11 阐明了外毛细胞对内毛细胞的频率选择性和敏感性的重要性（Fettiplace and Hackney，2006）。如听觉传入神经的轴突对纯音的响应所示，三条 V 形**调谐曲线**表明了个体内毛细胞的敏感性。三条实曲线的最低点表

位置编码（place code）：依靠基底膜上的不同位置对不同频率的信息进行编码的一种系统。

人工耳蜗（cochlear implant）：将一个电子仪器经外科手术植入内耳，使得聋人可以借此听到声音。

明，毛细胞仅对特定频率的微弱声有响应——就该图中的细胞而言，分别为0.5千赫（蓝色曲线）、2.0千赫（黄色曲线）和8.0千赫（红色曲线）。如果声音很响，那么无论它的频率是高于还是低于细胞的偏爱频率，细胞都会有响应。虚线表明，外毛细胞被破坏后的“红色”神经元的响应。正如你所看到的，这个细胞失去了敏感性和频率选择性：它只对响亮的声音的一段宽的频率范围有响应。【见图7.11】

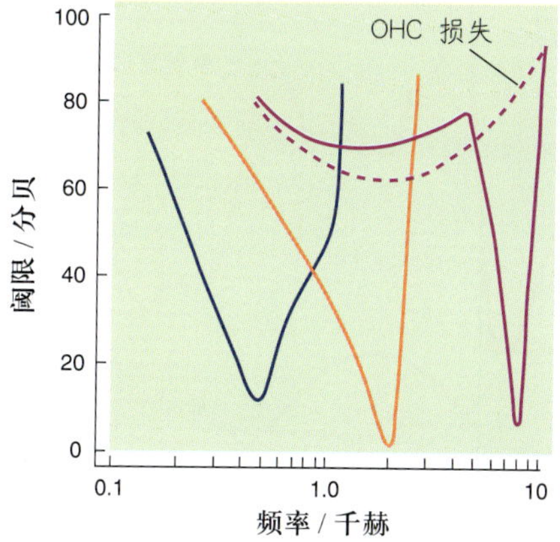

图7.11　调谐曲线。本图显示了耳蜗神经的一个轴突从基底膜不同位置的内毛细胞中接收信息的反应。细胞在低强度声音时有更多的频率选择性。虚线展示了外毛细胞破坏后，高频神经元的敏感性和选择性的损失。

Based on Fettiplace, R., and Hackney, C. M. *Nature Reviws: Neuroscience*, 2006, 7, 19-29.

频率编码

我们已经看到，声音的频率可以通过位置编码得以探测。然而，这种方法并不适用于极低频的声音。低频是通过能与基底膜的顶部的运动同步激发的神经元探测到的。因此，低频是以**频率编码**的方式来识别的。

对音高的频率编码最有说服力的证据也来源于对人工耳蜗的研究。Pijl和Schwartz（1995a，1995b）发现，单个电极的电脉冲刺激所产生的音高知觉与刺激的频率成正比。事实上，被试甚至可以辨认出由调制脉冲频率所产生的熟悉的节奏。（被试是后天变聋的，即他们已经学会了辨认节奏。）如我们所期望的一样，当基底膜的尖端被刺激时，被试的知觉是最好的，并且只有低频可以通过这一方法来进行辨认。

音色的知觉

虽然对听觉系统的实验室研究通常使用正弦波作为刺激，但这些波在实验室外是很少能够遇到的。事实上，我们听到的是混合了丰富频率的声音——具有复杂音色的声音。例如，细想一下演奏某一音符的单簧管的声音。我们一听，就可以轻松说出这是由单簧管而不是笛子或小提琴演奏的。我们之所以能够做到这些，就在于这三种乐器发出的声音具有不同的音色，这正是我们的听觉系统可以分辨出来的。

图7.12显示了持续演奏一个稳定音符的单簧管的波形。该波形的形状在**基频**上有规律地自我重复，这个基频与知觉到的音符的音高是对应的。对该波形的傅立叶分析显示它实际上由一系列的正弦波组成，包括基频和许多**泛音**，即成倍的基频。不同的乐器发出的泛音的强度不同。【见图7.12】电子合成器通过发出一系列适当强度的泛音，将它们混合，再用扬声器播放出来，就模拟出了真实乐器的声音。

当单簧管发出的声音刺激基底膜时，基底膜上的不同的位置对各个泛音加以响应。这一响应在耳蜗神经中产生一个独特的解剖学活动编码模式，它随后被听觉联合皮层中的回路所识别。

实际上，对复杂声音的识别并没有那么简单。图7.12显示的是对单簧管发出的持续声音的分析。但是大多数的声音（包括那些由单簧管发出的）都是动态变化的，就是说，它们的开始、中间和结尾都各不相同。由单簧管所

频率编码（rate coding）：依靠听觉系统中的神经元发放频率对不同频率的声波信息进行编码的一种系统。

基频（fundamental frequency）：复合声音中最低且通常情况下最强的频率；大多数通常被感知为声音的基础音高。

泛音（overtone）：复合音的频率是基频的倍数。

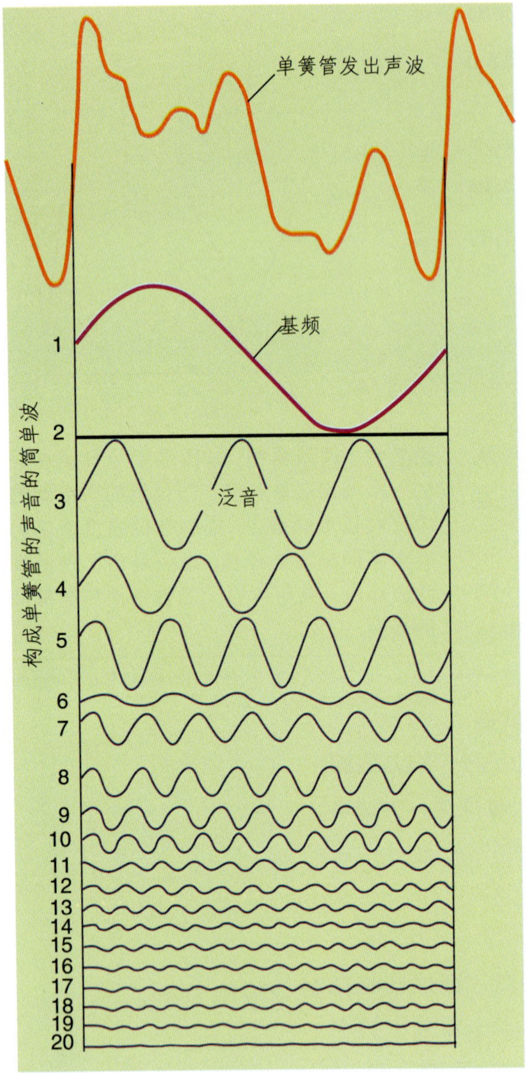

图 7.12 单簧管的声波。本图展示了单簧管发出的声波的形状（上），以及可被分析的单个频率。

Based on *Stereo Review*, copyright © 1977 by Diamandis Communications Inc.

演奏的单个音符的开始部分（起音）包含在几毫秒内出现和消失的频率。而在音符的结束部分（衰减），一些和音先于其他的和音消失。如果我们要辨认不同的声音，听觉皮层就必须分析一个多频率的复杂序列——出现、改变振幅和消失。但是当你考虑到一个事实——我们在听交响乐团的演奏时可以分辨出同时演奏的数种乐器，你就能领会到听觉系统在分析演奏时的复杂程度，我们将在本章的后面对这一过程再次提及。

空间位置的知觉

迄今为止，我已经讨论过了音高、响度和音色的编码（后者实际上是一项复杂的频率分析）。听觉系统也对其他听觉刺激的特性有响应。例如，我们的耳朵非常善于确定声音的来源是在我们的右侧还是左侧。探察声源的位置依靠三个生理机制：对于较低的频率（约小于3000 赫兹）依靠相位差，对于较高的频率则运用强度差。此外，我们还利用对音色的分析来判断声源的高度，以及识别声源是在我们的前方还是后方。

即使被蒙住了双眼，我们仍然可以极其精确地对发出滴答声的刺激进行定位。这是因为左右耳的神经细胞有选择地对不同声波的到达时间进行回应。如果滴答声的声源在中线的左边或右边，声压波会较早地到达一耳，并先在那里激发动作电位。只有当刺激在正前方呈现时，两耳才会被同时被激发。延髓的上橄榄核群的神经元可以察觉出由滴答声所产生的声波到达时间的差异。

当然，我们可以像听滴答声那样听连续的声音，也可以去感知觉声源的位置。我们凭借相位差对连续的低音声源进行探测。**相位差**是指振荡声波的不同相位同时到达两耳。例如，如果我们假定声音以每小时1126千米的速度在空气中传播，1000 赫兹声音的相邻周期之间间相31.2厘米。那么，当声源位于头的一侧，一侧鼓膜被推进时，另一侧鼓膜却被向外拉。两个鼓膜的运动将会相互颠倒，或呈180°的异相。若声源位于头的正前方，那么左右耳鼓膜的运动就会是完美的同相（0°的异相）。【见图7.13】因为一些听觉神经元只有在两侧鼓膜（当然还有基底膜弯曲）多少有点异相时才会有所响应，所以脑中的上橄榄核群的神经元就可以利用相位信息来探测连续声音的源头。

相位差（phase difference）：声波到达两侧鼓膜的时间差异。

听觉系统无法轻易地觉察高频刺激的双耳相位差；由于快速呈现的正弦波的相位差实在太短暂，神经元是无法估量的。幸好，出现在中线左或右的高频刺激对两耳的刺激是不对等的。头吸收了高频，制造出一个“声波阴影”，所以最接近声源的那只耳朵所接收的刺激最强。上橄榄核群的一些神经细胞对在每只耳朵产生不同刺激强度的双耳刺激做出不同的回应，这就意味着它们提供的信息可以用于探测高频声音的来源。

我们如何确定一个声源的高度呢？如何感知声源是在我们的前面还是后面呢？一种答案是我们可以转头或者把头倾斜，这样就将辨别任务转换成了一个左右判定任务。不过我们还有另一种方法可以让我们确定高度和区分前后：音色分析。这个方法包括一个我没怎么谈及的听觉系统的组成部分：外耳（耳廓）。人类的外耳包含一些褶皱和褶皱脊。我们听到的大多数声波在进入耳道前都会在耳廓的褶皱和褶皱脊上形成反射。频率是被加强还是被减弱，取决于声波打在这些褶皱和褶皱脊上的角度。换句话说，反射的模式会随声源的位置变化，进而改变感知到的声音的音色。由于人类耳朵的形状各不相同，每个人必须学会识别音色的微小改变，这些微小变化来源于位于头部的前、后、上、下位置。完成这一任务的神经回路不是先天形成的，而是经验的结果。

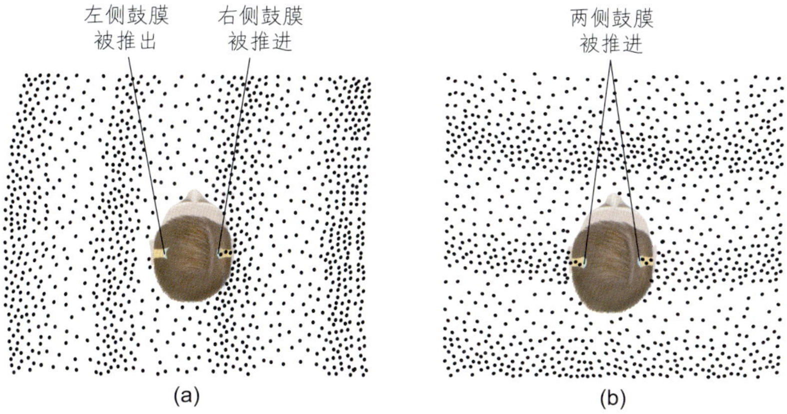

图 7.13　声音定位。通过相位差这种方式来定位低频和中频声音的来源。(a) 1000 赫兹的声源在右侧。到达每侧鼓膜的声压波是异相的；一侧鼓膜被推进时，另一侧鼓膜被推出。(b) 来自正前方的声源。两侧鼓膜的振动是同步的（同相）。

图7.14展示了高度对单耳接收不同频率声音强度的影响（Oertel and Young，2004）。实验者将一个小麦克风固定在一只猫的耳朵上，记录与猫的头部位置相比在不同高度呈现的听觉刺激产生的声音。他们利用计算机绘制耳朵的传递函数——在曲线图中对耳朵接收到的不同频率的声音强度与空气中麦克风接收到的强度进行比较。在图7.14中最重要的不是传递函数的形状，而是这些函数随着声源的高度而发生变化的事实。绿色所示的传递函数是声音在猫的正前方（高度为0°）呈现。这条曲线也在位置为60°、30°和−30°（分别是红色、橙色和蓝色）的曲线图中出现，以方便比较。我知道，这听起来很复杂，但是如果你看一眼图形，你就会清楚地明白，到达猫耳的声音音色在随着声源的高度而改变。【见图7.14】

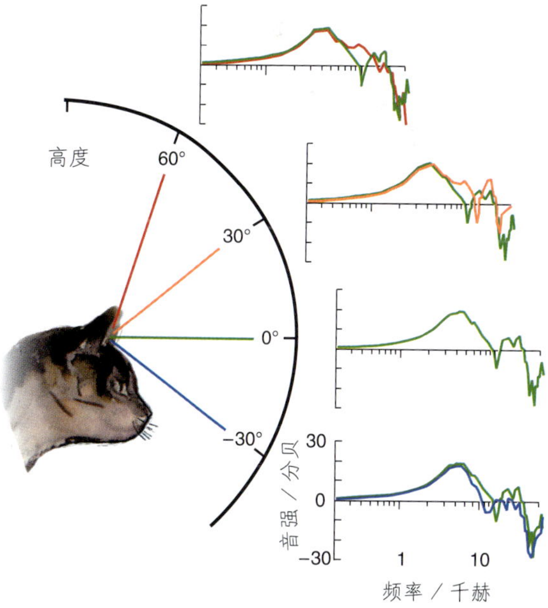

图 7.14　音色随着高度的改变而改变。曲线是传递函数，这些函数对耳朵接收的不同频率的声音强度与空气中麦克风接收的强度进行比较。为了方便比较，0°的传递函数（绿色）叠加在60°（红色）、30°（橙色）和 −30°（蓝色）获得的传递函数上。不同高度的传递函数的差异提供了有助于对声源定位的感知的线索。

Based on Oertel, D., and Young, E. D. *Trends in Neuroscience*, 2004,27, 104-110.

复杂声音的知觉

听觉有三项基本的功能：察觉声音、确定声源的位置以及识别这些声源的特性——它们的含义以及与我们的关联性（Heffner and Heffner，1990；Yost，1991）。让我们思考一下第三项功能：识别声源的特性。如果你正处于一个完全安静的环境中，那么注意一下你可以听到些什么。就在此刻，我坐在办公室里，可以听到计算机里风扇的声音，写这些句子时敲击键盘的声音，门外有人经过的脚步声，还有一些人在走廊里讲话的声音。我是如何辨识出这些声音的来源的呢？我的耳蜗神经的轴突具有不断变化的活动模式，这种模式与击打在我的鼓膜上的不断变化的频率的混合相一致。不知为何，我脑中的听觉系统认出了这种属于特定声源的特定模式，就好像它们是单独被我接收到的似的。

环境中的声音及其位置的知觉

在识别声源的过程中，听觉系统的任务是一种模式识别。听觉系统必须识别出不断变化的活动的特定模式属于不同的声源。而且几乎没有哪种模式是固定频率的简单组合。细想一下出现在环境中的声音的复杂程度：汽车鸣笛声、小鸟鸣叫声、人的咳嗽声、摔门声，等等。（我将在第13章中讨论一个更加复杂的任务——言语识别。）

正如我在本章前面所提到的一样，听觉皮层由两条通路组成：一条前侧通路参与复杂声音的知觉（“what”系统）；一条后侧通路参与位置的知觉（“where”系统）。一项回顾了38个人类功能成像研究的综述（Arnott et al., 2004）报告：对声音特性的知觉激活大脑皮层的腹侧流，声音定位的知觉激活背侧流。Alain、He和Grady（2008）的fMRI研究结果支持这个结论。在三个位置上（向左90°、正前方、向右90°），研究者随机给被试呈现动物、人类和乐器的声音（例如，犬吠声、咳嗽声和长笛声）。在一些试次组中，要求被试在听到任意两个声音在同一地点出现时就摁下按钮，而在另一些试次组中，被试则需要忽略声音出现的地点，在听到同一个声音连续出现两次后做出反应。如图7.15所示，位置判断（蓝色）激活了背侧区域（“where”），声音特性判断（红色）激活了腹侧区域（“what”）。【见图7.15】

盲人出众的听觉能力一直被认为是视觉丧失提高了听觉系统的敏感性。Kling等人（2010）的功能成像研究发现，盲人和正常人的听觉皮层的输入是完全相同的，但是盲人的听觉皮层和视觉皮层间的神经连接更加牢固。此外，盲人的视觉皮层表现出了对听觉刺激的响应能力。这些发现说明，盲人对听觉刺激的分析可以扩展到视觉皮层中。

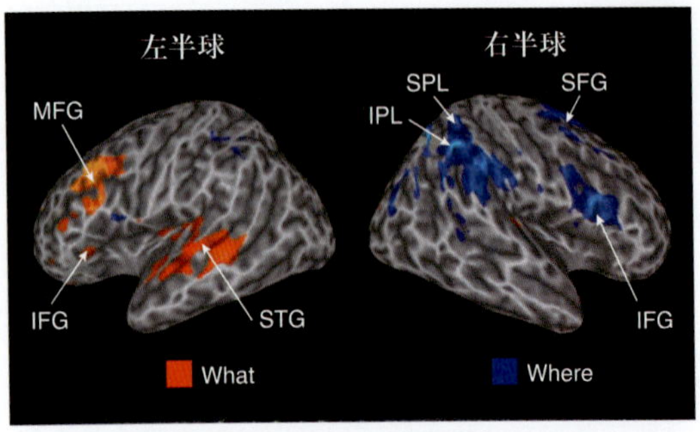

图7.15 “Where”与“What”的比较。这个图形显示了在判断声音种类（红色）和位置（蓝色）时的局部脑激活。IFG= 额下回，IPL= 顶下小叶，MFG= 额中回，SFG= 额上回，SPL= 顶上小叶。

From Alain, C., He, Y., and Grady, C. *Journal of Cognitive Neuroscience*, 2008, 20, 285-295. Reprinted with permission.

音乐知觉

音乐知觉是听觉知觉的一种特殊形式。将具有各种各样的音高和音色的声音按照一定顺序以及潜在的节奏演奏出来，就构成了音乐。把音符特别组合后同时演奏出来，会让人感到和谐或不和谐，令人愉快或令人讨厌。音阶中音符间的间隔遵循特定的规则，在不同文化的音乐中，规则不同。在西方音乐中，让音符遵循一套规则（大调式）演奏出的旋律通常听起来让人很高兴，而遵循另一套规则（小调式）演奏出的旋律则常常令人悲痛。

此外，旋律通常是通过音符间的相对间隔来识别的，而不是它们的绝对值。一段旋律甚至可以用不同的调高演奏——所有的音符的音高同时上升或者下降，且音符间的相对间隔没有发生改变，听起来也是没有改变的。因此，对音乐的知觉需要识别音符顺序、音符遵循的音高规则、音符的和谐组合以及节奏结构规则的能力。由于音乐作品的持续时间从几秒到几十分钟不等，所以音乐知觉涉及一个大的记忆容量。因此，音乐认知的神经机制必然很复杂。

知觉音乐的不同方面所涉及的脑区不同（Peretz and Zatorre，2005）。例如，额下回似乎参与对和声的知觉，右侧听觉皮层可能涉及对音乐中潜在节拍的知觉，左侧听觉皮层似乎参与对叠加在节拍上的节奏模式的知觉。（想象一个鼓，通过操作大鼓的脚踏板和用鼓槌在小鼓上叠加一个更加复杂的节奏模式所产生的规律的潜在的节拍。）此外，小脑和基底神经节参与音乐节奏的控制，就像它们参与控制运动的时机一样。

每个人都能学习语言，然而只有少数人才能成为音乐家。音乐训练显然使脑发生了改变——唱歌或演奏乐器涉及运动系统的改变，识别音乐结构中的和声、节奏以及其他特性的精细复杂结果涉及听觉系统的改变。在这里，我要讨论一下音乐专业知识中与听觉有关的方面。一些音乐训练的效果可见于脑听觉系统的结构或活动的变化。例如，Schnerder 等人（2002）的研究发现，音乐家的初级听觉皮层的尺寸是非音乐家的初级听觉皮层尺寸的130%，音乐家的该脑区对音调的神经反应比非音乐家强102%。而且，这两种衡量值都与人的音乐天资成正相关。

有证据表明，加工音乐的神经回路在新生儿时期就已经出现。Perani 等人（2010）的功能成像研究发现，出生1~3天的婴儿当听到的音乐调高发生变化时，脑活动也会发生变化（主要在右半球）。当听到刺耳的音乐时，成人会感到不愉快，婴儿的脑活动也会发生改变。

病人I. R. 是一名40岁左右的右利手女性，在治疗脑血管异常的手术时，遭受了双侧脑损害。手术结束的10年后，Peretz 和她的同事研究了脑损伤对I.R. 的音乐能力的影响（Peretz，Gagnon，and Bouchard，1998）。尽管病人I. R. 的听力正常，可以理解言语，正常交谈，以及识别环境中的声音，但她表现出几乎完全的**失音症**——丧失了知觉或创作音乐旋律或节奏的能力。她是在音乐氛围浓厚的环境中长大的——她的祖母和兄弟都是职业音乐家。在手术后，她甚至失去了识别之前熟悉的歌曲的能力，包括像《生日快乐歌》这种简单的片段。她再也不能唱歌了。

惊人的是，尽管不能识别音乐的旋律和节奏，但她强调自己仍旧喜欢听音乐。Peretz 和她的同事发现，I. R. 仍然可以识别音乐中的情绪。尽管她不能认出实验者给她播放的音乐，但她能识别这段音乐听起来是高兴的还是悲伤的。她还能从人的语调中识别快乐、悲伤、恐惧、生气、惊奇和厌恶的情绪。与I. R. 可识别音乐中的情绪的能力形成鲜明对照，她不能识别音乐中的不和谐音——令正常听众感到强烈讨厌的一种特性。Peretz 和她的同事（2001）发现音乐中的变化可以刺激正常听众，但I. R. 对

失音症（amusia）：音乐能力的损伤或缺失，由遗传因素或脑损害造成。

其完全没有感觉。比起不和谐的音乐，就连4个月大的婴儿都更喜欢和谐的音乐，这表明对不和谐音的识别发生在生命的早期（Zentner and Kagan，1998）。I. R. 不能区分不和谐与和谐版本的音乐，却仍旧能辨别快乐和悲伤的音乐，这让我觉得很有意思。◀◀◀

约4% 的人会患有先天性失音症——一种出现在生命早期的、严重且持久的音乐能力的缺损（但与对环境声音和言语的知觉无关）。患失音症的人不能识别甚至不能说出曲调间的差别，他们甚至会试着避免涉及音乐的社交场合。正如一位女性所说：

> "当音乐结束时，声音也常常消失了——就好像从来都没有发生过一样。这使我不知所措，并产生了一种失败感——不能记住我刚听到的内容的失败感。其他人告诉我，如果我试着去记忆，我是能做到的。但是我从来没有做到过。当人们说'我脑海里回响着一个调子'时，我不知道这是什么意思。从来就没有过一个调子出现在我的脑海中，更别说是重复出现了。"（Stewart，2008，p. 128）

小 结

听觉

听觉的感受器是位于基底膜上的柯蒂氏器。当声音击打鼓膜时，引起听小骨开始运动，镫骨板推压卵圆窗后面的膜。这样，压力的变化就传到了耳蜗的液体中，引起一部分的基底膜发生弯曲变形，使基底膜相对于覆盖其上的盖膜横向运动。以上过程导致耳蜗中液体的运动，进而引起内毛细胞的纤毛依次来回波动。这些机械能量打开了位于毛细胞顶端的正离子通道，进而产生了感受器电位。

内毛细胞通过第八对脑神经的耳蜗分支将听觉信息传递到脑。中枢听觉系统包括数个脑干核团，如耳蜗核、上橄榄核群以及下丘。内侧膝状体核将听觉信息传递到位于颞叶内侧面的初级听觉皮层。初级听觉皮层周围环绕着的是听觉联合皮层的两个水平：带状区和旁带区。正如我们在第6章中看到的，视觉联合皮层被分为两条信息通路，一条分析颜色和形状，一条分析地点和运动。同样的，听觉联合皮层也由两条信息通路组成，分别分析声音特性（"what"）和声源位置（"where"）。

音高以两种方式编码。高频声音引起基底膜的底部（靠近卵圆窗一侧）弯曲；低频声音则引起基底膜的顶端（与底端相对）弯曲。因为高频和低频分别刺激不同的听觉毛细胞组，所以频率的编码是基于解剖学基础的。耳蜗植入利用位置编码的原理来修复聋人的听力。最低的频率导致基底膜的顶端跟随声音的振动来回弯曲。基底膜的运动直接拉伸外毛细胞的纤毛，并改变它们的膜电位。这个变化会引起细胞内收缩蛋白的收缩和松弛，可以放大基底膜的运动并加强内毛细胞的反应。

听觉系统通过识别构成声音的一个个泛音以及在听觉系统中产生神经激发的独特模式，来辨别具有不同音色的声音。

双耳定位是依靠分析双耳的声音到达时间差、相位关系差和强度差完成的。对短暂的声音（如滴答声）和频率低于约3000 赫兹的声音的定位，依靠上橄榄核群的神经元探测，当一耳先于另一耳接收滴答声或者正弦波的相位时，其反应最为强烈。对高频声音的声源定位由上橄榄核群的另一组神经元实现，当柯蒂氏器受到的刺激强于其他器官时，其反应最为强烈。声源高度的定位可以靠转头或靠知觉来自不同方向的声音之间微妙的音色差异来完成。外耳（耳廓）的褶皱和褶皱脊反射不同的声音频率进入耳道，并依据声源的位置改变声音的音色。

为了辨识声源，听觉系统必须识别由耳蜗神经轴突传来的不断变化的活动模式。电生理学研究、行为研究和功能成像研究表明，前侧"what"通路参与声音的分析，而后侧"where"通路则参与声音位置的知觉。听觉联合皮层的局部病变会损害人们识别自然声音的特性和位置的能力。

对音乐的知觉需要识别音符顺序、音符遵循的音高规则、音符的和谐组合以及节奏结构规则的能力。音高的知觉过程激活大脑皮层的嘴端和外侧的颞上回。脑的其他区域——特别是右半球，参与对音乐中的潜在节奏和特别片段的特殊节奏模式的识别。音乐训练似乎能增大初级听觉皮层的尺寸和反应性。个案研究表明，识别音乐中情绪状态的脑机制不同于识别不和谐音的脑机制。

思考题

一位博物学家曾经注意到，当一只雄性的鸟监视它的领地时，它会发出刺耳且不连贯地鸣叫声，实际上是在说："我在这里，离远一点！"与此相反，如果一只捕食者出现在附近，许多鸟都会发出警报——由一种开始和结束都很缓慢的持续哨声组成。根据你对两种声音定位方法的了解来分析为什么这两种鸣叫声会有不同的特性呢？

前庭系统

前庭系统包括两个部分：前庭囊和半规管。它们分别是内耳*迷路*中的第二和第三个组成部分（我们刚刚讨论了第一个组成部分——耳蜗）。**前庭囊**可以对重力做出响应，并且会把头部的朝向告知脑。**半规管**会对于角加速度——头部旋转的变化——产生响应，但对稳态旋转不响应。它们也对位置的变化和线性加速度的变化有响应（但是程度相当弱）。

前庭系统的功能包括保持平衡，维持头部处于竖直的姿势，以及调节眼睛运动来补偿头部运动。刺激前庭会产生一些难以定义的感觉。某一作用于前庭囊的低频刺激能够引起眩晕，而刺激半规管会导致头昏眼花以及节律性眼动（*眼球震颤*）。然而，我们并不真正知道来自于这些器官的信息。这一节主要介绍前庭系统：前庭器官、感受细胞以及大脑中的前庭通路。

前庭系统与视觉系统合作帮助我们追踪我们身体的运动和方向。

Photo by VAST/vastaction.com.

前庭器官的解剖

图7.16所示的是内耳迷路，它包括耳蜗、半规管以及两个前庭囊：**椭圆囊**和**球囊**。【见图7.16】半规管近似于头部的三个面：矢状面、横切面和水平面。每个管中的感受器都会对一个特定水平上的头部突然转向运动产生最大程度的响应。半规管是由一个漂浮在骨内的有膜管道构成的。这个有膜管道中充满了叫作*内淋巴*的液体。其中膨大的部分称作**壶腹**，包含存在感受器的器官。感受器是毛细胞，与耳蜗处的毛细胞很相似。毛细胞的纤毛嵌在被称为**吸盘**的凝胶物质中，该吸盘阻断了部分壶腹。【见图7.16】

两个前庭囊（椭圆囊和球囊）的功能是截然不同的。这两个器官近似圆形，并且每个都包含一块受体组织。当头部处于竖直姿势时，受体组织位于椭圆囊的"地板"处和球囊的"墙壁"处。受体组织如半规管和耳蜗一样含有毛细胞。这些受体的纤毛嵌入一层覆盖其上的凝胶物质中，凝胶物质中包含着不寻常的物质：*耳石*（otoconia），它是一些碳酸钙的小晶体。【见图7.17】当头部方向发生变化时，这些晶体的重力会导致凝胶物质发生位置上的移动。从而，这种运动对感受性毛细胞的纤毛产生了一种剪切力。

前庭囊（vestibular sac）：内耳中一组两个的感觉器官，可以识别头部倾斜度的改变。

半规管（semicircular canal）：前庭器官中三个环状结构，可以识别头部旋转的变化。

椭圆囊（utricle）：前庭囊中的一个结构。

球囊（saccule）：前庭囊中的一个结构。

壶腹（ampulla）：半规管的一个膨大处；包括吸盘和脊。

吸盘（cupula）：半规管的壶腹中的一种胶状聚合物；对管道中液体的流动有反应。

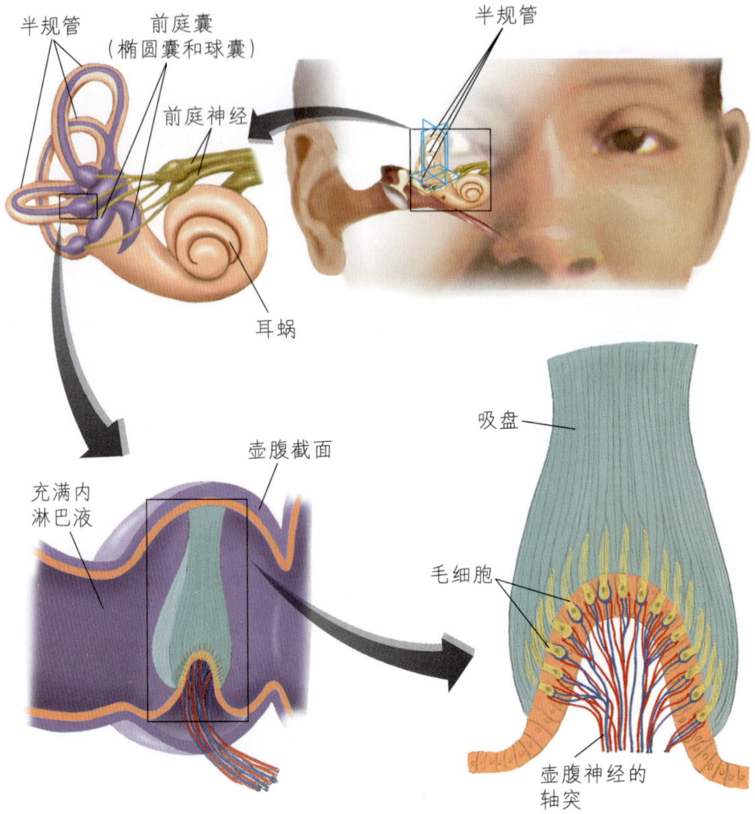

图 7.16　半规管的感受器官。

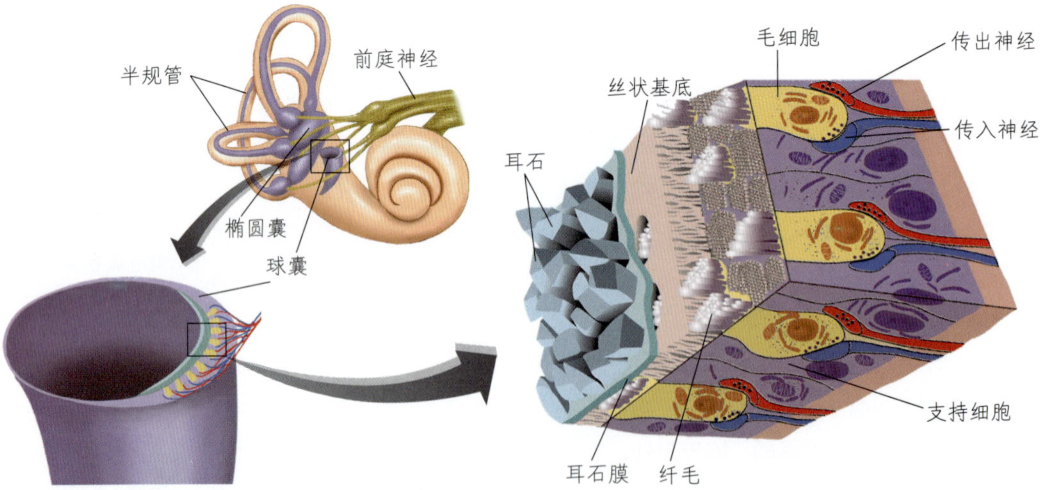

图 7.17　前庭囊的感受组织：椭圆囊和球囊。

前庭通路

前庭神经和耳蜗神经构成了第八对脑神经（听神经）的两个分支。能够发出前庭神经（第八对脑神经的一个分支）的传入轴突的双极细胞体位于**前庭神经节**处，前庭神经节似乎是前庭神经上的一个结节。

尽管大部分前庭神经的轴突会与前庭神经核在延髓内形成突触联系，但是还有一些轴突直接到达小脑。前庭神经核的神经元将它们的轴突传到小脑、脊髓、延髓和脑桥。另外似乎也有到颞叶皮层的前庭投射，但明确的通路尚不清楚。大多数研究者认为，皮层的投射与头昏眼花这种感觉有关。而到控制着颈部肌肉的脑干核团的投射则参与维持头部处于竖直的姿势和制造眼动来补偿突然的头部运动。若没有这种补偿机制，那么不管是走路还是跑步，我们对世界的视觉都会变得一片模糊。

小　结

前庭系统

半规管内部充满液体。当我们的头部开始旋转或是旋转后静止下来时，惯性会使这些液体将吸盘推向一边或另一边。这种运动在包含前庭毛细胞的吸盘上施加了一种剪切力。前庭囊中有一小块包含有毛细胞的受体组织，这些毛细胞的纤毛嵌入一种凝胶物质中。当头部倾斜时，凝胶物质中耳石因为重力发生位移，导致对毛细胞的一些纤毛产生一种剪切力。

每个毛细胞都有一根长纤毛和几根短纤毛。这些细胞能够与双极细胞的树突建立突触联系，这些双极细胞的轴突穿过前庭神经。受体也能接收来自延髓和小脑神经元的传出神经轴突终扣，但是这些联系的功能尚不清楚。延髓内前庭神经核接收前庭信息，将其传至小脑、脊髓、延髓、脑桥和颞叶皮层。这些通路负责姿势的控制、头部的运动、眼动以及晕动病中的眩晕现象。

思考题

为什么缓慢且重复的前庭刺激会导致眩晕和呕吐？显然，前庭系统和控制呕吐的脑极后区（正如你在第2章学过的）有许多联系。你能想到任何由这些联系带来的作用吗？

躯体感觉

躯体感觉使我们知道身体表面和内部发生了什么事。**皮肤感觉**包括几种不同形式，一般都统一归为触觉。**本体感觉**和**肌肉运动知觉**提供了关于我们身体的位置和有关运动方面的信息。我们会在这一节讲述皮肤感受器对这些知觉系统的作用。**器官感觉**源于内脏器官内部和周边的感受器。在躯体感觉中，由于无论是在知觉还是生理水平上，对皮肤感觉的研究都是最多的，所以本节主要探讨皮肤感觉。

躯体感觉刺激

皮肤上的感觉可以对几种不同类型的刺激产生反应：压力、振动、热、冷以及导致机体组织损伤的任何刺激（相应地产生疼痛）。压力的感觉是由皮肤的机械性变形导致的。在实验室中或临床上，振动的产生通常是通过音叉或其他机械装置来实现的。然而事实上，更常见的产生振动的方法是用我

前庭神经节（vestibular ganglion）：前庭神经上的一个小结，包含可以传递前庭信息到双极神经元的细胞体。

皮肤感觉（cutaneous sense）：躯体感觉的一种；包括皮肤对刺激的敏感性。

本体感觉（proprioception）：对身体位置和姿势的知觉。

肌肉运动知觉（kinesthesia）：对身体自身运动的知觉。

器官感觉（organic sense）：由躯体内部器官中的感受器引起的一种感觉形式。

戴上手表几分钟以后就适应了，只有当手表在手腕上晃动的时候才会感觉到它的存在。

Stock4B/Getty Images.

光滑皮肤（glabrous skin）：不长毛发的皮肤；如手掌和脚底的皮肤。

梅克尔触盘（Merkel's disk）：邻近汗腺，位于表皮的底部，对触觉敏感的器官。

鲁菲尼小体（Ruffini corpuscle）：有毛发皮肤上对振动敏感的小体。

迈斯纳小体（Meissner's corpuscle）：存在于真皮的乳头状突起中对触觉敏感的器官，真皮的小突起可以投射到表皮中。

帕奇尼小体（Pacinian corpuscle）：一个专门的、封闭起来的躯体感觉神经末梢，可以识别机械刺激，特别是振动。

们的手指在一个粗糙的平面滑动。由此，我们可以利用振动的敏感性来判断一个物体的粗糙程度。热和冷的感觉显然是由那些可以升高或降低皮肤温度的物体所引发的。疼痛的感觉可以由很多种不同的刺激产生，不过大部分刺激似乎都会导致机体组织某种程度的损伤。

肌肉运动知觉源于骨骼肌上的牵张感受器将肌肉长度的变化报告给中枢神经系统。在临近骨骼之间的关节上的感受器对肢体运动的程度和方向有反应。然而，做重要的肌肉运动的反馈信息似乎来源于那些当关节或肌肉运动时对皮肤的牵张变化起反应的感受器，比如那些面部的感受器（Johansson and Flanagan，2009）。位于肌肉内的肌肉长度探测器不会产生有意识的感觉，但是可以利用这些信息来控制运动反应。

皮肤及其感受器官的解剖

皮肤是我们身体上一个复杂且十分重要的器官，人们对于它的存在已经习以为常。离开它我们无法生存；大面积的皮肤烧伤是致命的。身体的细胞需要在温暖的液体环境里存活，皮肤的外层可以保护细胞免受外界恶劣环境的伤害。皮肤参与体温的调节，它通过产生汗液来冷却身体，通过限制血液循环来保存体内的热量。它的形态在身体各个部分有很大的变化，从有黏膜的皮肤、有毛皮肤到光滑无毛发的手掌和脚底皮肤，即**光滑皮肤**。皮肤是由皮下组织、真皮和表皮构成的，还包括散布在这几层中的各种感受器。光滑皮肤包含密集且复杂多样的感受器，反映出我们运用手掌和手指主动探索周围环境的事实。我们还用双手和手指来抓握和触摸物体。相反的，我们身体的其他部分通常是被动地与环境接触，也就是说，是其他东西碰到了我们其他的身体部分。

图 7.18 显示了自由神经末梢及其他四种包裹在皮肤中的感受器（**梅克尔触盘**、**鲁菲尼小体**、**迈斯纳小体**和**帕奇尼小体**）。这些感受器的位置和功能见表 7.1。【见表 7.1 和图 7.18】

表 7.1 皮肤感受器分类

适应速度	感受野的大小与性质	感受器名称	感受器位置	感受器功能
慢（SA Ⅰ）	小，边界清晰	梅克尔触盘	有毛及光滑皮肤	探查物体形状和粗糙程度，特别是由指尖所探查到的
慢（SA Ⅱ）	大，边界模糊	鲁菲尼小体	有毛及光滑皮肤	探查皮肤所承受的静力、皮肤的拉伸以及本体感受
快（RA Ⅰ）	小，边界清晰	迈斯纳小体	光滑皮肤	探查边缘轮廓、盲文样刺激，特别是由指尖所探查到的
快（RA Ⅱ）	大，边界模糊	帕奇尼小体	有毛及光滑皮肤	探查振动，由所持细长物体（如工具）的另一端接收到的信息
		毛囊末梢	毛囊底部	探查毛发的运动
		自由神经末梢	有毛及光滑皮肤	探查热量刺激（凉的或温的）、伤害性刺激（疼痛）、痒
		自由神经末梢	有毛皮肤	探查由温柔抚摩柔软物体带来的愉悦触觉

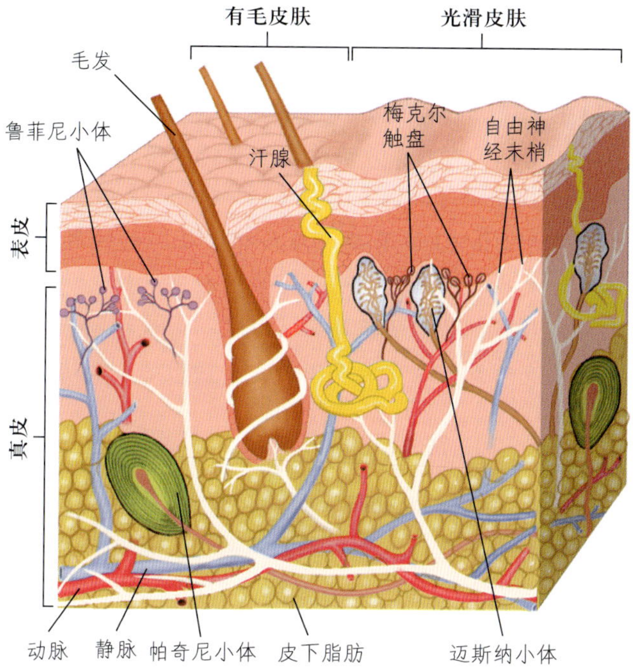

图 7.18 皮肤感受器。

皮肤刺激的知觉

皮肤刺激的三个最重要的特性是触觉、温度觉和痛觉。这三个方面的特性将在下面的部分逐一地介绍。

触觉

对压力和振动的敏感性是由皮肤的运动引起的，这些皮肤运动导致了机械感受器的树突的运动。大多数的研究者认为，被包裹起来的神经末梢只对它们自己的树突所转换的物理信息有效。但是换能的机制是什么呢？机械感受器的树突的运动是如何产生膜电位的变化的呢？看起来是运动导致了离子通道的打开，使得离子流入和流出树突，进而导致了膜电位的变化。

触觉的大部分信息是可以精确定位的。也就是说，我们能感受到哪里的皮肤被触摸了。然而，Olausson 等人（2002）的一项研究发现了一种触觉的新分类。它是通过小直径的无髓鞘轴突传导的。

一位54岁的女性病人G.L.在34岁时由于严重的多神经根炎（polyradiculitis）和多发性神经病变（polyneuropathy）的发作，而永久性且特异性地丧失了粗的有髓鞘传入神经，这影响了她自鼻子之下的整个身体。针对其腓肠神经的活组织检查显示，粗的有髓鞘神经纤维全部消失……在进行此项研究之前，她否认鼻子之下具有任何触觉感受性，而且她患病的同时丧失了对挠痒的知觉能力。但她认为她对温度、疼痛和痒的知觉是未受损的（Olausson et al., 2002, pp. 902–903）。

G.L.的确可以觉察到那些由细小无髓轴突所传递的信息——温度、

疼痛和痒。但她不能探查到振动或正常的触觉刺激。但是，当用柔软的刷子轻抚她前臂的有毛皮肤或她的手背时，她报告出模糊的愉悦感觉。然而，她无法确定这一轻抚的方向和其准确定位。一项 fMRI 分析显示，这一刺激激活了她的岛叶皮层。这一区域被认为与情绪反应和内脏感觉相关。躯体感觉皮层并未被激活。当以同样方式激活控制组被试的同一有毛皮肤区域时，fMRI 结果显示与岛叶皮层同时被激活的还有初级和次级躯体感觉皮层，因为刺激可同时激活被试的粗的和细的轴突。手掌上的无毛皮肤只有粗的有髓鞘轴突。当这一区域被刷子轻抚时，病人 G.L. 报告完全没有感觉。这可能是因为这一区域的皮肤缺乏细的无髓鞘轴突。◀◀◀

研究者们认为，小直径无髓鞘轴突除了传递有害刺激和热刺激的信息外，还构成了边缘触觉系统。这种边缘触觉系统可能决定了人与人之间的爱抚和肌肤之亲给人带来的情感性、激素性及亲和性的反应（Olausson et al.，2002，p. 900）。研究者们报道 G. L. 病人不再能感受发痒的感觉，而痒的感觉之前一直被认为是由这些小轴突所传递的。G.L. 病人的案例证明了这种感觉显然是由已经损伤的大直径有髓鞘轴突传导的。

Olausson 和他的同事们（Löken et al.，2009）注意到，探测愉悦的抚摩的感觉末梢只在有毛发的皮肤中才能发现，同时，抚摩光滑皮肤并不能引发这些愉悦的感觉。然而，我可以想象那些令人愉快的触觉刺激也可以通过手掌或手指的光滑皮肤而感受到。例如，那些通过抚摩温暖、毛茸茸的动物或接触小婴儿或爱人所产生的愉悦感觉。当我们的有毛皮肤接触到另一个人的皮肤时，更像是另一个人在触摸我们。相比而言，当我们的光滑皮肤去接触另一个人的皮肤时，更像是我们在触摸别人。因此，当我们的有毛皮肤与别人的皮肤发生接触时，我们更倾向于感觉是别人在爱抚我们。而当我们的光滑皮肤与别人的皮肤发生接触时，我们更可能觉得是自己在抚摩别人。针对那些能够特别精细地使用他们的指尖的人们的研究显示，他们的躯体感觉皮层中负责接收相应身体部分的信息的皮层发生了改变。例如，为了通过按压指板上的不同琴弦来演奏不同的音符，小提琴家的左手四个手指必须做出十分精细的动作。触觉和本体感受的反馈信息对于精确运动和放置他们的手指以演奏出有适当音调的声音非常重要。相比之下，沿着小提琴的颈部底部滑动的大拇指的位置显得没那么重要。在一项对小提琴表演者的研究中，Elbert 等人（1995）发现，他们的右侧躯体感觉皮层中负责接收左手四个手指的信息的部分相比左侧的躯体感觉皮层的相应部分被大大增大了。而接收拇指信息的躯体感觉皮层的部分保持原样。

温度觉

温度感受器可分为两类：一种对热反应，一种对冷反应。皮肤中的冷感受器就位于表皮之下，而热感受器则位于皮肤的更深处。冷感受器的信息由纤细的有髓鞘的 Aδ 神经纤维传递至中枢神经系统；热感受器的信息由无髓鞘的 C 神经纤维传递至中枢神经系统。我们能够探测到范围很广的温度刺激，从低于 8℃（有害的冷）到高于 52℃（有害的热）。研究者长期认为，没有任何一个感受器可以单独探测到这样一个温度范围，且近期的研究指出的确如此。现在，我们已知六种温度感受器，它们都属于瞬时感受器电位（transient receptor potential，TRP）家族（Bandell，Macpherson，and Patapoutian，2007；Romanovsky，2007）。【见图 7.19 和表 7.2】

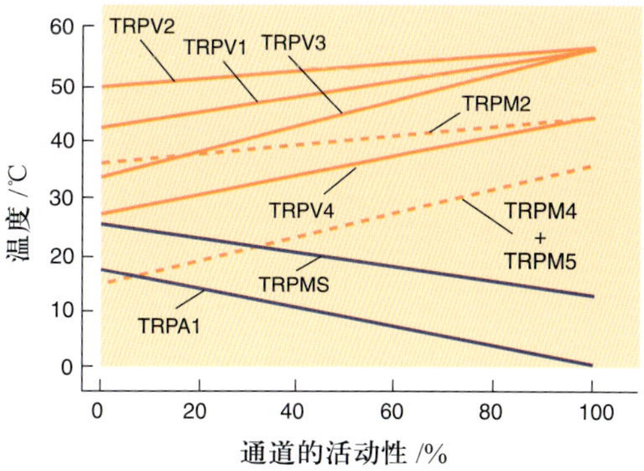

图 7.19 瞬时感受器电位通道活动。温度可以激活由冷激活的（蓝色）以及由热激活的（浅灰色）温度敏感性 TRP 通道的活动。

Based on Romanovsky, A. A. *American Journal of Physiology*, 2007, 292, R37–R46.

一些温度感受器不只对温度变化有反应，还对特定的化学物质反应。例如，温度感受器 TRPM8 中的字母 M 代表薄荷醇（menthol），这是一种在许多薄荷科植物的叶子中都会存在的化合物。你一定知道，薄荷放在嘴里尝起来是凉的。而且薄荷醇会被加到一些香烟中，使之抽起来更凉爽（而且可能试图迷惑吸烟者，让他们忘记烟是粗糙并对肺有害的）。薄荷醇能够提供这种清凉的感觉是由于它能够与 TRPM8 结合并刺激感受器，产生神经活动，使脑将其解读为凉爽。正如我们将在后面看到的，化学物质也可以引起热的感觉。

表 7.2 哺乳动物温度感受器的种类

感受器	刺激的类型	温度范围
TRPV2	有害的热	高于 52℃
TRPV1，辣椒素	热	高于 43℃
TRPV3	温	高于 31℃
TRPV4	温	高于 25℃
TRPM8，薄荷醇	凉	低于 28℃

痛觉

痛觉感受和温度感受一样是通过皮肤上的自由神经末梢网状物来实现的。似乎至少有三种类型的痛觉感受器（通常也称作“伤害感受器”或是“有害刺激的探测器”）。高阈值的机械性刺激感受器是那些对强压力有反应的自由神经末梢。这些压力可能是由于击打、拉拽或捏掐皮肤而引起的。第二类自由神经末梢似乎会对极度的热、酸以及**辣椒辣素**（capsaicin）的存在产生反应。辣椒辣素是红辣椒（chile pepper）中的活性成分。（注意，我们的意思是说红辣椒使食物吃起来有“热辣”的感觉。）这种类型的神经纤维包含有 TRPV1 感受器（Kress and Zeilhofer，1999）。其中的字母 V 代表辣椒素（vanilloid），这是一组含有辣椒辣素的化学物质。Caterina 等人（2000）发现 TRPV1 感受器基因被敲除的老鼠表现出了对可引起疼痛感的高温刺激不敏感，而且愿意喝混有辣椒辣素的水。它们对有害的机械性刺激也反应正常。由此推测，TRPV1 感受器负责感受由烧伤皮肤引起的疼痛和由发炎所引发的疼痛。另外，Ghilardi 等人（2005）发现，能够妨碍 TRPV1 感受器的药物可减轻骨癌病人的疼痛。这种疼痛似乎是由肿瘤所产生的酸性所引发的。

另外一种痛觉纤维包括 TRPA1 感受器，让它们敏感的辛辣刺激物可以在许多物质中存在，有芥子油、冬青油、山葵、大蒜以及广泛的环境中的刺激物，甚至包含于汽车尾气和催泪瓦斯中（Bautista et al.，2006；Nilius et al.，2007）。这些感受器的基本功能是让人知道自己身处能产生炎症的化学物质中。

尽管疼痛会令人极端不快，但是它能为我们规避伤害提供有用的信息。Cox 等人（2006）对巴基斯坦北部的三个家族进行了研究。这三个家族中的一些成员完全缺乏疼痛感觉。研究者成功定位了造成疼痛缺失病症的基因所在的位置。这一基因是一个位于2号染色体的常染色体隐形等位基因，用来编码一个电压依赖性钠离子通道——$Na_x1.7$。将这些家族带入研究者视线的是一名10岁男孩的案例。这名男孩在街头表演刀穿手臂和赤足在燃煤上行走，且都不会感到疼痛。他刚刚过完14岁生日就由于从屋顶上向下跳而坠亡。在这三个家族中感染这种疾病的6名患者全部都有由于自己的啃咬而造成的嘴唇或舌头的损伤。他们身上有很多擦伤、划伤以及严重的骨折等，但直到这些损伤影响到他们的行动时才会被他们注意到。尽管他们完全丧失了对任何种类的伤害性刺激的疼痛感受，但是他们具有正常的触觉、温暖和寒冷的感觉、本体感觉、痒的感觉以及按压感觉。

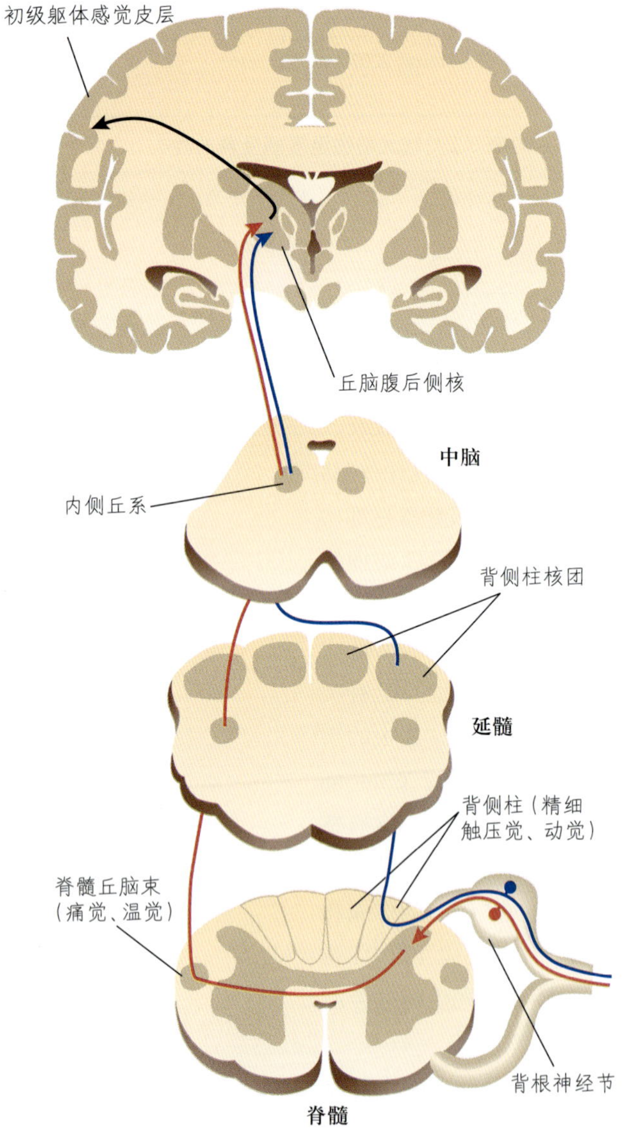

图 7.20 躯体感觉通路。如图所示从脊髓到躯体感觉皮层的躯体感觉通路。注意精确定位的信息（如良好精细的触觉）和非精确定位的信息（如痛觉和温度觉）是通过不同的通路传递的。

躯体感觉通路

来自皮肤、肌肉或内脏器官的躯体感觉轴突经由脊神经进入中枢神经系统。脸和头部的轴突主要通过三叉神经（第五对脑神经）进入中枢神经系统。单极神经元的胞体位于背根神经节和颅神经节。能够传递精确定位信息（如良好的触觉）的轴突通过脊髓白质中的背侧柱上行至低段延髓中的核团。在这里，神经元的轴突在延髓中左右交叉，并且通过内侧丘系上行至丘脑腹后侧核，这是躯体感觉的中继核团。来自丘脑的轴突投射到初级躯体感觉皮层，再通过初级躯体感觉皮层神经元的轴突上传至次级躯体感觉皮层。相反，那些传递具有较差定位信息的轴突，如传递痛觉和温度感觉的神经元轴突，一旦进入脊髓就会与其他神经元形成突触连接。这些神经元的轴突交叉到脊髓的对侧并通过脊髓丘脑束上行至丘脑的腹后侧核。【见图 7.20】

我们在第6章谈到损伤视觉联合皮层会导致视觉失认症。同时，我们在本章也谈到过损伤听觉联合皮层会导致听觉失认症。因此，损伤躯体感觉联合皮层会导致触觉失认症，并不让我们感到意外。

Reed、Caselli 和 Farah（1996）描述了一位左侧顶叶损伤的女性病人 E. C.，她不能通过触觉识别一般的物体。例如，这个病人把一个松果识别为一个毛刷，把丝带当作橡皮圈，把蜗牛壳辨别为瓶盖。这些缺陷并非简单的触觉敏感性的丧失。该病人仍能感觉到轻微的触摸以及物体的冷热，并且能够很容易地根据物体的尺寸、重量及粗糙度来辨别它们。

通过触觉识别物体需要躯体感觉系统和运动系统的共同参与。当我们试图单独依靠触觉来识别物体时，我们是借助手指的移动去探索它们。

Valenza 等人（2001）报道了一个右半球脑损伤的病例，该病人患有触觉失用症（tactile apraxia）。（失用症指的是在没有麻痹或肌无力的情况下，无法按照自己的意志进行活动。）当实验者给病人一些物体并让她通过左手的触摸来识别时，病人用她的手指探索物体的方式是紊乱的。（当使用右手来探索和识别物体时则是正常的。）如果实验者引导病人的手指以正常人的方式来探索物体时，她就能够识别该物体的形状。由此看来，她的缺陷是由运动失调所导致的，而不是由与触觉感知有关的脑机制损伤造成的。

疼痛的知觉

疼痛是一种奇妙的现象。它不仅仅是一种感觉；它可以仅仅通过某种类型的退缩反应来确定，对于人类而言则通过口头报告来确定疼痛。疼痛可以被许多物质所减轻，有鸦片剂、催眠、安慰剂、情感甚至其他一些刺激（如针灸等）。最近的研究在揭示这些现象的生理学基础方面取得了显著性进展。

疼痛似乎有三种不同的知觉和行为影响（Price，2000）：第一个成分是感觉成分——一个纯粹的对强烈的疼痛刺激的知觉；第二个成分是由疼痛引发的即时情感反应——不愉快或者是由疼痛刺激引发的个体感到讨厌的程度；第三个成分是慢性疼痛带来的长期的情感影响——这类疼痛威胁到个体未来的舒适和幸福。

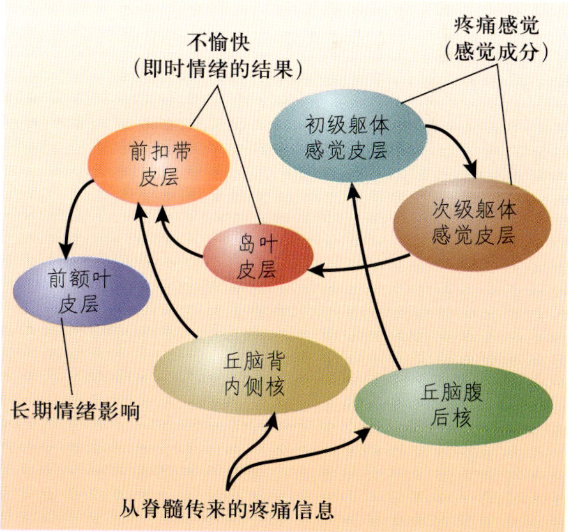

图 7.21　疼痛的三种成分。一个简化的示意图展示了涉及痛觉的三个成分的脑机制。这三个成分分别是：感觉成分、即时情绪成分和长期情绪成分。

Based on Price, D. B. *Science*, 2000, 288, 1769-1722.

疼痛的三种成分似乎涉及不同的脑机制。单纯的疼痛的感觉成分的通路是从脊髓传递至腹后外侧丘脑，进而传递至初级和次级躯体感觉皮层。由疼痛引发的即时情感反应似乎是由传递至前扣带皮层（anterior cingulate cortex，ACC）和岛叶皮层的通路产生的。长期情感成分似乎由传递至前额叶的通路所产生。【见图 7.21】

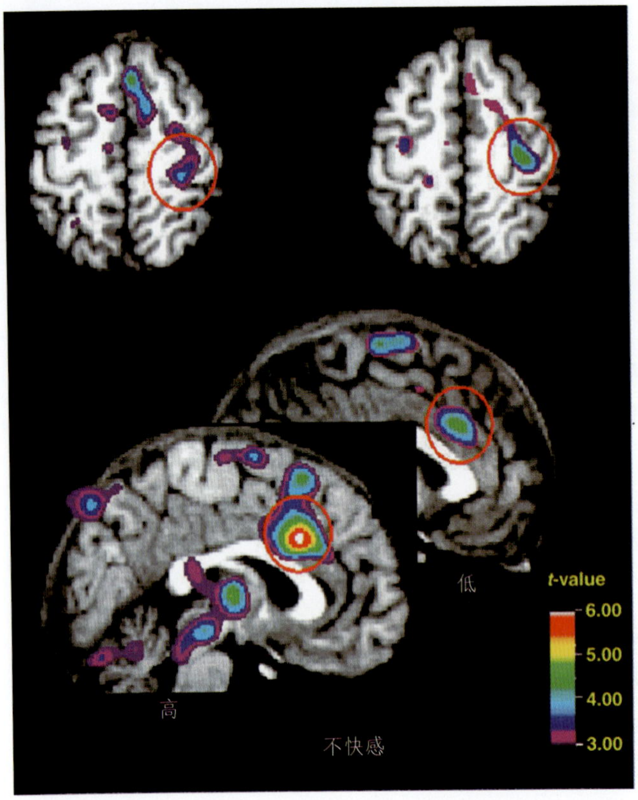

图 7.22　痛觉的感觉和情绪成分。PET 扫描显示了对痛觉的感觉和情绪成分有反应的脑区。上部：大脑的背侧图。由一个疼痛刺激导致的初级躯体感觉皮层的激活（红色的圈）不会受到可减少痛苦的催眠暗示的影响，说明这个脑区对疼痛的感觉产生反应。底部：大脑的矢状图。当疼痛刺激引起的痛苦被催眠暗示减少时，前扣带皮层（红色的圈）显示出较少的激活。

From Rainville, P., Duncan, G. H., Price, D. D., Carrier, Benoit, and Bushnell, M. C. *Science*, 1997, 277, 968-971. Copyright © 1997.

Rainville 等人（1997）通过将人类被试的胳膊放到冰水中来让他们产生疼痛的感觉。在一种条件下，研究者们通过催眠来减少疼痛带来的不愉快。当催眠起作用时，尽管痛感客观上还是一样强烈，但被试们会报告不是那么难受了。同时研究者们使用 PET 扫描观察脑中局部区域的活动。他们发现疼痛刺激激活了初级躯体感觉皮层和前扣带皮层（ACC）。当被试被催眠并且感觉疼痛不是那么难受时，前扣带皮层的活动降低了，而初级躯体感觉皮层的激活仍然很高。由此可见，初级躯体感觉皮层涉及疼痛的知觉，而前扣带皮层则与疼痛的即时情感反应——不愉快——有关。【见图 7.22】

一些功能成像的研究显示，在一些特定情况下，即便不施加实际的疼痛刺激，仅仅用与疼痛相关的刺激也可以激活前扣带皮层。在一项针对恋爱情侣的研究中，Singer 等人（2004）发现，当女性的手背受到一个能引起强烈的疼痛的电击时，她们的前岛叶皮层、丘脑和躯体感觉皮层都被激活了。而当她们在一旁看到她们的伴侣受到这样一个强烈的疼痛电击时，尽管并非自己受到电击，但她们脑区的激活情况与之前相同（除躯体感觉皮层外）。就像我们从 Rainville 等人（1997）的研究中看到的那样，躯体感觉皮层只会被实际造成伤害的刺激所激活。

痛觉的第三个成分——慢性疼痛带来的情感影响——似乎与前额叶有关。我们将在第 10 章讲到，损伤前额叶会影响人规划未来的能力，并影响在环境中自我评价的能力。就像缺少洞察力一样，有前额叶损伤的人更倾向于忽视包括慢性疼痛在内的这类慢性状态对他们未来的影响。

有一种独特且有趣的痛觉形式发生在截肢后。在肢体被切除后，多达 7% 的截肢病人报告他们感觉到切除的肢体仍然存在，并且经常会疼痛。这种现象被称为**幻肢**（Melzak，1992）。具有幻肢的病人报告说这个已被切除的肢体在感觉上是非常真实的。他们经常会说如果试图伸出这个肢体，那么会感觉到它好像的确有所反应。有时，病人会将幻肢知觉成向外突出的。病人会强迫自己避免这个并不存在的肢体撞到门框的边上，或者是在睡觉时防止将它们压在床垫和身体中间。人们已经报告了在幻肢上存在所有的感觉，包括疼痛、压力、冷热、湿润、痒、出汗以及针刺的感觉。

幻肢（phantom limb）：截肢后，觉得产生了来自已被截去的肢体的感觉。

小　结

躯体感觉

皮肤上的感觉信息是由位于皮肤内的专门的感受器提供的。手掌和脚底没有毛发的皮肤被称为光滑皮肤。光滑皮肤内的皮肤感受器负责触摸、探索环境中的物体并操作物体。梅克尔触盘提供了关于形状和粗糙程度的信息，这类信息在指尖尤为突出。鲁菲尼小体提供了皮肤的静力信息和皮肤的拉伸信息，后者参与了肌肉运动知觉的反馈。迈斯纳小体提供边缘轮廓和盲文样的信息，这类信息在指尖尤为突出。帕奇尼小体提供关于振动的信息，特别是那些通过接触细长物体（如工具）的一端来感知其他物体的信息。令人痛苦的刺激和温度的变化都由自由神经末梢所探测。

当机械性感受器的树突弯曲，离子通道打开，膜内外的离子通过这些打开的离子通道运动并引发感受器电位。虽然大多数的触觉信息通过传导迅速的有髓鞘包裹的轴突传导至中枢神经系统，不过温柔的抚摸所产生的愉悦感则是通过纤细且没有髓鞘的轴突传导的。这些信息被传递到与情绪反应相关的皮层——岛叶皮层。

除非令皮肤移动，否则触觉无法为我们提供任何关于所触摸物体的信息。运动和操作为我们提供了所感受物体的形状、质量、质地以及其他物理特性的信息。触觉经验，比如由肌肉所获取的触觉经验，可以增加该经验涉及的相应手指所对应的躯体感觉皮层所占的比重。

温度感受器可以与周围温度相适应。温和的皮肤温度的改变会被很快知觉为中性的，而在此中性温度之上或之下的温度会被知觉为温暖或凉爽。不同范围的温度传导由6种瞬时感受器电位家族的感受器所完成。其中，作为冷感受器之一的TRPM8在对环境的干冷有反应的同时，也对薄荷醇有所反应。起码有三种不同的疼痛感受器：高阈限机械性感受器、含有辣椒素感受器的神经纤维（TRPV1感受器，可以探测到极端的热、酸以及辣椒素的存在），以及对化学刺激物及灼烧感十分敏感的TRPA1感受器。痒是一种令人不快的感觉，由两种未知的感受器所传导。疼痛和痒两者相互抑制。

准确地说，能够精确定位的躯体感觉信息通过脊髓背侧柱及其核团，并通过内侧丘系上行至丘脑的腹后侧核。疼痛和温度的信息通过脊髓丘脑束上行。与躯体感觉联合皮层相关的损伤会破坏利用触摸来辨识物体的能力，即触觉失用症。触觉失用症是一种丧失了用手指探寻物体的能力的运动失调。

一种特定的电压依赖性离子通道——$Na_x1.7$——在疼痛感觉中起到了关键作用。这一蛋白质的基因突变将导致对疼痛的完全不敏感性。疼痛知觉并非简单的由刺激激活疼痛感受器的过程。疼痛知觉是一个相当复杂的现象，包含感觉和情绪成分，这些成分还可以被经验和即时环境所改变。感觉成分被传递至初级及次级躯体感觉皮层，即时情绪体验成分被传递至前扣带皮层和岛叶皮层，而长期情绪体验成分则似乎被传递到了前额叶。常常伴随截肢所出现的幻肢现象以一系列的感觉体验为特征，其中也包含疼痛感觉。

思考题

指尖和嘴唇是我们身体上最敏感的部分。相对较大部分的初级躯体感觉皮层负责处理来自身体这些部分的信息。因为我们使用指尖通过触觉来探索物体，所以能够很容易地理解为什么手指尖如此敏感。但是为什么我们的嘴唇也这么敏感呢？它的敏感性与进食有关吗？

味　觉

我们迄今为止所遇到的刺激都是通过热能、光能或动能等物理能量产生感受器电位的。然而，最后要研究的这两种感觉——味觉和嗅觉——所接受的刺激与它们的感受器以化学的形式相互作用。接下来的部分首先探讨前者——味觉。

味觉刺激

味觉显然与吃有关。这一感觉形式帮助我们确定放入口中的东西的属性。就被品尝的东西而言，它的分子必须溶于唾液中，进而刺激舌头上的味

在过去，研究者认为，人类有四种味觉感受器，分别对甜味、酸味、苦味和咸味敏感。现在我们知道，由日本的神经科学家们发现的鲜味感受器可以识别谷氨酸盐中的鲜美味道，解释了味精的风味增强效应。

觉感受器。不同物质产生的味觉是不相同的，但是远没有我们通常以为的那样不同。味觉只有五六种性质：*苦味、酸味、甜味、咸味、鲜味和脂肪的味道*。你毫无疑问对前四种性质都很熟悉，稍后我会来描述后两种性质。相对于味觉而言，味道（flavor）是嗅觉和味觉的混合物。许多食物的味道取决于它的气味。嗅觉缺失（缺乏气味知觉）的人或鼻孔被塞住的人很难仅通过味觉去分辨不同的食物。

大多数的脊椎动物都具有味觉系统，对五六种味觉性质都起反应。（猫科动物例外，狮子、老虎、豹子和家猫无法探察甜味——不过，它们平时吃的食物中也没有甜的。）显然，甜味感受器是食物探察器。大多数的甜味食物（像水果和一些蔬菜）吃起来都是安全的（Ramirez，1990）。咸味感受器探察氯化钠的存在。在一些环境下，这些矿物质的数量是不够的，需要从日常的食物中获得，所以氯化钠感受器帮助动物探察它的存在。流血的伤口会导致机体的钠含量急剧下降，所以迅速地找到它的能力是十分关键的。研究者们目前识别出了第五种味觉性质的存在，即**鲜味**。鲜味指对味精，即谷氨酸（一）钠（monosodium glutamate，MSG）的味觉。这一成分通常作为调味料被用于亚洲料理中（Kurihara，1987；Scott and Plata-Salaman，1991）。鲜味感受器探测蛋白质中的一种氨基酸——谷氨酸盐的存在。推测起来，鲜味感受器提供了对蛋白质这一重要营养物的探测能力。

大多数动物物种都很乐于摄入甜或咸味的物质。同样，它们也被富含氨基酸的食物所吸引。这就解释了用味精作为调味剂的原因。然而，动物往往会避免吃那些酸的或苦的食物。由于细菌的活动，许多食物在腐坏后就变成酸的。另外，大部分未成熟的水果也含有酸性。酸性物质尝起来是酸味的，且会导致回避反应。（当然，我们已经学会将甜味和酸味混合，以大大提高我们对其的喜欢程度，比如柠檬汽水。）苦味差不多是人人避之不及的，并且无法简单地用增加甜味的方法加以改进。许多植物会产生有毒的生物碱，以保护它们自己免于被动物吃掉。生物碱的味道就是苦的；因此，苦味感受器毫无疑问是用以警告动物远离这些化学物质的。

多年来，研究者已经得知许多物种（包括我们人类）都表现出了对高脂肪类事物的明显偏爱。由于缺乏单独探察脂肪的存在的味觉，大多数研究者将其归结为我们是利用气味和质地（“口腔感觉”）来探测脂肪的。然而，Fukuwatari 等人（2003）发现，嗅觉被破坏的老鼠仍然表现出了对含有脂肪的分解结构——长链脂肪酸——的流质饮食的偏爱。当脂肪到达舌，一些脂肪分子就被分布在味蕾附近的*舌脂肪酶*分解成了脂肪酸。舌脂肪酶的活动确保了当含有脂肪的食物进入口中时，脂肪酸探测器能够被激活。Cartoni 等人（2010）认定，负责探测口中是否存在脂肪酸的是两类 G 蛋白联合受体。研究者发现，针对产生这些受体的基因进行的定向基因突变导致小鼠对脂肪酸的偏爱降低，同时味觉神经对脂肪酸的反应也相应地减弱了。

鲜味（umami）：由谷氨酸盐所产生的味觉感受；辨别食物中氨基酸的存在。

味蕾和味觉细胞的解剖

在舌、上颚、咽和喉上大约包含 10 000 个味蕾。这些感受器大部分都围

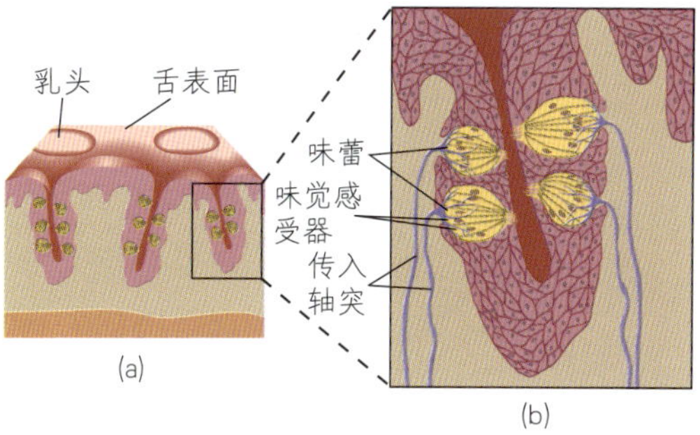

图 7.23　舌。图片展示了 (a) 舌表面的乳头状突起和 (b) 味蕾。

绕舌头上的小隆起——乳头（papilla）排列着。味蕾由一组20 ～ 50个感受细胞组成，这些特殊的神经元按照像橘子瓣一样的方式排列。纤毛位于每个细胞的末端，并从味蕾的开口处（小孔）伸出，进入包裹整个舌的唾液中。相邻味觉细胞之间的紧密连接防止了唾液中的物质自由扩散到味蕾中。图7.23展示了乳头的外观；一个穿过包含味蕾的沟的横切面。【见图7.23】

味觉感受细胞与双极神经元的树突构成突触，这些双极神经元的轴突通过第七、第九和第十对脑神经将味觉信息传送到脑。这些感受细胞总共只有10天的寿命。它们退化得很快，被直接暴露在相当不利的环境中。当它们退化的时候，就被新的成长着的细胞所取代；而双极神经元的树突就传到了新的细胞上（Beidler，1970）。

味觉信息的知觉

味觉换能与发生在突触上的化学物质的传递相似：有味道的分子与受体结合，使膜的渗透性发生变化，引发感受器电位。不同物质与不同类型的受体结合，产生出不同味道的感觉。在这一部分，我将描述我们所知道的特定味道的分子的性质以及那些探察它们存在的感受器。为了能够尝到咸味，物质必须是离子化的。虽然对咸味受体来说最好的刺激是氯化钠（NaCl），但是凡是包含金属阳离子（如 Na^+、K^+ 、Li^+）和小的阴离子（如 Cl^-、Br^-、SO_4^{2-}、NO_3^-）的各种各样的盐的味道都是咸的。咸味受体看起来像是一个简单的钠通道。当盐类出现在唾液中时，钠离子进入了味觉细胞并使之去极化，激发了动作电位，导致细胞释放神经递质（Avenet and Lindemann，1989；Kinnamon and Cummings，1992）。酸味受体对存在于酸性溶液中的氢离子有反应。然而，因为不同的酸性的酸味并非仅仅取决于氢离子的浓度，其阴离子也同样有影响。苦味和甜味的物质的特性较难描述。最典型的苦味刺激是像奎宁这样的植物碱；而甜味的典型刺激是像葡萄糖或果糖这样的糖类。有些分子可以同时诱发这两种味觉的事实启发了早期的研究者，认为苦味和甜味的受体可能是很相似的。例如，酸橙的外皮包含一种糖苷（复合糖），它尝起来非常苦。然而，如果在其分子上加了一个氢离子，它的味道就会非常甜（Horowitz and Gentili，1974）。一些氨基酸的味道也是甜的。事实上，商业上用的甜味剂阿斯巴甜糖（天冬酰苯丙氨酸甲酯）也只是由两种氨基酸组成的：天冬氨酸和苯基丙氨酸。

对甜味的探测由两种不同的受体负责。对苦味的探测则由一族近30种不同的感受器负责（Matsunami，Montmayeur，and Buck，2000；Scott，2004）。存在如此多种苦味受体说明，尽管不同的苦味化合物都共同拥有相同的味觉特性，但它们是由不同的方式被探测到的。正如我们看到的，自然界中存在的许多苦味化合物都是有毒的。进化的过程没有将探测这些苦味化合物的任务托付给单一的受体，而是给予了我们依靠不同分子形态来更好地探测广泛

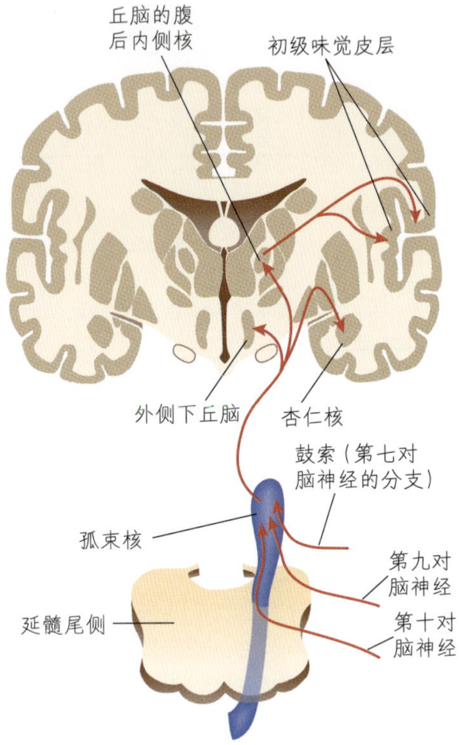

图 7.24 味觉系统的神经通路。

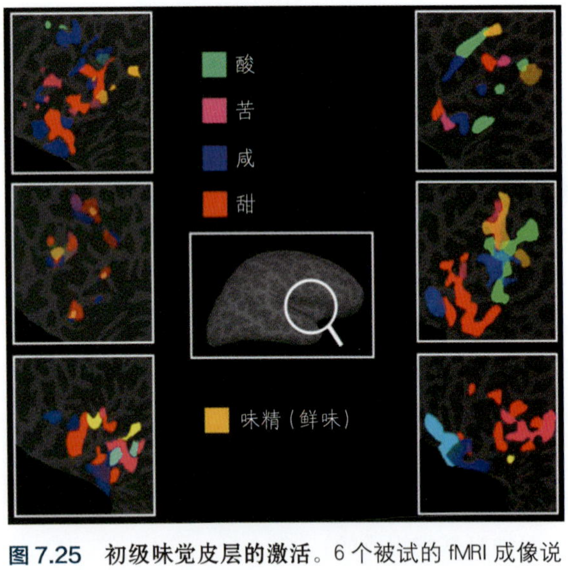

图 7.25 初级味觉皮层的激活。 6 个被试的 fMRI 成像说明，反应区域因被试而异，但每个被试的反应很稳定。

From Schoenfeld, M. A., Neuer, G., Tempeimann, C., Schüssler, K., Nesselt, T., Hopf, J.-M., and Heinze, H.-J. *Neuroscience*, 2004, 127, 347-353.

孤束核（nucleus of the solitary tract）：延髓的一个核团，可以接收来自内脏和味觉系统的信息。

且多样的苦味化合物的能力。

之前提到过猫科动物对甜味并不敏感。Li 等人（2005）发现了其中甜味敏感性缺失的原因是：猫科动物（研究者们考察了家猫、虎以及猎豹）的 DNA 中缺乏制造组成甜味受体中最关键的一类蛋白质的基因。研究者指出，这一突变可能是猫科动物进化出肉食性行为的过程中的重要事件。Margolskee 等人（2007）发现，在小鼠的肠道内的甜味受体可探测糖和人工甜味剂的存在，并与控制对葡萄糖的吸收有关。针对这一受体进行基因突变敲除的小鼠对肠道内的甜味物质就不敏感了。

味觉通路

味觉信息通过第七、第九和第十对脑神经传递。味觉的第一个中继站是位于延髓的**孤束核**。在灵长类动物中，孤束核的味觉神经元将它们的轴突发送到丘脑腹后内侧核中。这一核团也接收由三叉神经传入的躯体感觉信息（Beckstead，Morse，and Norgren，1980）。丘脑味觉神经元将其轴突延伸到位于前额叶皮层底部以及岛叶皮层的初级味觉皮层（Pritchard et al.，1986）。这一区域的神经元投射到位于尾外侧眶额皮层的次级味觉皮层（Rolls，Yaxley，and Sienkiewicz，1990）。与其他的感觉通道不同，味觉在脑中表现出同侧化——也就是说，来自舌头右侧的信息传递到脑的右侧，而左侧的传递到脑的左侧。【见图 7.24】

在一项功能性成像研究中，Schoenfeld 等人（2004）要求人们啜饮含有甜味、酸味、苦味以及鲜味的水。研究者发现，调配成不同味道的水激活了初级味觉皮层和岛叶皮层的不同区域。尽管各个被试对不同味道的脑区定位并不相同，但是每名被试自身在不同情境条件下的测试结果总呈现相同的模式。因此，味觉皮层对味觉的表现是个体特异化且稳定的。【见图 7.25】

除接收味觉感受器的信息之外，味觉皮层还接受热的、化学的、内脏的以及伤害性的（疼痛的）刺激。这些刺激在判断食物的可口性中无疑都起到了重要作用（Carlton，Accola，and Simon，2010）。

小　结

味觉

味觉感受器只对六种感觉属性进行探察：苦味、酸味、甜味、咸味、鲜味以及脂肪味。苦味的食物通常含有植物碱，这类物质中有许多是有毒的。酸味食物通常经历了细菌发酵的过程，这一过程会产生毒素。另一方面，甜味食物（比如说水果）通常富有营养并可以安全食用。而咸味食物含有一种关键的阳离子——钠。实际上，如今处于物质丰富文化下的人类对甜味和咸味食物过量摄取的倾向，也正显示出了这些味道是天然地被强化的。鲜味指谷氨酸盐的味道，用以识别蛋白质。

咸味受体似乎是一个简单的钠离子通道。酸味受体则对氢离子进行探测，不过不同的阴离子也会对这些受体有所影响。鲜味受体探测谷氨酸盐的存在。两种受体负责探测甜味，而苦味则由30种受体来探测。舌脂肪酶将放入口中的脂肪分解为脂肪酸分子，进而由两种受体探测这些脂肪酸分子。

味觉信息的传递起于舌，通过第七、第九和第十对脑神经传递至孤束核（位于延髓），在此中继，进而传递至丘脑腹后内侧核，再传递至位于前额叶底部和岛叶的味觉皮层。不同的味觉会激活初级味觉皮层的不同脑区。尾外侧眶额皮层包含次级味觉皮层。味觉信息同样会传递至杏仁核、下丘脑以及基底前脑。

思考题

蜜蜂和鸟都可以尝出甜味物质，而猫和短吻鳄则不能。显然，品尝特定物质味道的能力与一个种族所吃的食物范围有关。如果在进化的过程中，一个种族发展出了更为广阔的食物范围，你认为这首先是由什么引起的呢？是食物还是感受器？一个种族会因为开始吃一些具有新的味道的东西（如一些甜的东西），进而发展出一种相适应的感受器？还是因为先发展出一种新的味觉感受器，之后才使得动物有了一种新的味觉呢？

嗅　觉

嗅觉——第二类化学感觉，帮助我们鉴别食物、避免已变质不能食用的食物。许多物种的成员利用嗅觉追踪猎物、识别掠食者以及鉴别敌友和可接纳的配偶。对于人类来说，嗅觉是所有感觉形式中最神秘的。气味有一种唤起记忆的奇特能力，通常会唤起那些模糊的、似乎发生在遥远过去的记忆——这种现象在马塞尔·普鲁斯特（Marcel Proust）的《追忆似水年华》（*Remembrance of Things Past*）一书中曾被他生动地描述过。尽管人们可以分辨成千上万种不同的气味，但我们缺少描绘它们的好词汇。描述我们已看到的景象和已听到的声音是相对容易的，但是描述一种气味是很困难的。我们最多会说它闻起来像另外某种东西。因此，嗅觉系统似乎是专门用来辨别事物的，而不是用来分析其详细的品质的。

多年来，我一直告诉我的学生，造成人类和其他哺乳动物在嗅觉系统的敏感性上的差异的一个原因是，其他哺乳动物把它们的鼻子置于气味最强的地方——略高于地面。例如，狗会跟随一条嗅迹沿路嗅探，经过这条路的动物的气味可能会附着在上面。如果鼻子高于地面1.6～2.0米，即使是侦探猎犬的鼻子也会如同人类的鼻子一样无法发挥作用。科学研究证明，人类用狗的方式嗅地面时，人类嗅觉系统的表现反而更胜一筹，获悉这个事实让我感到非常高兴。Porter等人（2007）准备了一条气味小路——将一条浸泡巧克力精油的绳子铺设在一块草地上。被试戴上眼罩、耳套、护膝和手套，以防他们使用鼻子以外的东西来跟踪这条气味小路。被试表现得非常棒，同样采

图7.26　气味追踪行为。图中红色所示的路径是在气味追踪过程中人和狗追随的路径。

From Porter, J., Craven, B., Khan, R. M., Chang, S.-J., Kang, I., Judkewitz, B., Volpe, J., Settles, G., and Sobel, N. *Nature Neuroscience*, 2007, 10, 27-29.

用了狗所使用的Z字形策略。【见图7.26】正如作者所描述的，这些发现“……表明人类嗅觉的坏名声可能部分反映了行为要求，而不是根本能力。(Porter et al., 2007, p. 27)”

嗅觉刺激

有气味的刺激（正式名称为*嗅质*）是由分子量在15 ~ 300的挥发性物质构成的。几乎所有嗅质化合物都是脂溶性的并且是有机物。然而许多满足这些标准的物质完全没有气味，因此我们对嗅质的本质还需要进行更多的研究。

嗅觉器官的解剖

我们有600万个嗅觉感受细胞，位于两块黏膜（**嗅上皮**）内，每一块黏膜的面积是6.45平方厘米。嗅上皮位于鼻腔上部。【见图7.27】进入鼻孔的空气只有不到10%会抵达嗅上皮；吸气将空气卷入并上升到鼻腔，进而到达嗅觉感受器。

图7.27中的插图指的是一组嗅觉感受细胞以及它们的支持细胞。【见图7.27的插图】嗅觉感受细胞是双极神经元，其胞体位于嗅黏膜内，排成筛状板，该筛状板是脑的嘴端底部的一块骨头。机体会周期性地产生一些新的嗅觉感受细胞，但它们的寿命比味觉感受细胞长得多。支持细胞包含有可以破坏气味分子的酶，这样有助于防止它们损害嗅觉感受细胞。

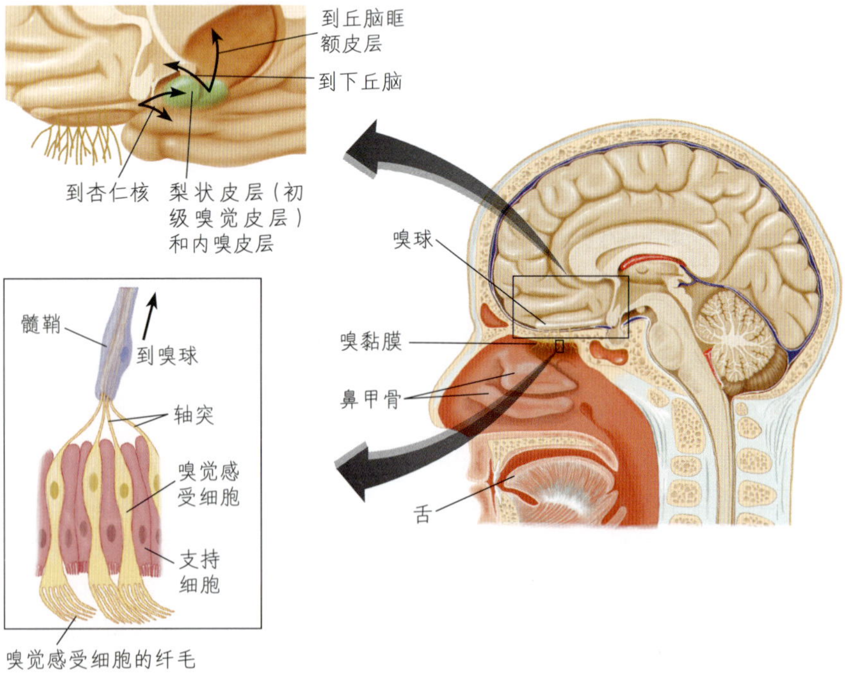

图7.27　嗅觉系统。

嗅上皮（olfactory epithelium）：覆盖在筛状板的鼻窦上的上皮组织，包含嗅觉感受器的纤毛。

嗅觉感受细胞向黏膜表面发送一个程序，分出10 ～ 20个纤毛渗透入黏液层。气味分子必须要溶解在黏液里以刺激嗅觉纤毛上的受体分子。大约有35束被胶质细胞包裹的轴突穿过筛状（“有孔的”）板的小洞进入颅腔。嗅黏膜还包含三叉神经轴突的自由神经末梢；这些神经末梢可能有助于调节吸入刺激性化学物质（如氨气）而产生的疼痛感。

嗅球位于脑的底部，在茎状嗅束的末端。每个嗅觉感受细胞发出一个轴突到嗅球，在嗅球处该轴突与**僧帽细胞**（因它的外形与主教法冠相似而得名）的树突形成突触连接。这些突触连接发生在有错综复杂的轴突和树突的叫作**嗅觉小球**的树状末梢中。大约有10 000个小球，每个小球会接收约2000个轴突的输入。僧帽细胞的轴突通过嗅束到达脑的其他部分。其中一部分轴突终止于同侧前脑的其他区域，另一部分轴突穿过脑终止于对侧嗅球处。

嗅束轴突直接投射到杏仁核和边缘皮层的两个区域：梨状皮层（初级嗅觉皮层）和内嗅皮层。【见图7.27】杏仁核将嗅觉信息发送到下丘脑；内嗅皮层将嗅觉信息传送至海马；梨状皮层通过丘脑背内侧核将嗅觉信息传递到下丘脑和眶额皮层（Buck，1996；Shipley and Ennis，1996）。你可能还记得，眶额皮层也会接收味觉信息；如此一来，眶额皮层可能涉及将味觉和嗅觉结合成为口味的过程。下丘脑也会接收相当多的嗅觉信息，这可能对接受还是拒绝食物以及在许多种类的哺乳动物的繁殖过程中的嗅觉支配非常重要。

大多数哺乳动物还有另外一个会对外界环境中的化学物质发出响应的器官——犁鼻器。由于它在动物对其他动物产生的影响繁殖的生理和行为过程的信息素及化学物质的反应中发挥重要作用，我们将在第9章讲述它的结构和功能。

嗅觉信息的换能

多年来研究者们已经认定，嗅觉纤毛上含有可以被嗅质分子刺激的感受器官，但这些感受器官的性质依旧未知。Buck和Axel（1991）通过分子遗传学技术发现了编码嗅觉受体蛋白家族的基因家族（该发现获得了2004年的诺贝尔奖）。到目前为止，已有超过12种脊椎动物（包括哺乳动物、鸟类和两栖类动物）的嗅觉受体基因被分离（Mombaerts，1999）。人类有399种不同的嗅觉受体基因，而老鼠有913种（Godfrey，Malnic，and Buck，2004；Malnic，Godfrey，and Buck，2004）。嗅质分子与受体结合，而与这些受体偶联的G蛋白打开离子通道并使感受细胞的膜电位去极化。

特定气味的感知

多年来对于气味的识别一直是一个谜。人类能识别出多达一万种不同的嗅质，而其他动物甚至可能识别出更多（Shepherd，1994）。尽管我们有339种不同的嗅觉受体，但是对于剩下的许多气味的识别是无法解释的。而且化学家每年都会合成新的化学物质，许多有气味的化学物质与之前那些已经鉴别出气味的化学物质并不相似。那么我们是怎样利用有限的受体去探测如此多不同的嗅质的呢？

嗅球（olfactory bulb）：嗅束末端的突出；接收嗅觉感受器的输入。

僧帽细胞（mitral cell）：位于嗅球中的神经元，接收嗅觉感受器传来的信息；其轴突将信息传给脑的其他部分。

嗅觉小球（olfactory glomerulus）：一束僧帽细胞的树突，与嗅觉感受器的轴突终扣相联系。

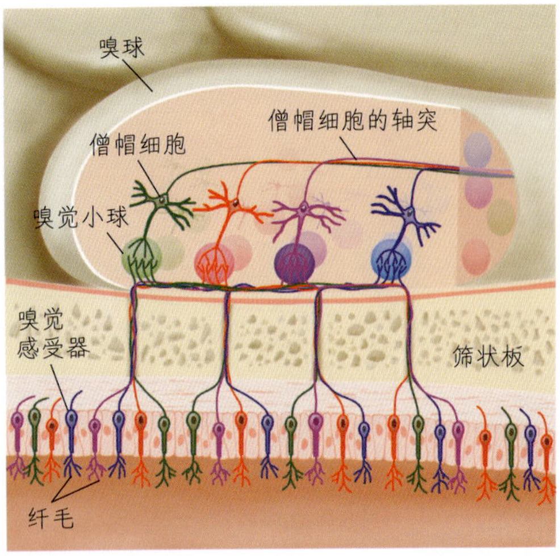

图 7.28 嗅觉感受细胞与小球之间的联系。每个小球只接收来自于一种类型的感受细胞的信息。不同颜色的嗅觉感受细胞包含有不同类型的受体分子。

在回答这个问题之前，我们应该更仔细地考虑一下受体、嗅觉神经元和接收这些神经元轴突投射的小球之间的关系。首先，每个嗅觉神经元的纤毛只包含一类受体（Nef et al.，1992；Vassar，Ngai，and Axel，1993）。正如我们所看到的，每个小球接收许多单个嗅觉感受细胞的信息。Ressler、Sullivan 和 Buck（1994）发现，尽管一个给定的小球能接收许多单个嗅觉感受细胞的信息，但是这些细胞都包含同一类的受体分子。因此，有多少种小球就有多少种受体分子。而且特定类型的小球（小球的类型是由发送信息到此处的受体类型决定的）在给定动物的嗅球中的位置似乎是一样的，甚至在动物间也可能是相同的。【见图 7.28】

现在让我们回到我刚才提出的问题上：我们是怎样利用有限的受体去探测如此多且不同的嗅质的呢？答案是某一特定的嗅质会结合一种以上的受体。这样，由于一个给定的小球只接收一种类型的受体信息，所以不同的嗅质就会在不同的小球上产生不同的活动模式。因此，辨别一种特定气味就变成识别小球上一种特定活动模式的问题。而化学识别任务就转化成一个空间识别任务。

图 7.29 说明了这个过程（Malnic et al.，1999）。图的左侧显示的是 8 个假定的嗅质的形状。图的右侧显示的是 4 个假定的嗅质受体分子。如果一部分的嗅质分子与受体分子的结合位点匹配，那么嗅质分子会激活该受体分子同时刺激该嗅觉神经元。你可以看到，每个嗅质分子至少与一个受体分子的结合位点匹配，而且在大多数情况下它适合于多个结合位点。还要注意的是 8 个嗅质中的每一个嗅质激活受体的模式是不同的，这就意味着如果我们能知道受体的激活模式，我们就能知道呈现的是哪种嗅质。当然，尽管一个特定的嗅质可能会与多种不同类型的受体分子结合，但是它与每种受体分子的结合程度不相同。例如，它可能与一种受体结合得非常好，但与另外一种受体的结合程度可能中等，可能较弱，等等。【见图 7.29】正如我们刚看到的，嗅皮层中会保存“嗅觉拓扑”信息的空间模式。由此推测，脑是通过识别嗅皮层处的不同激活模式来识别特定的气味的。

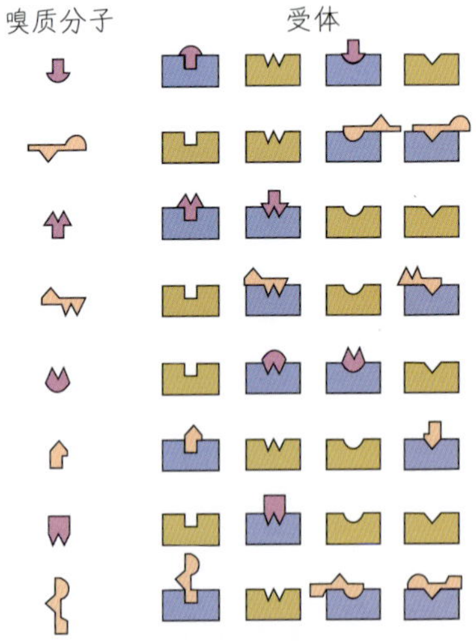

图 7.29 嗅觉信息的编码。对嗅觉信息编码的一个假设性解释表明，不同的嗅质分子依附于不同的受体分子的不同结合上。（被激活的受体分子显示为蓝色。）唯一的激活模式表征特定的嗅质。

Based on Malnic, B., Hirono, J., Sato, T., and Buck, L. B. *Cell*, 1999.96, 713-723.

由 Johnson、Leon 和他们的同事（Johnson and Leon，2007）获得的证据支持这个模型，他们发现特定类型的分子有着特定类型的结构，会激活嗅球的特定区域。但是，这个编码组合在梨状皮层（初级嗅觉皮层）水平发生改变。由 Howard 等人（2009）的人类功能成像研究发现，不管嗅质的化学结构如何，嗅质通常与特定的物体（在该种情况中，人们会知觉嗅质为薄荷味、木头味或柑橘味）相联系，在梨状皮层的后侧产生特定的活动模式。研究者向被试呈现三种薄荷味嗅质、三种木头味嗅质和三种柑橘味嗅质。每个类型的三个嗅质都有着不同的化学结构。尽管如此，在梨状皮层后侧的激活模式只与感知到的气味类型有关，与分子结构无关。图7.30显示了三种薄荷味嗅质的化学结构。正如你看到的，它们彼此间几乎没有相似之处。【见图7.30】

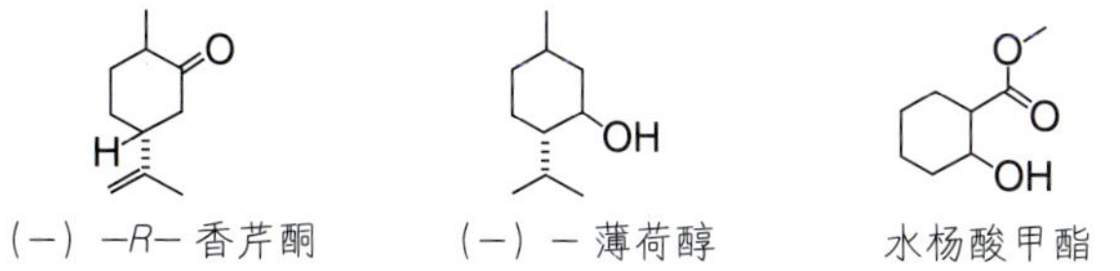

图7.30 薄荷味的气体分子。这些分子的分子结构不同，但它们有相似的气味，闻它们时会在梨状皮层的后侧产生相似的激活模式。

Based on Howard, J. D., Plailly, J., Grueschow, M., et al. *Nature Neuroscience*, 2009, 12, 932-938.

尽管我们常常可以从混合的气味中识别单个成分，但有一些气味具有掩蔽其他气味的能力（除臭剂和空气清香剂行业的存在就依赖于这个事实）。不同文化中的厨师很早就知道，只要食物的味道不是太强、不是令人讨厌、也不是变质食品的腐臭味，它都可以被茴香香料和丁香香料掩盖。Takahashi、Nagayama和Mori（2004）绘制了嗅球中对不好嗅质（烷基胺和脂肪醛）和茴香、丁香气味做出响应的区域。他们发现，香料气味的出现会抑制对不好的嗅质的反应，表明掩蔽是发生在嗅球中的。由此可推测，对香料气味反应的小球会抑制对腐臭气味反应的小球。

小 结

嗅觉

嗅觉感受器由位于嗅上皮的双极神经元构成，嗅上皮沿着鼻腔顶部排列，位于额叶下面的骨头上。嗅觉感受细胞向黏膜表面发送划分纤毛的程序。这些纤毛的膜内含有受体，这些受体能探测溶解在空气中并经过鼻腔的芳香分子。嗅觉受体的轴突穿过筛状板里的小孔进入嗅球，在嗅球处它们在小球内与僧帽细胞的树突建立突触连接。这些神经元发送轴突经过嗅束进入脑，主要到达杏仁核、梨状皮层和内嗅皮层。海马、下丘脑和眶额皮层也会间接地接收嗅觉信息。

芳香分子通过与一种新发现的受体分子家族相互作用产生膜电位，人类有399种嗅觉受体分子。每一个小球只接收来自一种类型的嗅觉受体的信息，“嗅觉拓扑”编码一直保存在嗅皮层中，这意味着识别不同的气味的任务是一个空间识别任务；脑通过嗅觉皮层内产生的激活模式来辨识别气味。嗅球根据嗅质分子的结构来编码信息，梨状皮层的后侧从前侧接收信息后，根据感知到的嗅质的类型——例如，薄荷味、木头味和柑橘味——来编码信息。

思考题

正如我在前面的部分中提到的，气味有一种唤起记忆的奇特能力，这个现象在《追忆似水年华》一书中曾被生动地描述过。你曾经有没有遇到过一种气味，觉得它有些熟悉，但又不能准确地说出这是为什么？你能想到对这种现象的解释吗？这种现象有没有可能与在我们在进化的早期阶段的嗅觉的发展有关？

本章结语 | 自然止痛

脑中含有神经回路，通过这些神经回路，某些类型的刺激主要通过释放内源性阿片类物质而产生止痛作用。这个系统执行的是什么功能呢？大多数研究者认为，在疼痛不可避免并且疼痛刺激的伤害性作用不如行为目标重要的情况下，这个系统可以防止疼痛干扰行为。例如：在交配季节，雄性为靠近雌性而战，如果疼痛引起退缩反应而导致妨碍战斗，那么它们就不能延续它们的基因。的确，在这些情况（争斗和交配）中，疼痛感确实会减轻。

Komisaruk 和 Larsson （1971）发现刺激生殖器会产生止痛作用。他们用玻璃棒轻轻地刺探雌性大鼠的子宫颈，发现这种操作会降低动物对疼痛的敏感性。同时，它也会增加导水管周围灰质神经元的活动以及降低丘脑处的疼痛反应（Komisaruk and Steinman, 1987）。这个现象同样也发生在人类身上。Whipple 和 Komisaruk（1988）发现，女性自我刺激阴道会降低对疼痛刺激的敏感性，但对中性触觉刺激没有影响。交配很可能也会触发镇痛机制。这个现象的适应性意义是很清楚的：交配过程中遇到的疼痛刺激不大可能会干扰性交行为；因而增加了怀孕的可能性。（你会记起，一个特质的适应性意义的最终标准就是传递一个物种的基因。）

至少对一部分人来说，给予一个药理学上的惰性安慰剂也是可以减少疼痛的。当一些人服用他们相信能减少疼痛的药物时，似乎引起了内源性阿片类物质的释放，并且确实在实际上减少了疼痛感。如果人们被注射了可以阻断阿片受体的纳洛酮，那么这种效应会被消除（Benedetti, Arduino, and Amanzio, 1999）。因此，对一些人来说，安慰剂不是药理学上的惰性——它是一种生理效应。本章引子中的实验者，当他阻断梅丽莎自身的内源性阿片类物质的镇痛效应时，使用了这个药物。额叶皮层和中脑导水管周围灰质（中脑中调节疼痛信息在脑中传递的区域）的连接可能会调节安慰剂效应。

Zubieta 等人（2005）的功能成像研究发现，安慰剂诱导的镇痛作用的确会造成内源性阿片类物质的释放。他们使用PET扫描对安慰剂效应有反应的人的脑，以识别阿片 μ 受体的神经传递的存在。正如图7.31所示，包括前扣带皮层和岛叶皮层，脑的许多区域都出现了内源性阿片类物质的增加。【见图7.31】

内源性阿片类物质最早是由研究疼痛感知的科学家们发现的。因此，许多研究使用这些多肽检测了它们在止痛机制中的作用。然而，它们在其他功能中的作用可能更为重要。你们将在随后的章节中看到，内源性阿片类物质甚至可能参与学习过程，尤其是学习的巩固机制。这种联系并不应该令人意外；如你所知，很多人发现注射如吗啡或海洛因的阿片类物质会感到非常愉快。

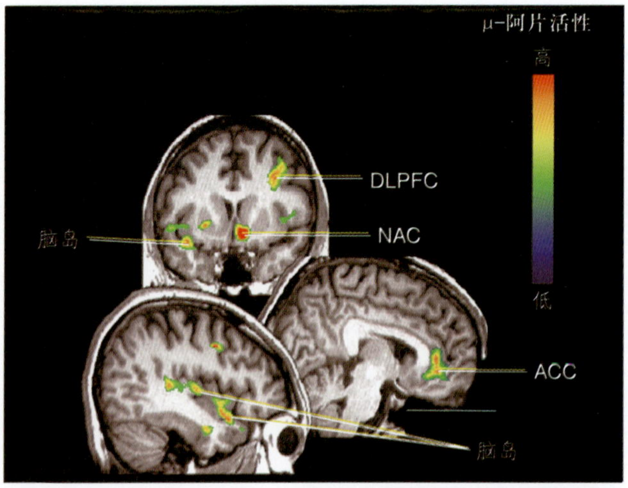

图 7.31 安慰剂对 μ-阿片神经传递的作用。对服用了安慰剂的个体所释放的内源性阿片和镇痛物质的扫描图示。ACC=前扣带皮层，DLPFC=背外侧前额皮层，NAC=伏隔核。

From Zubieta, J. K., Bueller, J. A., Jackson, L. R., Scott, D. J., et al. *Journal of Neuroscience*, 2005, 25, 7754-7762. Reprinted with permission.

关键概念

听觉

1. 中耳骨将声音振动从鼓膜传递到耳蜗，耳蜗中的毛细胞有听觉感受器。
2. 毛细胞将听觉信息从第八对脑神经传递到脑干中的核团，然后经过内侧膝状体，最后到达初级听觉皮层。
3. 耳是具有分析性的；它可以通过位置编码和频率编码来探测单个频率。左右定位也可以通过两种方式来实现，分别为双耳时间差（相位差）和双耳强度差。

前庭系统

4. 前庭系统帮助我们维持身体平衡，并且在头部运动时通过眼部运动的补偿使得我们保持固定。半规管可以探测头部的转动，前庭囊可以探测头部倾斜度的改变。

躯体感觉

5. 皮肤上的皮肤感受器提供有关触觉、压力、振动、温度的变化以及能引起组织损伤的刺激的信息。
6. 痛觉感知可以保护我们免受伤害性刺激。痛觉的感觉成分牵涉丘脑和躯体感觉皮层，痛觉的即时情绪成分涉及前扣带皮层和岛叶皮层，长期情绪成分涉及前额叶皮层。

味觉

7. 舌头上的味觉感受器对苦味、酸味、甜味、咸味和鲜味（谷氨酸盐的味道，用来识别蛋白质）有反应。味觉与嗅觉信息一起给我们提供了关于复杂口味的信息。

嗅觉

8. 嗅觉系统可以探测芳香分子的存在。上千种不同的受体家族参与嗅觉的识别。偶联于一种特殊G蛋白的受体家族的发现表明了几百种不同的受体可能参与了嗅觉辨别。这些受体的激活模式导致对不同嗅质分子的感知。

第 8 章

睡眠与生理节律

Dmitriy Shironosov/Shutterstock.com

本章要点

学习目标

1. 描述夜间睡眠过程：各个阶段及其特性。
2. 讨论失眠症、睡眠药物治疗和睡眠窒息。
3. 讨论嗜睡症以及快速眼动睡眠和慢波睡眠的相关障碍。
4. 通过论述睡眠剥夺、运动和心理活动对睡眠的影响，来回顾睡眠是一个恢复期的假说。
5. 讨论关于快速眼动睡眠和慢波睡眠对学习影响的研究。
6. 评价睡眠的发生和睡眠量受化学控制的证据，并描述觉醒的神经控制。
7. 讨论慢波睡眠的神经控制，包括睡眠或觉醒触发器和食欲素能神经元的作用。
8. 讨论快速眼动睡眠的神经控制，包括快速眼动睡眠触发器。
9. 描述生理节律，讨论关于这些节律的神经基础和生理基础的研究。

引子 | 醒着的噩梦

因为最近的不愉快经历，迈克几乎不敢上床睡觉。他的睡梦似乎以非常恼人的方式变得更强烈了，在过去的几个月里，他无数次地感觉到自己如同瘫痪了一样地躺在床上，等待着入睡。这是一种奇怪的感觉。是真的瘫痪了，还是他没有尽全力移动？他总是能在决定入睡之前就睡着。有几次，他在闹钟响之前醒了却无力动弹，之后闹钟响了，他就迅速关掉了它。这也就是说，他并没有真正瘫痪，难道是精神错乱了吗？

昨晚，迈克过得糟糕极了。入睡时，他再次感觉到自己好像瘫痪了，之后看见室友进了卧室。但这是不可能的！自从大学毕业后他就独自居住，并且一直锁着门。他想说话但说不出来，室友正拿着锤子，走向他的床铺，站在他面前。突然，室友举起锤子，仿佛要砸破他的前额……早上醒来后，一回想起昨晚的梦他就打颤。这一切太真实了！那肯定是个梦，但他不认为自己睡着了。躺在床上，一个人真的能在躺在床上却没有入睡的情况下做如此真实的梦吗？

那天在办公室，迈克不能集中精力工作。他强迫自己检查备忘录，因为稍后必须向董事会的董事们汇报新方案的细节。这是个好机会，如果这个方案被采纳，他将理所当然地负责这个方案，而这意味着职位的晋升和福利的增长。有着如此重大的利害关系，他走进董事室时自然感到了紧张。老板向董事们介绍了他并示意他开始。他扫了一眼备忘录并准备开始汇报。突然，他感到双膝一弯，倒在了地上，似乎所有的力量都瞬间消失了。他能听见人们在跑动着询问发生了什么事情，但除了眼睛外，他几乎不能动弹。老板蹲下来，看了看他的脸问"迈克，你还好吗？"迈克看着老板想做出回答，但什么也说不出来。片刻之后，他感到力量又回来了，于是说"我没事"，并挣扎着爬起来坐在椅子上，他感到虚弱和惊恐。

"毫无疑问你患有嗜睡症。"迈克的医生说，"这是脑控制睡眠方式的问题，我将让你在诊所留宿并记录你的睡眠以证实诊断，但我肯定这个诊断是正确的。告诉我，最近你在日间打盹的时候情况如何？会被强刺激惊醒吗？"迈克点头。"虽然怕被老板看见，但我实在困了，不过打盹不会超过5分钟。""醒后仍会感到困倦吗？""不，感觉良好。"他回答说。医生点头："你说的所有症状，包括睡眠发作、睡前和睡后的瘫痪和今天所'中的邪'——这一切都与嗜睡症非常吻合。幸运的是，嗜睡症通常能用药物控制。事实上，有一种疗效显著的新药能使你恢复正常。如果你愿意，我将向你的老板担保你能继续工作。"

人为什么需要睡眠？我们为什么要用人生中至少1/3的时间去做只能为大多数人提供一些短暂记忆的事情？我们将从几个方面来回答这个问题。本章的前两节将描述睡眠现象和睡眠障碍，包括失眠症、嗜睡症、梦游症和其他睡眠障碍。第三节将论述有关睡眠功能的研究。第四节将介绍对控制睡眠和觉醒的化学药物和神经回路的探究。本章最后一节将讨论脑的生物钟——控制睡眠和觉醒的昼夜节律的机制。

睡眠的生理和行为描述

睡眠是一种行为。这种说法可能罕见，因为我们通常把行为看作包括运动的一类活动，如走路或谈话。除了在特殊阶段有快速眼动外，睡眠不能归为运动。典型的睡眠就是一种强烈的睡觉欲望，这种欲望促使我们寻找一个安静、舒适的地方躺下并维持数小时。因为人们几乎不能记起睡觉过程中发生的事情，所以倾向于把睡眠理解为一种意识状态，而不是一种行为。意识的改变不可否认，但这不应该妨碍我们注意到行为的改变。

最好的人类睡眠研究是在睡眠实验室中进行的。睡眠实验室通常设立在大学或医学中心，由一间或几间小卧室以及与之相邻的观察室组成，实验者在观察室度过夜晚并试图保持清醒。实验者为被试准备电生理学设备，通过将电极安置于睡眠者的头皮上以监测其脑电图（EEG），将电极安置于睡眠者的下腭以监测其肌肉活动，用**肌电图（EMG）**做记录。将电极安置于睡眠者的眼睛周围以监测其眼动，用**眼电图（EOG）**做记录。此外，其他的电极和传感装置用以监测自主性指标，如心率、呼吸和皮肤电。【见图8.1】

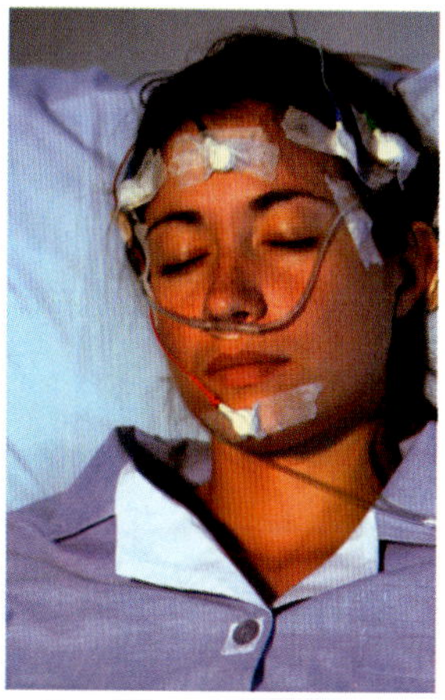

图 8.1　在实验室准备入睡的被试。

正常人觉醒状态时的脑电图呈现两种基本的活动模式：α 波和 β 波。**α 波**由规则的8 ~ 12赫兹的中频波组成。人安静地休息着，不是处于唤醒（或兴奋）状态或参与强烈的心理活动（如问题解决）时，脑就会产生这种波。虽然 α 波有时会在睁眼时出现，但它通常出现在闭眼时。另一种觉醒状态的脑电图模式——**β 波**——由不规则的多半为13 ~ 30赫兹的低振幅波组成。β 波呈现出不同步的特点；它反映出脑中许多神经回路都在积极地处理信息。这种不同步的波会在人们注意环境中的事件或积极思考时出现。【见图8.2】

让我们看一下一名女大学生在睡眠实验室典型的夜间睡眠。（当然，在男性身上也能得到相似的结果，有一个例外，我们将在后面提到。）实验者安置好电极，关掉灯，关好门。被试困了，不久便进入了第一阶段睡眠，以**θ 波**（3.5 ~ 7.5赫兹）的出现为标志，这个波标志着新皮层的神经元放电越来越同步。这个阶段实际上是从觉醒到睡眠的过渡。如果我们观察志愿者的眼睑，会发现他们的眼睑一次次缓慢地睁开和闭上，眼球也上下滚动。【见图8.2】大约10分钟后进入第二阶段睡眠。这个阶段的脑电图通常是无规律的，但是包括 θ 波、**睡眠纺锤波**和**K 复合波**。睡眠纺锤波是12 ~ 14赫兹的波的短脉冲，在睡眠的一至四阶段中每分钟发生2 ~ 5次。K 复合波似乎在巩固记忆中发挥作用，睡眠纺锤波数量的增加和智力测验得分的增加有关（Fogel and Smith，2011）。（睡眠在记忆中的作用稍后讨论。）K 复合波是突发性的尖波形，和纺锤波不同，通常只能在第二阶段睡眠中出现。它们以近每分钟一次的频率自动发生，但经常被噪声引发——尤其是意外的噪声。Cash 等人（2009）记录了人类睡眠期间大脑皮层单个神经元的活动，发现 K 复合波由分离的神经抑制周期组成。（记录来自那些被神经外科评估过的病人的脑。）K 复合波仿佛是 δ 波的先驱，它在睡眠的最深水平中出现（见图8.2）。

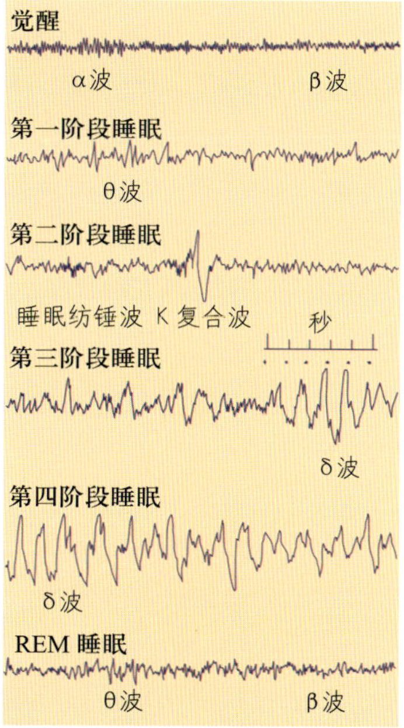

图 8.2　各睡眠阶段的脑电图活动记录。

Based on Horne, J. A. *Why We Sleep: The Functions of Sleep in Humans and Other Mammals*. Oxford University Press, 1988.

肌电图(electromyogram, EMG)：来自肌肉上的电极的电位记录。

眼电图（electro-oculogram，EOG）：来自眼部的电位，由安置于眼睛周围皮肤上的电极记录，用来检测眼动情况。

α 波（alpha activity）：8 ~ 12赫兹的平稳脑电波；一般和休息状态相联系。

β 波（beta activity）：13 ~ 30赫兹的不规则脑电波；一般与觉醒阶段相关。

θ 波（theta activity）：3.5 ~ 7.5赫兹的脑电波，是在慢波睡眠的早期阶段与快速眼动睡眠的早期阶段间歇产生的。

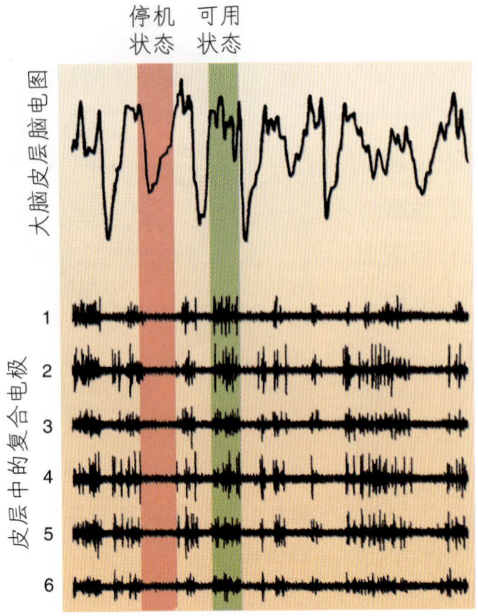

图 8.3 脑电图和单个细胞活动。记录的是大鼠在慢波睡眠期间大脑皮层的脑电图和复合细胞活动。图的最上面是几个慢波振荡。在慢波振荡的下降阶段中（停机状态，用红色长条阴影表示），神经元是超极化的且不放电。在上升阶段（可用状态，用绿色长条表示），神经元放电。

From Vyazovskiy, V. V., Olcese, U., Lazimu, Y. M., et al. *Neuron*, 2009, 63, 865-878. Reprinted with permission.

被试现在完全睡着了，但如果现在唤醒她，她可能会说还没睡着。护士小姐经常报告这种现象，她们在前半夜叫醒那些正在大声打鼾的病人（可能是为了给病人服用睡前药）时，病人坚持认为他们一直清醒地躺着。大约15分钟后病人进入第三阶段睡眠，以高振幅的**δ 波**（低于3.5赫兹）的出现为信号（见图8.2）。第三阶段睡眠和第四阶段睡眠的界定并不十分明确，第三阶段睡眠包含20% ~ 50%的 δ 波，第四阶段睡眠的 δ 波超过50%。因为慢波脑电图活动在第三阶段睡眠和第四阶段睡眠中占优势，它们统称为**慢波睡眠**（见图8.2）。

近年来，研究者已经开始研究慢波睡眠中脑电图活动的细节以及这个活动的脑机制（Steriade，2003，2006）。事实证明，睡眠中慢波活动最重要的特征是小于1赫兹的慢波振荡的出现。每个振荡包含单个略小于1赫兹的强振幅双相波（下降然后上升）。这个波的第一部分标志着**停机状态**——一个抑制时期，其间新皮层的神经元是完全静止的。据推测，在这个停机状态中，新皮层的神经元能够休息。第二部分标志着**可用状态**——一个兴奋时期，其间这些神经元以高速率短暂地放电。图8.3显示脑电图记录了睡着的大鼠大脑皮层中六个微电极的复合记录。几个慢波振荡显示在图形的上方。每个振荡包含一个抑制的超极化沉默阶段（停机状态），随后是一个兴奋的去极化阶段，其间神经元以高速率短暂地放电（可用状态）。【见图8.3】

睡眠开始大约90分钟后（第四阶段开始大约45分钟后），研究者注意到了被试生理测量记录的突变。脑电图突然变成了以去同步化波为主，并伴有少量 θ 波，和第一阶段睡眠所记录的脑电图非常相似（见图8.3）。研究者也注意到了她的眼睛在眼皮下飞快地来回转动。这种活动能在眼电图中观察到，由安置于她眼睛周围皮肤上的电极记录，或者能直接观察到眼动——闭着的眼皮下能看到角膜处突出部分的运动。还能观察到肌电图变得沉寂，即缺乏肌肉紧张。事实上，生理研究表明，除偶然的痉挛外，人在快速眼动睡眠阶段实际上处于瘫痪状态。睡眠的这个特殊阶段与此前观察到的安静睡眠有相当大的区别，通常称为**快速眼动睡眠（REM）**，以快速眼动为其特征。

按照通常的标准，第四阶段睡眠是睡眠最深的阶段，只有大的噪声才能惊醒睡眠者，此时被唤醒的睡眠者会感到头昏眼花。在快速眼动睡眠阶段，睡眠者可能不会受到噪声的影响，但很容易被有意义的刺激惊醒，如他的名字。另外，睡眠者在快速眼动睡眠阶段醒来时，会比较警觉，意识也比较清醒。

如果在快速眼动阶段唤醒志愿者，并询问她正在发生什么事情，她几乎能肯定地报告说正在做梦。快速眼动睡眠阶段的梦一般是叙事性的，梦中的事件像故事一样。另一方面，如果在慢波睡眠阶段唤醒睡眠者，并询问她："正在做梦吗？"她最可能说："没有。"但如果更仔细地询问，她可能会报告出现过一个念头、一个图像或者一些情绪。

δ 波（delta activity）：规则的、低于4赫兹的同步脑电波；在最深层的慢波睡眠阶段出现。

慢波睡眠（slow-wave sleep）：非快速眼动睡眠，以其更深层阶段的同步化脑电活动为特征。

停机状态（down state）：慢波睡眠中慢波振荡期间的抑制时期；新皮层上的神经元是静止的。

可用状态（up state）：慢波睡眠中慢波振荡期间的兴奋时期；新皮层上的神经元以高速率短暂地放电。

快速眼动睡眠（REM sleep）：睡眠中的去同步化脑电活动阶段，人在此阶段会做梦，出现眼球快速运动和肌肉瘫痪，也叫异相睡眠。

被试在这个夜晚睡觉时处于快速眼动睡眠和非快速眼动睡眠的交替中。每次循环接近90分钟，包括20 ~ 30分钟的快速眼动睡眠。因此，每天8小时的睡眠包括4 ~ 5个快速眼动睡眠阶段。图8.4呈现了一个典型的夜间睡眠曲线图，纵轴表示脑电活动。快速眼动睡眠和第一阶段睡眠在同一条线上，因为这两个阶段有着相似的脑电活动模式。大部分慢波睡眠（第三阶段和第四阶段）发生在前半夜。在随后一轮轮的非快速眼动睡眠中，第二阶段睡眠所占比例越来越大，而一轮轮的快速眼动睡眠（用水平条表示）持续时间越来越长。【见图8.4】

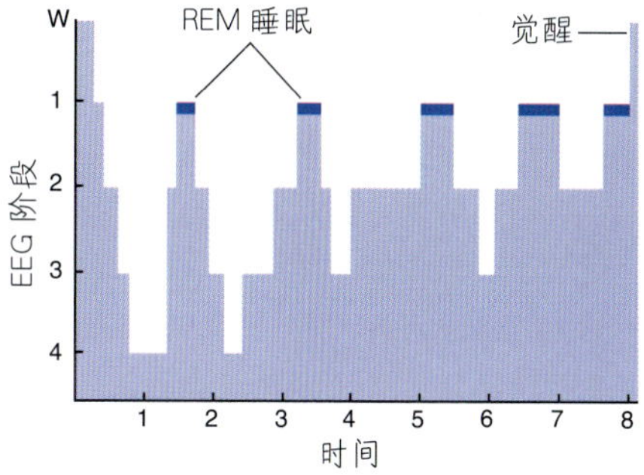

图8.4 整夜睡眠阶段示意图，深蓝色阴影部分表示快速眼动睡眠。

和观察到的一样，在快速眼动睡眠阶段，我们瘫痪了，大多数的脊髓和脑的运动神经元被强烈地抑制了（显然，控制呼吸和眼动的神经元没被抑制）。与此同时，脑非常活跃，脑的血液流动和氧气消耗速率增加。此外，在快速眼动睡眠的大部分时间里，男性的阴茎和女性的阴蒂至少会部分地勃起，女性的阴道分泌物会增多（Schmidt and Schmidt，2004）。然而，Fisher、Gross 和 Zuch（1965）发现，男性生殖器的变化并不意味着正在做性梦（当然，人们会做赤裸裸的性梦，男性会在一些梦中达到高潮并射精——所谓的“梦遗”或“湿梦”；女性也一样，有时会在睡眠中体验性高潮）。

快速眼动睡眠阶段的阴茎勃起不受性唤起支配，这一事实被临床上用来鉴别阳痿的真正原因（Karacan，Salis，and Williams，1978；Singer and Weiner，1996）。被试睡在实验室，将一项设备安置于他的阴茎上，用来测量他阴茎的周长。如果被试在快速眼动睡眠阶段阴茎勃起，那么说明他在试图性交时的不能勃起并不是由神经损伤或循环障碍之类的生理问题所导致的（一位神经病学家告诉我，一个获得相同数据的最经济的办法，即在病人睡前把一张邮票沾湿了贴在他的阴茎上，第二天再检查邮票是否被损）。

表8.1列出了快速眼动睡眠和慢波睡眠的主要区别。【见表8.1】

表8.1 快速眼动睡眠和慢波睡眠的主要特征

快速眼动睡眠	慢波睡眠
脑电活动去同步化（快速、不规则波）	脑电活动同步化（慢波）
肌肉紧张缺失	适度肌肉紧张
快速眼动	慢速眼动或没有眼动
阴茎勃起或阴道出现分泌物	无生殖器活动
做梦	

小 结

睡眠的生理和行为描述

人们普遍认为睡眠是一种状态，但它仍然是一种行为。非快速眼动睡眠阶段的一至四阶段由脑电活动界定。慢波睡眠（第三阶段和第四阶段）包括睡眠最深的两个阶段。处于警觉状态时，脑电波主要是去同步化 β 波（13 ~ 30赫兹），处于放松和困乏时主要是 α 波（8 ~ 12赫兹）；第一阶段睡眠由 α 波、不规则快波和 θ 波（3.5 ~ 7.5赫兹）交替组成；第二阶段睡眠的脑电图中没有 α 波，但包含睡眠纺锤波（12 ~ 14赫兹的短期波）和间或出现的K复合波；第三阶段睡眠由20% ~ 50%的 δ 波（低于3.5赫兹）组成；第四阶段睡眠由超过50%的 δ 波组成。睡眠开始后约90分钟进入快速眼动睡眠阶段，快速眼动睡眠和慢波睡眠的交替周期为90分钟。

快速眼动睡眠由快速眼动、去同步化脑电波、对外部刺激的敏感性、肌肉瘫痪、生殖器活动和做梦组成。慢波睡眠也可以伴随心理活动，但是大部分叙事性的梦发生在快速眼动睡眠阶段。

思考题

1. 你是否有过这样的经历，你只是在安静休息却突然听到有人说你好像睡着了，因为你正在打鼾？你相信他们吗？你确定你真的睡着了吗？你认为此时可能进入第一阶段睡眠了吗？
2. 梦能帮助我们做什么？一些研究者认为，梦中的客观内容并不重要，重要的是快速眼动睡眠本身，其他研究者则认为梦的客观内容也是快速眼动睡眠的一部分。一些研究者认为，如果人们记住了梦的内容，那么此梦将不能完成它的所有功能；其他人则认为，记住梦的内容是有用的，因为它能在某种程度上帮我们洞悉生活中存在的问题，你怎样看待这些争论？
3. 有人报告称能控制自己的梦，他们觉得在梦中似乎能决定下一步发生什么，而不是简单被动地掠过。你有过这样的经验吗？你曾经有过“清醒的梦”吗？在这样的梦里，你意识到自己正在做梦了吗？

睡眠障碍

人在一生中把大约1/3的时间花在睡眠上，所以睡眠障碍对生活质量有着重要的影响，也同样影响着人们在觉醒状态下的感觉方式。

失眠症

失眠症让大约25%的人偶尔受其影响、9%的人长期受其困扰（Ancoli-Isreal and Roth，1999）。失眠症具有上床后或夜间醒来后入睡困难的特点。识别失眠症的一个重要问题是自我报告的不可靠性。大多数病人都是根据他们对自己症状的描述得到安眠药处方的。也就是说，他们告诉医师说自己晚上睡得非常少，药物是根据这个证据开具的。极少数有病人在睡眠实验室接受过夜晚睡眠状况的观察；因此，失眠症是少数的缺少临床诊断依据的医疗问题之一。但对失眠人群的睡眠研究表明，他们大多低估了自己真正的睡眠时间。

多年来，安眠药的目的是帮助人们入睡。而药物公司对治疗睡眠的药物的评估也只关注它的这种属性。然而，如果思考睡眠药物的终极目的，那就是让患者第二天的精神和体力得到更好的恢复。如果一种药物能使人马上入睡，但第二天头昏眼花难以集中注意，那么吃了药入睡比不吃药更糟糕。事实上，很多传统上用来治疗失眠症的药物只有这种效果。目前，研究者承认，对一种睡眠药物的真实评估必须在日间觉醒状态下进行，这样才能最终研制出没有后遗症的药物（Hajak et al.，1995；Ramakrishnan and Scheid，2007）。

很多人在大部分时间都处于睡眠不足的状态，不是因为患有失眠症，而是因为日程安排的需要使他们要熬到很晚或起得很早（或两者都有），因此睡眠量少于最佳睡眠量。长期睡眠不足会导致严重的健康问题，包括患肥胖、糖尿病和心血管疾病的风险增加（Orzel-Gryglewska，2010）。

有一种特殊的失眠是由于睡眠和呼吸不能同时进行导致的。这种障碍叫作**睡眠窒息**，这种病人入睡后就会停止呼吸。几乎所有人，尤其是睡觉打鼾的人，都会偶尔出现睡眠窒息现象，但没有达到影响睡眠的程度。当睡眠窒息者血液中二氧化碳的水平足以兴奋感受器（检测某些化学物质存在的神经元）时，人就醒了，并呼吸空气；血液中的氧气含量又回到正常状态，然后再次入睡，整个循环又重新开始了。因为睡眠中断，有这种障碍的人在白天通常感到困倦和无力。幸运的是，很多由于呼吸道的阻塞而导致的睡眠窒息可以通过外科手术矫正，或在睡眠者的脸上安置一个提供空气增压的装置来保证呼吸道通畅，从而使情况得到缓解（Sher，1990；Piccirillo，Duntley，and Schotland，2000）。

嗜睡症

嗜睡症是一种神经障碍，以在不恰当的时间出现阵发性的不可抗拒的睡眠（或它的一些成分）为特性。可以根据我们所了解的睡眠现象来描述它的症状。嗜睡症的首要症状是**睡眠发作**。睡眠发作是一种不可抗拒的睡眠欲望，能在任何时候发生，但在单调乏味的情景下发生得最为频繁。睡眠（看上去完全正常）一般持续2~5分钟。嗜睡症病人醒后一般感觉精神振作。

嗜睡症的另一个症状，事实上也是最显著的一个症状就是**猝倒**。在猝倒发作时会有不同程度的肌无力。在一些情况下，人会变得完全瘫痪并瘫倒在地。躺在那里意识完全清醒，持续几秒钟到几分钟不等。显而易见的是，快速眼动睡眠的一个现象——肌肉瘫痪——在不适当的时间出现了。这种肌肉紧张的缺失是由脊髓中运动神经元的大规模抑制导致的。这种情况若发生在行走时，猝倒发作的受害者会对他（或她）的肌肉失去控制。就像在快速眼动睡眠中一样，人会继续呼吸且能控制眼动。（脑的异常是嗜睡症的原因，会在本章稍后讨论。）

猝倒与睡眠发作非常不同；猝倒通常由强烈的情绪或突然性体力活动触发，尤其是当病人没有意识到时容易被引发。大笑、愤怒或尝试抓住突然掷来的物体都会引发猝倒。事实上，Guilleminault、Wilson 和 Dement（1974）指出，即使是狂笑之后不会猝倒的人也会浑身无力（也许那就是为什么人们会说“笑得虚脱”）。引发猝倒经常发生在正试图惩罚孩子和做爱时（在多么尴尬的时刻瘫痪）。迈克，本章引子中提到的男士，第一次猝倒发作是在他向公司董事会的董事们做汇报时。Wise（2004）指出，嗜睡症病人经常试图避免那些易于引起强烈情绪的想法和情境，因为他们知道这些情绪有可能引发猝倒。

快速眼动睡眠瘫痪有时会闯入觉醒状态，但闯入时不会产生任何人身危

睡眠窒息（sleep apnea）：睡眠时呼吸中止。

嗜睡症（narcolepsy）：以不可抗拒的睡眠欲望、猝倒发作、睡眠瘫痪和睡眠幻觉为特征的睡眠障碍。

睡眠发作（sleep attack）：嗜睡症的症状之一，日间不可抗拒的睡眠欲望，睡眠发作后患者会感觉精神焕发。

猝倒（cataplexy）：嗜睡症的症状之一，觉醒期间发生的完全瘫痪。

害——刚好在正常睡眠之前或之后，即人们正躺着的时候。嗜睡症的这一症状叫作**睡眠瘫痪**，是在睡眠刚开始之前或早上刚醒时无力动弹。处于睡眠瘫痪中的人可以因被触摸或听见有人叫其名字而从睡眠瘫痪中突然惊醒。有时，快速眼动睡眠的心理成分闯入了睡眠瘫痪；也就是说，当人处于觉醒、躺着、瘫痪状态时正在做梦，这些现象叫作**睡前幻觉**，常令人担忧甚至感到恐惧。出现睡前幻觉的时候，迈克就认为从前的室友在试图用锤子攻击他。

好在人类嗜睡症相当罕见，发病率大约为1/2000。这个遗传障碍似乎与6号染色体上的一个基因有关，但是它强烈地受未知的环境因素的影响（Mignot，1998；Mahowald and Schenck，2005；Nishino，2007）。很多年前，研究者们开展了一个项目，选育患嗜睡症的狗，希望犬类嗜睡症成因的发现将促进我们对人类嗜睡症成因的理解。【见图8.5】最后，这个研究获得了回报。Lin等人（1999）发现特定基因的突变是犬类嗜睡症的原因。这个基因的产物是一个缩氨酸神经递质的感受器，一些研究者称这种神经递质为下丘脑泌素，另一些人称之为**食欲素**。称之为下丘脑泌素是因为外侧下丘脑包含所有分泌这种缩氨酸的神经元的细胞体。食欲素的名字来源于这种缩氨酸在控制进食和新陈代谢中的作用，进食和新陈代谢将在第11章详细讨论。因为有两个实验室各自独立发现了这种缩氨酸；因此它有两个名字。大多数研究人员似乎对食欲素更感兴趣，所以我们也将使用这个术语。人们发现有两种食欲素受体。Lin和他的同事发现导致犬类嗜睡症的突变涉及食欲素B受体。

Chemelli等人（1999）对老鼠的食欲素基因准备了一个定向的突变，发现动物们表现出嗜睡症的症状。像患有嗜睡症的病人一样，它们直接从觉醒状态进入快速眼动睡眠，它们觉醒时也会出现猝倒现象。Gerashchenko等人（2001，2003）制备了一种只攻击食欲素能神经元的毒素，然后将该毒素注入老鼠体内。食欲素能系统遭破坏会导致嗜睡症的症状。

人类嗜睡症似乎是由遗传的自身免疫性疾病引起的。大多数嗜睡症患者生来具有食欲素能神经元，但是在青春期，免疫系统侵袭了这些神经元，嗜睡症的症状开始出现（Fontana et al.，2010）。

嗜睡症的症状能用药物有效治疗，睡眠发作可以用哌甲酯类利他林和儿茶酚胺激动剂类（Vgontzas & Kales，1999）兴奋剂控制。快速眼动睡眠现象

睡眠瘫痪（sleep paralysis）：嗜睡症的症状之一，瘫痪发生在入睡之前。

睡前幻觉（hypnagogic hallucination）：嗜睡症的症状之一，是入睡前的美梦，伴随着睡眠瘫痪的发生。

食欲素（orexin）：缩氨酸，又名下丘脑泌素，由那些胞体位于下丘脑的神经元产生；它们的破坏引发嗜睡症。

(a) (b) (c)

图8.5 一条狗经历了一次猝倒发作。在地板上发现食物时的兴奋引发了狗的猝倒发作：(a) 嗅食物；(b) 肌肉开始松弛；(c) 狗暂时瘫痪，和快速眼动睡眠阶段的表现相同。

Based on the research from the Sleep Disorders Foundation, Stanford University.

（猝倒、睡眠瘫痪和睡前幻觉）一般能用抗抑郁药物减轻，这种药物能促进5-羟色胺的代谢和交感神经的活动（Mitler，1994；Hublin，1996）。目前，莫达非尼（modafinil，一种确切的作用部位还不明确的兴奋剂）被广泛用于治疗嗜睡症（Fry，1998；Nishino，2007）。（本章引子里提到的迈克正在使用此药。）

食欲素能神经元与涉及睡眠和觉醒的其他脑区之间的联系将在本章的后面讨论。

快速眼动睡眠行为障碍

如我们现在所知，快速眼动睡眠伴随着身体瘫痪。尽管在快速眼动睡眠期间运动皮层和皮层下的运动系统极其活跃（McCarley and Hobson，1979），但人们在这时不能动弹（快速眼动睡眠期间看到的偶尔抽搐是没有完全受到压抑的运动神经元激烈活动的明显标志）。人们做梦时处于瘫痪状态的事实表明，如果不是因为瘫痪状态，人可能会把梦的内容付诸行动。事实上，人们确实会那样做。Schenck 等人（1986）报道了一个有趣的障碍的存在：**快速眼动睡眠行为障碍**。快速眼动睡眠行为障碍病人的行为和他们的梦境内容一致。请看下面的案例：

> 我是橄榄球场上的中卫，四分卫接到中场的传球后，从侧部传给我。我假装走来走去，突然返回擒抱对方队员——这一切非常逼真——突然返回擒抱的对方队员足有130公斤。根据橄榄球比赛规则，我打算用肩膀去撞击对方，从而绕开他……当我醒来时正站在碗柜前，已经下床、奔跑并且打碎了柜橱上的灯管、镜子等所有东西，并用头去撞墙，用膝盖顶柜橱。（Schenck et al.，1986）

像嗜睡症一样，快速眼动睡眠行为障碍是一种至少存在某些遗传成分的神经退行性障碍（Schenck et al.，1993）。它经常和一些常见的神经退行性障碍相联系，如帕金森病（Boeve et al.，2007）。快速眼动睡眠行为障碍的症状和猝倒相反；也就是说，快速眼动睡眠行为障碍病人不是在快速眼动睡眠之外表现为瘫痪，而是在快速眼动睡眠期间不能处于瘫痪状态。你也许想到了，用来治疗猝倒症状的药物将加剧快速眼动睡眠行为障碍的症状（Schenck and Mahowald，1992）。快速眼动睡眠行为障碍通常用氯硝西泮（clonazepam），一种苯二氮䓬类镇静剂治疗（Aurora et al.，2010；Frenette，2010）。

与慢波睡眠相关的问题

一些适应不良行为发生在慢波睡眠期间，尤其是慢波睡眠的最深阶段——第四阶段。这些行为包括遗尿（*夜尿症*）、梦游（*梦游症*）和夜晚惊恐（*夜惊*）。这三种情况在儿童中最为常见。遗尿通常可以用训练方法来治愈，如设置一个特殊的电路，当床单上刚检测到几滴尿液时就敲电铃（几滴通常是泛滥之前的征兆）。夜惊包括痛苦的尖叫、颤抖、心率加快，而且通常不能记住是什么导致的恐怖。夜惊和梦游症通常在儿童长大后就痊愈了。这两种现象

快速眼动睡眠行为障碍（REM sleep behavior disorder）：一种神经障碍，睡眠者在快速眼动睡眠阶段不能处于瘫痪状态，因此将梦境付诸行动。

均和快速眼动睡眠无关，梦游者不会将梦境付诸行动。特别是当梦游症发生在成年期时，它似乎有遗传成分（Hublin et al.，1997）。

有时，人们在梦游时可以从事复杂的行为。请看下面的案例：

> 一天晚上，艾德·韦伯在沙发上从小睡中起来，吃掉2升巧克力冰激凌，然后继续睡觉。1小时后，他醒来去找冰淇淋，并唤来妻子到厨房，令她吃惊的是，韦伯坚称是别人吃掉了它。
>
> 电视谈话节目主持人蒙太尔·威廉姆斯……告诉观众他已经把生食从冰箱中撤掉了，因为"我早上起床，发现有一包鸡肉少了一口……我可以吃掉半公斤的火腿或者腊肠……然而早上醒来后并没有意识到是我吃了它，还会问'谁吃了我的午餐？'"（Boodman，2004，p.HE01）

Schenck 等人（1991）报告了19个案例，均有过在晚上睡觉时吃东西的记录，他们称之为**睡眠相关性进食障碍**。差不多一半的病人由于夜晚进食变得超重。一旦病人意识到他们在睡眠中吃东西，通常会采取一些策略，比如说把食物锁起来或者安装警报，当他们试图打开冰箱时会被警报唤醒。

睡眠相关性进食障碍通常对多巴胺能激动剂或托吡酯（topiramate，一种抗癫痫药物）反应灵敏，且可能由唑吡坦（zolpidem，一种已经被用于治疗失眠症的苯二氮䓬类激动剂）引发（Howell and Schenck，2009）。有这种障碍的人的家庭成员在夜间进食的发病率增加，表明遗传可能起作用（De Ocampo et al.，2002）。

睡眠相关性进食障碍（sleep-related eating disorder）：人们在梦游时离开床，找出并吃掉食物的一种障碍，通常在第二天对这个片段没有记忆。

小 结

睡眠障碍

尽管很多人认为自己失眠（没有获得想要的睡眠量），但失眠症并不是一种疾病。抑郁、躁狂、疼痛、疾病，甚至对一件愉快事情的兴奋预期，都可能引起失眠。有时，失眠是由睡眠窒息导致的，睡眠窒息经常可通过外科手术矫正，或通过戴一个提供压缩空气的面罩来治疗。

嗜睡症以四个症状为其典型特征：睡眠发作包括几分钟的不可抗拒的睡觉欲望；猝倒是人在意识清醒期间的突然瘫痪；睡眠瘫痪和猝倒相似，但它发生在刚开始睡觉之前或临醒时；睡前幻觉是发生在睡眠瘫痪期间的梦，刚好在夜间睡眠之前。睡眠发作可用兴奋剂治疗，如苯丙胺，其他症状用5-羟色胺激动剂治疗，或者更常见的用莫达非尼。对患有嗜睡症的人和狗的研究表明，这种障碍是由神经元系统病变引起的，这些神经元分泌一种叫作食欲素（也叫下丘脑泌素）的神经肽。快速眼动睡眠行为障碍是一种神经退行性障碍，是脑损伤导致快速眼动睡眠期间的瘫痪机制失效的障碍。结果，病人会把他（或她）的梦付诸行动。

在慢波睡眠期间，尤其是在第四阶段，一些人受到遗尿（夜尿症）、梦游（梦游症）或夜间惊恐（夜惊）的折磨。这些问题在儿童中较为普遍，但通常会随着成长而消失。患有睡眠相关性进食障碍的人在梦游时会寻找并吃掉食物。

思考题

假设你在朋友家里留宿，晚上听到奇怪的噪声，然后下床后发现你的朋友正在四处走动，但他仍处于睡眠状态。你该怎样辨别他到底是梦游还是快速眼动睡眠行为障碍？

我们为什么需要睡眠

我们都知道想睡觉是多么强烈的欲望，当不得不强打精神保持清醒时又是多么的难受。除了剧痛和呼吸需要的影响外，睡眠可能是人们可以体验的最强烈的内驱力。人们能通过绝食来自杀，但是最坚韧的人也不能无限期地抗拒睡眠的诱惑。无论人们多么努力地保持清醒，睡眠迟早会降临。尽管这一问题还没有定论，但大多数研究者相信，慢波睡眠的首要功能是让脑休息。此外，慢波睡眠和快速眼动睡眠促进了不同类型的学习；快速眼动睡眠似乎也促进了脑的发展和学习。

海豚的两个大脑半球轮流睡觉，但可能不是在如图所示的活跃状态下。

Francois gohier/ Photo Researchers, Inc.

慢波睡眠的功能

睡眠是脊椎动物的共有现象。据了解，所有的哺乳动物和鸟类都需要睡眠（Durie，1981）。爬行动物也需要睡眠，鱼类和两栖类动物进入静止状态时也应该被称作睡眠。然而，只有温血脊椎动物（哺乳动物和鸟类）存在明确的快速眼动睡眠，伴随着肌肉瘫痪、去同步化脑电波和快速眼动。

睡眠是生存的根本。这种主张的证据来源于如下事实：对某些哺乳动物来说，睡觉会带来一些危险，但在这些物种中仍然发现了睡眠现象。例如，一些海洋哺乳动物发展出了一种特别的睡眠模式：大脑半球轮流睡觉，大概是因为这样的策略允许至少一个半球警觉且避免下沉和溺水。此外，活跃的大脑半球对侧的眼睛依然睁着。某些鸟类（例如，野鸭）也可以只有一个半球休息，保持相反位置的眼睛睁开来留意捕食者（Rattenborg，Lima，and Amlaner，1999）。宽吻海豚和鼠海豚的大脑半球都能轮流睡眠（Mukhametov，1984）。图8.6呈现了两半球的脑电活动记录，注意慢波睡眠是在左右半球独立发生的。【见图8.6】

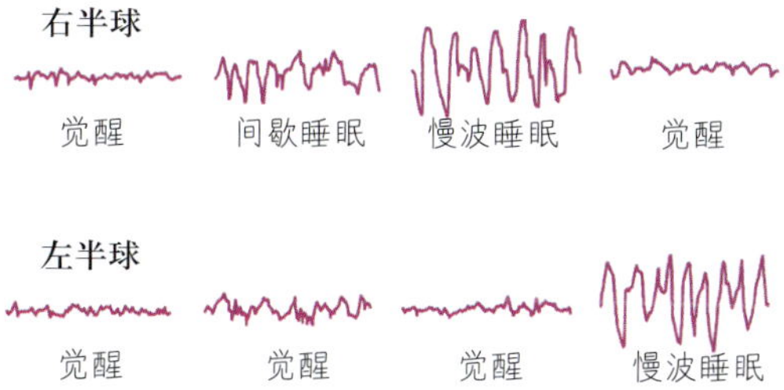

图 8.6　海豚的睡眠。两半球独立睡眠，大概是因为动物要保持行为上的警觉。

Based on Mukhametov, L. M., in *Sleep Mechanisms*, edited by A. A. Borbély and J. L. Valatx. Munich: Springer-Verlag, 1984.

睡眠剥夺的影响

当人们无奈地错过一夜睡眠时，会非常困倦。睡眠有如此强烈的动力，表明睡眠是生活中所不可缺少的。如果是这样，那么剥夺人的睡眠就可能观察到什么功能被破坏了，进而可以推断睡眠所起的作用。睡眠剥夺的研究结果表明，睡眠对脑的恢复效应比对身体的恢复效应更重要。

从人类被试的睡眠剥夺研究中没有获得睡眠是保持身体正常功能的一种需要的证据。Horne（1978）回顾了50个睡眠剥夺实验，他报告说，大多数睡眠被剥夺者所经受的睡眠剥夺没有影响其身体运动能力。此外，也没有发现睡眠剥夺能产生生理压力。因此，睡眠的首要作用似乎不是身体的休息和恢复。然而人们的认知能力受到了影响，一些被试报告出现知觉扭曲甚至幻觉，而且难以集中注意在心智任务上。也许睡眠为脑的休息提供了机会。

在慢波睡眠期间，脑的新陈代谢速率和血液流动速度减缓，在睡眠的第四阶段减至觉醒水平的75%（Sakai et al.，1979；Buchsbaum et al.，1989；Maquet，1995）。特别是觉醒期间活动水平最高的区域在慢波睡眠期间的新陈代谢活动水平最低（表现出最高水平的 δ 波）。因此，在脑的某一特殊区域出现慢波似乎表明这个区域正在休息。正如我们在行为观察中所了解的，在慢波睡眠期间，除了强刺激外，睡眠者几乎对所有刺激都没有反应，即使在此期间醒了，也表现为昏昏沉沉的混乱状态，仿佛大脑皮层已经关闭并且尚未恢复其功能。此外，一些研究表明，一晚上不睡觉会破坏人的认知能力；据推测，脑需要休息才能达到最高运转效率（Harrison and Horne，1998，1999）。这些观察结果表明，在慢波睡眠期间，脑的确是休眠的。

有一种遗传的神经疾病叫作**致命性家族性失眠症**。这种疾病导致丘脑的部分损伤（Sforza et al.，1995；Gallassi et al.，1996；Montagna et al.，2003）。这种疾病的症状和克雅氏病（又称皮层－纹状体－脊髓变性）以及牛海绵状脑病（“疯牛病”）有关，包括注意和记忆的缺陷，伴随着梦一般的迷惑状态、自主神经系统和内分泌系统失控以及失眠。睡眠障碍的首发信号是睡眠纺锤波和 K 复合波的减少。随着此病的加重，慢波睡眠完全消失，只有简短的快速眼动睡眠（没有伴随的瘫痪）片段得以保留。正如这种障碍的名字，此疾病是命中注定的。这种失眠症是否由脑损伤引起，是否会引发其他症状从而加速病人的死亡，目前还不清楚。

Schenkein 和 Montagna（2006a，2006b）描述了一个案例：一个男人被诊断为致命性家族性失眠症的一种形式，这种病通常会在12个月之内导致死亡。因为一些亲属死于这种障碍，这个男人知道结果，他得到了一些医生的帮助，接受了药物和临床治疗来帮助他睡觉。治疗在几个月里确实帮助了他的睡眠，这个男人比预期多活了一年。增加的存活时间是不是增加睡眠的直接结果还需要进一步研究来确定。但无论如何，他的生活质量在生病的大部分时间里都大大改善了。

运动对慢波睡眠的影响

人类的睡眠剥夺研究表明，脑需要通过慢波睡眠而从日间活动中恢复。判断睡眠对生理机能恢复是否必要的另一种方法是观察白天的活动对人们夜间睡眠的影响。如果睡眠可以恢复醒着时进行的体育活动对身体的影响，那么我们将预测，睡眠和运动相关。那就是说，剧烈运动一天后需要的睡眠要比在办公桌前安静地待一天后需要的睡眠多。

然而，睡眠和运动之间的相关并不显著。例如，Ryback 和 Lewis（1971）发现，健康的被试躺着休息6周后，他们的慢波睡眠和快速眼动睡眠没有改变。如果睡眠能修复损耗，我们预料这些人应该睡得很少。Adey、Bors 和 Porter（1968）研究四肢完全瘫痪和截肢患者的睡眠发现，他们的慢波睡眠只比正常人略少。因此，尽管睡眠能让身体得到休息，但其主要功能应该表现

致命性家族性失眠症（fatal familial insomnia）：一种遗传疾病，以失眠为其特征。

在其他方面。

快速眼动睡眠的功能

很显然，快速眼动睡眠期间有剧烈的生理活动：眼睛突然快速运动，心率突然加速和减速，呼吸变得不规则，脑变得更活跃。预测快速眼动睡眠的作用与慢波睡眠相同是不合理的。早期关于快速眼动睡眠剥夺影响的报告（Dement，1960）发现，随着剥夺的进行，被试不得不从快速眼动睡眠中更频繁地醒来；于是，进入快速眼动睡眠的“压力”逐渐形成。此外，快速眼动睡眠被剥夺几天后，当允许被试正常睡眠时，会表现出**反跳现象**；他们的夜间睡眠中快速眼动睡眠的比例比平常多得多。这种反跳现象表明，快速眼动睡眠需要保证一定的量，快速眼动睡眠由一个调节机制控制。如果选择性剥夺引起了快速眼动睡眠的缺乏，那么当允许连续睡眠时，这种缺乏会重新补足。

存在这样一个事实，即在脑发育最活跃的阶段，快速眼动睡眠的比例最高。或许，快速眼动睡眠在这个过程中起作用（Siegel，2005）。生来脑发育不成熟的某些物种的婴儿（如雪貂或人类）比那些生来脑发育良好的某些物种的婴儿（如天竺鼠或牛）的快速眼动睡眠时间多（Roffwarg，Muzio，and Dement，1966；Jouvet-Mounier，Astic，and Lacote，1970）。但是，如果快速眼动睡眠的功能是促进脑发育，成人为什么还需要快速眼动睡眠？一种可能就是快速眼动睡眠促进了脑发育过程中脑部的巨大变化，随后也会促进与学习有关的脑的适度改变。正如我们将在下面看到的，证据的确表明快速眼动睡眠会促进学习，当然慢波睡眠也能。

睡眠和学习

人类和实验室动物的研究都表明，睡眠不仅仅能让脑休息：它也有助于巩固长时记忆（Marshall and Born，2007）。事实上，慢波睡眠和快速眼动睡眠在记忆巩固中起着不同的作用。

正如本书将在第12章阐述的那样，长时记忆有两大类：**陈述性记忆**（也称为**外显记忆**）和**非陈述性记忆**（也称为**内隐记忆**）。陈述性记忆包括人们可以谈论的那些记忆，比如对生活中的过去经历的记忆；也包括对刺激和事件的关系的记忆，比如允许我们在周围环境中航行的地标之间的空间关系。非陈述性记忆包括那些通过经验和实践获得的信息，不一定涉及要“记住”的尝试，比如学习开汽车、投掷和接球，或者识别一个人的脸。研究发现，慢波睡眠和快速眼动睡眠在巩固陈述性记忆和非陈述性记忆中起着不同的作用。

在告诉你这个研究结果之前，我们先来回顾一下每个睡眠阶段的人的意识状态。在快速眼动睡眠期间，人们通常有一个高水平的意识。如果在快速眼动睡眠期间叫醒被试，他们将是警觉的、头脑清醒的，且通常可以报告正在做的梦中的细节。然而，如果在慢波睡眠期间叫醒被试，他们很可能是昏昏沉沉的，且几乎不能告诉我们正在发生什么。那么你觉得睡眠的哪些阶段有助于陈述性知识和非陈述性知识的巩固？

我们本来以为快速眼动睡眠和陈述性记忆有关，慢波睡眠和非陈述性记

反跳现象（rebound phenomenon）：事物受到短暂的抑制后，其发生的频率和强度增加的现象；例如，一段时间的快速眼动睡眠剥夺之后，会出现快速眼动睡眠的增加。

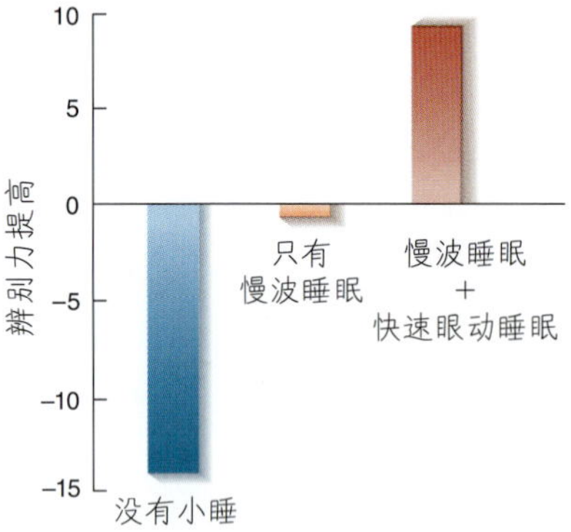

图 8.7 快速眼动睡眠和学习。图中显示，快速眼动睡眠在学习非陈述性视觉辨别任务中的作用。被试的表现只在既有慢波睡眠又有快速眼动睡眠的 90 分钟小睡之后得到了提高。

Based on data from Mednick, S., Nakayama, K., and Stickgold, R. *Nature Neuroscience*, 2003, 6, 697–698.

忆有关。然而，事实正好相反。让我们看一下来自两个检查小睡对记忆巩固的影响的研究证据。Mednick、Nakayama 和 Stickgold（2003）让被试在早上 9:00 学习一个非陈述性视觉辨别任务。10 小时后（下午 7:00）测试被试完成任务的能力。只有部分被试在训练和测试之间有 90 分钟的小睡。研究者记录了睡眠被试的脑电图来确定他们中哪一个有快速眼动睡眠，哪一个没有。（显然，他们全部都会有慢波睡眠，因为在健康被试身上，最先出现的总是这个睡眠阶段。）研究者发现，没有小睡的被试在下午 7:00 进行测试的时候比训练结束时的表现差。只有过慢波睡眠的被试在测试中的表现和训练结束时候的表现不相上下。然而，有过快速眼动睡眠的被试表现得明显更好。因此，快速眼动睡眠大大促进了非陈述性记忆的巩固。【见图 8.7】

在第二个研究中，Tucker 等人（2006）在两个任务中训练被试：一个陈述性记忆任务（学习一列成对词语）和一个非陈述性记忆任务（学习从镜子里看纸的追踪纸笔设计）。然后，一些被试被允许小睡大约 1 小时。记录他们的脑电图，在开始快速眼动睡眠之前叫醒他们。距最初训练 6 小时之后测试被试在两个任务上的表现。研究者发现，与一直没睡相比，只有慢波睡眠的小睡提升了被试在陈述性任务上的成绩，但对非陈述性任务的表现没有影响。【见图 8.8】因此这两个实验（还有许多我没有叙述的）表明，快速眼动睡眠促进非陈述性知识的巩固，慢波睡眠促进陈述性知识的巩固。

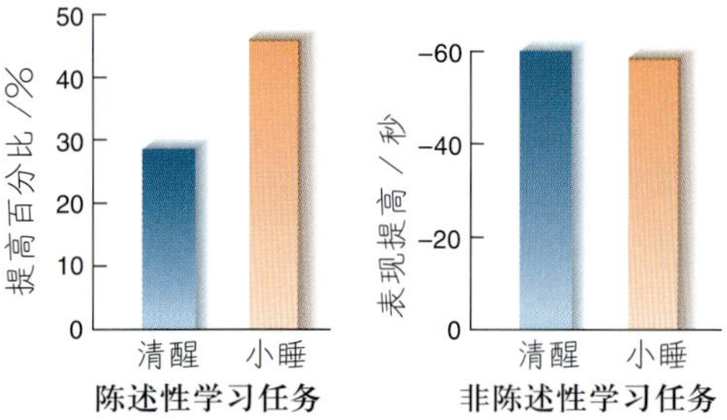

图 8.8 慢波睡眠和学习。被试学习一个陈述性学习任务（一列成对词语）和一个非陈述性学习任务（镜像追踪）。与保持清醒的被试相比，在一段只有慢波睡眠的小睡之后，只有学习陈述性学习任务的被试的表现提高了。

Based on data from Tucker, M. A., Hirota, Y., Wamsley, E. J., Lau, H., Chaklader, A., and Fishbein, W. *Neurobiology of Learning and Memory*, 2006, 86, 241–247.

Peigneux 等人（2004）让被试学习一个计算机模拟现实的小镇周围的路。这个任务和学习真实小镇周围的路非常相似。他们必须学习地标和连接地标的街道之间的相对位置，以便当实验者把他们“放在”不同起点时能找到特定的地点。正如我们将在第 12 章看到的，海马在这类学习中起着重要作用。Peigneux 和同事采用脑功能成像来测量局部脑活动，发现在路线学习期间和接下来这个夜晚的慢波睡眠期间海马的相同区域有激活。这些模式在快速眼动睡眠期间没有发现。

使用一个相似的虚拟现实导航任务，Wamsley 等人（2010）在训练后的午后小睡期间，从慢波睡眠中唤醒被试，让他们报告正在脑中出现的一切事情。结果发现，那些所想和任务有关的被试在随后的导航任务中表现得比那些没有报告这样想法的被试要好得多。因此，尽管从慢波睡眠中唤醒的被试很少报告叙事性的梦，但是睡着的脑会排演在先前觉醒阶段获得的信息。

许多使用实验室动物的研究直接记录了动物脑中单个神经元的活动。这些研究同样表明，脑在慢波睡眠期间似乎会排演新学习的信息。第 12 章会回顾这个证据并描述相关脑机制的研究。

小 结

我们为什么需要睡眠?

所有的脊椎动物，包括那些不睡觉会更安全的动物都需要睡眠。这一事实表明，睡眠执行了一些重要的功能。人类经过几天的睡眠剥夺会出现知觉扭曲、幻觉、对要求持续集中注意的任务执行困难。这些效应表明，睡眠剥夺损伤了脑功能。深度慢波睡眠似乎是最重要的阶段，其功能或许是使脑得以休息和恢复。致命性家族性失眠症是一种遗传疾病，会导致丘脑的退化、注意和记忆的缺陷、类梦状态、自主神经系统和内分泌系统的失控、失眠和死亡。

睡眠的主要功能不是恢复身体在日间的损耗。人们运动水平的改变不会显著改变在夜间所需要的睡眠量。相反，慢波睡眠的主要功能是减缓脑新陈代谢，使之得到休息。支持这一假说的相关研究表明，慢波睡眠的确减缓了脑的新陈代谢速率，心理活动的增加会导致慢波睡眠的增加。

与对慢波睡眠功能的了解相比，我们对快速眼动睡眠的功能了解得更少。快速眼动睡眠可能促进了脑的发育。快速眼动睡眠和慢波睡眠都可促进学习：快速眼动睡眠促进非陈述性学习，慢波睡眠促进陈述性学习。

思考题

这部分的证据表明，睡眠的主要功能是让脑获得休息。但睡眠还有其他功能吗？例如，睡眠能作为适应性反应，像为大脑提供休息机制一样让动物远离危害吗？睡眠研究者 William Dement 指出，肺的一个功能是交流。显然，肺的主要功能是吸入氧气排出二氧化碳，这个功能说明了呼吸系统的进化。但肺也能使声带震动并发音说话，所以它还起着交流的作用。肺的其他功能还有暖手（往手上哈气），借吹燃的木炭来点火或点蜡烛。用这样的观点，你能想出睡眠的其他功能吗？

睡眠与觉醒的生理机制

到目前为止，我们已经讨论了睡眠的性质、睡眠相关问题和睡眠的功能。接下来，我们将讨论负责睡眠行为和警觉觉醒状态的生理机制。

睡眠的化学控制

正如我们所知，睡眠是**可调节的**。也就是说，如果被剥夺慢波睡眠或快速眼动睡眠，机体就会补足至少一部分缺失的睡眠。另外，个体在日间打盹时的慢波睡眠量会使当晚的慢波睡眠量相应地减少（Karacn et al.，1970）。这些事实表明，某种生理机制监控着个体需要的睡眠量——换句话说，记录我们在觉醒期间的睡眠缺失。

最简单的解释是身体产生了一种促睡眠的物质，这种物质在觉醒期间积累，在睡眠期间遭到破坏。某人清醒的时间越长，他（或她）就需要更长的时间来使这种物质减活化。如果这种物质存在，它不会出现在体循环中。正如我们在前面看到的，一些动物的大脑两半球可以在不同的时间睡觉（Mukhametov，1984）。如果是血液中所携带的化学物质控制着睡眠，那么两半球应该同时休息。这说明如果是化学物质控制睡眠，那么这些化学物质应该产生于脑，并且在脑内发挥作用。Oleksenko 等人（1992）获得的证据表明，大脑的每个半球只对各自的睡眠负责。研究者仅剥夺了宽吻海豚一侧大脑半球的睡眠，当允许这个海豚正常睡眠时，研究者仅在被剥夺了睡眠的那个大脑半球中观察到了慢波睡眠反跳现象。

Benington、Kodali 和 Heller（1995）的研究表明，核苷神经调质——**腺苷**——

腺苷（adenosine）：当增加的神经活动需要分解储存在星形胶质细胞中的肝糖原时产生的化学物质；会在当晚睡眠期间增加 δ 波，使这个区域恢复消耗的能量。

在控制睡眠中起主要作用，随后的研究支持了这个说法。星形胶质细胞以糖原的形式保持少量营养物质的储存，不可溶的碳酸化合物被肝脏和肌肉储存。脑活动增加的时候，糖原被转化为供给神经元的养料；因此，延长觉醒导致脑内糖原水平的减少（Kong et al.，2002）。糖原水平的下降导致细胞外腺苷水平的增加，细胞外腺苷对神经活动有一个抑制作用。腺苷的积累起着促进睡眠的作用。在慢波睡眠阶段，脑中的神经元休息，星形胶质细胞重新开始糖原的积累（Basheer et al.，2004；Wigren et al.，2007）。如果觉醒延长，更多的腺苷积累，它可以抑制神经活动，且在睡眠剥夺期间产生看得见的认知效果和情绪效果。（正如第4章所讲，咖啡因会阻碍腺苷受体。我们在这里不必详述咖啡因对困倦的影响。）Halassa 等人（2009）在大鼠脑内进行定向突变，来阻碍星形胶质细胞释放腺苷。结果发现，这些动物比正常动物的慢波睡眠时间要短。

众所周知，人们在睡眠的需求方面存在不同。证据表明，遗传因素影响个人慢波睡眠的持续时间。Rétey 等人（2005）发现了影响因素之一，即编码一种酶（腺苷脱氨酶，它参与腺苷的分解）的基因的变异。研究者发现，这个基因是 G/A 等位基因（编码一种更慢地分解腺苷的酶）的人比是 G/G 等位基因的人的慢波睡眠大约多了30分钟。在慢波睡眠期间，有 G/A 等位基因的人的腺苷水平减少得更慢，结果这些人的慢波睡眠就延长了。

腺苷作为促睡眠因素的作用在本章后面有关睡眠的神经控制的部分会有更详细的讨论。

觉醒的神经控制

正如我们观察到的，睡眠不是一种不变的状态，它包括特性不同的几个阶段。觉醒也不是一种不变的状态，有时我们很警觉，有时却注意不到身边发生的事情。当然，困倦会影响觉醒状态；但如果努力保持清醒，这种努力会损害我们集中精力于其他事情的能力。日常观察表明，即使不困倦，警觉状态也是变化的。例如，当发现某件事情很有趣（或恐怖、令人惊讶）时，我们会觉得自己变得更加警觉，并且开始注意周围的环境。

神经回路至少分泌了5种神经递质——乙酰胆碱、去甲肾上腺素、5-羟色胺、组胺和食欲素——对动物的警觉状态和觉醒状态（一般称作唤醒）的某些方面起作用（Wada et al.，1991；McCormick，1992；Marrocco，Witte，and Davidson，1994；Hungs and Mignot，2001）。

乙酰胆碱

作用于唤醒（尤其是作用于大脑皮层的唤醒）的一种重要神经递质是乙酰胆碱。存在两组乙酰胆碱能神经元：一组位于脑桥背侧，一组位于基底前脑。当两组乙酰胆碱能神经元被刺激时，会产生皮层激活和皮层的去同步化（Jones，1990；Steriade，1996）。

研究人员早就知道，乙酰胆碱拮抗剂能降低代表皮层唤醒的脑电活动，而乙酰胆碱激动剂可增强代表皮层唤醒的脑电活动（Vanderwolf，1992）。Marrosu 等人（1995）用微透析探针来测量乙酰胆碱在海马和新皮层中的释放，这两个区域的活动与动物的警觉状态和行为唤醒密切相关。他们发现，这些区域的乙酰胆碱的水平在觉醒状态和快速眼动睡眠期间很高（在这两个周期中，脑电图表现出去同步激活），而在慢波睡眠期间很低。【见图8.9】另外，Rasmusson、Clow 和 Szerb（1994）发现，电刺激脑桥背侧区域能激活大脑皮层，并且能增加该区域的乙酰胆碱释放，增加了350%（通过微透析探针测量）。位于基底前脑的一组乙酰胆碱能神经元是这一效应通路必不可少的部分。如果通过局部麻醉和药物阻碍突触传递的方式使这些神经元失去作用，那么脑桥刺激的激活效应就会被抑制。相比之下，Cape 和 Jones（2000）发现，激活这些神经元的药物会导致觉醒。Lee 等人（2004）发现，基底前脑的大部分神经元在觉醒状态和快速眼动睡眠期间表现出了高放电率，在慢波睡眠期间表现出了低放电率。

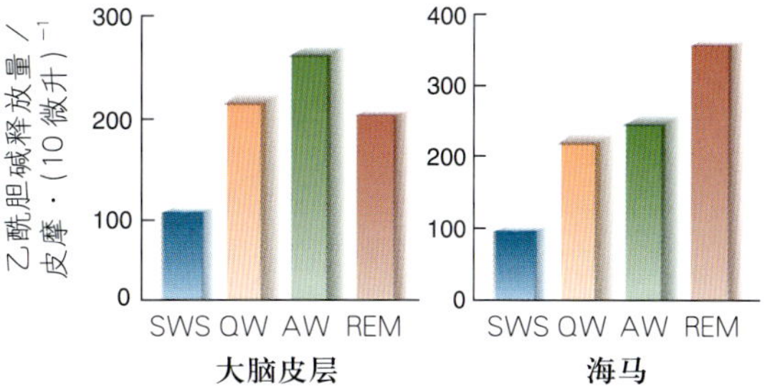

图8.9 乙酰胆碱的释放和睡眠—觉醒周期。以上两图显示，在睡眠—觉醒周期中，大脑皮层和海马中的乙酰胆碱释放量。SWS= 慢波睡眠，QW= 安静的觉醒，AW= 活跃的觉醒。

Based on data from Marrosu et al., 1995.

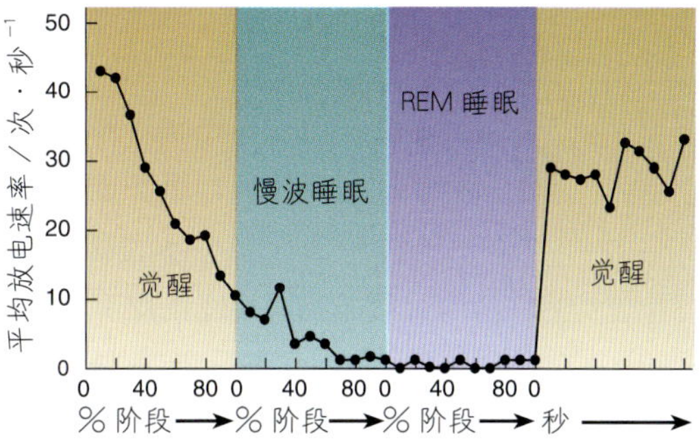

图8.10 去甲肾上腺素与睡眠—觉醒周期。在睡眠和觉醒的各个阶段中，自由活动的老鼠的蓝斑内去甲肾上腺素能神经元的活动。

Based on data from Aston-Jones, G., and Bloom, F. E. *The Journal of Neuroscience*, 1981, 1, 876–886. Copyright 1981, The Society for Neuroscience.

去甲肾上腺素

研究人员很早就知道，苯丙胺类的儿茶酚胺激动剂能引发唤醒和失眠，这种效应主要被**蓝斑**内去甲肾上腺素系统调节，蓝斑位于脑桥背侧。蓝斑内神经元能引起分支广泛的轴突释放去甲肾上腺素（从轴突膨体）至新皮层、海马、丘脑、小脑皮层、脑桥和延髓。因此，蓝斑内神经元潜在地影响了大部分重要脑区。

Aston-Jones 和 Bloom（1981）记录了不受限制的老鼠在整个睡眠—觉醒周期中蓝斑内去甲肾上腺素能神经元的活动。如图8.10所示，这些神经元活动与行为唤醒密切相关。记录表明，在睡眠前和睡眠期间，这些神经元的放电速率降低，而在动物觉醒时突然提高。此外，蓝斑内神经元的放电率在快速眼动睡眠期间几乎降到了0，动物醒来时急剧增加。【见图8.10】在一个使用光遗传学方法的实验中，Carter 等人（2010）发现，蓝斑神经元的兴奋可导致瞬间清醒，它的抑制会减少觉醒并增加慢波睡眠。多数研究者认为，蓝斑内去甲肾上腺素能神经元的活动能提高动物的警戒（注意周围环境的能力）。实际上，Aston-Jones 等人（1994）的研究发现，产生去甲肾上腺素的蓝斑神经元实时的活动与动物执行任务所需要的警戒状态直接相关。

蓝斑（locus coeruleus）：一组黑色的去甲肾上腺素能细胞体，位于脑桥内，接近第四脑室下壁嘴端末端，参与唤醒和警戒。

5–羟色胺

第三种神经递质——5–羟色胺——也在激活行为中发挥作用。脑内几乎所有的5–羟色胺能神经元都在**中缝核**内。中缝核位于延髓和脑桥的网状结构内。这些神经元的轴突进入脑的很多部分，包括丘脑、下丘脑、基底神经节、海马和新皮层。中缝核的兴奋引起运动和皮层唤醒（通过脑电图测量），而阻

中缝核（raphe nuclei）：位于延髓、脑桥、间脑的网状结构内，沿着一条中间线分布，包含 5–羟色胺能神经元。

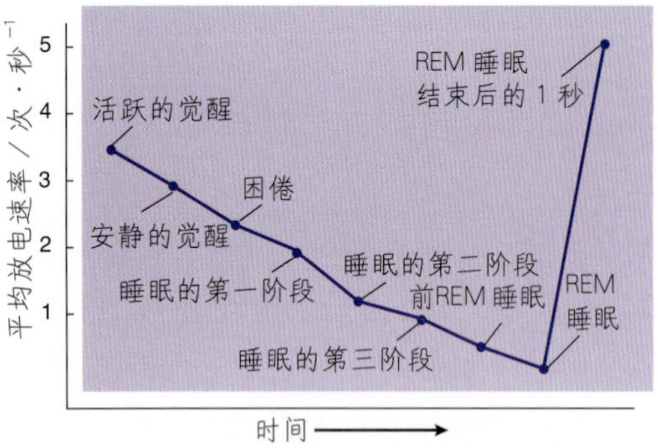

图 8.11　5–羟色胺和睡眠—觉醒周期。在睡眠和觉醒的各个阶段中，自由活动的老鼠背侧中缝核内 5–羟色胺能神经元的活动。

Based on data from Trulson, M. E., and Jacobs, B. L. *Brain Research*, 1979, 163, 135–150.

碍 5–羟色胺合成的药物（对氯苯丙氨酸）会降低皮层唤醒（Peck and Vanderwolf，1991）。

图 8.11 显示了 Trulson 和 Jacobs（1979）记录的 5–羟色胺能神经元活动。如我们所见，这些神经元与 Aston-Jones 和 Bloom（1981）研究的去甲肾上腺素能神经元一样，都是在清醒时最活跃；在慢波睡眠期间，放电速率降低；在快速眼动睡眠期间，放电速率几乎为零。然而，一旦快速眼动睡眠阶段结束，这些神经元的活动立即增加。【见图 8.11】

组胺

第四个控制觉醒和唤醒的神经递质是组胺，组胺是由组氨酸（一种氨基酸）合成的化合物。毫无疑问，用来治疗过敏的抗组胺药会导致困倦。它们通过阻碍组胺受体而引发睡意。更新的抗组胺剂不能穿透血脑屏障，因此不会引发睡意。

组胺能神经元细胞位于下丘脑内的**结节乳头核（TMN）**内，位于脑底部乳头体的嘴端。这些神经元的轴突主要进入大脑皮层、丘脑、基底神经节、基底前脑和下丘脑的其他区域。进入大脑皮层的轴突直接增加皮层活动和唤醒。而连接基底前脑的乙酰胆碱能神经元和进入脑桥背侧的轴突，通过增加大脑皮层乙酰胆碱的释放而间接增加皮层活动和唤醒（Khateb et al.，1995；Brown，Stevens，and Haas，2001）。组胺能神经元的活性在觉醒期间高，但是在慢波睡眠和快速眼动睡眠期间低（Steininger et al.，1996）。此外，注射药物来阻止组胺合成或阻碍组胺受体会减少觉醒而增加睡眠（Lin，Sakai，and Jouvet，1988）。同样，给大鼠的基底前脑区域注射组胺会导致觉醒增加而非快速眼动睡眠减少。

食欲素

在睡眠障碍部分已经介绍过，人类嗜睡症是由体内食欲素能神经元退化引起的，犬类嗜睡症是由体内遗传的食欲素 B 受体的缺失引起的。分泌食欲素（也称为下丘脑泌素）的神经元细胞体位于外侧下丘脑。尽管人类脑中只有大约 7000 个食欲素能神经元，但这些神经元轴突几乎伸到了脑的每个部分，包括大脑皮层和涉及觉醒的所有区域（包括蓝斑、中缝核、结节乳头核以及脑桥背侧和基底前脑的乙酰胆碱能神经元）（Sakurai，2007）。食欲素在这些区域都起兴奋性作用。

Mileykovskiy、Kiyashchenko 和 Siegel（2005）记录了未麻醉的大鼠的单个食欲素能神经元的活性，发现神经元在警觉或活跃的觉醒期间以高速率放电，在安静的觉醒、慢波睡眠和快速眼动睡眠期间以低速率放电。当大鼠从事探究活动时，可以看到最高速的放电。【见图 8.12】Adamantidis、Carter 和 de Lecea（2010）使用光遗传学方法刺激小鼠外侧下丘脑神经元，发现这个刺激可从快速眼动睡眠和非快速眼动睡眠中唤醒被试。

结节乳头核（tuberomammillary nucleus，TMN）：下丘脑腹后侧内的一组细胞核，位于乳头体的嘴端包含参与皮层激活和行为唤醒的组胺能神经元。

如前所述，嗜睡症通常使用莫达非尼治疗，一种抑制和这种障碍有关的困倦的药。Ishizuka、Murotani 和 Yamatodani（2010）发现，莫达非尼通过刺激结节乳头核中食欲素的释放来产生它的警觉效果，它会激活位于那里的组胺能神经元。

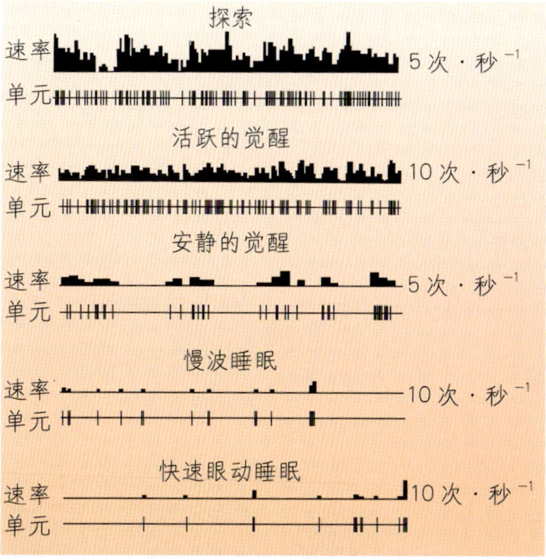

图 8.12 食欲素和睡眠—觉醒周期。在睡眠和觉醒的各个阶段，单个食欲素能神经元的活动。

Based on data from Mileykovskiy, B. Y., Kiyashchenko, L. I., and Siegel, J. M. *Neuron*, 2005, 46, 787–798.

慢波睡眠的神经控制

睡眠是由三个因素控制的：**自身平衡**、**非稳态**和**生理节律**。如果人很长时间不睡觉，终将变得困倦。一旦睡觉，就有可能比往常睡的时间长，至少补足睡眠不足的一部分。睡眠的这个控制本质上是**自我平衡**，遵循调节进食和饮水的原则（在第 11 章会叙述）。但是在某些情况下，保持清醒对人来说是非常重要的：例如，当人正在受危险情境威胁时，或者脱水且正在寻找水来喝的时候。睡眠的这种控制本质上是**非稳态**的，即对环境中的压力事件（危险、缺水等）做出反应，用来凌驾自我平衡之上的控制。最后，**生理节律**因素，或一天中的时间因素，常常将人的睡眠期限制在日夜循环中的一个特定时段（睡眠周期的生理节律控制在本章最后一部分讲述）。

如本章之前所述，控制睡眠主要的自我平衡因素是腺苷的存在或缺失，腺苷是觉醒期间在脑内积累且在慢波睡眠期间被破坏的化学物质。非稳态控制主要通过对应激情境的激素反应和神经反应（见第 10 章）以及涉及饥饿口渴的神经肽（如食欲素）来进行调节。

这部分描述控制慢波睡眠的神经通路，以及腺苷发挥其自身平衡效应的方式。当人清醒且警觉的时候，脑内大部分神经元（尤其是前脑的神经元）是活跃的，这些神经元使我们能够注意并加工感觉信息、思考感知对象、提取和思考记忆，并从事我们一天中需要进行的多种行为。脑活动的水平主要受前面描述的五种与唤醒相关的神经元控制。这些神经元的高水平活性使人保持清醒，低水平活性使人睡觉。

但是什么控制唤醒相关神经元的活性呢？又是什么导致其活性下降，从而使人睡觉呢？**视前区**，下丘脑前部的一个区域，是涉及启动睡眠的脑区。视前区神经元的轴突与脑唤醒相关的神经元形成抑制性突触连接。当视前区神经元（称为**睡眠神经元**）变得活跃，它们会抑制与唤醒相关的神经元的活性，于是我们入睡（Saper, Scammell, & Lu, 2005）。

大部分睡眠神经元位于**腹外侧视前区（vlPOA）**。腹外侧视前区神经元的损伤会抑制睡眠（Lu et al., 2000），在睡眠期间，这些神经元的活动（通过 Fos 蛋白质水平来测量）增加。实验表明，睡眠神经元分泌抑制性神经递质 GABA（γ-氨基丁酸），它们的轴突会延伸到之前讲过的涉及觉醒的五个脑区（Sherin et al,, 1998；Gvilia et al., 2006；Suntsova et al., 2007）。正如我们看到的，这五个脑区神经元的活动会引起皮层激活和行为唤起。所以，这些脑区的抑制是睡眠的必要条件。

腹外侧视前区（ventrolateral preoptic area，vlPOA）：视前区内一组 GABA 能神经元，它的激活抑制觉醒和行为唤醒，并且促进睡眠。

腹外侧视前区的睡眠神经元从其抑制的脑区接收抑制性输入，这些脑区包括结节乳头核、中缝核和蓝斑（Chou et al.，2002）。Saper 及其同事（2001，2010）的研究表明，这种相互抑制为建立睡眠和觉醒的周期奠定了基础。他们认为，这种相互抑制也具有被称为触发器的电路的特征。触发器存在两种状态，开或者关——在计算机领域中用 0 或 1 表示。因此，要么睡眠神经元处于激活状态，抑制觉醒神经元；要么觉醒神经元激活处于激活状态，抑制睡眠神经元。因为这些区域相互抑制，这两个区域的神经元不可能同时被激活。实际上，腹外侧视前区的睡眠神经元是沉寂的，直到动物从觉醒过渡到睡眠（Takahashi，Lin，& Sakai，2009）。【见图 8.13】

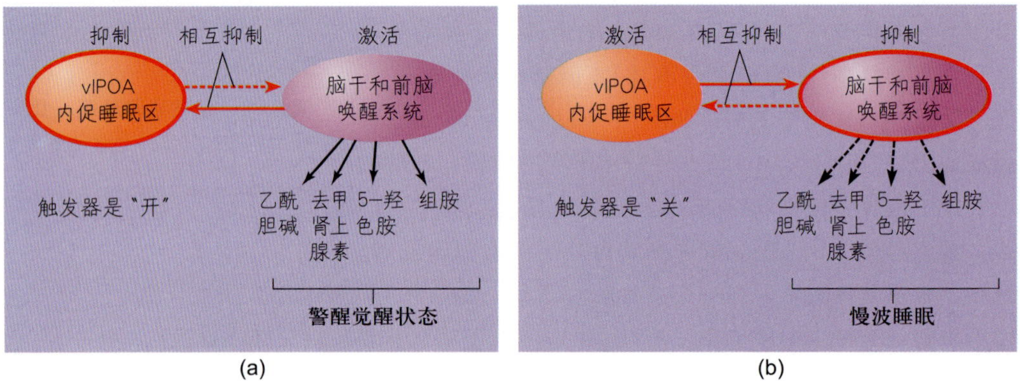

图 8.13 Saper 等人（2001）提出的睡眠或觉醒触发器的图解模式。主要的促睡眠区（vlPOA）和促觉醒区（包含乙酰胆碱能神经元的基底前脑和心囊区，包含去甲肾上腺素能神经元的下丘脑结节乳头核）通过抑制的 GABA 能神经元相互联系。当触发器“开”时，唤醒系统活跃而促睡眠区被抑制，即动物觉醒；当触发器“关”时，促睡眠区活跃而唤醒系统被抑制，即动物睡眠。

触发器有一个非常重要的优点：从一种状态转向另一种状态时，转换的速度特别快。显然，它对睡眠和觉醒都很有益；拥有睡眠和觉醒共有的一些特征的状态是不利于适应的。然而触发器存在一个问题——不稳定。实际上，嗜睡症患者和食欲素能神经元被破坏的动物就表现出了这种特征。如果没有有趣的事情发生，它们很难维持觉醒状态，如果觉醒超过一定时间，继续睡觉就会出现麻烦。（他们也会在不适当的时间表现出快速眼动睡眠特征的入侵。这个现象将在下一部分讨论。）

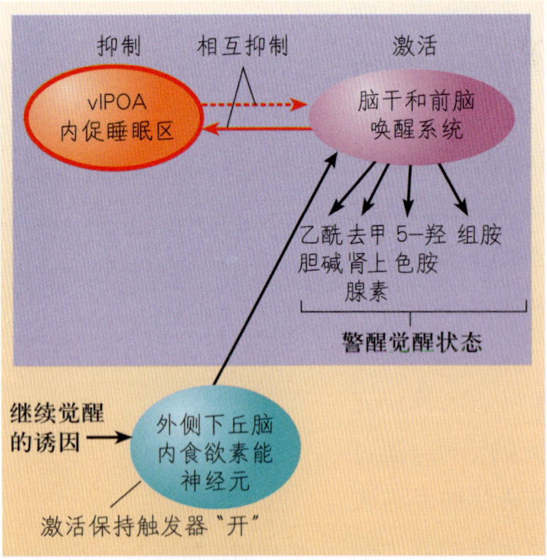

图 8.14 食欲素能神经元在睡眠中的作用。外侧下丘脑神经元的食欲素能系统的激活影响睡眠或觉醒触发器的图解模式。继续觉醒的诱因和干扰睡眠的事件可激活食欲素能神经元。

Saper 等人（2001，2010）认为，食欲素能神经元的一个重要功能是通过它们与觉醒神经元的兴奋连接协助稳定睡眠或觉醒“触发器”。这个神经系统的激活使触发器的激活接近觉醒状态，因此促进觉醒而抑制睡眠。在一节无趣的课堂上成功保持清醒可能取决于食欲素能神经元维持高速率的放电，要将触发器保持在觉醒状态。【见图 8.14】Rempe、Best 和 Terman（2010）建构的睡眠或觉醒触发器的数学模型确定了食欲素能神经元在稳定电路中的作用。

前面部分提到，当神经元新陈代谢活跃时，星形胶质细胞产生腺苷，并且腺苷的积累会引发睡意。Porkka-Heiskanen、Strecker 和 McCarley（2000）用微量渗析测量大脑各个区域的腺苷水平。他们发现，大脑内腺苷水平在觉醒状态时升高，在睡眠状态时缓慢降低，尤其是在基底前脑。Scammell 等人（2001）发现，将腺苷激动剂注入腹外侧视前区会激活那里的神经元，降低结节乳头核内的组胺能神经元的活性，增长慢波睡眠。

鉴于食欲素能神经元有助于睡眠或觉醒触发器维持在觉醒状态，一个显而易见的问题是：哪些因素控制食欲素能神经元的活动？在日夜循环的觉醒期间，食欲素能神经元收到一个来自生物钟的兴奋性信号，控制睡眠和觉醒的日间节律。这些神经元也接收来自监控动物营养状况的脑机制信号：与饥饿有关的信号能激活食欲素能神经元，而与饱腹感有关的信号则抑制它们。因此，食欲素能神经元在动物应该去寻找食物的时候维持觉醒。实际上，如果给正常小鼠（不是食欲素受体有定向突变的小鼠）较少的食物（比它们平时食量少），它们每天会清醒更长时间（Yamanaka et al.，2003；Sakurai，2007）。最后，食欲素神经元接收来自腹外侧视前区的抑制性输入，这意味着腺苷积累产生的睡眠信号最终可以克服对食欲素能神经元的兴奋性输入，从而导致睡眠。【见图8.15】

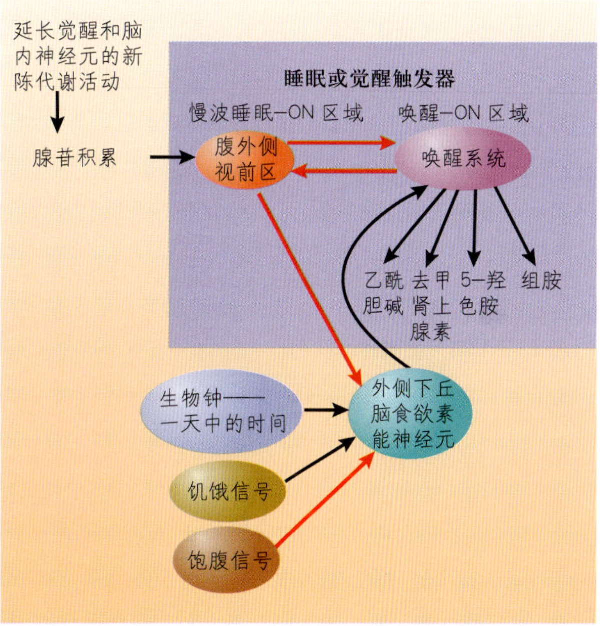

图8.15 腺苷、时间和饥饿。图中显示腺苷、时间、饥饿和饱腹感信号对睡眠或觉醒触发器的作用。

快速眼动睡眠的神经控制

本章前面提到，快速眼动睡眠包括去同步化脑电活动、肌肉瘫痪、快速眼动和外生殖器活动。快速眼动睡眠时的大脑新陈代谢率和觉醒时一样高（Maquet et al.，1990），要不是处于瘫痪状态，身体活动水平也会很高。

正如我们应该看到的，快速眼动睡眠受触发器（与控制睡眠—觉醒周期的触发器相似）控制。睡眠或觉醒触发器决定我们什么时候清醒、什么时候睡觉，一旦入睡，快速眼动睡眠触发器会控制快速眼动睡眠和慢波睡眠的周期。

快速眼动睡眠触发器

如前所述，在觉醒期间，乙酰胆碱能神经元对大脑激活发挥着重要的作用。研究者们也发现，乙酰胆碱能神经元参与伴随着快速眼动睡眠的大脑皮层激活。例如，El Mansari、Sakai 和 Jouvet（1989）发现背侧脑桥的乙酰胆碱能神经元在快速眼动睡眠和活跃觉醒中高速率放电，或者只在快速眼动睡眠中高速率放电。【见图8.16】这些结果表明，背部脑桥的乙酰胆碱能神经元起着触发机制的作用（即开始一段时期的快速眼动睡眠）。然而，更新的研究表

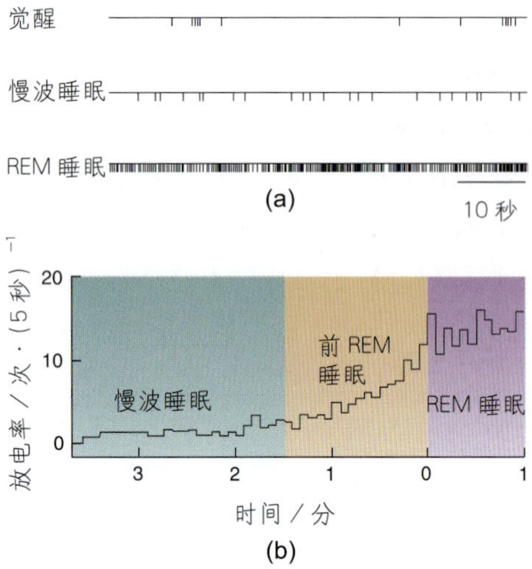

图 8.16 脑桥的心囊区内一个乙酰胆碱能 REM-ON 细胞的放电示意图。(a) 在 60 分钟时间间隔期间，觉醒、慢波睡眠和 REM 睡眠的活动电位，(b) 从慢波睡眠过渡到 REM 睡眠之前和之后的放电速率。在 REM 睡眠出现约 80 秒后活动开始增强。

Adapted from El Mansari, M., Sakai, K., and Jouvet, M. *Experimental Brain Research*, 1989, 76, 519–529.

明，尽管乙酰胆碱能神经元涉及伴随快速眼动睡眠的新皮层的激活，它们也不是快速眼动睡眠触发器的一部分。

Fort、Bassetti 和 Luppi（2009）以及 Saper 等人（2010）的综述总结了快速眼动睡眠触发器的证据。背侧脑桥的一个区域，恰好是蓝斑的腹侧，包含快速眼动－ON 神经元。在大鼠中，这个区域称为**背外侧核下部（SLD）**。背侧中脑的一个区域，**腹外侧中脑导水管周围灰质（vlPAG）**，包含快速眼动－OFF 神经元。为了简单起见，我会简称其为 REM－ON 区和 REM－OFF 区。REM－ON 区和 REM－OFF 区通过抑制性的 GABA 能神经元彼此相连。通过注入谷氨酸激动剂激活 REM－ON 区，会引发大部分快速眼动睡眠的元素，而抑制这个区域会使快速眼动睡眠紊乱。相比之下，刺激 REM－OFF 区压抑快速眼动睡眠，而损伤这个区域或注入 GABA 激动剂会戏剧性地增加快速眼动睡眠。【见图 8.17】

这两个区域的相互抑制意味着它们像触发器一样运行：任何时候都只有一个区域可以被激活。在觉醒期间，REM－OFF 区域接收来自外侧下丘脑的食欲素能神经元的兴奋性输入，这个激活将快速眼动睡眠触发器推到 OFF 状态（关闭状态）。REM－OFF 区域额外的兴奋性输入来自另外两组觉醒神经元，蓝斑的去甲肾上腺素能神经元和中缝核的 5–羟色胺能神经元。

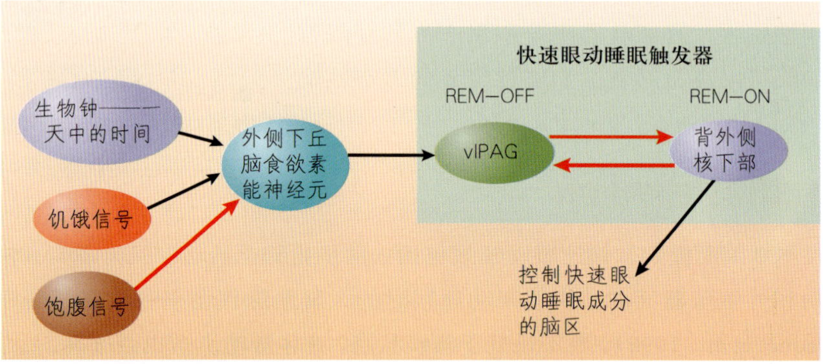

图 8.17 快速眼动睡眠触发器。

背外侧核下部（sublaterodorsal nucleus，SLD）：背侧脑桥的一个区域，恰好在蓝斑的腹侧，形成快速眼动睡眠触发器的 REM-ON 的部分。

腹外侧中脑导水管周围灰质（ventrolateral periaqueductal gray matter，vlPAG）：背侧中脑的一个区域，形成快速眼动睡眠触发器的 REM-OFF 的部分。

当睡眠或觉醒触发器切换到睡眠阶段，慢波睡眠开始。对 REM－OFF 区域的兴奋性的食欲素能、去甲肾上腺素能和 5–羟色胺能输入开始减少。结果是，对 REM－OFF 区域的兴奋性输入被移除。快速眼动睡眠触发器切换到 ON 状态，快速眼动睡眠开始。据推测，生物钟（可能位于脑桥）控制快速眼动睡眠和随后的慢波睡眠的交替。图 8.18 显示睡眠或觉醒触发器控制快速眼动睡眠触发器。【见图 8.18】

我们现在能够认识到为什么食欲素能神经元的退化会引起嗜睡症。日间嗜睡和碎片睡眠之所以发生是因为没有食欲素的影响，睡眠或觉醒触发器变得不稳定。REM－OFF 区域的食欲素分泌通常使快速眼动睡眠触发器保持在OFF状态。随着食欲素能神经元的损耗，激活杏仁核的情绪发作（如笑或怒）把快速眼动睡眠触发器切换到ON状态（即使是在觉醒期间），结果就是猝倒发作（见图8.18）。实际上，Schwartz等人（2008）的功能成像研究发现，当有猝倒现象的人观看幽默的照片时，与对照组被试同样的结构相比，下丘脑激活更少，而杏仁核激活更多。研究者认为，食欲素能神经元的损耗移除了下丘脑对杏仁核的抑制影响。杏仁核活动的增强至少可以在一定程度上解释REM－ON神经元活性的增强甚至可以发生在猝倒病人的觉醒期间。【见图8.19】

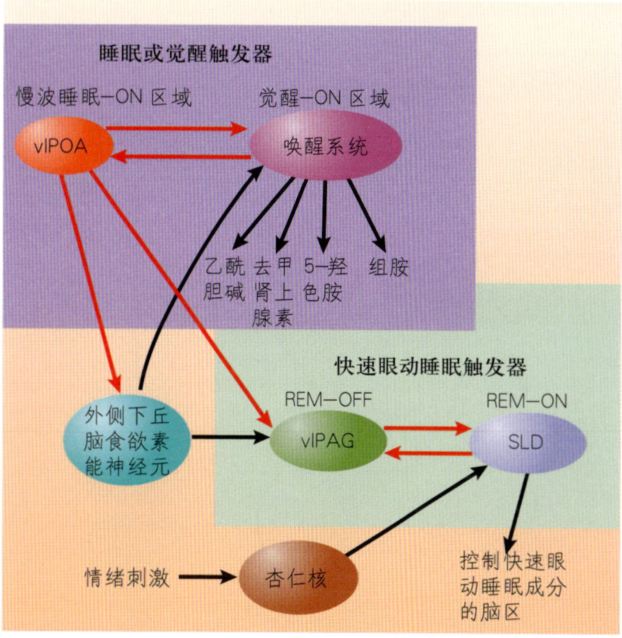

图8.18　快速眼动睡眠。睡眠或觉醒触发器和快速眼动睡眠触发器之间相互作用的图解模式。

如前所述，患有快速眼动睡眠行为障碍的病人不能像正常人那样在快速眼动睡眠期间出现瘫痪状态，因此会把他们的梦付诸行动。当中脑特定区域受损时，同样的事情会发生在猫身上。Jouvet（1972）描述了这个现象：

> 猫站立着，看起来好像是清醒的，因为它可能会袭击不存在的敌人，玩一只不存在的老鼠，或者表现出逃跑的行为。它的脑袋还会有方向地移动或看向想象的刺激，但是对视觉和听觉刺激没有任何反应。这些很特别的场景……是个很好的论据，猫在快速眼动睡眠中正在“做梦”。（Jouvet，1972）

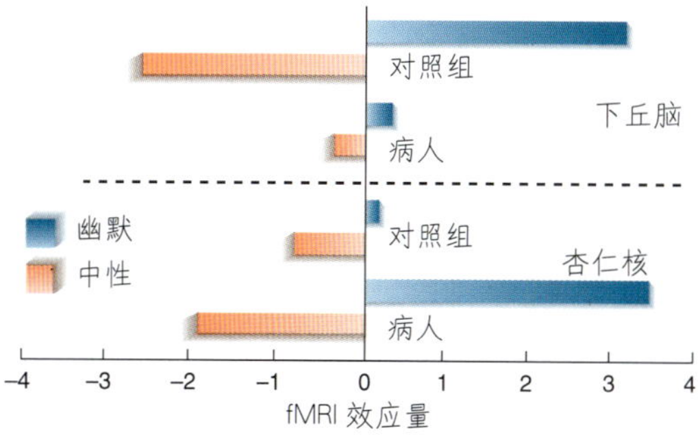

图8.19　幽默和嗜睡症。图中显示正常被试和嗜睡症病人观看一系列中性的或幽默的照片时，下丘脑和杏仁核的激活。

Based on data from Schwartz et al., 2008.

在上述研究中，Jouvet破坏了猫的一组神经元，这些神经元负责在快速眼动睡眠期间发生的肌肉瘫痪。这些“瘫痪神经元”恰好位于现在所知的REM－ON区的一部分区域的腹侧（Lai et al.，2010）。离开这个区域的一些轴突会到脊髓，并在那里激发抑制性中间神经元，这些中间神经元的轴突和运动神经元形成突触。这意味着当快速眼动睡眠触发器跳转到ON状态时，脊髓中的运动神经元变成抑制的，不能对做梦过程中由运动皮层产生的信号做反应。损坏这些“瘫痪神经元”就移除了这个抑制，人（或Jouvet的猫）会把他的梦表现出来。【见图8.20】

脑包含一种复杂的机制，这种机制的专门功能是在做梦时使人处于瘫痪状态（阻止人将梦付诸行动）。这些证据表明，梦的运动的组成成分与感觉组成成分一样重要。在快速眼动睡眠期间练习运动系统，可能会帮助人掌握当天学到的行为。脊髓运动神经元抑制阻止了实际运动的发生，除了一些无害的手和脚的颤动外。

我们对发生在快速眼动睡眠期间的生殖器活动的功能或者是负责它们的

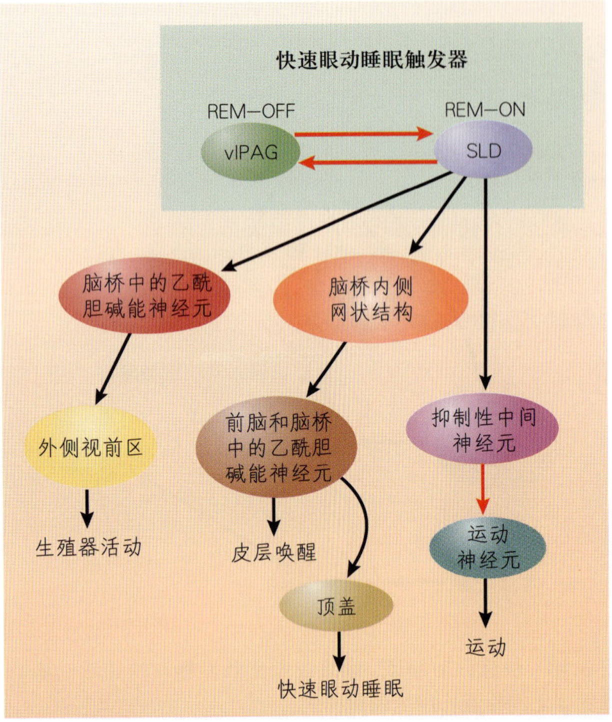

图 8.20 快速眼动睡眠的控制。图中显示的是受 REM—ON 区域控制的快速眼动睡眠成分。

神经机制知之甚少。Schmidt 等人（2000）的一个研究发现，大鼠外侧视前区的损伤会抑制快速眼动睡眠期间的阴茎勃起，但是对觉醒期间的勃起没有影响。Salas 等人（2007）发现，在快速眼动睡眠期间，用电刺激活跃起来的脑桥乙酰胆碱能神经元可以引起阴茎勃起。研究者注意到，证据表明，这些脑桥神经元可能与外侧视前区的神经元直接相连，这可能是勃起的原因（见图 8.20）。

小 结

睡眠和觉醒的生理机制

睡眠量可以被调节的事实表明，促睡眠物质在觉醒期间产生，在睡眠期间被破坏。海豚脑部的睡眠形式表明，这种物质并不在血液中积累。证据表明，当神经元被迫使用储存在星形胶质细胞内的糖原时，释放的腺苷充当了增加的脑部新陈代谢和所需要的睡眠之间的连接。

五种神经元系统对警觉状态很重要：背侧脑桥和基底前脑的乙酰胆碱能系统，参与皮层激活；蓝斑的去甲肾上腺能系统，参与警觉；中缝核的 5-羟色胺能系统，参与自动化行为的激活（如移动）；结节乳头核的组胺能系统，参与维持觉醒；外侧下丘脑的食欲素能系统，也参与维持觉醒。

当腹外侧视前区神经元变得活跃时，慢波睡眠发生。这些神经元抑制了促进觉醒的神经元系统。反过来，腹外侧视前区又被这些促觉醒区域抑制，因此形成一种触发器，它使我们觉醒或者睡眠。腺苷的积累通过激活腹外侧视前区的促睡眠神经元（会抑制促觉醒区域）来促进睡眠。外侧下丘脑的食欲素能神经元的活动有助于维持控制睡眠或觉醒的触发器处于“觉醒”状态。

快速眼动睡眠由另一个触发器控制。背外侧核下部（SLD）充当 REM-ON 区域，腹外侧中脑导水管周围灰质 vlPAG 充当 REM-OFF 区域。这个触发器受睡眠或觉醒触发器控制；只有当睡眠或觉醒触发器在“睡眠”状态的时候，快速眼动睡眠触发器才能跳转到“快速眼动”状态。阻止我们把梦表现出来的肌肉瘫痪是由与背外侧核下部邻近的神经元之间的连接产生的（使脊髓中抑制性的中间神经元兴奋）。由于外侧视前区的损伤，快速眼动睡眠期间（不是觉醒期间）的阴茎勃起现象消失。快速眼动是通过背外侧核下部和顶盖之间的间接连接产生的（穿过脑桥内侧网状结构和脑桥内的乙酰胆碱能神经元）。

思考题

你曾有过这样的经历吗？躺在床上，几乎睡着了，却突然想起已经忘记的事情，然后就变得清醒并且警觉起来了。如果是这样，你的脑干觉醒系统的神经元无疑会变活跃了，这就会唤醒大脑皮层。你认为这些激活的来源是什么？是什么激活了你的网状结构？怎样回答这个问题？第 5 章描述的研究方法对你有帮助吗？

生物钟

人的许多行为都遵循着规则的节奏。例如，睡眠由快速眼动睡眠和慢波睡眠组成的约每90分钟一次的循环构成。在日间则以基本的“休息—活动”循环继续着同样的节奏。当然，睡眠和觉醒的日常模式遵循着每24小时一个循环。近年来研究者已经洞悉了许多对应这些节律的神经机制。

生理节律和计时器

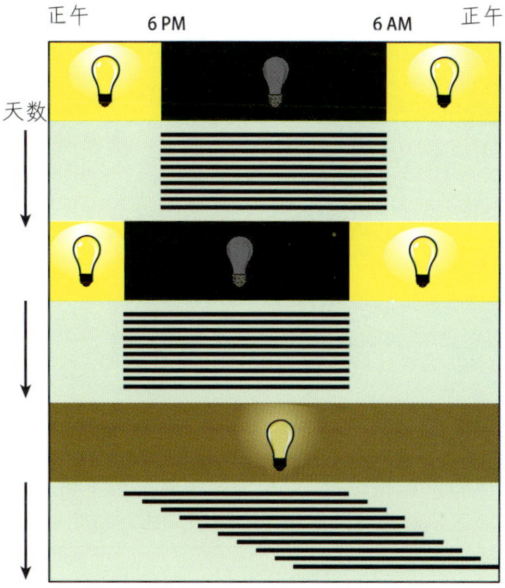

图 8.21　生理节律和大鼠的跑轮活动。上部：动物的活动发生在“夜晚”（也就是说，在灯关掉的12小时期间）。中间：当光周期改变时，觉醒时期跟在一个黑暗时期之后。下部：当动物被放置在持续的昏暗照明中时，它表现出大约25小时的自由跑动活动周期，这意味着动物大约每天推迟一个小时开始它的新一轮活动。

行为和生理过程的日常节律遍及植物和动物世界，这些循环一般称为**生理节律**（circa 意思是“大约”，dies 意思是“天”；因此，一个生理节律大约是每24小时一个周期）。这种节律中的某些成分是对照明条件改变的被动反应，而另外一些成分被生物体内部的机制——“体内钟”控制。例如，图8.21显示大鼠在各种各样的照明条件中理想化的活动记录。每条水平线都代表24小时。黑线表明大鼠清醒。记住，大鼠是夜行动物，在夜间活跃。当然，来自大鼠的真实记录可能表现出更大的变化性，即白天有一些短期的觉醒，夜间有一些小睡。图的上部显示了在一个正常的日夜循环期间大鼠的活动，12小时灯光和12小时黑暗交替。【见图8.21】

接下来，黑暗—光亮转换；黑暗周期提前4小时开始。动物的活动周期紧随这个变化（见图8.21的中间部分）。最后是持续不断的昏暗灯光。大鼠活动的循环模式仍然保持。因为大鼠的环境中没有光亮和黑暗的周期循环，节律性一定来源于动物自身内部；也就是说，动物一定具有一个内部的生物钟。你可以看到大鼠的生物钟并不是精确地设置为24小时；当照明保持不变时，这个钟走得有点慢。动物大约每天推迟1小时开始它的新一轮活动（见图8.21下面部分）。

图8.21阐述的现象是许多物种表现出来的生理节律的特点。一个自由运转的生物钟，周期大约为25小时，控制一些生物功能——在这个例子中，是睡眠和觉醒。在照明水平上有规律的日夜变化（即日光和黑暗）通常可将生物钟调节到24小时。光充当**计时器**，和内源性节律同步发生。对多种动物的研究表明，如果动物被困在持续的黑暗（或持续的昏暗光线）中，那么短期的明亮光线将重新设定它们的体内钟，体内钟的提前或延后取决于明亮的光线在何时出现（Aschoff, 1979）。例如，如果黄昏后把某动物暴露在明亮的光线中，那么它的生物钟就被调回到一个更早的时间——似乎黄昏从未出现。另一方面，如果这光线发生在凌晨，它的生物钟就被提前到一个更晚的时间——似乎黎明已经来临。

人类也有生理节律，若非受到现代文明的影响，可能比现在睡得更早，

生理节律（circadian rhythm）：行为或生理过程的日常节律性变化。

计时器（zeitgeber）：一种刺激（通常是黎明的光线），重新设定负责生理节律的生物钟。

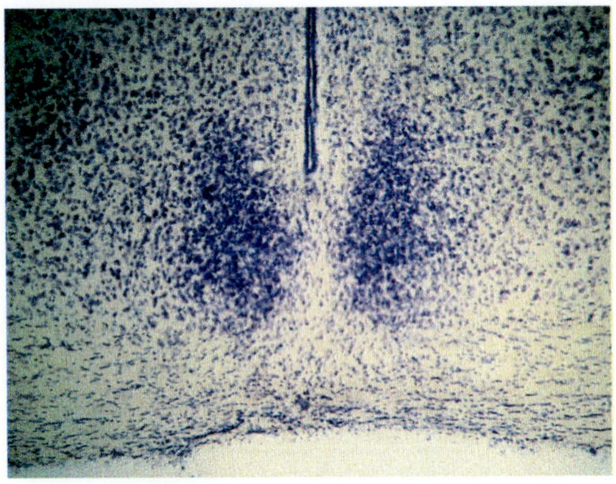

图 8.22　视交叉上核。上图呈现的是大鼠视交叉上核的位置和形态。使用甲酚紫染色剂来给大鼠脑部这个视神经交叉处的细胞核染色。

Courtesy of Geert DeVries, University of Masachusetts.

起得更早。我们用人造发光体推迟了就寝时间，用窗帘延迟了起床时间。在持续的照明条件下，生物钟将自由运行，像一块运行得太快或太慢的表一样重新获得或失去时间。不同的人有不同的循环周期，但在持续的照明条件下，大多数人将开始过着接近25小时的“一天”。生物钟运行得相当好，因为早晨的阳光充当了一个计时器，简单地重新设定了这个体内钟。

视交叉上核

在两个实验室里独立工作的研究者（Moore & Eichler，1972；Stephan and Zucker，1972）发现，大鼠主要的生物钟位于下丘脑的**视交叉上核（SCN）**。他们发现，视交叉上核的损伤将破坏旋转跑、喝水和激素分泌的生理节律。视交叉上核也控制睡眠时间循环。大鼠是夜间活动的动物，它们日间睡觉，夜间觅食。视交叉上核的损伤则打破了这种模式，睡眠一阵阵地随机分散在白天和黑夜（Ibuka and Kawamura，1975；Stephan and Nunez，1977）。然而，视交叉上核损伤的大鼠仍然和正常的大鼠有着相同量的睡眠。这种损伤打破了睡眠的生理节律控制，但并不影响睡眠的自我平衡控制。

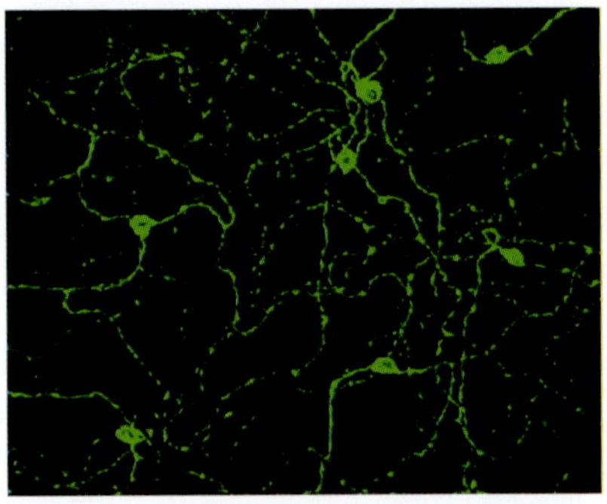

图 8.23　视网膜内包含黑视素的神经节细胞。这些细胞的轴突构成视网膜下丘脑束。这些神经元检测了黎明时的光线，并重新设置视交叉上核里的生物钟。

From Hattar, S., Liao, H. W., Takao, M., et al. *Science*, 2002,295,1065-1070. Copyrigh © 2002 The American Association for the Advancement of Science. Reprinted with permission.

解剖学和连贯性

图8.22呈现的是大鼠下丘脑横切面中的视交叉上核；仿佛大脑底部两堆染上深色的神经细胞，刚好处于视神经交叉。【见图8.22】大鼠的视交叉上核由大约8600个小神经元组成，紧紧地挤在0.036立方毫米的容积里（Moore，Speh，and Leak，2002）。

因为对大多数哺乳动物的活动周期来说，光是主要的计时器，所以我们预期视交叉上核接收来自视觉系统的纤维。实际上，解剖学上的研究揭示了纤维从视网膜到视交叉上核的直接投射：视网膜下丘脑通路（Hendrickson，Wagoner，and Cowan，1972；Aronson et al.，1993）。

视网膜里为视交叉上核提供感光信息的感光器既非视杆细胞，也非视锥细胞——这些细胞为视知觉提供信息。Freedman 等人（1999）发现，针对生产视杆细胞和视锥细胞所必需的基因进行定向突变，不会破坏光线的同步化效应。然而，当他们摘除老鼠的眼睛时，这些效应就被破坏了。这些结果表明，存在一个专门的感光器负责提供光线的环境水平来使生理节律同步。Provencio 等人（2000）发现了负责这些效应的光化学物质，他们称其为**黑视素**。

视交叉上核（suprachiasmatic nucleus，SCN）：位于视神经交叉的一个核，包括负责控制躯体大多生理节律的生物钟。

黑视素（melanopsin）：视网膜神经节细胞内的感光色素，神经节细胞的轴突将信息传至视交叉上核、丘脑和橄榄顶盖前核。

和在视杆细胞和视锥细胞内发现的视网膜感光色素不同，黑视素存在于神经节细胞——用轴突把信息从眼睛传送到大脑的其他部分。包含黑视素的神经节细胞对光线敏感，它们的轴突在视交叉上核和负责瞳孔对光做出反应的顶盖区终止（Berson，Dunn，and Takao，2002；Hattar et al.，2002）。【见图8.23】

证据表明，视交叉上核通过两种方式控制睡眠和觉醒的周期循环：直接的神经连接和影响大脑其他区域神经元活动的化学物质的分泌。研究人员发现，从视交叉上核到下室旁区（SPZ）的多突触通路（恰好位于视交叉上核背侧），到下丘脑背内侧核（DMH），然后到参与睡眠和觉醒控制的区域（诸如腹外侧视前区和外侧下丘脑的食欲素能神经元）。对腹外侧视前区的投射是抑制性的，因此抑制睡眠，然而对食欲素能神经元的投射是兴奋性的，因此促进觉醒（Saper，Scammell，and Lu，2005）。当然，这些连接的活动性随着日夜周期循环而不同。在昼行性动物（比如我们人类）中，这些连接的活动性在白天高而在夜晚低。【见图8.24】

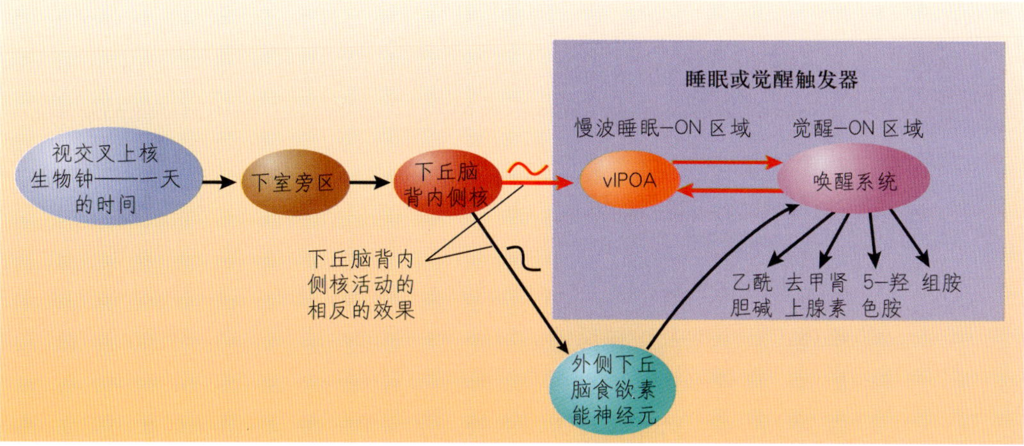

图8.24 生理节律的控制。视交叉上核控制睡眠和觉醒中的生理节律。在日循环期间，下丘脑背内侧核抑制腹外侧视前区，激活脑干和前脑唤醒系统，从而促进觉醒。

尽管视交叉上核神经元投射到大脑的某些部分，但移植研究表明，视交叉上核通过向大脑的细胞外液释放化学信号来控制某些功能。Lehman 等人（1987）毁损了动物的视交叉上核后，植入了一个来自动物供体的新的视交叉上核。移植在重建生理节律方面取得了成功，即使极少观察到移植体和受体动物大脑之间的输出连接。更多有说服力的证据来自 Silver 等人的移植研究（1996）。Silve 和同事们首先破坏了一组仓鼠的视交叉上核，从而破坏了它们的生物节律。然后在一周之后，他们从供体动物中移出视交叉上核组织并将其放入非常小的半透性被膜中，之后植入受体动物的第三脑室。营养物质和其他化学物质能够通过膜壁，以保持视交叉上核组织的存活，但膜内神经元不能和周围组织建立突触连接。然而，移植重新建立了受体动物的生理节律。据推测，由视交叉上核里的细胞分泌的化学物质通过扩散到下室旁区，并与位于那里的神经元上的受体结合来影响睡眠和觉醒的节律。

生物钟的本质

所有的钟都必须有个时间基准。机械钟采用飞轮或钟摆，电子钟采用石英晶体。视交叉上核也必须包含把时间分解为单元的生理机制。数年研究之后，研究者终于发现了视交叉上核里生物钟的本质。

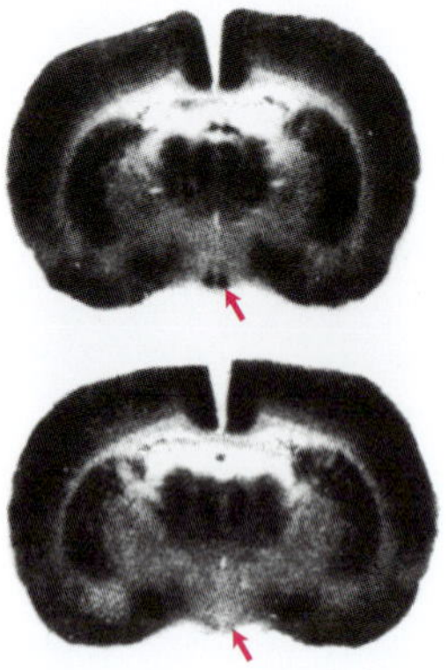

图 8.25 视交叉上核的生理活动节律。分别在白天（上）和夜晚注入（下）C^{14} 标记的 2–DG 的白鼠脑切面的放射自动显影。大脑底部的黑区（箭头所指）显示了视交叉上核里新陈代谢活动的增加。

一些研究证明了视交叉上核的日常活动节律，表明生物钟位于此处。Schwartz 和 Gainer（1977）的一个研究精细地演示了视交叉上核活动中白昼—黑夜的变换。这些研究者在白天给一些大鼠注入放射性的2–DG，而另一些大鼠在晚上注入。之后制备这些动物大脑横切面的放射自显影照片。图 8.25 呈现了其中两个横切面的相片。注意观察白天被注入放射性的2–DG 的大鼠脑视交叉上核中放射性的证据（表明高的代谢率）。【见图 8.25】

是什么引起了视交叉上核神经元的“滴答”呢？很多年以来，研究者已经相信，生理节律是随着某种蛋白质的产生而产生的，当细胞内的蛋白质达到一定水平时就抑制它的产生。结果，蛋白质水平开始下降，这样就会消除抑制，开始又一次循环。【见图 8.26】

在黑腹果蝇身上发现了这种机制。随后对哺乳动物的研究发现了相似机制（见综述 Golombeck and Rosenstein，2010）。这个系统至少包括七种基因以及它们的蛋白质和两个连锁反馈回路。当第一个回路达到足够的水平而产生一种蛋白质时，开始启动第二个回路，它抑制第一个回路的蛋白质产生，并且开始下一次循环。因此，由产生和消除一组蛋白质所耗费的时间来控制细胞内的“滴答”。

人脑中的生物钟似乎以相同的方式工作着。Toh 等人（2001）发现，2 号染色体上一个涉及这些反馈回路的蛋白质的基因突变是**睡眠期提前综合征**的原因。这种综合征引起睡眠节律和温度循环有一个4小时的提前。有这种综合征的病人大约下午7:30入睡，早上4:30醒来。突变似乎改变了晨光的计时器和在视交叉上核细胞中运行的生物钟时相之间的关系。Ebisawa 等人（2001）发现了证据，相反的障碍——**睡眠期延迟综合征**——可能是1号染色体上 per3 基因突变造成的。这个综合征包含睡眠与觉醒节律的4小时的延迟。有这种障碍的人通常不能在凌晨2:00之前入睡，中午之前很难醒来。Allebrandt 等人（2010）发现，另一种基因变异（在生物钟基因上）影响人的睡眠持续时间。

睡眠期提前综合征（advanced sleep phase syndrome）：睡眠节律和温度循环有 4 小时的提前，似乎是由参与视交叉上核神经元的节律的基因（per2）突变引起的。

睡眠期延迟综合征（delayed sleep phase syndrome）：睡眠节律和温度循环有 4 小时的延迟，可能是由参与视交叉上核神经元的节律的基因（per3）突变引起的。

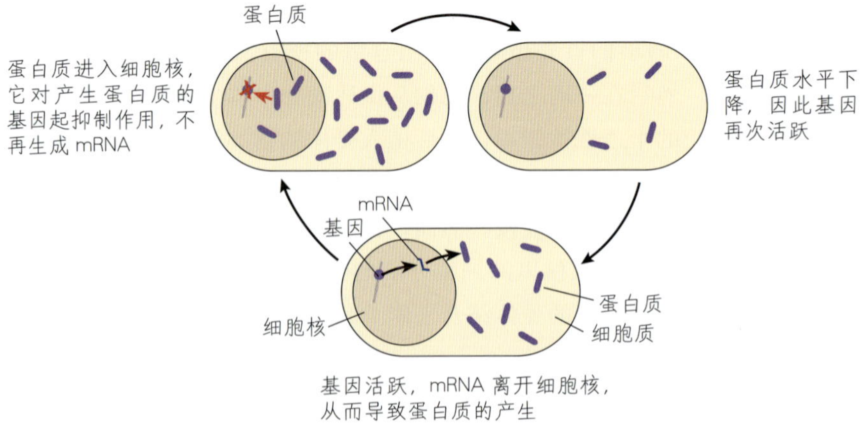

图 8.26 视交叉上核生理节律的控制。视交叉上核神经元的“滴答”调节的简明图解。

生理节律的改变：轮班工作和时差反应

当人们突然改变日常活动规律时，由视交叉上核控制的内部生理节律会被外部环境去同步化。例如，如果通常白班工作的人开始夜班工作，或某人去跨越时区的地方旅游，视交叉上核会在轮班时（或时差旅行中的中午），向大脑的其他区域发出信号，即睡觉时间到了。内部节律和外部环境的不一致导致了睡眠紊乱、情绪变化和觉醒时执行任务的能力受到干扰。与睡眠相关的问题，如溃疡、抑郁和意外事故，在工作时间表定期改变的人群中更常见。

研究者们开始明白视交叉上核和松果腺在诸如时差反应一类的现象中所起的作用。

时差反应是一种暂时现象；几天后，跨越时区的旅行者就能调整过来，即很容易在适当的时候入睡，并且他们白天的警觉也得到了改善。当人们需要频繁换班时，换班会引发较为持久的问题。显然，解决时差反应和换班引发的问题的办法是尽快使内部生物钟和外部环境相同步，而解决此问题的最好的方法是在适当的时候提供计时器。如果一个人在体温日节律的最低点之前接受强光照射（经常是在觉醒之前一个或者两个小时发生），他的生理节律就会被延迟。如果在低点之后接受强光照射，其内部节律就会被提前（Dijk et al., 1995）。实际上，有研究已经表明，在适当的时间接受光线照射有助于过渡（Boulos et al., 1995）。同样，如果人造光保持在高亮度水平而卧室尽可能黑的话，那么人们会更快地适应换班工作（Eastman et al., 1995）。

生物节律的控制也涉及脑的其他部分：**松果体**（Bartness et al., 1993）。此结构位于中脑顶部，正好在小脑前面。松果体分泌一种叫作**褪黑素**的激素，这样命名是因为在某些动物（主要是鱼、爬虫动物和两栖类）中，褪黑素能将皮肤暂时变黑（这种黑是由一种叫作*黑色素*的化学物质产生的）。视交叉上核的神经元和*下丘脑室旁核*（PVN）的神经元形成突触连接。这些神经元的轴突直达脊髓，在这里，它们和交感神经系统的节前神经元形成突触。神经节的节后神经元支配松果腺，控制褪黑素的分泌。

松果腺对来自视交叉上核的输入做出反应，在夜间分泌褪黑素。这种褪黑素反作用于各种脑结构（包括视交叉上核，视交叉上核的细胞中存在褪黑素受体），并控制各种激素、生理过程和行为。研究发现，作用于视交叉上核受体的褪黑素能影响视交叉上核神经元对计时器的敏感性，能改变自身生理节律（Gillette and McArthur, 1995；Starkey et al., 1995）。研究者们还不完全清楚褪黑素在控制生理节律中所发挥的作用，但他们已经发现了实际用途。褪黑素分泌通常在前半夜（大约在就寝前后）达到最高水平。研究者已经发现在适当的时间（大多数情况是在就寝前）分泌的褪黑素会显著减小时差反应和换班工作的负面效应（Arendt et al., 1995；Deacon and Arendt, 1996）。失去眼睛或者持续的视网膜损伤（包括含黑视素的神经节细胞以及视杆细胞和视锥细胞）的盲人会表现出不同步的、自由运转的生理节律。在这些情况下，就寝时的褪黑素会促进生理节律同步化，并且改善盲人的睡眠，对于盲人来说，光线不能用作计时器（Skene, Lockley, and Arendt, 1999）。

松果体（pineal gland）：顶盖背侧区的腺体，分泌褪黑素，对日常生理节律和季节节律起作用。

褪黑素（melatonin）：松果体在夜间分泌的一种激素，对日常生理节律和季节节律起作用。

小 结

生物钟

日常生活以生理活动、睡眠、体温、激素分泌和许多其他生理变化的循环为特征。生理节律（大约以一天为周期）由脑内生物钟控制。主要的生物钟位于下丘脑视交叉上核内；这些核的损伤将破坏大部分生理节律，并且破坏其中与白昼—黑夜循环有关联的神经元的活动。光线由视网膜内的专门细胞探察，那些细胞不参与视知觉活动，而是作为大多数生理节律的一个计时器。人类生物钟运行得有些慢，一个周期大约25小时，早上的阳光被视网膜内神经节细胞里的黑视素光感受器探察，并且传递至视交叉上核，日循环被重新同步化。

组成视交叉上核上生物钟的神经元的“滴答”是由蛋白质的产生和消亡的循环来实现的。至少有七种基因以及它们的蛋白质和两套连锁反馈循环参与这个过程。两种人类家族遗传疾病——睡眠期提前综合征和睡眠期延迟综合征——都是由负责生理节律的两个基因的突变引起的。来自视交叉上核的信息经由下室旁区和下丘脑背内侧核传递到大脑有关睡眠和觉醒的区域。

在夜间，视交叉上核向松果体输送信号以分泌褪黑素，褪黑素似乎参与生理节律的同步化：这个激素能帮助人们适应调节轮班工作或时差反应的影响，甚至能使盲人的日常节律同步化，对于盲人来说，光线不能用作计时器。

思考题

直至近代（根据物种进化），人类的祖先一直是日出而作，日落而息。一旦他们学会了用火，也就学会了坐在火前熬夜。但是直到廉价、有效的照明发展起来，他们中的许多人才学会晚睡晚起。考虑到生物钟和它所控制的神经机制很久以前就进化了，你认为日常节律的改变会损害人的身体和智力吗？

本章结语 | 梦的功能

尽管还不确定为什么出现快速眼动睡眠，但与它的控制有关的复杂的神经回路表明，它一定很重要。如果它不起任何作用，自然界可能不会创造这个神经回路。本章引子提到的迈克的睡眠瘫痪发作、睡前幻觉和猝倒，是由于快速眼动睡眠的两个方面（肌肉麻痹和做梦）在不适当的时候发生而导致的。一般来说，觉醒状态下负责这些现象的脑机制被抑制；对迈克来说，食欲素能神经元退化导致他的睡眠或觉醒触发器不稳定，并允许快速眼动睡眠的一些现象在不适当的时候发生。

正如我们知道的，快速眼动睡眠在学习和大脑发育中发挥作用。但是在快速眼动睡眠阶段做梦时的主观方面怎样呢？睡眠过程中逼真的、像故事一样的幻觉有特殊的目的吗？梦仅仅是重要事情的无关方面在脑内的延续吗？

自古以来，人们就已经意识到做梦的重要性，并用它预言未来，决定是否发动战争或者决定被指控有罪之人是否有罪。20世纪，西格蒙德·弗洛伊德提出了影响深远的梦的理论。他认为梦的出现是由无意识欲望（主要是性）与阻碍实现这些欲望之间的内部冲突引起的，这种阻碍是从社会中习得的。弗洛伊德认为，尽管所有的梦都是对不能实现的愿望的表征，但它们的内容都是经过伪装的。梦的潜意识（来自拉丁语“隐藏的”）内容被转换成真实的内容（实际故事和情节）。从表面上看梦境是无害的，但是一个博学的精神分析学家能认识到梦所象征的无意识欲望。例如，爬楼梯代表性交。弗洛伊德的理论存在的问题是梦的无法证明性，即使梦是无意义的，精神分析家仍然能为梦提供似乎很有道理的解释，揭示隐藏于模糊象征中的冲突。

很多睡眠研究者（尤其是对梦的生理方面感兴趣的）不赞同弗洛伊德的观点，并且提出了另外一种解释。例如，Hobson（1988）认为，快速眼动睡眠期间发生的大脑活动导致幻觉，人们试图通过编造貌似合理的故事来弄清楚幻觉的意思。正如本章所述，快速眼动睡眠伴随快速眼动和皮层觉醒。视觉系统尤其活跃，运动系统也特别活跃——实际上，人自身有一种麻痹和阻止运动系统活动性的机制，这种机制防止人们掉到床下和做一些伤害自己的事情。（前面提到，快速眼动睡眠行为障碍病人在快速眼动睡眠期间，因为无法处于瘫痪状态而将自己的梦境付诸行动，因此有时会受到伤害。他们梦到与人打架时，甚至会伤害到配偶。）

研究表明，大脑中视觉系统和运动系统最活跃，这就解释了梦中发生的大部分感觉。许多梦是安静的，梦的内容几乎都由视觉组成。此外，许多梦包含运动知觉，这可能是由运动系统的活动反馈引起的。很少有人报告在梦中出现触觉、嗅觉或者是味觉。Hobson是个饮酒爱好者，他报告说尽管多次梦到喝酒，但是从没有体验过任何味道和气味。（他垂涎欲滴地报告了这个事实，我猜想即使不打开瓶子他也能闻到酒香。）为什么这种感觉消失了呢？是因为“隐藏的欲望”只包含视觉和运动，还是因为快速眼动睡眠阶段神经激活不包括其他系统？Hobson认为是后者，我也同意他的观点。

关键概念

睡眠的生理和行为描述

1. 睡眠包括慢波睡眠（分成四个阶段）和快速眼动睡眠，梦发生在快速眼动睡眠阶段。

睡眠障碍

2. 人们有时会受到睡眠障碍的困扰，如失眠症、睡眠窒息症、嗜睡症、快速眼动睡眠行为障碍、尿床、梦游或者夜惊。嗜睡症的三种症状（猝倒、睡眠瘫痪和睡眠幻觉）可以被理解为快速眼动睡眠的成分发生在不适当的时候。嗜睡症是由遗传变异引起的，这种变异导致食欲素分泌神经元在青春期退化。

我们为什么需要睡眠

3. 慢波睡眠使大脑皮层得到休息。快速眼动睡眠对大脑发育很重要，并且它对非陈述性记忆的形成起作用。慢波睡眠涉及陈述性记忆的形成。

睡眠和觉醒的生理机制

4. 腺苷，一种神经递质，是大脑新陈代谢的副产物，起到引发睡眠的作用。
5. 脑干存在一种唤醒机制，这种机制有五种主要成分：背外侧脑桥和基底前脑的乙酰胆碱能系统、蓝斑的去甲肾上腺能系统、中缝核的5–羟色胺能系统、下丘脑结节乳头核内的组胺能系统，以及外侧下丘脑的食欲素能系统。腹外侧视前区（vlPOA）对睡眠是必要的，它的神经元会抑制负责唤醒的脑区。
6. 食欲素能神经元促进睡眠或觉醒“触发器”的稳定，此触发器包括腹外侧视前区和参与唤醒的区域。
7. 快速眼动睡眠受快速眼动睡眠触发器的控制，包含背外侧核下部（REM－ON区域）和腹外侧中脑导水管周围灰质（REM－OFF区域）以及它们相互抑制的连接。

生物钟

8. 生理节律主要受位于下丘脑视交叉上核的机制控制。它们与白昼—黑夜的光循环同步，此循环由新发现的视网膜光感受器检测。这些节律的体内钟的“滴答”似乎涉及蛋白质的生成和消退。

第 9 章

生殖行为

©Yuri Arcurs/Fotolia

本章要点

- **性的发育**
  - 配子的产生与受精
  - 性器官的发育
  - 性成熟
- **性行为的激素调控**
  - 雌性生殖周期的激素调控
  - 实验室动物性行为的激素调控
  - 雄激素对行为的组织作用：雄性化与去雌性化
  - 信息素的作用
  - 人类性行为
  - 性取向
- **性行为的神经控制**
  - 雄性
  - 雌性
  - 配对联结的形成
- **亲子行为**
  - 啮齿类动物的母性行为
  - 母性行为的激素调控
  - 母性行为的神经控制
  - 父性行为的神经控制

学习目标

1. 描述哺乳动物性的发育并解释调控它的因子。
2. 描述雌性性周期以及雌、雄性行为的激素调控机理。
3. 描述信息素在生殖生理和性行为中的作用。
4. 讨论性腺激素对雌雄性行为的激活效应。
5. 讨论性取向、遗传上雌性动物出生前雄激素化的作用，以及遗传上雄性动物雄激素化作用缺失的影响。
6. 讨论雄性性行为的神经控制。
7. 讨论雌性性行为的神经控制。
8. 描述啮齿类动物的母性行为，讨论调控母性行为和父性行为的激素和神经机制。

引子 | 从男孩到女孩

一次悲剧性的外科手术事故后续事件发现，人们的性认同和性取向不完全受生物因素控制，也可能在孩子的养育过程中形成（Money and Ehrhardt，1972）。一对孪生兄弟在正常情况下养育了7个月，在此期间，一个男孩的阴茎在切除包皮的手术中被毁掉了。由于电切刀（接通电流切除组织的一种器械）的电流调节过高，而把整个阴茎都给烧坏了。事后经过一番痛苦的抉择，父母决定按照一位性专家的建议把这个男孩变成女孩。因此，布鲁斯就变成了布伦达。

布鲁斯的父母开始给她穿女孩的衣服，把她作为一个女孩来养育。外科医生切除了布鲁斯的睾丸。这个病例报告表明，布伦达是一个正常、幸福的女孩，因此很多专家认为小孩的性认同是在后天的抚养过程中形成的，并不依赖于他们的染色体或性激素。布伦达的同卵双生兄弟也提供了一个很好的对照。许多作者把这个案例看成社会化超越生物因素的例子。

但是在本章后面的结语中，你将会看到这个结论似乎下早了。

生殖行为是一种非常重要的社会行为，如果没有它，很多物种将无法繁衍生息。生殖行为包括求偶、交媾、亲子行为和多种攻击行为，这些行为是发生在雌雄之间最为明显的**性二形行为**。在后面我们将会看到，出生前后的性激素变化对性二形行为的发展和调控起着特殊的作用。

本章首先描述了雄性和雌性的性发育，然后讨论性行为和亲子行为的神经和激素的调控机理。对生殖来说，性行为和亲子行为是最重要的两类性二形行为。

性的发育

个体染色体意义上的性别决定于受精时的情况，而这只是雄性和雌性整个性发育过程中的第一步，本节主要介绍性发育的基本特征。

配子的产生与受精

所有人类细胞（精子和卵子除外）都包含23对染色体。人类发育的所有遗传信息都包含在组成染色体的DNA内。考虑到人类发育蓝图就浓缩在这样一个肉眼无法看到的结构中时，我们所骄傲的能够使用硅片把计算机线路微型化也就没什么了不起了。

配子（卵子和精子，gamein的意思是“结合”）的产生是细胞分裂的一种特殊形式，这个过程产生的细胞只含有23对染色体的一半。个体的发育是从受精开始的，当单个精子和卵子结合时，它们各自所携带的23个单染色体重新组合成了23对染色体。

人类遗传上的性是由受精时父亲的精子决定的，23对染色体中的22对决定机体组织的发育，最后1对染色体叫**性染色体**，包含了决定其子代是男性还是女性的基因。

有两种性染色体：X染色体和Y染色体。雌性有两个X染色体（XX）；因此，所有雌性产生的卵子只携带X染色体，雄性有一个X染色体和一个Y

性二形行为（sexually dimorphic behavior）：在雌性与雄性动物中所具有的不同形式的、或发生概率不同的、或在不同环境下产生的行为。

配子（gamete）：成熟的生殖细胞，即精子或卵子。

性染色体（sex chromosome）：即X和Y染色体，它决定有机体的性别；在通常情况下，XX的个体是雌性，XY的个体是雄性。

染色体（XY）。当雄性染色体分裂时，精子的一半携带X染色体，另一半携带Y染色体。携带Y染色体的精子与卵子结合后产生一个携带XY性染色体的受精卵，因此是雄性。携带X染色体的精子与卵子结合后产生了一个携带XX性染色体的受精卵，因此是雌性。【见图9.1】

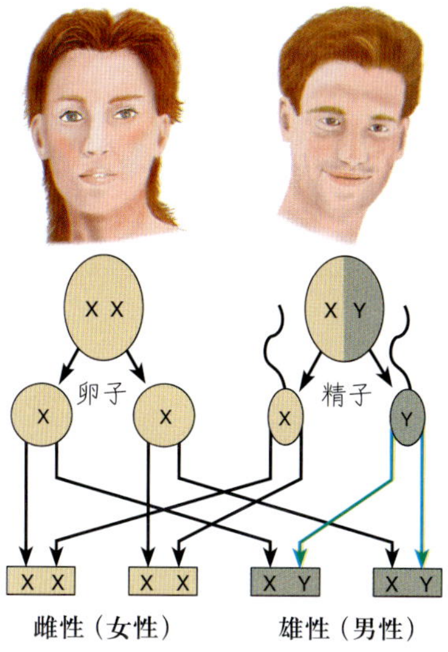

图9.1　性别的决定。子代的性别取决于与卵子结合的精子所携带的是X染色体还是Y染色体。

性器官的发育

男性和女性在很多方面存在差异，包括他们的身体、大脑的某些结构以及生殖行为。所有这些差异是否都由微小的Y染色体所编码？Y染色体是分化雄性或雌性的唯一遗传物质吗？答案当然是否定的。X染色体和22对常染色体在雌性和雄性的细胞中都有，它们携带了雄性和雌性个体的机体发育的所有遗传信息。出生前后，性激素的存在对性二形有一定作用，Y染色体调控产生雄激素的性腺发育。

性腺

个体一般有三种性器官：性腺、内生殖器和外生殖器（在医学上，性腺属于内生殖器）。性腺——睾丸和卵巢——最早发育。**性腺**有双重功能：产生卵子或精子和分泌性激素。胚胎发育至6周时，雄性和雌性的胎儿没有区别，他们都有一对未分化的性腺，这种性腺既可发育成睾丸，也可发育成卵巢。控制性腺发育的是Y染色体上一个叫**Sry**的基因。这个基因产生的一种蛋白质叫睾丸决定因子，它和未分化的性腺细胞核中的DNA结合，使之变成睾丸。睾丸（testis）这个词和"testify"有相同的词根，意思是"作证"。传说古罗马男子如果把他们的右手放在睾丸上发誓，他们将会得到真理，在法庭上说真话（只有男性被允许进行"testify"）。如果Sry基因不出现的话，未分化的性腺将变成卵巢。事实上，就曾经有一些关于携带XX染色体的个体发育为男性的报道。这种异常情况的发生可能是因为Sry基因在精子产生的过程中，从Y染色体移位到了X染色体上。

在性腺的发育过程中，有一系列事件将影响个体的性别，这些事件是通过激素引发的，它影响有机体向雄性或雌性方向发展。在胎儿发育期间，性**激素的组织效应**影响个体性器官和脑的发育。这种影响是持久恒定的，决定以后的发育过程按照这种特有的路径进行。性激素的第二个作用是**激活效应**，发生在性器官发育成熟以后。比如激活精子的产生、促进阴茎的勃起和射精，以及诱发排卵。由于成年男性和女性的身体组织不同，因此，性激素对两性的激活效应是不同的。

内生殖器

在胚胎发育的早期，内生殖器是双性的，也就是说，所有胚胎都有雌雄两性性器官的前体。直到妊娠的第三个月，前体只发育一个，另一个则退化消亡。雌性内生殖器前体（即**缪勒管系统**）发育成卵巢、输卵管、子宫和阴道的上2/3。雄性内生殖器前体（即**沃尔弗管系统**）发育成睾丸、附睾、输精

性腺（gonad）：卵巢或睾丸。

Sry基因（sex-determining region Y）：位于Y染色体，其产物诱导未分化的胎儿性腺发育为睾丸。

激素的组织效应（organizational effect of hormone）：激素对组织的分化和发育的影响。

激素的激活效应（activational effect of hormone）：这种作用主要发生在发育成熟的有机体内，也就是说，它有赖于机体以前受到的激素的组织效应的影响。

缪勒管系统（Müllerian system）：雌性内生殖器在胚胎期的前体。

沃尔弗管系统（Wolffian system）：雄性内生殖器在胚胎期的前体。

管和精囊。(这些系统以它们的发现者来命名，即缪勒和沃尔弗。)【见图9.2】

胎儿内生殖器的分化依赖于睾丸分泌的激素：如果这种激素存在，沃尔弗管系统将发育；如果这种激素不存在，则缪勒管系统发育——不需要性腺分泌激素的控制；在通常情况下都是如此。(后面将讨论的一种性发育紊乱——特纳氏综合征——为以上结论提供了证据。)与此相反，沃尔弗管（雄性）的发育必须有雄激素的刺激。睾丸分泌两种激素：一种是肽类激素，称作**抗缪勒管激素**，它阻止缪勒管的发育，所以它有**去雌性化作用**；另一种是类固醇激素，称作**雄激素**，它刺激沃尔弗管的发育，雄激素有**雄性化作用**。

雄激素与雄性化作用有关，包括两种：一种是**睾酮**，它由睾丸分泌，因此得名；另一种是睾酮经过一种酶的作用转变而成雄激素，即**二氢睾酮**。

在第2章中已经谈到，激素对靶细胞发生作用是通过刺激相应的受体。雄性内生殖器的前体（沃尔弗管系统）含有雄激素受体，这些受体通过一定的细胞机理促进沃尔弗管的成长与分化。当雄激素与受体结合后，附睾、输精管和储精囊就发育和成长。与此相反，缪勒管细胞含有缪勒管抑制剂的受体，它阻止缪勒管的成长与分化，因此缪勒管抑制剂会阻断雌性内生殖器的发育。

人类早期胚胎的内生殖器具有两性形，既可以发育为雄性也可以发育为雌性。这一事实说明可能存在两种遗传性疾病：雄激素不敏感综合征和先天性缪勒管综合征。有一些男性个体对雄激素不敏感，他们患有**雄激素不敏感综合征**（Money and Ehrhardt，1972；Maclean，Warne，and Zajac，1995）。这种疾病的原因是由于基因突变引起功能性雄激素受体不能形成（这种雄激素

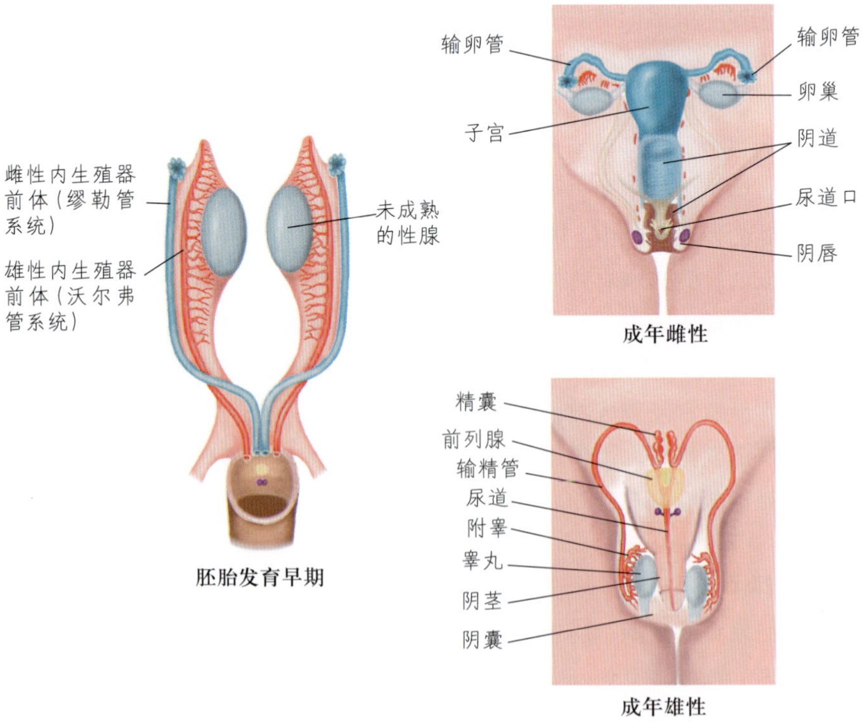

图9.2　内生殖器的发育。

抗缪勒管激素（anti-Müllerian hormone）：胚胎睾丸分泌的一种肽类物质，它抑制缪勒管系统的发育，否则它将发展成雌性的内生殖器。

去雌性化作用（defeminzing effect）：在发育的早期，如果有雄激素存在，它会降低或阻止雌性动物在解剖学上或行为特征上的晚期发育。

雄激素（androgen）：雄性的一种类固醇激素，睾酮是哺乳动物的一种主要雄激素。

雄性化作用（masculinizing effect）：在发育的早期，如果存在雄激素，它会促进雄性动物在后期发育中向雄性解剖学和行为学方向发育。

睾酮（testosterone）：雄性动物的一种主要性激素。

二氢睾酮（dihydrotestosterone）：一种雄激素，它是由睾酮经过5α－还原酶的作用衍变而来的。

雄激素不敏感综合征（androgen insensitivity syndrome）：在具有XY性染色体的个体中，由于先天性缺乏功能性雄激素受体，导致向雌性发育，但具有睾丸，没有雌性内生殖器。

受体的基因位于X染色体上)。患有雄激素不敏感综合征的胎儿的早期性腺已变成睾丸，并分泌雄激素和抗缪勒管激素(缪勒管抑制剂)。但由于雄激素受体的缺乏，阻断了雄激素的雄性化作用，因此附睾、输精管、储精囊和前列腺不能发育。另外，缪勒管抑制剂仍有去雌性化作用，阻止雌性内生殖器的发育。子宫、输卵管伞和输卵管不能发育，而且阴道也很浅，他们的外生殖器是雌性的。在青春期，他们的体型也会发育成女性的样子。当然他们没有卵巢和子宫，这些人不能生育。

第二种遗传疾病是**先天性缪勒管综合征**，包括两种情况：不能产生抗缪勒管激素或缺乏这种激素的受体(Warnt and Zajac，1998)。男性发生这种病时，雄激素仍具有雄性化作用，但是不具有去雌性化作用，因此这种人出生后兼有雄性和雌性两种内生殖器。附属的雌性性器官的存在会干扰雄性性器官的正常功能。

先天性缪勒管综合征(persistent Müllerian duct syndrome)：在雄性个体中，由于先天性缺乏缪勒管抑制剂或这种激素的受体，导致个体同时具有雄性和雌性两种内生殖器。

特纳氏综合征(Turner's syndrome)：由于个体只具有一条性染色体(一条X染色体)，因此没有卵巢，但另一方面她具有其他雌性内生殖器官和外生殖器。

到此为止，我们只讨论了雄激素。出生前雌性性器官的发育又如何呢？一种染色体异常的疾病表明，在缪勒管系统的发育中，并不需要雌性性器官产生的激素。这一事实使我们得出这样的结论：自然界的力量就是使人向雌性发展。患有**特纳氏综合征**的人只有一条性染色体：即一条X染色体。(因此，她们的性染色体不是XX，而是XO——O表示丢失了一条性染色体。)在大多情况下，X染色体来自母体，这就表明，产生特纳氏综合征的原因是精子有缺陷(Knebelmann et al.，1991)。因为Y染色体不存在，睾丸就不会发育。另外，产生卵巢需要两条X染色体共同作用，仅具有一条X染色体则不能使卵巢发育。尽管如此，患有特纳氏综合征的人根本没有性腺，却也能发育成女性，有正常的雌性内殖器和外生殖器这就表明，胎儿向雌性发育不需要卵巢和激素，当然，她们需要雌激素药物才能产生青春期和性成熟。而且她们不能生育，因为她们没有卵巢，不能产生卵子。

外生殖器

外生殖器是外部可见的性器官，雄性有阴茎和阴囊，雌性有阴唇、阴蒂和会阴。【见图9.3】正如大家所知道的，雌性外生殖器并不需要雌激素的作用，她们会自然而然地发展为雌性。在有二氢睾酮存在的情况下，外生殖器就会发展成雄性的样子，因此，个体外生殖器的分化决定于雄激素是否存在。这就很好地解释了为什么患有特纳氏综合征的人尽管没有卵巢，仍能发育雌性的外生殖器。患有雄激素不敏感综合征的个体也有雌性外生殖器，因为他们没有雄激素受体，他们的细胞不能对睾丸分泌的雄激素进行反应。

图9.4总结了控制性腺、内生殖器和外生殖器发育的因素。【见图9.4】

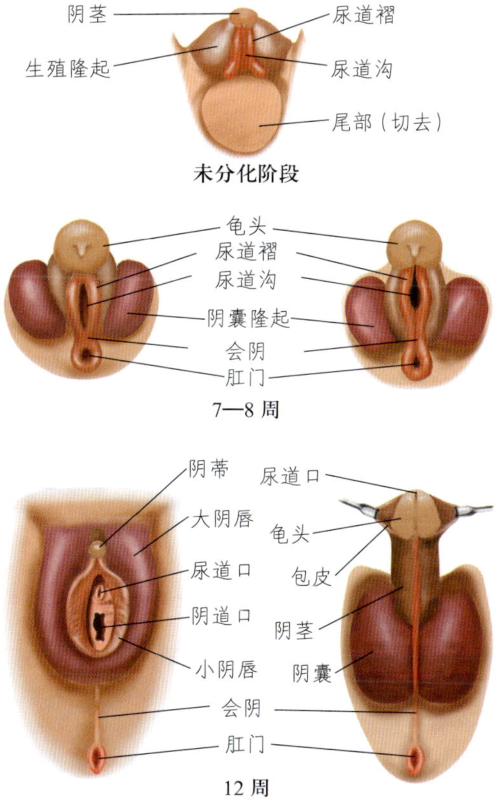

图9.3　外生殖器的发育。

Adapted from Spaulding, M. H., in *Contributions to Embryology*, Vol. 13. Washington, DC: Carnegie Institute of Washington, 1921.

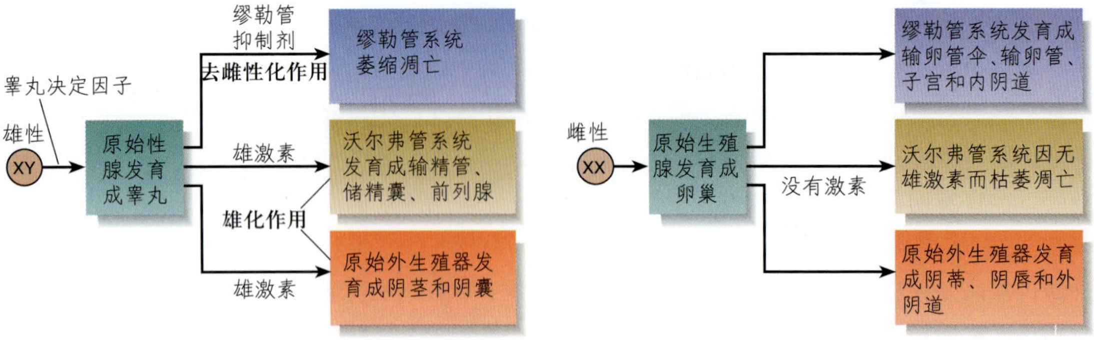

图 9.4　内部性器官发育的激素调控。

性成熟

第一性征包含有性腺、内生殖器和外生殖器，这些器官出生时就已存在。第二性征，比如女性乳房增大，髋部加宽等；比如男性长胡须，声音变粗等，这些现象到青春期以后才出现。如果不看生殖器，要区分青春期前小孩的性别，就需要根据其头发长短和所穿的衣服进行分辨，因为青春期前的男孩和女孩的体型基本是一样的。但进入青春期后，性腺被激活并分泌性激素，这些激素又促进了个体的性成熟。从青春期开始，下丘脑的细胞分泌**促性腺激素释放激素（GnRH）**，这种激素刺激垂体前叶产生和分泌两种**促性腺激素**。这些促性腺激素又刺激性腺分泌性激素，最终会带来性成熟。【见图 9.5】

促性腺激素释放激素（gonadotropin-releasing hormone）：下丘脑分泌的一种激素，它刺激垂体前叶分泌促性腺激素。

促性腺激素（gonadotropic hormone）：垂体前叶分泌的一种激素，它刺激性腺细胞分泌性激素。

卵泡刺激素（follicle-stimulating hormone，FSH）：垂体前叶分泌的一种激素，它促进卵泡的发育和卵子的成熟。

黄体生成素（luteinizing hormone，LH）：垂体前叶分泌的一种促进排卵和卵泡发育成为黄体的一种激素。

kisspeptin：一种肽类激素，主要作用是引发青春期并维持两性繁殖能力，控制促性腺激素释放激素（引导促性腺激素的产生和释放）的分泌。

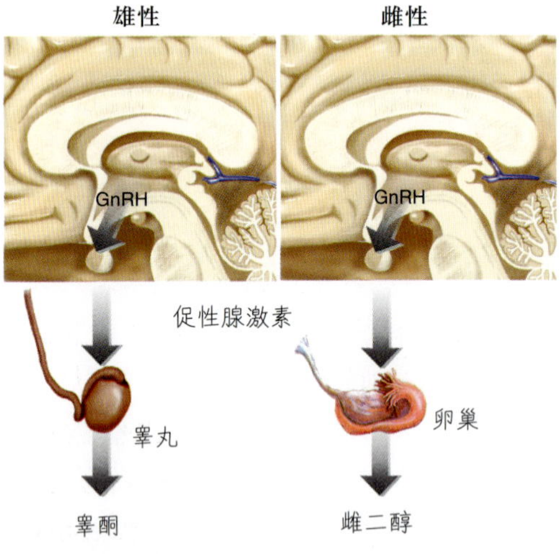

图 9.5　性成熟。从青春期开始，下丘脑分泌促性腺激素释放激素，它刺激垂体前叶分泌促性腺激素。

垂体分泌的两种促性腺激素是：**卵泡刺激素（FSH）**和**黄体生成素（LH）**，这是根据它们对雌性个体的作用而命名的（卵泡的产生和黄体的形成，将在本章的下一节介绍），然而它们在雄性个体中也存在，作用是刺激睾丸产生精子并分泌睾酮。

促性腺激素释放激素的分泌介导促性腺激素的产生，而促性腺激素会刺激青春期发生，以及刺激性腺分泌产生性激素。促性腺激素释放激素的分泌被另一种肽——**kisspeptin** 调控。（这种肽的独特的名字并不是指亲吻的行为，而是指美国宾夕法尼亚州的赫稀，这是发现编码这种肽的基因的实验室的所在地。这座城市也是生产巧克力糖果的“好时”公司的发源地。）kisspeptin 是由下丘脑弓状核的神经元分泌产生的，它对于青春期的起始和两性繁殖能力的维持非常重要（Millar et al.，2010）。

促性腺激素的作用是促使性腺分泌类固醇激素。卵巢产生**雌二醇**，这是**雌激素**的一种。睾丸分泌睾酮，也是雄激素的一种。两种腺体也产生少量其他性激素。性腺的类固醇激素对身体的很多部位都有影响，雌二醇和雄激素能阻止骨骼的生长。雌二醇也能引起乳房的发育、子宫内膜生长、体内脂肪沉积和雌性个体生殖器官的成熟。雄激素引起面部、腋窝（臂下）和耻骨部位毛发的生长、声音变粗和发际线的改变（常常导致之后的秃顶），刺激肌肉的发育和生殖器官的成熟。这些描述忽略了雌性个体的两种第二性征，即腋窝和耻骨部生长毛发。这些特征的产生不是由雌二醇引起的，而是肾上腺皮质分泌的雄激素作用的结果。即使雄性在青春期前就已经被阉割了（即睾丸被切除），他的腋下和耻骨处仍然会生长毛发，这也是肾上腺皮质分泌的雄激素的结果。表9.1列出了一些主要的性激素和它们的功能，注意其中有一部分功能将在本章的后面进行讨论。【见表9.1】

雌二醇（estradiol）：许多哺乳动物（包括人类）的一种主要的雌激素。

雌激素（estrogen）：性激素的一种，它促进雌性生殖器的成熟，乳房增大，以及其他雌性生理特征的发育。

表9.1 性激素的分类

种类	人体内主要的激素（分泌的地点）	作用的例证
雄激素	睾酮（睾丸）	沃尔弗管系统的发育；精子的生成；面部、耻骨和腋下毛发的生长；肌肉的发育；喉头增大；抑制骨骼生长；男性的性驱力增加（是否包括女性？）
	二氢睾酮（由睾酮经过5α－还原酶作用后衍变而来）	雄性外生殖器成熟
	雄烯二酮（肾上腺）	促进女性腋下和耻骨部位毛发的生长；对男性来说，它比睾酮和二氢睾酮的作用要小
雌激素	雌二醇（卵巢）	雌性生殖器的成熟；乳房增大；改变脂肪的沉积；子宫内膜生长；抑制骨骼生长；女性性驱力增加（？）
孕激素	孕酮（卵巢）	子宫内膜的维持
下丘脑激素	促性腺激素释放激素（下丘脑）	促性腺激素的分泌
促性腺激素	卵泡刺激素（垂体前叶）	卵泡的发育
	黄体生成素（垂体前叶）	排卵；黄体的生成
其他激素	催乳素（垂体前叶）	乳汁的形成；雄性不应期（？）
	催产素（垂体后叶）	乳汁的排出；性欲高潮
	加压素（垂体后叶）	雌雄配对结合（特别是男性）

部分第二性征的两性潜能将保持终生，如果对一个正常男子应用雌激素（比如，为了抑制某种雄激素依赖性肿瘤），那么他的乳房将发育增大，面部的胡须将变得细少而柔软。但是，他的声音仍然比较粗，因为喉头的增大是不变的。相反，如果一个女性受到高水平雄激素的作用（通常是由于肿瘤引起雄激素的分泌），那么她将长出胡须，声音也会变得比较低沉。

小 结

性的发育

性别由性染色体决定：XX产生雌性，XY产生雄性。雄性是通过Y染色体上的Sry基因的作用而产生的，这种基因含有产生睾丸决定因子的密码，它逐渐使原始的性腺变为睾丸。睾丸分泌两种激素，促使雄性个体的发育。睾酮和二氢睾酮（雄激素）刺激沃尔弗管系统的发育（雄性化作用），而缪勒管抑制剂阻止缪勒管系统的发育（去雌性化作用）。雄激素不敏感综合征是由于遗传上缺乏雄激素受体，而先天性缪勒管综合征则是由于遗传上缺乏缪勒管抑制剂或其受体。

体内缺乏雄激素就会变成雌性（自然界的力量就是使有机体自然而然地向雌性发展），只有睾丸激素存在才能变成雄性。雄性化和去雌性化作用是在激素产生组织效应时发生的，激活效应则是在发育完全后才开始。患有特纳氏综合征的个体（XO）性腺不能发育，但仍然具有除卵巢外的其他雌性内生殖器和外生殖器。外生殖器由共同的前体发育而来，在性激素缺乏的情况下，前体发育成雌性的样子；在雄激素存在的情况下（主要是二氢睾酮，它由睾酮经过一种酶的作用衍生而来），就发育成雄性（雄性化作用）。

性成熟发生在下丘脑开始分泌促性腺激素释放激素的时候，这种激素刺激垂体前叶分泌卵泡刺激素和黄体生成素。这些激素刺激性腺分泌性激素，促进生殖器的成熟和个体第二性征的发育（激活效应）。

思考题

1. 假若人们能够决定小孩的性别，比如说让准父母中的一位在怀孕前吃一种药，结果将会怎样？
2. 经过适当的激素处理，绝经后女性的子宫能够使得体外受精的其他女性的卵子着床，成为母亲。事实上，有些五六十岁的女性已经这样做了，你认为这种做法如何？如果采用这种方法，是应该由夫妻双方或他们的医生来决定，还是与社会的其他成员也有关系（由立法者来代表）？

性行为的激素调控

我们知道激素对有机体的结构和器官的性二形性有影响，它对内生殖器、外生殖器和第二性征有组织和激活的作用。很自然，所有这些作用也影响着人类的行为。它对男性和女性的体型和生殖器产生了很大的影响。但除了让我们的身体呈现男女之态，激素还通过直接与神经系统相互作用对行为产生影响。在出生前的发育阶段，如果雄激素存在，它会影响神经系统的发育。另外，不管是雄激素还是雌激素，两者都对成年后的神经系统有激活作用，从而影响个体的生理和行为过程。本节主要介绍激素的作用。

雌性生殖周期的激素调控

雌性灵长类动物的生殖周期称为**月经周期**。其他哺乳类动物的雌性也有生殖周期，称作**发情期**。“发情”意思是“强烈的刺激（冲动）”。当一只雌性大鼠处于发情期时，它的激素水平刺激它产生与其他时间相比不同的行动（事实上，它也刺激雄性大鼠有不同的行动）。区别发情期和月经周期的主要特征是黄体按月形成以及子宫内膜的脱失。其他的特征（除大鼠的发情期是4天外）大体是相同的。另外，具有发情期的雌性哺乳动物的性行为是与排卵紧密相连的，而大多数雌性灵长类在月经周期的任何时候都可以交媾。

月经周期（menstrual cycle）：许多灵长类（包括人类在内）的雌性生殖周期，主要特征是子宫内膜生长、排卵、黄体的形成，如果没有怀孕则出现月经。

发情期（estrous cycle）：除灵长类以外，哺乳动物的雌性生殖周期。

月经周期和发情期都是由垂体和卵巢分泌的激素进行调控的，这些腺体相互作用，一种激素的分泌影响另一种的分泌。周期是从垂体前叶分泌促性腺激素开始，这些激素（尤其是卵泡刺激素）刺激卵泡的生长以及每个卵子周围的少量卵巢上皮细胞的生长。女性在一般情况下是一个月产生一枚卵子，如果产生两枚，并且都受精，则发生异卵双生双胞胎。随着卵泡逐渐发育成熟，会分泌雌二醇，引起子宫内膜生长，为卵子着床做准备，排卵后与精子相遇受精。同时，雌二醇水平的升高又激发垂体前叶大量分泌黄体生成素。【见图9.6】

黄体生成素的大量分泌会引起排卵，卵泡破裂释放卵子。在黄体生成素的继续作用下，破裂的**卵泡**变成**黄体**，黄体分泌雌二醇和**孕酮**（见图9.6）。这两种激素会促进怀孕（妊娠），维持子宫内膜，抑制产生另一个卵泡。与此同时，卵子进入输卵管并开始移向子宫。如果它在输卵管中移动的过程中遇到一个精子，将被受精，并开始分裂，几天后受精卵进入子宫腔并着床进入到子宫内膜。

如果卵子没有受精或者是受精太晚，在它到达子宫前没有得到足够的发育，黄体便停止分泌雌二醇和孕酮，然后子宫内膜脱落，月经周期将重新开始。

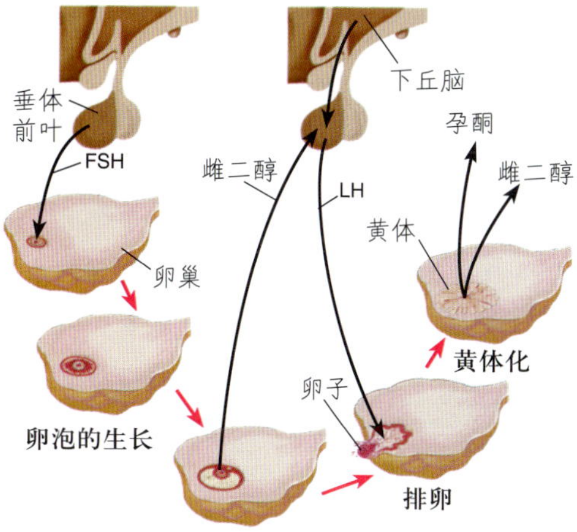

图9.6 月经周期的神经内分泌控制。

实验室动物性行为的激素调控

研究人脑和性激素之间的相互作用是很困难的，我们只好从以下两方面获取一些信息，即从动物实验和人类所患的一些疾病中去了解，以此了解自然界本身的一些规律性的东西，首先让我们看看从动物实验中得到的一些证据。

雄性

雄性的性行为是多变的，但是插入（阴茎插入雌性的阴道）、胯部推冲（后腿肌肉有规律运动，引起生殖器的摩擦）和射精（精子排出）是所有雄性哺乳动物性行为的基本特征。然而人类有各种交媾和非交媾的行为，例如，胯部推冲导致射精可由女性来完成，性游戏可导致没有插入的性高潮。

与其他实验动物相比，人们对大鼠的性行为研究得较多。当一只雄鼠遇到一只有接受性的雌鼠时，它将花一些时间去接近它和靠拢它，并且用鼻子闻和舔它的生殖器，爬背并胯部推冲。在多次的爬背和大概8 ～ 15次的插入后，经过1分钟左右的间隔，大鼠将射精（每次只有1/4秒）。

大多数哺乳动物射精以后，雄性的性活动停止一段时间（大鼠是几分钟）后，可再进行下一次交媾，期间的时间间隙叫作**不应期**。研究者在某些哺乳动物中发现了一些有趣的现象，当一只雄性与同一只雌性反复交媾后进入衰竭状态时，如果呈现一只新的雌性，它将很快地与这只雌鼠进行初期的接触，这只新的雌性个体可以使它的性行为时间延长。这一观象在某些动物种类中的确是很重要的，因为在这些物种中，单只雄性要使与它群居的所有雌性受孕。在具有生殖能力的雌性和雄性个体数量大致相等的物种中则很少采用这种方式。

曾有一个相当奇特的研究，Beamer、Bermant和Clegg（1969）检测了公羊是否可以认出曾与它交配的母羊。呈现新的雌性给公羊，公羊会很快开始交媾，并在2分钟以内射精。（在一个研究中，1只公羊和12只母羊持续了这样的行为。实验者们最终厌倦了那些羊走来走去，而公羊依然准备继续。）Beamer和他的同事尝试通过给与公羊交配过的母羊穿上军大衣、戴上万圣节面具来糊弄公羊。（这并不是我编造的。）但那些公羊并没有被欺骗：它们显然通过气味识别出了曾与它们交配过的母羊，

卵泡（ovarian follicle）：卵母细胞周围的一组上皮细胞，它将发育成卵子。

黄体（corpus luteum）：排卵后，从卵泡发育而来的一组细胞，它分泌雌二醇和孕酮。

孕酮（progesterone）：卵巢分泌的一种类固醇激素。在月经周期的后期和怀孕期间维持子宫内膜的生长，并与雌二醇一起促进雌性哺乳动物的接受性和发情期。

不应期（refractory period）：一种特殊行为（如雄性射精）后的一个时间段，在此期间行为不能再发生。

并且不再对它们感兴趣。

一只新的雌性引起处于性衰竭的雄性性兴奋恢复的现象，在公鸡中也能见到，人们通常把这种现象叫作**柯立芝效应**。我不能确定下面这个故事是否是真实的（如果它不是真的，那它就不是）。从前美国有一个总统卡尔文·柯立芝（Calvin Coolideg）和他的妻子到一个农场参观，柯立芝太太问农场主，这群母鸡进行的连续不断的且精力旺盛的性活动是否只靠一只公鸡。农场主回答说：是的。她微笑着说："你应该对柯立芝先生指出这一点。"总统仔细地看着这群家禽，然后问农场主，公鸡是否每次都是与不同的母鸡交配的。农场主也回答是。"那你应该告诉柯立芝太太这一点。"总统说。◀◀◀

雄性啮齿类动物的性行为依赖于睾酮，这是人们长期以来都持有的观点（Bormant and Davidson，1974）。如果一只雄性大鼠被阉割了（即它的睾丸被切除），它的性活动最终将停止，如果要恢复性行为，就必须注射睾酮。在本章的后面部分，我们将讨论这些激活效应的神经基础。

雌性

以前认为，在交媾过程中，雌性哺乳动物是消极的参与者。但实际上在交媾过程中，一些种类的雌性会采取一种姿势，把自己的生殖器展露给雄性，这种行为叫**脊柱前凸**反应。与此同时，它还会把尾巴（如果有的话）偏向一侧并站着不动接受雄性的爬背。雌性啮齿动物在引发交媾行为中会很主动。如果一只雄性个体企图与未发情的雌性交媾，雌性不是逃避就是拒绝。但是，当这只雌性处于接受期时，它常常主动去接近雄性，紧挨着它，并嗅它的生殖器，展现出一些本物种特有的行为特征，例如，雌性大鼠表现出的快速的奔跑，然后又突然停下来，耳朵快速震颤，以此引诱雄性的性欲望（Meclintock and Adler，1978）。

发情期间，雌性啮齿类的性行为依赖于性腺激素雌二醇和孕酮。在大鼠中，在雌性呈现接受性以前，需要大约40小时的雌二醇分泌持续累积；只有达到接受性时，黄体才开始分泌大量的孕酮（Feder，1981）。切除卵巢的大鼠没有性接受性。尽管在切除卵巢的啮齿类动物中，单独给予大剂量的雌二醇能够产生性的接受性，但最有效的方法是给予两种正常剂量的激素：先注射雌二醇，紧接着注射孕酮，单独给予孕酮是无效的。因此，雌二醇的适量是很重要的，注射适量的雌二醇的16 ～ 24小时后，再注射孕酮，雌鼠将在1小时以内产生性接受行为（Takahashi，1990）。与其相关的神经机制将在本章的后面部分进行讨论。

注射雌二醇和孕酮对雌性大鼠有三种作用，即增加它们的接受性、前接受性和引诱力。**接受性**与它们的能力和对交媾的意愿有关，即雌鼠在接受试图爬背的雄鼠前所表现出来的站立不动和脊柱前凸行为。**前接受性**与雌性动物对交媾的欲望有关，它找到一只合适的雄性后会展现出一定的行为以唤起雄性对它的兴趣。**引诱力**涉及对雄性产生影响的生理和行为的改变。雄鼠

柯立芝效应（Coolidge effect）：尽管一只雄性动物的性活动能力处于"衰竭"状态，但如果给它呈现一只新的雌性伴侣，能立即使它恢复性活动。

脊柱前凸（lordosis）：在很多四足雌性哺乳动物中常看到的一种脊柱的性反射活动，当雌鼠接近雄鼠时，背会弯曲向前凸，臀部抬高。

（与许多其他哺乳动物一样）对正在发情的雌鼠反应最强烈，而对已切除卵巢的雌鼠是不理会的（如果注射雌二醇和孕酮将恢复它的引诱力，而且也会改变它向雄性靠拢的行为）。唤起雄鼠性兴奋的刺激主要是雌鼠的气味和行为。在某些物种中，动物会表现出明显的变化，例如，在雌猴的阴道周围出现肿胀的性皮，对雄猴具有很强的吸引力。

尽管人类女性不会在她们月经周期的受孕期中表现出明显的生理变化，但确实会出现一些细微的不同。Roberts 等人（2004）为女性照相，记录她们在月经周期中的受孕期和非受孕期的面孔，结果发现，无论是男性还是女性，评价照片时都认为处于受孕期的那些照片看起来更有吸引力。（被拍照的女性在实验结束之前并没有被告知实验的目的，这是为了防止她们不自觉地改变面部表情而使结果产生偏差。）

雄激素对行为的组织作用：雄性化和去雌性化

我们可以断言，自然界的推力是使胚胎自然而然地向雌性发育，不论是性行为还是性器官都是如此。因此，啮齿动物脑发育的关键期如果没有雄激素存在，那么动物到成年后将表现出雌性的性行为（就好像随后用雌二醇和孕酮处理过一样）。幸好，对我们研究者较为有利的是，大鼠和其他几种啮齿类动物的关键期是在出生后短时间内才开始的。因此，如果雄性大鼠出生后立即被阉割，让它生长到成年后注射雌二醇和孕酮，它就会在雄性大鼠出现时产生反应，拱背并露出它的臀部。换句话说，它的行为就像一只雌性大鼠（Blaustein and Olster，1989）。

与此相对照的是，如果在发育期间啮齿类动物的大脑暴露于雄激素中，则有两种情况发生：行为的去雌性化和雄性化。行为**去雌性化**涉及雄激素的组织作用，它会防止动物在成年时呈现雌性性行为。正如我们在后面将要看到的，这种影响是使控制雌性性行为的神经回路的发育受到抑制。例如，若一只雌性啮齿类动物的卵巢被切除，并在出生后立即注射睾酮，那么它到成年以后会对雄性没有反应；但注射雌二醇和孕酮后会有反应。**雄性化**作用也是雄激素的一种组织效应，它使动物成年时表现出雄性的性行为。这种效应是刺激控制雄性性行为的神经回路的发育，例如，在上面这个例子中，如果在雌性啮齿类成年后给予其睾酮而不是雌二醇和孕酮，那么它将对具有接受性的雌性动物进行爬背或试图与它交媾（Breedlove，1992；Carter，1992）。【见图 9.7】

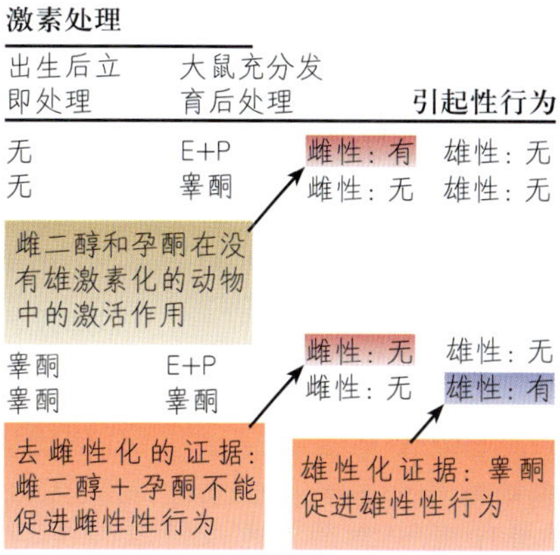

图 9.7　睾酮的组织效应。在出生前后，睾酮使啮齿类动物的性行为雄性化和去雌性化。

信息素的作用

激素可以把信息从身体的某一部位（分泌腺）传递给另一部位（靶器官）。另一种化学物质，我们叫它**信息素**，它把信息从一只动物传给另一只动物。有一些这样的化学物质，如激素，影响生殖行为。Karlson 和 Luscher（1959）指出这个术语来自于希腊语的“Pherien”（即“携带”的意思）和“horman”（即“激发”的意思）。信息素由一只动物分泌并影响另一只动物的生理和行为。

信息素（pheromone）：动物释放的一种化学物质。异性动物闻到这种物质的气味后，影响它的生理或行为。

在哺乳动物中，很多信息素是通过嗅觉来检测的。

信息素能影响生殖生理或行为。首先，让我们看看它对生殖生理的作用。雌性小鼠集体饲养在一起时，它们的发情周期将减慢并最终停止，这一现象叫作**李－波特效应**（Van der Lee and Boot，1955）。如果让这些群体饲养的雌鼠闻到雄鼠的气味（或者是雄鼠的尿），它们的发情周期又会重新开始，而且是同步的，这种现象我们称之为**怀特效应**（Whitten，1959）。而**范登伯格效应**（Vandenbergh，Whisett and Lombardi，1975）是指雄性的气味引起雌性啮齿类动物青春发育期加速的效应。怀特效应和范登伯格效应是把正常成年雄鼠的尿呈现给群体饲养的雌鼠而引起的（Ma，Miao，and Novotny 1999；Novotny et al.，1999），但未发育成熟的幼年雄鼠和阉割的雄鼠的尿是无效的，因此，信息素的分泌需要睾酮的存在。

李－波特效应（Lee-Boot effect）：当把许多雌性动物放在一起饲养的时候，它们的发情周期将减慢并停止；这是由动物尿里的一种信息素引起的；首先是在小鼠中观察到这种现象的。

怀特效应（Whitten effect）：把雄性动物尿中的信息素呈现给集体饲养的雌性动物时，雌性动物的月经和发情周期将会变得同步。

范登伯格效应（Vandenbergh effect）：把雌性动物和雄性动物放在同一个屋子里饲养时，雌性动物的青春期发育要提前；这是由雄性动物尿中的一种信息素引发的；最早是在小鼠中观察到这种现象的。

布鲁斯效应（Bruce effect）：雄性动物尿中信息素的气味可使怀孕的雌性动物妊娠终止，除非它没有怀孕；这种现象最早是在小鼠中发现的。

梨鼻器（vomeronasal organ，VNO）：一种检测特定化学物质的感受器，特别是对嗅觉有较强刺激的液体；有中介某些信息素的作用。

副嗅球（accessory olfactory bulb）：位于主嗅球旁的一种神经组织，它接收梨鼻器传来的信息。

布鲁斯效应（Bruce，1960a，1960b）是一种非常有趣的现象：一只近期怀孕的雌性小鼠，如果遇到一只不是与它交媾过的正常雄鼠，这只雌鼠很可能要流产。这种影响也是由正常雄性小鼠而不是被阉割后小鼠的尿中分泌的一种物质引起的。因此，一只雄性小鼠如遇到怀孕的雌性小鼠，它能阻止带有其他雄性小鼠基因的幼鼠出生，而让雌性小鼠怀上它自己的小鼠。这种现象从雌性的观点来看是有利的，因为若新的雄性小鼠能够接管旧的雄性小鼠的领地，说明它的身体更健康、更强壮，因此它的基因对子代的生存肯定是有好处的。

我们在第7章已经学到，气味的检测是由嗅球来完成的，它是原始嗅觉系统的一部分。然而这四种效应，即信息素对生殖周期的影响是通过另外的器官——**梨鼻器（VNO）**来中介的，它是由分布在隐窝周围的感受器组成的一个核团，并有小管与鼻腔相通。除鲸类（鲸鱼和海豚）以外，所有哺乳动物都有梨鼻器，其神经纤维投射到**副嗅球**，就位于嗅球的后面（Wysocki，1979）。【见图9.8】

虽然梨鼻器可以对一些气体分子做出响应，它却对尿液或其他物质中的非挥发性化合物最为敏感（Brennan and Keverne，2004）。事实上，仓鼠的鼻腔神经受刺激后能引起液体被泵（吸）入梨鼻器，将受体暴露于可能呈现的任何物质之中（Meredith and O'connell，1979）。每当动物遇到一个新的刺激时，这个泵就被激活（Meredith，1994）。如果切除副嗅球，将破坏李－波特效应、怀特效应、范登伯格效应和布鲁斯效应，因此梨鼻器对这些现象来说是必不可少的（Halpern，1987）。

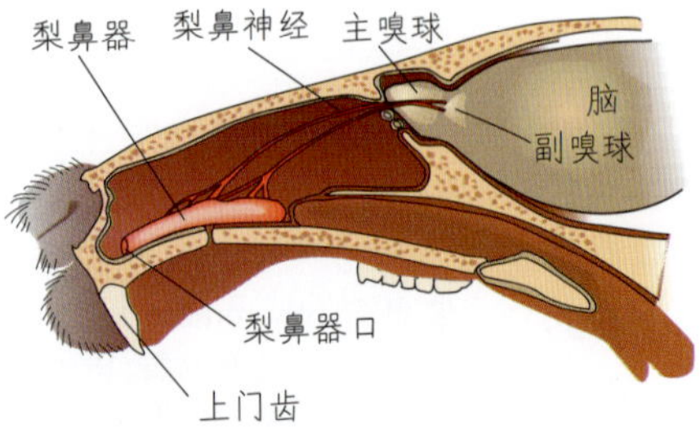

图9.8 啮齿类动物的副嗅觉系统。

信息素除了影响生殖生理外，还直接影响行为。例如，将雌仓鼠的阴道分泌物中的信息素呈现给雄鼠，可以诱发雄鼠的性行为——它们被这些分泌物所吸引，在交媾前会去嗅和舐雌性的生殖器。实际上有两种信息素：一种是梨鼻器检测的，另一种是嗅觉上皮细胞检测的。如果这两个系统被阻断，雄仓鼠的交媾行为也会被阻断（Powers and winans，1975；Winans and Powers，1977）。另外，一些物种的雄性会产生性引诱信息素，影响雌性的行为。例如，一种雄性猪所产生的信息素诱导该物种的雌性发生性行为（Dorries，Adkins，and Halpern，1997）。而一些吸引雌性的雄性信息素在主嗅觉系统中被检测到。例如，Mak 等人（2007）发现，从雄鼠笼中提取的污泥的气味激活了主嗅觉系统和海马体的神经元。这种气味甚至刺激了神经发生（新神经元的产生）；Mak 和她的同事们在嗅球和海马体中发现了新的神经元。而且，与等级低的雄性相比，等级高的雄性笼中的污泥的气味引起了更高效的神经发生。

有关信息素的现象在人类中也存在。经常生活在一起的女性的月经周期基本同步。

Kelly-Mooney Photography/Corbis.

Stowers 等人（2002）发现，通过梨鼻器检测信息素所必须的一种蛋白质的靶位如果发生突变，那么雄性小鼠对雌雄的分辨能力会消失。有研究表明，带有这种突变的雄性小鼠试图与饲养在一起的雄性和雌性的小鼠交媾时，它分辨不出哪只是雄性，哪只是雌性。Luo、Fee 和 Katz（2003）记录了小鼠副嗅球单个神经元的数据。他们发现，有一些特定的神经元只在小鼠积极地探索别的动物的面孔或生殖器区域时才有响应。另外，这些神经元的响应有大幅调整的特点，这在不同的小鼠品系、雌性和雄性小鼠之间有明显区别。

某些信息素的现象在人类中也存在。McClintock（1971）研究了女子学院女性的月经周期的情况，发现在一起生活时间比较长的女性，她们的月经周期趋于同步，月经开始的时间只差一两天。如果让这些女性在有（能闻到？）男人的地方生活一段时间，那么她们的月经周期比那些很少和男人生活在一起的女性的月经周期要短。

Russell、Switz 和 Thompson（1980）获得了直接的证据，信息素能使女性的月经周期同步。研究者每天收集女性腋下的汗液样本，把它们溶于酒精中，然后抹在一群女性的上唇。每周三次，按顺序进行，结果发现抹药的女性（对照组只用纯酒精抹在上唇）的月经周期与气味提供者的月经周期开始同步。

人们研究还发现，人类汗液中有两种化合物，它们对男人和女人的影响是不一样的。Singh 和 Bronstad（2001）让男性闻女性穿过若干天的 T 恤衫。这些男性报告说，女性在月经周期中的受孕期穿过的 T 恤的味道比在非受孕期穿过的 T 恤的味道更好闻。Jacob 和 McClintock（2000）发现，雄激素中的**雄烷二酮**（androstadienone，AND）可增加女性的警觉和正性情绪，而降低男子的正性情绪。Wyart 等人（2007）发现，闻过雄烷二酮的女性有更高水平的皮质醇分泌（这是一种肾上腺激素，参与很多情绪行为）。Saxton 等人（2008）分别将雄烷二酮溶液和安慰剂涂抹在女性的上唇，并让她们参与私人机构在当地酒吧开展的“快速交友”活动。在活动中，女性结识一些男性并与他们谈话，每次谈话是与一位男性进行的，持续3分钟。然后，要求这些女性评价这些男性的吸引力。大多数涂抹了雄烷二酮的女性报告称她们遇见的男性更具有吸引力。

人类信息素是通过什么感觉器官检测的呢？虽然人类也具有位于鼻中隔（鼻孔间的桥梁组织）的距鼻孔2厘米的犁鼻器（Garcia-Velasco and Mondragon，1991），但人类的犁鼻器好像是没有功能的残余器官。另外，犁鼻器中的神经细胞是很稀少的，而且人们还没有完全搞清楚从这个器官到脑的神经连接（Doty，2001）。早期的证据表明，人类的生殖生理是受信息素影响的，但这些化学信号是通过“标准的”嗅觉系统进行检测的（嗅上皮里的感受细胞），而不是犁鼻器里的细胞。事实上，Savic、Hedén-Bloomqvist和 Berglund（2009）发现，气味 EST 能激活有完整嗅觉系统的男性的大脑，但是不能激活嗅上皮被鼻息肉破坏的男性的大脑，尽管他们的犁鼻器是完好的。

无论信息素是否在人类的性吸引中发挥作用，性伴侣的熟悉气味可能对性的唤醒有积极影响——就如同他（她）的外貌或说话的声音。男性和女性很可能被其性伴侣的特征气味所吸引，就如同被他们说话的声音吸引一样。在这样的例子中，气味只是简单地作为感觉刺激发挥作用的，而不是作为信息素发挥作用。

人类性行为

人类的性行为和其他哺乳动物一样受性激素激活效应的影响，几乎可以肯定，激素的组织效应也是一样的。如果激素对人类的性行为存在组织效应，那么它们的存在势必对脑的发育有影响。尽管有证据表明，出生前雄激素的存在会影响人脑的发育，但我们还不能完全理解这种激素接触的结果。关于这方面的证据，我们将在后面有关性取向的部分进行讨论。

女性中性激素的激活效应

我们都知道，除高级灵长类外，大多数雌性哺乳类动物的性行为是由卵巢激素雌二醇和孕酮进行调控的[某些种类(如猫和兔子)只需雌二醇就行]。正如 Wallen（1990）指出的，卵巢激素不仅仅调控发情的雌性动物对交媾的意愿（或叫渴望），也控制它的交媾能力；也就是说，一只雄性大鼠不可能和一只没有发情的雌鼠进行交媾。如果雄鼠用战斗的方法制服雌鼠并爬它的背，那么雌鼠的脊柱前凸反应也不可能发生，而且雄鼠也不可能达到射精。因此，进化的结果似乎是只有在雌鼠能够受孕的这个时期才能交媾。(神经对脊柱前凸反应的调控和卵巢激素对它的影响将在本章的后面部分进行讨论。)

高级灵长类（包括我们人类）交媾的能力不是由卵巢激素调控的，性交在月经周期内的任何时候都可进行。一位女性或其他雌性灵长类在任何时候（甚至是受压力而屈服的）只要同意进行性活动，那么性交就一定能发生。

虽然卵巢激素不能控制女性的性活动，但它们仍然对性欲有影响。早期的研究报告指出，卵巢激素水平的变化对女性的性欲会产生较小的影响（Adams，Gold，and Burt，1978；Morris et al.，1987）。然而 Wallen（1990）指出，这些研究只涉及和丈夫生活在一起的已婚女性，由于一夫一妻制的关系，他们基本上每天都生活在一起，性活动可能是两人当中的一人先提议的。在一般情况下，丈夫不会强迫妻子与自己性交，但是即使妻子在这个时候对性交没有兴趣，对丈夫的感情也会使她想去做。因此，性欲的变化和唤起的情况并不都能反映在性行为的变化上。

Van Goozen 等人（1997）的研究支持了上述推测。研究发现，男子发起的性活动和女子发起的性活动与女性的月经周期（即当时的卵巢激素水平）的关系是不同的。男子发起性活动的概率在整个月经周期中是相同的，而女性发起的性活动表现出在排卵前后有一个明显的峰值，此时雌二醇的水平也是最高的。【见图9.9】Bullivant 等人（2004）发现，女性在刺激排卵的黄体激素水平最高的时期及此时期即将到来的时期，更愿意参与性行为，也更可能产生性幻想。

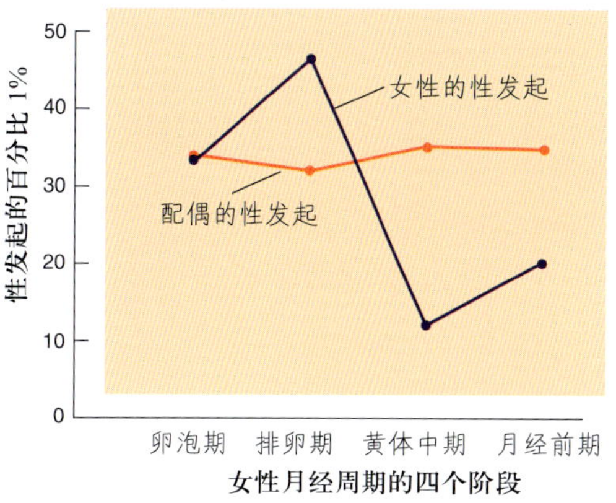

图9.9 异性伴侣的性活动。图中显示了男性和女性发起的与异性交配的性活动的分布情况。

Based on data from Wallen, K. Hormones and Behavior, 2001, 40, 339-357.

Gangestad 和 Thornhill（2008）在综述中提出，女性在月经周期中的性欲变化遵循特定的轨迹：在排卵前后的受孕期，她们对于性接触更感兴趣，但不是没有区分。同时，因为她们在这个时期如果发生没有避孕措施的性行为，会更加容易受孕，因此她们变得更加挑剔。特别地，会更容易被具备优良基因的雄性特征所吸引（或者在人类这个物种的演化过程中有这样的机制）。例如，Gangestad 和 Thornhill 指出，研究显示在月经周期中间，女性对于以下与基因适合度相关的特征的兴趣有所增加：有男子气概的面孔及身体、有男子气概的行为表现、有男子气概的声音特征、肾上腺相关的气味，以及身体的对称。（当然，这些变化表现不适用于处在一夫一妻关系中的女性，毕竟她们已经选择了她们的伴侣；对服用控制生育药物的女性也不适用，因为这种药物会稳定循环变化的激素水平。）这个趋势在雌性黑猩猩中表现得更加明显（Stumpf and Boesch，2005）。在非受孕期，雌性黑猩猩会和它们群体中的多只雄性进行性行为。但是，在受孕期的顶峰，它们会表现得更加挑剔，会倾向于和固定某几只雄性交配——这些雄性应该表现了更多的优良遗传基因的特质。

男性中性激素的激活效应

虽然女性和具有发情周期的哺乳类动物在对性激素的反应上是不同的，但男性对睾酮的行为反应是类似的。睾酮水平正常时，他们具有性交和生育能力；没有睾酮时，就不能产生精子，而且性交的能力迟早也会丧失。Bagatell 等人（1994）进行了一个双盲实验，给年轻的男性志愿者服用安慰剂或促性腺激素释放激素（GnRH）的拮抗剂，抑制睾丸雄激素的分泌。在两周内，这些接受了 GnRH 拮抗剂的志愿者报告他们的性兴奋、性幻想和性交的次数减少了。而接受安慰剂的志愿者没有这些变化。

阉割后性活动减少的情况在个体之间不大一样。正如 Money 和 Ehrhardt（1972）报告的，有一些男人阉割后很快就丧失了性交能力；但也有人的性交能力退化得很慢，甚至要经过好几年。这说明至少有一些变化与先前的性经验有关，因为实践不仅使人变得“熟悉”，而且也可以阻止功能的退化。虽然还没有直接证据表明这种可能性在人类中是否存在，但 Wallen 和他的助手（Wallen et al.，1991；Wallen，2001）把 GnRH 拮抗剂注射到一群恒河猴的7只雄猴身上，结果发现接受了注射的猴子的睾酮的分泌被抑制了，并且1周后性行为减少。然而这种减少与动物的社会地位和性经验有关：性经验比较多，社会地位比较高的猴子能继续进行交媾。事实上，社会地位高的雄猴继续交媾和射精的频率和以前是一样的，甚至在他们的睾酮分泌已经被抑制了八周时仍然如前。社会地位最低的猴子的爬背行为则完全停止，而且就连睾酮完全恢复分泌后，这种行为还未恢复。

睾酮不仅影响性活动，它本身也受性活动甚至思维的影响。有一个科学家生活在一个偏僻的小岛上（Anonymous，1970），他每天用电动剃须刀刮去胡须并称它的重量，就在他快要离开小岛去访问一个城市（那里的一家公司有他的一个女伴）以前，他发现他的胡须开始长得比较快了，因为胡须生长的速度与雄激素的水平有关。这种影响表明，对性活动的预期可以刺激睾酮的分泌，这也进一步证实了 Hellhammer、Hubert 和 Schurmeyer（1985）发现的看色情电影可以提高男子的睾酮水平。

另外，女性在睾酮水平的变化上也表现出了相似的规律。（之所以在这里而不是在前一部分提出这一点，是因为在此可以很好地与前面所述的 Anonymous 的研究进行对照。）Hamilton 和 Meston（2010）研究了异地恋的女性，她们偶尔才能与伴侣见上一面。研究者发现，这些女性的睾酮水平在和伴侣重聚的前一天会升高——这可能是出于对重聚的期待。（与 Anonymous 的研究不同，研究者没有收集剃掉的胡须，他们从女性的唾液中检测睾酮水平。）这些研究支持了前一部分的结论：睾酮和雌二醇都在女性的性欲及性行为中发挥着作用。

性取向

什么控制人们的性取向（即偏好哪种性别的性伴侣）？一些研究者认为是儿童期的经验（特别是儿童与父母的互动）决定了性取向。Bell、Weinberg 和 Hammersmith（1981）对几百名男性和女性同性恋者进行了问卷调查，试图评价这些因素的作用。研究者没有找到证据表明同性恋者的产生与盛气凌人的母亲或顺从的父亲有关，这与某些临床医生的意见是一致的。成人同性恋最好的预测指标是对同性恋感觉的自我报告，这种感觉出现的时间通常比开始同性恋活动早三年。研究人员得出的结论不支持同性恋的社会学解释，而是与同性恋至少部分由生物学因素决定的观点相一致。

如果同性恋有生理原因，那肯定不是由于成年期性激素水平的改变。很多学者研究了男性同性恋者类固醇激素的水平（Meyer-Bahlburg，1984），大多数学者都发现同性恋者的激素水平与异性恋者相似。少数研究者发现，大约30%的女同性恋者睾酮的水平升高（但仍比正常男性低）。目前尚不清楚这些差异是否与女同性恋的生物学原因有关，或者是不是由于生活方式的不同而引起了睾酮分泌的增加。

同性恋的生物学原因很可能与脑结构的细微差异有关，而这种差异是由出生前接触雄激素的剂量不同引起的。也许男性同性恋者的大脑既不雄性化，也不去雌性化；女性同性恋者则是既雄性化又去雌性化；而双性恋者是雄性化而不去雌性化。当然，这些都是假设，不是结论，将对未来的进一步研究起一定的指导作用。

遗传上为女性的在出生前的雄激素化作用

有证据表明，出生前的雄激素能影响人类的社会行为、性取向和解剖学结构。有一种疾病叫**先天性肾上腺增生症（CAH）**，这种患者肾上腺分泌的雄激素不正常（“增生”的意思就是“分泌过多”）。雄激素的分泌在出生前就已经开始了，因此该综合征引起了出生前的雄性化作用。患有先天性肾上腺增生症的男孩出生后发育正常，多余的雄激素似乎没有显著的影响。然而患有先天性肾上腺增生症的女孩出生时就会发现其阴蒂比较大，并且她的阴唇有一部分融合在一起。（如图9.3所示，阴囊和阴唇是由胚胎时期的同一个组织发育来的。）如果生殖器的雄性化很明显，可以通过外科手术进行矫正。在任何情况下，一旦确认患有这种综合征，就应该给予患者一些人工合成激素去抑制雄激素的非正常分泌。

从群体水平上看，患有先天性肾上腺增生症的女性有更大的可能被其他女性吸引；大约1/3的先天性肾上腺增生症女性患者自述为双性恋或同性恋（Cohen-Bendahan，van de Beek，and Berenbaum，2005）。我们推测，出生前的雄激素化作用应该是这种男性化性取向的发生率增加的原因。如果性取向的不同确实是由于出生前雄激素对脑发育产生的影响，那么我们可以推断使雄性的脑暴露于出生前雄激素这样的条件会使男性的性取向指向女性。也就是说，男性的性取向可能被脑中雄激素的雄性化（和去雌性化）所影响。

先天性肾上腺增生症(congenital adrenal hyperplasia，CAH)：基本特征就是肾上腺皮质分泌的雄激素过多，在雌性中会引起外生殖器雄性化。

儿童通常会在行为上表现出性别差异，比如对玩具的偏好（Alexander，2003）。男孩通常更喜欢可以被自己主动操纵的玩具，特别是那些会动的或是可以被儿童驱动的玩具。女孩通常更喜欢能被照顾的玩具。当然，不可否认的是，儿童的看护者和同伴会鼓励儿童选择“性别特异性”玩具。但是，有证据表明，生物因素可能在这些选择上发挥着本质作用。例如，即使是在出生后的第一天，男性婴儿就更愿意看一辆运动的汽车，而女性婴儿更喜欢看一张女性的面孔（Connellan et al.，2000）。Alexander和Hines（2002）发现，年轻的非洲长尾猴表现出了与人类儿童相同的玩具选择上的性二形性：雄猴选择去玩一辆车和一个球，而雌猴会去玩一个洋娃娃和一个盆。【见图9.10】

(a) (b)

图9.10 性别特异性玩具的选择。幼年的非洲长尾猴表现出了对性别特异性玩具的选择偏好：(a)一只雌猴正在玩一个洋娃娃。(b)一只雄猴正在玩一辆玩具汽车。

Gerianne M. Alexander.

Pasterski等人（2005）发现，患有先天性肾上腺增生症的女孩与她们没有患此病的姐妹、表姐妹或堂姐妹相比，更愿意选择男孩的玩具。这些女孩的家长报告他们做出过特别的努力，鼓励患先天性肾上腺增生症的女儿去玩“女孩的”玩具，但是这些努力看起来都没有成效。因此，这些女孩选择男孩玩具的倾向不像是由家长的压力引发的。

遗传上为男性的雄激素化作用的缺失

正如我们所看到的，患有雄激素不敏感综合征的男子会发育成女性的样子，具有女性的外生殖器，但又有睾丸，没有卵巢或输卵管。如果把患有这种疾病的个体被当成女孩养是完全可以的，通常情况下会把睾丸切除，因为容易长肿瘤。如果不把她们当成女孩养，在青春期通过睾丸分泌少量的雌二醇的作用，身体也会发育成女孩的样子（如果切除了睾丸，给予适当的雌二醇也会达到同样的效果）。到成年期，这些个体具有女性的性功能，但是需要通过手术把阴道延长。患有这种疾病的人报告他们有性的欲望，包括正常的性交频率，这种人很多都结了婚并且有正常的性生活。

没有证据表明患有雄激素不敏感综合征的有 XY 性染色体的女性的性取向为双性恋或同性恋（性取向指向女性）。因此，雄激素受体的缺乏好像阻止了雄激素对个体性欲的雄性化和去雌性化的作用。当然，把患有雄激素不敏感综合征的有 XY 性染色体的个体当作女孩来养育也可能会对性取向有影响。

性取向与脑

人脑是一个性二形性器官。人们在过去很长时间对此是有怀疑的，后来经过解剖学和功能成像的研究才确定了这一点。例如，神经病理学家发现，女性大脑两半球的功能与男性相比更趋于平均分配，如果一个男子由于中风损伤了大脑左半球，与受到同样损伤的女性相比，他更可能显示出语言损伤。这也许是由于女性的右半球与左半球分担着同样的语言功能，所以一个半球的损伤所受的破坏会少一些。而且，男性的脑平均来说更大——显然因为男性的体格一般都比女性大。另外，男性和女性的端脑和间脑的某些部位的大小是不同的，而胼胝体的形状可能也有性二形性。（特定的证据见：Breedlove，1994；Swaab，Gooren，and Hofman，1995；Goldstein et al.，2001。）

很多研究者认为，人脑的性二形性是由于胚胎期和出生后的早期暴露于雄激素的量不同引起的。当然，一些变化也可能发生在青春期，这个时期是肾上腺素水平的又一个剧烈变动时期。这种不同也可能与男性和女性所处的社会环境不同有关。我们不能像控制实验室动物那样控制人类的性激素水平，因此我们可能会花更长的时间取得充分的证据后才能得出正确的结论。

有人对死亡的异性恋和同性恋男性以及异性恋女性的脑进行了研究，结果发现这些人脑中的三个亚区的大小是不同的（Swaab and Hofman，1990；LeVay，1991；Allen and Gorski，1992）。随后的一个研究证实，下丘脑存在性二形核，但没有找到男性下丘脑性二形核的大小和性取向之间的关系（Byne et al.，2001）。在这一点上，并没有可以解释性取向差别的脑结构差异的证据。

就像我们之前看到的，功能成像研究发现了异性恋的男性和女性的脑对于 AND 及 EST 的味道有不同的反应。AND 和 EST 是两种可以作为人类信息素的化学物质。Savic、Berglund 和 Lindström（2005）发现，对同性恋男性来说，AND 和 EST 所激活的脑区与异性恋女性被激活的脑区是相似的。Berglund、Lindström 和 Savic（2006）发现，对同性恋女性来说，上述物质激活的脑区和异性恋男性被激活的脑区是相似的。这些研究表明，一个人的性取向影响（或是被影响）他或她对于这些潜在的信息素的反应模式。

Blanchard 和他的同事们（Blanchard，2001）以及 Bogaert（2006）的研究都发现，与异性恋男性相比，同性恋男性往往有更多的哥哥——不是姐姐或者弟弟或者妹妹。相反，同性恋和异性恋的女性的兄弟姐妹的数量并没有不同，而且父母的年龄及出生间隔时间也没有差别。哥哥和姐姐的存在对女性的性取向没有影响。Blanchard 和他的同事们的数据表明，每有一个哥哥，男孩成为同性恋的概率就增加3.3%。假设一个没有哥哥的男孩成为同性恋的概率是2%，那么有两个哥哥的男孩成为同性恋的概率为3.6%，而有四个哥哥的男孩成为同性恋的概率为6.3%。因此，即使在一个有好几个男孩的家庭中，男孩成为同性恋的概率也是很小的。

为什么哥哥的存在会使男孩成为同性恋的概率增加？作者们认为，当母亲怀过好几个男性胎儿时，她们的免疫系统会对只有男性拥有的蛋白敏感。结果，母亲免疫系统的反应可能影响男性胎儿出生前的脑发育。当然，大多数有哥哥的男性还是异性恋，因此即使这个假说是正确的，也只有少数女性对于她们的男性胎儿产生的蛋白质敏感。另外，很多同性恋男性没有哥哥，所以 Blanchard 和他的同事探讨的现象并不是形成男性同性恋的唯一原因。

遗传与性取向

对性取向起作用的另一个因素就是遗传。双生子研究表明，同卵双生子的基因是完全相同的，但异卵双生子平均只有50% 的遗传相似性。Bailey 和 Pillard（1991）研究了多对孪生男性，每对中至少有一人是同性恋者。如果两个都是同性恋者，就说他们的特征是完全一样的；如果只有一个是同性恋者，就说他们是不一样的。因此，如果同性恋者有一定的遗传基础，那么同卵双生子特征一致的概率肯定比异卵双生子高。Bailey 和 Pillard 确实发现，同卵双生子的一致率是52%，而异卵双生子的一致率只有22%——相差了30%。也有研究表明差别高达60%（Gooren，2006）。

遗传因素也影响女性同性恋者。Bailey（1993）发现，同卵双生的女性是同性恋的一致率为48%，而异卵双生的只为16%。另一个研究是 Pattatucci 和 Hamer（1995）进行的，他们发现同性恋和双性恋在同性恋女性的姐妹、女儿、外甥女和侄女中发生率较高。

研究者被一个明显的悖论困惑了一段时间。平均来说，男性同性恋儿童比男性异性恋儿童少大约80%（Bell and Weinberg，1978）。繁殖率的减少应该强烈地排除使男性成为同性恋的基因。Camperio-Ciani、Corna 和 Capiluppi（2004）的研究提供了一种解释。他们发现，男性同性恋者的女性母系亲属（例如，阿姨和外祖母）和男性异性恋者的相应亲属相比，有更高的繁殖率。女性父系亲属的繁殖率没有发现差别。因为男性可能与女性母系亲属而非女性父系亲属分享X染色体。所以研究者提出，X染色体上增加了男性成为同性恋的可能性的单个或多个基因也会增加女性的繁殖率。

总之，证据表明，有两种生物学因素——即出生前的激素和遗传——影响人类个体的性取向。这些研究结果与个体性取向及道德有关的看法相悖。这也表明，与异性恋者相比，同性恋者对他们的性取向不应负有更多的责任。Morris等人（2004）指出，一个人的性取向并不是一个简单的主动选择的问题。很难想象一个人对自己说："看吧，今天我在学校有体育课，所以我会穿白色的袜子和网球鞋。哦，只要由我做决定，我觉得我这一生还是都选择吸引女孩的好。"（Morris et al., 2004, p.475）为什么有些人能成为同性恋者？这个问题恐怕要等我们把异性恋者的问题搞清楚了才能回答。

小 结

性行为的激素调控

性行为是通过激素的组织和激活效应来进行调控的。雌性的生殖周期（月经周期或发情周期）从一个或多个卵泡发育开始，卵泡对垂体前叶分泌的卵泡刺激素反应，随着卵泡的成熟，雌二醇的分泌量逐渐增多并促进了子宫内膜的生长。当雌二醇达到一定的临界水平时，会引起垂体分泌大量的黄体生成素，并触发排卵；而排卵后的卵泡会变成黄体，在黄体生成素的继续作用下分泌雌二醇和孕酮。如果没有受孕，黄体会萎缩凋亡，不再分泌激素，从而月经来潮。

所有雄性哺乳动物的性行为都依赖于雄激素的存在，雌性哺乳动物除灵长类外，它们的前接受性、接受性和吸引力主要依赖于雌二醇和孕酮，尤其是雌二醇对孕酮的继发性的分泌具有点燃作用。

在许多哺乳动物中，雌性的性行为是否正常与它的身体和性器官是否正常有关。雄性个体在出生前，雄激素雄性化和去雌性化作用导致雄性性行为，否则它的性行为将是雌性的。行为的雄性化指在雄激素的刺激下，成年时能响应睾酮并产生雄性行为的神经回路的发育。行为的去雌性化则是指雄激素对成年时可响应雌二醇和孕酮、并产生雌性性行为的神经回路发育的抑制。

信息素能够影响性生理和性行为。雌性小鼠尿中有气味的物质影响它们的发情周期，并延长或最终停止发情期（李－波特效应）。雄性小鼠尿中的气味物质会破坏这种效应并引起雌性性周期同步（怀特效应，类似于李－波特效应，也发生在人类的女性中）。尿中有气味的物质也能促进雌性动物青春期的开始（范登伯格效应）。另外，雄性小鼠尿中的气味还能引起已怀孕的雌性小鼠流产（布鲁斯效应）。信息素对实验室动物的生殖生理学和行为的大部分（不是全部）作用受到梨鼻器或副嗅觉系统调节。

男性和女性的腋下汗液中的信息素影响女性的月经周期，男性汗液中的物质可改善女性的心境。因为人类的梨鼻器并没有嗅觉的功能，这些影响一定程度上受到嗅球的调节。对于人类性吸引信息素的寻找并没有产生很确定的结果，但是雄烷二酮（雄性产生）和EST（雌性产生）对脑活动有影响，而且影响人们对于吸引力的评价。研究也表明，我们可能通过气味来识别我们的性伴侣。

睾酮对男性的性行为有激活效应，就像其他哺乳动物一样。女性的性欲或性行为不完全依赖雌二醇或孕酮，但这些激素影响她们性驱力的质量和强度。

性取向（即异性恋还是同性恋）与出生前是否存在雄激素有关。对女性出生前雄激素化的研究表明，雄激素的组织效应会影响性取向的发展；睾酮会增强对通常受男孩偏爱的活动和玩具的兴趣，并且增加指向女性的性取向的可能性。如果雄激素不能发挥作用（就像雄激素不敏感综合征患者一样），个体的解剖和行为都是女性化的。到目前为止，有关特定脑结构和性取向的证据并不充足。和男性异性恋相比，男性同性恋倾向于有数量更多的兄长。这一现象确实暗示女性的免疫系统可能对只在男性胎儿身上表达的蛋白质敏感。最后，双生子研究表明，遗传可能也在男性、女性的性取向中发挥作用。

思考题

很多研究人员认为，人类的性取向不是选择的问题，它与生物和环境因素有关。为什么很多人认为性取向与道德有关？

性行为的神经控制

性行为的神经控制（至少在实验室动物身上）在雄性和雌性之间有不同的脑机制，本节将讨论这些机制问题。

雄 性

勃起和射精是由位于脊髓的神经回路控制的。Coolen和她的同事们（Coolen et al.，2004；Coolen，2005）发现了大鼠脊髓腰髓处的一群神经元，它们组成了脊髓控制射精发生的一个关键部分。而大脑对这些回路的作用有两种，即兴奋或抑制作用。位于下丘脑嘴端的**内侧视前区（MPA）**是前脑控制雄性性行为最重要的部分［在本章后面部分我们可以看到，它也是控制其他性二形行为（包括母性行为）的重要部位］。电刺激这个区域，可以引发雄性的交配行为（Malsbury，1971），而性活动又增加了内侧视前区单个神经元的发放频率（Shimura，Yamamoto，and Shimokochi，1994；Mas，1995）。此外，交配动作会激活内侧视前区中的神经元（Oaknin et al.，1989；Robertson et al.，1991；Wood and Newman，1993）。Domingues、Gil和Hull（2006）发现，交配增加了内侧视前区中谷氨酸盐的释放，而谷氨酸盐在内侧视前区中的扩散增加了射精的频率。最后，如果破坏内侧视前区，那么雄性的性行为将消失（Heirmer and Larsson，1966/1967）。

内侧视前区（medial preoptic area，MPA）：下丘脑嘴端的一个细胞体区域，它对雄性性行为起主要作用。

雄激素的组织效应影响脑结构的性二形性。Gorski等人（1978）发现，就大鼠内侧视前区内的一个神经核而言，雄性个体比雌性大3～7倍。这个区域叫视前区的**性二形核（SDN）**，这个核的大小与胚胎发育期间雄激素的存在有关。根据Rhees、Shryne和Gorski（1990a，1990b）的描述，大鼠性二形核雄性化的关键期是从妊娠后的第18天到出生后的第5天（大鼠的妊娠期通常是22天）。性二形核的损伤会降低雄性的性行为（De Jonge et al.，1989）。【见图9.11】

性二形核（sexually dimorphic nucleus，SDN）：视前区的一个神经核团，雄性的这个核团比雌性大；首先是在大鼠中观察到这一现象的；它对雄性性行为起重要作用。

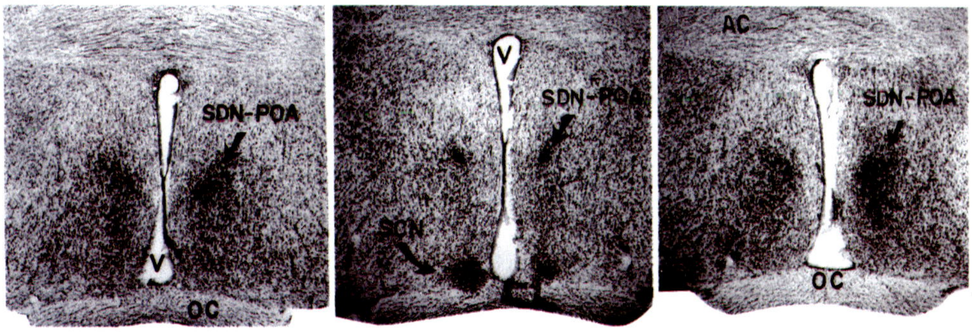

(a) 雄性 (b) 雌性 (c) 雌性＋睾酮

图9.11 大鼠脑部的视前区。这些大鼠脑部视前区的显微照片分别属于（a）正常雄鼠、（b）正常雌鼠，以及（c）出生后不久便注射了睾酮的雄激素化的雌鼠。SDN–POA＝视前区的性二形核；OC＝视交叉；V＝第三脑室；SCN＝视交叉上核；AC＝前连合。

当然，内侧视前区不是孤立的，它通过与内侧杏仁核和终纹床核（bed nucleus of the stria terminali，BNST）的连接，接收梨鼻器传来的化学感觉输入。另外，内侧视前区也通过与中脑的中央被盖区和内侧杏仁核的连接接收生殖器传来的躯体感觉信息。

雄激素对内侧视前区和相关脑区的神经元产生了激活效应，如果雄性啮齿类动物在成年期被阉割，它的性行为将消失。要恢复它的性行为，可以把少量的睾酮直接埋植到内侧视前区，或者是中央被盖区和内侧杏仁核这两个有神经轴突投射到内侧视前区的区域（Sipos and Nyby，1996；Coolen and Wood，1999）。在雄性大鼠脑中，这些区域含有很多的雄激素受体（Cottingham and Pfaff，1986）。

交媾时控制骨盆活动的运动神经元位于脊髓的腰部（Coolen et al.，2004）。解剖学的示踪研究表明，内侧视前区和脊髓运动神经元的重要连接是通过中脑**导水管周围灰质（PAG）**和延髓**周围巨大细胞核（nPGi）**来完成的（Marson and McKenna，1996；Normandin and Murphy，2008）。周围巨大细胞核对脊髓的性反射有抑制作用，起始于内侧视前区的神经通路的任务之一就是消除这种抑制作用。内侧视前区直接通过一个抑制通路抑制周围巨大细胞核，同时也通过抑制激活周围巨大细胞核的导水管周围灰质的活动来间接抑制周围巨大细胞核。

周围巨大细胞核和控制射精发生部位的神经元之间的抑制性连接是5-羟色胺能的。和Marson和McKenna（1996）所发现的一样，向脊髓注入5-羟色胺会抑制射精。这个连接也许可以解释广为人知的选择性5-羟色胺再摄取抑制剂（SSRIs）的副作用之一。服用SSRIs来治疗抑郁症的男性经常报告他们的勃起没有问题，但不能完成射精。这种药物作为脊髓中5-羟色胺能神经突触兴奋剂的作用会增加周围巨大细胞核神经元对于负责射精的脊髓神经元的抑制作用。

图9.12总结归纳了本节所提到的一些证据。【见图9.12】

Holstege等人（2003b）的功能成像研究检测了男性射精时的脑活动模式，射精由男性的女性伴侣用手进行刺激来完成。在射精的过程中，很多脑区都有神经活动，包括中脑和间脑的连接部分，其中包括腹侧被盖区（它可能参与快感的产生，加强性高潮的效应）、其他中脑区域、丘脑的一些核团、外侧壳（基底神经节的一部分）以及小脑。杏仁核和附近的内嗅皮层则表现出活动性降低。就像我们将在第10章看到的，杏仁核参与防御行为及负性情绪（如恐惧和焦虑）——这些情绪肯定会干扰勃起和射精。当热恋的人们看见他们伴侣的照片时，这些结构也表现出激活减少（Bartels and Zeki，2000，2004）。

雌　性

正像内侧视前区对雄性性行为起主要作用一样，腹侧前脑的另一个区域**下丘脑腹内侧核（VMH）**对雌性性行为起着同样的作用。毁损雌性大鼠两侧的下丘脑腹内侧核，脊柱前凸行为将消失，即使用雌二醇和孕酮也不能恢

导水管周围灰质（periaqueductal gray matter，PAG）：中脑的一个区域，在中脑导水管周围，它在各种不同物种的典型行为（包括雌性性行为）中起着主要作用。

周围巨大细胞核（nucleus paragigantocellularis，nPGi）：延髓中的一个核团，接收从内侧视前区的输入；所包含的神经元的轴突与脊髓中参与雄性性反射的运动神经元形成突触。

下丘脑腹内侧核（ventromedial nucleus of the hypothalamus，VMH）：下丘脑中一个比较大的核团，位于第三脑室壁附近；对雌性性行为起主要作用。

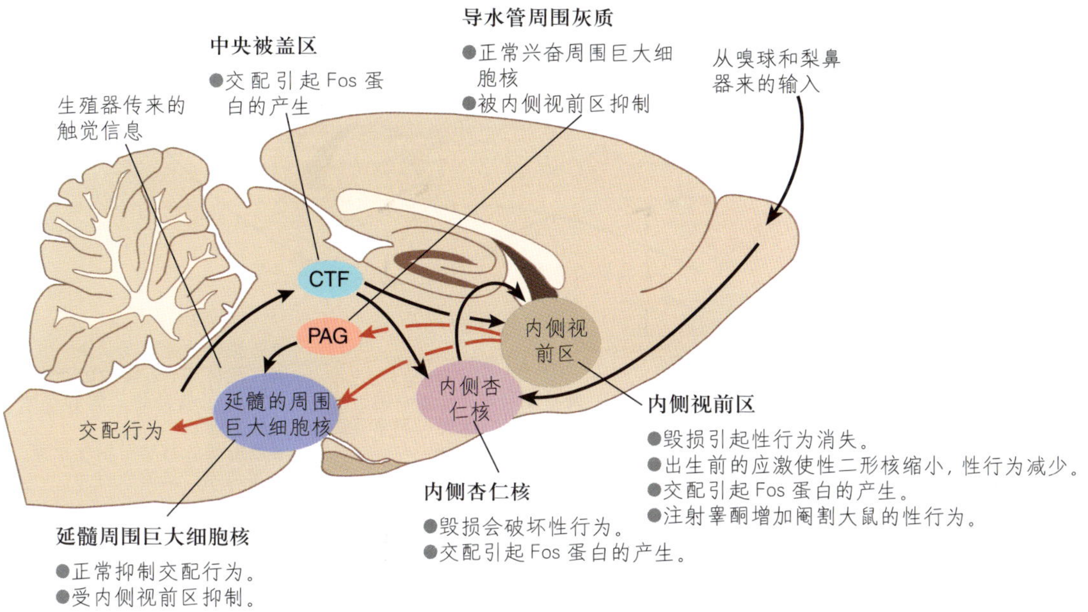

图9.12 雄性性行为。这个图示是针对信息素、生殖器刺激和睾酮对雄性性行为的相互激活效应的一个可能解释。

复。相反，电刺激下丘脑腹内侧核将促进雌鼠的性行为（Pfaff and Sakuma，1979）。

雄性的内侧杏仁核接收来自梨鼻系统的化学感觉信息和来自生殖器的躯体感觉信息，而它的传出纤维则传到内侧视前区。在雌性脑中也可以发现这些连接。此外，内侧杏仁核的神经元也有传出纤维投射到下丘脑腹内侧核。事实上，交媾或对生殖器和两侧肋腹的机械刺激会增加内侧杏仁核和下丘脑腹内侧核中神经元的激活（Pfaus et al.，1993；Tetel，Getzinger，and Blaustein，1993）。

前面已经讲到，雌性大鼠的性行为是通过一定剂量的雌二醇和紧接着分泌的孕酮激活的，也就是说，雌激素做铺垫，而孕酮激发性行为。如果把这些激素直接注射到下丘脑腹内侧核，甚至是被切除卵巢的雌性动物中，也能引起性行为（Rubin and Barfield，1980；Pleim and Barfield，1988）。如果把孕酮受体阻断剂注入下丘脑腹内侧核，那么动物的性行为将停止（Ogawa et al.，1994）。因此，雌二醇和孕酮对雌性性行为的作用是通过激活这个核团的神经元而实现的。

下丘脑腹内侧核的神经元有纤维投射到中脑导水管周围灰质，这一区域也和雌性的性行为有关（Sakuma and Pfaff，1979a，1979b，1980a，1980b）。

Daniels、Miselis 和 Flanagan-Cato（1999）等人注射一种使传导神经退化的示踪物——假性狂犬病病毒——到与雌性大鼠脊柱前凸行为有关的肌肉中。他们发现，这些肌肉的神经支配通路和先前预期的结果是一致的，即下丘脑腹内侧核→导水管周围灰质→周围巨大细胞核→腰髓前角运动神经元。

图9.13总结了本节到目前为止提到过的证据。【见图9.13】

Holstege 等人（2003a）的功能性成像研究探索了女性在由其男性伴侣用手刺激其阴蒂所产生的性高潮中的神经激活。他们也观察到了中脑、间脑、

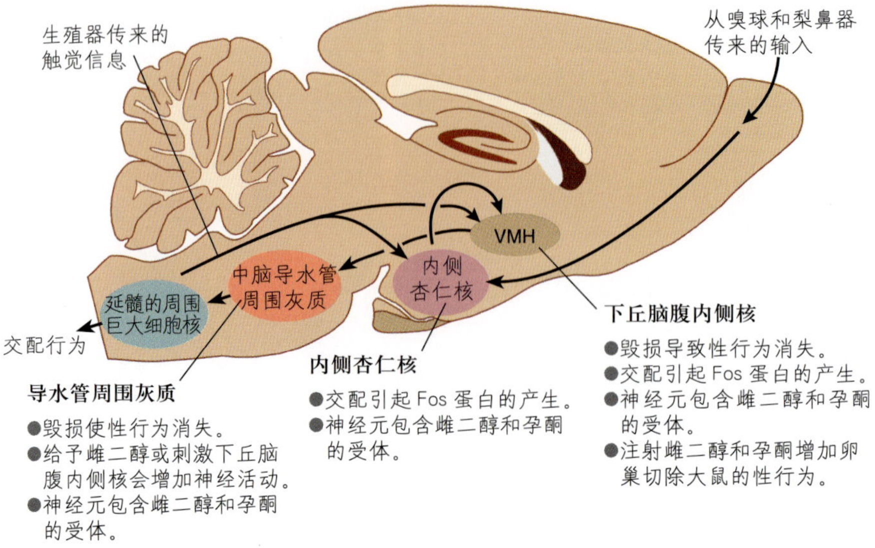

图 9.13　雌性性行为。这个图示说明信息素、生殖器刺激和雌二醇及孕酮对雌性性行为相互激活效应的一个可能解释。

外侧壳以及小脑的连接处的激活，就像他们在男性中观察到的一样（Holstege et al., 2003b）。他们也在导水管周围灰质中观察到了激活。导水管周围灰质是雌性实验室动物的交配行为的一个关键区域。

配对联结的形成

在大约5%的哺乳动物中，异性恋的伴侣会形成一夫一妻制的长期联结。在人类中，这样的联结也会发生在同性恋伴侣之间。就像博物学家和人类学家所指出的那样，一夫一妻制并不总是排外的：在很多动物中，包括人类，个体有时会背叛他们的伴侣。另外，有些人表现出系列性的一夫一妻关系——这是一种会持续一段时间的紧密关系，只会由和新伴侣产生的同样的紧密关系所代替。但是毫无疑问，配对联结确实在包括人类在内的一些物种中存在。

一些实验室研究了某些亲缘关系较近的田鼠物种（小型啮齿类，经常被误以为是小鼠）的配对关系。橙腹草原田鼠（prairie vole；拉丁学名为Microtus ochrogaster）是一夫一妻制的；雌性和雄性在交配之后形成配对的关系，而且父亲会帮助照顾小田鼠。在野外，大多数丧偶的橙腹草原田鼠都再也不会寻找新的伴侣（Getz and Carter, 1996）。草地田鼠（meadow vole；拉丁学名为Microtus pennsylvanicus）是群交的；在交配之后，雄性会离开，雌性独自照顾宝宝。

一些研究发现了一夫一妻制和大脑中的两种肽相关：后叶加压素和催产素。这些化合物都是由脑垂体后叶分泌的激素，而且是脑中神经元间的神经递质。在雄性中，后叶加压素似乎发挥着更加重要的作用。与多雄多雌制的田鼠相比，一夫一妻制的田鼠在腹侧前脑有更高水平的后叶加压素受体（Insel, Wang, and Ferris, 1994）。这个差别应该是一夫一妻制存在或消失的原因。Lim 和 Young（2004）发现交配激活了雄性橙腹草原田鼠腹侧前脑中的神经元，而且将阻断后叶加压素受体的药物注射入此脑区，就会扰乱配对联结的形成。在雌性田鼠中，催产素在配对联结形成中的作用更加重要。交配刺激催产素的释放，并且将催产素注射入脑室会加强雌性橙腹草原田鼠的配对联结（Williams et al.，1994）。相反地，阻断催产素受体的药物会干扰配对联结的形成（Cho et al.，1999）。

很多研究者认为，催产素和后叶加压素可能在人类的配对关系形成中有重要的作用。例如，在交配之后，当血液中催产素水平升高时，人们报告有平静和幸福的感觉，这些显然与和伴侣形成配对联结是一致的。然而，很难想象出对这个问题开展精确研究的方法。实验者可以研究这些激素或者它们的拮抗药物对实验室动物配对联结的影响，但是不能对人类这么做。不过研究已经发现，催产素对人类社会行为的影响要比对配对联结的影响小。例如，Rimmele 等人（2009）发现，在看面孔照片之前鼻吸催产素喷雾的人更可能在后来记住这些面孔。催产素对于非面孔的照片的记忆则没有影响，比如有关房子、雕塑或景观的照片。

小 结

性行为的神经控制

在实验室动物中，控制雄性和雌性性行为的脑机制不同。内侧视前区是前脑的一部分，它是控制雄性性行为的非常重要的一个区域，刺激这一区域会引起交媾行为；毁损这一区域，性行为则永远消失。性二形核位于内侧视前区，只有当动物在生命的早期有雄激素存在时才能发育，毁损它会减少雄性动物的性行为，这个核团在人类中也有发现。性二形核（内侧视前区的一部分）的毁损会削弱实验室动物的交配行为。

内侧视前区中的神经元含雄激素受体，交媾活动引起这个区域神经元的活动增加，如果把睾酮直接埋植在内侧视前区，可使成年时因阉割丧失的交媾行为得到恢复。另一个性二形的脑区——内侧杏仁核——会发送嗅觉信息给内侧视前区。内侧视前区内的神经元是包括导水管周围灰质、延髓周围巨大细胞核和脊髓控制生殖器反射的运动神经元回路中的一部分。周围巨大细胞核与脊髓的连接是抑制性的。男性的射精伴随着脑中加强机制、一些丘脑核、外侧壳及小脑的活动增强。杏仁核的活动则减弱。

对雌性性行为最重要的前脑区是下丘脑腹内侧核。若破坏它，交媾行为就会消失；若刺激它，则会加强这种行为。雌二醇和孕酮作用于这一区域也能产生这种加强作用，研究还表明，这个核团含有雌激素和孕酮的受体。雌二醇的启动效应由下丘脑腹内侧核中孕酮受体的增加所引起。包含这些受体的神经元有纤维投射到中脑导水管周围灰质，这些神经元通过与延髓网状结构的连接，控制雌性性行为的一些特定反应。女性的性高潮伴随着一些脑区活动的增强，这些脑区包括与男性射精时活动增强的脑区一致的结构，以及导水管周围灰质。

后叶加压素和催产素是激素，同时也是脑中的神经递质，它们都有助于配对联结的形成。后叶加压素在雄性中的作用更大，而催产素在雌性中的作用更大。

亲子行为

很多哺乳动物的生殖行为发生在子代出生后以及怀孕期间。本节将讨论激素在母性行为的发生与维持中的作用，以及与这些行为表现有关的神经回路的作用。目前很多研究是用啮齿类动物做的，对灵长类的亲子行为的神经和内分泌基础的研究比较少。

小鼠妈妈在照料它的孩子。

很多有关亲子行为的生理学研究主要集中于母性行为，目前一些研究者也在研究某些雄性啮齿类动物表现出来的父性行为。当然，我们人类父亲的父性行为对子代来说是非常重要的，但有关这种行为的生理学基础仍需要进一步研究。

啮齿类动物的母性行为

动物基因的环境适应性的最终检验方法是能存活下来及繁衍的后代数目。就如自然选择过程使那些有能力的动物存活下来一样，自然选择也有利于那些在幼仔需要照料的情况下能够充分照料幼仔的个体。大鼠和小鼠的幼仔就是这样，它们如果没有母亲的照料是生存不下来的。

在**分娩**（产下后代）的时候，雌性动物先开始清理阴道处的毛，并在周围舔舐。当小动物开始出来的时候，母亲通过用牙齿将后代拖出来以促进子宫收缩。然后，母亲会吃掉胎盘和脐带，并将胎膜清理下来——这是一项相当精细的工作。（一个新生的小动物看起来就像被封在一层非常薄的塑料膜中一样。）当所有后代都生出来并得到清理之后，母亲可能会照料它们。乳腺通常在临近后代出生的时候才分泌乳汁。

母亲定期地舔舐幼仔的生殖器区域，刺激反射性的排尿和排粪。Friedman 和 Bruno（1976）证明了这一机制的有效性。他们注意到授乳的雌性大鼠在授乳期的第10天能分泌大约48克乳汁，这些乳汁大约含有35毫升水。研究者将用氚标记的水注射到一些幼仔体内，之后在母亲和同窝小仔中发现有放射性的氚。他们计算后认为，一只哺乳的大鼠在通常情况下会从它幼仔的尿中回收21毫升水，因此它以奶的形式喂给幼仔的水大概回收了2/3。水在母亲与幼仔之间经过多次交换，它是营养物质的载体，这些营养物质如脂肪、蛋白质和糖等存在于乳汁中。一只哺乳大鼠每天产生的奶大约是它体重的14%（对体重是60千克的人类来说，分泌的乳汁相当于7升左右），水的循环是非常有用的，尤其是当水比较紧缺时更是如此。

母性行为的激素调控

本章的先前部分已经谈到，许多性二形行为是通过性激素的组织和激活效应进行调控的，母性行为在这方面有点不同。首先，没有证据表明激素的组织效应起作用，我们会看到在一定的条件下，雄性也会照料幼仔（当然雄性不能提供乳汁）。其次，虽然母性行为是由激素引起的，但不是由它们控制的。如果把幼鼠和未生育的雌性大鼠放在一起，经过几天以后，大多数雌鼠也会开始照料并叼回幼鼠（Wiesner and Sheard，1933）。这种大鼠被敏感化后，它们遇到幼鼠时也会立即去照料它们，而且这种敏感性将保持终身。

尽管怀孕的雌性大鼠不会立即照料在其妊娠期间寄养在它们身边的幼仔，但是在它自己的后代出生后会立即去照料它收养的幼鼠们。这些影响雌性啮齿类对子代敏感性的激素在分娩前都有一个短暂的分泌过程。图9.14显示了与母性行为有关的三种激素：孕酮、雌二醇和催乳素。要注意的是，在分娩前

分娩（parturition）：生产子代的行为过程。

雌二醇的水平增加，然后是孕酮显著地降低，紧接着是催乳素分泌有一个高峰——催乳素是负责乳汁分泌的激素，由脑垂体前叶产生。【见图9.14】如果给切除卵巢的雌性大鼠按照上述变化规律注射孕酮、雌二醇和催乳素，它产生相应行为的时间会显著地缩短（Bridges et al.，1985）。

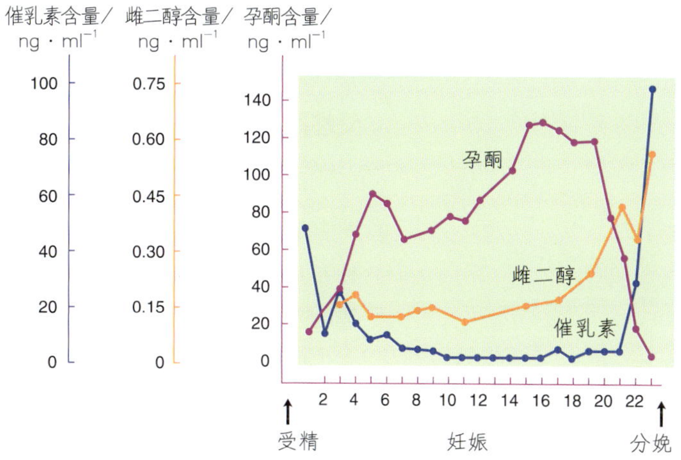

图9.14 妊娠大鼠的激素。图中显示了妊娠大鼠血中孕酮、雌二醇和催乳素的含量。

Based on data from Rosenblatt, J. S., Siegel, H. I., and Mayer, A. D. *Advances in the Study of Behavior*, 1979, 10, 225-310.

就像我们在之前的小节中看到的一样，配对联结涉及后叶加压素和催产素。至少在一些物种中，催产素也参与母亲和后代联结的形成。在大鼠中，催产素会促进母性行为的出现（Insel，1997）。Van Leengoed、Kerker 和 Swanson（1987）在大鼠刚开始分娩的时候，向大鼠的脑室注射催产素拮抗剂。在幼鼠出生之后，实验者立即将它们移出笼子。40分钟之后，当新生幼鼠被送回母亲身边时，母亲会无视它们。而被给予了安慰剂的对照组大鼠在新生幼鼠被送回时，会立即开始照料它们。

母性行为的神经控制

内侧视前区是前脑的一部分，它在雄性性行为中起着关键作用，对母性行为也有激发作用。Numan（1974）发现，毁损内侧视前区将阻止筑巢和照料幼仔的行为，母亲完全不理会她们的后代，但是雌性的性行为不受毁损的影响。Del Cerro 等人（1995）发现，2-DG 放射自显影技术测量显示，分娩之后的内侧视前区代谢活动立即增加。他们也发现那些曾因为和新生儿在一起使母性行为敏感化的处女鼠也表现出了内侧视前区活动的增加。因此，促进子代照顾的刺激会激活内侧视前区。

Numan 和 Numan（1997）发现，被母性行为激活的内侧视前区会发送轴突到腹侧被盖区（ventral tegmental area，VTA）。切断内侧视前区与脑干的联系会使母性行为消失（Numan and Smith，1984）。

一项对大鼠进行的 fMRI 研究（是的，他们真的将这些迷你的头部放入了特殊的 fMRI 仪）发现，参与强化的脑区会在母鼠看到自己的孩子时激活（Ferris et al.，2005）。同样的区域会被人造强化物（如可卡因）激活。然而，可卡因只在处女鼠中能激活这个脑区；哺乳期雌性在接受此药物注射后，会表现出该脑区活动降低。对于哺乳期雌性来说，自己孩子的出现是极其有刺激和强化作用的，而别的可能会使其从母性照顾中分心的刺激则效应减弱。作者认为，催产素可能在这种现象中发挥了作用。

一个 fMRI 研究（这次是人类的）发现，当母亲看到自己孩子的照片时，参与强化及包含催产素受体、后叶加压素受体的脑区活性增加。参与负性情绪的脑区（如杏仁核）表现出活动的降低（Bartels and Zeki，2004）。我们已经知道了母亲（父亲也一样）与孩子会形成强烈的联结，所以当看到孩子的照片时，涉及强化的脑区被激活并不奇怪。

父性行为的神经控制

多数哺乳动物刚生下来的幼仔都是由它们的母亲照料着，当然主要是喂养它们。但是也有少数啮齿类动物的雄性与雌性分担着照料幼仔的任务，这种参与照料的父亲的脑与其他物种没有父性行为的脑相比在结构上有某些有趣的差异。

回想一下，一夫一妻的与配偶形成配对联结的橙腹草原田鼠（prairie vole）父亲会帮助母亲照料幼仔。而一夫多妻的草地田鼠（meadow vole）交媾后，父亲离开，母亲单独照料幼仔。就像我们看到的，交媾引发的加压素的释放促进了这个过程。与一夫多妻的草地田鼠相比，就在母性行为中起重要作用的内侧视前区而言，一夫一妻制的橙腹草原田鼠显示了较小的性二形性（Shapiro et al.，1991）。

Kirkpatrick、Kim 和 Insel（1994）发现，把幼仔放到雄性橙腹草原田鼠中，雄性田鼠内侧视前区的神经元被激活。另外，毁损内侧视前区使这些一夫一妻制田鼠的雄性大鼠的父性行为严重缺失（Rosenblatt，Hazelwood and Poole，1996；Sturgis and Bridges，1997；Lee and Brown，2007）。因此，内侧视前区好像对雄性和雌性的亲子行为起相似的作用。

我们对于人类父性行为的脑机制了解得并不多，但是有证据表明，催乳素和催产素在父亲照顾子代中发挥着作用。Fleming 等人（2002）发现，血中催乳素水平更高的父亲在听到婴儿的哭声时，会报告更加强烈的共情和激动。Gordon 等人（2010）发现，高水平的催乳素与父亲和孩子进行更多探索性的操纵玩具的游戏相关，而更高水平的催产素与父子间同步化的情绪行为相关。

小 结

亲子行为

很多物种必须照料自己的后代。在多数啮齿类动物中，这个责任由母亲承担，母亲需要筑巢，自己接生，清洁幼仔，给它们保温，照料它们，如果幼仔被移出，再把它们运回窝里。母亲甚至还要帮助幼仔排尿、排粪，并饮入尿的循环水，因为水是它们常常缺乏的东西。

让未生育的雌性动物接触幼仔，几天后可以诱发出母性行为。通常引发母性行为的刺激是由分娩的作用和妊娠末期激素的存在引起的。按照妊娠期间孕酮、雌二醇和催乳素变化的序列注射这些激素可诱发母性行为。激素是在内侧视前区起作用的。促进雌性啮齿类动物形成配对联结的催产素也参与母亲和其后代联结的形成。

一项 fMRI 研究表明，当母亲看到自己的孩子时，强化的脑机制激活。看到自己孩子照片的人类女性也会在相似脑区表现出活动增加。

父性行为在哺乳动物物种中还是比较少见的，但研究表明，在一夫一妻制田鼠中，内侧视前区的性二形性不那么明显。损伤内侧视前区的雄鼠父性行为消失。人类父亲血液中的催乳素和催产素水平与父性照料的一些方面有关。

思考题

正如你所看到的，毁损内侧视前区可以阻断雄性性行为和母性行为，因此，内侧视前区对这两种行为都起着重要的作用。内侧视前区的功能在两种行为中是相同的还是不相同的？如果你认为相同，那么其功能是什么？另外，你认为雄性性行为和母性行为的共同特征有哪些？

本章结语 | 从男孩到女孩再到男孩

很不幸，布鲁斯或布伦达的例子并不是看起来的那样（Diamond and Sigmundson，1997）。布伦达并不知道她刚生下时是个男孩，作为一个女孩，她是不幸福的。正如她的孪生兄弟所言：“我把布伦达当成我的妹妹，但她从来不这么想，不管以前打扮成什么样……我说布伦达没有女人味……与女性不相干。她走路像一个小伙子，坐下时，两条大腿会分开。她爱谈论小伙子的事情，从不去倒垃圾，也不谈结婚和穿着打扮的事……她喜欢玩我的玩具，如机械积木、翻斗车。这个玩具缝纫机，她就只是坐在上面。”（Colapinto，2000，p.57）

布伦达的童年是孤独而痛苦的，她的朋友很少，她常被班上的同学取笑，这些学生认为她与别人不同。布伦达曾试图让班上的女同学去玩男孩子喜欢玩的那种比赛，但失败了。班上曾经有一个同学问老师“布伦达上厕所时为什么站着？”（Colapinto，2000，p.61）当布伦达7岁的时候，她幻想着自己能和男人一样长出胡须，开着跑车。有报告描述她的情况说“一个同卵双生的男孩出生时切除了阴茎，现在她的父母已选择做外科手术使她成为一个女孩，让她作为一个真正的女孩度过童年时光”（Wolfe，1975；引自Colapinto，2000，p.107）。

1977年夏天，布伦达开始服用雌激素药片，刺激青春期女孩子通常要发生的一些变化。由于激素的作用，她的乳房开始长大，其实这种做法对她是一种伤害。她开始过食，以便使乳房藏在脂肪下，事实上，她的腰围已经长到100厘米了。开始时，她会把雌激素片扔到厕所里，但后来被父母发现了，他们要看着她把药片吃下去才行。

到14岁的时候，布伦达不再穿女孩子的衣服了，她开始穿旧粗棉布夹克、灯芯绒裤子和很重的工靴。她的同班同学继续嘲笑她，正如一个同学说的“你是一只大猩猩”（Colapinto，2000，p.165）。

就在这一次，家里闹翻了天。最终，布伦达的父亲解释了过去发生的一切。“他告诉我，我出生时是一个男孩，由于在切除包皮手术中的事故，结果把阴茎切掉了。父母找了许多专家，他们说最好的办法就是改变我的现状，我父亲也非常痛苦”。（Colapinto，2000，p.180）

知道了真相的布伦达如释重负，她（现在应该叫“他”）不再服用雌激素片，进行了乳房切除术，并开始吃睾酮药片，后来又经过几次手术，包括重建阴茎和埋植塑料睾丸，尽可能恢复了正常的外貌。他把他的名字改为戴维，现在他已经结了婚，并收养了他妻子的孩子们。几年后，戴维决定公开自己的身份。有一本书专门讲到他的故事（Colapinto，2000），而且2002年电视台有一个节目《诺瓦的“性：未知”》，内容是采访戴维及其母亲和这个不幸案例涉及的其他成员。后来的情况很糟糕，戴维接连失去了自己的工作，他和妻子也分开了。在2004年5月，他自杀了。

这个事件表明，人们的性认同和性取向受到生物因素的强烈影响，不那么容易通过养育的方式来改变。据推测，可能是在妊娠期和出生后前几个月中，睾酮影响了布鲁斯脑的神经发育，使其偏向男性的性认同和性取向。幸运的是，像这样的例子很少。但是，一种叫泄殖腔外翻的发育障碍会导致出生时男孩有正常的睾丸，但泌尿生殖器异常，常常没有阴茎。在过去，很多有这种障碍的男孩都被当作女孩来养育，这很可能因为手术造出供交配的阴道比造出有功能的阴茎要简单。但是研究表明，在这种情况下，大约有一半的人后来表现出了对于他们性别的不满，而且经历了性转换的过程，开始像男性一样生活（Meyer-Bahlburg，2005；Reiner，2005；Gooren，2006）。这样的人通常有喜欢女性的性取向。Meyer-Bahlburg（2005）报告了一例被当成女性养育的外翻病人，在其52岁且双亲都去世后，实施了变性。显然，对于家长反对的惧怕曾阻碍这个人更早变换性别。相反，似乎并没有被当作男性养育的泄殖腔外翻患者表示对这样的性别安排不满意的案例。Reiner（2005）坚决地做出结论，认为“有男性特异的出生前雄激素效应的、遗传上也是男性的人，应当被当作男性来养育。（p.549）”

关键概念

性的发育

1. 性别取决于性染色体，它控制生殖器官的发育。睾丸分泌的两种激素即雄激素和抗缪勒管激素，它们分别引起雄性化和去雌性化作用。如果没有雄激素存在，有机体将发育成为雌性。
2. 垂体前叶分泌促性腺激素时，性成熟开始，它指导性腺分泌性的类固醇激素。

性行为的激素调控

3. 雌性的生殖周期是由卵巢和垂体前叶相互作用引起的。
4. 雄激素通过影响脑的发育，引起行为的雄性化和去雌性化。
5. 除灵长类外，在所有哺乳动物中，雌二醇和孕酮激发了雌性性行为，睾丸酮激发了雄性性行为。
6. 信息素是通过犁鼻器或嗅觉的受体进行检测的，它的呈现影响本物种其他成员的生殖状态和性欲。
7. 雄激素对人类的组织效应是使他们自己显现性的偏好。雄激素对男性有最重要的激活效应，雌激素对女性有最重要的激活效应。

性行为的神经控制

8. 在实验室动物中，内侧视前区的性二形核对雄性性行为是关键的，下丘脑腹内侧核对雌性性行为是关键的。此外，性激素对这些脑区的神经细胞和内侧杏仁核产生行为影响，这些核团接收信息素的有关信息。

亲子行为

9. 母性行为受激素（主要是雌二醇和催乳素）的影响，但也受子代提供的刺激的影响。一些控制行为的神经回路涉及从内侧视前区到腹侧被盖区的通路。内侧视前区好像也与父性行为有关。

第 10 章
情　　绪

Corbis Cusp/Alamy

本章要点

- **情绪作为反应模式**
  - 恐惧
  - 愤怒、攻击和冲动控制
- **情绪交流**
  - 情绪与面部表情：先天反应
  - 情绪交流的神经基础：识别
  - 情绪交流的神经基础：表情
- **情绪感受**
  - 詹姆斯－兰格理论
  - 情绪表情的反馈

学习目标

1. 讨论情绪反应的行为成分、自主神经成分和激素成分，以及杏仁核对这些成分的控制作用。
2. 讨论攻击行为的特征、功能和神经控制。
3. 讨论腹内侧前额叶皮层在愤怒、攻击和冲动控制中的作用。
4. 讨论情绪表达和情绪理解的跨文化研究。
5. 讨论情绪识别的神经控制。
6. 讨论情绪表达的神经控制。
7. 讨论情绪感受的詹姆斯－兰格理论，并评价相关研究。

引子 | 智力和情绪

数年前，在学术休假期间，我接待了一位顺路到办公室拜访我的同事。谈话中，他提到了一位72岁的男性中风患者，因右脑遭受大面积损害，导致左侧躯体麻痹。他说这个患者身上有些有趣的症状，问我要不要去看看。我同意了，于是，便和W博士以及心理系实习生丽莎一起动身了。

我们见到患者V先生时，他坐在轮椅上，右臂放在轮椅上的一个大托盘里，左臂用吊带固定，以免碍事。他礼貌地，甚至是正式地，欢迎了我们，他发音清晰，略带一点欧洲口音。

V先生显得很聪明，他在韦氏成人智力测验（Wechsler Adult Intelligence Test）中的成绩证实了这一点。他能够解释意思含混的词汇，说出谚语的含义，提供补充信息，还能做心算。事实上，他的语言智力属于人群中较高的5%。母语并非英语的事实使他的表现显得更加突出。然而，正如我们预料到的那样，他在处理几何图形的简单任务中表现不佳。例如，在搭积木分测验中，他不能按照图片上的图形摆放彩色积木，甚至连这个分测验的示例题目也做不出来。

真正引起我们注意的是V先生中风后出现的有趣行为表现，他竟然对自己的症状没有反应。完成测验后，我们问了他一些关于他自己和他的生活方式的问题。例如，什么是他最喜欢的娱乐活动。

"我喜欢徒步旅行。"他回答，"每天我都要在城里走上至少两个小时，但是，我最喜欢去树林里走走。在我书房的墙上，挂着许多国家森林的地图，在走过的线路上，我都会做上标记。估计再有六个月，我就能走完所有在一天之内可以完成的短路线。我上了年纪，不适合在树林里露营了。"

"你准备在六个月内走完这些路线？"W博士问道。

"是的，然后我要再走一遍！"他答道。

"V先生，您觉得有什么困难吗？"W博士问。

"困难？你指什么？"

"比如说身体问题。"

"没有。"V先生不解地看着他。

"好的，那么您正坐在什么东西上？"

V先生瞥了他一眼，似乎觉得这个问题很愚蠢，甚至有点冒犯他。"当然是轮椅了。"他答道。

"您为什么坐轮椅？"

这下，V先生彻底被激怒了。显然，他不喜欢这个傻问题。"因为我的左腿瘫了！"他厉声回答。

V先生很清楚自己的问题，但是他无法理解问题导致的结果。他可以描述出自己的残疾，但是他不明白问题的严重性。因此，他淡然接受了自己被困于轮椅中。然而，残疾的后果并没有影响到他的情绪或者影响他的计划。

情绪这个词可以意味着许多事情。在日常用语中，它指由某些情境带来的正性或负性感受。例如，不公正的待遇使我们愤怒，看到他人受苦使我们悲伤，跟所爱的人在一起使我们快乐。情绪由多种生理反应模式及其伴随的行为构成。对于人类来说，这些反应往往伴随着个人感受。事实上，大多数人使用"情绪"这个词来指代感受，而非行为。然而，恰恰是行为，而不是个人体验，对生物的生存和繁衍具有重要影响。情绪行为背后的实用功能引导了脑的进化。

本章包括三节。第一节介绍两种负性情绪（恐惧和愤怒）的行为和生理反应模式。除此之外，还将介绍它们的神经控制和激素调控机制，以及情绪在道德判断和社会行为中的作用。第二节介绍情绪交流，即情绪的表达和识别。最后一节探讨与情绪反应相伴的情绪感受。

情绪作为反应模式

情绪反应由三个成分构成：行为成分、自主神经成分和激素成分。行为成分包括环境诱发并与之相应的肌肉运动。例如，当狗面对入侵者而要保卫自己的领地时，它首先会采取一种攻击性姿势，发出吼声，并展示自己的牙齿。如果入侵者还不离开，它便扑过去，展开进攻。*自主神经*反应使上述行为得到易化，使体内的能量快速动员起来，以完成如此剧烈的运动。在本例中，狗的交感神经活动增强，副交感神经活动减弱。因此，狗的心率加快了，体内各部位的血管口径发生了改变，血液从消化器官流向肌肉。*激素*反应强化了自主神经反应。肾上腺分泌的激素（肾上腺素和去甲肾上腺素）进一步使血液流向肌肉，并使储存在肌肉中的营养物质转化为葡萄糖。此外，肾上腺皮质分泌的类固醇激素也促进了肌肉对葡萄糖的利用。

在本节中讨论的一些研究与外显情绪行为及其相伴的自主神经和激素反应的控制有关。以传达情绪状态为目的的特定行为，如进攻前的威胁姿势、人类的微笑和皱眉等，将放在下一节中讨论。阅读完本章的内容后，读者会发现，负性情绪比正性情绪受到了更多的关注，大多数情绪的生理研究是针对恐惧和愤怒进行的。这两种情绪的相同之处在于，在诱发它们的环境中，我们必须保护自己或挚爱。对正性情绪行为（如性爱、照料子女、享受美食或冰凉的饮料）的生理研究将在情绪以外的章节中介绍。另外，在第16章中，将讨论诱发负性情绪的环境带来的后果——应激。

恐 惧

上文中提到，情绪反应包含行为、自主神经和激素三个成分。每个成分由相对独立的神经系统控制。恐惧情绪各成分的整合是由杏仁核控制的。

动物研究

机体会对具有特殊生物学意义的物体或环境（例如，预示疼痛或其他不愉快事件的刺激，）产生一系列生理反应和行为反应，在这个过程中，杏仁核扮演了特殊而重要的角色。不同实验室的证据显示，许多杏仁核核团的单个神经元能被情绪性刺激激活。例如，通过一个装置向实验动物喂味道差的溶液或味道甜的溶液，当动物再次看到这个装置时，杏仁核的神经元就会被激活；另外，当动物听到其他动物的声音或开门的声音、闻到烟味、看到其他动物的面孔时，杏仁核神经元也激活（O'Keefe and Bouma，1969；Jacobs and McGinty，1972；Rolls，1982；Leonard et al.，1985）。在第9章中，我们已经看到，杏仁核参与了嗅觉刺激影响生殖生理和生殖行为的过程。本章主要介绍杏仁核对厌恶刺激引发的情绪反应的组织作用。

杏仁核，或更准确地称为*杏仁核样复合体*（amygdaloid complex），位于颞叶，由多个核团构成，各核团具有不同的传入纤维和传出纤维，也具有不同的功能（Amaral et al.，1992；Pitkänen et al.，1997；Stefancci and Amaral，

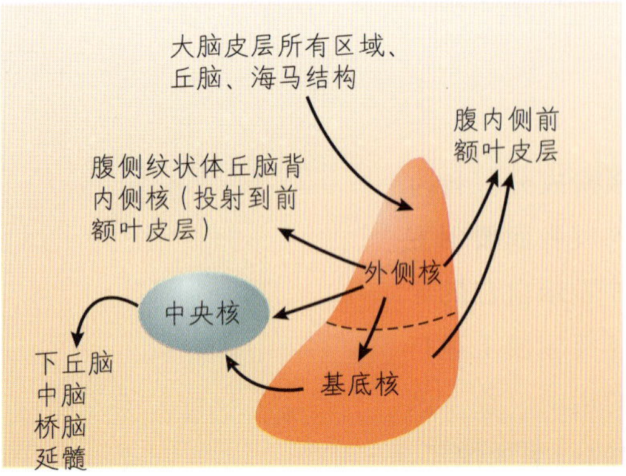

图 10.1 杏仁核。杏仁核的主要分区和神经联系简图，杏仁核在情绪中的作用十分重要。

2000)。杏仁核可大致分为十二个区，每个区又包含数个亚区。在这里，我们主要关注以下三个大区：**外侧核、基底核和中央核**。

外侧核（LA）接收来自所有新皮层的信息，包括腹内侧前额叶皮层、丘脑和海马结构。外侧核发放传出信息到基底核及脑的其他部位，包括腹侧纹状体（与强化刺激对学习的作用有关）和丘脑背内侧核，后者的投射区是前额叶皮层。外侧核与基底核还发送信息至腹内侧前额叶皮层和**中央核（CE）**，中央核发出的神经纤维投射到下丘脑、中脑、桥脑和延髓，这些脑区负责情绪反应各成分的表达。在下文中，我们将看到，激活中央核可诱发一系列情绪反应：行为反应、自主神经反应和激素反应。【见图 10.1】

对于厌恶刺激诱发的情绪反应的表达来说，杏仁核的中央核是最重要的脑结构。向实验动物呈现威胁刺激时，中央核会激活（Pascoe and Kapp，1985；Campeau et al.，1991）。中央核受损（或毁损提供感觉信息给中央核的脑区）将导致大量情绪行为和生理反应的减弱或缺失。动物的中央核一旦被破坏，遇到曾经与厌恶事件同时出现的刺激时，将不再有害怕的表现。实验时，这些动物表现得更为温驯，血液中应激激素的水平降低，发生溃疡和其他应激性疾病的概率也降低了（Coover，Murison，and Jellestad，1992；Davis，1992；LeDoux，1992）。正常的猴子面对蛇时会表现出胆怯，杏仁核损伤的猴子却没有（Amaral，2003）。相反，如果用电击或者注入兴奋性氨基酸的方法来刺激中央核，实验动物将表现出害怕不安的生理和行为征象（Davis，1992），长期刺激中央核会导致消化道溃疡等应激性疾病（Henke，1982）。这些研究提示，长期应激的负面效应与中央核控制下的自主神经及内分泌反应有关，对这个问题的讨论请参见第 16 章。本章不再介绍杏仁核所投射的脑区与这些脑区所控制的反应，内容请见图 10.2。【见图 10.2】

一些刺激会自动激活杏仁核的中央核并引发恐惧反应，例如，突如其来的噪声、逼近的大型动物、高处或特定的声音和气味（对于某些动物）。然而，更重要的是学习能力，我们通过*学习*获得对危险刺激和情境的认识。一旦学习过程完成，下次我们再遇到这样的刺激或情境时，便会害怕。我们的心率和血压增加，肌肉变得紧张，肾上腺分泌出肾上腺素，我们的行为变得小心谨慎，随时准备做出反应。

最基础的情绪学习方式是**条件情绪反应**，它是指曾与情绪刺激配对呈现的中性刺激诱发出的反应。“条件”指的是我们会在第 12 章中讨论的经典条件化过程。简要地说，当一个能够自动诱发反应的刺激总在一个中性刺激后呈现时，经典条件化便发生了。例如，食物能够刺激狗的唾液腺分泌唾液；如果总是在给狗食物前摇铃，那么当狗听到铃声后便会有唾液分泌出来。（大家大概都知道，发现这个现象的人是巴甫洛夫。）

杏仁核对经典条件情绪反应形成的作用受到了一些研究者的关注。例如，给大鼠呈现声音刺激后再通过对足部进行短促的电击，大鼠会出现经典

外侧核（lateral nucleus，LA）：杏仁核核团，接收来自新皮层、丘脑和海马的感觉传入信息，投射神经纤维至杏仁核的基底核、副基底核和中央核。

中央核（central nucleus，CE）：杏仁核核团，接收基底核、外侧核和副基底核的传入信息，其传出纤维广泛分布于脑的各个部位；它参与情绪反应。

条件情绪反应（conditioned emotional response）：属于经典条件反射，当厌恶刺激紧随一个中性刺激发生时，条件情绪反应便产生了；一般来讲，它包括自主神经成分、行为成分和内分泌成分，比如心率变化、行动僵化以及应激激素的分泌等。

条件情绪反应。【见图 10.3】电击本身引发的是无条件情绪反应：动物从地板上跳起，心率和血压增加，呼吸加速，肾上腺分泌儿茶酚胺和类固醇应激激素。经过反复多次地将声音和电击刺激配对后，经典条件反射就形成了。

第二天，如果单独呈现声音刺激，不伴随电击，大鼠会呈现出与在前一天的训练中被电击时相同的生理反应。另外，它们还表现出行为制动——一种又称为“僵化”的物种特有的防御反应。也就是说，大鼠似乎在准备接受电击。声音刺激变成了一个能够引发僵化的条件刺激（CS），引发了条件反应（CR）。

研究显示，形成条件情绪反应的生理变化发生在杏仁核的外侧核（Paré，Quirk，and LeDoux，2004）。中央核的神经元与外侧核的神经元相联系，进而与下丘脑、中脑、脑桥以及延髓连接，这些脑区负责条件情绪反应的行为成分、自主神经成分和激素成分。最近研究发现，负责经典条件反射的神经系统其实更为复杂（Ciocchi et al.，2010；Haubensak et al.，2010；Duvarci，Popa，and Paré，2011），具体将在第 12 章介绍学习和记忆的生理机制时详细讲解。

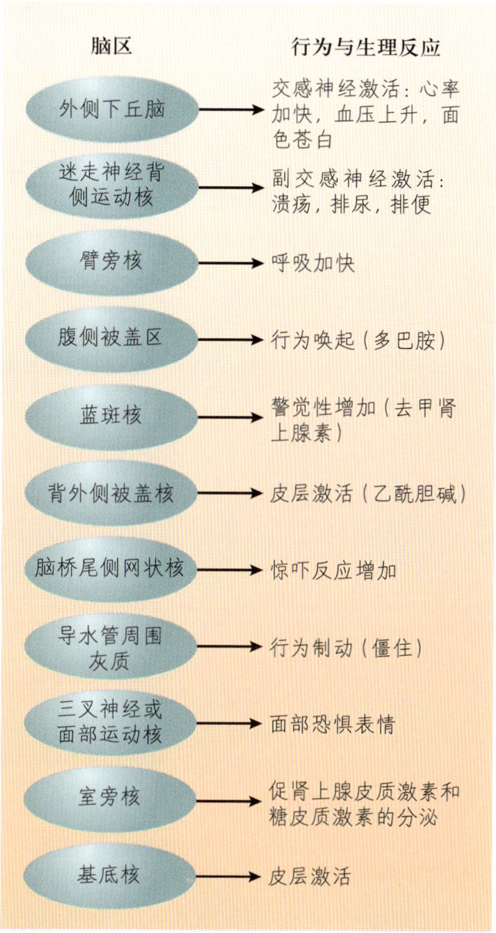

图 10.2　杏仁核连接的脑区。如图所示，一些重要脑区接收来自杏仁核的中央核的信息输入，并控制情绪反应。

Based on Davis, M., *Trends in Pharmacological Sciences*, 1992, 13, 35-41.

经典条件情绪反应的神经机制能帮助动物躲避危险情境（比如曾经遭遇险情的地方）。在实验室环境下，如果条件刺激（比如声音刺激）反复单独呈现，先前建立的条件反应（情绪反应）最终会消失。毕竟，条件情绪反应的价值是帮助动物对抗（最好是避免）厌恶性刺激。如果条件刺激发生多次，但厌恶性刺激不跟随，那么混乱与不悦的情绪反应将会消失。这就是所发生的过程。

行为研究表明，消退的过程与遗忘不完全相同。相反，动物学习到的条件刺激不再伴随厌恶性刺激出现的话，就会导致条件反应的表达被抑制；而记忆中条件刺激与厌恶性刺激的连接没有被抹去。相应的抑制由**腹内侧前额叶皮层（vmPFC）**完成。许多研究的结果支持这一结论（Amano，Unal，and Paré，2010；Sotres-Bayon and Quirk，2010）。例如，腹内侧前额叶皮层的损伤会损害条件反应的消退，刺激该脑区会抑制条件情绪反应，而消退训练会激活该脑区的神经元。腹内侧前额叶皮层除影响条件情绪反应的消退外，还能调节在不同情境下恐惧的表达。根据情境，前额叶皮层的一个亚区可能被激活，并抑制条件性恐惧反应，而另一个亚区也可能激活并强化条件性恐惧反应。

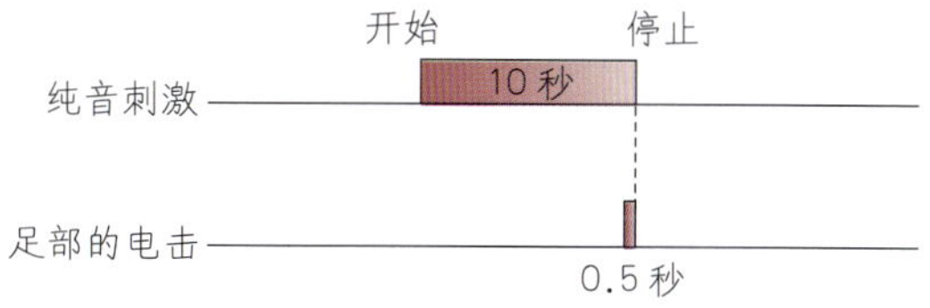

图 10.3　条件情绪反应。建立条件情绪反应的实验程序。

腹内侧前额叶皮层（ventromedial prefrontal cortex，vmPFC）：前额叶皮层的一部分，位于前侧额叶底部。靠近中线；在情绪的表达中起抑制作用。

人类研究

人类同样会通过学习获得条件情绪反应。让我们看一个特异性（可能有些虚构的成分）案例。假设你正在帮助一位朋友做蛋糕，用一个电动搅拌机搅拌黄油。在你打开搅拌机之前，设备突然发出喷溅的噪声，然后电击了你一下。你的第一反应会是一个防御反射：扔开搅拌机，停止触电。这一反应是特异性的，目的在于终止痛苦的刺激。另外，疼痛刺激会引出由自主神经系统控制的非特异性反应：瞳孔放大、心率增加、血压上升和呼吸急促等。疼痛刺激还会触发某些压力相关激素的分泌，这也是非特异性反应。

假设过些日子你再次拜访朋友，又帮忙做蛋糕。朋友告诉你电动搅拌机已经修好了，十分安全。尽管见到搅拌机时一想到握着它你就有些紧张，但你还是接受了朋友的邀请拿起了搅拌机。就在这时，搅拌机突然发出了与之前相同的喷溅噪声。你会有怎样的反应？几乎可以肯定，尽管它没有放电，你还会再次扔下搅拌机，你的瞳孔会放大、心率会加快、血压会升高、内分泌腺会分泌压力相关激素。也就是说，机器发出的喷溅声可能触发了条件情绪反应。

诸多证据显示，在人类中，情绪反应与杏仁核有关。最早期的研究观察了因治疗严重癫痫而接受脑外科手术、移除了部分脑组织的患者。这些研究发现，刺激脑的某些部位（如下丘脑）的确可以诱发人类恐惧和焦虑时典型的自主神经反应；但只有刺激杏仁核时，患者才明确报告他们真的**感到**害怕（White，1940；Halgren et al.，1978；Gloor et al.，1982）。

杏仁核损伤使患者的情绪反应减弱。两项研究（LaBar et al.，1995；Bechara et al.，1995）显示，杏仁核受损影响条件情绪反应的获得，在这点上，人类与大鼠类似。

人类的大部分恐惧可能并非来源于经历痛苦刺激，而是在后天的社会交往中习得的（Olsson，Nearing，and Phelps，2007）。例如，孩子即使没有被狗攻击过，也会有对狗的恐惧：他们在观察他人被狗攻击或（更多的是）观察到他人遇见狗时的恐惧后，习得了这种恐惧。人们也能通过教导习得条件恐惧反应。例如，假设某人被告知（并且相信），灯与探测有毒气体的传感器相连，如果控制面板上的警示灯亮了，他就必须立刻离开房间。那么，如果灯确实亮了，这个人将会离开房间，同时很可能会体验到恐惧反应。

动物研究表明，前额叶皮层在条件情绪反应的消退中发挥重要作用，在人类中也是一样。Phelps 等人（2004）将视觉刺激与电击手腕配对呈现，直接在人类被试中建立了条件情绪反应；随后单独呈现视觉刺激，不施加电击。如图 10.4 所示，内侧前额叶皮层活动性增加与条件反应的消退相关。【见图 10.4】

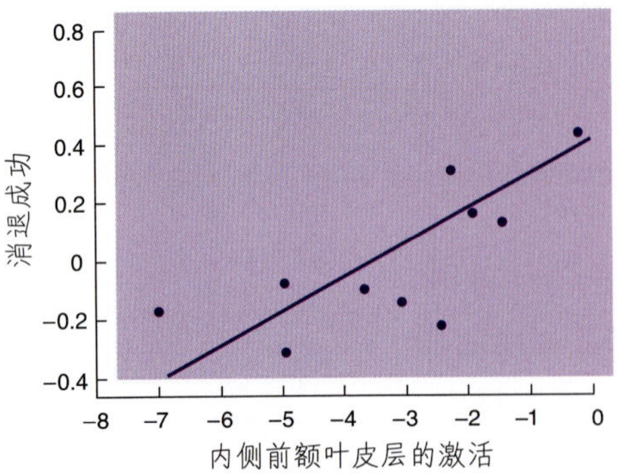

图 10.4 消退的控制。如图所示，激活内侧前额叶皮层与条件情绪反应的消退有关。

Based on data from Phelps et al., 2004.

我们在第 7 章曾看到，病人 I.R. 的听觉联合皮层受到损伤，无法感知音乐的旋律或节奏，也无法做出相关反应（Peretz et al.，2001）。她甚至区分不了音乐是和谐愉悦的，还是刺耳不悦的。然而，她仍可以辨别出音乐传递的情绪。Gosselin 等人（2005）发现，杏仁核受损的病人的症状恰好相反：他们对音乐的感知毫无问题，能辨别出愉快和悲伤的音乐，但无法辨别出令人害怕的音乐。因此，杏仁核损伤降低了对与恐惧情绪相关的音乐风格的辨认能力。

愤怒、攻击和冲动控制

几乎所有动物都有攻击行为，这里所说的攻击行为既包括威胁性姿势，也包括对其他动物的真实进攻。每个物种都有自己典型的攻击行为。换句话说，负责组织攻击运动模式（如身体姿势、撕咬和拍打的动作、发出嘶嘶声等）的神经回路的发生和发育在很大程度上由基因决定。许多攻击行为与繁殖有关。例如，通过武力获得接近异性的权利、保卫自己的领地以吸引异性或筑巢、保护后代不受入侵者的伤害等攻击行为都可被视作繁殖行为。当动物受到来自竞争者或天敌的威胁时表现出的攻击行为则与自我防御有关。

动物研究

攻击行为的神经控制 攻击行为的神经控制是分级进行的。首先，动物在进攻或防御时，肌肉的运动受脑干神经回路控制。动物是否实施攻击受许多因素影响，包括环境中诱发刺激的性质和动物的先前经验。脑干神经回路的活动又受到下丘脑和杏仁核的控制。我们知道，这两个脑结构还与另外一些物种典型行为有关。当然，下丘脑和杏仁核的活动要受知觉系统的控制，特别是与探测环境状态（比如环境中是否有其他动物）有关的知觉系统的控制。

5-羟色胺的作用 大量证据显示，5-羟色胺能突触的活动会抑制攻击。破坏前脑5-羟色胺能轴突会使攻击行为得到易化，其原因可能是移除了抑制作用（Vergnes et al., 1988）。

一个研究小组调查了野生猕猴的5-羟色胺能神经元活动与攻击行为的关系（见 Howell et al., 2007）。他们捕捉猴子并抽取它们的脑脊液，分析其中5-羟色胺的代谢物5-羟吲哚乙酸（5-HIAA）的含量，从而获得5-羟色胺能神经活动强度的信息。5-羟色胺释放后，大部分以再摄取的方式回收至神经末梢的突触内，未回收的5-羟色胺则转化为5-羟吲哚乙酸进入脑脊液。这样，脑脊液中的高5-羟吲哚乙酸水平便意味着5-羟色胺能神经活动的增强。研究者发现，5-羟吲哚乙酸水平最低的年轻雄猴表现出了一种冒险行为模式，例如，攻击比它们年长且体型更大的动物。比起其他猴子，它们更喜欢无缘无故地在7米以上的高度做树间长程跳跃。它们也更喜欢进行没有获胜把握的争斗。研究人员对前青春期雄猴进行了为期四年的追踪，结果，大多数5-羟吲哚乙酸水平最低的猴子在四年内都死去了，而5-羟吲哚乙酸水平最高的猴子全部存活。【见图10.5】大部分死掉的猴子是被其他猴子杀死的。事实上，第一个被杀的猴子是5-羟吲哚乙酸水平最低的，在它死去的前一天晚上，曾经攻击过两只成年雄猴。5-羟色胺不只会抑制攻击行为，它对冒险行为也有着控制性影响。事

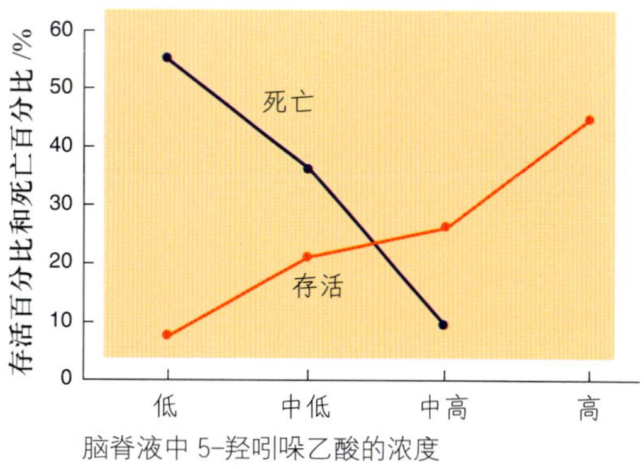

图 10.5 5-羟色胺与冒险行为。根据脑脊液中5-羟吲哚乙酸的含量将雄猴分为四组，图中所示为四年后各组猴子的存活率和死亡率。

Based on Higley, J. D., Mehlman, P. T., Higley, S. B., et al., *Archives of General Psychiatry*, 1996, 53, 537-543.

对散养猕猴的研究证实了5-羟色胺在冒险行为与攻击行为中的作用。

© Juniors Bildarchiv GmbH/Alamy.

实上，攻击行为包含在冒险行为之内。

在其他物种中进行的遗传研究证实了5-羟色胺对攻击的抑制作用。例如，对大鼠与银狐进行选择性育种，选择那些对人类的接触表现出温驯友好的个体。这些动物显示了5-羟色胺与5-羟吲哚乙酸水平的提高。

人类研究

人类的暴力和攻击是严重的社会问题。请看以下案例：

> 史蒂夫的生母是一个酗酒的未成年女子。他的继父也酗酒，并且虐待他。从幼儿时期开始，史蒂夫就是一个好动、易激怒、不服管教的孩子……在14岁那年，史蒂夫退了学，从此，他的日子就在打架、偷窃、吸毒和殴打女朋友中度过……学生咨询服务、缓刑监督官和儿童保护服务都没有能够阻止悲剧的发生：史蒂夫19岁时，就在与研究人员进行了最后一次面谈的几个星期后，他去见一个刚刚甩了他的女朋友，他发现自己的前女友与别的男人在一起，于是就开枪射杀了那名男子。在同一天，他曾试图自杀。最后，他被判无期徒刑，并且不许假释。目前他正在服刑中。（Holden，2000，p. 580）
>
> 约书亚两岁时……他会跑出房子，到街上去。他用脚踢、用头撞亲戚朋友。他用铅笔戳家里的宠物仓鼠，并试图掐死它。他常常发脾气，愤怒地扔玩具。同时，他也在伤害自己——用头撞墙、掐自己、漫不经心地从冰箱上跳下来……给予约书亚关爱……似乎起不到多大作用：三岁时，他的行为使他被学前班开除了。（Holden，2000，p. 581）

遗传的作用 早年的经验可以促进攻击行为的发展，研究表明，遗传起着重要作用。例如，Viding 等人（2005，2008）研究了一组相同性别的双生子，他们的年龄在7岁或9岁。研究发现，同卵双生子在反社会行为和冷酷无情行为的得分上的相关高于异卵双生子。也就是说，这些特质的发展有其遗传基础。目前尚无证据支持共享环境在其中的作用。

5-羟色胺的作用 许多研究发现，5-羟色胺能神经元对人类的攻击行为有抑制作用。例如，低5-羟色胺释放率（脑脊液中5-羟吲哚乙酸含量低）与攻击和其他反社会行为有关，包括强暴、纵火、谋杀和殴打儿童等行为（Lidberg et al.，1984，1985；Virkkunen et al.，1989）。

如果低水平的5-羟色胺释放真的与攻击有关，那么使用5-羟色胺受体激动剂作为药物或许可以改善反社会行为。事实上，Coccaro 和 Kavoussi（1997）已经通过心理学测验证实，氟西汀（百忧解）——一种5-羟色胺受体激动剂——具有降低易激惹性和攻击性的作用。前面介绍的那个小男孩约书亚后来接受了精神科医生的治疗，医生给他开的就是单胺能受体激动剂，同时对他进行了行为治疗，试图控制他的暴力行为和冒险行为。

腹内侧前额叶皮层的作用 许多学者相信，冲动型暴力是不健全的情绪控制能力造成的。对于我们中的大部分人来说，挫败可能会激起强烈的情绪发作冲动，但我们会努力克制这样的冲动，使自己平静下来。下面我们将看到，前额叶在识别复杂社会情境的情绪意义并据此调节个人行为的过程中起到了重要的作用。社会情境分析包含的内容比感觉加工多得多，比如经验和记忆、推论和判断等。实际上，社会情境分析涉及的某些技能是人类掌握的最复杂的技能。的确有研究显示，对于这些技能来说，右半球比左半球更重要，但它们并不能定位于某个脑区。尽管缺乏功能和脑区之间一对一的对应关系，但可以肯定的是腹内侧前额叶皮层（包括内侧眶额皮层和膝下前扣带皮层）在社会情境分析中起到了特别重要的作用。

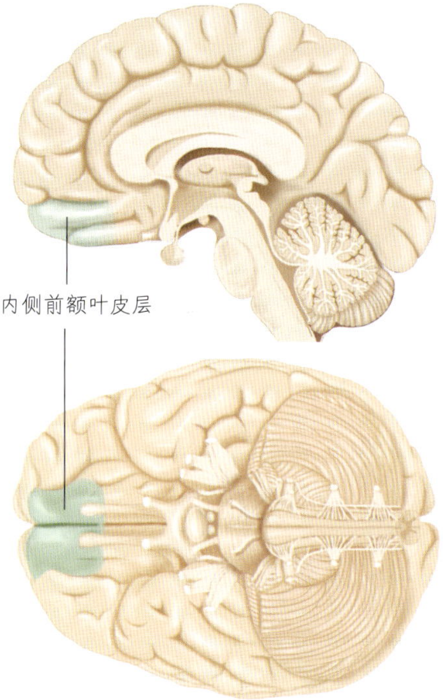

图10.6 腹内侧前额叶皮层的位置。

就像我们前面讨论过的消退过程一样，腹内侧前额叶皮层在抑制情绪反应中也起作用。顾名思义，腹内侧前额叶皮层位于大脑半球底侧前部。【见图10.6】腹内侧前额叶皮层接收来自背内侧丘脑、颞叶、腹侧被盖区、嗅觉系统和杏仁核的直接输入。它发送传出神经至多个脑区，包括扣带皮层、海马结构、颞叶、外侧下丘脑和杏仁核。它与前额叶皮层的其他区域也有联系。这样，它的传入纤维使它能获知周围环境中发生的事情以及额叶其他区域做出的决定，它的传出纤维使它能够对行为和生理反应施加影响，这其中包括由杏仁核组织的情绪反应。

人们之所以认识到腹内侧前额叶皮层对情绪行为具有重要的控制作用，是因为人们看到了这个脑区损伤的后果。

第一个，也是最著名的病例来自于19世纪中叶。菲尼亚斯·盖奇（Phineas Gage）是铁路施工队的工头，某日，当他正在用铁棍向凿在岩石上的洞里填塞炸药时，炸药意外地爆炸了，铁棍从他的脸上戳了进去，穿过脑，然后从头顶穿出。【见图10.7】虽然他死里逃生，但从此性情大变。受伤前，他是一个严肃、勤奋而积极的人。受伤后，他变得孩子气、不负责任、不为他人着想。他很喜欢发脾气，有人打比方说，就好像是《化身博士》中绅士的杰克尔医生吃药后变成了邪恶的海德先生。他不能做计划，也不能履行计划，他的行为反复无常、异想天开。那次事故在很大程度上破坏了他的眶额皮层（Damasio et al., 1994）。

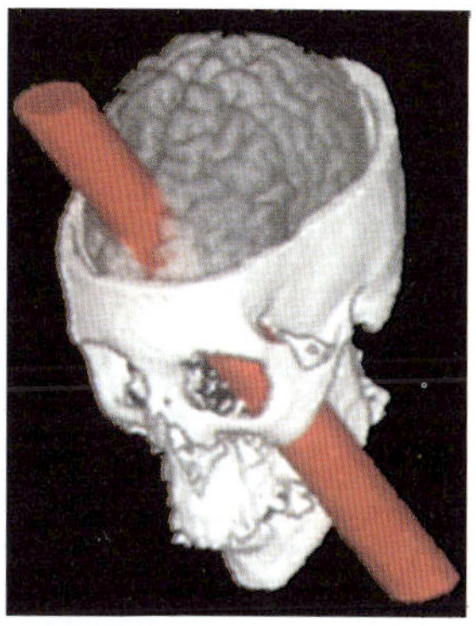

图10.7 盖奇的头颅重建图。铁棍从左侧面颊穿入，从头顶穿出。

Science Magazine. Damasio, H., Grabowski, T., Frank, R., Galaburda, A. M., and Damasio, A. R. *Science*, 1994, 264, 1102-1105. Copyright © 1994. Reprinted with permission from AAAS.

因疾病或事故导致腹内侧前额叶皮层毁损的患者仍然能够准确地评估某些特定情境的情绪意义，但这种评估仅仅是理论层面的。

Eslinger和Damasio（1985）发现，一名双侧腹内侧前额叶皮层受损（良性脑瘤所致，已成功切除）的患者表现出了优秀的社会判断能力。他们给这位患者呈现一些假定的社会情境，要求他替情境中的人物做出决定——情境中包括一些在伦理道德或实践上的两难抉择——他总是能够给出明智的答案，而且会仔细地用逻辑推理验证答案。然而，他自己的现实生活完全是另外一回事。他将自己的积蓄浪费在不理智的投资上，尽管他的家人和朋友都不看好这些投资。因为不负责任，他接二连三地丢掉了工作。他失去了对事情的重要性的判断能力，常常花几个小时去考虑诸如在哪里吃晚餐这样的小事，而忽略了对工作和家庭真正重要的事情。（他的妻子最终不堪忍受离开了他，并提出离婚。）正如原作者所说："在脑受损前，他习得了并且会使用正常的社会行为模式。尽管在回答问题时，他能够回忆起这些行为模式的适用条件，但是现实生活未能唤起它们。"（p.1737）

证据显示，腹内侧前额叶皮层是介于自动情绪反应（包括习得和非习得的情绪反应）的脑机制和控制复杂行为的脑机制之间的交接区域。它的职能是使用情绪反应指导我们的行为，并在不同的社会情境中控制情绪反应的发生。

腹内侧前额叶皮层受伤会造成严重损害，常使人的行为控制与决策能力受损。这些表现似乎是情绪调节异常的结果。Anderson 等人（2006）获取了腹内侧前额叶皮层受损的病患的情绪性行为（比如挫折耐受力、情绪稳定性、焦虑、易激惹等）分数。分数由患者家属评定。研究者还获取了患者在现实生活中的实际能力（比如判断能力、计划能力、社会适应能力以及经济与职业地位等）评分，这部分由亲属与临床医生共同评定。他们发现，情绪失调与实际能力的损伤显著相关。但这些损伤和病人的认知能力无关。这些结果强烈提示，是情绪问题而非认知问题导致了腹内侧前额叶皮层损伤个体在实际生活中的困难。

有证据显示，情绪反应在道德判断及涉及个人冒险和奖励的决策中起到了指导作用，我们还知道，前额叶在这类判断和决策中扮演了重要的角色。请看以下道德两难问题（Thomson，1986）：一辆电车沿着铁轨急速冲向悬崖，车上有五个人，没有你的干预，这五个人必定会丧命。你身边有一个开关，只要搬动这个开关，电车就会驶入另外一条轨道，然后安全地停下来。可是有一个工人正站在这条轨道上，如果你搬动开关，虽然会拯救那五名乘客，但是会使这个工人丧命。这时，你该如何选择呢？袖手旁观任电车掉下悬崖？还是以工人的性命为代价去搭救他们？

盖奇因为一根铁棍穿过脑，出现了人格变化。

Collection of Jack and Beverly Wilgus.

大多数人认为，搬动开关是更好的选择，虽然牺牲了一个人的性命，却使五个人获救。这个决定基于对规则的有意识地、合乎逻辑地应用，这个规则就是牺牲一个会比牺牲五个要好。但是，如果把问题变成下面这样呢？同样，电车以极快的速度奔向毁灭，但和上次不同，你无法通过一个开关来解决问题。这次，你和一个胖子站在一座桥上，电车将要从桥下穿过。如果你把胖子推下去，他的身体将挡住电车的去路，使电车停下来。（你自己的体重太轻，不足以阻止电车前进，所以即便你甘愿牺牲自己也无法搭救那五个人。）在这种情况下，你又该如何选择呢？

这次，大多数人对推胖子下桥感到很为难，尽管这样做的结果与上次一样：一个人丧命，五个人获救。在这两种情况下，无论我们采取改变电车轨道的方式，还是采取推人下桥的方式，最终的结果都是使一个人被电车撞死。但在情绪上，第二种情况显然比第一种更令人难以接受。这个例子说明，情绪反应操纵着道德判断，道德判断并不是简单地根据理性决策的结果做出的。

在一项功能成像研究中，Green 等人（2001）向被试呈现了一些类似于上述问题的道德两难问题。他们发现，被试思索这类问题时，激活了一些与情绪反应有关的脑区，其中包括腹内侧前额叶皮层。（做无害抉择时——例如，到某个地方去应该乘汽车还是坐火车——这些脑区不激活。）这说明，我们之所以不情愿推人下桥，可能是因为这种想法诱发了不良的情绪反应，情绪反应又左右了我们的道德判断。

思考是否搬动开关牺牲一个人来救活五个人所激活的情绪反应，比推人下桥所激起的情绪反应要小得多。的确，我们在考虑第二个道德困境时，腹内侧前额叶皮层被高度激活。因此，我们猜测，腹内侧前额叶受伤的患者在思考第二个道德困境时，更可能选择推胖子下桥。事实上，研究结果确实是这样的，这些个体表现出**功利主义**道德判断，即认为杀死一个人比杀死五个人更好。Koeling 等人（2007）向前额叶皮层损伤的患者呈现了与道德无关的、非个人道德的和个人道德的三种情境。例如，搬动开关的情境可以视作非个人道德困境，推人下桥可以视作个人道德困境。表 10.1 列举出了研究者所提出的各种困境下的实例。【见表 10.1】

图 10.8 呈现了被试在高冲突个人道德困境（如救生艇情境）下所做出的选择的比例。如你所见，腹内侧前额叶皮层损伤的患者对所提出的情境更容易选择“是”。【见图 10.8】

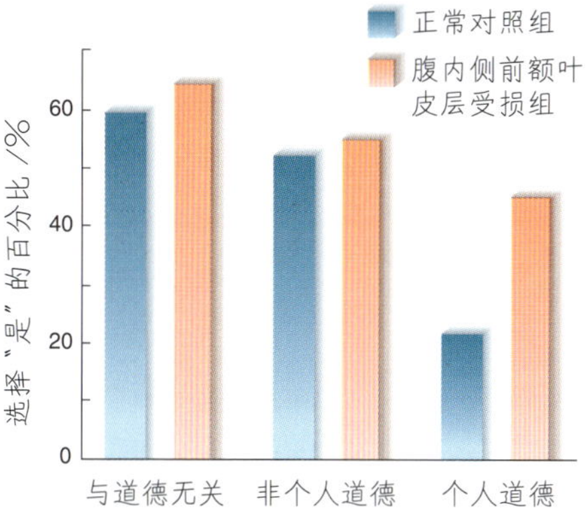

图 10.8 道德决策与腹内侧前额叶皮层。图中显示了腹内侧前额叶皮层受损患者与对照组做选择的比例，所面临的问题有与道德无关情境、非个人道德情境与个人道德情境，具体情况见表 10.1。

Based on data from Koenigs et al., 2007.

表 10.1 Koenigs 等人（2007）列出的不同类型的判断情境，包括与道德无关情境、个人道德情境和非个人道德情境

布朗尼蛋糕（与道德无关情境）
你打算为自己做一些布朗尼蛋糕，打开食谱书后找到了对应的食谱。食谱要求必须要放一杯切碎的核桃。而你不喜欢核桃，却喜欢澳洲坚果。这时你恰好发现，两种坚果你都有。 那么你会用澳洲坚果代替核桃吗？
快艇（非个人道德情境）
你在遥远的小岛上度假，坐在海边的码头上钓鱼。你观察到一队旅游者登上了一艘小船，向附近的另一个岛出发。不久后，你从广播里听到，有一场风暴正在逼近，这场风暴一定会拦截住他们。你唯一能帮助他们的方法就是借艘快艇前去警告他们。附近的快艇属于一个吝啬的富人，恐怕他没那么容易借给你。 那么你会在借快艇前去警告那队游客吗？
救生艇（个人道德场景）
你正在一艘邮轮上，邮轮着火了，必须弃船逃生。救生艇已经超载，你在救生艇上，发现救生艇上坐了太多人，离水面只剩下几英尺。这时海面突然掀起波浪，救生艇里进了水。如果什么都不做，救生艇会在救援队来之前沉没，所有人都会死去。然而，船上有一个受伤的人快要撑不住了。如果你把他推下去，船就不会沉，其他人也会得救。 你会为了拯救其他人的性命而推他下船吗？

我在前面就曾说过，尽管推人去死可以拯救他人的性命，我们还是不愿意这么做。这可能是因为我们认为这么做会亲眼看着一个人走向死亡。如果这个猜测成立，那么腹内侧前额叶皮层损伤的患者选择推人下桥是因为做这个决定时没有唤起不悦的情绪反应。事实上，Moretto 等人（2009）发现，没有脑损伤的被试在思考推人下桥时，表现出了体验着不悦情绪的生理迹象，他们也表示了不愿意推。而腹内侧前额叶皮层损伤的患者没有出现这样的情绪反应——他们说自己愿意推。

也许读者会觉得上面讨论的内容有点脱离本节的主题——愤怒和攻击。其实不然，请读者回忆前面某些学者的主张：冲动型暴力是情绪调节不良的结果。杏仁核在愤怒和暴力情绪反应的唤起中起到了重要的作用，而前额叶通过让我们看到这些行为的负面后果来抑制它们。如前文所述，反社会行为可能与前额叶皮层的容量减少相关，这反映出前额叶皮层的激活可能在抑制攻击行为中起作用。Raine 等人（1998）发现，杀人犯的前额叶活动降低，皮层下脑活动（包括杏仁核）增强。这些变化主要见于冲动型、情绪型杀人犯。而那些冷血的谋杀犯人——他们在犯罪时没有愤怒——表现出了相对正常的前额叶活动。推测起来，杏仁核活动的增强可能反映了一种宣泄负性情绪的倾向，而前额叶活动的降低反映了情绪控制能力的降低。Raine 等人（2002）的确发现，具有反社会人格障碍的人，其前额叶灰质的体积小于常人 11 个百分点。

前面谈到，5-羟色胺能神经元活动的减弱与攻击、暴力和冒险有关。在本节中我们看到，前额叶皮层活动的降低与反社会行为有关。此二者间似乎有某种关联。的确如此，前额叶皮层接收了大量 5-羟色胺能神经元轴突的投射。研究显示，5-羟色胺能神经传入使前额叶激活。在 New 等人（2004）的功能成像研究中，他们让具有冲动性攻击史的人接受了 12 周的 5-羟色胺再摄取抑制剂治疗，治疗前后测量了他们的脑区活动情况。他们发现，药物增加了前额叶皮层的活动，减少了攻击性。Crokett 等人（2010）发现，在前文所说的道德困境下，高剂量的 5-羟色胺受体激动剂减少了被试做出导致伤害决策的可能性。也就是说，5-羟色胺利用率的提高让被试更不可能做出功利性决定。由此推断，异常的低 5-羟色胺释放水平可能导致前额叶皮层活动的降低，做出功利性判断的可能性加大，极端情况就是导致反社会行为。

小　结

情绪作为反应模式

“情绪”指行为、生理反应和感受。本节讨论了不同的情绪反应模式，包括特定情境下的行为和行为背后的生理反应（自主神经反应和激素反应）。在某些情境下，特别是在引发恐惧、愤怒或厌恶的情境下，机体的行为、自主神经和激素的反应是由杏仁核组织的。杏仁核的传入纤维来自嗅觉系统、颞叶的联合皮层、额叶皮层以及边缘系统的其他部分。它发放传出纤维至额叶皮层、下丘脑、海马结构以及控制自主神经功能和物种典型行为的脑干核团。单神经元放电记录研究显示，当动物察觉环境中具有特定情绪意义的刺激时，部分杏仁核神经元会产生反应。刺激杏仁核可引发情绪反应，破坏杏仁核则干扰情绪反应的发生。将中性刺激与诱发情绪反应的刺激配对呈现便可形成条件情绪反应。这种学习主要发生在杏仁核中。条件情绪反应的消退是通过腹内侧前额叶皮层对杏仁核活动的抑制性控制完成的。

对杏仁核损伤患者的研究以及以人类为被试的

fMRI 研究显示，杏仁核也参与人类的情绪反应。然而，许多条件情绪反应是通过观察他人的反应，甚至是通过言语指导获得的。

攻击行为是一种物种典型行为，具有重要的功能。脑干中的神经回路参与攻击行为的组织，而杏仁核与下丘脑起调节作用。5-羟色胺能神经元的激活可能具有抑制攻击等冒险行为的作用。前脑5-羟色胺能神经元轴突的损伤会促进攻击，使用促5-羟色胺能药物可抑制攻击。无论是猴子，还是人类，脑脊液中低5-羟吲哚乙酸（一种5-羟色胺代谢产物）含量都与冒险和攻击行为有关。

腹内侧前额叶皮层在情绪反应中扮演了重要的角色。它与背内侧丘脑、颞叶皮层、腹侧被盖区、嗅觉系统、杏仁核、扣带回、外侧下丘脑以及额叶皮层的其他区域都存在神经联系。腹内侧前额叶皮层受损的患者常表现出冲动行为和不合时宜的愤怒。他们在对自身有重要影响的情境中缺乏情绪反应，这使他们常常做出错误的决策。

有证据显示，前额叶皮层与道德判断有关。当人们面对功利主义判断（以一个人的死亡来救五个人）与个人道德判断（你是否愿意推一个人致其死亡）的冲突，需要自己做出决定时，腹内侧前额叶皮层被激活。而腹内侧前额叶皮层受伤的患者会做出功利主义的道德判断。有证据表明，正常被试都不愿意伤害别人，原因在于想到了这么做会带来不愉快的情绪反应。前额叶被释放到这里的5-羟色胺激活，某些学者相信，输入至前额叶的5-羟色胺能神经纤维是5-羟色胺抑制攻击和冒险行为的神经基础。高剂量的5-羟色胺受体激动剂会减少在道德两难任务中做功利主义决策的可能性。

思考题

1. 恐惧症可以被视为条件情绪反应的一个生动例子。这种反应甚至会传染，也就是说，在没有直接经历厌恶刺激的情况下，也可以获得情绪反应。例如，小孩看到父母被狗吓到后，会发展出对狗的恐惧反应。如果说某些歧视也是通过这样的方式习得的，你同意吗？
2. 假设有个脑部受伤的患者，他的腹侧前额叶皮层遭到损伤。不久之后，他开始出现反社会行为。一天，他在车上等红灯时，看见街对面站着一个曾与他有过激烈争执的人。他突然踩了油门，撞了那人，致其死亡。那么，你认为在法庭上，他脑损伤的病史对这桩肇事的判定有影响吗？为什么？
3. 从进化的观点看，攻击行为和建立支配地位的倾向都具有重要作用。它们使最健壮的动物获得更多的繁殖机会。请思索，在我们人类中，这些天性带来了哪些好的影响和不好的影响？

情绪交流

上一节将情绪视为组织化的反应(行为反应、自主神经反应和激素反应)，其功能是使动物能够应对环境中的各种事件，比如可能对机体构成威胁的事件。在我们的祖先进化到哺乳动物之前，这些大概就是情绪的全部含义了。然而，随着时间的推移，具有新功能的反应产生了。许多动物（包括人类）使用姿势、面部表情和非言语的声音（如叹气、呻吟和咆哮）作为交流情绪的手段。这些交流方式具有重要的社会功能，我们可以通过它们传达自己的感受，更重要的是，可以告诉其他动物我们想做什么。比如，通过这些方式可以告诉敌人“我生气了”，或者告诉朋友“我很沮丧，需要一些慰藉”。许多动物使用这样的情绪表达方式提示同伴危险正在降临，或者有趣的事情将要发生。下面，就让我们看看情绪的表达和交流。

情绪与面部表情：先天反应

查尔斯·达尔文(Darwin，1872/1965)指出，人类表达情绪的方式由存在于其他动物中的类似方式进化而来。他认为，情绪是先天的、非习得的反应，由一整套复杂的肌肉运动（特别是面部肌肉的运动）构成。按照他的说法，人类的冷笑和狼的嚎叫都应该是有生物学基础的反应模式，被先天形成的脑机制控制，就像咳嗽和打喷嚏那样。（当然，人类的冷笑和狼的嚎叫是出于截然不同的原因。）有时，动物表达情绪时，肌肉的运动方式可能与动物的某种行为类似，前者可能由后者演化而来。例如，嚎叫时，动物展露牙齿的动作与撕咬时的动作类似，嚎叫可被视为撕咬的前兆。

通过观察自己的孩子和世界各地不同文化中的个体，达尔文发现，无论人们身处的文化背景有多么不同，情绪表达的方式是大致相同的。因此，他提出了“人类的情绪表达是天生的”这一观点。他的逻辑是，世界各地的人类，不管他们之间的文化背景有多么不同且彼此孤立，如果他们使用相同的面部表情，那么面部表情就应该是天生的，而不是后天习得的。与语言相比，这个观点背后的逻辑是：当几组人彼此隔离多年后，他们会发展出不同的语言，那么我们可以认为，人们在随意使用词语，用什么样的词表达什么样的意思并没有生物学基础。然而，如果面部表情是天生的，来自不同文化的人，无论他们之间相隔多远，有多么孤立，都应该使用大致相同的表达形式。通过观察，达尔文发现，生活在不同文化中的人的确使用相同的面部肌肉运动方式来表达情绪状态。

Ekman 及其同事的研究（Ekman and Friesen，1971；Ekman，1980）倾向于支持达尔文提出的“面部表情使用一套天生的、物种典型的面部肌肉运动”的假说（Darwin，1872/1965 ）。例如，Ekman 和 Friesen（1971）来到一个与世隔绝的新几内亚部落里，调查部落成员识别西方人面部表情的能力。部落成员能够轻松地完成任务，反过来，他们的面部表情也很容易被西方人识别。图 10.9 中的四张照片截取自一盘录像带，这盘录像记录了一名部落男子在听故事时的面部表情，按照故事情节的设计，听故事者应该被诱发出愉快、悲伤、愤怒和厌恶四种情绪。从这四张照片上，读者想必能够毫无困难地辨别出它们。【见图 10.9】

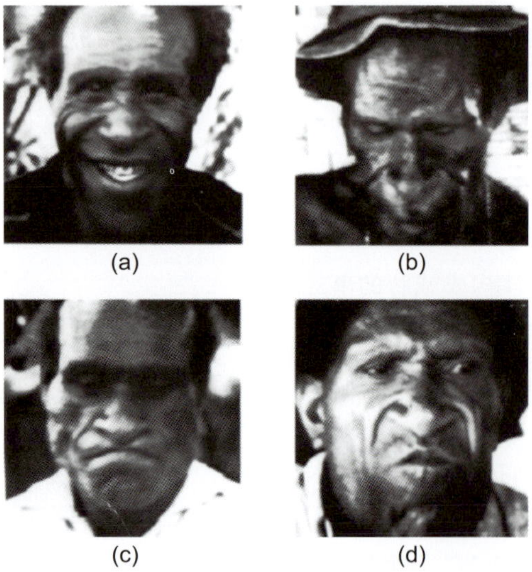

图 10.9 一个新几内亚部落男子的面部表情。这四幅图记录了他听故事时的面部表情。(a)“朋友来了，你很高兴。”(b)“你的孩子死了。”(c)“你生气了，想打架。”(d)“你看到一只无人过问的死猪。”

From Ekman, P., *The Face of Man: Expressions of Universal Emotions in a New Guinea Village*. New York: Garland STPM Press, 1980. Reprinted with permission.

从未接触过的人们使用相同的面部表情，所以 Ekman 和 Friesen 断定，表情是非习得的行为模式。相反，不同文化使用不同的词语来表示相同的概念，这说明词语的产生并非先天的，一定是习得的。

有人比较了盲童和正常儿童的面部表情。他们的基本逻辑是，如果这两组儿童的面部表情类似，那么就可以说明，人类的表情是与生俱来的，不需要靠模仿习得。（对成年盲人的研究没有太大说服力，因为成年盲人听到了很多关于面部表情的描述，这些知识足以使他们摆出正确的表情。）研究结果表明，盲童和正常儿童的面部表情极为类似（Woodworth and Schlosberg，1954；Izard，1971）。另外，科学家们研究了 2004 年残奥会上运动员比赛后的表情（或输或赢），发现先天失明、后天失明与视觉正常的运动员的表情没有区别（Matsumoto and Willingham，2009）。这样，无论是跨文化研究还是对盲人的研究都证实了面部表情的先天性。

Sauter 等人（2010）的一项研究也得出了类似的结论。研究者设计了一项 Ekman 与 Friesen 实验的声音版本。他们准备了会带来生气、厌恶、恐惧、悲伤、惊恐或愉悦等情感的非言语声音，邀请了使用英语的欧洲人和与世隔绝的纳米比亚北部村庄土著两组被试。被试首先会听一则故事，然后听两段不同的声音（叹息、呻吟、大笑等），其中一段与故事表达的感情吻合。两组被试来自不同的文化环境，声音信息也来自于本族文化或异族文化，但两组被试都能毫不费力地选择出了恰当的声音信息。【见图 10.10】

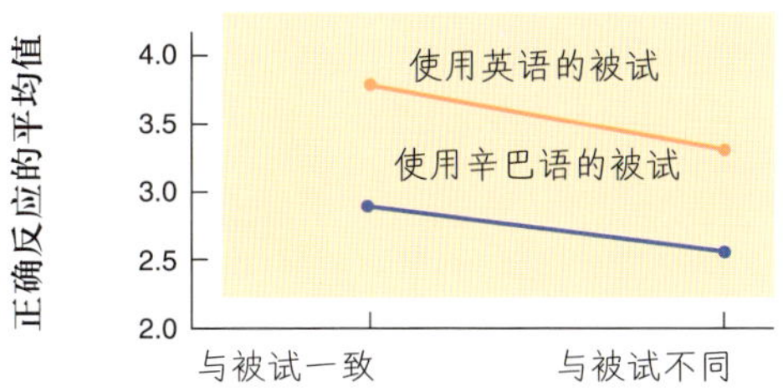

图 10.10　识别来自不同文化的对情绪的声音表达（非言语）。研究者让使用英语的人与使用辛巴语的人（纳米比亚北部村庄土著）两组被试，辨别英语为母语者表达情绪的录音（非言语表达），图中呈现了两组人的正确率。跨文化背景的辨别率与同文化背景的辨别率几乎相同。

Based on data from Sauter et al., 2010.

情绪交流的神经基础：识别

有效的交流是一个双向过程：一方面，表达情绪状态的人需要具备改变表情的能力；另一方面，只有当对方具备识别能力时，他的表达才有作用。Kraut 和 Johnston（1979）暗中观察了人们在可能诱发愉快情绪的环境中有何表现。他们发现，当人们独处的时候，愉快的事件和情境（比如保龄球手击出全中、看到主队进球或经历了美好的一天）只能使他们流露出少许快乐的征象。然而，当人们处于一个互动的社会环境中时，他们会露出更多笑容。例如，保龄球手击出全中后并不立即呈现喜色，但当他们转身看到队友后，往往会展现笑容。Jones 等人（1991）发现，在10个月大的儿童中就能够观察到这种行为倾向。（不，我不是说观察到婴儿在打保龄球时是这样的。）

对他人面部表情的识别通常是自动、迅速而准确的。Tracy 和 Robbins（2008）发现，观察者可以快速识别出各种情绪的短暂表达。即使给他们多些时间思考所见表情，正确率也几乎没有提高。

人们可以通过肢体语言或面部的肌肉运动来表达情绪（de Gelder，2006）。例如，紧握的拳头与愤怒的表情相配，吓得胆小的人逃走。人们看到照片中的人动作表现出恐惧时，杏仁核被激活，这与直接看到恐惧表情的激活状况相同（Hadjikhani and de Gelder，2003）。Meeren、van Heijnsbergen 和 de Gelder（2005）用计算机调整了一些图片，一组中的人物面部表情与肢体语言一致（比如，面部表情与肢体语言都表现出恐惧），另一组照片中人物的面部表情与肢体语言不一致（例如，表情生气而肢体语言表达出恐惧）。研究者要求被试判断照片中人物的面部表情。结果显示，当面部表情与肢体一致时，被试的判断既快又准。也就是说，在观察别人的脸时，我们对他人面部表情的感知不仅受表情本身的影响，也会受到肢体语言的影响。

情绪识别的单侧化

我们通过视觉和听觉识别他人的感受——用眼睛看别人的面部表情，用耳朵听别人的语调和措辞。研究显示，对于情绪理解，大脑的右半球比左半

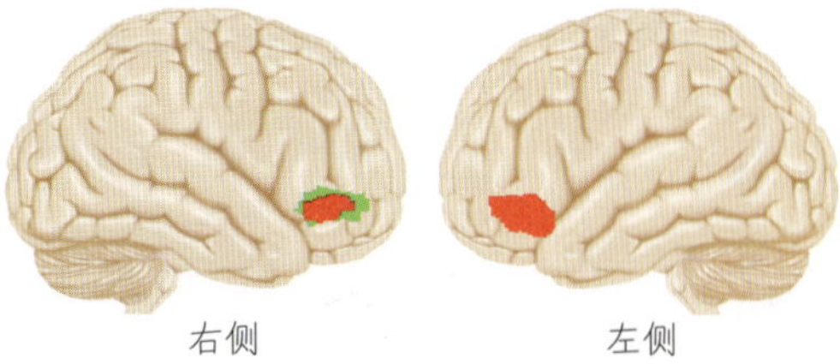

图 10.11 对情绪的感知。PET 扫描图中绿色部分为情绪语调激活的脑区，红色部分为听到的词语的意思激活的脑区。

Tracing of brain activiy from George et al., 1996.

球更重要。例如，George 等人（1996）在被试听句子时测量了他们局部脑血流量，并要求他们确定情境中的情感内容。一组被试根据词义回答如果某人身处句子描述的情境中，他应该是哪种情绪状态（快乐、悲伤、愤怒或中性状态）。在另一种条件下，被试需要通过语调判断说话者的情绪状态（如愉快、悲伤、生气或中性）。研究者发现，通过词义理解情绪时，双侧前额叶的活动增强，左侧比右侧更显著。通过说话者的语调理解情绪时，只有右侧前额叶皮层的活动增强。【见图 10.11】

Heilman、Watson 和 Bowers（1983）记录了一个非常有意思的病例，这名男子患上了一种叫作*纯词聋*（见第 13 章）的障碍。虽然他不是真的聋了，但无法理解别人说的话。即便是这样，他仍然可以通过说话者的语调来识别他人的情绪。这个病例提示，理解词义和识别声调是两个独立的功能，这与 George 等人（1996）的结论相一致。

杏仁核的作用

前一节中提到，杏仁核在情绪反应中扮演了重要的角色。同样，杏仁核在情绪识别中也起到了一定作用。例如，一些研究发现，杏仁核损伤（退行性病变或为治疗严重癫痫而进行的外科手术所致）使患者识别面部表情的能力受到损害，特别是识别恐惧表情的能力（Adolphs et al., 1994, 1995；Young et al., 1995；Calder et al., 1996）。另外，功能性脑成像研究（Morris et al., 1996；Whalen et al., 1998）发现，当人们看到恐惧表情的面孔照片时，杏仁核的活动大幅度增加，但看到愉快表情的面孔照片时，杏仁核活动增加的幅度很小（甚至降低）。然而，杏仁核损伤可能不会影响人们根据声音辨别表情的能力（Anderson and Phelps, 1998；Adolphs and Tranel, 1999）。

一些病人为了治疗惊厥障碍在脑中植入了电极，Krolak-Salmon 等人（2004）利用这样的机会，记录到了杏仁核和视觉联合皮层中的电位变化。研究者向被试呈现了人物图片，人物的表情可能是中性、恐惧、幸福或厌恶。研究者发现，观察恐惧的表情时，被试的反应最大，且杏仁核比视觉皮层先被激活。这样快速的反应说明，杏仁核直接从皮层下视觉系统（它传导信息非常迅速）接收视觉信息，从而识别恐惧的表情。

情绪识别中模仿的作用：镜像神经元系统

Adolphs 等人（2000）收集整理了 108 例局部脑损伤患者的数字化信息。他们对脑损伤部位和患者识别面部表情的能力做了相关分析。结果发现，最严重的表情识别功能受损是由右半球躯体感觉皮层的损伤造成的。【见图 10.12】他们认为，当人们看到一个面部表情时，会下意识地想象自己做出了同样的表情。实际上，人们不仅仅在想象，也经常模仿他人的面部表情。于

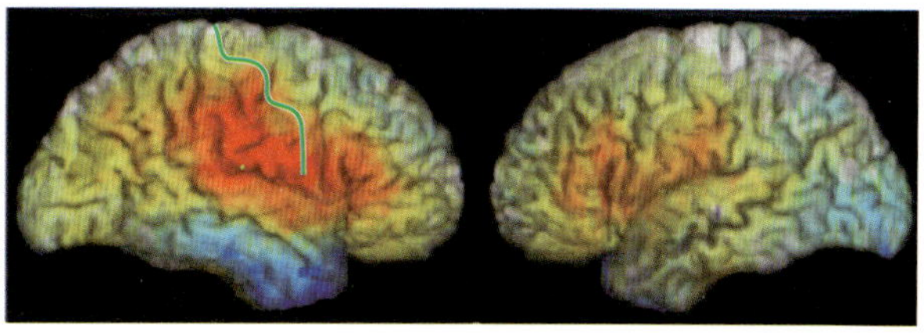

图 10.12 脑损伤与面部表情的识别。计算机生成的局部脑损伤部位与表情识别能力的关系图。彩色部分表示损伤部位。表现佳者的损伤以蓝色表示，表现差者的损伤以红色和黄色表示。绿线为中央沟。

From Adolphs, R., Damasio, H., Tranel, D., Cooper, G., and Damasio, A. R. *The Journal of Neuroscience*, 2000, 20, 2683-2690. Copyright © 2000 by the Society for Neuroscience. Reprinted with permission.

是，我们便获得了这个面部表情的躯体感觉表征，该表征使面部表情成为线索，帮助我们识别做表情者的情绪状态。Adolphs 及其同事的后续工作为他们的假说提供了支持性证据。在他们的一份研究报告中，右半球损伤患者识别面部表情的能力与他们感知躯体刺激的能力呈正相关。也就是说，躯体感觉受损的患者（右半球损伤所致）在情绪识别上也有障碍。

Hussey 和 Safford（2009）综述了大量证据，证明了该假设（即我们所说的模仿假设）。例如，神经影像学研究表明，观察特定情感表达时所激活的脑区，在模仿表情时，也同样被激活。另外，Pitcher 等人（2008）使用经颅磁刺激扰乱被试部分脑区的正常活动，这些脑区参与对面孔的视觉感知，或者参与对自己面孔躯体感觉反馈信息的知觉。他们发现，无论扰乱其中哪个脑区，被试识别情绪表达的能力都有所降低。最后，Oberman 等人（2007）的研究让被试用牙齿咬着钢笔，以此阻止被试做出笑的动作。研究者发现，此时被试识别快乐的面部表情时存在困难，但识别厌恶、恐惧和悲伤的面部表情时没有困难。与笑相比，这些表情更多涉及脸的上半部分。

我们开始讨论提供这种反馈的神经回路。研究发现，镜像神经元对运动控制有重要影响（Gallese et al., 1996；Rizzolatti et al., 2001；Rizzolatti and Sinigaglia, 2010）。当动物进行特定行为或者观察另一动物进行特定行为时，镜像神经元被激活。由此推测，镜像神经元参与学习的过程，以模仿他人的动作。镜像神经元位于额叶的腹侧前运动皮层，接收来自颞上沟和后顶叶皮层的信息输入。当我们看到他人进行目标指向的动作时，神经回路被激活，产生的反馈帮助我们理解此人在做什么。Carr 等人（2003）指出，当我们观察他人的面部动作时，镜像神经系统所提供的反馈可帮助我们理解他人的感受。也就是说，镜像神经系统可能参与到了我们与他人共情的过程。

莫比斯综合征（Moebius syndrome）是一种神经系统疾病，它为这个假设提供了证据。参与面部肌肉运动的神经发育缺陷导致该综合征产生。因而，患者无法做出面部表情。另外，患者在识别他人情感表达上也存在障碍（Cole, 2001）。可能是患者无法做出面部表情，也就无法模仿他人的表情，导致从运动系统向躯体感觉皮层的内部反馈信息缺失，因而出现识别困难。

情绪交流的神经基础：表情

面部表情的生成是自动的、非随意的。人们在没有真正内心感受的情况下很难做出一个生动的表情。事实上，早在19世纪，一位神经学家杜乡（Guillaume-Benjamin Duchenne de Boulogne）便观察到，相对于假笑或人们在打招呼时做出的社交笑容来说，一个发自内心的愉快笑容需要眼周肌肉的参与，即眼轮匝肌外侧的收缩。如今，这块肌肉也被称为杜乡

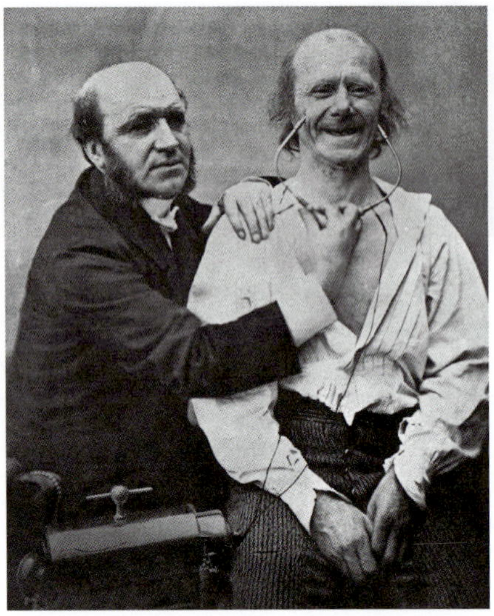

图 10.13 虚假的笑容。杜乡医生电刺激志愿者的面部，引起口周肌肉的收缩。在我们展现笑容时，口周肌肉是被激活的。然而，杜乡发现，真正的笑容要包括眼周肌肉的活动。

Hulton-Deutsch Collection/CORBIS.

肌（Duchenne's muscle）。Ekman 和 Davidson（Ekman，1992；Ekman and Davidson，1993）证实了19世纪神经学家杜乡观察到的现象。引用杜乡的话来说："第一块肌肉（颧大肌）服从意志的指挥，而第二块肌肉（眼轮匝肌）只接受发自内心的甜蜜情绪的支配……假欢乐和欺骗的笑容都不能使它收缩。（Duchenne，1862/1990，p. 72）"【见图 10.13】随意做出令人信服的面部表情是演员们面临的一大难题，也是促使康斯坦丁·斯坦尼斯拉夫斯基（Constantin Stanislavsky）创作"表演方法"系统的一个原因，在这个系统里，他鼓励演员们想象自己处在能够诱发情绪的情境中。一旦情绪被诱发出来，面部表情也自然而然地产生了（Stanislavsky，1936）。

这些观点被两种症状互补的神经疾病所证实（Hopf et al.，1992；Topper et al.，1995；Urban et al.，1998；Michel et al.，2008）。首先是**意志性面瘫**，导致该疾病的原因是控制面肌的初级运动皮层受损，或联系初级运动皮层与面神经运动核团的神经纤维受损，我们知道，面神经负责控制面部肌肉的运动。在意志性面瘫患者中观察到的有趣现象是，尽管他们不能随意活动面部肌肉，但是在非随意的情况下，他们可以使用这些肌肉表现发自内心的情绪。图 10.14(a) 中的这位女患者正在努力地向上扯嘴角，试图做露齿的动作。由于右侧初级运动皮层的面孔区受损，她的左脸动不了。然而，在她笑的时候[图 10.14(b)]，双侧面肌均能正常运动。【见图 10.14(a) 和图 10.14(b)】

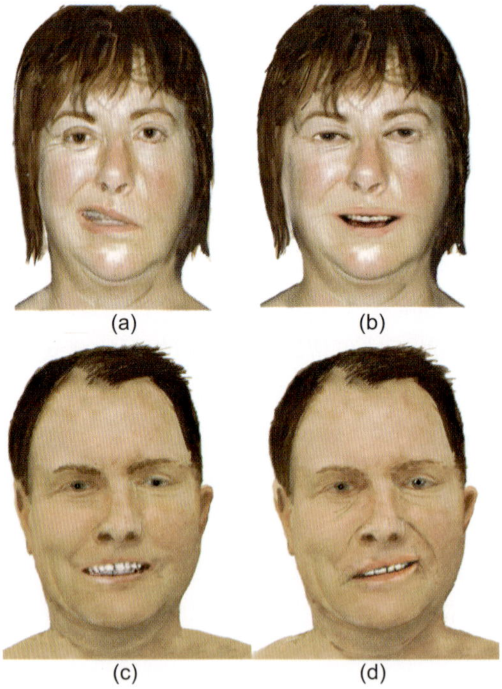

图 10.14 情绪性面瘫和意志性面瘫。(a) 右脑损伤使照片上的女性患上了意志性面瘫，她在努力分开上下唇，做露齿的动作。她的右脸能够完成这个动作，左脸却不行。(b) 同一个人，她能够展现出由衷的笑容。(c) 左脑损伤使照片上的男性患上了情绪性面瘫，他能够完成露齿动作。(d) 同一个人，当他微笑时，只有左侧面孔能够正常反应。

意志性面瘫（volitional facial paresis）：面部肌肉不能随意运动；由初级运动皮层的面孔区或该区的皮层下连接受损所致。

情绪性面瘫（emotional facial paresis）：面部肌肉能够随意运动，但有情绪反应时，面肌的运动缺乏；由于前额叶的脑岛、额叶白质或部分丘脑受损导致。

与意志性面瘫相反，**情绪性面瘫**由前额叶皮层的脑岛、额叶白质或部分丘脑受损导致。这个系统可汇入延髓或脑桥尾侧负责面肌随意运动的系统中。患者能够随自己的意志来移动面肌，但是在疾病累及的一侧面孔上不能表达情绪。图 10.14(c) 中的男性患者正在向上扯嘴角，做露齿的动作，显然，他做这个动作没有什么困难。在图 10.14(d) 中，他正在微笑，请注意，他的右侧嘴角不能抬起。他是一位中风患者，左侧额叶白质受损。【见图10.14(c)和图10.14(d)】上述两个综合征清楚地显示，虽然涉及同样的肌肉，但面肌的随意运动与自动、非随意的情绪表情由不同的脑机制负责。

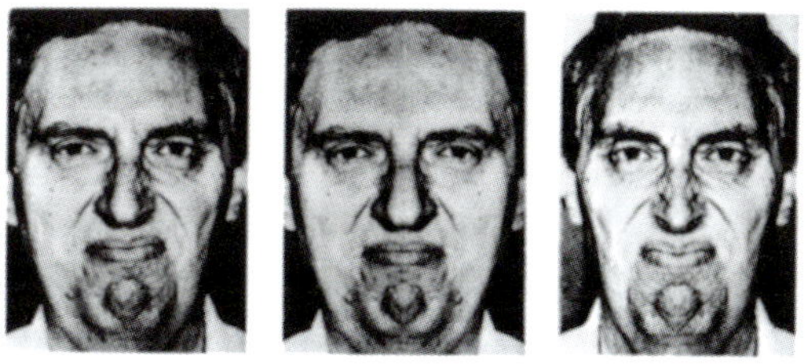

(a) (b) (c)

图10.15 合成面孔。(a)原始照片。(b)由右脸合成的面孔。(c)由左脸合成的面孔。

前文中提到，识别他人的情绪性语调和面部表情时，右半球发挥了更大的作用，对于负性情绪尤为明显。在情绪的表达中也存在这样的半球特异性。当人们通过面肌的运动来表达情绪时，左脸的表情往往比右脸更强烈。例如，Sackeim和Gur（1978）将一些表情面孔一分为二，切割成左右两个半脸，然后分别生成两个半脸的镜像图，再将原图与各自的镜像图拼合在一起，这样，便得到两个新的面孔，称为“喀迈拉面孔”（喀迈拉是传说中的吐火怪兽，长有狮头、羊身和蛇尾）。他们发现，人的左侧面孔比右侧面孔更善于做表情。【见图10.15】由于面肌的运动受对侧大脑半球的控制，因此他们的结果提示，右脑比左脑更擅于表达情绪。

Moscovitch和Olds（1982）在餐馆和公园里观察人们在自然状态下的表情，他们也发现，左侧面孔表达的情绪更加强烈。在实验室研究中，他们分析了人们讲述悲伤或幽默故事的录影带，得到了支持性的结果。在Borod等人（1998）的文献综述中，另外48个研究也得到了类似的结果。

左侧半球损伤不一定影响情绪的声音表达。例如，患有威尔尼克失语症（见第13章）的人常根据心境来调整自己的声音，尽管有时他们说的话毫无意义。与之相反，右半球损伤会影响情绪的表达，既影响面部表情，也影响语调。

在前面的小节中，我们看到，杏仁核与他人面部表情的识别有关。研究显示，杏仁核与情绪表达无关。

Anderson和Phelps（2000）报告了一个病例，患者S. P.是一位54岁的女性，因重症癫痫而接受手术治疗，手术使她失去了右侧杏仁核。她的左侧杏仁核曾经受到损害，因此手术的结果等同于切除了双侧杏仁核。术后，S. P.丧失了识别面部恐惧表情的能力，但她能够轻易地识别出熟人的面孔，也能判断面孔的性别和年龄。有趣的是，双侧杏仁核受损并没有影响她产生恐惧表情。她可以正确地做出六种表情：恐惧、愤怒、愉快、悲伤、厌恶和惊讶。但她看这些照片时，并不能说出照片上的表情。

小 结

情绪交流

人类（以及某些动物）主要通过面部表情来交流情绪。达尔文相信，这样的情绪表达方式是与生俱来的，也就是说，做表情时的肌肉运动方式是遗传的行为模式。Ekman 及其同事进行的跨文化研究调查了生活在新几内亚的一个与世隔绝的部落。他们的研究结果支持达尔文的假设。

识别他人的情绪时，右半球比左半球发挥了更多的作用。功能成像研究显示，当人们判断声音中的情绪时，右半球的激活程度大于左半球。此外，左半球受损导致的纯词聋患者无法辨别出词语，却能辨别出语调中传达的情感。杏仁核与恐惧的面部表情识别有关；杏仁核受损会破坏表情识别能力，功能成像研究显示，当被试做表情识别任务时，杏仁核活动会增强。但根据话语中的音调辨别情感的能力不受影响。

杏仁核从大脑皮层下区域接收更初级的视觉信息，用于做出恐惧表达的判断。人有模仿他人情绪表达的自然天性——位于腹侧前运动皮层的镜像神经元参与这一过程。所产生的反馈传导至躯体感觉皮层，可以帮助我们理解他人的情绪意图。

面部表情（以及其他刻板行为，如大笑和大哭等）难以伪装。只有发自内心的愉快笑容才能引起眼轮匝肌外侧部分（杜乡肌）的收缩。真实的表情由特殊的神经回路控制。两个互补的综合征——情绪性面瘫和意志性面瘫——为上述观点提供了最有力的证据。情绪性面瘫患者能够随意地活动面部肌肉，但对情绪没有反应；意志性面瘫患者表现出相反的症状。另外，人类的左侧面孔比右侧面孔更擅于表达情绪。

思考题

1. 在你看来，识别他人情绪的能力重要吗，为什么？假设你不再能识别他人的情绪面部表情，会为你带来怎样的损失呢？
2. 小说中常描述某人的眼睛没有笑。这是什么意思呢？

情绪感受

到目前为止，我们讨论了情绪的两个方面：情绪反应模式的组织和情绪交流。前者使我们能够应对那些诱发情绪的情境，后者使我们能够与种群内的其他成员交流情绪状态。在本章的最后，让我们看一看情绪的主观成分：情绪感受。

詹姆斯－兰格理论

美国心理学家威廉·詹姆斯（William James，1842—1910）和丹麦心理学家卡尔·兰格（Carl Lange，1834—1900）分别提出了各自的情绪理论，但他们不谋而合，因此大多数人将二者的理论统称为**詹姆斯－兰格理论**（James，1884；Lange，1887）。该理论认为，诱发情绪的情境引起了一系列生理反应，如发抖、出汗和心跳加快等。这些情境也会诱发行为，如攥紧拳头或争斗等。随后，从肌肉和参与反应的器官发出的感觉信息反馈到脑，正是这些反馈回来的感觉信息构成了我们对情绪的感受。

詹姆斯－兰格理论（James-Lange theory）：情绪理论之一，该理论认为行为和生理反应直接由环境诱发，这些反应的反馈信息带来了情绪感受。

詹姆斯认为，情绪感受的基础是，我们发现自己在做什么，并且从相关的肌肉和内脏那里得到了感觉反馈。根据他的理论，如果我们发现自己在发抖，并且感到不安，那么我们正在害怕。从情绪感受的角度来讲，我们是自我观察者。这样看来，前面介绍的情绪的两个方面（情绪反应模式和情绪的表达）带来了第三个方面：情绪感受。【见图 10.16】

也许在读者看来，詹姆斯对情绪过程的描述太不可思议了。许多人觉得，情绪感受是直接的、内在的，而情绪的外在显现才是继发的。但是请读者回想一下，你是否经历过下面这些事情：当你与另外一个人对峙时，虽然你不认为这件事有多恼人，但你发现自己在发抖；听到一些公众对你的评论后，你发现自己脸红了；看电影时，你发现自己落泪了，尽管你认为电影的情节对你不会产生影响。遇到这些情况时，你该对自己的情绪状态做出怎样的结论呢？难道你能够完全不考虑自己的生理反应吗？

詹姆斯的理论难以用实验证实，因为它试图解释情绪的感受，而非情绪反应的诱因，我们知道，情绪感受是相当私人的事情。倒是有不少奇闻逸事支持他的观点。例如，Sweet（1966）报告了一位男性患者，为了治疗心血管疾病，他一侧的交感神经被切除了。他是一名音乐爱好者，原来听到音乐后会产生一种颤抖感，但是现在，这种感觉只发生在没有接受手术的那一侧身体。他一如既往地喜欢音乐，但是外科手术改变了他听音乐时的情绪反应。

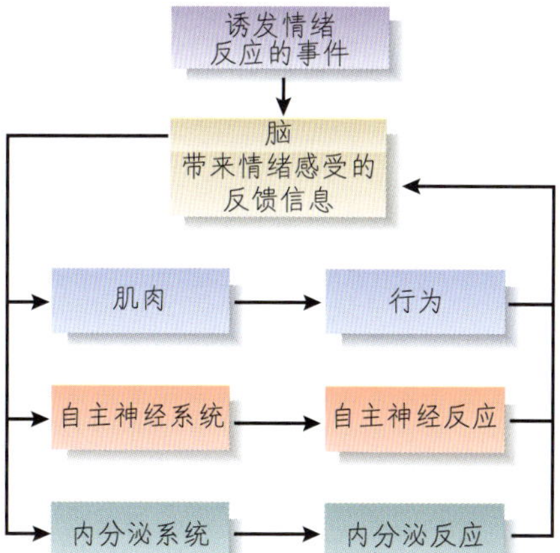

图 10.16 詹姆斯－兰格情绪理论。环境中的事件引发行为、自主神经和内分泌的反应。这些反应的反馈信息带来了情绪感受。

针对詹姆斯的理论设计的验证性实验很少见，Hohman（1966）收集了一些脊髓损伤患者的数据。他让这些患者报告自己情绪感受的强度。如果说反馈对于情绪感受真的十分重要，那么预期结果就应该是损伤的平面越高（也就是说，越接近脑）情绪感受的强度就越小，因为高位损伤使患者更多身体部位的感觉变得不敏感。Hohman 的发现与上述假设十分一致：损伤的平面越高，情绪感受的强度越小。正如 Hohman 的一个患者所说：

> "我无所事事，在脑海里将事情串起来，我担心的事情很多，但除了思想的力量外也没什么的。有一天，我一个人躺在家里抽烟，但是香烟掉到了床下，我够不着。最后，我还是想办法找到了它，并把它弄灭了。如果不是这样，我家很可能就着火了。但滑稽的是，我根本没有被这件事吓到。可能你认为我会感到害怕，但我一点也没有。"（Hohman，1966，p. 150）

在另一个被试身上观察到的现象是，愤怒行为（一种情绪反应）不一定与情绪感受相伴发生。相反，即使脊髓损伤使得患者情绪感受的强度大为减弱，愤怒行为仍然能够被令人生气的情境（被试对情境的评价也是如此）诱发出来。

> "现在，我对身体的激动没有感觉，这可能属于一种冷愤怒。有时候，当我面对不公正的事情时，会表现得愤怒。我会大声咒骂，提出抗议，因为如果我不这么做，别人会捉弄我。但是我在这么做的时候并不是真的很火大。这只不过是一种精神愤怒。"（Hohman，1966，p. 151）

情绪表情的反馈

詹姆斯强调了情绪反应的两个方面——情绪行为与自主反应的重要性。正如前文所述，面部特定的肌肉群帮助我们与他人交流情感。许多研究表明，面部肌肉的收缩所产生的反馈能影响人们的情绪状态，甚至影响自主神经系统的活动。

Ekman 及其同事（Ekman，Levenson，and Friesen，1983；Levenson，Ekman，and Friesen，1990）让被试运动面部肌肉，来模拟恐惧、愤怒、惊奇、厌恶、悲伤和愉悦的表情。被试只被告知如何运动面部肌肉，而不知道所做的是何种表情。例如，告知被试“抬高眉毛，同时将眉头紧蹙。现在抬高上眼睑，收缩下眼睑，嘴唇向水平方向伸展。”这是在模拟恐惧的表情。被试按照指令做动作时，由研究者监控自主神经系统控制的数项生理指标。

模拟表情的动作确实改变了自主神经系统的活动。事实上，不同的面部表情产生了不同的活动模式。例如，做愤怒的表情时，被试心率加快，皮肤温度升高；做恐惧的表情时，心率加快，皮肤温度降低；做愉悦的表情时，心率降低，皮肤温度没有变化。

为什么面部肌肉的特定运动会带来自主神经系统活动或者情绪的变化呢？一种可能是，这种联系是经验带来的：也就是说，可能是发生特定面部运动时，常伴随自主神经系统的变化，导致经典条件作用——因而面部运动带来的反馈信息可能诱发自动化反应和情绪的变化。另一种可能是，这种联系是天生的。前文曾经提到，情感表达的适应性作用在于与他人交流情感与意图。对镜像神经元与躯体感觉皮层作用的研究显示，无意识的模仿是我们识别他人情感的方式之一。

Lewis 和 Bowler（2009）的一项研究发现，干扰表达特定情感的肌肉运动会影响被试体验那种情绪的能力。大家知道，向面部肌肉注射稀释的肉毒杆菌霉素溶液（肉毒杆菌），会带来面部肌肉慢性收缩，起到减少面部皱纹的作用。皱眉肌的收缩参与许多需要皱眉的负性表情，有些人会向皱眉肌注射肉毒杆菌。Lewis 和 Bowler 发现，与其他进行医疗美容的人相比，这些人的负性情绪明显要少。与本节前文所述一致，这一结果表明从面部表情得到的反馈信息会影响我们的情绪。

Damasio 等人（2000）的一项功能成像研究要求被试回忆过往悲伤、愉悦、生气与愤怒情感的经历，并再次体验。研究者发现，回忆这些情绪会激活被试躯体感觉皮层与上部脑干核团（它们参与对内脏的控制与对内脏感觉信息的探测）。这些结果符合詹姆斯的理论。如 Damasio 等人所说，毫无疑问，

> “情绪是神经机制的一部分”，其基础结构通过骨骼肌肉系统（从面部表情到肢体表达，再到复杂行为）执行特定动作，或通过针对内部环境、内脏和端脑神经回路产生的化学与神经反应来调节机体状态。这些反应的结果不仅表现在皮层下调控结构……还表现在大脑皮层……那些表征构成了情绪感受神经基础中的重要方面。（p.1049）

我想，如果詹姆斯还在世，他也会认同这一说法。

模仿他人的表情是与生俱来的天性。Field 等人（1982）让成人在婴儿面前做出面部表情。在录制了婴儿所做的面部表情后，由不知道成人所做表情的评分者为录像评分。Field 及其同事发现，即使是新生儿(平均出生36小时)，也倾向于模仿他们所看见的表情。显然，因为婴儿刚出生不久，这种情况不太可能是学习的结果。图 10.17 展示了三组成人与婴儿的表情。你能观察图片中的表情，而不改变你此刻的表情（或者只做轻微改变）吗？【见图 10.17】

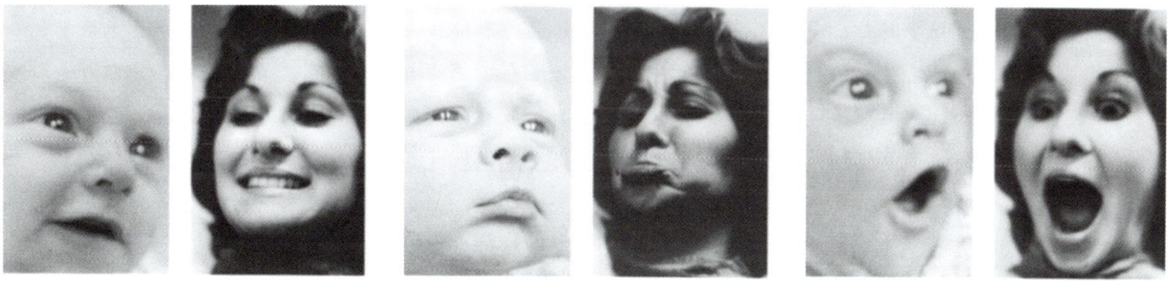

图 10.17 婴儿的表情模仿。照片显示了成人做出的高兴、悲伤和惊奇表情，以及婴儿看到后的反应。

Tiffany Field.

小 结

情绪感受

很久以前，人们就认识到，与情绪相伴随的感受可能来自于身体内部，也许正是这种朴素的认识促进了情绪生理理论的诞生。詹姆斯和兰格认为，开始时，情绪是机体对环境的反应。机体对能够诱发情绪的环境产生一系列的生理和行为反应，然后，这些反应提供的反馈信息使我们有了情绪感受。于是，感受是情绪反应的结果，而非原因。Hohman 对脊髓损伤患者的研究支持詹姆斯－兰格理论。这些患者因脊髓受损而不能感觉到大部分身体的反应，受伤后，他们再也不会经历强烈的情绪状态了。

Ekman 及其同事发现，即使是模拟表情也会带来自主神经系统的活动变化。这些变化带来的反馈也许可以为情绪的“传染性”提供解答：我们看见别人愉悦的笑容，自己也会模拟微笑，此时内部反馈信息多多少少让我们感到更快乐。而模仿他人表情的倾向可能是脑中镜像神经元活动的结果。

思考题

1. 我们中的一些人对于自己身体的反应更加敏感。这种敏感性会对他们的心境有什么影响？
2. 人类婴儿会模仿成人的面部表情，你知道其中的进化优势吗？

本章结语 | 再看V先生

结束了对V先生的访问后（详情见引子），我们几个人开始讨论这个病例。一个学生问，为什么V先生明知自己不能走路，却大谈特谈他的徒步旅行计划。难道他认为自己很快就可以康复吗？

“并不是这样的。”W博士说，“他知道自己的问题是什么，却不是真的明白。他屡次试图出门旅行，这给康复中心的人带来了很多麻烦。第一次，他设法将轮椅弄到楼梯那里，幸好被别人及时发现，才没有摔下楼梯。现在，康复中心的人在他房间的门上安了一条链子，这样，没有别人的帮助，他就无法走出屋子了。”

“V先生的问题不在于以语言的形式认识事物，而是在于掌握事物的重要性。右脑的专长就是同时看到事物的很多方面，比如同时看到一个几何图形的所有特征并掌握它的整体形状，或者同时看到某情境中的所有要素并理解它的意义。在这点上，V先生是有问题的。虽然他能够跟你谈论他麻痹的下肢和坐轮椅的事情，但是他不能将这些情况综合考虑进来，所以意识不到自己徒步旅行的日子已经结束了。”

“你们也许看到了，V先生仍然能够表达情绪。”我们想到V先生脸上流露出的那股轻蔑劲儿时都笑了起来。“然而，对于评价一个情境的重要性来说，右脑特别重要，它做出的决定导致我们表现得快乐或悲伤，或产生其他情绪。某些右脑损伤患者虽然能够说出自己身体上的问题，却根本不为自己的疾病苦恼。所以我猜测，他们虽然在语言上了解自己的疾病，但是在情绪上没有受到疾病的影响。”

W博士问我：“尼尔，你还记得P先生吗？”我点了点头。“P先生的左半球受损。因此，他患上了严重的失语症，连一个词都说不出来。我让他看一些图片，叫他命名图片上的物体。他看着图片哭了起来。尽管他不能说话，但是他知道自己患上了严重的疾病，一切都不会像从前那样了。这说明他的右脑仍在正常工作，它可以对情境做出评价，继而导致悲伤和绝望的感受。”

W博士认为，右脑能够对同时发生的刺激模式进行知觉和评估，这种能力确保了它在情绪加工中的特殊地位。他的观点有一定道理，但是我们对双侧大脑半球的差异仍然不够清楚，因此还不能完全肯定他的说法。无论如何，目前已有很多研究显示，右脑在评价环境的情绪意义时，的确起到了重要作用。在本章中，我介绍了不少这类研究，下面让我们再多看几个例子。Bear和Fedio（1977）报告，病灶主要位于左半球的癫痫患者容易有思维异常，而病灶主要位于右半球的癫痫患者容易有情绪异常。Mesulam（1985）报告，右侧颞叶损伤的患者（左侧颞叶完好）很可能对社交线索变得不敏感。当然，这个结论仅适用于患病前对社交线索敏感的人，如果患者在中风前就是那种在社交上不敏感的，那么我们很难将这样的行为归因于脑损伤。右侧颞叶受损的患者脾气特别不好。他们随心所欲地说话，不给其他人开口的机会；他们完全不会像有礼貌的正常人那样察言观色。在跟应该受到尊重的人（比如，为他们治病的医师）说话时，他们的谈话方式太过随便了。

或许催眠是我最喜欢的支持半球特异性的例子。Sackeim（1982）报告，当人们处于催眠状态时，左侧躯体对催眠暗示的反应比右侧强。由于左侧躯体受右半球的控制，这个现象说明右半球对催眠暗示更为易感。另外，Sackeim、Paulus和Weiman（1979）发现，容易被催眠的学生愿意坐在教室的右边。在这个位置上，他们能够用右半球看到前面的大部分事物（包括老师）。也许他们对座位的选择说明他们在观察他人时偏爱使用右脑。

我很喜欢写结语，因为我可以在结语里写更多推测的东西，在正文里却不能。为什么说右半球受催眠影响更大呢？我发现，有个解释催眠的理论特别吸引人。这个理论认为，催眠易感性源自情绪受故事感染的能力，比如感受电影或小说里人物的情绪（Barber，1975）。当我们完全投入到故事里的时候，我们会感受到真实的情绪，或愉快，或悲伤，或恐惧，或愤怒。我们笑，我们哭，我们在生理上发生变化，仿佛我们身临其境一般。Barber认为，催眠时，我们暂时抛开自己的疑虑，投入催眠师为我们创造的“故事”中去，扮演这个故事中的角色。根据这个理论，催眠与我们对社会情境的易感程度有关，也与我们对他人共情的能力有关。事实上，最容易被催眠的人正是那些喜欢想象并善于在脑海中构造生动画面的人（Kihlstrom，1985）。

在本章中我们看到，在评价社会情境和鉴别情境的情绪意义时，右半球扮演了一个特殊的角色。如果Barber对催眠的解释是正确的，那么我们自然就能够解释为什么右半球在催眠里也扮演了一个特殊的角色。对催眠感兴趣的学者不妨研究一下右半球或左半球损伤患者，正在研究脑损伤患者的神经心理学家们不妨研究一下催眠以及催眠与社会及情绪变量的关系。这种研究的结果将是非常有趣的，可能会证实或推翻上述推测。

关键概念

情绪作为反应模式

1. 情绪反应包括三个成分：行为成分、自主神经成分和激素成分。
2. 在机体对威胁性刺激或厌恶刺激的反应中，杏仁核起到了协调三个成分的核心作用。特别是外侧核，参与了条件情绪反应的获得。
3. 物种典型的攻击行为受到位于脑干的神经回路的控制，这些神经回路又进一步受到下丘脑和杏仁核的调节。
4. 在情绪反应的抑制性控制以及涉及道德判断的情境评价中，腹内侧前额叶皮层起到了特殊的作用。

情绪交流

5. 面部表情是物种典型的行为反应，甚至在人类中也是如此。
6. 模仿参与对面部表情的识别，因而躯体感觉皮层可以产生反馈信息。
7. 杏仁核与面部表情的识别有关，与表情的产生无关。
8. 人很难伪装出真实表情，加之情绪性面瘫与意志性面瘫的存在，提示我们情绪的表达中有特定神经回路的参与。
9. 情绪的表达和识别在很大程度上由位于右半球的神经机制完成。

情绪感受

10. 詹姆斯－兰格理论指出，我们通过来自生理和行为成分的反馈获得关于自身的情绪体验。来自脊髓损伤患者的证据支持这个理论。

第 11 章

摄食行为

© D. Hurst/Alamy

本章要点

- **生理调节机制**
- **饮水**
  - 体液平衡
  - 渴的两种类型
- **进食与新陈代谢**
- **什么引发进餐**
  - 环境信号
  - 胃部信号
  - 新陈代谢信号
- **什么终止进餐**
  - 胃部因素
  - 肠部因素
  - 肝脏因素
  - 胰岛素
  - 长期饱足（饱食）：来自脂肪组织的信号
- **脑机制**
  - 脑干
  - 下丘脑
- **肥胖**
  - 可能的原因
  - 治疗
- **神经性厌食症和神经性贪食症**
  - 可能的原因
  - 治疗

学习目标

1. 说明调节机制的特性。
2. 描述躯体中的液体分区。
3. 说明渗透性渴和容积性渴的控制及血管紧张素的作用。
4. 描述两个营养储存器及新陈代谢中吸收和禁食阶段的特性。
5. 讨论引发进餐行为的环境信号、胃部信号和新陈代谢信号。
6. 讨论终止进餐行为的长期因素和短期因素。
7. 描述处于饥饿和饱足（饱食）状态下脑干和下丘脑起作用的研究。
8. 讨论导致肥胖的社会因素和生理因素。
9. 讨论治疗肥胖的外科手术、行为治疗和药物治疗。
10. 讨论导致神经性厌食症和神经性贪食症的生理因素。

引子 | 失去控制

卡丽曾是个虚弱的婴儿。她明显营养不良，因为她的身体很虚弱。多年来，她的体重一直过轻，动作发展和认知发展都比正常的孩子慢很多，经常看似呼吸困难，手和脚都特别纤细。后来，她的胃口有所改善，体重开始增加，并很快超过了同龄人。以前，她比较被动、表现良好，但是后来愈发执拗，要求也愈发过分，还表现出强迫行为——抓自己的皮肤，收集和排列物品，并且暴力抗议父母整理东西。

不过，最严重的问题是她的食欲。她会吃光所有能吃的东西，且从来没有感到满足。起初，她的父母看到她体重增加非常高兴，每当她要求吃东西时，他们都会给予她食物。但过了一段时间，她明显变胖了。专家诊断了她的病情，告诉她的父母，他们必须严格限制卡丽的食物摄入量。因为她的肌肉很弱且基础代谢率低，每天只需要1200卡热量维持正常体重。但是卡丽会不断地寻找食物。她能够将冰箱洗劫一空，直到父母给冰箱和他们储存食物的橱柜上锁。他们还必须小心处理剩下的食物，如蔬菜皮或肉碎片，因为卡丽会翻遍垃圾桶并吃掉这些东西。

卡丽上学后体重又开始增加。她很快就会吃完托盘上所有的东西，然后吃其他同学的剩饭。如果有人在附近将食物掉在地板上，她也会捡起来吃掉。由于卡丽的特殊需求，学校指定了一位助理监控她的食物摄入量，以确保她只吃低热量的食物。

正如法国生理学家 Claude Bernard（1813—1878）所言，“恒定的内部环境是自由生活的必要条件。”该名言简洁概括了为了使组成机体的活细胞在不利的环境中存活（也就是说，存活于“自由生活”中），生物体必须要做的事情：提供一个介于细胞和外界环境的屏障——对哺乳动物来说，屏障包括皮肤和黏膜。在这道屏障内，生物体必须调节体内液体的性质。

组成身体细胞的生理特性在很久以前（那时这些细胞还自由漂浮在海洋里）就已进化形成。本质上，进化过程完善的是一种能力，它能调整我们身体里浸泡着细胞的“海水”，增加其中细胞所需的氧气和营养，并能从中将无用的副产品转移出去，以免毒害细胞。为执行这些功能，产生了我们的消化系统、呼吸系统、循环系统和排泄系统，也产生了寻找和摄取食物及水的必要行为。

对体内液体的调节是**体内平衡**（“持续相似”）过程中的一部分。本章将介绍哺乳动物如何通过**摄食行为**吸收食物、水和矿物质（如钠），完成对细胞外液生命特性的体内平衡调节。首先，我们将探讨调节机制的一般性质；然后，我们将思考饮水、进食以及这些行为的神经机制；最后，我们将看一些有关进食障碍的研究。

体内平衡（homeostasis）：身体的物质和特性（如体温和葡萄糖水平）被维持在最佳水平的过程。

摄食行为（ingestive behavior）：进食与饮水。

系统变量（system variable）：被调节机制控制的变量，例如，供热系统中的温度。

设定点（set point）：在调节机制中，系统变量的最佳数值。

探测器（detector）：在调节过程中，当系统变量背离规定点时，会发出信号的机制。

修正机制（correctional mechanism）：在调节过程中，能改变系统变量数值的机制。

生理调节机制

生理调节机制是指面临外界变化时，维持机体内部某些特性处于常态的机制——例如，即使体外温度不断变化，仍保持体温恒定。一个生理调节机制包括四项基本特征：**系统变量**（需要调节的特性）、**设定点**（系统变量的最理想数值）、一个用于监控系统变量数值的**探测器**，以及一个用于使系统变量恢复到设定点的**修正机制**。

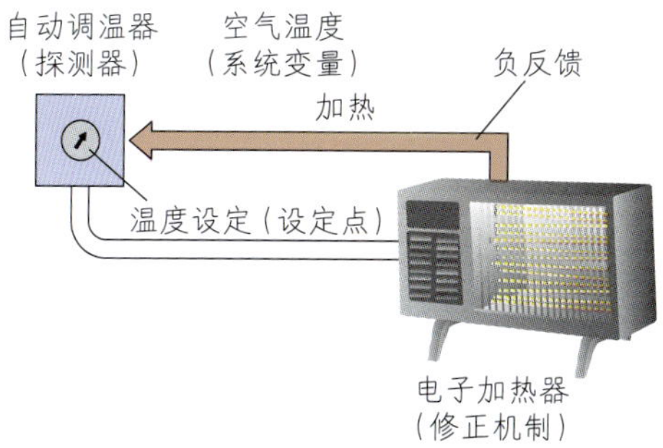

图 11.1　一个调节系统的范例。

举一个调节系统的例子：一个房间，通过自动调温控制加热器来调整温度。系统变量是此屋的空气温度，此变量的探测器是自动调温器。该装置可以设置一个开关，当温度降至预先调整的数值（设定点）时，开关开启。开关开启时启动修正机制——加热器的线圈。【见图 11.1】如果房间温度低至自动调温器的设定点之下，自动调温器就会启动加热器，使房间内温度升高。房间内的温度升高会导致自动调温器自动关闭加热器。修正机制的行为（产热）反馈到自动调温器，使其关闭了加热器，此过程叫负反馈。负反馈是所有调节机制的一项基本特性。

本章探讨的是摄食行为（饮水和进食）的调节系统。摄食行为是修正机制，能重新补足身体所消耗的水或营养储备。由于摄食和消耗的重新补足之间存在时间差，所以由饱足（饱食）机制控制摄食行为，该机制还被作为监控系统变量的探测器。饱足（饱食）因消化系统的生理机能而产生。举例来说，假设你在热而干燥的环境中待一段时间，身体水分会大量流失。水分的流失引发内部探测器启动修正机制——饮水，你迅速饮用了一两杯水后停止饮水行为。是什么终止了你的饮水行为？水还处于你的消化系统内，而不是在流失了水分的细胞液体环境内。因此，尽管饮水行为由检测发现身体需水的探测器发起，却被其他手段终止了。那么，一定存在某种饱足（饱食）机制宣告道："停——当这些水被消化系统吸收并进入血液，最终会补足身体所需。"饱足（饱食）机制监控修正机制的活动（在这个例子中是饮水），而不是系统变量本身。当饮水足量时，饱足（饱食）机制会预期随后流失水分的重新补足而阻止进一步的饮水行为。【见图 11.2】

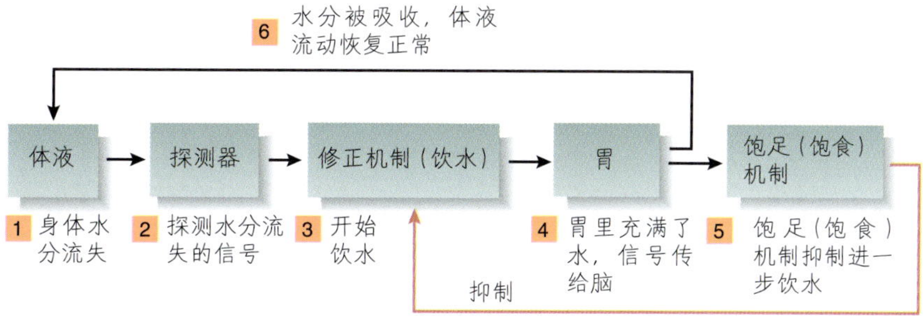

图 11.2　控制饮水的系统概览。

饮　水

为了维持内部环境处于最佳状态，我们不得不时常饮水。本部分将描述对此种摄食行为的控制。

体液平衡

在理解饮水行为的生理控制之前，你必须了解一些有关体液分类及它们之间的相互关系的知识。身体包含四种主要的体液：细胞内液和三种细胞外

负反馈（negative feedback）：在该过程中，一个活动所产生的作用是用来减少或停止该活动；调节机制的一项特性。

饱足（饱食）机制（satiety mechanism）：能阻止饥饿或口渴的脑机制，产生于充足或有效的营养或水分供应。

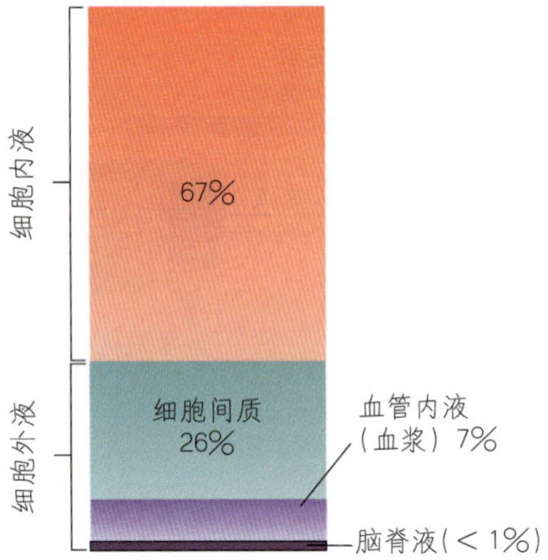

图 11.3　人体液体分区的相对大小。

液。体内大约2/3的水分存在于**细胞内液**中，是细胞中细胞质的液体部分。其余的是**细胞外液**，包括**血管内液**（血浆）、脑脊液和**细胞间质**。间质的意思是“在……之间”；细胞间质确实存在于我们的细胞之间——它是环绕细胞的“海水”。针对本部分的主要目的，我们将忽略脑脊液，将重点放在其他三个部分上。【见图 11.3】

细胞内液和血管内液必须维持在精确的界限内。细胞内液由细胞间质的溶质浓度控制。（溶质是溶解在溶液内的物质。）正常时，细胞间质与细胞内液是**等压**的。也就是说，细胞内溶质的浓度和环绕细胞的细胞间质的溶质浓度是平衡的，这样水分就不易进出细胞。一方面，如果细胞间质水分流失（变得更浓缩或呈**高渗透性**），水就会被排出细胞。另一方面，如果细胞间质储水（变得更加稀释或呈**低渗透性**），水就会进入细胞。以上两种情况都会危及细胞。水分的流失将使细胞失去进行很多化学反应的能力，而水分增加又可能导致膜的破裂。因此，对细胞间质浓度的调节必须不断进行。【见图 11.4】

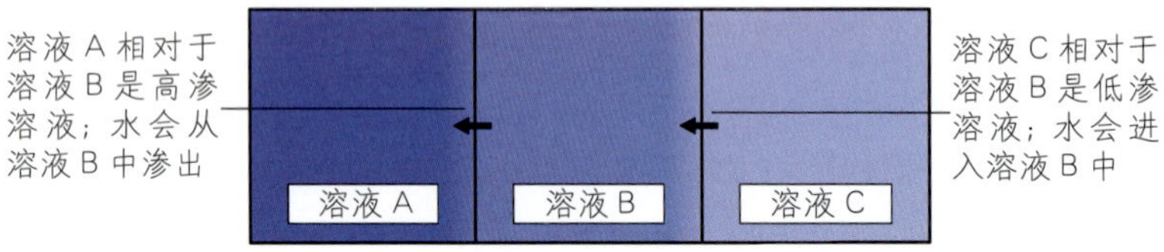

图 11.4　溶质浓度。该图说明了不同溶质浓度对水分子运动的不同影响。

由于心脏的运作机制，血浆容量必须不断进行调节。如果血容量降至太低，心脏将不能有效泵血；如果血容量不能恢复，会导致心脏衰竭。学术上称这种情况为**血容量减少**。身体的动脉系统能通过收缩较小的静脉肌和动脉肌适应血容量的降低，从而留下较小的空间让血液填充，但是这种修正机制的作用肯定是有限的。

体液的两个重要特征——细胞内液的溶质浓度和血容量——由两套不同的感受器监控。单一一套感受器无法运作，因为某个液体分区可能发生改变，但不会影响其他液体分区。举例来说，一次失血会显著减少血浆的血容量，但对细胞内液的容量不会产生影响；而一顿很咸的饭菜会增加细胞间质的溶质浓度，导致细胞排出水分，但不会导致血容量减少。所以，身体需要两套感受器：一套测量血容量，另一套测量细胞容量。

渴的两种类型

前面提到，为了身体运作正常，必须对两个液体分区（细胞内和血管内）的容量进行调节。在大多数时候，我们摄取的水和钠会超过身体所需的量，多余的部分由肾脏排泄。但是，如果水或钠下降至很低的水平，修正机制——饮水或摄取钠——就会被激活。每个人都熟悉渴的感觉，它会出现在我们需要摄取水的时候。但是，对盐的食欲相当罕有，因为对人们来说，在通常吃的食物中摄取足量的钠是很容易的，即使人们没有在食物中多加盐。然而，增加钠摄取量的机制是存在的，尽管人类很少启动它。

细胞内液（intracellular fluid）：细胞内的液体。

细胞外液（extracellular fluid）：细胞外的所有体液，包括细胞间质、血管内液（血浆）和脑脊液。

血管内液（intravascular fluid）：在血管内的液体。

细胞间质（interstitial fluid）：浸泡细胞的液体，填充在组成身体的细胞之间。

等压（isotonic）：溶液的渗透压与细胞内液的渗透压相等，处于等压溶液的细胞既不会吸水也不会失水。

高渗透性（hypertonic）：容纳了充足溶质的溶液的一项特性，使其可以通过渗透过程将水分从细胞中吸收过来。

低渗透性（hypotonic）：溶质不足的溶液的一项特性，使细胞可以通过渗透过程将水从溶液中吸收过来。

血容量减少（hypovolemia）：血管内液容量的下降。

无论是细胞内液分区缺水还是血浆分区缺水都会激发饮水行为，研究者分别采用术语*渗透性渴*和*容积性渴*进行描述。*容积性*意思清楚，它涉及对血浆容量的测量。*渗透性*需要详细解释，请见下文。*口渴*在不同情况下有不同的解释，它的最初定义涉及人们在脱水时的一种感觉，在这里，我将它作为一种描述性感觉。因为我们不知道其他动物感觉如何，所以*口渴*只不过意味着一种寻找并摄取水的倾向。

渗透性渴

渗透性渴只有在细胞间质的渗透压（溶质浓度）上升时才出现。这种上升将水排出细胞外，导致细胞体积缩小。*渗透性*涉及一个事实，就是探测器实际上是在响应（在测量）环绕其周围的细胞间质浓度的变化。*渗透作用*是水通过半透膜从低浓度溶液流进高浓度溶液的运动。

Verney（1947）首先假设有神经元能感应细胞间质溶液浓度的变化。Verney 提出，这些探测器，即他所谓的**渗透压感受器**，是这样一些神经元，其放电频率受液体压力水平的影响。即如果环绕其周围的细胞间质浓度升高，神经元将通过渗透作用失水而收缩。收缩将导致神经元改变其放电频率，这种改变会将信号传到脑的其他部位。【见图 11.5】

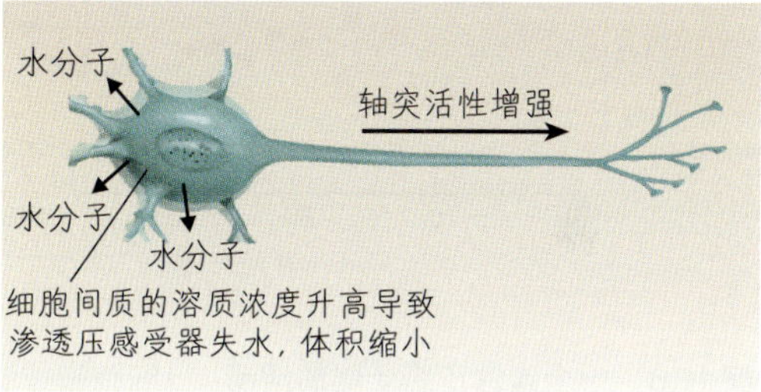

图 11.5 一个渗透压感受器。该图说明了渗透压感受器的工作原理的一种假设性解释。

饭菜很咸时，将引发纯粹的渗透性渴。消化系统吸收的盐进入血浆，血浆因此呈高渗状态。这种情况使水从细胞间质流出，使细胞间质分区也呈高渗状态，进而使水离开细胞。当血浆容量升高，肾脏开始大量排泄钠和水。最终，伴随着从细胞间质和细胞内液中带走的水分，多余的盐分也被排出体外。结果是细胞中的水分流失，而*血浆容量没有减少*。

大多数研究者认为，负责渗透性渴的渗透压感受器位于下丘脑的前部，邻接第三脑室的前腹侧顶端（AV3V 区）。Buggy 等人（1979）发现，将高渗盐水直接注射到 AV3V 区将导致饮水行为。

研究支持了 Verney 假设的渗透压感受器的基本性质（Bourque，2008）。Zhang 等人（2007）发现，渗透压感受器是一种特殊的机械感受器，能够将细胞容量的改变转换成膜电位的改变，进而改变神经元的放电频率。他们同样发现，肌动蛋白丝在渗透压感受器对细胞容量改变的敏感性上十分重要。（在内耳中负责探测声音振动的机械感受器也同样含有肌动蛋白丝。）研究者在单个渗透压感受器的膜上放了一个微量吸液管，发现压力或者吸力都会改变该神经元的膜电位。例如，将细胞放置在高渗溶液中，细胞将失水，且膜电位下降。如果随后对其加压，细胞的容量会增加，膜电位则会恢复正常。【见图 11.6】

Egan 等人（2003）的一项功能成像研究发现，人类的 AV3V 区同样含有渗透压感受器。研究者向正常被试的静脉注射高渗生理盐水，发现脑的几个区域高度激活，包括 AV3V 区和前扣带皮层。当允许被试喝水时，他们会喝水并且报告解渴了。同时，前扣带皮层的活动会恢复到基线值。但是，AV3V 区的

渗透性渴（osmometric thirst）：细胞间质的渗透压（相对于细胞内液）升高而导致细胞脱水，从而产生的口渴类型。

渗透压感受器（osmoreceptor）：一种能探测环绕其周围的细胞间质溶液浓度变化的神经元。

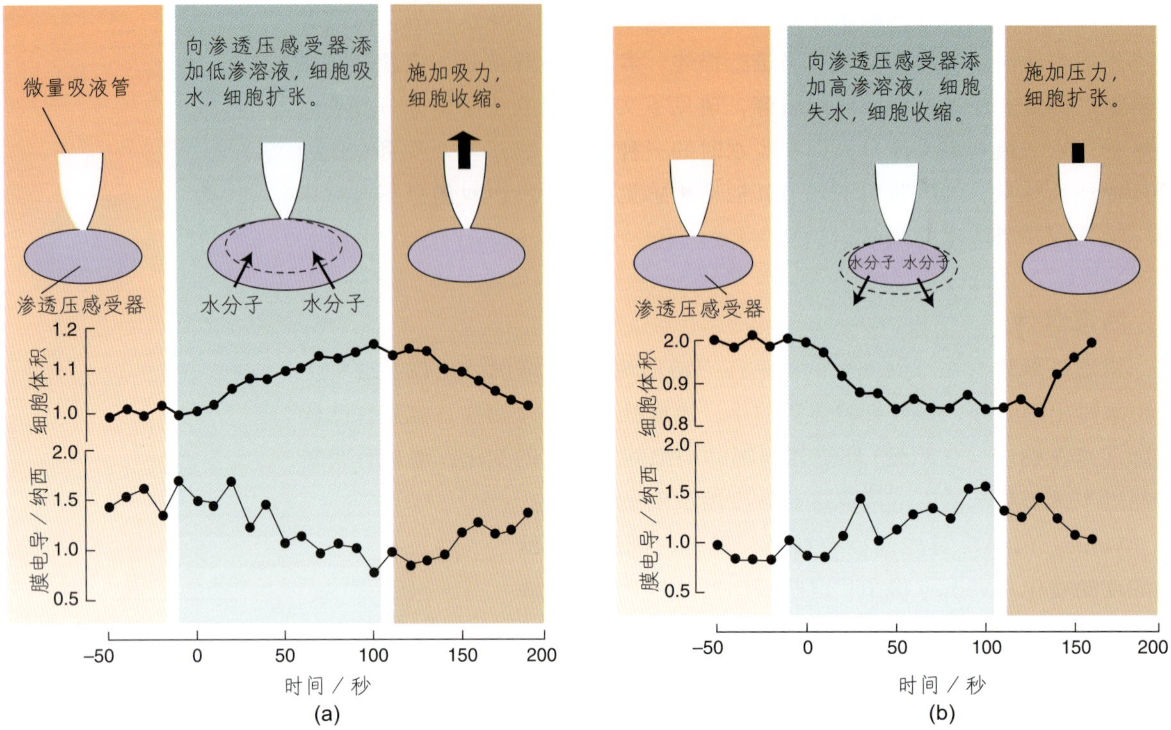

图 11.6　一个渗透压感受器的活动。当细胞膜扩张或收缩时，脑中渗透压感受器的肌动蛋白丝能够检测细胞间质溶质浓度的变化。细胞体积的变化引起膜电位的变化，作为渗透性渴的信号。(a) 当把低渗溶液添加到分离的渗透压感受器的培养基上时，细胞体积加大，膜电位下降。当通过微量吸液管向细胞膜施加吸力时，细胞体积减小，膜电位增加。(b) 相反，高渗溶液减小细胞体积，然后通过微量吸液管施加压力，会加大细胞体积。

Based on data from Zhang, Z., Kindrat, A. N., Sharif-Naeini, R., and Bourque, C. W. *Journal of Neuroscience*, 2007, 27, 4008-4013.

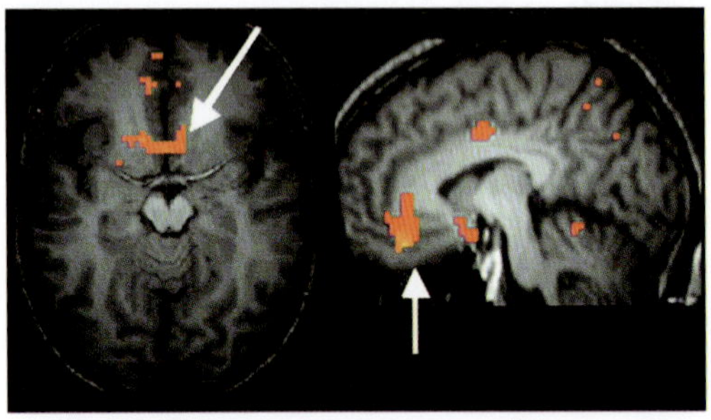

(a)　　(b)

图 11.7　人的渗透性渴。fMRI 扫描显示了渗透性渴时的脑活动。(a) 口渴的感觉激活了前扣带皮层和下丘脑。(b) 终板的激活——脑渗透压感受器的位置。

Egan, G., Silk, T., Zamarripa, F., et al. *Proceedings of the National Academy of Science,USA*, 2004, 100, 15241-15246. Reprinted with permission.

活动仍然很高。这些结果表明，前扣带皮层的活动反应了被试的渴，通过喝水能够立即得到解除。(正如第7章所述，这一区域的活动与人对痛苦的不愉快刺激的知觉有关。)相反，AV3V 区的持续活动反应了血浆仍然处于高渗状态的事实。毕竟，喝的水大概需要20分钟才能被吸收到循环系统中。正如图11.2所示，饱食（饱足）是一种预期机制，能够被喝水引发。前扣带皮层活动的下降反应了这种饱食(饱足)机制。【见图11.7】

其他两个功能成像研究（Farrell et al., 2006；Xiao et al., 2006）证实了口渴能够激活前扣带皮层。Hollis 等人(2008)的一项解剖跟踪研究发现，AV3V 区的渗透压感受性神经元通过丘脑的背侧中线核与扣带皮层连接。这个介于 AV3V 区的渗透压感受器与扣带皮层之间的通路很可能负责在功能成像研究中所见的激活。

容积性渴

容积性渴 (volumetric thirst)：由于血容量减少而产生的口渴。

容积性渴在血浆容量（即血管内容量）减少时出现。当我们通过蒸发作用失去水分时，水会从细胞内、细胞间、血管内三个液体分区流失。因此，蒸发作用会导致容积性渴和渗透性渴。另外，失血、呕吐和腹泻都会导致血容量的减少，但不会导致细胞内液的损耗。

失血导致纯粹的容积性渴。追溯最早的记录，有关战争的报道记录了受伤的幸存者大声地呼喊想喝水。另外，因为血容量的损失包括钠和水的损失（即在损失的溶液中也含有钠），容积性渴也会让人产生对盐的食欲。

血管紧张素的作用　肾脏包含能检测到到达肾脏的血流量减少的细胞。血流量减少的通常原因是血容量的损失；因此，这些细胞能检测到血容量的减少。当到达肾脏的血流量减少时，这些细胞会分泌一种叫**肾素**的酶。肾素进入血液，促使被称作血管紧张素原的蛋白质转化为被称作**血管紧张素**的激素。实际上，有两种形式的血管紧张素。血管紧张素原转化为血管紧张素Ⅰ，之后又迅速在酶的作用下转化为血管紧张素Ⅱ。起作用的是血管紧张素Ⅱ（AⅡ）。

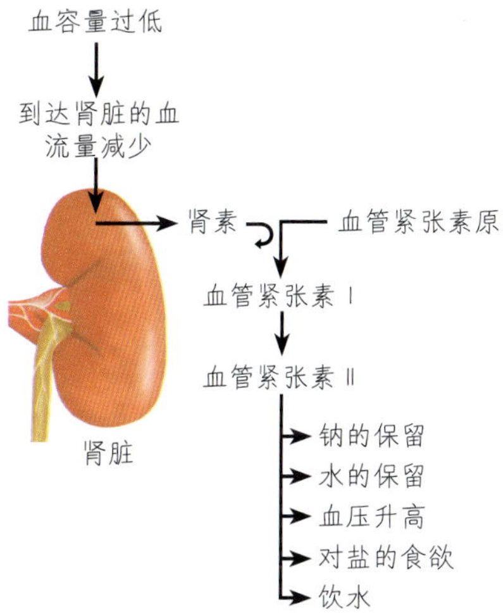

图11.8　通过肾脏和肾素—血管紧张素系统来检测血容量过低。

血管紧张素Ⅱ有多种生理功能：它刺激垂体后叶腺和导致肾脏储存水和盐的肾上腺皮质分泌激素，并且通过收缩小动脉上的肌肉升高血压。此外，血管紧张素Ⅱ有两种行为效应：引起饮水的欲望和对盐的食欲。所以，到达肾脏的血流量减少，导致身体保留水和钠，通过缩小血管体积以补偿带来的损失，并能够刺激动物去寻找并摄取水和盐。【见图11.8】

小比利开始吃盐。他向来喜欢含有大量盐分的食物，但是他的欲望失去了控制。他的妈妈注意到，家里的一盒盐用几天就没了，某个下午，她当场抓到比利在厨房吃着手上的东西，装盐的盒子就在他旁边的柜台上。他在吃的是盐，只有盐！她抓住他的手将盐撒到水池中，然后把装盐的盒子放到比利够不着的地方。比利开始哭，并且说“妈妈，不要拿走它，我需要那个！”

第二天早上，妈妈听到厨房有碰撞声，发现比利倒在地板上，旁边有个翻倒的椅子。很显然，他是要试图拿盐。“你到底怎么了？”她喊道。比利呜咽着说：“求你了，妈妈，我需要一些盐！我需要它！”虽然很困惑，但是妈妈被他的悲痛触动了，她拿下盐罐在他的手上倒了一些，他饥渴地吃完了。

在咨询了家庭医生后，比利的父母决定带他到医院诊断他奇怪的欲望。尽管比利非常可怜地哭着说他需要盐，但医院的工作人员确定地说他需要的盐和正常小孩需要的一样多。比利好几次试图离开自己的病房，大概是想要找些盐来吃，但是都被带回来了。最终，医务人员不得不给比利的房间上锁。非常不幸的是，在开始明确的检查之前，比利就去世了。

对比利的诊断来得太晚，所以没能够帮助他。某种疾病导致他的肾上腺不再分泌醛固酮了，这是一种类固醇激素能够刺激肾脏保留钠。缺少了这种激素，大量的钠会被肾脏排出体外，这将导致血容量的下降。对于比利的情况来说，阻止他摄入食盐导致其血容量下降，进而导致血压致命地下降。这个不幸的故事发生于几十年前，我们希望今天的内科医生能够认识出对盐的强烈欲望是肾上腺机能不全的主要症状。

肾素（renin）：一种由肾脏分泌的激素，可导致血管紧张素原转化为血管紧张素。

血管紧张素（angiotensin）：一种收缩血管的肽类激素，能够维持水和钠，并能产生口渴和对盐的食欲。

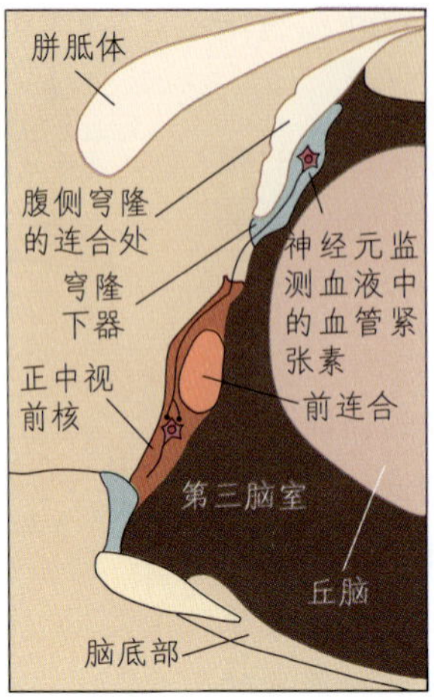

图 11.9 穹隆下器。大鼠间脑的矢状切面，展示了穹隆下器的位置和它与正中视前核的接合处。

血管紧张素作用的神经元位于血脑屏障外的脑部器官上，即**穹隆下器（SFO）**（Phillips and Felix，1976；Simpson，Epstein，and Camardo，1978）。此结构因其位置而得名，刚好位于穹隆腹侧的连合处。穹隆下器的神经元将其轴突发送到**正中视前核**。正中视前核是一个很小的神经核团，缠绕着前连合处（连接杏仁核和前颞叶的纤维束）的前部。正中视前核的神经元通过与运动系统连接控制饮水行为。【见图 11.9】

小 结

生理调节机制和饮水

一个调节系统包括四个要素：一个系统变量（被调节的变量）、一个设定点（系统变量的最佳数值）、一个测量系统变量的探测器和一个改变系统变量的修正机制。生理调节系统（如对身体液体和营养的控制）需要饱足（饱食）机制来预测修正机制的作用，因为进食与饮水带来的改变需要在很长时间后才会产生。

身体包括三个主要的液体分区：细胞内、细胞间和血管内。钠和水可以轻易出入血管内液和细胞间质，但是钠不能穿透细胞膜。细胞间质的溶质浓度必须不断进行调节，如果其呈高渗透性，则细胞失水；如果其呈低渗透性，则细胞吸水。血管内液（血浆容量）也必须控制在一定范围内。

当细胞间质呈高渗透性时，细胞将水排出，出现渗透性渴。这种情况可能由身体的水分蒸发或是吃了一顿很咸的饭菜，并被第三脑室的前腹侧区域（AV3V 区）的渗透压感受器检测到所致。渗透压感受器的激活会刺激饮水行为。渗透性渴激活了人类的 AV3V 区，前扣带皮层可能与渴的感觉有关。

容积性渴是通过蒸发导致身体液体流失而产生的，并伴随渗透性渴。纯粹的容积性渴由失血、呕吐和腹泻所致。到达肾脏的血流量下降会刺激分泌产生容积性渴的肾素，肾素可将血管紧张素原转化为血管紧张素 I。血管紧张素 I 接下来会转化为其有效形式，血管紧张素 II。血管紧张素 II 作用于穹隆下器的神经元并激起渴的感觉。这种激素也能使血压升高，并刺激垂体和肾上腺激素的分泌，肾上腺激素会抑制肾脏排出水和钠，并引起对钠的需求。（钠有助于保存血浆容量。）

思考题

渴的感觉是怎样的？当我们渴时，我们能够知道，但是很难描述这个感觉。（相反，大多数人能够描述饿的感觉由胃而来。）渴不可能是简单的嘴干或喉咙干，因为吸吮少量的水就能像大量饮水一样润湿嘴唇和喉咙，但这样并不能真正解渴。

穹隆下器（subfornical organ，SFO）：侧脑室汇合处，附在穹隆底面的一个小型器官；包含能探测血液中的血管紧张素的神经元和能使饮水的神经回路兴奋的神经元。

正中视前核（median preoptic nucleus）：位于前连合处前部的小型神经核团；在由血管紧张素刺激形成的口渴中发挥作用。

进食与新陈代谢

显然，进食是最重要的事情之一，并且也是最令人愉快的事情之一。动物要学习的大部分事情是为了获取食物而进行不断地斗争。因此，摄取食物的需要毫无疑问促成了种族的进化发展。对于摄食行为的控制要比对摄取水和钠的控制复杂得多。我们通过摄取水和氯化钠这两种成分来达到水平衡。而摄食时，我们必须获取足量的碳水化合物、脂肪、氨基酸、维生素和矿物质。所以，我们的食物摄取行为就像控制它们的生理机制一样，更加复杂。

为了生存，我们必须给细胞提供养料和氧气。显然，养料来自于消化道，消化道因吃而生。但是消化道有时候是空的；实际上，大多数人早上都是在那种状态下醒来的。所以必须有一个储备器来贮存营养，以保证当内脏空着时体内细胞的营养供应。事实上，人体有两个储备器：一个短期储备器和一个长期储备器。短期储备器储存碳水化合物，长期储备器储存脂肪。

短期储备器位于肝脏和肌肉的细胞中，其中有一种复杂的不溶解的碳水化合物——**糖原**。为了简单起见，我将只考虑其中一个部位：肝脏。肝脏中的细胞将葡萄糖（一种简单的可溶解的碳水化合物）转化为糖原并储存。此反应是被**胰岛素**刺激产生的，胰岛素是一种产生于胰腺的肽类激素。因此，当葡萄糖和胰岛素出现在血液中时，一些葡萄糖被用作养料，一些被储存为糖原。之后，当消化道吸收了所有的食物时，血液中的葡萄糖水平才开始下降。

胰腺和脑中的细胞可检测到葡萄糖的下降。作为回应，胰腺会停止分泌胰岛素，并开始分泌另一种不同的肽类激素：**胰高血糖素**。胰高血糖素的作用与胰岛素相反：它刺激糖原转化为葡萄糖。【见图11.10】因此，当有大量可利用的葡萄糖时，肝脏吸收了多余的葡萄糖并储存为糖原，当肠胃开始变空且血液中的葡萄糖含量开始下降时，肝脏又会从储备中释放葡萄糖。

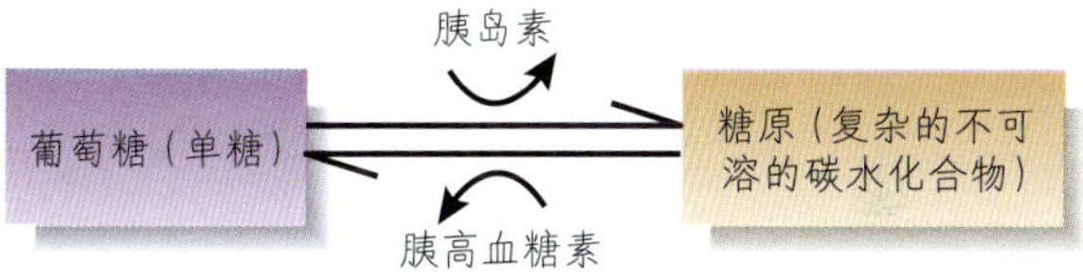

图11.10 胰岛素和胰高血糖素对葡萄糖和糖原的作用。

肝脏中碳水化合物的储备主要是为中枢神经系统服务的。早晨醒来时，你的肝脏正在为脑补充营养，在此过程中，肝脏将糖原转化为葡萄糖并释放到血液中。葡萄糖到达中枢神经系统，在这里被神经元和神经胶质细胞所吸收和代谢。此过程可持续几个小时，直到肝脏内的所有碳水化合物储备都耗尽。（肝脏平均能容纳大约300卡的碳水化合物。）通常，在储备耗尽之前，我们会吃些可以补充热量储备的食物。但是如果我们不吃，中枢神经系统就不得不开始依靠长期储备了。

长期储备器由脂肪组织构成。这种储备器充满了脂肪，或者更精确地说是充满了**甘油三酯**。甘油三酯是**甘油**（也称丙三醇）与三种**脂肪酸**（硬脂酸、油酸和棕榈酸）结合而成的复杂分子。脂肪组织仅发现于皮下和腹腔的多处位置之中。脂肪组织由细胞组成，此种细胞能从血液中吸收营养，并将它们转化为甘油三酯储存起来。此种细胞可以膨胀得很大，实际上，一个肥胖者和体重正常的人在身体上的主要差别是脂肪细胞大小的不同，这取决于这些细胞甘油三酯的含量。

当我们处于禁食状态时，显然是长期储备器在维持生命。当我们开始使用短期碳水化合物储备时，脂肪细胞开始将甘油三酯转化为细胞所用的养料，并将这些养料释放到血液中。刚刚提到，早上空腹醒来时，我们的脑（实际上是整个中枢神经系统）依靠肝脏释放的葡萄糖生存。但是身体的其他细胞呢？它们依靠脂肪酸，把葡萄糖留给了脑。回顾第3章的内容，交感神经系统主要涉及对储存养分的分解和利用。当消化系统空着时，交感神经轴突活动会增强，刺激脂肪组织、胰腺和肾上腺髓质的活动。这三种作用（直接神经刺激、分泌胰高血糖素和分泌肾上腺素）导致长期脂肪储备中的甘油三

糖原（glycogen）：一种常作为动物性淀粉被提及的多糖；储存在肝脏和肌肉内；构成养分的短期储备。

胰岛素（insulin）：一种胰腺激素，能促进葡萄糖和脂肪酸进入细胞，葡萄糖向糖原转化和油脂向脂肪组织输送。

胰高血糖素（glucagon）：一种能促进肝糖原转化为葡萄糖的胰腺激素。

甘油三酯（triglyceride）：脂肪细胞的脂肪储备形式；由丙三醇分子联合三种脂肪酸构成。

甘油（glycerol）：一种从分解甘油三酯中分离出的物质，也称丙三醇，同时生成的还有脂肪酸；能被肝脏转化为葡萄糖。

脂肪酸（fatty acid）：一种从甘油三酯中分离出的物质，同时生成的还有甘油；除了脑以外的身体其他部位的大多数细胞都能对脂肪酸进行代谢。

酯分解成甘油和脂肪酸。在除了需要葡萄糖的脑之外的其他身体部位，脂肪酸都可以由细胞直接代谢。余下的甘油会被肝脏吸收，并转化为适用于脑的葡萄糖。

你可能会问，身体其余部分的细胞为什么对脑如此慷慨，任其消耗由肝脏从碳水化合物储备中释放的和由甘油转化成的几乎全部葡萄糖。答案很简单：除了促使葡萄糖转化为糖原之外，胰岛素还有其他多种功能。功能之一就是控制葡萄糖进入细胞。为了进入细胞，葡萄糖必须通过**葡萄糖转运蛋白**，即一种位于细胞膜上的、与那些负责再摄取神经递质的蛋白质相类似的蛋白质分子。葡萄糖转运蛋白上有能控制其活动的胰岛素受体；只有当胰岛素与这些受体结合时才能将葡萄糖送入细胞内。但是这一规律不适用于神经细胞。它们的葡萄糖转运蛋白没有胰岛素受体；于是，它们的细胞能在没有胰岛素的情况下吸收葡萄糖。

图 11.11 回顾了上述有关消化道空着时的新陈代谢，即生理学家所说的新陈代谢的**禁食阶段**，血糖水平的下降导致胰腺停止分泌胰岛素并开始分泌胰高血糖素。缺乏胰岛素意味着身体的大部分细胞不能使用葡萄糖；于是，血液中的所有葡萄糖都预留给了中枢神经系统。胰高血糖素的出现和胰岛素的缺乏指示肝脏利用短期碳水化合物储备，即开始将糖原转化为葡萄糖。胰高血糖素的出现和胰岛素的缺乏，伴随着交感神经系统活动的加快，也指示脂肪细胞利用长期脂肪储备，开始将甘油三酯分解为脂肪酸和甘油。身体的

禁食阶段（fasting phase）：不能从消化系统获取养分的代谢阶段；在此阶段，糖原、蛋白质和脂肪组织分解为葡萄糖、氨基酸和脂肪酸。

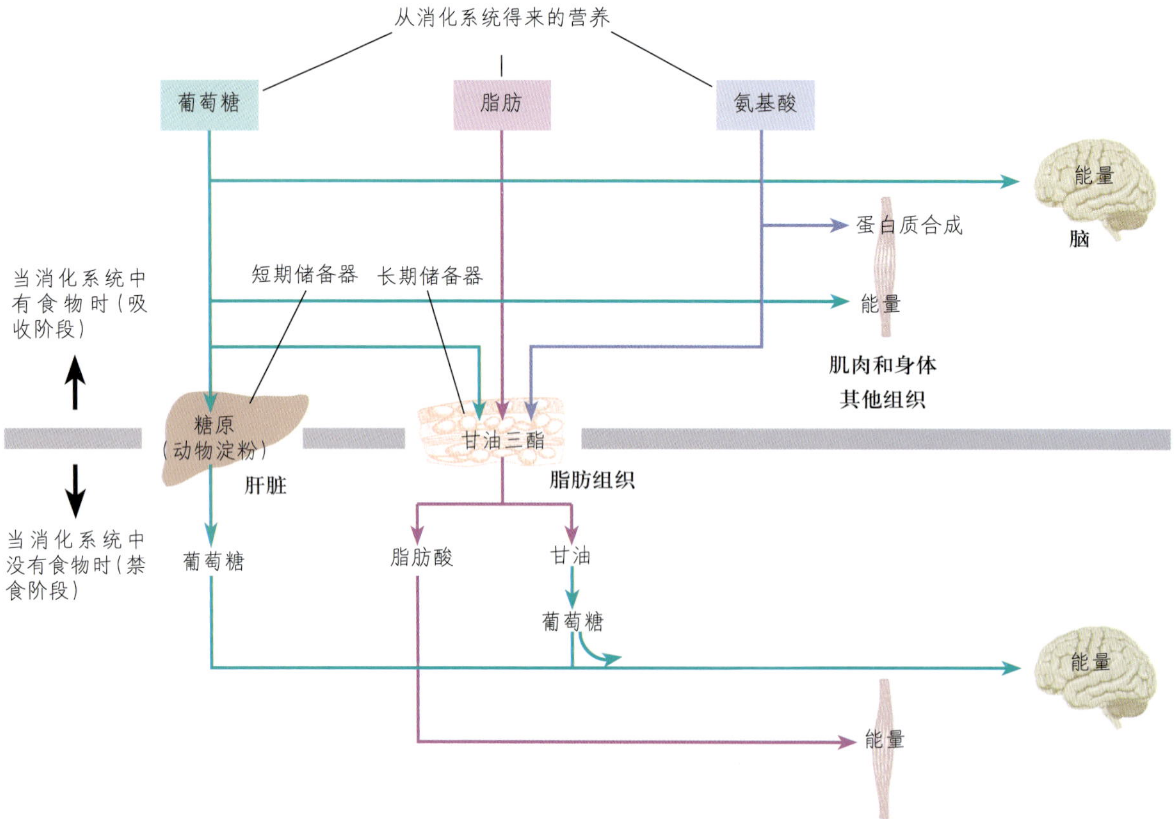

图 11.11　禁食阶段和新陈代谢的吸收阶段中的代谢路线。

大部分依靠脂肪酸为生，甘油由肝脏转化为葡萄糖为脑所用。如果禁食时间延长，蛋白质（尤其是肌肉中的蛋白质）将会分解为氨基酸，全身除中枢神经系统外都可以引发此种代谢。【见图11.11】

肠胃系统内有食物的代谢阶段被称为吸收阶段。现在你理解了禁食阶段，这个阶段很简单。假设我们吃了一顿碳水化合物、蛋白质和脂肪均衡的膳食，那么碳水化合物分解为葡萄糖，蛋白质分解为氨基酸，油脂作为脂肪储备下来。让我们来回顾一下这三种营养物质：

1. 当我们开始吸收营养时，血液中的葡萄糖水平升高。这种升高被脑细胞探测到，导致交感神经系统活动减弱，副交感神经系统活动加强。这种改变告知胰腺停止分泌胰高血糖素，并开始分泌胰岛素。胰岛素使身体的所有细胞可以利用葡萄糖作为养料。多余的葡萄糖被转化为糖原，补充碳水化合物储备。如果还余下葡萄糖，将会被转化为脂肪并被脂肪细胞吸收。
2. 从消化道吸收的小部分氨基酸为合成蛋白质和缩氨酸而被用作建造材料；其余的转化为脂肪并储存在脂肪组织中。
3. 脂肪没被利用：它们被储存在脂肪组织中（见图11.11）。

吸收阶段（absorptive phase）：从消化系统中吸收养分的代谢阶段；在此阶段，葡萄糖和氨基酸构成细胞能量的主要来源，而多余的养分被以甘油三酯的形式存储于脂肪组织。

小 结

进食与新陈代谢

新陈代谢包括两个阶段：在吸收阶段，我们从肠道内吸收葡萄糖、氨基酸和脂肪。血液中的胰岛素水平高时，允许所有细胞对葡萄糖进行代谢。另外，肝脏和肌肉会将葡萄糖转化为糖原，来补充短期储备。多余的碳水化合物和氨基酸被转化为脂肪，并被移入脂肪组织的长期储备中。

在禁食阶段，副交感神经系统的活动减弱，交感神经系统的活动增强。相应的胰岛素水平下降，胰高血糖素和肾上腺儿茶酚胺水平升高。这些导致糖原转化为葡萄糖，甘油三酯分解为甘油和脂肪酸。在缺乏胰岛素时，只有中枢神经系统能够使用血液中的葡萄糖；身体的其他部分靠脂肪酸为生。甘油被肝脏转化为葡萄糖，由脑代谢。

什么引发进餐

对体重的调节需要在进食与能量消耗之间的平衡。如果我们摄取的热量比消耗的多，就会增重。假设我们的热量消耗是恒定的，则需要两种机制保持相对恒定的体重：一种机制必须在长期营养储备将要耗净时提高我们进食的动机；另一种机制必须在摄入的热量超过所需时限制我们进食。不幸的是，第一种机制比第二种机制更有效。

环境信号

我们祖先所处的环境促成了这些调节机制的演变。过去，对生存而言，饥饿的威胁比暴饮暴食的威胁更大。事实上，在食物丰富的时候暴饮暴食的倾向能够为食物变得匮乏时（这是经常发生的事）提供储备。时好时坏的环境使快速检测长期储备的减少并为寻找和摄取食物

对我们何时吃饭和吃多少起作用的并不仅仅是生理因素，社会因素也同样起作用。

Barnabas Kindersley, Dorling Kindersley.

提供强烈信号的机制得以进化。检测增重和抑制暴饮暴食的机制在自然选择中就显得不是那么重要了。

要回答本节标题提出的问题“什么引发进餐”并不简单。大多数人如果被问及为什么要进食，通常会回答因为饥饿而进食。他们可能是想表达在他们体内发生了一些变化，这种变化让他们有了想吃东西的感觉。但是，如果这是真的，那么在我们的体内发生了什么呢？当食物充足时刺激我们进食的因素和当食物稀缺时刺激我们进食的因素是很不同的。当食物充足时，我们倾向于在肠胃都空着时才进食。这种空腹感会提供一种饥饿信号，即一种传到脑表明我们应该进食的信号。食物离开我们肠胃的时间似乎促成了一天吃三顿的模式。另外毫无疑问，我们的祖先发现这一模式对准备一群人的食物最实用，且每个人都能在这一时间进食。大多数现代人的工作时间也遵循这一安排。

尽管空腹是一个重要的信号，但是许多因素可以引发进餐行为，包括看到一盘食物、闻到厨房做菜的味道、看到正在吃饭的人群，或者是听到“该吃饭了”这样的字眼。当我在傍晚写这些内容时，我正期待着这个晚上美味的晚餐并且期望吃到它。我并没有感到特别饿，但是我喜欢美味的食物并且期待享受晚餐。我的短期营养储备和长期营养储备都很充足，因此，我想要吃的动机不是基于生理对营养的需要。

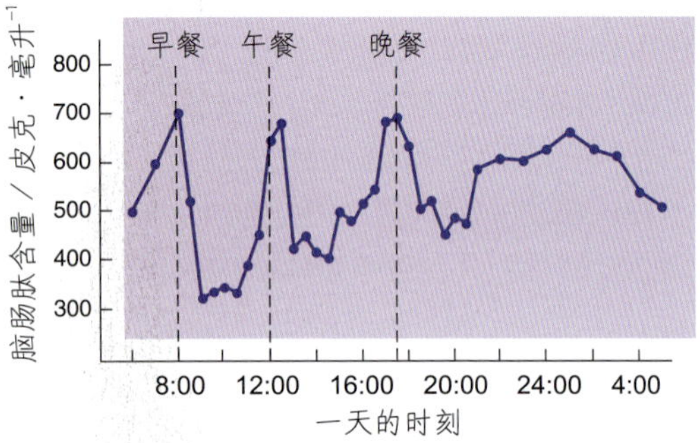

图11.12　人血浆中脑肠肽的水平。该图说明了在每一餐之前，这种肽的水平都会增加。

Adapted from Cummings, D. E., Purnell, J. Q., Frayo, R. S., et al. *Diabetes*, 2001, 50,1714-1719.

胃部信号

刚刚说到，空的肠胃向脑传递了一个重要的信号，告诉脑是时候去想想如何寻找食物了。最近，研究者们发现了这种信号传递到脑的方式之一。肠胃系统（特别是胃）会释放一种称为**脑肠肽**（ghrelin 是 GH releasin 的缩写，表明这种肽激素也涉及控制生长激素的释放，生长激素通常缩写为 GH）的肽激素（Kojima et al., 1999）。研究者们发现，禁食时血液中这种肽的含量会增加，进餐后则会减少。对人类而言，血液中这种肽的含量仅仅在每一餐之前才会增加。【见图 11.12】脑肠肽是进食的有效刺激物，甚至会刺激对食物的思考。Schmid 等人（2005）发现，单次静脉注射脑肠肽不仅会增强正常被试的食欲，也会引发被试表象他们喜欢吃的食物的图像。皮下注射或以输液的方式将脑肠肽注射到实验室动物的脑室中，会使动物增加进食且减少脂肪的新陈代谢，进而使动物增重（Tschöp, Smiley, and Heiman, 2000；Ariyasu et al., 2001；Bagnasco et al., 2003）。

什么控制脑肠肽的分泌？当动物吃东西或者实验员向动物的胃注入食物时，这种肽的分泌会受到抑制。而向血液中注射营养液不会抑制脑肠肽的分泌，所以这种肽的分泌是受消化系统是否含有食物控制的，而不受血液中营养的可用量控制（Schaller et al., 2003）。实际上，只要食物进入小肠的起始端——**十二指肠**——就能够抑制脑肠肽的分泌（Overduin et al., 2005）。因此，

脑肠肽（ghrelin）：胃释放的一种能够促进进食的肽激素；脑内神经元也能释放它。

十二指肠（duodenum）：小肠的起始端，直接和胃相连。

尽管是胃分泌脑肠肽的，但这种肽的分泌似乎受小肠上端的感受器控制，而不是胃本身。

尽管脑肠肽是一个重要的短期饥饿信号，但它显然不是唯一的信号。例如，做过胃分流术的人血液中几乎不含脑肠肽。尽管他们吃得很少，体重减轻，但是他们不会不吃东西。此外，经脑肠肽基因靶向突变或者脑肠肽受体靶向突变的小鼠能够正常进食且体重正常（Sun，Ahmed，and Smith，2003；Sun et al.，2004）。但是，Zigman 等人（2005）发现，当给予小鼠能导致肥胖的美味高脂食物时，这种突变能够防止突变小鼠过度进食和增重。因此，替代性机制能够刺激进食，鉴于食物非常重要，这一点不足为奇。实际上，使摄食行为的研究复杂化的因素之一就是存在备用系统。

新陈代谢信号

大多数时间，我们通常会在就餐完的几个小时之后再次进餐，因此我们的营养储备很少出现严重需要补充的情况。如果几顿饭不吃，我们就会越来越饿，大概是由于生理信号表明我们已经在从长期储备中汲取养分了。饭后随着时间的流逝，我们体内的营养水平发生了怎样的变化？从前面的内容中我们已经知道，在新陈代谢的吸收阶段，我们依赖于消化道正在吸收的养分。之后，我们会开始使用营养储备：脑使用葡萄糖，身体的其余部分使用脂肪酸。尽管身体细胞新陈代谢的需要已经得到了满足，但是我们现在正从长期储备中获取养分——注意，是获取而不是存储。很显然，这时候该考虑下一餐了。

糖缺乏（glucoprivation）：细胞可应用的葡萄糖水平动态地下降；可能源于血糖水平的下降或是抑制葡萄糖代谢的药物。

脂缺乏（lipoprivation）：细胞可应用的脂肪酸水平动态地下降；通常由抑制脂肪酸代谢的药物引起。

肝门静脉（hepatic portal vein）：一种将血液从消化系统传输到肝脏的静脉。

血糖水平的下降（*低血糖*）是饥饿的有效刺激物。给动物注射大量的胰岛素会产生人为性的血糖过低，这会导致肝脏、肌肉和脂肪组织中的细胞吸收葡萄糖并将其储存起来。我们也可以通过给动物注射干扰葡萄糖代谢的药物来剥夺细胞的葡萄糖。这两种方法都能导致**糖缺乏**；即都能够剥夺细胞的葡萄糖。并且，无论何种原因导致的糖缺乏都会刺激进食。饥饿也可能源于**脂缺乏**——剥夺了细胞的脂肪。更确切地说，注射能够干扰脂肪酸代谢的药物，会剥夺人代谢脂肪酸的能力。

监控代谢养料水平的探测器是什么？探测器在哪里？目前收集的证据表明有两套探测器：一套位于脑内，另一套位于肝脏内。

首先让我们看一看肝脏内的探测器。Novin、Vander-Weele 和 Rezek（1973）的研究提出，肝脏内的探测器能够激起糖缺乏性饥饿；当剥夺这些神经元的养料时，会引发进食。研究者向**肝门静脉**注射2-DG。这条静脉将血液从肠道带到肝脏；于是，注射到该静脉（直接门静脉注射）中的药物可直接传送到肝脏。【见图11.13】研究者发现，向肝门静脉注射干扰葡萄糖代谢的药物可立即引发进食。当他们切断联系肝脏和脑的迷走神经

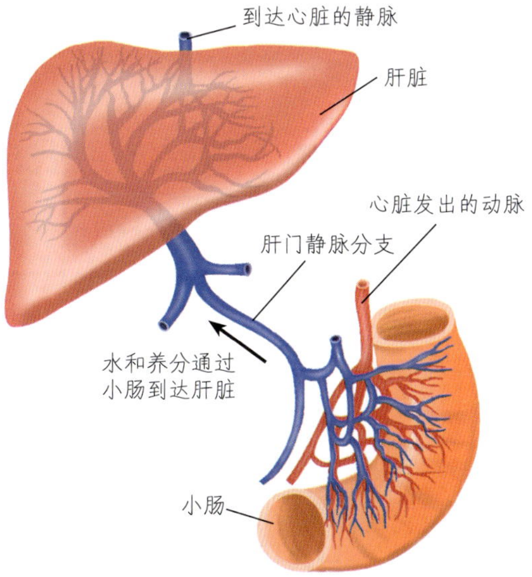

图11.13　肝门静脉血液供应。肝脏通过血液供应从消化系统中获取水、矿物质和养分。

时，这种注射将不再刺激进食。因此，脑通过这种迷走神经来接收肝脏的饥饿信号。

现在，让我们着眼于脑有自己的养分探测器的一些证据。因为脑只能利用葡萄糖，所以这些探测器需能对糖缺乏做出反应才有意义——而它们确实是这样的。例如，Ritter、Dinh 和 Zhang（2000）发现，向延髓注射干扰葡萄糖代谢的药物会引发进食。延髓的作用是控制进食和新陈代谢，这一内容稍后会讨论。

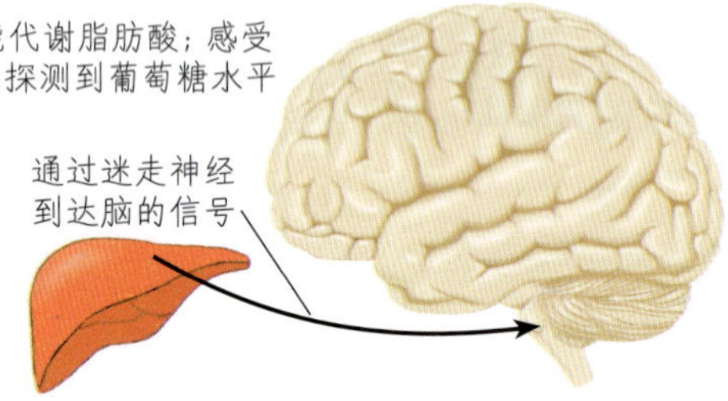

图 11.14 营养感受器。该图说明了负责接收饥饿信号的营养感受器的可能位置。

肝脏中的感受器能激发脂缺乏性饥饿。Ritter 和 Taylor（1990）引发了脂缺乏性饥饿，并且发现若切断迷走神经，这种饥饿就会消失。因此，肝脏含有能检测葡萄糖或脂肪酸的低可用性（糖缺乏或脂缺乏）的探测器，并通过迷走神经将此信息传送给脑（Friedman，Horn，and Ji，2005）。

简而言之，脑包含监控血脑屏障内葡萄糖（它唯一的养料）可用性的探测器，而肝脏包含监控血脑屏障外营养（葡萄糖和脂肪酸）可用性的探测器。【见图 11.14】

小 结

什么引发进餐

众多的环境和生理刺激能引发进餐。自然选择赋予了我们很强的机制鼓励我们进食，但是阻止过度进食和增重的机制很弱。与进食相关的刺激——诸如指示午餐或晚餐时间已到的钟表、食物的气味或看到食物，或者是空腹——会增加食欲。脑肠肽是当胃和小肠起始端空着时释放的一种肽激素，是进食的有效刺激物。

关于抑制葡萄糖代谢和抑制脂肪酸代谢的研究指出，这些养分的水平过低将导致饥饿，即动物在糖缺乏或脂缺乏的情况下都会进食。肝脏上的感受器能检测糖缺乏和脂缺乏，并通过迷走神经的感觉轴突将此信息传送给脑。干扰延髓的葡萄糖代谢也能够引发糖缺乏性进食。因此，脑干有自己的对葡萄糖敏感的探测器。

什么终止进餐

饱足（饱食）信号——终止进食的信号——有两个来源。短期饱足（饱食）信号来源于一次特定的进食后。为了研究这些信号，研究者们追随着消化食物的路径（胃、小肠和肝脏），发现每一个部位都可以向脑发送信号，表明食物已经被消化并且正在被吸收。长期饱足（饱食）信号出现于脂肪组织中，脂肪组织含有长期营养储备器。这类信号不控制特定进食的开始和结束，但从长远来看，它们通过调节脑对饥饿和饱足（饱食）信号的敏感性来控制热量的摄入。

胃部因素

胃显然包含探测目前营养状况的感受器。Deutsch 和 Gonzalez（1980）发现，当他们移除刚吃饱的大鼠胃内的食物时，它们会立即吃足够的食物来代替被移除的食物——即使实验者已用等量的生理盐水取代了食物，它们也要吃。显然，大鼠并非简单地监测胃内食物的体积，因为它们并没有被生理盐水的注入愚弄。当然这个研究只能证明胃内有营养感受器，但不能证明肠内没有探测器。

肠部因素

的确，肠内含有营养探测器。对大鼠的研究表明，十二指肠的传入轴突对葡萄糖、氨基酸和脂肪酸很敏感（Ritter et al.，1992）。实际上，在十二指肠中发现的一些化学感受器在舌头上也有。这些轴突会向脑传递饱足(饱食)信号。

Feine、Grundy 和 Read（1997）将膨胀袋放入人的胃中，当胃与十二指肠空着而膨胀袋处于膨胀状态时（充满胃），被试报告只有胀的感觉。然而，当膨胀袋处于膨胀状态，同时向十二指肠注入脂肪或者糖类时，被试报告有饱腹感，就好像刚吃过一顿饭一样。因此，胃与肠的饱足（饱食）因素是相互作用的，这并不出人意料，我们吃过饭后，胃是满的并且有一部分营养已经被十二指肠吸收了。

食物进入胃后，会与胃酸和胃蛋白酶混合。酶会将蛋白质分解成氨基酸。根据消化进程，食物逐渐进入十二指肠，并在这里混合了胆汁和胰酶，然后继续消化进程。十二指肠会分泌被称为**胆囊收缩素（CCK）**的肽激素控制胃的排空率。这种激素因会导致胆囊收缩而得名，胆囊收缩时会释放胆汁到十二指肠。(胆汁能将脂肪分解成小颗粒，这样它们才能被吸收。) 当有脂肪时，胆囊收缩素就会分泌，并被十二指肠内的感受器探测到。胆囊收缩素除了刺激胆囊收缩外，还会引发幽门收缩，并且抑制胃的收缩，以此避免胃摄取太多食物。

很明显，血液中的胆囊收缩素水平与十二指肠从胃吸收的营养量（特别是脂肪）有关。因此，这些激素会向脑传递饱足（饱食）信号，告诉脑十二指肠正在吸收来自胃部的食物。很多研究已经发现注射胆囊收缩素能抑制进食。但是，大鼠的基因（这种基因负责产生胆囊收缩素）突变之后，进食量正常且没有使它变得肥胖。也许，存在补偿机制，例如 PYY 的分泌会防止动物过度进食。胆囊收缩素并不会直接作用于脑，而是作用于胃与十二指肠连接处的感受器（Moran et al.，1989）。

最近研究者们发现了另外一种由肠胃道细胞产生的化学物质可以作为饱足（饱食）信号。这种化学物质，即**肽 $YY_{3\text{-}36}$（PYY）**，于饭后释放，释放量与消化的热量成正比（Pedersen-Bjergaard et al.，1996）。只有营养物才会导致 PYY 分泌，大量喝水不会。注射 PYY 会使一些物种的个体（包括大鼠、瘦人和胖人）摄食量下降（Batterham et al.，2007；Schloegl et al.，2011）。此外，

胆囊收缩素（cholecystokinin，CCK）：十二指肠分泌的一种激素，能够调节胃蠕动并引发胆囊收缩；并通过迷走神经向脑传递饱食信号。

肽 $YY_{3\text{-}36}$（peptide $YY_{3\text{-}36}$，PYY）：由肠胃道细胞产生的一种化学物质，饭后由小肠释放，其释放量与进食量成正比，是一种饱足（饱食）信号。

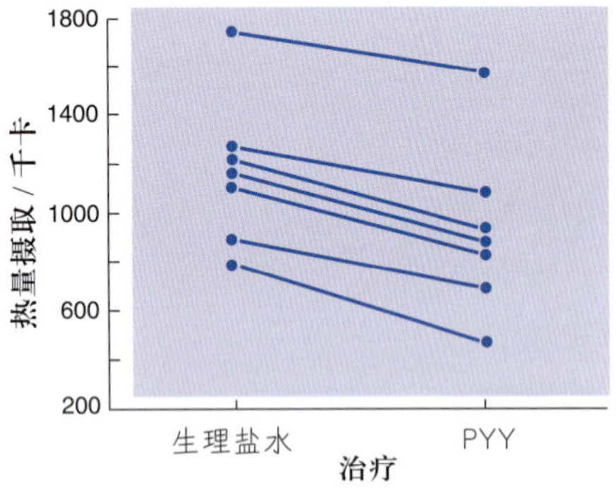

图 11.15 PYY 对饥饿的影响。本图显示了在被试接受时长 90 分钟的静脉注射生理盐水或 PYY 之后，在 30 分钟之后的自助餐中摄入的食物量。每个被试的数据由直线相连。

Data from Batterham, R. L., Ffytche, D. H., Rosenthal, J. M., et al. *Nature*, 2007, 450, 106-109.

Stoeckel 等人（2008）发现，饭后 PYY 的释放量与人们评定的饱腹感等级有正相关。【见图 11.15】

肝脏因素

胃部或十二指肠产生的饱足（饱食）是可以预期的，也就是说，这些因素预示着消化系统吸收的食物最终会使引起饥饿的系统变量得以恢复。只有当肠内营养物质被吸收时，才能滋养身体的细胞，恢复人体的营养储备。饱足（饱食）的最后一个阶段发生在肝脏，肝脏是第一个获悉食物最终被肠吸收的器官。

肝脏中的营养探测器对饱足（饱食）起作用的证据有很多，例如，Tordoff 和 Friedman（1998）向肝门静脉注入营养物（葡萄糖和果糖），注入量与消化食物所获得的量一样。注入物“欺骗”了肝脏，因为两种营养物均降低了大鼠的进食量。果糖不能穿透血脑屏障，且身体中的其他细胞对果糖的代谢能力很差，但是它会被肝脏迅速代谢。因此，这些营养物的信号来源于肝脏。这些结果表明，当肝脏从肠道吸收营养物后，会向脑传递这种信号，从而产生饱足（饱食）感。更确切地说，这个信号可维持由胃部和肠部产生的饱足（饱食）。

胰岛素

你应该记得，新陈代谢的吸收阶段伴随着血液中胰岛素水平的升高。脑以外的器官必须依赖胰岛素来代谢葡萄糖，并促使营养物进入脂肪细胞转变成甘油三酯。脑细胞不需要胰岛素就能代谢葡萄糖。然而，脑中也有胰岛素受体（Unger et al.，1989）。这些胰岛素受体有什么作用？答案是，它们似乎能探测血液中的胰岛素水平，然后告知脑，机体可能正处于新陈代谢的吸收阶段。因此，胰岛素可以作为一种饱足（饱食）信号。

胰岛素是一种肽，不能正常进入脑。但是，一种运输机制能够通过血脑屏障将其运到下丘脑负责调节饥饿和饱足（饱食）的神经元中。将胰岛素注射到第三脑室中会抑制进食并导致体重减轻（Woods et al.，1979）。此外，Brüning 等人（2000）准备了一些基因突变的小鼠，这种突变会阻止脑内胰岛素受体的合成，但不影响生物体其他部位胰岛素受体的合成。后来这些小鼠变得肥胖，尤其是在喂它们美味的高脂肪食物时，这表明如果促进饱足（饱食）的因素之一消失，那么可以预测小鼠将变得肥胖。

长期饱足（饱食）：来自脂肪组织的信号

到目前为止，我们已经讨论了由单独一餐引起的短期饱足（饱食）因素。但是对大多数人而言，长期的基础能够调节体重。如果强迫动物进食，那么它会比平时胖，一旦允许它自己选择食量，它的摄食量会减少（Wilson et al.，1990）。【见图 11.16】相似的研究也表明，当给动物高热量或者低热量的食物时，动物能够适当地调整进食量。如果动物正在节食减重，那么短期饱足（饱食）因素会变得更无效（Cabanac and Lafrance，1991）。因此，长期营养储备器发出的信号会调节脑对饥饿信号或者短期饱足（饱食）信号的敏感性。

使多数有机体体重保持相对稳定的系统变量是什么？体重自己调节看似不大可能；这个变量必须能够被我们脚底或（对于那些久坐不动的人）臀部皮肤的探测器检测。更有可能地是一些与身体脂肪有关的变量受到了调节。肥胖者与不肥胖者的根本区别在于储存在脂肪组织中的脂肪量。也许是脂肪组织向脑传递信号，告知脑脂肪组织中脂肪含量的。

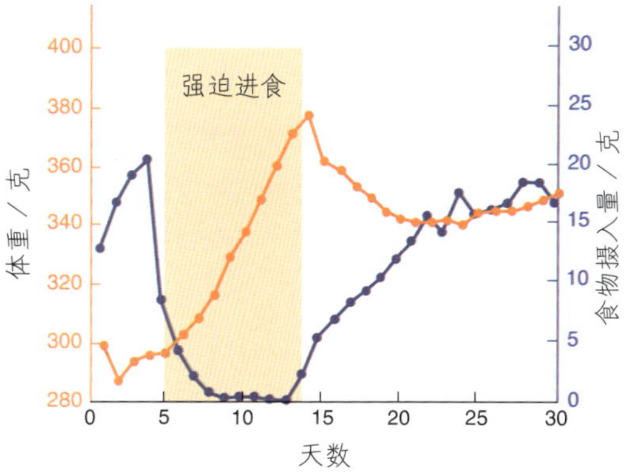

图 11.16 强迫进食的影响。在喂给大鼠的食物超过它们的正常摄入量时，它们随后的食物摄入量会减少，直到它们的体重恢复到正常水平。

Based on data from Wilson, B. E., Meyer, G. E., Cleveland, J. C., and Weigle, D. S. *American Journal of Physiology*, 1990, 259, R1148-1155.

对有遗传性肥胖的小鼠进行了多年研究后，研究人员发现了这种来自脂肪组织的长期饱足（饱食）信号。**ob 小鼠**（这种遗传品系的称谓）新陈代谢缓慢，爱暴饮暴食，且变得过于肥胖，成年后还会发展成糖尿病，与多数肥胖者一样。几个实验室的研究者们已经发现了导致该肥胖的起因（Campfield et al.，1995；Halaas et al.，1995；Pelleymounter et al.，1995）。一种叫作 OB 的特定基因，产生一种叫作**瘦蛋白**（瘦素）的肽类激素。瘦蛋白通常由营养充足的脂肪组织分泌。由于基因突变，ob 小鼠的脂肪细胞不能产生瘦蛋白。

瘦蛋白影响新陈代谢和进食，是抵抗肥胖的激素。如果每天都给 ob 小鼠注射瘦蛋白，那么它们的新陈代谢会加快，体温会升高，同时也变得异常活跃并且进食量减少。结果，它们的体重迅速恢复正常，图 11.17 是没有接受处理的 ob 小鼠和已经注射瘦蛋白的 ob 小鼠的对比照片。【见图 11.17】

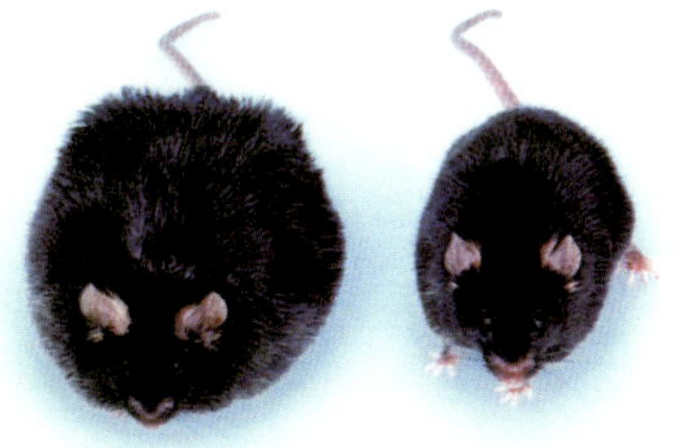

图 11.17 瘦蛋白对肥胖小鼠的肥胖倾向的影响。左边是没有接受处理的 ob 小鼠；右边是每天被注射瘦蛋白的 ob 小鼠。

HO Agence France Presse/Newscom.

ob 小鼠（ob mouse）：基因变异引起的爱暴饮暴食且新陈代谢缓慢的小鼠，这种变异阻止了瘦蛋白产生。

瘦蛋白（leptin）：脂肪组织分泌的一种激素；能够减少食物摄取量，增加新陈代谢率，主要通过抑制弓状核的神经肽 Y 分泌神经元完成。

小 结

什么终止进餐

短期饱足（饱食）信号控制一顿饭的饭量。这些信号包括能够被进入胃的食物激活的胃部因素的反馈，来自能够被从胃到十二指肠的食物激活的肠部因素的反馈，和来自能够被从肝门静脉输送来的血液中含有的刚消化的营养所激活的肝脏因素的反馈。

来自胃部的信号包含食物的体积与化学成分。来自肠部的饱足（饱食）信号是胆囊收缩素，当十二指肠吸收来自胃的脂肪高的食物时就会释放胆囊收缩素。胆囊收缩素分泌的信息通过迷走神经的传入轴突传送给脑。PYY，饭后肠分泌的一种肽，也是饱足（饱食）信号之一。另外一个饱足（饱食）信号来自肝脏，能通过肝门静脉检测到小肠正在吸收营养物。最后，血液中适当高水平的胰岛素与新陈代谢的吸收阶段有关，能够向脑传递饱足（饱食）信号。

基于长期基础，脂肪组织的信号也影响食物摄取，主要是调节短期饥饿信号和饱足（饱食）信号的有效性。强迫进食促进饱足（饱食），饥饿则抑制它。通过研究 ob 小鼠发现的瘦蛋白是一种由营养充足的脂肪组织分泌的肽激素，它能加速动物的新陈代谢，减少食物摄取量。

思考题

1. 你觉得饥饿不愉快吗？我发现，当我期待一顿特别喜欢的食物时，并不介意多饿一会儿，因为知道我将更好地享受这份食物。不过，我从来不会几天不吃饭。

2. 动机和强化的驱力减降假设认为，驱力是令人厌恶的，饱足（饱食）是舒适的。当然，饥饿的时候吃东西是令人愉快的，但是饱足（饱食）时吃东西会怎样呢？你是喜欢在饥饿的时候吃饭，还是喜欢在还有饱足（饱食）感的时候吃饭？

脑机制

尽管饥饿和饱足（饱食）的信号源于消化系统和动物体内的营养储备器，但是这些信号的目标是脑。本节将探讨食物摄取与新陈代谢的脑机制。

脑　干

消化行为可以追溯到远古时代，我们的祖先都会摄食、饮水或死亡。因此，我们预测，基本的消化行为——咀嚼和吞咽——由进化过程中原始的脑回路控制。确实，研究发现间脑与中脑被切断的大鼠也能执行这些行为（Norgren and Grill，1982；Flynn and Grill，1983；Grill and Kaplan，1990）。**大脑切除术**切断了脑干和脊髓的运动神经元与控制它们的大脑半球神经回路（例如，大脑皮层和基底神经节）之间的连接。大脑被切除的动物唯一能执行的是那些被脑干神经回路直接控制的行为。【见图 11.18】

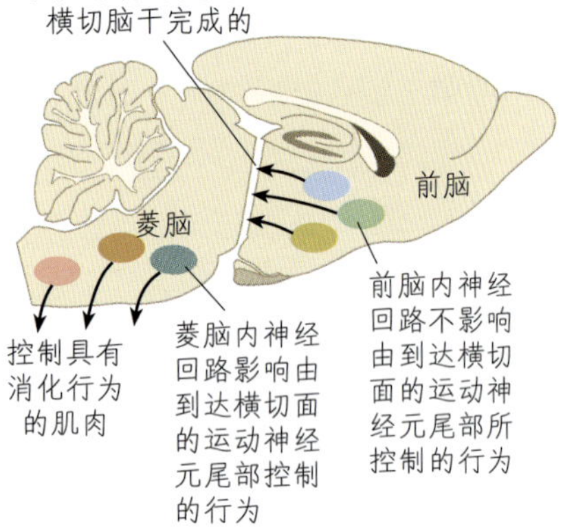

图 11.18　大脑切除术。手术断开了前脑与菱脑之前的连接，因此参与消化行为的肌肉仅受菱脑机制控制。

大脑被切除的大鼠既不接近食物也不摄取食物，研究者们必须将流体食物放进它们的口中。大脑被切除的大鼠能区分不同的味道，它们吞咽甜的和稍微咸的流体，吐出苦的流体。它们甚至能对饥饿与饱足（饱食）信号做出反应。剥夺食物24小时后，大鼠更喜欢喝蔗糖水，如果先将蔗糖水直接注入他们的胃中，那么它们喝得就很少了。糖缺乏也能引发大鼠进食。这些研究表明，脑干含有检测饥饿和饱足（饱食）信号的神经回路，至少控制食物摄入的某些方面。

延髓的两个区域，*最后区*和*孤束核*（下文称之为 AP/NST），接收舌头的味觉信息和许多身体内部器官的感觉，包括来自胃、十二指肠和肝脏探测器的信号。此外，这个区域包含一组对脑自己的养分——葡萄糖——敏感的探测器。所有这些信号被传递到更直接控制进食和新陈代谢的前脑。有证据表明，引发饥饿的事件能够增强 AP/NST 上神经元的活动。此外，这个区域的损伤会消除糖缺乏性进食和脂缺乏性进食（Ritter and Taylor，1990；Ritter，Dinh，and Friedman，1994）。

下丘脑

大脑切除术（decerebration）：切断脑干的一种外科手术程序，断开前脑与菱脑的联系。

在20世纪四五十年代，研究者对消化行为的研究成果使他们将注意集中于下丘脑的两个区：外侧下丘脑和腹内侧下丘脑。多年来，研究者们相信，下丘脑的这两个区域控制着饥饿与饱足（饱食）：一个是加速器，另一个是减速器。其基本发现是：当外侧下丘脑被破坏后，动物会停止进食与饮水（Anand and Brobeck，1951；Teitelbaum and Stellar，1954）。而对外侧下丘脑进行电刺激，会使动物进食、饮水，或者同时引发这两种行为。相反，腹内侧下丘脑受损时，动物会暴饮暴食，从而导致肥胖。然而电刺激该区域会抑制进食（Hethrington and Ranson，1942）。

对饥饿的作用

近十年来，研究发现，下丘脑的神经元产生的一些肽对控制进食和新陈代谢有特殊的作用（Arora and Anubhuti，2006）。其中两种肽是**黑色素聚集激素（MCH）**和**食欲素**，由外侧下丘脑的神经元产生，能够刺激饥饿并降低新陈代谢率，从而增加并维持体内能量储存。

之所以叫黑色素聚集激素，是因为它对鱼和其他非哺乳类脊椎动物皮肤色素的改变起作用（Kawauchi et al.，1983）。在哺乳动物体内，它会充当神经递质。食欲素是由 Sakurai 等人（1998）发现的（这种肽也称为*下丘脑泌素*）。在第8章中我们提到，分泌食欲素的神经元的退化会导致嗜睡症。研究证据表明，食欲素起的作用是让脑的睡眠—觉醒开关保持在“清醒”的位置。

研究者将黑色素聚集激素和食欲素称作食欲刺激素。向侧脑室或脑其他脑区注入黑色素聚集激素或食欲素都会引发进食。如果剥夺大鼠进食，那么外侧下丘脑产生的黑色素聚集激素和食欲素会增加（Qu et al.，1996；Sakurai et al.，1998；Dube，Kalra，and Kalar，1999）。在这两种激素中，黑色素聚集激素对促进进食的作用更大。对抗黑色素聚集激素基因的靶向突变小鼠或者接受黑色素聚集激素受体拮抗剂的小鼠的进食量少于正常小鼠，结果导致小鼠体重不足（Shimada et al.，1998）。此外，接受遗传工程干预的小鼠，下丘脑黑色素聚集激素产量增加，导致其过度进食且体重增加（Ludwig et al.，2001）。

黑色素聚集激素和食欲素的神经元轴突进入一些负责动机与运动的脑结构，这些结构包括新皮层、中脑导水管周围灰质、网状结构、丘脑和蓝斑。这些神经元还与控制自主神经的脊髓神经元相连接，这也解释了它们对生物体新陈代谢率的影响（Sawchenko，1998；Nambu et al.，1999）。图11.19呈现了这些连接。【见图11.19】

我们知道，空的胃以及糖缺乏或脂肪缺乏引发的饥饿信号来自胃和脑干上的探测器，这些信号如何激活外侧下丘脑的黑色素聚集激素神经元和食欲素神经元？其中一部分通路包括一种神经元系统，该系统能分泌一种叫作**神经肽 Y（NPY）**的神经递质，它是一种极其有效的进食刺激物（Clark et al.，1984）。向下丘脑

黑色素聚集激素（melanin-concentrating hormone，MCH）：在外侧下丘脑神经元中发现的一种肽类神经递质，能够刺激食欲，降低新陈代谢率。

食欲素（orexin）：在外侧下丘脑神经元中发现的一种肽类神经递质，能够刺激食欲和降低新陈代谢率；也称为下丘脑泌素。

神经肽 Y（neuropeptide Y，NPY）：在弓状核神经元内发现的一种肽类神经递质，会刺激进食及胰岛素分泌和糖皮质分泌，降低甘油三酯分解，降低体温。

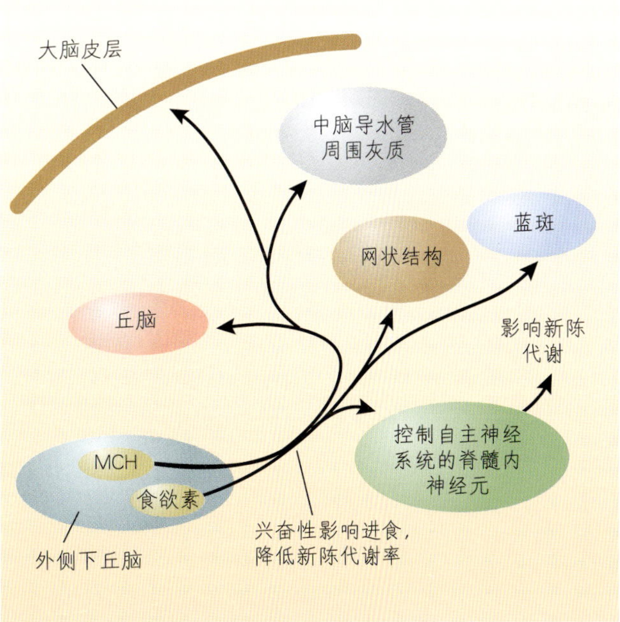

图11.19 脑中的进食回路。该示意图说明了外侧下丘脑中黑色素聚集激素神经元和食欲素神经元的联系。

注入神经肽Y会引发进食的欲望，其行为表现是狼吞虎咽。

Yang等人（2009）发现，对大鼠进行遗传操控使下丘脑产生更多神经肽Y会增加进食。相反，使下丘脑减少产生神经肽Y会使在实验室经选择性过度喂食而变得肥胖的小鼠减少进食，降低其肥胖和糖尿病的发生率。

分泌神经肽Y的神经元细胞体大部分位于第三脑室底部下丘脑的**弓状核**。弓状核也含有神经分泌细胞，这些细胞分泌的激素控制脑下垂体前叶的分泌。【见图11.18】饥饿与饱足（饱食）信号会影响分泌神经肽Y的神经元。Sahu、Kalra和Kalra（1988）发现，下丘脑的神经肽Y水平在食物被剥夺时升高，进食时降低。髓质中对葡萄糖敏感的神经元也能激活神经肽Y神经元。Sindelar等人（2004）发现，在正常小鼠中，糖缺乏会导致神经肽Y的增加。他们同样发现，神经肽Y基因突变的小鼠在糖缺乏时不会产生进食。

胃能够释放脑肠肽，向脑传递强有力的饥饿信号。Shuto等人（2002）发现与正常大鼠相比，能阻止下丘脑中产生脑肠肽受体的基因突变大鼠吃得更少，体重增加得更加缓慢。证据表明，刺激进食的脑肠肽受体位于神经肽Y神经元（Willesen，Kristensen，and Romer，1999；Nakazato et al.，2001；Van den Top et al.，2004）。因此，两种重要的饥饿信号——糖缺乏和脑肠肽——能够激活促进食欲的神经肽Y神经元。

神经肽Y通过什么神经回路控制进食和新陈代谢功能呢？弓状核的神经肽Y神经元轴突投射至外侧下丘脑内促进进食的黑色素聚集激素与食欲素神经元（Broberger et al.，1998；Elias et al.，1998a）。此外，神经肽Y神经元轴突投射至**下丘脑室旁核（PVN）**——向下丘脑的这一区域注入神经肽Y会影响新陈代谢功能（Bai et al.，1985）。

下丘脑神经元末端除了释放神经肽Y外，还释放另外一种促食肽：**豚鼠相关肽（AGRP）**（Hahn et al.，1998）。这两种肽似乎是一同起作用的。豚鼠相关肽与神经肽Y一样，是一种长期有效的促食素，向大鼠第三脑室注入少量的这种肽就会导致连续6天的食物摄入量增加（Lu et al.，2001）。

我再简单介绍一下另一类能促进食欲的化合物：内源性大麻素。（本段引用的证据见Di Marzo and Matias，2005，Bellocchio，2010。）大麻中含有的四氢大麻酚（THC）成分的作用之一就是增加食欲——尤其是对特别美味的食物。内源性大麻素的作用与四氢大麻酚一样，也是刺激进食，主要是能够增加黑色素聚集激素与食欲素的释放。（你可能记得在第4章中，大麻素受体被发现于终扣，能够调节其他神经递质的释放。）内源性大麻素的含量在禁食时最高，在进食时最少。一种基因突变能破坏内源性大麻素分解酶的产生，会导致超重和肥胖。大麻素受体激动剂已被用于增加癌症病人的食欲；直到发现副作用，大麻素拮抗剂还曾用于减肥。（我将在本章稍后有关肥胖的一节讨论这种用法。）

总而言之，外侧下丘脑内的黑色素聚集激素神经元和食欲素神经元的活动可增加食物摄取，降低新陈代谢率。这些神经元被弓状核内的NPY/AGRP分泌神经元激活，神经肽Y或豚鼠相关肽也能进入下丘脑室旁核内，控制胰岛素分泌和新陈代谢。内源性大麻素能通过增加黑色素聚集激素与食欲素的

弓状核（arcuate nucleus）：位于下丘脑的基底部，控制垂体前叶腺的分泌。含有涉及进食和控制新陈代谢的神经肽Y分泌神经元。

下丘脑室旁核（paraventricular nucleus，PVN）：临近第三脑室背侧的下丘脑核团；含有控制自主神经系统和垂体后叶腺的神经元。

豚鼠相关肽（agouti-related protein，AGRP）：用作MC-4R的拮抗剂，能增加进食。

释放来刺激食欲。【见图11.20】

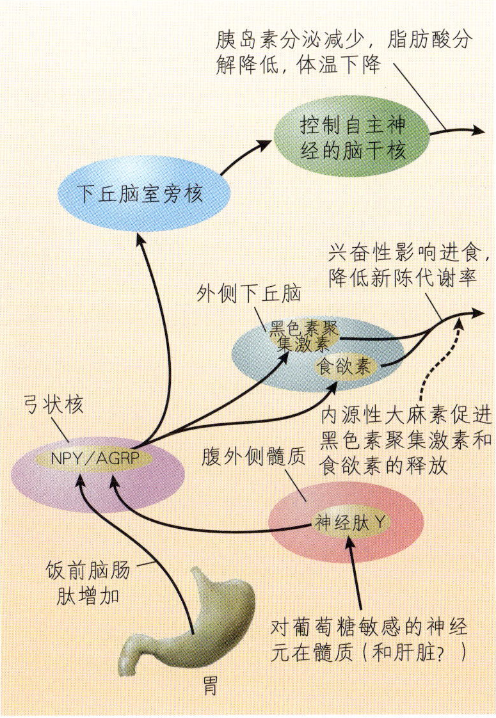

图11.20 饥饿信号对脑进食回路的作用。该图显示了神经肽Y与弓状核的联系。

对饱足（饱食）的作用

前面介绍，瘦蛋白由营养充足的脂肪组织分泌，它抑制进食，提高动物新陈代谢率。现在让我们讨论长期饱足（饱食）信号与控制饥饿的神经回路之间的相互作用。瘦蛋白通过与脑内受体相结合来实现它对行为与新陈代谢的影响——尤其是对能够分泌促食肽的神经肽Y和豚鼠相关肽的影响。

弓状核的NPY/AGRP分泌神经元上瘦蛋白受体的激活对这些神经元会产生抑制效应（Glaum et al.，1996；Jobst，Enriori，and Cowley，2004）。因为NPY/AGRP神经元可以激活黑色素聚集激素和食欲素神经元，弓状核内瘦蛋白的出现会减少这些食欲刺激激素。瘦蛋白会抑制动物对食物嗅觉和味觉的敏感性。Getchell等人（2006）发现，缺少瘦蛋白基因的ob小鼠会比正常小鼠更快找到被埋藏的食物。向这些基因突变的小鼠体内注射瘦蛋白会增加它们找到食物所需的时间。此外，Kawai等人（2000）发现，瘦蛋白会减弱甜味受体对蔗糖和糖精的敏感性。

弓状核还有另外两种神经元系统能够分泌肽，这两种肽都被用作食欲抑制素。Douglass、McKinzie和Couceyro（1995）发现了一种叫作**可卡因－苯丙胺调节转录肽（CART）**的肽。将可卡因或苯丙胺注射入动物体内时，这种肽的水平增加，这可能与这些药物会抑制食欲有关。CART神经元对饱足（饱食）有重要作用，如果动物被剥夺食物，CART水平会下降。向脑室注射CART会抑制进食，包括神经肽Y引发的进食，而注入破坏CART的抗体会增加进食（Kristensen et al.，1998）。

位于弓状核内的CART神经元发送它们的轴突到各个区域（Koylu et al.，1998）。在当前主题下最重要的连接是CART与下丘脑旁室核的联系，以及CART与外侧下丘脑内黑色素聚集激素和食欲素的联系。CART通过与下丘脑旁室核的联系提高新陈代谢速率，通过抑制黑色素聚集激素与食欲素神经元而抑制进食。CART神经元内有瘦蛋白受体，它具有兴奋效应；因此，CART分泌神经元至少负责部分瘦蛋白的饱足（饱食）效应（Elias et al.，1998b）。

第二种食欲抑制素，**α-促黑激素（α-MSH）**，也由CART神经元分泌。这种肽是**黑色素皮质激素-4受体（MC-4R）**的一种激动剂，它抑制进食。前面提到，神经肽Y神经元也释放刺激进食的豚鼠相关肽。豚鼠相关肽与α-促黑激素都与黑色素皮质激素-4受体紧密相关，但α-促黑激素与黑色素皮质激素-4受体结合进而抑制进食，AGRP与黑色素皮质激素-4受体结合进而引发进食（前面部分已经介绍）。瘦蛋白激活CART/α-MSH神经元，抑制NPY/AGRP神经元（见Elmquist，Elias，and Saper，1999；Wynne，Stanley，and

可卡因－苯丙胺调节转录肽（cocaine-and amphetamine-regulated transcript，CART）：在抑制进食的弓状核神经元系统中发现的一种肽类神经递质。

α-促黑激素（α-melanocyte-stimulating hormone，α-MSH）：一种神经肽，是MC-4R受体的激动剂，抑制进食。

黑色素皮质激素-4受体（melanocortin-4 receptor，MC-4R）：与α-促黑激素和豚鼠相关肽联系的脑区发现的一种受体，有控制食欲的作用。

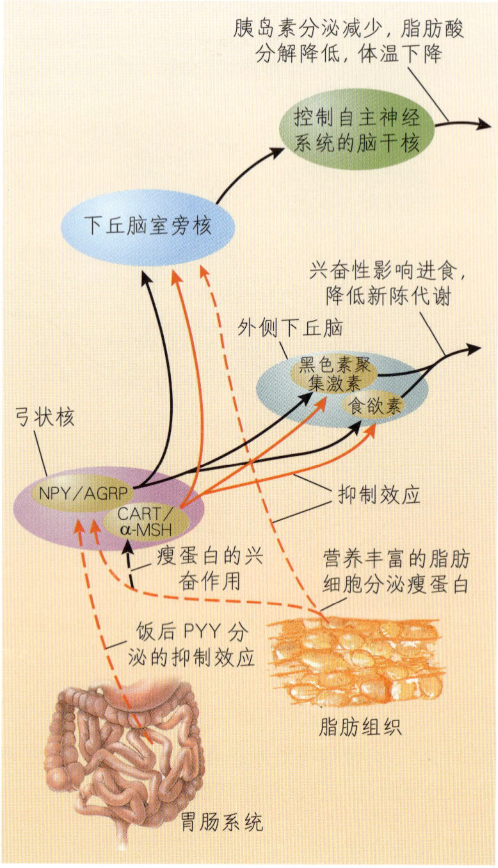

图 11.21 饱足信号对下丘脑神经元（控制饥饿感和饱足感）的作用。

McGowan, 2005）。因此，高水平的瘦蛋白刺激 CART 和α-促黑激素的产生并抑制神经肽 Y 和豚鼠相关肽的产生。低水平的瘦蛋白的作用相反：CART/α-MSH 的神经元不被激活，且不会抑制 NPY/AGRP 的神经元。

在本章前面部分，我提及过一种使食欲减退的肽——PYY，它由肠胃细胞按照刚摄取的热量总量呈适当比例生成。PYY 与一种在下丘脑弓状核中的 NPY/AGRP 神经元中发现的抑制性自受体结合。当 PYY 与该受体结合时，会抑制神经肽 Y 和豚鼠相关肽的释放，从而抑制进食（Batterham et al., 2002）。

总的来说，瘦蛋白通过刺激弓状核内神经元上的受体，对饱足（饱食）作用至少会产生一部分影响。瘦蛋白抑制 NPY/AGRP 神经元，进而抑制这些神经元引发的进食和阻止这些神经元引发的代谢率下降。瘦蛋白激活 CART/α-MSH 神经元，进而抑制外侧下丘脑的黑色素聚集激素和食欲素神经元的活动，阻止其对食欲的刺激作用。由肠胃系统在饭后释放的 PYY 会对 NPY/AGRP 神经元产生抑制作用。【见图 11.21】

食欲促进因素与食欲抑制因素之间的平衡控制食欲。我们知道脑肠肽会激活增加食欲的 NPY/AGRP 神经元。脑肠肽也会抑制 CART/α-MSHs 神经元，进而减少这两种肽的作用（Cowley et al., 2003）。另一种食欲刺激激素是食欲素，同样会抑制 CART/α-MSH 神经元（Ma et al., 2007）。因此，两种重要的食欲刺激激素能够抑制食欲抑制激素的活动。

小 结

脑机制

脑干中包含可以控制接受或拒绝甜食或苦涩食物的神经回路，这些回路甚至能够通过饱足（饱食）信号或生理饥饿信号进行调节，如葡萄糖代谢的下降或消化系统内有食物存在。延髓的最后区和孤束核（AP/NST）能够接收舌、胃、十二指肠和肝脏的信号，并将这些信号传递到前脑。这些信号与进食有关并有助于进食。最后区和孤束核损伤会干扰糖缺乏性进食和脂缺乏性进食。

外侧下丘脑内有两套神经元，它们的活动会增加进食并降低代谢率。这些神经元分泌食欲素和黑色素聚集激素。食物剥夺使这些肽的水平升高，对抗黑色素聚集激素基因的靶向突变小鼠会吃得过少。这些神经元的轴突会投射到涉及动机、运动和代谢的脑区。

外侧下丘脑中神经肽 Y 的释放导致贪婪的进食行为，这是因为分泌神经肽 Y 的神经元与食欲素和黑色素聚集激素神经元有兴奋性连接。下丘脑中神经肽 Y 神经元接收髓质中对葡萄糖敏感的神经元的信号。它们同样能被血液中高水平的脑肠肽激活。当向下丘脑室旁核注入神经肽 Y 时，会使代谢率下降。神经肽 Y 的水平在动物被剥夺食物时下降，在动物进食时又再次升高。神经肽 Y 神经元也分泌一种叫豚鼠相关肽的肽。这种肽作为黑色素皮质激素-4 受体的拮抗剂，与神经肽 Y 一样能刺激进食。内源性大麻素的作用与四氢大麻酚（THC，大麻中的有效成分）相似，主要是通过增加食欲素和黑色素聚集激素的释放量而刺激进食。

瘦蛋白是营养良好的脂肪组织分泌的长期饱足（饱食）激素，能使脑对饥饿信号不敏感。它与下丘脑中弓状核内的受体结合，抑制分泌神经肽 Y 的神经元的活动，增加代谢率和抑制进食。但是，低水平的瘦蛋白（表明脂肪组织减少）比高水平的瘦蛋白（表明脂肪组织增多）提供的饥饿信号更强。弓状核内也包含一种能分泌抑制进食的可卡因—苯丙胺调节转录肽（CART）的神经元，这些神经元能被瘦蛋白激活，与下丘脑的黑色素聚集激素和食欲素神经元有抑制性连接。CART 神经元也能分泌一种叫 α-促黑激素的肽，此种肽是黑色素皮质激素-4 受体的激动剂，能够抑制进食。脑肠肽会激活增加食欲的 NPY/AGRP 神经元，也会抑制 CART/α-MSH 神经元，进而减少这两种肽的分泌。另一种食欲刺激激素是由肠胃系统释放的 PYY，也会抑制神经肽 Y 和豚鼠相关肽的释放。

肥胖

肥胖是一种较为普遍的问题，有着严重的医学后果。美国有近67% 的男性和62% 的女性超重（体重指数 BMI 超过25）。体重指数超过30的定义为肥胖，肥胖人群在过去的20年中在整个人群中增加了一倍，在青少年中增加了两倍。随着家庭收入的增加，肥胖人群在发展中国家里也在增加。例如，在过去十年中，中国城市儿童的肥胖率增加了七倍（Ogden，Carroll，and Flegal，2003；Zorrilla et al.，2006）。目前已知和肥胖相关的健康风险包括心血管病、糖尿病、中风、关节炎和某些癌症。100年前，2型糖尿病在40岁之前人群中都很少见。但是，因为儿童的肥胖率增加，这种疾病现在已可见于10岁儿童。【见图11.22】

肥胖发生率大幅增加已经成为一个严重的健康问题，尤其是在工业化社会。增加的原因可能是由于生活方式的改变，包括唾手可得的廉价高热量食物。

Robin Nelson/PhotoEdit, Inc.

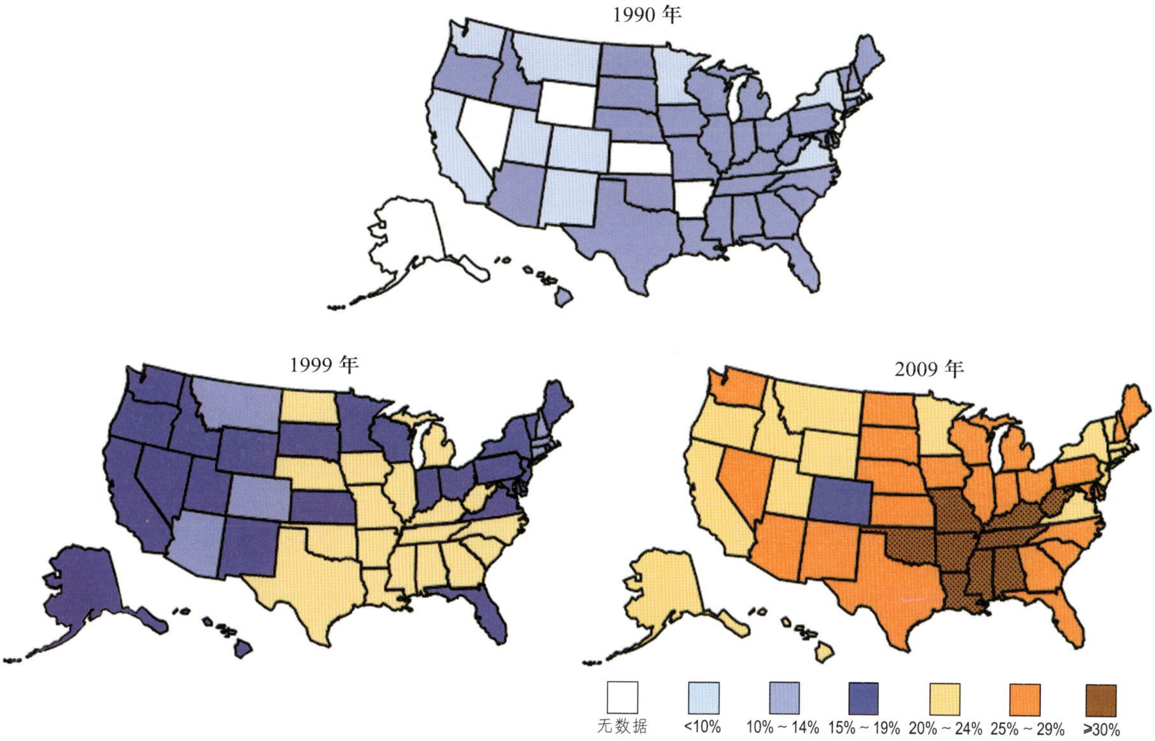

图 11.22 美国的肥胖率。

Based on data from the Centers for Disease Control and Prevention.

可能的原因

什么导致了肥胖？后面将会提到，遗传上的差异以及它对内分泌系统发展的影响和对控制进食与新陈代谢的脑机制的影响，似乎是大多数人极度肥胖的主要原因。但众所周知，近年来肥胖的问题越来越多。很明显，基因库的改变不能解释这种增长；相反，我们必须留意引起人们行为改变的环境因素。

体重是热量摄入和热量消耗间存在差别的结果。如果我们摄入的热量比在发热和工作中消耗的热量多，体重就会增加；反之，如果我们的消耗比摄入多，体重就会下降。在现代工业化社会里，各种便宜的、便利的、美味的、高脂的食物比比皆是，这促进了我们摄入的增加。快餐店就在附近，停车也方便（或者根本不用停车，只需在快餐店前摇下车窗即可），近年来快餐店供应的食物比例逐年增长。人们开始经常外出吃饭，而多数时候会选择物美价廉的快餐店。

当然，快餐店并非是唯一的增加肥胖比例的环境因素。零食在便利店和自动贩卖机上都能买得到，就连学校的自助食堂也会让年轻的学生很方便地买到高热量、高脂肪食物和高糖饮料。事实上，学校管理者往往很欢迎安装自动贩卖机，因为它们能提供收入。Bray、Nielsen 和 Popkin（2004）指出，在许多食物中都含有高果糖谷物糖浆，包括饮料、果汁、风味酸奶、烤制食物，这些都可能引发肥胖。与葡萄糖不同，果糖不会刺激胰岛素的分泌，也不会增加瘦蛋白的产生，因此这种形式的糖不大可能激活脑的饱足（饱食）机制（Teff et al., 2004）。一项1994—1996年的调查报告指出，美国2岁以上儿童每天从果糖中摄入的热量大概是318千卡。可以肯定，现在这个数字更大。

另一个会导致肥胖的现代趋势是人们热量消耗的变化。需要从事高水平体力活动的工人大量减少，这就意味着，总的来说，我们需要的食物量比以前少。

体重的差异（也许反映新陈代谢、活动水平或食欲方面的差异）似乎存在很强的遗传基础。双生子研究表明，身体脂肪中40% ~ 70% 的可变性取决于遗传差异。双生子研究同样发现，当给人们高热量或低热量食物时，人们增加或减少的体重有很强的遗传效应（Bouchard et al., 1990；Hainer et al., 2001）。因此，遗传因素似乎影响人们的新陈代谢效率。但是，直到现在，在人类中只发现了两个会导致肥胖的基因：黑色素皮质激素-4受体基因和 FTO 基因（脂肪量和肥胖相关基因），这两种基因负责编码一种酶，这种酶作用于下丘脑中与热量平衡有关的区域，如下丘脑室旁核和弓状核（Olszewski et al., 2009；Willer et al., 2009）。一项有145个作者的大规模研究（Willer et al., 2009）发现了6个新的基因位点与 BMI 相关。但是，这些基因很罕见，因此都不能解释普通人群中这么高的肥胖率。要解释高水平的肥胖遗传，一定需要考虑许多基因的加和效应，每一个基因对 BMI 都有一些作用。无论如何，不能将现在的高肥胖率和2型糖尿病都归因为基因。毕竟，在过去的几十年中，人类的基因组并没有改变。更可能的解释是：最近几年中便宜的、美味的、高热量的食物越来越多且运动量减少导致了肥胖率的增加。

正如汽车在利用燃料的效率上存在差别一样，活体组织也是如此，而遗传因素能影响其效率水平。例如，农民饲养的牛、猪和鸡将饲料的热量转化为动物的肌肉组织的效率不同，研究者也用此法研究过大鼠（Pomp and Nielsen，1999）。人类在此种效率上也存在差异。那些新陈代谢高效的人将余下的热量储存在长期储备器中，因此，他们难以阻止此储备器的增长，研究者将这种情形称为“节约型”。相反，新陈代谢低效的人（挥霍型）能海吃却不会发胖。一辆节能型的汽车是人们心仪的，但一个节能型的身体存在变得肥胖的危险——至少在一个食物物美价廉的环境里。

流行病学研究已经证实了新陈代谢效率的遗传差异的重要性。Ravussin等人（1994）对两组皮马印第安人进行了研究，这些皮马印第安人分别居住在美国的西南部和墨西哥的西北部。两组成员有着相同的遗传背景，说相同的语言，有共同的历史传统。这两组皮马印第安人是在700 ~ 1000年前分离，现在居于非常不同的环境条件下。居住在美国西南部的皮马印第安人吃高脂的美国式食物，男性和女性的平均体重是90公斤。相反，墨西哥的皮马印第安人的生活方式可能与他们的祖先更相似，他们长时间在少有余粮的农场工作，吃低脂食物——平均体重为64公斤。美国皮马人的胆固醇水平比墨西哥皮马人高得多，患糖尿病的比例高出5倍多。这些发现表明，促进有效新陈代谢的基因有益于必须努力工作消耗热量的人，而对那些基因相同却居住在体力要求低、高热量食物便宜又充足的环境中的人来说成为了负担。人类新陈代谢的遗传差异可能反映了其祖先经历的自然环境。

前面提到，对ob小鼠的研究发现了瘦蛋白，这种激素由营养良好的脂肪组织分泌。至今，研究者已经发现了一些由于瘦蛋白缺失导致的家族性肥胖，这种家族性肥胖是由于负责分泌瘦蛋白的基因突变或者是负责产生瘦蛋白受体的基因突变而导致的（Farooqi and O’Rahilly，2005）。注射瘦蛋白对瘦蛋白缺失患者的体重有显著作用。【见图11.23】不幸的是，注射瘦蛋白对瘦蛋白受体缺失的患者没有作用。无论如何，瘦蛋白的基因突变或者是瘦蛋白受

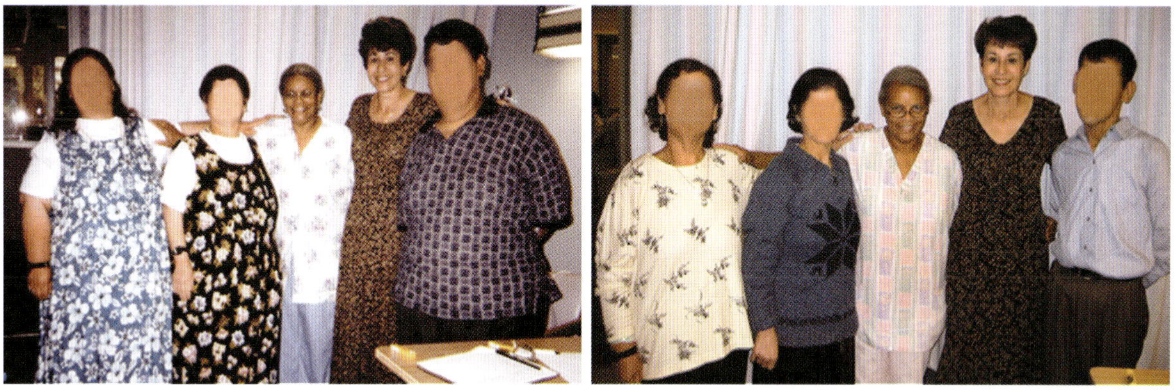

(a)　(b)

图11.23　遗传的瘦蛋白缺乏症。照片显示了三代遗传性瘦蛋白缺乏症患者(a)和经瘦蛋白治疗了18个月后的患者(b)。病人的脸由于隐私需要被遮挡住了。两个体重正常的护士为了对比而呈现。

Licinio, J., Caglayan, S., Ozata, M., et al. *Proceedings of the National Academy of Science, USA*, 2004, 101, 4531-4536.

体的基因突变是很少见的，因此它们不能解释大多数情况下的肥胖。除了这些罕见的情况，瘦蛋白对肥胖的治疗没有作用。实际上，肥胖人群的血液中含有高水平的瘦蛋白，多出的瘦蛋白并不影响他们的进食或体重。换句话说，肥胖人群显示出了**对瘦蛋白的抵抗力**。

之前提及，瘦蛋白对肥胖的治疗没有作用。实际上，肥胖人群的血液中含有高水平的瘦蛋白，多出的瘦蛋白并不影响他们的进食或体重。但是，几项研究表明，血液中瘦蛋白水平的下降可以被视为饥饿信号。饥饿减少了血液中瘦蛋白的水平，消除了对 NPY/AGRP 神经元的抑制作用和对 CART/α-MSH 神经元的兴奋作用。也就是说，低水平的瘦蛋白增加了食欲促进激素的释放，减少了食欲抑制激素的释放。正如 Flier（1998）所指出的，新陈代谢节约型的人对高水平的瘦蛋白具有抵抗力，可以允许体重增加。相反，新陈代谢挥霍型的人对高水平的瘦蛋白没有抵抗力，随着瘦蛋白水平的增加会减少进食。

治　疗

肥胖的治疗极其困难；大量的减肥书、减肥（温泉）疗养地、减肥项目证明了许多肥胖者正在减肥。更确切地说，许多项目最初能够帮助人们减肥，但是他们的体重很快又恢复了。据 Kramer 等人（1989）的报告，在参加了 15 周的行为减肥项目之后的 4 ～ 5 年之后，只有不到 3% 的人仍然能够保持减肥之后的体重。

无论是什么原因引起的肥胖，生命的新陈代谢规律是：如果摄入的热量超过消耗的热量，那么体内脂肪就会增加。因为在身体摄入和消耗热量的等式中，热量消耗（足以使肥胖者体重恢复正常）的一边很难增加，所以多数对肥胖症的治疗都是试图减少热量摄入。肥胖者长时间（他们的余生）持续减少热量摄入是相当困难的，这就促使了其他减肥方法的发展。本章将介绍一些用于使肥胖者吃得更少的外科手术、药物和行为方法。

外科医生已在试图帮助肥胖者减轻体重。他们开发的程序（**肥胖外科手术**）用于减少一餐的进食量或干扰肠吸收热量。进行外科手术的地方是胃、小肠或者这两者均有。

肥胖外科手术最有效的形式是一种特殊的胃旁路手术，称为**鲁氏-Y 形胃旁路术**（Roux-en-Y gastric bypass，RYGB）。这个手术会在胃的上端做出一个胃袋。切断空肠（小肠的第二部分，就在十二指肠之下），并将上端连接在胃袋上。这个手术的作用是产生一个能绕过十二指肠，将食物送入空肠的胃袋。分泌到十二指肠的消耗酶通过小肠的上端与从胃袋接收的食物相汇。【见图 11.24】

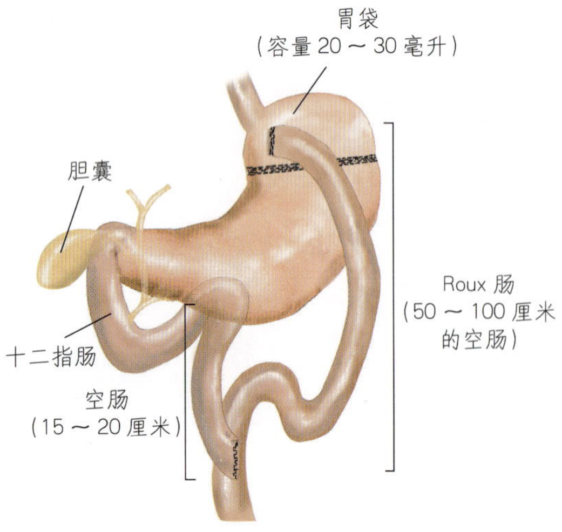

图 11.24　鲁氏-Y 形胃旁路术（RYGB）。这个过程几乎完全抑制脑肠肽的分泌。

鲁氏-Y 形胃旁路术效果很好，尽管这通常会引起铁元素和维生素 B_{12} 的不足，但是可以通过增加这些元素的摄入量来控制。在美国，每年大概会进行200 000例减肥手术。Brolin（2002）报告了肥胖患者手术后平均减掉65%～75%多余的重量，或者说他们手术后的体重是原先的35%。即使是那些体重减少相对较少的患者都显示出了健康状态的改善，包括高血压和糖尿病的减少。Maggard等人（2005）对147项研究进行元分析后发现，在进行鲁氏-Y形胃旁路术一年后，患者体重平均减少了43.5公斤；在鲁氏-Y形胃旁路术三年后，体重平均减少了41.5公斤。尽管对饥饿的生理反馈通常很强烈——减肥成功者有这种感觉，但是鲁氏-Y形胃旁路术不会引起这些改变。相反，手术后患者报告他们感觉不怎么饿，且运动水平增加了（Berthoud，Shin，and Zheng，2011）。正如Berthoud和他的同事指出的，这些结果“好得让人难以置信”。但是，与其他手术一样，这种手术偶尔也会产生不良后果（包括死亡），但是对于那些手术经验高于平均水平的外科医生而言，并发症发生率很低（Smith et al.，2010）。

鲁氏-Y形胃旁路术能够让人减肥成功的一个重要原因是干扰了脑肠肽的分泌。这个手术也能够增加血液中的PYY水平（Chan et al.，2006；Reinehr et al.，2007）。这些改变都会减少进食：脑肠肽的减少会减少饥饿感，PYY的增加会增加饱足（饱食）感。脑肠肽分泌减少的可能原因是干扰了小肠的起始端与胃的联系——尽管是胃分泌脑肠肽，但是小肠的起始端能够控制这种分泌。可能因为这个手术减少了食物通过小肠的速度，因此会让人分泌更多的PYY。

Suzuki等人（2005）发现，接受鲁氏-Y形胃旁路术的大鼠（而不是接受假手术的大鼠）吃得更少，体重减轻，脑肠肽分泌减少，PYY水平增加。图11.25说明了鲁氏-Y形胃旁路术对两种品系大鼠的作用：正常大鼠和培育成过度进食的肥胖大鼠（Shin et al.，2011）。可以看出，即使是正常大鼠，当把它们关在食物充足的笼子中时，也会持续增重，但是接受肥胖手术抑制了这两种大鼠体重的增长。【见图11.25】

治疗肥胖更温和的一种方法是运动，且有显著的效果。之前提及，身体活动的减少导致肥胖人群的增多。运动会燃烧热量，当然它对代谢率也有利。Bunyard等人（1998）发现，当中年男性参加6个月的有氧运动项目后，他们的身体脂肪减少，对能量的日常需求增加——肥胖的男性增加了5%，精瘦的男性增加了8%。（记住，低效的新陈代谢意味着更容易避免体重增长。）Gutin等人（1999）发现，运动项目能够帮助肥胖儿童减少脂肪并增加骨密度。Hill等人（2003）计算得出，对大多数人而言，通过运动每天多消耗100千卡热量就能够阻止体重的增加。为此，人们只需要在行动上做一点改变——每天多走14分钟。当然，如果说服人们参加某项运动项目那么容易，肥胖率就不会像现在这么高了。

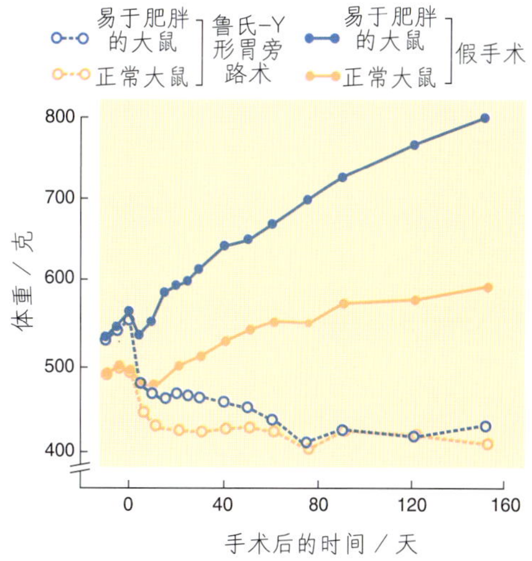

图11.25 鲁氏-Y形胃旁路术对大鼠的影响。有肥胖基因的大鼠在接受鲁氏-Y形胃旁路术后，进食量减少，体重减轻。它们的体重最终降到了和接受假手术的大鼠一样的水平。

Data from Shin, A. C., Zheng, H., Pistell, P. J., and Berthoud, H. R. *International Journal of Obesity*, 2011, 35, 642-651.

治疗肥胖的另外一种形式——药物治疗——是医药产业的主要研究项目。药物可能以三种方式帮助人们减肥：减少食物的摄入量，阻止一些摄入的食物被消化，加快新陈代谢速率（就是让他们成为“挥霍型”）。不幸的是，这些形式的药物能够成功减少进食，但是都有让人难以接受的副作用，因此还没投入到市场中。

一些5-羟色胺受体激动剂能够抑制进食。Bray（1992）的综述认为，这些药物有利于减肥。但是，其中一种最经常被使用的药物氟苯丙胺（fenfluramine），有很危险的副作用，包括引发肺部高血压、损伤心脏瓣膜，因此美国将这种药物撤出了市场（Blundell and Halford，1998）。氟苯丙胺通过刺激5-羟色胺的释放起作用。另一种药物西布曲明（sibutramine）对进食有相似的治疗效果，但是一项对服用该药物人群的研究发现，该药物会增加心脏病和中风的发病率，因此这种药物也被撤出了市场（Li and Cheung，2011）。

另一种药物奥利司他（orlistat）能够干扰小肠对脂肪的吸收。因此，人们膳食中的一些脂肪会通过消化系统随着粪便排出体外。这种药物可能的副作用包括会从肛门中渗漏未消化的脂肪。（这听起来很不舒服！）Hill等人（1999）的一项双盲的有安慰剂对照组的研究发现，奥利司他能够帮助人们保持参加常规减肥项目后减下来的体重。接受安慰剂组的人更有可能恢复他们的体重。

前面提到，大麻常常会引起人对美味食物的渴望，因此人们发现内源性大麻素有促进食欲的作用。药物利莫那班（rimonabant）能够阻碍CB1大麻素受体，因而能够抑制食欲，对减肥有显著的效果，降低血液中甘油三酯和胰岛素的水平，提高血液中高密度脂蛋白（“好”胆固醇）的水平，显然副作用是最小的（Di Marzo and Matias，2005）。但是，后来发现利莫那班与抑郁情绪、焦虑有关，会增加自杀的风险，因此市场上不再使用这种药治疗肥胖了（Christensen et al.，2007）。在第16章我们将看到，利莫那班已被证明可以帮助人们戒烟，虽然也没有获得使用批准。其功效表明，对尼古丁的渴求，就像对食物的渴求，涉及脑内内源性大麻素的释放。

激活神经肽Y、黑色素聚集激素、食欲素和脑肠肽受体能够刺激食欲；激活瘦蛋白、胆囊收缩素、CART和黑色素皮质激素-4受体能够抑制食欲。这些促进食欲和抑制食欲的化学物质大多会影响新陈代谢：促进食欲的化学物质倾向于降低新陈代谢率；抑制食欲的化学物质倾向于提高新陈代谢率。此外，**线粒体解偶联蛋白质（UCP）**可促进营养物质“被燃烧”——将营养物质转化为热量而不是脂肪组织。这些发现对肥胖的治疗有意义吗？研究人员有没有可能发现刺激或者阻碍这些受体的药物，从而减少人们的食欲，增加消耗率而不是储存热量。药物公司当然也希望这样，他们正努力开发药物，因为他们知道将有大量的人会购买这类药物。如果我们了解更多关于饥饿、饱足（饱食）的生理信号和进食的保障等，我们将可以开发安全有效的药物，减弱刺激我们进食的信号，增强刺激我们停止进食的信号。

线粒体解偶联蛋白质（uncoupling protein，UCP）：促进营养物质转化成热量的线粒体蛋白质。

小　结

肥胖

肥胖会引发严重的健康问题。正如我们前面看到的，自然选择给了我们强大的饥饿机制和相对较弱的长期饱足（饱食）机制。遗传对肥胖有很大的影响。有些人继承了节约型新陈代谢，使他们很难减肥。大多居住在美国的皮马印第安人吃高脂食物变胖，并因而逐步患上了糖尿病。相反，居住在墨西哥的皮马印第安人在少有余粮的农场工作，吃低脂食物，保持清瘦，肥胖比例低。

在少数家庭中，肥胖相关的遗传使个体缺乏瘦蛋白或瘦蛋白受体。一般来说，肥胖者的血液中瘦蛋白水平很高。然而，他们显示抵抗住了这种肽的作用，主要是因为减少了将瘦蛋白通过血脑屏障的输送。最显著而简单的严重肥胖的遗传原因是黑色素皮质激素-4受体基因和 FTO 基因的突变。黑色素皮质激素-4受体作用于促进食欲的豚鼠相关肽和抑制食欲的 α-促黑激素；FTO 基因会编码一种酶，这种酶在下丘脑区域参与热量平衡。此外，产生瘦蛋白和瘦蛋白受体的基因突变也会导致肥胖。

研究人员已经尝试了许多用行为、外科手术和药物治疗肥胖的方法，但尚未发现灵丹妙药。鲁氏-Y 形胃旁路术，胃旁路术的一种特殊形式，是最成功的减肥手术。这个手术的有效性可能是能够抑制脑肠肽的分泌和刺激 PYY 的分泌。未来的肥胖治疗最大的希望可能来自药物。最初，有两种药物似乎能够治疗肥胖。氟苯丙胺（一种5-羟色胺受体激动剂）和利莫那班（一种大麻素拮抗剂）都能够抑制食欲，但因为副作用已经停用。目前许多制药公司正试图应用本章描述的食欲刺激激素和食欲抑制激素发展减肥药。

本节和前一节介绍了几种控制进食和新陈代谢的神经肽和外周肽。表11.1总结了这些化合物的信息。【见表11.1】

思考题

人们公然承认的偏见之一就是不喜欢胖人。鉴于新陈代谢的遗传差异对肥胖起着如此重要的作用，这种偏见公平吗？

表 11.1　控制摄食与新陈代谢的神经肽和外周肽

神经肽				
名称	胞体位置	终端位置	与其他肽的相互作用	生理或行为效应
黑色素聚集激素（MCH）	外侧下丘脑	新皮层、导水管周围灰质、网状结构、丘脑、蓝斑、控制交感神经系统的脊髓神经元	受可激活瘦蛋白的 CART 或 α-MSH 抑制；被 NPY 或 AGRP 激活	进食，降低新陈代谢率
食欲素	外侧下丘脑	与 MCH 神经元位置相同	受可激活瘦蛋白的 CART 或 α-MSH 抑制；被 NPY 或 AGRP 激活	进食，降低新陈代谢率
神经肽 Y（NPY）	下丘脑弓状核	室旁核、外侧下丘脑的 MCH 神经元和食欲素神经元	受瘦蛋白抑制；被脑肠肽激活	进食，降低新陈代谢率
豚鼠相关肽（AGRP）	下丘脑弓状核	与 NPY 神经元位置相同	受瘦蛋白抑制	进食，降低新陈代谢率；充当 MC4 受体拮抗剂
可卡因－苯丙胺调节转录肽（CART）	下丘脑弓状核	室旁核、外侧下丘脑、导水管周围灰质、控制交感神经系统的脊髓神经元	受瘦蛋白激活	抑制进食，提高新陈代谢率
α-促黑激素（α-MSH）	下丘脑弓状核	与 CART 神经元位置相同	受瘦蛋白激活	抑制进食，提高新陈代谢率；充当 MC4 受体激动剂

续表

外周肽			
名称	胞体位置	作用部位	生理或行为效应
瘦蛋白	脂肪组织	抑制 NPY/AGRP 神经元，兴奋 CART/α-MSH 神经元	抑制进食，提高新陈代谢率
胰岛素	胰腺	和瘦蛋白相似	和瘦蛋白相似
脑肠肽	肠胃系统	兴奋 NPY/AGRP 神经元	进食
胆囊收缩素（CCK）	十二指肠	幽门部神经元	抑制进食
肽 YY_{3-36}(PYY)	肠胃系统	抑制 NPY/AGRP 神经元	抑制进食

神经性厌食症和神经性贪食症

很多存在进食问题的人倾向吃得过多。然而有些人，尤其是年轻女性，存在正好相反的问题：吃得太少，甚至达到了饥饿的水平。这种障碍叫**神经性厌食症**。另一种进食障碍，**神经性贪食症**，以对食物摄入的失控为特征。贪食症患者定时进食，尤其偏爱甜点和快餐食物，进食时间多在下午或傍晚。这种暴食之后通常会出现自我诱导性呕吐或腹泻，并伴随有抑郁和愧疚感。在某些神经性厌食患者身上也能看到贪食症的症状。神经性厌食症的患病率大概是0.5% ～ 2%；而神经性贪食症的患病率大概是1% ～ 3%。女性患神经性厌食症的概率是男性的20倍，患神经性贪食症的概率是男性的10倍（见Klein and Walsh，2004）。

可能的原因

厌食症的字面意思是缺乏食欲，但厌食症患者通常对食物感兴趣——甚至着迷。他们可能很乐意为他人准备食物，收集菜谱，甚至储藏他们不吃的食物。尽管厌食症患者没有忘记食物的作用，但他们表现出对变胖的强烈恐惧，即使他们处于相当危险的瘦弱状态，这种恐惧仍在继续。他们总是骑自行车、跑步或者是持续走路。

神经性厌食症是一种严重的障碍。大概有5% ～ 10%的病人会死于自杀或这种疾病的并发症。很多厌食症患者患有骨质疏松症，骨折较为普遍。当体重下降变得相当严重时，厌食症患者的月经也会停止。

神经性厌食症（anorexia nervosa）：多发生于年轻女性的障碍；由于对体重的过度关注而导致过分节食和强迫运动，甚至饿死。

神经性贪食症（bulimia nervosa）：过度的饥饿和进食，随后常发生强制性呕吐或腹泻（有时也能在神经性厌食症病人中观察到）。

许多研究人员和临床医生认为，神经性厌食症和神经性贪食症是一种潜在的精神疾病的症状。然而，证据表明恰恰相反：进食障碍的症状实际上是饥饿的症状。明尼苏达大学的Ancel Keys及其同事开展了一项著名的研究（Keys et al.，1950），他们招募了36个身体和心理健康的年轻男性，观察半饥饿对他们的影响。6个月之后，他们大概吃了之前食量的50%，因此体重大概减轻了25%。随着志愿者的体重减轻，他们开始显示出令人不安的症状，包括专注于食物和进食、吃饭的固守仪式、不稳定的情绪、认知功能损伤，生理上也出现了如体温降低等改变。他们开始囤积食物和非食物，就连他们自己也难以解释他们为什么会收集他们没有使用的东西。起初，他们还喜欢待在一起，但随后他们变得孤僻和退缩。他们对性失去了兴趣，许多人甚至“很高兴能从性紧张和挫折中解脱出来，这通常出现在年轻的成年男性身上”（Keys et al.，p. 840）。

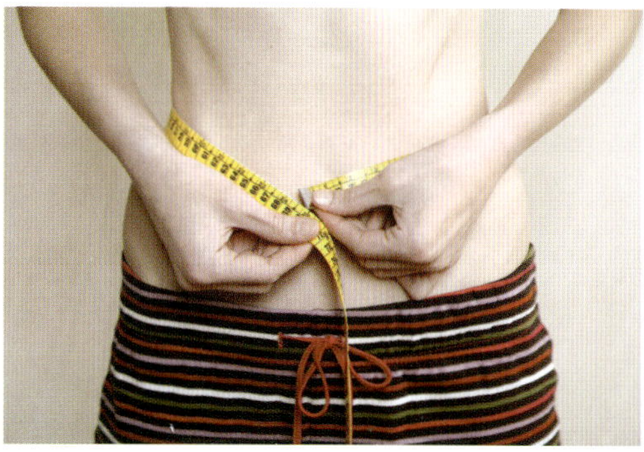

厌食症最常见于年轻女性。

OLIVE/Glow Images.

对食物的痴迷、体重的减轻、强迫性仪式，这些由神经性厌食症个体表现出来的症状表明，该病可能与强迫症存在一定的联系（第15章描述得更详细）。然而，事实上，这些痴迷和强迫行为在明尼苏达大学的研究被试身上出现过——这些人在之前都没有这些症状——表明它们是进食障碍的结果，而不是原因。

厌食症和半饥饿都会引发包括情绪波动、抑郁和失眠等症状。甚至在这两种状况下都会导致脱发。厌食症患者的自杀率高于其他人群（Pompili et al .，2004）。明尼苏达大学的所有志愿者都没自杀，但是有个人切断了他的三根手指。志愿者说：“这是我生活中最沮丧的事……我认为只有一件事能使我走出低谷，就是逃离（实验）。我决定切断几根手指……这是蓄意的”（Keys et al.，1950，p. 894–895）。

虽然暴饮暴食是贪食症的症状，但吃的过程也可能是非常缓慢的。厌食症患者倾向于拖延吃饭的时间，明尼苏达大学研究中的志愿者也是如此。“在饥饿的最后阶段，一些男性会在一顿饭上磨蹭近两个小时；而在之前，他们只需要几分钟就能吃完”（Keys et al.，p. 833）。

正如我们所见，过度锻炼是厌食症突出的症状（Zandian et al .，2007）。事实上，Manley、O’Brien 和 Samuels（2008）发现，许多健身教练承认，他们的一些顾客可能有饮食失调，并担忧允许这样的顾客参与他们的课程有伦理或责任问题。

对动物的研究表明，禁食可能会增加活动量。若只允许大鼠每天进食一小时，如果可以的话，它们会花越来越多的时间在轮子上运动，并将导致体重减轻，最终死于消瘦（Smith，1989）。Nergårdh 等人（2007）把大鼠放在单独的笼子里。有些笼子里装有运动轮子，这样可以度量它们的活动水平。适应了笼子后，动物每天得到食物的时间在1 ~ 24小时（即没有限制）不等。在有运动轮子的笼子中，如果限制进食时间，大鼠会花费更多的时间运动。事实上，增加运动反而适得其反，因为这些动物比关在没有运动轮子的笼子里的动物减少了更多体重。【见图11.26】

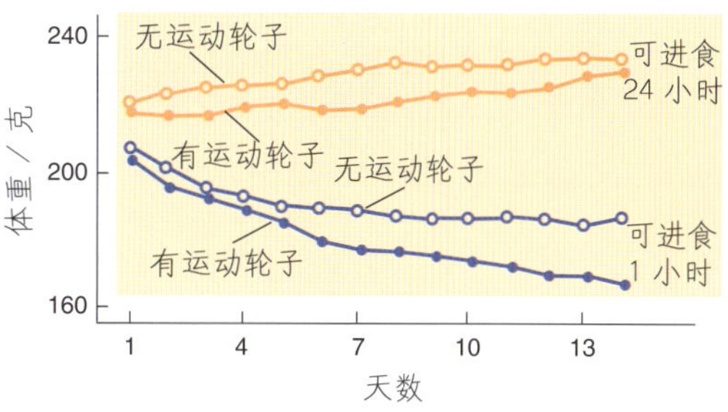

图 11.26 活动、食物限制和减肥。图表显示了允许每天进食1小时或24小时的大鼠体重的变化。有运动轮子的大鼠花更多的时间运动，体重减轻，特别是那些只能进食1小时的大鼠。

Data from Nergårdh, R., Ammar, A., Brodin, U., et al. *Psychoneuroendocrinology*, 2007, 32, 493-501.

对半饥饿饮食的大鼠为何增加活动的一种解释是，它反映了当食物稀少时，先天寻求食物的倾向。通常，大鼠将它们的时间花费在探索环境和寻找食物上，但是因为他们被限制，探索的倾向只能徒劳地轮动轮子。饥饿的大鼠增加它们的活动这一事实表明，厌食症患者的过度活动和人们在缺乏食物的冬天这种极端条件下过度活动都可能是饥饿的症状，而不是减肥策略。

厌食症患者血液中的神经肽 Y 水平升高。正如我们在本章早些时候看到的，神经肽 Y 能刺激进食。Nergårdh 等人（2007）发现，向脑室内注射神经肽 Y 会进一步增加被限制进食的大鼠的运动时间。通常，神经肽 Y 会刺激进食（就像在没有限制进食的大鼠中），但在饥饿条件下，它刺激了跑轮运动。

现在，您可能想知道厌食症是怎么开始的。如果厌食症的症状主要是饥饿，那么开始导致饥饿的行为是什么？答案很简单——还不知道。一种可能性是这一行为的遗传倾向。来自双生子的研究很好地证明了遗传因素对神经性厌食症的发展起着重要的作用（Russell and Treasure，1989；Walters and Kendler，1995；Kortegaard et al.，2001）。事实上，遗传因素控制发生厌食症 58% ～ 76% 的变异（Klein and Walsh，2004）。此外，早产或接生过程受创伤的女孩厌食症的发生率更高（Cnattingius et al.，1999），这表明生物因素独立于遗传也可能起到了重要的作用。一些年轻女性（和少数年轻男性）之所以节食很可能是要将他们体重减轻到他们认为的理想状态。一旦他们开始这个过程并减肥，生理和内分泌的变化就会带来饥饿的症状，接着恶性循环就开始了。事实上，在允许明尼苏达大学半饥饿研究中的志愿者恢复正常进食后，Keys 和他的同事们发现，其中的一些人显示出了厌食症的症状，有节食行为和抱怨腹部和大腿上的脂肪（Keys et al.，1950）。这一现象表明，强烈地限制食物显然可以让易于得这种病的人产生厌食症（这种情况下的男性）。

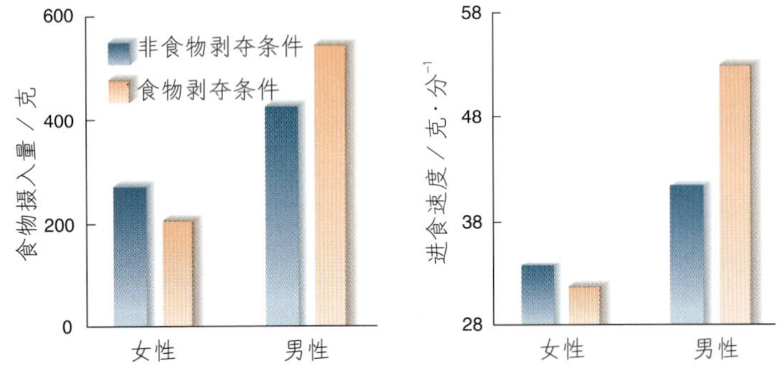

图 11.27 年轻的男性和女性禁食后的反应。图上显示了年轻男女在自助午餐后禁食 24 小时后或者在正常进食后的食物摄入量和进食速度。

Data from Södersten, P., Bergh, C., and Zandian, M. *Hormones and Behavior*, 2006, 50, 572-578.

由于神经性厌食症主要见于年轻女性，所以引发了一些生物学和社会学的解释。大多数心理学家倾向于同意后者，认为现代工业化社会强调苗条（特别是女性），以瘦为美，要对这个障碍负责。另一个原因可能是伴随青春期的激素的变化。不管原因是什么，年轻的男性和女性就连对短期的禁食都有不同的反应。Södersten、Bergh 和 Zandian（2006）让高中生在一天中午参观他们的实验室，在那里他们可以得到任何食物当午饭。七天之后，他们又回到了实验室。这一次，他们在前一天的午餐之后就一直禁食。男性吃的食物比他们第一次吃得多。然而，女性实际上比上一次吃得少。【见图 11.27】显然，女性难以用吃得更多补偿一段时间的食物剥夺。作者指出："节食对一些女性来说可能是危险的，特别是对那些从事体力活动、需要吃更多食物的女性来说，比如运动员"（p. 575）。

治 疗

成功治疗厌食症是非常困难的。许多临床医生认为，认知行为疗法是最有效的方法，差不多有50%的成功率，在一年的治疗期间，复发率是22%（Pike et al.，2003）。一项元分析（Steinhausen，2002）表明，治疗厌食症的成功率在过去的50年并没有改善。正如Ben-Tovim（2003）指出，"许多文献中有关进食障碍的治疗和结果都缺乏方法上的可靠性，忽视了基本的流行病学的原则。对治疗效果缺乏权威的证据使它越来越难以保护强化治疗厌食症和贪食症的资源，现有的有关这种障碍原因的理论太泛化，难以形成有效的预防项目。人们迫切需要新的模型"（p. 65）。

研究者们试着用一些能增加非厌食症人群或实验室动物食欲的药物来治疗神经性厌食症。例如，安定药、刺激肾上腺素α_2受体的药物、左旋多巴和四氢大麻酚（大麻中的有效成分）。不幸的是，这些药并没有收到效果（Mitchell，1989）。厌食症患者通常为食物着迷（显示出高水平的神经肽Y和脑肠肽）的事实表明，这种障碍不是由于缺乏饥饿引起的。研究者们在神经性贪食症研究中的运气较好；一些研究表明，血液中所含的5－羟色胺受体激动剂（如氟西汀）可能对这种障碍的治疗有效（Asvokat and Kutlesic，1995；Kaye et al.，2001）。然而，氟西汀对厌食症患者没有帮助（Attia et al.，1998）。

Bergh、Södersten和他们的同事（Zandian et al.，2007；Court，Bergh，and Södersten.，2008）设计了一个新颖的显然能有效治疗厌食症的方案。教导病人要快速吃完放在电子秤上的一盘食物，这个电子秤与计算机相连，可以显示实际进食时间和理想的进食时间。餐后，让病人待在一个温暖的房间，这样可以减少他们的焦虑和活动水平。

神经性厌食症和贪食症是很严重的问题，了解其成因不仅仅是一个学术问题。我们可以期待，有关进食和新陈代谢的生物和社会控制研究以及有关强迫行为成因的研究，能有助于我们理解这些让人迷惑而危险的障碍。

小 结

神经性厌食症和神经性贪食症

神经性厌食症是一种严重的——甚至威胁生命的——障碍。尽管厌食症患者避免进食，但他们仍经常为食物着迷，当他们受到美味刺激时，胰岛素水平上升。贪食症包括定期暴食和清空肠胃，体重很低。厌食症有很强的遗传原因，主要是发生于年轻女性。

研究者认为，厌食症的症状——对食物和进食的痴迷、进食的固定仪式、不稳定的情绪、过度锻炼、认知能力受损和生理变化（如身体温度降低），都是饥饿的症状，而不是厌食症的根本原因。在50年前进行的一项研究发现，持续几个月的半饥饿会让原本健康的人产生类似症状。如果限制大鼠每天进食的时间，只要可以，它们就会花越来越多的时间在轮子上运动，并将导致体重减轻。这种反应可能反映了探索性行为的增加，在自然环境中，可能会让他们发现食物。这也可能反映了一种试图提高体温来抵抗禁食引起的体温下降的尝试。一项对青少年的研究发现，在24小时禁食后，女性比男性吃得更少，这意味着她们难以补偿一段时间的食物剥夺。也许一段时间的节食会导致一些年轻女性开始饥饿，并产生随后症状的恶性循环。基于这些发现所形成的治疗方案开始帮助厌食症患者克服障碍。研究者试图用增加食欲的药物治疗厌食症，但没有发现有效的药物。然而，氟西汀（用来治疗抑郁症的5-羟色胺受体激动剂），可能有助于抑制贪食症的症状。

思考题

毫无疑问，厌食症既有环境的原因也有生理学上的原因。阅读本章的最后部分后，你认为此障碍的性别差异（也就是说，几乎所有的厌食症患者都是女性）完全是由社会因素（比如，我们的社会以瘦为美）导致的，还是也有生物学因素的作用？

本章结语 | 贪得无厌的胃口

正如我们在引子中看到的，卡丽显然生来就患有某种疾病。她是一个脆弱的孩子，很难护理，并表现出一些生理上的异常，包括狭窄的额头、杏仁眼、轻度斜视（对眼）、上唇薄、纤细的手和脚以及嘴部下垂。然后，在童年早期，她开始暴饮暴食，变得肥胖。其他行为也发生了变化，爱发脾气、强迫行为（包括抓弄皮肤），且中度智障。

卡丽的情况是遗传导致的（Wattendorf and Muenke，2005；Bittel and Butler，2006）。15号染色体上有缺陷的基因似乎参与了产生那些对正常发展和脑（特别是下丘脑）功能至关重要的蛋白质。她暴饮暴食似乎是由于脑缺乏饱足（饱食）机制而不是饥饿的增加。通常，当人们吃饭时，最初的摄入速率很高，但随着饱足（饱食）机制开始发挥作用，他们会慢下来并最终停止吃饭。然而，Lindgren 等人（2000）发现，尽管患普拉德—威利综合征（Prader-Willi syndrome）的患者开始时进食的速度慢于肥胖或清瘦的对照组，但他们会继续吃很长时间，且他们吃的速度会保持不变，甚至会加速。吃似乎提供了一个不充分的饱足（饱食）信号。

瘦蛋白在普拉德—威利综合征患者体内异常高，这表明过量饮食可能由于饥饿感的增加。然而，Tan 等人（2004）的一项研究发现，注射生长激素抑制素（胰腺分泌的一种多肽）来抑制瘦蛋白的分泌对其食欲没有影响。

我们还不知道饱足（饱食）机制受损的原因。普拉德—威利综合征患者瘦蛋白水平很高，与其他肥胖者一样，他们的瘦蛋白受体似乎是正常的。此外，神经肽Y和豚鼠相关肽似乎也是正常的（Bittel and Butler，2006）。对普拉德—威利综合征患者的进一步研究可以帮助我们了解更多关于控制摄食行为的脑机制。

关键概念

生理调节机制

1. 调节系统包括四个本质特征：一个系统变量、一个设定点、一个探测器和一个修正机制。由于从消化系统吸收物质需要时间，进食和饮水行为也由饱足（饱食）机制控制。

饮水

2. 身体内的水分储存在细胞内和细胞外的间隔中；后者主要包括细胞间质和血浆。

3. 正常缺水耗尽了两大主要储水区（细胞外液和细胞内液），并产生渗透性渴和容积性渴。

4. 渗透性渴由前腹侧下丘脑神经元检测；容积性渴由肾脏（分泌产生血管紧张素的酶）和直接与脑联系的心室压力感受器检测。

进食与新陈代谢

5. 人体有两个营养库：短期储备器装有糖原（一种碳水化合物），长期储备器装有脂肪。

6. 新陈代谢被分为吸收和禁食阶段，主要由胰岛素和胰高血糖素控制。

什么引发进餐

7. 饥饿受社会因素和环境因素的影响，如一天中的时间和他人的存在。
8. 饥饿最重要的生理信号在位于肝脏的感受器和脑发出营养可用性低的信号时发生。

什么终止进餐

9. 饱足（饱食）由几个部位的感受器控制。胃部的营养感受器发送信号至脑。消化系统释放的胆囊收缩素和PYY减少了摄食量。小肠和肝脏里的感受器可检测被消化和吸收的膳食中的营养成分。

脑机制

10. 脑干中的神经机制能控制我们接受或拒绝食物，就连当它们与前脑隔离时也可以。
11. 下丘脑涉及对进食的控制。外侧下丘脑分泌黑色素聚集激素或食欲素的神经元可增加食欲并降低新陈代谢率。这些神经元依次被分泌神经肽Y和豚鼠相关肽的神经元激活。胃分泌的脑肠肽激活神经肽Y和豚鼠相关肽神经元并引发饥饿。
12. 营养丰富的脂肪组织释放一种叫瘦蛋白的激素，瘦蛋白通过与下丘脑旁室核上分泌神经肽Y的神经元上的瘦蛋白受体结合抑制进食。瘦蛋白也抑制外侧下丘脑分泌黑色素聚集激素和食欲激素的神经元，它还刺激分泌可卡因－苯丙胺调节转录肽和α–促黑激素的神经元，这些神经元的活动可抑制进食行为。

肥胖

13. 肥胖的一个重要原因是高效的新陈代谢，该因素存在遗传基础。线粒体解偶联蛋白质可能决定个人新陈代谢的效能。
14. 与黑色素聚集激素、食欲素、神经肽Y、可卡因－苯丙胺调节转录肽或黑色素皮质激素–4受体相结合的药物，或改变线粒体解偶联蛋白质活性的药物也许有助于治疗肥胖。

神经性厌食症和神经性贪食症

15. 神经性厌食症是一种严重的进食障碍，其特点是大量减少食物摄入量和体重减轻，主要发生于年轻女性身上。神经性贪食症的特点是周期性的暴饮暴食，随后通常会有呕吐或清空肠胃的行为。
16. 最近的研究表明，神经性厌食症的症状实际上伴随饥饿。对敏感的人而言，一段时间的饥饿可能引起这些症状，开始恶性循环。
17. 一种能明显成功治疗厌食症患者的方案是教患者更迅速地进食，饭后让他们待在温暖的房间里，来减少他们的焦虑和活动水平。

第 12 章

学习与记忆

© jDc/LWA/corbis/glow images

本章要点

学习目标

1. 描述学习的四种基本形式：知觉学习、刺激—反应学习、运动性学习以及关系性学习。
2. 描述海马的解剖结构，描述长时程增强的建立，讨论NMDA受体在此现象中的作用。
3. 突触可塑性长时程增强和长时程抑制的生理基础，讨论相关的研究。
4. 颞下皮层在视觉学习中的作用，描述相关的研究。
5. 讨论经典条件反射中对厌恶刺激的情绪反应。
6. 讨论基底神经节在工具性条件反射和运动性学习中的作用。
7. 描述多巴胺在强化脑刺激中的作用，讨论注射多巴胺受体拮抗剂和激动剂后的影响。
8. 描述人类顺行性遗忘的性质，并说明它对学习的组织有何启示。
9. 描述海马在关系性学习（包括情景和空间学习）中的作用，讨论海马位置细胞的功能。

引子 | 被遗忘的昨天

患者H. M.患有较严重的遗忘症。他的智力和即时词汇记忆表现正常。他可以从前往后复述7个数字，从后往前复述5个数字，也能够进行对话、重述句子和心算。他不记得手术之前几年发生的事情，却对更久以前的事记忆犹新。手术后，他的人格并无改变，为人温厚而有礼。

然而手术后，他无法学习新东西，记不住新认识的人的姓名（测试于1957年，那时他27岁）。手术后他搬了新家，却经常在附近迷路。（他现在住在看护室，并得到了很好的照顾。）他现在意识到了自己的疾病，常常说类似以下这番话：

"昨天对我来说就像谜一样，快乐也好，悲伤也罢……如今，我总是感到迷惑，我有没有说错过话或做错过事？你看，我对眼前的一切了如指掌，可是上一刻发生了什么呢？这令我很不安。就好像刚刚从梦中醒来；过去的事情一点都想不起来了。"（Milner，1970，p.37）

H. M.可以记得少量的词汇信息，前提是他的注意力一直保持集中。重复可以使他的即时记忆保持较长时间；然而，重复并没有什么长时效应，一旦他分了神，他就会完全忘记刚才重复的一切。他的重复性工作完成得很好。事实上，由于他总是能很快忘记刚刚发生的事情，周围的一切对他来说都非常新鲜。他可以重复读同一本杂志，或者对着同一个笑话大笑。他的大部分时间都在猜字谜以及看电视。

2008年12月2日，H. M.（我们现在知道他是亨利·莫莱森）逝世，享年82岁。

人随经历而改变，不同的遭遇和生长环境通过改变神经系统左右着我们的行为。正如很多研究人员所说，对记忆的生理学理解是神经科学的终极挑战。人脑是非常复杂的，学习和记忆也是如此。尽管脑中单个细胞的改变是相对简单的，但脑是由几十亿个神经细胞组成的。因此，分离和识别与某种记忆有关的精确改变是相当困难的。同样，尽管构成某种学习的成分比较简单，它对生物体的意义却是非常复杂的。研究者所要观察和测量的行为也许是一次经历所引发的无数改变之一。然而，尽管困难重重，科学家们多年的工作还是取得了成果。研究方法不断得以更新和改进，对学习和记忆的解剖学及生理学理解也取得了长足的进步。

学习的性质

学习指的是通过经验来改变我们神经系统和行为的过程。我们把这种改变叫作记忆。尽管把记忆描绘成文件柜中的笔记更便于理解，然而这并不是经验在大脑中的表现形式。经验并没有被"储存"起来，相反，它们不断地改变着我们的知觉、行为、思维和计划方式。这是通过对神经系统的物理改变（即改变参与知觉、行为、思维和计划的神经回路）而实现的。

学习至少可分为四种形式：知觉学习、刺激—反应学习、运动性学习和关系性学习。**知觉学习**是识别曾知觉过的刺激的能力。这种学习的主要功能是对世间万物（包括我们同种族的其他成员）以及千变万化的客观环境进行鉴别和归类。我们只有在识得某物后，才能够对它进行反应——否则我们就无法从过去的经验中获益，而这正是学习的作用。

知觉学习（perceptual learning）：学习识别特定的刺激。

我们的各种感觉系统都可以进行知觉学习。我们可以通过事物的外观、声音、触摸上去的感觉和发出的气味来辨别它们。我们看到一个人的面容，听到他说话的声音，或见到他走路的姿势，就可以认出他是谁。只言片语也可以帮助我们了解说话者的精神状态。我们很快就会学习到，知觉学习主要是通过感觉联合皮层的改变完成的。也就是说，对复杂视觉刺激的识别与视觉联合皮层有关，而对复杂听觉刺激的辨认又与听觉联合皮层关系密切，等等。

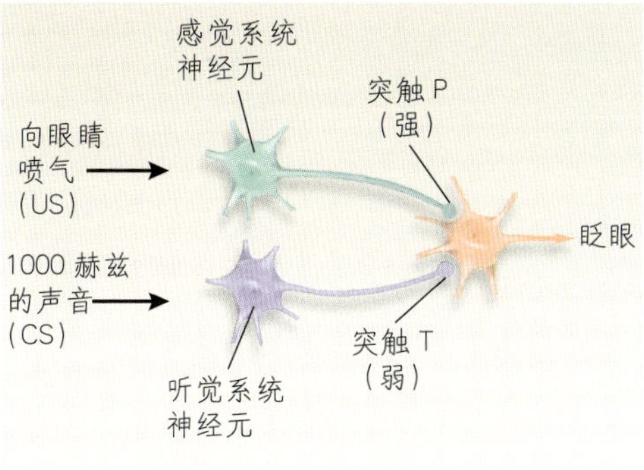

图12.1　经典条件反射的简单神经模型。当1000赫兹的声音出现在向眼睛喷气之前，突触T增强。

刺激—反应学习是对某种特有的刺激进行特定反应的能力。因此，它涉及在感觉回路和运动回路之间建立联系。这种行为既可以是一种自动化的反应，例如防御反射，也可以是复杂的运动序列。心理学家对两种主要的刺激—反应学习进行了深入地研究：*经典条件反射和工具性条件反射*。

在**经典条件反射**中，一个原本无足轻重的刺激后来具备了能起到关键作用的性质。这个过程包括*在两种刺激间建立起联系*。一个在实验初期对行为无影响的刺激获得了引发反射性的、种属特异性行为的能力。举个例子，建立了经典条件反射后，某种声音可以引发防御性眨眼反应。首先，向兔子的眼睛喷一下气，可以自然地诱发它的眨眼反应，这叫作**非条件反应（UR）**，是未经过任何训练的自发反应。这类刺激（如喷气）就叫作**非条件刺激（US）**。接下来我们开始训练。首先呈现一连串频率为1000赫兹的声音，每串声音的500毫秒后伴有喷气。反复训练几次后，兔子的眼睛在喷气出现之前就开始闭上。这时经典条件反射就发生了：**条件刺激（CS——**1000赫兹的声音）引发了**条件反应（CR——**眨眼的反应）。【见图12.1】

发生经典条件反射的时候，大脑中发生了什么变化呢？图12.1是描述此类学习的一种简化了的神经回路。为方便起见，我们假设非条件刺激（喷气）是由躯体感觉系统中的单一神经元感知的，条件刺激（1000赫兹的声音）由听觉系统中的单一神经元感知。我们同样假设眨眼反应是由运动系统中的单一神经元负责的。当然，学习实际上涉及成千上万的神经元——感觉神经元、中间神经元和运动神经元——但突触改变的基本原理可以用这个简单的图来表示（见图12.1）。

下面我们讨论神经回路是如何工作的。如果我们呈现一个1000赫兹的声音，而动物并没有什么反应，这是因为对声音灵敏的神经元与运动系统中的神经元之间的突触连接非常微弱。也就是说，当动作电位到达突触T的终扣时，运动神经元树突产生的兴奋性突触后电位（EPSP）非常小，不足以使神经元兴奋。然而，喷气却能使兔子眨眼。这是由于动物的躯体感觉神经元和引发眨眼的运动神经元之间的突触连接（突触P，代表喷气）非常强大。为了建立经典条件反射，我们首先呈现1000赫兹的声音，然后立即给予喷气，将这种配对刺激重复几次，就会发现我们不再需要喷气了；1000赫兹的声音自己就可以产生眨眼的效果。

60多年前，Donald Hebb曾提出一个法则，以解释经验是如何改变神经

刺激—反应学习（stimulus-response learning）：学习当某个刺激出现时自动进行特定的反应；包括经典条件反射和工具性条件反射。

经典条件反射（classical conditioning）：一种学习程序；当一个在实验初期无法引发特定反应的刺激与一个可以引发厌恶或欲求反应（**非条件反应**）的**非条件刺激**搭配出现若干次后，第一个刺激（我们现称之为**条件刺激**）本身也可以引发特定的反应（称为**条件反应**）。

元并引发行为的改变的（Hebb，1949）。**Hebb 法则**认为，在突触后神经元兴奋的同时，若突触一直保持活跃，那么它的化学性质或结构就会发生改变，突触连接会增强。这一法则如何应用于我们的神经回路呢？1000赫兹的声音可以激活微弱的突触T（T代表声音），若喷气在此之后立即呈现，那么较强的突触P就会被激活并使运动神经元放电。这种放电又会增强与刚刚激活的运动神经元连接的所有突触，也就是突触T。在这两种刺激配对出现若干回且突触T被增强若干次后，它就已经强大到凭一己之力即可使运动神经元放电了。学习就这样完成了（见图12.1）。

Hebb提出上述法则的时候，他并不能肯定它的正确性。如今，实验室技术取得了巨大的进步，单个突触的强度也可以被测得，科学家们对学习的生理基础的研究不断深入。我们会在这一章的下一节看到一些研究方法和成果。

Hebb 法则（Hebb rule）：Donald Hebb 提出的假设。该假设认为，如果一个突触保持兴奋的同时伴随有突触后膜的放电，那么这个突触会得到加强。这是学习的细胞学基础。

工具性条件反射（instrumental conditioning）：一种学习程序。特定情况下进行某种行为会增加（强化）或降低（惩罚）该行为发生的可能性。也称为操作性条件反射。

强化刺激（reinforcing stimulus）：在特定行为之后出现的欲求刺激会增加该行为出现的频率。

惩罚刺激（punishing stimulus）：在特定行为之后出现的厌恶刺激会减少该行为出现的频率。

刺激—反应学习的第二大类是**工具性条件反射**（又叫操作性条件反射）。经典条件反射指的是自发的、种属特异性的反应，而工具性条件反射则与习得的行为有关。经典条件反射是两种刺激的联结，工具性条件反射是反应与刺激之间的联结。工具性条件反射是一种更灵活的学习形式。它使生物体根据行为的后果来不断调整自身的行为。也就是说，如果一种行为会产生比较有利的后果，那么这种行为发生的频率就会增加，否则就会减少。一般来说，引发“有利后果”的是**强化刺激**，引发“不利后果”的是**惩罚刺激**。比如说，如果某种反应可以使饥饿的生物体获得食物，这种行为就会得到强化。而引起痛苦的行为则会减少。心理学家把这些术语（如食物和痛苦）称为强化和惩罚。

让我们来考虑强化过程。简单地说，强化引起动物神经系统的改变，这种改变可增加特定刺激引起特定反应的可能性。例如，当把饥饿的大鼠第一次放进操作箱（“斯金纳箱”）时，它不太可能去按杠杆。但是如果它确实按了，并立刻得到一粒食物，它再做一次这个反应的可能性就增加了。另外，强化也可以使杠杆成为引起按杠杆反应的刺激。简单地说特定的行为更频繁出现是不准确的。如果没有杠杆出现，学会按杠杆的大鼠不会在空中挥动爪子。看见杠杆对产生反应是必需的。因此，强化过程加强了涉及知觉（看见杠杆）和运动（按动杠杆）神经回路的联系。我们在后面会学习到，脑包含控制这个过程的强化机制【见图12.2】。

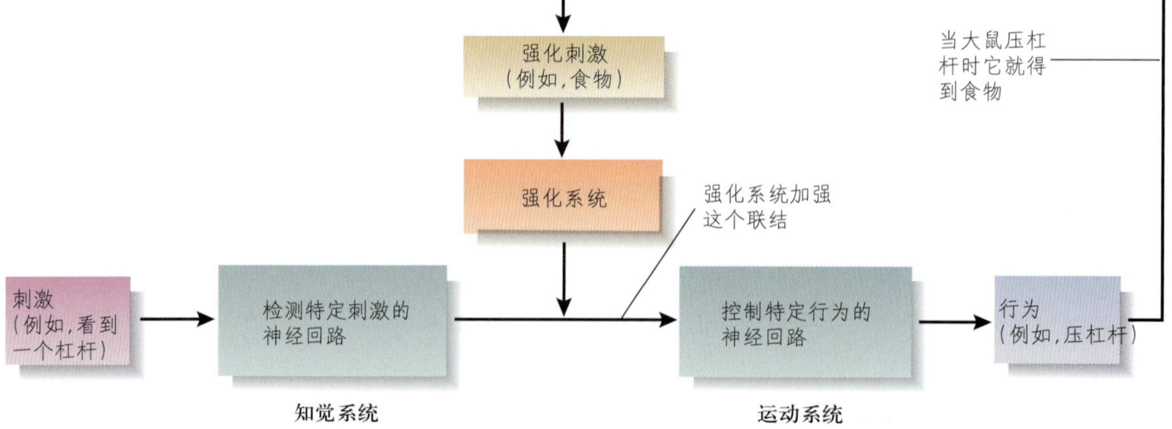

图 12.2 工具性条件反射的神经模型。

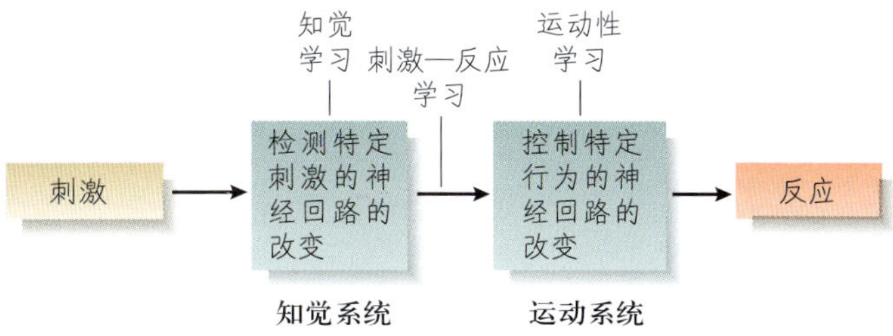

图 12.3　知觉学习、刺激—反应学习和运动性学习。

第三种学习，**运动性学习**，实际上是刺激—反应学习的一个组成部分。为简便起见，我们可以把知觉学习看作大脑中的感觉系统发生了改变，把刺激—反应学习看作感觉系统和运动系统联系的建立，把运动性学习看作运动系统发生了改变。但事实上，运动性学习只有在感知环境的基础上才能发生。比如说，大多数技巧性学习都需要与物体之间的相互配合，例如，骑自行车、玩弹子游戏、打网球、织毛衣，等等。就连我们独立完成的一些活动（比如独舞时的舞步）也需要关节、肌肉、前庭器官、眼睛以及双脚与地板间接触的信息反馈。运动性学习与其他学习的不同主要在于它与所学习行为的新异程度密切相关。行为越新异，运动神经回路的改变越大【见图 12.3】。

某些学习情境会同时涉及上述三种学习方式：知觉学习、刺激—反应学习以及运动性学习。比如说，我们想训练动物对所有未见过的新异刺激做出一个新的反应，它首先应当学会识别刺激（知觉学习），做出反应（运动性学习），以及在这两种崭新的记忆间建立联系（刺激—反应学习）。如果我们想让它对新异的刺激做出某种它已经习得的反应，这时就只会发生知觉学习和刺激—反应学习。

上面讨论的三种学习方式主要包括单一的感觉系统的改变、一个感觉系统与一个运动系统之间的改变，以及单一的运动系统的改变。但学习显然要远远比这复杂得多。第四种学习方式，**关系性学习**，是习得不同刺激之间关联的过程。比如说，假设我们要熟悉一个房间里的所有陈设，那么我们首先要一一识别房间中的各种事物，然后还要记住它们之间的相对位置，这样，我们才能准确地掌握我们在房间中的位置。

其他形式的关系性学习更加复杂。*情景学习*——记住我们所目睹事件的发生顺序——不仅需要我们注意单个的刺激，还要记得它们发生的次序。我们在本章的后面部分将会学到，在海马及其相关结构中存在一个特殊的系统，专门负责协调知觉学习、刺激—反应学习和运动性学习之外的各种复杂的学习方式。

运动性学习（motor learning）：学习进行一种新的反应。

关系性学习（relational learning）：学习单个刺激之间的关系。

小　结

学习的性质

学习可以改变我们的知觉、行为、思维方式以及感受。它通过改变负责知觉、负责行为控制以及这两者之间联系的神经回路达到这一目的。

知觉学习主要负责改变我们用来识别刺激的知觉系统，这样我们才能对它做出合理的反应。刺激—反应学习主要是在感觉系统和运动系统之间建立联系。其中最重要的是经典条件反射和工具性条件反射。如果一个可以自发诱导非条件反应（UR）的非条件刺激（US）在一个中性刺激之后出现，就会发生经典条件反射。这时中性刺激就成为条件刺激（CS），它所引发的反应就称为条件反应（CR）。

某种反应之后伴随一个强化刺激（如给一个口渴的动物喝水）时就会出现工具性条件反射。动物对强化刺激做出反应时，其他在场的刺激引发相同反应的可能性就会大大增加。就像 Hebb 法则描述的那样，这两种刺激—反应学习都是突触连接增强的结果。

运动性学习主要涉及控制运动的神经回路的改变，但感觉刺激作为这一改变的引导也是必不可少的。因此，它实质上是刺激—反应学习的一个组成部分。关系性学习是最复杂的学习形式，它包括使用多种知觉模式识别物体的能力、识别环境中物体之间相对位置的能力，以及记忆在特定情境中的事件发生的先后顺序的能力。

思考题

你能想到这一部分所讲述的各种学习的具体例子吗？你能想到同时涉及多种学习形式的例子吗？

突触可塑性：长时程增强和长时程抑制

单从理论方面看，学习与突触可塑性密切相关：突触发生结构或生化方面的改变，进而影响它们对突触后神经元的作用。目前关于这方面的研究很多，新的方法不断问世，研究人员已经可以在显微镜下看到突触前和突触后成分的微小的结构和生化变化。

长时程增强的引发

长时程增强（long-term potentiation，LTP）：对突触前纤维的反复高频刺激会长期增强突触后神经元的可兴奋性。

海马结构（hippocampal formation）：位于颞叶的前脑结构，边缘系统的重要组成部分之一；包括海马（安蒙角）、齿状回和下托。

EPSP 群发电位（population EPSP）：表征群体神经元兴奋性突触后电位值的诱发电位。

电刺激海马结构可以导致突触的长期改变，而这与学习的形成有关。Lømo（1966）发现，给予从内嗅皮层到齿状回的轴突以强的电刺激，可以引发突触后神经元的兴奋性突触后电位（EPSP）的长期增强，这就是所说的**长时程增强（LTP）**。

首先，让我们复习一些解剖学知识。**海马结构**是位于大脑颞叶边缘皮层的一个特殊区域。【见图 3.13】由于海马向一侧折叠，又弯向另一侧，因此具有复杂的三维结构。仅仅用一张二维的图很难看出它的真实形状。所幸海马的结构很有序，垂直于它曲面的任何切片都呈现出相同的回路。

图 12.4 是海马结构的一张切片，很好地解释了长时程增强的过程。海马结构的主要传入纤维来自*内嗅皮层*，它的神经元轴突通过*穿质通路*与*齿状回*的颗粒细胞形成突触。在穿质通路上放置刺激电极，并在齿状回的颗粒细胞附近放置记录电极。【见图 12.4】穿质通路上的刺激首先释放一个单脉冲，在齿状回上记录由此引发的群体兴奋性突触后电位（EPSP 群发电位），**EPSP 群发电位**是对突触所产生的兴奋性突触后电位进行细胞外测量所得到的结果。第一个 EPSP 群发电位表明了长时程增强发生之前突触联系的强度。若刺激电极在几秒之内产生将近100个电脉冲，就会引发长时程增强。向穿质通路上释放周期性的单脉冲，并在

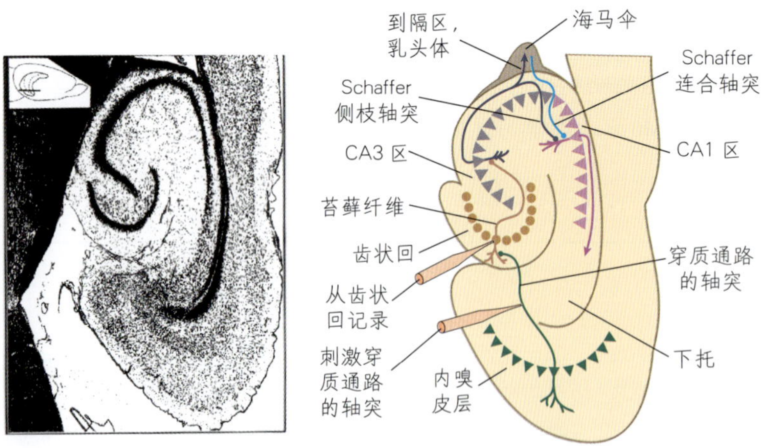

图 12.4　海马结构各个成分的连接和长时程增强。该示意图展示了海马结构各个成分之间的连接，以及产生长时程增强的过程。

Photograph from Swanson, L. W., Köhler, C., and Björklund, A., in *Handbook of Chemical Neuroanatomy. Vol.5: Integrated Systems of the CNS, Part 1*. Amsterdam: Elsevier Science Publishers, 1987. Reprinted with permission.

齿状回上记录相应的反应，若反应的大小比脉冲发放之前要大，就说明长时程增强发生了。【见图 12.5】

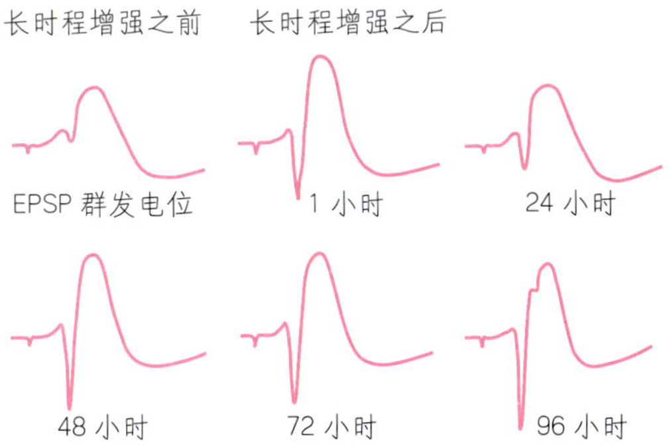

图 12.5　长时程增强。在电刺激引起长时程增强前后记录到的齿状回 EPSP 群发电位。

From Berger, T. W. *Science*, 1984, 224, 627-630. Copyright 1984 by the American Association for the Advancement of Science.

长时程增强在海马的其他区域以及大脑的其他部位也会产生。它可以持续数月之久（Bliss and Lømo，1973）。在海马结构的离体脑片以及活体动物的脑中都可以产生，这样就使研究者们得以刺激和记录单个神经元，并对相应的生化变化进行分析。首先取出脑，对海马结构进行切片，并将之置于盛满类似组织间液的温度可控的小室中。一个切片在比较理想的情况下可以存活40小时。

很多实验表明海马切片上的长时程增强符合 Hebb 法则。也就是说，如果单个神经元的弱突触和强突触在几乎同一时间内兴奋，那么弱突触会得到加强。这种现象叫作**联合长时程增强**，因为它是两个突触活动的（时间上）联合产生的。【见图 12.6】

NMDA 受体的作用

非联合性的长时程增强需要累积效应。也就是说，如果一连串高速释放的脉冲会产生长时程增强，那么慢速释放同样数量的电脉冲则不会产生长时程增强。这一现象的原因目前已经清楚。一些实验证明，当神经递质分子与位于树突棘上去极化的突触后受体结合时，就会产生突触的增强。Kelso、Ganong 和 Brown（1986）曾发现，如果对 CA1 神经元进行人工去极化，再刺激与神经元形成突触的轴突，突触会增强——也就是说，树突棘上产生了一个更强的突触后电位。然而，如果突触的刺激和神经元的去极化是在不同的时候发生的，就看不到任何变化；所以，神经递质的释放和突触后膜的去极化需要同时发生。【见图 12.7】

联合长时程增强（associative long-term potentiation）：同一神经元的强弱突触同时兴奋会使弱突触得到加强。

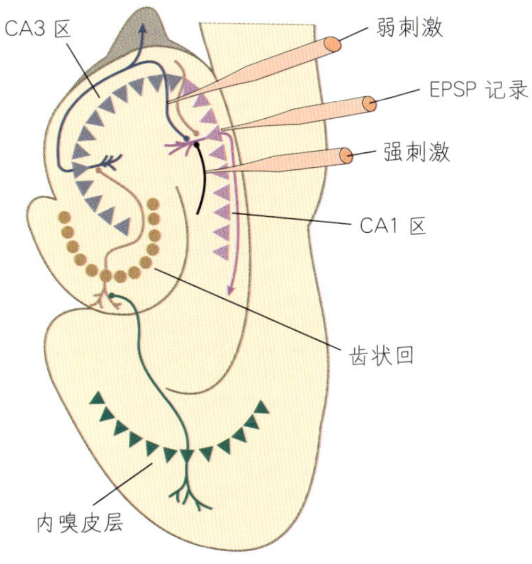

图 12.6　联合长时程增强。同一神经元的强弱突触同时兴奋会使弱突触得到加强。

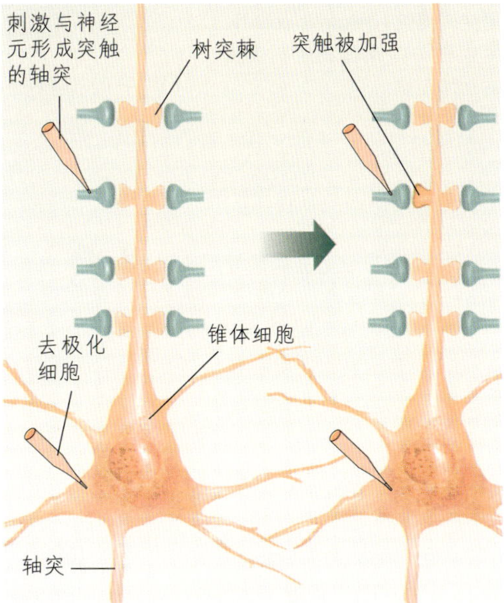

图 12.7　长时程增强。突触后膜去极化时突触激活则产生突触增强。

以上的实验都表明，长时程增强需要两个条件：突触的兴奋以及突触后神经元的去极化。造成这种现象的原因（至少在大脑的某些区域），是由于一种非常特殊的谷氨酸受体的一些性质。**NMDA 受体**有一些与众不同的性质。它在海马结构（尤其是 CA1 区）大量存在。它由于可被 N-甲基-D-天门冬氨酸特异性地激活而得名。NMDA 受体控制着一个钙离子通道，但通常是被一个镁离子（Mg^{2+}）阻滞的。即使受体被谷氨酸激活时，关闭的通道也可以阻止钙离子进入细胞。可一旦突触后膜去极化，镁离子被迫离开通道，钙离子就可以自由通过了。所以，钙离子只有在谷氨酸存在、且突触后膜去极化的情况下才可以通过 NMDA 受体控制的离子通道进入细胞。这意味着该离子通道是神经递质依赖性及电压依赖性的。【见图 12.8】

细胞生物学家发现，钙离子在很多细胞中行使激活多种酶及触发生化反应的第二信使的功能。它通过由 NMDA 受体控制的离子通道进入细胞是长时程增强中关键的一步（Lynch et al., 1984）。**AP5**(2-amino-5-phosphonopentanoate)，一种阻断 NMDA 受体的药物，阻止了钙离子进入树突棘，因此阻断了长时程增强的建立（Brown et al., 1989）。这些证据表明，NMDA 受体的激活对于长时程增强的第一步——钙离子进入树突棘——是必要的。

我们在第 2 章曾学到只有轴突才会产生动作电位。事实上，在锥体细胞的某些树突上也会产生动作电位，比如海马结构中的 CA1 区域。**树突锋电位**（也可以叫作动作电位）的兴奋阈值是相当高的。就目前所知，树突锋电位只有在锥体细胞的轴突上引发动作电位时才会产生。动作电位传导至细胞体，使之去极化，并引发锋电位，接着传至树突根部。这就意味着，一旦锥体细胞的轴突放电，细胞体和树突都会在短时间内去极化。

我们现在已经知道了长时程增强的一些知识，不难猜测 NMDA 受体在这一现象中所起的作用。如果只有弱突触兴奋，那么并不会有任何改变，因为树突棘的膜并未充分去极化，NMDA 受体控制的离子通道也就不会打开。（离子通道打开的条件是突触后膜的去极化和镁离子的离开。）然而，如果位

NMDA 受体（NMDA receptor）：一种特异的离子型谷氨酸受体；控制钙离子通道，该通道通常受镁离子阻滞；与长时程增强有关。

AP5（2-Amino-5-phosphonopentanoate）：NMDA 受体阻断剂。

树突锋电位（dendritic spike）：发生在一些锥体细胞树突上的动作电位。

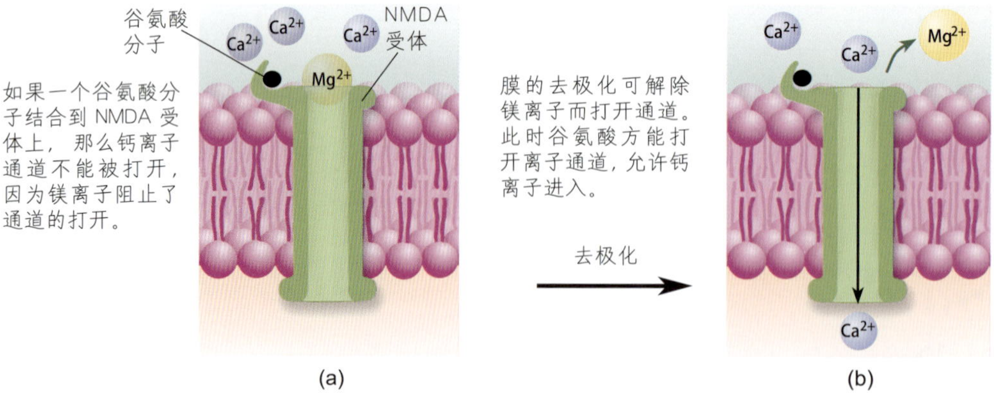

图 12.8　NMDA 受体。NMDA 受体是一个神经递质和电压依赖性离子通道。(a) 当突触后膜处于静息状态时，镁离子阻止通道开放，阻止钙离子内流。(b) 当突触后膜处于超极化状态时，镁离子解除谷氨酸与结合位点结合使离子通道开放，允许钙离子进入树突棘。

于突触后膜其他位置的强突触兴奋使得细胞放电，树突锋电位就会使突触后膜去极化并让钙离子通过 NMDA 受体控制的通道。因此，NMDA 受体的特殊性质不仅可以解释长时性增强效应，还可以很好地解释联合长时程增强的性质。【见图 12.9】

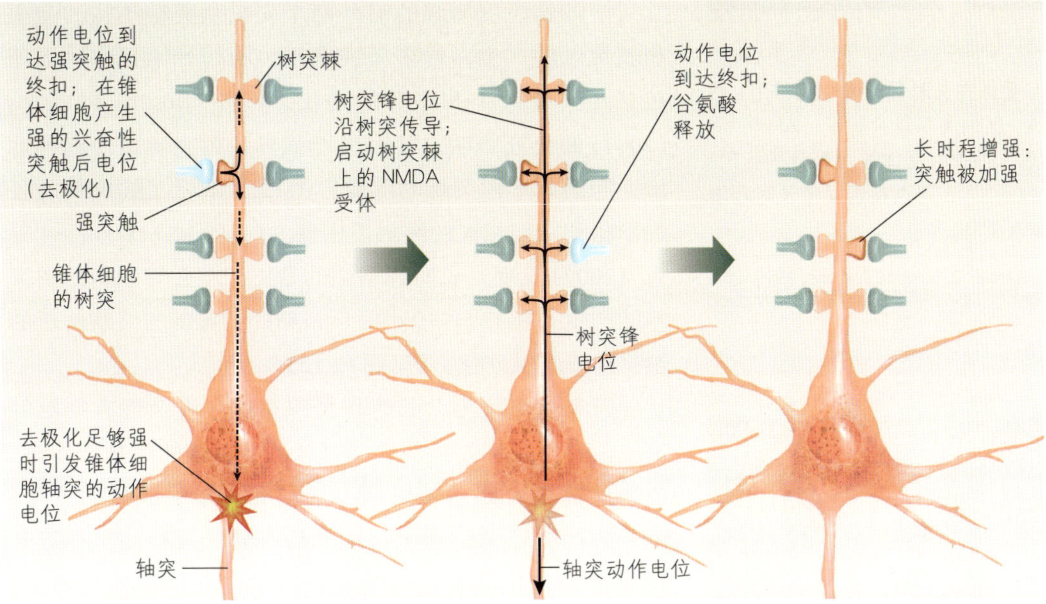

图 12.9 联合长时程增强。如果强突触的活动足以引发神经元的动作电位，那么树突棘的膜就会去极化，启动 NMDA 受体，如此一来，任何弱突触的活动此时都得以加强。

突触可塑性的机制

在长时程增强中，突触为什么会增强？CA1 锥体细胞中的树突棘包含两种类型的谷氨酸受体：NMDA 受体和 **AMPA 受体**。研究表明，单个突触的增强是通过将额外的 AMPA 受体插入树突棘的突触后膜实现的（Shi et al., 1999）。AMPA 受体控制钠离子通道；因此，当它们被谷氨酸激活时，在树突棘膜上产生兴奋性突触后电位。因此，随着越来越多的 AMPA 受体出现，终扣释放的谷氨酸引起了更大的兴奋性突触后电位。换言之，突触增强了。

AMPA 受体是从哪里来的呢？Makino 和 Malinow（2009）使用一种双光子激光扫描显微镜观察 AMPA 受体在海马脑片中 CA1 锥体神经元的树突中的运动。他们发现，长时程增强首先导致 AMPA 受体从树突相邻的非突触区域向突触后膜运动。几分钟后，AMPA 受体从细胞内部移动到一级树突，取代已经嵌入树突棘突触后膜的 AMPA 受体。【见图 12.10】

那么，钙离子进入树突棘后是如何引发 AMPA 受体移动至突触后膜的呢？这一过程好像始于一些酶的激活，比如**钙调素依赖性蛋白激酶Ⅱ（CaM-KⅡ）**，它是树突棘中存在的一种酶。CaM-KⅡ 是钙离子依赖性酶，只有当钙离子与之结合时才会被激活。许多研究表明，CaM-KⅡ 在长时程增强中起到了关键的作用。比如说，Silva 等人（1992）发现对负责合成老鼠体内 CaM-KⅡ 的基因进行靶突变后，海马脑切片的 CA1 区域无法产生长时程增强。采用双光子激光扫描显微技术进行的研究发现（Shen and Meyer, 1999），人工培养

AMPA 受体（AMPA receptor）：一种离子型谷氨酸受体，控制钠离子通道；开放时会产生兴奋性突触后电位。

钙调素依赖性蛋白激酶Ⅱ（type Ⅱ calcium-calmodulin kinase, CaM-KⅡ）：一种需钙离子激活的酶；可能在长时程增强的建立中发挥作用。

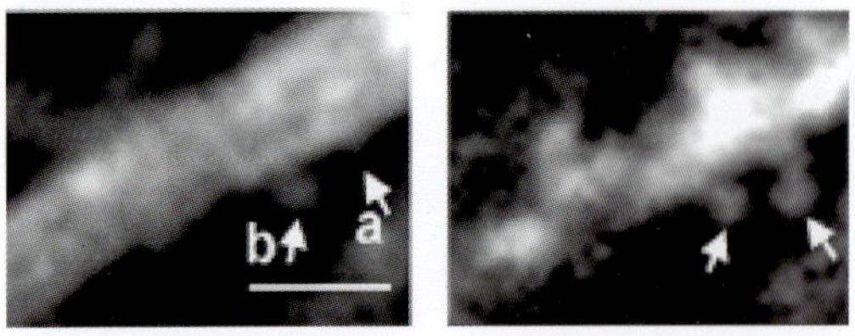

长时程增强之前 长时程增强之后

图 12.10 AMPA 受体在长时程增强中的作用。两束激光扫描的 CA1 区的海马脑片显示，AMPA 受体释放进入树突棘。AMPA 受体被荧光分子标记。箭头所指的树突棘的 a、b 两点在诱发了长时程增强后，充满了 AMPA 受体。

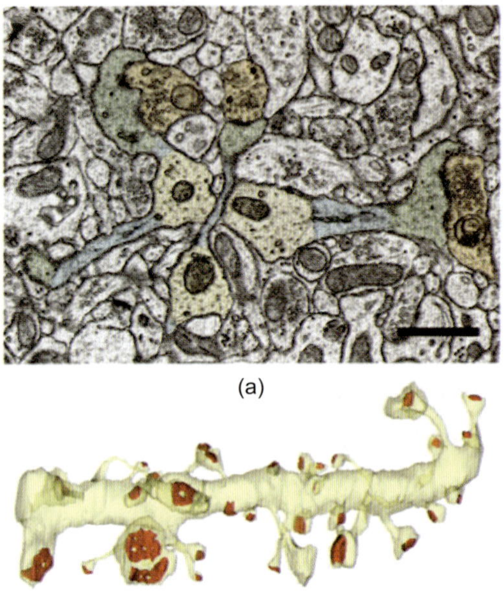

(a)

(b)

图 12.11 CA1 区的树突棘。据 Bourne 和 Harris (2007)，长时程增强会把薄树突棘转换成蘑菇形状。(a) 彩色的显微照片。树突轴是黄色，树突棘颈部是蓝色的，头部是绿色的，突触前终端都是橙色的。(b) 部分树突的三维结构（黄色）显示了大小变化和突触后密度的形状（红色）。

的海马神经元产生长时程增强后，CaM-KⅡ分子在树突棘的突触后密集区积累。Lledo 等人（1995）发现，向 CA1 的锥体细胞直接注入具活性的 CaM-KⅡ增强了这些细胞中突触的传导。

伴随长时程增强的另外两个变化是突触结构的变更和新突触的产生。许多研究发现，长时程增强的建立还包括树突棘大小和形状的变化。例如，Bourne 和 Harris（2007）的研究表明，长时程增强导致树突棘由薄到厚地增大和蘑菇形树突棘的形成。图 12.11 显示了树突棘的各种形状和它们相关的突触后密度。【见图 12.11】Nägerl 等人（2007）发现，长时程增强的建立甚至会导致新的树突棘的产生。在 15 ～ 19 小时后，新的树突棘与终端附近的轴突形成突触连接。【见图 12.12】

研究人员认为，长时程增强可能还涉及现有突触的突触前变化，例如增加终扣释放的谷氨酸的数量。毕竟，突触的改变可能需要协调突触前和突触后成分的变化。但是在树突棘上，这个从突触后开始的过程是怎样导致突触前的变化的呢？研究发现提供了一个可能的答案：一个简单的分子——一氧化氮（NO）——可以把信息从一个地方传递到另一个地方。正如我们在第 4 章看到的，一氧化氮是一种可溶性气体，由**一氧化氮合成酶**活动所形成的精氨酸产生。一旦产生，一氧化氮只能存在很短的时间便被破坏。因此，如果它在海马结构的树突棘产生，它只能扩散到附近的终扣，并在此产生与诱发长时程增强有关的变化。

一些实验表明，一氧化氮在长时程增强的形成中实际上是起了"逆行信使"的作用。（所谓"逆行"即是把信息从树突棘送回终扣。）Endoh、Maiese 及 Wagner 还于 1994 年在脑的一些区域发现了可被钙激活的一氧化氮合成酶，包括齿状回和海马的 CA1 和 CA3 区域。Arancio 等人（1995）获得的证据表明，一氧化氮通过刺激环鸟苷磷酸（在突触前末稍的第二信使）的产生而活动。尽管有强有力的证据表明一氧化氮是负责树突棘与终扣互通信息的信号之一，大多数研究者还是相信突触后的变化在长时程增强的建立过程中起着更重要的作用。其中一定还有其他信号。

一氧化氮合成酶（nitric oxide synthase）：一种与一氧化氮的合成有关的酶。

在发现长时程增强后的若干年之中，研究者们一直都认为它只需单一的过程即可产生。后来才发现长时程增强是一系列活动的结果。**早期长时程增强**（Early LTP，E-LTP）涉及已经描述过的过程：膜去极化，释放谷氨酸，NMDA 受体激活，钙离子进入，酶（如 CaM-K Ⅱ）的激活，以及 AMPA

受体向突触后膜的运动。长持续长时程增强（Long-Lasting LTP，L-LTP），也就是可以持续几小时的长时程增强，需要蛋白质的合成。Frey 及其同事（Frey et al.，1988）发现阻止蛋白质合成的药物也可以阻止 CA1 区 L-LTP 的建立。如果在施加较长刺激之前、之中或者之后立即给予阻止蛋白质合成的药物，E-LTP 虽然可产生，但几小时后就会消失。然而，如果在刺激突触之后一小时才给予药物，长时程增强则可以持续很长时间。很明显，蛋白质合成对 E-LTP 的建立不是必须的，但是对一般在 E-LTP 建立一小时内发生的 L-LTP 后期阶段的建立是需要的。

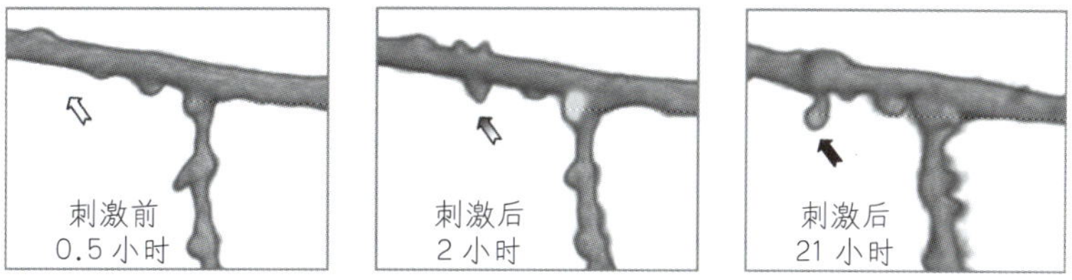

图 12.12 长时程增强后树突棘的增长。双光子显微成像显示出了建立了长时程增强的 CA1 区椎体神经元树突片段在电刺激前后的图像。

Nägerl, U. V., Köstinger, G., Anderson, J. C., et al. *Journal of Neuroscience*, 2007, 27, 8149-8156. Reprinted with permission.

哪些蛋白质是建立 L-LTP 所需要的呢？几年以来，研究者认识到，一种特殊的酶，PKM ζ，在这个过程中发挥着作用。（那个奇怪的符号是小写希腊字母 Zeta，在这里写出是为了让你在期刊文章中遇到它时能认识。我从现在开始会称这种酶为 PKM-zeta。）过去几年的研究已经开始澄清这一作用的确切性质。

请深呼吸，这是一个相当长的故事。每个步骤都不是很复杂，但是其中有很多步（Yao et al.，2008；Migues et al.，2010；Sacktor，2010；Westmark et al.，2010；Westmark，2011）。负责生产 PKM-zeta 的基因不断被激活，DNA 基因转录成信使 RNA，并被运送到树突棘附近。一种叫 Pin1 的酶抑制了 PKM-zeta 的信使 RNA 翻译 PKM-zeta 蛋白质。因为信使 RNA 只有有限的存活时间，所以只有数量有限的信使 RNA 积累下来。【见图 12.13(a)】现在，

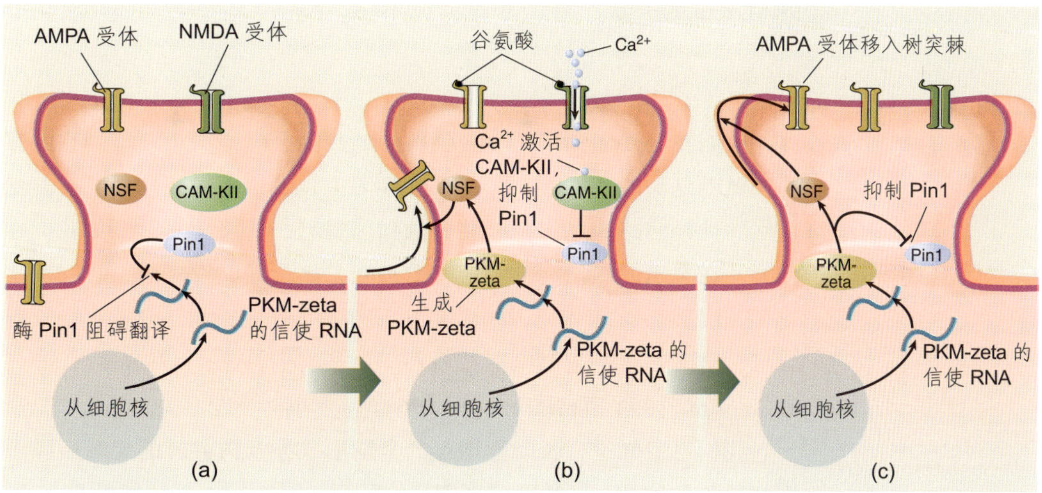

图 12.13 PKM-Zeta 在 L-LTP 中的作用。(a) PKM-zeta 的信使 RNA 在细胞核中不断地从 DNA 中转录，被运送到树突棘。然而，酶 Pin1 阻碍了信使 RNA 翻译为 PKM-zeta 蛋白质。(b) 当 LTP 的条件得到满足后，钙离子的进入激活了一些酶，包括 CaM-K II 。这些酶抑制 Pin1，允许了 PKM-zeta 的信使 RNA 直接生成 PKM-zeta 蛋白质，这激活了 NSF 酶。激活的 NSF 使 AMPA 受体向树突棘运动。(c) PKM-zeta 不仅激活了 NSF，它还抑制了 Pin1，保证了 PKM-zeta 蛋白质分子继续产生。

我们假设长时程增强的条件得到满足：树突棘去极化，谷氨酸被终扣释放。NMDA 受体打开离子通道，钙离子进入树突棘。目前掌握的证据表明，钙离子的进入可以激活包括 CaM-KⅡ在内的多种酶。所激活的酶与 Pin1 结合并使其失活，这就使 PKM-zeta 得以合成。PKM-zeta 刺激了 AMPA 受体向树突棘突触后膜的输送。AMPA 受体的增加产生了第一阶段——E-LTP。【见图 12.13（b）】

PKM-zeta 除了刺激 AMPA 受体向突触后膜的运输，还有其他一些作用。它启动积极的反馈回路。它与 Pin1 结合，使其失活，保证自己的合成继续下去。最初抑制 Pin1 并启动 E-LTP 发生的 CaM-KⅡ和其他酶不再被需要。PKM-zeta 自我维持的合成使 L-LTP 成为可能。【见图 12.13（c）】

概括起来，E-LTP 涉及：（1）钙离子进入，（2）激活 CaM-KⅡ和其他钙激活酶，（3）对 Pin1 的抑制作用，（4）从信使 RNA 合成 PKM-zeta，和（5）将 AMPA 受体运输到突触后膜。从 E-LTP 向 L-LTP 的转变通过 PKM-zeta 的另一个作用发生：持续抑制 Pin1，在旧分子最终解体时，允许合成新的 PKM-zeta 分子。需要记住，PKM-zeta 的基因总是处于激活状态，使细胞中的信使 RNA 出核。（再看一下图 12.13。）

为什么我用这么多篇幅谈论 PKM-zeta 的作用？多年来，神经科学家一直试图理解脑中的什么机制使寿命较长的动物（如我们自己）的记忆可持续几十年。正如我们将会看到的，L-LTP 显然是一些非常重要的记忆形式的基础，这意味着我们必须理解是什么使 L-LTP 能够持续这么长时间。

PKM-zeta 对于 L-LTP 是充要条件。向 CA1 区的锥体细胞注入 PKM-zeta 能够产生长时程增强，甚至不需要 NMDA 受体的激活或钙离子的进入；而注入 ZIP——一种会阻碍 PKM-zeta 生成的药物——会在大脑的许多地方消除 L-LTP 和某些形式的长期记忆（Sacktor，2011）。

在本章稍后部分，我会谈到更多关于长时程增强在记忆中的作用，包括 PKM-zeta 的贡献。

长时程抑制

前面我已经提到过，对突触的低频刺激会降低而不是增强它的强度，这种现象就是**长时程抑制（LTD）**，在学习中也发挥着重要的作用。显然，包含记忆的神经回路通过加强某些突触和削弱另一些而建立。正如我们在前面看到的，在突触的激活和突触后膜的强烈去极化同时发生时，长时程增强就出现了。【见图 12.7】相反，如果突触后膜未充分去极化，或者正处于超极化的状态，这时若给予突触刺激，就会产生长时程抑制（Debanne，Gähwiler，and Thompson，1994；Thiels et al.，1996）。

我们已经知道，长时程增强的早期形式涉及树突棘的突触后膜中 AMPA 受体数量的增加。长时程抑制则恰恰相反；即 AMPA 受体的数量减少（Carroll et al.，1999）。同样的，在长时程增强中，AMPA 受体被突触小泡运送并嵌进树突棘；而在长时程抑制中，AMPA 受体则被运送出树突棘（Lüscher et al.，1999）。

长时程抑制（long-term depression，LTD）：若刺激终扣时，且突触后膜处于超极化或微去极化的状态，就会长时期降低神经元对这个突触冲动的兴奋性。

小 结

突触可塑性：长时程增强和长时程抑制

海马结构的长时程增强为我们提供了一种可能的机制，可以解释学习过程中部分突触的改变。一个神经回路从内嗅皮层直到海马结构。对海马结构的轴突进行高频刺激，可以增强突触；它导致了在突触后神经元的树突棘中兴奋性突触后电位的升高。在联合性长时程增强中，弱突触因强突触的活动而增强。事实上，长时程增强产生的唯一条件就是：突触后膜的去极化伴随着突触的激活。

在 CA1 区域、齿状回和脑的其他一些区域，NMDA 受体在长时程增强中起了很特殊的作用。这种对谷氨酸敏感的受体控制着钙离子通道，但只有在膜去极化的时候才能将其打开。因此，膜的去极化（比如，强突触的活动产生了一个锋电位）以及受体的激活引发了钙离子的进入。钙的增加激活了部分钙依赖性酶，这些酶使 AMPA 受体插入树突棘的膜上，并提高它们对终扣所释放的谷氨酸的反应强度。与其相伴的是树突棘形状的改变和新棘状突起的生长（即新突触的形成）。长时程增强可能与突触前的一些变化有关，它通过激活可以产生一氧化氮的一氧化氮合成酶来行使这一功能。一氧化氮扩散至附近的终扣以促进谷氨酸的释放。长持续长时程增强（L-LTP）需要蛋白质的合成。为 PKM-zeta 酶的基因在细胞核中不断产生，并被运送到树突棘后，被另一种酶 Pin1 所阻碍。当长时程增强的条件得到满足后，钙离子的进入会激活一些酶，其中包括 CaM-KII。这些酶抑制 Pin1，允许了 PKM-zeta 的合成。PKM-zeta 利于 AMPA 受体持续进入膜并抑制 Pin1，保护了 PKM-zeta 的产生。若突触被激活的时候突触后膜正处于超极化或微去极化的状态，就会产生长时程抑制。

思考题

脑是人体中最复杂也是最有发展空间的器官，每次经验都可以通过突触的改变在脑中留下痕迹。当我们告诉别人一些事情或者参与到别人会记住的经历中时，我们实际上在改变这个人脑中的突触连接。每天有多少突触在发生改变？又是什么使记忆保持清晰呢？

知觉学习

学习使我们能够适应环境并对其中的改变做出反应。特别是它赋予了我们在适当的场合做出恰当行为的能力。所遇到的情境可以很简单（如蜂鸣器的嗡嗡声），也可以很复杂（如人们之间复杂的社会关系）。学习的第一部分是学会如何知觉特定的刺激。为简便起见，在这一章中我将只讨论视觉学习。然而，在学习通过其他感官识别刺激的研究结果中也发现了同样的一般性原则。此外，第 13 章会讨论学习在习得和使用语言时的作用。

学习识别另一个人的面孔是重要的知觉学习形式。

Kevin Dodge/corbis

知觉学习是学习识别事物，而不是学习当它们出现时应当如何反应。（关于后者，我们会在下一节进行讨论。）知觉学习包括学习如何识别完全陌生的刺激，以及如何识别熟悉刺激的改变。比如说，如果朋友换了新发型，或者戴了副隐形眼镜，我们对他的视觉记忆就改变了。我们还需要学习出现在某些特殊场合和环境中或者伴随其他刺激出现的特异性刺激。我们甚至还可以学习和记忆某些特定的情节：在某时某地发生的某一事件的过程。这是知觉学习的一种比较复杂的形式，我们会在本章的最后一部分进行讨论，它其实就是我们所说的关系性学习。

我们在第 6 章曾学过，初级视觉皮层接收来自丘脑外侧膝状体的信息。信息经过初级分析后被送到包围在初级视皮层

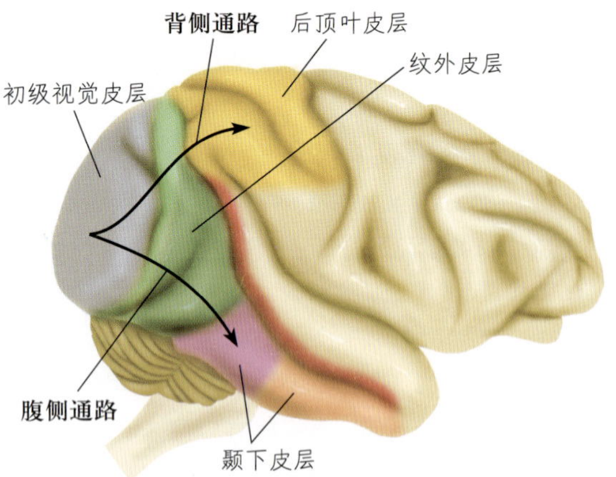

图 12.14 恒河猴视觉皮层的主要组成。箭头所指为背侧通路和腹侧通路的信息流的大致方向。

（纹状皮层）外的纹外皮层。在对视觉刺激的各种特征——例如，形状、颜色和运动——分析完毕后，纹外皮层的亚区把分析的结果传递给下一级的视觉联合皮层。视觉联合皮层中有两条视觉通路：一条是**腹侧通路**，负责客体识别，沿腹侧行至颞下皮层；一条是**背侧通路**，负责对客体的方位进行识别，沿背侧行至顶叶后部。大多数研究者赞同这种说法，腹侧通路识别的是"什么"（what），背侧通路识别的则是"在哪"（where）。【见图 12.14】

很多研究表明，损伤颞下回（腹侧通路末端）会损害对视觉刺激的分辨能力。这些损伤会损害知觉（以及在此基础上的辨别）某种视觉信息的能力。我们在第 6 章曾学过，一些颞下皮层损伤的患者视力很好，却不能识别熟悉的日常物品，例如剪刀、晾衣架、电灯泡以及亲朋好友的面孔。

如前所述，知觉学习显然涉及视觉联合皮层中突触连接的改变，以建立新的神经回路。之后再看到相同的刺激时，就会有相同的神经活动模式传导至皮层，并再次激活这一回路。神经活动包括对刺激的识别——也就是"读出"视觉刺激。例如，Yang 和 Maunsell（2004）训练猴子检测视觉刺激的微小差异，这些刺激的图像投影到视网膜上的特定区域。训练完成后，猴子们能够检测比训练刚开始的时候要小得多的差异。不过，当图像被投射到视网膜的其他地区时，它们就无法发现这些差异了。对视觉联合皮层单个神经元的记录显示，从视网膜的训练区域而不是其他区域接收信息的神经元对这些微小差异的反应变得敏感了。很明显，只有该区域的神经回路被训练改变了。

让我们来看些相关的研究证据，以证实在感觉联合皮层中，神经回路的激活需要经过对知觉记忆的"读出"这一过程。多年前，Penfield 和 Perot（1963）发现，当他们刺激正在进行癫痫手术的病人的视听联合皮层时，病人会报告视觉或听觉的记忆——比如，熟悉街道的图像或病人母亲的声音。（癫痫手术一般在局部麻醉的情况下进行，手术时可以检查脑刺激对病人认知功能的影响，以确保没有移除有重要功能的脑组织。）

若参与视觉感知的脑区受损，不仅会损害识别视觉刺激的能力，而且也会干扰人们对于熟悉刺激的视觉属性的记忆。例如，Vandenbulcke 等人（2006）发现，右侧梭状回损伤的病人 J. A. 在需要她画或描述各种动物、水果、蔬菜、工具、车辆或者家具的视觉特性的任务上表现不佳。她的其他认知能力（包括描述物体的非视觉属性的能力）是正常的。此外，一项 fMRI 研究发现，当正常对照组被要求执行 J.A. 表现不佳的视觉任务时，他们大脑激活的区域与 J. A. 损伤的区域一致。

Kourtzi 和 Kanwisher（2000）发现，特异性的视觉刺激可以引起视觉联合皮层相应脑区的激活。我们在第 6 章曾学过，视觉联合皮层的两个相邻区域（MT 区和 MST 区）在对运动的知觉中起到了关键作用。他们给被试呈现暗示运动的不同图片——比如，一名运动员正准备投掷球。他们发现，这些照片会激活 MT 或 MST 区，而观察静止的人则不会出现相应的激活。很明显，照片本身并没有运动，是被试曾见过相似的运动，并保留了相关的记忆。【见图 12.15】

Goldberg、Perfetti 和 Schneider（2006）进行的功能成像研究询问了涉及视觉、听觉、触觉、味觉信息的问题。他们发现，回答问题激活了参与感知相关感觉信息的联合皮层区域。例如，关于味觉的问题激活了味觉皮层，关于触觉信息的问题激活了躯体感觉皮层，关于视觉和听觉的信息激活了视听联合皮层。

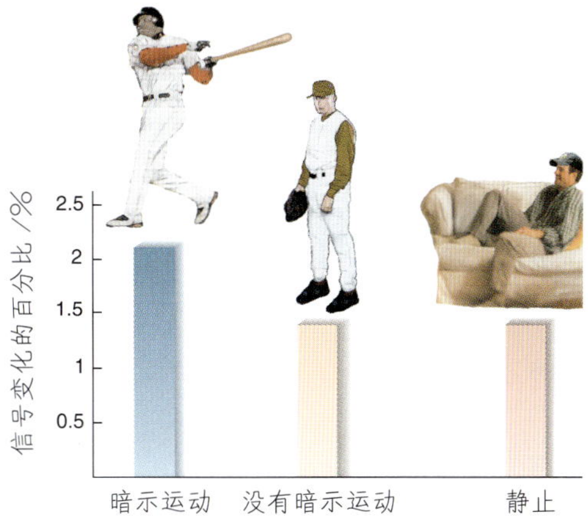

图 12.15　运动的视觉记忆的提取。fMRI 的结果，柱状图中的柱高代表 MT 或 MST 区（会对运动反应的视觉联合皮层区域）的激活水平。照片本身并没有运动，是被试曾见过相似的运动，并保留了相关的记忆。

Based on data from Kourtzi, A., and Kanwisher, N. *Journal of Cognitive Neuroscience*, 2000, 12, 48-55.

小　结

知觉学习

知觉学习是感觉联合皮层中突触连接改变的结果。下颞叶皮层（视觉联合皮层腹侧通路的最高级区域）的损伤会影响视觉知觉学习。功能成像研究表明，人类对图片、运动和空间位置的记忆提取会激活视觉联合皮层中的相应脑区。

思考题

1. 你的脑中储存了多少知觉记忆？　你可以识别多少图像、声音和气味？通过触觉又可以辨别多少客体和外观？我们有没有办法估计这些量？
2. 有没有这样的时候，当你看到需要你记忆的某样东西时，你是通过记住你将对它做出的反应来记忆的，而非仅通过你感知到的图像信息来记忆的？

经典条件反射

神经科学家曾通过多种模型来研究经典条件反射的解剖和生理学基础，如海兔（一种海洋无脊椎动物）的缩腮反射、兔子的眨眼反射（Lavond，Kim，and Thompson，1993；Bailey and Kandel，2008）。我选了经典条件反射中的一个简单的哺乳动物模型——条件情绪反应——来说明这些研究的成果。

杏仁核是参与经典条件情绪反应的重要组成部分，这种情绪反应是刺激—反应模式的一种特殊形式。厌恶刺激（如一个痛苦的足底电击）可引发各种行为的、自主神经的和激素的反应：僵化、血压升高、肾上腺分泌应激激素，等等。经典条件情绪反应是通过将一个中性刺激（如特定频率的声音）与一个厌恶刺激（如短暂的足底电击）配对呈现而建立的。正如在第 11 章所了解的，这些刺激配对后，声音成为了一个条件刺激；当它独自呈现时，它能激发与无条件刺激相同类型的反应。

条件情绪反应可以在听觉皮层不参与的情况下发生，因此这里只讨论这

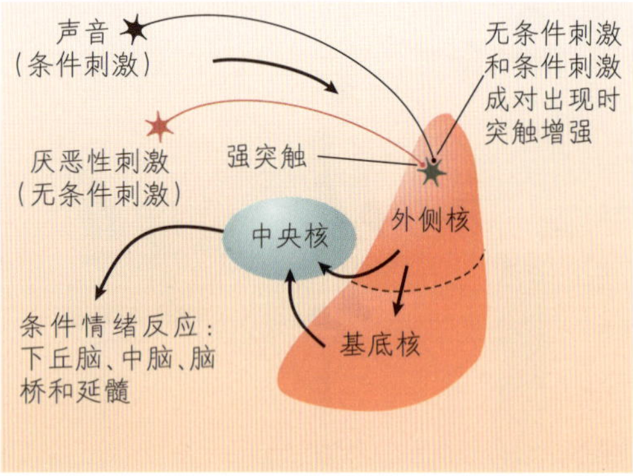

图 12.16 经典条件情绪反应。一次足底电击前呈现一个声音引起可能的突触的增强改变。

一过程中的亚皮层成分。条件刺激（声音）的有关信息到达杏仁核的外侧核。这一核团同时也接收来自躯体感觉系统的无条件刺激（足部电击）的有关信息。这两种信息在杏仁核的外侧核会聚，并在这一区域发生与学习相关的突触改变。

图 12.16 是一个神经回路的假说。杏仁核的外侧核中含有神经细胞，其轴突向杏仁核的中央核投射。神经元将听觉信息和躯体感觉信息传递至外侧核，其终扣与锥体细胞的树突棘形成突触。老鼠受到疼痛性刺激时，躯体感觉输入激活外侧核中的强突触；这样，核团中的神经元开始放电，激活了中央核，引发了非学习性（非条件）情绪反应。若声音与疼痛性刺激成对出现，根据 Hebb 法则，外侧杏仁核中对声音反应的弱突触就会得到加强。【见图 12.16】正如我们在第 10 章所看到的，这一假说得到了众多支持，所以说，负责学习的突触改变可能发生在这一回路。

许多研究结果表明，负责条件情绪反应习得的杏仁外侧核，其发生的改变与长时程增强有关。我们已经知道，长时程增强至少在大脑的某些部位（包括外侧杏仁核）是通过激活 NMDA 受体和将 AMPA 受体插入突触后膜来完成的。例如，Rumpel 等人（2005）通过配对声音和电击建立了一个条件情绪反应。他们发现，学习经验导致 AMPA 受体被插入外侧杏仁核神经元和提供听觉输入的轴突之间的突触的树突棘。他们还发现了一个阻止 AMPA 受体插入树突棘的方法，它也阻止了恐惧条件反射的建立。此外，Migues 等人（2010）发现，在外侧杏仁核注入 ZIP 会抑制 PKM-zeta 的活动，损害了条件情绪反应的建立。实际上，受阻的大小和突触后 AMPA 受体的减少直接相关。

这些研究结果支持这样的结论，即外侧杏仁核中的长时程增强受 NMDA 受体的调节和 PKM-zeta 的支持，长时程增强对建立条件情绪反应起着至关重要的作用。

小 结

经典条件反射

在第 10 章我们已经学过条件情绪反应。当一个听觉刺激（条件刺激）与足部电击（非条件刺激）成对出现时，这两类信息在杏仁核的外侧核会聚。该核通过基底核及附属基底核与杏仁核的中央核相连，后者与控制情绪反应中各种成分的脑区相连。这一回路的任何一处损伤都会阻碍条件情绪反应的形成。

对杏仁外侧核的单细胞记录表明，经典条件反射改变了神经元对条件刺激的反应。该系统中突触可塑性的机制是 NMDA 介导的长时程增强。在杏仁外侧核中注入 NMDA 受体阻断剂，可以阻碍经典条件反射的形成，外侧杏仁核中 PKM-zeta 受抑制会阻止条件情绪反应的建立。

工具性条件反射

工具（操作）性条件反射是我们（以及其他动物）从经验中获益的一种方式。比如说，在某种情况下，我们做出的反应得到了有利的结果，我们会倾向于再次做出同样的反应。这一部分首先描述了工具性条件反射的神经通路，然后讨论了强化的神经基础。

刚开始学习开车这样的复杂技能时，我们必须全神贯注。最后，我们不用怎么想就可以开车，同时还可以与车上的其他人轻松聊天。

Joe Bator/corbis

基底神经节的作用

我们在前面学过，工具性条件反射需要感知刺激和控制相应反应的神经回路之间突触的增强。很明显，负责工具性条件反射的回路起始于司知觉的感觉联合皮层的各个部位，终止于位于额叶控制运动的运动联合皮层。那么哪一条通路负责它们之间的连接呢？与学习有关的突触改变又发生在哪儿呢？

感觉联合皮层和运动联合皮层间有两条主要的通路：直接的经皮层连接（将大脑皮层的一个区域连接到另一个区域）以及通过基底神经节和丘脑的连接。尽管这两条通路都与工具性条件反射有关，起的作用却有所不同。

通过与海马结构相连，经皮层连接与情景记忆（一种我们对亲眼目睹的或他人描述的事件的发生顺序的复杂知觉记忆）的获得有关。（这类记忆的获取会在这一章的最后再进行讨论。）经皮层连接也与思考及指令等复杂行为的获得有关。比如，一个人正在学习驾驶手动挡汽车，他可能会说，“我想想，推离合，把换挡杆先向左移，再向前移——好的，咬合住了——现在推上离合——天哪，熄火了——我应该多加些油的。那么，拉开离合，拔下钥匙……”一套已经记在脑中的规则（或者我们身边坐着一个教练）为我们提供了可遵循的范本。当然，这一过程不一定要听得见或实际说出口；人可以通过并不导致外显行为的神经活动的语言进行思考。

首先，通过观察或按照一系列规则来执行某种行为是缓慢而笨拙的。由于大脑中的众多资源用于回忆规则和指导行为，我们就很难对环境中的其他刺激做出反应——因为我们必须忽略那些让我们分心的事情。然而随着练习的增多，行为就会越来越熟练。直到最后，我们可以边做其他事情，边毫不费力地把它做出来，比如说，我们可以在驾车的同时与乘客交谈。

有证据表明，随着习得的行为逐步自动化和常规化，它们会被“传递”至基底神经节。这一过程是这样的：在我们进行一种复杂的行为时，基底神经节接收了呈现的刺激和所做反应的各种信息。最初，基底神经节只是环境中被动的“观察者”，然而随着行为的不断重复，基底神经节渐渐掌握了要做的事情。最后，它接管了这一过程的大部分细节，使经皮层回路得以去做一些其他的事情。我们就不需要思考我们正在做的事情了。

新纹状体——尾状核和壳——接收来自大脑皮层各个部分的感觉信息。同时也接收来自额叶的各种处于计划或实施过程中的运动信息。（我们可以

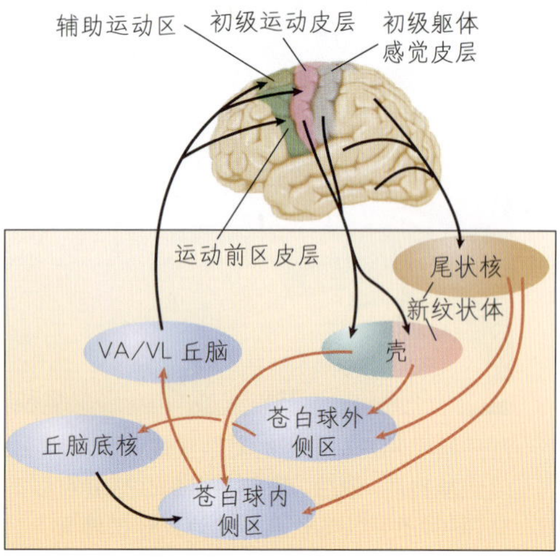

图 12.17 基底神经节及其连接。

看到，基底神经节拥有所需的一切信息，来观察和监管一个人学习驾驶的过程。）尾状核和壳的信号被送至基底神经节的另一区域：苍白球。这一结构的输出传至额叶皮层的运动前区和辅助运动区（“计划”运动的地方）以及初级运动皮层（执行运动的地方）。【见图 12.17】

对实验动物的研究发现，基底神经节的损伤会破坏工具性条件反射，却不影响其他形式的学习。比如，Fernandez-Ruiz 等人（2001）损毁了猴子的部分尾状核和壳，这两者接收来自视觉联合皮层腹侧通路的视觉信息。他们发现，尽管损伤并没有妨碍视觉的知觉学习，猴子在视觉指导下做出操作性反应的学习能力却受到了破坏。

Williams 和 Eskandar（2006）训练猴子在看到一个特定的视觉刺激时向一个特定的方向（左、右、前或后）移动操纵杆。由果汁强化正确的反应。猴子在学习任务时，尾状核的单个神经元放电速度增加。事实上，尾状核神经元的活动与动物的学习速度相关。在强化期，当调查人员通过低强度高频的电刺激增加尾状核神经元的激活时，猴子更快地学会了一个特定刺激的反应联结。这些结果为基底神经节在工具性条件反射中的作用提供了进一步证据。

从基底神经节中可以看到从与获得行为序列相关的脑系统到储存自动化程序的脑系统间记忆的转移。大鼠的背内侧纹状体（简称 DM，对应于人类和其他灵长类动物的尾状核）与前额叶皮层相互联结。大鼠的背外侧纹状体（简称 DL，对应于灵长类动物的壳）与大脑皮层的感觉区域和运动区域相互连接。Yin 等人（2009）和 Thorn 等人（2010）发现，背内侧纹状体参与新技能学习的早期阶段，但随着练习的继续使行为变得习惯化和自动化，背外侧纹状体开始接管对动物行为的控制。

我们在前面已经学到，长时程增强在经典条件反射中起着关键作用。这种形式的神经可塑性与工具性条件反射也同样有关联。Packard 和 Teather（1997）发现，在基底神经节中注入 AP5 来阻断 NMDA 受体，可以干扰在简单视觉线索引导下的学习。

强 化

学习为我们提供了一种从经验中获益的方式——做出适当的反应，以得到有利的结果。当令我们满意的结果出现时（也就是强化刺激出现时），脑中的强化机制就活跃起来，促进了突触的改变。然而，这一强化机制的存在是被偶然发现的。

与强化有关的神经回路

1954年，年轻的助教 James Olds 和研究生 Peter Milner 试图确定对网状结构的电刺激是否有利于老鼠的迷宫学习。他们计划在每次动物到达迷宫的选择点时短暂地打开刺激器。然而，他们先必须确定刺激不是厌恶性的，因为厌恶刺激无疑会妨碍学习。正如Olds所报告的：

> 每当动物进入围墙的一个角落里时，我就对其施加一个60赫兹的正弦波电流。动物并没有远离角落，而是在因第一次刺激而短暂离开后，很快回到角落；因第二次刺激而更短时间离开后，以更快的速度回到角落。施加到第三次电刺激时，大鼠似乎显然准备回来以获得更多刺激。（Olds，1973，p. 81）

意识到他们有了重大发现后，Olds和Milner决定放弃原来的实验，转而研究他们所发现的现象。随后的研究发现尽管可能存在不止一个强化机制，但多巴胺能神经元的活动在这一现象中起了尤其重要的作用。我们在第4章学习过，多巴胺能神经元的中脑边缘系统起自中脑的**腹侧被盖区（VTA）**，沿嘴端投射至一些前脑区域，包括杏仁核、海马以及**伏隔核（NAC）**。伏隔核中的神经元投射到腹侧基底核。正如我们学到的，基底核也与学习有关。【见图12.18】中脑皮层系统也在强化中起一定的作用。它也起于腹侧被盖区，投射至前额叶皮层、边缘系统以及海马。

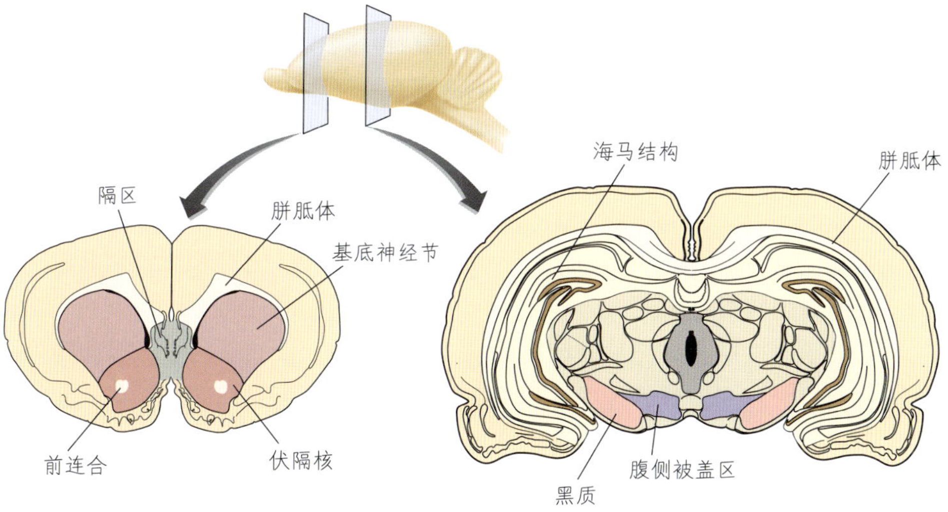

图12.18 脑切片显示腹侧被盖区和伏隔核。通过鼠脑切片展示了这些区域的位置。

Based on Swanson, L. W. *Brain Maps: Structure of the Rat Brain*. New York: Elsevier, 1992.

第5章描述了一种叫作微透析的技术，可以使研究者们对脑中某一特定区域的组织间液成分进行分析。通过使用这种方法，研究人员发现，对**内侧前脑束（MFB）**或腹侧被盖区进行强化性电刺激，或者注射可卡因或苯丙胺，可以引起伏隔核中多巴胺的释放（Moghaddam and Bunney，1989；Nakahara et al.，1989；Philips et al.，1992）。【见图12.19】通过微透析技术还发现，一些自然强化物的出现，如水、食物或者性伴侣，也可以引起伏隔核中多巴胺的分泌。强化性刺激对脑的作用在很多方面与天然强化物是相同的。

尽管微透析探针并未被用于对人脑的实验性研究，但功能成像表明，强化性事件会激活人脑的伏隔核。比如，Knuton等人（2001）发现，当给被试呈现使他们有可能获得金钱的刺激时，他们的伏隔核变得更活跃了（也就是说，

腹侧被盖区（ventral tegmental area，VTA）： 位于腹侧中脑的多巴胺能神经核团，其轴突构成中脑边缘系统和中脑皮层系统；在强化中起关键作用。

伏隔核（nucleus accumbens，NAC）： 基底前脑中紧靠中隔的神经核；接收腹侧被盖区神经元的多巴胺分泌终扣，被认为参与了强化和注意的过程。

内侧前脑束（medial forebrain bundle，MFB）： 沿吻尾轴穿越基底前脑和下丘脑侧部；电刺激该纤维束会产生强化效果。

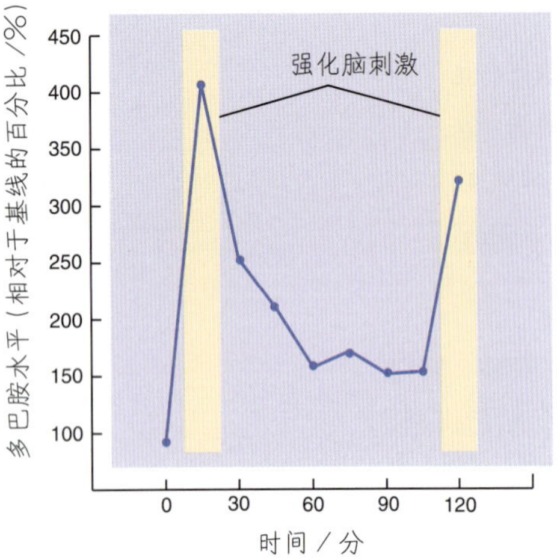

图 12.19　多巴胺和强化。在大鼠压杠杆时电刺激腹侧被盖区，用微透析的方法测定伏隔核内多巴胺的释放。

Based on data from Phillps, A. G., Coury, A., Fiorino D., et al. *Annals of the New York Academy of Sciences*, 1992,654, 199-206.

其中很可能分泌了多巴胺）。Aharon 等人（2001）发现，当给年轻的异性恋男性呈现美丽女性的照片时，他们会按压杠杆（呈现英俊男性照片时则不会）。而且当他们看到这些照片时，伏隔核的活动会增加。

强化系统的功能

一个强化系统需要行使两个功能：觉察强化性刺激的出现（也就是意识到刚刚发生了快乐的事情），以及加强觉察辨别性刺激（比如杠杆）的神经元和引发工具性反应（如按压杠杆）的神经元之间的联系。【见图 12.2】

当神经回路觉察到强化性刺激并引发腹侧被盖区的多巴胺能神经元放电时，强化就发生了。对强化性刺激的觉察并不是一件简单的事情，一种情景中的强化物可能在另一种情景中不起作用。比如说，食物可以强化饥饿动物的行为，对已经吃饱的动物却没有影响。因此，强化系统并不是当某种刺激出现时就自动启动的，它依赖于动物的生理状态。

一般说来，如果一种刺激可以引发动物的欲求行为（也就是说，动物会接近而不是远离这种刺激），这种刺激就会增强动物的行为。当刺激出现时，它就会激活脑中的强化机制，辨别性刺激和工具性反应之间的联系就得到了增强。例如，Knutson 和 Adcock（2005）的功能成像研究发现，对强化刺激的预期（有机会赢得一些钱）会增加中脑腹侧被盖区和它的一些投射区域（包括伏隔核）的激活。研究人员还发现，被试更容易记住他们在预期有机会赢钱时看到的图片。

前额皮层为腹侧被盖区提供了重要的输入。连接这两个区域的轴突终扣可以分泌兴奋性的神经递质谷氨酸，这些突触可以使腹侧被盖区的多巴胺能神经元快速放电，这大大增加了它们在伏隔核中所释放的多巴胺的量（Gariano and Groves，1988）。一般说来，前额皮层与修改策略、制订计划、评价事件朝向目标所取得的进展以及个体自己行为的适宜性等有关。也许当前额叶认为正在进行的行为可以使有机体朝目标更进一步——也就是说，目前的策略发挥了作用时，它就会启动强化机制。

那么，多巴胺的释放究竟是如何促进负责工具性条件反射的突触变化的呢？在一篇文献综述中，Wise（2004）得出的结论是，在脑不同的位置，多巴胺的释放会影响各种任务下的学习；在许多脑区，包括基底核、杏仁核和额叶皮层，多巴胺对于长期的长时程增强和长时程抑制起着至关重要的作用。正如我们之前看到的，研究表明，长时程增强对工具性条件作用至关重要，多巴胺是 L-LTP 增强的重要元素。Tsai 等人（2009）使用光感基因刺激特异性地激活腹侧被盖区的多巴胺能神经元，发现刺激强化了工具性条件偏好任务。Navakkode 等人（2010）发现，在海马 CA1 区多巴胺和谷氨酸的同时作用会产生 L-LTP，但是其效应可被 ZIP 阻止，这表明 PKM-zeta 对于 CA1 区依赖多巴胺建立的 L-LTP 至关重要，可以推断，它也对海马中包含突触可塑性的学习非常重要。

事实上，在海马中注入 ZIP 会扰乱空间记忆和对客体位置的记忆(Serrano et al., 2008)。许多药物可以防止新记忆的建立，但实际上，ZIP 甚至可以抹去几个月以来建立好的记忆。此外，一旦 ZIP 被破坏，动物又可获得记忆，所以 ZIP 不是简单地损伤了与之有联系的神经元。到目前为止，还没有发现其他化学成分有这样的作用。

小　结

工具性条件反射

工具性条件反射需要感知刺激的神经回路与产生反应的神经回路之间联系的增强。这些改变，尤其是那些负责学习自动化、常规化行为的突触改变，发生的部位之一是基底神经节。基底神经节接收来自新皮层的感觉和有关运动计划的信息。工具性条件反射激活基底神经节，而基底神经节受损或在那里注入一种阻碍 NMDA 受体的药物会影响工具性条件反射。

Olds 和 Milner 发现，老鼠做出反应时电流会从插在它们脑中的电极通过；这样，刺激就得以强化。尽管参与强化的神经递质不止一个，但多巴胺在其中的作用尤为重要。多巴胺能神经元的细胞体位于腹侧被盖区，其轴突投射至伏隔核、前额皮层、边缘皮层和海马。

微透析研究也表明，自然和人工强化物会引发伏隔核中多巴胺的释放。功能成像研究表明，强化刺激激活了人体的伏隔核。多巴胺能强化系统似乎能被预测强化物出现的强化物或刺激所激活。多巴胺通过促进联合长时程增强使突触具有可塑性，长时记忆的形成与 PKM-zeta 的产生有关。

思考题

你是否碰到过这种情况：正对着一个问题冥思苦想之时，一个可能的答案突然浮现于脑海？你会为此而兴奋快乐吗？如果我们此时在你的伏隔核中插入微透析探针，会看到什么结果？

关系性学习

到目前为止，我们已经讨论了学习的几种简单的形式，关于学习可以有两种理解：一种是觉察特定刺激出现的神经回路的改变；一种是分析知觉信息和产生相应反应的神经元之间连接的增强。但是学习的大多数形式要复杂得多；在现实生活中，我们对绝大多数事物和事件的记忆是与其他记忆相联系的。看到一个老朋友的照片会让你回想他的名字该如何发音，以及发音器官如何配合才可以发出这个音。你也许还会想起你和朋友一同做过的事情、去过的地方、说过的话、共同经历过的事情。这些记忆会包含带有声音和图像的一系列事件，使你能够正确地回想起它所发生的顺序。很明显，视觉联合皮层中负责识别你朋友面孔的神经回路与脑的许多其他回路都有联系，这些回路再与其他回路相联系。这一章将讨论关系性学习的一些研究，包括对事件、情景和地点的记忆的建立和提取。

人类顺行性遗忘症

人类脑损伤所引起的最富有戏剧性、最奇特的现象是*顺行性遗忘症*，这一疾病往往首先表现为学习新信息的能力缺失。然而，如果我们仔细研究这一现象，就会发现患者的知觉学习、刺激—反应学习、运动性学习等基本学习能力都没有受损，而我刚才提到的关系性学习的能力却消失了。这一部分

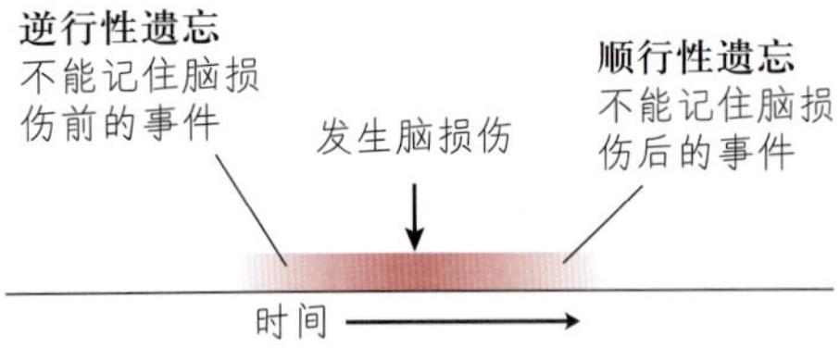

图 12.20 顺行性遗忘和逆行性遗忘定义的示意图。

讨论了人类顺行性遗忘症的性质以及它的解剖基础。下一部分则讨论对动物的一些相关研究。

顺行性遗忘指的是学习新信息的能力的障碍。一个单纯的顺行性遗忘症患者会记得过去（脑损伤之前）的事情，却对损伤之后的经历没有任何印象。与之相反的是，**逆行性遗忘**是指对脑损伤之前的记忆缺失。【见图12.20】单纯的顺行性遗忘症患者很少；一般还同时伴有针对脑损伤之前一段时期的逆行性遗忘。

1889年，俄国内科医生Sergei Korsakoff首先对一例由脑损伤引起的严重记忆缺损进行了描述。该疾病就以他的名字命名。**科尔萨科夫综合征**的核心症状是严重的顺行性遗忘：病人难以形成新的记忆，尽管过去的记忆保存完好。他们可以正常对话，也记得脑损伤之前发生的事情，却不记得损伤之后的事情。科尔萨科夫综合征往往（并不是所有的情况）是长期酒精滥用的结果。

科尔萨科夫综合征的另一个症状是**虚构**。当有这种障碍的人被问及最近发生的事件时，他们经常描述一个虚构的事件，而不是简单地说，我不记得了。虚构中可能混杂着真实发生的事件，也可以是完全虚构的。虚构的人并不是有意欺骗；他们似乎相信他们说的真的发生过。我将在本章结语中讨论虚构。

颞叶的损伤也会引起顺行性遗忘。Scoville和Milner（1957）报告过双侧内侧颞叶切除会引起与科尔萨科夫综合征相同的记忆缺损。本章引子中描述的病人H. M. 患有严重的癫痫，即使使用高剂量的抗癫痫药也无法控制，在这种情况下，他接受了双侧颞叶的切除手术。他的癫痫是9岁时一起车祸所导致的脑损伤引起的（Corkin et al.，1997）。

这项手术成功治愈了他的癫痫，但引发了严重的记忆障碍。进一步的研究发现，海马是这一手术破坏的核心结构。在神经外科医生发现移除双侧内侧颞叶会引起顺行性遗忘后，他们就不再做这种手术了，而小心地转向实施单侧颞叶的手术。

H. M. 的病史和记忆缺陷已在本章引子中做过描述（Milner，Corkin，and Teuber，1968；Milner，1970；Corkinet al.，1981）。由于他的失忆症相对单纯，研究人员对他进行了深入而广泛的研究。Milner以及同事根据他的病症得出了以下结论：

1. **海马并不是储存长时记忆的位置，在记忆的提取中也不是必需的。**否则，H. M. 就不会记得他早年发生的事情，不会记得如何说话，如何穿衣，等等。
2. **海马并不是储存即时（短时）记忆的位置。**否则，H.M就无法进行对话，因为他会很快忘掉别人的话，也就无法做出回答。
3. **海马在从即时（短时）记忆向长时记忆转化的过程中发挥了作用。**这一结论建立在一个记忆功能的特殊假设上：短时记忆由神经活动来维持，而长时记忆则需要神经元相对持久的生化和结构方面的改变。这一结论可以合理地解释为什么H. M. 可以很好地理解和记忆当前所呈现的信息，

顺行性遗忘（anterograde amnesia）：丧失的是对患脑功能障碍（如脑损伤或退行性脑病）之后的事件的记忆。

逆行性遗忘（retrograde amnesia）：丧失的是对患脑功能障碍（如脑损伤或电痉挛休克）之前的事件的记忆。

科尔萨科夫综合征（Korsakoff's syndrome）：营养不良或长期滥用酒精后，脑部受损而引发的永久性顺行性遗忘。

虚构（confabulation）：报告没有发生的事实，并没有欺骗意图；常见于科尔萨科夫综合征患者中。

却无法保持长久的记忆。

我们很快就会发现，这三个结论过于简单了。对顺行性遗忘症患者的后续研究表明，事实要比看上去复杂得多，也有趣得多。在学习新的研究进展之前，我们首先要理解这三个结论并记住是从哪些事实中推出了这些结论。

许多心理学家认为，学习至少包括两个阶段：短时记忆和长时记忆。他们把短时记忆看作一种暂时储存有限量信息的方式，而长时记忆则是永久性储存无限量（或至少是非常大量）信息的方式。短时记忆是对刚刚感知的刺激的短暂记忆。如果我们想记住一个新的信息项目（比如一个电话号码），我们就需要不断复述这一信息。一旦我们停止复述，几分钟后我们可能就会把它忘掉；也就是说，这一信息并未被存储到长时记忆中。

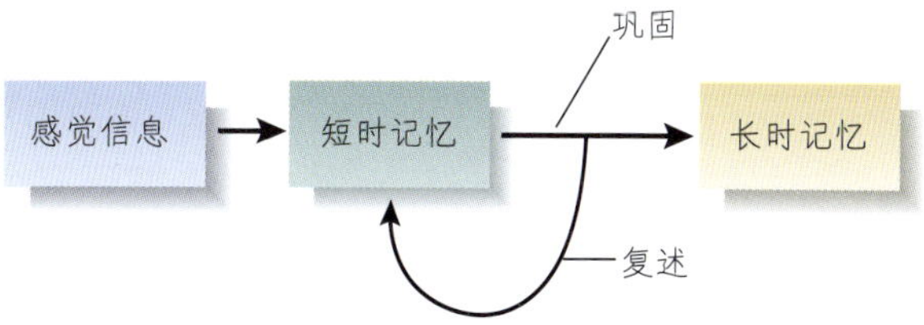

图12.21 学习过程的简单模型。

最简单的记忆过程模型认为，感觉信息首先进入短时记忆系统，通过不断的复述得以保持，并最终成为长时记忆，被永久地储存下来。短时记忆到长时记忆的转化被称为**巩固**，也就是说记忆变得“更加牢固”了。【见图12.21】

现在我们可以比较好地理解 Milner 等人给出的结论了：如果 H. M. 的短时记忆完好无缺，而他又能记起手术前的事情，那么一定是在记忆的巩固上出了问题。因此，海马结构在记忆中的作用是巩固信息——将短时记忆转化为长时记忆。

未受损的各种学习能力

H. M. 的记忆缺陷是令人惊奇而富有戏剧性的。然而，对他和其他顺行性遗忘症患者的进一步研究表明，他们并未丧失全部的学习能力。在对病人进行适当的训练后再进行测试，会发现他们保留了本章开始时提到的四种学习方式中的三种：知觉学习、刺激—反应学习以及运动性学习。Spiers、Maguire 以及 Burgess（2001）对147例顺行性遗忘症进行了回顾总结，得出了与以下描述相一致的结论。

图12.22 一个残缺图形的例子。

Based on Gollin, E. S. Developmental studies of visual recognition of incomplete objects. *Perceptual and Motor Skills*, 1960, 11, 289-298.

我们先来看知觉学习。图12.22是两道在识别残缺图形的能力测试中的样题；请注意这些图形是如何一步步变完整的。【见图12.22】首先向被试呈现20幅图片中最不完整的图片一。若他们无法识别该图形（大部分人都看不出图片一），就向他们继续呈现更加完整的图形，直到被试能识别出为止。1小时后测试被试对该图形记忆的保持，仍然是从图片一开始，信息逐步递加。H. M. 在1小时后的再测实验中的记忆力表现出了明显的提高（Milner，1970）。在4个月后的再测中，这种提高仍然存在。尽管他的成绩并不如那些作为对照组的正常被试，他仍然表现出了不容置疑的长时保持能力。

Johnson、Kim 及 Risse（1985）发现，患有顺行性遗忘症的病人可以学会识别面孔和音乐。实验者播放了病人不熟悉的朝鲜歌曲，并在稍后的测验

巩固（consolidation）：短时记忆转化为长时记忆的过程。

中发现，与他们未听过的音乐相比，他们更喜欢这些刚刚播放过的歌曲。实验者还向病人呈现了两个人的照片，并告知了一些关于他们的信息：一个人被描述成不诚实、吝啬以及邪恶的，另一个则是正直善良、可以与之为友并共进晚餐的。（一半的患者听说其中一个人是坏人，另一半患者则听说另一个人才是坏人。）在20天后的测验中，遗忘症患者报告更加喜欢“好”人的而不是“恶”人的照片。

研究者还在H. M. 及其他遗忘症患者身上发现了刺激—反应学习的能力。如Woodruff-Pak（1993）发现，H. M. 以及另一名顺行性遗忘症患者可以完成经典的眨眼反射。即使在两年以后，H. M. 仍然保持着这种反射：只需对他进行数量仅为原训练数1/10的训练，他就可以习得这种反应。Sidman、Stoddard及Mohr（1968）训练H. M. 成功地完成了工具性条件反射——被试需要完成一项视觉辨别任务，若做出正确的反应，就可以获得金钱上的奖励。

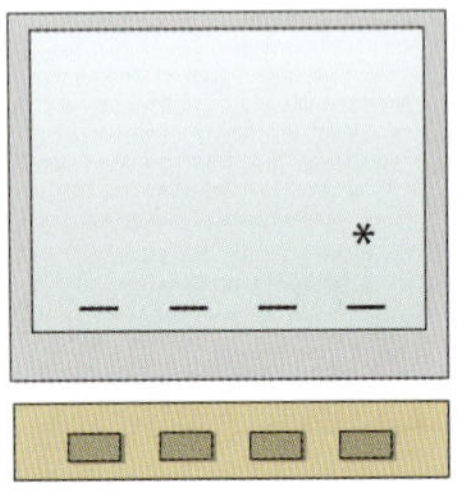

图12.23 序列反应时任务。 在Reber和Squire（1998）的实验设计中，被试根据星号出现的位置按压显示屏上相应的按钮。

最后，一些研究证实顺行性遗忘症患者具有运动性学习能力。比如，Reber及Squire（1998）发现，顺行性遗忘症患者可以在*系列反应时任务*中学习按压一连串按钮。它们坐在计算机屏幕前观察星号的出现——这种出现看似是随机的。他们的任务是根据星号出现的位置按压相应的按钮。每做完一次反应，就会有星号出现在新的位置，然后他们再做出新的反应。【见图12.23】

事实上，由不断移动的星号所决定的按压按钮的顺序是有章可循的（尽管主试并未这样告诉被试）。比如，这个顺序有可能是DBCACBDCBA，每十项循环一次。随着不断地练习，被试的反应会逐渐变快。一旦顺序改变，他们的反应就会变慢，因此他们反应速度的提高一定是由于其习得了这种顺序。遗忘症患者与正常被试在这项任务中表现得一样好。

Cavaco等人2004年的实验测试了失忆症患者在一系列仿效实际生活活动任务上的表现，如编织、描绘轮廓、操作一根控制视频显示的木棍以及把水倒进小瓶。最初，失忆症患者和正常被试在这些任务上的表现很差，但是练习后他们的表现得到改善了。因此，正如你知道的，顺行性遗忘症患者有能力完成需要有关知觉学习、刺激—反应学习和运动性学习的各种任务。

学习骑车是刺激—反应学习和运动性学习的结合，两者在本质上都是非陈述性的。对我们学习骑车的经历的记忆是情景记忆，这是一种关系性学习。

Corbis

陈述性记忆和非陈述性记忆

如果遗忘症患者可以完成上述的各种学习，我们就不禁要问，为何他们被称作*遗忘症患者*？答案如下：尽管患者可以完成这些任务，但他们并不记得他们是如何学会这样做的。他们也会很快忘记实验的主试、做实验的屋子、所使用的仪器，以及实验过程中发生的各种事情。尽管H. M. 学会了如何识别残缺的图片，他却并不记得他曾经见过那些图片。在Johnson、Kim及Risse的实验中，尽管被试对一些朝鲜歌曲表现出偏爱，但他们已经忘记了他们曾听过这些歌曲；他们对照片中的那两个人也没有任何印象。尽管H. M. 可以成功地习得经典的眨眼反射，但他并不记得实验的主试、器材以及他曾带过一种特殊的“头巾”，头巾上的装置可以向眼睛喷气。

在Sidman、Stoddard及Mohr的实验中，H. M. 可以学会做出正确的反应（见到画有圆圈的图片就按压实验板），他却不记得他曾这样做过。事实上，如果主试在 H. M. 习得了这项任务后立即对他进行干扰，如让他数一数他有几美分（使他分心），然后再让他回答他需要完成什么任务。他就会显得很迷惑，一点主意也没有。这时他们若看到刺激，又会立即做出正确的反应。最后，在 Reber 和 Squire 的研究中，尽管遗忘症被试可以习得按压按钮的顺序，他们却并不知道星号的出现实际上是有规律的；他们以为那完全是随机的。

遗忘症患者能和不能掌握的信息之间到底有什么不同呢？这一问题显然非常关键，因为它反映了学习过程的基本构成。很明显，记忆至少可以分为两大类。心理学家对它们做了不同的命名。比如，一些研究者（Eichenbaum, Otto, and Cohen, 1992）认为，顺行性遗忘症患者无法建立**陈述性记忆**，它是指“可以明确提取的、外在的有意识记忆，如事实、事件或者特异性的刺激”（Squire, Shimamura, and Amaral, 1989, p.218）。*陈述性*这一术语很明显来源于“陈述”，意为“表明，宣称”。这一术语说明顺行性遗忘症患者无法表述他们脑损伤之后的经历。因此，根据 Squire 及其同事的定义，陈述性记忆是指我们可以回想和描述的关于事实和事件的记忆。

陈述性记忆并非只是语言描述的记忆。例如，想想生活中某些事件，比如你最近的一个生日。想到你在哪里，事情是什么时候发生的，还有哪些人在场，发生了哪些事件，等等。虽然你可以用语言描述（言明）这个情景，记忆本身却不是言语性质的。事实上，它可能会更像一个在你脑海里播放的视频：你可以控制启动键、停止键以及快进和倒退。

记忆的另一大类，也就是我们通常所说的**非陈述性记忆**，包括知觉学习、刺激—反应学习以及运动性学习等我们并不一定意识得到的记忆。（一些心理学家又把这两种记忆分别称为*外显记忆*和*内隐记忆*。）非陈述性记忆是可以自动运行的。它不需要学习者主观故意地记忆。它们似乎也并不包括事实和经历；却可以控制行为。比如，假设我们正在学习骑自行车，我们有意识地去做这件事并形成了有关的陈述性记忆：谁给予了我们帮助，我们在哪学习，我们当时的知觉怎样，我们摔了多少次跤，等等。但我们同时也形成了非陈述性记忆——刺激—反应记忆以及运动性记忆——*我们学会了骑车*。我们可以通过手和身体的自行调节使重心保持在车轮上方。

陈述性记忆（declarative memory）：可以用言语表达的记忆，如对某人过去经历的记忆。

非陈述性记忆（nondeclarative memory）：对知觉记忆、刺激—反应记忆及运动性记忆的统称。该类记忆的形成与海马无关。

具体行为和技能的习得可能是内隐记忆最重要的形式。开车、翻书、演奏乐器、跳舞、抛出和接到球，以及当我们从餐桌前起身时将一把椅子向后滑，所有这些技能都涉及根据感觉信息来协调运动，这些感觉信息来自于环境和我们自己的身体部位。我们不需要描述这些活动来执行它们。做这些行为时，我们甚至意识不到自己的动作。

表12.1列出了到目前为止我所描述过的各种陈述性和非陈述性记忆。【见表12.1】

表12.1 陈述性记忆和非陈述性记忆任务示例

陈述性记忆任务	
记住过去的经历	
学习新词	
在新环境中寻路	
非陈述性记忆任务	**学习的类型**
残缺图片	知觉的
再认面孔	知觉的（和刺激—反应的？）
再认曲子	知觉的
经典条件反射	刺激—反应的
工具性条件反射	刺激—反应的
序列按钮	运动的

患者 E.P. 患病毒性脑炎后，大部分的内侧颞叶遭到破坏，他患有严重的顺行性遗忘症。Bayley、Frascino 和 Squire（2005）教患者 E.P. 指出每组八对的配对物品中一个特定对象。他最终学会了这样做，但他对于正确的物品没有外显记忆。当被问及为什么他选择一个特定的对象时，他说，“它就是看起来像那一个。它以一种或者其他方式存在于这里（指向头部），然后手就伸向它了……我不能称它为记忆。我只是感觉是这一个……它就是跳向我，‘是我，是我’。”（Bayley, Frascino, and Squire, 2005, p. 551）。显然，他学会了非陈述的刺激—反应任务，但同时没有获得任何关于自己学到了什么的陈述性记忆。

围嗅皮层（perirhinal cortex）：边缘皮层中与海马相邻的一个区域，与旁海马皮层一起负责内嗅皮层与脑其他区域之间的信息传递。

旁海马皮层（parahippocampal cortex）：边缘皮层中与海马相邻的一个区域，与围嗅皮层一起负责内嗅皮层与脑其他区域之间的信息传递。

顺行性遗忘症的解剖基础

顺行性遗忘现象及其对关系性学习性质的启示都使研究人员开始在动物身上研究这一现象。但在我对这一研究进行回顾之前（其中有一些很有意思的结果），我们先研究一下导致顺行性遗忘的脑损伤。一个非常明了的事实是：对海马及与其有信息传入和传出联系的脑区的损伤可以导致顺行性遗忘症。

我们在本章前面学过，海马结构包括齿状回、海马本身的 CA 区、下托（及其亚区）。海马结构最重要的传入信息来自内嗅皮层；那里的神经元轴突终止于齿状回、CA3 和 CA1 区。而内嗅皮层接收来自杏仁核、边缘皮层的多个区域以及新皮层所有相关区域的传入信息，这些信息要么是直接传入的，要么是通过边缘皮层的附近区域（**围嗅皮层**和**旁海马皮层**）进入内嗅区的。海马结构的传出主要来自 CA1 区及下托。大部分传出信息又通过内嗅皮层、围嗅皮层和旁海马皮层返回到相关脑区发出传入信息的相同区域。【见图 12.24】

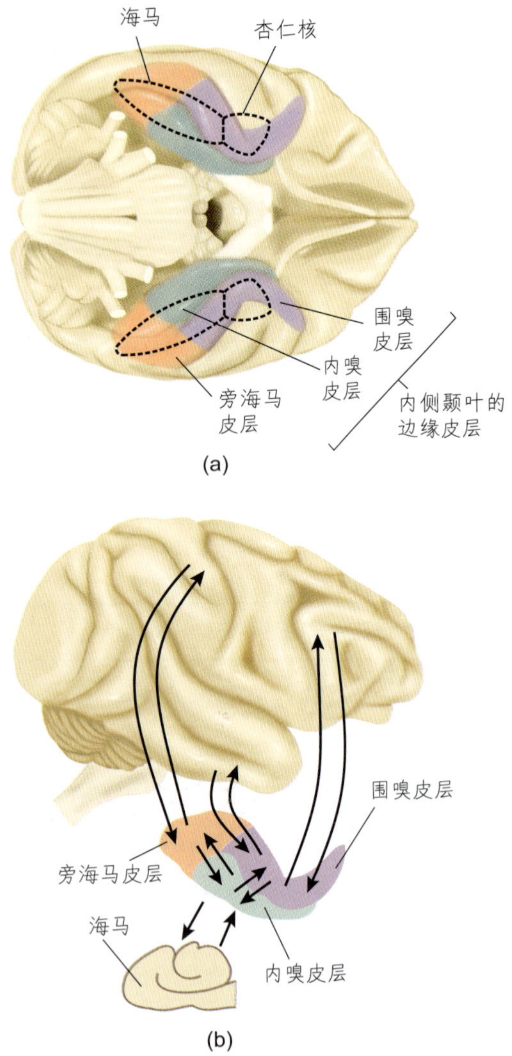

图 12.24 海马结构的皮层连接。(a) 猴子脑部的海马结构；(b) 海马与大脑皮层的连接。

海马结构在陈述性记忆巩固中的作用

正如我们在本章前面部分所知道的，海马不是短时或长时记忆储存的位置；毕竟，海马结构损伤的患者能记住在他们的脑受伤之前发生的事件，他们的短时记忆是相对正常的。但海马结构显然在陈述性记忆形成这一过程中发挥着作用。大多数研究者相信过程是这样的：海马从感觉运动联合皮层以及一些亚皮层区域（如基底神经节和杏仁核）接收有关现在所发生事情的信息。它处理这些信息，然后通过传出神经与这些区域相连，修改已巩固的记忆，以方便我们记住记忆元素之间的关系的方式将它们连接在一起，例如，按事件发生的顺序、根据我们感知一个特定项目的背景，等等。如果没有海马结构，我们就只剩下单个的孤立的记忆，这些记忆缺乏联系，我们便无法记忆——甚至回想——事件和背景。

当要求患者 E.P. 描述上学前的一件事情时，他做出了如下回答：

"当我5岁的时候，我们从奥克兰搬到乡下。我非常兴奋地期待着这个改变。我记得爸爸租来的车。它几乎是空的，因为我们并没有多少家具。离开时，妈妈就在卡车后的小汽车里，我和爸爸在卡车上。"(Reed and Squire，1998，p. 3951)

患者 E.P. 认得儿时家附近的路，但是他对在患遗忘症以后自己所搬到的地方完全不认路（Teng and Squire，1999）。

正如我们所知道的，顺行性遗忘症通常伴随着逆行性遗忘——无法记住在脑损伤发生前一段时间的事件。下面的例子说明了严重的顺行性遗忘症病人对早期记忆的提取。

对记忆正常个体的功能成像研究发现了支持海马结构对近期记忆和更早期记忆有不同作用的证据。Smith 和 Squire（2009）询问关于过去30年间所发生的新闻事件的相关问题，以唤起对不同年龄阶段记忆的提取。在提取最近期的记忆时，海马激活程度最强；提取最久远的记忆时，海马激活程度最弱。而在额叶皮层，人们发现了相反的效应。这些结果与记忆最初储存在海马并逐步转移到额叶皮层的说法相符。【见图12.25】

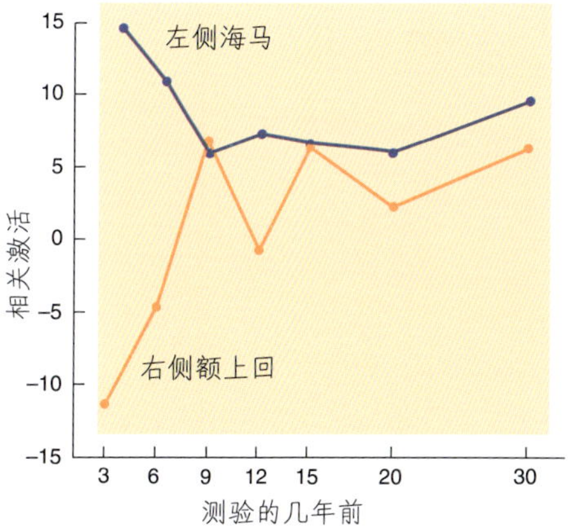

图12.25 海马和大脑皮层在长期记忆储存中的作用。功能成像显示，提取最新形成的长期记忆时海马的激活超过额上回皮层；但提取更久的记忆时，海马的激活更少，皮层激活更多；提取9年前的记忆时，这两个区域激活的程度大致相同。

Based on data from Smith and Squire, 2009.

情景记忆和语义记忆

陈述性记忆至少有两种形式：情景记忆和语义记忆。**情景记忆**涉及上下文；它包含何时、在何种条件下某一特定事件发生，以及在情景中事件发生的顺序等信息。情景记忆基于一个特定的时间和地点，因为定义中的特定事件只发生一次。**语义记忆**涉及事实，但不包括习得事实的背景信息。换句话说，语义记忆没有情景记忆那样具体。例如，知道太阳是一颗恒星比起你何时何地、从谁那里学到了这个事实来说，是一个不那么具体的记忆。语义记忆可以随着时间逐渐获得。相反，情景记忆必须一次性记住。

正如你所看到的，语义性痴呆的症状非常不同于顺行性遗忘症，表现为虽然语义信息丢失，但保留了对于近期事件的情景记忆。海马结构和内侧颞叶边缘皮层似乎参与陈述性记忆（既包括语义记忆，也包括情景记忆）的巩固和提取，但语义记忆本身似乎储存在大脑新皮层中，尤其是前外侧颞叶的新皮层中。Pobric、Jefferies 和 Lambon Ralph（2007）发现，对左前颞叶的经颅磁刺激扰乱

情景记忆（episodic memory）：对事件的知觉集合的记忆，其事件是按时间组织的，通过特定的背景来识别。

语义记忆（semantic memory）：对事实和一般信息的记忆。

了这个区域正常的神经活动，产生了语义性痴呆的症状。被试难以对物体进行图片命名和理解单词的含义，但他们在执行其他的非语义任务时（如说出六位数字和根据它们的近似大小与数字匹配时）没有问题。

患者 A. M. 是一家国际知名公司的工作人员，负责管理超过450名员工。他患有外侧颞叶的进行性退行疾病，这阻碍了他的语义记忆，但他的情景记忆完好无损（Murre, Graham, and Hodges, 2001）。这种综合征被称为语义性痴呆。

测试者：你记得去年的4月份吗？

A. M.：去年4月，那是第一次，嗯，周一，他们检查我所有的小东西，这也是第一次，自从我的大脑，呃，你知道，你知道大脑的那块区域（指着左脑），不是……另一边是好的。但这很烦，所以他们这样做，然后用各种方式做这做那，可能比我现在好一点（在头上晃动手来指扫描）。（Murre, Graham, and Hodges, 2001, p. 651）

患者 A. M. 语义信息的缺失对他的日常活动产生了深远的影响。他好像并不能理解日常用品的功能。例如，暴雨期间他把一个没撑开的伞水平地举在他的头上，当他的妻子需要折梯时给她割草机。他把糖放进一杯葡萄酒里，把酸奶加在解冻的生鲑鱼排里吃。不过，他仍然表现出了一些惊人的复杂行为。因为不相信他能开车，所以他的妻子偷偷地把车钥匙从钥匙环上取了下来。他注意到钥匙不见了，没有向她抱怨（可以推测为，他意识到这是没有意义的），他偷偷地把车钥匙从她的钥匙环上取下来，并找锁匠重新配了一把。

虽然他的语义记忆严重受损，但他的情景记忆出奇得好。研究人员报告说，即使他的痴呆发展到他在语义信息测试中的得分处于机会水平的程度时，在他妻子出门时，若他接到了找妻子的电话，他仍能记得把这事告诉她。

空间记忆

前面曾提到过病人 H. M. 在他现在的生活环境周围不认得路。尽管空间记忆并不需要表述出来（因为我们的空间记忆能力已经在移动和行走的过程中得到了很好的体现），但顺行性遗忘症患者无法巩固关于周围环境中的各种事物（如房间、走廊、楼宇、道路）的方位信息。

双侧内侧颞叶损伤会导致空间记忆遭到最严重的破坏，而仅限于右半球的损伤也会引起诸多功能的缺失。比如，Luzzi 等人（2000）报道了一个由于右侧旁海马皮层的损伤而在新环境中失去方向感的病例。他找到自己房间的唯一方式是数经过的房门数，或者是绑在他床头柜上方的一条红毛巾。

功能成像研究表明，当一个人记忆或寻找路径时，右侧海马会激活。如

Maguire、Frackowiak 及 Frith（1997）曾对伦敦的出租车司机进行过测试，他们要求这些司机描述从一地到另一地的路线。功能成像研究发现，当他们描述各种路线时，右侧海马会激活。伦敦出租车司机接受了关于在城市中如何有效地驾驶的广泛训练；事实上，这种培训需要两年左右，司机只有在通过了一系列严格的测试后才能拿到他们的驾驶证。我们预期这种地形学习会使他们的脑的各个部分产生一些变化，包括海马结构的变化。事实上，Maguire 等人（2000）发现，伦敦出租车司机的后海马区域的体积大于对照组。此外，一个出租车司机从事这个职业的时间越长，右侧后海马的体积越大。我们将在本章后面提到，老鼠的背侧海马（对应于人类的后海马区域）包含了直接参与空间运动的空间细胞。

Iaria 等人（2003）训练被试进行计算机模拟现实项目，这个程序允许被试通过远距离的空间线索，或是一系列的转变来学习迷宫。大约一半的被试自愿使用空间线索，另一半被试自愿学习在特定地点进行特定转弯。功能成像显示，采用空间策略的被试的海马体被激活，而采用反应策略的被试的尾状核被激活。另外，由 Bohbot 等人（2007）进行的结构性核磁共振成像研究发现，那些倾向于在虚拟迷宫中使用空间策略的人有更大的海马体，而那些倾向于使用反应策略的被试有更大的尾状核。（你还记得尾状核吗？它是基底神经节的一部分，在刺激—反应的学习过程中发挥作用。）图 12.26 表现了在只能使用反应策略的测试中，成绩与海马体和尾状核的关系。正如你所看到的，被试的尾状核越大（且海马越小），他犯的错误越少。【见图 12.26】

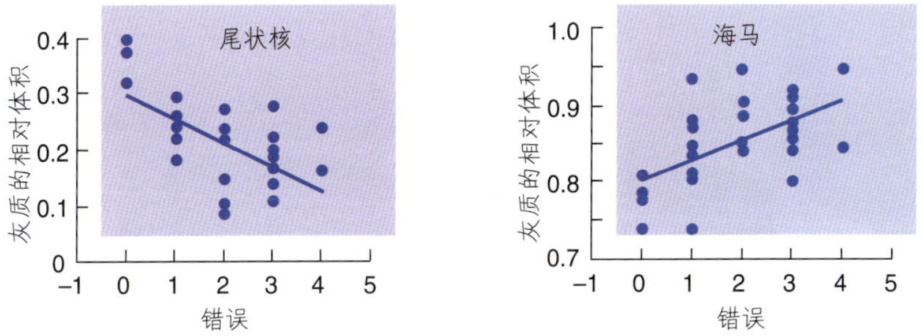

图 12.26　空间策略与反应策略。图中显示出尾状核（左）和海马体（右）的灰质体积与虚拟迷宫测试中错误次数间的相关只在使用反应策略时出现。 尾状核密度增加与更好的表现相关，而海马密度的增加与较差表现相关。

Based on data from Bohbot et al., 2007.

实验动物的关系性学习

在发现海马的损伤会引起人类的顺行性遗忘症后，越来越多的人开始对这一结构在学习中所起的确切作用产生兴趣。为此，研究人员发展了需要关系性学习的任务，在这些任务中，海马损伤的动物也表现出了与人类相同的记忆缺陷。

空间知觉和学习

我们知道，海马损伤会损害人类学习和记忆空间位置的能力。比如，自从 H. M. 的父母在其手术后搬了家，H. M. 就从未学会找到回家的路。实验动物也遇到了同样的定位问题。Morris 等人（1982）发展了一种任务，作为检验啮齿动物空间能力的标准测验。该项任务要求老鼠完全凭装置之外的视觉线索寻找空间中某一特定的位置。这个“迷宫”包括一个圆形的水池，直径1.3米，装满了水和诸如奶粉之类的东西以降低其透明度。水中藏有一个小型平台，放置于紧靠水面以下。实验者将老鼠置于水中迫其游泳，直至它们碰到并登上隐藏于其中的平台。每次实验释放老鼠的位置不同。几次实验过后，无论在哪释放，正常的老鼠都学会了直接游到隐藏的平台上。

Morris 的水迷宫需要应用关系性学习的能力；在迷宫周围游泳和搜寻时，老鼠可以通过迷宫之外的各种刺激——家具、门、窗等物的相对位置关系来获得方向感。水迷宫也可以用于非相关性的刺激—反应学习。如果老鼠总是在同一位置被释放，它们就会按照一个固定的方向前进——也就是说，朝着在迷宫墙上他们所能看见的一个特定目标游去（Eichenbaum，Stewart，and Morris，1990）。

对于海马受损的老鼠，如果总是从同一个位置释放它们，它们可以像正常老鼠一样很好地完成这种非关系性的刺激—反应学习任务。然而，如果它们在每次实验中被释放的位置不同，它们的游泳路线则呈现出盲目性。【见图 12.27】

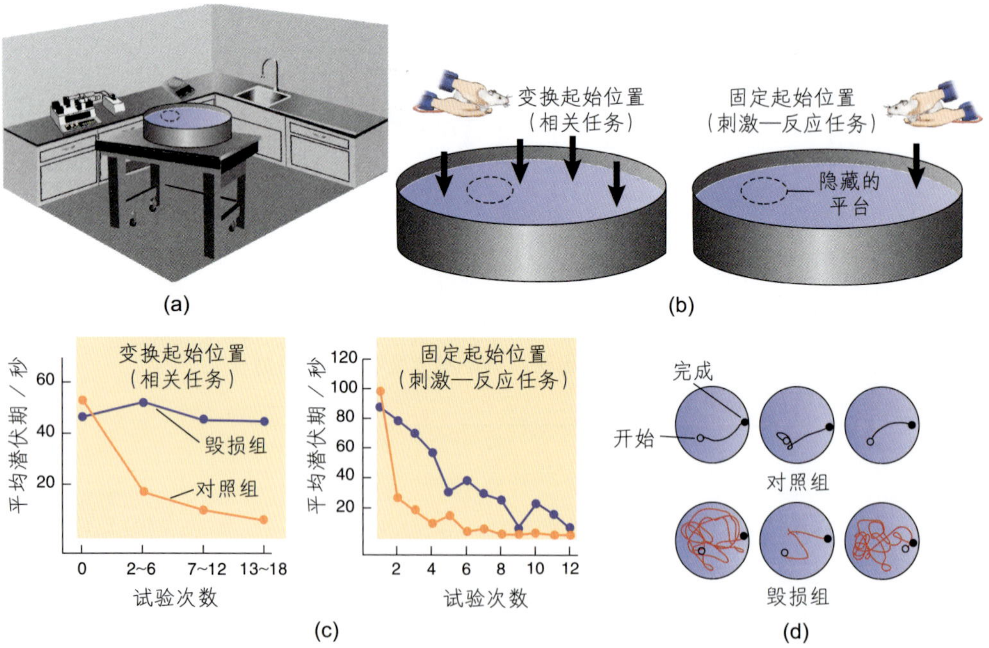

图 12.27　Morris 的水迷宫实验。(a) 房间中的环境线索为动物在空间中的自我定位提供了信息。(b) 变换和固定位置。一般来说，在每次试验中，动物入水的位置不相同；但如果每次入水的位置相同，大鼠会通过刺激—反应学习找到隐藏的平台。(c) 正常大鼠和海马毁损大鼠在变换入水点和固定入水点条件中的成绩。毁损海马损害关联性任务中的知识获得。(d) 正常大鼠和海马毁损大鼠在关联性任务中的不同路径示意图。

Based on Eichenbaum, H. *Nature Reviews: Neuroscience*, 2000, 1, 41-50. Data from Eichenbaum et al., 1990.

海马结构中的位置细胞

在对海马的研究中，最惊人的发现之一是由 O'Keefe 和 Dostrovsky（1971）做出的，他们记录下了当动物在环境中移动时，海马中单个锥体细胞的活动。实验人员发现，一些神经元只有在老鼠运动到一定位置时才会放电。不同的神经元有不同的**空间感受野**；也就是说，它们对老鼠不同的位置做出反应。某个神经元可能在老鼠处于某个特定位置时每秒放电20次，在其他位置时一小时才放电几次。因此，这些细胞被命名为**位置细胞**。

图12.28显示了在探索正方形封闭环境时，老鼠选择的路径（灰色线）。红色点表示单个海马位置细胞的放电，正如你所看到的，当老鼠在一个特定的位置时，这个位置细胞集中放电（Derdikman and Moser，2010）。【见图12.28】

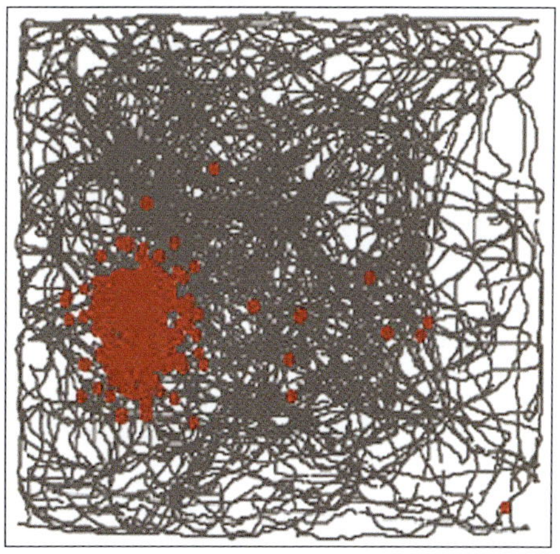

图12.28 海马位置细胞的激活。灰色的线显示了一只老鼠探索方形封闭区域的路径。红色点表示海马结构中一个特定的细胞的放电。如图，当老鼠在一个特定的位置时，这个细胞的放电增加。

From Derdikman, D., and Moser, E. I. *Trends in Cognitive Science*, 2010, 14, 561-568. Reprinted with permission.

当老鼠被放置于左右对称的小室中时，客观环境使它们很难把这一装置中的不同部分区别开。这时它们就需要通过在迷宫之外看到（或听到）的事物来确定自己的位置。这些项目的改变会影响位置细胞的放电以及大鼠的导航能力。当实验人员移动整个装置，而保持它们的相对位置不变时，动物会据此做出正确的再定位。然而，当实验人员改变了装置内部的安排时，动物的行为（及位置细胞的放电）就会受到影响。（想象一下，当你到了一个熟悉的房间，却发现窗户、门和家具的位置都改变了时，你会感到多么迷惑。）

海马结构中的细胞有空间感受野，但这并不意味着每一个神经元都对应一个特定的位置。相反，位置信息无疑是通过神经回路特定模式的激活来表征的，这种回路由海马结构中的大量神经元所构成，啮齿动物的大部分位置细胞分布在背侧海马，这一位置对应于人类的后部海马（Best，White，and Minai，2001）。

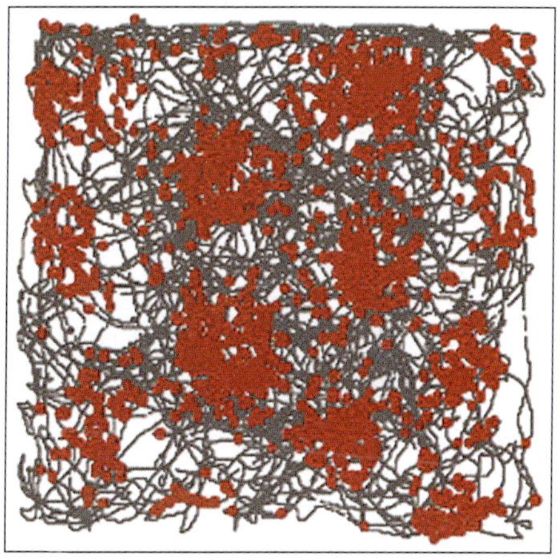

图12.29 海马网格细胞的激活。当老鼠进入按网状结构排列的系列点之一时，细胞放电。

From Derdikman, D., and Moser, E. I. *Trends in Cognitive Science*, 2010, 14, 561-568. Reprinted with permission.

发现位置细胞以来，研究人员发现，海马区域还包含**网格细胞**、**头朝向细胞**和**边界细胞**，这些细胞都是在内嗅皮层中被发现的。网格细胞在动物所在的整个环境中形成均匀分布的覆盖面（Derdikman and Moser，2010）。【见图12.29】当动物靠近环境中的一个或多个边界时，比如箱子的壁，边界细胞就会放电。图12.30显示了在一个方形室中和在水平或垂直方向被拉长的室中，边界细胞的放电频率（Solstad et al.，2008）。如你所见，这个细胞沿右手侧的墙放电。【见图12.30】

头朝向细胞只是当动物的头正面对着一个特定的方向时，对特定环境中的远距离线索放电。动物转身时，不同的细胞会根据动物看的方向放电。这些细胞不能反映动物在环境中的位置，只能反映它头部的朝向。所有这些细胞提供的信息清楚地反映了动物的位置和方向，这些信息还会被其他的脑区使用。事实上，研究人员可通过在动物脑中插入多组微电极得到这些信息。

位置细胞（place cell）：当动物处于某一空间位置时脑中被激活的相应神经元；在海马中最为常见。

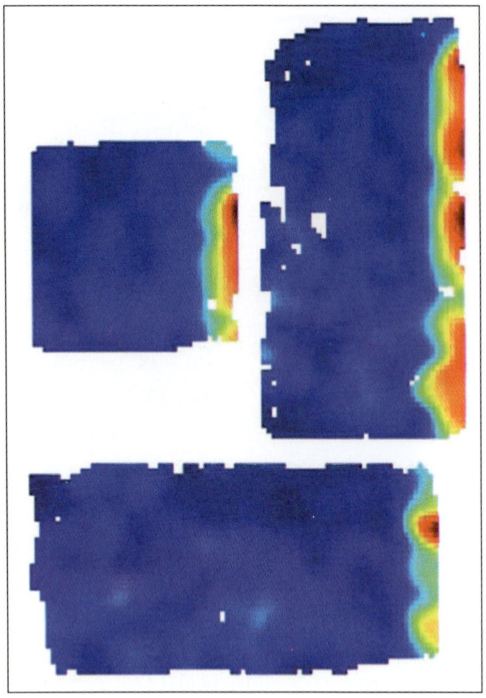

图 12.30 海马边界细胞的激活。细胞的放电频率用颜色表示。最“暖”的颜色代表最高的放电频率。如你所见，与区域大小无关，当动物位于矩形封闭区域右边界时，细胞放电频率更高。

From Solstad, T., Boccara, C. N., Kropff, E., et al. *Science*, 2008, 322, 1865-1868. Reprinted with permission.

一旦计算机在动物探索环境时将这些细胞的活动与动物的位置相联系，它就可以根据神经元的活动画图显示动物的运动。正如我们可以看到的，如果动物睡觉或静止不动，计算机也可以画出一幅动物想象的运动图。(也许对动物的思维来说虚拟运动这一术语并无太多假设成分。)

海马位置细胞神经回路的激活不仅仅提供了空间信息。Wood 等人 (2000) 在 T 形迷宫中训练大鼠的空间变换任务。任务要求大鼠在实验中交替进入 T 的左和右臂；如果这样做，它们会在 T 左右臂末端的目标室中收到一块食物。与目标室相连的走廊重新通向 T 形迷宫的起点——开始新试验的地方。【见图 12.31】Wood 和她的同事们记录了大鼠 CA1 区的锥体细胞，正如预期的那样，他们发现大鼠在迷宫的不同区域时有不同的细胞放电。然而，2/3 的细胞在左转和右转的不同试验中在 T 的干部放电不同。换句话说，这些细胞不仅编码老鼠在迷宫中的位置，也预示老鼠到达转折点时要左转或右转。因此，CA1 区神经元的活动编码了当前的位置和想要到达的目的地。

海马结构在记忆巩固中的作用

我们已经看到了来自功能成像研究和人类脑损伤影响的证据，海马结构在对关系性记忆的巩固及将其转移到大脑皮层中发挥着至关重要的作用。对实验室动物的研究支持这一结论。例如，Maviel 等人 (2004) 在 Morris 的水迷宫中训练小鼠，之后测试其对平台位置的记忆。在测试动物的表现之前，研究人员通过向动物脑内注入局部麻醉药利多卡因，暂时使动物脑的特定区域失活。如果海马是在训练 1 天后被灭活，小鼠表现得好像没有关于任务的记忆。然而，如果海马是 30 天训练后被灭活，小鼠则表现正常。相反，大脑皮层的几个区域若在训练的 30 天后（而非 1 天后）失活，会使记忆提取受损。这些发现表明，海马在学习新空间信息时是必需的，而对于 30 天以前所学的信息则不是必需的。研究结果还表明，在这 30 天中，大脑皮层对于信息的保持发挥着重要作用。【见图 12.32】

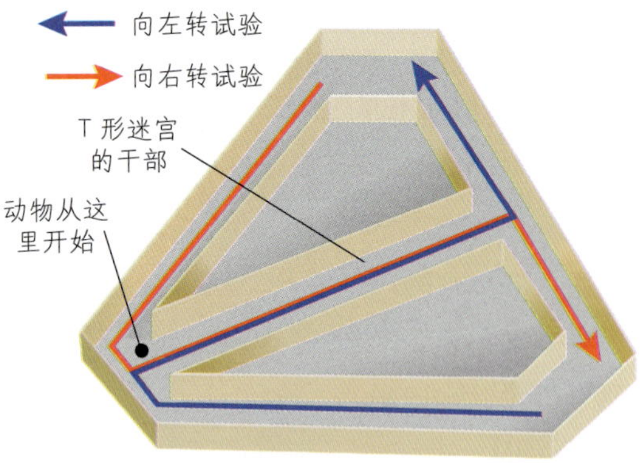

图 12.31 海马位置细胞不仅仅编码空间信息。在交替的试验中，大鼠被训练在 T 形迷宫干部末端向右转或者左转。当动物在迷宫干部准备向左或向右转时，空间感受野的海马位置细胞的放电模式是不同的。

Based on Wood, E. R., Dudchenko, P. A., Robitsek, R. J., and Eichenbaum, H. *Neuron*, 2000, 27, 623-633.

正如我们在第 8 章看到的，慢波睡眠可促进人类被试的陈述性记忆的巩固，而快速眼动睡眠可促进非陈述记忆的巩固。当动物执行空间任务时，记录海马位置细胞的一个好处是调查人员可以探测到这些细胞的放电模式会随着在不同环境或想象的环境中移动而改变。对穿过某个环境时的运动的回顾主要出现在慢波睡眠中，也会发生在当动物安静地坐在迷宫中或在其居住笼的时候。这些回放片段出现在**尖波－涟波复体（SWRs）**期间，这一期间的波动密集、高频，起源于海马的CA1和CA3区，并会传播到大脑皮层（Taxidis et al.，2011）。在SWR期间，海马位置细胞按照被激活的序列回放在它们学习穿过迷宫时发生的序列事件。序列事件的回放速度可以远远快于动物实际上通过迷宫的速度（Karlsson and Frank，2009），并且可以前进或后退（Diba and Buzsáki，2007）。当动物学习新的空间任务时，SWR期间序列事件的回放反映的是动物刚刚学到的新路径（Dupret et al.，2010）。可以推测，在SWRs期间的回放模式反映了对之前行动顺序的记忆，促进了记忆在大脑皮层的整合。事实上，Peyrache等人（2009）发现，训练时观察到的前额叶皮层的神经元放电模式在动物睡着后出现SWRs时可被重新观察到。

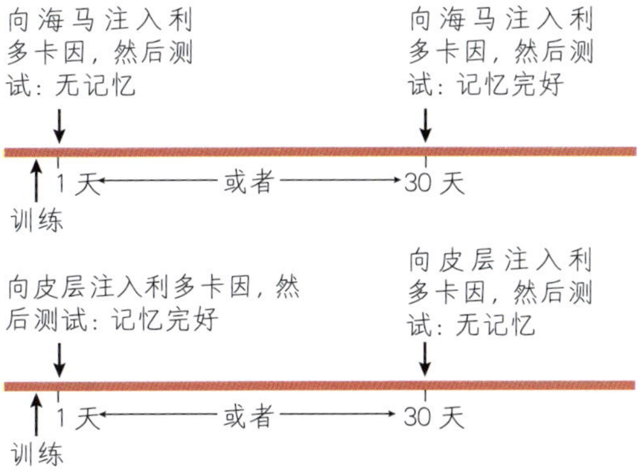

图12.32 Maviel等人（2004）实验的概要描述。

记忆的再巩固

随着时间的推移，对事件的记忆会发生怎样变化呢？显然，如果我们学习了关于特定对象的新知识，那么我们与该对象有关的记忆会以某种方式被修改。例如，正如我在本章前面所提到的，如果一个朋友换了新发型或换上隐形眼镜，我们对有关那个人的视觉记忆会相应地改变。举个例子来说，如果你了解到一些以前不熟悉的街区布局，你将获得越来越多的相互关联的记忆。这些例子表明，已建立的记忆可以被更改或与更新的记忆相连。近年来，研究人员一直在调查这一被称为**再巩固**的现象，这似乎涉及长时记忆的改变。

事实上，研究发现，长期的、已整合的关系性记忆也容易受到破坏。据推测，再巩固的神经过程类似于负责最初整合的过程，使已建立的记忆被改变或与新信息相连接（Nader，2003）。干扰记忆巩固的事件也会干扰再巩固过程，甚至可以擦除记忆，或者至少使它们无法被提取。例如，Debiec、LeDoux和Nader（2002）使用需要海马参与的关系性恐惧反应任务训练老鼠。如果在训练后立即在海马中注入一种干扰蛋白质合成的药物，则记忆不会被巩固。如果在训练后45天注入药物，则没有看到效果。显然，记忆已经被巩固了。然而，如果记忆在45天后由最初学习阶段的条件刺激激活，然后将药物注入海马，在之后的测试中，动物又表现出了对训练的遗忘。【见图12.33】

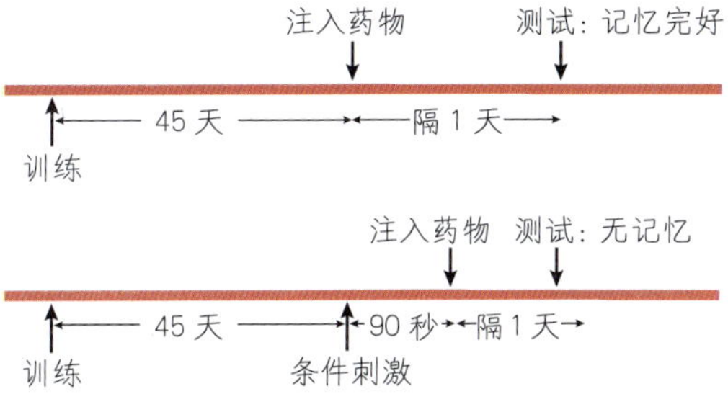

图12.33 Debiec等人（2002）实验的概要描述。

记忆巩固中海马神经发生的作用

正如我们在第3章中看到的，成年人的海马和嗅球中可以产生新的神经元。位于大鼠海马颗粒下层的干细胞每天要分化产生5000～10000个颗粒细胞，它们移动到齿状回，伸长轴突，与齿状回的其他神经元和CA3区的神经

尖波－涟波复体（sharp-wave-ripple complexes，SWRs）：密集高频振动期，起源于海马的CA1和CA3区，传播到大脑皮层；参与近期获得信息的回放过程。

再巩固（reconsolidation）：最初记忆巩固后再次被巩固的过程，可以被原始刺激提醒物所引发；提供了修改已有的记忆的方法。

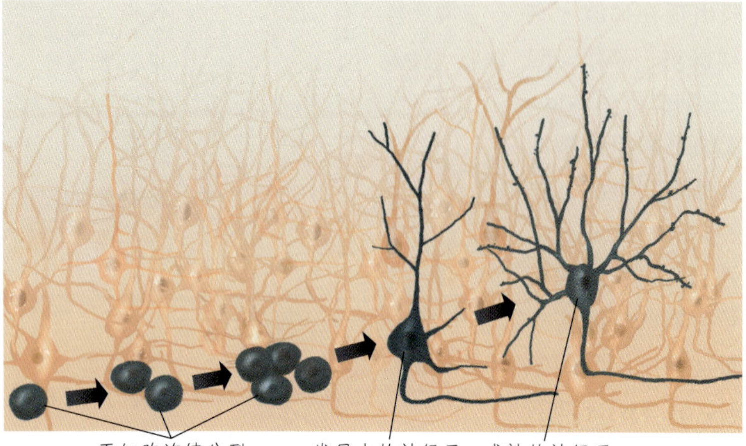

图 12.34　成人的神经发生。海马颗粒下层的干细胞分裂，产生颗粒细胞，之后颗粒细胞向齿状回迁移。

元形成连接（Kempermann，Wiskott，and Gage，2004；Shors，2009）。【见图 12.34】

Gould 等人（1999）使用两种 Morris 的水迷宫训练大鼠：一种需要关系性学习，一种只需要刺激—反应学习。关系性学习的任务与海马体有关，使新生齿状回神经元的数量增加了一倍。刺激—反应任务不涉及海马体，没有对神经发生产生影响。大多数新生神经元会在几周内死亡，但如果动物学习了新的事物，许多神经元会存活下来。也有证据表明，齿状回中新生的神经元参与了学习过程。Tronel 等人（2010）发现，当动物被训练完成空间学习任务时，也加快了新生神经元树突树的成熟以及它们向海马神经回路的整合。他们还发现，向侧脑室注入 NMDA 受体阻断剂 AP5 并不影响神经发生，但会影响学习，阻止了神经发生中在正常情况下学习所引起的改变。这些结果表明，长时程增强在新生神经元融入储存新记忆的回路中发挥作用。

尽管对嗅球在神经发生中的作用研究得较少，但一些证据表明，嗅球的神经发生也参与学习过程。Nissant 等人（2009）发现，新生嗅球神经元到达嗅球后不久，会引发长时程增强，但这种能力会随着神经元的老化而下降。Belnoue 等人（2011）发现，嗅球中的新生神经元参与嗅觉学习。

我们仍然不知道为什么神经发生只发生在脑的两个部分。如果它在那里是有用的，为什么它不会发生在脑的其他地方呢？

小　结

关系性学习

脑损伤会引发顺行性遗忘症，也就是忘记了损伤后发生的事情，尽管短时记忆（如我们在进行谈话时所需的记忆）保持完好。患者也可能会有长达几年的逆行性遗忘，但对很久前的事情记忆犹新。科尔萨科夫综合征（常由长期酒精滥用导致）所伴随的脑损伤以及双侧内侧颞叶损伤都会导致顺行性遗忘症。

对顺行性遗忘症的第一个解释是脑失去了将短时记忆转化为长时记忆的能力。然而，一般的知觉学习、刺激—反应学习以及运动性学习的能力都未受损；人们能够学会识别新刺激，建立工具性和经典条件反射，并获得运动记忆。但是他们无法进行陈述性学习——对发生在他们身上的事情进行描述。这种遗忘也被称作外显记忆障碍。一个更具描述性的对动物和人都适用的术语叫作关系性学习。

研究者们相信，顺行性遗忘症的主要病因是海马结构及其传入和传出神经的损伤，尽管其他的结构也可能参与其中。海马结构会从脑的其他区域接收信息，处理这些信息，然后通过它的传出神经与这些区域相连来修改已巩固的记忆，以使我们记住有关元素之间的关系的方式将记忆整合起来。

陈述性记忆至少有两种形式。情景记忆基于一个特定的时间和地点，而语义记忆涉及学习环境中的事实（但非信息）。海马损伤会损害情景记忆，而外侧颞叶皮层的损伤会干扰语义记忆。

海马结构损伤会影响空间记忆。最严重的损伤是由双侧损伤导致的，但损伤右侧海马也会影响动物的表现。功能成像研究表明，执行空间任务会增加右侧海马结构的活动。因此，伦敦出租车司机的脑中拥有大于人群平均水平的右后侧海马。

动物实验表明，海马损伤会影响空间学习。例如，海马损伤后的大鼠无法完成 Morris 的水迷宫任务，除非它们看到了平台或总是从同一个地方入水——这就使实验变为一个刺激—反应任务。海马结构包含位置细胞神经元，可以对特定的位置反应，这表明该结构中的神经网络可以感知环境中不同刺激间的相对关系，并从中确定自己的位置。海马结构中的神经元反映动物“认为”它在哪里。位置细胞不仅仅编码空间；它们还包括动物将进行的下一个反应的信息。除了位置细胞，海马区域还包含网格细胞、头朝向细胞和边界细胞，它们均在空间知觉和记忆中发挥作用。

研究表明，海马结构在记忆巩固过程中发挥作用。如果在学习 Morris 的水迷宫任务一天后，背侧海马失活，会阻止记忆巩固；但如果在30天后再失活则没有影响。相反，如果在训练30天后，大脑皮层区域失活，会干扰表现；但如果失活发生在训练一天后，则没有影响。慢波睡眠可促进陈述性记忆的巩固，快速眼动睡眠可促进非陈述记忆的巩固。在慢波睡眠中，按大鼠在实验室中活动的顺序在其 CA1 区的位置细胞回放序列活动。在 SWR 阶段（发生在慢波睡眠和静息状态下），海马位置细胞按顺序放电，并根据它们在空间学习任务中的经历，将信息送至前额皮层。

记忆可以被改变或连接到更新的记忆，这一过程称为再巩固。当原始经历的“提示”刺激激活长时记忆时，记忆变得容易受到干扰记忆巩固的事件（例如，使用抑制蛋白质合成的药物）的干扰。这一影响过程实际上是记忆被未来经历重塑的过程。

在脑的两个区域，成体干细胞可以分化和产生新的神经元，齿状回是这两个区域之一。这些神经元与 CA3 区的神经元建立连接，似乎参与新记忆的形成。

思考题

尽管我们只能生活在现在，过去的记忆却是生活中非常重要的一部分。如果你患有 H. M. 那样的记忆障碍怎么办？想象一下这种情景：对过去的三十多年都一无所知，照镜子时发现镜中的那个人是一个比自己年长三十多岁的陌生人。

本章结语 | 什么导致了虚构？

记忆是一个创造性过程。我们不只是以检查书中事实的方式提取储存的信息；我们还会整合零碎的信息，解释这些信息意味着什么。假设你是在寒冷的雨天等公交车，当你站在那里凝望时，你想起你忘了付几天前到期的房租。你打算一到家就这样做。实际上，你想象着自己坐下来写支票，把它放在信封中，并投到了街角的邮筒里。然而，你在公共汽车上遇到了一个朋友，有趣的谈话将付房租的想法从你的头脑抹去。那天晚上，在即将入睡时，你突然想到房租，你有一个写支票和邮寄它的模糊记忆，但仔细想想，你意识到你没有这么做，因为你想起当你脱下湿雨衣时，你很高兴自己不用再次出去了。再进一步思考，你意识到写支票的记忆和邮寄它仅仅是你曾想起的一个记忆。

你回忆起，科尔萨科夫综合征的症状之一就是虚构——报告对并没有真正发生的事件的记忆。一些事件是可信的，另一些则与其他信息矛盾，不可能是真的。然而，故事总是包含真实的元素，人们有时会基于错误的信念行动（Schnider，2003）。例如，一个58岁的女人相信她是在家里，而不是在医院，并坚称她需要给她的宝宝喂奶，尽管她的孩子其实已经30岁了。一个会计离开医院，因为他认为一辆出租车正等着带他去开会。正如 Schnider 指出的，虚构的病人不会回答与他们的记忆中的信息无关的问题。例如，他们不会试图回答有关虚构的人、地方或物体的问题（比如，Premola 在哪？洛丽塔公主是谁？什么是 waterknube?）。相反，Schnider 指出，虚构症的病人难以抑制过去事件中的无关记忆，这些记忆被当下刺激唤起。他指出，通常不可能让病人相信他们的虚构事件并不是真实的。例如，比起说服想要喂宝宝的母亲说她的孩子长大了，告诉她宝宝已经喂好了更容易安抚她。同样地，说服会计会议已经延期更容易，而非没有安排会议。

Benson 等人（1996）的研究表明，虚构可能是由于脑损伤扰乱了前额叶皮层的正常功能。研究者报道了一个患有科尔萨科夫综合征者虚构的案例。神经心理学测试发现其大脑额叶功能出现障碍，PET 扫描显示，其内侧前额叶皮层和眶额皮层活动减退。4个月后，虚构症消失了，神经心理测试并没有显示额叶症状，而另一个 PET 扫描显示前额叶皮层的活动恢复正常。O'Connor 等人（1996）报告了一例补充发现：患遗忘症多年的患者近期脑部受伤，突然开始进行虚构。神经心理学测试发现了额叶功能障碍的证据。

Johnson 和 Raye（1998）表明，额叶的功能之一评估一个命题或模棱两可的知觉的合理性。当信息含糊不清时，额叶参与记忆提取，可以帮助我们评估一个特定的解释是否有意义。

关键概念

学习的性质

1. 学习有多种形式。最重要的几种学习形式包括知觉学习、刺激—反应学习、运动性学习和关系性学习。
2. Hebb 法则描述的是刺激 — 反应学习中发生的突触改变：如果在弱突触重复放电的同时伴随有突触后膜的放电，那么弱突触就会得到加强。

突触可塑性：长时程增强和长时程抑制

3. 对海马结构的轴突给予重复刺激可引发长时程增强。
4. 联合长时程增强符合 Hebb 法则，对这一概念的掌握有助于我们理解学习的生理基础。
5. NMDA 受体的电压依赖性和递质依赖性可以解释联合长时程增强。
6. 钙离子进入树突棘后激活相应的酶，使 AMPA 受体插入突触后膜，并引发突触中的结构改变。PKM-zeta 在此过程中发挥着关键作用，影响持续的长时程增强。

知觉学习

7. 对复杂刺激的识别需要适宜的感觉通道中联合皮层的改变。

经典条件反射

8. 通过研究对杏仁核及有关结构在条件情绪反应中起的作用，我们对经典条件反射的生理基础有了进一步的了解。

工具性条件反射

9. 基底神经核在自动化、常规化的习得行为的保持中起了重要作用。
10. 对脑中的某些部位——尤其是内侧前脑束——的电刺激会强化动物的行为。
11. 强化性电刺激和天然强化物的作用机制：它们通过激活边缘系统中的神经元，引发伏隔核中的多巴胺释放来强化动物的行为。
12. 阻断伏隔核中的多巴胺传递会抑制电刺激的强化效果。

关系性学习

13. 海马损伤会引发顺行性遗忘症，该病患者的知觉学习、刺激—反应学习以及运动性学习能力正常，但无法学会在新环境中认路或描述脑损伤之后所发生的事情。
14. 动物研究实验表明，海马通过情境识别以及协调发生在大脑其他部分的学习来促进关系性学习。位置细胞在空间环境的导航和记忆中发挥着作用。
15. 海马参与记忆再巩固（已有记忆的修改）。神经发生可能在海马的记忆功能中发挥作用。

第 13 章

人类的交流

© Ariel Skelley/age fotostock

本章要点

- 言语的产生和理解：脑机制
  - 单侧化
  - 言语产生
  - 言语理解
  - 聋人的失语症
  - 韵律：言语中的节奏、语调和重音
  - 人类语音识别
  - 口吃
- 读写障碍
  - 纯失读
  - 了解阅读
  - 发展性诵读困难
  - 了解书写

学习目标

1. 描述如何用脑损伤病人研究语言并解释单侧化的概念。
2. 描述布洛卡失语症以及布洛卡区损伤所导致的三种主要的言语缺陷：语法混乱、命名不能和发音困难。
3. 描述威尔尼克失语症、纯词聋和经皮层感觉性失语症的症状，并解释三者之间的关系。
4. 讨论理解词义以及用词表达思想和知觉的脑机制。
5. 描述传导性失语症和命名不能性失语症的症状，以及引起这两种失语症的脑损伤。
6. 讨论对聋人失语症的研究。
7. 讨论有关韵律（言语中节奏和重音的使用）和口吃的脑机制的研究。
8. 描述纯失读，解释为什么两种特定脑部位的损伤会引起这种障碍。
9. 描述整词阅读和语音阅读，讨论三种获得性诵读困难：表层诵读困难、语音性诵读困难和直接诵读困难。
10. 解释说和写之间的关系，描述语音性书写困难、正字法书写困难和语义（直接）书写困难的症状。
11. 描述有关发展性诵读困难的神经病学基础的研究。

引子 | 听不见单词

D博士描述了他的一个病例："S先生十年前得了两次中风，损伤了他的双侧颞叶。听觉病矫治专家所进行的测验显示，他的听力处于正常范围，但是你会发现，他的言语理解存在缺陷。"

事实上真是这样吗？S先生被领进会议室，坐在桌子前。我们都能看见他，也能听他说话。他看起来很平静，一点儿也不着急。实际上，他看起来很高兴。我想他也许不止一次经历这种场面了——成为大家的注意中心。我已经读过有关他的症状的文献了，知道这种症状很少见。

"S先生，你能告诉我们你感觉怎么样吗？"D博士问道。

病人把头转向声音的方向说道："抱歉，我不懂你在说什么。"

"你感觉怎么样？"D博士提高了音量。

"啊，我能听清你的声音，但是不知道你在说什么。给你这个。"S先生递给D博士一支笔和一张纸。

D博士接过笔和纸，写了一些字，然后还给S先生。S先生看了看说："很好，我很好。"

"你能告诉我们最近你做了些什么吗？"D博士问道。S先生笑着摇摇头，又把笔和纸递给了D博士。

"啊，当然。"读完纸上的新的问题之后，他开始讲起了他的花园和其他爱好，"我觉得电视没什么意思，除非里面有很多特写镜头，这样我可以阅读人们的唇语。我喜欢听收音机里的音乐，但是，当然，歌词对我没什么意义！"他为自己的玩笑笑了起来，这个玩笑可能已经能够揭示出一些问题了。

"你说你可以阅读唇语？"有人问道。

S先生立即向声音的方向转头，并问那个人："你说什么？请说得慢一点，这样我可以阅读你的唇语。"我们都笑了。那个人把问题说得足够慢，以便让S先生读懂。另一个人也想问他问题，但很明显，他的西班牙口音使S先生不能读懂。

突然，电话响了。所有人都向电话的方向看去。"最好有人能去接电话。"他说，"我不擅长这个。"

S先生离开后，有人提出虽然他的话很容易理解，但看起来有点奇怪。"是的。"一位言语治疗专家说，"他的发音几乎像一位耳聋患者——虽然学会了说话，但不能正确发音。"

D博士点点头，给我们放了一盘磁带。"这段录音是在他中风之后几个月录制的，已经有十年了。"我们听到了同样的声音，但这次每个单词的发音都非常正常。

"我明白了。"那位言语治疗专家说，"他已经不能很好地控制自己的言语了，经过了这么多年，他已经忘记了发音的细节。"

"确实如此。"D博士说道，"改变是逐渐发生的。"

言语行为是人类最重要的社会行为之一。我们能够听说读写，使文化得以发展。通过语言，我们的发现积累下来，父辈获得的知识可以传授给下一代。

言语交流的主要作用是对别人产生影响。当我们和别人说话时，总希望自己的话能够让听者产生某种行为。有时是对我们有利的行为，例如，当我们想获得某种东西或者请人帮忙完成某项任务时。有时，我们只想进行社会性交流，获得别人的注意，与别人对话，等等。就连"无聊的"谈话也并不真的无聊，它使另一个人看着我们，和我们说话。

言语的产生和理解：脑机制

失语症（aphasia）：理解和产生言语有困难，并非由耳聋或简单的运动缺陷导致的，而是由脑损伤引起的。

我们有关语言生理学的知识主要是通过观察脑损伤对人们言语行为所造成的影响来获得的。最重要的言语障碍是**失语症**。它是由脑损伤所引起的一种基本的言语理解或言语产生方面的障碍。并非所有的言语障碍都是失语症。只有当一个病人在理解、复述或产生有意义的言语等方面有困难，并且这些困难并非出于简单的感觉或运动障碍或者缺乏动机时，才算是失语症。例如，由于耳聋或者肌肉瘫痪而不能说话，并不能视作失语症。另外，这种缺陷必须是相对独立的；也就是说，病人能够意识到自己的周围环境发生了什么，并能认识到别人正尝试交流。

要说出有意义的言语，首先得有东西要说。

语言生理学知识的另一个来源是使用功能成像技术所进行的研究。近年来，研究者使用 PET 和 fMRI 在正常被试进行语言加工时收集信息。总的看来，这些研究验证并补充了脑损伤病人的研究结果。

单侧化

言语行为是一种**单侧化功能**，大多数言语障碍发生在左半球脑损伤之后，不管病人的利手是左手还是右手。Knecht 等人（2000）评估了正常个体的利手和言语机能单侧化之间的关系。他们发现，只有4% 的右利手被试的右半球是言语优势半球，而15% 的均衡型被试和27% 的左利手被试的右半球是言语优势半球。大约90% 的人的左半球是言语优势半球。

虽然主要参与言语理解和产生的神经回路定位在一个半球上（几乎总是左半球），但是，右半球并非不起任何作用。当我们听并理解词汇、表达或思考自己的知觉或记忆时，我们还使用除了直接参与言语活动的神经回路以外的一些回路。这样，这些回路在言语行为中也起作用。例如，右半球损伤使个体很难看懂地图、知觉空间关系和识别复杂的几何形状。有这种损伤的病人很难谈论像地图和复杂几何形状这样的东西，或理解他人所说的有关这些的内容。右半球还参与表述行为——选择并组合我们想要说的各种要素（Gardner et al.，1983）。我们已经在第10章中看到，右半球会参与语调中情绪的表达和识别。在本章，我们也会看到右半球参与韵律的控制，所谓韵律是指言语中正常的节奏和重音。因此，大脑两个半球对我们的语言能力都有贡献。

言语产生

能够说话——产生有意义的言语——需要几种能力。首先，个体必须有可说的东西。我们可以谈论正在发生的事情，或者已经发生的事情。在前一种情形中，我们谈论的是我们的知觉：所看、所听、所闻以及所感，等等。在后一种情形中，我们谈论的是我们对过去所发生的事件的记忆。知觉和记忆都需要后部大脑皮层（即枕叶、颞叶和顶叶）的参与。所以，这些脑区主要对我们有东西要说负责。

假设个体已经有了想说的内容，真正地把它说出来需要另外一些脑功能。在这一节中，我们会看到，把知觉、记忆和思想转换成言语要利用额叶的神经机制。

当左侧额下回（布洛卡区）损伤时，个体的说话能力会被破坏，即患**布洛卡失语症**。这种失语症的主要症状是产生缓慢、费力并且不流利的言语。大多数人和布洛卡失语症病人交谈时，总忍不住向病人提供其苦苦寻找的词汇。而病人虽然总是发音错误，但说出来的词都是有意义的。大脑半球后部让我们有话要说，但额区损伤让病人难以表达这些想法。

对布洛卡失语症病人来说，说一些词比说另一些词更容易。例如，他们很难说出那些带有语法意义的词，如 a、the、some、in 或 about。这些词称为**功能词**，因为它们具有重要的语法功能。他们容易说的词几乎都是**内容词**——携带意义的词，包括名词、动词、形容词和副词，如苹果、房子、扔或重。

下面是一位布洛卡失语症病人言语产生的例子，他尝试描述一个情景。【见图 13.1】他的词汇都是有意义的，但他说出的话当然不合语法。省略号表示很长的停顿。

kid... kk... can... candy... cookie... candy... well I don't know but it's writ... easy does it... slam... early... fall... men... many no... girl. Dishes... soap... soap... water... water... falling pah that's all... dish... that's all.

Cookies... can... candy... cookies cookies... he... down... That's all. Gril... slipping water... water... and it hurts... much to do... Her... clean up... Dishes... up there... I think that's doing it.（Obler and Gjerlow, 1999, p. 41）

比起言语产生，布洛卡失语症病人的言语理解要好得多。有些观察者声称这些病人的理解能力并没有受到损伤，但事实并不完全如此。布洛卡（Broca，1861）提出，这种失语症是由于额叶联合皮层损伤所引起的，损伤部位在初级运动皮层面孔区的前部。后来的研究证明他是对的，我们现在将这个脑区称为**布洛卡区**。【见图 13.2】

造成布洛卡失语症的损伤当然集中在布洛卡区附近。然而，当损伤仅限于布洛卡区时，并不会引起布洛卡失语症。只有损伤扩展到额叶的周围脑区，

布洛卡失语症（Broca's aphasia）：一种失语症，表现为所产生的内容不合语法、命名不能，并且言语发音非常困难。

功能词（function word）：介词、冠词或者其他很少表达句子意义但对于确定语法结构来说十分重要的词。

内容词（content word）：名词、动词、形容词或者副词等可以表达意义的词。

布洛卡区（Broca's area）：额叶皮层脑区，在左半球初级运动皮层底部的嘴端，对于正常的言语产生来说非常重要。

图 13.1 失语症评估。厨房故事图画，这是波士顿失语症诊断测验的一部分。

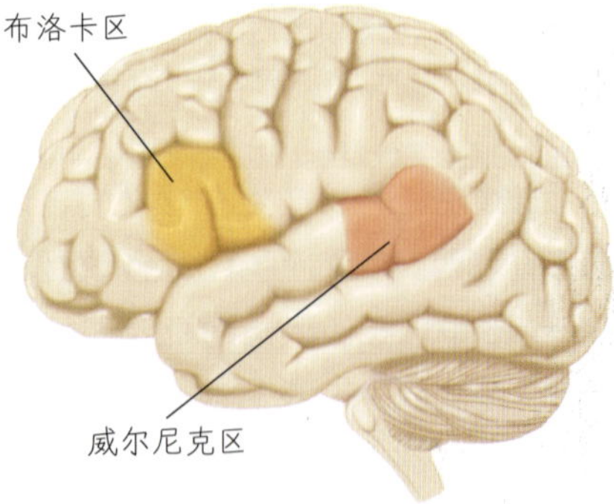

图 13.2 言语区。脑中主要言语区的位置。（威尔尼克区稍后介绍。）

并深入到皮层下白质部分时，才会引起失语症（H. Damasio，1989；Naeser et al.，1989）。此外，有证据表明，基底神经节的损伤，特别是尾状核头部的损伤，也能造成类布洛卡失语症（Damasio，Eslinger，and Adams，1984）。

Walkins 等人（2002a，2002b）研究了 KE 家族的三代人，这一家族的半数成员由于7号染色体上一个基因的突变而出现了严重的言语和语言障碍。主要的缺陷是不能正常完成言语活动所需的序列性运动，但这些病人也不能复述所听到的声音和产生动词的过去式。基因变异引起尾状核与左侧额下回（包括布洛卡区）的非正常发展。

布洛卡区及其周边的神经回路有什么作用？威尔尼克（Wernicke，1874）认为，布洛卡区包含运动记忆，特别是*发音必需的有关肌肉运动顺序的记忆*。说话涉及舌头、嘴唇、下腭的快速运动，这些运动必须彼此协调，同时也要和声带的运动保持协调。这样，说话就要求非常复杂的运动控制机制。脑某处的神经回路激活后，就会执行这些运动序列。由于左侧额下回尾端（包括布洛卡区）的损伤会破坏发音能力，这个脑区最可能是发音的生理基础所在。这个脑区与初级运动皮层直接相连，而初级运动皮层控制言语产生时的肌肉运动，这一事实明显支持上述结论。

但是，左侧额叶的言语功能不只是控制发音运动。布洛卡失语症也不只是词的发音上的缺陷。布洛卡区及其周边脑区的损伤会引起三种言语缺陷：*不合语法、命名不能和发音困难*。虽然多数布洛卡失语症病人会在某种程度上出现所有这三种症状，但因为他们的脑损伤情况不同，每个人的严重程度会有很大不同。

不合语法是指病人在使用合乎语法的结构方面有困难。这种障碍可以只限于语法困难，而没有任何发音上的困难（Nadeau，1988）。就像我们所看到的，布洛卡失语症病人很少使用功能词，也很少使用语法标记（例如 -ed）或者助动词 have（如 I have gone）。由于某种原因，他们经常使用 -ing，也许因为这种结尾可以把动词转变成名词。

Saffran、Schwartz 和 Marin（1980）的研究说明了这种困难。下面是一些不合语法病人在对图片进行描述时所产生的言语：

图片：男孩的头被棒球砸到了。

产 生：The boy is catch... the boy is hitch... the boy is hit the ball.（Saffran，Schwartz，and Marin，1980，p. 229）

图片：一个女孩送给老师一束花。

产生：Girl... wants to... flowers... flowers and wants to.... The woman... wants to....The girl wants to... the flowers and the woman.（Saffran，Schwartz，and Marin，1980，p. 234）

不合语法（agrammatism）：布洛卡失语症的典型症状之一，即不能正常理解或使用语法机制，例如，动词词尾变化和词序加工。

到目前为止，我已经描述了布洛卡失语症这种言语产生障碍。在平常的

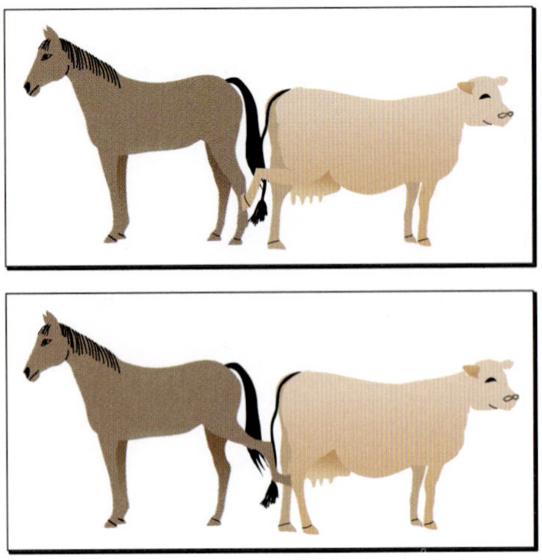

图 13.3 语法能力评估。Saffran、Schwartz 和 Marin（1980）的实验材料举例。

对话中，布洛卡失语症病人看起来能够理解别人对他们说的话。他们看起来会因为自己不能较好地表达想法而激动和恼怒，并经常通过手势来补充自己匮乏的言语。布洛卡失语症病人在言语产生和理解上的惊人差异，经常会使人们假设他们的理解力是正常的。但事实并非如此。Saffran、Schwarz 和 Martin（1980）让病人看成对的图片，在每对图片中，动作发出者和承受者彼此调换。例如，一匹马踢了一头牛 / 一头牛踢了一匹马，一辆卡车拖着一辆小汽车 / 一辆小汽车拖着一辆卡车，一个舞女为小丑喝彩 / 一个小丑为舞女喝彩。研究者向病人呈现每对图片时，还给他们读一个句子，如“一匹马踢了一头牛”。被试需要指出哪张图片与句子匹配，以此来看他们是否理解句子的语法结构。【见图 13.3】结果病人的成绩很差。

在 Schwartz 及其同事的研究中，正确的图片反映了一种特定的语法，即词序。布洛卡失语症的不合语法破坏了病人使用语法信息，包括词序，来解码句子意义的能力。因此，这些病人在理解和产生上都有问题。

Opitz 和 Friederici（2003，2007）的功能成像研究发现，当人们学习人工语法时，布洛卡区会激活，这一发现说明布洛卡区参与语法规则（特别是复杂语法规则）的学习。

布洛卡失语症的第二种主要的言语缺陷是**命名不能**，即说不出名字。命名不能是指找词困难；因为所有失语症病人都会漏掉单词或使用不恰当的单词，所以命名不能实际上是所有形式失语症的基本症状。然而，布洛卡失语症病人的言语缺乏流利性，他们的命名不能症状特别明显。他们的面部表情以及经常使用像“呃”这样的声音，都明显地反映了他们正在寻找正确的词。

布洛卡失语症的第三种主要的特征是*发音困难*。病人错误地发音，经常改变声音的序列。例如，病人把“lipstick”（唇膏）说成“likstip”。布洛卡失语症病人能够察觉自己的发音错误，并且经常试图改正。

言语理解

言语理解明显始于听觉系统，该系统觉察并分析声音。但*识别*单词是一回事，*理解*它们并懂得其意是另外一回事。听觉词汇识别是一项复杂的知觉任务，依赖于对声音序列的记忆。完成这项任务可能需要左半球颞上回，即我们常说的**威尔尼克区**中的神经回路。【见图 13.2】

命名不能（anomia）：不能正常地找到（回忆起）合适的词来描述一个客体、动作或者属性，是失语症的症状之一。

威尔尼克区（Wernicke's area）：人类左侧颞叶听觉联合皮层的一个脑区，在理解词和产生有意义的言语中发挥重要作用。

威尔尼克失语症（Wernicke's aphasia）：一种失语症，其特征是言语理解力差以及流利但无意义的言语。

威尔尼克失语症：描述

威尔尼克失语症的主要特点是言语理解很差，会产生无意义的言语。与布洛卡失语症不同，威尔尼克失语症病人的言语流利、不费力，发音和找词并不困难，而且语调正常，包括升调和降调。当你听威尔尼克失语症病人说话时，你会觉得那些话合乎语法。也就是说，病人使用了像“the”和“but”这样的功能词，以及复杂的动词时态和从句。然而，病人使用的内容词很少，所以他所说出的一连串词没有意义。

在极端的情况下，威尔尼克失语症病人的言语会变得杂乱，就像下面所引用的这段对话：

检查者：What kind of work did you do before you came into the hospital?（住进这家医院之前，你干什么工作？）

病　人：Never, now mista oyge I wanna tell you this happened when happened when he rent. His—his kell come down here and is—he got ren something. It happened. In thesse ropiers were with him for hi—is friend—like was. And it just happened so I don't know, he did not bring around anything. And he did not pay it. And he roden all o these arranjen from the pedis on from iss pescid. In these floors now and so. He hadn't had em round here.（Kertesz，1981，p. 73）

威尔尼克失语症病人的言语障碍使得我们在想评估其言语理解能力时，必须让他们使用非语言的反应。也就是说，我们不能因为他们没有给出合适的答案，就认为他们不理解别人的话。评估理解能力常用的一种方法是让病人指一下放在面前的物体，来检验他们理解问题的能力。例如，当要求病人“指一下装有墨水的物体”时，如果他们指向的不是钢笔，而是其他物体，那就说明他们没有理解这个要求。在这样的测验中，威尔尼克失语症病人确实表现出了很差的理解能力。

威尔尼克失语症：分析

由于颞上回属于听觉联合皮层，而且威尔尼克失语症病人的理解障碍如此明显，所以这种障碍曾被认为是接受性失语症（receptive aphasia）。威尔尼克认为，现在用他的名字命名的这个脑区是*对构成词的声音序列的记忆*所发生的位置。这种假设不无道理，它提示颞上回的听觉联合皮层负责词汇语音的识别，就像颞下回的视觉联合皮层负责识别客体的外形一样。

但是，为什么负责听觉词汇识别的脑区损伤会破坏人们说话的能力呢？事实上，它并没有破坏。威尔尼克失语症像布洛卡失语症一样，是由几种缺陷所组成的。被破坏的能力包括：*听觉词汇识别*、*词义理解*和*把思维转换成语词*。现在，让我们逐一考察这些能力。

识别：纯词聋　正如我在本节的介绍部分所提到的，*识别*词汇并不等于*理解*它。一个外语词汇，如果你听过几次，你就可以识别它。但是，如果别人不告诉你它的意思，你就不会理解它。识别是一种知觉任务，理解则包含从记忆中提取额外的信息。

左侧颞叶损伤会引起听觉词汇识别障碍，它并不伴随其他障碍。这种症状被称为**纯词聋**。本章引子中提到的S先生就有这种障碍。【见图13.4】虽

纯词聋（pure word deafness）：由威尔尼克区损伤或该脑区的听觉输入受破坏而引起。这种病人虽然可以听、说、读、写，但不能理解言语的意义。

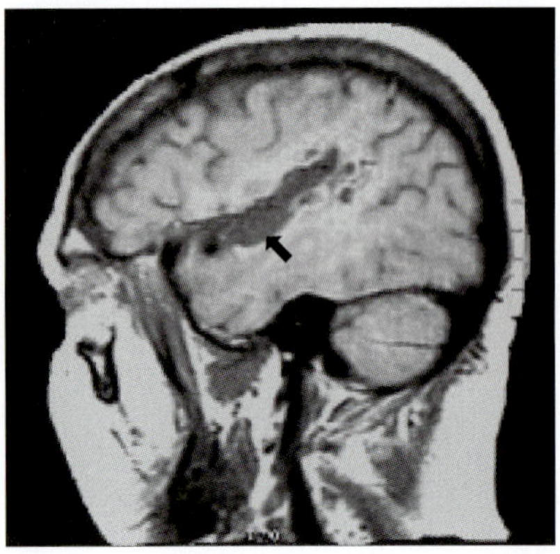

图 13.4　纯词聋。功能成像扫描显示了一个纯词聋病人颞上回处的损伤（箭头处）。

Gerry A. Stefanatos, Arthur Gershkoff, and Sean Madigan (2005). On pure word deafness, temporal processing, and the left hemisphere. *Journal of the International Neuropsychological Society*, 11, pp. 456–470, doi:10.1017/S1355617705050538. Reprinted with the permission of Cambridge University Press.

然纯词聋病人并不耳聋，但他们不能理解言语。正如一个病人所说：“我能听到你在讲话，我只是不理解你在说什么。”另一个病人谈道：“好像在哪有一条岔路，我的耳朵没有和我说话的声音连起来”（Saffran，Martin，and Yeni-Komshian，1976，p.211）。这些病人可以识别非言语声音，例如狗叫、门铃声和鸣喇叭声。而且即使听不懂别人所说的话，他们也经常能识别语调中所表达的情绪。更重要的是，他们自己的言语完好无损。他们往往能通过阅读唇语理解别人在说什么。他们也能读和写，有时他们会要求别人与他们进行书写交流。很明显，纯词聋不是不能理解词义。否则，这种病人就不能够阅读唇语和文字了。功能成像研究证明，对言语声音的知觉会激活颞上回的听觉联合皮层中的神经元（Scott et al.，2000）。

Sharp、Scott 和 Wise（2004）发现，言语理解缺陷是由颞上回损伤引起的，这一损伤破坏了人们听可理解的言语时所激活的脑区。图 13.5 为计算机合成图，显示了多名存在言语知觉障碍的脑损伤病人脑损伤区域的重叠部分。【见图 13.5】图中的黄色和绿色为最大重叠区域，与图 13.4 所显示的区域进行比较。很明显，两种类型的脑损伤能够引起纯词聋：到颞上回皮层的听觉输入损伤或者颞上回皮层本身损伤（Poeppel，2001；Stefanatos，Gershkoff，and Madigan，2005）。其中任意一种损伤都会妨碍对单词声音的分析，从而阻碍个体识别其他人的言语。

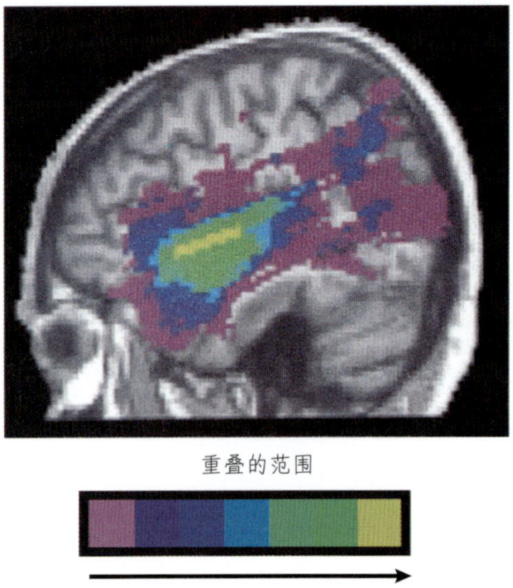

图 13.5　言语理解。扫描显示了 9 名存在言语理解缺陷的病人的损伤脑区的重叠部分。注意，最大重叠区（黄色和绿色）与图 13.4 所显示的损伤脑区相似。

From Sharp, D. J., Scott, S. K., and Wise, R. J. *Annals of Neurology*, 2004, 56, 836–846. Reprinted with permission of John Wiley & Sons, Inc.

我们的脑包含了**镜像神经元**的回路——当我们完成一个动作或者看别人做出特定的抓、握或操作动作时，或者当我们自己完成这些动作时，这些神经元都会激活（Gallese et al.，1996；Rizzolatti et al.，2001）。来自这些神经元的反馈会帮助我们了解他人行为的意图。尽管言语识别是一个听觉事件，但研究表明，听到单词会让人自动使用控制言语的脑机制。换句话说，这些机制似乎包含了由单词声音所激活的镜像神经元。例如，Fridriksson 等人（2008）发现，当个体看（而不是听）其他人做言语运动时，颞叶（听觉）和额叶（运动）皮层语言区会激活。当被试看人们用嘴做非言语运动时，这些脑区并不激活。

几位研究者提出，来自不出声发音（言语表达时非常轻微的肌肉运动，实际上并没有引起明显的运动）的反馈能促进言语识别（Pulvermüller and Fadiga，2010）。例如：Pulvermüller 等人（2006）的功能成像研究要求被试发出包含辅音 p 或 t 的音节（如 pa 和 ta），这涉及嘴唇或舌头的运动。被试要么大声说出音节，要么默默地对自己说出音节，要么听别人说出音节。像图 13.6 所显示的那样，在这三个条件下，脑中涉及嘴唇运动（绿色）和舌头运动（红色）的脑区被激活。【见图 13.6】因此，说、看他人说、考虑说以及听言语声音都会激活脑的语言区，这说明镜像神经元的回路在言语理解中起作用。

Schultz 等人（2005）的功能成像研究发现，当人们大声说话时，听觉皮层会强烈激活，而低声说话时并不如此。研究者提出，这个脑区（在其他动物的脑中，这一脑区在发声时并不激活）参与言语的自我监控。可以推测，来自对自己语音的听觉反馈能帮助我们调节言语。正如我们在引子中所看到的，数年之后，S 先生的言语已经失去了正常的节奏和重音，这说明了监控自己言语的重要性。

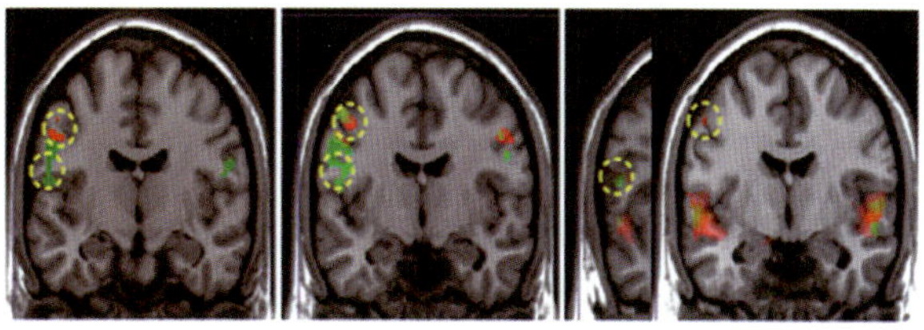

图 13.6 镜像神经元与言语。当人们大声说出音节、默默地对自己说出音节或听别人说出音节时，初级运动皮层会被激活。黄色圆圈标记的两个区域参与控制舌头运动（包含声音 t 的音节，用绿色表示）和嘴唇运动（包含声音 p 的音节，用红色表示）。

From Pulvermüller, F., Huss, M., Kherif, F., et al. *Proceedings of the National Academy of Sciences*, USA, 2006, 103, 7865–7870. Reprinted with permission.

理解：经皮层感觉性失语症 威尔尼克失语症的其他症状，即不能理解词义以及不能用有意义的言语表达思维，可能是由于损伤了从威尔尼克区扩展到外侧裂后部的周围脑区，该脑区邻近颞枕顶交界。为了用一个更好的术语，我把这个脑区称为*后部语言区*。【见图 13.7】后部语言区可能是词的听觉表征和词的意义之间交换信息的场所，这些信息作为记忆储存在感觉联合皮层的其他位置。

如果仅仅是后部语言区受损，使得威尔尼克区和后部语言区的其他部分隔离开来，病人会患上一种**经皮层感觉性失语症**（见图 13.7）。经皮层感觉性失语症和威尔尼克失语症的区别在于，经皮层感觉性失语症病人*可以复述别人说的话*，因此他们能够识别词汇。然而，*他们不能理解自己所听到的和所复述的话的意义，他们也不能产生自己的有意义的言语*。那么，病人如何复述他们所听到的话呢？由于后部语言区受到损伤，所以复述言语时该脑区不会参与。很明显，在威尔尼克区和布洛卡区之间，一定有一个直接的联系，这一联系绕过了后部语言区。【见图 13.7】

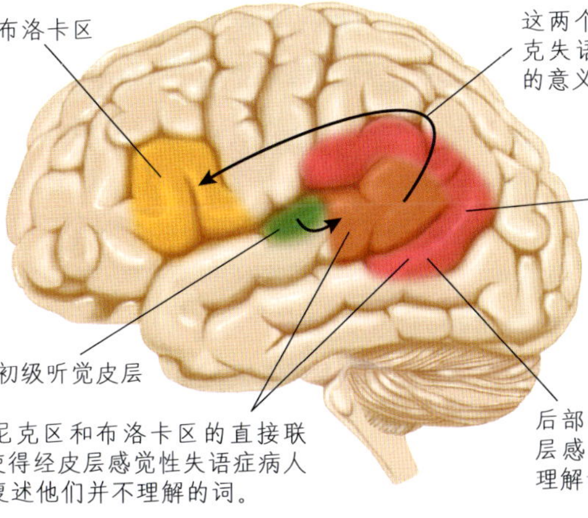

图 13.7 经皮层感觉性失语症和威尔尼克失语症。这个示意图显示了后部语言区的位置及其与其他脑区的相互联系，以及该脑区在经皮层感觉性失语症和威尔尼克失语症中的作用。

经皮层感觉性失语症（transcortical sensory aphasia）：一种言语障碍，病人在理解和产生自发的有意义言语方面有困难，但能够复述言语。这种障碍是由威尔尼克区后面的脑区损伤造成的。

Geschwind、Quadfasel 和 Segarra（1968）描述了经皮层感觉性失语症的一个特别有趣的个案。热水器故障所引起的一氧化碳中毒导致一位妇女患上了广泛性脑损伤。她去世之前在医院住过几年，从没说过一句有意义的话。她不能遵从别人的言语命令，也没有显示可以听懂这些命令的任何迹象。但她常常可以复述这些言语。例如，当检查者说：“请抬起你的右手。”她会回答：“请抬起你的右手。”这并不是鹦鹉学舌，因为她不能复述与她口音不同的话。当别人与她说话时犯了语法错误，她有时可以正确地复述句子而不犯错误。当有人开始念一首诗时，她可以把后面的诗背出来。例如，当检查者说：“玫瑰是红色的，紫罗兰是蓝色的。”她会接下去说：“糖是甜的，你也是。”她能够唱歌，而且当别人唱起一支她熟悉的歌时，她也会唱下去。住院时她甚至可以从收音机里学会新歌。但是，她没有显示出可以理解所听或所说的内容的任何迹象。这种障碍与纯词聋一起清楚地证明了听觉词汇的识别和理解是两个不同的过程，包含不同的脑机制。

总之，经皮层感觉性失语症可被看作没有复述缺陷的威尔尼克失语症。或者可以说，威尔尼克失语症（WA）的症状是由纯词聋（PWD）症状和经皮层感觉性失语症（TSA）症状所组成的，即 WA = TSA + PWD。通过简单的代数运算，可知 TSA = WA – PWD。【见图 13.7】

意义是什么？ 我们已经看到，威尔尼克区参与言语声音分析和词汇识别。后部语言区的损伤不会破坏词汇识别能力，但确实会破坏理解词汇意义和产生自己的有意义言语的能力。但我们所说的词汇的意义究竟指什么？哪些脑机制参与其加工呢？

词汇涉及现实世界的客体、动作或者关系。因此，一个词汇的意义是由与它相联系的特定记忆所定义的。例如，知道“树”这个词的意义意味着可以想象树的物理特性：它们长什么样子，风吹过树叶时会发出什么声音，树皮什么样子，等等。同时也意味着知道一些有关树的事实：关于树的根、芽、花、果实、木材以及树叶中的叶绿素。行为动词，如“扔”，包含有关看某人扔某物的记忆，也包含想象自己扔某物是什么感觉。这些记忆并不储存在主要的言语区，而是储存在其他脑区，特别是联合皮层。不同种类的记忆可以储存在特定的脑区，但它们会以某种方式彼此相联，因此，听到“树”或“扔”会激活所有相关记忆。（像我们在第 12 章中所看到的那样，海马结构参与把各种相关的记忆结合在一起的过程。）

在思考参与词汇识别和词义理解的脑部言语机制时，我发现词典的概念可以作为一个有用的类比。词典包含条目（词）和定义（词义）。我们的脑至少包含两种词条：听觉的和视觉的。因此，我们可以根据词汇的声音或者形态查找其意义。我们现在只考虑一种词条：词汇的声音。（我在后面会谈到读和写。）我们听到一个熟悉的词并理解其意义。我们是如何做到这一点的呢？

首先，我们必须识别单词的声音序列——在“词典”里找到该词的听觉词条。我们已经知道，这个词条出现在威尔尼克区。下一步，组成词义的记忆必须激活。我们假设，通过后部语言区，威尔尼克区和包含这些记忆的神经回路相连。【见图 13.8】

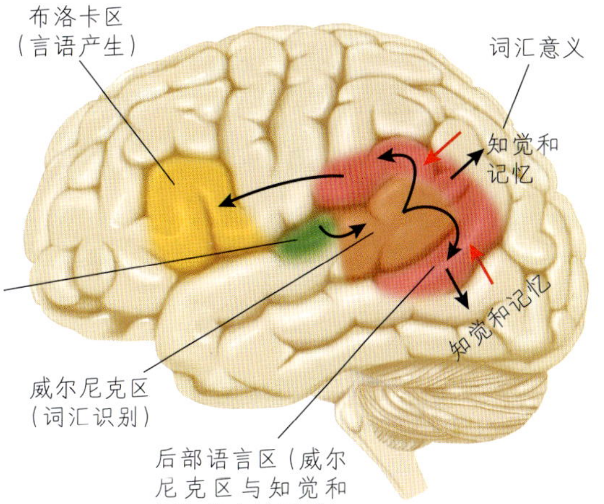

图 13.8 大脑中的"词典"。威尔尼克区包含词汇的听觉词条，词的意义则作为记忆包含在感觉联合区。细箭头代表词的理解——激活与词义相应的记忆。粗箭头代表把思维或知觉转化成词。

言语所传递的信息要远远多于代表客体或行为的简单词汇。言语还能传达抽象概念，其中一些相当微妙。脑损伤病人研究（Brownell et al., 1983, 1990）表明，右半球参与理解言语的更微妙的、比喻的方面——例如，理解一个谚语"身居玻璃房，投石遭祸殃"背后的意思或者寓言故事（如龟兔赛跑）的寓意。

功能成像研究证实了这些发现。Nichelli 等人（1995）发现，与就故事的更表面的方面进行判断相比，判断伊索寓言的寓意激活了右半球脑区。Sotillo 等人（2005）发现，要求理解隐喻（如"城市的绿化带"，即公园）的任务激活了右侧颞上回。【见图 13.9】

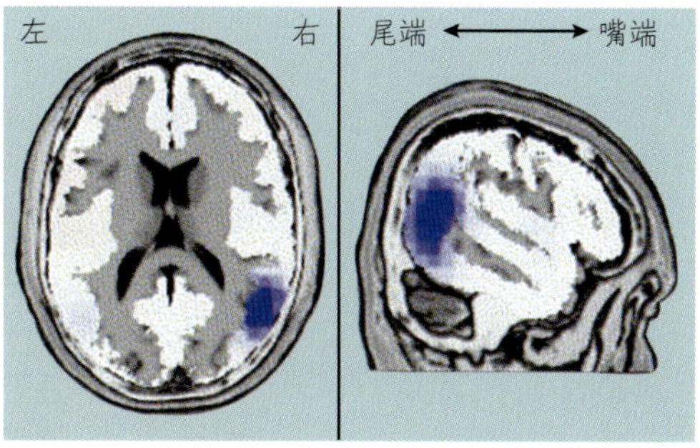

图 13.9 评价隐喻。这些右半球的神经活动图像是当被试评价隐喻意义时引发的。

复述：传导性失语症 如上文所述，经皮层感觉性失语症病人可以复述所听到的内容，说明威尔尼克区和布洛卡区之间有直接的连接——这种直接连接确实存在，即**弓状束**。这束轴突可见于人脑，但是在非人类灵长类动物脑中则没有或者较小（Rilling et al., 2008）。弓状束传递词汇声音而非意义信息。这一结论的最好证据来自传导性失语症症状。这种失语症是由扩展到皮层下白质的顶下小叶损伤以及弓状束的损伤造成的（Damasio and Damasio, 1980）。【见图 13.10】

传导性失语症的特点是言语有意义、流利，相对好的理解力和非常差的复述能力。例如，Margolin 和 Walker（1981）的病人 L.B. 自发言语非常好，很少犯错误，物体命名没有困难。他能复述单个的词，但是不能复述非词，如"blaynge"。另外，他能复述由三个词组成的有意义的短语，但不能复述三个无关的词。传导性失语症病人只能复述那些有意义的言语声音。

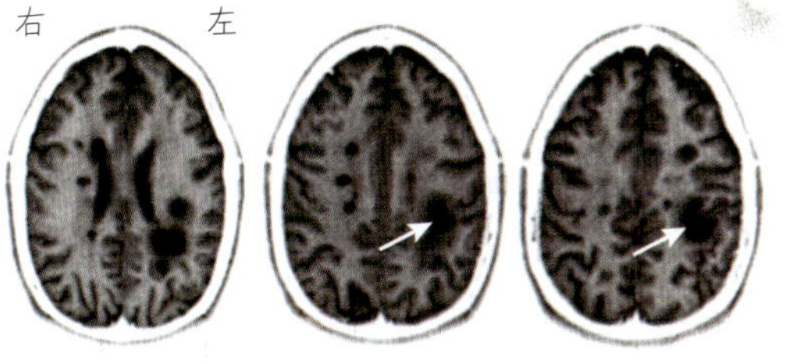

图 13.10 传导性失语症。功能成像扫描显示，皮层下损伤可引起传导性失语症。这种损伤破坏了弓状束，一种连接威尔尼克区和布洛卡区的纤维束。

弓状束（arcuate fasciculus）：一束把威尔尼克区和布洛卡区连接起来的轴突，其损伤会造成传导性失语症。

传导性失语症（conduction aphasia）：失语症的一种，病人不能复述听到的词，但能正常地说话和理解别人的言语。

有时，当要求传导性失语症病人复述一个词时，他会说出与那个词意义相同的词，或者至少是相关的词。例如，如果检查者说"房子"，病人可能会说“家”。如果检查者说“椅子”，病人可能会说“坐”。当要求复述整个句子时，一个病人做出了如下反应：

检查者：The auto’s leaking gas tank soiled the roadway.（汽车的油箱漏油了，弄脏了马路。）

病　人：The car’s tank leaked and made a mess on the street.（汽车的油箱漏了，把街道弄得乱糟糟的。）

从经皮层感觉性失语症和传导性失语症中所看到的症状，可以得出一个结论，即存在一些把颞叶言语机制与额叶言语机制连接起来的神经通路。通过弓状束的直接通路只是将言语声音从威尔尼克区向布洛卡区传递。我们使用这条通路复述不熟悉的词汇，例如，当我们学习外语或母语中的新词，或者复述一个像“blaynge”这样的非词时。而第二条通路位于后部语言区和布洛卡区之间，是一条间接通道，建立在词汇的意义（而非声音）之上。当传导性失语症病人听到一个词或者一个句子时，他们所听到的意义会诱发与其相关的表象。（前面例子中的病人，可能想象汽车把燃料泄漏到马路上的情景。）然后他们能够描述那个表象，正像他们把自己的思想翻译成词一样。当然，他们所选择的词与对他们说话的人所说出的词可能会不一样。【见图13.11】

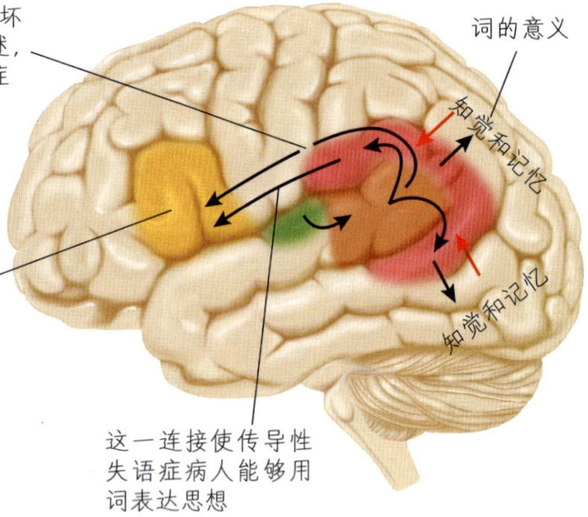

图13.11　对传导性失语症的假设性解释。弓状束的损伤破坏听觉信息向额叶的传递，但不破坏与意义有关的信息的传递。

Catani、Jones 和 Ffytche（2005）的研究为图13.11中提到的威尔尼克区和布洛卡区之间存在的两条通路提供了第一个解剖学证据。这些研究者采用弥散张量成像（DTI）追踪人脑中弓状束的分支。他们发现了一个直接连接这两个脑区的深通路和一个由两个片段组成的更浅的通路——前段连接布洛卡区与顶下回，后段连接威尔尼克区和顶下回。直接通路的损伤预期会引起传导性失语症，而间接通路的损伤预期不会损伤复述言语的能力，但会损伤理解。【见图13.12】

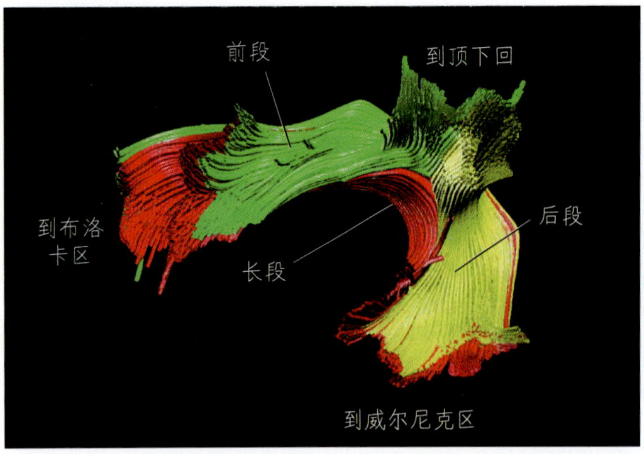

图13.12　弓状束的成分。通过弥散张量成像获得的、由计算机生成的弓状束成分重建。

From Catani, M., Jones, D. K., and Ffytche, D. H. *Annals of Neurology*, 2005, 57, 8-16. Reprinted with permission.

传导性失语症的症状表明，威尔尼克区和布洛卡区之间的连接可能在刚刚听到的词和言语声音的短时记忆中发挥重要作用。可以推测，通过在头脑中进行“自我谈话”就可以复述听到的信息，而不必真正发出声音。想象我们自己说一个词会激活布洛卡区，而想象我们正在听一个词会激活颞叶的听觉联合皮层。这两个脑区通过弓状束（它包含向两个方向延伸的轴突）

连接，使信息可以来回传递，保持短时记忆中信息的激活。Baddeley（1993）称这一回路为**语音回路**。

Aziz-Zadeh 等人（2005）提供的证据表明，当我们跟自己说话时，确实调用了布洛卡区。这些研究者在被试默数呈现在屏幕上的词所包含的音节数时，对布洛卡区使用经颅磁刺激。研究者们使用的刺激参数破坏外显的（实际的）言语。他们发现，它也破坏了内隐言语；使用经颅磁刺激时被试数音节所花费的时间更长。

词的记忆：命名不能性失语症

正如我已经说过的，命名不能是失语症的重要标志，不管它以何种形式出现。然而，有一种失语症是由几乎纯粹的命名不能所构成的，其他症状都不明显。命名不能性失语症病人言语流利、合乎语法，理解力也非常好。但是，他们在找到合适的词方面有困难。他们经常通过**婉转曲折地说话**（简单地说，就是说话兜圈子），来绕过那些说不出的词。命名不能性失语症和威尔尼克失语症不同。命名不能性失语症病人可以理解别人说的话，自己的话也很有意义，即使他们经常选择婉转曲折的方式说话。

命名不能被描述为对词的部分遗忘。脑的前部或后部损伤均可导致这种障碍，但只有后部损伤才会引起流畅性命名不能。仅仅命名不能，没有其他失语症症状（如理解缺陷、不合语法或发音困难）的最可能的损伤部位是左侧颞叶或顶叶，而威尔尼克区通常完好。前面描述过的那位女病人，其损伤包括左侧颞中回和颞下回，其中包括视觉联合皮层的一个重要脑区。威尔尼克区并未损伤。

下面所引用的例子来自我和同事研究过的一位病人（Margolin, Marcel, and Carlson, 1985）。我们让她描述前面图13.1中呈现过的一个厨房的图片。她的停顿（下面用三个小圆点来表示）显示出找词困难。有时，当她找不到合适的词汇时，她会用一个定义代替（一种婉转曲折地说话），或者重新寻找。我把自己认为她想要说的词加在了中括号里。

检查者：给我们讲讲这张图片。

病　人：It's a woman who has two children, a son and a daughter, and her son is to get into the... cupboard in the kitchen to get out [take] some... cookies out of the [cookie jar]... that she possibly had made, and consequently he's slipping [falling]... the wrong direction [backward]... on the... what he's standing on [stool], heading to the... the cupboard [floor] and if he falls backwards he could have some problems [get hurt], because that [the stool] is off balance.

婉转曲折地说话（circumlocution）：命名不能性失语症病人不能找到最恰当的词时，所采用的策略。

当我和同事研究这位病人时，一个现象给了我很大震动：同其他类型的词相比，这位病人寻找名词更加困难。我非正式地测验了她的动作命名能力。我向她呈现了一系列图片，让她描述图中的人物在做什么。她在寻找动词上几乎没犯错误。例如，虽然她不能说出一个男孩手里拿的是什么，但可以说出他正在*扔*东西。类似地，她知道一个女孩正*爬*上某物，但说不出爬的是什么（栅栏）。几项研究已经发现，动词命名不能（averbia）是由布洛卡区及其周围脑区的额叶损伤所引起的（Damasio and Tranel，1993；Daniele et al.，1994；Bak et al.，2001）。仔细想想，确实有道理。额叶对于动作的计划、组织和执行都起作用，所以记住动作的名称需要它的参与也不足为奇。

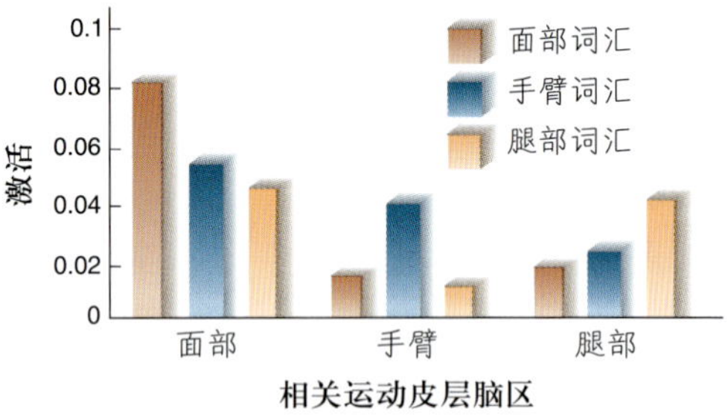

图 13.13　动词和运动。图中显示了当人们阅读描述身体部位运动的单词，如咬、掴和踢时，控制脸、手臂和腿的动作的运动皮层的相关脑区的激活情况。

Based on data from Hauk et al., 2004.

几项功能成像研究证实了布洛卡区及其周围的区域在动词产生中的重要性。例如，Hauk、Johnsrude 和 Pulvermüller（2004）要求被试阅读与身体不同部位运动有关的动词。例如，*咬*、*掴*和*踢*分别包含脸、手臂和腿的运动。研究者发现，当被试读动词时，他们看到了控制相关身体部位的运动皮层的激活。【见图 13.13】类似地，Buccino 等人（2005）发现，听涉及手部运动的句子（例如，他转动钥匙）激活了运动皮层的手部区域，听涉及脚部运动的句子（例如，他踩在草地上）激活了脚部区域。很可能，想特定的行为就会激活控制该行为的脑区。

到目前为止，我所勾画的整体框架提示：言语理解包含着信息从威尔尼克区到后部语言区，再到感觉运动联合皮层的各个脑区的过程，后者包含有关词义的记忆。自发言语产生则包括有关知觉和记忆的信息通路，从感觉和运动联合皮层到后部语言区，再到布洛卡区的过程。这个模型过于简化了，但作为基本心理过程概念化的开始是非常有用的。例如，想到一个词时，可能涉及言语区和周围联合皮层（以及海马和内侧颞叶这样的区域）之间的双向通信。

聋人的失语症

到目前为止，我把我的讨论局限于口头和书面语言的脑机制上。但是聋人的交流涉及另一种媒介：手语。手语要用到手，通过手的动作来表达。手语不是英语，也不是法语、西班牙语或汉语。在北美，最普遍使用的手语是美国手语（American Sign Language，ASL）。美国手语是一门全面语言，能用手势表达名词、动词、形容词、副词以及口语中所包含的言语的所有其他部分。人们能用手语快速而高效地交谈，能讲笑话，甚至还能基于手势间的相似性表达双关语。他们还能用他们的语言能力用词进行思考。

一些研究者相信在我们人类的历史中，手语是早于口语出现的——我们的祖先在用言语之前就开始用手势进行交流。正如我在这章前面所提到的，当我们看或者做出特定的抓、握或操纵动作时，镜像神经元激活。部分镜像神经元是布洛卡区的。很可能，这些神经元在学习模仿其他人的手部运动中起重要作用。的确，它们可能参与我们的祖先用来交流的手势的发展；毋庸置疑，在聋人的手语交流中也会用到。Iacoboni 等人（1999）的功能成像研究发现，当人们观察和模仿手指动作时，布洛卡区被激活。【见图 13.14】

几项研究发现了言语和手部运动之间的联系，这种联系支持了人类现今的口语是由手势进化来的这一假说。例如，Gentilucci（2003）要求被试看他抓不同大小的物体时说音节 ba 或者 ga。与主试抓小的物体相比，当主试抓大的物体时，被试嘴张得更大，并且音节说得更大声。这些结果说明，控制抓的脑区也参与控制言语动作。【见图 13.15】

美国手语的语法基于它的视觉和空间性质。例如，如果一个人在一个位置做了一个手势代表约翰，之后在另一个位置做了一个手势代表玛丽，那么，她可以把她的手放在约翰的位置，然后移向玛丽的位置，同时做了一个手势代表“爱”。毫无疑问，你自己已经明白了，她正在说“约翰爱玛丽”。美国手语的语法在性质上是空间的这一事实表明，使用手语的聋人的失语障碍可能是由右半球损伤导致的，而右半球主要参与空间知觉和记忆。然而，到目前为止，所有的文献中报告的聋人手势语失语症个案都是左半球损伤（MacSweeney et al., 2008a）。正如你可能想象的，当要求一个健听的人看两张图并且说两张图的名字是否押韵时，功能成像显示布洛卡区的激活增加，因为这个人会不出声地“说”这两个词。如果我们要求可以讲话的聋人来完成这个任务，同样的脑区也会激活（MacSweeney et al., 2008b）。【见图 13.16】

在前面我们看到，健听个体的右半球对言语中更微妙的隐喻方面有所贡献。对聋人手语者来说也是如此。Hickok 等人（1999）描述了两个右半球损伤的聋人手语者个案。两个人用手语表达话语都有困难：其中一个人在保持连贯话题上有困难，另一个人则在微妙地使用空间特征上有困难。Newman 等人（2010）的功能成像研究发现，当聋人观察包含使用叙述手段

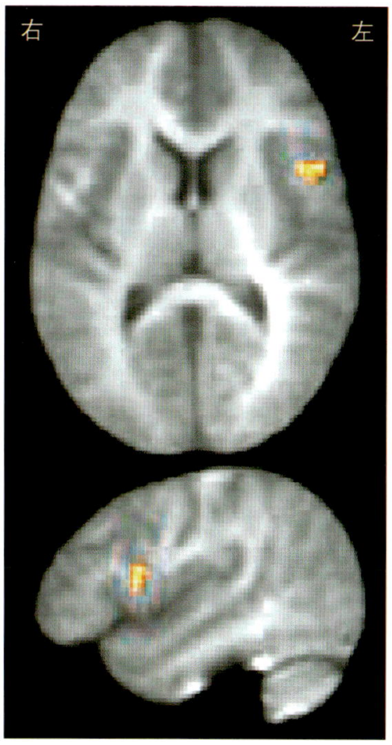

图 13.14 布洛卡区中的镜像神经元。PET 扫描显示，当人们观察或者模仿手指运动时，左侧额下回激活。上：横切面。下：左半球侧面观图。

From Iacoboni, M., Woods, R. P., Brass, M., et al. *Science*, 1999, *286*, 2526–2528.

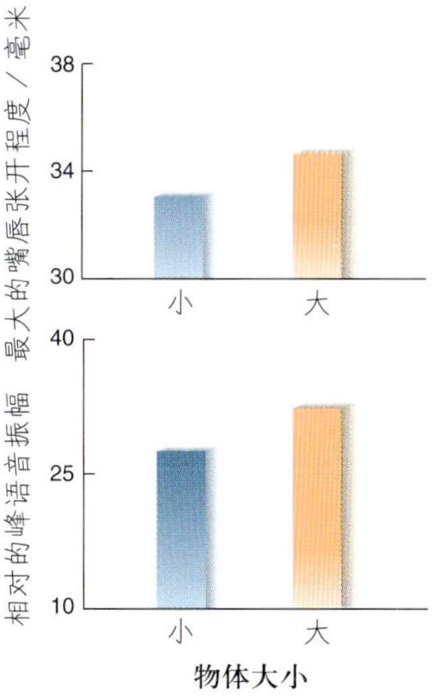

图 13.15 手和嘴的联系。图中显示了被试看某人抓大小物体的同时复述音节时嘴唇的张开程度和语音的振幅。

Based on data from Gentilucci, M. *European Journal of Neuroscience*, 2003, 17, 179–184.

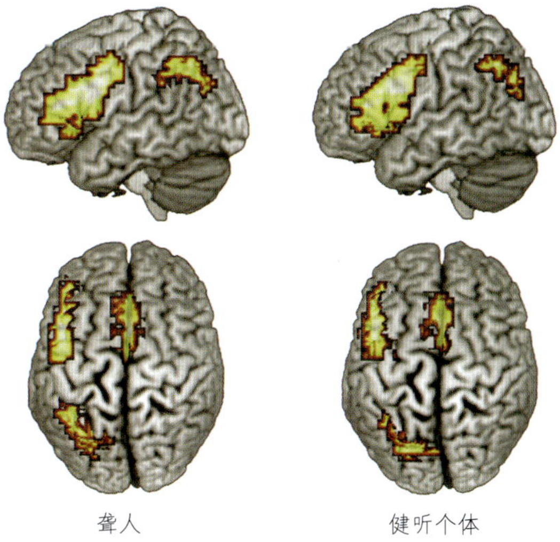

图 13.16 押韵任务中的脑激活。当判断两个书面语单词是否押韵时，聋人和健听的人激活了相同的语言相关脑区。

From MacSweeney, M., Waters, D., Brammer, M. J., et al. *NeuroImage*, 2008, 40, 1369–1379. Reprinted with permission.

（如面部表情或头部、眼睛和身体动作）的手语时，除了预期的左半球语言区之外，右半球额下回和颞上回也激活了。

韵律：言语中的节奏、语调和重音

当我们说话时，不仅仅是说出单词。我们的言语有规则的节奏和韵律，我们给一些词加上重音（大声地说出它们），并通过变化音调把句子划分成词组，并区分肯定和疑问语气。此外，我们可以通过言语节奏、重音和语调传递情绪方面的信息。言语的节奏、重音和语调统称为**韵律**。其重要性可以从我们书写时使用停顿符号来表示韵律的一些要素中体现出来。例如，逗号表示短暂的停顿，句号表示更长的停顿和降调，问号表示停顿和升调，感叹号表示特别的强调，等等。

脑后部损伤的流利性失语症病人的韵律听起来是正常的。其言语富于节奏感，句末和短语结束之后有停顿，并且保持基本的语调。即使是严重的威尔尼克失语症病人毫无意义的言语，其韵律听起来也是没有问题的。正如 Goodglass 和 Kaplan（1972）所指出的那样，一个威尔尼克失语症病人“从远处听，他的言语是正常的，因为其言语流利而且语调正常。”（当然，当我们走近从而听清他的言语时，我们会发现他的言语是无意义的。）相反的，正如引起布洛卡失语症的损伤破坏语法一样，这些损伤也严重破坏韵律。布洛卡失语症病人的发音非常吃力，并且词也说得非常慢，所以病人没有多少机会展示韵律成分；另外，由于相对缺少功能词，所以语音的重音和音高都没有什么变化。

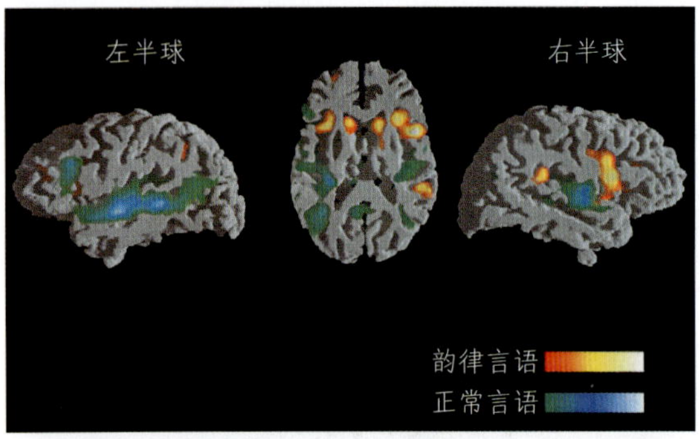

图 13.17 听正常的言语或者其韵律成分。被试听正常的言语（蓝色和绿色区域）或者言语韵律成分（橘色或者黄色区域）时进行的 fMRI 扫描。

From Meyer, M., Alter, K., Friederici, A. D., et al. *Human Brain Mapping*, 2002, *17*, 73–88. Reprinted with permission.

来自于正常人和脑损伤病人的证据显示，韵律是大脑右半球的特殊功能。毫无疑问，这项功能与右半球更为一般的功能相关，即音乐技能和表达并识别情绪的能力。产生韵律很像唱歌，而且韵律经常作为传递情绪的工具。

在 Meyer 等人（2002）的功能成像研究中，被试听正常的句子或者那些过滤掉有意义声音仅剩韵律成分的句子。正如你在图 13.17 中所看到的，言语的有意义成分主要激活左半球（蓝色和绿色区域），然而韵律成分主要激活右半球（橘色和黄色区域）。【见图 13.17】

人类语音识别

正如我们到目前为止所看到的，言语中的词传达了关于事件、想法和其他形式意义的信息——这些信息也能通过书写来传递。言语的韵律可以传达说话者的情绪状态或说话者想要强调的东西。最后，言语能传达完全独立于词的意义的信息：说话者的身份、性别和年龄线索。

人们在年龄很小时就在学习识别特定人的语音。就连新生婴儿也能识别父母的语音，显然，他们在妈妈的子宫里就已经学会了（Ockleford et al.,

韵律（prosody）：通过改变语调和重音，来表达除词汇本身所确定的意义之外的言语意义的一种方法，是情感交流的一种重要途径。

1988)。一些有局灶性脑损伤的人识别语音非常困难——一种称作**语音失认症**(phonagnosia)的障碍。Garrido 等人(2009)报告了第一个发展性语音失认症(即并非由脑损伤引起的语音失认症)的个案。K. H. 是一位60岁的管理咨询顾问,她一直都很难通过语音识别人。K. H. 在一本大众科学杂志上看到了一篇关于面孔失认症(prosopagnosia,难以甚至不能识别人的面孔)的文章。她意识到自己的障碍可能是这种障碍的听觉形式。测验结果显示,她的智力高于平均水平,并且她在各种知觉任务上的得分正常或高于正常水平,这些任务包括面孔识别、言语知觉、识别环境声音和音乐感知。结构磁共振成像没发现大脑异常,当然一定有一些脑组织上的微妙差异能够解释她的这种缺陷。

大部分的语音失认症是由脑损伤引起的。识别特定的语音独立于对词及其意义的识别:一些人丧失了理解词的能力但仍然能识别语音,而另外一些人表现出相反的缺陷(Belin, Fecteau, and Bédard, 2004)。到目前为止,所有获得性语音失认症(即脑损伤所导致的语音失认症)都为右半球损伤,通常是在顶叶或者颞上回前部。功能成像研究提示,右侧颞上回前部与语音识别有关。例如,von Kriegstein 等人(2003)发现,当要求被试识别特定语音而不是特定词时,该脑区激活。

口吃

口吃是一种言语障碍,其特点是频繁停顿、声音拉长,或者是声音、音节或词的重复,这些都会破坏正常的语流。口吃受遗传因素影响,发生率约为1%,男性是女性的3倍(Brown et al., 2005; Fisher, 2010)。当一个人说单个词或者被要求读一系列词时,口吃很少出现;口吃大多发生在句子的开头,特别是如果计划说的句子长或者句法复杂时。这个事实表明,口吃是"流畅的言语产生所必需的运动序列的选择、开始和执行"上的一种障碍(Watkins et al., 2008, p. 50)。一个口吃的人可能需要更多的时间来计划说话所必需的运动。

口吃并不是控制言语运动程序的神经回路异常的结果。例如,当一个人和另外一个说话者一起大声朗读、唱歌或者抑扬顿挫地朗读有节奏的刺激时,口吃会减少或消失。Brown 等人(2005)提出,口吃问题可能源于口吃者自己言语声音的错误的听觉反馈。他们注意到 Salmelin 等人(2000)的脑磁图(MEG)研究发现,口吃者言语产生时,脑区激活的正常的时间进程受到破坏。

支持上述观点的证据包括如下事实:延迟的听觉反馈会干扰大部分流利说话者的言语,但实际上促进了许多口吃者的言语(Foundas et al., 2004)。在**延迟的听觉反馈**程序中,个体戴着耳机尽力正常地说话,与此同时听自己的语音,而这个语音已经被电子设备延迟,通常延迟50~200毫秒。(事实上,有便携式的商用设备可用,这样的设备包括麦克风、耳机和一个能够产生延迟的电子设备。)当然,如果口吃者在发音控制上有问题,那么延迟的听觉反馈不会影响他们的流利度。

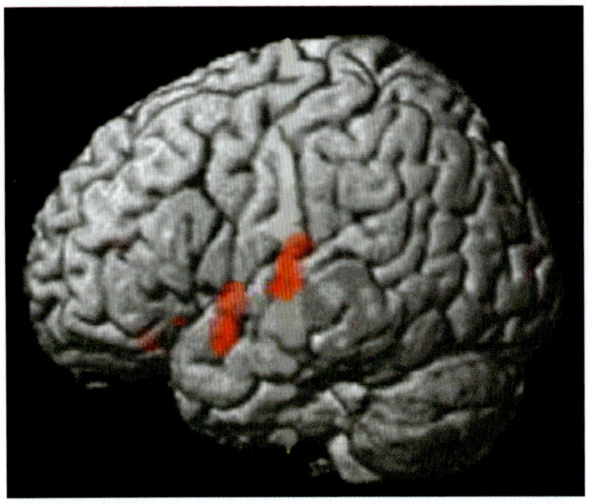

图 13.18　口吃治疗的效果。fMRI 扫描显示了颞上回的一些脑区，这些脑区在一个成功的口吃治疗疗程完成一年之后显示出激活增加。

From Neumann, K., Preibisch, C., Euler, H. A., et al. *Journal of Fluency Disorders*, 2005, *30*, 23–39.

Watkins 等人（2008）的功能成像研究采用弥散张量成像方法，发现口吃者的腹侧前运动皮层下的白质减少。他们提出，此处白质中的轴突把腹侧前运动皮层（参与说）与颞上回和顶下回的脑区连接起来，后面这些脑区负责把言语计划与来自自己语音的听觉反馈整合在一起。

Neumann 等人（2005）提供了进一步证据，证明口吃者明显异常的听觉反馈体现为降低的颞叶皮层激活。作者采用 fMRI 技术在两节实验中测量了口吃者大声朗读句子时的脑区激活，其中一节在一个成功的、为期 12 周的流利度塑造治疗疗程之前进行，另一节在这个疗程之后。图 13.18 显示了在治疗之后，颞叶的激活增加了。而 Brown 等人（2005）发现，口吃者在该区域的激活程度较低。【见图 13.18】

小　结

言语的产生和理解：脑机制

两个脑区对于理解和产生言语非常重要。布洛卡区位于控制言语肌肉运动的初级运动皮层前部的左侧额叶，参与言语产生。该脑区包含词汇产生时对肌肉运动顺序的记忆，每个单词的记忆与脑后部的听觉对应部分相联系。布洛卡失语症——由布洛卡区、邻近的额皮层脑区以及白质的损伤所导致——构成了各种程度的不合语法、命名不能和发音困难。

威尔尼克区位于颞上回后部，参与言语知觉过程。紧挨威尔尼克区的后部语言区对于言语理解和把思维转化为词汇十分必要。可以推测，威尔尼克区包含对词汇声音的记忆，对每个词的记忆一方面通过后部语言区与包含词汇意义记忆的神经回路相联系，另一方面和负责词汇发音的神经回路相联系。仅仅破坏威尔尼克区会导致纯词聋——不能正常理解言语，但言语产生、阅读和书写能力完好。由后部语言区和威尔尼克区损伤所导致的威尔尼克失语症表现为很差的言语理解和复述，以及产生虽然流利但无意义的言语。由后部言语区损伤所导致的经皮层感觉性失语症表现为很差的言语理解和产生，但病人能够复述他们所听到的内容。这样，威尔尼克失语症的症状由经皮层感觉性失语症的症状加上纯词聋的症状所构成（WA = TSA + PWD）。来自镜像神经元（当人们听其他人的言语时，这些神经元会激活）的反馈可以促进言语识别。右半球在言语的更微妙的比喻方面起作用。

经皮层感觉性失语症病人能够复述他们不能理解的词，表明威尔尼克区和布洛卡区之间存在直接的连接。事实上确实如此，它们通过弓状束相连。损伤这束轴突会导致传导性失语症：病人准确复述所听到内容的能力被破坏，但是理解或产生有意义的言语的能力保持完好。一个平行的通路，该通路由一个前束和一个后束（二者在顶下回连接起来）组成，可能负责纯传导性失语者理解和改述所听到内容的能力。

词的意义是我们对与词相联系的客体、动作和其他概念的记忆。这些记忆储存在联合皮层，而非言语区本身。由颞叶或顶叶损伤所导致的纯粹命名不能表现为找词困难，特别是客体命名困难。一些病人在专有名词命名方面特别困难，而其他病人在普通名词命名上有困难。大多数病人在动词命名上几乎没有困难。损伤布洛卡区及其周围脑区会破坏对动作的命名——找不到合适的动词。脑损伤也能破坏心理词典中的“词汇定义”和“词条”。损伤联合皮层特定脑区会抹去一些范畴的词的意义。布洛卡区及周围脑区损伤会破坏个体命名动作（想起合适的动词）的能力。右半球在言语的更微妙的比喻方面起作用。

像用声音交流的人们一样，在使用手语的聋人中，左半球在语言能力上起更重要的作用。手势语可能是有声言语的初期形式；手部运动会激活布洛卡区的镜像神经元。

韵律包括语调、节奏和重音的变化，这些变化可以为我们所说的句子增加意义，特别是情绪意义。控制言语韵律成分的神经机制可能在右半球。

识别特定个体的语音涉及右半球顶叶或者颞上回前部。

口吃可能由一些参与反馈以及计划和开始言语的神经回路异常所致，而并非因为控制发音运动程序的神经回路异常导致。功能成像表明，口吃者自己的语音产生的听觉反馈存在缺陷。延迟的听觉反馈（损害大部分流利说话者的言语）经常能够促进口吃者的言语。

由于这一部分介绍了很多术语和疾病症状，我用一张表总结一下。【见表 13.1】

思考题

1. 假设要求你判定失语症病人的语言能力和缺陷。为了检查病人是否存在特定的缺陷，你会使用什么任务？
2. 严重的威尔尼克失语症病人的思维会是什么样的？这些人所产生的言语几乎没什么意义。你能找到方法来查明这些人的思维是否比他们说出来的词更连贯吗？

表 13.1　脑损伤所造成的失语症症状

障碍	损伤部位	自发言语	理解	复述	命名
威尔尼克失语症	颞上回后部（威尔尼克区）和后部语言区	流利	差	差	差
纯词聋	威尔尼克区或者与初级听觉皮层的连接部分	流利	差	差	好
布洛卡失语症	初级运动皮层前部的额叶皮层（布洛卡区）	不流利	好	差*	差
传导性失语症	外侧裂上部的顶叶下面的白质（弓状束）	流利	好	差	好
命名不能性失语症	顶叶和颞叶的各个部分	流利	好	好	差
经皮层感觉性失语症	后部语言区	流利	差	好	差

*可能比自发言语好。

读写障碍

阅读和书写与听说的关系非常密切。因此口语和书面语言能力有许多共同的脑机制。这一部分将讨论阅读和书写障碍的神经基础。你将会看到，关于这些障碍的研究已经给我们提供了很多有用而且有趣的信息。

几年前，我和一些同事研究了一个纯失读病人。他十分偶然地发现自己保留了书写能力。他由于头部外伤造成了脑损伤。几个月后，他和妻子在家看一个工人修理洗衣机。他想和妻子单独说几句话，于是在纸上写了几句话。当他把纸递给妻子时，他们突然惊异地意识到，尽管他不能阅读，但他能够书写！他妻子把这张便条送到神经科医生那里，后者让他把它读出来。他虽然记得便条的大致内容，但不能读出上面那些词。遗憾的是，我没有那张便条，但图 13.19 显示了另一个纯失读病人的书写情况。【见图 13.19】

纯失读

Dejerine（1892）描述了一种典型症状，我们现在称之为**纯失读**，有时也

纯失读（pure alexia）：丧失读的能力，但没有丧失写的能力；由脑损伤所致。

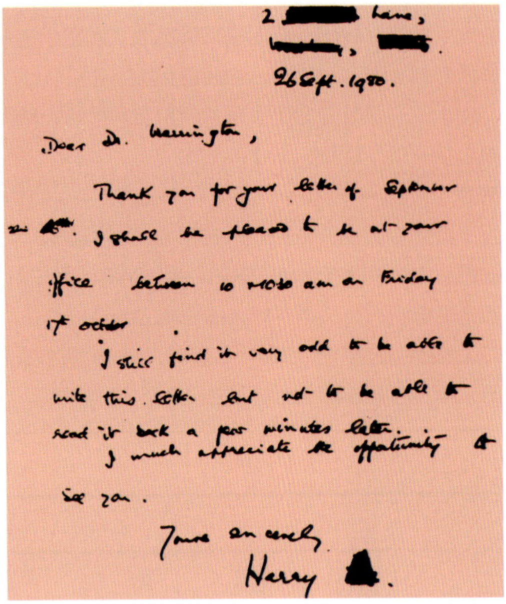
2 [redacted] lane,
[redacted], [redacted].
26 Sept. 1980.

Dear Dr. Warrington,

Thank you for your letter of September 2nd. I shall be pleased to be at your office between 10 & 10.30 am on Friday 17th October.

I still find it very odd to be able to write this letter but not to be able to read it back a few minutes later.

I much appreciate the opportunity to see you.

Yours sincerely,
Harry [redacted].

图13.19　纯失读。一个纯失读病人写给 Elizabeth Warrington 博士的信。内容如下："亲爱的 Warrington 博士，谢谢您 9 月 16 日的信。我很高兴在 10 月 17 日星期五上午 10:00 ～ 10:30 到您的办公室去。我很困惑为什么自己可以写这封信，但几分钟之后无法回过头来读它。我非常感谢见您的机会。您真诚的 Harry.X."

From McCarthy, R. A. and Warrington, E. K. *Cognitive Neuropsychology: A Clinical Introduction*. San Diego: Academic Press, 1990. Reprinted with permission.

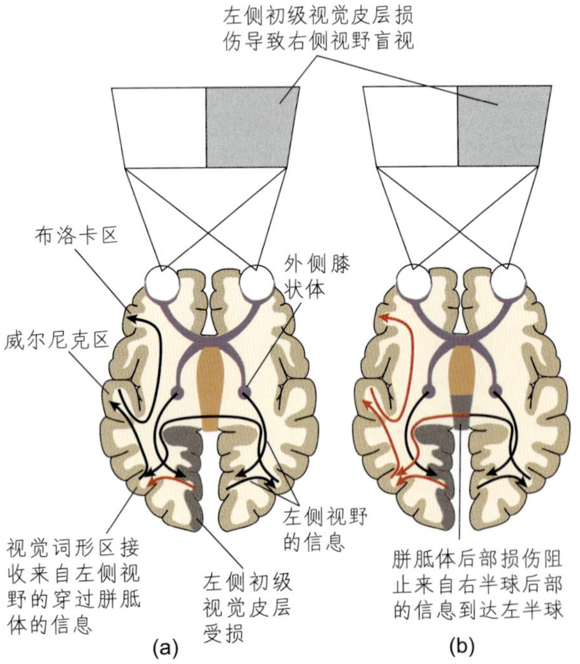

图13.20　纯失读。在这个示意图中，红色箭头表示被脑损伤所阻断的信息通路。(a) 左侧初级视觉皮层损伤的病人大声朗读时信息传递的通路；(b) 额外的胼胝体后部损伤阻断了信息通路，引起纯失读。

称为纯词盲（pure word blindness），或者不含失写的失读（alexia without agraphia）。他的病人左侧枕叶的视觉皮层和胼胝体后部尾端受到损伤。病人仍然可以书写，尽管丧失了阅读能力。事实上，如果给他看一些他自己写的东西，他也不能阅读。

虽然纯失读病人不能阅读，但是当把词的拼写大声地读给他们时，他们可以识别词汇。所以，他们还记得词汇的拼法。很明显，纯失读是一种知觉障碍，和纯词聋类似，只不过病人对视觉而非听觉输入识别有困难。这种障碍是因为脑部损伤使得视觉信息无法到达左半球的视觉联合皮层（Damasio and Damasio，1983，1986；Molko et al.，2002）。图 13.20 解释了为何 Dejerine 的病人无法阅读。第一幅图显示了当病人只损伤*左侧初级视觉皮层*时，其视觉信息所使用的神经通路。在这个个案中，病人的右侧视野会出现盲视，他看不到注视点右侧的任何东西。但是，有这种障碍的病人可以阅读。他们唯一的问题是，他们必须看每个词的右侧才能完全看到它，这意味着与视觉完整的正常人相比，他们读得要慢一些。

让我们追踪这种脑损伤病人的视觉信息是如何传递而使得他能够大声读出词来的。来自左侧视野的信息被传递到右侧纹状皮层（初级视觉皮层），然后到达右侧视觉联合皮层的脑区。从那里，信息穿过胼胝体后部传递到左侧视觉联合皮层的一个叫作*视觉词形区*（VWFA）的脑区，在那里得到进一步分析。（我在后面再讨论视觉词形区。）然后，信息传递到位于左侧额叶负责言语机能的脑区。这样，病人就可以大声地读出词了。【见图 13.20(a)】

第二幅图显示了 Dejerine 的病人的情况。注意额外的胼胝体的损伤如何阻止书写文字的视觉信息到达左半球的视觉词形区。因为这个脑区对于词的识别是必要的，所以病人不能读。【见图 13.20(b)】

Mao-Draayer 和 Panitch（2004）报告了一个患有多发性硬化症的案例，该患者在损伤了左侧枕叶皮层下白质和胼胝体后部之后出现了纯失读的症状。如图13.21所示，这些损伤恰好处于Dejerine预期会引起这个症状的位置，但只有传入左侧初级视觉皮层的白质受损，而皮层本身完好。【见图13.21】

我必须说明图13.20只是一个尽可能简单的示意图。它们只显示了看到一个词并把它读出来所使用的神经通路，而并不包括理解词义所使用的神经结构。我们在本章后面会看到，来自脑损伤病人的证据显示，看和读出单词独立于对单词的理解。这样，虽然图13.20很简单，但是从我们有关阅读过程的神经成分的知识来看，它还是有道理的。

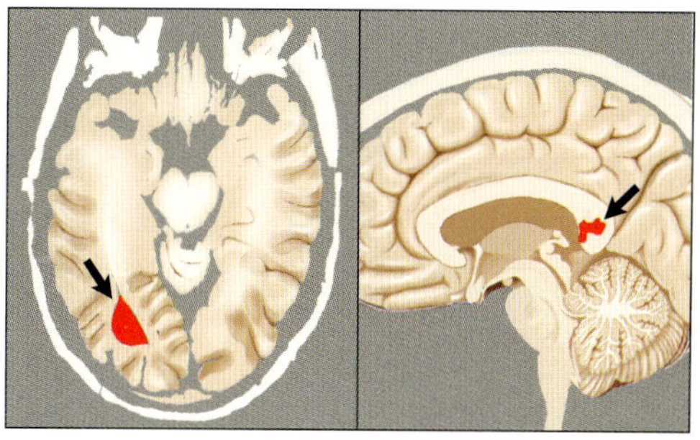

图13.21 多发性硬化症患者中的纯失读。损伤与图13.20（b）中的相符。

Based on Mao-Draayer, Y., and Panitch, H. *Multiple Sclerosis*, 2004, 10, 705–707.

了解阅读

阅读至少包含两个不同的过程：把单词作为一个整体识别，以及逐字母地将其读出。当看到一个熟悉的词时，我们可以识别并读出它——这一过程称为**整词阅读**。（对于太长的词，我们可能将它们分成几个部分来分析，每个部分包含几个字母。）第二种方法是我们在碰到一个陌生的单词时所使用的。这种方法要求识别单个字母，也要求关于字母发音的知识。这个过程称为**语音阅读**。

整词阅读（whole-word reading）：通过将单词作为一个整体识别而完成的阅读，即“视觉阅读”。

语音阅读（phonetic reading）：通过对字母串的语音进行解码而完成的阅读，即“声音阅读”。

表层诵读困难（surface dyslexia）：一种阅读障碍。个体可以进行语音阅读，但通过整词方法阅读拼写不规则词有困难。

我们的语音阅读能力很容易验证。事实上，通过试着读下面的单词，你可以向自己证明语音阅读确实存在：

glab　　trisk　　chint

正如你所看到的，这些词并不是真词，但你把它们读出来不会有什么困难。很明显，你并没有识别这些词，因为你可能从来没有见过它们。所以，你不得不使用有关这些特定字母（或字母组合，如ch）的语音知识来想办法读出这些词。

人们能够使用整词阅读的方法，在不读出它们的前提下阅读词汇，证明这一点的最好的证据来自有关获得性诵读困难病人的研究。诵读困难（dyslexia）意味着“错误的阅读”。*获得性*诵读困难是指那些已经知道如何阅读的人，由于脑损伤而导致的诵读困难。而*发展性*诵读困难是指当儿童正在学习阅读时，所表现出来的阅读困难。这种障碍可能由脑中异常的神经回路导致，我们在后面会谈到。

图13.22说明了阅读过程的一些成分。这是一张非常复杂的阅读过程的简化图，但有助于整合一些研究发现。这幅图只考虑了单个词的阅读和发音，而没有考虑对文本意义的理解。当我们看到一个熟悉的词时，会将其作为一个整体来识别并读出它。当我们看到一个生词或者一个可发音的非词时，就必须使用语音阅读。【见图13.22】

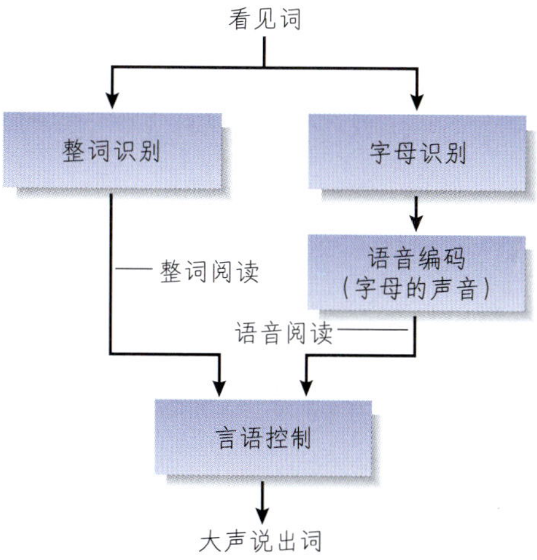

图13.22 阅读过程模型。在这个简化的模型中，对大部分熟悉词使用整词阅读，对不熟悉的词或者像glab、trisk或chint这样的非词使用语音阅读。

研究者已经报告了几种类型的获得性诵读困难，我在这里主要介绍其中三种：表层诵读困难、语音性诵读困难和直接诵读困难。**表层诵读困难**指整词阅读缺陷。“表层”这一术语反映了这样的事实：有这种障碍的病人会犯一些与单词的视觉词形和发音规则有关的错误，而不是与词的意义有关的错误。与词形和发音相比，词的意义“更加深层”。

由于表层诵读困难病人难以把单词作为一个整体来识别，所以不得不使用语音阅读。这样，他们可以顺利地读出拼写规则的单词，如 hand、table 或 chin。但是，他们读出拼写不规则的单词（如 sew、pint 或 yacht）有困难。事实上，他们可能把这种词读成 sue、pinnt 和 yatchet。然而，他们在读出可发音的非词（如 galb、trisk 或 chint）时没有困难。由于表层诵读困难病人不能通过词形识别整词，所以，为了理解自己正在读的词，他们必须听自己的发音。如果他们把 pint 读成 pinnt，就会说这个词不是英语词汇（如果单词的发音如此，那确实不是）。如果要阅读的词有同音词，那么只有把它放在句子语境里才能理解它。例如，如果你听到“pair”这个词，而没有其他额外的信息，你就不知道说话者指的是 pair（成双）、pear（梨）还是 pare（修剪）。这样，当一个表层诵读困难病人读到 pair 这个词时，就会说“……这可能是一类中的两个，苹果和……或者你对你的指甲所做的事情”（Gurd and Marshall，1993，p. 594）。【见图 13.23】

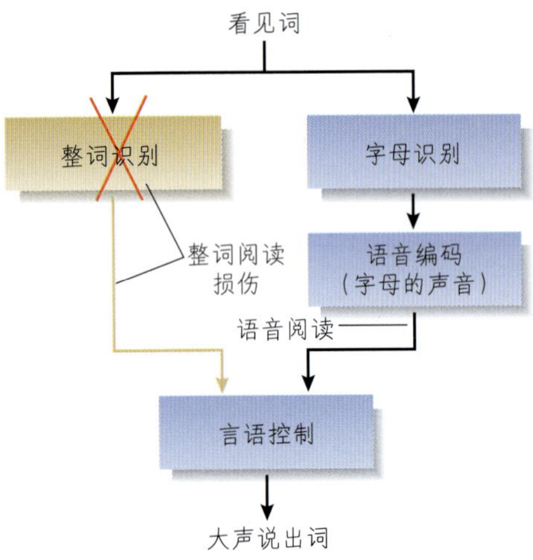

图 13.23 表层诵读困难。在这个假设的例子中，整词阅读受到损伤，只有语音阅读保持完好。

语音性诵读困难病人有相反的问题。他们可以使用整词阅读，但不能使用语音阅读。所以，他们能读出熟悉的词汇，但在读出不熟悉的词和可发音的非词方面有很大困难（Beauvois and Dérouesné，1979；Dérouesné and Beauvois，1979）。（在这里，phonology——粗略地译为“声音的法则”——指字母和它们所代表的声音之间的关系。）语音性诵读困难病人可以是很好的读者，如果他们在脑损伤之前已经掌握了大量词汇的话。

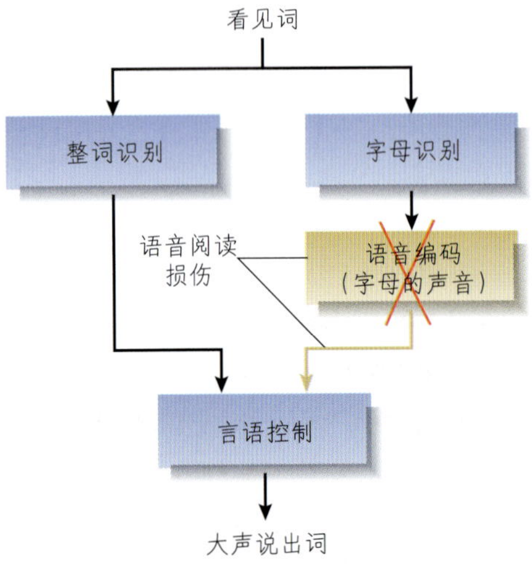

图 13.24 语音诵读困难。在这个假设的例子中，语音阅读受到损伤，只有整词阅读保持完好。

语音性诵读困难为整词阅读和语音阅读具有不同脑机制这一观点提供了进一步的证据。语音阅读是我们读出非词和生词的唯一途径，它需要从字母到声音的某种解码。很明显，英语的语音阅读不只是对单个字母声音的解码，因为一些声音是通过两个字母的序列（如 th 或 sh）来表达的，还有一些单词把字母 e 放在词尾，以延长内部元音（can 变成 cane）。【见图 13.24】

日语在整词阅读和语音阅读之间做出了有趣的区分。日语包含两种书写文字的符号。日语汉字符号是一种象形文字，来自于中文（尽管它们像日语词那样发音）。这样，它们通过视觉符号来表达概念，但没有提示如何发音。阅读以日语汉字符号表示的词类似于整词阅读。日语假名符号是音节的语音表征，编码听觉信息。这些符号主要用于表示外来语词汇，或者如果用日语汉字符号表示，那么一般读者不可能识别的那些日语词汇。阅读用日语假名符号表示的词很明显是语音阅读。

语音性诵读困难（phonological dyslexia）：一种阅读障碍。个体可以读出熟悉的词，但在读出不熟悉的词或可发音的非词时出现困难。

有关说日语的局灶性脑损伤病人的研究表明，阅读日语假名和日语汉字符号需要不同的脑机制（Iwata，1984；Sakurai et al.，1994；Sakurai，Ichikawa，and Mannen，2001）。日语汉字符号的阅读困难是一种表层诵读困难，而日语假名符号的阅读困难是一种语音性诵读困难。哪些脑区参与这两种阅读呢？

日语书写系统使用两种文字，编码或不编码语音信息。

Jed and Kaoru Share / Corbis.

来自英语、汉语和日语读者的脑损伤和功能成像研究表明，整词阅读过程沿着视觉系统的腹侧通路一直到位于颞叶基部的梭状回脑区。例如，Thuy 等人（2004）和 Liu 等人（2008）的功能成像研究发现，阅读由日语汉字构成的词或汉字（整词阅读）激活左侧梭状回。该区域被称作**视觉词形区（VWFA）**。正如我们在第6章所看到的，部分梭状回参与对面孔以及其他需要专门知识来辨别的图形的知觉——当然，识别整词或者日语汉字符号需要专门的知识。

负责语音阅读的神经回路的位置目前还不是很清楚。许多研究者相信它包括顶下回和颞上回（颞顶皮层）周围的大脑皮层，然后从这个脑区，沿着一个纤维束，一直到包括布洛卡区的额下回（Sakurai et al.，2000；Jobard，Crivello, and Tzourio-Mazoyer，2003；Thuy et al.，2004；Tan et al.，2005）。然而，仅仅损伤视觉词形区，不损伤下面的白质，会导致纯失读（Beversdorf et al.，1997）。这样，尽管语音阅读可能涉及颞顶皮层，但视觉词形区对于两种形式的阅读都是必要的。语音阅读涉及布洛卡区的事实说明，这种阅读实际上可能包含发音——我们说出词与其说是通过“听”它们，不如说是通过让我们自己感觉对自己默默地发音。（正如我们在这一章的第一节中所看到的，来自额下回的反馈在口语词的知觉中发挥作用。）一旦词被识别（通过两种方式中的任何一种），意义必须通达，这意味着两条神经通路会聚于参与识别词的意义、语法结构和语义的脑区。【见图13.25】

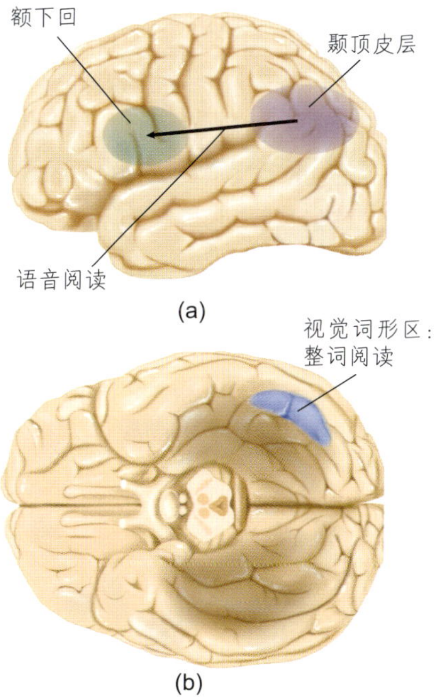

图13.25 语音阅读和整词阅读。示意图显示了参与(a)语音阅读和(b)整词阅读的脑区。

让我们看一下视觉词形区的作用。显然，视觉联合皮层的某些部分一定参与了书面词知觉。你还会记得第6章提到的视觉失认症。在这种知觉缺陷中，双侧视觉联合皮层损伤的病人不能通过看来识别物体。然而，视觉失认症病人仍然能够阅读。这意味着，物体和词的知觉分析至少涉及一些不同的脑机制。这一事实既有趣又令人困惑。当然，阅读能力不可能已经影响了人脑的进化，因为文字的发明只有几千年的历史，而直到最近，全世界仍有大量人口不识字。这样，阅读和物体识别会使用早在文字发明之前就已经存在的脑机制。然而，正像看面孔的经验影响右半球梭状回面孔区的发展一样，学习阅读词的经验也影响视觉词形区中神经回路的发展——也许并非巧合，视觉词形区位于左半球的梭状回。Brem 等人（2010）

视觉词形区（visual word-form area，VWFA）：颞叶基部左侧梭状回的一个脑区，在整词识别中起关键作用。

的功能成像研究扫描了还没有学习阅读的年幼儿童的脑(平均年龄为6.4岁)。最初，看印刷的词激活了双侧的腹后侧枕颞区。学习了书写的字母与声音之间的联系的3 ~ 4个小时之后，看词激活了左半球。显然，学习阅读影响参与识别字母和词的神经系统的联系。

右半球的梭状回面孔区能快速识别人的眼睛、鼻子、嘴唇和其他面孔特征的独特结构，甚至当两张面孔之间差异非常小时。例如，同卵双生子的父母和密友能一眼就看出他们正在看的是双生子当中的哪一位。类似的，左半球的视觉词形区能识别一个词，即使这个词非常像另外一个词。【见图13.26】该脑区也能快速识别用不同字体、字号和大小写书写的词。这意味着视觉词形区能够识别不同形状的整词；当然，chair 和 CHAIR 看起来不一样。有经验的读者看同等熟悉的六字母词和三字母词所花的时间是一样的（Nazir et al.，1998），这意味着整词阅读过程并不需要逐个识别字母，就像右侧梭状回的面孔识别过程并不需要逐个识别面孔的每一个特征就可以完成面孔识别一样。我们也可以识别几个字母及其相互的位置。

英语	阿拉伯语		印地语		汉语	
car ear	رمان	زمان	आज	आजा	夫	天
汽车 耳朵	石榴	时代	今天	来		

图13.26　书面词的细微差别。除非你能读英语、阿拉伯语或印地语，否则就需要仔细检查这些词才能发现这些微小的差别。然而，一个说汉语的读者会立即识别“夫”与“天”之间的差别。

Adapted from Devlin, J. T., Jamison, H. L., Gonnerman, L. M., and Matthews, P. M. *Journal of Cognitive Neuroscience*, 2006, *18*, 911–922.

Vinckier 等人（2007）的功能成像研究探讨了脑如何识别整词。首先，我们需要提供一些定义。**双字母组**是两个字母构成的序列。**常见双字母组**是指特定的语言中经常遇到的两个字母的序列。例如，“SH”在英语中经常出现。相比之下，“LQ”是不常见的双字母组。**四字母组**是四个字母构成的字母串，可分为常见的和不常见的。现在看这个研究。Vinckier 和同事要求成年读者看以下六种刺激：(1) 由错误字体（像字母的符号）构成的刺激串；(2) 由不常见字母构成的字母串；(3) 包含不常见双字母组的字母串；(4) 包含常见双字母组的字母串；(5) 包含常见四字母组的字母串；(6) 真词。【这些刺激的例子见图13.27】

刺激类型

错误的符号	不常见的字母	常见的字母组	常见的双字母组	常见的四字母组	真词
[illegible]	JZWYWK	QOADTQ	QUMBSS	AVONIL	MOUTON

例子

图13.27　单词识别测验中使用的刺激。Vinckier 等人（2007）的实验使用了这样的刺激。“Mouton”是法语词“羊”。（实验是在法国做的。）

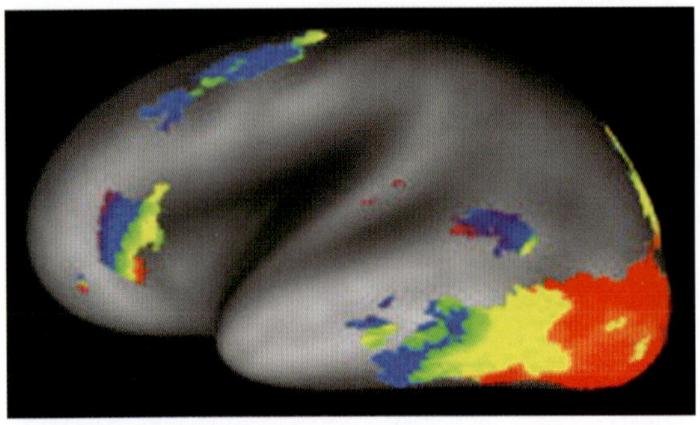

图13.28　视觉词形区中的单词识别。扫描显示了对类字母符号、不常见字母、常见字母、双字母组、四字母组和真词进行选择性反应的脑区。从红色到蓝紫色变化的颜色标示了反应脑区的范围。在视觉词形区和布洛卡区能看到反应的梯度变化。

From Vinckier, F., Dehaene, S., jobert, A., et al. *Neuron*, 2007, *55*, 143–156. Reprinted with permission from Elsevier.

功能成像显示，一些脑区可被所有视觉刺激激活（包括像字母的符号），一些脑区被字母而不能被符号激活……一直到真词激活的脑区。最具选择性的脑区包括左侧梭状回前部（即视觉词形区），只有真词才激活该脑区。事实上，如图13.28所示，扫描揭示了从后部到前部的选择性激活的梯度变化，从符号到整词，沿着左侧枕叶和颞叶底部。此外，还有一个小的梯度变化出现在布洛卡区。这个梯度变化可能代表了语音阅读，解码被试看到的刺激所代表的声音。注意，在布洛卡区，像字母的符号几乎没引起什么活动（红色区域）。这一点讲得通，因为这些符号不能发音。【见图13.28】

许多研究发现，视觉词形区损伤引起了表层诵读障碍，即整词阅读受损。Gaillard 等人（2006）的研究将 fMRI 和一个个案的损伤证据相结合，提供证据证明左侧梭状回的确包含视觉词形区这一脑区。该病人有严重的癫痫，需要做手术切除癫痫灶。在做手术之前，让这位病人看词以及面孔、房子和工具图片，与此同时扫描其大脑。医生提醒病人其癫痫灶所在的脑区在阅读中起关键作用，但是由于他的症状非常严重，他决定做手术。手术如人所料引起了整词阅读损伤。结构和功能成像扫描相结合揭示了这个损伤——一个非常小的损伤——位于梭状回，即视觉词形区所在的位置。【见图 13.29】

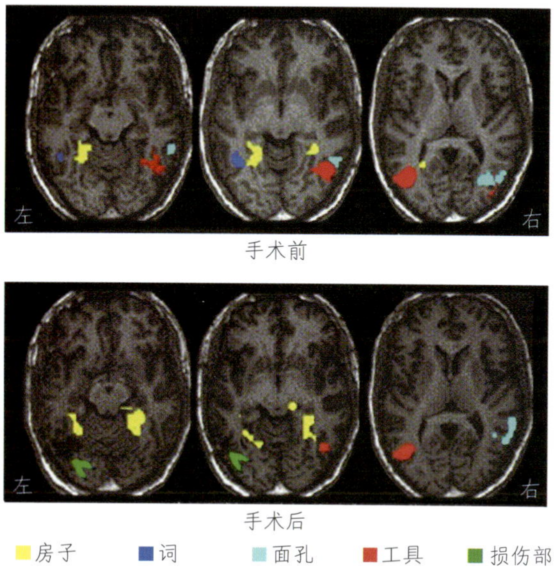

图 13.29 视觉词形区损伤带来的影响。扫描显示，在手术切除视觉词形区的一个小的区域前后，对词、面孔、房子和工具的脑区反应。注意对词的反应（深蓝色）消失，但对面孔、房子和工具的反应保留。

From Gaillard, R., Naccache, L., Pinel, P., et al. *Neuron*, 2006, *50*, 191–204. Reprinted with permission from Elsevier.

在人们发明文字之前，视觉联合皮层的脑区（现在叫作视觉词形区）负责什么呢？（就这一点来说，在今天不识字的人中，这个脑区负责什么呢？）Dehaene 等人（2010）解释如下：

> 像阅读和数学这样的文化发明是新近的事情，不可能已经影响了人类基因组。因此，它们必须通过对出于其他目的而进化来的神经网络的"再利用"来获得。但是，这些神经网络最初的特性与目标功能足够相似，并且拥有足够的可塑性（特别是在儿童期），以便让它们的功能能够部分地转化到这个新的任务上。(p.1837)

Szwed 等人（2009）指出，客体识别（视觉系统最主要的任务）最重要的线索是当我们从不同的角度看客体时能保持相对恒定的那些线索。这些线索中最可靠的是线在顶点相交、与特定形状形成连接的方式（如 L、T 或 X 式）。（我想你能明白这是怎么回事。）Szwed 及其同事向被试呈现顶点（线的连接点）或者部分中间片段（连接点之间的线段）缺失的、不完整的客体图画和字母。图 13.30 显示了顶点缺失的图画和词。你能认出它们是什么吗？【见图 13.30】现在翻到第 384 页，看中间片段缺失的同样的图画和词。我想，你会发现它们更容易识别。【见图 13.31】我发现，有完整顶点的图画和词更容易识别（我猜你也一样），Szwed 等人的研究中的被试也是如此。

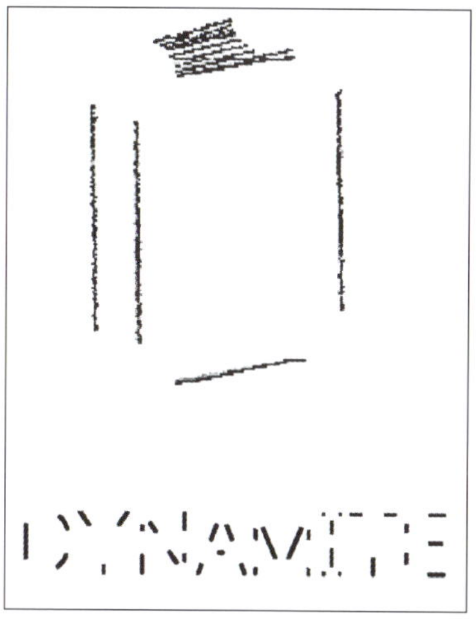

图 13.30 对去除了顶点之后的客体和词的识别。

Adapted from Szwed et al., The role of invariant features in object and visual word recognition. *Vis Res 49*, 718–725.

Changizi 等人（2006）分析了全世界范围内以前的和现在的大量书写系统中所使用的字母和符号的结构。他们发现，这些特征似乎是由文化所选择的，这些文化创造了这些特征，使得它们与自然场景中的客体的特征相匹配——它们都包含线的连接。早期形式的书写使用真实的图画，但是图画被简单化，最终变成简单的线或交叉线和曲线。就连像汉字这样复杂的符号也由交叉的笔画所构成。也许，通过学习阅读过程而成为视觉词形区的脑区最初的进化是为了通过

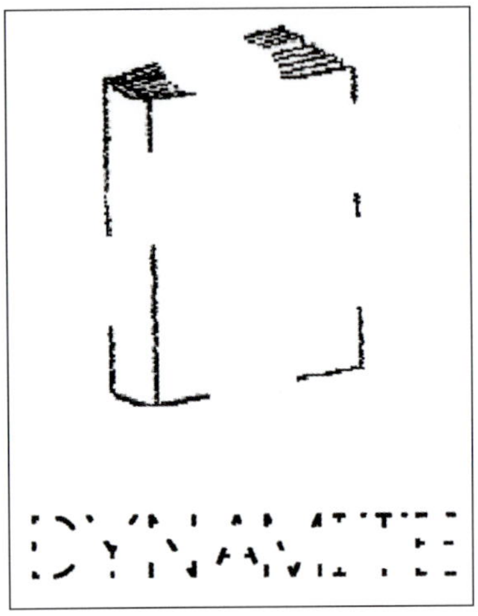

图 13.31 对去除了线的中间片段之后的客体和词的识别。

Adapted from Szwed et al., The role of invariant features in object and visual word recognition. *Vis Res 49*, 718–725.

学习线的结构（直的和弧形的）及其连接来识别客体。我们的祖先发明了各种形式的书写，这些书写使用通过这些特征来区分的符号，部分梭状回被“再利用”（Dehaene 等人的措辞）成为视觉词形区。

我们的祖先能够发明各种形式书写的事实意味着他们的脑已经拥有了识别书写符号所需的视觉机制。问题是，人类何时发展了这些视觉机制？Grainger 等人（2012）的研究获得的证据表明，这种发展早在现代人进化之前就出现了。Grainger 和他的同事安装了一个由计算机控制的触屏装置，该装置可以让一组群居的狒狒在成功地区分四字母的英语真词和四字母非词时获得一小块食物。当屏幕呈现一个真词时，动物如果触摸屏幕上的加号就可以得到一块食物；当屏幕呈现非词时，动物如果触摸蓝色的椭圆就会得到一块食物。动物学会了非常准确地识别词。事实上，当呈现它们之前没有看过的词时，如果词里有真词里经常出现的字母对，那么它们会把许多这样的词识别为真词。例如，字母对 ED 经常在英语词中出现，而 LG 则不然。显然，狒狒只能学习识别英语词以及那些经常出现在这些词中的字母组合，他们并没有学会阅读。但是这个研究证明，一个能够识别客体、面孔以及其他对非人类灵长类动物来说重要的视觉刺激的视觉系统，也能学习识别单个字母及其组合。

正如我们在本章前面看到的，识别一个口语词汇不同于理解它。例如，经皮层感觉性失语症病人可以复述他们所听到的言语，即使不理解自己所听到的或所说的内容。阅读也是这样。**直接诵读困难**很像经皮层感觉性失语症，除了词汇是写出来而非说出来的（Schwartz，Marin，and Saffran，1979；Lytton and Brust，1989；Gerhand，2001）。直接诵读困难病人能够大声朗读，*即使他们并不理解自己正在说的词*。Lytton 和 Brust 的病人由于中风而导致左侧额叶和颞叶损伤，他丧失了用语言进行交流的能力，他的言语没有意义，也不能理解别人对他说的话。然而，他能读他熟悉的词。他不能读可发音的非词，因此，他丧失了语音阅读能力。他有彻底的理解缺陷。当研究者呈现一个单词和几幅图片，而其中一幅图与单词相对应时，他可以正确地读出单词，但不能指出哪幅图片和单词对应。Gerhand 的病人表现出类似模式的缺陷，除了她能进行语音阅读之外——她能读出可发音的非词。这些发现表明，负责语音阅读和整词阅读的脑区各自独立地与负责言语的脑区相连。

发展性诵读困难

直接诵读困难（direct dyslexia）：一种由脑损伤所导致的语言障碍。病人可以大声读出单词，但不能理解它们。

发展性诵读困难（developmental dyslexia）：一种阅读困难，有基因的（生物学的）成分。

一些儿童学习阅读有很大困难，无法流利地阅读，虽然他们其他方面的智力正常。特定的语言学习障碍，即**发展性诵读困难**，倾向于在家族中发生，说明有遗传的（和生物的）成分。同卵双生子的一致率为 84%~100%，异卵双生子的一致率为 20%~35%（Démonet，Taylor，and Chaix，2004）。连锁研究表明，1、3、6 和 15 号染色体可能包含一些基因，分别与这个障碍的不同成分有关（Kang and Drayna，2011）。

正如我们在前面所看到的，文字是一项很晚的发明，这一事实意味着自然选择可能并没有赋予我们专门用于理解文字的脑机制。因此，我们不能期望发展性诵读困难仅仅包含阅读缺陷。的确，研究者已经发现并不直接涉及阅读的多种语言缺陷。一种常见的缺陷是*语音意识缺乏*。也就是说，发展性诵读困难病人在混合或重新安排所听到的词的声音方面有困难（Eden and Zeffiro，1998）。例如，当我们把“cat”的第一个声音去掉，就会得到“at”，病人难以认识到这一点。他们辨别声音序列的顺序时也有困难（Helenius，Uutela，and Hari，1999）。像这样的问题可能会损伤语音阅读能力。有诵读困难的儿童在书写上往往也有很大困难：他们会犯拼写错误，字母空间排列很差，会漏掉字母，在写作方面倾向于表现出弱的语法发展（Habib，2000）。

发展性诵读困难是一种异质和复杂的性状。引发这种障碍的原因毫无疑问也不止一种。然而，大部分仔细考察发展性诵读困难损伤性质的研究发现，语音损伤最为普遍。例如，Ramus 等人（2003）研究了16名诵读困难者，发现他们都有语音缺陷，其中10名还有听觉缺陷，4名还有运动缺陷，2名还有视觉缺陷。这些缺陷，尤其是听觉缺陷，加重了这些人的阅读困难，但它们看起来并不是阅读困难最主要的原因。5名阅读困难者只有语音缺陷，而且这些语音缺陷足以干扰他们的阅读能力。

一些功能成像证据表明，诵读困难者的大脑对书面语信息的加工不同于熟练的读者（Shaywitz et al.，2002；Hoeft et al.，2007）。扫描结果显示，视觉词形区和左侧颞顶皮层及颞枕皮层激活降低。扫描还显示了左侧额下回（包括布洛卡区）的*过度激活*。也许，布洛卡区的激活反映了对不完整信息的语音的努力解码，这些不完整信息来自参与阅读的后部脑区中不能很好起作用的那些脑区。

大多数语言（包括英语）包含很多不规则词，例如，“cough”（咳嗽）、“rough”（艰苦）、“bough”（大树枝）和“through”（通过）。由于没有语音规则描述这些词如何发音，英语读者只能记住它们。事实上，区分英语单词的40个声音可以有1120种不同的拼写方式。相比之下，意大利语要规则得多，它包含25种不同的声音，这些声音只能拼写成33种字母组合（Helmuth，2001）。Paulesu 等人（2001）发现，发展性诵读困难在说意大利语的人中很少见，而在英语和法语（另一种包含许多不规则词的语言）使用者中则更普遍。Paulesu 和他的同事鉴别出来自意大利、法国和英国的有诵读困难史的大学生。说意大利语的诵读困难者很少见，他们的障碍也比作为对照组的说英语或法语的诵读困难者轻很多。然而，功能成像发现，当所有三组学生进行阅读时，扫描显示了相同的激活模式：左侧颞枕皮层的激活降低——这个脑区与 Shaywitz 等人（2002）所确定的脑区一致。

Paulesu 和同事（2001）认为，导致诵读困难的脑异常在三个国家的被试中类似，但是意大利语拼写的规则性使得潜在的意大利语诵读困难者更容易学会阅读。顺便说一句，“对诵读困难友好”的语言还包括西班牙语、芬兰语、捷克语和日语。这项研究的一位作者，Chris D. Frith 引用了一位居住在日本的澳洲男孩的个案。他能够正常地学习阅读日语，但患有英语诵读困难（Recer，2001）。如果英语单词的拼写是有规则的（例如，“frend”而不是“friend”，“frate”而不是“freight”，“coff”而不是“cough”），那么，许多在目前的语言系统情况下发展了诵读困难的儿童会发展成为更好的阅读者。在某种程度上，我并不预见这能在不远的将来发生。

了解书写

书写依赖于有关所要写的词的知识，以及使这些词形成句子的合适的语法结构。这样，如果一个病人不能用言语表达其想法，那么他有**书写困难**（dysgraphia）就不足为奇了。此外，大部分的诵读困难个案也伴随书写困难。

一种书写障碍包括运动控制困难——不能指挥笔的运动来写出字母和单词。研究者惊人地报告了几种此类书写障碍。例如，有些病人可以书写数字，却不能书写字母；有些病人可以书写大写字母，却不能书写小写字母；有些可以书写辅音字母，但不能书写元音字母；有些可以书写草书，但不能书写印刷体的大写字母；还有些病人虽然可以正常地书写字母，但难以把它们适当地排列起来（Cubelli，1991；Alexandaer et al.，1992，Margolin and Goodman-Schulman，1992；Silveri，1996）。

许多脑区参与书写。例如，导致各种失语症的损伤会带来书写障碍，这些障碍类似于在言语中看到的障碍。书写中运动方面的组织涉及背侧顶叶和前运动皮层。当人们书写时，这些脑区（和初级运动皮层）会激活；而这些脑区损伤会损害书写能力（Otsuki et al.，1999；Katanoda，Yoshikawa，and Sugishita，2001；Menon and Desmond，2001）。Rijntjes 等人（1999）让被试用食指或者大脚趾签名。这两种情况都激活了控制手部运动的前运动皮层。这一发现表明，当我们学习完成复杂的动作时，相关的信息会储存在运动联合皮层的脑区，这些脑区控制正在使用的身体器官，但是这个信息也能够用来控制其他身体器官完成类似的动作。Longcamp 等人（2005）发现，只是看字母表的字符就激活了前运动皮层：右利手被试激活了左侧，左利手被试激活了右侧。【见图 13.32】

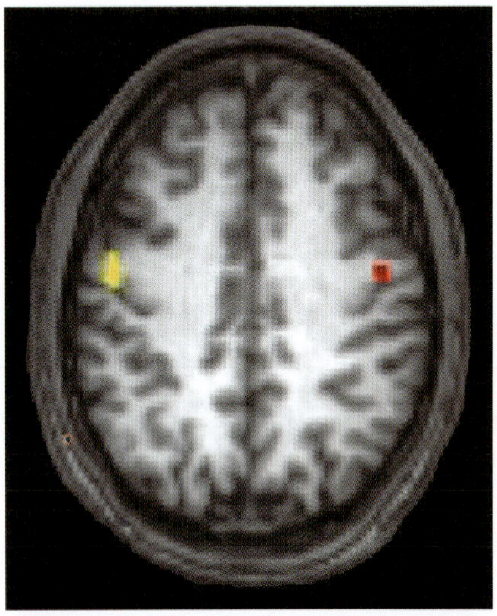

图 13.32 书写和腹侧前运动皮层。被试看字母激活了控制书写的半球的腹侧前运动皮层：右利手被试激活左半球（黄色），左利手被试激活了右半球（红色）。

From Longcamp, M., Anton, J.-L., Roth, M., and Velay, J.-L. *Neuropsychologia*, 2005, *43*, 1801–1809. Reprinted with permission.

一种更基本的书写困难涉及拼写单词能力的问题，这与那种手指精确运动的问题正好相反。我将利用这一节剩余的篇幅介绍这种障碍。和阅读一样，书写（或者更准确地说是拼写）包括不止一种方法。第一种方法与听有关。当孩子们获得语言技能时，他们首先学习单词的读音，接着学习说单词，然后学习阅读，最后学习书写。毫无疑问，阅读和书写在很大程度上依赖之前所学到的技能。例如，为了书写大多数单词，我们必须在头脑中把它们读出来，也就是能听到它们并默读它们。如果你想验证这一点，请试着根据记忆写一个很长的词，如 antidisestablishmentarianism，看看如果不对自己默读，你能否把它写出来。如果你同时在内心里背一首诗或者唱一首歌，就会发现书写过程的停顿。

另一种书写方式涉及转录词的表象——即描摹视觉心理表

象。你曾经看着远处想象一个词以便能记住它如何拼写吗？一些人不擅长语音拼写，只能把单词写在纸上看看是否拼对了。这种方法显然包含视觉记忆，而非听觉记忆。

神经学证据支持上述推测。脑损伤会损害第一种方法的书写——语音书写。这种缺陷称为**语音性书写困难**（Shallice，1981）。有这种障碍的病人不能读出单词，也不能按照语音书写单词。这样，他们就不能书写生词或可发音的非词了，例如我在前面提到的那些非词。然而，他们能够靠视觉想象熟悉的词，然后书写这些词。语音性书写困难似乎由参与语音加工和发音的脑区损伤导致。损伤布洛卡区、腹侧中央前回和脑岛会导致这种障碍，语音拼写任务会激活这些脑区（Omura et al.，2004；Henry et al.，2007）。

正字法书写困难刚好相反，它是一种基于视觉书写的障碍。有这种障碍的病人只能读出单词，只有这样他们才能拼写出规则词（如 care 或 tree），也能写出可发音的非词。然而，他们在拼写不规则词（如 half 或 busy）时有困难（Beauvois and Dérouesné，1981），他们可能把它们写成 haff 或者 bizzy。像表层诵读困难一样，正字法书写困难（损伤语音书写）由颞叶底部的视觉词形区损伤所导致（Henry et al.，2007）。

图 13.33 显示了导致语音性书写困难和正字法书写困难的脑损伤。【见图 13.33】

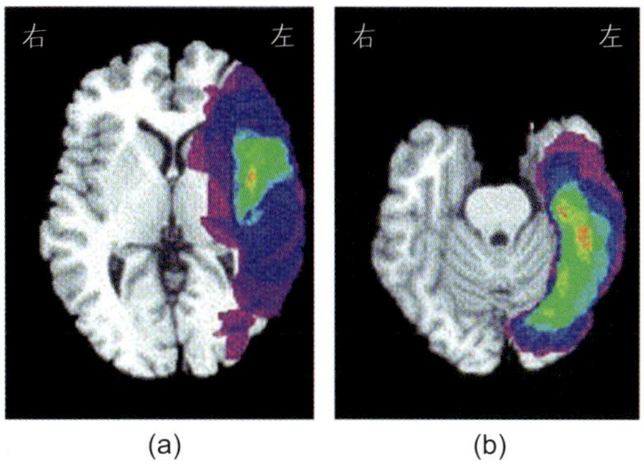

图13.33　语音性书写困难和正字法书写困难。扫描显示了（a）13 位语音性书写困难患者和（b）8 位正字法书写困难患者损伤的重叠部分。红色表示重叠度最高的脑区，紫色表示重叠度最低的脑区。语音性书写困难由以布洛卡区为中心的损伤所导致，正字法书写困难由以左侧梭状回的视觉词形区为中心的损伤所导致。

From Henry, M. L., Beeson, P. M., Stark, A. J., and Rapcsak, S. Z. *Brain and Language*, 2007, *100*, 44–52. Reprinted with permission.

正如我们在前面所看到的那样，一些病人（那些有直接诵读困难的病人）能够在不理解内容的情况下大声地朗读。同样，一些病人能够在不理解词义的情况下书写他们听到的词（Roeltgen，Rothi，and Heilman，1986；Lesser，1989）。当然，他们不能通过书写进行交流，因为他们不能把思想转换为文字。（事实上，因为大多数这样的病人遭受过广泛性脑损伤，所以他们的思维过程本身已经受到严重破坏。）一些这样的病人甚至能拼写可发音的非词，说明他们的语音拼写能力完好无损。Roeltgen 等人（1986）将这种障碍称为*语义失写*（semantic dysgraphia），但也许称为*直接失写*（direct agraphia）更为恰当，因为它和直接诵读困难是对应的。

语音性书写困难（phonological dysgraphia）：一种书写障碍。病人不能读出单词，也不能按语音知识书写。

正字法书写困难（orthographic dysgraphia）：一种书写障碍。病人可以拼写出规则拼写的词，但不能拼写出不规则拼写的词。

小 结

读写障碍

脑损伤可以导致阅读和书写障碍。纯失读由造成右视野盲视和破坏胼胝体后部神经纤维的损伤所导致。

过去几十年的研究发现，获得性阅读障碍（诵读困难）可以分成几种不同类型。对这些障碍的研究为神经心理学家和认知心理学家提供了引人思考的信息，帮助他们理解参与阅读的脑机制。对书写词的分析似乎始于左侧颞下回后部。接下来，颞顶皮层和布洛卡区分析语音信息，而位于梭状回的视觉词形区（VWFA）负责分析词形信息。表层诵读困难是指整词阅读能力的丧失。语音性诵读困难是指语音阅读能力的丧失。日语读者对日语假名（语音的）和日语汉字（象形文字的）符号的阅读相当于语音阅读和整词阅读，大脑不同部位的损伤会分别破坏这两种阅读。

一项关于狒狒的研究发现这些非人类灵长类动物能识别英语单词和这些词经常包含的字母序列；因此，字母识别和单词识别并不依赖于人类语言所需言语技能涉及的脑机制。

直接诵读困难类似于经皮层感觉性失语症：病人可以大声读出单词，但并不理解单词的意义。有些病人可以读出真词和可发音的非词，所以这种病人的语音阅读和整词阅读能力均可以保留。

脑损伤可以通过破坏人们形成字母（乃至特殊类型的字母，如大写字母、小写字母或元音等）的能力来破坏书写能力。背侧顶叶皮层似乎是最关键的涉及书写字母的运动知识的脑区。其他缺陷涉及拼写词汇的能力。我们通常使用两种不同的策略拼写单词：语音的（说出词汇的发音）和视觉的（记住写在纸上的词形）。两种书写困难，即语音的和正字法的，分别代表了实施语音和视觉策略方面的困难。这两种障碍的存在表明，几种不同的脑机制参与书写过程。此外，一些病人患有与直接诵读困难平行的缺陷：能够书写他们已经不能理解的词。

发展性诵读困难是一种遗传疾病，可能涉及参与语言的脑部位的异常发展。大多数发展性诵读困难病人的语音加工（既包括口语词汇的，也包括书面语词汇的）都有困难。功能成像研究发现，视觉词形区和左侧的枕颞皮层与颞顶皮层激活减少，以及布洛卡区的过度活动，可能与发展性诵读困难有关。与学习阅读包含很多不规则拼写的语言（如英语和法语）的儿童相比，儿童在学习阅读那些单词拼写和发音之间规则对应的语言（如意大利语）时，出现诵读困难的可能性更小。对于阅读和书写所包含成分的更好的理解，可以帮助我们开发一些有效的教学方法，让诵读困难病人利用他们所拥有的能力。

表 13.2 总结了这部分所描述的各种障碍。【见表 13.2】

思考题

假设你身边有一个人由于脑外伤而患有语音性诵读困难。你怎样做可以帮他更好地阅读？（该方法最好建立在病人所保持的能力之上。）假设病人需要学会阅读他以前从没有见过的词，你将如何帮助他做到这一点呢？

表 13.2 脑损伤所导致的读写障碍

阅读障碍	整词阅读	语音阅读	备注
纯失读	差	差	能书写
表层诵读困难	差	好	
语音性诵读困难	好	差	
直接诵读困难	好	好	不能理解词
书写障碍	**整词书写**	**语音书写**	**备注**
语音性书写困难	好	差	
正字法书写困难	差	好	
语义失写（直接书写困难）	好	好	不能理解词

本章结语 | 言语声音与左半球

我们在本章引子中所提到的那位S先生患有纯词聋。正如你已经知道的，纯词聋是一种知觉缺陷，它并不影响人们一般的语言能力，也不影响他们识别非言语声音的能力。

言语声音分析涉及哪些问题？听觉系统需要完成什么任务？左右两个半球的听觉联合皮层的功能有何差异？绝大多数研究者相信左半球主要参与判断快速变化的复杂声音成分的时序，而右半球主要参与判断变化更慢的成分，包括旋律。证据表明，言语声音最关键的方面是时序，而不是音高。一个词，不管是由男性的低音来表达，还是由女性或儿童的高音来表达，我们都能识别。另一方面，言语的音高和语调以及更慢的韵律变化可以表达强调或说话者的情绪状态。换句话说，表达词是什么的声音持续时间短，而表达韵律（出于强调或情绪表达）的声音持续时间更长。（像我们已经看到的那样，右半球负责韵律识别。）对纯词聋病人进行的研究显示，病人虽然能区分不同的元音，但不能区分不同的辅音——特别是不同的塞辅音，如/t/、/d/、/k/或/p/。（语言学家把字母或者特殊的语音符号放在成对的斜杠间表示言语声音。）纯词聋病人一般能识别擦辅音，如/s/、/z/或/f/。（自己念念这些辅音，你会听到它们听起来与前四个例子不同。）因此，左半球听觉系统似乎专门负责识别那些短促的听觉事件（Phillips and Farmer，1990；Stefanatos，Gershkoff，and Madigan，2005）。

一些研究发现，非言语声音的听觉缺陷支持上述结论（Phillips and Farmer，1990）。例如，正常被试可以把一系列喀哒声知觉为分开的听觉事件，只要这些喀哒声间隔1～3毫秒。相比之下，纯词聋病人需要15～30毫秒的间隔。此外，尽管正常被试可以数出呈现速度一直到9～11个·秒$^{-1}$的喀哒声，纯词聋病人不能数呈现速度快于2个·秒$^{-1}$的喀哒声。一项研究报告了一位纯词聋病人不再能理解摩斯密码，尽管他能用它来发送信息。这说明，他的缺陷是知觉的，而非运动的。

关键概念

言语的产生和理解：脑机制

1. 布洛卡区位于左侧额叶，对于词汇发音、产生和理解语法结构有重要作用。
2. 威尔尼克区位于左半球的听觉联合皮层，对于识别词的声音有重要作用。
3. 言语理解涉及威尔尼克区与词汇记忆之间的联系。这些记忆位于感觉联合皮层，而联系则由后部语言区来实现。
4. 当威尔尼克区和布洛卡区不再能直接交流时，会出现传导性失语症。
5. 韵律——言语中节奏和重音的使用——涉及右半球。口吃可能是由听觉监控自己的言语方面的缺陷所导致的。

读写障碍

6. 脑损伤可以造成多种读写障碍。对这些障碍的研究有助于研究者发现这些行为所必需的脑功能。
7. 阅读有两种方式：整词阅读和语音阅读。书写可以基于有关词汇语音或视觉形状的记忆。
8. 发展性诵读困难可能是一种遗传障碍，这种障碍会导致与语言能力相关的脑区发展异常。

第 14 章

神经系统失调

本章要点

- 肿瘤
- 癫痫发作
- 脑血管意外
- 创伤性脑损伤
- 发育失调
  - 有毒化学物质
  - 遗传性代谢失常
  - 唐氏综合征
- 退行性疾病
  - 传染性海绵状脑病
  - 帕金森病
  - 亨廷顿氏舞蹈病
  - 阿尔茨海默病
  - 肌萎缩侧索硬化
  - 多发性硬化
- 感染性疾病所致的神经紊乱

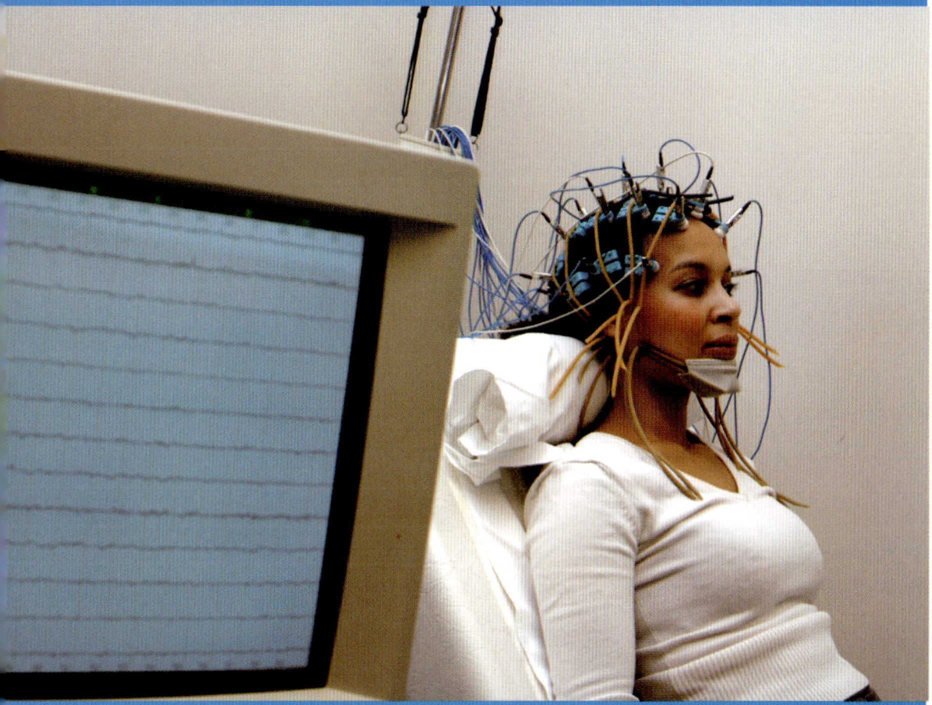

AjPhoto/Photo researchers, Inc.

学习目标

1. 脑肿瘤、癫痫和脑血管意外的病因、症状和治疗。
2. 源自化学毒物、遗传代谢紊乱以及唐氏综合征的发育失调。
3. 错误折叠的朊病毒蛋白在传染性海绵状脑病中的作用。
4. 帕金森病和亨廷顿氏舞蹈病的基底节退行性病变的病因、症状和治疗。
5. 阿尔茨海默病、肌萎缩侧索硬化和多发性硬化的脑退行性病变的病因、症状和治疗。
6. 艾滋病病毒感染和脑膜炎引起的脑炎和痴呆的病因、症状和治疗。

引子 | 起自脚部的疾病发作

R夫人是一位离了婚的、50岁的小学教师，此时正坐在她的汽车里，等待绿灯。突然，她的右脚开始颤抖。由于担心自己会一不留神踩到油门，冲向十字路口，R夫人迅速抓住换档杆，并转向空档。现在她的小腿也开始颤抖，然后是大腿。随后她惊恐地感觉手臂乃至躯体也同样开始颤抖。然后颤抖开始减慢并最终停止。在这期间，绿灯已经亮了，后面的车正在按喇叭。没等她开车，红灯又亮了，这样她有充分的时间休息恢复，然后才开车回家。

R夫人被自己的这次经历吓坏了，她不明白到底发生了什么。第二天晚上，她的一些密友来家里吃晚饭。她发现自己很难集中精力谈话，她想过要告诉她们她的经历，但最后决定不再提及这件事。晚饭后，当她正在收拾碗碟时，右脚又开始颤抖。由于这回她是站着的，而且肌肉收缩更为剧烈，导致她跌倒了。原本在客厅坐着的朋友们听到声音后跑出来看发生了什么。她们看见R夫人躺在地板上，她的胳膊和腿僵硬地向前伸着而且不由自主地颤抖着。她的头扭向后面，似乎听不到朋友们的提问。痉挛很快结束了，不到一分钟，R夫人恢复了神志，但看起来晕眩而困惑。

R夫人被救护车送到了医院。在听完她的第一次经历和朋友们的描述后，急诊室的医生立刻找来神经科医生，后者给R夫人安排了CT扫描。正如神经科医生所预料的，CT扫描发现了胼胝体上方额叶之间的一个小白点。两天后，外科手术切除了这个小的良性肿瘤，R夫人很快恢复了正常。

当我和同事们去拜访R夫人时，他们见到了一位乐观、聪明的女性，大家都放心了，并了解到如果她所患有的这类脑肿瘤被及时切除，那就不会造成脑损伤。研究者们的确认真地对她进行了测试，结果并没有发现任何智力问题。

尽管脑是最受机体保护的器官，但仍有许多病理过程能损坏或干扰它的正常功能。由于大多数有关人脑功能的知识是通过研究脑损伤病人获得的，因此本章将要阐述的神经功能失调都是读者所熟悉的：运动失调，如帕金森病；知觉疾病，如由于视觉系统损伤所导致的视觉认识不能和失明；言语功能障碍，如失语症、失读症和失写症；记忆紊乱，如科尔萨科夫综合征。本章主要阐述的脑的神经病理过程包括：肿瘤、癫痫、脑血管疾病、发育异常、退行性病变及由感染性疾病所导致的功能紊乱，并将讨论伴随的行为表现及相应的治疗。

肿 瘤

肿瘤 (tumor)：一群生长不受控制的细胞，而且不具有有用的功能。

恶性肿瘤 (malignant tumor)：缺乏明确界限的癌性肿瘤，并具有转移的特性。

良性肿瘤 (benign tumor)：非癌性肿瘤，具有明确的界限，无转移特性。

转移 (metastasis)：肿瘤细胞脱落的过程，通过血流传播，并在机体的其他部位生长成新的肿瘤。

肿瘤是一组生长不受控制的细胞，并且不具备任何有用的功能。肿瘤可分为**恶性**的（癌性的）和**良性**的（“无害的”）。恶性和良性的主要区别在于肿瘤是否有囊包被：也就是肿瘤细胞与周围的组织间是否存在明显的界限。如果有界限，肿瘤就是良性的；通过外科手术可以切除，不会再复发。但如果肿瘤的生长浸润入周围的组织，则肿瘤和周围组织间将无法区分。即使通过外科手术切除肿瘤，也会遗留一些细胞，而这些细胞又会生长成一个新的肿瘤。此外，恶性肿瘤通常能**转移**。转移的肿瘤将产生细胞脱落，通过血流进入毛细血管，在机体的不同部位长成新的肿瘤。

肿瘤通过两种方式破坏脑组织：压迫和浸润。很明显，生长在脑内的肿瘤无论是恶性的还是良性的，都能引起神经症状并威胁病人的生命。即使是良性的肿瘤也能占据脑内的空间并挤压大脑。压迫能直接伤害脑组织，或通过堵塞脑脊液循环引起的脑积水而间接地损伤脑组织。更为糟糕的是恶性肿瘤，它能同时压迫和浸润脑组织。在恶性肿瘤的生长过程中，它会侵入周围的脑区并破坏沿途的细胞。

脑内的肿瘤并非来自神经细胞，因为成熟的神经细胞是不能分裂的。相反，它们是来自脑内的其他细胞或躯体其他部分转移的细胞。最常见的脑肿瘤类型列在表14.1中。【见表14.1】最严重的肿瘤类型是转移瘤和**神经胶质瘤**（来自多种类型的神经胶质细胞），它们通常是恶性的并且生长迅速。有些肿瘤对放射线敏感，可以被放射线所破坏。通常情况下，神经外科医生会首先尽可能地切除肿瘤，然后再采用放疗技术清除剩余的肿瘤细胞。

表14.1　脑肿瘤的类型

神经胶质瘤	多形性成神经胶质细胞瘤（分化很低的胶质细胞）
	星形胶质细胞瘤（星形胶质细胞）
	室管膜瘤（脑室内的室管膜细胞）
	成神经管细胞瘤（第四脑室顶部的细胞）
	少突胶质细胞瘤（少突胶质细胞）
脑膜瘤（脑膜细胞）	
垂体腺瘤（垂体的激素分泌细胞）	
神经鞘瘤（许旺氏细胞或颅神经表面连接组织细胞）	
转移癌（取决于原发肿瘤的性质）	
血管瘤（血管细胞）	
松果体瘤（松果体细胞）	

证据显示，脑肿瘤的恶性度取决于一种少见的细胞亚群（Hadjipanayis and Van Meir，2009）。恶性胶质瘤含有**肿瘤起始细胞**，源自于神经干细胞的转化。这些细胞会快速增生，形成胶质瘤。由于它们对化疗和放疗的抵抗性高于大多数肿瘤细胞，因此这种肿瘤患者的生存率很低。

本章引子中提到的R夫人表现为突然发作的癫痫，原因在于初级运动皮层顶部附近的肿瘤。事实上，她患的是**脑膜瘤**，一种有囊包被的、包含硬膜和蛛网膜细胞的良性肿瘤。这类肿瘤倾向于源自硬膜，通常位于两个半球之间或沿着枕叶和小脑之间的小脑幕。【见图14.1】

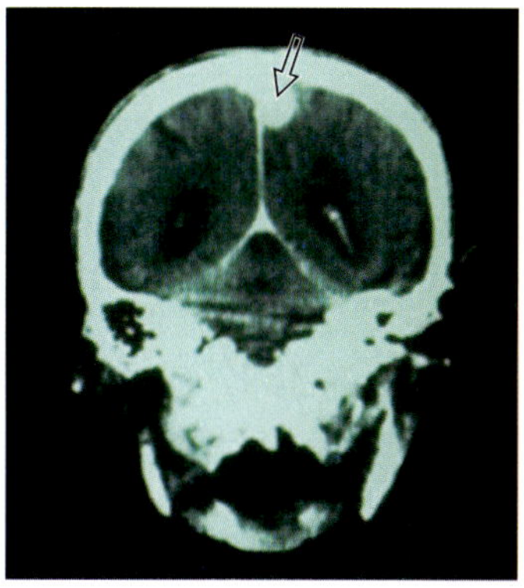

图14.1　脑膜瘤。脑CT扫描显示了脑膜瘤的存在（箭头所指的白点）。

J. McA. Jones.

癫痫发作

由于癫痫病（epilepsy）这一术语在过去包含许多负性含义，一些内科医生并不喜欢用这一术语。事实上，他们用短语**癫痫发作**来特指一种继发于许多病因的情况。癫痫发作是仅次于中风的一类神经系统紊乱。目前，在美国约有250万人患有癫痫发作。癫痫发作是大脑神经元突然的、过度活动的过程。如果运动系统的神经元参与了这一过程，那么癫痫发作可引起**抽搐**，这是一种广泛的、不自主的肌肉运动。但并不是所有的癫痫发作都能引起抽搐，事实上大多数不会。在古代的宗教传统中，癫痫发作被认为是上帝的惩罚或者是恶魔的杰作。然而，早在公元前5世纪，希波克拉底就指出，士兵或角斗士的脑外伤可以引起类似的癫痫发作，这提示了癫痫发作的物理病因的存在（Hoppe，2006）。

表14.2例举了几种最重要的癫痫发作。两个重要的区别是：部分性发作

神经胶质瘤（glioma）：脑内的癌性肿瘤，由几种类型的神经胶质细胞中的一种组成。

肿瘤起始细胞（tumor-initiating cell）：源自神经干细胞转化的细胞，能快速增生并形成胶质瘤。

脑膜瘤（meningioma）：脑内的一种良性肿瘤，由构成脑膜的细胞所组成。

癫痫发作（seizure disorder）：和癫痫病（epilepsy）同义，但目前更常用的术语。

抽搐（convulsion）：由癫痫所引起的不自主的剧烈的肌肉运动。

对全面性发作，以及单纯发作对复杂发作。**部分性癫痫发作**有明确的发作点或兴奋点。典型的部分性癫痫发作源于旧伤所引起的瘢痕区或者类似血管畸形的发育异常；参与癫痫发作的神经元局限在小部分脑区。**全面性癫痫发作**是广泛的，涉及绝大部分脑区。有些病人的发作源自一个起点，而另一些病人的发作则没有发现明确的起源。单纯和复杂的癫痫发作是部分性癫痫发作的两种类型。**单纯部分性癫痫发作**通常能引起意识的改变，但并不引起意识丧失。相反，由于**复杂部分性癫痫发作**的特殊位置和严重性，它通常能引起意识丧失。【见表14.2】

最严重的癫痫类型是**强直—痉挛癫痫**（有时也称为癫痫大发作）。这种癫痫属于全面发作，由于它涉及脑内的运动系统，因此通常伴随抽搐。一般而言，在癫痫大发作之前，病人会表现出一些征兆，如情绪变化或清醒状态下的少数肌肉的突然抽动。（而多数人在熟睡时都有过肌肉抽动的经历。）在发作前的几秒钟，病人通常有**先兆**，这可能是由发作点周围的神经元兴奋所导致的。这种兴奋所产生的作用类似于电刺激该区的作用。很明显，先兆的性质取决于发作点的位置所在。例如，由于颞叶结构参与情绪行为，因此源自颞叶区的癫痫通常开始于恐惧或偶尔欣快的感觉。

强直—痉挛癫痫的第一个阶段为**强直期**。在此阶段，病人所有的肌肉收缩。病人的上肢僵硬上举，并可能会发出不自觉的尖叫，这是由于紧张的肌肉强迫空气排出肺部所导致的。（病人完全处于无意识状态。）强直期大约持续15秒，然后是**痉挛期**。肌肉开始震颤，随后是痉挛性抽动，起初是快速的，然后逐渐减慢。同时，病人的眼球转动，面部剧烈扭曲，可能咬破舌尖。自主神经系统剧烈活动的表现是汗和唾液分泌增多。大约30秒后，病人的肌肉松弛，呼吸开始恢复。病人随后进入大约15分钟的昏睡。在短暂的清醒后，

部分性癫痫发作 (partial seizure)：起自一个发作点并局限于局部，不扩散至脑的其余部位的癫痫发作。

全面性癫痫发作 (generalized seizure)：涉及大部分脑区的癫痫发作，与局限于局部脑区的部分性癫痫发作相反。

单纯部分性癫痫发作 (simple partial seizure)：起自一个点并局限于局部脑区，而且不伴有意识丧失的部分性癫痫发作。

复杂部分性癫痫发作 (complex partial seizure)：起自一个点并局限于局部脑区，伴有意识丧失的部分性癫痫发作。

强直—痉挛癫痫 (tonic-clonic seizure)：一种全面的抽搐性癫痫，包括僵硬的强直期以及随后的抽动的痉挛期。

先兆 (aura)：癫痫发作前的感觉，它的确切性质取决于癫痫发作的位置。

强直期 (tonic phase)：癫痫大发作的第一个阶段，病人的所有骨骼肌收缩。

痉挛期 (clonic phase)：癫痫发作的第二个阶段，病人表现为有节奏的震颤运动。

表14.2 癫痫发作的种类

Ⅰ. 全面性癫痫发作（没有明显的局部发病）
A. 强直—阵挛发作（癫痫大发作）
B. 失神发作（癫痫小发作）
C. 无张力性发作（肌张力降低，短暂的瘫痪）
Ⅱ. 部分性癫痫发作（起自某一个点）
A. 单纯部分性发作（不伴有意识障碍）
1. 局部运动性癫痫发作
2. 运动性癫痫发作，癫痫沿初级运动皮层扩散
3. 感觉性癫痫发作（躯体感觉、视觉、听觉、嗅觉、前庭觉）
4. 精神性癫痫发作（恐惧、气愤和强迫思维等）
5. 自主神经症状性癫痫发作（汗和唾液分泌等）
B. 复杂部分性发作（伴有意识障碍）
包括上述的1～5点
Ⅲ. 部分性癫痫发作继发（单纯或复杂的）为全面性发作：开始是ⅡA或ⅡB，然后是癫痫大发作。

病人通常会进入疲劳性睡眠，大约持续几个小时。

其他类型的癫痫的症状要轻很多。例如，部分性癫痫发作涉及相当小部分的脑区，症状包括感觉改变、运动症状，或二者兼而有之。例如，起自运动皮层内或附近的单纯部分性发作能引起抽动，由于神经元兴奋可沿中央前回扩散，因此抽动可由一个部分扩散至全身。本章的引子已经描述了这样一个过程——由脑膜瘤所激发的癫痫。肿瘤压迫了左侧初级运动皮层的“足”区。当癫痫开始时，首先起自脚，随后扩散至身体的其他部位。【见图14.2】R夫人的第一次发作是单纯部分性发作，但更为严重的第二次发作应归为复杂的部分性发作，因为她出现了意识丧失。起自顶叶的癫痫可能会产生视觉症状，如斑点、闪光、短暂失明等；另外起自顶叶的癫痫也能诱发躯体感觉障碍，如针刺感觉及冷热觉。颞叶癫痫可能引起幻觉，包括对过去的记忆，这可能是由于扩散的神经元兴奋激活了参与这些记忆的神经回路所致。病人是否出现意识丧失要取决于癫痫的位置和扩散程度。

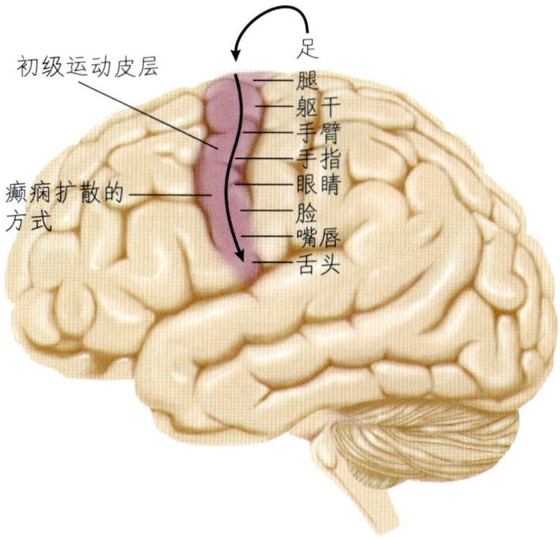

图14.2 初级运动皮层和癫痫。R夫人的癫痫开始于初级运动皮层的“足”区，随着癫痫的扩散，越来越多的躯体部位被涉及。

儿童尤其容易患癫痫。多数并不表现为癫痫大发作，而主要是短暂的癫痫，被称为**失神**小发作。在失神小发作期间（也是一种*全面性*癫痫发作），患病儿童表现为突然停止正在进行的活动，两眼凝视，并可能不停地眨眼达几秒钟（这些症状有时也被称为癫痫*小发作*）。在此期间，他们通常呼而不应，对发作无记忆。由于失神发作多时可达一天发作几百次，因此会干扰儿童在学校的学习成绩。不幸的是，许多患病儿童并没有得到及时的诊断和治疗。

癫痫可能产生的严重后果是脑损伤。几乎50%的癫痫病人表现出了海马损伤。损伤的程度与癫痫发作的次数和严重性相关。单次的**癫痫持续状态**发作即可导致明显的海马损伤，癫痫持续状态指的是病人经历了一系列的癫痫发作而始终没有恢复意识。这种损伤似乎是由癫痫发作期间的谷氨酸过量释放所造成的（Thompson et al., 1996）。

癫痫的病因包括很多。最常见的病因是由外伤、中风、脑发育异常或肿瘤生长所造成的刺激效应。外伤所致癫痫的发展期通常很长。例如，一个因交通事故而导致头部受外伤病人可能在几个月后才开始出现癫痫。

各种能引起高热的药物和感染也可诱发癫痫。高热诱发的癫痫最常见于儿童，5岁以下儿童中约3%的人可发生与高热相关的癫痫（Berkovic et al., 2006）。此外，癫痫也常见于酒精或巴比妥钠成瘾者突然停药的情况，这是由于酒精或巴比妥钠抑制作用的突然撤离造成大脑的高兴奋状态。事实上，这种情况在临床上是十分危险的，有可能致命。

癫痫发作的发病率与遗传因素有关（Berkovic et al., 2006）。几乎所有的被确认在癫痫发作中发挥作用的基因都控制离子通道的生成。考虑到离子通道控制神经膜的兴奋性，从而负责动作电位的传导，因此这些基因的作用并不令人感到意外。然而，大多数的癫痫发作由非遗传因素引起。在过去，许多病例被认为是*自发性的*（原因不明）。然而，分辨率和灵敏性越来越高的核

失神（absence）：癫痫发作的一种，常见于儿童，特征是阶段性失神，事后无记忆，也称为癫痫小发作。

癫痫持续状态（status epilepticus）：病人一直处于癫痫发作状态，并且意识持续昏迷。

磁共振成像技术的发展帮助我们认识了可激发癫痫的小的脑区异常。

癫痫治疗采用的是抗惊厥药，主要是通过提高抑制性突触的有效性而发挥作用的。该类药对多数病人有效，能帮助病人过正常的生活。药物只在少数情况下无效。如果癫痫持续存在而药物治疗无效，可以考虑手术治疗。利用手术切除癫痫发作点周围的脑区（通常是内侧颞叶）。多数病人恢复良好，癫痫被完全治愈或发作频率明显降低。引子中提到的对R夫人的治疗则是一个特殊情况，对她的治疗是通过切除引起癫痫的脑膜瘤，而没有切除任何正常的组织。

脑血管意外

通过对前面章节的学习，读者可能已经了解了脑血管意外或**中风**的后果。例如，中风能引起认知、情绪识别和表达、记忆、语言等能力的损伤。因此，本章主要阐述的是中风的病因和治疗。

在美国，每年中风的发病人数接近750 000。中风发病的可能性与年龄相关；45岁以后每过10年，发病的可能性翻倍；到了75岁，每年的发病率达到了1%~2%。中风的两个主要类型是**出血**和**梗塞**。**出血性中风**是由脑内出血所致，通常的病因是脑血管畸形或高血压所致的血管脆弱。渗出的血液聚集在脑内，压迫周围的脑组织并引起损伤。**梗塞性中风**是血管堵塞，血流被阻止，通常是由血栓或栓子所致。（某一区域的血流缺失被称为缺血。）**血栓**是血管内血液凝结成块，尤其是在曾经受损伤的血管壁处。有时，形成的血栓足够大而导致血液不能通过，从而造成了中风。那些中风的易感人群通常被建议口服阿司匹林，它可以阻止血栓的形成。**栓子**是血管系统内某一部分形成的物质脱落，进入血循环内，直到到达一个足够小的动脉而不能通过。它停留在这里，堵塞流向其他血管分支的血流。栓子的组成物质是多样的，包括来自感染的细菌碎片和脱落的血栓碎片。后面的章节会提到栓子能引起脑内的细菌感染。【见图14.3】

中风会导致永久性脑损伤，损伤程度取决于受影响的血管大小，从微不足道到非常严重。如果出血性中风是由高血压引起的，那么治疗方法是降血压。而如果病因是小的血管畸形，可以通过外科手术封住病变处，以防止再

出血性中风（hemorrhagic stroke）：由于脑血管破裂所致的脑血管意外。

梗塞性中风（ischemic stroke）：由于脑血管堵塞所致的脑血管意外。

血栓（thrombus）：血管内形成的血凝块，可能堵塞血管。

栓子（embolus）：能脱落的一小块物质（如血凝块、脂肪或细菌），并能堵塞所在部位的动脉；如果发生在脑内，则引起中风。

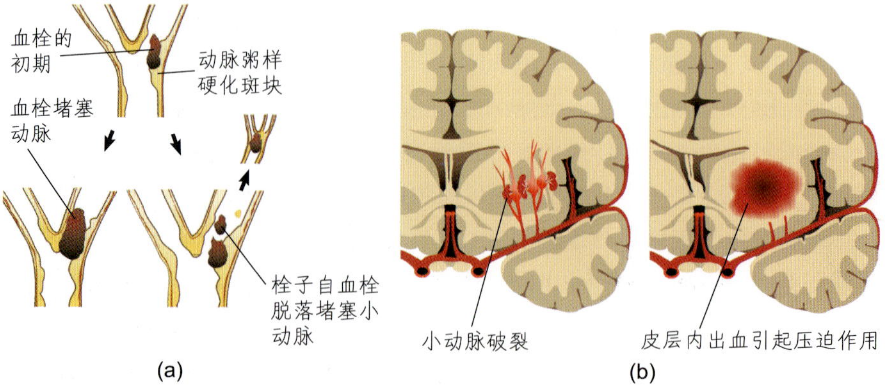

图14.3 中风。(a) 血栓或栓子的形成；(b) 皮层内出血。

一次出血。如果中风的病因是血栓，而且病人在发病后及时地到达了配套完备的中风治疗中心，可以采用溶栓或物理疗法去除血栓。即使没有立即开展治疗，也可以采用抗凝血剂治疗，以防止血栓的再次形成。而如果栓子是来自细菌感染的碎片，那么有效的治疗方法是用抗菌药抑制感染。

动物和人类的研究都已经表明，锻炼和感觉刺激可促进由于脑损伤而丧失的功能的恢复。

Paul Conklin/PhotoEdit, Inc.

当某一区域脑组织的血液供应被中断后，导致神经元死亡的确切原因是什么？也许读者简单地认为是神经元由于失去了代谢所需的糖和氧的供应而被“饿”死。但是研究指出，神经元最直接的死亡原因是谷氨酸的过量。换言之，某一脑区血流减少所造成的伤害实际上是兴奋性损伤，类似于给实验动物注射化学药物（如红藻氨酸）。（综述参见 Koroshetz and Moskowitz，1996）。

研究者努力寻找各种办法来消除由中风所引起的脑损伤。一个尝试是注射能溶解血凝块的药物，试图在缺血脑区重新建立血循环。这种方法取得了一定的成功。中风后，一种被称为重组组织纤溶酶原激活因子（tPA）的溶栓药物对中风的治疗效果良好，但必须在发病后的3小时内给予该药物（NINDS，1995）。tPA 是一种酶，引起**纤维蛋白**的溶解，而这一蛋白参与血栓的形成。

最近的研究指出，尽管 tPA 有助于溶解血栓并恢复脑循环，但它也对中枢神经系统有毒性作用。如果 tPA 能通过血脑屏障，进入脑脊液，就是一种有力的神经毒剂。研究证据提示，在血脑屏障被损伤的严重中风中，tPA 会增加兴奋性毒性，进一步损伤血脑屏障，甚至引起脑出血（Benchenane et al.，2004；Klaur et al.，2004；Medcalf，2011）。在 tPA 快速地恢复血流的情况下，血脑屏障损伤较小，这种酶将保持在血管系统中，不会造成伤害。

已知吸血蝙蝠靠其他温血动物的血液为生。它们用尖牙在熟睡的动物的皮肤上切一个小口，用舌头舔血。它们的唾液中含有一种具有局麻作用的成分，可以阻止动物清醒。另外一种我们感兴趣的成分可以发挥抗凝作用，阻止血液凝固。这种酶被称为吸血蝙蝠的**纤维蛋白溶酶原激活物**（Desmodus rotundus plasminogen activator，DSPA），也被称为**去氨普酶**（desmoteplase）。实验动物的研究指出，不像 tPA，去氨普酶被直接注入脑内并不具有兴奋性损伤作用（Reddrop et al.，2005）。一项双盲实验（Hacke et al.，2005）发现，如果在中风发作后的9个小时采用去氨普酶治疗，多数病人会表现出临床症状缓解及血流恢复（堵塞血管的再灌流）。【见图 14.4】

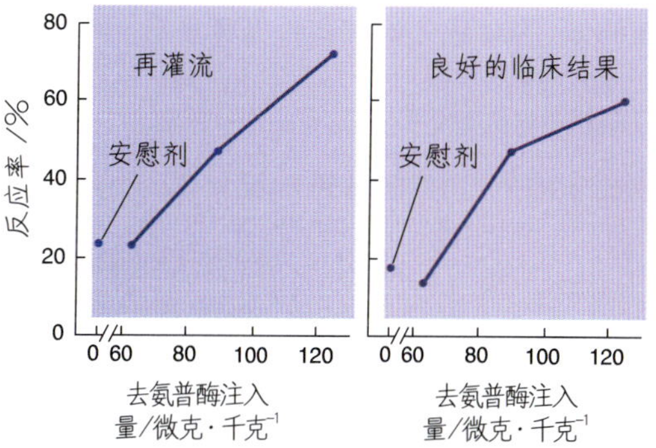

图 14.4 中风的去氨普酶治疗。该图显示去氨普酶和安慰剂对病变区脑血流恢复的影响及其良好的临床结果。

Based on data from Hacke, W., Albers, G., Al-Rawi, Y., et al. *Stroke*, 2005, 36,66-73.

脑内大血管的堵塞也可以通过机械装置清除（Frendl and Csiba，2011）。目前已发明了两种医疗设备。这两种设备可以被插入脑血管内，延伸直至抵达堵塞区。其中一种设备像一个开塞钻，可以抓住堵塞物，这样外科医生就可以把它拉出来。另外一种设备的工作方式是采用吸力，一旦设备的顶部接触到阻塞物，启动真空，外科医生就可以将堵塞物拉出来。这些方法的缺点在于有些血块很难到达，而且机械清除法可能引起血管的穿孔。实践表明，利用吸力的设备的临床效果更好，不容易引

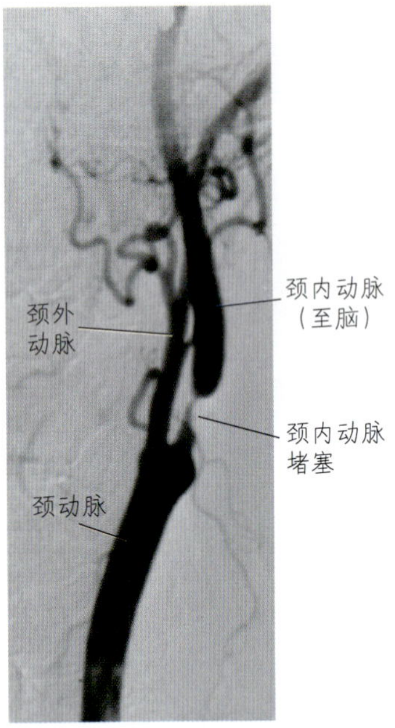

图 14.5 动脉粥样硬化斑块。血管造影显示动脉粥样硬化斑块所导致的颈内动脉堵塞。

From Stapf, C., and Mohr, J. P. *Annual Review of Medicine*, 2002, 53,453-475. Reprinted with permission.

起血管出血。

如何阻止中风的发生呢？可以通过药物或改变生活方式而减少的危险因素包括高血压、吸烟、糖尿病和高胆固醇。这些减少危险因素的方式是大家所熟知的，我就不在这里阐述了。**动脉粥样硬化**是动脉里层形成一层斑块的过程，斑块由胆固醇、脂肪、钙和细胞废弃物沉积而成，是心脏病和缺血性中风的前体物质，这两种疾病可由脑和心脏血管内的动脉粥样硬化斑块周围的血块脱落所引起。

动脉粥样硬化斑块通常形成于颈内动脉，它供应大脑半球的大部分血流。这些斑块可引起严重的动脉内狭窄，大大提高中风的危险性。血管造影的方法可以使得这一狭窄变得可视，即注射造影剂至血管内，然后利用计算机 X 线设备检查动脉。【见图 14.5】如果狭窄严重，可以实施**颈动脉内膜切除术**——外科医生在颈部做一个切口，暴露颈动脉，插入分流器，切开动脉，去除斑块，再缝合动脉和颈部切口。对于 75 岁以下人群，内膜切除术可使中风发病率降低 50%。

严重的颈动脉狭窄的另一种外科治疗方式是放置支架（Yadav et al., 2004）。动脉支架是可植入的由金属网制成的装置，可被用来扩张部分堵塞的动脉。支架首先被用来治疗心脏动脉狭窄，然后才是颈动脉。支架的构成是网状管，由弹性金属丝在柔韧的塑料导管内折叠而成。外科医生在腹股沟切开大动脉，放置支架，并使其通过大动脉上行至颈部，直至到达颈动脉堵塞处。回拉导管，支架张开，扩张狭窄的动脉。

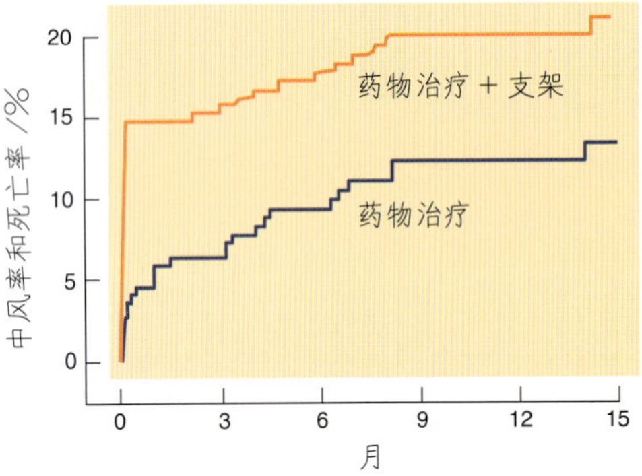

图 14.6 颈动脉支架的作用。该图显示，病人在接受颈动脉支架 15 个月后的中风发病率和死亡率都较单纯接受药物治疗的病人要高。

Based on data from Chimowitz et al., 2011.

在颈动脉支架获得无条件批准前，美国政府资助的一项研究随机选取了一些满足条件的病人，分为两组：支架加积极的药物治疗组和单纯的积极的药物治疗组。在成功地利用支架扩张颈动脉后，研究者期望该研究可以证实颈动脉支架的治疗效果。不幸的是，接受支架的病人表现出了中风的发病人数增加以及死亡率增高。【见图 14.6】

图 14.6 是本书中唯一一个不能显示神经系统紊乱治疗的有效性的研究结果。在本书的第八版中，我详细地阐述了支架的手术过程，以及研究者们希望这种新近发展的外科手术治疗方法能够比颈动脉内膜切除术更为安全而有效。在第九版中，我并不只是简单地忽略了手术过程，而是要通过对这一随机实验的阐述并呈现结果图来强调科学研究在评估疾病治疗方面的重要性。外科医生和医院已经准备将颈动脉支架作为颈动脉狭窄的标准治疗程序。然而正如我们所知的，这一至少 20 000 美元的花费却提高了死亡率。不管某种治疗方法看起来有多么合理，只有科学研究才能证实它的价值。

根据脑损伤的位置，中风的病人可接受相应的物理治疗或者语言治疗，以帮助他们恢复。几项研究已经表明，锻炼和感觉刺激有助于脑损伤的恢复（Cotman，Berchtold，and Christie，2007）。例如，Taub 等人（2006）研究了患有手和胳膊功能障碍的中风病人。在14天内，他们将病人的正常手臂吊起来，对病人进行训练，即强迫他们使用损伤的手臂。对照组病人接受相同时间的认知、放松和身体锻炼。这种治疗过程（称为*强制性运动疗法*）对病人患病手臂的功能具有长期的改善作用，主要通过改变其与初级运动皮层间的联系而实现（Liepert et al.，2000）。【见图14.7】

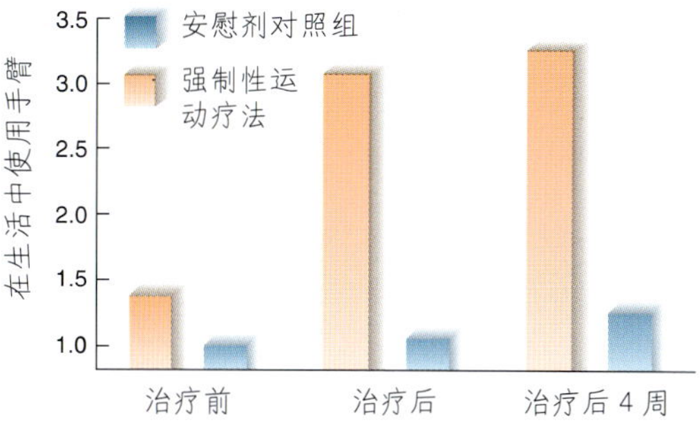

图14.7　强制性运动疗法。该图显示强制性运动疗法和对照疗法对中风的运动障碍患者的肢体使用的影响。

Based on data from Taub, E., Uswatte, F., King, D. K., et al. *Stroke*, 2006, 37, 1045-1049.

在某些脑或脊髓损伤的情况下，即使经过高强度的治疗，病人也不能完成有效的肢体运动。对于这些病人，研究者试图设计人机交互界面，即允许病人通过控制电子或机械设备来完成有效的运动。交互界面的设计者将微电极直接植入病人的运动皮层，通过颅骨和头皮的表面电极测量EEG活动的改变。这些设备，虽然仍处于实验阶段，但可以帮助患者移动假肢手或多关节机械臂、移动计算机鼠标并操作计算机（Wolpaw and McFarland，2004；Hochberg et al.，2006）。

创伤性脑损伤

创伤性脑损伤（Traumatic brain injury，TBI）是一个严重的健康问题（Chen and D'Esposito，2010）。仅在美国，大约140万人为此接受过急诊治疗，27万人曾住院治疗，更有52 000人死于创伤性脑损伤。毫无疑问，还存在一些没有被诊断的脑创伤病人。创伤性脑损伤可由弹射或下落的尖锐物体所引起，它们导致颅骨破裂，物体本身或颅骨碎片引起脑损伤。封闭性脑损伤并不穿透脑，但这些损伤能引起严重的伤害甚至死亡。

穿透性脑损伤（或开放性脑损伤）可明显地影响物体或颅骨碎片所破坏的脑区。此外，血管的损伤也能使这部分脑区丧失正常的血液供应，而且这部分脑区内聚集的血液会通过压迫周围脑组织而进一步造成伤害。封闭性脑损伤，例如，用钝器打击右侧前脑会造成的右侧额叶的封闭性脑损伤（*冲击*），而且冲击力将反方向作用于左后侧颅骨（*对冲*）。在许多情况下，对冲作用可造成更为严重的损伤。

封闭性脑损伤不仅破坏冲击和对冲部位的大脑皮层，还存在轴突束被撕裂和扭曲、血管破裂，脑脊液导致的脑室壁扭曲等现象。如同我们在介绍癫痫发作的部分所了解的，创伤性脑损伤病人在几个月后可能发展为慢性癫痫发作。创伤性脑损伤患者通常包括老兵、拳击或美式橄榄球运动员，以及不戴头盔的摩托车和滑雪运动员。

即使是轻度的创伤性脑损伤也可能增加患者出现各种缺陷的危险性，这些症状可能并不会马上出现，但会随着年龄的增加而逐渐表现出来。例如，生命早期受过脑撞击的人更容易患阿尔茨海默病。由于创伤性脑损伤造成了明显的脑物理性损伤，因此导致损伤脑区内的谷氨酸和腺苷水平的升高。升高的谷氨酸将转换腺苷的作用，从正常的抗炎性因子的作用转为促炎性因子的作用，从而进一步破坏脑组织。抑制谷氨酸释放的药物治疗能阻止细胞外腺苷的这种功能转化（Dai et al.，2010）。

对创伤性脑损伤所进行的长期的行为和认知治疗与脑血管意外脑损伤的治疗策略相同。

小　结

肿瘤、癫　发作、脑血管意外和创伤性脑损伤

神经失常的病因很多。脑肿瘤是由脑内除神经元以外的其他细胞不可控制地生长所造成的，可以分为良性或恶性的。良性肿瘤是有膜包被的，具有明确的边界；可以通过外科手术切除。良性肿瘤对脑的损伤是由压迫造成的，而恶性肿瘤则是通过浸润作用。恶性胶质瘤包含肿瘤起始细胞，来源于神经干细胞，抗放疗和化疗。

癫痫发作是阶段性的脑内异常电活动事件。部分性癫痫发作是局部的，起自某一点——通常是旧伤造成的瘢痕组织或肿瘤。当开始发作时，通常伴有一定的先兆，包括某些特异性的感觉或情绪改变。单纯部分性癫痫发作并不产生意识丧失，而复杂部分性癫痫发作则伴有意识丧失。全面性癫痫发作可能起自某一点，也可能不是，但最终都影响大部分脑组织。有些癫痫发作涉及运动系统，最严重的后果是全面性强直—痉挛癫痫发作。痉挛源于脑内的运动系统受到了影响，在癫痫大发作过程中，病人首先表现为强直期，表现几秒的僵直，然后是痉挛期，包括有节奏的抽搐。失神小发作，也被称为癫痫小发作，常见于儿童。这些全面性癫痫发作的特点是阶段性失神和暂时的意识丧失。长期酒精成瘾的戒断可导致癫痫发作；可能是由于抑制的突然释放而导致的。癫痫发作可以采用抗惊厥药物进行治疗，对于那些由一个异常点而引起的难治性癫痫发作，可以通过外科手术（通常涉及内侧颞叶）进行治疗。

脑血管意外对脑组织的损伤是由于脑血管破裂或血栓、栓子堵塞血管。血栓是血管内的血凝块。栓子是顺着血流并堵塞血管的一小块物质。栓子可能来自心腔内的感染，也可能是血栓的脱落成分。中风最有效的治疗方式是溶栓药物。tPA 必须在中风发生后几个小时内给药，而在某些情况下，该药物本身也可能导致脑损伤。去氨普酶，一种由吸血蝙蝠唾液分泌的酶，在中风发生后9个小时内注射有效，且不会引起脑损伤。目前已发明了清除堵塞血管内血凝块的机械方法。颈动脉内膜切除术能降低患有颈动脉粥样硬化的人群的中风发病率。不幸的是，颈动脉支架的插入被证实可提高患中风的可能性。中风发生后，物理疗法可帮助病人恢复并减小病人的损伤。强制性运动疗法被证实能有效地恢复由单侧运动皮层损伤所影响的肢体运动。

创伤性脑损伤是一种严重的健康问题。与穿透性脑损伤相比，封闭性脑损伤的伤害通常不明显，但二者都能引起严重的损伤。即使是轻度的创伤性脑损伤也可能增加病人日后患持续性损伤的危险性，并增加了病人患阿尔茨海默病的可能性。减轻创伤性脑损伤症状的药物尚处于开发阶段。

思考题

一位拳击比赛的选手猛力地击打另一位选手的头部，使他倒在地板上，并丧失意识，从而赢得了比赛。在了解了创伤性脑损伤的影响后，你如何看待这类竞技运动？

发育失调

通过本节的学习，读者可以了解的知识是妊娠期间接触的有毒化学物质以及基因异常（即遗传和非遗传因素）都会对脑发育产生负面影响。主要的后果是智力缺陷。

有毒化学物质

智力缺陷的一个常见病因是妊娠期间存在的有毒化学物质破坏了胚胎的发育。例如，如果孕妇在怀孕早期感染了风疹，病毒释放的毒性化学物质将干扰控制脑正常发育的化学信号。大多数健康状况良好的妇女对风疹具有免疫力，以防止孕期感染。

除了由病毒产生的毒素以外，许多药物也对胚胎发育具有负面影响。例如，在妊娠期间（尤其是第3—4周）摄入酒精可能导致智力缺陷（Sulik，2005）。酗酒妇女的婴儿要明显地小于平均值，且发育迟缓。其中许多婴儿表现为**胎儿酒精综合征**，其特征是面部发育异常以及脑发育缺陷。图14.8显示的是胎儿酒精综合征患儿的面孔照片，以及两只大鼠的胚胎，一只是正常孕鼠的胎儿，另一只是妊娠期摄入酒精的孕鼠的胎儿。如图所示，酒精对人和鼠两个种系胚胎的影响是相似的。当然，面部异常并不重要，重要的是脑发育的异常。【见图14.8】

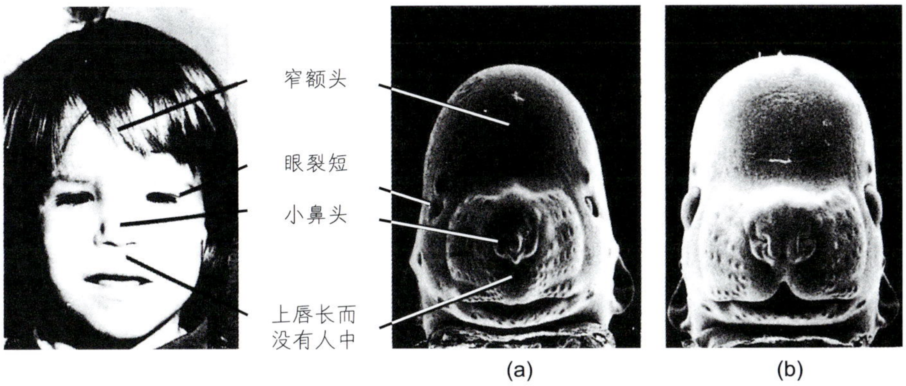

图14.8 胎儿酒精综合征的面部异常。该图显示了患有胎儿酒精综合征的儿童，以及小鼠胚胎的放大图。(a) 孕期给予酒精的小鼠胚胎；(b) 正常小鼠的胚胎。

Kathleen K. Sulik.

酒精对胚胎发育的干扰作用并不只见于酗酒的女性，有些研究者相信，在胚胎发育的关键期，单独一次的酒精摄入就能导致胎儿酒精综合征。现在我们认识到了这一综合征的危险，怀孕的妇女被建议远离酒精（以及其他的药物），因为此时她们的身体正承担着孕育另一个生命的使命。

遗传性代谢失常

几种遗传性“代谢紊乱”能引起脑损伤或破坏脑发育。细胞的正常功能需要无数的生化系统间复杂的相互作用。已知这些系统的功能依赖于各种酶，酶的作用是合成或分解各种特异性化学复合物。由于酶是蛋白质，因此它的合成机制与染色体相关，后者包含酶合成的“处方”。“代谢紊乱”指的是遗传异常，即特异性酶的“处方”出现错误，因此酶无法合成。如果受影响的酶是关键性的，则会造成严重的后果。

目前已知的遗传性代谢失常至少有一百余种，这些失常都能影响脑发育。其中最常见的是**苯丙酮酸尿症（PKU）**。苯丙酮酸尿症的病因是缺乏将苯基丙氨酸（一种氨基酸）转化为酪氨酸（另一种氨基酸）的酶。血液中过量的苯基丙氨酸将干扰中枢神经系统神经元的髓鞘形成。大脑半球多数神经元的髓鞘形成发生在出生后。因此出生时患有苯丙酮酸尿症的婴儿如果摄取了

胎儿酒精综合征 (fetal alcohol syndrome)：由于孕妇饮酒所造成的出生缺陷，症状包括特征性的面部异常和脑发育缺陷。

苯丙酮酸尿症 (phenylketonuria, PKU)：一种遗传性紊乱，病因是缺乏将苯基丙氨酸（一种氨基酸）转化为酪氨酸（另一种氨基酸）的酶；而苯基丙氨酸的聚集能引起脑损伤，必须在出生后立即给予特殊的饮食。

含有苯基丙氨酸的食物，氨基酸就会聚集在脑内，影响脑的正常发育。导致的严重后果是智力低下，6岁时的智商测验得分平均为20。

幸运的是，通过给予低苯基丙氨酸饮食能治疗苯丙酮酸尿症。该种饮食能使血中的苯基丙氨酸保持在低水平，因此中枢神经系统的髓鞘形成能正常进行。出生后苯丙酮酸尿症的迅速诊断是非常必要的，这能保证婴儿的大脑不再受高水平苯基丙氨酸的影响。因此许多政府已经通过法律要求对所有的新生儿开展苯丙酮酸尿症检测。该检测并不昂贵而且快速，避免了许多智力低下的发生。

还有一些遗传性代谢失常不能被成功地治疗。例如，**泰－萨病**，主要在东北欧犹太人中间发生，会引起脑膨胀，压迫颅骨内面，挤压硬脑膜并包绕它，造成脑的自身损伤。神经系统的症状于婴儿4个月大时开始显现，包括对声响的过度惊吓反应、精神萎靡、易怒、痉挛、癫痫、痴呆，最终死亡。

泰－萨病是一种代谢"储存"异常。所有的细胞都含有被称为溶酶体的有膜包被的囊结构。这些囊构成了细胞的废物清除系统，它们所含有的酶能分解细胞正常活动所生成的各种废弃物。被分解的物质被细胞再次循环利用或被排泄。遗传性代谢"储存"异常的病因是溶酶体内一种或几种关键酶的遗传性代谢障碍。因此细胞的代谢废物无法被分解，造成在细胞内的累积。溶酶体变得越来越大，细胞也就不断变大，最终整个脑也不断膨胀，造成不可治愈的脑损伤。

研究遗传性代谢失常的科研人员希望通过以下几种方式来预防或治疗这些疾病。一种方法类似对苯丙酮酸尿症的治疗，避免摄入含有某种成分的饮食。另一种是给予含有某种机体所必须的成分的饮食。还有些疾病或许有一天可以通过基因工程技术进行治疗。研究者希望能培育出一种改变基因的病毒。将其插入细胞，将带有能生成细胞所缺乏酶类的遗传信息传递给细胞，使细胞恢复正常的功能。

由于21号染色体异常导致的唐氏综合征个体，常常只是轻微智力落后，只需要稍加管理，很多人就可以正常生活。

Mika/Corbis Images.

唐氏综合征

唐氏综合征是一种先天失常，导致脑发育异常，结果是不同程度的智力低下。*先天性*并不一定意味着是*遗传的*，它指的是出生时即有的失常。唐氏综合征并不是由缺陷基因的遗传所引起的，而是由于三条21号染色体所致。事实上，21号染色体包含的近300个基因中的一小部分是关键区（Belichenko et al.，2010）。该综合征与母亲的年龄密切相关；由于卵子出现问题导致了卵子内存在两条（而不是一条）21号染色体。在受精后，父亲的21号染色体的加入使受精卵内出现了三条21号染色体，而不是两条。额外的染色体导致了生化改变，影响脑的正常发育。*经腹壁羊膜穿刺术*是一种从孕妇子宫抽取羊水的技术，该项技术水平的提高使得医生能确定胎儿是否患有唐氏综合征。

唐氏综合征（John Langdon Down在1866年给出的描述）发病率约为1/700。经验丰富的观察者能认出患有此病的患者：圆头；舌头厚而伸出，因

泰－萨病（Tay-Sachs disease）：遗传性的、致命的代谢储存失常，溶酶体内酶的缺乏导致细胞内废物的积累，引起脑细胞的膨胀。

唐氏综合征（Down syndrome）：由三条21号染色体所引起的失常，特征是中重度的智力低下，并通常伴有躯体障碍。

此嘴在大部分时间是张着的；手短而粗；矮个；耳位低；眼睑倾斜。这类儿童说话晚，大约到5岁方能说话。唐氏综合征患者的脑要比正常人的脑轻近10%，沟和回也更小而浅，额叶小，颞上回（威尔尼克区）细。到30岁以后，脑微观结构发育异常，开始出现退化。由于退化类似于阿尔茨海默病的退化，因此将在下一节讨论。如果能找到治疗阿尔茨海默病的有效方法，那么将可能阻止唐氏综合征患者的脑功能退化。

小 结

发育失调

发育失调能引起脑损伤，甚至是智力低下。在妊娠期间，胚胎对各种毒素异常敏感，如酒精和病毒产生的化学物质。几种遗传性的代谢失常也能损害脑的发育。例如，苯丙酮酸尿症（PKU）是由缺乏将苯基丙氨酸转化为酪氨酸的酶所引起的。脑损伤可以通过给予婴儿低苯基丙氨酸饮食而避免，因此早期诊断十分必要。储存失常（如泰－萨病）的病因是无法清除溶酶体内的代谢废物，导致细胞不断地膨胀，最终致人死亡。到目前为止，这些代谢失常尚无治疗方法。唐氏综合征的病因是三条21号染色体。唐氏综合征病人的脑发育异常，30岁以后脑功能开始退化，类似于阿尔茨海默病。唐氏综合征的动物模型研究提示，GABA拮抗剂可能发挥治疗作用。

思考题

假设你负责一个政府或慈善部门，有大量的钱可用于研究。你认为在阻止由行为（例如，胎儿酒精综合征）和基因因素所引起的发育失常方面哪类研究最为有效？

退行性疾病

许多疾病能引起脑细胞的退行性病变。有些情况是损伤了特殊类型的细胞，这给我们提供了某种希望，即揭示某种损伤的病因，然后找到方式去终止它，最终阻止它在其他人群中的发病。

传染性海绵状脑病

20世纪80年代末至90年代初，英国爆发了牛的海绵状脑病（bovine spongiform encephalopathy, BSE；或称“疯牛病”），这一事件使得这种特异性脑病引起了公众的注意。牛的海绵状脑病是一种**传染性海绵状脑病（TSE）**，表现为脑细胞变性、脑外观呈海绵状的致命性传染性脑病。除牛的海绵状脑病以外，传染性海绵状脑病还包括影响人类的克雅氏病（Creutzfeldt-Jakob disease）、致命家族性失眠、影响人类的库鲁病，以及主要影响绵羊的瘙痒病。尽管瘙痒病并不能传染给人类，但牛的海绵状脑病可以，正是它引起了变异的克雅氏病（vCJD）。【见图14.9】

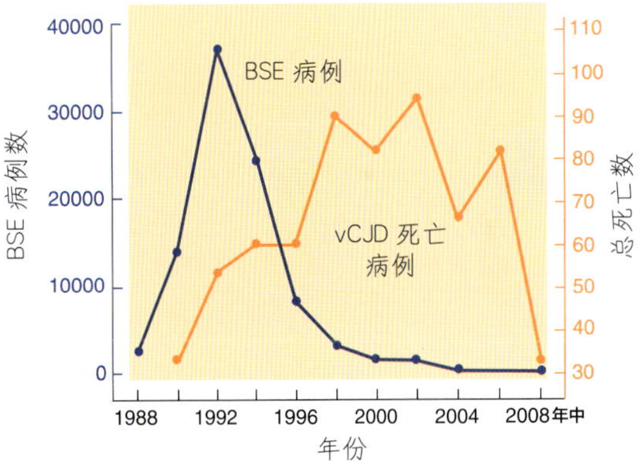

图14.9 牛的海绵状脑病和克雅氏病。该图显示了英国在1988—2008年3月31日牛的海绵状脑病和人的变异的克雅氏病的病例数。

Based on data from OIE-World Organisation for Animal Health and the CJD Surveillance Unit.

传染性海绵状脑病（transmissible spongiform encephalopathy，TSE）：一种传染性脑病，退行性病变使脑外表呈海绵状，病因是折叠错误的朊病毒蛋白的聚集。

朊病毒（prion）：存在两种形式的蛋白质，差异仅在于三维结构，折叠错误的朊病毒蛋白聚集可导致传染性海绵状脑病。

与其他传染性疾病不同，传染性海绵状脑病的病因并不是微生物，而是一种简单的蛋白，被称为**朊病毒**或“蛋白传染因子”（Prusiner，1982）。朊病毒蛋白主要存在于神经元的细胞膜上，它们在突触功能中和髓鞘形成中（Popko，2010）发挥作用。朊病毒蛋白能够抵抗一定程度的使正常蛋白变性的高温，这就能解释为什么感染“疯牛病”的牛肉在烹饪后仍具有传染性。

正常的朊病毒蛋白（PrPc）的氨基酸序列和传染性朊病毒蛋白（PrPSc）的氨基酸序列是相同的。那么，为什么两种有相同氨基酸序列的蛋白质的作用如此不同？答案在于蛋白质的功能主要取决于它的三维结构。正常的朊病毒蛋白和传染性朊病毒蛋白的唯一差异是蛋白折叠的方式。一旦折叠异常的传染性朊病毒蛋白被引入细胞内，它能引起正常的朊病毒蛋白也发生折叠错误。这种转化过程最终杀死了细胞自身（参见综述 Miller，2009）。

家族型克雅氏病是以显性方式遗传的，它是由于20号染色体短臂上的PRNP基因突变所导致的，这一基因负责编码人类朊病毒蛋白。然而，大多数的克雅氏病是**零散**发生的。也就是说，疾病发生在并没有朊病毒蛋白疾病家族史的人群中。朊病毒蛋白疾病是唯一的，这不仅因为它们可以通过简单蛋白的方式进行传染，而且也因为它们是遗传的或零散发生的，而且这种遗传和零散发生的方式可以传染给其他人。人类克雅氏病最常见的感染方式是组织移植，例如，来自感染朊病毒疾病的尸体的硬膜或角膜。人类朊病毒疾病的类型之一——库鲁病，传染源自于同类相食。南非部落的成员为了表示对他们最近去世的亲人的尊敬，会吃他们的脑，从而感染这一疾病。但这一习俗已经被遗弃了（Cajdusek，1977）。

Steele 等人（2006）的一项研究提示，正常的朊病毒蛋白在胚胎的神经发育和分化以及成年的神经发生中发挥作用。研究者研制出了一种基因工程小鼠，能生成大量的朊病毒蛋白。与正常小鼠相比，这些小鼠表现出室管膜下的细胞增生的数目增加，以及齿状回神经元增多。抗朊病毒蛋白基因的靶突变小鼠表现出了较少的增生细胞。Málaga-Trillo 等人（2009）发现，抗朊病毒蛋白基因的靶突变斑马鱼产生了严重的发育异常。

Mallucci 等人（2003）研制出了一种在遗传学上改良的小鼠种系，能在12周时生成一种酶，破坏正常的朊病毒蛋白。小鼠在出生后几周被感染了折叠错误的瘙痒病朊病毒。很快地，小鼠开始出现脑部海绵状空洞，提示它们感染了瘙痒病。然后，在12周时酶被激活，开始破坏正常的朊病毒蛋白。尽管分析表明它们脑内的神经胶质细胞中仍含有折叠错误的传染性朊病毒蛋白，但疾病的进程停止了。神经元不再制造正常的朊病毒蛋白，也就不再被转变为传染性朊病毒蛋白，因此小鼠能继续正常地存活。而不含有这种酶类的小鼠的病程将继续发展，很快死亡。作者得出结论：是正常的朊病毒蛋白转化为传染性朊病毒蛋白的过程杀死了细胞。仅仅存在于脑内（可见于非神经元细胞）的传染性朊病毒蛋白并不引起疾病。图14.10表明，是海绵状变性的发展以及12周时正常的朊病毒蛋白破坏酶的激活引起了症状的消失。【见图14.10】

折叠错误的朊病毒蛋白是如何杀死神经元的？本章随后所要阐述的几种退行性脑病（如帕金森病、阿尔茨海默病和亨廷顿舞蹈病）的病人脑内都有折叠错误的蛋白的聚集（Miller，2009；Lee et al.，2010）。我们还将看到，尽管这些折叠错误的蛋白并不是朊病毒，但接种这些蛋白的动物的脑也表现出上述的疾病过程。如第3章所述，细胞具有自杀的机制，这一过程被称为凋亡。凋亡过程可以被从外部激发，例如，在发育过程中，化学信号激发不再需要的细胞的凋亡；或从内部激发，细胞内的生化过程受到干扰，细胞不能

零散疾病（sporadic disease）：偶然发生的，不是明显地由遗传或感染因素所引起的。

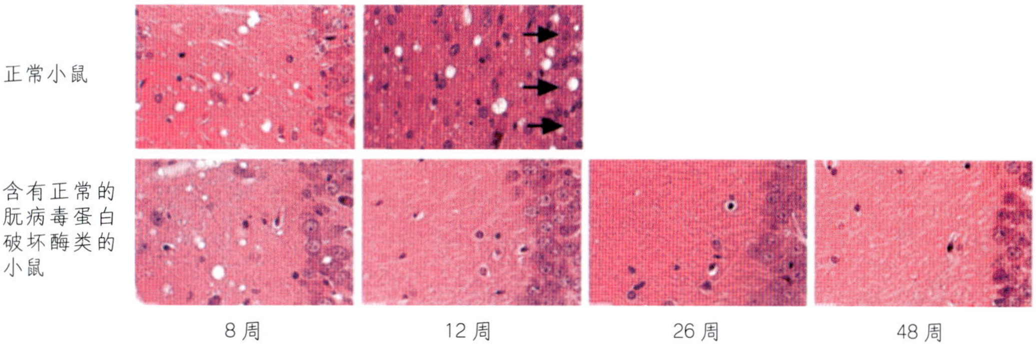

图 14.10 朊病毒蛋白感染的临床治疗。遗传学上改良的小鼠感染瘙痒病后，在 12 周时分泌的酶开始破坏正常的朊病毒蛋白，从而阻止神经死亡并消除早期的海绵变性。箭头所指的是不存在正常的朊病毒蛋白破坏酶时的小鼠的变性神经元。海绵变性是脑组织的空洞样变化。

发挥正常的功能。或许，折叠错误的异常的蛋白质聚集也能发挥类似的信号作用。凋亡涉及“杀伤酶”产物，被称为**胱门蛋白酶**。Mallucci 等人（2003）提出胱门蛋白酶-12的灭活，一种导致感染了传染性朊病毒蛋白的神经元死亡的酶类，可能提供治疗传染性海绵状脑病的方法。

帕金森病

帕金森病是一种重要的神经系统退行性疾病，由黑质纹状体系统（黑质的多巴胺能神经元发出轴突至基底节）的退行性病变导致。帕金森病在65岁以上人群中的发病率近1%。帕金森病的主要症状是肌肉僵化、运动迟缓、静止震颤和姿态不稳。

对帕金森病病人的脑研究发现，其黑质纹状体多巴胺能神经元严重缺失。残余的多巴胺能神经元出现**卢伊体**，即细胞质内异常的圆形结构。卢伊体有致密的蛋白核心，周围包绕着放射性纤维环（Forno，1996）。【见图 14.11】尽管大多数的帕金森病并不表现为遗传倾向，但研究者还是发现了4号染色体上的特异性基因突变可引起这种疾病（Polymeropoulos et al.，1996）。该基因产生一种蛋白——**α-突触核蛋白**，正常情况下存在于突触前膜，参与了多巴胺能神经元的突触传递（Moore et al.，2005）。突变产生一种已知的**毒性获得功能**，原因在于它能生成一种对细胞有毒性作用的蛋白。引起毒性获得功能的突变通常是显性的，因为无论是一条还是一对染色体包含突变基因，都能产生毒性物质。异常的α-突触核蛋白表现出错误折叠和聚集，尤其在多巴胺能神经元内（Goedert，2001）。卢伊体的致密核心主要包含的就是这些蛋白的聚集体，以

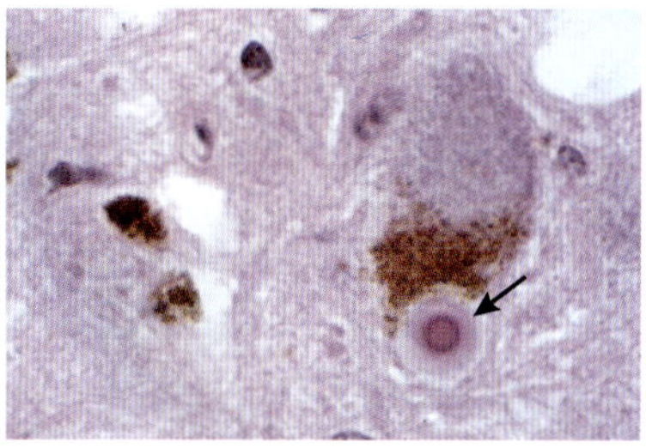

图 14.11 卢伊体。帕金森病病人黑质的显微照片显示了卢伊体。箭头所指的是卢伊体。

胱门蛋白酶（caspase）：在凋亡或程序性细胞死亡中发挥作用的“杀伤”酶。

卢伊体（Lewy body）：异常的圆形结构，具有致密的含有α-突触核蛋白的核心，存在于帕金森病病人的黑质纹状体神经元细胞质内。

α-突触核蛋白（α-synuclein）：正常时存在于突触前膜的蛋白质，参与突触可塑性。其异常的聚集是帕金森病神经变性的病因。

毒性获得功能（toxic gain of function）：由于显性基因突变而导致的遗传紊乱，出现一种错误基因，能生成具有毒性作用的蛋白。

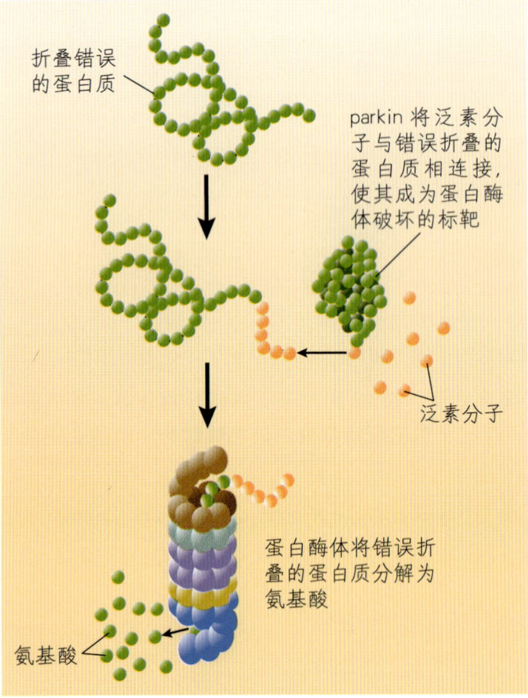

图 14.12 帕金森病中 parkin 的作用。parkin 参与了泛素化的蛋白酶体系统对异常或折叠错误的蛋白质的破坏过程。如果 parkin 由于基因突变而出现缺陷，则异常或折叠错误的蛋白质不能被破坏，因此在细胞内聚集。如果基因突变导致 α－突触核蛋白出现缺陷，parkin 不能完成泛素化标记，也可导致异常蛋白的聚集。

及神经丝蛋白和突触囊泡蛋白。

帕金森病的另一种遗传形式是由6号染色体上的 **parkin** 基因突变所引起的（Kitada et al.，1998）。这一基因突变导致**功能缺失**，表现为隐性遗传紊乱。如果一个人只有一条染色体携带突变的 parkin 基因，那么另外一条染色体上正常的等位基因可生成足够的正常 parkin 以保障正常的细胞功能，因此此人不会患帕金森病。正常的 parkin 负责将有缺陷的或折叠错误的蛋白运送至**蛋白酶体**——一种破坏这些蛋白质的细胞器（Moore et al.，2005）。而突变能导致高水平的缺陷蛋白质在多巴胺能神经元内的聚集，并最终破坏这些神经元。图 14.12 例举了 parkin 在蛋白酶体中的作用。parkin 应用大量的**泛素**分子来标记异常或折叠错误的蛋白质，泛素是一种小而致密的球形蛋白。异常蛋白的泛素化将使其成为蛋白酶体破坏的标靶，被降解为氨基酸。而有缺陷的 parkin 不能使异常蛋白泛素化，从而导致这些蛋白在细胞内聚集，并最终杀死细胞。出于某种原因，多巴胺能神经元对这一聚集尤其敏感。【见图 14.12】

帕金森病的绝大部分病例（95% 左右）都是散发的，即疾病发生在没有帕金森病家族史的人群中。那么是什么原因激发了 α－突触核蛋白的聚集并破坏了多巴胺能神经元呢？研究提示，帕金森病可能的病因包括环境中的毒性物质、代谢紊乱以及未知的感染。例如，杀虫剂鱼藤酮、百草枯以及一些不确定的毒素也能引起帕金森病。所有这些化学物质都能抑制线粒体功能，从而导致折叠错误的 α－突触核蛋白的聚集，尤其在多巴胺能神经元内。这些不断积累的蛋白质最终杀死了细胞（Dawson and Dawson，2003）。

如第4章所述，帕金森病的常规治疗药物是左旋多巴（L-DOPA）——多巴胺前体物质。脑内不断提高的左旋多巴水平能促进病人残余的多巴胺能神经元生成和分泌更多的多巴胺，从而在一定程度上缓解疾病的症状。但是这种代偿作用不能无限期地发挥作用，最终当黑质纹状体内的多巴胺能神经元的数目减少至相当低的水平时，症状会继续恶化。此外，左旋多巴会通过激活中脑边缘系统或中脑皮层系统中的多巴胺能神经元而产生副作用，如幻觉和妄想。一些病人，尤其是发病年龄相对年轻的病人，由于长期服药而变得卧床不起。

另一种药物——苄甲炔胺（deprenyl），通常与左旋多巴联合使用，治疗帕金森病。如第4章所见，服用含有 MPTP 违禁药物的人表现出了帕金森病的某些症状。随后的动物实验研究发现，这些药物的毒性作用可被苄甲炔胺所阻断，苄甲炔胺能抑制单胺氧化酶－B 的活性。起初采用苄甲炔胺治疗帕金森病的理论基础是它能阻止未知毒素对多巴胺能神经元的进一步损伤。许

parkin：一种能将有缺陷的或折叠错误的蛋白运送至蛋白酶体的蛋白质；突变的 parkin 是家族性帕金森病的病因。

功能缺失（loss of function）：由于隐性基因突变而导致的遗传紊乱，不能生成某种保障健康所必需的蛋白质。

蛋白酶体（proteasome）：一种细胞器，破坏细胞内有缺陷的或降解的蛋白质。

泛素（ubiquitin）：一种蛋白质，可将自身与异常或折叠错误的蛋白质相连接，使后者成为蛋白酶体所破坏的标靶。

多研究（例如，Mizuno et al.，2010；Zhao et al.，2011）证实了苄甲炔胺能减缓帕金森病的进程，尤其是若在疾病发病之初就给予苄甲炔胺治疗的话。然而，苄甲炔胺以及其他单胺氧化酶－B的抑制剂并不能减轻症状。这些药物不能延缓多巴胺能神经元的退行性病变（Williams，2010）。

对于那些左旋多巴治疗效果不佳的病人，可以通过三种脑立体定位的外科手术减轻帕金森病的症状。第一个是移植胚胎组织，试图重新建立纹状体内的多巴胺分泌。移植的组织来自流产的人类胚胎的黑质，利用立体定位技术，将其移植入病人的尾状核和壳。尽管目前这种治疗方法仅限于实验室阶段，但研究还是取得了一定的成果。如第5章所述，PET显示，多巴胺能胚胎细胞能在新宿主体内生长并分泌多巴胺，从而减轻病人的症状，至少最初能得到缓解。通过对32名胚胎移植病人的研究，Freed等人（2002）发现那些对左旋多巴治疗反应良好的病人在移植后同样效果良好。原因可能在于这些病人具有足够数目的含有受体的基底节神经元，因此无论是药物治疗还是移植技术都能激活这些受体而获得良好的治疗效果。不幸的是，许多接受移植的病人随后的病情更为严重，表现出持续的运动障碍，即麻烦而痛苦的不由自主的运动。因此，多巴胺能胚胎细胞移植的治疗方法不再被推荐（Olanow et al.，2003）。

对胚胎移植的深入研究表明，尽管移植的细胞能够存活并与宿主的神经元建立联系，但这些细胞最终发展为α－突触核蛋白的沉积。帕金森病的动物模型研究表明，折叠错误的α－突触核蛋白可由接受者自身的神经元转移至移植的神经元（Kordower et al.，2011）。许多研究者指出，与几种神经退行性疾病（包括帕金森病）相关的折叠错误蛋白质（如朊病毒蛋白）可以在脑细胞之间相互传递，引起进一步的错误折叠（Lee et al.，2011）。看起来，将正常细胞移植入帕金森病病人的基底神经节的治疗方法注定会失败，除非能够找到一种方法阻止错误折叠的α－突触核蛋白的沉积过程。

另一项治疗过程涉及**苍白球内侧区**（GP_i）手术。苍白球的输出是抑制性的，直接从丘脑底核（subthalamic nucleus，STN）至运动皮层。帕金森病病人的尾状核和壳的多巴胺释放减少能引起苍白球内侧区活动的*增强*。因此，苍白球内侧区的损伤可能减轻帕金森病的症状。【见图14.13】

事实上，手术的确发挥了作用（Graybiel，1996；Lai et al.，2000）。神经外科医生将电极插入苍白球内侧区，通过电极输入射频电流，加热并破坏脑组织。PET研究已经发现，帕金森病病人被抑制的额叶运动前区和辅助性运动区的代谢活性在手术后恢复了正常水平（Grafton et al.，1995）。该研究结果指出苍白球内侧区的损伤确实能解除运动皮层的抑制状态。同样的原理，由于丘脑底核提供兴奋性输入至苍白球内侧区，因此神经外科医生也可通过作用于丘脑底核而成功地缓解帕金森病的症状。

减轻帕金森病症状的第三种立体定向治疗是将电极植入丘脑底核或苍白球内侧区，并通过连接设备给予该脑区电刺激。根据某些研究，对丘脑底核的**深部脑刺激**（DBS）在抑制震颤方面与脑损伤相同，并且副作用更小（Esselink et al.，2009）。此外，一项长达三年的追踪研究发现，接受深部脑刺

苍白球内侧区（internal division of the globus pallidus，GP_i）：苍白球的一个分区，提供抑制性输入，经过丘脑至运动皮层；该区的损伤可用于治疗帕金森病的症状。

深部脑刺激（deep brain stimulation，DBS）：将电极植入某一特定脑区，并通过连接设备和电极来实现对该脑区的电刺激的手术过程。

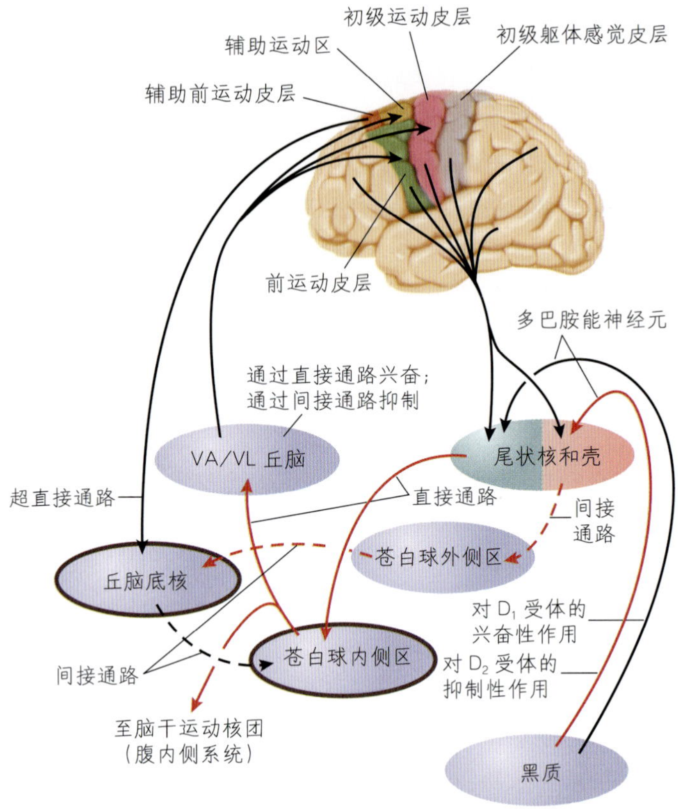

图 14.13 基底节的联系。该图显示了基底节及其相关结构的主要联系。兴奋性联系用黑线表示，抑制性联系用红线表示。为清楚起见，黑质的许多输入被省略。两个脑区是帕金森病立体定位手术的主要目标——苍白球内侧区和丘脑底核——用深灰色轮廓勾勒。这些脑区的损伤能减少至丘脑的抑制性输入，提高运动能力。对这些脑区的深部脑刺激也能产生相似的效果。

激植入的病人并未表现出认知功能退化（Funkiewiez et al.，2004）。值得注意的是，深部脑刺激只能治疗帕金森病的运动症状，而不能影响情感和认知症状（如抑郁和痴呆）。

研究者试图研发缓解帕金森病症状的基因疗法。Kaplitt 等人（2007）将一种转基因病毒引入帕金森病病人的丘脑底核，该病毒可提供一种 GAD 基因，GAD 是负责主要的抑制性神经递质——GABA——的生物合成的酶。GAD 产物能将丘脑底核的某些兴奋性神经元（如谷氨酸能神经元）转为抑制性神经元（如 GABA 能神经元）。因此，苍白球内侧区活动下降，辅助性运动区活动增高，从而使病人的症状改善。一项大型的双盲实验证实了该疗法的有效性和安全性（LeWitt et al.，2011）。【见图 14.14】

亨廷顿氏舞蹈病

亨廷顿氏舞蹈病(Huntington's disease)：一种引起基底节退行性病变的遗传性疾病；特征是不断进展的、严重的不自主抽动、扭动、痴呆和最终的死亡。

另一种基底节病——**亨廷顿氏舞蹈病**——的病因是尾状核和壳的退行性病变。帕金森病导致人们运动过少，而亨廷顿氏舞蹈病则会引起不受控制的运动，尤其是肢体抽动。亨廷顿氏舞蹈病引起的运动看起来像有目的运动的一部分，但是不由自主的。疾病呈进行性（包括认知和情绪变化，最终导致死亡），通常发生在症状出现后的 10 ～ 15 年。

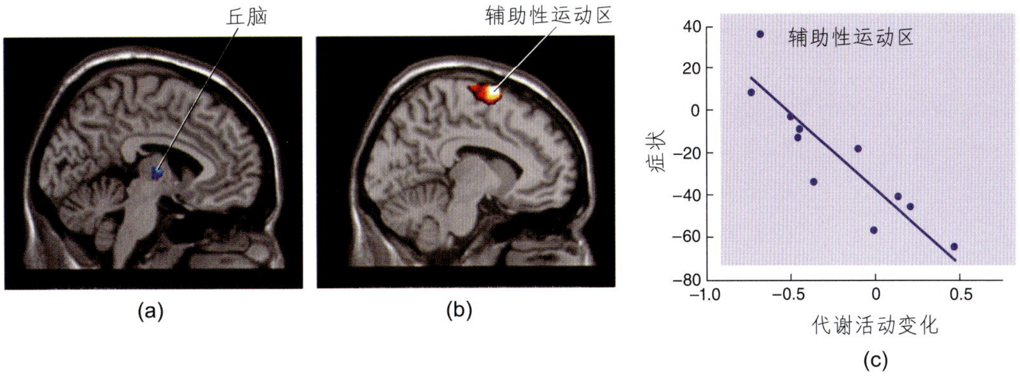

图 14.14 帕金森病的基因治疗。通过转基因病毒，GAD（负责 GABA 生物合成的酶）基因被转入帕金森病病人的丘脑底核细胞内。fMRI 扫描显示，(a) 丘脑底核活动降低；(b) 辅助性运动区的活动增高；(c) 帕金森病症状与辅助性运动区的活动变化之间的相关性。

From Kaplitt, M. G. Feigin, A., Tang, C., et al. *Lancet*, 2007, 369, 2097-2105. Reprinted with permission.

亨廷顿氏舞蹈病通常在30 ～ 40岁发病，少数在20岁时发病。神经变性首先出现于壳内的特异性抑制性神经元群——GABA 能神经元。这些神经元的毁损将消除对额叶运动前区和辅助性运动区的抑制性控制。这种控制的丧失将引起不自主运动。随着疾病的发展，其他脑区也会出现神经退行性病变，包括大脑皮层。

亨廷顿氏舞蹈病是由位于4号染色体上的显性基因所引起的一种遗传性紊乱。事实上，该基因已被定位，它的缺陷被确认是编码谷氨酸的一个重复的碱基序列（Collaborative Research Group，1993）。该重复序列引起的基因产物被称为**亨廷顿氏蛋白（htt）**，包含细长拉伸的谷氨酸。异常的亨廷顿氏蛋白错误折叠并在细胞核内聚集。谷氨酸延伸得越长，病人出现症状的时间越早，表明亨廷顿氏蛋白分子的异常成分是该疾病的病因。这些事实提示，突变通过毒性获得功能而引起疾病，即异常的亨廷顿氏蛋白导致伤害。事实上，亨廷顿氏舞蹈病神经元死亡的原因是细胞凋亡。Li 等人（2000）的研究发现，如果 HD 小鼠被给予抑制凋亡的半胱天冬酶抑制剂，它们的存活时间会延长。异常的亨廷顿氏蛋白通过损伤泛素－蛋白酶系统的功能而激活半胱天冬酶，从而激发细胞凋亡（Hague，Klaffke，and Bandmann，2005）。

目前尚没有治疗亨廷顿氏舞蹈病的方法。然而，Southwell、Ko 和 Patterson（2009）制备了一种特殊类型的抗体，它作用于细胞内，被称为 Happ1。该抗体以亨廷顿氏蛋白的一部分作为靶目标。用五种不同的亨廷顿氏舞蹈病的实验模型进行的检验发现，在小鼠脑内插入 Happ1 基因可抑制突变的亨廷顿氏蛋白的生成，改善疾病症状。DiFiglia 及其同事（DiFiglia et al.，2007；Pfister et al.，2009）的另一项研究将小分子干扰 RNA（siRNA）注入纹状体，阻断该脑区的亨廷顿氏蛋白基因转录以及突变的亨廷顿氏蛋白的生成。这种治疗可减小纹状体神经元的包涵体大小，延长纹状体神经元的生存时间，减轻动物的运动症状。

亨廷顿氏蛋白（huntingtin，htt）：一种促进脑源性营养因子生成和传输的蛋白质。异常的亨廷顿氏蛋白是亨廷顿氏舞蹈病的病因。

阿尔茨海默病

一些神经系统失常会导致**痴呆**，源于脑器质性病变所致的智力退化。常见的痴呆类型被称为**阿尔茨海默病**，65岁以上人群的发病率约为10%，而在85岁以上人群的发病率则为50%。该疾病会导致严重的海马、内嗅皮层、新皮层（尤其是额叶和颞叶联合皮层）、基底核、蓝斑和中缝核的退行性病变。这些退行性病变会引起记忆及其他智力功能的进行性丧失。首先，病人很难记得约会，有时会忘词或忘记他人的名字。随着时间的推移，他们表现为糊涂加重，很难完成某些任务（如平衡收支）。丧失的记忆主要为近期记忆，因此类似科尔萨科夫综合征的顺行性遗忘。如果阿尔茨海默病病人独自外出，他们很容易走失。病人的最终结果为卧床不起，直至死亡（Terry and Davies，1980）。

前面部分已经提及，唐氏综合征病人的脑结构异常也可见于阿尔茨海默病病人：*淀粉样斑块和神经原纤维缠结*。**淀粉样斑块**是细胞外的沉淀物，由退变的轴突和树突围绕致密的蛋白质［**β-淀粉样蛋白（Aβ）**］核心所组成，并伴有激活的小胶质细胞和星形胶质细胞（这些细胞参与损伤细胞的分解）。最终，具有吞噬作用的神经胶质细胞会破坏退变的轴突和树突，只剩下淀粉样蛋白的核心（通常指的是β-淀粉样蛋白）。

神经原纤维缠结，由将死的神经元组成，这些神经元中聚焦了扭曲的过度磷酸化的**tau蛋白**细丝。正常的tau蛋白是微管的组成部分，而微管参与细胞的传输机制。在阿尔茨海默病的进行过程中，过量的磷酸根离子与tau蛋白相附着，改变了其分子结构。异常的细丝可见于大脑皮层锥体细胞的胞体和树突近端处。这些异常的细丝能干扰细胞内的物质运输，导致细胞的死亡，只留下蛋白细丝的缠结。【见图14.15】

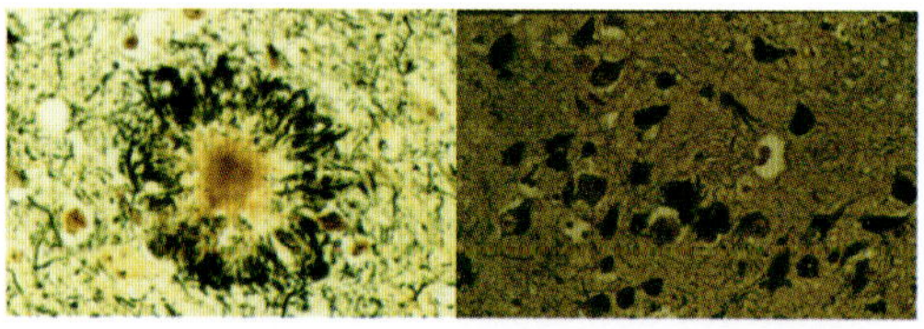

图14.15 阿尔茨海默病的微观特征。阿尔茨海默病死亡病人的显微照片显示（a）淀粉样斑块，充满了β-淀粉样蛋白；（b）神经原纤维缠结。

Dennis J. Selkoe.

淀粉样斑块的形成是由β-淀粉样蛋白的一种缺陷形式的产生造成的。β-淀粉样蛋白的生成分为几步。首先，基因编码**β-淀粉样蛋白前体蛋白（APP）**，它是近700个氨基酸的单链。接着，β-淀粉样蛋白前体蛋白被酶（**分泌酶**）分别切除两个部分后生成β-淀粉样蛋白：第一步，β-分泌酶切除β-淀粉样蛋白前体蛋白分子的尾部；第二步，γ-分泌酶切除其头部。结果是β-淀粉样蛋白包含40或42个氨基酸。【见图14.16】

γ-分泌酶第二次切除β-淀粉样蛋白分子的位置决定了淀粉样蛋白分子的形式。在正常的脑内，90% ~ 95%的β-淀粉样蛋白分子是短形式的；另外5% ~ 10%是长形式的。而在阿尔茨海默病病人的脑内，长形式的β-淀粉样蛋白分子占总数的40%。高浓度的长形式β-淀粉样蛋白分子导致这些蛋白的

痴呆（dementia）：认知能力（如记忆、理解、语言能力和判断力）的丧失，通常的病因是各种类型的中风和阿尔茨海默病。

阿尔茨海默病（Alzheimer's disease）：一种未知病因的脑退行性病变，引起进行性记忆丧失、运动缺陷和最终的死亡。

淀粉样斑块（amyloid plaque）：细胞外的沉淀物，由退变的轴突和树突围绕致密的蛋白质（β-淀粉样蛋白）核心所组成，并伴有激活的小胶质细胞和星形胶质细胞。

β-淀粉样蛋白（β-amyloid，Aβ）：阿尔茨海默病病人脑内过量的一种蛋白质。

神经原纤维缠结（neurofibrillary tangle）：由将死的神经元组成，包含扭曲的蛋白细丝在细胞内的聚集，作为细胞的内部骨架。

tau蛋白（tau protein）：正常情况下是微管的组成部分的一种蛋白，参与细胞的运输机制。

β-淀粉样蛋白前体蛋白（β-amyloid precursor protein，APP）：细胞产生和分泌的一种蛋白质，作为β-淀粉样蛋白的前体物质。

分泌酶（secretase）：将β-淀粉样蛋白分子前体蛋白切成小部分（包括β-淀粉样蛋白）的酶类。

异常折叠和聚合，从而对细胞产生毒性作用。(如前所述，异常折叠的朊病毒蛋白和α-突触核蛋白能引起脑退化。) 少量的长形式β-淀粉样蛋白分子很容易被从细胞中清除。首先，这些分子被给予一个泛素化标记，以便于清除；然后被运输至蛋白酶体，在此它们变为无害的。但在长形式β-淀粉样蛋白分子处于高水平的情况下，这一过程无法完成。

基底前脑的乙酰胆碱能神经元是最早受阿尔茨海默病影响的细胞。β-淀粉样蛋白可作为p75营养因子受体的配体，在正常情况下，该受体会对应激信号反应并激活凋亡机制（Sotthibundhu et al.，2008）。在基底前脑的乙酰胆碱能神经元中，该受体含量很高，因此一旦长形式β-淀粉样蛋白达到足够高的水平，这些神经元就会开始死亡。

图14.17表明了β-淀粉样蛋白在阿尔茨海默病病人脑内的异常积累。Klunk等人及其同事（Klunk et al.，2003；Mathis et al.，2005）发现了PiB——能穿过血脑屏障与β-淀粉样蛋白结合的一种化学物质。他们给阿尔茨海默病病人和正常人分别注射了具有放射活性的PiB，然后利用PET进行检测。从图14.17中，你可以看到β-淀粉样蛋白在病人大脑皮层的聚集。【见图14.17】这种检测阿尔茨海默病病人脑内β-淀粉样蛋白水平的方法将有助于研究者评价该治疗方法的有效性。如果治疗方法有效，那么通过确定在疾病发展早期的β-淀粉样蛋白的聚集情况，可以在脑出现明显的退化和认知能力下降前就使用这种药物。

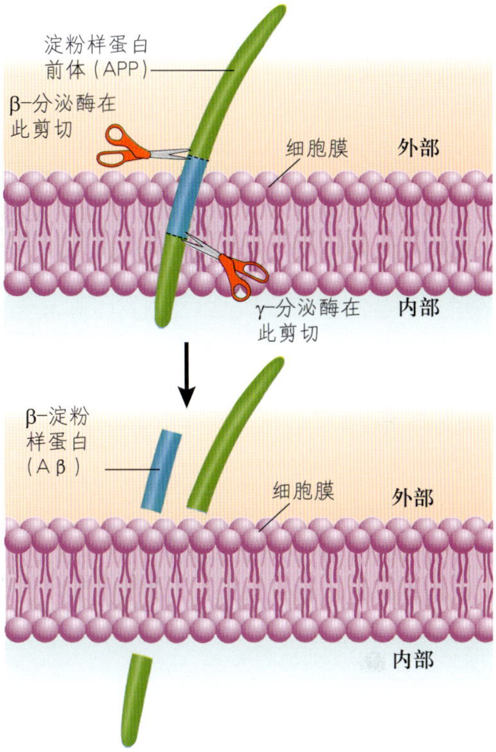

图14.16　β-淀粉样蛋白。该图显示了β-淀粉样蛋白（Aβ）的生成来自β-淀粉样蛋白前体蛋白。

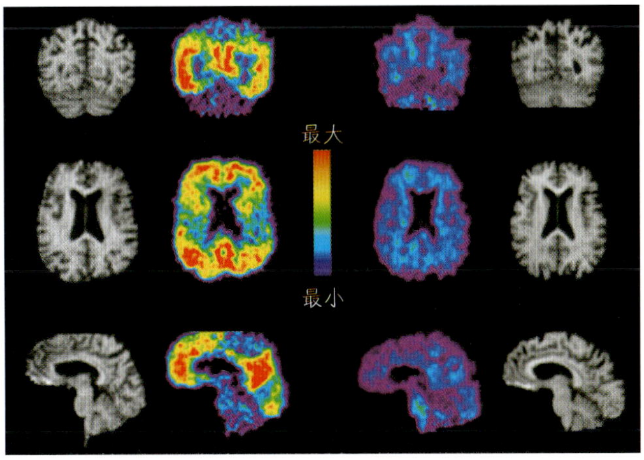

图14.17　β-淀粉样蛋白观测。PET扫描显示了β-淀粉样蛋白在阿尔茨海默病病人脑内的聚集。AD=阿尔茨海默病；MR=结构性磁共振成像；[C-11]PIB PET=注射β-淀粉样蛋白的放射配体后，脑PET扫描。

Courtesy of William Klunk, Western PsychiatricInstitute and Clinic, Pittsburgh, PA.

研究已经表明，有些形式的阿尔茨海默病具有家族遗传倾向。由于唐氏综合征（21-三体综合征）病人的脑内也存在β-淀粉样蛋白的沉积，因此有些研究者假设21号染色体参与了这种蛋白质的生成。事实上，St. George-Hyslop等人（1987）发现，21号染色体确实包含生成β-淀粉样蛋白前体蛋白的基因。

自从发现了β-淀粉样蛋白前体蛋白基因后，一些研究发现该基因的特异性突变会引起家族性阿尔茨海默病（Martinez et al., 1993；Farlow et al., 1994）。此外，其他研究发现，1号和14号染色体的**早老蛋白**基因的多种突变也能引起阿尔茨海默病。异常的β-淀粉样蛋白前体蛋白基因和早老蛋白基因都能导致有缺陷的长形式β-淀粉样蛋白的生成（Hardy, 1997）。两种早老蛋白（PS1和PS2）似乎是γ-分泌酶（不是简单的酶而是由大的多蛋白复合体组成）的亚基（DeStrooper, 2003）。

另一个阿尔茨海默病的遗传病因是**载脂蛋白E（ApoE）**基因的突变，载脂蛋白E是血液中运输胆固醇的糖蛋白，并在细胞修复中发挥作用。载脂蛋白E基因的一个等位基因E4可增加阿尔茨海默病发病的危险性，作用方式是通过干扰长形式的β-淀粉样蛋白在脑内的清除（Roses, 1997；Bu, 2010）。相反，载脂蛋白E2等位基因可防止个体患阿尔茨海默病。创伤性脑损伤也是阿尔茨海默病发病的一个严重的危险因素。例如，对持续的闭合性脑损伤（包括职业拳击所造成的）患者的脑检测显示出广泛的淀粉样斑块分布。带有载脂蛋白E4等位基因的人群继发于创伤性脑损伤后的阿尔茨海默病发病的危险性尤其高（Bu, 2010）。肥胖、高血压、高胆固醇和糖尿病也都是危险因素，而且载脂蛋白E4等位基因也能提高其危险性（Martins et al., 2006）。

尽管已有的研究指出异常的β-淀粉样蛋白在阿尔茨海默病发展中发挥重要的作用，但事实是大多数的阿尔茨海默病并不是遗传的。到目前为止，已知阿尔茨海默病最强的非遗传性危险因素是创伤性脑损伤。另一个因素——教育水平——也发挥重要的作用。由美国国家老龄研究所资助的一项与宗教有关的研究测量了高龄天主教神职人员（牧师、修女和修道士）的认知功能，并在他们去世后检测了他们的脑。Bennett等人（2003）的报告发现，正规教育年限的增加与其认知成绩呈现正相关，即使这些人脑内已经有了高浓度的淀粉样斑块。例如，对于含有相同浓度淀粉样斑块的人群，持研究生学历的被试的认知测验分数显著地高于学历较低的被试。当然，认知能力的个体差异这样的变量也会影响个体继续深造的可能性，因此这些自身差异也会在其中发挥重要的作用。在任何情况下，从事丰富的智力活动对于个人避免痴呆的发生是最重要的事情。

Billings等人（2007）完成了AD小鼠的实验，AD小鼠是遗传改变的小鼠种系，包含有人类β-淀粉样蛋白前体蛋白的突变基因，可导致阿尔茨海默病的发生。研究者在小鼠的生命早期就开始了水迷宫的训练，如第12章所述，在2—18个月大时，每隔3个月训练一次小鼠。训练延缓了β-淀粉样蛋白的聚集并减慢了动物学习成绩下降的趋势。该研究支持上面的结论，即智力活动可延缓阿尔茨海默病的发生。

早老蛋白（presenilin）：由错误基因所产生的蛋白质，引起β-淀粉样蛋白前体蛋白转变为异常的短形式，可能是阿尔茨海默病的病因之一。

载脂蛋白E（apolipoprotein E，ApoE）：血液中运输胆固醇的糖蛋白，并在细胞修复中发挥作用；载脂蛋白E基因的E4等位基因的存在能提高阿尔茨海默病的发病率。

与由折叠错误的朊病毒蛋白所引起的传染性海绵状脑病相类似，导致阿尔茨海默病的折叠错误的β-淀粉样蛋白也能在动物之间和细胞之间传染。Kane 等人（2000）利用阿尔茨海默病死亡病人的脑组织制备了稀释的匀浆悬浮液，并将其注入小鼠的脑内。3个月后，他们发现了淀粉样斑块的形成以及β-淀粉样蛋白的血管沉积。Eisele 等人（2009）将不锈钢丝染上微量折叠错误的β-淀粉样蛋白，并将其植入小鼠脑内。这一过程也能诱发受体内的β-淀粉样蛋白积累，即使在植入前钢丝被开水煮过。如前面所阐述的，朊病毒蛋白也是即使被加热至沸点仍能保持其传染性。很明显，折叠错误的β-淀粉样蛋白像种子一样能在受体脑内引起错误折叠。幸运的是，Eisele 及其同事发现，对钢丝的等离子灭菌可阻断β-淀粉样蛋白激发错误折叠蛋白生成的能力，因此阿尔茨海默病似乎不能通过外科手术器械传染。

目前，阿尔茨海默病仅有的药物治疗是乙酰胆碱酯酶抑制剂［多奈哌齐（donepezil）、利凡斯的明（rivastigmine）和加兰他敏（galantamine）］和一种NMDA 受体拮抗剂［美金刚（memantine）］。由于阿尔茨海默病最早损伤的是乙酰胆碱能神经元，而这些神经元在皮层激活和记忆中发挥作用，因此抑制乙酰胆碱损伤的药物可提高这些神经元的活性，从而改善阿尔茨海默病病人的认知活动。然而，这些药物不能影响神经退行性病变的进展，不能延长患者的生存期。美金刚，一种非竞争性 NMDA 受体拮抗剂，似乎通过阻止由于过量钙离子流入而引起的乙酰胆碱能神经元的兴奋性损伤而轻度改善了痴呆症状（Rogawski and Wenk，2003）。

或许在防治阿尔茨海默病中最有前途的研究来自 AD 小鼠的免疫研究。Schenk 等人（1999）和 Bard 等人（2000）试图使免疫系统对β-淀粉样蛋白致敏。他们给 AD 小鼠注射了疫苗，希望这种疫苗能激活免疫系统以破坏β-淀粉样蛋白。接种确实发生了作用：对于早期接种疫苗的小鼠，疫苗抑制了小鼠脑内的淀粉样斑块的发展；而对于晚期接种疫苗的小鼠，疫苗可阻止甚至逆转淀粉样斑块的发展形成。

近年来，一项阿尔茨海默病的临床实验也试图通过激活病人的免疫系统来破坏β-淀粉样蛋白（Monsonego and Weiner，2003）。在一个双盲实验中，30名轻中度的阿尔茨海默病病人被注射β-淀粉样蛋白的成分。其中20名病人产生了抗β-淀粉样蛋白的抗体，减慢了疾病的进程，可以假设这是由于免疫系统开始破坏病人脑内的β-淀粉样蛋白并减轻由该蛋白聚集所造成的神经损伤。Hock 等人（2003）比较了产生β-淀粉样蛋白抗体的病人和未产生抗体病人的认知能力。如图14.18所示，抗体能显著地减缓认知能力的下降。【见图14.18】

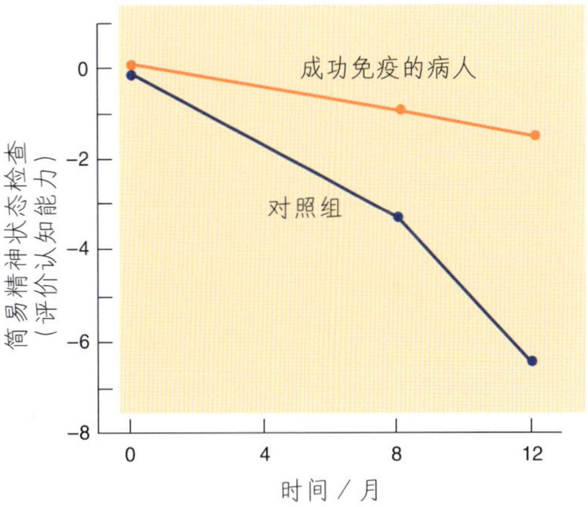

图14.18 对β-淀粉样蛋白的免疫。该图显示了抗β-淀粉样蛋白免疫对两组病人（免疫和未免疫）的认知下降的影响。

Based on data from Hock, C., Konietzko, U., Streffer, J. R., et al. *Neuron*, 2003, 38, 547-554.

在产生β-淀粉样蛋白抗体的病人中，有一名病人死于肺栓塞（肺血管内的血栓）。Nicoll 等人（2003）检查了该病人的脑，发现免疫系统已经将大脑皮层的许多区域的β-淀粉样蛋白清除了。不幸的是，在5%的病人的大脑中，β-淀粉样蛋白抗原的注射也造成了炎症反应，因此临床实验被终止了。现在进行的免疫治疗的新研究将尽可能避免炎症反应（Fu et al.，2010）。

肌萎缩侧索硬化

肌萎缩侧索硬化（ALS）是攻击脊髓和颅神经运动神经元的退行性紊乱（Zinman and Cudkowicz，2011）。疾病的发病率接近于5/100 000。症状包括痉挛（肌紧张增加，引起僵硬而呆板的运动）、夸张的牵张反射、渐进性虚弱、肌肉萎缩，并最终瘫痪。死亡通常发生在发病后5~10年，死因是呼吸肌瘫痪。控制眼球运动的肌肉不受影响。认知能力也很少受影响。

在肌萎缩侧索硬化的所有病例中，10% 是遗传的，而其余 90% 是散发的。在遗传病例中，10% ～ 20% 的病例是由基因突变所引起的，该基因位于21号染色体，生成*超氧化物歧化酶*-1（superoxide dismutase1，SOD1）。基因突变引起毒性获得功能，诱发蛋白质错误折叠和聚集，线粒体功能低下，以及破坏轴浆运输。它还能破坏神经胶质细胞的谷氨酸再摄取，而这将提高谷氨酸的细胞外水平，并导致神经元的兴奋性毒性损伤（Bossy-Wetzel，Schwarzenbacher，and Lipton，2004）。如前面所述，与其他参与脑退行性紊乱的折叠错误的蛋白类似，突变的超氧化物歧化酶 -1 也能在细胞间传递。然而，目前没有证据显示这种疾病可在个体之间传染（Münch and Bertolotti，2011）。

超氧化物歧化酶 -1 的正常功能是作为细胞质和线粒体内的解毒酶。它可将超氧自由基转变为氧分子和过氧化氢（Milani et al.，2011）。超氧自由基正常存在于细胞质中，但浓度过高则变为有毒。

目前对肌萎缩侧索硬化仅有的药物治疗是利鲁唑（riluzole），该药物可通过减少谷氨酸释放，而降低谷氨酸引起的兴奋性毒性作用。临床实验发现，经利鲁唑治疗的病人的平均寿命比对照组长近2个月（Miller et al.，2003）。更为有效的治疗尚在研究中。

多发性硬化

多发性硬化（multiple sclerosis，MS）是一种自身免疫性脱髓鞘疾病。在中枢神经系统内分散分布的神经髓鞘受到自身免疫系统的攻击，只剩下呈碎片状的斑块，被称为*硬化斑*。通过髓鞘轴突的正常神经信息传递被阻断。由于损伤发生在整个大脑和脊髓的白质内，因此会出现广泛的神经紊乱。

多发性硬化的症状通常会突然爆发，随后减轻，之后在不同的阶段表现出症状的恶化。大多数病例的疾病进程表现为*进行型*多发性硬化继发于*缓解－复发型*多发性硬化。进行型多发性硬化的特征是疾病症状的慢性而持续的加重。

女性多发性硬化的发病率高于男性，发病年龄通常在20 ～ 30岁。此病有一种奇特的地理分布，童年时生活在远离赤道的人要比生活在赤道附近的人更易患此病。因此童年生活在某种病毒流行区的人可能感染此病毒，从而引起免疫系统攻击自身的髓鞘。也许是病毒削弱了血脑屏障，引起磷脂蛋白

肌萎缩侧索硬化（amyotrophic lateral sclerosis，ALS）：攻击脊髓和颅神经运动神经元的退行性紊乱。

进入了血液循环，激活免疫系统；也许是病毒本身攻击了髓鞘。此外，出生在晚冬和早春的人的发病率也较高，提示怀孕期间的病毒感染（例如，冬季的病毒感染）可能会增加此病的易感性。在任何一种情况下，此病的发病过程都是长期的，可以持续几十年。

多发性硬化有两种有前途的治疗方法（Aktas，Keiseier，and Hartung，2009）。第一种是**干扰素β**，它是一种调节免疫系统反应性的蛋白质。研究显示，干扰素β能降低免疫攻击的频率和严重性，延缓多发性硬化病人神经功能障碍的进程（Arnason，1999）。然而，该治疗仅仅部分有效。另一种部分有效的药物是**醋酸格拉替雷**（glatiramer acetate，也称为克帕松或共聚物-1）。醋酸格拉替雷是合成蛋白质的混合物，由氨基酸的随机序列组成，包括酪氨酸、谷氨酸、丙氨酸和赖氨酸。该混合物最初被认为能诱发实验动物的多发性硬化，但后来被证实是能缓解多发性硬化。干扰素β和醋酸格拉替雷都只对缓解－复发型多发性硬化有效，而对进行型多发性硬化无效。

一种在实验条件下引起的脱髓鞘疾病被称为**实验过敏性脑炎**（experimental allergic encephalitis，EAE），它是由给实验动物注射某种髓鞘蛋白所引起的。随后免疫系统对动物自身的髓鞘蛋白过敏，开始攻击髓鞘。而醋酸格拉替雷被证实发挥相反的作用，它不仅不*引起*实验过敏性脑炎，还能*阻止*实验过敏性脑炎的发生，它通过激活免疫系统的特定细胞分泌抗炎性化学物质（如**白介素-4**）而起效，白介素-4可以抑制免疫系统攻击髓鞘的免疫反应（Farina et al.，2005）。如所预期的，研究者给多发性硬化病人使用醋酸格拉替雷后，发现药物能减轻缓解－复发型病人（神经系统症状阶段性出现和缓解）的症状。该药物已经被明确可以用于多发性硬化的治疗。Sormani等人（2005）的一项fMRI研究发现，经醋酸格拉替雷治疗后，95%的病人的白质损伤下降了20%～54%。

尽管干扰素β和醋酸格拉替雷能减轻症状，但它们都不能阻止多发性硬化的发展。我们仍需要更好的治疗方法。一项令人鼓舞的多发性硬化治疗是自体造血干细胞移植——病人自身的血或骨髓的成年干细胞移植。一项对21名多发性硬化病人的临床研究表明，在移植的37个月后，病人的神经系统症状得到了明显的改善（Burt et al.，2009）。

由于缓解－复发型多发性硬化的症状是阵发性的——新的或恶化的症状继发于阶段性恢复，因此病人及其家人往往倾向于将症状的变化归结于近期所发生的事情。例如，如果病人采取了新的治疗措施或新的饮食，而症状恶化了，他们会将其归因于新的治疗或饮食。相反，如果病人好转了，他就相信治疗或食物是有效的。杜绝对多发性硬化病人推销无效的治疗方法的最佳方式是发明真正有效的治疗方法。

小 结

退行性病变

传染性海绵状脑病（如克雅氏病、瘙痒病以及牛的海绵状脑病）是唯一一类由简单的蛋白质分子而不是病毒或微生物所引起的传染性疾病。正常的朊病毒蛋白（PrPc）的氨基酸序列和传染性朊病毒蛋白（PrPSc）的氨基酸序列是相同的，差异在于折叠方式所引起的三维结构的不同。神经元内折叠错误的朊病毒蛋白的存在引起了正常蛋白的错误折叠，由此发生了一系列的反应。PrPc 至 PrPSc 的转变通过激活凋亡机制而导致细胞死亡。克雅氏病是遗传和传染性的，但最常见的方式是不明原因的散发病例。正常的朊病毒蛋白在神经元发生和神经再生方面发挥作用，因此能影响长期记忆的建立和保持。

帕金森病的病因是发出轴突至基底节的黑质多巴胺能神经元变性。帕金森病罕见的遗传形式研究揭示了这些神经元的死亡是由于折叠错误的 α-突触核蛋白（α-synuclein）的聚集所致。一个突变能产生有缺陷的 α-突触核蛋白，而另一个是产生有缺陷的 parkin，parkin 的作用是标记异常蛋白以便于蛋白酶体对这些蛋白的分解。某些毒素也能触发 α-突触核蛋白的聚集，提示疾病的非遗传形式可能是由环境中的有毒物质所致。对帕金森病的治疗包括左旋多巴，基底节内胚胎多巴胺能神经元的移植，苍白球或丘脑底核的部分立体定位毁损，以及通过电极包埋以刺激丘脑底核。胚胎多巴胺能神经元移植的后期治疗效果不如初期，可能的原因在于 α-突触核蛋白由接受者自身的神经元转移至移植的神经元。降低丘脑底核兴奋性的基因治疗获得了令人震惊的结果。

亨廷顿氏舞蹈病是一种常染色体显性遗传紊乱，会引起尾状核和壳的退行性病变。突变的亨廷顿氏蛋白出现错误折叠并在壳内 GABA 能神经元的细胞核内聚集。尽管突变的亨廷顿氏蛋白的主要作用是毒性获得功能，但该疾病也涉及功能缺失，小鼠的抗亨廷顿氏蛋白基因的靶突变也是致命的。证据表明，包涵体具有保护功能，突变的亨廷顿氏蛋白对这一功能的破坏将影响整个细胞。以亨廷顿氏蛋白为靶目标的细胞内抗体和抗亨廷顿氏蛋白基因的小分子干扰 RNA 的动物研究已经取得了一定的成果。

阿尔茨海默病是另一种退行性疾病，涉及更为广泛的脑区，疾病发展的最终后果是大部分海马和皮层灰质遭破坏。患者脑内含有许多淀粉样斑块，由退变的轴突和树突围绕错误折叠的长形式的 β-淀粉样蛋白核心组成；以及神经原纤维缠结，由将死的神经元组成，包含 tau 蛋白扭曲细丝的细胞内聚集。阿尔茨海默病的遗传形式涉及 β-淀粉样蛋白前体蛋白（APP），切断 β-淀粉样蛋白前体蛋白的分泌酶（secretases）或载脂蛋白 E（ApoE，参与胆固醇运输和细胞修复的糖蛋白的缺陷基因）。对小鼠的初步研究和对阿尔茨海默病病人的研究提示，抗 β-淀粉样蛋白抗体的接种可能有助于该疾病的治疗。抗胆碱能药物或 NMDA 拮抗剂药物治疗能暂时减轻部分病人的症状。锻炼和智力刺激可以延缓阿尔茨海默病的发病。肥胖、高胆固醇和糖尿病是显著的危险因素。

肌萎缩侧索硬化是一类攻击运动神经元的退行性紊乱。10% 的病例是遗传的，由超氧化物歧化酶-1 基因突变所导致；其余的 90% 是散发的。唯一的药物治疗是利鲁唑，可降低谷氨酸的兴奋性毒性。参与许多退行性疾病的折叠错误的蛋白质（包括 α-突触核蛋白、β-淀粉样蛋白、tau 蛋白和超氧化物歧化酶-1）都能在细胞之间以及个体之间相互传染，类似于折叠错误的朊病毒蛋白的作用方式。

多发性硬化是一种脱髓鞘疾病，特征是神经症状的阶段性发作，通常是发作期间部分缓解（缓解－复发型多发性硬化），随后是后期的进行型多发性硬化。损伤是由于机体的免疫系统攻击自身的髓鞘蛋白所致。许多研究者相信，生命早期的病毒感染在某种程度上导致免疫系统对髓鞘蛋白致敏。缓解－复发型多发性硬化的唯一有效治疗方式是干扰素β和醋酸格拉替雷，后者是一类合成蛋白质的混合物，能刺激特定的免疫细胞分泌抗炎性化学物质。自体造血干细胞移植的实验研究也取得了一定的进展。

感染性疾病所致的神经紊乱

细菌、真菌、寄生虫或病毒性感染性疾病能引起几种神经紊乱。最常见的是脑炎和脑膜炎。**脑炎**是感染侵袭了整个大脑。脑炎的最常见病因是蚊子传播的病毒，传染源可来自马、鸟或啮齿类动物。急性脑炎的症状包括高热、烦躁和恶心，通常伴有抽搐、谵妄以及脑损伤的症状（如失语或瘫痪）。不幸的是，除了支持疗法以外，目前缺乏有特效的脑炎治疗方法，5%~20%的病例会死亡，另有20%病人愈后留有神经系统后遗症。

脑炎也可由**单纯疱疹病毒**引起，单纯疱疹病毒是发热性疱疹的病因，多出现在口唇周围。在正常情况下，单纯疱疹病毒潜伏于第五对脑神经三叉神经节内（包含负责面部感觉的躯体感觉神经元的细胞体）。病毒呈阶段性增生，到达神经末梢，引起黏膜疱疹。不幸的是，病毒偶而可沿其他途径进入脑。疱疹性脑炎是一种严重的疾病；病毒尤其攻击额叶和颞叶，造成严重的损伤。

其他两种非常常见的病毒性脑炎是脊髓灰质炎和狂犬病。由于疫苗接种的发展，**急性脊髓前角灰质炎**的发病率在发达国家是非常低的。在这种疾病中，病毒会特异性地损伤脑和脊髓的运动神经元：初级运动皮层的神经元；丘脑、下丘脑、脑干、小脑的运动核团；以及脊髓灰质前角。毫无疑问，这些运动神经元可能含有某些化学物质，或者吸引病毒，或者病毒对其具有致命性杀伤作用。

狂犬病是通过感染狂犬病病毒的哺乳动物的咬伤，而由其唾液中的病毒感染的。病毒通过周围神经系统进入中枢神经系统，引起严重的损伤。病毒也可以运行至外周器官，如唾液腺，这是它能进入下一个宿主的通路。症状包括短期的高热和头痛，伴有焦虑、过度运动和言语、吞咽困难、运动紊乱、言语困难、癫痫、意识模糊，最终在发病后的2~7天内死亡。病毒对小脑和海马的细胞具有特殊的亲和力，对海马的损伤可能导致了早期症状中的情绪改变。

幸运的是，狂犬病的潜伏期长达几个月，在此期间病毒会走行在周围神经内。（如果咬伤发生在面部或颈部，潜伏期要更短一些，因为病毒可经过较短的路径到达脑。）在潜伏期内，病人可接受疫苗注射以产生免疫力；因此病人自身的免疫系统可在病毒进入脑之前清除病毒。

另外有几种传染病本身并不是中枢神经系统的疾病，但它们可以破坏脑组织。一种疾病是由人类免疫缺陷病毒（human immunodeficiency virus，HIV）引起，即获得性免疫缺陷综合征，也称艾滋病（acquired immune deficiency，AIDS）。尸检报告表明，在因艾滋病死亡的人中，有75%的人存在脑损伤（Levy and Bredesen，1989）。与HIV感染相关的脑损伤可产生一系列的症状，从轻度的神经认知紊乱到HIV相关的痴呆（也被称为*艾滋病痴呆*，简称ADC）。HIV感染的神经病理学特征性改变是海马、大脑皮层和基底神经节的突触损伤和神经元死亡（Mattson，Haughey，and Nath，2005；Valcour

脑炎 (encephalitis)：脑的炎症，由细菌、病毒或毒性化学物质引起。

单纯疱疹病毒 (herpes simplex virus)：正常情况下能引起口唇周围疱疹的病毒，也可导致脑损伤。

急性脊髓前角灰质炎 (acute anterior poliomyelitis)：破坏脑和脊髓运动神经元的病毒性疾病。

狂犬病 (rabies)：引起脑损伤的致命性病毒疾病，通常通过感染动物的咬伤传播。

et al., 2011)。如果在感染初期即开始联合抗逆转录病毒的积极治疗，将阻止脑损伤或使其最小化。然而，即使在血液中检测不到，活跃的病毒仍将停留在脑内，因此应该认真监测病人的认知功能和情绪状态。如果不对病毒感染进行治疗，那么脑损伤将持续发展，引起认知和运动功能丧失，这是40岁以下病人认知功能下降的首要病因。病人的首发症状是健忘、反应迟钝以及忘名症，然后病人可能变哑。运动缺陷开始于震颤和复杂运动困难，但病情进展迅速，病人最终会卧床不起（Maj，1990）。

一些年来，令研究者感到困惑的是尽管艾滋病肯定能导致神经受损，但神经元本身并未被艾滋病病毒所感染。相反，病毒是在脑的星形胶质细胞内存在和复制的。神经病理学变化是由引起艾滋病感染的RNA表面的糖蛋白gp120膜所导致的。gp120与其他蛋白的结合可激发细胞凋亡（Mattson，Haughey，and Nath，2005；Alirezaei et al.，2007）。

脑的另一类感染性疾病是脑膜（围绕中枢神经系统的一层连接组织）的炎症。**脑膜炎**可由病毒或细菌引起。症状包括头痛、颈强直，取决于病情的严重程度可能有惊厥、意识模糊或丧失，甚至死亡。颈强直是最重要的症状。颈部运动引起脑膜伸展，而由于脑膜被感染，这种伸展引起了剧烈的疼痛。因此，病人会抗拒颈部的运动。

最常见的病毒性脑膜炎通常并不会引起明显的脑损伤。但各种细菌性脑膜炎则相反。通常的病因是中耳的炎症扩散至脑内、脑外伤所致的感染或心腔内的细菌性栓子进入脑内。这类感染通常也可由未消毒的皮下注射所导致，因此药物成瘾是脑膜炎的特殊危险因素。脑膜炎可通过干扰血循环或阻断蛛网膜下腔的脑脊液流通而导致脑积水，从而引起脑损伤。此外，颅神经也易受损。幸运的是，抗生素能有效地治疗细菌性脑膜炎。当然，早期诊断和迅速治疗是十分必要的，因为无论是抗生素还是其他已知的治疗都不能恢复损伤的大脑。

脑膜炎 (meningitis)：由病毒或细菌所引起的脑膜炎症。

小　结

感染性疾病所致的神经紊乱

感染性疾病能破坏脑组织。病毒性脑炎能影响整个大脑。其中一种是单纯疱疹性脑炎，病因是通常潜伏在三叉神经节的单纯疱疹病毒。该病毒倾向于攻击额叶和颞叶。脊髓灰质炎病毒攻击的是脑和脊髓的运动神经元，导致运动缺陷甚至瘫痪。由动物咬伤传播的狂犬病病毒经过周围神经攻击大脑，尤其是小脑和海马。艾滋病感染也能引起脑损伤，HIV病毒的gp120蛋白膜与其他蛋白的结合可激发细胞凋亡。联合抗逆转录病毒的积极治疗可使脑损伤最小化。脑膜炎是脑膜的感染，由病毒或细菌所引起。细菌性脑膜炎的症状通常更为严重，一般的病因是中耳的炎症、脑外伤或心腔感染的细菌性栓子。

本章结语 | 癫痫手术

R 夫人所患的癫痫发作是通过外科手术切除一个良性肿瘤而治愈的。正如本章所提及的，神经外科偶尔可以通过手术切除癫痫发作点周围的特异性脑区来治疗癫痫。这种手术被称为癫痫手术，仅在药物治疗无效的情况下才采用。

由于癫痫手术通常切除的是脑实质（一般是颞叶的一部分），由此推测可能引起各种行为缺陷。但在多数情况下，结果正好相反，这些病人的神经心理学测试成绩通常是提高的。那么这部分脑组织的切除为什么能改善病人的成绩呢?

如果我们了解了处于癫痫发作的间歇期（而不是发作期）的脑中发生了什么，我们就能知道这一问题的答案。癫痫发作点通常是瘢痕组织区域，通过刺激周围的脑组织而引起神经元放电增加，并可扩散至邻近的脑区。在癫痫发作的间歇期，这种兴奋性活动的增强被抑制性活动的暂时增强所控制。也就是说，此时癫痫发作点周围的抑制性神经元的活性更强。（这种现象被称为裂间抑制。）一旦兴奋再超过抑制时，则又出现癫痫发作。

现在的问题是这一暂时的抑制并不仅仅控制兴奋，它还能抑制癫痫发作点周围的相当一部分脑区的正常功能。因此，即使癫痫发作点可能很小，但在癫痫间歇期，它所发挥的作用远超过它的面积。如果癫痫发作点被切除，那么其周围脑组织的激活点也就不存在了，暂时的抑制也就不会出现。发作间期的抑制解除后，原有的癫痫发作点周围的脑组织功能恢复了正常，于是病人的神经心理学任务的成绩提高了。

如本章所提及的，癫痫通常继发于脑外伤之后，但有几个月的延迟。延迟的原因可能与神经元的某些学习特性相关。Goddard(1967)在大鼠脑内插入电极，然后每天给予一次微弱的、短暂的电流刺激。开始时，这一刺激没有作用，但几天后刺激开始激发小的、短时的癫痫。随着时间的延长，癫痫发作得越来越剧烈，持续时间也越来越长，最后动物进入了癫痫大发作的状态。Goddard 将这种现象称为点燃，因为它类似于小火花引起大火的作用方式。

点燃现象与学习过程相似，可能涉及类似于长时程增强的突触改变。点燃现象最容易发生在颞叶，这也是癫痫发作点最常见的位置。那么癫痫发作在脑外伤后的延迟现象的原因可能就是点燃机制的存在。脑外伤所产生的激发最终能引起其邻近兴奋性突触的强度增加。

点燃现象已经成为局灶性癫痫紊乱的动物模型，同时它还对癫痫发作的病因和治疗具有一定的意义。例如，Silver、Shin 和 McNamara（1991）建立了点燃的大鼠癫痫发作模型，并且比较了常用于治疗癫痫发作（脑内电活动）和惊厥（癫痫发作时的肌肉表现）的治疗方法。他们发现有一种药物能阻断惊厥但不影响脑内电活动，而另一种药物则对二者都有治疗作用。由于每种癫痫发作都能通过神经元的过度兴奋而破坏部分脑组织（尤其是癫痫发作期间特别兴奋的海马结构），因此治疗的主要目的是消除脑内的电活动而不仅仅是缓解惊厥症状。利用点燃机制建立的动物癫痫发作模型研究无疑大大推动了局灶性癫痫发作的有效治疗。

关键概念

肿瘤

1. 脑肿瘤是由脑内除神经元以外的其他细胞不可控制地生长所造成的，通过压迫和浸润作用破坏正常的脑组织。

癫痫发作

2. 癫痫发作是阶段性的脑内神经元异常放电事件，能产生多种症状。它们通常起自某一个发作点，但也有一些没有明确的激活位置。

脑血管意外

3. 脑血管意外——出血或栓塞——能导致局部的脑损伤。栓塞最主要的来源是血栓和栓子。

发育失调

4. 发育失调的病因包括药物、毒物、染色体异常或基因异常。

退行性疾病

5. 包括传染性海绵状脑病、帕金森病、亨廷顿氏舞蹈病、阿尔茨海默病、肌萎缩侧索硬化、多发性硬化的神经系统退行性疾病，近年来越来越引起科学家的关注。除了多发性硬化以外，其余几种疾病都涉及异常蛋白质的聚集。

感染性疾病所致的神经紊乱

6. 无论是细菌还是病毒的感染性疾病都能损伤脑组织。中枢神经系统最重要的两种感染是脑炎和脑膜炎，但随着艾滋病发病率的升高，艾滋病痴呆也逐年增多。

第 15 章

精神分裂症、情感障碍与焦虑障碍

Hristo Shindov/Getty Images

本章要点

- 精神分裂症
  - 描述
  - 遗传性
  - 精神分裂症药理学：多巴胺假说
  - 从神经障碍的角度看精神分裂症
- 重度情感障碍
  - 描述
  - 遗传性
  - 出生季节
  - 生物学治疗
  - 单胺假说
  - 前额皮层的作用
  - 神经发生的作用
  - 生物节律的作用
- 焦虑障碍
  - 惊恐障碍、广泛性焦虑障碍和社交焦虑障碍
  - 强迫症

学习目标

1. 描述精神分裂症的症状并讨论与其遗传基础有关的证据。
2. 讨论能够缓解或引发精神分裂症阳性症状的药物，讨论与多巴胺假说有关的研究工作。
3. 列举支持“精神分裂症是脑发育异常的结果”的证据。
4. 列举同时将阳性和阴性症状与前额叶活动降低联系起来的证据。
5. 描述两种重度情感障碍的症状、遗传性及其生理学疗法。
6. 总结抑郁症的单胺假说，并综述支持情感障碍具有脑部异常的证据。
7. 解释昼夜节律对情感障碍的影响：快速眼动睡眠剥夺、全睡眠剥夺以及季节性情感障碍的症状和治疗方法。
8. 描述惊恐障碍、广泛性焦虑障碍和社交焦虑障碍的症状，并阐述可能的病因与治疗方法。
9. 描述强迫症的症状，并阐述可能的病因与治疗方法。

引子 | 焦虑症手术

1935年，一项黑猩猩实验的报告带来了深远的影响。Jacobsen、Wolfe和Jackson（1935）让一群黑猩猩进行一项行为实验，过程中黑猩猩需保持安静，研究者将食物放置于屏幕后，要求黑猩猩记住食物的位置。当没有完成实验任务时，黑猩猩贝姬就会出现暴力情绪。"实验者放下遮光板来隔绝猩猩的视线时，它会立刻大发脾气，在地上打滚，随地大小便。训练时，这样的情况发生了多次，之后它就不愿做出任何回应了。"移除这只猩猩的额叶后，它的举止又恢复了正常，"能和你友好地接触，还会兴奋地从生活笼子跑进转移笼子，继而配合地进入实验笼。实验任务出错时，它也没有出现明显的情绪困扰，相反会静静地等待下一轮实验。"（Jacobsen, Wolfe, and Jackson, 1935, p.9–10）。

这个发现于1935年在一次科学会议上报告。会上，另一名科学家Brickner（1936）报告，一名患者在移除额叶后（由于肿瘤），智力活动似乎没有任何损伤，因此，人们很可能在没有额叶的情况下正常生活。一位来自葡萄牙的神经精神病学家Egas Moniz及其同事在听了这两个报告后很受启发，"如果移除额叶可以消除负性情绪及其行为，为什么不将其作为缓解人类焦虑的医学手段？"（Fulton, 1949, pp. 63–64）随后，Moniz说服一名神经外科医生进行了此类手术。在Moniz的指导下，又有约100例此类手术得以进行。1949年，由于Moniz在发展这种程序上做出的突出贡献，他获得了诺贝尔奖。

本书的大部分章节都在介绍正常适应性行为的生理基础。最后两章讨论的内容则集中在疾病与障碍的研究上，适应不良的行为是这些疾病和障碍的共同特征。您将读到：精神障碍、注意缺陷或多动症、应激障碍以及药物滥用。精神障碍的症状包括有缺陷的或不恰当的社会行为；没有逻辑、不连贯或强迫的思维；不适当的情绪反应，包括抑郁、躁狂和焦虑；妄想和幻觉。近年来的研究显示，许多精神障碍的症状都是由脑结构或脑生化的异常引起的。

精神分裂症

描　述

精神分裂症是一种严重的精神障碍，在世界总人口中，约有1%的人在承受它的折磨。它给人类社会带来了巨大的经济损失；在美国，甚至已经超过了所有癌症造成的损失（Thaker and Carpenter, 2001）。对精神分裂症症状的描述见于古老的文献中，说明它早在数千年前就被人类认识到了（Jeste et al., 1985）。其主要症状在世界范围内相差无几，临床医生已经制订出一套适用于多种文化的可靠的诊断标准（Flaum and Andreasen, 1990）。其实，大家一直都在错用着"schizophrenia"这个词，它恐怕是所有心理学术语中与原意相差得最多的一个。从字面上讲，它的意思是"分裂的心理"，但它指的不是人格分裂或多重人格。人们常说自己对某事"feel schizophrenic"，他们的本意是对这件事有不止一种感受和想法。例如，某人一会儿想去阿拉斯加盖个小屋，靠土地过活；一会儿又想接管家族的保险公司。他反复思考，犹豫不决，但我们不能说他精神分裂了。发明这个术语的人是Eugen Bleuler

(1911/1950)，他用这个词指代因心理功能解体（比如思维和感受不再协同工作）所致的与现实脱节。

精神分裂症有三大类特征性症状：阳性症状、阴性症状和认知性症状（Muser and MvGurk，2004）。**阳性症状**因患者异常表现的存在而为人所知，包括思维异常、幻觉和妄想。**思维异常**指紊乱的、无理性的思维，可以说是精神分裂症最主要的症状。患者很难按照逻辑将思维理顺，并难以区分合理的结论与荒诞的结论。在交谈中，他们喜欢切换话题，前后两个话题之间往往没有什么联系。有时，他们会说出无意义的词语，或者根据韵律（而不是根据意思）选择用词。**妄想**是明显有悖于现实的信念。*被害妄想*指认为他人正在图谋加害自己的错误信念。*影响妄想*指对自身权力和重要性的错误信念，比如深信自己具有神力或常人不具备的知识。*控制妄想*与被害妄想有关，比如，患者相信自己被雷达或植入脑中的微型无线电接收器所控制。

表 15.1 精神分裂症的阳性、阴性和认知症状

精神分裂症症状		
阳性症状	阴性症状	认知症状
幻觉	情绪反应淡漠	难以维持注意
思维异常	言语贫乏	心理运动速度缓慢
妄想	缺乏主动性和耐力	学习与记忆缺陷
被害妄想	快感缺失	抽象思维差
影响妄想	社会退缩	问题解决力差
控制妄想		

精神分裂症的第三个阳性症状是**幻觉**，也就是对不存在的刺激的知觉。任何感觉形式的幻觉都可以在精神分裂症中找到，但最常见的还是幻听。最典型的精神分裂症幻觉是与患者谈话的声音。有时，这个声音命令患者去做某些事；有时，它骂患者无用；有时只是一些没有意义的短语。幻嗅也相当常见，它常常是被害妄想的一部分，使患者认为有人要用毒气杀死自己。【见表15.1】

与阳性症状相反，精神分裂症的**阴性症状**是正常行为的缺失，包括：情绪反应淡漠、言语贫乏、做事缺乏主动性和耐力、快感缺失以及社会退缩。精神分裂症的认知症状与阴性症状密切相关，原因可能在于两者发病的异常脑区存在重叠。**认知症状**包括难以保持注意力、*精神运动速度缓慢*（难以让手指、手和腿快速频繁地移动）、学习与记忆困难、抽象思维与解决问题的能力差。阴性症状与认知症状并不是精神分裂症特有的，在许多有脑损伤（特别是额叶损伤）的神经科疾病里都可以见到。在本章后面的内容中我们将看到，阳性症状与以多巴胺作为神经递质的神经通路的过度活动有关，而阴性症状和认知症状则可能是发育或退行性变化导致的脑功能受损引起的。【见表15.1】

精神分裂症的症状通常在3~5年内出现，阴性症状首先出现，认知症状次之，几年后阳性症状出现。在后面的内容中，你将看到精神分裂症症状的形成过程提示我们脑的异常可能与之相关。

遗传性

有观点认为，精神分裂症是一种生物学上的病变。精神分裂症可遗传的事实为这种观点提供了最强有力的证据。收养研究（Kety et al.，1968，1994）和双生子研究（Gottesman and Shields，1982；Tsuang，Gilbertson，and Faraone，1991）的结果都显示，精神分裂症是一种可遗传的特质。

精神分裂症（schizophrenia）：一种严重的精神障碍，以思维异常、妄想和幻觉为特征，常伴有古怪的行为。

阳性症状（positive symptom）：一类精神分裂症症状，共同特点是异常表现的存在，包括妄想、幻觉和思维异常。

思维异常（thought disorder）：紊乱的、无理性的思维。

妄想（delusion）：明显有悖于现实的信念。

幻觉（hallucination）：对不存在的刺激或事件的知觉。

阴性症状（negative symptom）：一类精神分裂症症状，特点是正常行为的缺乏，包括社会退缩、情感缺乏和动机不足等。

认知症状（cognitive symptom）：一类精神分裂症症状，特点是认知困难，比如学习与记忆困难、抽象思维差和解决问题的能力差。

如果精神分裂症是单基因病，而且致病基因是显性的，那么在一对精神分裂症夫妇所生的子女中，至少有75%的人患病。如果致病基因是隐性的，那么一对患者夫妇的所有子女将无一幸免。然而，真实的发病情况是50%，这意味着两种可能：首先，该病可能涉及多个基因；其次，"精神分裂症基因"决定的是对疾病的*易感程度*，至于是否发病还要取决于其他因素。

到目前为止，尽管候选基因很多，研究人员并没有找到真正的"精神分裂症基因"。Crow在综述（2007）中指出，精神分裂症的易感性与23对染色体中的21对有**连锁**，但其中一些研究没有得到重复性结果。γ-分泌酶与淀粉样蛋白前体蛋白基因的突变会导致阿尔茨海默病，而到目前为止，还没有发现某一基因是精神分裂症的致病基因。例如，Walsh等人（2008）提出，大量的罕见突变在精神分裂症的发展中发挥作用。比如DISC1（disrupted in schizophrenia 1）基因的罕见突变。这一基因参与调节神经元的迁移，继而影响突触与线粒体的产生与功能（Brandon et al., 2009；Kim et al., 2009；Park et al., 2010；Wang et al., 2010）。在精神分裂症高发的家族中，一些家族存在DISC1基因的突变（Chubb et al., 2008；Schumacher et al., 2009）。尽管DISC1基因突变的发生率非常低，但一旦突变，患有精神分裂症的概率会增长50倍（Blackwood et al., 2001）。这一突变很可能会增加其他精神疾病的发病率，包括双相障碍、重度抑郁症和自闭症（Kim et al., 2009）。我将在本章介绍几个研究，关注在动物模型中DISC1基因缺陷的作用。

精神分裂症药理学：多巴胺假说

药理学研究显示，精神分裂症的阳性症状是由多巴胺能神经元的生化异常引起的。在这个领域中，最引人瞩目的假说应该算是**多巴胺假说**了。该假说认为，精神分裂症是由多巴胺能神经突触过度活跃造成的。

20世纪中期，一位叫做Henri Laborit的法国外科医生发现，某种治疗外科休克的药物还有缓解焦虑的作用。在此基础上，一家法国公司发明了氯丙嗪（chlorpromazine），它的抗精神病效果似乎比原来那种药物还强（Snyder, 1974）。从此以后，治疗精神分裂症的方法发生了巨大的变化，患者的住院时间也因此缩短。

氯丙嗪问世后，其他缓解精神分裂症阳性症状的药物也相继出现。它们有一个共同属性——阻断多巴胺受体（Greese, Burt, and Snyder, 1976；Strange, 2008）。

另一大类药物具有相反的作用，也就是说，使服药者*产生*精神分裂症阳性症状。它们也有一个共同的药理学作用——都是多巴胺受体激动剂。这类药物包括苯丙胺、可卡因、哌甲酯（阻碍多巴胺再摄取）和左旋多巴（促进多巴胺合成）。它们诱发的症状可以被抗精神病药物缓解，进一步支持了"抗精神病药物通过阻断多巴胺受体来发挥疗效"的观点。

我们该如何解释多巴胺能神经突触过度活跃和精神分裂症阳性症状之间的关联呢？大多数学者相信，起于腹侧被盖区而止于伏隔核和杏仁核的中脑边缘通路与精神分裂症症状有关。在第12章中，我们已经看到，对于强化过程来说，中脑边缘系统中的多巴胺能神经突触的活动是至关重要的。

精神分裂症阳性症状还包括思维紊乱和不愉快（往往是可怕）的妄想。思维紊乱可能是注意过程混乱的结果。由于伏隔核多巴胺能神经突触的活动失去选择性，患者难以遵循理性且有序的思维顺序。Fibiger（1991）认为，杏仁核的多巴胺能传入神经元活动增强可能是导致妄想的原因。正如我们在第10章中看到的，杏仁核的中央核参与了与负性刺激有关的条件情绪反应，中央核接收了大量来自中脑边缘系统的多巴胺能神经投射，因此Fibiger的观点是站得住脚的。事实上，Pinkham等人（2011）发现，具有强烈偏执的精神分裂症患者容易将中性表情误认为是愤怒。没有偏执症状的患者在辨认中性表情时与对照组没有差异。

传统的抗精神病药物对一些病人无太大作用。近年来，*非典型抗精神病药物*的发展让这一现象有所改变，使精神分裂症的阳性和阴性症状都有所减少。氯氮平是第一个非典型抗精神病药物，随后相继发明了利培酮（risperidone）、奥氮平（olanzapine）、齐拉西酮（ziprasidone）和阿立哌唑（aripiprazole）等药物。要理解这些药物是如何工作的，我们首先需要了解精神分裂症病理学研究的结果。

从神经障碍的角度看精神分裂症

到目前为止，我们一直在讨论精神分裂症阳性症状的生理基础。幻觉、妄想和思维异常等症状都能跟多巴胺能神经元的一个已知功能——强化——联系起来。然而，精神分裂症的阴性症状——情绪反应淡漠、言语贫乏、做事缺乏主动性和耐力、快感缺乏和社会退缩——就是另外一回事了。阳性症状为精神分裂症所特有（也可以由苯丙胺、可卡因等药物引起），而阴性症状在各种原因引起的脑损伤中都可以见到。（事实上，一些科学家没有将阴性症状和认知症状加以区别。）大量证据表明，精神分裂症的这些症状确实与大脑前额叶皮层异常导致的结果相关。这存在三种可能性：诱发性因素（遗传、环境或两者兼具）导致（1）多巴胺传导和前额叶的异常；（2）多巴胺传导异常继而导致前额叶异常；（3）前额叶异常继而导致多巴胺传导异常。

精神分裂症脑部异常的证据

精神分裂症在传统上被界定为精神疾病，但是在患者身上观察到的神经科症状（如眼球运动控制不良，异常的面部表情等）提示了脑损伤的存在（Stevens，1982）。此外，一些研究在精神分裂症患者的CT和MRI扫描图上发现了脑组织缺失的证据。在最早的一批研究中，Weinberger和Wyatt（1982）收集了80名慢性精神分裂症患者和66名正常对照被试的CT片。两组被试的年龄匹配，平均年龄都是29岁。他们发现，患者侧脑室的相对大小是对照被试的2倍以上。【见图15.1】脑室扩大最主要的原因是脑组织丢失，因此，这些CT片为证明慢性精神分裂症与脑部

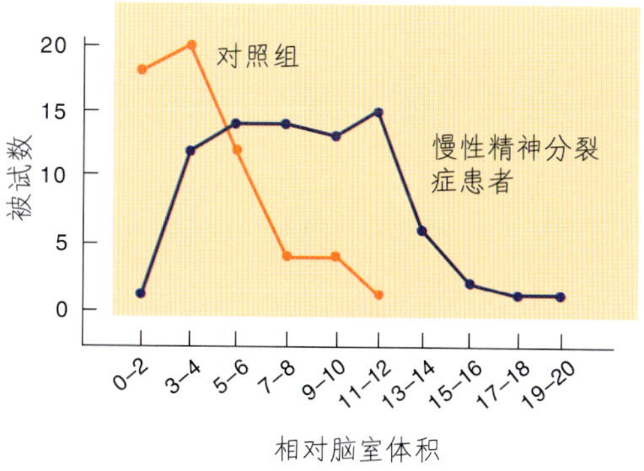

图15.1 慢性精神分裂症患者和正常被试的相对脑室体积。

Based on Weinberger, D. R., and Wyatt, R. J., in *Schizophrenia as a Brain Disease*, edited by F. A. Henn and H. A. Nasrallah. New York: Oxford University Press, 1982.

异常有关提供了证据。Hulshoff-Pol 等人（2002）发现，虽然随着年龄的增长，每个人的大脑灰质都在不断丢失，但是，精神分裂症患者大脑灰质的丢失速度快于常人。Gutierrez-Galvo 等人（2010）发现，精神分裂症患者及其未患病亲属在额叶和颞叶皮层灰质上都存在丢失，表明遗传因素会影响皮层的发育，增加个体对精神分裂症危险因素的易感性。可以推测，未患病亲属还没有遇到这些危险因素。

脑部异常的可能原因

前文提到，精神分裂症是一种可遗传的疾病，但又并非完全通过遗传获得。为什么在一对精神分裂症父母所生的子女中，只有不到一半的人患病？也许被遗传下来的并非疾病本身，而是对不良环境的易感性，这种易感性使发育中的大脑或成熟大脑容易受到环境因素的负面影响。下面，让我们看看哪些环境因素与精神分裂症有关。

流行病学研究 **流行病学**是一门研究疾病在人群中的分布和病因的学科。流行病学研究调查不同环境中的人们患某种疾病的相对频率，并试图找到与发病率有关的环境因素。流行病学研究发现，精神分裂症与多种环境因素有关，包括出生季节、病毒感染、人口密度、物质滥用等（Brown and Derkits，2010；King，St-Hilaire，and Heidkamp，2010）。下面，让我们逐个地介绍一下这些环境因素。

许多研究发现，出生在冬末春初的人最容易患精神分裂症——这就是所谓的**季节效应**。例如，Kendell 和 Adams（1991）调查了1914—1960年出生在苏格兰的13 000例精神分裂症患者，他们发现，这些患者出生月份的分布并不均匀，生于二月、三月、四月和五月的人较多。【见图15.2】

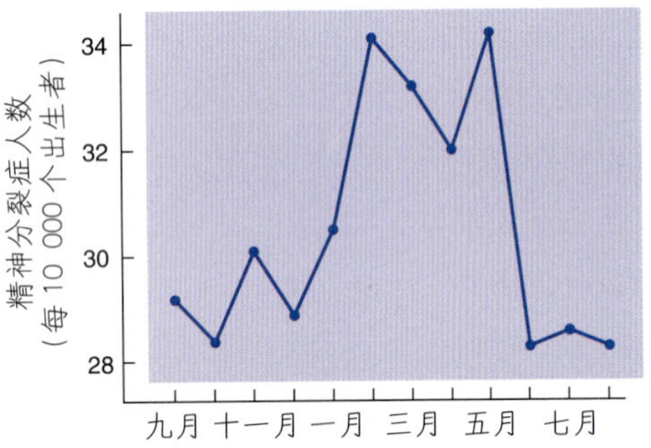

图 15.2 **季节效应**。曲线显示的是每 10 000 个出生者中患精神分裂症的人数。

Based on data from Kendell, R. E., and Adams, W. *British Journal of Psychiatry*, 1991, 158, 758-763.

在季节效应的背后，是什么因素在起作用呢？一个可能的解释是，在胎儿发育的特定阶段，孕妇比较容易感染病毒。无论是病毒毒素，还是母亲的抗体，都会对胎儿的脑发育造成不良影响。Pallast 等人（1994）指出，如果婴儿出生在冬末春初，那么其母的第4—6个妊娠月恰好与冬季流感高发期重叠。（在后面的内容中，我们将看到，有证据显示，第4—6个妊娠月对大脑发育非常关键。）事实上，Kendell 和 Adams（1991）还发现，如果上一个秋季的气温低于正常水平，那么在次年冬末春初出生的人当中，患精神分裂症的相对人数会更多。这是因为寒冷的秋季减少了人们户外活动的时间，增加了感染病毒的机会。另外，Eaton、Mortensen 和 Frydenberg（2000）报告了类似的结果——中等城市和大城市的居民患精神分裂症的可能性约为乡村居民的3倍，据推测，原因可能在于人口密度的增加推动了传染性疾病的传播。

如果病毒假说是正确的，我们还可以推论，无论在什么季节，在流感结束几个月后出生的婴儿中，患精神分裂症的人数应该更多一些。数个研究观察到了这样的现象（Mednick，Machon，and Huttunen，1990；Sham et al.，

流行病学（epidemiology）：研究疾病在人群中的分布和病因的学科。

季节效应（seasonality effect）：生于冬末春初的人具有较高的精神分裂症发病率。

1992)。Brown 等人(2004)的一个研究检验了精神分裂症患者母亲孕期的血清样品。他们观察到,她们的血清样本中白细胞介素-8——一种免疫系统细胞分泌的蛋白质——的水平显著增高。这一化学物质表明存在感染或者其他炎症,也就支持了我们的假说——在孕中期感染炎症会增加子女患有精神分裂症的概率。由此推测,脑发育的某些关键环节发生于这一阶段。Brown(2006)提出,研究证明孕妇患有两种(风疹和弓形虫症)或两种以上传染性疾病时,子女患有精神分裂症的概率会显著增加。

流行病学研究为探索精神分裂症的病因提供了重要信息。例如,精神分裂症在拥挤且气候寒冷的地区较为多发的事实说明病毒感染可能在发病机制中起一定作用。

Keith Bedford/Reuters/CORBIS.

尽管天气寒冷和人口拥挤可能会增加传染病发病概率,继而导致季节效应,但还有一个变量也可能发挥重要作用——维生素D的缺乏。Dealberto(2007)指出,北欧的研究者发现,在新移民(特别是深色人种)及其子女中,精神分裂症的发病率比正常人群高3倍。维生素D是一种皮肤产生的脂溶性化学物质,来源于胆固醇,由紫外线作用于胆固醇衍生物产生。如果祖先居于赤道附近,常年阳光强烈,皮肤会较深;而祖先居住在高纬度地区(比如北欧),肤色则会较浅。北欧居民肤色的这一进化演变——从深色变为浅色,是为了在较少光照的情况下制造更多的维生素D,以适应环境。当深色人种向高纬度移民时,他们及其后代更可能因为皮肤中的色素隔绝了紫外线,出现维生素D缺乏。另外,许多有非洲血统的人都患有乳糖不耐症,所以不能多喝牛奶,而牛奶中富含维生素D。由于维生素D在脑发育中具有重要作用,其缺乏可能是精神分裂症的风险因素之一。这些因素表明,至少有一些城市居民和生活在寒冷气候中的居民的精神分裂症发病是由于缺乏维生素D。一些科学家认为,使用防晒霜会让皮肤合成的维生素D的量减少98%,因而人们应该每天补充维生素D以弥补隔绝紫外线带来的维生素D缺乏(Tavera-Mendoza and White,2007)。

最后一个精神分裂症发生的环境风险因素是母亲的物质滥用——特别是吸烟。Zammit 等人(2009)研究了孕期母亲吸烟、使用大麻和饮酒带来的影响,发现吸烟与患病风险增加显著相关。即使是父亲吸烟也会增加胎儿的患病风险,这表明二手烟也会影响胎儿发育。过度饮酒会增加精神分裂症的风险,但只存在于孕妇每周饮用酒精量超过210毫升时。当然,我们在第14章中也看到孕期饮酒会增加胎儿患酒精综合征的风险。

大脑发育异常的证据 行为与解剖数据均表明,精神分裂症与产前发育异常有关。首先来看行为证据。Cannon 等人(1997)的研究发现,精神分裂症患儿在发病前就表现出了较差的社会判断能力和较差的学业成绩。1972年,研究者拍摄了265名11～13岁的丹麦儿童每个人在吃饭时的一段短视频(Schiffman et al.,2004)。其中许多孩子的父母患有精神分裂症,也就是说他们将来患有精神分裂症的风险较高。1991年,研究者调查了这些孩子的医疗记录,找到患上了精神分裂症的个体。不知道孩子身份和背景的评分者发现,精神分裂症患者在早期就显示出了较差的社交能力和精神运动功能。这些研究结果与我们的假说一致,也就是说,尽管精神分裂症的症状在童年期并不常见，后期患有精神分裂症的个体在早期的脑发育情况就不是完全正常的。

微小的异常体征，如上腭高尖、蹼状趾、眼距过宽或过窄等也与精神分裂症有关（Schiffman et al., 2002）。首先报道这些异常的人是19世纪晚期精神分裂症研究的先驱人物Kraepelin。正如Schiffman和他的同事们指出的那样，这些异常体征是致病因子影响胚胎发育的证据。

某些同卵双生子不共病，也就是说，双生子之一患精神分裂症，而另一个不患病。在过去，多数学者认为，同卵双生子不共病的现象一定是由于出生后各自暴露于不同的环境造成的，因为他们不但具有完全相同的基因，而且具有相同的宫内环境。然而，有学者指出，同卵双生子在出生前的环境不是完全相同的。事实上，同卵双生子分为两种类型：单绒毛膜和双绒毛膜。同卵双生子的形成是由于发育中的囊胚分裂为同样的两份，也就是说，囊胚克隆了自己。如果这个过程发生在第4日之前，两个囊胚将独立发育，形成各自的胎盘。（也就是**双绒毛膜**双生子。**绒毛膜**是囊胚的外层结构，发展为胎盘。）如果这个过程发生在第4日之后，两个胎儿将共享胎盘，也就是**单绒毛膜**双生子。【见图15.3】

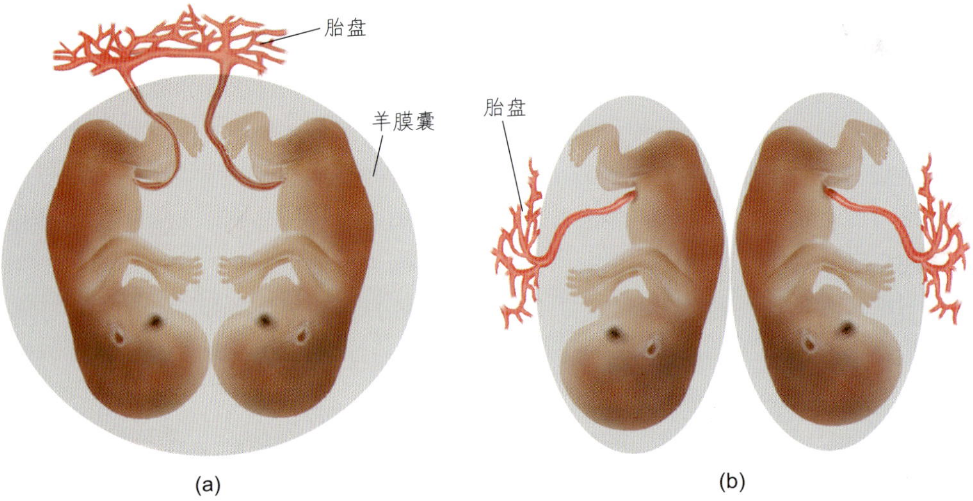

图15.3 同卵双生子。(a) 单绒毛膜双生子，共用一个胎盘。(b)双绒毛膜双牛子，有各自的胎盘。

胎盘负责将母亲血液循环中的营养物质输送给发育中的胎儿，并将胎儿的代谢产物输送至母亲的血液循环中，在母亲的肝脏内进行代谢或从母亲的尿液中排出。同时，胎盘也是一个防御屏障，有毒物质和感染源若要危害发育中的胎儿，就必须得通过这层屏障。显然，单绒毛膜双生子比双绒毛膜双生子的宫内环境更为接近，因为前者共享一个胎盘。我们可以据此推断，**单绒毛膜**同卵双生子应比**双绒毛膜**同卵双生子具有更高的共病率。事实的确如此。Davis、Phelps和Bracha（1995）发现，双绒毛膜双生子精神分裂症的共病率为10.7%，而单绒毛膜双生子的共病率为60%。他们的结果为阐明出生前遗传和环境因素之间的交互作用提供了强有力的依据。

尽管研究人员已经发现，精神分裂症患者在儿童时期就有异常表现，但精神分裂症本身极少在青春期或成年早期之前发病。因此，如果精神分裂症在童年期发病，其症状可能会更严重。图15.4显示的是被确诊为精神分裂症的男性和女性患者的第一个精神异常征象出现时的年龄。【见图15.4】

Woods（1998）在一篇综述中指出，MRI研究结果显示，精神分裂症不是由退行性过程引起的。因此，不像帕金森病、亨廷顿氏舞蹈病和阿尔茨海默病那样，随着时间的流逝而不断损失神经元。精神分裂症患者的脑的体积是在突然之间迅速缩小的，这个过程常发生在成年早期，此后，退行性变化似乎并不会继续发展。脑体积缩小的同时，大脑皮层灰质体积也会小幅缩小，这一情况甚至会出现在正常的年轻人中。精神分裂症的病变过程起始于胎儿期，其后便长期处于潜伏状态，直到青春期时，突触的"修剪"触发了特定神经元群的退行性改变。Cannon等人（2002）的一项研究比较了不共病的双生子，结果发现患病者灰质体积缩小得更多。另外，遗传因素对背外侧前额叶皮层体积的变化影响极大。下一段将阐述这个结果的意义。

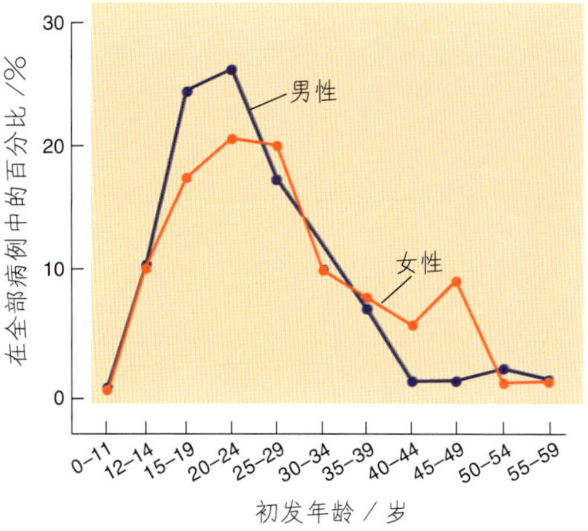

图15.4　精神分裂症患者症状首发年龄。

Adapted from Häfner, H., Riecher-Rössler, A., an der Heiden, W., et al. *Psychological Medicine*, 1993, 23, 925-940.

阳性症状与阴性症状的关系：前额叶皮层的作用

我们已经看到，精神分裂症症状有阳性、阴性和认知症状之分。阳性症状可能是多巴胺能神经突触活动亢进所致，阴性和认知症状可能是脑发育异常或退行性变化所致。在这两类症状之间，是否存在着关联呢？越来越多的证据显示，阳性症状的确是和阴性、认知症状相关的。

许多研究对脑组织进行了MRI扫描和解剖研究，表明精神分裂症和大脑许多部位（特别是前额叶皮层）的异常有关。Weinberger（1988）认为，精神分裂症阴性症状主要为**额叶低功能**所致，特别是背外侧前额叶皮层活动的降低。许多研究显示，精神分裂症患者在做对前额叶损伤敏感的神经心理学测试时表现不佳。图15.5截取了MacDonald等人（2005）的一项研究中的复合fMRI扫描图，图中显示了精神分裂症患者和健康对照组被试在完成一项需要集中注意力的任务时的脑成像。可以看到，对照组被试的背外侧前额叶皮层被激活，而精神分裂症患者的该部位未被激活。【见图15.5】

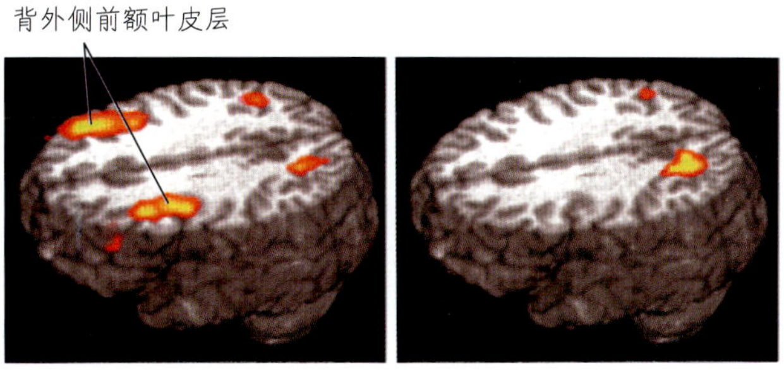

图15.5　精神分裂症患者额叶低功能。两张图分别是精神分裂症患者与正常人在完成实验任务时的fMRI扫描图。实验任务要求被试高度集中注意力，精神分裂症被试表现出背外侧前额叶皮层功能低下。

MacDonald, A. W., Carter, C. S., Kerns, J. G., et al. *American Journal of Psychiatry*, 2005, 162, 475–484.

是什么导致了我们所观察到的额叶低功能？我们从精神分裂症的多巴胺假设中知道，可卡因和苯丙胺等多巴胺受体激动剂能够导致精神分裂症阳性症状。另外两种药物——苯环利定（phencyclidine，PCP，俗称"天使尘"）和氯胺酮（ketamine，又称"Special K"）——既能引起阳性症状，又能引起阴性

额叶低功能（hypofrontality）：前额叶皮层活动降低，可能是造成精神分裂症阴性症状的原因。

症状（Adler et al., 1999；Lahti et al., 2001；Avila et al., 2002）。由于苯环利定和氯胺酮既引起阳性症状又引起阴性症状，许多学者相信，研究这些药物的生理效应和行为效应将有助于解开精神分裂症之谜。

服用氯胺酮和苯环利定后出现的阴性和认知症状显然是由于额叶代谢活动降低所致。Jentsch 等人(1997)发现，长期给猴子使用苯环利定(一日两次，持续2周)会导致猴子做物体提取任务的表现变差，该任务是对前额叶损伤敏感的。正常猴子的任务表现较好，但使用苯环利定的猴子完成任务时存在严重困难。

在第4章中，我们曾讲过苯环利定以间接拮抗剂的形式作用于 NMDA 受体(氯胺酮亦如此)。苯环利定会抑制 NMDA 受体的活性，继而抑制数个脑区的活动，特别是背外侧前额叶皮层。药物使用会减少这个脑区的多巴胺利用水平(Elsworth et al., 2008)，可能受 NMDA 受体活性被抑制的影响。NMDA 和多巴胺受体的活动减退对认知和阴性症状的产生有重要影响：受体活性被抑制会造成额叶功能低下，而额叶低功能可能是两类症状的主因。

前文提及，非典型抗精神病药物氯氮平能够减轻精神分裂症的阳性、阴性和认知症状。Youngren 等人（1999）发现，给猴子注射氯氮平会提升其前额皮层中多巴胺的分泌，降低中脑边缘系统中多巴胺的分泌，继而显著减少猴子的认知症状和阴性症状。

我在上文中提过，已知 DISC1 基因突变是精神分裂症的遗传因素之一。Niwa 等人（2010）以 DISC1 基因为靶点，向小鼠胚胎室管膜层中的祖细胞内注入小分子干扰 RNA（siRNA）。(你应该还记得在第3章中所讲的，这些祖细胞可以分化出脑部的神经元。)在胎儿发育的最后一周，这一干扰会抑制 DISC1 在前额叶皮层锥体神经元中的表达。起初，这些神经元似乎一切正常，但到青春期左右，前额叶皮层锥体神经元的生理特征和树突棘的结构会出现异常。除此之外，中脑投向前额叶皮层的多巴胺能系统也会出现异常，进而导致这一脑区多巴胺水平降低。与此同时，一些类似精神分裂症的异常行为开始出现。这些发现表明，前额叶皮层锥体神经元的异常是精神分裂症患病的重要原因之一。【见图 15.6】

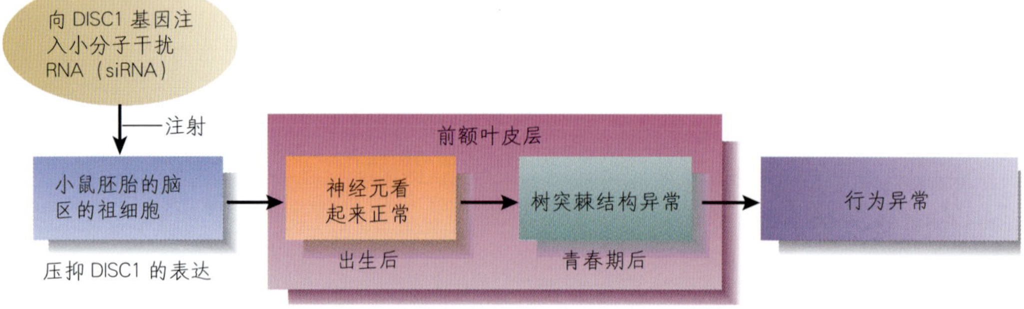

图 15.6 DISC1 在精神分裂症发展中的角色。Niwa 等人（2010）以 DISC1 基因为靶点，向小鼠胚胎室管膜层中的祖细胞内注入小分子干扰 RNA（siRNA）。尽管出生后小鼠前额叶神经元似乎一切正常，但到青春期左右，前额叶皮层锥体神经元的生理特征和树突棘的结构会出现异常，类似精神分裂症。在人类身上，精神分裂症的症状常出现在青春期之后。

本节呈现的研究结果解释了为什么传统抗精神病药物未能减少阴性症状与认知症状：导致症状的原因之一在于前额叶皮层中多巴胺受体活性的降低，抗精神病药物阻断多巴胺受体，可能让症状更严重。那么，新型非典型抗精神病药物为何能够减少精神分裂症的三种症状呢？

部分激动剂（partial agonist）：与特定受体有较强的亲和力但激活作用比正常配体低的药物；部分激动剂在正常配体浓度低的脑区起激动剂作用，在浓度高的脑区起拮抗剂作用。

非典型抗精神病药物似乎在做着不可能的事情：增加前额叶皮层中多巴胺活动的同时，降低中脑边缘系统中的多巴胺活动。让我们来看看“第三代”抗精神病药物*阿立哌唑*（aripiprazole）的作用机制（Winans，2003；Lieberman，2004）。阿立哌唑是多巴胺受体的*部分激动剂*。**部分激动剂**是指与特定受体有着很高的亲和力，然而与正常配体相比只有部分激活功能的药物。也就是说，精神分裂症患者的中脑边缘系统会出现过多的多巴胺，而阿立哌唑会起拮抗剂作用；而在多巴胺的量过少的前额叶皮层，阿立哌唑发挥激动剂作用。因而，阿立哌唑就可以减轻三类症状，用于治疗精神分裂症。【见图15.7】

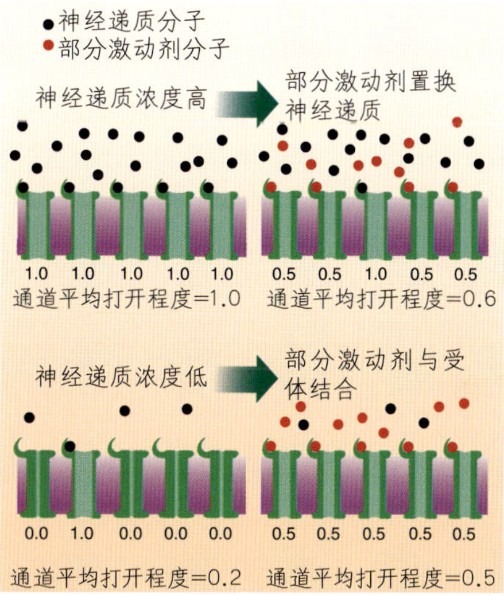

图15.7 部分激动剂的影响。图中阐述了部分激动剂在配合浓度高或低的脑区的不同效应。受体下方的数字表示的是离子通道开放的程度：1.0表示完全打开，0.5表示部分打开，0.0表示完全关闭。当膜外神经递质浓度高时，部分激动剂会降低通道平均打开程度，反之则会提高通道平均打开程度。

精神分裂症是一种复杂而严重的精神障碍，因而激发了许多创造性假设与研究。许多假说已被推翻，余者仍待实验证明。未来的研究很可能发现所有的假设（包括我所讨论的）均为谬误，或者我还没有提到的某个是正确的理论。然而，我很钦佩目前的研究，也深信在不远的未来我们有希望找出精神分裂症的发病原因。在此基础上，我们希望研究不止于患病后的治疗，而能探索出预防的方法。

小 结

精神分裂症

在过去的几年中，精神障碍的生理学研究取得了相当可观的进展，但仍有许多悬而未决的难题。精神分裂症由阳性症状、阴性症状和认知症状构成，阳性症状指患者表现出来的反常行为，阴性症状和认知症状指的是正常行为的缺失。精神分裂症或多或少地通过遗传获得，因此，它应该具有一定的生物学基础。

研究发现，多巴胺受体拮抗剂能够缓解阳性症状，而多巴胺受体激动剂能够加重甚至诱发阳性症状。在这些研究成果的启发下，多巴胺假说诞生了，并引起了广泛关注。该假说认为，精神分裂症的阳性症状是由中脑边缘系统中多巴胺能神经突触过度活跃造成的，进而影响到伏隔核和杏仁核。多巴胺的强化作用可以为精神分裂症的阳性症状提供解释：它不恰当地强化了某想法，使之成为妄想。

事实上，使用传统抗精神病药物不能减轻精神分裂症的阴性与认知症状，这为多巴胺假说提出了一个难解的问题。“非典型”抗精神病药物，包括氯氮平、利培酮、奥氮平、齐拉西酮和阿立哌唑等，对阳性、阴性和认知症状都有效，并能帮助经传统抗精神病药物治疗无效的患者缓解症状。

MRI扫描和患者神经功能受损提示，精神分裂症有脑部病变。流行病学研究显示，出生季节、寒冷气候、母亲妊娠期间经历病毒性流感爆发、人口密度等因素都对精神分裂症的发病起到一定作用。孕中期是最敏感阶段。缺乏阳光与维生素摄取所致的维生素 D 缺乏可以部分说明出生的季节效应、人口密度、寒冷气候与母亲营养的影响。另外，精神分裂症患者儿时的家庭录影带显示，患者在发病前就表现出了运动和社交行为的异常。这些因素都提示，患者出生前的发育是有问题的。单绒毛膜同卵双生子共病率更高的事实进一步说明遗传因素和宫内环境因素可能是交互作用的。

精神分裂症的症状通常出现在青春期后不久，在这个时期，脑经历了一系列重要变化而日臻成熟。许多学者相信，精神分裂症的病理过程开始于胎儿期，随后一直处于潜伏状态。到青春期时，病变触发了一个神经退行性变化的阶段，从而导致症状的发生。

精神分裂症的阴性症状可能是额叶低功能（背外侧前额叶活动降低）的结果。可能是该脑区多巴胺水平降低引起了额叶低功能，同时抑制了 NMDA 受体活性。患者在做需要前额叶皮层参与的任务时表现得很差。功能成像研究显示，患者做这类任务时，前额叶皮层活动水平低下。

苯环利定和氯胺酮既能缓解阳性症状，又能缓解阴性症状。长期给猴子使用苯环利定，导致猴子做物体提取任务的表现变差，该任务需要前额叶的参与。这与药物引起的前额叶多巴胺能活动衰退有关。有证据显示，额叶低功能导致中脑边缘系统多巴胺能神经元活动增强，进而诱发精神分裂症阳性症状。前额叶皮层与腹侧被盖区之间的神经联系可能是该现象的结构基础。氯氮平能够缓解额叶低功能，提高猴子做物体提取任务的成绩，并且能够减少腹侧被盖区多巴胺的释放量——因此，它对精神分裂症的阳性和阴性症状都能起缓解作用。“第三代”抗精神病药物阿立哌唑是多巴胺受体的部分激动剂，在多巴胺水平低的脑区（如前额叶皮层），可以提高多巴胺能受体的激活水平；同时在多巴胺水平过高的脑区（如伏隔核），降低多巴胺能受体的激活水平。

思考题

假设有这么一位年轻的女精神分裂症患者，她拒绝接受抗精神病药物治疗，而且坚持住在街上。她的精神严重失常，营养不良，还经常使用静脉注射药物，这使她面临着艾滋病的威胁。她的父母曾经试图帮助她，但她认为那是想加害于她。进一步设想，我们有90%的把握预测她在几年内便会死去。但她不使用暴力，也没有自杀的企图，于是我们不能说她的行为对自己和他人构成了直接威胁。这样，她的父母是否有权利强迫她接受治疗呢？在患精神疾病的情况下，她自己是否仍然有绝对的权利选择自己的生活方式呢？

重度情感障碍

情感，指感受或情绪。精神分裂症的主要症状是思维障碍，而**重度情感障碍**（又称心境障碍）是以主观感受异常为特点的。

描 述

感受和情绪都是人类生活中必不可少的组成部分，它们反映了我们对生活事件的评价。从非常感性的角度上讲，感受和情绪可以说是人类生活的全部。对于我们当中的大部分人来说，情绪状态映射了当前发生在我们自己身上的事情：感受离不开客观世界中的事件，它通常是我们对生活事件重要性的理性评价的结果。然而，某些人的情感脱离了客观现实。这些人要么极端得意扬扬（躁狂），要么极端绝望（抑郁），但这些感受都缺乏与之对应的生活事件。例如，丧偶引起的抑郁是正常的，但是当抑郁转变为一种生活状态（并且对亲人、朋友甚至心理治疗师的好心帮助毫无反应）时，就是病态的。男性抑郁症的患病率为3%，女性为7%，因而说抑郁症是人类第四大疾病（Kessler et al.，2003）。

重度情感障碍（major affective disorder）：严重的心境障碍，包括抑郁症和双相障碍。

双相障碍（bipolar disorder）：严重的心境障碍，以躁狂和抑郁周期性地交替发作为特点。

重度情感障碍有两种类型。第一类以躁狂和抑郁周期性地交替发作为特征，称为**双相障碍**。男女患病的比例几乎相等。躁狂发作可持续数日至数月，一般是几周。双相障碍一般病情严重且很难治疗（Chen，Henter，and Manji，2010）。抑郁相在躁狂相之后，持续时间通常为躁狂相的3倍。第二类**抑郁症（MDD）**，以不伴有躁狂为主要特征。抑郁症可以是持续性的，也可以间歇性发作，以后者更为常见。有时也可以见到不伴随抑郁的躁狂个案，但相当稀少。

严重抑郁的人常有很强的无价值感和负罪感。情感障碍是十分危险的：重度情感障碍患者的自杀率和死亡率都很高。根据 Chen 和 Dilsaver（1996）的报告，15.9% 的单相抑郁患者和29.2% 的双相障碍患者有自杀行为。Schneider、Muller 和 Philipp（2001）发现，在情感障碍患者中，非自然死亡（不是所有的自杀都包括在内）的概率比一般的同龄人群高28.8倍。抑郁患者的精力很差，行动迟缓，语速慢，有时甚至会进入休眠状态。有时，他们会漫无目的、不知疲倦地四处逛。他们经常哭，丧失了体验快乐的能力，对食物和性失去了兴趣。他们的睡眠是紊乱的，常有入睡困难，即使能入睡，也会很早醒来，然后又睡不着了。他们的身体功能也"抑郁"了，常常便秘，唾液分泌量也减少。

> [一位精神科医生]问我，我是否曾经企图自杀，我不情愿地告诉他，"是的"。我没有告诉他很多细节，因为觉得没必要。实际上，家里的好多东西都有可能成为我自我毁灭的工具：阁楼的房梁（或户外的枫树）可以用来上吊；在车库里可以放一氧化碳毒死自己；如果割动脉自杀，浴盆是承接血液的绝好容器。对我来说，厨房抽屉里的刀子只有一个作用。心脏病发作对我很有吸引力，因为我可以不用为此负责。我曾经想过如何让自己患上肺炎——在寒冷的树林里来一个雨中漫步。我也不放过假装意外事故的想法……在附近的高速路上走到一辆卡车前……这些耸人听闻的想象足以让正常人不寒而栗，然而，这些想法的的确确存在于深度抑郁患者的脑海中，正如充满色欲的性幻想存在于性欲旺盛者的脑海中那样。（Styron，1990，pp. 52-53）

与环境不符的欣快感是躁狂发作的特点。这种欣快必须达到一定程度才能给出躁狂的诊断；精力充沛、对生活有热情不是病态的，仅凭这些不能做出躁狂的诊断。躁狂患者讲起话来往往滔滔不绝，动作也很多。他们讲话的主题常常变来变去，并伴随着妄想。但他们说话有条理，在这点上与精神分裂症患者不同。在交谈中，他们有自己的重点，如果遭到反驳，他们会发火或采取自我保护。他们还时常彻夜不眠地工作，对一些不切实际的项目投入最大的热情。（有时，他们的工作还卓有成效；乔治・弗里德里希・亨德尔就是在躁狂发作期间完成了著名的清唱剧《弥赛亚》的。）

抑郁症（major depressive disorder，MDD）：严重的心境障碍，包括持续性和周期性抑郁发作，其间不穿插躁狂发作。

遗传性

个体对情感障碍的易感程度很可能是遗传的。（见综述，Hamet and Tremblay，2005）例如，Rosenthal（1971）发现，情感性精神疾病患者的近亲患上各种情感障碍的可能性10倍于非患者的亲属。Gershon 等人（1976）发现，如果同卵双生子之中的一个罹患了情感障碍，那么另一个也患病的可能性为69%。相反，异卵双生子的共病率仅为13%。情感障碍的遗传性提示我们，这类障碍可能具有一定的生理基础。

遗传学研究发现，几条染色体上的基因可能与情感障碍的发展有关，但大多数连锁分析的结果没有得到复制（Hamet and Tremblay，2005）。一项全基因组关联研究的综述（Terracciano et al.，2010）表明，RORA 基因参与对生物节律的控制，也和抑郁症的发生有很强的联系。有研究提示，编码代谢性谷氨酸受体的 GRM8 基因可能也参与了这一过程。McGrath 等人（2009）发现了另一生物钟基因 RORB，与儿童的快速循环型双相障碍有关。在本章，您将看到睡眠和昼夜节律紊乱可能是情感障碍发展的原因之一。

出生季节

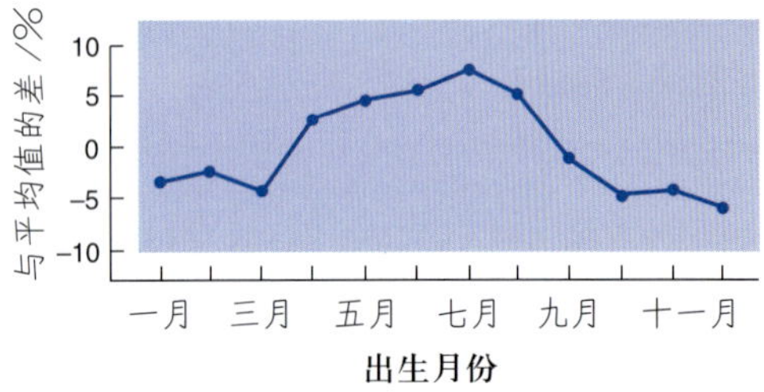

图 15.8 自杀与出生季节。图中是 20 世纪中期匈牙利的 80 000 名自杀者的出生月份分布图。

Based on data from Döme et al., 2010.

在上一节我们讲过，出生季节对精神分裂症的发生有重要影响。特别是出生在冬末春初的人比其他人患精神分裂症的可能性更大，解释之一是孕中期（胎儿发育的关键时期）正好处于冬季流感季节。季节效应（但与精神分裂症有所不同）也存在于抑郁症的发生率上。Döme 等人统计了20世纪三四十年代中期匈牙利的80 000名自杀者的出生季节（匈牙利自杀率居世界首位）。出生于夏季的人的自杀率显著高于冬季出生者，且七月份出生者的自杀率最高。【见图 15.8】截至目前，尚无对该现象的解释。

生物学治疗

实验证明，治疗抑郁症的生物学疗法有以下几种：单胺氧化酶（MAO）抑制剂、去甲肾上腺素或5-羟色胺再摄取抑制剂、电休克疗法（electroconvulsive therapy，ECT）、经颅磁刺激、深部脑刺激、迷走神经刺激、光照治疗和睡眠剥夺。（光照治疗与睡眠剥夺将在后面的内容中讨论。）锂盐和某些抗惊厥药物对双相障碍有着很好的疗效。情感障碍对药物治疗有反应的事实进一步提示，这类障碍具有生理基础。锂盐对双相障碍有效，但对单相抑郁无效，这提示我们，这两种疾病可能有本质上的区别（Soares and Gershon，1998）。

在20世纪50年代以前，根本没有对抑郁症有效的药物。20世纪40年代末，临床医生发现，某些治疗结核的药物能够改善患者的心境。后来，研究人员发现，一种抗结核药衍生物异丙烟肼（iproniazid）能够改善抑郁症症状（Crane，1957）。异丙烟肼的作用是抑制单胺氧化酶的活性，后者的功能是分解突触间质中过多的单胺类神经递质。通过这种机制，异丙烟肼能够增加多巴胺、去甲肾上腺素和5-羟色胺的释放量。不久，其他单胺氧化酶抑制剂也相继问世。遗憾的是，单胺氧化酶抑制剂的副作用较大，需谨慎使用。

三环类抗抑郁药（tricyclic antidepressant）：经典的抗抑郁药物，抑制去甲肾上腺素和5-羟色胺的再摄取过程，其名称来自于分子结构特点。

幸好，不久以后，副作用很小的抗抑郁药物便出现了，这就是**三环类抗抑郁药**。其作用机理是抑制神经突触对5-羟色胺和去甲肾上腺素的再摄取。

通过延缓再摄取过程，三环类抗抑郁药延长了神经递质和突触后受体接触的时间，从而延长了突触后电位。和单胺氧化酶一样，三环类抗抑郁药物也是一种单胺能受体激动剂。

自从三环类抗抑郁药物诞生以来，不断有类似的药物问世。在后来出现的药物中，最重要的恐怕要算**特异性5-羟色胺再摄取抑制剂（SSRI）**了。无需介绍，它的名字便很好地体现了它的作用机理。临床上很喜欢使用这类药物［比如，氟西汀（百忧解）、西酞普兰（Celexa）和帕罗西汀（Paxil）］，因为它不但具有抗抑郁的属性，而且对强迫症和社交恐惧症（后文将会提及）也有不错的疗效。**5-羟色胺与去甲肾上腺素再摄取抑制剂（SNRI）**是另一类抗抑郁药物，其名字也体现出了其作用机理。这类药物包括米那普仑（milnacipran）、度洛西汀（duloxetine）和万拉法新（venlafaxine），它们对5-羟色胺与去甲肾上腺素的作用比分别为1:1、1:10和1:30（Stahl et al., 2005）。相比于三环类抗抑郁药物，SSRI类与SNRI类药物的非特异性功能较少，因此副作用更小。

抑郁症的第三种生物学疗法有个有趣的来历。20世纪早期，一位名叫von Meduna的医生发现，同时患有精神病和癫痫的人，在每次癫痫发作后，精神病的症状往往会得到改善。他认为，脑内如风暴一样猛烈的神经活动造成了癫痫发作，同时也在一定程度上改善了患者的精神状态。他发明了一种通过药物诱发抽搐的方法，但是这种方法很危险。1937年，一位名叫Ugo Cerletti的意大利精神科医生发明了一种相对安全的诱发抽搐的方法（Cerletti and Bini, 1938）。他听说，当地的屠宰场在宰杀动物之前，会给动物头部施加一股电流，使动物晕厥。电击的后果与癫痫发作很相似。受到这个事情的启发，他决心创造一种安全的通过电击诱发抽搐的方法。

首先，Cerletti在狗身上试用了他发明的方法，施加在颅骨上的电击的确诱发了抽搐，狗苏醒后也没有明显的异常表现。随后，他便尝试着在人身上使用这种方法，结果发现，新方法比原来的药物疗法安全。就这样，**电休克疗法（ECT）**成为治疗精神疾病的常用方法之一。在进行电休克疗法之前要麻醉患者，并给予其一种类似于箭毒的药物，目的是麻痹肌肉，防止患者因惊厥受伤。（当然，还要使用呼吸机辅助呼吸，直到肌松剂的药效消失。）在患者的头皮上放置电极（一般置于非言语优势半球，以免损伤语言记忆），然后用一股电流诱发惊厥。患者通常要在一周内接受三次治疗，直到病情得到最大程度的改善。在一般情况下，每位患者需要接受6～12次治疗。与安慰剂对比的研究证实了电休克疗法的疗效，在安慰剂条件下，患者在麻醉后并没有接受电击（Weiner and Krystal, 1994）。尽管电休克疗法起先被应用于治疗包括精神分裂症在内的多种障碍，但现在我们知道，它的效果仅仅局限于躁狂和抑郁。【见图15.9】

抗抑郁药物的效果并不是立竿见影的，症状一般在用药后2～3周才开始有所改善。相反，电休克疗法起效很快，在几天内诱发几次惊厥便能够将患者带出抑郁的深谷。症状缓解率高于50%，但复发率较高（Holtzheimer and Mayberg, 2011）。长期或过多使用电休克疗法会造成脑损伤，对患者的

特异性5-羟色胺再摄取抑制剂（specific serotonin reuptake inhibitor, SSRI）：抑制5-羟色胺再摄取的药物，不影响其他神经递质。

5-羟色胺与去甲肾上腺素再摄取抑制剂（serotonin and norepinephrine reuptake inhibitor, SNRI）：抑制5-羟色胺与去甲肾上腺素再摄取的药物，不影响其他神经递质。

电休克疗法（electroconvulsive therapy, ECT）：施加在头部的短促电击，使患者发生一次惊厥，从而起到缓解重度抑郁的效果。

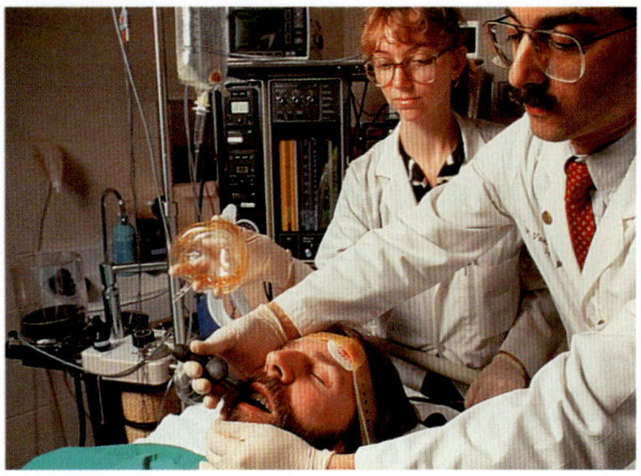

图 15.9 图中为一名病人正在接受电休克治疗。

W & D McIntyre/Photo Researchers, Inc.

记忆造成永久性损害（Squire，1974），但在抗抑郁药物起效之前的过渡期内使用电休克疗法无疑是明智之举，对拯救有自杀倾向的人很有好处。

电休克疗法是怎样抗抑郁的呢？我们知道，惊厥发作具有抗惊厥的效果：电休克疗法降低脑活性，提高脑的发作阈值，让惊厥很难再次发生（Sackeim et al.，1983；Nobler et al.，2001）。这样的变化可能导致抑郁症状的减少。然而，电休克疗法本身抗抑郁的原因尚不明确（Bolwig，2011）。

另一种操作，经颅磁刺激（TMS）也可以起到电休克疗法的效果（至少是部分效果），不会带来认知损害或记忆丧失的危险。在第5章中，我们已经看到，经颅磁刺激的原理是通过置于头皮上的线圈将电流转化为磁场，从而产生一个作用在局部脑区的磁刺激。磁场在大脑内形成微弱的电流。一些研究发现，施加于前额叶皮层的经颅磁刺激能够缓解抑郁症状，同时不带来任何明显的副作用（Padberg and Moller，2003；Fitzgerald，2004；Kito，Hasegawa，and Koga，2011）。大多数研究表明，经颅磁刺激的响应率低于30%，长期来看复发率似乎与电休克疗法相近（Holtzheimer and Mayberg，2011）。

在第14章曾经说过，对丘脑底核直接进行电刺激可以明显缓解帕金森病。初步研究表明，深部脑刺激（DBS）可能也是治疗抑郁的疗法之一（Mayberg et al.，2005；Lozano et al.，2008）。**膝下前扣带皮层（ACC）**是内侧前额叶皮层的一部分，Mayberg 及其同事在该脑区下方植入电极。如果你去看胼胝体矢状面图，请注意一下它的前部，是不是很像一个弯曲的膝盖？对了，在拉丁文中，genu 就是膝盖的意思。也就是说膝下前扣带皮层就位于这个“膝盖”下面、胼胝体前侧。施加刺激后，该脑区很快响应，反应强度随时间不断增加。术后一个月，35% 的患者症状有所改善，10% 的患者症状完全缓解。术后六个月，60% 的患者症状有所改善，35% 的患者症状完全缓解。

深部脑刺激的治疗直接指向伏隔核。我们在第12章曾经讲过，这一脑区多巴胺的释放不仅关系到强化，还关系到对愉快刺激的响应。事实上，动物可以按压杠杆来刺激这个脑区。抑郁症的症状是悲伤、冷漠和快感缺失，因而可以推断伏隔核可能是深部脑刺激治疗的目标区域。Bewernick 等人（2010）发现，在经药物治疗、心理治疗或者电休克治疗无效的患者中，50% 的患者在进行针对伏隔核的深部脑刺激后症状减轻。

电刺激迷走神经是抑郁症的另一个实验室疗法，可能减少抑郁症状（Groves and Brown，2005）。刺激迷走神经会间接刺激脑，无痛也不会引起惊厥。这种方法最初被用来预防癫痫发作。它与深部脑刺激的实施手段基本相同，区别在于电刺激迷走神经需要将刺激电极植入迷走神经。大约80% 的迷走神经是传入神经，因而电刺激迷走神经可以激活脑干的数个脑区。Daban 等人（2008）在综述中得出结论，认为该疗法很有希望治疗难治性抑郁患者，但仍需要进一步的双盲临床测试验证其有效性。

膝下前扣带皮层（subgenual anterior cingulate cortex, subgenual ACC）：内侧前额叶皮层的一个区域，位于胼胝体前侧的“膝盖”下方；对抑郁症状有一定影响。

治疗双相情感障碍的**锂**盐起效非常快。临床上常用的碳酸锂对治疗躁狂相非常有效，一旦躁狂被控制住，其后的抑郁通常也不再出现（Gerino，Oleshansky，and Gershon，1978；Soares and Gershon，1998）。许多临床医生和研究人员称锂盐为精神病学神药：它不抑制正常的情绪和感受，不影响患者在生活中体验和表达自己的悲喜。同样，锂盐也不影响智能，许多连续用药多年的患者没有出现这方面的不良反应（Feive，1979）。70% ~ 80% 的双相障碍患者在服用锂盐后的1~2周内就能表现出积极的药物反应（Price and Heninger，1994）。

锂盐的很多生理效应已被研究清楚了，但是它缓解躁狂的药理学机制还没有被阐明（Pheil and Klein，2001）。有人认为，锂盐通过稳定脑内某些神经递质受体（特别是5-羟色胺受体）来防止神经敏感性大幅度变化。其他研究发现，锂盐具有提高保护性蛋白（防止细胞死亡的蛋白）产量的作用（Manji，Moore，and Chen，2001）。Moore 等人（2000）发现，经过4周的锂盐治疗，双相障碍患者大脑灰质的体积有所增加，这说明锂盐能够促进神经或胶质的生长。在本章前面的内容中，我们看到，DISC1 基因突变是精神分裂症的成因之一，而 DISC1 基因通常参与神经发生、神经元迁移、影响兴奋性神经元突触后密集区的功能与线粒体的功能。研究表明，锂会影响 DISC1 在突触后密集区的功能。DISC1 基因突变不仅增加了患精神分裂症的风险，也增加了患双相障碍的风险，而锂可能抵消突变带来的不良影响（Brandon et al.，2009；Flores et al.，2011）。

单胺假说

单胺假说认为：抑郁由单胺能神经元活动不足引起。抑郁症能够被单胺氧化酶抑制剂以及单胺再摄取抑制剂所缓解的事实为单胺假说提供了强有力的支持。由于抑郁症状对强多巴胺受体激动剂（如苯丙胺和可卡因）没有反应，研究者们便主要将注意力放在了另外两种单胺类物质上：去甲肾上腺素和5-羟色胺。

在前文中我们看到，精神分裂症的多巴胺假说从多巴胺受体激动剂能够诱发症状的事实中获得了支持。同样，单胺拮抗剂能够诱发抑郁的事实为抑郁症的单胺假说提供了支持性证据。在第4章我们讲过，利血平（reserpine）可抑制转运蛋白活性，干扰突触小泡内单胺类物质的储存，减少神经突触释放单胺类物质的量。利血平过去被用作治疗高血压的药物，其原理在于干扰去甲肾上腺素在血管壁中的分泌，进而放松肌肉。然而，利血平有一个严重的副作用：干扰脑中5-羟色胺与去甲肾上腺素的分泌，会导致抑郁。早期将利血平作为降血压药后，多达15% 的病人患上了抑郁（Sachar and Baron，1979）。结合这些证据可见，单胺拮抗剂诱发抑郁，单胺激动剂缓解抑郁。

Delgado 等人（1990）采用一种与众不同的方法研究5-羟色胺在抑郁症中的作用——**色氨酸耗竭法**。他们的研究对象是正在接受抗抑郁治疗并且病情有所好转的抑郁症患者。在实验的第一日，他们给患者低色氨酸饮食（如色拉、玉米、乳酪和果冻）。次日，患者饮用一种氨基酸“鸡尾酒”，但其中

锂（lithium）：化学元素，碳酸锂常被用于治疗双相障碍。

单胺假说（monoamine hypothesis）：关于抑郁症发病机制的假说，认为抑郁症由一个或多个单胺能神经突触活动水平低造成。

色氨酸耗竭法（tryptophan depletion procedure）：包括低色氨酸饮食和不含色氨酸的氨基酸“鸡尾酒”，其目的是降低脑内的色氨酸含量，从而减少5-羟色胺的合成量。

不含色氨酸。我们知道，氨基酸通过血脑屏障的摄取过程是由氨基酸转运蛋白完成的。由于患者体内的色氨酸水平极低，其他氨基酸的含量又较高，这样，色氨酸几乎无法进入脑，脑内色氨酸的水平急剧下降。如你所知，色氨酸是5-羟色胺的前体。于是，色氨酸耗竭法降低了脑内5-羟色胺的含量。

Delgado 及其同事发现，色氨酸耗竭法使大多数患者的抑郁复发了。随着他们重新摄入正常饮食，症状又开始好转。该研究证明，至少某些抗抑郁药物的疗效是依赖于脑内5-羟色胺水平的。

许多科学家认为单胺假说（即抑郁是由于去甲肾上腺素和5-羟色胺水平低引起的）太过简单。色氨酸耗竭的影响提示我们5-羟色胺对抑郁有重要影响，但仅出现在曾患抑郁或有家族史的个体中。在无抑郁家族史的健康个体中，即使出现5-羟色胺活动的急性下降，情绪也不会受到影响。可见，"脆弱"个体与健康人群相比，脑部可能存在生理差异。尽管 SSRI 与 SNRI 类药物能迅速提高脑中5-羟色胺与去甲肾上腺素的水平，但只有在连续服药数周后才能发挥减轻抑郁症状的功效。可见，除单胺能活性外，还有其他机制影响情绪。许多科学家相信，服用抗抑郁药物而细胞外单胺分泌量增加后，会开启一系列连锁变化，最终导致脑区中的变化，达到抗抑郁效果。而这些连锁变化是怎样的目前尚不明确。

前额皮层的作用

Mayberg 及其同事（Mayberg et al.，2005；Mayberg，2009；Holtzheimer and Mayberg，2011）提出，前额叶对抑郁症的发展有重要影响。他们提出假设，膝下前扣带皮层是脑功能网络的一个重要焦点，参与情绪调节。成功接受抗抑郁治疗后，常能观察到该脑区活动性降低。

前文提及，对膝下前扣带皮层进行深部脑刺激可以缓解抑郁症状。一项神经影像学研究发现，抑郁患者的该脑区高度活跃，且伴随有前额叶其他脑区（包括背外侧前额叶皮层、腹外侧前额叶皮层、腹内侧前额叶皮层和眶额皮层）活动性的抑制（Mayberg，2009）。研究表明，许多有效的抗抑郁治疗可以显著降低膝下前扣带皮层的活动性，提高前额叶皮层其他脑区的活动性。

图15.10是抑郁症患者接受有效治疗（包括深部脑刺激、前额皮层的经颅磁刺激、电休克疗法、电刺激迷走神经以及 SSRI 类、SNRI 类药物和安慰剂治疗）后，其内侧额叶区的功能成像图。治疗后活动性增加的区域标记为红色，而活动性降低的区域则标记为蓝色。可见，有效的抗抑郁治疗会降低膝下前扣带皮层的活动性。【见图 15.10】

为什么治疗抑郁症状的有效手段会与膝下前扣带皮层活动性降低、前额叶皮层区域活动性提高有关呢？膝下前扣带皮层不仅与前额叶其他几个脑区相互连接，还与杏仁核、海马和伏隔核相连。如第10章所述，前额叶皮层参与抑制杏仁核，而杏仁核参与负性情绪反应（如恐惧）的获得与表达。因此，抑郁症状的治疗会引起膝下前扣带皮层的活动性降低，经由杏仁核与膝下前扣带皮层两个结构的直接联系以及通过前额叶皮层的间接联系，可能会导致杏仁核活动性降低。膝下前扣带皮层的具体作用还需要在未来的研究中逐渐明确。

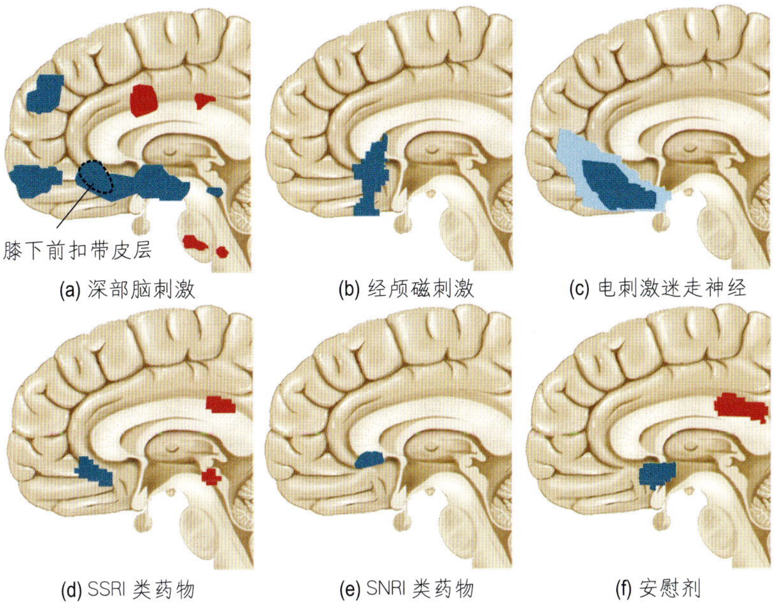

图 15.10　抑郁症患者成功接受各种治疗后，膝下前扣带皮层活性降低。图中是接受治疗后，患者脑成像图的前正中矢状面标准绘图。治疗后活性增加的区域标记为红色，而活性降低的区域则标记为蓝色。治疗方式分别为（a）深部脑刺激，（b）经颅磁刺激，（c）电刺激迷走神经，（d）SSRI 类药物，（e）SNRI 类药物，（f）安慰剂。

Tracings of brain activity from (a) Mayberg et al. (2005), (b) Kito et al. (2011), (c) Pardo et al. (2008), (d) Mayberg et al. (2002), (e) Kennedy et al. (2007), (f) Mayberg et al. (2002).

神经发生的作用

在第 3 章和第 13 章中，我们看到神经发生可以在成人的齿状回（海马结构的一部分）中形成。几项动物实验结果证明，导致抑郁症状的压力体验可抑制海马的神经发生，抗抑郁治疗（包括单胺氧化酶抑制剂、三环类或 SSRI 类抗抑郁药、电休克疗法和锂盐）则促进神经发生。另外，抗抑郁治疗起效的时间恰好与新生神经元成熟的时间相同。如果神经发生受到低强度的 X 光辐射，抗抑郁药物会失效（见综述，Sahay and Hen，2007）。由此我们可以得出，海马神经发生减少是抑郁的成因（或成因之一）。然而，Sapolsky（2004）认为，很难断定海马的功能与抑郁成因间的确切联系。例如，在海马受损的患者中常见记忆障碍而非情感障碍。我们尚无足够证据断定神经发生对抑郁形成有重要影响，两者的关系也可能只是巧合。

目前，尚无方法测量人脑中神经发生的速度。关于人类神经发生的知识都是从动物实验研究结论中推导出来的。然而，Pereira 等人（2007）的一项 MRI 研究估计了人与大鼠海马结构特定脑区的血量。研究发现，锻炼（大鼠跑轮，人做有氧运动）后，人与大鼠的齿状回（神经发生的脑区）血量均有增加。（我们将在下面探讨，锻炼是治疗抑郁的有效疗法之一。）组织学分析进一步证实，大鼠脑中神经发生的增加与血量增加相关，也就支持了运动会诱发人脑中的神经发生这一观点。【见图 15.11】

有证据表明，在经历过抑郁症的患者中，有多达 90% 的人报告了睡眠模式的变化、入睡困难与睡眠质量差（Wulff et al.，2010）。另外，持续失眠会提高有抑郁史的个体复发抑郁的风险；初产妇经历睡眠中断则会增加产后抑郁的风险（Posmontier，2008）。

生物节律的作用

睡眠障碍是抑郁症最突出的表现之一。抑郁症患者的睡眠较浅，慢波 δ 波睡眠（第三和第四阶段）减少，第一阶段比例增大。患者的睡眠不连续，会频繁醒来，尤其在清晨的时候。另外，快速眼动睡眠来得更早一些，夜间睡眠的上半段包含较高比例的快速眼动睡眠相，在快速眼动睡眠中发生了更多的快速眼动（Kupfer，1976；Vogel et al.，1980）。【见图 15.12】

快速眼动睡眠剥夺

睡眠剥夺——无论是全部剥夺还是选择性剥夺——是最有效的抗抑郁疗法之一。选择性地剥夺患者的快速眼动睡眠（监测患者的 EEG，一旦有快速眼动睡眠出现的迹象便唤醒他们），能够缓解抑郁症状（Vogel et al.，1975，1990）。像药物治疗一样，这种方法起效速度慢，通常要经过几周的时间才开始见效。该方法的长期效果不错，某些患者在停止治疗后的很长一段时间内，症状都在改善。因此，快速眼动睡眠剥夺是一种实用而有效的疗法。另外，治疗抑郁症的药物通常会抑制快速眼动睡眠（暂且抛开它们的药理机制不谈）——要么延缓快速眼动睡眠相开始的时间，要么缩短快速眼动睡眠的时程（Scherschlicht et al.，1982；Vogel et al.，1990；Grunhaus et al.，1997；Thase，2000）。这些事实提示我们，成功的抗抑郁治疗的一个重要影响也许是阻止了快速眼动睡眠，心境的改变也许是这种压制的结果。然而，至少已经有一种抗抑郁药物通过双盲和安慰剂对照研究，证实不会抑制快速眼动睡眠（Mayers and Baldwin，2005）。因此，抑制快速眼动睡眠不能解释所有抗抑郁药物的工作机理。

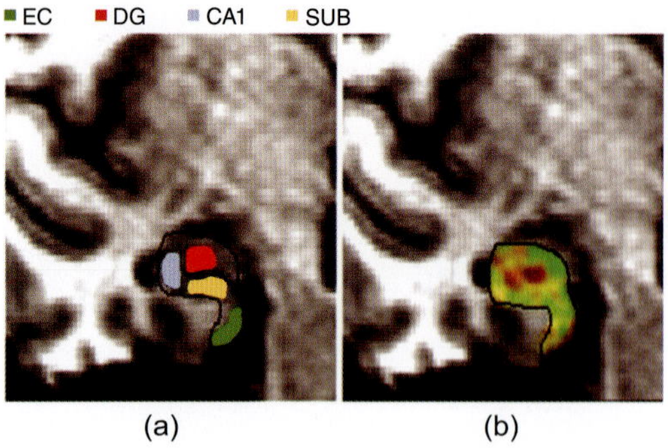

图 15.11　运动与神经发生。图中呈现了有氧运动对人体海马结构里局部血量的影响。这间接测量了神经发生的水平。(a) 海马各亚区：EC=内嗅皮层，DG=齿状回，SUB=海马下托。(b) 局部血量：色调越暖代表血量越高。

Pereira, A. C., Huddleston, D. E., Brickman, A. M., et al. *Proceedings of the National Academy of Sciences*, USA, 2007, 104, 5638–5643. Copyright 2007 National Academy of Sciences, U. S. A.

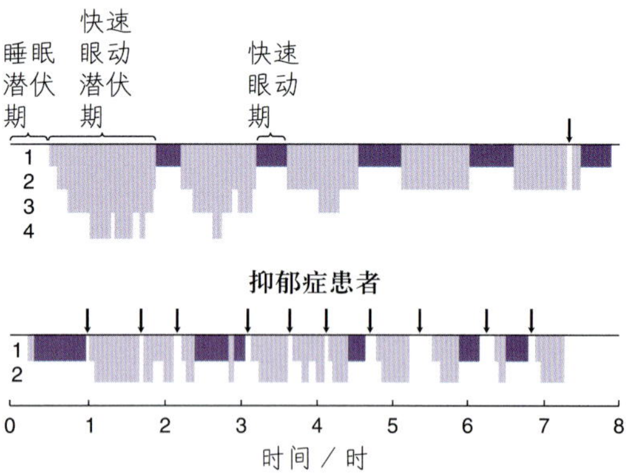

图 15.12　睡眠与抑郁。正常被试和重度抑郁症患者的睡眠结构图。请注意，患者的睡眠潜伏期缩短、快速眼动潜伏期缩短、慢波睡眠减少（第三和第四阶段）、睡眠中断次数（以箭头指示）非常多。

From Gillin, J. C., and Borbély, A. A. *Trends in Neurosciences*, 1985, 8, 537-542. Reprinted with permission.

慢波睡眠剥夺

慢波睡眠剥夺是另一种选择性睡眠剥夺，能有效减少一些患者的抑郁症状。Landness 等人（2011）的一项研究要求抑郁病人在配备有 EEG 监控设备的实验室入睡。每当被试脑电图中出现慢波，研究人员就会播放音频，在不唤醒被试的情况下抑制慢波，疗效很不错——大部分病人报告的抑郁症状有所减少。【见图 15.13】尽管研究人员没有直接操纵快速眼动睡眠，慢波睡眠剥夺同样影响了快速眼动睡眠所占比重。事实上，快速眼动睡眠的减少与抑郁症状减少呈正相关。因此，慢波睡眠剥夺很可能通过抑制快速眼动睡眠而缓解抑郁症状。快速眼动睡眠剥夺通常在数周疗程后见效，而慢波睡眠剥夺后见效只需一晚。可见，慢波睡眠剥夺值得我们进一步研究探讨。

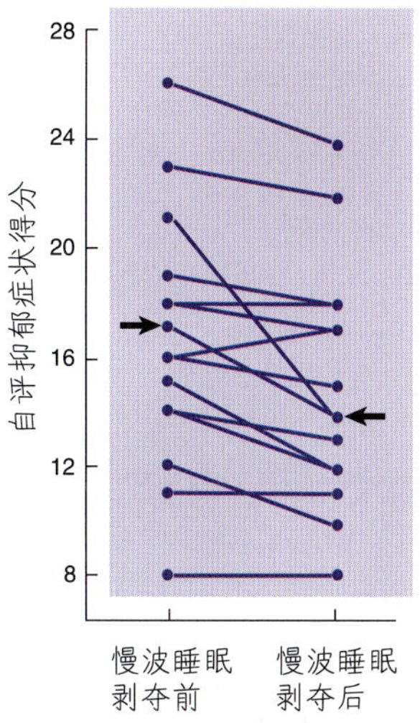

图15.13　慢波睡眠剥夺。如图呈现了抑郁患者在一晚上慢波睡眠剥夺前后自评抑郁症状的变化。研究中使用声刺激抑制慢波睡眠。图中每条线代表每个被试自评得分的变化，箭头代表组中位数。

Based on data from Landsness et al, 2001.

全睡眠剥夺

全睡眠剥夺也有抗抑郁的效果。与快速眼动睡眠剥夺不同，全睡眠剥夺起效速度很快（Wu and Bunney，1990）。患者的抑郁状况常常在全睡眠剥夺一晚后得到改善，但恢复正常睡眠后，抑郁水平也会立即恢复。Wu 和 Bunney 认为，在睡眠过程中，可能生成了某种*致抑郁*物质，它对易感的人起作用，可诱发抑郁。该物质大概是脑内生成的一种神经调质。在人清醒的时候，它被逐渐地代谢掉，从而失去活性。图15.14呈现了一些支持这个假说的证据。数据来自于八个不同的研究（cited by Wu and Bunney，1990），图中的两条线分别表示对睡眠剥夺有反应和无反应的患者的抑郁程度自我评分。（全睡眠剥夺在约2/3的时间里改善了重度抑郁患者的心境。）【见图15.14】

为什么不是所有的患者都能从睡眠剥夺中获益呢？目前还没有答案，但一些研究表明，预测谁可以从睡眠剥夺中获益是可能的（Reimann，Wiegand，and Berger，1991；Haug，1992；Wirz-Justice and Van den Hoofdakker，1999）。一般来讲，心境保持稳定的抑郁患者不会从睡眠剥夺中获益，而心境起起伏伏的患者很可能会。对睡眠剥夺反应最好的患者是那些早上感到抑郁，但随着白天时间的过去，情况越来越好的人。在这部分人中，睡眠剥夺的作用可能是通过取消睡眠来防止睡眠的致抑郁效应，并使白天抑郁的缓解趋势得以延续。如果读者仔细看图15.14，你会发现，对睡眠剥夺有反应的人其实在白天将近结束时就已经感觉好些了。这种改善会在无眠的夜晚继续发展，并延续到第二天。第二天晚上，患者被允许进行正常睡眠，醒来后，他们的抑郁水平又升高了。正如 Wu 和 Bunney 指出的那样，这些数据与"睡眠会产生一种致抑郁物质"的假说相符。【见图15.14】

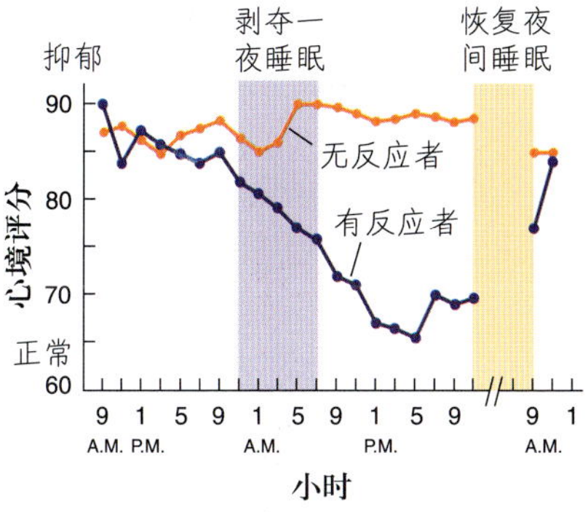

图15.14　全睡眠剥夺的抗抑郁效果。一夜内睡眠剥夺前后心境评分随时间变化图，两条曲线分别代表对治疗有反应和无反应的患者。

Adapted from Wu, J. C., and Bunney, W. E. *American Journal of Psychiatry*, 1990. 147, pp. 14-21.

作为治疗抑郁症的方法之一，全睡眠剥夺不太实用（不可能长期让患者不睡觉）。研究显示，部分睡眠剥夺可以加快抗抑郁药物的起效速度。例如，Leibenluft 等人（1993）发现，对难治患者在刚入夜或深夜时实施睡眠剥夺可以加快抗抑郁药物的起效速度。一些学者发现，*间断性*全睡眠剥夺（比如一周两次，共四周）也能起到一定作用（Papadimitriou et al.，1993）。

给时者的作用

还有一个现象将抑郁跟睡眠与觉醒联系起来——更准确地说，将抑郁与昼夜节律的机制联系起来。有些人在冬天的时候抑郁。我们知道，冬天是昼短夜长的季节（Rosenthal et al.，1984）。这种类型的抑郁称为**季节性情感障碍（SAD）**，它与重度抑郁症不尽相同：二者都有倦怠和睡眠紊乱的症状，但季节性抑郁的症状中包括对碳水化合物的渴望和随之而来的体重增加。（众所周知，重度抑郁症患者的食欲是下降的。）

季节性情感障碍（seasonal affective disorder）：一种心境障碍，发生在冬季昼短夜长时，以抑郁、倦怠、睡眠紊乱以及对碳水化合物的渴望为特征。

季节性情感障碍，由冬季漫长的黑夜和短暂的白天引起，可以通过每日暴露于亮光下的方法得到治疗。

john Griffin/The Image Works.

像抑郁症和双相障碍一样，季节性情感障碍具有遗传基础。在一项包含6439对成年双生子的研究中，Madden 等人（1996）发现，季节性情感障碍呈家族聚集性，按照他们的估计，在季节性心境障碍的总变异中，至少有29% 的变异可以归因于遗传因素。负责生产黑视素与光色素（可以探测光、同步昼夜节律）的基因是季节性情感障碍的遗传易感因素之一（Wulff et al., 2010）。

光线疗法对季节性情感障碍有效，做法很简单，每天暴露于亮光下几个小时即可（Rosenthal et al., 1985；Stinson and Thompson, 1990）。读者可以回想，睡眠和觉醒的昼夜节律是由下丘脑的视交叉上核控制的。光线以给时者的身份起作用，也就是说，光线使生物钟的活动与日—夜周期保持同步。研究发现，光线疗法，特别是在同时服用抗抑郁药物时，对严重抑郁病人有一定疗效（Terman, 2007）。

光线疗法（phototherapy）：通过每日暴露于亮光下的方法治疗季节性情感障碍。

光线疗法是治疗季节性情感障碍的安全而有效的疗法。根据 Wirz-Justice 等人（1996）的研究，这个疗法甚至可以不借助任何装置。他们发现，在早晨外出散步一个小时就能缓解季节性情感障碍的症状。研究人员指出，即使在阴霾的冬天，早晨的天空提供的照明也远胜于正常的室内人造光。因此，外出散步增加了光线暴露量。另外，体育锻炼也对改善抑郁有好处。许多研究（如 Dunn et al., 2005）证明，通过体育锻炼，患者的抑郁症状有所改善。

小 结

重度情感障碍

重度情感障碍包括双相障碍（躁狂和抑郁交替发作）和抑郁症。研究发现，这些障碍至少是部分地由遗传因素决定的。采用生物学疗法能够成功地治疗抑郁症，这些疗法包括：单胺氧化酶抑制剂、抑制去甲肾上腺素和5-羟色胺再摄取的药物（三环类、SSRI 类、SNRI 类）、电休克疗法、经颅磁刺激、深部脑刺激、电刺激迷走神经和睡眠剥夺。锂盐与抗癫痫药物能够成功地治疗双相障碍。

去甲肾上腺素和5-羟色胺受体激动剂的抗抑郁效果以及利血平（一种单胺能拮抗剂）的致抑郁效果都支持抑郁症的单胺假说。来自其他研究方向的证据也支持该假说。色氨酸（5-羟色胺的前体）耗竭抵消了抗抑郁药物的效果，进一步支持了“5-羟色胺在心境中起到重要作用”的结论。然而，尽管 SSRI 类药物能直接影响脑中5-羟色胺的传输，却需要数周后才能减轻病人的抑郁症状。所以，简单的单胺假说也不完全正确。

多项研究发现，位于前额叶皮层的膝下前扣带皮层作为脑神经网络的焦点，在情绪调节中发挥重要作用。对抑郁的治疗（包括深部脑刺激、经颅磁刺激、电刺激迷走神经和药物治疗）会降低膝下前扣带皮层的激活水平，可能继而降低杏仁核的激活水平，导致抑郁症状的缓解。经历压力性事件会抑制海马的神经发生，抗抑郁治疗能促进海马的神经发生，而抗抑郁治疗的疗效会被神经发生的抑制所抵消。

睡眠紊乱是情感障碍的特征之一。全睡眠剥夺能够迅速地（然而是暂时性的）缓解很多患者的抑郁症状，选择性地剥夺快速眼动睡眠也能缓解抑郁症状，但起效慢（持续时间却较长）。此外，几乎所有的抗抑郁药物都有抑制快速眼动睡眠的作用。慢波睡眠剥夺同样有缓解抑郁症状的功效。最后，一类特殊的抑郁症——季节性情感障碍，能够通过暴露于亮光而得到治疗。很明显，心境障碍与生物节律存在着一定程度的联系。

思考题

电视节目主持人正在对一位年轻明星的自杀事件发表评论，其间也谈到了如今感到不愉快的年轻人。他激动地问观众：“如果这些年轻人遇到了真正意义上的问题，比如经济大萧条、第二次世界大战或越战什么的，他们该如何是好？”重度抑郁症患者经常把自己的痛苦藏起来不让别人发现，怕被别人嘲笑，因为其他人也许会说，“你根本没有不开心的理由”。如果抑郁症的确是脑功能异常引起的，那么上述这些言论合乎情理吗？假设你是一位严重抑郁的人，听到你亲近的人指责你，说你没有伤感的理由，应该赶快走出坏情绪并停止自怨自艾，你会有怎样的感受呢？他人这样的态度能阻止抑郁患者选择自杀吗？

焦虑障碍

我们已经看到，情感障碍以不切实际的极端情绪——抑郁或躁狂——为特征。本节将要介绍的**焦虑障碍**是以不切实际、没有根据的恐惧和焦虑为特征的。焦虑障碍是最常见的精神障碍，终身患病率高达28%。此外，焦虑障碍容易产生抑郁症与物质滥用的共病（Tye et al.，2011）。我们将讨论三种具有生物学基础的焦虑障碍：惊恐障碍、广泛性焦虑障碍和社交焦虑障碍。尽管强迫症常被划归为焦虑障碍的一种，但由于其发病症状与关联脑区和其他三种不同，我们将单独讨论。

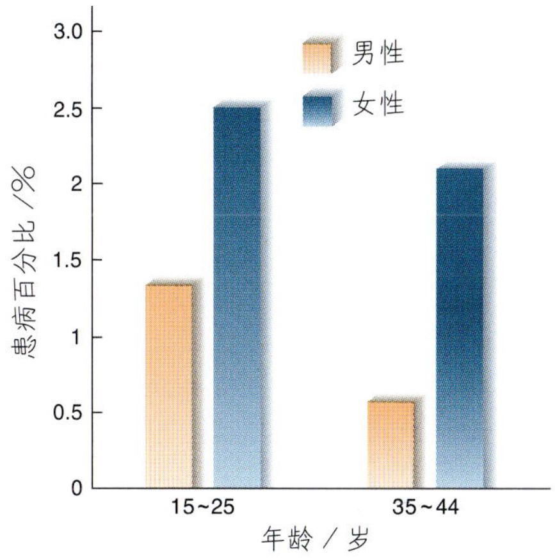

图15.15 惊恐障碍的患病率。不同年龄段确诊为惊恐障碍的男性和女性在人群中的比例。

Based on data from Eaton, W. W., Kessler, R. C., Wittchen, H. U., and Magee, W. J. *American Journal of Psychiatry*, 1994, 151, 413-420.

惊恐障碍、广泛性焦虑障碍和社交焦虑障碍

描述

惊恐障碍以阵发性急性焦虑的形式折磨着患者，发作时，患者被突然袭来的巨大恐怖感所笼罩，每次发作持续时间不长，在几秒到几个小时之间。惊恐障碍发病率约3% ~ 5%（Schumacher et al.，2011），女性发病的危险是男性的2.5倍。【见图15.15】

惊恐发作包括一系列躯体症状，如气短、出汗、心律不齐、眩晕、虚弱感和非现实感等。患者常体验到一种濒死感，因而常去医院急诊科寻求帮助。在两次惊恐发作之间，部分患者会经历**预期性焦虑**——害怕下次惊恐发作的到来。预期性焦虑常导致一种严重的恐惧症——**场所恐惧症**。严重的场所恐惧症可以使患者丧失工作能力，事实上，的确有患者因为害怕外出而成年累月地待在家里。

广泛性焦虑障碍的主要特点是过度焦虑与烦恼，且症状难以自我控制，表现出明显悲痛的临床症状，正常生活受到影响。广泛性焦虑障碍的发病率约3%，女性发病率比男性高2倍。

社交焦虑障碍又称社交恐惧，患者常处于持续的过度害怕的状态。他们害怕被他人观察，害怕在他人面前表现（比如说话或者表演），因而会回避社交场合。如果社交无法避免，患者会经历极度焦虑与痛苦。社交焦虑障碍发病率为5%，无性别差异。

可能的病因

家系研究与双生子研究表明，惊恐障碍、广泛性焦虑障碍和社交焦虑障碍均有遗传基础（Hettema，Neale，and Kendler，2001；Merikangas and Low，

焦虑障碍（anxiety disorder）：一类心理障碍，其特点是紧张，自主神经系统活动过度，预感灾难降临，以及对危险的持续性警戒。

惊恐障碍（panic disorder）：以周期性发作的自主神经症状（如气短、心律不齐等）和与之相伴的巨大恐惧感为特征。

预期性焦虑（anticipatory anxiety）：害怕惊恐发作，有可能导致场所恐惧症。

场所恐惧症（agoraphobia）：害怕离开家或其他安全的场所。

广泛性焦虑障碍（generalized anxiety disorder）：过多的焦虑与担心，以致干扰到正常生活。

社交焦虑障碍（social anxiety disorder）：过度害怕被他人观察，害怕在他人面前表现，因而回避社交场合。

2005）。有惊恐障碍病史的个体在接受激活自主神经系统的医学治疗时会引起惊恐发作，比如注射乳酸（一种肌肉运动的副产品）、育亨宾碱（一种 α_2 肾上腺素受体拮抗剂）、多沙普仑（麻醉师用来提高呼吸率的药物）或吸入二氧化碳含量较高的空气（Stein and Uhde，1995）。与锻炼的作用相同，乳酸和二氧化碳都能增加心率和呼吸，育亨宾碱则直接对神经系统有药理作用。

遗传学研究表明，BDNF 蛋白编码基因的多态性对焦虑障碍的发生有重要影响。*脑源性神经营养因子*（brain-derived neurotrophic factor，BDNF）调节神经元的生长与分化，影响个体的记忆与长时程增强，也与焦虑和抑郁有关（Yu et al.，2009）。Val66Met 是 BDNF 基因的一个等位基因，能阻碍人与大鼠条件性恐惧记忆的消退，继而导致前额叶—杏仁核回路不规则的活动。大鼠一般不存在该等位基因，但可以被植入。Soliman 等人（2010）发现，Val66Met 等位基因改变了腹内侧前额叶皮层回路，阻碍人与大鼠条件情绪反应的消退，还在情绪消退时降低腹内侧前额叶皮层的活动性。

功能成像研究表明，杏仁核以及扣带皮层、前额叶皮层与岛叶皮层都与焦虑障碍相关。Monk 等人（2008）发现，患有广泛焦虑障碍的青少年在注视愤怒表情时，杏仁核激活水平提高，而腹外侧前额叶皮层激活水平降低。他们还发现，健康对照组腹内侧前额叶的激活抑制杏仁核的激活，这一现象在焦虑障碍患者中不存在（在第10章中我们讲过，腹内侧前额叶皮层关系到恐惧和焦虑的消退与抑制）。Stein 等人（2007）发现，焦虑水平高的大学生的杏仁核与岛叶皮层的激活水平高，且激活水平与焦虑程度呈现正相关。

Tye 等人（2011）发现，对与杏仁核中央核形成突触的基底外侧杏仁核神经元终扣进行光遗传刺激，会立即终止大鼠的焦虑样行为。相反，对这些终扣的光遗传抑制会诱发焦虑行为。第5章中所述的光遗传技术，给了我们探寻焦虑发展与控制所涉及的神经回路提供了可能。

治疗方法

苯二氮䓬类药物常被用于治疗焦虑障碍。焦虑障碍的特征之一是杏仁核活动增强。杏仁核含有高浓度的 $GABA_A$ 受体，是苯二氮䓬类药物的靶子。Paulus 等人（2005）发现，服用苯二氮䓬类药物（氯羟去甲安定）后，被试进行表情面孔识别时，杏仁核和脑岛的激活水平降低。氟马西尼是一种苯二氮䓬类拮抗剂（与苯二氮䓬类镇定剂作用相反），惊恐障碍患者服用该药后会惊恐发作，而对照组没有出现惊恐发作（Nutt et al.，1990）。

苯二氮䓬类药物因其疗效迅速常被用于焦虑障碍急诊，但其长期效用不佳。该类药物有镇静作用，也会诱发耐药性与戒断反应，且有可能被滥用。因此，科学家在不断寻找治疗焦虑障碍的代替药物。实验表明，最近开发的药物 XBD173 能有效减少惊恐发作，且在一周的治疗后也不会产生镇静作用或戒断反应（Nothdurfter et al.，2011）。它很可能成为治疗焦虑障碍的药物之一。

如你所知，5-羟色胺在抑郁中扮演了重要的角色。多项证据显示，5-羟色胺在焦虑障碍中也起到了重要的作用。作为一种5-羟色胺受体激动剂，特异性5-羟色胺再摄取抑制剂已经成为治疗惊恐障碍和强迫症的一线药物（与认知行为疗法结合疗效更好)，尽管这两种障碍的症状不尽相同(Asnis et al.，2001；Resslerand Mayberg，2007)。图15.16显示的是惊恐障碍患者使用5-羟色胺再摄取抑制剂氟伏沙明(fluvoxamine)后，惊恐发作频率的变化。【见图15.16】

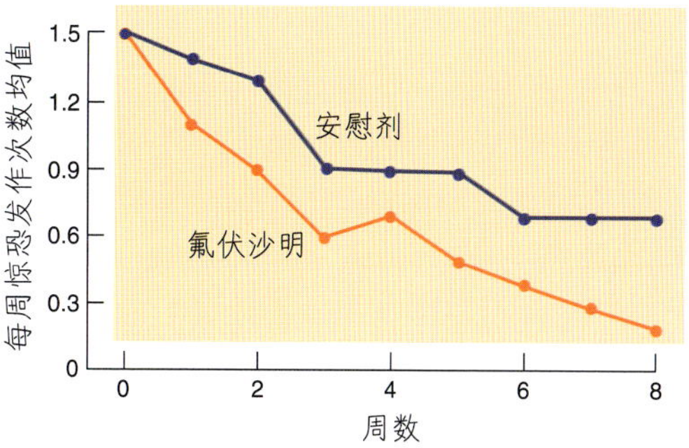

图15.16 氟伏沙明(一种特异性5-羟色胺再摄取抑制剂)对重度惊恐障碍的疗效。

Adapted from Asnis, G. M., Hameedi, F. A., Goddard, A. W., et al. *Psychiatry Research*, 2001, 103, 1-14.

强迫症

描述

强迫症(OCD)，它的英文名包含了两层意思：**强迫思维**(指挥之不去的想法)和**强迫动作**(指难以克制的行为)。强迫思维包括对身体排泄物、灰尘、细菌等的关注或厌恶；害怕可怕的事情可能发生；对对称、秩序或分毫不差的需要。大多数强迫动作可归为以下四类：计算、检查、清洁和躲避。比如，患者会反复地检查煤气炉有没有关好，窗子有没有关好，或者锁有没有锁好。一些患者即使手上长满了溃疡，也要每天洗手上百次。还有些患者不停地打扫房间，或者反复地洗衣服、晒衣服和叠衣服。有些患者因为害怕病菌感染而不肯离开房间，他们甚至拒绝与家庭成员有身体上的接触。如果不小心被"污染"了，他们通常会花更多的时间进行清洁仪式。

强迫思维存在于多种精神障碍中，比如精神分裂症。然而，与精神分裂症不同的是，强迫症患者清楚地知道，自己的想法和行为是愚蠢的，并渴望从中解脱出来。强迫行为往往愈演愈烈，直到患者的工作和生活受到严重干扰。

强迫症的发病率是1% ~ 2%，女性略高于男性。像惊恐障碍一样，强迫症通常在成年早期起病(Robbins et al.，1984)。患者大多不结婚，一方面，也许是怕脏、怕污染的强迫观念在作祟；另一方面，也许是因为他们不好意思在其他人面前做强迫仪式，这些顾虑使他们会尽量避免与他人的社交接触(Turner，Beidel，and Nathan，1985)。

有些学者相信，强迫症的强迫行为是在脑功能失常的情况下，从正常的控制机制中逃逸的物种典型行为——清洁、打扮自己以及注意潜在的危险源都属于物种典型行为(Wise and Rapoport，1988)。Fiske和Haslam(1997)认为，人类本来就有将行为演化为社会仪式的天性，强迫症的强迫行为只不过是这种天性的病态表现。例如，在不同的文化中，人们都会进行各种各样的仪式，通过这些仪式来标识社会地位的变更，诊断或治疗疾病，维系与神明之间的联系，或者祈求打猎和耕作顺利。这些仪式明确了个体的社会地位以及个体与其他社会成员的关系。请看下面这一幕(选自Friske and Haslam，1997)：

> 你旅行到了一个陌生的国家。外出散步的时候，你看到一个男人，一身红色装束，站在一扇红色大门下的一张红席子上……念过六遍祷文后，他端出六盆水，摆放在大门前，并小心翼翼地将这六盆水排成一个对称的图形。然后，他在每盆水里洗六次手，每次的动作完全一样。同时，他口中不停地重复着一个短语，偶尔用他的

强迫症(obsessive-compulsive disorder，OCD)：一类精神障碍，以强迫思维和强迫动作为特征。

强迫思维(obsession)：想避免但总是出现的想法和念头。

强迫动作(compulsion)：哪怕自己不甚情愿，也非要实施某种行为的感觉。

右手手指在耳垂上轻点一下。你通过翻译问他在做什么。他说地上有不干净的东西，他必须净化自己，否则会有可怕的事情发生。看起来，他挺愿意告诉你这些的。(p.211)

这个男人为什么要这样做？难道他是一个牧师，正在进行一项神圣的仪式？或者他得了强迫症？在不了解当地文化的情况下，我们无法回答这个问题。Fiske 和 Haslam 将强迫症等心理障碍的表现与人们在52种文化中举行仪式、从事劳动和其他活动时的行为进行了对比。他们发现，强迫症的特征性表现可以在各种文化的仪式中找到。然而，其他心理障碍与仪式就没什么共通点了。总的说来，现有的证据显示，强迫症的症状代表了一种人类共有的天性，只不过这种天性在患者身上被放大了。

Zhong 和 Liljenquist（2006）发现，即使是工业发达国家中受教育程度高的人群（美国西北大学学生）也潜移默化地认为清洁仪式能“洗净他们的罪过”。研究者让被试回忆所做过的道德或不道德事情的细节。然后，要求被试用字母填充单词中的空格，一些单词可以被填充为清洁净化或其他含义。如 W _ _ H、SH _ _ ER 和 S _ _ P 可以被填充为清洗（wash）、沐浴（shower）和肥皂（soap），或者是愿望（wish）、搅拌器（shaker）和脚步（step）。研究发现，回忆不道德事情的被试更可能想到与清洁相关的单词。让被试从铅笔或消毒纸巾中选择一样免费小礼物时，回忆不道德事情的被试更可能选择消毒纸巾。

可能的病因

越来越多的证据显示，强迫症具有遗传基础。到目前为止，虽然没有双生子研究严格地比较符合诊断的强迫症患者和正常人，但多项研究发现，强迫思维和强迫动作在同卵双生子中的共病率高于异卵双生子（Hettema, Neale, and Kendler, 2001）。至少有两个研究提示说9号染色体包含一个与强迫症有关的区域（Hanna et al., 2002；Willour et al., 2004）。

不是所有的强迫症都是通过遗传获得的。脑损伤有时也会导致强迫症，比如分娩损伤、脑炎和头部外伤等（Hollander et al., 1990；Berthier et al., 1996）。值得注意的是，强迫症症状与基底节、扣带回和前额叶皮层等脑区在结构和功能上的损伤有关（Giedd et al,, 1995；Robinson et al., 1995）。

如果传染性疾病侵及基底节，便有可能引发强迫症症状。Bodner、Morshed 和 Peterson（2001）报告了一位25岁的男性患者，因喉咙疼痛未得到及时治疗（其居住地的宗教组织抵制抗生素）而患上了自身免疫疾病，并因此引发了强迫症。研究者在他体内发现了一种特殊链球菌的抗体，MRI 扫描发现了基底节的异常。在一项 MRI 研究中，Giedd 等人（2000）发现34个患有链球菌相关抽动障碍或强迫症的儿童基底节增大，他们认为这是由地区性的自身免疫性炎症导致的。

一些功能成像研究的结果为强迫症患者额叶与尾状核活动性增强提供了证据。Whiteside、Port 和 Abramowitz（2004）的一篇综述发现，许多功能成像研究结果一致地发现了尾状核与前额叶皮层的活动性增强。Guehl 等人 (2008) 在三名进行神经外科手术的强迫症患者的尾状核植入微电极，其中两名在手术期间报告出现了强迫思维，同时尾状核神经元活性增强。第三位患者没有报告强迫性思维，其神经活动相对较弱。

治疗方法

Saxena 等人 (1998) 综述了几个研究，这几个研究测量了在治疗前后（指的是接受药物或认知行为疗法的成功治疗），强迫症患者的一些脑区的活动性。总的来说，患者症状缓解与尾状核和前额叶皮层的活动性降低相关。事实上，认知行为疗法与药物治疗的结果类似，这很值得我们关注，它提示我们，截然不同的治疗方法可能带来相同的生理变化与严重精神障碍的缓解。

在第 10 章中，我们看到，前额叶皮层和扣带皮层参与了情绪反应。如果现在我告诉大家，这两个脑区与强迫症也有关系，读者想必不会太惊讶吧。事实证明，**扣带回切开术**对部分病情严重的强迫症患者的确有效。所谓扣带回切开术是指通过外科手术的办法毁损额叶内的某些纤维束，其中包括扣带束（前额叶和扣带皮层与颞叶边缘系统之间的连接纤维）和联系基底节与前额叶的神经纤维（Ballantine et al., 1987；Mindus, Rasmussen, and Lindquist, 1994）。这种手术适用于经药物或行为治疗无效的严重强迫症患者，成功率较高。Dougherty 等人（2002）报告，扣带回切开术的成功率相当高。囊切手术是另一种相当有效的神经外科治疗方法，它能破坏连接尾状核与内侧前额叶皮层的纤维束区域（内囊）（Rück et al., 2008）。当然，神经外科手术是不可逆的过程，因此，只有在迫不得已的情况下才考虑这个方法。Rück 及其同事报告，一些病人在术后出现了明显的副作用，比如计划困难、冷漠以及难以抑制社交不当行为等。

一位强迫症患者无意间为自己做了外科手术。Solyom、Turnbull 和 Wilensky（1987）报道了一位年轻男性患者，受到仪式性洗手和其他强迫行为的困扰，不得不中止了学业，甚至无法过正常的生活。于是，他决定结束自己毫无意义的生命。他将一支22毫米口径的来福枪枪口放到嘴里，并扣动了扳机。子弹飞进颅底，毁坏了部分额叶。结果，他非但没死，强迫症也完全好了。值得庆幸的是，脑损伤没有破坏他制订和执行计划的能力；后来，他完成了学业并找到一份工作。他的智商也没有受到影响。这次意外的手术真是太惊险、太混乱了，但不得不承认，即使是真正的手术也很难做到比这更成功。

在第 14 章中，我们讲过深部脑刺激是治疗帕金森病症状的有效手段。与帕金森病类似，强迫症也包括基底节异常，因此一些医生尝试使用对基底节或者纤维束进行深部脑刺激进行治疗。这种方法似乎可以缓解一些患者的强迫症症状（Abelson et al., 2005；Larson, 2008）。Le Jeune 等人（2010）发现，对丘脑底核进行的深部脑刺激可以缓解强迫症症状，而丘脑底核在大脑皮

扣带回切开术（cingulotomy）：破坏扣带束（连接前额叶皮层和边缘系统的神经纤维）的外科手术，目的是减轻患者的焦虑，缓解强迫症症状。

层—基底节神经回路中发挥着重要作用。在本节开头我曾提到，内囊毁损是神经外科学的一项先进技术手段。Goodman 等人（2010）发现，对6位有难治性强迫症的患者进行内囊深部脑刺激，其中4名患者的强迫症症状有所缓解。与损害脑组织的神经外科手术相比，深部脑刺激的重要优势之一在于它的可逆性：如果收效甚微，电极可以移除。

三种药物氯丙咪嗪、氟西汀和氟伏沙明常被用于改善强迫症症状。这些有效的抗强迫药物是特异性5–羟色胺再摄取的阻断剂，即是5–羟色胺能激动剂。5–羟色胺对物种典型行为有抑制作用，因此引发了科学家们的猜测：这些药物通过降低数数字、反复检查、清洁和回避行为的倾向性（也是强迫症的基础），来缓解强迫症状。与强迫症有关的脑区，如前额叶皮层和基底节等，也都是接收5–羟色胺能终扣的神经输入的（Lavoie and Parent，1990；El Mansari and Blier，1997）。

三个少见的强迫动作佐证了5–羟色胺活动对强迫行为的抑制作用，它们是拔毛癖、咬甲癖和舔噬性皮炎。*拔毛癖*以强迫性拔头发为特点。患者（几乎总是女性）经常每晚花几个小时的时间，一根根地拔自己的头发，有时候还将拔掉的头发吃下去（Rapoport，1991）。*咬甲癖*以强迫性咬指甲为特点，在极端情况下，会造成指端严重受伤。（对于身体很灵活的患者来说，咬脚趾甲也是常有的。）双盲研究显示，治疗强迫症的药物氯丙咪嗪对以上两种障碍都有不错的疗效（Lenoard et al.，1992）。

*舔噬性皮炎*不是人类的疾病，是一种犬类疾病。病犬不停地舔自己身体的某些部位，特别是手腕和脚踝（称为*腕关节*和*跗骨*）。久而久之，这些部位不再长毛发，严重时皮肤会发生溃烂。该病似乎是遗传获得的：首先，病犬几乎都是大型犬，如大丹犬、拉布拉多猎犬和德国牧羊犬；其次，发病呈家族聚集性。一项双盲研究发现，氯丙咪嗪能够有效减少这种强迫行为（Rapoport，Ryland，and Kriete，1992）。起初，在 Rapoport 等人的报告中看到“双盲”一词时，我被逗笑了，难道研究人员为了不让狗知道自己服用了什么药而做了特别的设计吗？后来转念一想，原来双盲的一方并不是狗，而是狗的主人呀。

小 结

焦虑障碍

焦虑障碍严重地干扰了患者的生活。女性患惊恐障碍的危险约为男性的2.5倍。惊恐障碍患者周期性地经历惊恐发作，发作时，自主神经活动会引发一系列剧烈的躯体症状，并常伴有濒死感。惊恐发作常引起场所恐惧症，一种极力避免离开安全场所的障碍，比如不愿意离开自己的家。家系研究和双生子研究显示，惊恐障碍至少部分地归因于遗传因素，这说明该障碍具有生物学基础。

苯二氮䓬能够有效地缓解惊恐发作，据此推测，惊恐障碍可能与苯二氮䓬受体数目减少或内源性苯二氮䓬激动剂分泌不足有关。苯二氮䓬拮抗剂能够诱发惊恐发作。目前，治疗惊恐发作的首选药物是特异性5–羟色胺再摄取抑制剂。此外，BDNF 基因的特定等位基因与焦虑水平增加有关。功能成像研究发现，杏仁核、扣带皮层、前额叶皮层以及岛叶皮层与焦虑障碍有关。

强迫症（OCD）以强迫思维（无法摆脱的想法）和

强迫动作（无法控制的行为）为特点，症状常涉及清洁和注意危险等内容。有些学者相信，这些行为是物种典型行为的过度表现。强迫症具有遗传基础，分娩损伤、脑炎以及头部外伤带来的脑损伤也可以导致强迫症，特别是当脑损伤涉及基底节时。链球菌感染能够引发免疫系统对脑组织的攻击，如果侵及基底节，便可能导致强迫症。

功能成像研究发现，强迫症患者的前额叶皮层、扣带皮层和尾状核等脑区的活动增强。经药物或行为治疗，症状得到缓解后，前额叶皮层和尾状核的活动随即下降。对于难治性强迫症患者来说，扣带回切开术、囊切手术等神经外科手段也能缓解强迫症症状。通过植入电极进行的深部脑刺激也能缓解部分患者的强迫症状。另外，相比神经外科手段，深部脑刺激具有可逆性的优势。选择性5-羟色胺再摄取抑制剂类药物（如氯丙咪嗪）是最有效的治疗药物。一些学者相信，氯丙咪嗪一类的药物通过增强5-羟色胺能神经通路的活动来抑制物种典型行为，进而起到缓解强迫症症状的作用。其他强迫动作，如拔毛癖、咬甲癖和（犬类）舔噬性皮炎，也能被氯丙咪嗪抑制。

思考题

通情达理的人都知道，我们不应该责备精神障碍患者。大多数人都会同情惊恐障碍和强迫症患者，不认为他们的处境是由于缺乏意志力造成的。无论他们的病是创伤性经验造成的，还是脑病变造成的（或者两者兼有），都不是他们的错。但是，对于那些不够严重的不良人格特点呢？比如，我们应该因某人的羞怯或不友善而责备他吗？许多心理学家认为，人格特点在很大程度上由遗传决定（通过对脑结构和化学功能的影响）。如果真是这样的，那么我们该如何定义“个人的责任”？又该如何制订“责备”的标准呢？

本章结语 | 前额叶切除术

在引子中，我曾谈到，1935年，黑猩猩贝姬的手术至今仍颇具影响。直到今天，数万人接受了前额叶切除手术，以缓解情绪困扰，其中很多人现在还健在。起初，医学界因其功能效果十分欢迎这一治疗方式，然而数年后，开始有研究关注手术的副作用。研究表明，尽管术后患者在标准智力测试中的表现尚可，但出现了较大的人格转变，变得不负责任和孩子气。患者还出现了执行计划困难，因而不能就业。消失的不仅是病态情绪症状，正常情绪反应也随之消失。基于此研究结果，加之药物与其他副作用更小的治疗手段不断出现，神经外科医生最终放弃了前额叶切除手术（Valenstein, 1986）。

我必须指出，前额叶切除手术是在Moniz的监督下由神经外科医生实施的，它并不像Jacobsen及其同事为黑猩猩贝姬做的手术一般剧烈。手术事实上没有切除任何脑组织，而是利用各种设备，深入额叶并隔绝白质（轴突束）。手术甚至不需要手术室，在医生的办公室中就可以进行。形似碎冰锥的经眶脑白质切除器通过上眼皮下方抵达眼球上方的眶骨，被小锤轻击后，经眶脑白质切除器进入脑，其末端前后移动时切断白质。病人在一小时内就可以离开手术办公室。

这种手术是“盲目的”（也就是说，医师看不到工具具体处于什么位置），会带来不必要的损伤，因而许多科学家反对使用它。另外，因为手术十分方便，术后除了眼睛变黑没有任何外部征兆，可能让某些医师过于随意地做出手术的决定。实际上，仍有至少2500名病人接受了前额叶切除手术（Valenstein, 1986）。

今天，我们对额叶切除术的影响——无论是经眶方式还是传统方式——有了更多的了解，这种根治性手术不应当进行。长久以来，人们忽视了手术的副作用。前文我们提及，神经外科医生逐渐发明了另一种相当严格的手术手段——扣带回切开术——用于治疗难治性强迫症。幸运的是，这种手术能有效缓解强迫症状，且副作用较小。

关键概念

精神分裂症

1. 精神分裂症有阳性、阴性和认知症状。
2. 对精神分裂症的易感程度是可遗传的，由此可见，生物因素在发病过程中起到了重要作用。
3. 多巴胺受体激动剂和拮抗剂对精神分裂症阳性症状的影响支持多巴胺假说。
4. 在有阴性症状的精神分裂症患者中获得了脑损伤的证据，因此，有学者相信，早年发生在大脑内的病理过程（可能是病毒引起的）是导致青春期与成年早期精神分裂症的原因。
5. 有证据显示，精神分裂症的阴性症状和认知症状主要由前额叶皮层活动降低引起，前额叶活动降低又促进伏隔核内多巴胺的释放，进而诱发阳性症状。

重度情感障碍

6. 重度情感障碍包括重度抑郁症和双相障碍，二者都具有遗传基础。
7. 治疗抑郁症的生物学手段包括去甲肾上腺素或5–羟色胺能受体激动剂、电休克疗法（ECT）、经颅磁刺激（TMS）、光照疗法和睡眠剥夺。锂盐和一些抗癫痫药物是治疗双相障碍的有效药物。
8. 研究发现，单胺能激动剂及拮抗剂会影响情感障碍症状，有抑郁病史的患者在饮食上剥夺了5–羟色胺后会再次出现抑郁症状，这些证据都支持单胺假说。
9. 深部脑刺激、经颅磁刺激、迷走神经电刺激、SSRI 与 SNRI 类药物常被用于治疗抑郁症，它们可以减少膝下前扣带皮层的活动性，继而显著降低杏仁核的激活。
10. 情感障碍与睡眠紊乱有关，快速眼动睡眠剥夺和全睡眠剥夺能改善情感障碍的症状。此外，有人患有季节性情感障碍。因此，情感障碍可能是调节生物节律的神经系统功能失调导致的。

焦虑障碍

11. 惊恐障碍、广泛性焦虑障碍、社交焦虑障碍和强迫症是常见的焦虑障碍，它们都具有遗传基础。焦虑障碍常发生于 BDNF 基因特定基因型携带者中，其治疗药物主要是苯二氮䓬类与特异性5–羟色胺再摄取抑制剂。
12. 强迫症可能与物种典型行为有关，如清洁、打扮和注意危险等。它具有一定的遗传基础，且可能涉及基底节的异常与损伤。实验动物的这些行为能够被氯丙咪嗪抑制，事实证明，氯丙咪嗪等特异性5–羟色胺再摄取抑制剂对强迫症的疗效不错。

第 16 章

自闭症、注意缺陷或多动症、应激和物质滥用障碍

© Robin Nelson/PhotoEdit

本章要点

学习目标

1. 自闭症的症状及可能的病因。
2. 注意缺陷或多动症的症状及可能的病因。
3. 应激的生理反应以及对健康的影响。
4. 长期应激的某些影响，包括创伤后应激障碍。
5. 应激、免疫系统与感染性疾病间的相互作用。
6. 成瘾的一般特性和后果。
7. 渴求和复吸的神经机制。
8. 鸦片、可卡因、苯丙胺和尼古丁的行为和药理学作用。
9. 酒精和大麻的行为和药理学作用。
10. 遗传因素在人类成瘾行为中的作用。
11. 药物滥用的治疗方法。

引子 | 突发的渴求

约翰开始感觉他的生活或许能回到过去。看起来，他的吸毒习惯开始被克服了。他是在几年前开始吸毒的。起初只是在特殊的场合，主要是和他的朋友在周末吸毒，但海洛因毁了他。他的一位熟人介绍了注射器用药，约翰发现他已经不能克制自己等到每周周末才享受一次了。他开始每天注射药物。不久之后，为了满足用药的需要，他丢掉了工作，而开始进行汽车盗窃和毒品交易。随着时间的推移，他的用药量越来越大，时间间隔越来越短，这就需要更多的钱。最终，约翰由于参与海洛因的买卖而被捕。

法庭判给约翰两个选择：监狱或者药物康复机构，他选择了后者。戒断过程开始后不久，他意识到自己脱离了药物。现在他不再服药，并能反思自己的生活，他认识到如果他继续服药，自己会成为一个怎样的人。他不想再一次经历海洛因戒断的过程，尽管这并不像他想象得那样糟糕。康复机构的顾问告诫他要跟过去的邻居和老熟人断绝关系，他听从了建议。现在，他已经8个星期没有服药了，有了新的工作，并结识了一位同情他的女子。但他知道自己并没有完全戒除毒瘾，因为他还会不时地想起海洛因的“美好”感觉。但到目前为止，似乎一切顺利。

直到有一天，在下班回家的路上，他转过一个街角，看见墙上贴了一张新的广告。广告内容是有关反对服用麻醉品的，上面画满了各种类型、各种颜色的药物随身用具：散落出白色粉末的玻璃纸包、注射器、针头、匙以及用于加热和溶解药物的蜡烛。他的心一下被揪住了，立刻产生了强烈的服药愿望。他闭上眼睛，努力想赶走这种想法，但是他感到胃在搅动、四肢在颤抖，脑子里都是海洛因。他跳上汽车，去找他的旧邻居。

第15章阐述的是以适应不良的情绪和思维过程为特征的精神异常。本章将要阐述的是具有生理基础的另外四种紊乱：自闭症、注意缺陷或多动症、应激和药物滥用。

自闭症

描　述

当一个婴儿降生后，父母会给予孩子无私的爱，同时也希望得到爱的回报。但不幸的是，有些婴儿在出生时患有某种疾病，损害了他们回报父母感情的能力。**自闭症**的症状包括不能与他人建立正常的社交关系，交流能力的发展受损，伴有重复的刻板样行为。多数患有自闭症的病人还表现为认知损伤。该障碍是由Kanner（1943）命名的，专指儿童明显的自我关注。

根据Silverman等人的一项综述（2010），自闭症的人群发病率是0.6%～1%。男孩自闭症的发病率是女孩的4倍左右。但如果仅考虑精神发育迟缓的自闭症病例，则这一比例会降至2:1；如果仅考虑高功能性自闭症病例（智力达到或超过平均水平，具有良好的交流能力），这一比例会升至7:1（Fombonne，2005）。这些数据提示，社会性损伤更多见于男孩，而认知和交流能力损害则对男孩和女孩都一样。有一个时期，临床医生认为自闭症更多地发生在较高社会经济地位的家庭，但最近的研究发现，自闭症的发病率在所有的社会阶层都是一样的。据报道，自闭症的发病率在过去的20年中有所提高，但证据表明，这种明显的增高是由于对这一疾病的高度认识和放宽诊

自闭症（autistic disorder）：一种慢性障碍，症状包括不能与他人建立正常的社会关系，交流能力的发展受损，想象力缺乏，以及重复的刻板运动。

断原则所导致的。研究并没有发现自闭症与儿童免疫之间的相关性。事实上，最初提出免疫与自闭症之间具有相关性的研究者已经被英国医疗委员会认定犯有欺骗罪，相应的文章也被发表的杂志《柳叶刀》(*The Lancet*)撤回了(Dwyer，2010)。

自闭症是几种普遍的、症状相似的发育异常障碍之一。**阿斯伯格综合征是自闭症谱系障碍**中最温和的形式，病情的严重程度通常低于自闭症，而且它的症状并不包括语言发育的迟滞或重要的认知缺陷。阿斯伯格综合征的主要症状是社交缺陷、重复和刻板行为，以及对周围物体的过度关注。**雷特综合征**是只见于女性的遗传性神经综合征，伴有婴儿期的脑正常发育停止。**儿童衰变综合征**表现为正常的智力和社交发育，然后在2～10岁，表现出严重的衰退，发展为自闭症。

自闭症儿童往往长时间地独自沉浸在自己的世界中。

Michael Macor/The Chronicle/CORBIS.

根据美国精神病学会的诊断手册(DSM-IV)，自闭症的诊断需要三类症状的存在：社会交往受损、交流能力的缺乏或丧失以及刻板行为。**社会性缺损**是最早出现的症状。患有自闭症的婴儿似乎对是否被抱着漠不关心，或者当他们被抱起时，呈拱背状，仿佛并不希望被抱。他们也从来不看父母或对父母微笑。即使他们生病、受伤或疲倦，也从不注视他人以寻求安慰。患儿长大后，不与其他儿童建立社交联系，甚至避免与人的目光接触。他们不能预测他人的行为或理解他们的动机。严重的自闭症患儿甚至意识不到其他人的存在。

自闭症患儿的**语言功能发展**异常甚至不发展。他们经常重复别人对他说的话，或者把自己看作别人，如用第二或第三人称来指自己。患有自闭症的个体还表现为**异常的兴趣和行为**。例如，他们可能表现为刻板运动，如前后甩手或前后摇摆。他们在观察物体时可能会被迷住，闻味道，摸质地，或前后移动。他们也可能被某个特殊的物体吸引，坚持将其带在身边。他们可能专注于将某些物体对齐或摆成一定的格局，而忘记了身边的其他物体。他们做事墨守成规，一旦受阻则愤怒异常。他们不喜欢假装游戏，也对幻想故事不感兴趣。尽管多数自闭症患者表现为智力低下，但有些则不是；而且与其他智力迟钝人群不同，他们可能体态优美。有些患者可能拥有一些技能，如能不费力气地迅速完成两个四位数的乘法。

可能的病因

当Kanner首先描述自闭症时，他提出病因是生物学因素；但不久之后，资深的临床医生提出自闭症可能是习得的——准确地说，是由冷漠的、感觉迟钝的、疏远的、苛求的和性格内向的父母造成的。Bettelheim(1967)认为，自闭症症状类似于第二次世界大战期间纳粹集中营幸存者的一些行为表现，如感情缺乏、孤僻以及绝望。可以想象自闭症患儿的父母由此遭到了强烈的谴责。有些专家甚至将自闭症儿童作为虐待儿童的证据，提出自闭症患儿不应该与他们的父母共同生活，而应交予更为合格的养父母。

现在，研究者和精神健康专家则相信自闭症的主要病因是生物学因素，他们的父母应该得到帮助和同情而不是谴责。更为细致的研究发现，与其他父母一样，自闭症患儿的父母也是感情丰富的、友善的、反应正常的（Cox et al.,1975）。此外，自闭症患儿的父母通常还生育了一个或更多的正常儿童。试想，如果自闭症是父母的问题，那么他们的所有孩子都应该存在问题，而不是仅有一个有问题。

遗传的可能性

研究表明，自闭症具有强烈的遗传倾向。遗传因素的最佳证据来自双生子研究。这些研究指出，同卵双生子的自闭症患病一致性为近70%，而异卵双生子的一致性只有5%左右。同卵双生子的自闭症谱系障碍的发病一致性是90%，异卵双生子是10%（Sebat et al.，2007）。Ozonoff等人的研究（2011）发现，如果一个婴儿有一个患有自闭症谱系障碍的哥哥或姐姐，那么他的发病率会高达18.7%。而如果有多个哥哥或姐姐患病，那么他的发病率则会提高至32.2%。遗传研究指出，自闭症由许多罕见的基因突变引起，尤其是那些干扰神经发育和交流的基因突变（Betancur，Sakurai，and Buxbaum，2009）。

脑的病理改变

自闭症有高度遗传性的证据还来自自闭症是脑内结构或生物化学异常的结果。此外，许多医学问题，尤其是发生在胚胎发育期间的，能引起自闭症的症状。研究证据提示，近20%的自闭症患者具有明确的生物学病因，如母亲妊娠期间感染风疹和服用反应停；疱疹病毒所致的脑炎；结节性硬化——一种能引起多个脏器（包括脑）内出现良性肿瘤的遗传性疾病（DeLong，1999；Rapin，1999；Fombonne，2005）。

研究证据已经发现，自闭症患儿存在明显的脑发育异常。Courchesne等人（2005，2007）指出，尽管自闭症患儿的脑在出生时平均略小，但随后表现为异常的快速增长，在2 ～ 3岁时比正常脑大10%。在快速增长之后，自闭症患儿脑的生长速度减慢，到青少年阶段比正常脑大1%。与自闭症患儿功能损伤最有关的脑区在早期表现为最快速的增长，而在儿童期和青少年期表现为最慢的增长。例如，自闭症患儿的额叶和颞叶皮层在出生后的两年内快速增长，但在随后的四年中变化很小或根本不增长，而正常大脑的这两个结构在此阶段则分别会增长20%和17%。

研究者采用结构和功能成像技术观察这三类自闭症症状的神经基础。例如，Castelli等人（2002）分别给正常被试、高功能自闭症和阿斯伯格综合征患儿呈现动画，即描述两个三角形在各种目标导向方式中的相互作用（例如，单纯的追逐或战斗），或一个三角形试图哄骗或诱骗另一个的作用方式。例如，一个正常的被试以下面的方式描述这个动画，“两个三角形在房间内拥抱。大三角想说服小三角出门。他不想……再次拥抱”。自闭症人群能够准确地描述三角形的目标导向的相互作用，但很难准确描述一个三角形试图哄骗或说服另一个三角形的“意图”。动画呈现期间的功能成像研究表明，自闭症个体的视觉联合皮层（纹外皮层）的早期激活水平正常，但颞上回和内侧前额叶皮层的激活显著降低。【见图16.1】以往的研究已经证实，颞上回在探测与另一个体的行动有关的刺激中发挥重要的作用（Allison，Puce，and McCarthy，2000）。

缺乏对他人的兴趣和理解体现在自闭症病人的脑对人类面孔的反应上。如第6章所述，梭状回面孔区（FFA）位于脑底部的视觉联合皮层，参与个体的面孔识别。Schultz（2005）的一项功能成像研究发现，成年自闭症病人在注视人类面孔照片时，梭状回面孔区表现为反应低下或无反应。【见图16.2】自闭症病人很难识别他人情绪的面部表情或他人凝视的方向，而且也很少与其他人进行目光交流。自闭症病人的梭状回面孔区不能反映人类面孔的原因似乎在于这些人很少研究其他人的面部，因此没能发展正常人通过人际交往所获得的这种能力。

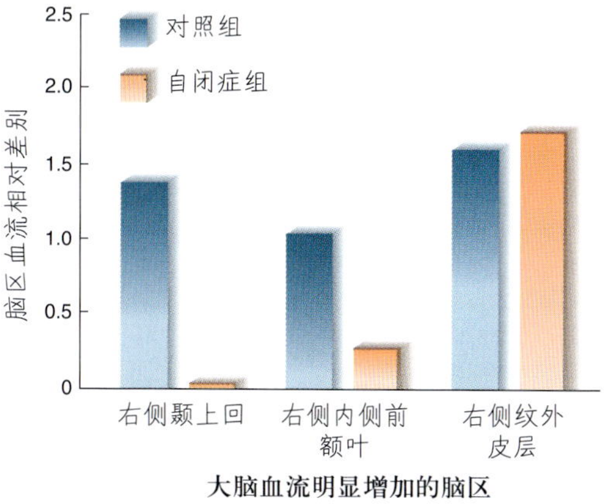

图16.1 推断意图。该图显示了自闭症成人和正常被试在看到两个三角形带有某种隐含的意图的相互移动的动画时，特异性脑区的相对激活。

Based on data from Castelli, E., Firth, C., Happé, E., and Frith, U. *Brain*, 2002, 125, 1839-1949.

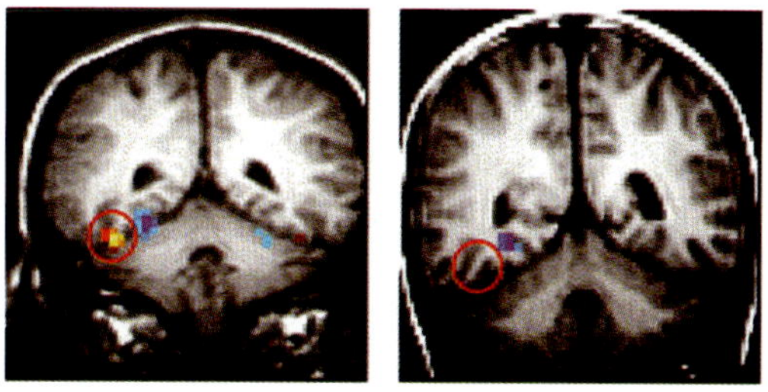

图16.2 梭状回面孔区和自闭症。该图显示当注视人类面孔时，正常人出现梭状回面孔区的激活，而自闭症个体则没有。

Reprinted from *International Journal of Developmental Neuroscience*, 23, Schultz, R. T., Developmental Deficits in Social Perception in Autism: The Role of the Amygdala and Fusiform Face Area, 125-141, Copyright 2005, with permission from Elsevier.

如第10章所阐述的，催产素（一种作为激素和神经调质的肽类）能够增加对其他人的信任和亲近。Modahl等人（1998）报道，自闭症儿童的催产素水平较低。研究提示，催产素能改善自闭症谱系障碍患者的社交能力。Guastella等人（2010）发现，催产素能提高男性青少年自闭症谱系障碍患者的情绪识别测验的成绩。Andari等人（2010）发现，催产素能改善患高功能自闭症谱系障碍的成人计算机化的掷球游戏成绩，而这一成绩需要与虚拟的合作者之间的社会交流。

Baron-Cohen（2002）指出，自闭症人群的行为特异性似乎表现出了与男性相关的夸张症状。事实上，男性自闭症的发病率比女性高4倍，而男性的阿斯伯格综合征则高达女性的9倍。Baron-Cohen提示，自闭症可能是"极端男性大脑"的反映。例如，他指出，一般而言，女性比男性更擅长推断其他人的想法或意图，对面部表情更为敏感，对其他人的痛苦更易于表达同情，更乐于与其他人分享和相处。然而，在一般情况下，男性较少地表现这些特质，而是更倾向于与其他同伴竞争，参与打斗的游戏，建立优势的等级结构等。男性也倾向于对汽车、武器玩具和积木更感兴趣；追求机械、金属加工和计算机工程等方面的工作。他们在读地图方面也更有优势。换言之，男性对于物理客体和逻辑系统而不是社会联系更为感兴趣。根据Baron-Cohen的观点，自闭症病人表现出了男性化兴趣和行为的夸张模式。例如，许多自闭症病人表现出极端的男性特质，如丧失对其他人的兴趣，却痴迷于计数，以及将物体摆成一排。

如第9章所阐述的，脑的性别差异在很大程度上受出生前雄激素调控。Auyeung等人（2009）采用两个测验来检测某些正常儿童行为的自闭症特质，这些儿童的母亲在怀孕期间经历了羊膜腔穿刺手术（在怀孕期间抽取少量的羊水）。羊膜腔穿刺术通常是在胎儿睾酮分泌的高峰期实施，因此羊水的睾酮含量测定可反映出此时胎儿的脑所暴露于的睾酮含量。Auyeung 及其同事发现，胎儿的睾酮水平与测验分数之间存在显著的正相关关系。这一相关分别存在于男女儿童和全体被试群体中。即使 Baron-Cohen 的假说是正确的，我们也不能推断出自闭症是由出生前过量的睾酮所导致的。“极端的男性大脑”可能由基因异常所导致，由此增加了发育中的脑对雄激素的敏感性，自闭症也可能存在其他与脑雄性化没有任何关系的病因。

小 结

自闭症

自闭症的发病率约为 0.6%~1.0%。疾病的特征是社交能力受损、想象力缺乏以及重复刻板的运动行为。尽管自闭症患儿通常伴有智力发育迟滞，但有些可能具备某种特殊的才能。另外，自闭症病人通常不关注他人的面孔，当他们注视别人时，他们的梭状回面孔区并未被激活，而且他们感受其他人面部表情表达的能力受损。儿童免疫与自闭症发生之间没有关系。

以前的研究认为，自闭症的病因在于父母，父母由此受到谴责；而现在的研究则认为致病的主要原因是生物学因素。基因研究显示，自闭症是高度遗传的，但许多不同的基因都与其发病有关。自闭症也可由干扰胚胎发育的几种特殊事件所引起，如母亲妊娠期服用反应停或风疹病毒感染。MRI 研究指出，自闭症患儿的大脑表现出异常的快速增长直至2~3岁，然后又生长缓慢。自闭症患儿大脑中参与高级加工（如沟通和理解社会刺激）的脑区在早期发育得最快，但随后又停止了正常发育。此外，高级脑区之间的远距离交流也受到损伤。自闭症的某些特质可被看作男性行为的夸大，由此引发了“极端男性大脑”的假说。

思考题

你是否听说过关于儿童免疫与自闭症发生相关的研究？你是否听说过该研究的发表及其主要作者的情况？那么为什么许多家长仍然为儿童免疫感到担心呢？

注意缺陷或多动症

有些儿童可能表现出在保持静止、注意力集中和完成任务方面的困难。实际上，多数儿童都会一度表现出这些特性。但患有**注意缺陷或多动症（ADHD）**的儿童则频繁出现这些症状，以致干扰了他们的正常学习能力。

描 述

注意缺陷或多动症是最常见的儿童行为异常。它通常是在教室内被发现的，因为这里要求儿童在上课时不能乱动、注意听讲和认真完成作业。但注意缺陷或多动症儿童显然无法做到这些。他们通常很难控制自己的反应，行动不加考虑，并常表现出不顾后果的急躁行为，而且这些行为会干扰正在进行的任务。

注意缺陷或多动症（attention-deficit/hyperactivity disorder，ADHD）：以不可抑制的反应、持续注意能力缺失以及多动为特征的行为异常，首发于儿童期。

根据 DSM-Ⅳ，对注意缺陷或多动症的诊断需要满足9个注意缺陷症状中的6个及以上，以及9个多动和冲动症状中的6个及以上，并且这些症状至少要持续6个月。注意缺陷的症状包括“难以集中注意力于某项任务”或“易受外部事件的干扰”；多动和冲动性的症状包括“在不合适的场合过度运动”

或“经常打扰他人，如突然打断别人的谈话或游戏”（American Psychiatric Association，1994，pp. 64-65）。

注意缺陷或多动症严重干扰儿童本人的学习以及在同一教室内其他儿童的学习。学龄儿童的发病率约为4% ~ 5%。男孩的注意缺陷或多动症诊断人数是女孩的10倍左右，但到成人期的比例则降为2:1，这表明许多注意缺陷或多动症女孩在童年期并没有被诊断出来。由于注意缺陷或多动症症状的多样性，有些儿童主要表现为注意缺陷的症状，而有些则以多动症状为主，另外有些则为混合症状，因此多数研究者相信该疾病的病因不止一种。由于各种症状未被清晰界定，因此对疾病的诊断很困难。注意缺陷或多动症通常与攻击行为、举止失常、学习困难、抑郁、焦虑以及低自尊相关。对注意缺陷或多动症最常见的治疗方法为给予哌甲酯（利他林），一种抑制多巴胺再摄取的药物。

可能的病因

来自家庭和双胞胎研究的有力证据表明了遗传因素在注意缺陷或多动症的发生发展中发挥了一定的作用。注意缺陷或多动症的遗传力估计可达到75% ~ 90%（Thapar，O'Donovan，and Owen，2005）。

注意缺陷或多动症的症状类似于前额叶损伤的表现：注意力分散、健忘、冲动、计划性差和多动（Aron，Robbins，and Poldrack，2004）。如第12章所阐述的，前额叶皮层在短时记忆中发挥了关键性作用。短时记忆是对刚刚获得的信息的记忆，或者对刚刚从长期记忆中回想起来的信息的记忆，以及对所有这些信息的“在线”加工。由此，短时记忆也被认为是**工作记忆**。前额叶皮层利用工作记忆来指导思想和行为，调节注意，监测行为的后果，以及对未来的行为进行策划（Arnsten，2006）。负责这些执行功能的脑神经回路的损伤或异常将导致注意缺陷或多动症症状。

如第15章所阐述的，多巴胺受体拮抗剂能减轻精神分裂症病人的阳性症状，提示了精神分裂症的多巴胺能神经传递过度活跃的假说。同样，多巴胺受体激动剂“利他林”能缓解注意缺陷或多动症症状，这提示注意缺陷或多动症的病因可能是多巴胺能神经传递的**功能低下**。如第12章所述，前额叶皮层内的多巴胺受体的兴奋性减低将损伤该脑区的正常功能，因此多巴胺能神经传递异常参与了注意缺陷或多动症发病的假说是合理的。

许多研究已经显示，前额叶皮层的多巴胺水平对该脑区功能的影响呈现倒U形曲线。【见图16.3】许多行为功能的图都呈倒U形曲线。例如，适度水平的动机可提高多数任务的成绩，如果动机水平很低，则不能完成任务，而如果动机水平过高，被试的紧张情绪也会干扰他们的成绩。哌甲酯作用的剂量—反应曲线也呈现倒U形：剂量过低无效，剂量过高所导致的兴奋水平增高又会破坏儿童的注意和认知。事实

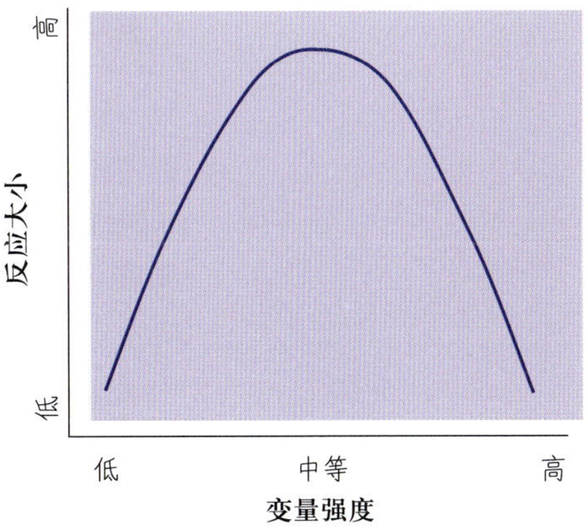

图16.3 倒U形曲线。该图说明了倒U形函数，即横坐标变量的低值和高值与纵坐标变量的低水平相关联，而横坐标中等水平的变量值与纵坐标变量的高水平相关。脑内的多巴胺水平与注意缺陷或多动症症状之间的关系也呈现倒U形。

上，Devilbiss 和 Berridge（2008）的一项研究发现，适度剂量的哌甲酯能提高大鼠前额叶皮层的神经元反应性。而高剂量的哌甲酯则会显著地抑制神经元活性。

小 结

注意缺陷或多动症

注意缺陷或多动症是最常见的、发生在儿童期的行为异常。注意缺陷或多动症儿童表现出注意缺陷、多动和冲动。最常见的治疗药物是哌甲酯（利他林），一种多巴胺受体激动剂。

家庭和双胞胎研究指出了该疾病的遗传倾向。适度剂量的哌甲酯能提高前额叶皮层内神经元的反应性，并减轻注意缺陷或多动症的症状。许多研究者相信，注意缺陷或多动症是由包括前额叶皮层在内的神经回路的异常所导致的。

应激失调

厌恶性刺激会损害人类的健康。而且多数的有害影响并不是由刺激本身导致的，而是由机体对刺激的反应引起的。沃尔特·坎农（Walter Cannon），20世纪的一位著名的生理学家，将**应激**定义为由厌恶的或威胁性的情境所导致的生理性反应。伴随负性情绪的生理反应使人类在面临危险情境时准备战斗或逃跑。坎农采用**战斗—逃跑反应**来特指战斗或逃跑所需要的生理反应。在正常情况下，一旦战斗结束或逃离了危险情境，威胁消失了，生理反应也会随之恢复到正常水平。只要反应持续时间短暂，应激所引起的生理反应对人类健康的负面影响就是微不足道的。但有时，威胁情境持续存在而不是阶段性的，由此引起了长期或短期持续存在的应激反应。就如在有关创伤后应激障碍的部分描述的，有些威胁情境特别严重，以致会激发长达几个月甚至几年的应激反应。

应激反应的生理学

如第10章所述，情绪包含行为反应、自主神经反应和内分泌反应。而自主神经反应和内分泌反应会对健康产生消极影响。（当然，行为成分也能发挥同样的作用，例如，在一个人与比他强壮的人打架的情况下。）由于威胁情境通常需要精力旺盛的行为反应，因此这种情况下的自主神经反应和内分泌反应处于分解代谢过程，即有助于动员机体的能量储备。自主神经系统的交感神经分支作用活跃，肾上腺分泌肾上腺素、去甲肾上腺素和类固醇类应激激素。由于交感神经激活的作用与肾上腺激素的作用相类似，因此本章将仅讨论激素反应。

应激（stress）：用来特指应激反应或应激源（应激情境）的模糊术语。

战斗—逃跑反应（fight-or-flight response）：准备争斗或逃跑的物种典型反应；被认为可以说明应激情境对健康的某些有害作用。

肾上腺素能影响葡萄糖代谢，唤起肌肉内的营养储备以便为体力消耗提供能量。与去甲肾上腺素一样，激素同样能通过增加心脏输出来提高肌肉的血流量。这一生理过程也能使血压升高，因此长期的应激反应能引起心血管疾病。

除了发挥应激激素类的作用以外，去甲肾上腺素也会作为神经递质在脑内分泌。消极刺激的一些行为和生理反应似乎是以去甲肾上腺素能神经元为中介的。例如，微透析研究发现，应激情境能增加下丘脑、额叶皮层和外侧基底前脑的去甲肾上腺素的释放（Yokoo et al., 1990；Cenci et al., 1992）。据推测，脑内去甲肾上腺素释放的通路是杏仁核的中央核至蓝斑，蓝斑是脑干内包含去甲肾上腺素能神经元的核团。

另一种应激相关激素是由肾上腺皮质分泌的类固醇类激素——*皮质醇*。由于皮质醇对糖代谢的作用广泛，因此它亦被称为**糖皮质激素**。此外，糖皮质激素能使蛋白质分解并转变为葡萄糖，有助于脂肪的能量利用，增加血流，刺激行为反应，甚至作用于脑。它还可以降低性腺对黄体生成素的敏感性，从而抑制性激素的分泌。事实上，Singer 和 Zumoff（1992）发现，受到应激性工作安排的影响，男住院医生（而不是病人）的睾酮水平会显著地降低。糖皮质激素还具有其他的生理作用，有些尚未被阐明。几乎所有的机体细胞都具有糖皮质激素受体，这意味着它们可能都受到这一激素的影响。

糖皮质激素的分泌是由下丘脑的室旁核控制的。室旁核的神经元释放一种肽类物质——**促肾上腺皮质激素释放激素（CRH）**，CRH 作用于垂体前叶，使之分泌**促肾上腺皮质激素（ACTH）**。ACTH 进入血液循环，刺激肾上腺皮质分泌糖皮质激素。【见图 16.4】

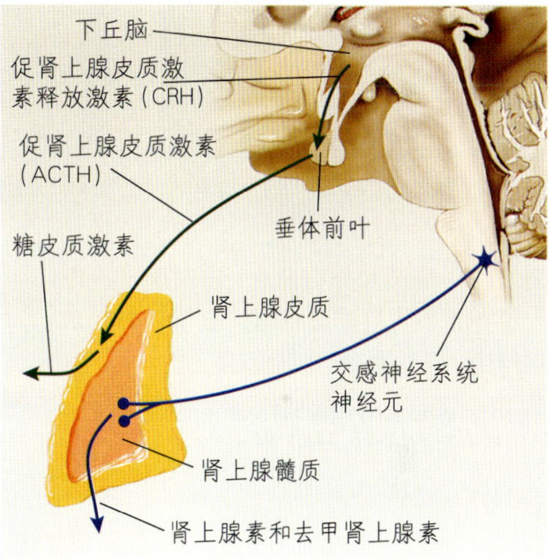

图 16.4　应激激素分泌的控制。该图说明了肾上腺皮质对糖皮质激素分泌的控制，和肾上腺髓质对儿茶酚胺类物质分泌的控制。

脑内也能分泌 CRH（也被称为促肾上腺皮质激素释放因子，corticotropin-releasing factor，CRF），在此它发挥的是神经调质或神经递质的作用，尤其是在一些参与情绪反应的边缘系统结构中，如导水管周围灰质、蓝斑和杏仁核的中央核。向脑内注射 CRH 所产生的行为作用类似于消极情境的影响，因此应激反应的部分作用可能是由脑内神经元的 CRH 释放所产生的。例如，向脑室内注射 CRH 能降低大鼠在旷场环境中央的停留时间（Britton et al., 1982）；促进经典恐惧条件反应的获得（Cole and Koob, 1988）；增加突发强噪声的惊跳反应（Swerdlow et al., 1986）。另一方面，向脑室内注射 CRH 拮抗剂能降低各种应激性情境所引起的焦虑（Kalin, Sherman, and Takahashi, 1988；Heinrichs et al., 1994；Skutella et al, 1994）。

糖皮质激素的分泌更有助于动物对应激情境的反应：它能帮助动物生存。如果大鼠的肾上腺被摘除，大鼠则更容易受到应激刺激的影响。事实上，一种并不影响正常大鼠的应激性情境可能导致肾上腺切除大鼠的死亡。临床医生也知道，如果一个肾上腺切除的病人要面临应激源，那么必须给他补充额外的糖皮质激素（Tyrell and Baxter, 1981）。

糖皮质激素（glucocorticoid）：肾上腺皮质分泌的激素，在蛋白质和碳水化合物代谢中发挥重要作用，尤其是在应激状态下分泌。

促肾上腺皮质激素释放激素（corticotropin-releasing hormone，CRH）：刺激垂体前叶分泌 ACTH 的下丘脑激素。

促肾上腺皮质激素（adrenocorticotropic hormone，ACTH）：CRH 刺激垂体前叶释放的激素，它可刺激肾上腺皮质生成糖皮质激素。

长期应激对健康的影响

许多人类研究已经发现了应激性情境对健康的消极影响。例如，经历了长期应激的集中营生还者的健康状况普遍要比同龄的其他人差（Cohen, 1953）。经历了撞伤或撞死人事件的地铁司机在几个月后易于患各种疾病

(Theorell et al., 1992)。空管员，尤其是那些在发生空中事故的危险性最高的繁忙机场工作的人，其高血压的发病率较高，并且会随着年龄的增长而不断加重(Cobb and Rose, 1973)。另外，他们也更易患胃溃疡和糖尿病。

应激研究的先驱 Hans Selye 提出，应激的有害作用主要是由糖皮质激素的长期分泌所造成的 (Selye, 1976)。尽管糖皮质激素的短期作用是必要的，而长期作用则是有害的。这些有害的作用包括血压升高、肌肉组织的损伤、类固醇类糖尿病、不育症、生长抑制、炎症反应的抑制，以及免疫系统的抑制。高血压能引起心血管疾病和中风。儿童的生长抑制将影响他们的身高。炎症反应的抑制使机体在受伤的情况下难以痊愈；而免疫系统的抑制则使个体容易感染疾病。如果在炎症疾病治疗过程中长期地使用类固醇，则能造成认知缺陷，甚至**类固醇精神病**，症状包括严重的注意力分散、焦虑、失眠、抑郁、幻觉和错觉 (Lewis and Smith, 1983；de Kloet, Joels, and Holsboer, 2005)。

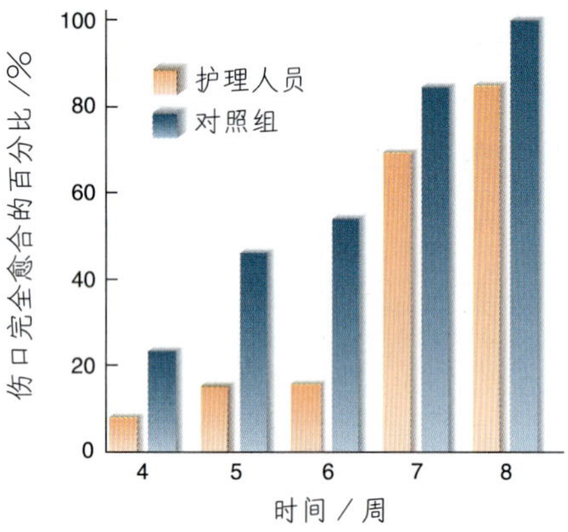

图 16.5 应激和伤口愈合。该图显示护理人员和正常人群的活组织检查伤口的愈合百分比。

Based on data from Kiecolt-Glaser, J. K., Marucha, P. T., et al. *Lancet*, 1995, 346,1194-1196.

Kiecolt-Glaser 等人 (1995) 的一项研究证实了应激对健康的消极作用，实验的观察指标是被试前臂的钻孔活检伤口的愈合情况，这是一种经常用于临床的、无害的检查方法。实验组对象是长期护理患阿尔茨海默病亲属的个体 (这种长期护理会导致应激的状态)，而对照组是相同年龄和家庭收入的人群。研究结果发现，护理人员的伤口愈合时间显著地延长 (48.7 天 :39.3 天)。【见图 16.5】随后的一项研究 (Kiecolt-Glaser et al., 2005) 发现，表现出高水平敌意行为的夫妻的伤口愈合显著地慢于那些和平相处的夫妻。

应激对脑的影响

Sapolsky 及其同事 (Sapolsky, 1992, 1995；McEwen and Sapolsky, 1995) 观察了一种相当严重的长期应激影响——脑损伤。如第 12 章所述，海马结构在学习和记忆中发挥着关键性作用，有证据表明，老年人记忆丧失的原因之一就是该结构的退化。动物研究也表明，长期的糖皮质激素作用能破坏海马的 CA1 区神经元。或许，人们在整个生命过程中所经历的各种应激源都可能增加他们在老年时出现记忆问题的可能性。事实上，Lupien 等人 (1996) 发现，伴有高水平糖皮质激素的老年人的迷宫学习要慢于正常水平的老年人。

Brunson 等人 (2005) 证实，生命早期应激能引起后期正常海马功能的退行性变化。在分娩后的第一周内，雌鼠和刚出生的幼鼠被研究者放在一个只有少量垫料、坚硬底板的笼子内。在幼鼠 4~5 个月大时检测，动物的行为是正常的。而在幼鼠 12 个月大时检测，研究者发现动物表现出了 Morris 水迷宫的成绩损伤，以及海马长时程增强的发育缺失。他们还发现海马的树突萎缩，可能导致前面提及的空间学习和突触可塑性受损。

Salm 等人 (2004) 发现，出生前的短期应激能影响脑发育并引起动物终生的持续改变。在孕期的最后一周，每天将孕鼠从笼子里拿出来并注射少量的无菌生理盐水，该过程的持续时间短于5分钟。该应激能改变杏仁核的发育。研究者还发现，经历持续的出生前应激，大鼠杏仁核的外侧核的体积在成年期表现出近30%的增加。【见图16.6】以前的研究还显示，出生前应激还能增强动物在新异环境中的恐惧反应（Ward et al., 2000）。可以假定，杏仁核的外侧核的体积增大导致了这样的恐惧反应。

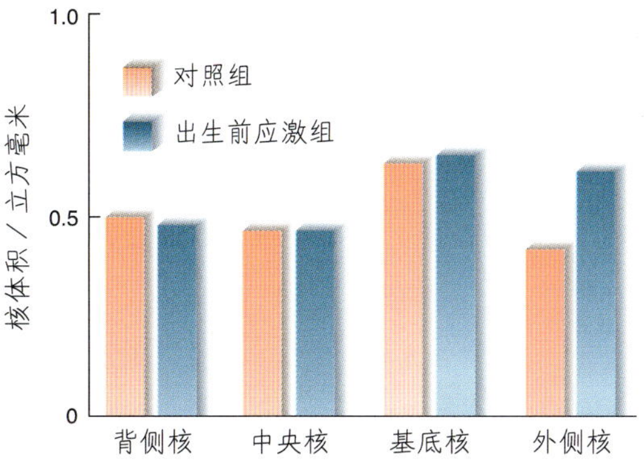

图16.6 出生前应激和杏仁核。该图显示了出生前经历应激的大鼠和对照组大鼠的杏仁核核团的体积，只有外侧核表现出体积增大。

Based on data from Salm, A. K., Pavelko, M., Krouse, E. M., et al *Developmental Brain Research*, 2004, 148,159-167.

Fenoglio、Chen和Baram（2006）发现，早期生活经历能降低成年阶段的应激反应。Fenoglio及其同事将幼鼠从笼子里拿出来，抚摩15分钟，然后再放回去。母鼠会立即过来舔和梳理这些幼鼠。这一护理行为能激活幼鼠的几个脑区，包括杏仁核的中央核和分泌CRH的下丘脑室旁核。这种干预能降低应激刺激所引起的CRH生成，而且是终生的激素应激反应的减弱。

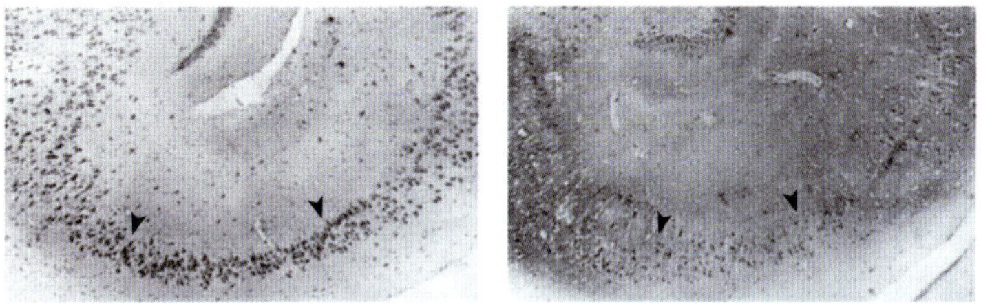

(a) (b)

图16.7 应激引起的脑损伤。显微照片显示了海马切片。(a) 正常猴；(b) 社会底层的应激猴。比较箭头所指的两个区域，正常情况下充满了大锥体细胞。

From Uno, H., Tarara, R., Else, J. G., et al. *Journal of Neuroscience*, 1989, 9,1705-1711. Reprinted by permission of the *Journal of Neuroscience*.

Uno等人（1989）发现，如果长期应激达到一定的强度，它甚至能引起年幼灵长类动物的脑损伤。他们观察了肯尼亚灵长类动物中心的一群黑脸长尾猴，发现有些猴子的死亡是源于应激。猴群的社会层次分明，处于社会底层的猴总是受到其他猴的欺负，因此始终处于应激状态。这些猴表现为胃溃疡和肾上腺增大，这些都是慢性应激的症状。如图16.7所示，这些猴子海马结构的CA1区神经元被完全破坏了。【见图16.7】严重的应激同样能导致人类的脑损伤；Jensen、Genefke和Hyldebrandt（1982）的CT扫描研究已经发现了长期处于痛苦状态的人存在脑退化现象。van Harmelen等人（2010）发现，儿童期的情感虐待经历与背内侧前额叶体积平均减小7.2%相关。【见图16.8】

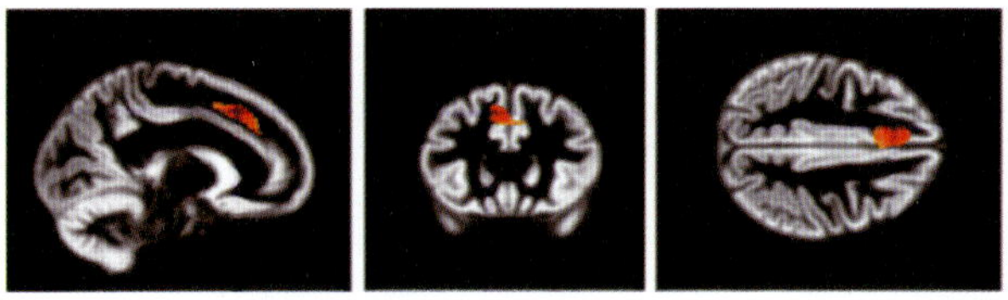

图16.8 早期应激与前额叶皮层。扫描显示，在儿童期经历过情感虐待的成年人表现出背外侧前额叶皮层的体积减少了7.2%。

From van Harmelen, A. L., van Tol, M. J., van der Wee, N. J., et al. *Biological Psychiatry*, 2010, 68, 832-838. Reprinted by permission.

一些研究已经证实，慢性疼痛应激对脑和认知行为也会产生消极影响。Apkarian等人（2004）发现，严重的慢性背痛能引起每年大脑皮层1.3立方厘米的灰质丢失，最主要的减少发生在背外侧前额叶皮层。此外，Apkarian等人（2004a）发现，慢性背部疼痛导致测试成绩的降低，前额叶皮层损伤也能引起类似的认知功能改变。

创伤后应激障碍

悲惨的或创伤性事件（如战争或自然灾害）的后果通常包括心理症状，这些症状在应激性事件结束后仍持续存在。根据DSM-Ⅳ，**创伤后应激障碍**

创伤后应激障碍（posttraumatic stress disorder, PTSD）：由极度危险和应激情境所引起的心理障碍；症状包括反复的梦境或事件回想；干扰人的社会行为并引起无助的感觉。

（PTSD）是由一个人所经历的、目睹的或即将面临的某些事件引起的。这些事件包括威胁生命或导致严重伤害的事件、威胁自身或其他人躯体完整性的事件，能激发强烈的恐惧和失望。如果创伤性事件涉及来自其他人的危胁和暴力，如殴打、强奸和战时经历，将提高创伤后应激障碍的发病可能性（Yehuda and LeDoux，2007）。症状包括反复做梦、事件回想或创伤事件感觉的回放（“闪回”情节），以及严重的心灵痛苦。这些梦境、回想和事件回放会使人避免想起创伤性事件，通常导致社会行为的兴趣缺失，与他人分离的感觉，情绪感觉的压抑，以及感觉前途黯淡和空虚。特殊的心理症状包括入睡困难，易激惹，愤怒，注意力不能集中，对突然的噪声或运动的反应性提高。如上所述，创伤后应激障碍病人的精神健康受损。他们的躯体健康也不佳（Zayfert et al.，2002）。尽管遭遇创伤事件的男性要多于女性，但女性面对同样的事件后更容易发展成创伤后应激障碍（Fullerton et al.，2001）。

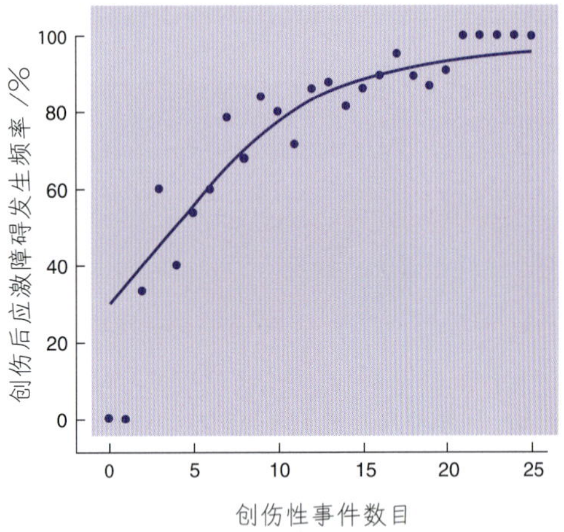

图 16.9 创伤性事件与创伤后应激障碍患病率。该图显示了卢旺达大屠杀幸存者的创伤后应激障碍患病率，创伤性事件数目与创伤后应激障碍患病率。

Based on data from Kolassa et al., 2010.

对许多美国越战老兵来说，这种记忆象征着失去战友的悲伤和在冲突中体验的恐惧。战争和其他灾难的体验可以让一些个体产生创伤后应激障碍。

AP Photo/Jim MacMillan.

双生子的研究提示遗传因素在个体创伤后应激障碍的发病易感性中发挥一定的作用。实际上，遗传因素影响的不仅是创伤性事件后创伤后应激障碍发生的可能性，还能影响个人卷入创伤性事件的可能性（Stein et al.，2002）。例如，如果某个人带有易激惹和易怒的基因，那么他更容易遭受攻击；而那些带有危险行为基因的个体则更容易发生各种事故。

一些研究已经确定了几个可以作为创伤后应激障碍发病的危险因素的特定基因。这些基因包括负责生成多巴胺 D2 受体、多巴胺转运蛋白和 5-羟色胺转运蛋白的基因（Nugent，Amstadter，and Koenen，2008）。创伤后应激障碍的患病危险性似乎取决于遗传和环境因素。Kolassa 等人（2010）研究了 424 名卢旺达大屠杀的幸存者。他们发现，创伤后应激障碍的患病率随人们所经历的创伤性事件数目的增多而增高。【见图 16.9】他们还发现，带有某一特定等位基因的人群——该基因负责 COMT（一种分解间质内的儿茶酚胺的酶类）的生成——更容易发展成创伤后应激障碍。该等位基因（Val158Met 多态性）与儿茶酚胺的分解减慢有关，结果支持来自其他研究的结论，即这些神经递质与应激的消极作用相关。

几项研究证据发现，杏仁核负责创伤后应激障碍患者的情绪反应，前额叶皮层通过抑制杏仁核的活动而在未患创伤后应激障碍的人群的情绪反应中发挥调节作用（Rauch，Shin，and Phelps，2006）。例如，Shin 等人（2005）的一项功能成像研究发现，当看到呈恐惧表情的面孔时，与对照组相比，创伤后应激障碍患者表现出了更强的杏仁核激活和更弱的前额叶皮层激活。

对创伤后应激障碍最常用的治疗是认知行为治疗、团体治疗和SNRI类药物治疗。Boggio等人（2010）报道了背外侧前额叶皮层的经颅磁刺激对30名创伤后应激障碍患者的临床治疗结果。他们发现，对左侧或右侧背外侧前额叶皮层的10次刺激能显著地减轻创伤后应激障碍症状，而且治疗效果可以持续3个月以上。

应激和感染性疾病

如前所述，长期应激影响个体的健康，甚至会导致脑损伤。这些影响的最重要原因在于糖皮质激素水平的升高；另外，肾上腺素和去甲肾上腺素所引起的血压升高也在其中发挥着一定的作用。此外，应激还会破坏免疫系统的功能，而免疫系统可以保护我们免受病毒、微生物、真菌和寄生虫的攻击。

免疫系统是机体最复杂的系统之一。它的功能是保护机体，防止感染，因为传染性生物体在进化过程中形成了“狡猾的伎俩”，因此我们的免疫系统也必须要相应地学会应对。免疫系统源于骨髓和胸腺的白细胞。有的细胞在血液和淋巴系统内流动，而有的细胞则只停留在某个固定的部位。感染性微生物表面所具有的唯一蛋白质被称为**抗原**。这些蛋白质可作为入侵者的标志物，被免疫系统识别。通过接触这些微生物，免疫系统学习识别了这些蛋白质。学习的结果是产生了特异性**抗体**——一种识别抗原并协助消灭入侵微生物的蛋白质。

抗原（antigen）：微生物所具有的一种蛋白质，人体免疫系统通过对抗原的识别而明确入侵者。

抗体（antibody）：免疫细胞所生成的一种蛋白质，能识别入侵微生物的抗原。

当一位已婚人士去世后，他或她的配偶常会在短期内因感染性疾病而随之去世。实际上，人生中的多种应激性事件能增加疾病的易感性。例如，Glaser等人（1987）发现在期末考试期间，医学院学生更容易患急性感染并表现出免疫系统的功能抑制。

Stone、Reed和Neale（1987）试图确定人们在日常生活中的应激性事件能否增加上呼吸道感染的可能性。如果某个人遭遇了能引起上呼吸道感染的微生物，那么症状在几天之后才会出现，也就是说在感染和发病之间存在一个潜伏期。因此，研究者提出，如果应激性事件抑制了免疫系统，那么在应激几天后，呼吸道感染的发病率会较高。为了检验他们的假设，Stone等人要求志愿者每天记录在12周内发生的积极和消极事件。同时，志愿者还被要求记录任何不适或疾病症状。

结果符合假设：即在表现出上呼吸道感染症状前的3～5天内，人们通常经历的消极生活事件增多而积极事件减少。【见图16.10】Stone等人（1987）提出，上呼吸道感染发病的病因在于鼻腔、口腔、咽喉和肺部黏膜分泌的特异性抗体减少。这种IgA抗体是机体抵抗进入鼻腔或口腔的感染性微生物的第一道防线。研究发现，IgA与情绪相关；当个体不高兴或情绪压抑时，IgA水平较正常水平低。Stone等人的研究结果提示，消极生活事件的应激能抑制IgA生成，从而导致上呼吸道感染的发病率提高。

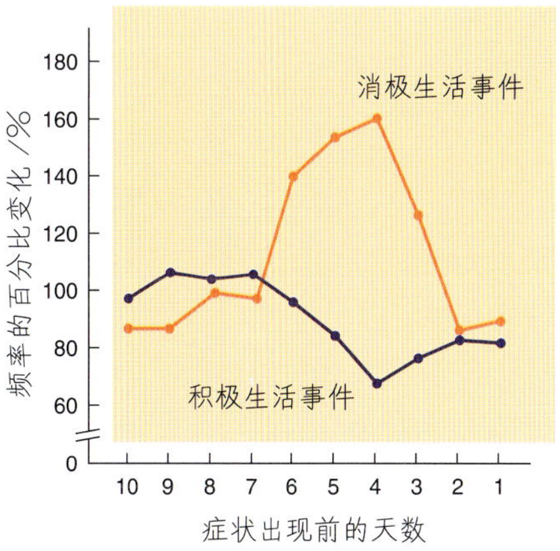

图16.10　积极和消极生活事件对上呼吸道感染易感性的作用。该图显示了在上呼吸道感染症状出现前10天内，积极和消极生活事件频率的平均百分数变化。

Based on data from Stone, A. A., Reed, B. R., and Neale, J. M. *Journal of Human Stress*, 1987, 13, 70-74.

Stone及其同事的研究结果被Cohen、Tyrrell和Smith（1991）

的实验进一步证实。他们的研究发现，同样被鼻腔注入含有感冒病毒的滴剂，那些在过去一年内遭遇应激性事件的被试或有受威胁、失控感觉的被试更容易发展为感冒。

小 结

应激失调

人们对消极刺激的情绪反应可能影响他们的健康。被坎农称为战斗—逃跑反应的应激反应如果是短期的，对人体有益；而如果是长期的，则威胁健康。应激反应包括自主神经系统的交感神经分支兴奋性提高和肾上腺激素（肾上腺素、去甲肾上腺素和糖皮质激素）分泌增加。脑内分泌的促肾上腺皮质激素释放激素（CRH）刺激垂体前叶分泌促肾上腺皮质激素（ACTH），可能诱发应激情境的某些情绪反应。

尽管肾上腺素和去甲肾上腺素水平的提高能使血压升高，但应激的有害作用主要来自糖皮质激素。持续高水平的糖皮质激素能升高血压，破坏肌肉组织，诱发不育，抑制生长，抑制炎症反应，以及抑制免疫系统。它还能损坏海马。出生前应激和生命早期应激影响脑发育和行为，如损伤海马功能并增加杏仁核的大小。这些改变会导致动物更易于对某些应激情境发生反应。在人类中，慢性疼痛应激能导致大脑灰质丢失，尤其是在前额叶皮层，并伴随与前额叶皮层相关的行为缺失。

过度的应激也能产生持续存在的影响；如创伤后应激障碍（PTSD）。创伤后应激障碍与记忆缺陷、健康不佳及海马变小有关。对双生子的研究指出了创伤后应激障碍易感性的遗传成分。严重应激后没有患创伤后应激障碍的人表现出前额叶对杏仁核的抑制作用。而创伤后应激障碍患者表现出前额叶功能低下。背外侧前额叶皮层的经颅磁刺激能减轻创伤后应激障碍的症状。

免疫系统由源自骨髓或胸腺的白细胞组成。它们能生成识别抗原的抗体，抗原是感染性微生物表面所存在的唯一蛋白质。对这些抗原的识别能激发抵抗入侵者的攻击反应。大多数的应激情境能抑制免疫系统，从而增加人体对感染性疾病的易感性。

思考题

研究者对糖皮质激素为何抑制免疫系统有些困惑。你能想出在危险和应激的时候抑制免疫系统有什么潜在的益处吗？

物质滥用障碍

药物成瘾是人类所面临的一个日益严重的问题。想想最古老的成瘾性药物——酒精——所造成的灾难性后果：车祸、胎儿酒精综合征、肝硬化、科尔萨科夫综合征、心脏病发病率升高以及颅内出血的发病率升高等。吸烟（尼古丁成瘾）大大增加了人类因肺癌、心脏病和中风而死亡的机会；而女性吸烟还能影响新生儿的健康。可卡因成瘾会引起精神行为异常、脑损伤，摄取过量甚至能导致死亡；对利润丰厚的可卡因市场的争夺会威胁到周围社区的生活，同时严重影响政治和司法系统，造成很多暴力死亡事件。对这些成瘾药物的应用还能带来许多未知的危险，如服用感染了神经毒素的合成鸦片类药物能导致帕金森病的发生。成瘾药物的静脉注射大大增加了艾滋病的感染概率。那么这些药物为什么对某些人群具有如此强的吸引力？

如同你在第12章所学到的关于强化的生理机制，答案是所有这些物质都能激活那些负责正强化的脑机制。此外，多数药物能减轻或消除不愉快的感觉，有些是药物自身所产生的。服用这些物质后迅速产生的作用要远强于人类已认识到的长期作用，因此不幸发生了。

什么是成瘾

成瘾一词来自拉丁文“addicere”（判刑）。换言之，某个药物成瘾的人处于不自觉的奴役状态，被迫不断地满足自己的药物依赖性的需求。

渴求和复吸是物质滥用障碍的重要特征。

Oleg Golovnev/Shutterstock.com.

背景

许久以前，人类已经发现自然界中的多种物质（主要是植物的叶子、种子、根茎以及动物的一些成分）具有某些药物性质。他们还发现草药有助于预防感染，促进伤口的愈合，缓解胃部不适，减轻疼痛或帮助睡眠。他们还发现了“消遣类药物”，食用、饮用或抽吸这些药物能产生愉悦感。人类祖先最早发现的消遣类药物是酒精。发酵的孢子随处可见，这些微生物以糖溶解为食，生成的副产品是酒精。毫无疑问的是，世界各地的人们都发现了酒精的愉悦作用，这种液体最早存在于水果容器的底部。起初由于细菌的影响，这些液体是酸的、味道很坏，但它的愉悦作用鼓励人们不断地探索和实验，最终生产出了多种多样的发酵饮料。表16.1列举了几种最重要的成瘾性药物以及它们的作用位点。

表16.1　成瘾药物

药物	作用位点
酒精	NMDA受体（间接拮抗剂）；$GABA_A$受体（间接激动剂）
巴比妥类	$GABA_A$受体（间接激动剂）
苯二氮草类	$GABA_A$受体（间接激动剂）
大麻	CB1大麻素受体（激动剂）
尼古丁	尼古丁乙酰胆碱受体（激动剂）
阿片类物质（海洛因、吗啡等）	μ和δ阿片样受体激动剂
苯环利定（PCP）和氯胺酮	NMDA受体（间接拮抗剂）
可卡因	阻断多巴胺的再摄取（5-羟色胺和去甲肾上腺素）
苯丙胺	导致多巴胺的释放

正强化

导致依赖性的药物首先必须能强化人们的行为。正如第12章所阐述的，正强化指的是某种行为之后的一定刺激对该行为的作用。即在某种特殊的状态下，一种行为之后总是有规律地出现一种欲望性的刺激（机体倾向于获得的刺激），那么这一行为在这种状态下将变得更加频繁。

药物滥用的作用　强化刺激如果在某种反应后立即出现，它的有效性是最强的。如果强化刺激被延迟，它的作用也下降。原因可以用工具性条件反射来检测——关于我们自身行为结果的学习。在正常情况下，原因和结果在时间上联系紧密；也就是我们做了一些事，然后有了一定好或坏的结果。行为的结果告诉我们是否重复该行为，如果事件在反应后延迟几秒才发生，那么这个事件可能并不是由该反应所引起的。

这一现象可以解释为什么那些立即发生作用的药物最容易成瘾。如第4章所述，用药者之所以选择海洛因而不是吗啡，原因在于海洛因的作用更为*迅速*，而不是二者的作用不同。事实上，海洛因在进入脑内后会立即转变为吗啡。但是由于海洛因的脂溶性更强，它能更为迅速地通过血脑屏障，对脑的作用要快于吗啡。当药物产生突然的强化机制活动改变时，它的强化作用最显著；改变越慢，强化作用也越小。（阿片类药物成瘾的美沙酮治疗以及尼古丁贴剂治疗烟瘾正是基于这种现象。）

神经机制 如第12章所述，目前已知的所有自然的强化物（如对于饥饿动物的食物；饥渴动物的水；性接触）都普遍具有一种生理作用：能引起伏隔核内的多巴胺释放（White，1996）。毫无疑问，这种作用并不是强化刺激的唯一作用，厌恶性刺激甚至也能激发多巴胺的释放（Salamone，1992）。尽管关于强化的神经机制尚不明确，但多巴胺释放似乎对于正强化的发生是*必要*（但不是*充分*）的条件。

成瘾药物（包括苯丙胺、可卡因、阿片类物质、尼古丁、酒精、苯环利定和大麻）能激发伏隔核内的多巴胺释放（微透析测定；Di Chiara，1995）。不同的药物以不同的方式刺激多巴胺的释放。特定药物与中脑边缘多巴胺能系统间的相互联系的作用细节将在后面关于特定药物类型的内容中进一步地阐述。

成瘾药物的强化特性涉及的脑机制与自然强化物相同，即这些药物“操纵”在正常情况下帮助我们适应环境的脑机制。成瘾药物的作用开始于中脑边缘多巴胺能系统，然后在接收多巴胺能神经元传入的其他脑区引起了长期的改变（Kauer and Malenka，2007）。改变首先发生在腹侧被盖区（VTA）。Saa等人（2003）发现，各类成瘾药物（包括可卡因、苯丙胺、吗啡、酒精和尼古丁）的单独一次给予就能提高小鼠腹侧被盖区内多巴胺能神经元上兴奋性突触的强度。这一变化同样可以发生在额外的AMPA受体插入多巴胺能神经元的突触后膜的情况下（Mameli et al.，2009）。如第12章所见，这一过程正常是由谷氨酸NMDA受体所介导的，是多种学习形式的神经基础。单独一次成瘾药物注射所引起的腹侧被盖区内的突触强化作用可持续约5天。如果动物接受可卡因注射长达2周，则腹侧被盖区的这一改变会持续存在。

作为腹侧被盖区改变的结果，接收来自腹侧被盖区的多巴胺能神经元的许多脑区的激活都增加了，包括腹侧纹状体（包含伏隔核）和背侧纹状体（包含尾状核和壳）。只有当长期使用某一成瘾药物时，才会出现负责强迫性行为的突触改变的特征性成瘾变化。最重要的变化发生在背侧纹状体。如第12章所述，基底神经节（包括背侧纹状体）在工具性条件反射中发挥关键性作用，而成瘾加工也涉及这一机制。

负强化

读者可能听过一个老笑话，某人说他之所以用头撞墙，是因为“如果不撞了会感觉很好”。当然，这个笑话之所以好笑是因为我们知道没有人会这么做，停止用头撞墙肯定比继续撞要好受。如果某人开始打我们的头，我们能做的是制止他，所有这些都会被强化。

一种减轻或消除厌恶性刺激的行为将被强化。这一现象被称为**负强化**，它的作用是明显的。例如，设想下面的情节：一个女人在自己租的房子内不能入睡，原因在于炉子所发出的尖锐的噪声。她起身走到地下室，发现了噪声的来源，她对着火炉边沿踢了一脚。噪声消失了。下次炉子再发出声音时，她立即走进地下室，踢炉子。当她踢炉子边沿时，噪声(厌恶性刺激)消失了，于是反应被强化了。

药物滥用的人会表现出对药物的身体依赖；即他们表现出*耐受*和*戒断症状*。如第4章所述，**耐受**是长期使用药物导致的对药物的敏感性降低，使用者必须服用越来越大剂量的药物才能保持其效能。一旦某个人长期摄入鸦片类药物形成了耐受，停止服药就会产生*戒断症状*。**戒断综合征**主要是与药物本身作用相反的表现。海洛因的作用是使人兴奋、便秘和放松，戒断作用就是烦躁、腹部痉挛、腹泻和兴奋。

多数研究者相信耐受是由机体试图对海洛因中毒这一特殊情况进行补偿所引起的。成瘾药物扰乱了脑内正常的稳态机制，这些机制的反应将产生与药物作用相反的效果，以部分补偿这一紊乱。由于补偿机制的存在，使用者必须不断地增加海洛因的服用剂量以达到他初次服用的效果。这些机制导致了戒断症状的出现，当一个人不再服药时，补偿机制使得他们自身感觉不再对抗药物的作用。

如本章前面所提及的，成瘾者停止用药时的戒断作用是不愉快的。尽管正强化似乎首先驱使人们用药，但减轻戒断作用也在药物成瘾的保持中发挥着一定的作用。戒断作用是不愉快的，但一旦人们继续用药，这些症状就消失了，从而产生了负强化。

负强化也可以解释某些情况下药物成瘾的获得。如果一个人正感觉不舒服，而服药后这些感觉消失了，那么服药的行为得到了强化。例如，酒精能减轻焦虑，如果一个人发现自己所处的状态令人焦虑，他可能会喝一两杯酒使自己感觉更好。事实上，人们通常能预见这一作用，因此在这种状态出现前就已经开始饮酒了。

渴望和复吸

为什么药物成瘾者如此地渴望药物？为什么即使已经停药很长时间后这种渴望依然存在？即使已经停药几个月甚至几年，曾经的药物成瘾者仍然偶时会有强烈的渴望感觉并导致复吸。显然，相当长时间的服药一定使脑内发生了某些长久的改变，从而增加了复吸的可能性。了解这一问题的答案有助于临床医生更好地制订方案来帮助药物成瘾者永远戒药。

利用实验动物研究药物渴望的方式之一是药物寻求的*复原模型*。首先训练动物做出某项反应（例如，压杠杆），静脉内注射药物（如可卡因）强化该反应。然后，如果用生理盐水代替可卡因，则反应消退。一旦动物停止反应，实验者开始药物“自由”注射（药物复原过程）或者呈现与药物相关的某一刺激（线索复原过程）。在对这些刺激反应的过程中，动物又开始压杠杆

负强化(negative reinforcement)：取决于某一特定反应的厌恶性刺激的消除或减轻，并伴随反应发生频率的增加。

耐受(tolerance)：必须不断地增加药物剂量以达到某种特殊的作用，是由对抗药物作用的代偿机制所导致的。

戒断综合征(withdrawal symptoms)：当药物突然中断时，所表现出的与这些药物作用相反的症状是由代偿机制的存在所引起的。

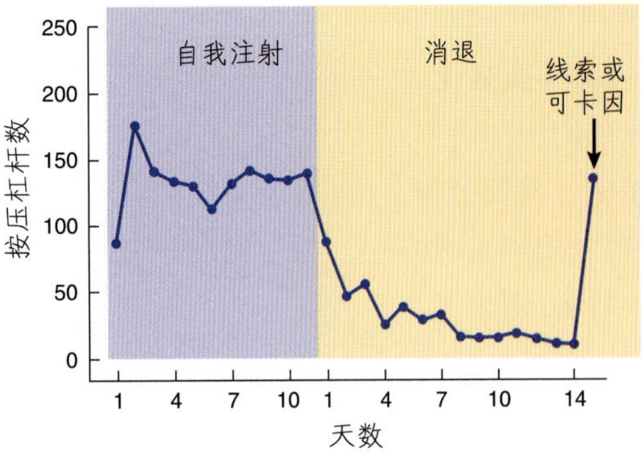

图 16.11 复原过程，对渴求的测量。该图显示了在自我给药阶段，按压杠杆以获得成瘾药物；以及当不再给药时，按压杠杆反应的消退。药物"自由"注射或药物相关线索呈现将复原该反应。

Based on data from Kalivas P. W., Peters, J., and Knackstedt, L. *Molecular Interventions*, 2006, 6, 339-344.

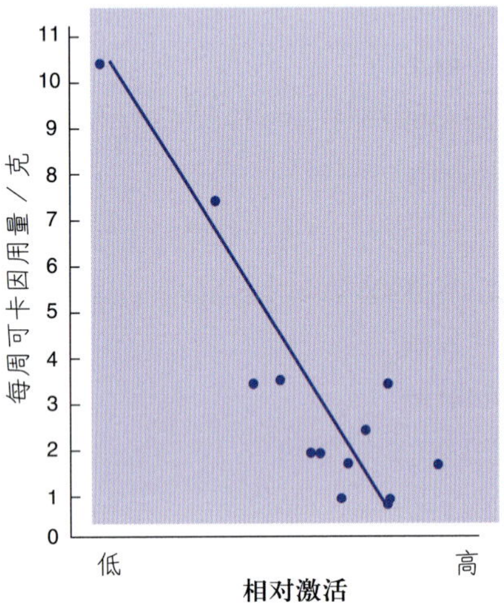

图 16.12 可卡因摄入与内侧前额叶。该图显示了内侧前额叶皮层的相对激活，作为在正常情况下每周用药一次的可卡因滥用者的可卡因用量的函数。

Based on data from Bolla, K., Ernst, M., Kiehl, K., et al. *Journal of Neuropsychiatry and Clinical Neuroscience*, 2004, 16, 456-464.

(Kalivas, Peters, and Knackstedt, 2006)。据推测，这一类型的复吸（原本消退反应的复原）可以很好地模拟那种可以激发一个曾经的成瘾者的药物寻求行为的渴望。【见图 16.11】

Volkow 等人（2002）发现，可卡因滥用者在戒断期间的内侧前额叶皮层的激活比正常人高。此外，当成瘾者在完成正常激活前额叶皮层的任务时，他们的内侧前额叶皮层的激活比正常被试弱，而且完成成绩也较差（Bolla et al., 2004；Garavan and Stout, 2005）。事实上，Bolla 及其同事发现，内侧前额叶的激活量与可卡因用量之间呈负相关，对于在正常情况下每周用药一次的可卡因滥用者来说，其可卡因用量越多，脑激活越低。【见图 16.12】

有长期药物滥用史的人不仅表现出涉及前额叶皮层的任务缺陷——类似于前额叶皮层损伤的病人；他们还表现出该脑区的结构性异常。例如，Franklin 等人（2002）报道，慢性可卡因滥用者的前额叶皮层的许多区域的灰质平均减少了 5% ~ 11%。Thompson 等人（2004）发现，冰毒滥用者表现出扣带皮层和边缘皮层的灰质体积下降，Ersche 等人（2011）发现，可卡因滥用者的脑也表现出同样的降低。de Ruiter 等人（2011）发现，严重吸烟者和病态赌徒表现出了由于背内侧前额叶激活下降而引起的行为控制缺失，这一结果支持某些研究者的观点，即病态赌徒也是成瘾的一种类型（Thomas et al., 2011）。Zhang 等人（2011）发现，前额叶皮层的灰质下降与人们的终生的烟草摄入量成正比。当然，这些研究结果还不能确定前额叶皮层异常能预测一个人是否药物成瘾，或药物确实能引起上述前额叶异常。

如第 15 章所述，精神分裂症的阴性和阳性症状似乎也是前额叶低功能（前额叶皮层的活动降低）的结果。这些症状类似于长期药物滥用的表现。事实上，研究已经表明，精神分裂症和药物滥用之间存在高水平的共病性（*共病*指的是同一个人同时存在两种或两种以上紊乱）。例如，一半以上的精神分裂症病人患有物质滥用障碍（酒精或非法药物），70%~90% 是尼古丁依赖者 Brady and Sinha, 2005）。事实上，在美国，有精神疾病的吸烟者占人群的 7%，占全部吸烟者的 34%（Dani and Harris, 2005）。Mathalon 等人（2003）发现，酒精成瘾者的前额叶灰质体积降低 10.1%，精神分裂症病人降低 9%，两种障碍都有的病人则降低 15.6%。这些结果提示，前额叶皮层的异常可能是精神分裂症和物质滥用障碍的共同因素。预先存在的前额叶异常将增加患这两种紊乱的危险，然而这些紊乱是否能引起脑区的异常尚未被确定。

Weiser 等人（2004）随机选取每年的青年新兵发放吸烟问卷。经过 4 ~ 16 年的追踪观察，他们发现，与不吸烟的人相比，每天至少吸 10 支烟的新兵的精神分裂症患病住院率高2.3倍。【见图16.13】这些结果提示，前额叶皮层异常可能是精神分裂症和药物滥用者的普遍因素。

如前面所述，药物相关刺激的存在能激发渴望和药物寻求行为。此外，临床医生长期的观察结果是应激情境能引起药物成瘾者的复吸。这一作用同样存在于学会了自我注射可卡因或海洛因的大鼠身上（Covington and Miczek，2001）。激发复吸的机制似乎与应激所引起的脑内 CRH 释放相关。Hahn、Hopf 和 Bonci（2009）的一项研究发现，CRH 注射能引起可卡因小鼠腹侧被盖区多巴胺能神经元的激活增加。

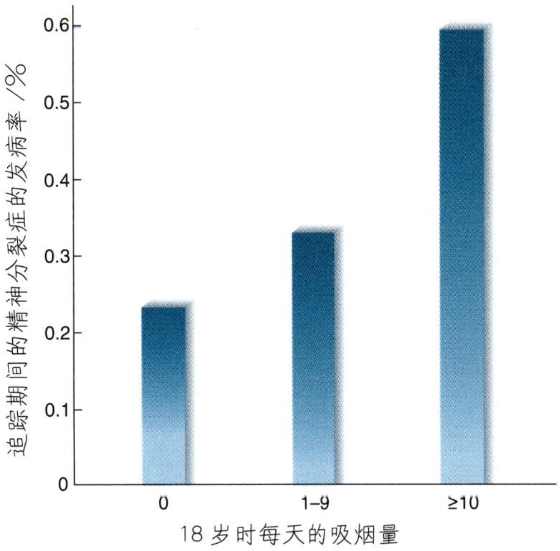

图16.13　吸烟与精神分裂症。该图显示了在4～16年的追踪期间的精神分裂症的发病率，作为18岁青年每天吸烟数量的函数。

Based on data from Weiser, M., Reichenberg, A., Grotto, I., et al. *American Journal of Psychiatry*, 2004, 161, 1219-1223.

常见的滥用药物

已知的滥用药物的种类繁多，包括酒精、巴比妥酸盐、鸦片、烟草、苯丙胺、可卡因、大麻、迷幻药（如 LSD 和苯环利定）、挥发性溶剂（如胶水甚至汽油）、乙醚和一氧化亚氮。儿童常常通过自己旋转直至眩晕而从中获得快乐，这种作用类似于药物的某些作用。显然，本章将不可能讨论所有的药物，下面要讨论的几种药物就普及性和成瘾性而言是最重要的。有些药物（如咖啡因）同样是普及且能致人成瘾的，但由于它们一般无毒、并不损害健康，或不干扰生产力，因此本章并未提及。（第4章已经讨论了咖啡因的行为影响和作用位点。）本章也不讨论迷幻药，如 LSD 和苯环利定。尽管有些人喜欢 LSD 对精神改变的影响，但更多的人感到害怕，LSD 一般并不致人成瘾。苯环利定是 NMDA 受体的间接拮抗剂，这意味着它的作用与酒精的作用相交叠。与这些药物相比，酒精滥用的严重性远强于迷幻药。

阿片类

提取自罂粟的鸦片被人们食用和抽吸已经有上百年历史了。阿片类物质成瘾造成了个人和社会的一些高额费用。第一，由于最常用的阿片类制剂海洛因在大多数国家是违法药物，因此成瘾将导致犯罪。第二，因为耐受，瘾君子需要越来越大的药物用量以获得“嗨”感，于是他们为了获得足够的钱来购买毒品，通常会走上犯罪的道路。第三，阿片类药物的注射通常使用不洁净的针头，目前非法药物注射是传染乙肝和艾滋病的一个重要的途径。第四，如果阿片成瘾者是一个妊娠妇女，那么她的婴儿也将表现出药物依赖，原因在于药物能轻易地通过胎盘屏障。婴儿在出生后必须立即注射阿片类物质，然后再逐渐减少剂量戒掉。第五，每批海洛因药物强度的不确定性可能导致用药者注射过量，甚至威及生命。此外，有些用来稀释海洛因的物质本身就是有毒的。

如前所述，实验动物能自我注射阿片类物质。当阿片被循环注射时，它能兴奋位于脑内多个部位的神经元上的阿片受体，产生各种作用，包括痛觉丧失、体温降低、镇静和强化作用。导水管周围灰质的阿片受体主要负责痛觉丧失；而视前区的阿片受体则负责降低体温；中脑网状结构的阿片受体负责的是镇静；腹侧被盖区和伏隔核的阿片受体负责强化效应。

如前所述，强化刺激引起伏隔核内的多巴胺释放。阿片注射也不例外地符合这一规律；Wise 等人（1995）发现，大鼠在完成按压杠杆以实现阿片静脉注射时，伏隔核内的多巴胺水平升高150% ~ 300%。大鼠也可以通过按压杠杆来实现腹侧被盖区（Devine and Wise，1994）和伏隔核（Goeders，Lane，and Smith，1984）的阿片直接注射。换言之，向中脑边缘多巴胺能系统注射阿片是在进行强化。这些发现提示，阿片的强化作用是由中脑边缘系统的神经元激活和伏隔核的多巴胺释放所造成的。

兴奋药物：可卡因和苯丙胺

可卡因和苯丙胺具有相似的行为学作用，二者都是有力的多巴胺受体激动剂。但是，它们的作用位点是不同的。可卡因可结合或灭活多巴胺转运蛋白，因此阻断多巴胺的再摄取。苯丙胺也能抑制多巴胺的再摄取，但最重要的作用是直接刺激多巴胺的释放。**冰毒**的化学性与苯丙胺相关，但作用更强。由于可卡因和冰毒的作用如此地迅速而强劲，因此它也可能是所有成瘾性药物中最有效的强化剂。事实上，如果大鼠或猴子被允许持续地按压杠杆以自我注射可卡因，它们通常会不断注射直至死亡。

如前所述，中脑边缘的多巴胺能系统在各种类型的强化中发挥着核心的作用。如果阻断多巴胺受体的药物被注入伏隔核，可卡因将丧失它的主要强化作用（McGregor and Roberts，1993；Caine et al.，1995）。此外，向伏隔核内注射6-羟多巴胺而破坏多巴胺能神经末梢将干扰可卡因和苯丙胺的强化作用（Caine and Koob，1994）。

有些证据提示，可卡因和苯丙胺的使用可能对脑产生长期的消极影响。例如，McCann 等人（1998）的 PET 研究发现，曾经的冰毒滥用者表现出尾状核和壳的多巴胺转运蛋白数量的下降，尽管他们已经停药3年了。多巴胺转运蛋白数量的下降提示这些区域的多巴胺末梢的数目减少了。正如作者所指出的，这些人在年老后患帕金森病的危险性增加了。【见图16.14】实验动物研究也发现，冰毒会损伤5-羟色胺能轴突终扣，通过凋亡机制而激发大脑皮层、纹状体和海马内的神经元死亡（Cadet，Jayanthi，and Deng，2003）。

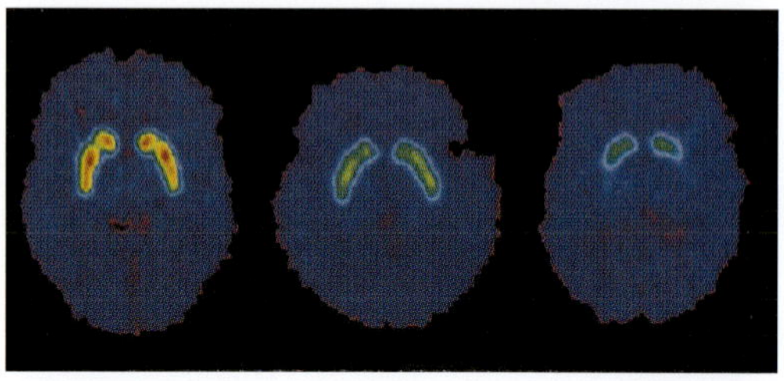

图16.14 多巴胺转运蛋白、冰毒滥用和帕金森病。 扫描显示了正常被试、曾经的冰毒滥用者和帕金森病病人的多巴胺转运蛋白的浓度。多巴胺转运蛋白浓度的下降说明了多巴胺能神经末梢的丢失。

McCann, U. D., Wong, D. F., Yokoi, F., et al. *Journal of Neuroscience*, 1998, 18, 8417-8422. By permission.

尼古丁

尼古丁看起来似乎比阿片类物质、可卡因和苯丙胺更为平和。但实际上，尼古丁也是成瘾性药物，它可能比所谓的“硬”毒品（烈性毒品）导致更多的死亡。尼古丁和烟草中的其他物质结合在一起会致癌，能导致肺癌、口腔癌、喉癌和食道癌。全世界约1/3的成年人吸烟，发展中国家有一些上升的死亡原因，吸烟是其中之一。世

现在许多公共场所禁止吸烟，我们越来越习惯于看到人们在建筑物的外面大过烟瘾。

Gianni Muratore/Alamy.

界卫生组织估计，50%的吸烟者从青少年开始吸烟，并持续终身，直至最后因吸烟相关疾病而死亡。研究者估计，在几年内，烟草将成为全世界范围内最严重的单一健康问题，每年会有超过640万人因此而死亡（Mathers and Loncar，2006）。事实上，在发达国家，可预防疾病的第一位就是烟草使用（Dani and Harris，2005）。在美国，烟瘾导致每年死亡430 000人以上（Chou and Narasimhan，2005）。妊娠妇女的吸烟也会对胎儿的健康产生消极影响（Slotkin，1998）。不幸的是，近25%的美国怀孕妇女在妊娠期间仍然吸烟。

尽管烟草公司和其他一些经济效益与烟草产品相关的部门辩解说吸烟仅仅是一种“习惯”而不是“成瘾”，但有证据提示，一直有吸烟习惯的个体的行为类似那些药物滥用者的行为。Stolerman和Jarvis（1995）指出，吸烟者倾向于有规律地吸烟，几乎无人可以做到只吸一点点。男性吸烟者平均每天吸烟17支，而女性则是每天14支。在20个吸烟者中有19人每天吸烟，而3500名吸烟者中只有60人每天的吸烟数少于5支。40%的人在接受了喉头切除术（通常用于治疗喉癌的手术）后仍继续吸烟。实际上，内科医生报告，气管插管的病人有时还试图将香烟塞进开放的管口以便吸到烟（Hyman and Malenka，2001）。50%以上的心脏病病人仍继续吸烟，而50%左右的肺癌病人在术后仍然吸烟。对于那些登记要通过参加特殊的治疗计划而戒烟的人而言，20%的个体的计划戒烟时间是1年。而对于那些自己戒烟的人来说，这一目标计划更低：1/3的人是1天，1/4的人是1周，而只有4%的人是6个月。这些结果很难与吸烟仅仅是一个“习惯”的说法相一致。

与人类相类似，实验动物也存在自我给予尼古丁的行为（Donny et al.，1995）。尼古丁可激活尼古丁乙酰胆碱类受体，增加中脑边缘系统的多巴胺能神经元的活动（Mereu et al.，1987），引起伏隔核内的多巴胺释放（Damsma，Day，and Fibiger，1989）。图16.15表明了尼古丁和生理盐水注射对伏隔核的细胞外多巴胺水平的影响，数据是通过微透析测定得到的。【见图16.15】

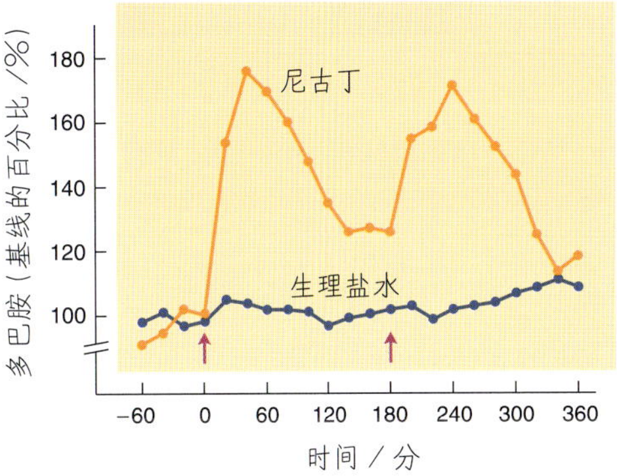

图16.15　尼古丁与伏隔核内的多巴胺释放。用微透析方法测定的尼古丁或生理盐水注射对伏隔核中多巴胺浓度的影响。箭头所指处是注射时间。

Adapted from Damsma, G., Day, J., and Fibiger, H. C. *European Journal of Pharmacology*, 1989, 168, 363-368.

研究已经发现，内源性大麻素在尼古丁的强化机制中发挥着一定的作用。利莫那班——阻断大麻素CB1受体的药物——能阻断大鼠的尼古丁强化效果（Cohen，Kodas，and Griebel，2005），通过减少伏隔核内的多巴胺释放而发挥作用（De Vries and Schoffelmeer，2005）。如后面要阐述的，利莫那班已经被用于帮助戒烟人群以阻止复吸。

病人N（38岁男子）在14岁的时候开始吸烟。至中风的时候，他每天吸烟量达40支，而且非常享受吸烟。他常体验到频繁的吸烟冲动，尤其是在刚醒来、饭后、喝咖啡或饮酒以及周围有其他人吸烟的时候。他经常难以克制吸烟的冲动，即使在某些不适当的时候，如工作、生病或卧床时。在中风前，他已经认识到了吸烟的危险性，但是他并没有特别地关注这些危险。中风前，他从没有打算戒烟，也从来没有这样的想法。N在中风前的晚上吸了最后一支烟。当问他为什么戒烟时，他的回答很简单"我忘了我是个烟民了"。当要求他详细说明时，他说他并没有忘记他是个烟民这个事实，但是"我的身体忘记了吸烟的冲动"。在住院期间，他感受不到吸烟的冲动，即使他有机会出去抽烟。他的妻子对N在住院的时候不想抽烟这一事实感到震惊。N回想起他的同屋病友经常出去抽烟，病友回屋后他一闻到病友身上的气味就感到恶心，于是他提出换房间。过去（中风前），吸烟使他感到愉悦，而现在则让他恶心。N指出，尽管他最终相信他中风的病因之一是吸烟，但中风的痛苦并不是他戒烟的原因。事实上，他并没有做任何努力去戒烟。相反，他似乎是自发地丧失了对吸烟的兴趣。中风也许破坏了某些与吸烟渴望相关的脑区，从而导致了这一现象的出现（Naqvi et al.，2007，p.534）。

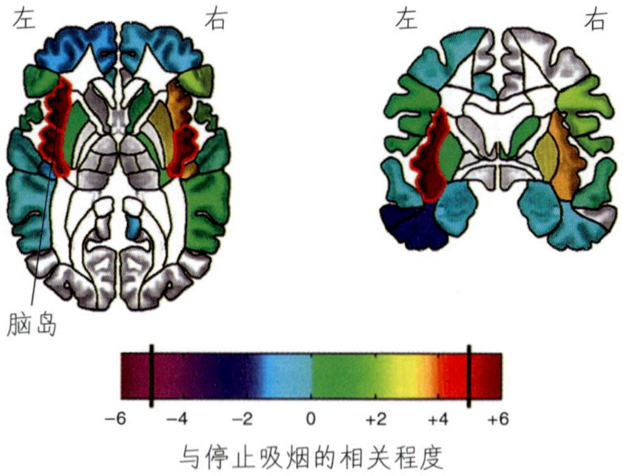

图16.16 脑岛损伤与停止吸烟。该图显示了与停止吸烟最高度相关的脑区损伤（红色部分）。

From Naqvi, N. H., Rudrauf, D., Damasio, H., and Bechara, A. *Science*, 2007, 315, 531-534. By permission.

如Naqvi及其同事所报道的（Naqvi et al.，2007；Naqvi and Bechara，2009），N先生由于中风而导致脑岛受损。实际上，其余几个脑岛损伤的病人同样丧失了吸烟的欲望。Naqvi和同事们研究了19名脑岛损伤的吸烟者和50名其他脑区受损但脑岛正常的吸烟者。19名脑岛损伤病人中的12人"快速而轻易地戒烟了，而且没有复吸，没有对吸烟的强烈渴望"（p.531）。只有一位脑岛损伤患者戒烟后仍感觉想要吸烟。图16.16显示了计算机生成的脑损伤图像，表明与吸烟中断呈显著统计学相关的脑区。可以看到，红色的脑岛，表现出与停止吸烟最高的相关性。【见图16.16】

其他研究也支持Naqi及其同事的报道（Hefzy，Silver，and Silver，2011）。此外，Forget等人（2010）发现，给大鼠脑岛注射抑制性药物能降低尼古丁的强化作用。【见图16.17】如前所述，Zhang等人（2011）发现了吸烟者额叶皮层的灰质减少，这至少是吸烟者难以戒烟的部分原因。这些研究者同样发现，吸烟者的脑岛较大，与脑岛在尼古丁成瘾中有明显作用的理论相一致。

戒烟的几个障碍之一是戒烟后人们通常会表现出暴饮暴食和体重增加。如第11章和本章前面所提及的，进食和代谢率降低是由脑内的黑色素聚集激素和食欲素释放所刺激的。Jo、Wiedl和Role（2005）发现，尼古丁抑制黑色素聚集激素神经元，从而抑制食欲。当人们试图戒烟时，他们通常为此而感到气馁，即脑内的尼古丁缺乏将解除它对黑色素聚集激素神经元的抑制性作用，从而增强食欲。尼古丁还能刺激食欲素的释放，食欲素参与药物寻求行为（Huang，Xu，and van den Pol，2011）。许多脑结构都能释放食欲素，包括在吸烟中发挥至关重要作用的脑岛。Hollander等人（2008）发现，向脑岛内注射阻断食欲素受体的药物可以降低大鼠对尼古丁注射的反应。

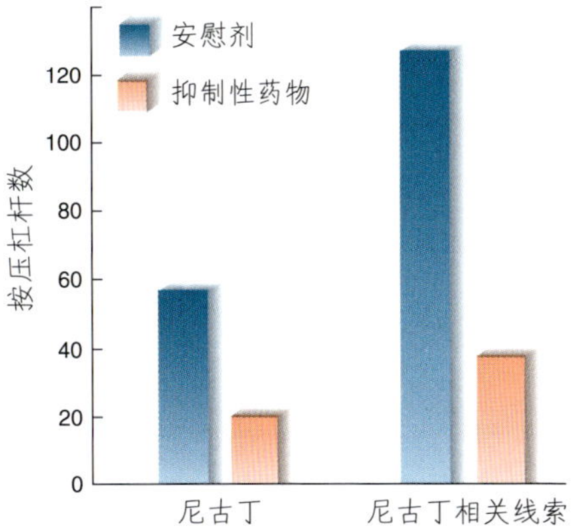

图 16.17　脑岛失活对大鼠药物寻求行为复原的影响。对大鼠进行一周尼古丁注射的训练，然后行为消退。该图显示，抑制性药物注射导致的脑岛失活可以显著地降低大鼠由尼古丁或尼古丁相关线索所导致的药物寻求行为。

Based on data from Forget et al., 2010.

酒精

酒精对社会来说耗费的钱财是巨大的。在交通事故所造成的外伤和死亡中有相当一部分与饮酒有关，酒精也能引起暴力和攻击。长期酗酒者经常会失去工作和家庭；许多人死于肝硬化以及由于生活环境恶劣所引起的各种疾病。如第14章所述，妊娠妇女饮酒有可能造成新生儿的胎儿酒精综合征，其症状包括头和脑的发育异常，以及继发的智力障碍。事实上，怀孕妇女饮酒在当今西方社会是导致儿童智力迟滞的最主要的原因（Abel and Sokol，1986）。因此，对酒精的生理和行为作用的理解是一个重要问题。

低剂量的酒精能引起适度的愉悦，具有*抗焦虑*作用，因此能减轻焦虑。较高剂量则引起不协调和镇静作用。在动物实验中，抗焦虑作用可以表现为脱离厌恶性刺激的惩罚影响。例如，如果动物在进行某种特殊的行为反应（饮食或进水）时被给予电击，它就不会再做这种行为。而如果之后给予它酒精，它就会再次这样做（Koob et al.，1984）。这种现象能解释为什么人们在过量饮酒后通常会做一些他们在正常情况下不会做的事情；酒精能消除社会控制对他们行为的抑制作用。

酒精能产生正强化和负强化作用。正强化表现为适度愉悦。如前所述，负强化由厌恶性刺激的终止所引起。如果一个人感觉不舒服和焦虑，那么能消除这种感觉的抗焦虑药至少能提供一个暂时逃避的机会。

与其他成瘾性物质一样，微透析方法表明，酒精也能增加中脑边缘系统多巴胺能神经元的活动和伏隔核内的多巴胺释放（Gessa et al，1985；Imperato and Di Chiara，1986）。多巴胺释放似乎与酒精的正强化相关。向伏隔核内直接注射多巴胺受体拮抗剂能降低酒精的摄入（Samson et al.，1993），向腹侧被盖区注射降低多巴胺能神经元活动的药物也能发挥同样的作用（Hodge et al.，1993）。

酒精在神经系统内存在两个主要的作用位点，作为间接的 NMDA 受体拮抗剂和间接的 $GABA_A$ 受体激动剂（Chandler，Harris，and Crews，1998）。也就是说，酒精能增强 $GABA_A$ 受体的 GABA 活动，并干扰 NMDA 受体的谷氨酸的传递。$GABA_A$ 受体激动剂的抗焦虑作用显然决定了酒精的负强化作用。酒精的镇静影响也可作用于 $GABA_A$ 受体。Suzdak 等人（1986）发现了一种药物（Ro15-4513），它可通过阻断该受体上的酒精结合位点而逆转酒醉。图 16.18 表明，两只大鼠同样接受了足以引起昏迷量的酒精的注射。面对读者的大鼠同时还被注射了酒精拮抗剂，从而表现得非常清醒。【见图 16.18】

图 16.18　一种酒精拮抗剂 Ro15-4513 的作用。两只大鼠都被注射了酒精，但面对我们的那只同时还接受了酒精拮抗剂的注射。

Steven M. Paul/National Institute of Mental Health.

这种药尚没有被推广到市场上，而且未来也不会被推广。尽管酒精对行为的影响是以它们对 NMDA 受体和 $GABA_A$ 受体的作用为中介的，但高剂量的酒精则对全身细胞都有影响，包括细胞膜的不稳定性。因此，服用了酒精拮抗剂的人在喝酒过程中会因为不醉而继续喝，最终可能导致死亡。药物公司当然不希望出现这种情况。

我们知道海洛因的戒断影响非常强烈，而酒精戒断所产生的表现也是非常严重并可能是致命的。酒精抑制作用反弹时的 NMDA 受体敏感性的增加能激发癫痫和痉挛。酒精戒断所引起的痉挛需要紧急抢救，通常采用静脉内注射苯二氮䓬类药物治疗。Liljequist（1991）发现，可以给小鼠注射阻断 NMDA 受体的药物来防止由酒精戒断所引起的癫痫。

前面已经提及，参与强化机制的阿片类受体并不直接牵涉多巴胺能神经元。酒精的强化作用至少部分是由于它激发的内源性阿片类物质释放所引起的。几项研究已经表明，在许多种系中，包括大鼠、猴子和人类，阻断阿片受体的药物也能阻断酒精的强化作用（Altschuler，Phillips，and Feinhandler，1980；Davidson，Swift，and Fitz，1996；Reid，1996）。此外，内源性阿片在戒酒的酗酒者的渴望中发挥了一定的作用。Heinz 等人（2005）发现，1~3 个月的戒酒会增加伏隔核内 μ 阿片受体的数目。受体的数目越多，渴望也就越强烈。μ 受体的增多能提高内源性阿片对脑的作用，成为酒精渴望的影响因素。【见图 16.19】

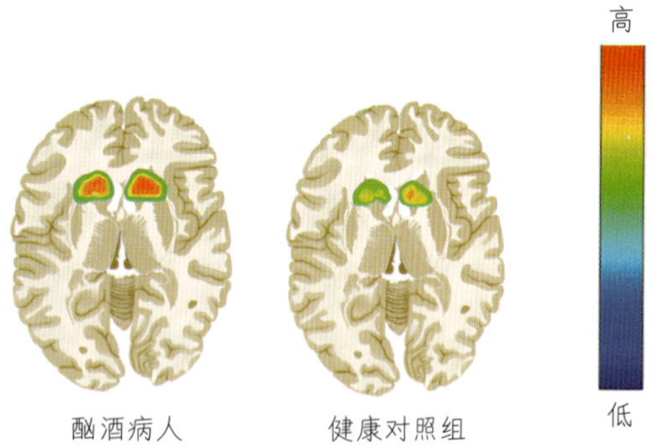

图 16.19 酒精渴求与 μ 阿片受体。PET 扫描显示了戒酒的酗酒病人和正常被试的背侧纹状体的 μ 阿片受体。

Based on data from Heinz, A., Reimold, M., Wrase, J., et al. *Archives of General Psychiatry*, 2005, 62, 57-64.

由于那曲酮（一种可阻断阿片受体的药物）有助于治疗酗酒，我在本章的最后一节再讨论这个问题。

大麻

另一种人们经常自我给予（几乎只通过吸入的方式）的药物是四氢大麻酚（THC）——大麻的有效成分。如第 4 章所述，内源性大麻的作用位点是脑内的 CB1 受体。阻断 CB1 受体的药物能消除由吸大麻所产生的“嗨”感（Huestis et al.，2001）。

di Tomaso、Beltramo 和 Piomelli（1996）偶然地发现巧克力包含三种大麻素样物质。这些化合物的存在是否与巧克力的强大吸引力有关目前尚不明确。

与其他成瘾性药物一样，四氢大麻酚也能影响多巴胺能神经元。Chen 等人（1990）在一项微透析研究中发现，低剂量的四氢大麻酚能引起伏隔核内多巴胺的释放。【见图 16.20】

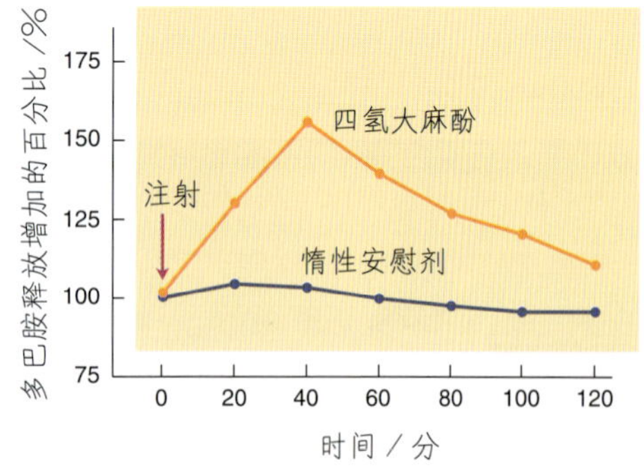

图 16.20 四氢大麻酚与伏隔核内多巴胺分泌。该图显示，注射四氢大麻酚或惰性安慰剂后，微透析测定的伏隔核内多巴胺浓度的变化。

Based on data from Chen, J., Paredes, W., Li, J., et al. *Psychopharmacology*, 1990, 102, 156-162.

阻断 CB1 受体生成的小鼠靶突变不仅能消除大麻的强化作用，还包括吗啡和海洛因（Cossu et al.，2001）。该突变还能降低酒精以及可卡因自我注射获得的强化作用（Houchi et al.，2005；Soria et al.，2005）。此外，前面已提及，利莫那班（一种阻断CB1受体的药物）能降低尼古丁的强化作用。

大麻的主要强化成分四氢大麻酚仅是由大麻植物产生的70种不同的化学物质之一。另一种化学物质——大麻二醇（cannabidiol，CBD）则发挥了完全不同的作用。大剂量的四氢大麻酚会引起焦虑和精神病样行为，但大麻二醇具有抗焦虑和抗精神病的作用。四氢大麻酚是大麻受体的部分激动剂，而大麻二醇是拮抗剂。与四氢大麻酚不同，大麻二醇不产生精神影响：它不产生强化，也不产生“嗨”的感觉。近年来，大麻内的四氢大麻酚水平大幅提高，而大麻二醇水平降低了。在过去的10年中，大麻依赖者寻求治疗的人数也在不断地增加（Morgan et al.，2010）。Morgan及其同事在一项关于四氢大麻酚和大麻二醇作用的研究中招募了94名大麻使用者。研究人员测量了这些人吸食的大麻样本和尿液样本中的四氢大麻酚和大麻二醇的浓度。研究者发现，那些所食用的大麻成分中含有低水平大麻二醇和高水平四氢大麻酚的人，更为关注与大麻相关刺激的图片，说明他们比高水平大麻二醇食用者更喜欢大麻。而两组人群对食物相关图片都给予了高度关注，说明大麻二醇并不影响他们对食物的兴趣。

如第4章所述，海马含有大量的四氢大麻酚受体。已知大麻能影响人们的记忆，尤其会破坏服用者对某一特定话题的追踪能力。在谈话过程中，在被短暂地分散注意后，他们常常丧失了对话的连续性。有证据表明，四氢大麻酚干扰了海马的正常功能，而海马在记忆中发挥了重要的作用（Kunos and Batkai，2001）。

遗传与药物滥用

不是所有的人都有同样的机会发展为药物成瘾。有些人能一直适量地饮酒，甚至有些可卡因和海洛因使用者也能仅将其作为“消遣”，而不成瘾。决定个体是消遣还是依赖这些药物的因素有两点：遗传和环境。此外，还有两个一般因素（对所有药物成瘾的可能性）和特殊因素（对某一特定药物成瘾的可能性）。

男性双生子研究发现（Kendler et al.，2003）了一个强有力的共同遗传因素，适用于所有的药物类型。此外，在成瘾方面，他们还发现共享环境因素对使用的作用要强于滥用。换言之，环境在影响人们尝试药物并可能继续消遣药物方面发挥了有力的作用，但遗传则在决定是否成瘾方面发挥了更强的作用。

Goldman、Oroszi和Ducci（2005）回顾了双生子研究，试图测量各种药物成瘾的遗传性。遗传性（h^2）是某一特定人群内某种特质变异性的百分比（归因于遗传的变异性）。成瘾的h^2平均值从迷幻药的0.4左右到可卡因的0.7以上。如图16.21所示，作者概括了从成瘾到赌博的h^2。【见图16.21】

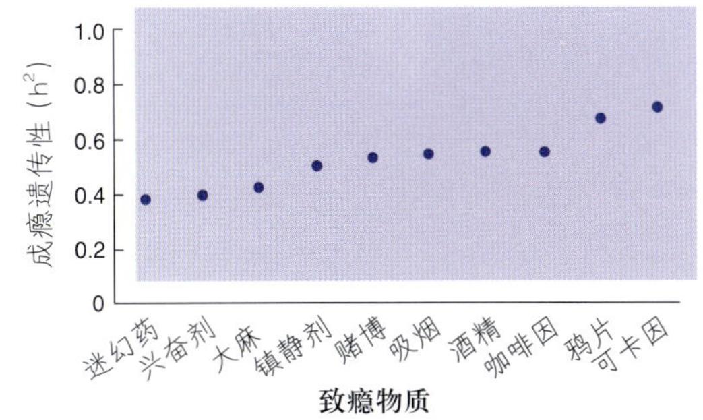

图16.21 特定成瘾因素的成瘾遗传性。

Adapted from Goldman, D., Oroszi, G., and Ducci, F. *Nature Reviews Genetics*, 2005, 6, 521-532.

与其他成瘾药物相比，酒精成瘾的遗传基础更受关注。酒精消费并不是在人群中平均分布的，在美国，10%

的人消费了50%的酒精（Heckler，1983）。许多双生子和收养研究证实这种不平均主要是由遗传决定的。

酗酒的易感性取决于消化和代谢酒精的能力不同以及脑结构或生化的不同。证据表明，负责酒精脱氢酶（参与酒精代谢的酶类）生成的基因变异性在酗酒易感性中发挥着一定的作用。该基因的特异性变异（尤其流行于东亚）会引起对酒精摄入的某种反应，多数人会感觉恶心，不再饮用（Goldman，Oroszi，and Ducci，2005）。然而，大多数研究者相信脑的生理差异（例如，控制药物的强化作用或对各种环境应激源的敏感性）更像是在其中发挥了作用。

研究者还关注于成瘾的易感性可能涉及特定神经递质系统的功能差异。含有α5亚基的尼古丁乙酰胆碱受体（存在于中脑神经元）在抑制尼古丁的强化影响中发挥一定的作用。遗传研究发现，负责该受体生成的特定等位基因与尼古丁成瘾的易感性增高和随后的肺癌发病相关（Bierut，2008）。Kuryatov、Berrettini和Lindstrom发现，该等位基因的存在降低了α5乙酰胆碱受体的敏感性，因此减轻了大剂量尼古丁的抑制性作用。结果是提高了尼古丁成瘾作用的易感性。

药物滥用的治疗

开展药物滥用生理机制研究的原因有很多种，包括学术上的兴趣，比如希望揭示强化本质和影响心理状态药物的药理等。但大多数研究者是希望他们的研究结果能有助于发展一种更为有效的防止药物滥用的方法。如前所述，药物滥用的发生范围如此之广，以致目前的研究还不能解决这个难题。但是，研究还是取得了一定的进展。

阿片成瘾治疗最常见的方法是美沙酮维持法。美沙酮是一种有力的阿片类物质，与吗啡或海洛因一样。美沙酮是否成瘾取决于它的注射方式。（事实上，美沙酮治疗医师必须小心地控制美沙酮的储存，以防止阿片滥用者的盗窃和买卖。）在美沙酮维持治疗的过程中，美沙酮必须以液体的方式给予病人，病人也必须在治疗医师的面前服药。由于口服用药时脑内的阿片水平升高缓慢，不会产生静脉注射海洛因时的高水平阿片。此外，由于美沙酮是长效的，因此病人的阿片受体被长期占用，这就意味着海洛因的注射将几乎不发挥作用。当然，大剂量的海洛因将产生“突然的冲击”，因此这种治疗并不是万无一失的。

一种新型的药物——丁丙诺非，对阿片成瘾的治疗效果要优于美沙酮（Vocci，Acri，and Elkashef，2005）。丁丙诺非是μ阿片受体的部分激动剂。（回顾一下第15章所学的内容，部分激动剂指的是对某种特异性受体具有高度亲和力的药物，但它对受体的激活作用要低于正常的配体。这一作用可降低受体配体在高浓度区域的效能而提高其在低浓度区域的效能，如图15.9所示。）丁丙诺非有阻断阿片的作用，自身只产生微弱的阿片样作用。不像美沙酮，它在非法药物市场的价值很低。添加小剂量的纳曲酮（一种阻断阿片类受体的药物）可以确保联合使用的药物没有成瘾的危险。事实上，如果一个阿片成瘾者服用这些药物，会引起戒断症状。除了它的有效性，丁丙诺非的一个主要优点是可以作为基于办公室的治疗。

Carrera 等人（1995）完成了一项关于可卡因成瘾的有趣研究，他们将可卡因与外源性蛋白结合后刺激大鼠的免疫系统以形成抗可卡因的蛋白。这些抗体与可卡因分子相结合，并阻止它们穿过血脑屏障。因此这些“可卡因免疫”的大鼠对可卡因作用的敏感性下降，在药物注射后，脑内的可卡因水平较低。在这一研究完成后，又陆续完成了抗可卡因、抗海洛因、抗冰毒和抗尼古丁的抗体接种的动物研究，同时也开展了几项可卡因疫苗和尼古丁疫苗接种的人类临床研究（Cerny and Cerny，2009；Carroll et al.，2011；Hicks et al.，2011；Stowe et al.，2011）。这些动物实验和临床研究的结果令人欣喜，更为广泛的人类研究正在进行中。至少在理论上，成瘾的免疫疗法仅仅影响可卡因的活动而不干扰正常的强化机制。因此，治疗并不会降低病人体验正常快乐的能力。

对成瘾的另一项治疗还在观察中。如第14、15章所述，深部脑刺激能治疗帕金森病、抑郁症、焦虑症和强迫症的症状。Luigjes 等人（2011）的综述报道了7项动物研究，分别观察了刺激伏隔核、丘脑底核、背侧纹状体、松果体缰、内侧前额叶和下丘脑的影响。11项人类研究主要集中于伏隔核或丘脑底核。到目前为止，伏隔核是最有效的靶点。例如，Mantione 等人（2010）刺激了一名47岁男性吸烟者的伏隔核，结果此人随后轻易地实现了戒烟和体重下降。

深部脑刺激并不是一个轻松的过程。它涉及脑外科手术，因此有出现并发症的危险，如出血和感染。当然，成瘾也具有明显的健康威胁，包括死于感染或肺癌，因此对每个病例都应该详细地分析利弊。无论如何，深部脑刺激的应用目前还只限于实验阶段，我们必须考虑是否有这样的可能性，即这一戏剧性的治疗过程可能产生安慰剂效应。（手术过程对安慰剂效应易感。）另一创伤较小的操作——经颅磁刺激也被尝试用于成瘾的治疗。例如，Amiaz 等人（2009）给尼古丁成瘾者实施了左背外侧前额叶皮层的经颅磁刺激。该治疗减少了烟草的使用，但治疗效果会随时间延长而消失。

一项类似于美沙酮治疗的方法已经被作为尼古丁成瘾的辅助疗法。近几年来，咀嚼含有尼古丁的口香糖和透皮贴剂（经过皮肤释放尼古丁）已经被投入市场。这两种方法都能使脑内的尼古丁保持在一个相当高的水平，降低了人们对尼古丁的渴望。一旦吸烟习惯停止了，尼古丁量的降低可以使人们戒烟。精心控制的研究已经表明，尼古丁维持疗法（而不是安慰剂）是一种有效的对尼古丁依赖的治疗方法（Raupach and van Schayck，2011）。但如果尼古丁维持疗法是咨询服务项目的一个组成部分，那么它的作用是最有效的。

用尼古丁维持疗法治疗吸烟成瘾的局限性之一，是该过程不能提供吸烟时的一种重要的非尼古丁成分——吸烟给上呼吸道带来的那种感觉。如本章前面所述，与吸食成瘾药物相关的刺激在保持成瘾习惯方面发挥重要的作用。吸烟者能在7秒内评估一缕由正常香烟和去烟碱香烟释放出的烟的愉悦性，这一时间短于尼古丁从肺进入血液并到达脑的时间。据报道，去烟碱香烟能产生同样强度的愉悦感和满足感，减轻吸烟的渴望。若通过先吸入局麻药而阻断吸烟对上呼吸道的感觉刺激，那么即使尼古丁仍然能到达脑，还是会消除吸烟的满足感。

去烟碱香烟并不能完全代替正常的香烟，因为尼古丁本身，而不是吸烟的其他成分，在上呼吸道的感觉中发挥了重要的作用。事实上，咪噻吩（一种阻断上呼吸道而不是脑的尼古丁受体的药物）能降低吸烟的感觉效应，并减少满足感。由于咪噻吩并不能干扰尼古丁对脑的作用，这一发现指出尼古丁的中枢作用本身并不足以保持尼古丁的成瘾。相反，吸烟所致的上呼吸道迅速的感觉效应与更为延后的、持续时间更长的尼古丁对脑的效应的结合才是吸烟成瘾的原因（Naqvi and Bechara，2005；Rose，2006）。

如本章前面所提及的，实验动物研究已经发现内源性大麻素参与了尼古丁的强化作用。临床研究已经报道，利莫那班（阻断 CB1 受体的药物）能有效地帮助吸烟者戒烟（Henningfield et al.，2005）。然而，由于该药物副作用的存在，因此尚未得到推广。

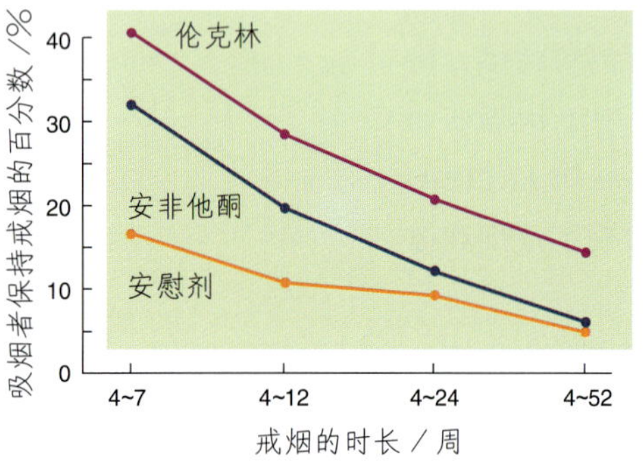

图 16.22　伦克林对吸烟的治疗。该图显示了接受安非他酮、伦克林和安慰剂治疗的吸烟者的戒烟百分比。

Based on data from Nides, M., Oncken, C., Gonzales, D. et al. *Archives of Internal Medicine*, 2006, 166, 1561-1568.

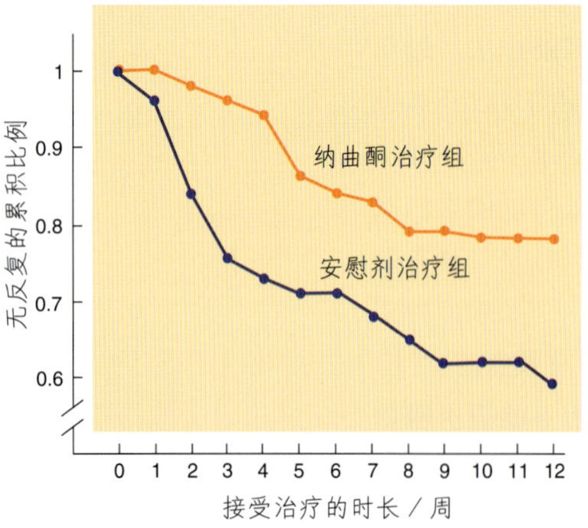

图 16.23　酗酒的纳曲酮治疗。该图显示，分别接受纳曲酮或安慰剂的酗酒病人的平均戒酒比例。

Based on data from O'Brien, C. P., Volpicelli, L. A., and Volpicelli, J. R. *Alcohol*, 1996, 13, 35-39.

此外，作为儿茶酚胺再摄取抑制剂的抗抑郁药，安非他酮这种药物在一些国家已经被批准可以用于尼古丁成瘾的治疗。Brody 等人（2004）发现，经安非他酮治疗的吸烟者表现出内侧前额叶激活降低，以及面对香烟相关线索时的渴望下降。但是利莫那班的问题是一些临床研究已经发现，在被批准作为一种减肥药物时，撤药时会引起焦虑和抑郁。目前，利莫那班（大麻素受体拮抗药）用于尼古丁成瘾的治疗也就不太可能了。

另一种药物——伦克林——已被批准用于治疗尼古丁成瘾。伦克林的发明主要是为了尼古丁成瘾的治疗。该药物是尼古丁受体的部分激动剂，类似于丁丙诺非是 μ 阿片受体的部分激动剂。作为部分尼古丁受体激动剂，伦克林能维持尼古丁受体的适度激活水平，但是会阻止高水平尼古丁的过度刺激。图 16.22 表明了在随机、双盲和安慰剂三组实验中，安非他酮和伦克林对吸烟者戒烟率的影响。在 52 周的治疗结束后，在伦克林组的吸烟者中，仍有 14.4% 的人保持戒烟状态，而安非他酮和安慰剂组的戒烟率分别是 6.3% 和 4.9%。【见图 16.22】

如前所述，几项研究已经表明阿片受体拮抗剂能降低许多种系（包括人类）的酒精的强化作用。这项发现提示酒精的强化作用（至少部分）是由脑内的内源性阿片分泌和阿片受体激活所产生的。例如，O'Brien、Volpicelli 和 Volpicelli（1996）报道了两项纳曲酮结合更为传统的行为疗法的长期治疗项目的结果。这两项研究发现，纳曲酮能显著地提高治疗成功的可能性。如图 16.23 所示，纳曲酮显著地增加了被试中企图戒酒的人数。【见图 16.23】目前许多治疗项目采用了持续释放形式的纳曲酮来帮助酗酒的治疗，所获的结果令人鼓舞（Kranzler，Modesto-Lowe，and Nuwayser，1998）。纳曲酮甚至还能降低被试对香烟的渴望（Vewers，Dhatt，and Tejwani，1998）。

还有不止一种药物可用于酗酒的治疗。如本章前面所述，酒精可以作为 $GABA_A$ 受体的间接激动剂以及 NMDA 受体的间接拮抗剂。阿坎酸（NMDA 受体的拮抗剂）在欧洲被用于癫痫发作的治疗，也有研究测试其能否阻断由酒精戒断所引起的癫痫发作。研究者发现，药物有出乎预料的作用：接受药物治疗的酗酒患者再次饮酒的可能性下降（Wickelgren，1998）。一些双盲实验也证实了阿坎酸的治疗作用，但这些作用只是中等程度的（Rösner et al.，2010）。

小　结

物质滥用障碍

成瘾药物是指那些强化作用如此之强能使某些接触的人不能离开而终身依赖的药物。当一种行为之后总是有规律地出现一种欲望性的刺激时，就会发生正强化。所有的成瘾药物都能产生正强化；能加强服药行为。实验动物能够学会建立获得这些药物的反应。药物发挥作用越快，就越能快速地建立药物依赖。所有的成瘾药物都能刺激伏隔核内多巴胺的释放而产生正强化，该结构在强化机制中发挥重要的作用。开始于腹侧被盖区（VTA）和伏隔核（NAC）、终于背侧纹状体的神经改变在操作性条件反射的建立中发挥关键性作用。

当一种行为之后总是出现厌恶性刺激的减少或终止时，则发生负强化。也就是说，如果一个人所处的社会状况或他的个性特征使他感到焦虑或不愉快，那么能减轻这些感觉的药物就会通过负强化而加强服药行为。同样，能减轻戒断综合征的服药行为在药物成瘾中发挥一定的作用，但不是唯一的作用。

渴望——一种服用某种成瘾药物的强烈欲望——不能完全用戒断症状来解释，因为即使在药瘾戒除很长时间后，渴望仍然存在。功能成像研究发现，对成瘾药物的渴望会增加眶额皮层、前扣带皮层、脑岛和背外侧前额叶皮层的活动。长期药物滥用与前额叶皮层活动下降、甚至额叶灰质减少相关，而这会损伤人们的判断力和对不恰当反应（如再次服药）的抑制作用。精神分裂症在药物成瘾人群中的发病率高于一般人群。青少年对药物成瘾的易感性可能与他们相对不成熟的前额叶有关。应激性事件能激发渴望和药物寻求行为。腹侧被盖区中的 CRH 释放在这一过程中发挥重要的作用。

阿片产生的作用包括痛觉丧失、体温降低、镇静和强化作用。导水管周围灰质的阿片受体主要负责痛觉丧失；而视前区的阿片受体则负责体温降低；中脑网状结构的阿片受体负责的是镇静；腹侧被盖和伏隔核的阿片受体负责强化作用。内源性阿片的释放可能参与了某些自然刺激或成瘾药物（如酒精）的强化作用。

可卡因抑制终扣的多巴胺再摄取；而苯丙胺则通过作用于多巴胺转运蛋白而引起终扣的多巴胺释放。可卡因和苯丙胺的强化作用也是由伏隔核内多巴胺的增加所介导的。慢性冰毒滥用与纹状体内多巴胺轴突和终扣的数目下降相关（表明此处的多巴胺转运蛋白的数量减少）。

尼古丁的成瘾作用（对于人类和实验动物）一直被人们长期忽视，这主要是由于它并不引起中毒，而且吸烟的行为是合法的。然而，尼古丁的渴望作用是极其强烈的。尼古丁能刺激中脑边缘多巴胺能神经元的多巴胺释放，腹侧被盖区的尼古丁注射能引起强化作用。大麻素 CB1 受体也参与了尼古丁的强化作用。脑岛损伤与吸烟终止相关，提示该脑区在香烟成瘾的保持方面发挥一定的作用。抑制该脑区活动的抑制性药物能减轻实验动物的尼古丁摄入。尼古丁对外侧下丘脑 GABA 释放的刺激作用将降低黑色素聚集激素的活性并减少食物摄取，这可以解释为什么戒烟通常会导致体重增加。脑岛内的食欲素拮抗剂注射可抑制尼古丁摄入。

酒精具有正强化作用，而且由于它的抗焦虑作用，它也同样具有负强化作用。它可以作为 NMDA 受体的间接拮抗剂和 $GABA_A$ 受体的间接激动剂。它还能刺激伏隔核内多巴胺的释放。长期酒精滥用的戒断可以导致癫痫，原因在于戒断所引起的 NMDA 受体激活。内源性阿片的释放在酒精的强化效应中发挥一定的作用。

大麻的活性成分四氢大麻酚受体的内源性配体是大麻素样物质（anandamide）。与其他成瘾药物一样，四氢大麻酚也能刺激伏隔核内的多巴胺释放。CB1受体也负责四氢大麻酚和内源性大麻素的行为和生理作用。抗CB1受体的靶突变能减轻酒精、可卡因和阿片类物质以及大麻的强化作用。阻断CB1受体也可以降低尼古丁的强化作用。大麻可以通过作用于海马神经元而导致记忆缺陷。

大多数人即使有机会也不会发展成为药物成瘾。研究证据提示，成瘾的可能性，尤其是对酒精和尼古丁成瘾，主要受遗传影响。一般性遗传和环境因素影响的是所有药物的服用和成瘾，而特异性因素只是针对某一特定药物的。例如，α5乙酰胆碱受体的基因变异只影响尼古丁成瘾的可能性。

尽管药物滥用很难治疗，但研究者还是发展了几种有效的治疗方法。由于口服美沙酮不能产生愉悦作用，因此它可用于海洛因成瘾的替代疗法。丁丙诺非，μ鸦片受体的部分激动剂，能减轻对阿片类物质的渴望。由于它不仅作用于阿片成瘾（尤其与纳曲酮联合治疗时），因此可用于办公室治疗。人类和实验动物的可卡因和尼古丁疫苗的研制提供了一种可能性，即或许将来有一天，人们可以用免疫接种来对抗成瘾，阻止药物进入脑内。对伏隔核和丘脑底核的深部脑刺激以及对前额叶皮层的经颅磁刺激也可以作为成瘾的治疗手段。咀嚼含有尼古丁的口香糖和透皮贴剂也能帮助吸烟者戒烟。然而香烟所产生的上呼吸道感觉在成瘾中发挥重要的作用，透皮贴剂却不能提供这种感觉。安非他酮，一种抗抑郁药，也能帮助吸烟者戒烟。伦克林，尼古丁受体的部分激动剂，可能更为有效。阿片受体拮抗剂纳曲酮对于酗酒治疗发挥最有效的辅助作用，它能阻断药物的某些强化作用。阿坎酸，NMDA受体的拮抗剂，也可用于酗酒的治疗。

思考题

1. 解释“成瘾药物‘劫持’强化系统”这句话是什么意思？
2. 尽管烟草公司坚持说香烟并不成瘾，声称人们吸烟只是为了愉快，而研究指出尼古丁实际上是强有力的成瘾药物。你认为，人们为什么花了那么长时间才认识到了这一事实？
3. 在大多数国家，酒精是合法的而大麻不是。按照你的观点，这是为什么？你将采取什么原则确定一种新发现的药物是合法还是违法的？是否威胁健康？对胎儿发育的影响是什么？对行为的影响是什么？是否具有形成依赖的可能性？如果将你的原则应用于现今的各种药物，你是否会改变这些药物的合法地位？

本章结语 | 经典的条件性渴求

当一个人享用海洛因时，药物的作用激活了自身稳定的补偿机制。这些补偿机制是由那些拮抗药物作用的神经回路所产生的。正如Siegel（1978）所指出的，补偿机制的激活是一种反应，这种反应能对服药过程中某些环境刺激物产生条件反射。刺激物通常是与服药行为相关的，例如，用于药物溶解的随身用具、注射器、针头、针头刺进血管时的感觉、同伴的眼神以及注射药物的房间等都能成为条件刺激物。由药物作用诱发的自身稳定的补偿反应作为非条件反应，能对这些环境刺激物产生条件反射。因此，一旦经典的条件反射建立了，看到上述的条件刺激物就能激活补偿机制。

当引子中所提到的约翰看到了海报上的药物随身用具时，后者激活了作为条件反射反应的补偿机制。由于他没有服药，他的感觉仅仅是补偿机制的作用：烦躁不安、兴奋以及驱走这些感觉代之以愉悦感的强烈愿望。他发现这种渴望是不可抵抗的。

相关的动物实验研究也证实了这一解释。例如，Siegel等人（1982）每天在同一只笼子内给动物注射海洛因。然后，在实验日，动物被给予1次大剂量药物注射。其中有些动物还在原来的笼子内接受注射，而另外一些动物则在一个新的环境内接受注射。研究者预测前者将对药物的过量注射产生保护作用，原因在于熟悉的环境能引起经典的条件反射性补偿反应。实验结果表明，他们的预测是正确的，在新的环境中接受药物注射的动物几乎全部死亡，而在原有环境中接受药物的动物则仅有略超过1/2的动物死亡。这一研究结果提示，如果海洛因瘾君子在一个新的环境中服药，那么将面临更严重的死亡威胁。

顺便提一句，在引子中，约翰所遇到的情况将不再发生。由于越来越多的成瘾者指出海报上的服药用具严重地干扰了他们的戒断行为，因此，相应的政府部门已经停止张贴类似海报了。

关键概念

自闭症

1. 自闭症的特征是社会关系、沟通能力和想象力低下或缺乏，同时伴有重复刻板、无目的运动。
2. 尽管过去认为自闭症的病因在于父母的教养行为，父母由此受到谴责，但现在认为自闭症主要由遗传因素或胚胎发育期的特殊事件所引起。

注意缺陷或多动症

3. 注意缺陷或多动症（ADHD）出现在儿童期，特征是注意缺陷、多动或冲动和完成任务困难。注意缺陷或多动症儿童通常很难控制自己的反应，行动不加考虑，并常表现出不顾后果的急躁行为，中断正在进行的任务等。
4. 注意缺陷或多动症常见的治疗药物为多巴胺受体激动剂，如利他林（哌甲酯）。证据提示这些患者存在前额叶皮层和尾状核的异常。

应激失调

5. 应激反应包含了对威胁刺激产生情绪反应的生理成分。这些反应的长期作用，尤其是糖皮质激素的分泌，能损伤个体的健康。应激相关的儿茶酚胺类物质分泌可能是心血管疾病发生发展的因素之一。
6. 应激通过刺激糖皮质激素的分泌抑制免疫功能，从而使人更易感染疾病。

物质滥用障碍

7. 目前已知的成瘾物质如苯丙胺、可卡因、阿片类物质、尼古丁、酒精和大麻均能引起伏隔核内的多巴胺释放。
8. 尽管阿片类物质的长期摄入能导致耐受和戒断症状，但这并不是成瘾的原因，后者主要是由于药物能激活多巴胺的强化机制。
9. 由于长时间服用成瘾药物能引起伏隔核和前额叶皮层的异常，从而损伤判断和克制不适当行为的能力，因此成瘾者会出现渴望和复吸。
10. 酒精具有两个作用位点：可以作为NMDA受体的间接拮抗剂和$GABA_A$受体的间接激动剂。
11. 研究表明，酗酒的易感性主要受遗传的影响。乙酰胆碱受体α5亚基的特异性等位基因影响人们对尼古丁成瘾的易感性。
12. 药物成瘾的生理治疗包括阿片成瘾的美沙酮和丁丙诺非疗法，尼古丁维持疗法（咀嚼尼古丁口香糖或皮肤贴）或者伦克林（尼古丁受体的部分激动剂）用于尼古丁成瘾治疗，纳曲酮（阿片受体阻断剂）或阿坎酸（NMDA受体拮抗剂）对于酗酒的治疗。

参考文献*

Abelson, J. L., Curtis, G. C., Sagher, O., Albucher, R. C., et al. Deep brain stimulation for refractory obsessive-compulsive disorder. *Biological Psychiatry,* 2005, *57,* 510–516.

Adamantidis, A., Carter, M. C., and de Lecea, L. Optogenetic deconstruction of sleep–wake circuitry in the brain. *Frontiers in Molecular Neuroscience,* 2010, *2,* 1–9.

Adams, D. B., Gold, A. R., and Burt, A. D. Rise in female-initiated sexual activity at ovulation and its suppression by oral contraceptives. *New England Journal of Medicine,* 1978, *299,* 1145–1150.

Adey, W. R., Bors, E., and Porter, R. W. EEG sleep patterns after high cervical lesions in man. *Archives of Neurology,* 1968, *19,* 377–383.

Adler, C. M., Malhotra, A. K., Elman, I., Goldberg, T., et al. Comparison of ketamine-induced thought disorder in healthy volunteers and thought disorder in schizophrenia. *American Journal of Psychiatry,* 1999, *156,* 1646–1649.

Adolphs, R., Damasio, H., Tranel, D., Cooper, G., and Damasio, A. R. A role for somatosensory cortices in the visual recognition of emotion as revealed by three-dimensional lesion mapping. *Journal of Neuroscience,* 2000, *20,* 2683–2690.

Adolphs, R., and Tranel, D. Intact recognition of emotional prosody following amygdala damage. *Neuropsychologia,* 1999, *37,* 1285–1292.

Adolphs, R., Tranel, D., Damasio, H., and Damasio, A. Impaired recognition of emotion in facial expressions following bilateral damage to the human amygdala. *Nature,* 1994, *372,* 669–672.

Adolphs, R., Tranel, D., Damasio, H., and Damasio, A. Fear and the human amygdala. *Journal of Neuroscience,* 1995, *15,* 5879–5891.

Advokat, C., and Kutlesic, V. Pharmacotherapy of the eating disorders: A commentary. *Neuroscience and Biobehavioral Reviews,* 1995, *19,* 59–66.

Agarwal, N., Pacher, P., Tegeder, I., Amaya, F., Constantin, C. E., et al. Cannabinoids mediate analgesia largely via peripheral type 1 cannabinoid receptors in nociceptors. *Nature Neuroscience,* 2007, *10,* 870–879.

Aharon, I., Etcoff, N., Ariely, D., Chabris, C. F., et al. Beautiful faces have variable reward value: fMRI and behavioral evidence. *Neuron,* 2001, *32,* 537–551.

Aktas, O., Kieseier, B., and Hartung, H.-P. Neuroprotection, regeneration and immunomodulation: Broadening the therapeutic repertoire in multiple sclerosis. *Trends in Neuroscience,* 2009, *33,* 140–152.

Alain, C., He, Y., and Grady, C. The contribution of the inferior parietal lobe to auditory spatial working memory. *Journal of Cognitive Neuroscience,* 2008, *20,* 285–295.

Alexander, G. M. An evolutionary perspective of sex-typed toy preferences: Pink, blue, and the brain. *Archives of Sexual Behavior,* 2003, *32,* 7–14.

Alexander, G. M., and Hines, M. Sex differences in response to children's toys in nonhuman primates (*Cercopithecus aethiops sabaeus*). *Evolution and Human Behavior,* 2002, *23,* 467–479.

Alexander, M. P., Fischer, R. S., and Friedman, R. Lesion localization in apractic agraphia. *Archives of Neurology,* 1992, *49,* 246–251.

Alirezaei, M., Watry, D. D., Flynn, C. F., Kiosses, W. B., et al. Human immunodeficiency virus-1/surface glycoprotein 120 induces apoptosis through RNA-activated protein kinase signaling in neurons. *Journal of Neuroscience,* 2007, *27,* 11047–11055.

Allebrandt, K. V., Teder-Laving, M., Akylo, M., et al. *CLOCK* gene variants associate with sleep duration in two independent populations. *Biological Psychiatry,* 2010, *67,* 1040–1047.

Allen L. S., and Gorski, R. A. Sexual orientation and the size of the anterior commissure in the human brain. *Proceedings of the National Academy of Sciences, USA,* 1992, *89,* 7199–7202.

Allison, T., Puce, A., and McCarthy, G. Social perception from visual cues: Role of the STS region. *Trends in Cognitive Science,* 2000, *4,* 267–278.

Altschuler, H. L., Phillips, P. E., and Feinhandler, D. A. Alterations of ethanol self-administration by naltrexone. *Life Sciences,* 1980, *26,* 679–688.

Amano, T., Unal, C. T., and Paré, D. Synaptic correlates of fear extinction in the amygdala. *Nature Neuroscience,* 2010, *13,* 489–494.

Amaral, D. G. The amygdala, social behavior, and danger detection. *Annals of the New York Academy of Sciences,* 2003, *1000,* 337–347.

Amaral, D. G., Price, J. L., Pitkänen, A., and Carmichael, S. T. Anatomical organization of the primate amygdaloid complex. In *The Amygdala: Neurobiological Aspects of Emotion, Memory, and Mental Dysfunction,* edited by J. P. Aggleton. New York: Wiley-Liss, 1992.

American Psychiatric Association. *Diagnostic and Statistical Manual of Mental Disorders,* 4th ed. Washington, D.C.: American Psychiatric Association, 1994.

Amiaz, R., Levy, D., Vainiger, D., et al. Repeated high-frequency transcranial magnetic stimulation over the dorsolateral prefrontal cortex reduces cigarette craving and consumption. *Addiction,* 2009, *104,* 653–660.

Anand, B. K., and Brobeck, J. R. Hypothalamic control of food intake in rats and cats. *Yale Journal of Biology and Medicine,* 1951, *24,* 123–140.

Ancoli-Israel, S., and Roth, T. Characteristics of insomnia in the United States: Results of the 1991 National Sleep Foundation survey. *Sleep,* 1999, *22,* S347–S353.

Andari, E., Duhamel, J. R., Zalla, T., et al. Promoting social behavior with oxytocin in high-functioning autism spectrum disorders. *Proceedings of the National Academy of Sciences, USA,* 2010, *107,* 4389–4394.

Anderson, A. K., and Phelps, E. A. Intact recognition of vocal expressions of fear following bilateral lesions of the human amygdala. *Neuroreport,* 1998, *9,* 3607–3613.

Anderson, A. K., and Phelps, E. A. Expression without recognition: Contributions of the human amygdala to emotional communication. *Psychological Science,* 2000, *11,* 106–111.

Anderson, S., Barrash, J., Bechara, A., and Tranel, D. Impairments of emotion and real-world complex behavior following childhood- or adult-onset damage to ventromedial prefrontal cortex. *Journal of the International Neuropsychological Society,* 2006, *12,* 224–235.

Annese, J., Gazzaniga, M. S., and Toga, A. W. Localization of the human cortical visual area MT based on computer aided histological analysis. *Cerebral Cortex,* 2005, *15,* 1044–1053.

Anonymous. Effects of sexual activity on beard growth in man. *Nature,* 1970, *226,* 867–870.

Apkarian, A. V., Sosa, Y., Krauss, B. R., Thomas, P. S., et al. Chronic pain patients are impaired on an emotional decision-making task. *Pain,* 2004a, *108,* 129–136.

Apkarian, A. V., Sosa, Y., Sonty, S., Levy, R. M., et al. Chronic back pain is associated with decreased prefrontal and thalamic gray matter density. *Journal of Neuroscience,* 2004b, *24,* 10410–10415.

Arancio, O., Kandel, E. R., and Hawkins, R. D. Activity-dependent long-term enhancement of transmitter release by presynaptic 3',5'-cyclic GMP in cultured hippocampal neurons. *Nature,* 1995, *376,* 74–80.

Arendt, J., Deacon, S., English, J., Hampton, S., and Morgan, L. Melatonin and adjustment to phase-shift. *Journal of Sleep Research,* 1995, *4,* 74–79.

Ariyasu, H., Takaya, K., Tagami, T., Ogawa, Y., et al. Stomach is a major source of circulating ghrelin, and feeding state determines plasma ghrelin-like immunoreactivity levels in humans. *Journal of Clinical Endocrinology and Metabolism,* 2001, *86,* 4753–4758.

Arnason, B. G. Immunologic therapy of multiple sclerosis. *Annual Review of Medicine,* 1999, *50,* 291–302.

Arnott, S. T., Binns, M. A., Grady, C. L., and Alain, C. Assessing the auditory dual-pathway model in humans. *Neuroimage,* 2004, *22,* 401–408.

Arnsten, A. F. T. Fundamentals of attention-deficit/hyperactivity disorder: Circuits and pathways. *Journal of Clinical Psychiatry,* 2006, *67* (Suppl. 8), 7–12.

Aron, A. R., Robbins, T. W., and Poldrack, R. A. Inhibition and the right inferior frontal cortex. *Trends in Cognitive Science,* 2004, *8,* 170–177.

Aronson, B. D., Bell-Pedersen, D., Block, G. D., Bos, N. P. A., et al. Circadian rhythms. *Brain Research Reviews,* 1993, *18,* 315–333.

Arora, S., and Anubhuti. Role of neuropeptides in appetite regulation and obesity: A review. *Neuropeptides,* 2006, *40,* 375–401.

* 为了环保，也为了减少您的购书开支，本书参考文献不在此一一列出。如需完整参考文献，请登录 www.wqedu.com 下载。您在下载中遇到什么问题，可拨打 400-698-1619 咨询。